Reprint Publishing

FOR PEOPLE WHO GO FOR ORIGINALS.

www.reprintpublishing.com

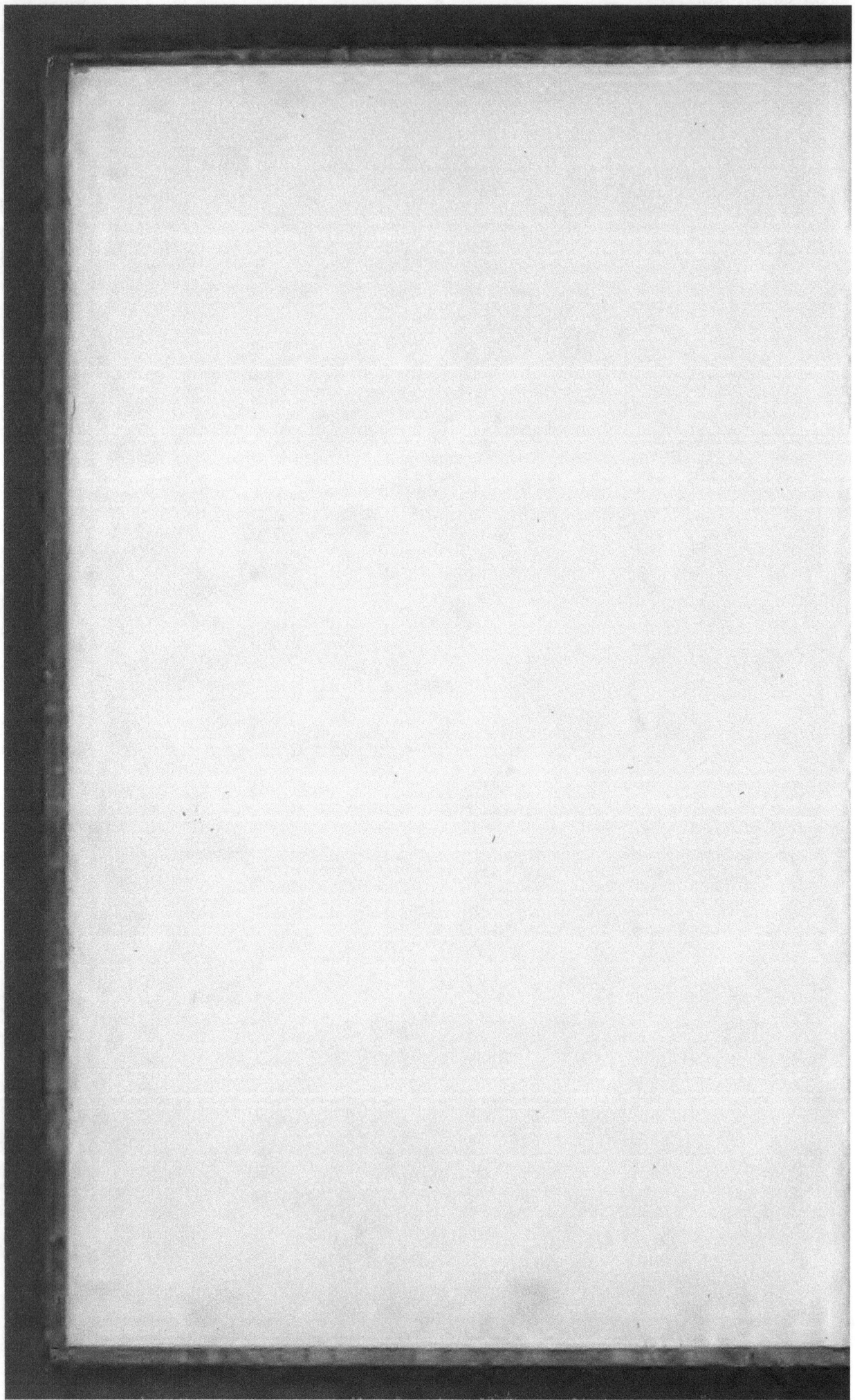

D'AMBOINSCHE RARITEITKAMER,

OF EENE BESCRYVINGE VAN ALLERHANDE

SCHAALVISSCHEN;

BENEVENS DE VOORNAAMSTE

HOORNTJES en SCHULPEN,

ALS OOK ZOMMIGE,

MINERAALEN, GESTEENTEN, ENZ.

DOOR

GEORGIUS EVERHARDUS
RUMPHIUS.

D'AMBOINSCHE
RARITEITKAMER
door
G. E. RUMPHIUS

t AMSTERDAM,
Gedrukt by FRANÇOIS HALMA Boekverkoper 1705.

D'AMBOINSCHE RARITEITKAMER,

Behelzende eene BESCHRYVINGE van allerhande
zoo weeke als harde

SCHAALVISSCHEN,

te weeten raare

KRABBEN, KREEFTEN,

en diergelyke Zeedieren,

als mede allerhande

HOORNTJES en SCHULPEN,

die men in d'Amboinsche Zee vindt:

Daar beneven zommige

MINERAALEN, GESTEENTEN,

en soorten van AARDE, die in d'Amboinsche, en zommige omleggende Eilanden gevonden worden.

Verdeelt in drie Boeken,

En met nodige PRINTVERBEELDINGEN, alle naar 't leven getekent, voorzien.

Beschreven door

GEORGIUS EVERHARDUS RUMPHIUS,

van Hanauw, Koopman en Raad in Amboina, mitsgaders Lid in d' *Academiæ Curioforum Naturæ*,
in 't Duitsche Roomsche Ryk opgerecht, onder den naam van
PLINIUS INDICUS.

T'AMSTERDAM,

Gedrukt by FRANÇOIS HALMA, Boekverkoper
in Konstantijn den Grooten.
1705.

DEN EDELEN ACHTBAREN HEERE,

DEN HEERE,

HENDRIK D'ACQUET,

BURGERMEESTER EN RAAD DER STAD DELFT;
DOCTOR, EN VERMAART OEFENAAR IN DE
GENEESKUNDE, GROOT VOORSTANDER DER
KONSTEN EN WETENSCHAPPEN, EN BEMIN-
NER VAN ALLE BYZONDERE FRAYIGHEDEN,
ENZ, ENZ.

EDELE, ACHTBARE HEER.

Enige jaren herwaarts hebbe
ik de eere genoten van met
Uwe Ed. Achtb^t. schriftelyke
onderhandeling te houden over de lief-
hebberye van Rariteiten, of Zeldzaamheden, in 't byzonder, die men
Conchylia, of anders Schulpen en
Hoorentjes noemt, gelyk ik overzulks
ook de meeste soorten daar van, zoo
veel ik hier konde magtig worden, (by
my een *Synodus Marina* geheeten) uwe
Ed. Achtb^t. hebbe overgezonden, tot
aanvoedinge van eene vertroude en
vaste Vriendschap; en omdat ik verzekert was, dat deze geringe schen-
kaad-

kaadjen, uit verren lande, Uwe Ed.
Achtb^t. wegens Hare groote kundig-
heit van, en liefde tot dit flach van zaken, altoos aangenaam zoude zyn.

Doch nadien deze dingen, Edele
Achtb. Heer, zeer verfcheide namen
dragen, zoowel hier in Indiën, als in
Europe, waar door zelfs de Liefhebbers zomtyds malkander niet konnen
verftaan, en ik ook het meefte deel
der zelve al hadde befchreven, eer
ik 'er eenige fchriften uit Europe, inzonderheit van den Italiaanfchen Heere Philippus Bonanus, van bequam,
hebbe ik raadzaam gevonden myne
Schriften, zoo goet als ze waren, by
malkander te pakken, en Uwe Ed.
Achtb^t. over te zenden, op dat Zy
die ter drukperffe, indien Zy ze dies
waardig keurde, overgave, en dezelve onder den naam en de befcherminge van Uwe Ed. Achtb^t. als aan
Haar door myne penne, en noch
meer door myn harte gewydt, in
't licht mogten komen. Behalven de
bo-

bovengemelde redenen, die meer dan
genoeg zyn, draage ik Uwe Ed. Achtb^r.
dit werk op, om onze vriendfchap
vorder te fterken, en op dat ik voor
al de waereld, immers voor 't ooge van
Azie en Europe, eenig zichtbaar bewys geeve van de liefde en hoogachtinge, die in mynen boezem voor Haar
geveftigt is.

Ik noeme 't werk, Ed. Achtb. Heer,
de Amboinfche Rariteitkamer, vermits
het meeft handelt van zulke Zeldzaamheden die in de Amboinfche zee, of
aan de ftranden der naburige Eilanden
gevonden worden, en door my met
veele moeite en koften, in myn lang-
wylig verblyf op Amboina, zorgvuldig verzamelt en bewaart zyn; gelyk
'er Uwe Ed. Achtb^r. ook wel het meefte gedeelte, in Haar uitmuntend Kabinet, van bezit; nevens zoo veele
andere natuurlyke en konftige frayigheden, die den aanschouweren eerder
tot verwonderinge, dan tot verzadi-
ging ftrekken. Naar de aanleidinge der

* *

ftof-

OPDRAGT.

ftoffen zelfs, Ed. Achtb. Heer, hebben wy het werk in drie boeken verdeelt; waar van het eerfte eene befchryvinge behelft van veelerhande
weeke Schaalviffchen, als Kreeften,
Krabben, en diergelyke Zeefchepze-
len, die ik in deze landen en wateren hebbe konnen opfpeuren. Het
tweede boek, dat de eigentlyke Rariteitkamer is, vertoont allerhande
Hoorentjes, Schulpen, en zeldzame
Zeegewaffen, die in de Oofterfche zee
voortkomen en te vinden zyn. Het
derde handelt van zommige Mineralen, Aarde, en vreemde Steenen, die
deze Eilanden uitleveren. Doorgaans
hebben we 't werk met konftige Printverbeeldingen verfiert, die, naar wy
hoopen, 't ooge der Liefhebberen,
vooral den fmaak van Uwe Ed. Achtb.
voldoen zullen. Ondertuffchen durven wy ons belooven, dat deze Befchryvinge, in haar geheel aangemerkt,
den Europeanen niet onfmaakelyk
voorkomen zal; dewyl'er zulke vreem-
dig-

OPDRAGT.

digheden der Nature in worden vertoont, die niet doorgaans bekent zyn, en den kenneren, in de naaukeurige beschouwinge, (als waarin geene kleene blyken van Godts mogentheit en wysheit zich opdoen) eene byzondere vergenoeginge geeven; waar van Uwe Ed. Achtb^t. boven veele anderen, eene zekerste ondervindinge hebt.

Hier mede, Ed. Achtb. Heer, sluite ik deze Opdragt, en, na Uwe Ed. Achtb^t. nevens Mevrouwe hare Echtgenoot, en haar gezegent Kroost, met allen die haar aangaan en lief zyn, alle heil, naar ziel en lichaam, van den Hemel te hebben toegewenscht, onderschryve ik te zyn en te blyven:

EDELE, ACHTBARE HEER.

Amboina aan
't Kasteel Victoria, den
1 September
1699.

Uwe Ed. Achtb^{ts} onderdanige dienaar en dienstverplichte Vriend,

GEORGIUS EVERHARDUS RUMPHIUS,
Koopman en Raadspersoon in Amboina.

AAN DEN ZELVEN HEERE.

EDELE ACHTBARE HEER.

'T *IS nu vyf jaaren geleden, dat de Heer* EVERHARD RUM-PHIUS *de Opdragt, die hier voorgaat, ten aanzien van den wenzentlyken inhout, aan Uwe Ed. Achtb'. op Amboina schreef. Door toedoen en genegenheit van Uwe Ed. Achtb'. is 't werk van dien Heere my, hoewel eerst in den jare zeventien hondert een, in handen gevallen, dat dan van my vervolgens op de persse wierd gebragt, daar het door verscheide toevallen, dikwyls aan de menschelyke zaaken verknocht, veel langer dan wy ons verbeeldden op gezwoegt heeft : zoodat wy 'zelfs zomtyds aan 't volenden begonden te wanhoopen, en nauwlyks wisten hoe wy den Liefhebberen, die 'er naar reikhalsden, zouden. ophouden en vergenoegen.*

Dieswegen, Ed. Achtb. Heer, moet ik my ook by Uwe Ed. Achtb'. verontschuldigen, 't geene dan verder tot myne gemeene verantwoordinge by de wereld moge strek-
ken,

EFFIGIES
GEORGII EVERHARDI RUMPHII, HANOVIENSIS ÆTAT: LXVIII.

Cæcus habens oculos tam quaque mentis acutos,
Ut nemo melius detegat aut videat:
RUMPHIUS hic vultu est Germanus origine, totus
Belga fide et calamos cætera dicet opus.

ex tempore posuit

N: S: Oub: Amst:

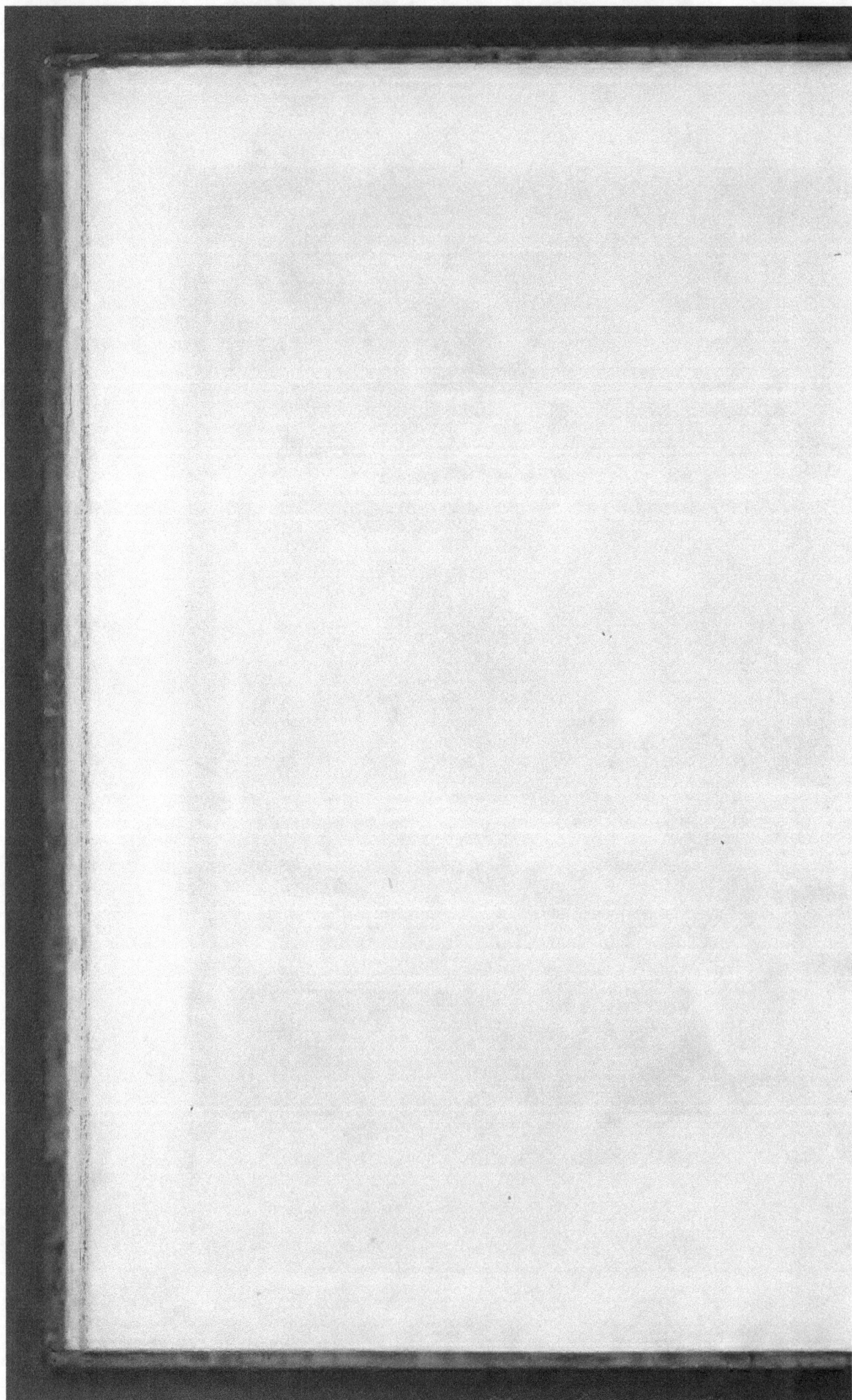

ken, wiens gedult in dezen te veel gevergt
is; dewyl Uwe Ed. Achtb'. in 't byzonder,
my met alle recht en reden meermalen tot
eene schielyker voltoojinge van dit werk
heeft aangezet, doch het geene my echter,
hoe veel belang ik 'er by hadde, wegens
twee of drie voorname redenen onmogelyk
was; en zullen Uwe Ed. Achtb'. met alle
Redenlievenden, na het melden van die,
my ontwyfelbaar van de naspraake vry-
keuren, als of ik door eene achtelooze slof-
figheit, of eene al te groote belemmering
van andere werken, den voortgang van dit
verwaarlooft hadde, 't geene my al meer.
dan eens, om van noch erger te zwygen,
voorgeworpen is.

Zeker, Ed. Achtb. Heer, scheen het
werk, met geenen onbevalligen zwier ontworpen, in den eersten opslag veel volkomener, en gereeder voor de persse dan men
naderhant wel bevondt; en vooral ten aanzien van zeer veele afbeeldzelen der Hoornen en Schulpen, die ons, of liever Uwe
Ed. Achtb'. wel door den Schryver belooft
waren, maar die echter, door wat toeval is

on-

OPDRAGT.

onbekent, of nimmer overgezonden, af altoos ons nooit ter hand gekomen zyn; zoo
dat wy van den nood, als men spreekt, eene
deugt mosten maaken, en met de riemen
roeijen die wy hadden; dat is, dat we met
veel moeite, daar ook kosten aan vast waren, uit de Kabinetten hier te Lande
mosten vervullen 't geene wy uit Indiën niet
bequamen; waar toe Uwe Ed. Achtb'.
niet weinig heeft toegebragt, daar 't gemeen
Haar in 't byzonder veel verplichtinge,
als zonder wie 't werk noch langer hadde
konnen draalen, voor schuldig is. Veele
zaaken, ook, Ed. Achtb. Heer, waren
door den Schryver maar, als men zegt,
met den vinger aangeroert, die nootwen-
dig eene nader uitbreidinge vereischten;
gelyk 'er ook zulke in 't geheel ontbraken,
die 'er, zonder de schikking en orde van
't werk te schenden, niet aan mogten ge-
mist worden. Hier toe was tyd, onderzoek, en arbeid van nooden; en wy willen
voor Uwe Ed. Achtb'. niet verbergen, dat
wy zonder de hulpe en vlyt van den Heere
SIMON SCHYNVOET, groot ken-
ner

ner en liefhebber dezer Frayigheden, en
onzer beide geëerde vriendt, niet waren te
recht gekoomen; als die, alles in den grond
kennende, niet alleen de aftekeningen der
afbeeldzelen, die 'er ontbraken, maar het
werk zelf met zyne naaukeurige waar-
nemingen, die het zelve eenen byzonderen
luifter en veel lichts toebrengen, doorgaans
verrykt heeft; als uit de Byvoegzelen zelfs,
met eenig onderscheit van letter gedrukt,
t' over blykbaar is.

Dit alles nu, Ed. Achtb. Heer,
dwarsboomde niet luttel den spoedigen loop
van het werk, gelyk elk, die niet gansch
een vreemdeling in dit slach van zaaken
is, kan oordeelen. Doch eindelyk zyn wy,
met Godts hulpe, alles hier omtrent te boven gekomen; terwyl ondertusschen Uwe
Ed. Achtb. het berecht uit de Ooster geweften heeft ontfangen, dat de Heer
RUMPHIUS, Schryver van dit werk,
door 't gemeene lot der sterflykheit in het
andere leven is overgegaan, waar door 't
zyn Ed. niet heeft mogen gebeuren deze
zyne vrucht, met zoo veel arbeids en zorgen
ge-

OPDRAGT.

geteelt, voldraagen te zien, en ze Uwe
Ed. Achtb. ter befcherminge over te geeven; waar in ik dan plichtshalven, en er als
het naafte toe gerechtigt, immers in deze
landen, zyn Ed. nu vervange, en het
werk met allen verfchuldigden eerbied U-
we Ed. Achtb. zoo wegens dien overleden Heere, als eene vrucht myner perf-
fe, aanbiede en opdraage, in die zekere
verwachtinge, dat niet alleen het werk
zelf, maar ook deze myne eerbiedsplicht
Uwe Ed. Achtb. zal behaagen, en gunftig van Haar ontfangen worden.

Onderwyle, Ed. Achtb. Heer, gelyk
ik my in de vordere eere uwer vriendfchap
aanbeveele, wenfchte ik dat my eenige gelegenheit geboren ware, om Uwe Ed.
Achtb. grooter en zichtbaarer bewyzen te
geeven, van myne hoogachtinge voor Haren perfoon, en verdienften, zoo omtrent de
burgerlyke Regeeringe, als de gelukkige
geneesoefening, waar door Uw Ed. Acht-
b. met dobbel recht, gelyk een Vader des
Vaderlands, zoo ook in 't byzonder een
Vader der Stad Delft en hare burgerye
is,

OPDRAGT.

is; gelyk zy ook daar voor van de gansche gemeente met toejuichinge erkent en geacht wordt. Doch dewyl die zich tegenwoordig niet opdoet, breeke ik af met eenen zegenwensch; dat Godt Uwe Ed. Achtb'. nevens Mevrouwe hare dierbaare Bedgenoot, en hare Kinderen met zyne hemelsche zegeningen overstroome, en Uwe Ed. Achtb'. schoon tot hooge jaaren opgeklommen, en niet buiten lichaams zwakheit, noch lange spaare tot de regeeringe der Republyke, die Uwe Ed. Achtb'. nevens zoo veele van hare Bloedverwanten, zoo eenen grooten reeks van jaaren, met allen luister bekleedt heeft; en zal ik't my altoos voor eene byzondere eere rekenen, zoo ik iets tot Uw' Ed. Achtb'. dienst en vergenoeginge kan toebrengen; terwyl ik my oprechtelyk betuige te zyn en te blyven:

EDELE, ACHTBARE HEER,

Amsterdam
den 1 van
Herfstmaand
1704.

Uwe Ed. Achtb'. onderdanige
en verplichte dienaar,

FRANÇOIS HALMA.

* * *   VOOR-

VOORREDEN
DES DRUKKERS
AAN DEN
LEZER,
Dien hy alle Heil wenscht.

Onderbaar is Godt in alle zyne werken, die Hem, als de eeuwige Oorzaak van alles, [a] van eeuwigheit bekent zyn. Niets is 'er in 't Geheele al, tot in de onderaardsche holen en spelonken toe, of het draagt zichtbare blyken van de oneindige wysheit, mogentheit, en goetheit des Scheppers, die alles, met het begin van den tyd, door zynen Goddelyken wille, het wezen gegeeven, en tot nu toe in zyn wezen, en byzondere soorten onderhouden heeft ; zonder dat Godt, als het Wezen aller wezens, aan iemant gehouden is reden te geeven van zyne werkingen, die daarom onwraakbaar en te pryzen zyn, om dat Hy ze, die het oneindige Wezen is, verricht, van wien niets dan 't geene naar zynen aart volmaakt is kan voortkomen. Dies zong Mozes onder 't oud Israël : [b] *De Heer is een rotsteen, wiens werk volkomen is ;* en 't gebouw van Hemel en Aarde met alles wat 'er in vervangen is, word altoos als het groote schoutoneel aangemerkt, waarop zich Godts deugden en volmaaktheden op het doorluchtigste vertoonen ; zoo dat [c] *zyne eeuwige magt en Goddelykheit van de scheppinge der wereld aan, uit de schepzelen worden gezien en verstaan,* naar Paulus woord, *op dat niemant te verontschuldigen ware.* Hoe heerlyk, hoe verheven, hoe hoogdravende gewagen daar van ook Job en zyne Vrienden, in veele hoofdstukken van 't Boek zyner lydzaamheit, dat men wegens de uitmuntendheit der stoffe, en de voortreffelykheit der uitdrukkingen moet verbaast staan, en men zeker de grootste welsprekendheit van het Oosten, waar by de hedendaagsche niet haalen mag, hier in ontsloten vindt ! En waar loopt toch gedurig het besluit heene, na dat 'er van weêrkanten eene redeneering gehouden, of een voorstel van deze verstandige Oosterlingen, schoon dikwyl qualyk op hunnen verlegen vriend toegepast, gedaan is ? Zeker nergens anders, dan op Godts oneindigheit en vrye oppermagt, met de nietigheit en onwaardigheit van 't schepzel daar tegen over gestelt : en men hebbe Godt zelf maar op het end van 't gedachte [d] Boek te hooren, daar hy tot een staal, zommige uitwerkzelen zyner mogentheit ophaalt, wanneer men, (ten zy men geen gebruik noch gevoelen van reden hebbe) niet alleen over de Majesteit der woorden als buiten zich zelven zal worden wechgevoert, maar ook met [e] Job vervolgens betuigen : *dat men zich verfoeit in stof en assche ;* vermids men menigwerf reukeloos en onbetamelyk van Godt en zyne werken gedacht, of gesproken, en Hem, als Godt uit zyne doorluchtige gewrochten kennende, niet als den Opperheer van alles gedient en verheerlykt heeft : Het algemeene quaad van 't menschdom, na

dat

[a] Handel. XV. 18.

[b] Deut. XXXII. 4.

[c] Rom. II. 20.

[d] Job. XXXVIII. XXXIX. XL. XLI.

[e] Job. XLII. 6.

dat 's menfchen harte door de zonde tot ongeloof vervallen, en zoodanig verydelt, boos, en verduistert geworden is, dat het tot de allersnoodste afgoderyen is uitgespat, en de schepzelen, ja zelf de verachtelykste, in steede van Godt, in alle eeuwigheit te pryzen, met de hoogste eerbied geëert heeft; als d'Apostel, in zynen brief aan de Kerke van Romen, in het tweede hoofdstuk, wydlustig aanwyst.

Godts volmaaktheden en deugden nu, vertoonen zich niet alleen op het vlakke van de aarde, dat als een kostelyk geborduurt vloertapyt, voor de kunst onnavolgbaar, met oneindige soorten van gewassen en dieren pronkt, boven al met den mensch, 't meesterstuk, om zoo te spreeken, van Godts hand, waarin hy zyne Goddelyke wysheit en alvermogen, op het volmaakste heeft ten toon gestelt, en dien hy, als alleen het redenmachtige schepzel, met krachten en bequaamheden heeft voorzien, om Godt, als zynen Schepper, zyne eenige Oorzaak, met de diepste nederigheit, te kennen, te erkennen, en de eere te geeven, die hem over zyne oneindige werken toekomt. Ook schitteren de heldere straalen van Godts almacht, niet alleen aan den hemel, die met de groote lichten van Zon en Maan, naar haren gezetten loop, en ontelbaare flonkerstarren op 't luisterrykste praalt, waar van de aarde zoo veel dienst en gebruik trekt, ja zonder welke wy de waereld haast in haren eersten mengelklomp verandert zagen: maar ook zelf in de Zee en hare stroomen, de aderen van dien onmeetbaaren waterkolk, waarin ontelbaare visschen, wriemelende, en andere gedierten, door dat Godewaardige woord van den Schepper, *de zee brenge voort*, enz. veroorzaakt zyn, en in hunne soorten bewaart worden.

Overzulks verwondert zich de Goddelyke Harpslager niet alleen over den [f]Hemel en zyne tintelende lichten, maar [g]zingt ook: *Dat die met scheepen ter zee vaaren, Godts wonderen bespeuren in de diepte.* Gelyk dit door eene zekerste ondervindinge van alle volken, in de vier streeken der waereld, eenstemmig gestaaft en bevestigt wordt.

f Pf. vIII.
g Pf. cVII.
23, 24.

Dit gaf dan ook ten allen tyden den onderzoekeren der Nature aanleidinge, om hun verstand te scherpen, en hunne pennen te leenen, tot het ontdekken van de wonderstukken, die de zee in haren schoot teelt; gelyk dan wylen de Heer EVERHARD RUMPHIUS, een man van groote opmerking en geleerdheit, met die lust is bevangen geworden, om eene naaukeurige Beschryvinge der Zeegedierten en Gewassen, omtrent Amboina en andere Molukkische Eilanden te vinden, op te stellen, die hy uit die Landstreeke, tot voldoeninge van de nieuwsgierigheit onzer Landgenooten, herwaarts heeft overgezonden, en die wy thans, weetgierige Lezer, niet zonder kosten en sieraar, en, naar wy hoopen, tot uwe genoeginge uitgevoert, (schoon wat spader dan wy ons zelven in den beginne wel voorstelden,) door onze drukpersse gemeen maaken. Hier bekoomt gy dan de langverwachte *Amboinsche Rariteitkamer*, waarin gy uwen lust, die dagelyks tot dit slach van zaaken schynt toe te neemen, zoo in 't leezen der stoffe, als de beschouwinge der verwonderlyke kunstprinten, daar noch kosten, noch arbeid aan zyn gespaart, ten vollen kont verzadigen. Zeker de geoefende Schryver heeft met dit Werk een onsterflyk bewys nagelaaten, van zyne kennisse, naerstigheit en onvermoeiden yver in het navorsschen van deze natuurlyke zeldzaamheden; en wie moet niet toestemmen, dat hy hier door iet fraais verricht, en by de nakomelingschap eeuwige eere verdient heeft? Want het zy dat wy in zyn eerste Boek de groote en weeke Schaalvisschen; in zyn tweede, de wonderbaare Hoornen en Schulpen; en in zyn derde,

*** 2   de

VOORREDEN.

de ongewoone fchatten en uitwerkzelen der Nature, in die Oofterftreeken, befpiegelen; wy worden op elken ftap, om zoo te fpreeken, verrukt over het geene hy van zoo veele wonderheden meldt. 't Luft ons derhalven den Schryver eens op het fpoor te volgen, en, tot gerief des Lezers, als in eene korte fchets te betrekken, 't geene wydluftig in zyn werk is verfpreidt.

Zyn eerfte hoofdftuk, van 't eerfte boek, begint hy van den *Locufta marina*, of Zeekreeft, waar van in 't byzonder zyn doornachtig fchild, en de fterkte van zynen ftaart, waar mede hy zich wonderlyk weet te befchermen, in aanmerking koomen. Dan zien wy verder den *Urfa Cancer*, eenen zeer vreemden Kreeft, doch die echter zeer goed voor den fmaak der tonge is. Wyders komt de Knyperkreeft te voorfchyn, waar van men met verwondering de groote kracht zyner fchaaren, of knyperen, daar hy wonderlyke dingen mede verricht, befchreven vindt. Maar gelyk elk dier in zyn eigen hoofdftoffe leeft, vertoont zich hier ook eenen Modderman, die zich in de flymachtige kuilen van modderige ftroomen onthoudt, en, gelyk flecht van gedaante en verwe, zoo ook tot fpyze is. De Beurskrabbe fchynt gedrochtelyk, en ten deele een Kreeft, ten deele eene Krabbe te zyn, die ook, tegens den aart van alle andere, een inwooner des lands, en nimmer van 't water is. De Steenkrabbe krygt hier ook hare beurt, en word, behalven hare gedaante, als een van de befte om te eeten befchreven. De eigentlyke Zeekrabbe word ook aangeroert, en de Stekelkrabbe in 't korte afgemaalt. De Maan- en Hondskrabben worden ook, naar hare byzondere eigenfchappen, afgefchetft, en met hare verfcheide foorten in de Printverbeelding vertoont. De zeldzaamheit van den *Cancer Raniformis* komt vervolgens voor; die verfcheide Landkrabben, in 't volgende Hoofddeel, tot zynen ftoet krygt. De leelykheit van tweederleije Doornkrabben, verwekt een afzien en yzing voor hare gedaante, met groot recht voor gedrochtelyk geboekt. De Bloemkrabbe, nevens de eigentlyke fchadelyke, of vergiftige, volgen malkander; waar op dan de roode, en verfcheide zwarte foorten ten tooneele koomen. De Gras- of Mofchkrabbe word mede voor fchadelyk gebrandmerkt, en daarom van de Viffchers gewraakt en uitgefchoten. De *Calappoides*-Krabbe verdiende ook hare plaatze, die, meer uit fchaal dan vleefch beftaande, ondeugende voor den mond is. Maar wat gedrocht vertoont zich flux daar op, de verkeerde Krabbe geheeten, om dat aan haar alles verkeert fchynt te ftaan? Zeker niet te onrechte naar de Befchryvinge die 'er hier van voorkomt. Nu gaan wy tot de Wandelaars over; Krabben, die, uit haar eige fchaal gegroeit, een vreemt huis, dat tot haar lyf paft, zoeken, en daar over menigmaal eenen hevigen kryg voeren; ook 's nachts zich niet ontzien, als openbare rovers, hunne oude vuile huizen, in de fraaifte van andere hunne Meedekrabben, zoo zy ze aantreffen, te verwiffelen. Wat vindenwe dan niet van den Pinnewachter, dat kleine garneeltje, dat als op fchildwacht voor zynen huiswaard ftaat, en hem ter dood toe getrou blyft. De gebaarde Krabbe, nevens de Eendekrabben, meer dan van eenerlei flach, volgen daar op, waar van zeldzaamheden gemeldt worden. De bloedige en vierige Zeelappen, met de Zeeluis vinden hier ook hare plaatzen; gevolgt van veelerhande foorten van Zeeappelen, waar van eene naaukeurige Befchryving gefchiedt, die den geeft tot verwondering brengt. Noch komen de Zeeflekken, en verfcheide Zeeftarren te voorfchyn, alle kunftig naar 't leven uitgebeeldt. Maar wie fchrikt niet voor het hoofd van Meduza, waar door, naar het zeggen der Dichteren, fchoon afgehouwen, alles in rotzen veranderde? En

wie

VOORREDEN.

wie zoude niet, op 't gezicht van zulk een gedroeht, als in eenen steen verstyven, en met doodschen schrik bevangen worden? De Zeepylen, of Zeespatten vind men hier ook gemeldt, die mede hare verwondering verdienen. Maar men most ook hier de Zeeplanten niet overslaan, noch de Slangen, groote en kleene, die zich in de Indische zee onthouden. En wat zyn toch de Quallen of Zeelongen, en waar van daan haren oorsprong, die onzeker is? Maar het Bezaantje verdiende zyne byzondere beschryvinge, waar van schier ongeloofbaare, echter zeer waarachtige dingen worden aangetekent. Eindelyk sluit de Schryver dit zyn eerste boek, met de verhandeling der Zeewormtjes, *Wavo* geheeten, daar hy omstandig den wonderlyken aart, en de zeldzaame wyze van hen te vangen van beschryft.

Zie daar in 't korte, naaukeurige Onderzoeker van de geheimen der Nature, wat 'er in 't eerste boek dezer Amboinsche Rariteitkamer is vervat, en verwonder U met my over deze wonderbaare schepzelen, doch meest over den Schepper, die hun alle, naar zyne eindelooze wysheit heeft veroorzaakt. Doch blyf hier niet stilstaan; maar treê voort tot in de binnenste vertrekken van dit Oostersch Natuurkabinet, waar in U zoo veele, en verscheide slach van Hoornen en Schulpen, met de schoonste verwen geschakeert, zullen voor 't ooge koomen, dat gy met reden over hen vergenoegt en verwondert zult staan. Hier vindenwe de harde Schaalvisschen op 't naaukeurigste ontleedt, en, naar eene gevoegzaame order, vervolgens beschreven. Wei dan eerst met uwe oogen op die schoone Paerlemoerschulp, de groote Schipper geheeten, glansig van gedaante, en van verscheiden gebruik. Maar bezie verder, wat 'er van eene kleener slach, eigentlyk het Schippertje by ons genaamt, gemeldt word. Wie verwondert zich niet over dit diertje, dat de zeevaart, met zyn licht en teêr bootje, naar de beste voorschriften der kunst zoodanig weet te oeffenen, dat het geenen voorzigtigen Schipper schynt te wyken, of in 't zeemanschap toe te geeven? 't Posthorentje, naar dat aan 't hoofd van Jupiter Hammon staat, gelykende; de Quallebootjes, en andere Alykruiken vinden hier ook hare beschryvinge; ook de Maansoogen, Lobbetjes en Spooren; en wat niet al van dit slach? Tollen, heeten de Liefhebbers, die omtrent deze gedaante hebben, waar van 'er hier veelerhande, behaaglyk voor 't ooge, vertoont worden. De verscheide Slekkehoorens vindmen hier naaukeurig beschreven, en verbeeldt. Daar op volgen de Stormhoeden, dus genaamt naar dat beschuttend hoofdwapen, in oude tyden gebruikelyk, daar deze Hoorens naar zweemen. Wat de Pimpeltjes belangt; deze kan de Aantekenaar onder geen eenen naam brengen, maar noemt de eene, de getakte Zwitzers broek, de andere de groote, of kleine getakte Moerbei, ook de Paddehooren, Beddetyk, Hoogstaarten; en wat niet al meer, die kunstig in onze Printverbeeldingen ten toon staan? Graauwe Kasketten, anders Bezoars Hoorens, ziet men hier ook van verscheide slach wonderlyk in prent gebragt. Dan volgen de Krulhooren, Voethooren, Brandhooren, Spinnekop, en veele andere, die hunne benamingen van de zaaken ontleenen, daar ze naar gelyken, alhoewel zy in de verscheide Waereltdeelen noch niet onder eenen doopnaam bekent staan. Naaukeurig spreekt verder de Schryver van de Slekke Hoorendekzelen, Blatta Byzantia geheeten, en van den Onyx, die in de H. Schrift voorkomt, daar hy 't met dien wydberoemden en geleerden Man, *Samuel Bochartus*, niet eens omtrent is. De Belhoorens hebben verscheide naamen en gedaanten, en word het gebruik van

hun-

hunne viſſchen, byzonder in de Geneeskunde, hier ontleedt. Maar hier
komt ook de Zeetrompet voor, ten gebruike van de Tritons, of Neptuins ſtoet,
door de Dichteren, geſchikt, maar die ook door de Alphoreezen van Keram
in der daat tot Trompetten gebruikt worden, waar van wy hier de nette beſchryvinge vinden, en die, nevens veele andere, hier overſchoon zyn uitgebeeldt. Vreemde en wonderlyke naamen draagen ze, te lang hier alle op
te haalen; daar dan de Naalden, of Pennen, lange en ſmalle Hoorens,
op volgen, die ook verſcheiden van naam en gedaante zyn. Maar beſchouw
eens de ſchoone gekroonde Tepelbakken, en verſcheide Tooten, zoo geheeten; waar onder de aardig gevlakte Muzykhoorens, Speldewerkshoo-
rens, en bykans oneindige andere, zoo kunſtig uitgebeeldt als of men 't leven zag. Krabben, anders Laphoorens, koomen vervolgens hier op 't ſier-
lykſte voor 't ooge, die, naar de keurlykheit der Liefhebberen, veele
naamen draagen, hier van ſtuk tot ſtuk gemeldt. Klipkouſſen, of Klip-
hoorens, en Schildpadhoorens, de laatſte naar de ſchoone gedaante van
de Schilden dezer kruipende Lantdieren zoo geheeten, pronken hier op
't papier, nevens hunne Beſchryvinge, dat 'er het oog zich naauwelyks in
kan verzadigen. De Rollen, of Dadels zyn door de etsnaald ook zoo wonderbaar getroffen, dat 'er niet een vlekje in gemiſt wordt. Klipklevers, Zeeooren, Pokken, en wat niet al van dit ſlach? zyn ook op het kraehtigſte
hier uitgebeeldt. Maar wat wonderlyke beelteniſſen hebben de Zoolen, Zeepypen, of Zeeſlangetjes, hier beſchreven, en in plaat gebragt? Vader
Noaehs Schulpen zyn de gedenkwaardige overblyfzels van dien algemeenen
Watervloed, waar mede Godt de vlekken der boosheit van de eerſte waereld
uitwieſch. De Japanſche Speeldoubletten, ook de getande Venusdoublet,
draagen deze naamen niet zonder reden, gelyk ook zoo veele andere Schulpen, die hier met hare naamen voorkoomen. De Bontemantels zyn fraai
van aanzien, en van waardye, ook het dubbele Venushartje, dat beval-
lig voor 't ooge is. De groote en kleene Eendebek, anders d'eeuwigdu-
rende Gapers geheeten, vind men hier nevens veele andere beſchreven,
en door d'etsnaald kunſtig uitgebeeldt. De Eendemoſſel, 't gevlerkte Vogeltje, de Holſters, of Hamdoubletten zyn alle Moſſels, verſcheiden van
fatzoen, die onder de zeldzaamheden in de Kabinetten der Liefhebberen
te zien zyn, en hier, naar 't leven afgetekent, voor de oogen ſpeelen.
Veele ſchoone en zeldzaame Oeſters, verſcheiden van naam, waar onder
de Poolſche Zadels, Hanekammen, Lazarusklappen, en Rotsdoubletten
uitmunten, zyn wonderlyk door d'etskunſt hier verbeeldt. Maar wat zal
men van de Venusſchulp zeggen, met haair rontom, zoo natuurlyk als
het leven, begroeit? Zeker, de Natuur geeft ons zomwylen wonderlyke
afbeeldzels van zaaken, die men nooit verwachten zoude; waar van ons
de Agaatſteenen, in het volgende boek verbeeldt, ten bewyze ſtrekken;
daar ons ook iets, als byzondere wonderſtukken, van ſtaat te gewaagen.
Eenige uitmuntende en overdierbaare Hoorens zyn noch in het kort Aanhangzel met naamen uitgedrukt, en weergadeloos door den Kunſtenaar op
't koper, en vervolgens op 't papier gebragt, waarin de naaukeurigſte be-
ſchouwers ontwyfelbaar voldoeninge zullen vinden.

Doch gaan wy, naar d'orde van 't Werk, tot het derde Boek over, waarin
zoo veele ſchatten der aarde ontdekt, en zoo veele wonderen der Nature
vertoont worden. 't Gout is het dierbaare op de aarde, dat, gelyk in zwaarte en during, alle andere bergſtoffen in waardye overweegt. Te recht begint dan onze geleerde Schryver met dat alles vermogende aardteelſel, met
recht

VOORREDEN.

recht mag het zoo heeten, dewyl het in de ingewanden der aarde geteelt, gekoeftert, en voldraagen, daar na, door de vroedheit der menfchen, in hunnen fchoot, om zoo te fpreeken, gebaart, en eindelyk, om het gangbaar te maaken, met de beeltenis der Hooge Overigheit beftempelt wordt. Maar wat meld 'er onze Natuuronderzoeker van? 't Opfchrift, 't geen de Befchryving beantwoordt, fpreekt van de vervalfching van 't gout in Indiën, en dat door twee looze vonden, die de lift der Europeërs zelf fchynt te overtreffen, doch hier door den Schryver, ter waarfchouwinge, ontdekt worden. Maar flux volgt 'er op eene waterproef, van gout en zilver, voor de kundigen, die op den toets dezer metallen afgericht, met de verfchei- de toeftellen en uitrekeningen hun voordeel konnen doen. Maar zie verder verfcheide wyzen van gout te toetzen, en waarop het hecht, of geen proef houdt. Wat *Suaßa* voor een metaal is, word hier wydluftig befchreven; dan hoe zommige Bergftoffen door den geeft van 't zout beproeft worden; en vervolgens vinden we eene befchryvinge van zeldzaam Yzer in Indiën, maar meeft van de valfche Wonderwerken, die eenen Priefterlyken Koning, op den Javaanfchen Ooftkant, met yzere ringen en armbanden verricht. Van 't metaal *Gans* geheeten, vind men hier ook meldinge, en daar by eene giffing des Schryvers omtrent een brok van een metaal Radt, 't geen men wil dat uit de lucht is gevallen. Maar de Donderfteenen worden ver- volgens, in hunne veelerlei gedaanten en fatzoen, vertoont, en men vind hier over zoo veele bondige redeneeringen, zoo wel van den Schryver, als van den Aantekenaar, dat men ten minften van de waarheit, wat zommiger ongeloof hier tegen verzint, moet overreedt zyn. De Donderfchopjes, die miffchien hier Donderbeitels heeten, worden in 't byzonder verhandelt, waar van verwonderlyke dingen voorkomen.

Doch waar toe ons verder in 't benoemen of aanhaalen van deze Won- derftukken der Nature ingelaaten, die beft uit het Boek zelf te zien en te kennen zyn, waar heene wy den opmerkenden Lezer voor al het ove- rige verzenden; en, luft het hem, kan hy 'er de lyft der Hoofdftukken over nazien. Ondertuffchen hoopen we dit Werk, fchoon het den top van volmaaktheit niet heeft bereikt, waar toe geene menfchelyke dingen koo- men, echter de goedkenninge der Liefhebberen zal behaalen, en plaats in hunne boekeryen, gelyk het dubbel over verdient, gegunt worden.

Hier mede wenfchen wy hun allen welvaart, en dat dit Werk tot hun zonderling voordeel en vermaak gedye.

Amfterdam den
1 van Slagtmaand
1704.

F. HALMA.

T A.

TAFEL
DER
HOOFTDEELEN
DES
EERSTEN BOEKS,
Handelende van de
WEEKE SCHAALVISSCHEN.

****   T A-

TAFEL
DER
HOOFTDEELEN
DES
TWEEDEN BOEKS,
Handelende van de
HARDE SCHAALVISSCHEN.

XXII. HOOFT-

**** 2   HIER

HIER IS BYGEVOEGT

EENE BESCHRYVINGE

Der

AMBOINSCHE

HOORNEN en SCHULPEN,

Door den Heer SIPMAN, Doctor
in de Medicynen, enz, enz.

Dezelve Verdeelende

in drie Hoofd-foorten, of *Claſſes*;

te weeten,

EENSCHAALIGE GEDRAAIDE,
EENSCHAALIGE ONGEDRAAIDE,
EN TWEESCHAALIGE HOORNTJES;

De Eenſchaalige Gedraaide Hoorntjes worden weder verdeelt in XII Hoofdgeſlachten, in zich be-
helſende meer andere ſoorten:

't Am-

't *Amboinfch*, Tatallan, *naar de uitgebreide vleugelen des Vogels* Tallan,
den welken wy Scheer-Vogel noemen. 179.

X. HOOFDGESLACHT.

Van de Porcellanæ *zynde een byzonder flach van Hoorntjes, aan fatzoen van alle
voorgaande verfchillende:* Dicuntur Porcellanæ ad imitationem Græcorum,
qui Χοιφιας vocant ; apud utrofque nomen acceperunt a fimilitudine pudendi muliebris, quod Græci, χοιφια, vocant, Latini porculum, cujus
aliquam fimilitudinem refert hujus Conchæ rima ; hinc etiam Concha
Venerea audit: apud Ennium, Matriculus. *Maleitfch*, Bia Lilala, *dat is,
Likhoorntjes, om dat ze daar mede linnen en papier likken, dat is, glad maken konnen.* 180.

XI. HOOFDGESLACHT.

Van de Porcellanæ minores, *in 't gemeen by de Maleijers genaamt* Candaga *en*
Bia Tsjonca, *om dat men ze veel gebruikt tot zeker fpel* Tsjonca *genaamt,
waar in men veele kleine dingen telt in zekere kuiltjes, die in een dikke plank
ingebolt ftaan: De voornaamfte zyn, dewelke men* Thoracia *noemt, dat is,
Borftftukjes, in 't gemeen* Cauri *of* Caudi. 181.

XII. HOOFDGESLACHT.

Van de Cylindri *of* Rollen, *aldus genaamt van haare langwerpige figuur als een
zamen gerolt papiertje of linnen, van fchaal glad en blinkende, met een kort
tuitje voor uit.* 183.

DE TWEEDE HOOFD-SOORT of CLASSIS,

Te weeten de Eenfchaalige Ongedraaide Hoorntjes zyn verdeelt in twee Hoofdgeflachten, en worden genaamt *Conchæ Univalviæ.*

I. HOOFDGESLACHT.

*Van die aan d' eene zyde maar eene fchaal hebben, en met d' andere bloot tegen de
klippen zitten.* 184.

II. HOOFDGESLACHT.

*Van die uit eene lange pyp beftaan, aan zommige recht, aan zommige krom, die
aan beide einden open zyn, doch zoodanig, dat het eene eind altyd fmalder zy,
en als een afgebroken fpits, alwaar de fchaal op 't dikfte is ; zy worden genaamt* Solenes; *Maleitfch*, Cappang. 185.

DE DERDE HOOFDSOORT of CLASSIS,

Te weeten de Tweefchaalige Hoorntjes of Schulpen zyn verdeelt in VII.
andere Hoofdgeflachten, en deze weder in mindere foorten.

I. HOOFDGESLACHT.

Van de Schulpen, *dewelke twee fchaalen hebben; deze zyn verdeelt in vyf foorten.*
1. Chama afpera fquammata. 2. Littoralis. 3. Chama ftriata. 4. Cardiffæ.
5. Quadrans. 186.

II. HOOFDGESLACHT.

Van de Schulpen, *dewelke mede twee fchaalen hebben ; deze worden verdeelt in*
14 *foorten.* 1. Chama lævis. 2. Chama lutaria & coaxans. 3. Chama optica. 4. Chama cincinnata. 5. Chama virgata. 6. Chama litterata oblonga. 7. Chama litterata rotunda. 8. Chama pectinata. 9. Chama fcobinata.
10. Favus. 11. Lingua tigerina. 12. Chama granofa. 13. Remies. 14. Kapija. ibid.

III. HOOFDGESLACHT.

Van de Pectines *of platte St. Jacobs Schulpen en* Pectunculi, *dewelke bultig
zyn.* 188.

IV. HOOFDGESLACHT.

Van de Tellinæ, *hier onder begrypt men al dat goetje, dat dunfchaalig en langwerpig is, 't zy glad of geftreept.* 189.

* * * * 3   V. HOOFD-

TAFEL
DER
HOOFTDEELEN
DES
DERDEN BOEKS,
Handelende van de
MINERALIEN, GESTEENTEN,
En Andere zeldzaame zaaken.

B E-

BESCHRYVING
Van het Stuk
GRAAUWEN AMBER,
Dat de
Kamer van Amſterdam uit Ooſt-Indiën heeft gekregen, weegende 182 ponden; nevens eene korte
verhandeling van zynen oorſprong en krachten.
Pag. 262.

D' AM-

D' AMBOINSCHE
RARITEIT-KAMER,

Behelzende eene

BESCHRYVING

van allerhande, zoo weeke als harde,

SCHAALVISSCHEN.

INLEIDING.

DIT Werk is van de Beschryving der Dieren afgezondert; en heeft *Tytel van dit werk.* de Tytel van d' *Amboinsche Rariteit-Kamer* aangenomen, om dat daer in beschreeven worden de dingen, zoo van levende als levenloose Schepselen, die, of wegens hunne zeltzaame figuur, of om datze zelden gevonden werden, de Liefhebbers tot *rariteiten* plegen te bewâren, en is verdeelt in 3 Boeken.

Het eerste Boek behelst die geene, die men weeke Schaalvissen, *Inhoud van 't eerste Boek.* in 't Latyn *Pisces Crustaceos*, in 't Grieks *Malacostrea*, noemt, die wel eene harde, dog breckzaame Schaal hebben; gelyk daar zyn Kreesten, Krabben, Garneelen, Zeeappels en Zeesterren: waar van de twee laatste soorten ook *Zoophyta*, of *Plantanimalia* heeten.

Daar op volgt, in 't tweede Boek, het tweede Hooftgeslagt, 't geen men eigentlyk *Ostra-* *Het tweede Boek.* *coderma*, of *Sclerostrea*, dat is harde Schaalvissen noemt, en die een steen-of beenharde schaal hebben, waarmede zy het geheele lyf, behalven den mond, bedekken; als daar zyn Hoorntjes, Schulpen, en Oesters. Dit is de eigentlyke Kamer der liefhebbery, of vergadering van alle *rariteiten* in Hoorntjes en Schulpjes bestaande, die ik in de *Amboinsche Zee* heb konnen opzoeken, en waar door ons *Amboina* in geheel *Europa* bekent is.

In het derde Boek sult gy hebben verscheide *Mineralen*, raare Gesteenten, Aarden, *Het derde Boek.* en Sappen, die men in deze Oostersche gewesten vind.

A   De

Eigen-
schappen
der Schaal-
visschen.
De byzondere Eigenschappen der Dieren in 't eerste Boek zyn, datze geen bloed hebben, en hunne Leden zoo bescheidentlyk niet als andere dieren vertoonen. De byzonderheden van het eerste hooftgeslagt zyn datze agt voeten hebben, behalven de scheeren, en nog eenige kleine pootjes by den mond; het hooft, de borst en ruggen aan malkander vast zynde, met uitsteckende en beweeglyke oogen, waar onder Kreeften en Garneelen gerekent worden, die langwerpig van lyf zyn, een langen staart hebben, en agterwaarts gaan.

Welke onder
de Krabben
behooren.
Onder de Krabben behooren die een rondagtig, of een ter zyden gedrukt ligchaam hebben, en ter zyden uitgaan. *Zoophyta* zyn al de andere, die meer de gedaante van een vrugt of plant, dan van een gedierte hebben, zonder uitdrukkelyke leden, behalven de pooten, en egter van binnen een leevend vleesch en aderen, waar mede zy zich beweegen.

HET EERSTE BOEK
van de
AMBOINSCHE
RARITEIT-KAMER,
handelende van weeke
SCHAALVISSCHEN.

I. HOOFTDEEL.
Van de Locusta Marina. Zeekreeft. Udang Laut.

Zeekreeft
beschreven
ten aansien
van zyn
leden.
Eze Zeekreeft komt meest overeen met die men in *Italien* en in de Middelandze Zee vind, doch de Indiaansche is veel doornachtiger, want de geheele rugge, welk deel men in alle deeze soorten het schild ('t *horax*) noemt, is zoo doornachtig, dat men hem qualyk zoude konnen vatten, indien niet alle de doornen voorwaarts geboogen stonden. Inzonderheit heeft hy boven de oogen twee groote voorwaarts geboogene doornen, en onder dezelve nog vier kleindere, weshalven hy van vooren niet aan te doen is. Het agterste deel des Schilds heeft kleine korte doorentjes, en is daar tusschen met korte hairtjes of borstels bezet, zoo dat hy wolagtig schynt. In 't gemeen is hy 14, en 15 duimen lang, behalven de twee lange Baarden die 18, en 20 duimen lang zyn, agter schier een vinger dik, en rond, daar na allengskens spits toeloopende, yder in drie leden verdeelt, en gansch steekelig: tusschen deze staan nog twee andere korter en dunder baarden, mede in drie leden verdeelt, waar van het voorste zig in twee hoornen splyt, en daar van het eene deel altyd korter is dan het andere. In plaats van scheeren heeft hy twee voeten, aan het uiterste in tween gespleeten als een tang, voorts de overige gelyk, behalven dat ze grooter zyn. De andere voeten zyn t'zamen agt, niet doornagtig, en van vooren in stompe klauwen verdeelt. De staart bestaat uit agt kringen, die aan d'eene zyde in een spits eindigen, en agter in vyf vinnen, die den staert breed maken.

Van zyn
kaleur
De Koleur aan den rauwen Kreeft is hoog blauw, met witagtige of vaale plekken hier en daar, een weinig root aan den staert en aan de hoornen. De pooten zyn blauw en
wit

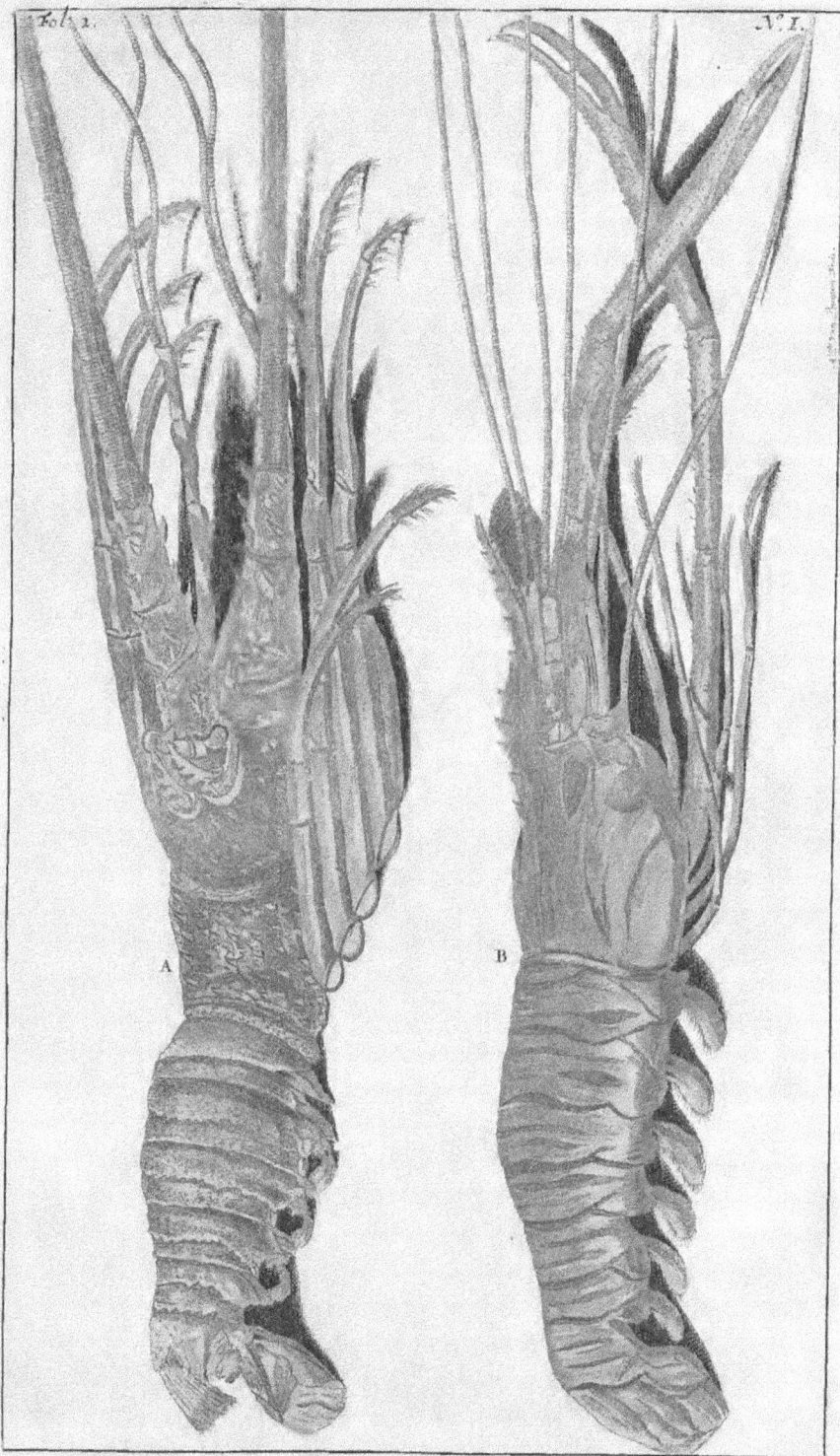

Tab. 1.

A

B

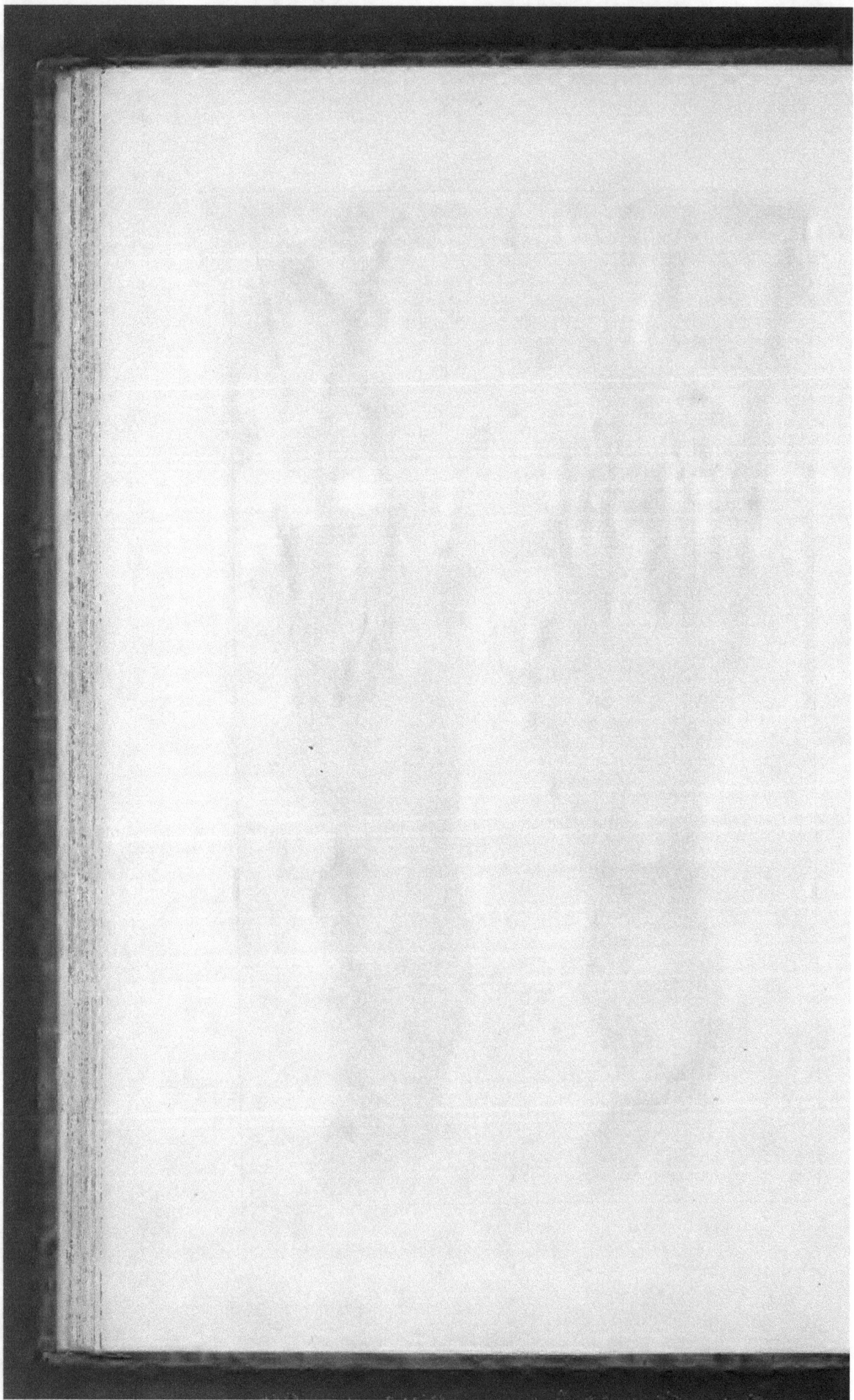

wit geftreept. De gekookte is ganfch rood. Het Mannetje is altyd fteekeliger dan het Wijfje; en indien het zulk een Kreeft is geweeft, waar van *Suetonius* fchryft, en waar mede Keifer *Tiberius* den armen Viffcher den Baard liet wryven, toen hy hem zoo on- voorziens, op 't Eiland *Capreæ*, uit de klippen bekroop, is het wonder dat hy hem het geheele aangezigt niet opgefcheurt heeft. Hy heeft veel vleefch, wit, hardagtig en *En vleefch.* geil zoet; is derhalven van geen groote lekkerny, hoewel men van eene Kreeft een fchotel vol kan hebben, en dat alleen uit de pooten en ftaert; want van 't hol des lyfs nuttigt men niets. De kleine Kreeftjes gelyken wel *Scorpioenen*, en zyn half doorfchynende.

In 't Latyn noemt men dezen Kreeft *Locufta Marina Indica*. Maleyts *Udang Laut*, zynde *Zyn Naam* *Udang* een algemeene naam van alle Kreeften en Garneel-foorten. Amboins. *Mitta Soa*, *in verfcher-* *de Taalen.* als of men zeide *Squilla retrogada*, of in 't Mal. *Udang-Ondor*, dat is te rug loopende Kreeft: op Leytimor *Ulehi* en *Ulehir*.

Hy woont in de rüime Zee, evenwel omtrent den wal, hy gaat in de *Seris*, kruipt in *Eigen-* de Bobbers, en word met netten gevangen. Levendig kan men hem niet aanvatten, *fchappen.* dies hy met een harpoen geftoken word: hy heeft zulk eene fterkte in zynen ftaert, dat, zoo *Hoe hy ge-* hy in 't uittrekken of aanhaalen dien om eenen fteen flaat, men hem qualyk daar af- *word.* trekken kan. In 't water gaat hy voorwaarts, dragende zyne horens op zyde, als hy zyn aas zoekt, want niets is zoo ftout dat hem durft ontmoeten: maar iets bemerkende daar hy fchuuw voor is, of voelende dat men hem aanhaalt, zoo kruipt hy agterwaarts en fteekt de hoorns voor uit. Hy is ook zoo flim, dat hy met een net omfingelt zynde, en geen uitkomft ziende, tegens den bovenften boort van het net opklautert, en zoo men 't hem niet belet, daar over zoekt te fpringen. De Viffchers zien hem ganfch niet geerne in de Bob- bers, om dat hy, benahwt zynde, de andere viffen geweldig quetft.

De geheele Kreeft word in zout water gekookt, daar na de ftaert en pooten in ftuk- *Hoe gekookt* ken geklopt, en al het witte vleefch daar uit genomen, waar over men eene byzondere fauf- *en toebereit* fe moet maaken. Men kan zig haaft daar aan verzadigen, om dat het zoo lafzoet, en hard te verdouwen is.

Diergelyke Kreeften worden by de *Franffchen* in de *Karibifche* Eilanden ook *Homars* *Homars in* genoemt; waar van zie *Hiftor. Antill. Rochefortii*, Cap. 19. die de Karibaners op *de Karibi-* *fche Eilan-* droogten en zandbanken by nacht vangen, door hulp van brandende toortzen, waar na *den, hoe* deze Kreeften kruipen, wanneerze die met een harpoen fteeken, of anders by de Maane- *gevangen.* fchyn waarneemen. Van de *Locufta Marina* zie breeder *Gefnerum de Aquatilibus lib.* IV.

Alzoo de Heer Rumphius geen afbeelding van deze Locufta Marina heeft gegeven; heeft de Heer Doctor *D'Acquet, uit zyne Rariteitkamer, ons deze twee toegezonden, die wy wegens hunne zeltzaamheit, en als over* *een komende met de befchryvinge, oordeelden hier nevens te moeten vertoonen: zie de plaat Nº 1. A. en B.*

II. HOOFTDEEL.

Van den Urfa-Cancer, Udang Laut Leber.

DIt is een vreemd flag van Garneelen of Kreeften, breed, en niet hoog; een *Befchry-* van die plompe handfchoenen, die men wolle wanten noemt, verbeeldende, een *ving van* *den Urfa-* fpan lang, en een hand breed, over zyn geheele lichaam met een grauwe *Cancer.* en ruige wolachtigheid bedekt. De rugge is een weinig bultig; met eenige ftekels; de ftaert een weinig ronder, met een rugge in de midden, is van vyf of zes le- den, en agter met breede vinnen; hy heeft geen fcheeren, maar aan ieder zyde vyf poo- ten, dewelke eindigen in zwarte en fpitze Vogelklauwen, aan de vier voorfte voeten en- kel, aan de agterfte dubbel, of in tween gefpleeten, als een fcheer, en ftaan dezelve agterwaarts gebogen. Daar benevens twee kleene voetjes aan den mond, die hem voor han- den dienen. Van vooren is hy op 't breedfte, te weeten vyf en zes duimen breed, en aldaar

aan

aan de kanten gezaagt, doch het voorfte van 't Hooft, heeft aan elke zyde twee breede en dunne lappen, van de zelve fchaal gemaakt, doch daar in niet vaft, maar beweeglyk, en aan de kanten getandt, die hem voor vinnen dienen. Tuffen deeze lappen,
vooraan heeft hy twee gekorte hoorns of baarden, en agter dezelve aan de kanten
heeft hy de oogen. Hy kruipt meeft op den grond, met eenen langzamen gang, alwaar
hem de Viffchers, met een ligt harpoen, of weêrhaak fteeken. Hy heeft een zeer
wit, hard en zoet vleefch, beter van fmaak dan de Zeekreeften, doch men vindze zelden.

Naam in verfcheide taalen. Zyn Naam is in 't Latyn, *Urfa-Cancer* en *Squilla lata.* In 't Mal: *Udang laut leber.*
Amboins *Uhut*, op Leytimor *Miju uhut*, of *Cattam gonoffo*, van het haairige fchild,
als een Calappus Bolfter. Jav: *Udang Bladook.*

> Urfa Cancer. *De Schryver heeft de afbeelding C, zynde het mannetje, verbeeldt: waar by wy hebben ge-*
> *voegt D, het wyfje, ons toegezonden door den Heere Doêlor D'Acquet; zie de plaat N°. 2.*

III. HOOFTDEEL.

Van de Squilla Arenaria. Knyper. Locky.

Gedaante van den Knyper-Kreeft. D Eze Squilla heeft ook de gedaante van eenen langen Garneel, is in 't gemeen een
hand lang, en twee vingeren breed, en in twee foorten verdeelt. I, *Locufta*
of *Squilla Arenaria Terreftris.* II, *Squilla Arenaria Marina.*
   I. De *Squilla Arenaria Terreftris*, is de grootfte gemeenlyk een hand lang, en
ruim twee vingers breed, fchier uit enkel leden gemaakt, te weten, uit vyf breedere,
en drie fmaldere leden, als zoo veel banden, halvemaanswyze t' zamen gevoegt,
en 't lyf uitmakende; agter met een breede fteekelige ftaert, uit fcherpe fpitzen, als
een kroon gemaakt, die ten weêrzyden vier vinnen hebben. Onder de vyf breede leden, waar uit het lyf gemaakt is, heeft hy aan ieder zyde vyf dubbele, breede, fchubag-
tige voeten, het blad van een riem gelyk, waar mede hy eenen radden gang maakt. Aan
de vier andere fmaldere banden van 't lyf, heeft hy nog vier paar kleendere voeten van
het voorige fatzoen. Nog heeft hy aan 't hooft twee langronde vinnen, die aan de
kanten gehaairt of gebaart zyn, en tuffchen dezelve vier korte baarden. De fcheeren,
het raarfte van dezen Kreeft, zyn geheel anders gefatzoeneert dan aan andere Krabben,
want zy zyn gemaakt van drie groote deelen, waar van het agterfte dik en bogtig is,
gelyk aan andere; doch het middelfte is dun, breed, en het langfte, aan den agterften rand, met een diepe keep. Het voorfte is fmal, in vyf of meer kromme tanden verdeelt, gelyk fikkels, of vogelklauwen, die hy verbergen kan, in de voornoemde keep van 't Middel-lidt, als in een fcheede, of gelyk de Franfche knipmeffen. Onder deze fcheeren, ten weêrzyden van den mond, heeft hy nog zes kleene en gevinde
(*Pinnatos*) pooten, in fcheertjes eindigende. Met de eerftgenoemde Scheeren, of Knypers, doed hy groote kragt, niet alleen met in den grond te booren, fteen en zand daar mede
weg te fmyten, maar ook de kleene visjes daar mede te flaan datze fterven, die hy daar
na in ftukken fnyd, en met de fes kleene pootjes aan den mond brengt; hy kan iemant
ook daar mede fterk quetzen, als men hem aanvatten wil, flaande daarenboven met den
fteekeligen ftaert; weshalven men hem levendig niet handelen kan, maar moet met ftrop-
pen gevangen werden. Hy heeft groote oogen, en wit vleefch, gelyk andere Garneelen,
Zyn Ko-leur. ook van de zelve fmaak, goed om te eeten, als hy in zandige plaatzen gevonden word,
maar in modderige gronden, deugenze niet veel, en worden zelden gegeeten. De Koleur aan den rauwen, is licht ros, en witachtig met bruin gemengt, aan den gekookten bleekrood, en aan de fcheeren geheel wit, zommige min of meer rookverwig gefpikkelt.

In 't

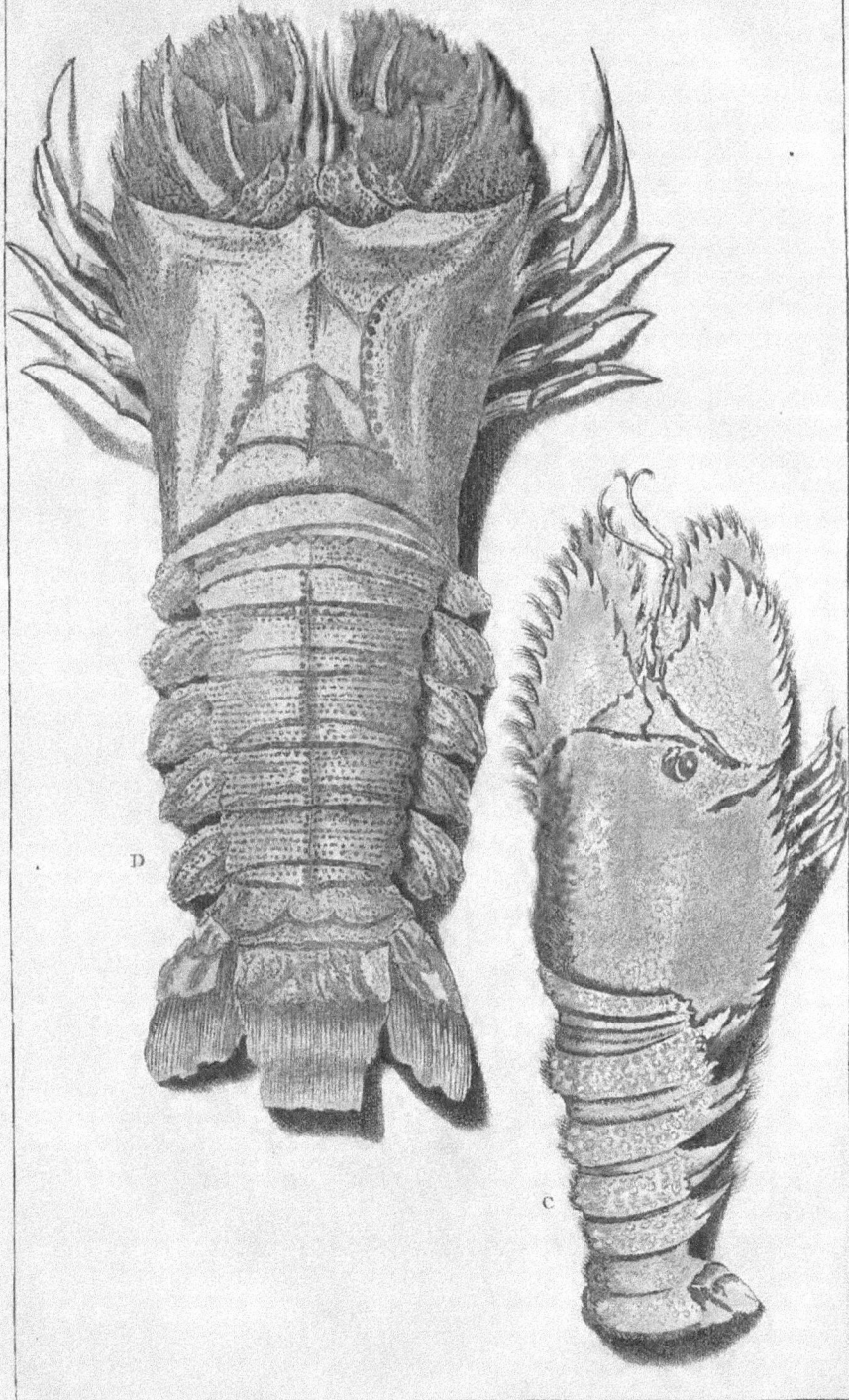

D

C

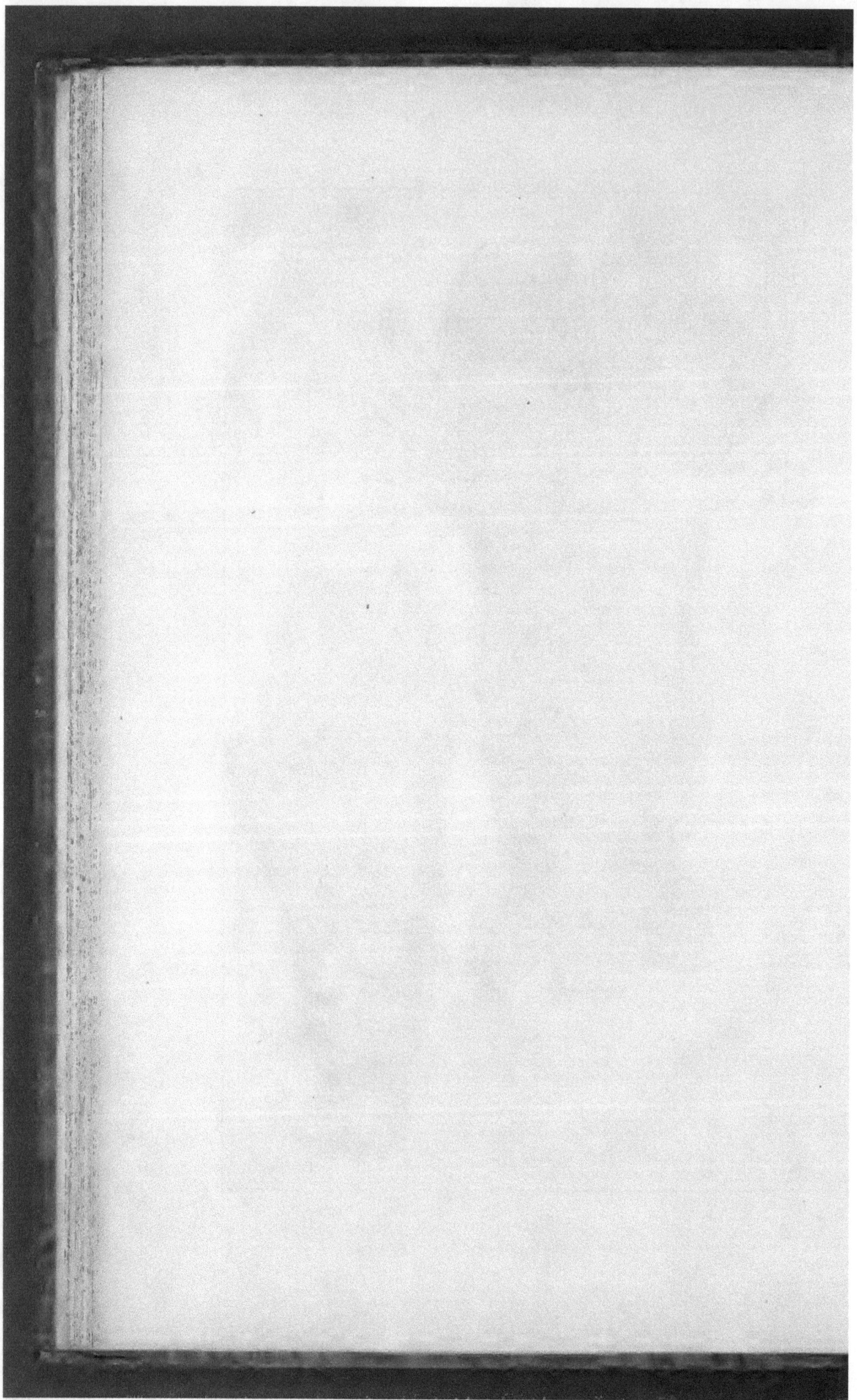

In 't Latyn hiet deeze Kreeft *Squilla Arenaria Terrestris*, om dat hy zich wel om- Naam in verscheide taalen.
trent de Stranden ophoud, maar daar het zeewater niet heene komt, of op zoodanige
Banken die meest droog leggen. Mal. *Udang laut*, met eenen algemeenen naam. Amboins
Lokki en *Loe*, doch een kleender soort daar van, die niet langer dan een vinger is, noemenze op Hitoe in 't byzonder *Miterna*. Onze Natie noemt hem Knyper; op 't Leytimor *Hehei-Lain*.

Hy heeft zyn woning omtrent de strand, op vlakke zandige Oevers, of by den Zyn ver-blyf.
uitgang van eenige rivieren, daarmen veele opgeworpene heuveltjes ziet, gelyk molle-
hoopen, hier vergraast hy zig, drie en vier voeten diep onder 't zand, tot dat hy eenen
harden steengrond vind. By nacht, of by afloopend water, komt hy daar uit om zyn
kost te zoeken, die hy dan naar zyn hol sleept. Hy word aldus gevangen; men ruimt de Hoe hy ge-vangen word.
opgeworpene Aarde zoo diep op, tot dat men zyn gat ziet, daarmen dan een strop aan
legt van taaije stoffe, als paerdshaair, gemaakt, dwars aan een stokje vast gemaakt.
Aan den kant legt men eenig Aas, daar hy niet by kan of moet door den strop kruipen, het
welk hy aanvattende, met eenen den strop toehaalt, en zoo aan 't stokje blyft hangen, 't
welk hy in zyn hol niet brengen kan, om dat het dwars leit; doch als men niet gauw daar
by komt, kan hy, met zyn scherpe scheeren, het touwtje wel afknypen. De Inlanders Word van d'Inlanders tot spys gebruikt.
eeten hem meest gebraaden, doch wanneer hy meer modder dan vleesch heeft, smytenze
hem weg. De scheeren, of knypers, worden onder rariteiten bewaart, wegens haare
zeltzaamheid. De Inwoonders van *Boero* houden zyn vleesch beter dan van andere
Garneelen en Krabben, en gezond voor den buik.

II. De *Squilla Arenaria Marina* is van 't zelfde fatzoen, doch kleender, en veel Gedaante van de Squilla Arenaria Marina.
schoonder geschildert, te weeten met donker-groen, wit en blauw gespikkelt over 't ge-
heele lyf, en rood aan de einden der pooten. Hunne scheeren zyn anders geformeert,
want de twee achterste leden zyn rondagtig, groen of gespikkelt; het voorste lidt is
regt, zonder sikkels, en rood; waarom deze Scheeren, afgebroken, niet qualyk een
Zwaantje met een roode snebbe verbeelden, t'zaamen omtrent een halven vinger lang, en
veele die het Beest niet kennen, zien het voor een hals en snebbe van eenig gedierte aan.
De gekookte word ook niet rood, maar doods-groen. Het vleesch is witter en beter dan
van den voorigen, hy houd zig op in diergelyke kuilen, en zoodanige Stranden, daar groo- Zyn ver-blyfplaats, en vangen.
te steenen in zand onder malkander leggen, en daar het zeewater met beurten op en
afloopt. Hy werd ook op de zelfde manier met stroppen gevangen.

In 't Latyn word deeze Kreeft *Squilla Arenaria Marina* geheeten, om dat hy zyne Zyne ver-scheide be-naminge en waarom.
woning heeft in plaatzen daar de Zee op en afloopt, en in 't byzonder *Squilla Cyg-
nellorum*. In andere taalen heeft hy de zelve naam als boven. De onze noemenze
Zwaantjes Krabben, wegens de mooije Zwaantjes die men uit de Scheertjes maakt, en uit Zeldzaam-heid en vangen.
deezen inzigt word hy ook meest gevangen, die men hem dan levendig aftrekt; het ove-
rige kookt en braad men, als Garneelen. Men kan hem zelden vinden, en noch moey-
lyker vangen, om dat men zoo nauw het afloopend water moet waarneemen.

Een kleender slag, van de laatste soorte, is vier vinger lang, waar van het hoofd of Een twee-de soort, en haar hoedanig-heid.
Schild een vierde uitmaakt: het hoofd loopt spits en scherp toe, als aan een Garneel,
waar van de twee middelsten in tween gespleeten zyn, en ten weerzyden hebbenze twee haairige blaadjes of vinnetjes, die overdwars staan. Het overige van 't lyf is de Staert, gemaakt
van 9 kringen of banden, waar van de voorste smal, de agterste allenskens breeder zyn;
de eigentlyke Staert is het breedste van 't geheele lyf, zeer steekelig, gemaakt van vier
styve doornen, en aan de buitenkanten met twee haairige vinnen. In 't midden
van deeze doorns staan noch twee scherpe klauwen, tegens malkander ziende, bedekt met
eenen doornagtigen Nagel. Onder de vyf agterste en breedste kringen, heeft hy 10 ge-
haairde lapjes, als pooten. De voorste en smalste kring heeft niets, de drie volgende middelste lapjes hebben onder zich zes pooten, kort, dun, en met de voorste leden opwaarts geboogen; voor dezelve, aan het schild, staan de Scheeren of Knypers, zynde het
raarste van dit dier, verschillende van de twee voorgaande Garneelen, want het zyn geen

A 3   schee-

scheeren of tangen in tweën verdeelt, maar eindigen in eenen rechten doorn, die voorwaarts ziet, en in een keep van het middelſte lid ſluit, daar in hy deeze ſpitze altyd verbergt, tot dat hy daar mede ſlaan, en iets weg ſtooten wil, doch aan deze kleene ſoorte is de ſnebbe niet rood, en het lyf groen, maar geel en grauwagtig. De gekookte word zomtyts bruin, zomtyts bleekgeel. Tuſſen de Knypers onder aan den mond, heeft hy noch zes Pooten, kleen, haairig en den mond bedekkende, die hem voor handen dienen.

Zyn verblyf,　　In den regen houd hy zig onder de klippen op, anders verbergt hy zig in het zand. De Zwaantjes draagende Lokky, is een ſnoode Moordenaar onder de Viſſchen, als hy in een Seri, of in Bobbers komt; want al is hy kleen, en zyne Scheeren naar oogenſchyn zoo onvermoogend, kan hy nochtans groote Viſſchen verwonden, en kleene Viſſchen doorkappen, als ofze met een mes van malkander geſneeden waren; weshalven de Viſſchers dikwils een goed deel zulke doode Viſch vinden, en dezen *Is quaad te vangen, en hoe.* Moordenaar daar onder betrappen, die zig levendig niet laat aanvatten, maar men moet hem ſtraks in den Nek, daar hy op 't weekſte is, ſteeken, waar door hy onmagtig word.

Squilla Arenaria E. *en* Squilla Arenaria Marina F. *Het Zeezwaantje* G, *is een Schaer of Nyper van* F. *Zie de plaat* N°. 3.

IV. HOOFTDEEL.

Van de Squilla Lutaria: Den Modderman: Udang Petsje.

Gedaante van den Modderman's Kreeft.　　**D**Eze Modderman heeft mede de gedaante van de voorgaande *Squilla Arenaria*, doch het lyf is van een Kreeft, uit twee deelen gemaakt, waar van het voorſte het Hoofd uitmaakt; de ſchaal is dun en week, lang zeven duimen, met twee korte baarden aan 't hoofd: aan ieder zyde, heeft hy vier korte pooten, die in regte en ſpitze klauwen eindigen; en het middelſte lidt is gebaerd, of gezoomt, met een baerdachtig velletje; de ſcheeren zyn als aan andere Krabben, waar van het middelſte lidt wat korlig is, en aan de zyden des zooms, met baardachtige velletjes voorzien, ook de rechter gemeenlyk grooter dan de ſlinker. Het voorſte lidt is een ſcherpe ſcheer, waar van de onderſte, of vaſt ſtaande helft, maar half zoo lang is als de bovenſte. De Staert beſtaat uit 6 kringen of banden, behalven het uiterſte lidt, 't welk een nagel gelykt, ten weêrzyden met twee doornen gewapent. De rugge van den ſtaert is bykans vierkantig, door twee uitſteekende kanten, en ieder kring heeft van onderen een paar ge*Zyn koleur.* baerde pooten. De Koleur aan den rauwen, is leelyk bleekrood met grauw gemengt, en de gekookte word ook niet recht rood. Hy heeft weinig ja ſchier geen vleeſch, want het geheele lyf en de ſtaert ſteeken vol groenachtige modder, en ſteehts in de ſcheeren vindmen een weinig wit en brokkelig vleeſch, van geenen byzonderen ſmaak. *Waar hy zig houd.* Hy houd zich op in kuilen, als de voorige, aan de oevers van modderige ſtroomen, daar hy by laag water boven komt, en langzaam over den grond kruipt, als of hy wiſt dat de menſchen niet veel naar hem vraagen.

Zyn Naam in 't Latyn. Is ſlecht om te eeten.　　Deze word in 't Latyn geheeten *Squilla Lutaria*, dat is, Modderkreeft. De Inlanders van Celebes eeten het vleeſch van de ſcheeren, 't welk ik hun willende nadoen, hebbe my niet wel daar op bevonden; dies ik hem voor eenen onnutten Kreeft houde, of hy moſt in andere Landen beter zyn.

De afbeelding van de Squilla Lutaria ontbreekt, doch de Heer Doctor D'Acquet, *heeft twee ſoorten van dezelve hier toe verleent; Zie de plaat* N°. V. *letter* K. *en* L. *beide van Amboina.*

V HOOFT-

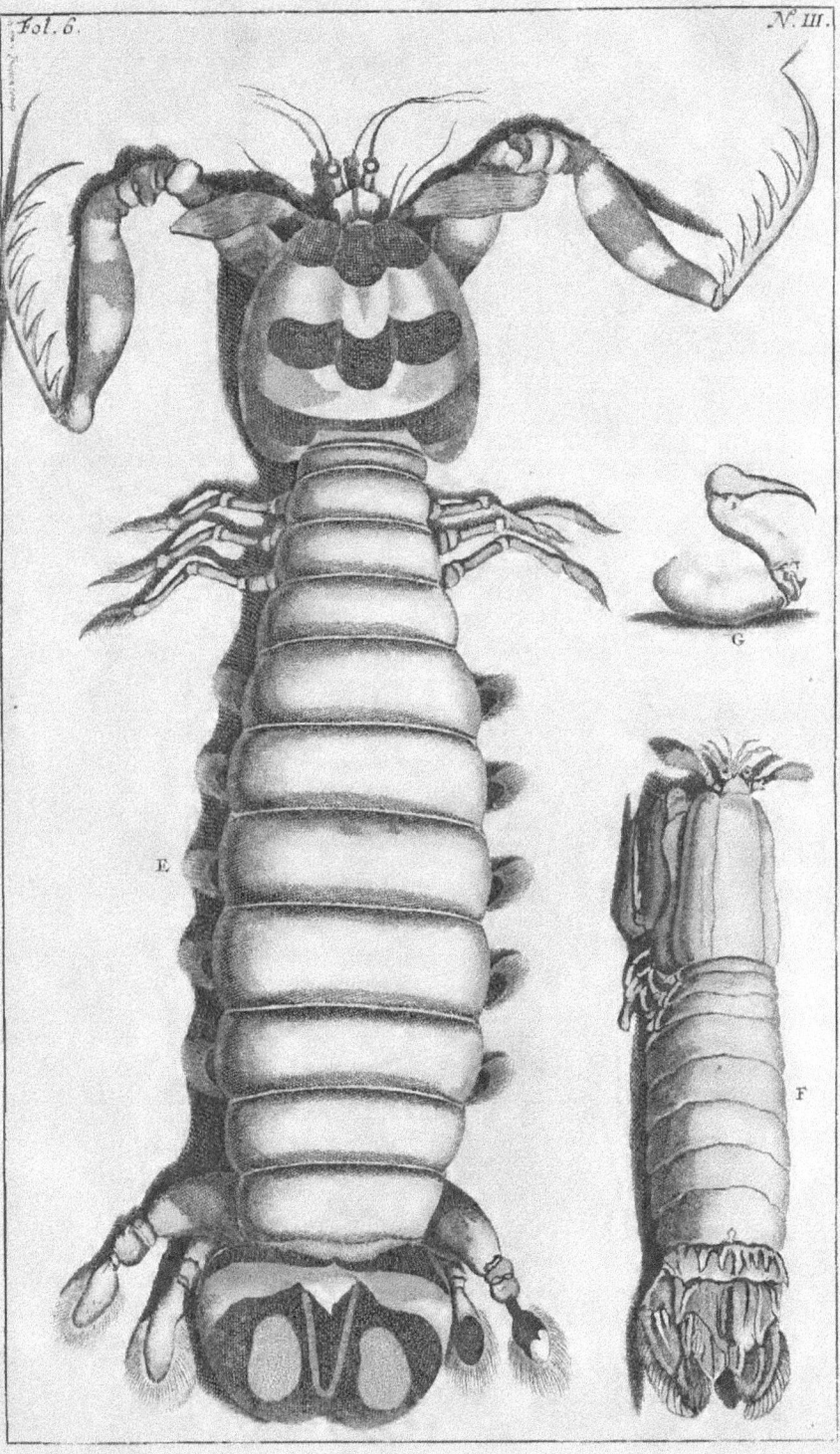

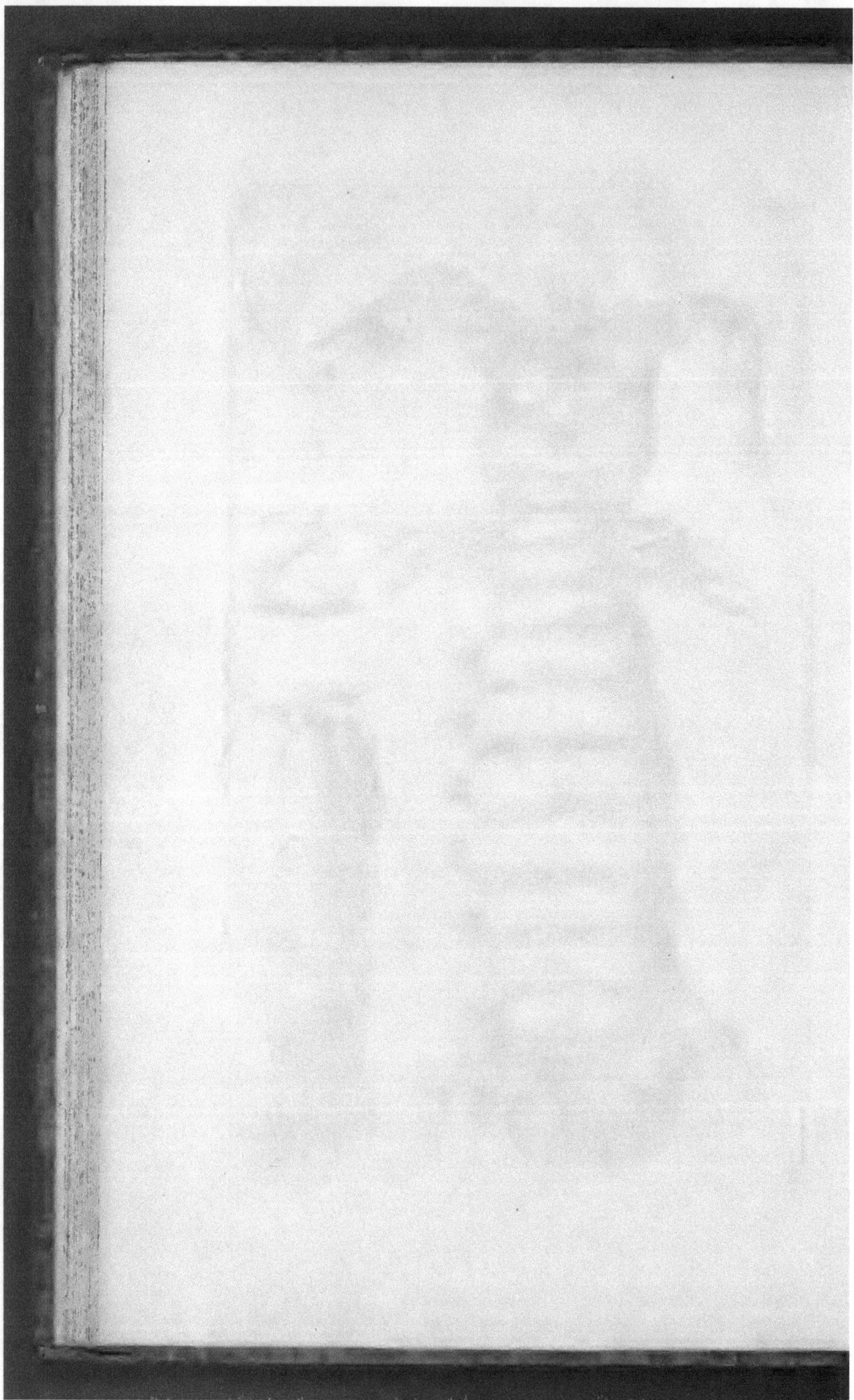

V. HOOFTDEEL.

Van den Cancer Crumenatus. Catattut. Beurskrabbe.

Eze gedrochtelyke Krabbe heeft een gemengt fatzoen, van een Krabbe en Kreeft, en is daarenboven een bewoonder des lands, zonder zig ooit in 't water te begeeven. Haar Schild, of *Thorax* is uit vier stukken gemaakt, waar van de drie grootste aan malkander vast hangen. Het voorste en kleenste maakt den kop, in een korte spits eindigende, gelyk aan een Kreeft, daar onder staan twee oogen digt by malkander, en ter zyden van dezelve twee baerden, uit twee leden gemaakt, waar van het onderste en kortste breedachtig en in takken verdeelt, het voorste dun is, en maakt met het onderste schier een winkelhaak. Hier onder, en ten weêrzyden van den mond, staan noch twee andere langer baarden, die te gelyk voor handen dienen, ieder uit vier leden gemaakt, alle als winkelhaaken staande; doch zoo dat zy ze t'zamen kan leggen. De onderste kanten van 't achterlyf zyn met haair bezet. Over dag komt zy weinig uit, schuilende in de holligheden van groote klippen, maar by nacht, meest by donkere Maan, komt ze te voorschyn om haaren kost te zoeken. Het middelste stuk is het eigentlyke lyfdekzel, de twee andere zyn twee ronde lappen, aan de zyde overhangende, waar door het achterlyf anderhalve hand breed is, en omtrent ook zoo lang; daaraan volgt een dikke ronde Staert, uit vyf deelen of kringen gemaakt met breede vinnen; onder dezen staert is een dikke rimpelige Zak, als een opgeblaze beurze, waar van zy de naam heeft. Zy heeft twee geweldige sterke scheeren, waar van de eene, gemeenlyk de rechter, kleener is dan de andere, overdwars geribt als met zeebaaren, en op de ribben ziet men korte borstels; behalven die heeft ze noch agt pooten, gefatzoeneert als aan de Krabben, doch veel grooter, en de twee achterste zyn in scheeren verdeelt; de lappen zyn van onderen schubagtig, en het schild heeft van boven eenige kuiltjes en vooren. De koleur aan de levende is hoog blauw, met witachtige streepen op de pooten, en plekken op den rugge. Het vleesch in de beenen en scheeren is wit en hard, in 't lyf gelyk in andere Krabben, en in de lappen heeft zy een wit week merg als vet, maar de Beurs is opgevult met eene smeerige substantie, als weeke boter, die de beste beet aan deze Krabbe is, en waarom men hem vangt. Van het hooft door 't geheele lyf en den staert, loopt een zwartachtige ader, dat haaren darm is, eindigende in het uiterste des staerts. Nevens dezen darm, loopt noch een andere fyne ader, als een witte draad, die men zorgvuldig met den voorschreven darm uitneemen moet, inzonderheit uit den staert als men hem eeten wil, zoo dat 'er niet een stukje van in blyft, want hier in steekt eenige schadelykheit, en, dezelve uitgenomen zynde, kan men de overige boterachtige substantie zonder schroom eeten. Deeze Krabbe heeft in haare scheeren een geweldige kracht, zoo dat, als zy iets daar mede gevat heeft, men haar eer een scheer uit het lyf zoude trekken, dan zy het gevatte loslaaten, gelyk ook de schaalen van de scheeren op het dikste zyn. Evenwel, als men haar onder den staert kittelt, laat zy zomtyts het gevatte los, en zy kan dat peuteren aldaar zoo weinig verdraagen, dat zoo men haar lange kittelt, zy zoo ontsteeken boos word, dat zy schuimbekt, en met de scheeren zig zelven zoodanig in den staert nypt, dat ze sterft. Een Kauarynoot, daar aan men met eenen steen genoeg te doen heeft om op te kloppen, kan zy met haare scheeren gemakkelyk opkraaken. Ik voer eens in een Orangbay, aan wiens mast wy een Beurskrabbe gehangen hadden, en daar onder stont by geval een middelbaare Geit, die zy by het oor kreeg, en zoo hoog opligte, datze al van den grond af was, eer wy haar te hulp konde komen, doch de scheer most in stukken geslaagen worden, eer de Geit los raakte.

Deeze

De Beurs-Krabbe is zeltzaam van gedaante, zie de plaat n. IV. letter H. en I. leeft op 't land.

Schuilt in klippen. Zoekt by donkere Maan haar voetzel. Haar breete en verdere hoedanigheit.

Is gevaarlyk te eeten, en hoe goet te maaken.

Haar groote kracht;

en hoe magteloos te maaken.

Zeltzaam geval.

Haare ver-
scheide be-
naamingen,
en waarom.

Deeze Kreeft of Krabbe, hiet in 't Latyn *Cancer Cronenatus,* in 't Neerduits *Beurs-Krab-*
be, van de aanzienlyke Beurs die zy onder den Staert heeft; in 't Mal. *Cattam Calappa,* dewyl
zy zig in de Kalappusboomen onthoudt, hoewel dezen naam noch eene andere Krabbe,
hier na beschreven, voert; verder *Cattam Canary,* ook *Cattam Mulana,* van het Eilandje *Mulana,* aan de Zuidzyde van *Uliaffar* gelegen, klippig en onbewoont, daar
men haar veel vangt, in 't Amboins *Catattut* en *Atattut.*

Haar ver-
blyf is op
de klippen,
en onbe-
woonde Ei-
landen, van
eenige ge-
noemt.

Men vind haar op zoodanige stranden daar steile klippen zyn, onbewoont, vol kuilen, en daar omtrent Kalappusboomen staan, hoewel men haar ook heeft daar geen
Kalappusboomen zyn: als op het voornoemde Eilandje Milana, op den steenigen Zuidhoek *Oma, Nubsetello,* ofte drie Gebroeders, en op de Zuidzyde van *Leitimor,*
by het steene voorgebergte van *Ema;* verder op de onbewoonde Eilanden van *Luffa-*
pinje en eenige Eilanden van *Banda* en *Ternate;* op de onbewoonde Eilandjes *Tafu-*
ri, Bliau, en *Hiri,* waar van zy den naam draagt van *Cattam Hiris.* Zy woont in de hol-

Haar spys
is Calappus
vrugten

Hoe zy ge-
vangen
word.

le steenklippen, doch altijd op het land, zonder ooit in 't water te komen, zy beklimt
de Kalappusboomen, welker nooten zy afknypt, en de afgeworpene onder den boom
naspeurt, die zy dan met haar scheeren weet op te byten, en het pit daar uit te haalen; hier mede word zy ook gevangen. Als men een stukje hard Kalappuspit aan
een stokje bind, en in de gaten laat hangen daar in zy schuilt, houd zy dit zoo
vast dat men haar daarmede kan uittrekken; 't welk men, als gezegt is, by donkere
Maan moet doen, doch by aangestoke dammers en toortsen. De uitgetrokke moet
men met de handen niet aanvatten, maar met een stok die gespleten is als een tange, en straks een stropje om 't lyf smyten. Men moetze ook niet by malkander
zetten of hangen, of eerst de scheeren vast bewinden, anders zouden zy malkander

Hoe men
haar voed
en in 't le-
ven behoud,
tot spys be-
reidt, en
gebruikt.

dood nypen. Met Kalappuspit kan men haar een tyd lang mesten en levend behouden,
ja zelfs naar *Batavia* voeren. Zy worden geheel gekookt, daar na den staert afzonder-
lyk geopent, de twee voorschreve Aderen zorgvuldig daar uit genomen; het overige
merg als gesmolten boter, nevens het vet onder de lappen schuilende, word met peper en azyn of lemoensap tot eene dikke sausse gemaakt, daar onder men dan mengt
het witte vleesch uit de pooten en scheeren, en zoo t'zamen eet. Dit word voor een lek-

De Chinee-
zen groote
liefhebbers
daar van.

kerny gehouden, die men op Heere tafels brengt; inzonderheit zyn de *Sineezen* groote
liefhebbers daar van, dies men voor een goede Krabbe wel een quart Ryksd. moet geven,
en voor eene middelmatige een schelling. Daar zyn 'er egter, zoo wel onder ons als andere

Gevaarlyk
te eeten
zoo niet wel
bereidt
worden,
baaren veel
onaart;
't middel
hier te-
gen.

Natien, die schroomagtig zyn deze Krabbe te eeten, en dat niet zonder reden, overmids
ze de kennis niet hebben om 'er den voornoemden witten draad uit te neemen, die onvoorzigtig gegeeten zynde, eene groote benauwheit en duizeling aanbrengt, doch, zoo veel
my bekend is, heeft hy niemant beschadigt, en indien het dan al gebeurde, dat
zich iemant qualyk bevond door 't eeten van deze Krabben, heeft men ge-
rede middelen daar tegen: want neemt de wortelen van den *Papaja*-boom, of die van
Siriboppar, een van deze beide met water gewreven, t'zamen met zwart *Caloahaar,*
en dit gedronken, zal alle schadelyke kost weder doen uitbraaken, zoo ze noch in de
maage is, en voorts zyne schadelykheit beneemen.

Verscheide
gevoelens
van haare
voorteeling
met de Can-
cellis verge-
leken
doch ver-
worpen;
reden
waarom.

Van den oorsprong, en 't voortteelen dezer Krabbe zyn verscheide gevoelens; want
veele beweeren datze afkomstig zyn van de *Cancellis,* dat zyn kleine Krabbetjes, in 't
Mal. *Cuman* genoemt, die in stekkenhuizen woonen, waar van zie hier na. En zeker men vind onder de gemelde *Cancellis* die groote gelykenisse met de jonge Beurskrabben hebben; doch kan ik deze meening niet byvallen, dewyl de *Cancelli* op
allerlei stranden in menigte, maar de Beurskrabben zoo zelden, en op weinig plaatzen gevonden worden. Verder heb ik ook aan de Beurskrabben haare eige Eyeren gezien:

Haar eyeren
door den
Schryver
gezien,
en zyn oor-
deel daar
over.

als mede Beurskrabbetjes gehad, die kleender waren dan de grootste *Cancelli,* ook tusschen beide een merkelyke onderscheid bespeurt: weshalven ik oordeele dat deze Krabben
haare eige voortteelinge hebben, zynde daar in gesterkt door het bericht der Inlanderen,
die deze Krabben vinden op en in zoodanige klippen, daar geene *Cancelli* omtrent zyn,

Roc-

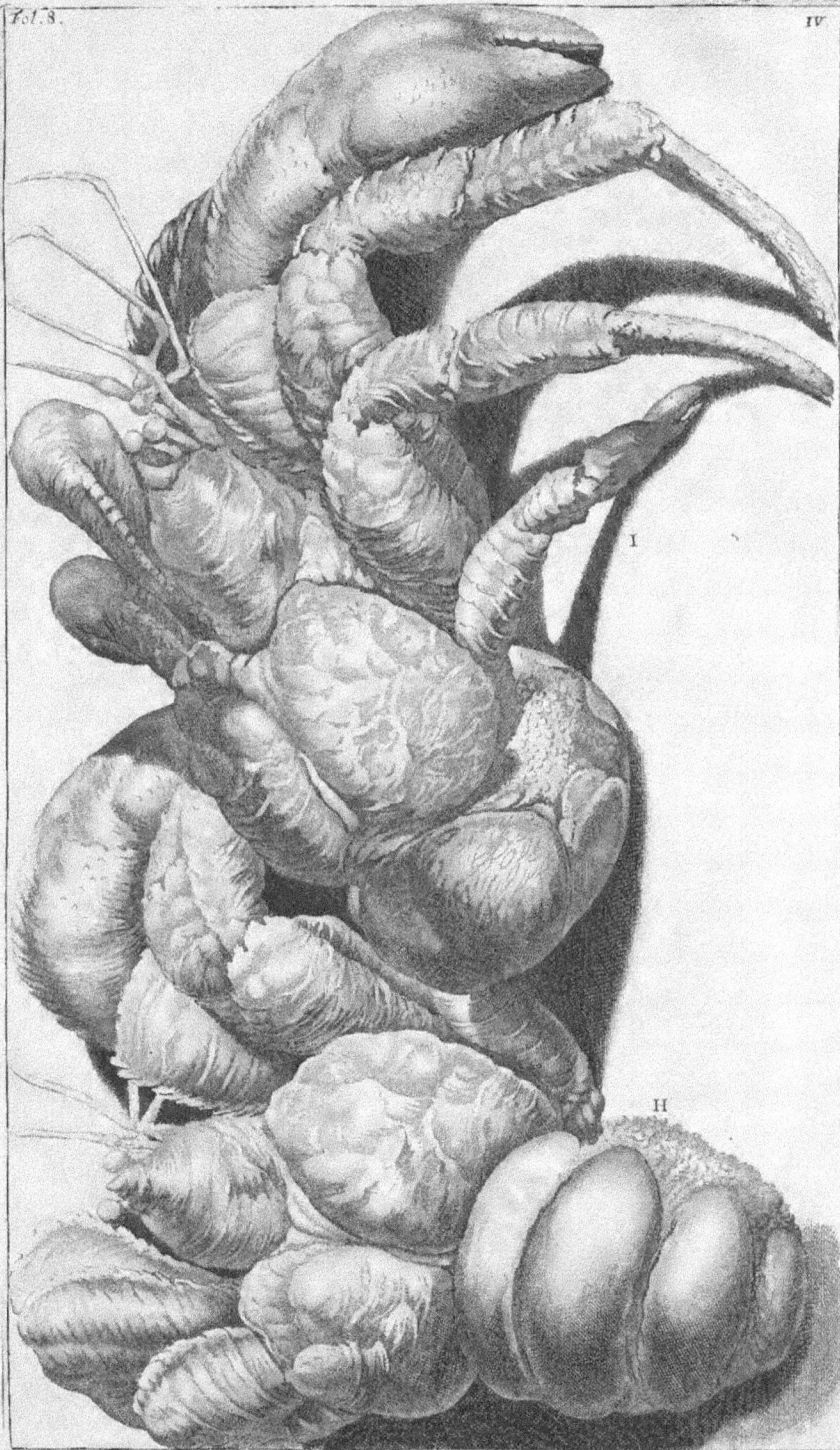

I

H

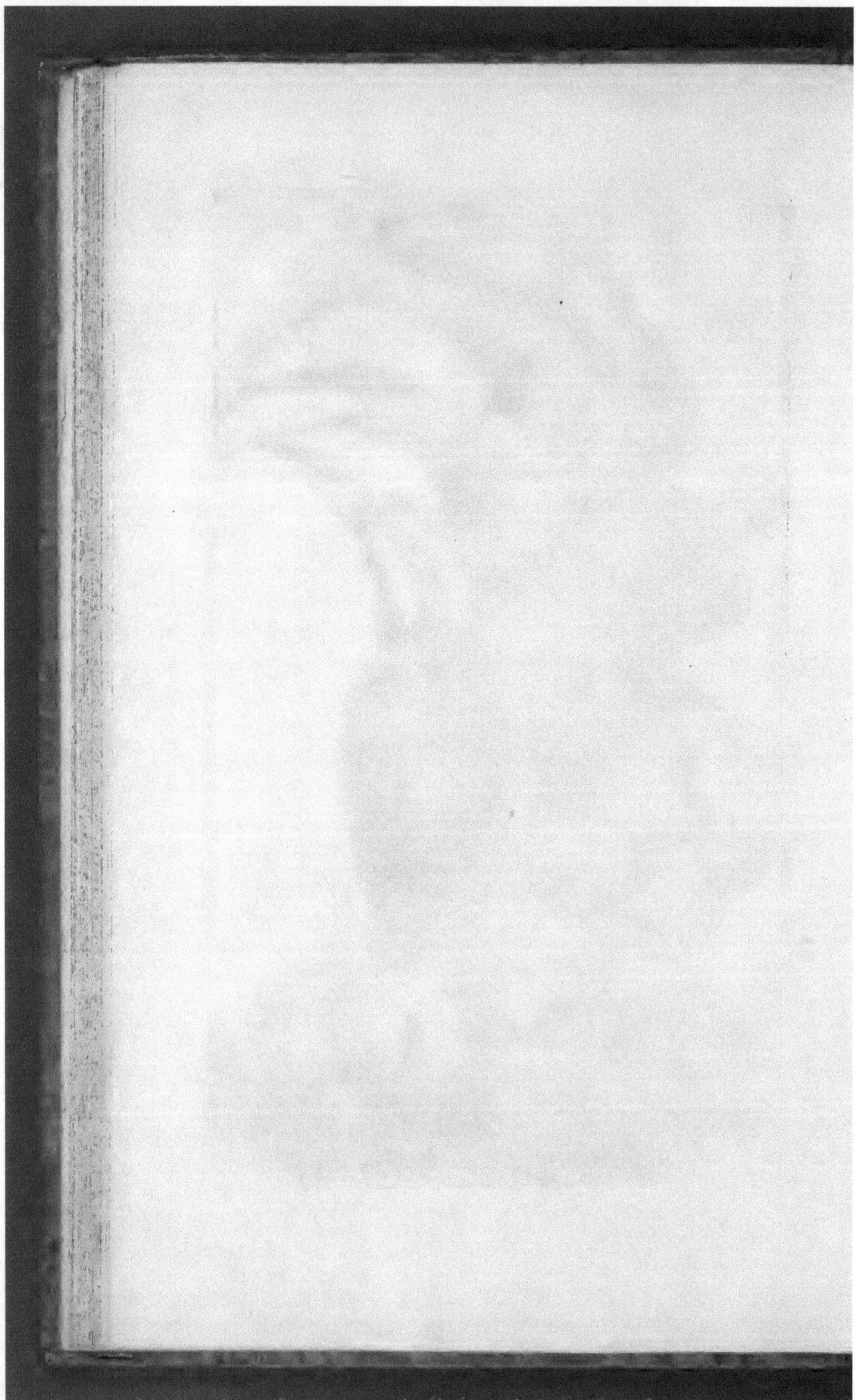

Rochefort Hift. Antill. Lib. 1. *Cap.* 21. in 't derde Lidt befchrijft de Krabben *Bour-* | *Dezelve*
fires, willende mede Beurskrabben zyn, dewelke in de *Antillis* zig in de Bergen op- | *Kreeft be-*
houden, die vervaerlyke fchaeren hebben, waar mede zy tegens malkander kletzen als | *fchreven*
of het gewapende mannen waren, en jaarlyks eens in volle flagordre van de bergen | *door Roche-*
afdaalen naar de Zee, om haare eyeren aldaar te leggen, &c. Maar men kan uit de be- | *fort, en ge-*
fchryving niet bemerken, datze in gedaante of coleur met onze Beurskrabben over- | *naamt*
eenkomen, zelfs onder die veelerlei Coleuren word geen blaauw geftelt, gelyk de on- | *Bourfires.*
ze meeft zyn.

De bovenftaande Beurskrabbe moet men noch in zout, noch in verfch water laten
komen, want daar in ftervenze ftraks. Ook gebeurt het zeer zelden, dat men haare | *Reden*
eyeren by haar vind. Als men de Krabbe omkeert, dat de beurs boven komt, en van | *waarom hy*
achteren aanziet gelykt zy zeer wel een gewapend Man, daarom hy aldus omge- | *Don Diego*
keert in de figuur den naam voert van *Don Diego* in 't volle harnas. | *in 't volle*
| *harnafch*
| *genaamt*
| *word.*

Cancer Crumenatus &c. *of Don Diego in 't volle Harnas letter* H. *is dezelve van boven, en letter* I *van
een andere zyde; zoo datmen zyn geftelheit en beurs kan zien op de Plaat* N°. IV.

VI. HOOFTDEEL.

Van de Cancer Saxatilis: Cattam Batu.

DE eigentlyke Krabben verfchillen in fatfoen van de Kreeften, of om datze | *Zie de*
rond, of naar de zyde langwerpig van lyf zyn, en haren gang overdwars nee- | *plaat n°. V.*
men. Myn voornemen noch vermoogen is niet om alle de foorten van dit | *letter* M.
flag te befchryven, dewylze zoo menigvuldig zyn, maar alleen de meeft be- | *Onderfcheit*
kendfte, die my voorgekomen zyn, en die ik verdeele in eetbare, en fchadelyke. On- | *der Krab-*
der de eetbare munt uit in deugd de zoo genaamde *Cancer Saxatilis*, of Steenkrabbe; | *ben en*
zy zyn van een gemeen en bekent fatfoen, rond van lyf, omtrent een halve voet | *Kreeften.*
breed, min of meer, het voorfte deel des fchilds heeft aan ieder zyde negen tan-
den als een zaage, daar na twee groote gaten daar de oogen in ftaan, en tuffchen bei- | *Cancer Sa-*
de noch zes kerven met twee korte baarden. Het fchild is dun en bros, op den rugge | *xatilis.*
wat bultig als een borftftuk, voorts effen. Zy heeft twee groote fterke fchaeren,
dik van fubftantie en glad, waar van de eene grooter is dan de andere, en aan de twee
knypers breede ftompe tanden als bakranden, voorts aan weerzyden acht pooten; den | *Onder-*
ftaert verbergenze onder den buik, doch met een onderfcheid aan 't mannetje en 't wyf- | *fcheid*
je, want de ftaert van 't mannetje is kleen, fmal, en legt in eene keepe des | *tuffchen 't*
buiks, doch dat men hem opligten kan; maar die van 't wyfje is grooter, en van den | *mannetje*
buik los, waar aan men op zyn tyd de eyeren hangen ziet. Het hol des lyfs is uitge- | *en 't wyfje.*
puilt met een wateragtig bruin vogt, als bloed, aan het buikblad hangt een haai-
rig mager vleefch tot het eeten niet dienende, maar aan de kanten heeft hy een wit | *Neemt of*
en geel vet, bequaam om te eeten. Het befte vleefch fteekt in de groote fchaeren | *en toe naar*
en in de pooten; in den ftaert is niets bequaam: de levende is donker graauw of zwart- | *'t afgaan en*
agtig, maar de gekookte word eenpaarig licht rood; zy is niet op alle tyden goed en | *aangroeijen*
vol van vleefch, fchikkende zig naar de Maan; want zoo lang de Maan waft vind | *der Maane.*
men niets dan flym en water daar in; maar by volle Maan is hy vol vleefch en vet,
't welk daar na allengskens weder afneemt, tot een dag voor de nieuwe Maan, wanneer hy weder vol is.

Deze heeten in 't Lat. *Cancer Saxatilis:* in 't Mal. *Cattam Batoe*, om dat zy een | *Haar naam*
donker graauwe koleur hebbende, een fteen gelyken. | *en reden*
| *daar van.*

B   Zy

*Hear ver-
blyf.*

Zy houden zig op aan moerassige plaatzen, daar kleine steentjes en grof zand onder gemengt zyn, inzonderheit omtrent de wortelen van de Mangiboomen, by de
uytgangen van de Rivieren, zoo wel in als buyten het water: doch is 'er een merkelyk onderscheid in de smaak, die verre zoo goed niet is aan die enkel in 't slyk

*Zyn goet
om te eeten.*

woonen, als aan die in steenagtige plaatzen, en by een lopend water zich ophouden.
Zy worden in 't gemeen voor de beste gehouden om te eeten. Men vangt ze met de
handen, steektze met harpoenen; doch de meeste kan men bekomen met een vierkant

*En hoe ge-
vangen
worden.*

schepnet, omtrent een vadem breed, *Tejang* genaamt, 't welk men met de vier
hoeken aan stokken vast maakt, dat men het opligten kan. Dit *Tejang* legt men, by
laag water, plat op den grond neêr, aan de kanten met eenige steentjes bezwaarende,
en in het midden eenig aas van hoenderdarmen, of *Calappuspit*. Als het water nu wast,
zoo kruypt de Krabbe naar dit aas, en blyft met haare pooten in het net verwart hangen, het welk men merkt aan de boey van ligt hout gemaakt, die men aan het net
bind en op 't water laat dryven.

Cancer Saxatiles. *Deeze afteekening ontbreekt, doch de Heer Doctor D'Acquet heeft ons d' afbeelding toegezonden. Zie de Plaat N°. 5. letter M. K. en L. behoorende tot het IV. Hooftdeel.*

VII. HOOFTDEEL.

Cancer Marinus: Cattam Aijam.

*I'an deeze
Krabbe
zyn twee
soorten, zie
de plaat
N°. VI.
letter N.
en O.*

D Eeze *Cancer Marinus*, of eigentlyk Zeekrabbe, verschilt niet veel van de
voorgaande *Cattam Batu*, zoo dat ze de gemeene man ook onder malkander verwart, doch ik heb ieder zyn byzonder Hooftdeel willen geeven. Zy
is verdeelt in twee soorten, te weeten: 1. *Cancer Marinus Lævis*, of effene.

*I. Cancer
Marinus
Lævis.
Haar ge-
stalte.*

2. *Cancer Marinus Sulcatus*, of gevoorde.
1. *Cancer Marinus Lævis*, of effene, is kleender dan de voorgaande, aan de kanten
maar met zes tanden of spitzen, daar 'er de voorige negen heeft, die ook scherper, hoewel korter zyn. De tangen van de schaeren zyn langer, smaller, en binnen synder getant. Het schild is aan de meeste effen, uyt den grauwen donker groen. De rest is
als aan de voorgaande.

*II. Cancer
Marinus
Sulcatus,
afgevoorde.
Haar ge-
stalte en
grootte.*

II. *Cancer Marinus Sulcatus*, wiens Schild een dwars hand lang en breed is, doch
altyd breeder dan lang, is over den schild dwars gevoort, die als ribben uitsteeken,
doch niet hoog, zommige draagen ook Schulpen en Oesters op haare ruggen vast gegroeit. Rauw zyn ze mede donker groen, gekookt rood, eenparig van coleur, aan
de kanten hebben ze vyf tanden als een zaage tot aan de oogen, met kleene korte
baarden; zy hebben acht pooten, waar van de zes voorste in spitze klauwen eindigen, en de agterste in langwerpige blaadjes. De schaeren zyn gevoort en doornag-

*Onderscheit
van 't man-
netje en 't
wyfje.*

tig, aan de spits wit, daar agter een zwarte band, het overige als aan 't lyf; het
mannetje heeft een smallen staert onder den buyk vast; zy komt nooit op 't Land
maar blyft in Zee, doch word by aflopend water op den strand, in de kuilen en stee-

*Hoe gevan-
gen wor-
den.*

nen betrapt, of anders met treknetten gevangen, en is bequaam tot spyze. Doch
is 't waar, dat de Ervarenheit ons heeft geleeraart, dat'er, onder alle deeze eetbaare
Krabben, ook zoodanige zyn, waar van de Eters zich quaalyk bevoelt hebben. Dit
gebrek moet men geenzins 't geheele geslagte toeschryven, maar de eene of andere
Krabbe in 't byzonder, die, by geval, van eenig schadelyk hout of vrucht gegeeten
heeft, gelyk onder anderen verdagt zyn de vrugten van den *Arbor excœcars*, die zeer
wel de korrelen van *Cataputia* gelyken; Immers ik weet dat *Sardynen* en andere Strand-
vissen, deze korrelen gegeten hebbende, bevonden wierden bitter van smaak te zyn,
en den buyk te ontstellen.

Deeze

K

M

L

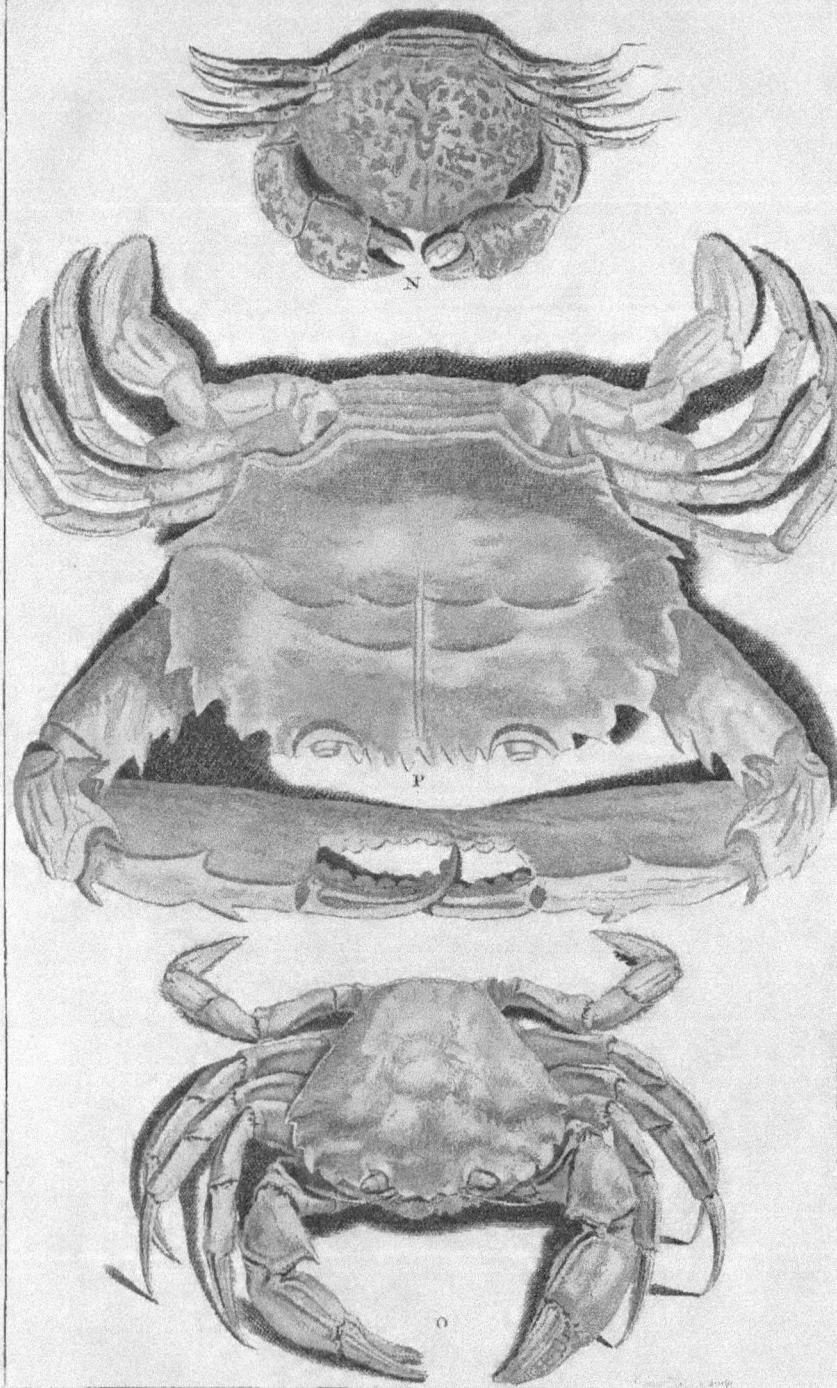

Deeze Krab heet in 't Latyn *Cancer marinus. Belg.* Zeekrabbe. *Mal. Cattam aijam,* <small>Haar benaming in verscheide taalen.</small>
en *Uceu manu,* dat is, Hoenderkrabbe, om dat haar vleefch zoo fmaakelyk is als
hoendervleefch. II. *Cancer Marinus Sulcatus,* om dat hy over 't fchild gevoort, <small>En redenen waarom.</small>
en mofchagtig is; *Ambons. Thu hatan,* dat is, *Cattam Caju,* of Blokkrabbe, om
dat hy zig veel ophoud in oude verrotte blokken, of boomen die in Zee dryven.

<small>Cancer Marinus Lævis. N. *en* Cancer Marinus Sulcatus. O. *d'Afbeeldingen zyn door den Heere Doctor*
D'Acquet ons toegezonden, en tot vervulling van de Plaat No. VI *noch een Amboniensche; zie letter* P.
Dit is een andere foort van de Cancer Marinus Lævis; *doch heel raar.*</small>

VIII. HOOFTDEEL.

Van den Pagurus Reidjungan.

DE gemeenfte onder de eetbaare Krabben, is de Steekelkrabbe, dus genaamt <small>Steekel Krabbe, zie de plaat VII. letter R. Waarom zoo genaamt.</small>
van de twée lange doornen die hy aan de zyden heeft. Het fchild is over-
dwars langwerpig, van 't hooft tot aan den ftaert, die vier dwars vingeren
lang, maar zes vingeren breed is, met fcherpe kanten aan de zyden, welke
ieder een uitftekenden doorn hebben: van daar tot de oogen toe heeft zy zeven of acht
tanden. Het fchild is aan zommige glad, aan zommige korrelig, als Segryn leér,
ook hebben zommige op den rugge drie groote plekken, als oogen; in de verfche
bruin, in de gekookte hoog rood. De Schaeren zyn redelyk lang, uit twee leden
gemaakt, waar van het voorfte gevoort, en doornagtig is, in twee lange tangen zig
verdeelende, die van binnen veele fcherpe tanden hebben. Het agterfte lidt is aan
de bovenkanten ook doornaehrig. De andere acht pooten zyn als aan de gemeene
Krabben.

Deeze Krabben heeten in 't Latyn *Pagurus.* Mal. *Reidjungan, Reidjucan,* en *Rin-* <small>Haare benaming in verfcheide taalen. En redenen waarom.</small>
du Rindu, in 't gemeen ook *Cattam bulan;* Amb. *Leytim. Yatallan,* van de gelykeniffe
der uitgebreide vleugelen des vogels *Tallan,* dat is, Scheer-vogel. Zommige noemen hem ook *Hyu manu,* 't welk eigentlyk de voorgaande Krabbe toekomt.

<small>Pagurus Reidjungan. *Zie de Plaat* VII. *letter* R.</small>

IX. HOOFTDEEL

Van den Cancer Lunaris: Cattam Bulan.

UIt het geflagt van de voorgaande, is mede de *Cattam Bulan,* doch kleen- <small>Cancer Lunaris, zie de plaat. No. VII. letter S. Haar geflagt en groatte.</small>
der, twee dwars vingers lang, en wat breeder. Haar Schild heeft aan
de zyden twee regte doornen, van daar tot de oogen zyn de kaken fyn
gezaagt. De fchaeren zyn kort, dik en fterk, aan de bovenzyde doornagtig. Het fchild heeft op den rugge eenige wratten, of uitftekende peukeltjes, en
is daarenboven met roode plekjes, als mazelen, gefpikkelt. Het lyf is redelyk dik,
en uitgepuilt, daarom zy meeft gezoeht word om te eeten. Men vind ze op alder- <small>Verblyfplaats.</small>
lei ftranden daar zy zig onder de klippen ophoud, en by afloopend water gevangen
word. Anders verbergt zy zig in 't zand, doch verraad zig zelven ligtelyk waar ze <small>En hoe gevangen worden.</small>
zit; dewyl men gemeenlyk eenig wroeten onder de voeten gewaar word, als men op
die plaats trapt, daar men haar dan uytgraaft.

Haar

Benaming in verfcheide taalen. Haar naam in 't Latyn is *Cancer Lunaris*, Mal. *Cattam Bulan*, of eigentlyk *Cattam Bulan Trang*, en zoo in 't Ambons, *Yu Hulam Rita*, of korter, *Yulan Rita*, dat is, volle Maans Krabbe, om dat zy meeft gevangen word by den fchyn der volle Maane; als men een *Dammar* op het ftrand zet, daar zy met troppen naar toe kruipen, zelfs onder het zand, daar men haar onder de voeten wroetende voelen kan.

Cancer Lunaris. *Zie de Plaat* VII. *letter* S.

X. HOOFTDEEL.

Van den Cancer Caninus: Cattam Andjin.

De Cancer Caninus, haare grootte en geftalte. DE Hondskrabbe is twee duimen lang, en wat minder breed, wat vierkantig naar agteren toefmallende, dik van lyf met effene kanten; levend, zwart bruin; gekookt, uit den rooden paars. Heeft acht gemeene pooten, waar van de twee voorfte leden haairig, en aan de kanten fyn gezaagt zyn. De fchaeren zyn kort, dik, en fterk, van boven effen, en de tangen wit; de flinker aan het wyfjen is grooter dan de regter. Aan 't hooft is zy ook effen, met pas kennelyke baerden, en de mond wort bedekt aan ieder zyde met twee breedagtige pooten, voorts de buik effen, en verbergt van binnen redelyk veel vleefch, inzonderheit veel vet ofte eyer-ftof. Zy houd zig zoo wel op 't land als in 't water op, doch meeft onder de *Is fnel in 't loopen.* klippen; en als men haar op 't lyf komt, verbergt ze zig in 't zand. Zy is fnel *Hoe van fpys.* van loop, en fterk in de fchaeren; zyn eetbaar, doch met onderfcheid, want die zig te veel op 't land ophouden, worden zoo goet niet geacht, dan die men onder de klippen vangt, by aflopend water. De oogen zyn aan 't voorfte eind rood, met wit omvangen, aan de zyde van 't fchild is zy ook witagtig.

Haare benaming in verfcheide taalen. En waarom. Haar naam in 't Latyn is *Cancer Caninus*. Mal. *Cattam Andjin*, dat is, Hondskrabbe, van haaren fnellen loop, Amb. *Leitim: Hyu Sariffa Poëti*, tot onderfcheid van *Hyu Sariffa*, die rood uit Zee komt. Daar beneven, *Yu Mattacau*, van haare roode oogen, en *Hyu Affo:* op Hitoe, *Lilu Maolo Yal*, dat is, Kanariskraker.

Het tweede geflagt is kleender. De tweede foort is kleender, maar vierkantig, een duim lang en twee breed, met effene kanten en hooge zyden. De oogen zyn raar geformeert, want onder zyn ze fmal, waar op een dik knobbeltje ftaat, zynde het regter oog, en daar op weder een regt hoorntje, zonder merkelyke baarden. De regter fchaer is veel kleender dan de flinker, die kort, breed, op den rugge korrelig, en aan de kanten gezaagt is, aan de uiterfte tippen zit een zwart ftipje. De agt pooten zyn zeer lang, dun, en als geklauwt: Op den *Houd zig in 't zant en is eetbaar.* rugge heeft hy een Charaĉter als een H. en onder de H nog twee andere puntjes, rood en wat ingegroeft, een fmalle kleene ftaert in een groeve, daar onder twee kleene hoorntjes als een klauwe; vergraaft zig in 't zand, is eetbaar, en heeft veel vet; de koleur is aan de rauwen grauw geel, aan de gekookten doods bleek. Zy is nog fneller van loop dan de voorige, zoo dat men haar reekenen mag onder de *Hippos* van *Ariftoteles*, dat kleene krabbetjes zyn, die zoo fnel op den ftrand loopen, als of het paerden waren. Zy voert den naam met de voorgaande, doch tot onderfcheid mag men haar noemen *Hanfze* krabbe van de letter H.

De eerfte foort voornoemt. De eerfte foort heeft acht haairige pooten, en een plek op de borft van kleene haairtjes, als fluweel; zy heeft zulk eene fterkte in haare fchaeren, dat ze eenen Kanarynoot *Zy beklimt de Calappus boomen.* opkraaken kan, het welk zy met de voorgaande Beurskrabbe, het wilde Zwyn, en den Vogel *Cacatoca* gemeen heeft. Zy beklimt ook de Kalappusboomen, en weet hunne *Graaft door de aarde tot in de huizen.* Nooten af te werpen, die zy daar na doorboord, en het pit zoekt. Zy maakt haare holle gangen tot onder de Woonhuizen, daar ze dan by nacht uit kruipt, en een groot

gewelt

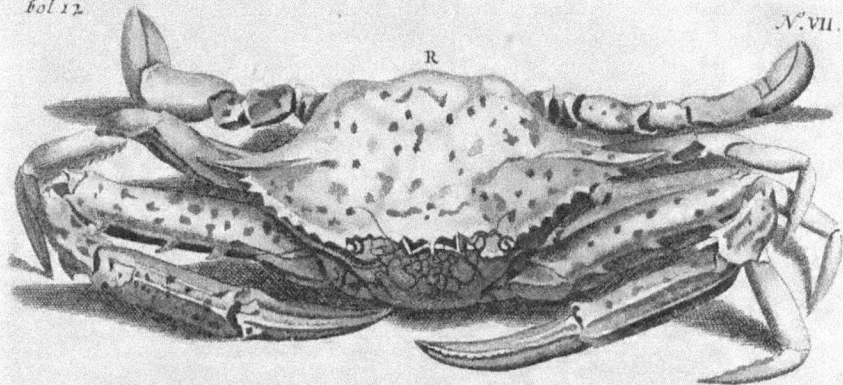

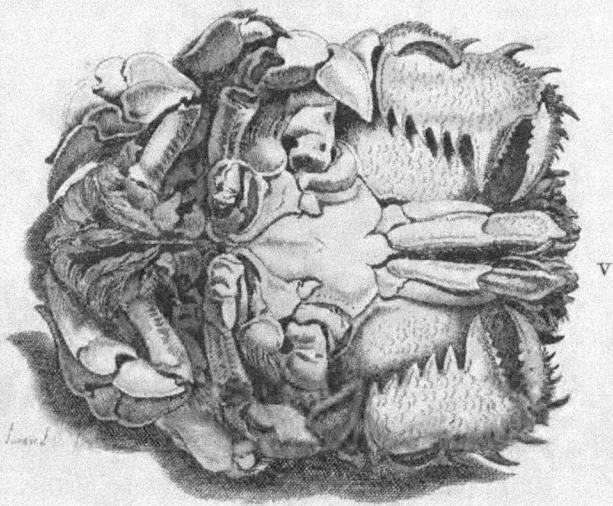

R

S

T

V

J. Leonard

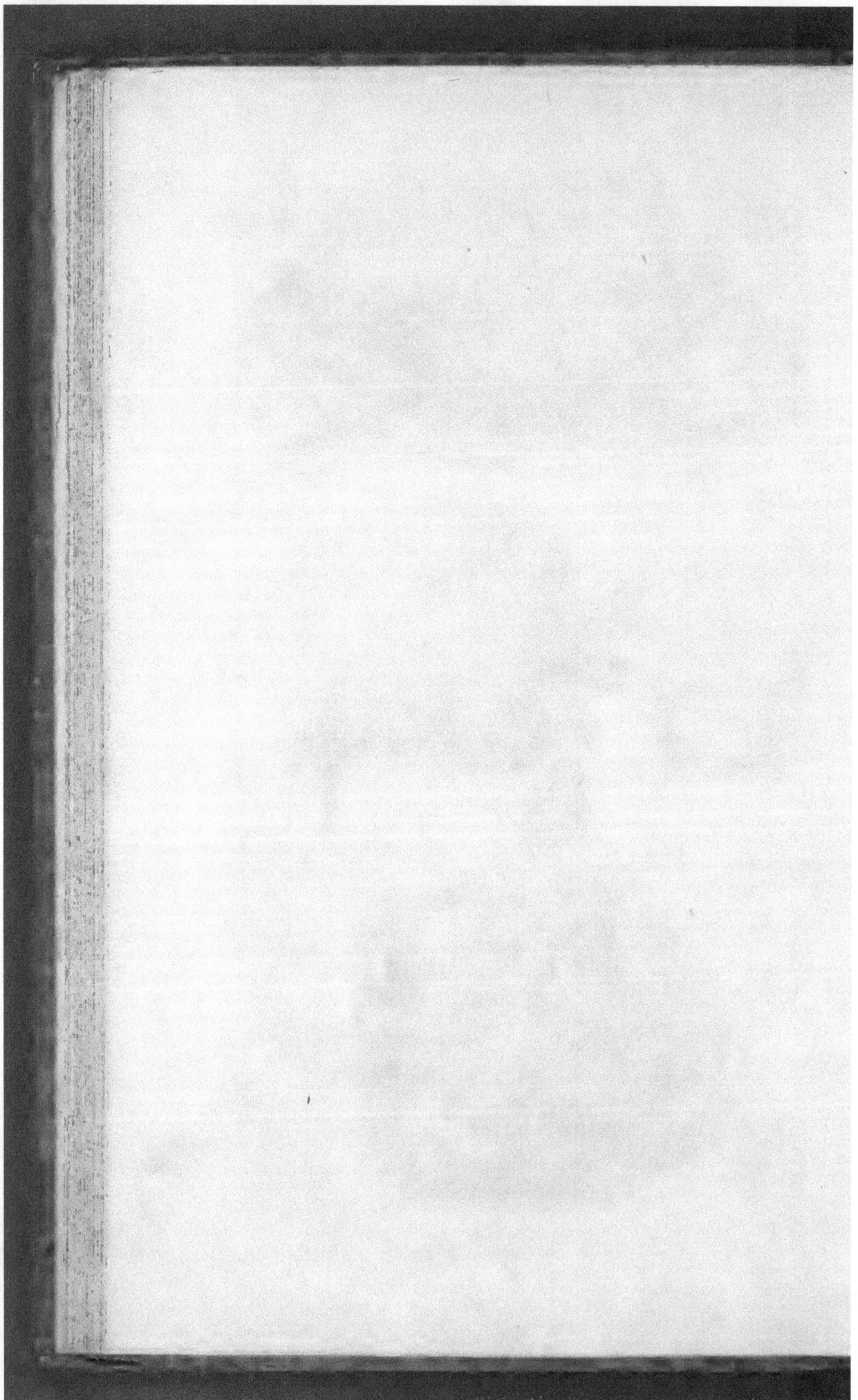

gewelt maakt. Zoo weet zy ook de Hoenderen te bekruipen, dezelve by de voeten te *Bekruipt* vatten, en naar haar hol te fleepen, waar door dat geraas komt, 't welk men zomtyds *de Hoenderen.* by nacht in de Hoenderkotten hoort. Als men heet water in haare hoollen giet, moet *Hoe gevangen* zy daar uit komen. *gen werd.*

Op onbewoonde Eilanden, inzonderheit op *Luſſapinjoe*, zyn deeze Hoenderkrabben zeer groot, met een dik, bultig fchild, en fchaeren die ruig, en een hand lang zyn, aan 't voorfte lidt rond en kortelig, meeft op de *Pandang* ftruiken zich ophoudende, en oneetbaar.

Cancer Caninus. *De afbeelding ontbreekt.*

XI. HOOFTDEEL.

Van den Cancer Raniformis.

DE *Cancer Raniformis*, is een zeltzaame Krabbe, omtrent vier duimen lang, *Cancer Ra-* en by 't hooft drie duimen breed, beftaande meeft uit eene bolagtige rugge- *niformis,* fchaal, over al bezet met ruige en fteekelige puntjes, en by de fchaeren *zie de plaat* loopt ze fchielyk inwaarts, en wort fmaller. De ftaert is kort en looprfchie- *letter T.* lyk af, beftaande meeft uit twee kennelyke leden, eindigende in een fmal fiuitje, dat *Haar aart* zy onder den buik verbergt, en daarom fchynt ze zonder ftaert te zyn gelyk een padde. *en geftalte.* Aan 't hooft is ook niets te kennen, dan een kleenen mond met korte baartjes bezet, en daar boven op is de fchaal haairig, ter wederzyden met kleene korte oogen. De voornoemde fchaal is vuil wit, aan de kanten fcherp getant, of gezaagt, en gelyk een dik bladt, eindigende in twee korte nypers. Daar agter volgen, ten wederzyden, drie pooten van eene byzondere gedaante, aan de kanten haairig, en eindigen in een langwerpig hart, mede een blaadje gelykende. De twee agterften zyn mede plat en haairig, en haar hartje is wat krom, als een fikkel uitwaarts flaande, en den ftaert befchermende. Aan ieder zyde onder de fchaal heeft ze een geut of kloove, daar in zy de zes pooten *Trekt haa-* verbergen kan. Zoo trekt zy ook de fchaeren zodanig onder het lyf, dat men fchier *ren ftaert,* niets bekennen kan; wanneer zy dan recht eene padde gelykt. Zy is in *Amboina* niet *pooten in.* veel bekent, en men vint haar op de vlakke en fteenige ftrand van *Loehoe:* of zy tot *Is heel* het eeten bequaam is, kan ik niet zeggen; immers d'Inlanders zyn fchroomagtig haar te nuttigen.

Haar naam in 't Latyn is *Cancer Raniformis*. Mal. *Cattam Codoc*. Amb. *Hyu Allaac*, *Benaaming* gemeen met andere. *in verfcheide taalen.*

Cancer Raniformis. *Zie de Plaat* VII. *letter* T. *daar men haar van boven ziet, en letter* V. *van anderen: wegens haare zeltzaamheit hebben wy nodig geagt haar dus tweevoudig te vertoonen. Zy is ons mede toegezonden door den* Heere Doctor D'Aquet.

XII. HOOFTDEEL.

Van den Cancer Terreſtris tenui teſta: Cattam Darat.

DE Landkrabben zyn mede van verfcheide foorten, waar van wy in dit *Verfcheide* Hooftdeel de dunfchaalige zullen befchryven, waar van zommige mede *foorten* in 't water gaan. *van land Krabben:*

Cancer

Cancer Rubris Oculis: is uit den ronden wat langwerpig, ongezaagt, op den rugge geschildert met bleekgeele bloemtjes. De oogen in de levendige zyn rood als Robynen, heeft twee korte dikke, rondachtige, en gladde schaeren, met korte tangen, aan 't uiterste een weinig zwart, op de schaeren zwarte stipjes, met acht korte en dunne pooten, alle met klauwen; woont mede in de klippen.

Haar naam in 't Latyn is *Cancer Rubris Oculis*, Amb. *Leytim. Hiu matta cou*, gemeen met de voorgaande *Cancer Caninus*, doch welke naam eigentlyk deze Krabbe toekomt, om dat haare oogen veel rooder zyn dan van de andere. Zy worden met de voorgaande voor Landkrabben gehouden, en alsze omtrent den strand gevonden worden, en dat ze een effen schild, en geene haairen hebben, wordenze zomtyds gegeeten, 't welk dikwils mislukt; want op *Hitoelamma* is 't by mynen tyd gebeurt, dat een Vrouw met haar dogtertje niet meer dan de schaeren van zoodanige Krabben (men oordeelde dat het de voorgaande Hondskrabbe was, andere zeggen den *Cancer norius*) gegeeten hadde, en dood by 't vuur gevonden wierden, hebbende de stukken van de Krabben noch by haar leggen. Anders de algemeene tegenbaat voor alle zoodanige Krabben, is het schraapzel van zwart *Accarbahar*. De wortelen van *Siriboppar*, van *Pissang Swangi*, en van het snygras *Lalan* gedronken, of met *Pinang* geknauwt, en het sap ingezwolgen, die deeze schadelyke kost door 't braaken weder doen overgeven.

De Cancer Villosus is een gansch ruige Krabbe, langwerpig van lyf, twee en drie vinger breed, en een duim lang, het schild gantsch bedekt met grove borstels, als of het een Zeeappel was, rond en effen van buik. De schaeren zyn mede ruig, kort en dik, heeft zwarte tangen en acht korte pooten. Men houd hem voor een medesoorte van de groote schadelyke; is niet eetbaar, woond in 't zand onder klippen, zyn alle rond van buik, en den staert vast daar aan.

Haar naam in 't Latyn is *Cancer Villosus*, Mal. *Cattam Bulu*, Amb. *Tu Huta*, dat is, *Cattam Rompot*, van de ruigte die hy over 't lyf draagt.

Cancer terrestris, tenui testa. Van deeze zyn veelderlei soorten, doch alzoo de Schryver ons geen Afbeeldingen heeft toegezonden, en men ook die niet heeft konnen magtig worden, hebben wy dezelve hier ook niet vertoont.

XIII. HOOFTDEEL.

Van den Cancer Vocans: Cattam Pangel.

DEze Krabbetjes behooren ook onder de *Hippos*, maar zy zyn schaars, een duim breed lang, schier vierkantig, voor breedst, en achter toesmallende, met effene kanten. De gekookte word niet rood, maar blyft blauwgroen. De oogen steeken verre uit, aan dunne steelen; hebben acht gemeene smalle en gladde pooten, twee zeer ongelyke schaeren, waar van die aan de rechter hand veel grooter is dan het lyf, aan de kanten en aan 't voorste lidt scherp, op den rugge korrelig, en van binnen met scherpe tantjes. Het schild is wel bultig, doch glad, de nypers van de schaeren hebben altyd een ander koleur, en zyn of geel, of rood; zoo is ook de bovenste nyper lichter, of witagtiger dan de onderste. De schaer aan de slinker zyde is kleener dan eenige poot, met twee subtile knypers. Zy woont op vlakke zandige stranden, en by aflopend water ziet men haar geduurig met de grootste schaere boven 't hooft zwaaijen, als of ze de lieden roepen wilde, en als men haar bykomt, zoo verbergt ze zig in 't zand; zy is dik van lyf, en eetbaar.

Haar naam in 't Latyn is *Cancer Vocans*. Maleits *Cattam Pangel*, dat is, de Roeper om reden, als boven.

Het

Marginalia

Cancer Rubru Oculis.

Haar gedaante.

De reden van zyn henaaming.

Zyn eetbaar, doch gevaarlyk.

Voorbeeld van een Vrouw en dogtertje,

Geneesmiddel hier tegen.

Gedaante van de Cancer Villosus.

Verscheide benaming, en reden waarom.

De Cancer Vacant. Haar gedaante, Zie de plaat X letter E.

Haar woonplaats.

Is eetbaar.

Cancer Vocans.

Het fchild aan den rauwen is meeft zwartagtig, met witte puntjes als Characters,
en de lange oogen kan hy ter zyden in zekere keepen leggen.   Hy kan zoo fnel loopen, dat hem een menfch qualyk kan achterhaalen, en als men hem op 't lyf komt,
zoo vergraaft hy zich zoo ras in 't zand, dat men hem met uytgraaven qualyk betrappen
kan.   De menfchen verachten ze tot de koft, om datze zoo kleen zyn, maar niet de *Is niet*
Eenden, die de kleenfte najaagen, opgraaven, en inflokken.   De *Mippi* worden befchre- *eetbaar.*
ven by *Plinius.* lib. 9. cap. 31.   *Ariftoteles.* lib. 4.   *Animalium* noemtze *Hippeas*, dat is, *Word door verfcheide*
Ruiters, zy zeggen beide dat men ze vind op de ftrand van *Phœnicien*, doch *Bellonius Schryvers*
heeftze op de zandige *Syrtibus* gevonden. *Hippi genaamt.*

Cancer Vocans. Zie de Plaat X. letter E.

XIV. HOOFTDEEL.

Van de Cancer Spinofus: Cattam Baduri.

DIt zyn lelyke foorten van Krabben, waar van wy twee foorten in dit Hooftdeel *Cancer*
befchryven.   De eerfte foort is rondagtig van lyf als een Spinne, twee en drie *Spinofus. 1. foort.*
vinger breed van fchild, achter breed en rond, voor wat fmalder, alwaar *Haar ge-*
aan 't hoofd een lapje afhangt, in twee hoornen verdeelt, gelyk de kop *daante.*
van een Springkhaan, aan de zyden met noch eenige kleendere dorens; boven dit lapje *zie de plaat VIII No. 1:*
ftaan noch twee uitfteckende dorens of hoornen, en daar agter over 't geheele fchild
noch veel andere mindere, zoo dat hy geheel doornagtig is, vuilgraauw en altyd met
mofch bedekt.   De pooten en fchaeren zyn mede doornagtig; het lyf is meeft uitge- *Is niet eet-*
vult met eene vuilbruine vochtigheit, en weinig vleefch, daarom zy niet gegeeten *baar.*
word.   Men vind haar op ftrand by aflopend water onder de klippen, maar nooit op *Haar ver-*
't drooge land. *blyf.*

Haar naam is in 't Latyn *Cancer Spinofus*, Maleits *Cattam Baduri*, Amboins *Leytim:*
yhu of *hyu*, *makeku huta*, dat is, *Piekol rompot*, of Mofchdraaget, by andere *Hyu En bena-*
hatu talae, om dat hy in de holligheit van de Koraalfteenen woont, inzonderheit als *ming in verfcheide*
het in zee waait. *taalen.*

De tweede foort van de *Cancer Spinofus*, is de *Longimanus*, een lelyk en affchuwelyk *De 2. foort.*
dier, wiens lichaam mede een Spinnekop gelykt, ontrent twee duimen breed, achter
en voor fmal, mede met een overhangend lapje of fnuit aan 't hooft, in een ftompe fpits *Haar ge-*
toeloopende; het fchild heeft achter drie bulten, en is daarenboven vol korte doornen *daante.*
en wratten, die aan de levenden altyd met mofch en andere vuiligheit bedekt zyn, dat
men hem qualyk bekennen kan.   Aan den buik heeft hy een diepe keep, daar in hy
den ftaert verbergt, een fmalle borft, en daar aan 8 korte pooten.   Behalven die
heeft hy noch twee ongemeene lange fchaeren, zoo dat de geheele Krabbe niet dan *Wonderlyke*
fchaeren fchynt te zyn, gemaakt van twee lange en een kort lid, ieder lid vyf, zes, en *fchaeren deezer*
meer duimen lang, een vinger dik, en fchier driekantig, waar van de binnenfte korre- *Krabben:*
lig zyn, de derde of buitenfte is doorgaans met ftompe doornen bezet, zommige *Zyn heel*
groot, zommige kleen, en de groote verdeelen zich in andere mindere, ook met *met mofch begroeit.*
mofch bedekt.   Het voorfte lid eindigt in een korte fchaer, waar van de onderfte
tange nederwaarts geboogen ftaat; de koleur aan beide footten is vuilgrauw, of
rookachtig, word ook nooit rood aan de gekookte.   Deze laatfte houd zig meeft op *Houd zich*
den grond van de Zee op, dies hy zelden gevangen werd; hoewel hy zomtyds in de *in zee.*
Bobbers kruipt, en ook wel met de netten opgehaalt word.   Men vindze zomtyds zoo
groot, dat de uitgeftrekte fchaeren meer dan een elle beflaan, en de Viffchers hebben
een affchouw daar van, als voor een leelyk Zeegedrogt, weshalven zy hem gemeenlyk *Is niet eetbaar.*
weder

weder over boord fmyten, houdende hem voor onnut, ja fchadelyk om te eeten

Haar bena-
ming, en
reden
waarom.

Tot onderfcheid van de eerfte, mag men haar noemen *Cancer Spinofus longima-*
nus, in 't Amboins komt haar eigentlyker, dan de voorgaande, den naam toe van
Thu makeku huta, dat is, Mofchdrager, waar mede hy altyd bedekt is. Als ook
Yu maccar, dat is, *Cateam duri Sagu.*

Waar ge-
vonden
worden.

De eerfte foort word veel op Amboina gevonden, inzonderheit by *Weynitoe* op
vlakke ftranden, van zand en kleene fteenen gemaakt, en word voor eetbaar gehouden; maar de tweede, of Langhand, is in *Amboinaas* inham meeft onbekent, en
werd voor ondeugend gehouden.

Een derde
foort.

De *Cancer Spinofus* heeft noch een gemeene Strandfoort, is 2 duimen breed, en wat
langer, voor met een afhangend fchildje, als of hy een lapje over den mond
had, het achterlyf is wat breeder, en loopt rond toe, na 't fatzoen der Spinnekoppen. De pooten zyn redelyk lang, maar de fchaeren veel korter dan aan de *Longi-*
manus, voorts overal fteekelig en knobbelig, op den buik of aan de borft haairig.

Een vierde
foort.
Doch heel
zeltzaam.
Haare ge-
daante,
zie de
Plaat IX.

Noch een grooter en zeltzamer Krabbe komt zelden voor den dag, om dat hy
zig diep in de Zee ophoud. Haar lichaam is 4 duimen breed, na vooren fmal toelopende, daar men fchier niets dan een knobbelige neus, en twee kleene oogjes by
malkander ziet. De geheele rug is vol knobbelen, met klooven tuffchen beiden,
en daar in zeemofch, en kleene kraalftruikjes. Zy heeft lange ongewoone fchaeren, ieder 9 duim lang, met diergelyke knobbelen bezet, en daar aan noch dit byzonders, dat
de twee lange leden tuffchen beiden noch een korter hebben. De 4 andere voeten
ter wederzyden, hebben haare gewoone gedaante, behalven dat ze aan 't achterfte aan

Word voor
onnut ge-
houden.

drie zyden met veele fcherpe takken bezet zyn. De koleur is rood en wit gefpikkelt, zy heeft kleene baartjes, die zy in holle geutjes onder de neus verbergen kan.
d'Ambonezen zyn 'er zoo bang voor, dat ze haar met de fuik of vishoek ophalende,

En zyn
veeltyts
met Koraal
takken be-
groeit.

ftraks weder in zee fmyten, want ze houden haar voor fchadelyk tot de koft, hoe-
welze geen exempel konnen aanwyzen, dat ze in 't eeten leed heeft gedaan. Op Celebes Ooftkuft heeft men ze noch eens zoo groot, alwaar ze meede voor fchadelyk gehouden worden. Op haar rug en fchaeren dragenze meerendeels 't een of ander Zeegewas,
doch meeft de witte kraalboortjes, (*Lithodendrum calcarium*) waar uit men kalk brand,
en daarom worden ze dikwils door een holle Zee op ftrand, en in ftukken gefmeeten.

Cancer Spinofus, *zie de Plaat* VIII. Nº. 1. *Cancer Spinofus Longimanus. Deze afbeelding ontbrak, doch*
de Heere Doctor d'Acquet heeft twee afbeeldingen hier toe befchikt, namentlyk de Cancer Spinofus Longi-
manus, Major. Nº. 2. en Minor Nº. 3. en daar beneffens een der alderraarfte Kreeften. De Cancer A-
ragnoides, zie dezelve Plaat Nº. 4. en Nº. 5. is de Cancer Floridus. De Heere d'Acquet heeft ons noch
toegezonden een ongemeene groote Krabbe, by den Schryver bekent, voor de vierde foort van de Cancer Spi-
nofus, die by ons genaamt word de Rotskrabbe, om dat dezelve in 't aanzien wel een Rots of Koraalfteen
gelykt, zie de Plaat Nº. IX.

XV. HOOFTDEEL.

Van de Cancer Floridus : Cattam Bonga.

Cancer
Floridus.
Zyn ge-
ftalte
zie de Plaat
VIII. Nº. 5.

DEze is in gedaante van een gemeene Krabbe, langwerpig van fchild, fchaars
twee duimen lang, twee en een half breed, en dikachtig van lyf, het fchild
is met veele peukeltjes verciert, bleek van verwe, en daarenboven met geele
plekken gefchildert, dewelke aan zommige linien, aan andere plekken, en
bloemtjes verbeelden. Aan de kanten is het fchild fcherp, aan ieder zyde met een hoekje of tand. De fchaeren zyn naar gelykheit des lyfs dik, rond, doch kort, met peukeltjes en korrels bezet, als 't lyf, en daar aan de fcherpe nypers of tangen, kaftaniebruin,

voorts

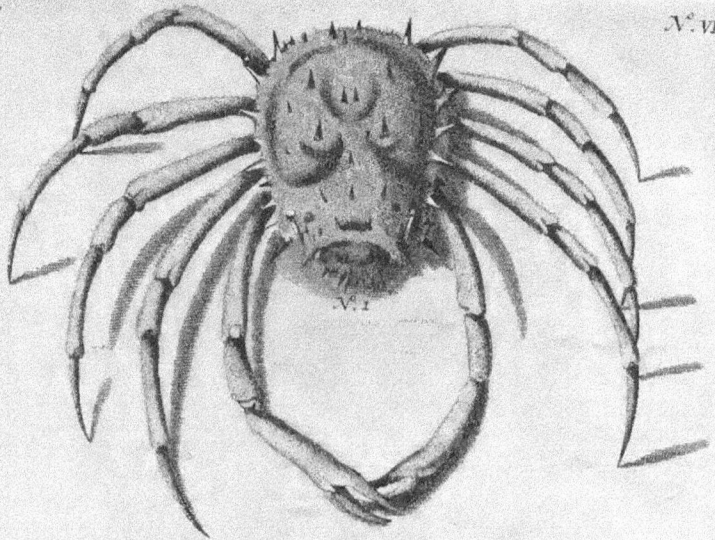

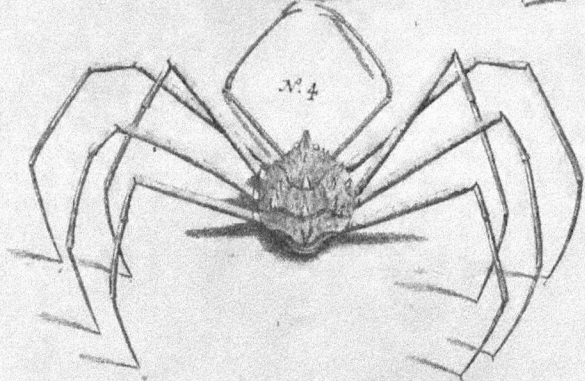

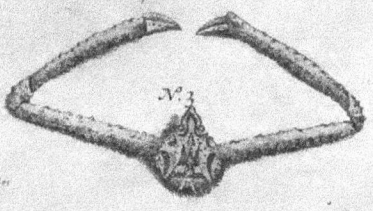

N.º 1

N.º 2

N.º 4

N.º 5

N.º 3

J. Mynde fc.

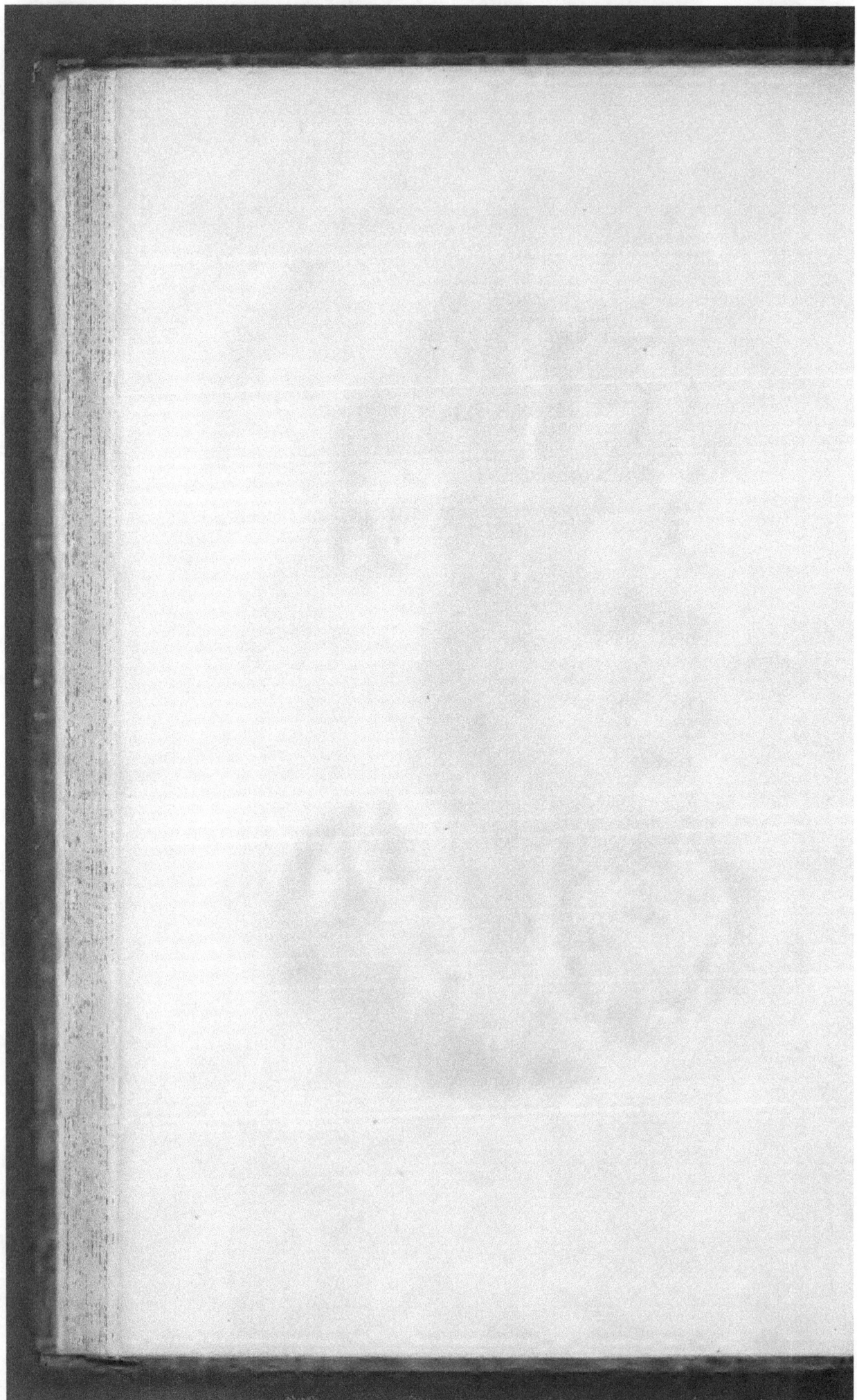

voorts 8 gewoone pooten in scherpe klauwen eindigende, die mede bruin en ruig van korte haairtjes zyn. Zy woond by afloopend water op den strand, en by hoog *En verblyfs-*
water kruipt zy zomtyds op de drooge klippen, daar zy by wylen haare oude huit aflegt, *plaats.*
die men dan zoo geheel vind, met pooten, schaeren en al, aerdig geschildert en dun, *Verwissele*
dat men qualyk merken kan, waar het beest uitgekroopen is, 't welk men echter van *van huit.*
onderen gewaar word, tusschen den buik en den staert, alwaar deze leege huisjes geopent zyn.

Haar naam in 't Latyn is *Cancer Floridus*, Maleits *Cattam Bònga*, dat is, Bloem- *Reden*
krabbe, om dat zy onder alle het schoonste schild heeft, als of het met bloemen be- *waarom zy*
zaait was: De *Amboneezen* noemen haar mede *Yu Nikimetten*, dewyl de einden de *zoo ge-*
schaeren zwartachtig zyn, waarom zy onder die geene gerekent word, die de Natuur ge- *noemt*
tekent heeft om niet te eeten, gelyk ze dan word gehouden voor eene kleene soort *Is niet*
van den grooten Zwarttant, hier na in 't 18 Hooftdeel beschreeven. Zy word niet ge- *eetbaar:*
geeten, dewyl de Inlanders een gemeen merkteken hebben, dat alle Krabben, wier *En waar-*
schaeren aan de nypers zwart of bruin zyn, tot de kost niet deugen, als of ze van Na- *om.*
tuuren getekent waaren.

Cancer Floridus. *Zie de plaat* VIII. N°. 5.

XVI. HOOFTDEEL.

Van den Cancer Noxius: Cattam Pamali.

DEze Krabben worden voor de regt schadelyke gehouden, en zyn niet van een- *Cancer*
derlei gedaante. De gemeenste verschilt niet veel van de eetbare Zeekrab- *Noxius,*
ben, doch is wat grooter en dikker van schild, 't welk bleek of witachtig is, met *waar van*
roode plekken en Characters als bloemen gespikkelt, op een andere manier *verscheide*
als den *Cancer Floridus*, wiens schild met veele peukeltjes verciert is, maar komt overeen *Met den*
met den *Cancer ruber*. Haare oogen staan ver buiten 't hoofd, en zyn rood, met groote *Cancer*
sterke schaeren; Zy kruipt zomtyds in de Bobbers, doch opgetrokken zynde, word ze *vergelek-*
straks weg geworpen, om dat ze voor schadelyk, ja doodelyk gehouden word: Immers *ken.*
het is in mynen tyd gebeurt op *Hitoelamma*, dat zekere Vrouw van een Krabbe, maar *Is tot spyze*
de eene schaer op koolen gebraden eetende, vermits ze deze Krab niet kende, by het *doodelyk.*
vuur zittende, in slaap gevallen is, wordende daar ter steede dood gevonden, gelyk ook *'t oorheelt*
haar dogtertje, dat mede daar van at, en kort daar na ook storf, doch alvorens aan- *op Hitoe-*
wees de Krabbe waar van ze gegeeten hadden; waar van mede boven het XII. Hooft- *lamma.*
deel te zien is. De Natuur heeft dan wyslyk geschikt, dat dit schadelyk Beest *Houd zig op*
alleen op den grond der Zee zig ophouden, en niet op den strand komen zoude, *den grond*
op dat 'er niet veele menschen, die hunne kost by aflopend water op strand zoe- *der Zee.*
ken, door beschadigt wierden.

Haar naam in 't Latyn is *Cancer Noxius*: Maleits *Cattam Pamali*: Amboins, op *Haar bena-*
Leyt; *Yu-Umali*: op Hitoe *Lilu-Umali*, dat is, *Cancer Infaustus*, of schadelyke Krab- *ming in*
be; als ook *Cattam Bisa*, venynige Krabbe, gemeen met de voorgaande. *taalen.*

C XVII. HOOFT-

XVII. HOOFTDEEL.

Van den Cancer Ruber: Cattam Salissa.

Cancer Ruber.

Haar gedaante, Zie de Plaat X. No. 1.

Is noch weinig bekent.

Dit is een zeltzaame Krabbe, en word weinig gevonden, wat grooter dan een gemeene Zeekrabbe, 4 duimen lang, en vyf breed, onder alle de dikste van schild, 't welk glad en effen is, een mes dik, aan ieder zyde heeft het een stomp, hoek, of tand, noch een by ieder oog, en noch vier aan 't voorhooft, stomp en rondagtig. De oogen zyn kleen, en schuilen in kleene gaten. Het schild heeft onder aan den buik twee stukken, die daar aan schynen gezet te zyn, en met 'er tyd als halve Maanen afvallen; de schaeren en pooten zyn noch onbekent, dewyl my t'elkens de bloote schilden gebragt wierden. De koleur van 't schild is rood, zelfs aan de levende, als zy uit Zee komt, doch niet doorgaans, want het schild zelfs is bleek, maar daar op ziet men groote roode plekken, van coleur als de afgevallene bladeren van

En met bloetroode vlakken.

Word van zommigen voor oneetbaar;

En van anderen voor goet gebonden.

den Boom *Salissa*, of *Catappan*, die rood zyn als een gekookten Kreeft, waar van de drie grootste als dubbeltjes op den rugge staan, 3 kleender by den staert, en zomtyds vier, en noch 4 by de oogen. Dit teiken heeft de Inlanders bewogen, dat ze haar mede voor verdacht houden, en tot den kost niet willen toelaaten. Immers in het dorp *Hucconalo* wierd zy my getoont, dat ze aan zommige Lieden zoude schade gedaan hebben, die haar in den *Amboinsen* inham gevangen, en onvoorzigtig gegeeten hadden; daarentegen andere Inlanders verklaarden, dat zy by haar gegeeten wierden. Deze Krabbe heeft 11 of 13 roode oogen, op het schild in 3 ryen, de grootste als een stuiver. Die van *Hucconalo*, zoo andere willen, hebben haar ten onregte schadelyk genoemt, want op *Caybobbo* en *Bonoa* word zy voor de beste gehouden, zynde vol geel vet, en vol vleesch, hiet op *Bonoa*, *Moele pipi*, dat is, Geschilderde wangen.

Haar benaming in verscheide taalen.

Haar naam in 't Latyn is *Cancer Ruber*; Maleits *Cattam Salissa*, Amboins op Leytim: *Tu Sarissa*, op Oma *Ucu Sarissa*; want *Sarissa* noemen ze op Leytimor, 't welk de Hitoesen *Salissa* uitspreeken, in 't Maleits den Boom *Catappan*.

Cattam Tambaga, of Koperkrabben.

Waarom zoo genaamt.

Haar gedaante. Zie de Plaat XI. No. 4.

Onder den bovenstaanden *Cancer Æneus*, zoo wel als onder den voorgaanden *Cancer Noxius*, behoort de navolgende, genaamt *Cattam Tambaga*, dat is, *Cancer Æneus*, of Koperkrabbe, dewyl ze rood of Koperverwig is, wanneer zy uit Zee komt, niet veel grooter dan een gemeene Krabbe, ook in gedaante niet veel daar van verschillende, doch gansch kaal van haair over 't geheele lyf, behalven eenige zagte haairtjes beneden aan de pooten. Het schild is digt gemarmert met bruine oogjes, doch omtrent den staert heeft zy 3 regt roode plekken, waar van de middelste vierkant, en de twee ter zyden langwerpig zyn; noch heeft zy eenige verhevendheden, eene geslote Beurze verbeeldende, welker mond naar agteren staat: zy heeft twee kleene oogen, die diep verborgen staan, tusschen de kerven van 't hoofd, en gansch geen baerden. De nypers zyn git zwart, doch niet scherp getand; de agterste en breedste pooten leggen met het agterste en breedste deel of lidt op het achterlyf, bedekkende het zelve tot aan den hals van de Beurs, waar mede zy schynen het agterlyf te beschermen. De pooten eindigen in korte stompe doorntjes. De buik is mede rood en wit gemarmert. Van deze Ko-

Word voor schadelyk gehouden.

perkrabbe word getuigt, dat ze volkomen schadelyk is, gelyk zy ook zelden voor den dag komt. Over 't geheele lyf is zy glad, en blinkende als porcelyn.

Cattam Catappan.

My is eene Krabbe van *Tu Sarissa Assahoedi* toegebragt, onder den naam van *Tu Sarissa*, of *Cattam Catappan*, van de bovenstaande niet veel verschillende, behalven dat zy zoo rood van schaal niet is; de rugge is in 't midden bleekgeel van grond, ter zyden af bruin, met een groote roode plek midden op den rugge, en aan weêrzyden noch vyf mindere,

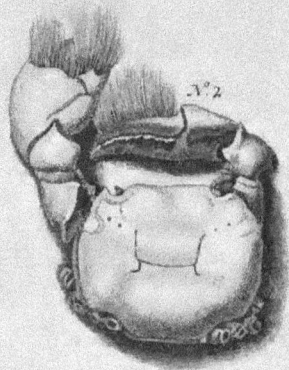

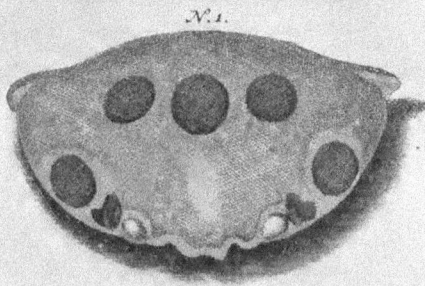

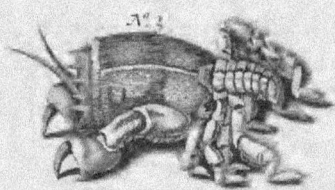

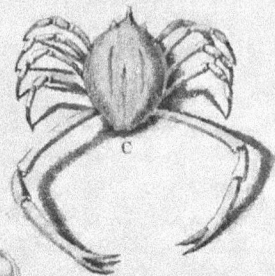

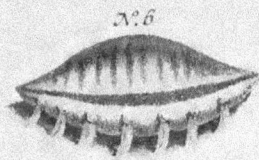

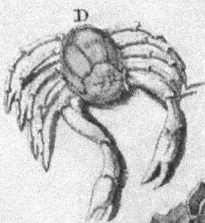

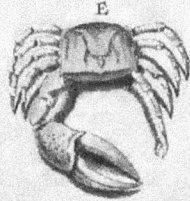

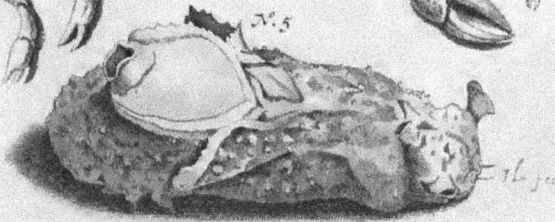

N.ͦ 2.

N.ͦ 1.

N.ͦ 3.

C

N.ͦ 4.

A

B

N.ͦ 6.

D

E

N.ͦ 5.

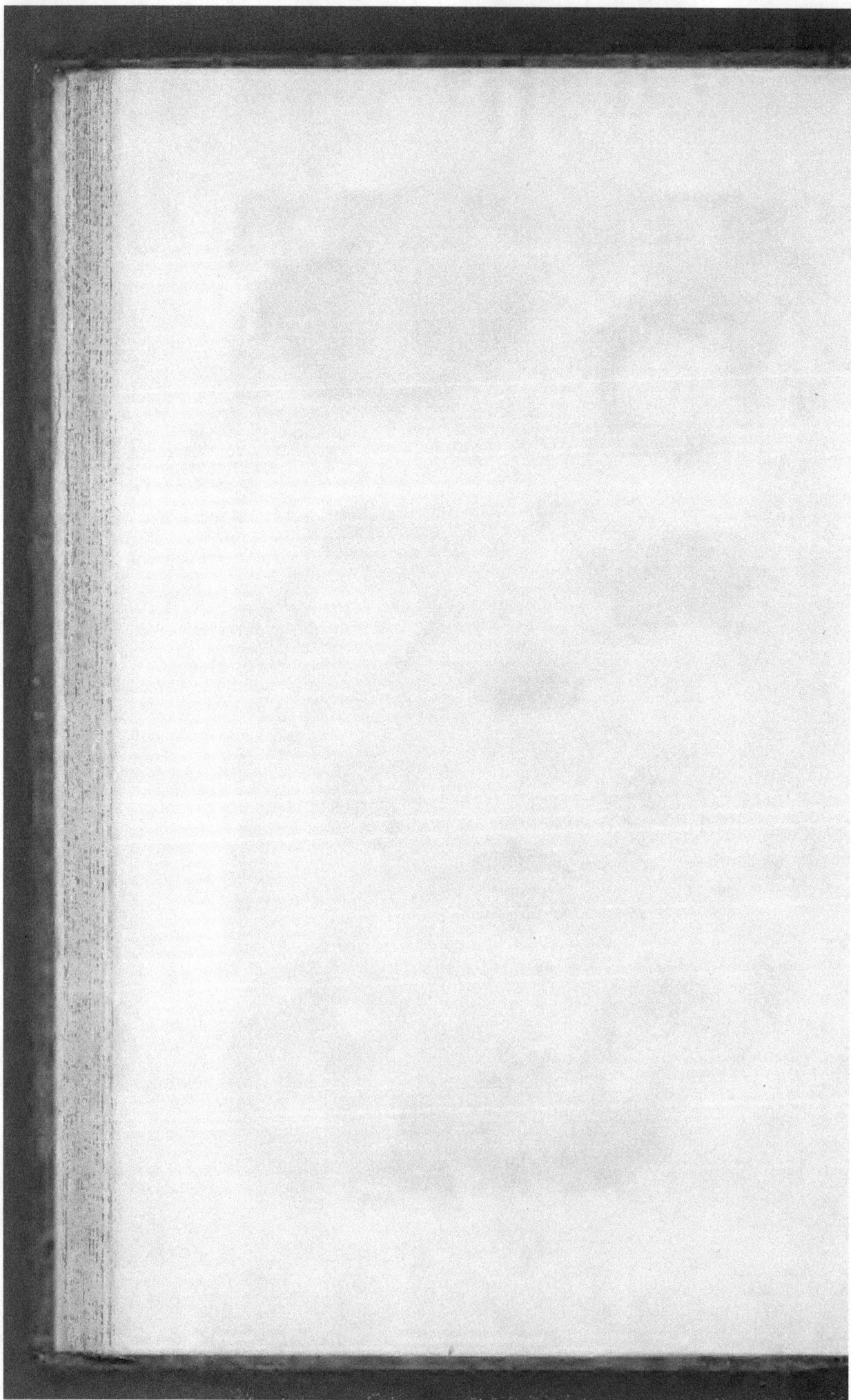

mindere, alle rood, aan de kanten van de fchaal weinige korte ftompe doornen. De buik is hoog verheven, heeft ter weêrzyden vier gladde pooten, en daar aan lange zwarte klauwen; de regte fchaer is tweemaal zoo groot als de flinker, beide met zwarte tangen, agter bleekgeel en mede glad, de oogen fteeken niet ver uit, en zyn witaehtig of bleek-geel, voorts heeft zy geene Baerden.

Cancer Ruber. *Zie de Plaat* X. Nº. 1. *Ons toegekoomen uit het Kabinet van den Heere de* Jong. *De Can-cer Ænus, alzoo ontbrak, is ons door den Heere Doctor* d'Acquet *bygezet: zie de Plaat* XI. Nº. 4.

XVIII. HOOFTDEEL.

Van den Cancer Nigris Chelis: Cattam Gigi itam.

Eze Krabbe is op den rug donkerbruin zonder plekken, maar aan de kanten scherp gezaagt, mede zonder baerden; aan den buik ziet men twee fchaeren even groot, achter bleekgeel, en voor zwart; de pooten zyn ganfch ruig en fteekelig, doorgaans met twee rye korte doornen, alle bleekgeel en met haair bezet; de twee agterfte pooten zyn zeer kleen, en agterwaarts geboogen, heeft witachtige en heldere oogen, die by nacht blinken als Juweelen, als men met een bran-dende *Dammar* in Zee gaat, en heeft gemeenlyk een kleender by zig. *Cancer Ni-gris Chelis. Haar ge-daante. Heeft blin-kende oogen.*

De kleender is mede geheel bruin, heeft een fchildje met geele linien als Characters, vol bulten, en zoo gekrult als of het uitgefneden was, met weinige hoeken aan de kan-ten, en zonder baard; de fchaeren zyn aan 't voorfte korrelig en donkergeel met zwarte nypers, de pooten van boven glad, van onderen haairig. Men vind ze op de Eilanden voor *Affahudi*, leggende op den hoek van *Nuffanive*, daar ze in de Bobbers kruipen, en van de Viffchers opgetrokken zynde, ftrax weg geworpen worden. *Een tweede foort wat kleender. Waar ge-vonden word.*

De grootfte is my noch onbekent, behalven de fchaeren, die groot en fterk zyn, het eerfte en tweede Lidt hebben aan de kanten groote uitfteekende dorens, het voor-fte is ganfch korrelig, met eenige vooren, de tangen of nypers zyn zwart, met fcher-pe tanden van binnen, aan de gekookte violet-bruin, maar de reft is bleekrood. Zy word mede onder de fchadelyke gerekent, dies aan haar geld de waarfchouwinge van den Poëet: *Is weinig bekent. En niet eetbaar.*

> Hic niger eft hunc tu Romane caveto.

Haar naam in 't Latyn is *Cancer Nigris Chelis:* Maleits *Cattam Gigi itam*, en zoo in 't Amboins, *Tu niki metten*, dat is, Zwarttant, want de Maleiers noemen *Gigi* of Tant, het geen wy Schaeren noemen. *Haar bena-ming in verfcheide taalen.*

XIX. HOOFTDEEL.

Van den Cancer Lanofus: Cattam Bifa.

Eze zeltzame Krabbe word ook weinig gevonden, 't welk eene wyze befchik-king der Natuur is, dat men haar zelden vind, en dat ze zig ophoud in de diepte der Zee, want deze en de voorgaande Zwarttand worden voor de regt fchadelyke Krabben gehouden. Zy is omtrent twee vuiften groot van lyf, een halve voet lang en breed, hoogbultig van rug, aan de kanten met 4 of 5 ftompe tanden, *Cancer Lanofus. Is zelt-zaam. En by de voorgaande vergele-ken.*

tanden, en het hooft loopt fpits toe, daar kleene oogen digt by malkander ftaan, of in de gaten fchuilen zonder baarden, doch by den mond ftaan ten wederzyden 4 fpitze klauwen, 't welk haar handen zyn. Zy heeft twee merkelyke groote en lange fchaeren, in fterke tangen eindigende, die bloot en wit zyn, gefatzoeneert als den bek van een Papagaai. Het agterfte lidt van deze fchaer is, naar gewoonte, fchier driekantig, waar van de eene kant gezaagt is, voorts heeft ze aan ieder zyde vier pooten, van ongelyke grootte, want de twee voorfte zyn de langfte, en aan het middelfte lidt wat krom gebogen, en voor aan met een korte fcherpe klauw als een vogelpoot; de derde voet is pas half zoo lang, en de vierde is noch kleender, en ftaat fchier op den rugge, beide gewapend met kleene ronde klauwen, den angel van een Scorpioen gelyk, doch met dit onderfcheid, dat d'angel van den derden voet inwaarts ziet, en die van den vierden uitwaarts. Tegen over deze klauwtjes ziet men noch een ander en veel korter, met het eerfte de gedaante van een fchaer makende, waar mede zy ook nypen kan, 't welk men ook eenigzins ziet

aan de twee voorfte pooten. De geheele fchaal, pooten en fchaeren, zyn bekleed met een vuilgrauwe mofchagtigheit, in 't gevoel als wolle laken, doch aan de kanten, fchaeren, en pooten, wat ruiger, als borftels, en deze wol hangt haar zoo vaft aan, dat men die maar effen affchrapen kan, daar onder ziet men dan de fchaal, doorgaans dood bleek, op den rug en aan de fchaeren redelyk dik; binnen heeft zy geen byzonderlyk vleefch, maar is vol van een bruinzwarte vochtigheit, die het water paers verft, als men haar kookt. Het

is een leelyk beeft van aanzien, en word voor fchadelyk gehouden, weshalven de Viffchers haar in de Bobbers krygende, ftrax weder in 't water fmyten.

Haar naam in 't Latyn is *Cancer Lanofus*. Maleits *Cattam Bifa*, dat is, *Cancer Venenatus*. In 't Amboins *Tu Teku hutta*, dat is, een Krabbe die gras of mofch draagt.

Onze Amboineezen, zoo Chriftenen als Mooren, houden haar voor fchadelyk, en fmyten ze weder weg, als ze hem vangen, doch zoo my dunkt komt dezen afkeer meer wegens haare leelyke gedaante, dan uit ervaring. Want daar zyn Natien die haar zon-

der fchroom op koolen braaden en eeten, al het vleefch van 't zwarte bloed afzonderende. Dit doen de Inwoonders van *Bonoa* en die van *Serua*. Op de zelve wyze heeft

men genoegzaame ervarenheit, dat den Visopblazer gegeeten zynde, doodelyk is, nochtans zyn 'er veele die hem zonder fchade eeten, als ze maar weeten 't vleefch af te zonderen van de flymerige aderen, waar in de fchadelykheit fteekt. Men hebbe wel aan te

merken, dat als men in dit Boek zegt eenige Krabben venynig te zyn, zulks gefchied naar de gemeene, hoewel dolende manier van fpreeken, want ze zyn niet vergiftig eigentlyk genomen, maar hebben een worgende en duizelig makende kragt, die men zomtyds met enkele Siroop van Suiker, of eenige vettigheit verdryven kan.

In 't jaar 1692 wierd 'er zulk eene kleene gevangen, die met haar 4 agterfte pooten een Zeegewas, *Bafta Laut*, aan 't eene eind kruiswys en zoodanig gevat had, dat het op haar lag als of het daar op gegroeit was, en zy bedekte zig daar mede als met een fchild: Zy was in een Bobber gevangen, en als zy een tyd lang droog lag, zoo fchuimbekte zy, en wierp veele hooge blaasjes op, gekoleurt als fchuim van klaar zeepfop.

Een andere diergelyke Krabbe had haaren geheelen rug bedekt met een Zeegewas, van fubftantie fpongieus, en in veele ftompe fpitzen of lappen verdeelt, gelyk een koraalfteen, daar een takje van zwart *Accarbaar* doorliep. Het fchynt dat deze Krabben met haar ruige ruggen verfcheide dingen konnen vatten, en aan zig vaft maaken, fteekende zomtyds haare agterfte pooten in deze fpongieufe gewaffen.

Cancer Lanofus. *Zie de Plaat* XI. N°. 1.

N.2

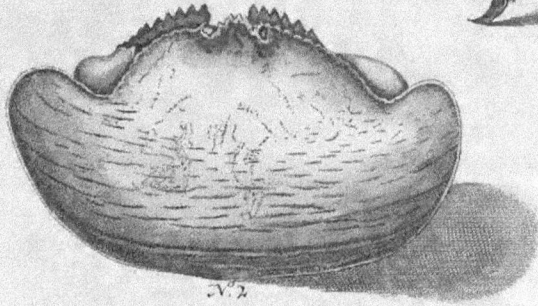

N.3

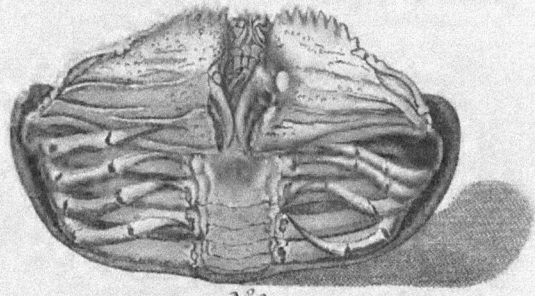

N.4

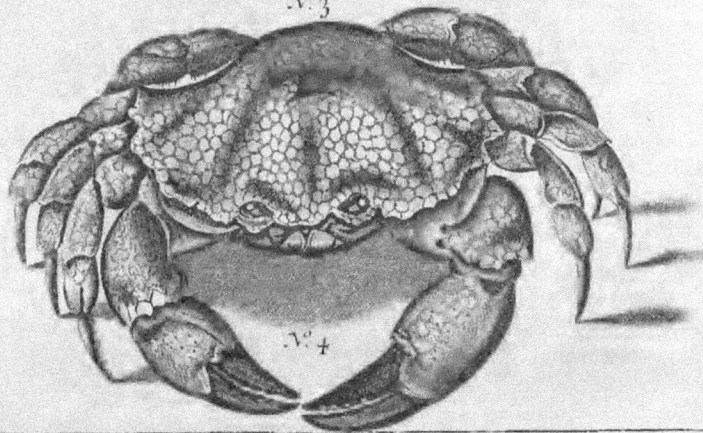

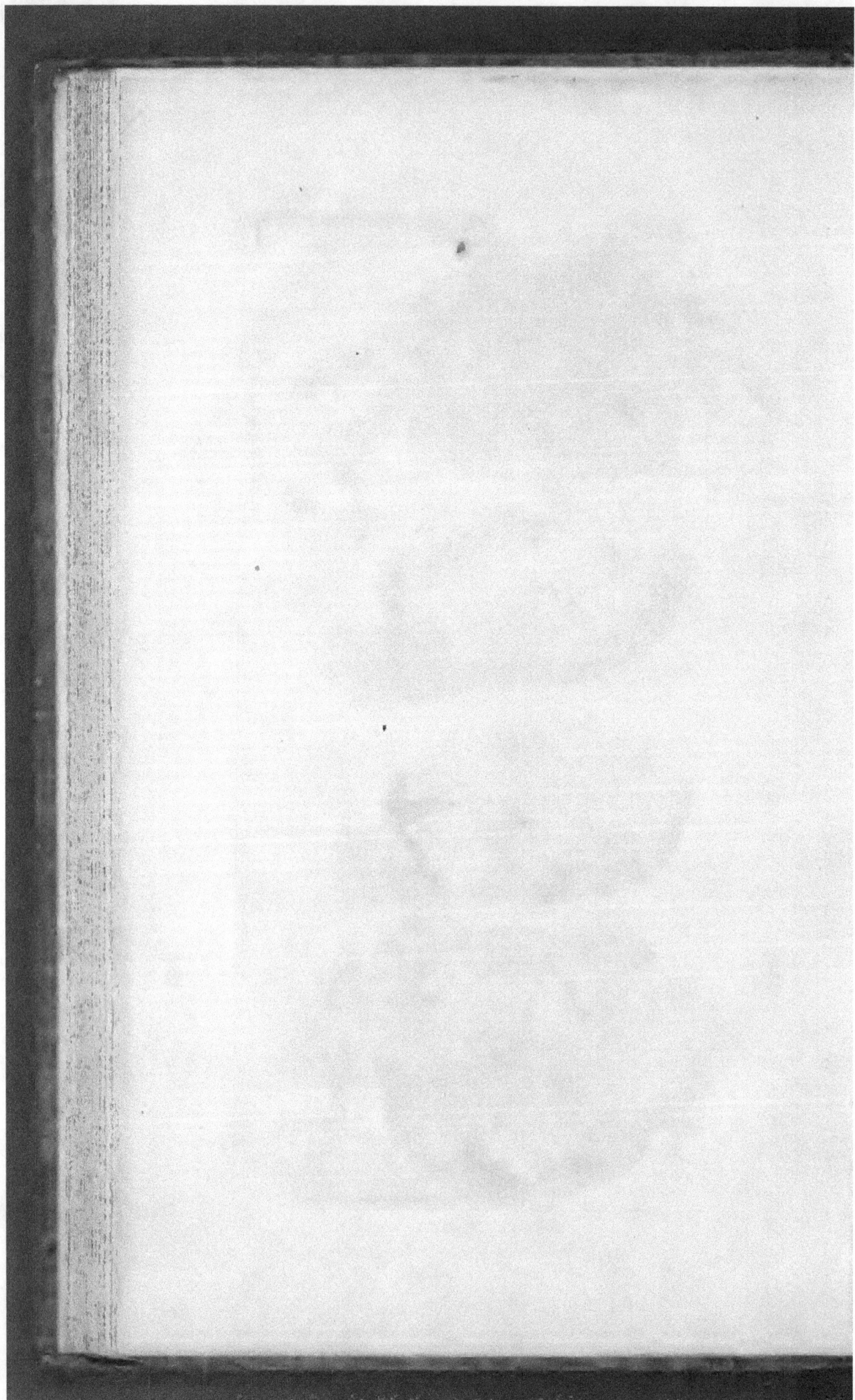

XX. HOOFTDEEL.

Van den Cancer Calappoides: Cattam Calappa.

Cattam Calappa heeft de gedaante van een gebroken Calappus, doch veel breeder dan zy lang is, te weeten 4 en 5 duimen breed, en schaars twee lang, gelykende een schuitje, of een lepel uit een Calappusdop gemaakt, op den rug overdwars een weinig gevoorent, bultig en bleek van koleur; zoo wel rauw als gekookt. Het schild hangt ter wederzyden met een groote lap over, zoo dat het van onderen meest hol is, met een smalle borst, daar 8 korte en smalle pootjes aan staan, maar de schaeren zyn zoo veel grooter, en van een byzonder fatzoen, gelykende 't handje van een kind, breed en dun aan den voorsten kant, met eenen gekartelden uitsteekenden hoek, gelyk een Haanekam, met twee kleene doch scherpe nypers. Zy strekt de schaeren nooit regt uit, maar kan dezelve met alle de pooten onder 't schild zoo verbergen, dat men niets daar van zien kan, als zy op het strand stil zit. Daar is zoo weinig vleesch aan, dat ze schier uit enkel schaal bestaat, en derhalven om te eeten ondeugend gehouden word. Als zy op het strand kruipt by den schyn der volle Maane, geeft haar schild een weêrschyn van zig, waar aan men haar bekennen kan, anders zoude men haar van 't zand qualyk konnen onderscheiden, wegens d'overeenkomste verwe; men vindze veel op 't strand by het dorp Hucconalo, en voorts door den geheelen binnenboezem van den Amboinsen Inham, daar menze ongemoeit laat loopen, om dat ze niemant verwaerdigt om te eeten; doch zommige worden gevangen, gekookt, gedroogt, en tot rariteiten bewaart, meest wegens de rare schaeren en het fraaije schild.

Haar naam in 't Latyn is Cancer Calappoides: Maleits Cattam Calappa, naar de gedaante van een Calappusdop. Amboins Leytim Hyn hulan Pate, dat is, Cattam Bulan, Cancer Lunaris van den weêrschyn, die zy geeft by de volle Maane, welken naam anders eene andere Krabbe, boven beschreven, mede draagt. De regte Maleyers noemen haar Cattam Salwaeco, naar de gedaante van een langwerpig Amboins schild. Deze Krabbe komt overeen, immers in schildery, met de Cancer Heracleoticus van Bellonius beschreven, en afgetekend by Jonst. Histor. Animal. Aquatil. part. 2. cap. 2. Sect. 3. alwaar hy Gallus Marinus, of Zeehaan word genaamt, van de gelykenisse der schaeren met een Haanekam, doch verschilt van den regten Cancer Heracleoticus, beschreven by Gesner: Libri IV. de Cancris.

Cancer Calappoides. Zie de Plaat XI. No. 2. daar dezelve van boven, en No. 3. van onderen is te zien.

Marginalia: Cancer Calappoides. Waarom zoo genaamt. Haar gestalte. Zie de Plaat XI. No. 2 en 3. Heeft schaeren als haanekamt. Is by 't Maanligt glanzig. Zyn niet nut tot spyze. Haar benaming in verscheide taalen. Word voor de Heracleoticus van Bellonius gehouden. Doch 't onregt.

XXI. HOOFTDEEL.

Van den Cancer Perversus, Balancas.

Jacob Bontius, Hist. Indic. Libr. 5. cap. 31. beschryft deze Krabbe met een lichtgroen rond schild, en eenen langen staert, zoo spits toeloopende als een Else, die iemant quetzende, zoo groot een pyn aanbrengt, als een Scorpioensteek. Haar vleesch, zegt hy, word wel gegeeten, doch is ver na zoo goet niet dan van andere Krabben.

Het is een gedrogtelyke Krabbe, waar aan men schier alles verkeerd en anders ziet dan aan andere Krabben, en behoort mede onder de grootste. Haar opperlyf bestaat uit twee deelen, waar van het eerste en grootste een schild verbeeld, aan den voorsten kant rond,

Marginalia: Cancer Perversus. Word ook Zeespin en Pylstaart genoemt. Haar gedaante. Zie de Plaat XII.

maar

maar agter uitgefneden als een halve Maan, alwaar het agterfte en kleenfte deel met een vel aanhangt, aan zyn eind heeft het een lange driekantige ftaert, en aan

Heeft aan den ftaert een lange pen.

de kanten is het met fcherpe doornen bezet. Dit agterlyf zoude men naar gewoonte van andere Krabben voor het hoofd, en het eerft genoemde ronde deel voor den ftaert aanzien, gelyk veele van onze Europeërs doen. Het groote fchild is een gemeene fpan breed, zomtyds ook meer, van koleur olyfverwig glad, en boven op met korte ftekeltjes bezet, waar onder men twee ftompen ziet, boven witagtig, 't welk de oogen zyn. Het agterlyf, is, als gezegt is, aan de kanten doornagtig, en aan zyn einde heeft het wederom een kleene bogt als een halve Maan, in wiens midden de voorfchreve lange ftaert is geplaatft, omtrent een hand lang, fchaars een vinger

Is wonderlyk van maakzel.

breed, en zyn bovenfte kant is mede doornagtig, fcherp toeloopende als een Elfe. Als men haar omkeert, gelykt zy wel een fchotel, in wiens midden men het hoofd ziet, als een klompje, dat qualyk te kennen is, behálven eenige haairige lappen, die den mond fchynen te maaken, met noch twee korte fchaeren, die den mond fluiten. Aan ieder zyde ziet men vyf ranke pooten, die zy zoodanig intrekken

Heeft niet veel 't geen eetbaar is.

kan, dat men van boven niets dan de bloote fchaal ziet. Agter de pooten is een zakje, daar eenig eetbaar vleefch in is, het overige van't agterlyf is gevult met een mod-

Echter veel eyers, doch zyn qualyk te vinden.

derige fubftantie, die zy onder den ftaert loft. Wederom is 't een zeltzaam ding aan deze Krabbe de plaats van de eyeren; want als men binnen in de fchaal kykt, word men niet een eytje gewaar, en een onervaarene zal ook lange zoeken eer hy ze vind, waar van zy nochtans vol is. Men moet dan weeten, dat de groote fchaal van binnen bekleed is met een dun, doch ftyf vliesje, tuffchen het zelve en de buiten-fchaal leggen de Eyeren in meenigte verborgen, van grootte en koleur de Javaanfche

En goet tot fpyze.

kleene *Catjang* gelyk, die het befte deel zyn van deze Krabbe; want hier van maakt men een fmaakelyk *Bacaffan*.

Waar zy zig houden.

Men vind haar meeft op de binnen- of voorzyde van *Jara*, daar moeraffige en vlakke ftranden zyn, altyd twee en twee by malkander, te weten mannetje en wyfje, en het wyfje moet het mannetje, 't welk altyd kleender is, op den rugge draagen. Zy maaken eenen raffen gang, en fteeken den ftaert om hoog, waar mede zy zich verweeren.

De Javanen zullen nooit eeten het geen alleen gevangen word, zeggende dat zulks fchadelyk is, en duizeling verwekt. De fchaalen worden tot medicyn gebruikt, meeft tot *Sawan* voor de kinderen.

Haare benaming, en reden waarom.

Haar naam in 't Latyn is *Cancer Perverfus*, Verkeerde Krabbe, om reden als boven; in 't Maleits *Balaneas*. Onze Duitfchen noemen ze Zeeluizen, dewyl ze eenigzins naar Weegluizen gelyken. *Jav. Mime* en *Mimi.*

Door Clufius Exotic. lib. 6. cap. 14. mede ver-beeldt.

Cancer Moluccang, diergelyk eene wonderlyke Krabbe, befchryft en vertoont in aftekening de Heer *Clufius, Exotic. lib. 6. cap. 14.* onder den naam van *Cancer Moluccanus,* zullende, in 't Jaar van Chriftus 1603 gebragt zyn, uit de Molukfche Eilanden, daar men ook bemerken kan, dat ze in 't Vaderland mede verkeerdelyk voor het hoofd van deze Krabbe gehouden hebben de kleenfte helft, daar den langen fcherpen ftaert in ftaat, en hy bekent zelfs, dat zy aan de geheele fchaal geen teken van hoofd en ftaert hebben konnen vinden.

Het is my genoeg bekent, dat men ze hedensdaags in de Molukfche Eilanden vind; echter is 'er my eene toegezonden die gevangen was op *Manado,* zynde het voorlands deel van *Celebes.*

De Cancer Perverfus, *alhier Zeeffin, ook wel Pylftaert genaamt. Zie de Plaat* XII. A. *word ze van boven, en* B *van onderen gezien.*

XXII HOOFT-

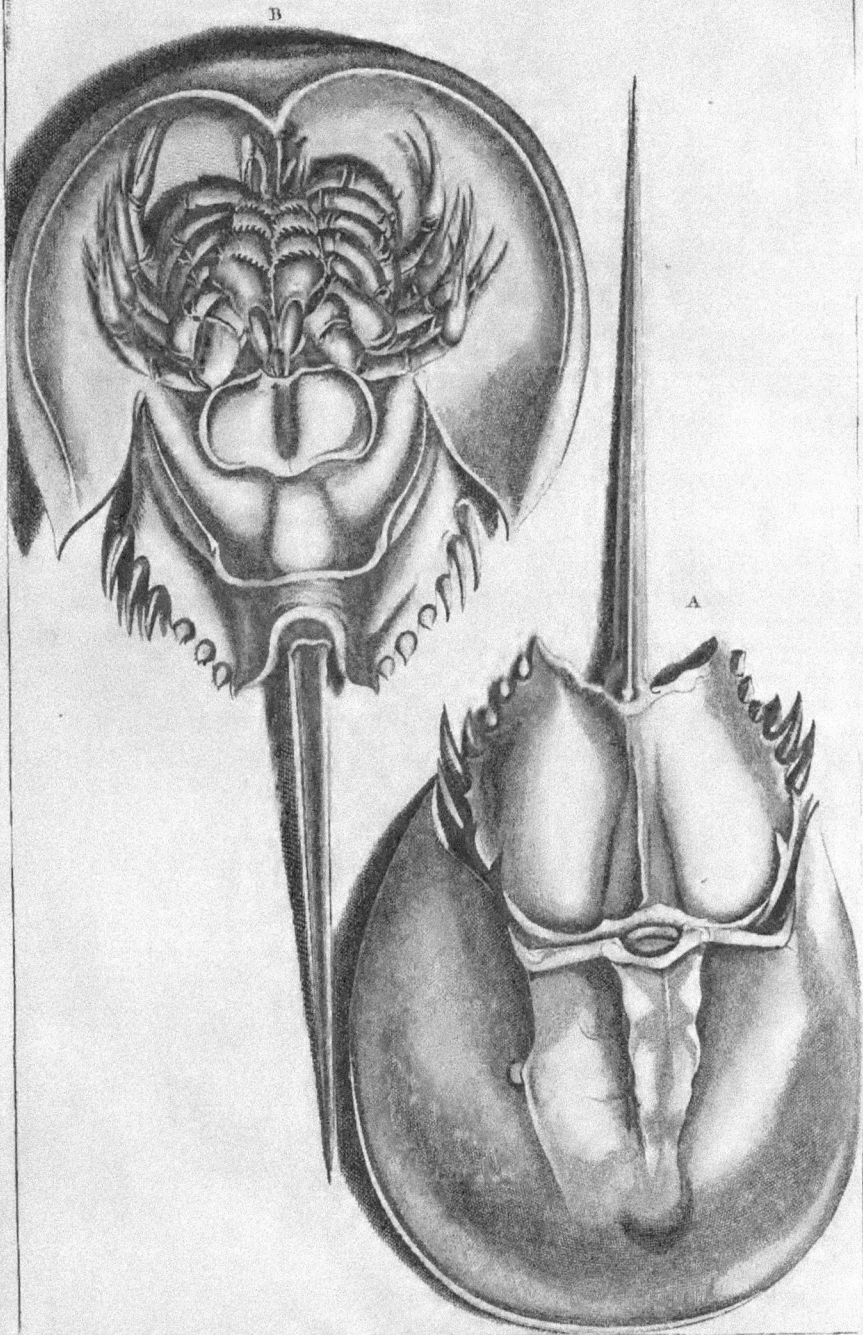

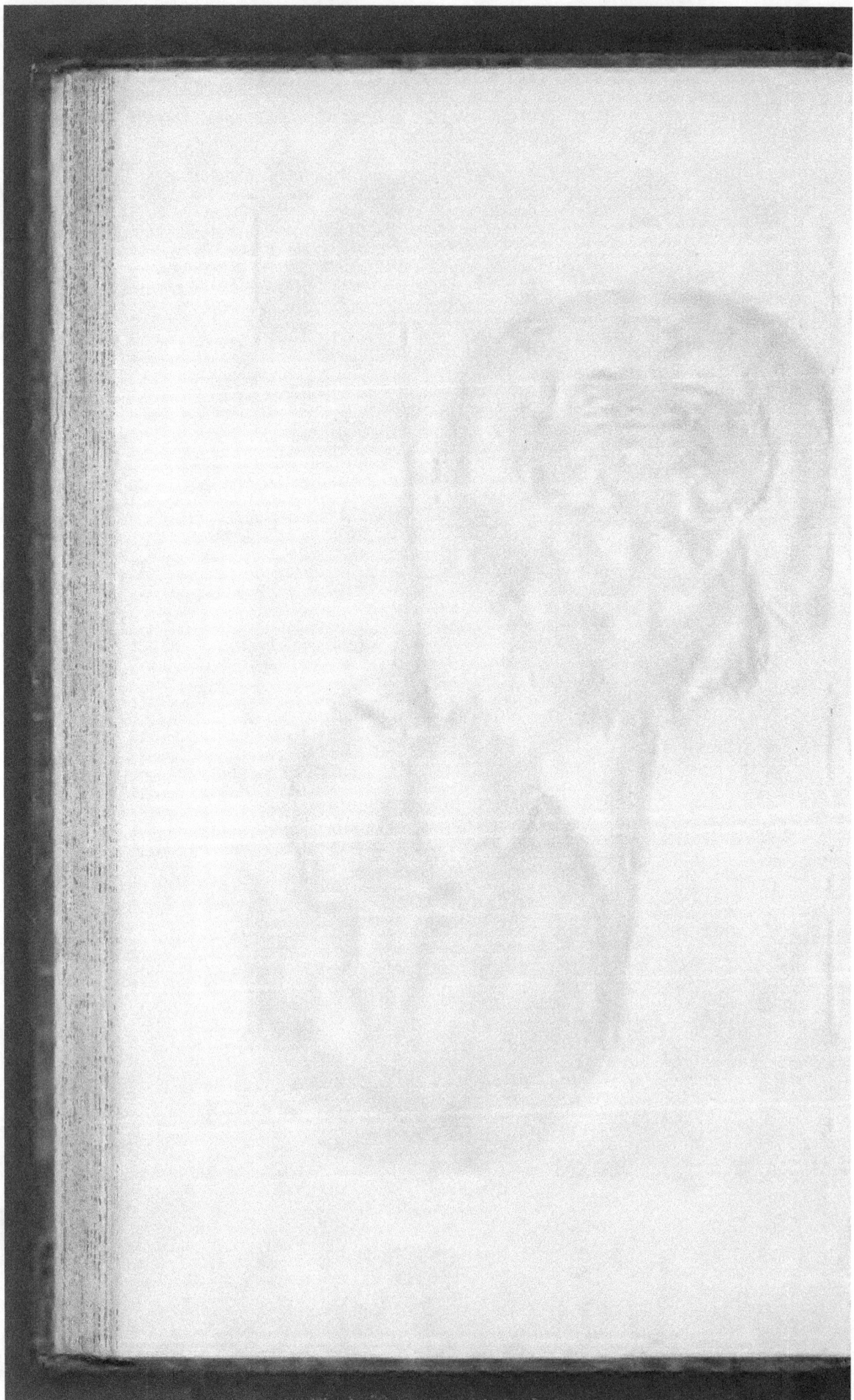

XXII. HOOFTDEEL.

Van den Cancelli: Cuman.

DEze Wandelaars hebben de gedaante van vooren als een Krabbetje, van agte- *Cancelli,*
ren als een hoorntje, en woonen in vreemde huizen; daarom ook haaren *zyn Hoorn-*
oorspronk onzeker is, gelyk ook haare gedaante. In 't gemeen zyn ze een *krabben.*
halve vinger lang, zommige veel grooter, zommige kleender, het voorste
deel des lyfs is een Krabberje, van veelderlei gedaante, zommige langwerpig, zommi- *Haare ge-*
ge kort en breed, naar dat het slekkenhuisje is daar in ze geformeert worden, en het *daante.*
agterlyf eindigt in een weeke krul, gefatzoeneert als de staert van een Garnael, doch
zonder schaal, en aan 't uiterste des staerts hebben ze ook een vinnerje gelyk de Kreeften, waar mede zy zich vasthouden aan den binnensten wervel van het hoorntje. De *Woonen*
eene schaer, gemeenlyk de regter, is altyd grooter dan het geheele lyf, zoodanig naar *met het ag-*
't huisje gefatzoeneert, datze daar mede de deur deszelfs digt konnen sluiten als met *terlyf in*
een schild, en het geheele lyf bedekken, zynde de schaeren van binnen scherp *hoorn.*
getant, waar mede zy vast konnen nypen en houden het geen zy gevat hebben. De
meeste zyn van verwe rookachtig, of aardverwig, met wat paers gemengt, op de schaeren *En het har-*
glad en van eenderlei verwe, gelyk die geene zyn, die in de Alikruiken woonen, andere, *de gedeel-*
die in langwerpige hoorntjes, of in de *Turbinatis* haar verblyf hebben, zyn langer van lyf en *buiten.*
schaeren, waar van doch zommige glad zyn, zommige haairig of met borstels bezet,
en met blauwe puntjes op de schaeren, leelyk van aanzien. Daar zyn 'er ook die naar *Gelyken*
de Beurskrabben zoo zeer gelyken, dat veele gelooven dat de Beurskrabben hier van haa- *eenigzins*
ren oorsprong hebben, 't welk een misgreep is, gelyk ik boven in 't zelve Hooftdeel *de Beursi-*
aangeweezen heb. *krabben of*
Cancer
Crumena-
De vleeschagtige staert is aan zommige half doorschynend, en hebben zy ook haa- *tus.*
re Eyeren daar onder; als men dien afgesneden in de zonne legt, zoo zweet daar een *Doch it*
olie uit. Haare wooningen zyn allerlei hoorntjes, die de gedaante van Slakken of Alikruik- *een andere*
jes hebben, doch meest in die geene, die wy hier na in 't Tweede Bock, *Cochleas Marga-* *Verlaaten*
riticas & Semilunares noemen. Een ieder woont in haar eigen hoorntje, zoo lang tot *haar huis-*
dat zy groot geworden is, en haar lyf in haar oud huisje niet langer bergen kan, dan *jes als ze*
moet zy een ander van 't zelfde fatzoen zoeken, of immers het moet niet veel daar van *worden.*
verschillen, en wat grooter zyn; dan verlaat zy het oude, en weet zig met den staert *En zoeken*
zoodanig in het nieuwe te draaijen, daar in te woonen, en daar mede voort te gaan, *andere.*
als of zy daar in gegroeit was.
Als het nu gebeurt dat 'er veele over een huisje twisten, wie het bewoonen zal,
raaken ze daar over in krakkeel, en vegten zoo lang, dat de zwakste de sterkste moet *Waar over*
wyken, en haar den buit alleen laaten, doch dit gevegt valt meest voor onder zooda- *zy te zaa-*
nige *Cumans*, dewelke in Alikruiken of zulk een slag van Slakken woonen; want die in *sten.*
langwerpige huisjes geformeert zyn, moeten in haare oude huisjes blyven, tot dat ze
diergelyke vinden, want dewyl ze geen groote schaer aan de regter zyde hebben, *Voorval*
konnenze den ronden mond van de Alikruiken niet sluiten.   Dit krakkeelig ongedierte *aan den*
heeft my veel verdriet aangedaan, wanneer ik alderhande fraije hoorntjes te bleeken lei- *geschied.*
de, zelfs op een verheven bank, daar ze 's nagts wisten op te klauteren; en de
mooije hoorntjes met zich droegen, laatende haare oude rokken my ter beglupring.
Doch zommige van deze dieven betrapte ik wederom, die by geval een huis hadden gekregen dat haar te groot was, of een lange staert of doornen hadde, waar mede zy niet kosten voortkomen. Als men ze uit haare huizen jaagen wil, moet *Hoe men*
men aan de spitze of 't agterste van 't hoorn een gloeijend kooltje houden, wanneer zy *haar uit*
de hitte voelende, daar uit springen, doch zommige laaten zig liever verbranden, de- *de hoorntjes*
krygt.

welke

welke myns oordeels zoodanige zyn die daar in gegroeit, en met den staert noch niet
los zyn, anders kan men ze ook in de hand houden, en wagten tot dat ze haar hooft
van zelfs uitsteeken, wanneer men ze gauw met de vingers moet aantasten, een weinig
vast houden en zoetjes draaijen, maar niet sterk uithaalen, want anders trekt men ze
van haaren staert, die dan in 't hoorntje blyft, en op nieuw rot.

Haar naam in 't Latyn is *Cancelli*, Maleits *Coeman*, Amboins *Oeman*. De Fransche
Worden van Bewoonders van de *Carybische* Eilanden, gelyk men leest, *Hist. Antill. Rochefort. lib.* 1.
Rochefort
Lib. 1. *cap.* 4. noemen ze aerdig *Soldaaten*, dewyl ze geen eigen huis hebben, en over al daar
Cap. 14. ze komen zig meester maaken. In *Languedocq Teste Rondolet*, men noemt ze ook *Ber-*
Soldaaten
gheeten. *nard l'Eremite*, om dat ze als Kluizenaars omzwerven, en in gehuurde Celletjes
En van
andere woonen.
Heremiten.
Waar ge- Men vind ze op alderlei vlakke stranden, daar de Zee veelderhande ruigte opsmyt,
vonden inzonderheit daar eenig aas of uitwerpzels onder loopen; als het water wast, be-
worden. geven ze zich op de naaste klippen, en als ze een mensch zien aankomen, springen ze met een gedruis van boven neêr, en verbergen zich zoo gauw in 't zand, dat
men 'er van hondert qualyk een krygen kan. De gevangene kan men noch in de hand,
noch in de zak by zig draagen, want de warmte gevoelende, kruipen ze straks uit het
huisje, en nypen met de schaeren, (zoo hardnekkig vast houdende het geen zy gevat
Zyn sterk hebben) dat ze zich dikwils eer in stukken laaten trekken, dan los laaten. Als 'er na
in haar veele mooije drooge dagen een regen komt, kruipen ze 's nachts in de huizen en
schaeren. op de kamers, en maaken aldaar zodanig een gerammel, dat de slapende wakker moeten
worden, meinende dat 'er Bokken in de kamer zyn. Andere klugten meer bedryven 'er de
Inwoonders mede, alsze dezelve iemant 's nachts onder 't hoofdkussen steeken, of in een
En omrut toegedekte pot onder de kooi stellen. Tot de kost zyn ze onbequaam, immers in de-
tot spys. ze Eilanden, doch in voorschreve *Hist. Antill.* leest men dat ze de Carybanen eeten,
Doch word als mede tot eenig Geneesmiddel gebruiken, want uit de schaal getrokken, gedoodt en in
voor hulp- de Zonne gelegt, geeven ze eenige olie van zich, die nuttelyk gesmeert word op *Gut-*
middelen *tam Frigidam*, of Koude zinkingen. Men gebruikt ze ook zeer gelukkig om de har-
gebruikt. digheit en klieren des lichaams te verdryven. In Amboina is het ook beproeft,
In verschei- dat de staert van deze *Cumans* gestooten, en pleisters gewys opgebonden, de pynlyke
de voor- steeken van den visch *Ican Swangi* en andere venynige visschen geneest. Over haaren
vallen. oorsprong vallen niet minder twisten, dan van de bovengemelde Beurskrabben; want
Verscheide zommige oordeelen dat ze groeijen uit de overblyfzeltjes der Alikruiken, die men gekookt,
gevoelens en niet wel uitgetrokken heeft, maar het agterste krulletje hier van met het huisje wegsmyt,
van haar en dat daarom het agterlyf van deze *Coemans* ook met de Slakken overeen komt. An-
voortko- dere beweeren met beter reden, dat ze zelve voortteelen, om dat ze onder den staert
men. zoo wel eyers hebben als andere Krabben; misschien komen beide deze gevoelens met
de waarheit overeen, namentlyk dat de eerste groeijen uit de reliquien van de weg-
geworpene Slakken, en daar na weder andere voortteelen, die zoodanige huizen moeten zoeken als haare Ouders bewoont hebben. By dit gevoelen zal ik zoo lange blyven,
tot my de Ervaring wat anders heeft geleert, want ik het eenemaal daar voor houde,
dat een ieder hoorn zyn byzonder *Coeman* voortbrengt, gelyk men uit haare verscheide gedaante bemerken kan.

Wederom zyn 'er zommige die staande houden, dat zeker slag van deze *Coemans* zoo
groot geworden zynde, datze geen bequame huizen meer konnen vinden, voortaan bloot
Zy kruipen loopen, en eindelyk in Beurskrabben veranderen, 't welk my gansch niet waarschy-
by gebrek nelyk voorkomt, en dieshalven het boven in 't zelve Hooftdeel wederlegt hebbe. Zy
van hoornt gaan niet alleen de leege alikruikjes bewoonen, maar als ze geen hoorntjes konnen
in holle krygen, kruipenze ook in de leege doppen van de vrugt *Parrang*, die men *Fa-*
vrugten. *ba* en *Castanea Marina* noemt: in de leege schaeren van groote Krabben, en diergel-
Ook in de lyken, datze voor haar lyf bequaam vinden, *Arist. Lib.* 4. *Hist. Animal.* en *Ælia-*
schaeren
doode *nus Lib.* 7. *Cap.* 31. noemenze *Carcinades*, en de laatste zegt, datze bloot zonder
Krabben.
                                                                          schaal

schael geteelt worden, maar grooter geworden, zoeken ze de leege huizen van de *Purpura* en *Turbine*. *Plin. Lib. 9. Cap. 31.* schynt ze *Pinnotheres* te noemen, als of men zeide, Pinne- of Schulpjager, en zyn te onderscheiden van den *Pinnoteres*, dien hy in 't volgende 42 Hooftdeel beschryft.

Cancelli e turbine verrucoso, is een kleene vinger lang; de schaal licht bruin met roode streepen, en witte puntjes; aan de slinker zyde heeft zy een korte dikke hoekige schaer, twee lange gladde voeten, en daar agter noch een kleene korte, aan de regter zyde heeft zy een kleene schaer, en voeten als de voorige; aan 't uiterste van den staert, tusschen 2 vinnetjes, heeft zy een smalle langagtige klauw, als een vogelklauw, waar mede zy zich schynt vast te houden aan 't binnenste van 't hoorn; zy leeft niet lang buiten 't water. *Beschryving van deze Cancel i.*

Rochefort, Hist. Antill. Lib. 1. Cap. 24. derde lid, heeft noch een kostelyk gebruik van 't water en olie uit deze *Coemans* getrokken, te weeten, wanneer iemant onder den vergiften *Mancenilie Boom* gezeten heeft, waar door hem het lyf opzwelt, en op de huit puisten koomen, of dat hy anders door deszelfs schadelyke melk bezeert is, zoo zal hy de plaats bestryken met het klaare water, 't welk in de hoorntjes van deze Soldaaten gevonden word, of met de olie uit het zelve door de Zonne getrokken, welke hulpmiddelen 't vergift terstond van deze brandende vochtigheit nederslaat, en den Lyder buiten gevaar stelt. *Rochefort houd de oly en 't water van dezelve tot een Geneesmiddel voor 't vergift.*

De Schryver heeft van deze Cancelli Cuman geen afbeelding gegeven; waarom men die hier uitgelaaten heeft: wy zouden 'er wel eenige hier hebben konnen byvoegen, maar alzoo heel weinig verschillen, als in de grootte, dagt het ons best die na te laaten, en den Lezer te wyzen tot de V Plaat, letter K en L welke mede diergelyke zyn, en wy ook in 't volgende Deel der Hoornen zullen in haar woonhuizen vertoonen; alhoewel ze in Jonston en Gesnerus ons Scorpioenswys voorkomen, aan welker afbeelding te twyfelen is.

XXIII. HOOFTDEEL.

Van den Pinnoteres, of Pinnewachter.

Pinnoteres is een kleen Garneeltje, op het meeste een pink, maar gemeenlyk twee leeden van een vinger lang, week en dun van schaal, gemeenlyk licht of vuurig rood, met witte puntjes gespikkelt, zomtyds ook licht blauw en half doorschynend, gelyk donker kristal, of ys. Ter wederzyden heeft hy drie dunne pootjes, en voor de schaeren by den mond, noch twee kleender. De schaeren zyn voor zeer spits, scherp, en krom als klauwen, waar mede hy zeer fel nypt, laatende zig eer de schaer aftrekken, dan dat hy ze zou loslaaten. Den staert draagt hy meest onder den buik, gekromt, gelyk alle Garneelen, waar aan men subtyle pinnetjes ziet, waar mede hy zyne eyeren bedekt. Dit diertje vind men nergens bloot, op zig zelven wandelen, maar houd zig altyd op in tweederly slag van schulpen, te weeten, in de *Pinna* of Holsterschulpen, en in de *Chama Squamata* of Nagelschulpen, beide in 't volgende Boek beschreven; ieder van deze schulpen haare volkome grootte bekomen hebbende, heeft maar een van deze Garneeltjes by zich, inzonderheit de *Chama*, want in de middelbare *Pinnis* heb ik ze niet gevonden. Dit Garneeltje dan woont daar in, zynen huiswaerd nooit verlatende zoo lange hy leeft, maar dood zynde, springt het Garneeltje daar uit. Derhalven men ook geene van deze schulpen tot de kost gebruikt, als men haaren Medemakker daar niet in vind, en als dezelve by geval daar uit raakt, en verlooren gaat, zoo moet het dier van de schulp mede sterven. Zyn ampt in deze schulpen is, dat hy als deurwagter in de schulpen moet oppassen, en waarschouwen wanneer 'er eenige prooi of onraad voorhanden is.

De Pinnoteres. Zyn gedaante beschreeven. Haer verblyfplaats is in de Pinna, of Holsterschulpen. Leeft in gemeenzaamheit met deszelfs virsfoester. Neemt het ampt van Deurwagter waar:

D

Gevoelen van Plinius.

Want, op dat ik met *Plinius lib. 9. cap. 42.* fprecke, de *Pinna*, of hier te land de *Chama*, een groot plomp beeft zynde, doch, zonder gezigt, opent zyne fchulpen, de kleene vifchjes aanlokkende, die dan zonder fchroom daar in fwemmen en fpeelen.

En reden waarom by de onderlinge liefde der waaterdieren beruyft.

Het Pinnewagtertje nu ziende dat zyn huis vol vreemde Gaften is, nypt zynen *Hofpes* met de fcherpe fchaeren in 't vleefch, die terftond zyn fchaale fluit, de ingeflotene vifchjes dood, en tot zyn voedzel gebruikt, gevende zynen Kameraad een gedeelte daar van, waar uit *Plin. loc. cit.* wil bewyzen, dat onder de Watergedierten ook eenige driften van onderlinge liefde en vriendfchap gevonden worden; en het is zeckerlyk wonder, dat deze verflindende Schulpvifch zulk eene trouw, en vriendfchap onderhoud met dit kleen beeftje, 't welk daar in zonder fchade woonen kan; echter met die voorzigtigheit, dat ieder Schulpje niet meer dan een Garneeltje lyden wil, waar uit men befluiren mag, dat de jonge Garneeltjes, van de oude voortgeteelt, ftraks andere *Pinnas* of *Chamas* moeten zoeken, daar in ze woonen mogen.

Hun naam befchryving.

Hun naam in 't Latyn is *Pinnoteres*, dat is, Pinnewagter, en *Pinnophylax*, en is te onderfcheiden van *Pinnotheres*, in 't voorgaande Hooftdeel befchreven.

2 Soorten van den Schryver in de Letterfchulpen gevonden.

In de Letterfchulpen heb ik, in Oogftmaand 1683, tweederlei Wagtertjes gevonden, de eerfte was een Garneeltje ter lengte van eenen vingernagel, hoog oranje, geel en half doorfchynend, met dunne witte pootjes. Het ander was een Krabbetje uit het geflagt van de *Cancellis Anatum*, qualyk zoo groot als de nagel van een pink, met een bultig verheven fchild, voor fpits toeloopende, grauw en week; hadde alreeds Eyeren onder den ftaert: zy waren beide levendig, en liepen heen en weêr. Het fcheen ons toe dat het eerfte een jongetje was van een Zeekreeft, en het ander een jong Endte Krabbetje, die zoo kleen zynde, in deze fchulp kruipen, want men vind ze niet in alle.

Van de Pinoteres of Pinnewachters, ontbreekt de afteekeninge ook, doch zy zyn van den zelven aart als die in 't voorgaande Hooftdeel, zie wat wy daar hebben aangetekent.

XXIV. HOOFTDEEL.

Van den Cancer Barbatus.

Cancer Barbatus, of Baartkrabben.
Haar gedaante.
Zie de Plaat X. No. 2.

DIt is een kleene Krabbe, wat minder dan een Ryxdaler groot, van maakzel niet veel verfchillende van den gemeenen *Cancer Caninus*, redelyk dik van lyf, en groot van fchaeren, die boven by de tangen een bosje zwart haair of borfteltje hebben, als *Papoezehaair*, 't welk haar van andere Krabben onderfcheid, en een zeldzaam aanzien aan deze geeft; het zyn meeft mannetjes, want ze hebben den ftaert aan den buik vaft; zy houden haar op in verfche Rivieren, doch maar in zommige; want op Amboina, in den * Oliphant, vind menze met kleene korte baerden;

En word op verfcheide plaatzen gevonden.

maar op *Ceram* in de Rivier van *Hatihau*, vry wat verre in 't gebergte, vind men de grootfte en raarfte, die vry groote, en wat gekrulde borftels op de fchaeren hebben. De *Alphoreezen* van dat Land gebruiken ze tot de koft.

Haar naam in 't Latyn is *Cancer Barbatus*; in 't Maleits, by provifie, *Cattam Gigi Boeloe*, want d'Inlandfche naam is my noch onbekent.

Deze gebaarde Krabben komen jaarlyks met groote troppen den Oliphant afdryven, kort wanneer het *Wawo* voorby is, duurende maar twee of drie dagen; daar na vind men ze 't geheele jaar niet meer: doch ik heb aangemerkt, dat ze alle Jaar niet afkomen.

Zyn goet tot fpys.

Zy zyn goet in de koft, en de groote fchaeren bewaart men tot rariteiten, dewyl ze niet veel minder dan de *Ceramfe* gebaert zyn.

De Cancer Barbatus, of Baartkrabbe, is afgebeeld op de Plaat No. X. en No. II.

XXV. HOOFT-

* *Zekere ftroom in Amboina, dus geheeten.*

XXV. HOOFTDEEL.

Van den Cancelli Anatum: Cattam Bebec.

Daar zyn noch drie of vier foorten kleene Krabbetjes, die men Eendekrabben *Cancelli Anatum.* noemt, om dat de Eenden die opzoeken en graag eeten. *Verfcheide foort.*

I. *Cancellus Anatum Primus*, is van de grootte als een dubbeltje, met *De eerfte foort.* een rondagtig en bultig fchild, glad en uit den lichtgrauwen, glimmende *De eerfte foort.* als eenig fteentje, agter rond, en voor by den kop fpits toelopende, met kleene poot- *Haar geftalte, zie de Plaat* jes en fchaeren, die aan haar agterfte gekarteld of gegranuleert zyn. *X. A.*

II. *Cancellus Anatum Secundus*, is noch kleender, fmal en langwerpig van lyf, te *2 Soort, zie de Plaat X.B.* weeten van 't hooft tot den ftaert pas een halven dwarsvinger lang, overdwars een vinger breed, met dunne pootjes en fchaeren, die pas kennelyk zyn. Zy loopen heel ras overdwars, en zoo dra zy iemant vermerken, weeten ze zich met eene wonder- *Die als ze gezien worden haar in 't zand verbergen.* lyke raddigheit in 't zand te verbergen. Overzulks, al ziet men eenen grooten trop *Die als ze gezien worden haar in 't zand verbergen.* by malkander, als men 'er naar toe gaat, is het geheele zootje in 't zand verborgen, daar ze dan de Endten, die men hier op den ftrand laat weiden, met eene vaerdig- heit weeten uit te haalen, en op te flokken; 't welk ze te gemakkelyker konnen doen, om dat beide deze foorten van Krabbetjes geene zonderlinge fchaeren hebben, gelyk de *Cancer Vocans* heeft, die ook wel kleen is, echter zoo veel niet vervolgt word, om dat zy ze nypen kan.

III. *Cancellus Anatum Tertius*, is wat grooter dan de gladde met een rond gebult *3 Soort, zie de Plaat X. C.* lyf, 't welk agter in een korte fpits toeloopt, en over 't geheele lyf is zy ruig, als of *zie de Plaat X. C.* ze met zand bezet was, de pootjes zyn fubtyl en mager, maar de fchaeren zyn lang, en dun, en verdeelen zich in fcherpe nypers.

IV. *Cancellus Anatum Quartus*, is omtrent zoo groot als een nagel van een vinger, *4 Soort, zie de Plaat X. D.* met een oneffene of gebulte rug, afchgrauw, ten wederzyden heeft zy 4 fmalle en ranke *zie de Plaat X. D.* pootjes, ruim een lid van een vinger lang, waar van zy de twee agterfte pooten op kan ligten, boven 't lyf, en zig van agteren verweeren; de fchaeren zyn wat korter *Zyn heel vaerdig in 't loopen.* aan de pootjes, en eindigen in fubtyle klauwen of nypers, zy loopen als een fchim op *Zyn heel vaerdig in 't loopen.* 't zand, en als men haar te na komt, zyn ze met een fnap weg, zy konnen 't lyf op- ligten op de pooten, gelyk een fpinnekop.

Haar naam in 't Latyn is *Cancelli Anatum*, op 't Maleits *Cattam Bebec*. *Haar benaming in verfcheide taalen.*

De eerfte foort, of eigentlyk *Cattam Bebec*, komt by laag water met troupen in 't *Haar benaming in verfcheide taalen.* zand, en bakeren zich in de Zon, daar ze fchoon blinken met haare gladde fchilden, en ligt roode pootjes; om haar nu te verraffen, moet men fchielyk toeloopen, haar *En hoe gevangen worden.* met een kort netje onderfcheppen, of met een bezem hol over bol omkeeren, dat ze *En hoe gevangen worden.* zoo ras niet in 't zand konnen kruipen, en dan met de handen gauw opraapen; doch men kan ze ook nagraaven, en uit het zand haalen; deze fmyt men voor de Eenden, zoo jonge als oude, die ze graag eeten, en veel Eyeren daar van leggen, want ze zyn onfchadelyk in haare Maagen, fluitende haare pootjes, en rollen by malkander als bol- len, geenzins haare Maagen quetzende of fteekende, gelyk de Garnceltjes doen, waar van dikwils de Eenden fterven, als mede van fcherphoekige Kriftalletjes, die ze overal op den ftrand van de Riviertjes vinden en opflokken.

Cancelli Anatum. *Zyn verfcheide foorten, zie de Plaat No. X. letter A, B, C, D.*

XXVI. HOOFT-

XXVI. HOOFTDEEL.

Van den Foetus Cancrorum, Bloedige en vuurige Zee-
roode Lappen.

Befchry-
ving der
Fœtus Can-
crorum.

Hoe gevan-
gen wor-
den.

DIt zyn kleene fchepzels van Krabben en Garneelen, die in de eerfte regen-
maanden, wanneer de Zon in *Taurus* gaat, met menigte de Rivieren komen
afdryven, en zig aan der zelven monden of uitgangen in Zee ophouden, daar
men ze met uitgefpanne doeken vangt, zy worden geftampt en ingepekelt,
waar door ze tot eenen dikken bruinen bry worden, dien men met Limoenfap dunder maakt, en tot indooping gebruikt; dit noemt men met een *Sinees* woord *Kitsjap*,
en de Schepzels van de voornoemde Garneeltjes noemenze op Hitoe *Onlewan*.

2 Soort.

Zyn op ze-
kere tyden
overvloe-
dig veel.

Daar is noch een andere foort van kleene Garneeltjes, die op zekere tyden des
Jaars, met zulk eene meenigte, uit Zee komen, en op ftrand geworpen worden, dat ze
dien bedekken, en purperrood doen fehynen; men vind ze meeft op de ftranden
van *Java*, doch 't heugt my dat ik in de Weftmoeffon den ftrand van *Laricque* ook
zoodanig rood heb gezien, beftaande uit diergelyke garneeltjes, waar van het grootfte
deel wat grooter dan luizen was. Deze konden uit geene rivieren komen, dewyl 'er op
die plaats, daar ik ze gezien heb, geene waren, zoo dat ze uit de Zee moeten voortgekomen zyn; het gebeurt ook dikwils, dat men deeze fchollen in de Javaanfche Zee
ontmoet, en dat het fchynt als of men door bloed zeilde. De *Javanen* en *Sineezen*, op
Griffek woonende, weeten deze garneeltjes in menigte op te vangen, te ftampen, en
in te peekelen, en diergelyken bruinen bry daar uit te maaken, dien ze *Bolatsjang*
noemen. Hier uit maaken ze drooge koeken, die ze in andere Landen voeren om
Sauffen daar van te maaken; doch die wat zuivers wil hebben, moet het by hunlieden

Roode
wormtjes
door Sebalt
de Weert
omtrent
Rio de Pla-
ta in groote
meenigte
gezien.

in 't byzonder beftellen, want het gemeene *Bolatsjang* wat morffig en vuil toebereid
word. In de Reize van *Sebalt de Weert* door de Straat *Magellanes. p. 15. An. 1599. den
12. January, word verhaalt, hoe hy omtrent den hoek *Rio de Platas*, de Zee zoo rood als
bloed heeft gezien, en het water daar uit fcheppende, bevonden dat het vol roode wormtjes was, welke, als men ze in de hand nam, als vlooijen weg fprongen. Zommige meenen, dat by zekere tyden des Jaars de Walviffchen hen uitwerpen, doch het is onzeker.

Voorval
van zeker
Ooft-In-
difch Schip.

In den jaare 1670 een Schip uit Holland naar Indiën zeilende, vervielt wat Weftelyker
dan de Schipper meende, omtrent de klippen genaamt *Penedos de Sr. Paulo*, gelegen voor
de Brafilifche kuft, op 2 graden Noorder breedte: alhier zwervende, zagen zy op zekeren
nacht, agter uit de Zee ganfch wit en vuurig; in een halve maan geformeert, omtrent 3 mylen lang en breed, waar naar toe, volgens hunne meening, 't Schip over ftuur gevoert
wierd, en waar over zy alle zeer verftelt waren, vreezende dat het de voornoemde droogten of klippen mogten zyn. De fchuit wierd met der haaft uitgezet, om den grond
te onderzoeken, die niet gevonden wierd, en met een vaerdigheit quam dat witte en
vuurige veld naar 't Schip toe, zoo dat ze zich daar midden in bevonden. Zy fchepten
van dit water, waar aan men by dag niet bemerken konde van ander Zeewater iets te
verfchillen; maar eenige linne kleederen agter uit fleepende, wierden s' anderendaags

Ander
voorval
aan één
zekere
Juffrouw.

Derde
voorval
aan 'zeeker
Schip om-
trent Ma-
nado.

bevonden fchoone blauwe plekken te hebben, die men niet konde uitwaffchen. Zekere Juffrouw, een der zelver kleedjes, zynde een nachtrokje, aandoende, kreeg een
plek op de muis van haar hand, die een *Efcharam* zette, doch zonder groote pyn,
waar van zy het litteken tot aan haar dood behouden heeft. In 't jaar 1675, een Schip
zeilende omtrent *Manado*, heeft op gelyke wyze by nacht de Zee ganfch vuurig gevonden, waar van 't zoo licht wierd, als by heldere Maanefchyn. Zy zyn 'er door
heen gezeilt, om dat ze wel wiften dat daar, wegens den grond, niet te vreezen was,
doch hebben van het water niets onderzogt.

In

In de groote Indifche Zee, tuffchen *Perfien* en *Mallabaar*, ontmoet men dikwils in zee groote ftukken en velden, die ganfch bloedrood zyn, zoo hoog en levend van koleur, dat men zoude meenen Carmozyn en Purper daar mede te konnen verwen; als men hier van wat opfchept, bevind men het water vol kleene blaasjes, als of het enkel qualletjes waren, doch allegaár met een flymerigheit aan malkander hangende, die niet brand, en als men ze een weinig handelt, verfmelten ze t'eenemaal in water: onze Zeelieden noemen dit de Roode Lappen. *Roode Lappen.*

Hier van verfchilt de roode koleur, die men op zekere tyden des Jaars aan 't water van 't Roode Meer gewaar word, waar van my een zekere Schipper heeft verhaalt, dat als hy in 't Roode Meer voor de Stadt *Mocha* lag, de Zee eerft wit wierd als melk, daar na bruinrood, doch zoodanig als of het maar een weêrfchyn was, en dit duurde omtrent 10 dagen. De Inlanders verklaarden hem, *Voorbeelt hier van.* dat dit Jaarlyks omtrent September gefchiedde, doch de oorzaak wiften ze hem niet te zeggen.

XXVII. HOOFTDEEL.

Van den *Pediculus Marinus*: *Fotok*. *Zeeluis*.

DIt is een gemengt fatzoen van een Garneel en een Luis; want hy ftrekt zyne *De Zeeluis.* pooten niet ver uit, en daarom gelykt hy wel een luis. Hy is een halve *Zyn gedaante.* vinger lang, en een duim breed. Het lyf beftaat uit eene fchaal, die bruin *Zie de Plaat X.* geel is, met kleene witte plekken of oogjes. Aan ieder zyde heeft hy 5 poo- *No. 3.* ten, waar van dé voorfte de langfte is, in plaats van een fchaar; de 4 andere eindigen in een kleen lapje, 't welk effen buiten de fchaal voortkykt. De ftaert is fmal en loopt fpits toe, en zoo lang, dat als zy hem onder 't lyf komt, fchier aan 't hooft raakt; van onderen hol als een geut, daar in zy hunne eyertjes verbergen. Aan 't hooft ziet men niets dan twee korte baarden.

Deze diertjes kruipen op het zand, met den ftaert agter uitgeftrekt; maar als men *Hun verblyfplaats.* ze vangen wil, verbergen ze zich terftond in 't zand, daar men ze gemakkelyk uitgraven kan. In onzen Amboinzen Inham vallen ze kleen, fchaars een lidt van een vinger lang, maar in *Banda* zyn ze grooter, daar men 'er ook meer werk van maakt; want ze *Zyn eetbaar.* worden gekookt en gegeeten als garneelen.

Zy zyn my ook met geenen anderen naam bekent, dan met den *Bandaazen Fotok*. *Hun benaming.* Ik heb ze in 't Latyn genoemt *Pediculus Marinus*, dat is, Zeeluis.

Pediculus Marinus, *of de Zeeluis*. *Zie de Plaat* No. X. No. 3.

XXVIII. HOOFTDEEL.

Van den *Efchinus Marinus Efculentus*. *Zeeappel*. *Seruakki*.

DE Zeeappel is in Ooft-Indiën al zoo gemeen als in de Middelandfche Zee, in *Zeeappelen.* verfcheide foorten, gedaante en koleur verdeelt, waar van de gemeene met de Europifche meeft over een komen. *Ariftoteles lib.* 4. *Hift. Animal. cap.* 5. *Arifteteles ftelt 5 foorten.* ftelt 5 foorten van den *Echinus Marinus*, als 1 *Echinus vulgaris efculentus.* 2 *Spatagus*, 3 *Briffus*, 4 *Echinometra*, 5 *Genus quoddam pelagium longis ac præduris*

fpinis.

spinis. Dioscor. lib. 2. cap. 1. stelt geene soorten daar van, en spreekt maar in 't algemeen
van hunne kragten. In deze Oostersche Eilanden heb ik, behalven de gemeene, noch
veele andere soorten gevonden, zoo dat ik niet weet tot welke ik deze voornoemde
brengen zal; echter zal ik ze mede in 5 geslagten verdeelen, en ieder zyn bezonder

Haar ver-
scheident-
heit onder
5 Hoofd-
soorten
gestelt.
Hoofdeel geven. Als 1 *Echinum vulgarem*, 2 *Echinometram digitatam*, 3 *Echi-*
nometram setosam, 4 *Echinum sulcatum*, 5 *Echinum planum*, alle in verscheide mindere soorten onderdeeld. Doch ik vind goed hunne algemeene beschryving voor aan te
zetten, en zulks in 't korte, dewylze in de Europische Boeken genoeg bekent is. Alle

Algemeene
beschryving
der zelve.
Echini of Zeeappels dan hebben een halfronde, verwulfte, en breukzaame schaal,
in de gedaante van een bakoven, zommige rond en effen, zommige langwerpig,
zommige ingedrukt en gevoorent, en andere plat. Van buiten ziet men over de schaal
vier breede straalen loopen, by het bovenste gat als in een *Centrum* t' zamen komende.
De schaal zelfs is uit vyf deelen gemaakt, die met getande of gezaagde naaden t' zamen sluiten, gelyk het Bekkeneel aan een menschen hoofd, doch ordentlyker. Dezelve

Is zelt-
zaam van
maaksel.
is ook met duizenden kleene gaatjes doorboort, die alle in ryen staan, als of het een
konstig borduurwerk was, zommige zoo kleen dat menze effen doorzien kan. Noch
is de buitenste schaal met ontelbare groote en kleene wratjes bezet, waar van de grootste ordentelyk in de voornoemde breede straalen staan, en op ieder van de wratjes staat
een voetje, 't welk in zommige een stompen doorn, in anderen een vinger gelykt,
met teëre vliesjes op de voornoemde wratjes vast, en daarenboven met een dunne
zenuwe door het gaatje van de wrat, aan het binnenste vleesch vast, en derhalven alles
beweeglyk, waar mede deeze diertjes hunnen gang maaken, niet rollende, gelyk zommige voorgeeven, maar regt voortgaande, het zy dan, datze door de Zeebaaren omgeworpen worden, wanneer ze zig met de langste voeten, die op den rugge staan, weder
omkeeren, en in hunnen regten stand helpen. Dit verkeerde dier heeft zynen mond naar

Heeft zyn
mond on-
der op de
grond.
den grond, en 't gat naar den hemel gekeert, doch de gestalte zynes lichaams vereischt

En zyn ag-
terste vlak
op de rug.
zulks; want om dat het een vlakke bol is, en zyn voedzel op den grond moet zoeken, most noodzakelyk den mond onder staan, en het gat of d'uitgang der uitwerpzelen hier tegen over. De mond is een rond gat, beneden in de schaal, daar in staan
5 tanden tegens malkander, eenen kegel formeerende, van een byzonder fatzoen,
met de spitze nederwaarts gekeert, en boven plat. Ieder tand is van twee gestreepte,
en brosse beentjes gemaakt, losselyk tegens malkander gevoegt, van binnen hol met een
doorgaand beentje, als een doren, 't welk buiten wat uitsteekt, zoo dat deze 5 spitzen eigentlyk de tanden zyn, die de spitze des kegels formeeren, en agter ziet men
noch eenige kromme beentjes, alwaar dezen krop (*ingluvies*) in 5 maagen zig verdeelt,

Zie de
Plaat XIII.
letter A.
die tegens de schaal aanleggen, en anders niets inhouden dan een bruin vuil water met
zand gemengt, en boven weêr t' zaamen stooten by den uitgang; deze tanden hangen losselyk, en met dunne en weeke velletjes aan malkander, en als men den geheelen klomp van de velletjes uitneemt, die zuivert en opdroogt, gelykt ze zeer wel een
Keizers Kroon, doch men moet ze met een draadje bewinden, op dat ze niet van
malkander valle. Tusschen de voornoemde 5 maagen, vind men noch vyf langwerpige klompjes, van een geele of witagtige drooge substantie, ook tegens de schaal
aanleggende, die men de Eyeren noemt, en zeer wel met vischkuit overeen komen,
gelyk ze ook in zommige soorten eetbaar zyn. Aan den rand van den mond ziet men
noch 5 ooren aan de schaal vast, daar de banden doorloopen, die de krop met de vyf
buiken t' zamen voegen.

Hunne be-
naming in
verscheide
taalen.
De algemeene naamen zyn, *Echinus Marinus. Belg.* Zeeappel. Amboins *Seruakki*,
op Hitoe *Anay*, op Luhu *Sepalakke*, op Leytimor *Ulen huaa*, of Kleenpotje; maar
Anay hiet de keel van een Bobber, daar de visschen inschieten, daar een omgekeerden Zeeappel ook wat naar gelykt. *Manuhœlœ est Echinus esculentus.*

Om nu tot de gemeene soort te komen, die wy in dit Hoofdeel beschryven, hier van
bevinden wy de volgende ondersoorten.

I. *Echi-*

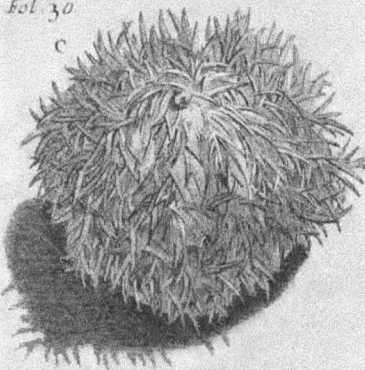

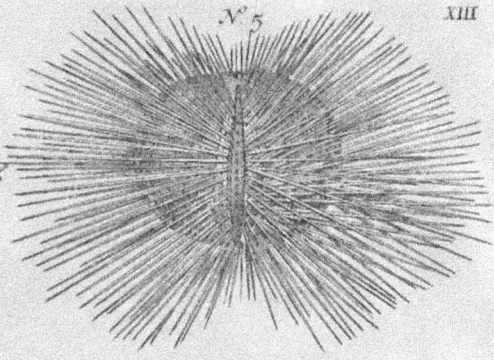

C

A

B

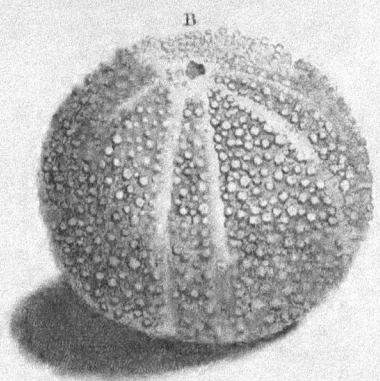

D   D

N°3

N°4

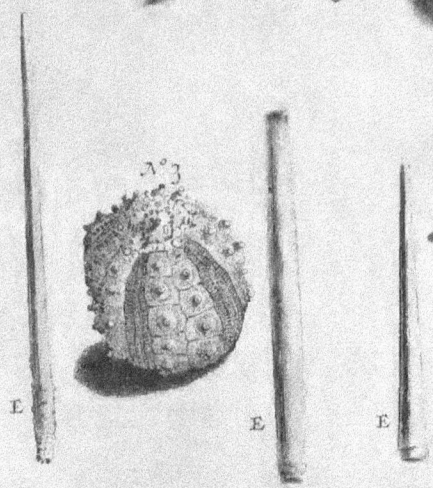

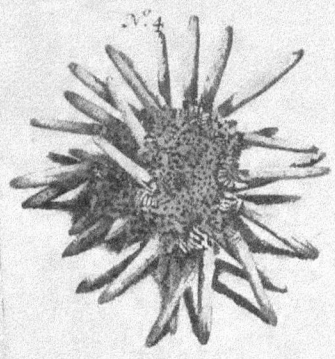

E   E   E

N°1

N°2

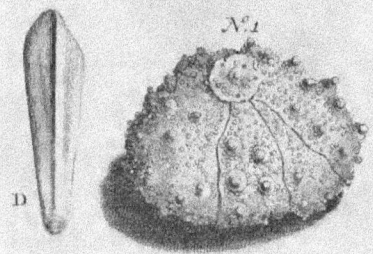

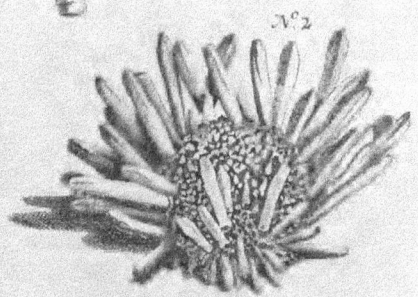

D

J. Sandrart fec.

I. *Echinus Esculentus*, is de gemeenste en grootste van bol, in den omloop rond, *Eerste soort. Echinus Esculentus.*
5 en 6 dwars vingeren breed, en 2 of 3 hoog, als een vlakke bakoven, zeer dún en bros *Zyn ge- stalte.*
van schaal, en over al bezet met korte doornen, die omtrént een nagel van een vin-
ger lang, en een naalde dik zyn, staande de grootste altyd op de grootste wratjes, en *Zie de Plaat XIII.*
alle beweeglyk; de koleur schikt zig naar het zand of den grond daar ze zich ophouden, *letter B.*
te weeten, gemeenlyk vuil wit, zomtyds eenparig van koleur, zomtyds met donker *letter C.*
grauwe plekken rondom bezet, die 5 breede Kringen maaken; doch de stukken van
ieder Kring hangen niet aan malkander. Deze hebben de beste Eyeren, bequaam om *Haar eye- ren zyn goet tot spyze.*
te eeten, en ook redelyk welsmaakende, bykans als vischkuit. Men kookt ze in water
op, duuwt de schaal zoetjes in stukken, neemt de vyf maagen met dat bruine bloed
gevult, daar uit, dat ze de Eyeren niet besmetten, die men dan in 't bezonder eeten
kan. Daar is ook aan gelegen, op wat voor stranden men ze vind, want men houd *Hoe dezel- ve bereid worden.*
die voor de beste, die zig op 't klaare zand ophouden, daar kleene steentjes onder zyn
gemengt, en die ook de witste van koleur zyn. Maar alle die men op zoodanige stranden vind, daar zwartagtig fyn zand is met modder gemengt, hebben de schaal bruinder, en zyn hooger van bol omtrent de Eyeren, hebbende ook min of meer iets van
en modderigen smaak; met een woord, zy zyn van verscheide gedaante, koleur en
hoogte, naar dat de stranden zyn, die wy alle onder deze eerste soort begrypen.

II. *Echinus Saxatilis*, is misschien de *Brissus Aristot.* kleen en langwerpig van *2 Soort. Echinus Saxatilis.*
schaal, en groot als een walnoot, dikker en harder van schaal dan de voorige, licht- *Haar ge- daante.*
rood en wit van koleur, met grooter wratjes, de voeten zyn langer en dikker dan die van
de voorgaande, schier een vingerlid lang, styf en scherp, zoo dat men ze qualyk vatten *Zie de Plaat XIV.*
kan. Zy houden zich op in de gaten en kuiltjes van de koraalsteenen, daar in ze *letter A.*
zomtyds zoodanig groeijen, dat men ze daar uit niet haalen kan, 't welk dit beest ook
eenigzins merkt; want als men 't uittrekken wil, zet het zyn steekels noch eens zoo
styf, datze overal tegens den steen aanstuiten. Zy worden echter tot de kost niet
gezogt, want hunne Eyeren smaaken wat bitter, maar de doppen zyn fraai om onder rariteiten te bewaaren, overmids ze zoo ligt niet breeken.

III. *Echinus Niger*, zyn mede kleen, regt rond, als een groote wambusknoop, *3 Soort. Echinus Niger.*
zwartagtig of aardverwig van verwe, doch hunne tien straalen zyn lichter, met zeer korte en fyne stekelen bezet, als of het stukken van borstels waren. De schaal zoude
waardig zyn om te bewaaren wegens haare mooije gedaante, maar zy is zoo bros, dat
men ze qualyk handelen kan. Men vind ze veel in den Amboinschen Inham, omtrent
Roema Tiga, daar de stranden wat steenig en modderig zyn; zy worden mede tot de
kost niet genomen. Als men de doppen van deze en andere Zeeappelen bewaaren wil, *Hoe men die bereit om ze te bewaren.*
moet menze geheel op een plank in den regen leggen, tot dat de voeten afvallen, verder
met een zagt borsteltje borstelen, en dan in de Zonne droogen, na dat 'er al het ingewand
uitgevallen is. Alsdan is het zeer speculatief van onderen in deze doppen te zien,
wanneer men gewaar word, hoe de Natuur in zoo eene geschikte ordre alle de gaatjes gestelt heeft, zoodanig dat iemant, die deze dieren nooit levendig gezien had, anders
niet zou konnen gelooven, of het most een artificieel kunstwerk zyn.

IV. *Oculus Poliphemi*, is een zeltzaame soorte, die weinig voor den dag komt, ver- *4 Soort. Oculus Po- liphemi.*
mits ze zig in de diepte ophoud. Hy is rond en bultig als een halve kogel, twee vuisten
groot, zonder doornen of voeten; met een vuilgroene slym bezet, en eenen sterken zeereuk, dies het schynt dat hy maar voortgerolt, en zomtyds op den wal gesmeten word,
daar hy in de treknetten komt. Daar is niets deugdelyks aan hem, daarom hy ook straks
weder weg gesmeten word; men vind ze in den Amboinsen Inham. De Amboneezen *Waar zy zich op- houden.*
kooken de *Echinos* niet altyd, maar leggen de omgekeerde op koolen, en bradenze aldus; waar door het vleesch ook harder word, en beter te scheiden is. Zy maaken zulk
eene lekkerny van de Eyeren, dat ze die het hoendervleesch voortrekken, tot welk een oordeel een Europeër qualyk te brengen is. Evenwel geeft *Doscorid. lib. 2. cap. 1.* hun
mede dat getuigenis, datze dienstig voor de maage zyn, en het water afdryven. De assche
van

van de doppen gemaakt, zegt hy ook goet te zyn, op alderhande fchurftheit te fmeeren, en vuile verzweeringen te reinigen. Voorts dat ze by aanftaande onweér zich met fteentjes belaaden zullen, op dat ze te vafter ftaan, en van de baaren niet verfmeeten worden, daar van hebben deze Inlanders geene opmerking, noch ooit diergelyke fteentjes ruffchen hunne voetjes gezien, behalven datze behangen zyn met mofch, wier, en ander diergelyk kruid op den grond der Zee waffende, daar ze miffchien moeten doorkruipen. De Inlanders bereiden ze ook dusdaanig tot de koft; Zy neemen een party rauwe Zeeappels, brecken ze in ftukken, neemen de Eyeren daar uit, en doenze in eenen groenen *Bamboes* met *Sajor Songa* en *Sajor Pacu*, laagen maakende, en 'er wat zout en peper by doende; dus toebereidt, kooken zy ze t'zamen.

En hoe tot fpyze bereit worden.

De Heer Rumphius *geeft in dit Hoofdeel een omftandig verhaal van de* Echinus Marinus Efculentus, *of Zeeappelen, doch geen afbeeldinge, waarom wy noodig geagt hebben; dezelve, zoo veel als doenlyk was, hier by te voegen. Op de Plaat* No. XIII. *letter* A. *hebben wy laaten aftekenen den mond van eenen Zeeappel, doch geopent, om al zyne leden bequamelyk te zien, die van een heel zeltzaam maakzel zyn; letter* B. *vertoont den Appel, en letter* C. *dezelve met zyne Pennen.*

De Echinus Saxatiles, *ftaat op de Plaat* No. XIV. *letter* A. *doch wat kleinder, waar by wy gevoegt hebben den Zeeappel, by ons den Turkfchen Tulband genaamt, heel raar, ons te zaamen toegezonden door den Heere Doctor D'Aquet.*

XXIX. HOOFTDEEL.

Van de Echinometra Digitata Prima: Djari Laut.

Echinometra. Twee foorten.

Echinometras noem ik alle zoodanige Zeeappels, die met lange voeten als vingers of pylen bezet zyn, waar van wy de twee mooifte foorten in dit Hooftdeel befchryven zullen.

1 Soort. Haar gedaante. Zie de Plaat XIII.No.1.

No. 2. Is dezelve met haar voeten of pennen.

Zyn van een wonderlyk goftel.

Zyne pennen als vingers.

I. *Echinometra Digitata Prima Loblonga*, is wel kleender van fchaal dan de gemeene, doch veel dikker, harder, en vafter aan malkander hangende, uit den ronden langwerpig, onder en boven mede wat plat, langs de 10 ftraalen of ryen met grooter wratten als met paerlen bezet, die wat ydel ftaan, en ruffchen beide met ontelbare kleender. Yder groote wrat heeft boven op een gaatje, en aan den voet rondom een kring. De mond is uit den ronden, ook wat langwerpig, en heeft aan den rand naar binnen ook vyf ooren, in de midden doorboort; de tanden zyn als aan de gemeene, doch maaken een ftomper kegel, mede met de fpits naar beneden uitkykende. De koleur van de fchaal is witachtig, naar den lichtrooden trekkende, en de fchoongemaakte wratten blinken als paerlen, welke dezen dop een groot cieraat geeven. Op ieder groote wrat ftaat een voet, in gedaante en lengte van eenen vinger, doch zoo dik niet, en op de kleender ftaan kleender voeten. De groote vingers ftaan op den rug en aan de zyden, aan 't onderfte fmal en rond, daar men een kuiltje ziet, 't welk op de wratten paft, rondom met een vellerje aan de fchaal vaft; en dat met een zenuwe door 't gaatje van de wratte gaande, aan het ander vleefch vaft is, door welkers hulp het dier zyne voeten beweegt. Aan het bovenfte eind zyn deze vingers driekantig, en wat fcherp, doch de ouden worden rondachtig. De koleur is lichtbruin, maar verbleekt wat aan de gedroogde, met twee of drie witte banden in de midden. Deze fchaalen zyn wel fteenagtig, en tegens malkander geflagen, blinkende als glas, doch van binnen zyn ze droog en bros, latende zig fchraapen als hard kryt. De andere kleender vingers zyn een of twee leden van een vinger lang, boven breed, en wat plat als een fpadel, doorgaans lichtbruin, en van digter fubftantie, daarom ze ook in 't water zinken als fteen. Deze vingers hebben eene byzondere en wonderlyke eigenfchap, dat ze in 't water geworpen, zommige, en wel de meefte, daar van zinken, en plat nederleggen, zommige ftaan

over

B

F

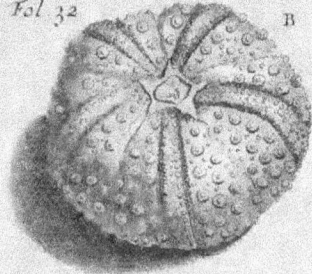

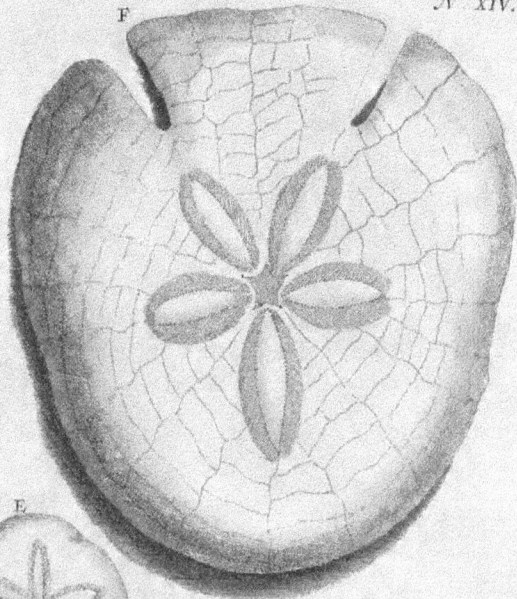

G

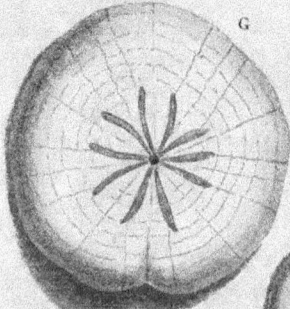

E

N°1

H

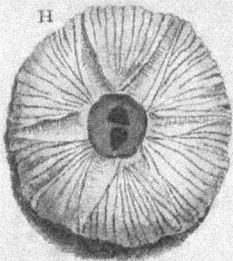

N°3

N°2

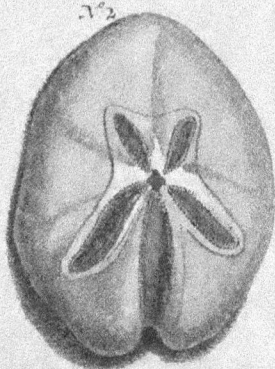

I

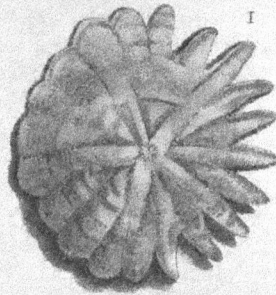

C

D

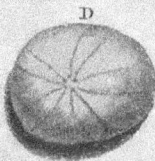

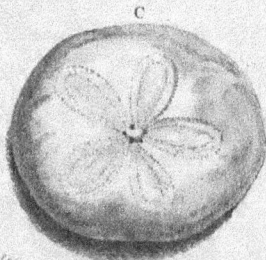

A

J. Leverdt fec.

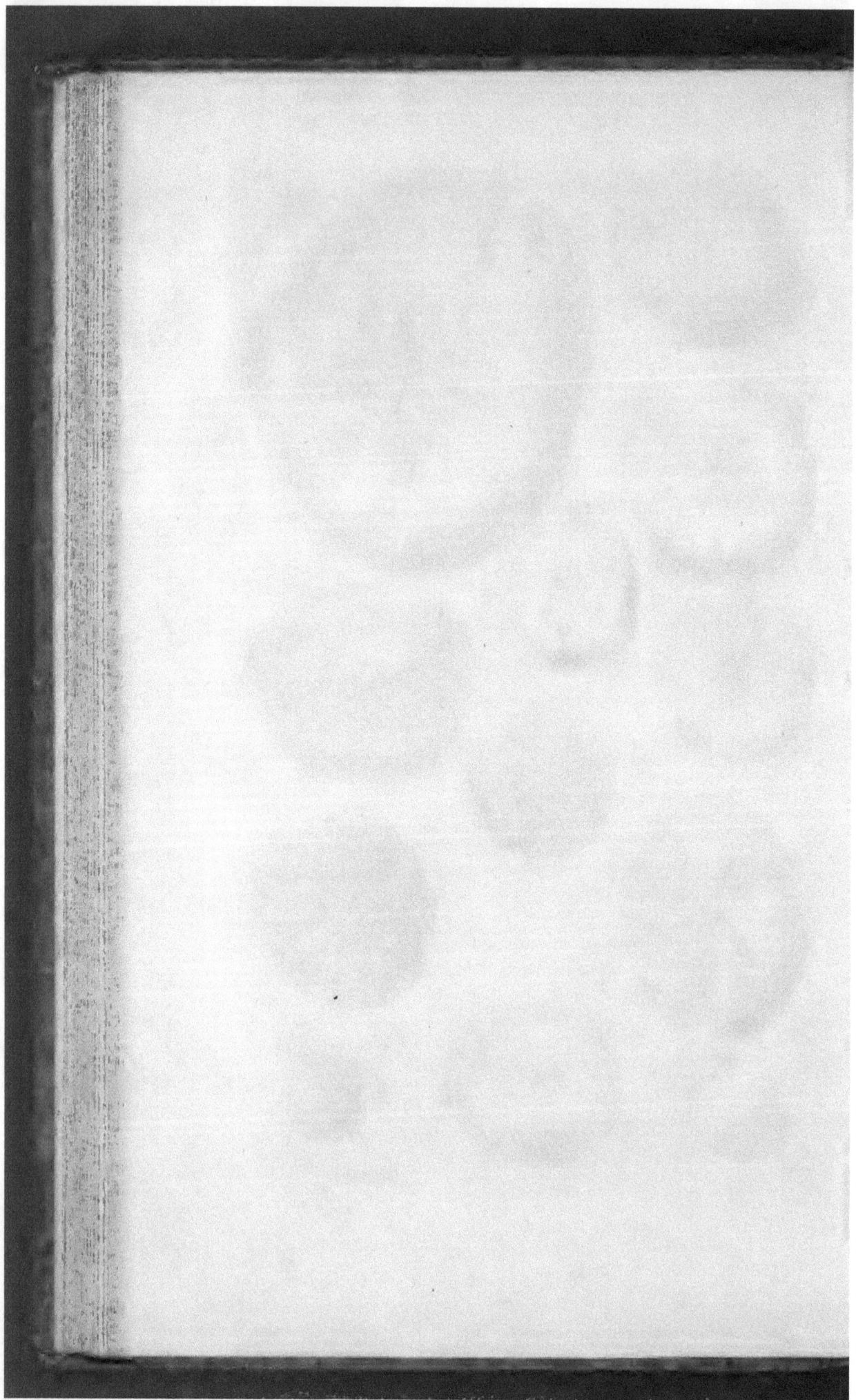

over eind als danzende in 't water, zommige staan schuins als een gevelde piek. Ik
heb my lang laaten voorstaan, dat ze den zelfden stand verbeelden, dien ze aan 't levende beest gehad hebben, doch by nader onderzoek bevonden, dat zulks niet aan
alle vingeren waar zy. De zekere oorzaak hier van zoude ik niet konnen vaststellen,
doch oordeelen, dat, indien wy met vergrootglazen voorzien waren, wy 't zelve nader
zouden ontdekken, wanneer men buiten twyffel bevinden zoude, dat de leggers digter
en vaster van substantie zyn, maar de staanders, dat is, vingers die overeind staan en
dryven, by haare bovenste deelen ydeler en voozer zyn; dieshalven aldaar meer luchts in
zig beslooten hebben, waar door het dan komt, dat het ligste deel daar van zig op-
heft, en 't zwaarste naar den grond zakt. Als deze vingers langen tyd op de strand,
of tusschen de klippen dryven, worden ze eindelyk zwaar, en geheel in steen verandert, weshalven veele vermoeden, (niet heel onwaarschynlyk) dat het een byzonder
Steen-zeegewas zy.

Hunne naam in 't Latyn is *Echinometra Digitata Prima*, en de vingers in 't byzonder
Digiti Marini, Maleits *Djari Laut*; by de Amboncezen heeft hy geen byzondere
naam dan op Hitoe, *Sulopay*, op Hila, *Hatu Opay*, en *Hatoyhu*; op Loehoe, *Sa-
palakke*. *Hunne be-naming in verscheide taalen.*

Zy vallen meest op de kust van *Hitoe*, op zoodanige stranden daar groote steenen
en zand zyn; de Inlanders neemen ze tot de kost gelyk de voorige, te weten, de eyer-
stokken, die men van binnen vind, van het aanhangende vleesch en slym wel gezuivert.
De steene vingers stypen ze wat aan 't voorste spits, dar'er de scherpe kanten af komen, en
hangen ze hunne kinderen aan den hals, in plaats van babbelstokjes, zeggende, dat ze een
gemakkelyke tanding maaken. Zommige van onze Chirurgyns hebben ervaaren, dat ze gepulverizeert en ingenomen, de zelve werking doen als *Oculi Cancri*, te weeten, om het
Water, Graveel en de Maanstonden krachtig te dryven. Van de *Ternataneu*, en Inwoonderen der *Xulasse* Eilanden, heb ik geleert, dat ze deze vingers mengen onder die dingen,
die ze tegens ingenomen vergift gebruiken, en heb ik dezelve ook dikwils gevonden onder de bondeltjes, die zy overal op Zeetochten, en in den Oorlog gaande, by zig draagen
die gemeenlyk bestonden uit 7 stukjes. Als 1 een zwart, 2 een wit geknoopt, 3 een grauw,
4 een rood Calbahaar, 5 een *denticuli Elephantis*, hier na onder de *Solenes* beschreeven, 6
deze steene vingers, 7 een onbekent worteltje, doch in plaats van 't zelve was in andere
bondeltjes een stukje van den *Solen arenarius*, of Zandpype. Andere gevoelden het
Geheim daar in te bestaan, datze deze 7 dingen gebruikten, niet alleen tegens ingenomen vergift, maar ook tegens toversche beleezing, daar ze zeer bang voor zyn,
inzonderheit tegens zoodanige schelmstukjes, waar door ze malkander de manlyke
kragt beneemen.

Waar ge-vonden worden.

By d'Oculi Cancri vergelee-ken.

Worden tegen ver-gift ge-bruikt.

Ook teegen tovery.

II. *Echinometra Digitata Secunda l. notunda*, is wat grooter dan de voorgaande,
in 't gemeen een vuist groot, regt rond, en wat gedrukt als een kaasje; de konstigste
en cierlykste onder alle Zeeappels, want zyn schaal is bezet met schoone groote wratten, blinkende als paereltjes, ieder met een doorgaand gaatje, en een kringetje rondom: deze wratten staan in 10 ryen of 5 paaren, en in ieder ry, van het bovenste tot
het onderste gat of den mond, 5 of 6, en daar tusschen noch twee of drie halve ryen, ieder
van drie of vier wratten; op ieder wrat staat een vinger, ruim zoo lang als de middelste
vinger, hebbende de dikte van een Ganzeschaft, rond en in de lengte gestreept, wat ruig,
donker grauw, boven met een plat sterretje van veele straalen, van substantie harder en
steenachtiger dan de voorige, derhalven alle in 't water zinkende. Tusschen de ryen
staan 'er noch andere kleender, doch wat ydel, en boven op meest rond. Daar is noch
een byzondere soort hier van, die de vingers veel korter en dunder hebben, ook met
ronde hoofden. De derde soort heeft gekartelde kransjes rondom de vingers, die boven 1½ duim niet lang zyn. De vierde soort heeft lange en ranke vingers, boven in
een stompe spits toeloopende, wit, licht, en krytachtig van substantie. De vyf naaden,
waar mede de schaal te zamen is gezet, loopen niet regt, maar wat bogtig of slangs-

2 Soort.

Haar ge-daante.

Zie de Plaat XIII. No. III. No. IV. is de zelve met hunne voeten of pennen.

Zyn van een won-derlyk maaksel.

E   wyze,

wyze, en hebben nauwe kerven, waar mede zy aan malkander hangen, en vallen
de gedroogde derhalven ligt van malkander, of men moet ze met draaden t' zamen
binden. Het bovenfte gat, of d'uitgang van de Excrementen, heeft rondom noch 5 mindere gaatjes, en de fchaal aldaar is van veele kleene ftukjes gemaakt, die ligt van
een vallen, waarom de geheele *Tholus*, of Slotfteen van dit verwulf, gemeenlyk heel invalt, nalaatende een grooter gat, 't welk men qualyk beletten
kan. In den mond ziet men aan de randen ook niet meer dan vyf ooren, doch niet
zeer gegaat, daar de banden doorgaan die de Kroon vaft houden; deze is als aan
de voorgaande; zie beneden.

Hunre be-
naming en
reeden
waarom.

Hun naam in 't Latyn is *Echinometra Digitata Secunda*. In 't byzonder *Cidaris
Manri*, *Belg*. Moorfche Tulband, om dat de fchoongemaakte fchaal niet qualyk een Arabifche of Mogolfche Tulband gelykt, die met paerlen of Edelgefteenten is bezet; by
de Amboneezen heeft hy geen byzondere naam.

't Getal van
hunne pen-
nen.

Als hy volkomen is, heeft hy 60 vingers in 't algemeen, in 10 ryen ftaande, daar
onder omtrent 28 of 30 groote, en 10 heele kleene. Om ieder groote vinger ftaan
20 kleene pennen, digt aan de groote leggende, om hem in zynen ftant te houden. Hy
heeft, als gezegt is, 5 naaden, die paarswyze in malkander fluiten, fyn gezaagt als een
futura cranii, doch ieder deel laat zig weder in tween fcheiden, die wat vafter aan malkander kleeven.

Waar ge-
vonden
worden.

Men vind hem by de eerfte, op de kuft van Hitoe, als mede in den Amboinzen Inham, daar groffteenige ftranden zyn, doch zyn beide nergens zoo veel dan die in het
voorgaande Hooftdeel. Zy worden weinig gegeeten, en de vingers hebben ook geen
bekend gebruik, behalven dat ze de vrouwtjes neemen om fterretjes op haare peperkoek-
jes te drukken, maar de fchoongemaakte Tulband is in alle manieren waerd, dat men
hem onder de fraaifte Rariteiten bewaare, en zoo hy van malkander valt, kan men
hem met een dunne lym weer t' zamen zetten, die dan vafter houd dan ze te vooren waren.

Siamfche
Zeeappels.
Eerfte foort.
En waar
toe gebruikt
worden.

Siamfche Zeeappels zyn een flag van deze twee foorten, doch grooter rond, dikker
van fubftantie, en de korrels ftaan ordentlyker. Deze weeten ze by den mond uit te
fnyden, van binnen te verlakken, of met dunne zilvere blikjes te bekleeden, waar uit
ze dan fraaije doosjes en drinkkopjes maaken, die redelyk duurzaam zyn.

De voorfchreve Zeegriffen worden ook gebruikt tegens het bort, als men dezelve
inneemt in water gewreven, met een weinig gember, dat het even de fmaak daar
van krygt.

2 Soort.
Haar ge-
daante,
En ver-
fcheide
pennen.

De tweede of ronde foort, heeft noch eenige kleendere foorten, waar van de eerfte
mede rond en kaasvormig is, bezet met lange en dunne pylen, ruim een vinger lang
en zoo dik als een zeilnaalde, de achterfte helft is ruig en met knobbeltjes bezet, de
voorfte helft ruig of fcherp, eindigende in een ftompe fpits gelyk een Syringa. Andere pyltjes zyn gladder, dunder, en eindigen in een fcherpe fpits gelyk een naald.
Een andere foort is mede rond, platter dan de voorgaande, recht als de wervel van
een fpil, zyne voeten zyn een lid van een vinger lang, en gekartelt, de kroontjes in
kringen boven malkander gezet, aardig om te zien. Een van de eerfte foorten, in eene
der regenmaanden, Auguftus, gevangen, hadde omtrent 60 vingers zoo groote als

Ondervin-
ding van
den Schry-
ver.

kleene, welke alle in 't water zonken en plat noerlagen; dies te onderzoeken ftaat, of
zulks de veelvuldige Regen veroorzaakte, want van de uitgeverfte en gedroogde begonden
'er veele naderhand over cind te ftaan, zoo deden ook de vingers van de eerfte of tweede

Zie de
Plaat XIII.
letter A.

foort, die gevonden wierden in de maagen van eenen grooten Opblazer. De kroontjes
in den mond van een Zeeappel, beftaan uit 25 of 30 beentjes, die van malkander gaan,
waar van de 10 grooftfe de vyf tanden uitmaaken.

In den jaare 1689, den 19 van Sprokkelmaand, heeft een Noordweften ftorm die
8 dagen duurde, de Moorfche Tulbanden in menigte opgeworpen, die men anders in
den Amboinfchen Inham zelden ziet. Wanneer een vinger gebroken word, groeit
het

het overige stompje aan zyne wratte vaft, beweegt zich niet meer. Zommige vingers zyn voor afgefteten en worden krytachtig, waar mede men dan op een lei fchryven kan, als met een griffie.

De Echinometra Digitata Prima, *ftaat verbeeldt op de Plaat* N°. XIII. N°. I. *en* II. *is de zelve, met zyne pennen of voeten, in hunne onderfcheide foorten afgebeeldt met de letteren* D, D, D.
De Echinometra Digitata Secunda, *of tweede foort, die noch wonderlyker is als de voorgaande, is verbeeldt op de zelve Plaat met* N°. III, *en* IV. *is de zelve met hunne pennen of voeten, waar van drie foorten zyn aangewezen met de letteren* E, E, E.

XXX. HOOFTDEEL.

Van den Echinometra Setofa: 'Bœlu Babi.

Eze Zeeappel is kleender van fchaal dan de beide voorgaande, anders van gedaante als de *Echinometra Secunda*, ook dunder en platter van fchaal, en kleender van wratjes, waar tuffchen 'er noch veele ftaan die minder zyn. De grootfte fchaalen zyn als een vuift of handkaasje, overal bezet met lange pylen, van 4 tot 6 en 7 duimen lang, in de dikte van een Naainaalde, doch voor zoo fpits toeloopende als een verkensborftel. Andere tuffchen beide korter, en zoo dun als haairtjes. Zy zyn zwart bruin, zommige vuilzwart, regt, ftyf, doch zoo brokkelig, dat, zoo dra men 'er tegen ftoot, zy afbreeken: aan de zyden zyn ze van onderen tot boven overdwars gekerft als een fyne fchroeve, en ruig in 't aantaften. Hy heeft geene zonderlyke Eyeren, en word voor onbequaam tot de koft gehouden.

Echinometra Setofa. Zyn gedaante. Zie de Plaat XIII. N°. V.

Is onnut tot fpyze.

Hunne naam in 't Latyn is *Echinometra Setofa*, of *Echinus Setofus*, Maleits *Bulu Babi*, Amboins *Hahuru* en *Hahulu*, alle naar de gelykeniffe van Verkensborftelen: op Leytimor hiet hy ook *Maccariwan*, dat is, iets 't welk een gelaeh verwekt als hy iemant raakt; doch meer by de omftanders, dan by den lyder.

Zyn benaming in verfcheide taalen.

Zy houden haar op vlakke zandige ftranden, daar weinig fteenen zyn, en zomtyds met troupen by malkander, inzonderheit als 'er, by aflopend water, eenige vlakke kuilen in 't zand blyven ftaan. Dit fnoode ongedierte maakt de ftranden overal zorgelyk, inzonderheit voor die hunnen koft, by aflopend water, daar op moeten zoeken, en omtrent een voet diep in 't water gaan, voornamentlyk by nacht, wanneer men onvoorziens tegens dit dier aanloopt, of daar op trapt, meenende dat het een fteen is. Want zoo dra men de fcherpe pylen aanraakt, of den voet flegts daar op begint te zetten, zoo heeft men de fpitzen van de pylen in de huit, die dan ftraks afbreeken, en groote pyn verwekken. Het is my zelfs gebeurt, dat ik by Maanefchyn in 't Zeewater wandelende, en eenige Rariteiten onder de klippen zoekende, daar ik noch al wel op dit ongedierte verdacht was, en dieshalven zagtjes voelde onder de klippen, echter twee of drie van deze pylen in myn hand kreeg, fchier eer ik voelde dat ik iets aanraakte, want ze ftaan rondom het dier uitgerekt, als aan een Egel of Yzer varken dat zyne borftels opzet. De heeling van deze fteeken is, dat men het gequerfte lidt zagtjes kloppe, dat het half befterve, en de ftukken van den pyl ganfch gemorfelt worden; daar na het lidt over 't vuur warm maake, zoo heet men het lyden kan; of, zoo gy 't hebt, fmeert een papje daar op van de grauwe *Crufta Accarbary*, 't welk de pyn verdooft; maar het lidt moet men evenwel kloppen om den pyl te vermorffelen. De doppen worden niet bewaart, om dat ze te bros zyn: zomtyds bewaart men de dikfte pylen die de dikte van een Zeilnaalt hebben, en onder aan mooi gekartelt zyn met kransjes, doch de langfte fpits moet men afbreeken, en dit zyn dan Zeenaalden. Over dag kan hy zyne pylen neêrleggen, onder water als de Zonne fchynt; dit doet hy ook als hem een hand genaakt, die met gewreeve Gember beftreeken is, dat men hem

Waar gevonden worden.

Zyn gevaarlyk te vangen.

Halpmiddel hier tegen.

Hoe men die vangen moet.

E 2

hem

hem zonder fchade handelen kan, gelyk de Gember ook de pyn geneeft die men van zyne fteeken bekomt.

2 Soort.   De tweede foort is groot en plat van fchaal, met korte pennen voorzien, die zoo vinnig niet fteeken als de voorgaande, en hunne pennen zyn veel korter, die voor Rariteiten konnen bewaart worden.

Echinometra Setofa. *Zie de Plaat* No. XIII. No. V. *welkers pennen heel dun en fyn zyn, waarom zy ook Zeenaalden by ons genoemt worden.*

XXXI. HOOFTDEEL.

Van den Echinus Sulcatus. Doodshoofden.

Echinus Sulcatus, verfchilt van de voorgaande. Haar gedaante. Zie de Plaat XIV. letter C.

Eze foort van Zeeappelen wykt wat af van de gemeene gedaante, want dezen *Echinus* is wel mede uit den ronden langwerpig, maar heeft een gemengt fatzoen van een Zeefterre. Immers op den rugge ziet men de verdeeling van eene fterre, met 5 ongelyke ftraalen, die vol gaatjes zyn, en daar op veele korte voetjes veel ftekelyker als borfteltjes. De fchaal is witachtig, omtrent de Sterre grauwachtig, dun en zeer breukzaam, zoo dat men ze qualyk handelen kan; aan den eenen hoek van de kanten heeft ze een rond gat, daar qualyk een pink in kan, 't welk de mond is. By den anderen hoek onder aan den buik, hebben ze een ander gat overdwars, wiens eene lip naar den buik wat verheven is, zynde de doorgang van de uitwerpzelen; zoo maaken ook de drie langfte ftraalen van de fterre op den rug drie vooren. Hy word zelden gevonden, heeft noch geen byzondere naam, daarom ik hem by provifie *Echinum Sulcatum* noeme; onze Nederlanders noemen hem Doodshooftje. Zyn fchaal in den regen gezuivert en gedroogt, word onder de Rariteiten bewaart.

2 Soort. Haar gedaante. Zie de Plaat XIV. letter D.

Noch een tweede foort hier van is wat kleender van dop, uit den ronden, mede langwerpig, en boven een dwarsvinger niet hoog, zonder fterre of vooren op den rugge, maar met eenen gewoonen mond onder aan den buik. De dop is met veele kleene korreltjes bezet, en daar op kleene en digte ftekeltjes als ftukken van borftelen, grys en glimmende als *Amianthus*, die hy in 't water opregt, maar uitgetrokken neêrlegt. Als men hier op trapt, of de handen daar aan fteekt, verwekken ze eenen kleenen brand,

En waar gevonden worden.

jeuken in de hand, en maaken 't lidt rood zonder pyn. De dop heeft aan den eenen kant een rond gat, 't welk zyn mond is, zoo dat het voorgaande zynen uitgang is. Men vind ze veel in den Amboinzen Inham in de Rivier *Weipitoe.*

Echinus Sulcatus, *By ons genaamt* Doodshoofd. *Zie de Plaat* No. XIV. *letter C. een tweede foort letter D. die ook* Slange Eyeren *wegens haar gedaante, genoemt worden. Wy hebben hier noch toegevoegt een genarmerde, aangewezen door* No. I. No. 2. *is een witte, doch wat uit den grauwen. Alle deeze zyn uit het Kabinet van den Heere Doctor* d'Aquet, *en* No. 3. *is ons toegevoegt door den Heere de* Jong, *welke alle wy, om haare verfcheidentheit, noodig oordeelden hier by te voegen.*

XXXII. HOOFTDEEL.

Van den Echinus Planus. Pannekoeken en Zeeréalen.

Echinus Planus. Zyn 3 foorten.

1 Soort.

Eze *Echinus* wyffelt mede tuffchen een Zeeappel en een Zeefterre, dies hy onder beide kan getrokken worden, waar van ik drie foorten aangemerkt hebbe. 1. De eerfte, die men Zeeréalen noemt, is rond, in den *Diameter* een hand breed, aan de kanten dun, in de midden een fchaft dik, witachtig

of

of licht grauw. Op den rug vertoont hy een vyfstraalige Sterre, die wat ingezakt is, en *Hunne ge-*
met veele kerven geteekent; in de midden of het *Centrum* een pas merkbaar kleen gaatje, *daante.*
en op den buik ook een kleen rond gat, 't welk de mond is, van daar loopen ook *Zie de*
Plaat
vyf vooren zig in de rondte verspreidende. Hy is met weinige en korte stekeltjes be- *XIV.*
zet, meest op de straal van de sterre, en ook aan den buik met noch kleender, zoo *letter E.*
dat hy geenen zonderlyken gang in Zee maakt, latende zig door de baaren van de eene
plaats naar de andere dryven.

Van deze soort vind men een groot en raar stag, zeer dun en plat, 5 en 6 duimen *Een andere*
van deze
lang en breed, in de midden omtrent een schaft dik, alwaar men op den rug een Ster *soort.*
ziet van 5 straalen, omtrent een lidt lang, waar van de voorste de langste is, de twee *Zie de*
Plaat
agterste loopen naar twee keepen of inhammen, die wel twee leden van een vinger *XIV.*
diep zyn, als of 'er twee riemen uitgesneden waren, aan de ouden geopent, maar aan *letter F.*
Haar
de jonge gestooten; de jonge zyn paers, de oude van aschgrauw en donker paers ge- *grootte.*
mengt. Hunne voetjes zyn korte haairtjes of stekeltjes, waar mede zy onder water redelyk ras voortgaan, maar als hen 't water ontgaat, blyven ze op een plaats stil leggen. Men vind ze op de vlakke zandstrand, by de Rivier *Weynitoe* op Leytimor, in
de maanden November en December. Hier van worden 'er ook zommige, doch zeer
zelden, gevonden, die vyf uitgesneede keepen hebben, gelyk de voorgaande maar twee;
doch deze keepen zyn aan de randen toegegroeit.

De tweede soort is dikker van schaal, uit den ronden wat hoekig, met twee langere *2 Soort.*
zyden, niet qualyk een Ruiters schildje gelykende. Boven op den rugge heeft hy *Haare ge-*
daanten.
mede een Sterre, en aan den buik een ronde mond, overal bezet met korte groenachtige stekeltjes. De schaal is witter en vaster dan de voorgaande; aan den buik is hy
wat ingedrukt met vyf vooren, en op den rug wat verheven, daar de straalen vol
gaatjes zyn.

De derde soort zyn de Zeeschellingen, schier van 't zelfde maakzel, in de grootte van *3 Soort.*
eenen Hollandschen Schelling, en een schaft dik, meest rond of een weinig hoekig, als of
ze mede een schildje wilde afbeelden. De buik is ingedrukt, en aan de kanten is
hy altyd dikker, op den rug met een sterre, en overal bezet met diergelyke korte stekeltjes. Men vind ze by meenigte op de vlakke stranden van de *Oeliassers*, en hebben
geen gebruik, als dat men de mooiste tot Rariteiten bewaart, wanneer men ze eerst in
den regen legt, tot dat alle de stekeltjes afvallen, zynde de twee laatste soorten harder en langduuriger van schaal, doch de eerste is wel zoo raar en zoo mooi.

Hier toe behooren noch eenige Steentjes, die men in de *Uliassers* tusschen de Zeeklip- *Waar ge-*
vonden
pen vind, hebbende de grootte van een stuiver, doch aan den eenen kant met een uitsteekend *worden.*
hoekje, daar een gat doorgaat, als of men ze tot voorhangzels gebruiken zoude. De *Zie de*
Plaat
onderste zyde is glad en effen, maar de bovenste is hol, vol scherpe straalen die Sterre- *XIV.*
letter H.
wys staan, als de knoopen van zommige koraalboomtjes. Daar is geen ander leven
aan, als dat men ze met een stymerig vleesch, de qualle gelyk, bekleedt vind, 't welk
straks wegrot als men ze in de lucht legt.

De eerste soort, of eigentlyk Pannekoeken, worden 6 of 7 vinger breed bevonden,
meest rond, en hebben aan den eenen kant twee inwyken, als of 'er stukjes uitgesneden waren, gelykende niet qualyk het overleer van een schoen, als het de Schoen-
maker uitsnyd; ik heb 'er ook gevonden van 5 zulke inwyken, doch die ziet
men zelden.

Echinus Planus, of wel Pannekoeken by ons genaamt, hier van geeft de Schryver deeze drie afteekeningen, wel-
ke verbeeld zyn op de Plaat N°. XIV. met de letter E. die ook een Zeetéaal genoemt word. De letter F.
is eygentlyk de groote Pannekoek, van welke noch verscheide kleinder soorten gevonden worden, en een voor-
beeld hier van is by letter G. Uit het Kabinet van den Heere Doctor d'Aquet, hebben wy 'er noch twee byge-
voegt, doch heel raar, welk eene verbeeldt staat by letter H. zynde deeze steenig, hart; en de ander met de
letter I. hebbende om zyn halve rondte uitsteekende pronen, waarom hy de Zonnestraalde Pannekoek
genaamt word.

E 3 XXXIII. HOOFT-

XXXIII. HOOFTDEEL.

Van de Limax Marina. Zeeslekke.

Limax Marina Verscheide soorten.
1 Soort.

Haar gedaante.
Zie de Plaat X.
No. 4.

VAn de *Limax Marina* heb ik de volgende soorten ontdekt. I. De eerste is als een regte Wegslakke, langwerpig, rond of ovaal, vier dwars vingers lang, en twee breed, beneden vlak, en boven half rond. De rug is bedekt met zwartachtige en weeke doornen, daar onder leggen 7 of 8 halve kringen als nagels, of als de leden van een Pantzier aan de schootjes, zwart, hoornachtig van substantie, digt tegens malkander gevoegt, doch zoodanig, dat ze het dier naar zyn believen buigen kan. Van onderen is ze t' eenemaal gelyk de Schulp *Lopas*, of Klipklever, te weeten, zy heeft een geel taai en slymerig vleesch, omgeeven met eenen gefronsden rand, ligter van koleur. Daar mede hangt zy zeer vast aan de Zeeklippen op onbewoonde stranden, inzonderheit by den droogen ryfthoek *Siel* genaamt, zynde de Zuidelykste snuit van kleen *Ceram*. Men moet ze met gewelt van de klippen aftrekken, en dan rollen ze zig in malkander als een Egel. Zy hiet in 't Amboins *Kokohot*, op Lochoe *Talluul*, en word by de Inlanders gekookt en gegeeten.

2 Soort.

Waar gevonden worden.

II. *Limax Marina Verrucosa*, heeft mede de gedaante van een kruipende Wegslakke, doch is dikker en bultiger, op den rug met groote wratten bezet, zonder schild of doorn. Men vind haar mede aan de Zeeklippen; omtrent den voorschreven hoek, of op eenzame stranden daar groote steenen leggen. Zy blyft lang op eene plaats, gelyk de *Lopades*, weshalven men de plaats waar ze aan de klippen zitten, kaal en effen bevind; men vind ze ook onder aan de klippen hangen, zelfs daar ze met zand bedekt zyn, gelyk de Ezeltjes (*Azelli*) in de Wynkelders onder de steenen. Voor aan 't hooft steekt zy twee lange horens uit, waar mede zy in 't kruipen den weg zoekt, gelyk alle Wegslakken. Zy hiet in 't Amboins *Ulayl* en *Ulael*.

Tylos, by *Plinius*, is een slag van *Azellus*, alzoo genaamt van de weerachtige, (*Calleuze*,) hardigheit des Vleeschs, waar door hy misschien een van deze *Limaces*, of Zeeslakken verstaat.

3 Soort.

Haar gedaante.
Zie de Plaat X.
No. 5.
En waar gevonden worden.

III. *Limax Tertia*, is anders niet dan een klomp, meer rond dan langwerpig, met een geelachtig taai vleesch, gelyk het voorgaande geil van reuk, anders niet op den rugge hebbende dan een wit beentje, wat grooter dan een dubbeltje, met eenen uitsteekenden krommen hoek, maakende schier de gedaante van een ham.

Zy groeit op vlakke stranden voor het Kasteel Victoria, en is goed om te eeten, doch is meer by de *Panegeijers* geacht, dan by onze Amboneezen.

Van deze voorgaande noch twee soorten.

Daar zyn noch twee andere soorten, meest uit een klomp vleesch bestaande, waar van de eerste een rond schildje, als een vlak schoteltje, draagt.

De andere heeft een langwerpig schildje, schier vierkantig, als een Amboins schild, een halven vinger lang, en een kleenen vinger breed. Beide worden ze mede onder Rariteiten bewaart.

Limax Marina, *of de Zeesluis, staet verbeelt op de Plaat No. X. No. 4. en de* Limax Tertia, *No. 5. Van de andere hebben wy geen afbeelding; doch No. 6. is hier by gevoegt, om dat die meede tot dat geslagt behoort.*

XXXIV. HOOFT-

XXXIV. HOOFTDEEL.

Van de Stella Marina: Bintang Laut.

Van de *Stella Marina* heb ik de volgende foorten aangemerkt. *Stella Ma-*
I. De gemeene foort heeft vyf voeten, in de gedaante van een vyfftraa- *rina.*
lige Sterre, want de ftraalen noemt men in 't gemeen de voeten, daar men *De eerfte foort.*
takken behoort te zeggen, want ieder tak is vier of vyf duimen lang, *Beftaat uit vyf takken.*
rond, en dik als een duim, boven glad en hoogblauw, of met laage wratjes bezet,
van onderen witachtig, alwaar men in ieder tak in de lengte eene opening of fcheu-
ring ziet, doch digt geflooten, en by den mond als in een *Centrum* t' zamen ftoo- *Waar in*
tende, zynde anders daar aan geen kennelyke mond. Uit deze fcheuren, als men ze *veel kleine*
omkeert, vertoonen zich ontelbare kleene voetjes, die het dier dan uitfteekt, dan in- *voetjes ge-plaatft zyn.*
trekt. Als ze al te zamen uitfteeken, gelyken ze wel een Duizendbeen. Men
vind 'er ook onder die 6 takken hebben, te weeten, twee kleene en drie groote,
doch deze zyn kleender en grauwer. Zy maaken eenen langzamen gang onder water, daar men ze fchoon blauw op den grond ziet leggen, en zomtyds word men
fchielyk gewaar, dat ze zich onder de groote klippen verbergen, 't welk zy niet kruipende doen, maar in 't zeewater vlottende. Van -binnen is een hardachtig waterig
vleefch, hebben geen onderfcheidene leeden, en rieken zeer fterk naar 't zeewater; en
als men ze hart handelt, veroorzaakt zulks eenige jeukte in de hand.

Haar naam in 't Latyn is *Stella Marina*, in 't algemeen. *Belg.* Vyfvoet en Zeefter- *Haar naam*
re; in 't Maleits *Bintang Laut*; Amboins, op Hitoe, *Safanna*: de algemeene Naam *in verfchei-de taalen.*
Sannawaru.

II. *Stella Marina Minor*, is pas zoo groot als een vlakke hand, de takken zyn 2 *Soort.*
plat, op den rug gegranuleert, lichtgrauw, of witachtig, anders van 't zelfde maak- *Waar ge-vonden*
zel als de voorgaande, word gevonden in ftille baaijen en vlakke ftranden, als in den *worden.*
Amboinfchen Inham, by den hoek *Martyn Fonfo.*

III. *Stella Marina Quindecim Radiorum*, word zeer zelden gevonden; is 4 en 5 3 *Soort.*
duimen breed, rondom in 12 of 14 takken verdeelt, die niet alle van gelyke lengte *Heeft*
zyn, een ieder heeft in de midden een lidt dat hy buigen kan, omtrent een lidt van *meerder takken dan*
een vinger lang, ros van fchaal, en bezet met fcherpe ftekelen, omtrent de nagel van *de voor-gaande.*
een vinger lang, mede ros als of het een Zeeappel was; beneden ziet men aan de
takken een fcheur, en daar in byzondere kleene voetjes. Zy houd zich in de diepte *Waar zy*
van de Zee, daar het vol grove fteenen is, gelyk de ftrand van *Larieque*, alwaar zy *zig ophoud.*
Hulupana hiet. Als men zig in haare ftekels quetft, verwekt zulks eenen grooten brand
en zwaare pyn, daarom zy ongemoeit gelaten word. Men kan haar echter hart droogen en bewaaren, zonder dat haare ftekels afvallen.

IV. *Stella Marina Quarta*, is de grootfte van allen, 8 en 9 duimen breed, me- 4 *Soort.*
de in 5 takken verdeelt, die beneden vlak zyn; boven loopen ze met een verheven *De grootfte van allen.*
rug toe, ros van koleur, die bezet is met hooge zwarte wratten, hard en fpits *Haar ge-*
als ftompe doornen; van onderen aan de takken ziet men befcheidentlyker de lange *daante.*
fcheuren, die met gezaagde kanten fluiten als het Bekkeneel, daar hy ontelbare pootjes *Zie de Plaat XV.*
uitfteekt, week, buigzaam, en voor met een knopje gelyk de Slakkehorentjes, waar *letter A.*
mede zy niet alleen haaren gang maakt, maar ook haar voedzel zoekt, zoo dat deze
vyf fcheuren haar voor vyf monden dienen. Als men dit dier van boven ziet, gelykt het zeer wel een hard gebakke Paftei, met zwart gebrande knobbeltjes en
kanten. Men kan geen leven aan dit dier befpeuren, dan aan de uitgefteekene voetjes, want de takken ftaan ftyf, en men ziet het geen beweging op den grond maaken, al raakt men 't aan. Als men 't opdroogen wil, moet men 't eerft in verfch en

warm

warm water leggen, tot dat de brakkigheit uittrekke, en dan in de heete Zon of in
den rook droogen, zoo kan men het een tyd lang bewaaren. Maar by regenachtig
weêr, of als het vochtige lucht raakt, valt het ligt van malkander.

Haar be-
naming
in verschei-
de taalen.

Haar naam in 't Latyn is *Stella Marina Quarta & Artocreas Marinum: Belg.* Zee-
pasteitjes; in 't Amboins *Sasanna*, als boven.

Men vind ze veel op *Cerams* Noordkust voor *Assahudi*, en op *Bonoa*; als ook in
het binnenste van den Amboinschen Inham.

5 Soort.

V. *Stella Marina Quinta & Scolopendroides*, is de kleenste, doch levendigste onder
alle Zeesterren, afzienlyk van gedaante, want het Lichaam is kleen en plat als een

Zie de
Plaat XV.
letter B.
en C.

Spinnekop, boven aschgrauw, glad, en met vyf vooren afgedeelt, boven op maar met
een velletje bekleed, van onderen schaalachtig, uit den ronden vyfhoekig. Hier aan
staan vyf lange en smalle takken, van enkele wervels t'zamen gezet, naar alle zyden
buigzaam, als of het vyf lange wormen waren, aan de kanten met twee rygen steene
voetjes bezet, die haar t'eenemaal de gedaante geven van een Duizendbeen, zoo dat
men ze daar voor aanzien zoude, als men het lichaam niet ziet. Onder aan de takken
ziet men geene scheuren, gelyk aan de voorgaande, alleenlyk van den mond gaan vyf
korte scheuren uit. Het dier kan deze takken naar alle kanten ras beweegen, gelyk
de Zeekat haare armen, en maakt daar mede ook eenen rassen gang, dezelve met veele bogten voortwerpende, en dan het lyf natrekkende. Als men een tak aanvat,
kruipt het dier weg, en laat 'er een stuk van in de hand; ook is het wonderlyk om te zien, dat deze takken in veele stukken gekapt, zig alle noch lang beweegen, gelyk de afgekapte staerten van de Haagdissen. Maar als het geheele dier begint te sterven, krult het zyne takken over 't hooft in eenen bol, en sterft zoo
in malkander gerolt; in 't lyf vind men niets vleeschagtigs, maar alleen een zwart
bloed, is daarom ook tot de kost onbequaam.

Haar bena-
ming en
waarom.

Haar naam is *Stella Marina Scolopendroides*; in 't Ambons op Hitoe, *Sanna Waru*
manuhulu; iets dat naar Vogelpluimen gelykt, verstaande daar mede de dunne pootjes
aan de takken.

Waar ge-
vonden
worden.

Men vind haar op steenachtige stranden, daar men qualyk een steen kan opligten,
of men vind ze daar onder, weetende zich ras te verbergen en weg te kruipen; men
ziet 'er schier niets aan dan straalen of takken, zoo dat men meenen zoude het een party
Duizendbeenen te zyn, 't geen ieder een vervaert maakt om haar aan te tasten.

De Zee-
sterren zyn
onnut tot
spyze.

Van alle de Zeesterren word niets tot de kost gebruikt, behalven dat ik zommige Inlanders van de Zuid-ooster Eilanden gezien hebbe, die de eerste, en vierde soort tot
spyze bezigen, maar ik heb niet konnen ervaaren hoe zy die toebereiden; anders word

Doch die-
nen voor
aas der
Visschers.

'er een Aas of *Ompan* van bereidt, 't welk zy in de Bobbers der Vischvuike leggen,
om de Visch daar binnen te lokken; hier toe neemen ze alderhande Zeesterren, braaden die op koolen, stootenze, en vermengen ze met andere sterkriekende dingen, en
binden dat in den buik van de Bobbers. In *Hist. Antill.* leest men aangemerkt te zyn,
dat de Zeesterren in de *Caribische* Eilanden, als ze eenig onweêr voorzien, met haare

Hoe zy haar
in storm
bewaaren.

kleene pootjes veele kleene steentjes omvatten, zoekende naar daar mede te bezwaaren,
of als met ankers vast te maaken, op dat ze van de Zeebaaren niet geslingert worden.
Die van *Hoeamohel* bereiden ze tot de kost aldus: zy neemen die van de eerste of vierde
soorte, snyden ze in stukken, en douwen 'er het zwarte bloed uit, kooken ze dan in water
met eenige zuure bladeren, als *Condong* of *Tamaryn*, en laaten ze een paar dagen daar
in staan; daar na schrapen ze de buitenste dikke of ruige huid af, snyden ze in kleene stukjes, en kooken ze nochmaals met *Santang Calappa*; waar na ze van hen gegeten worden.

Stella Marina, of Zeesterren, zyn veele soorten, waar van ons geene afbeeldinge zyn toegekomen, dan die
op de Plaat N°. XV. verbeelt staan met de letter A. die, om haare gedaante, ook Zeepasteijen genoema worden.
De Stella Marina Scolopendroides, is aangeweezen met letter B. die met doornen omzet is, en letter C. is
een andere soort, doch geheel glad. Wy hebben hier, om haar ongemeenheit, bygevoegt eene vierstraalige, getekent met letter D. en eene vyfstraalige met letter E. beneffens eene negenpuntige, met letter F. die ons door
den Heere Doctor D'Aquet zyn toegezonden, welke alle in 't leven 3 of 4 maal grooter zyn dan hier
verbeeldt staan.

XXXV. HOOFT-

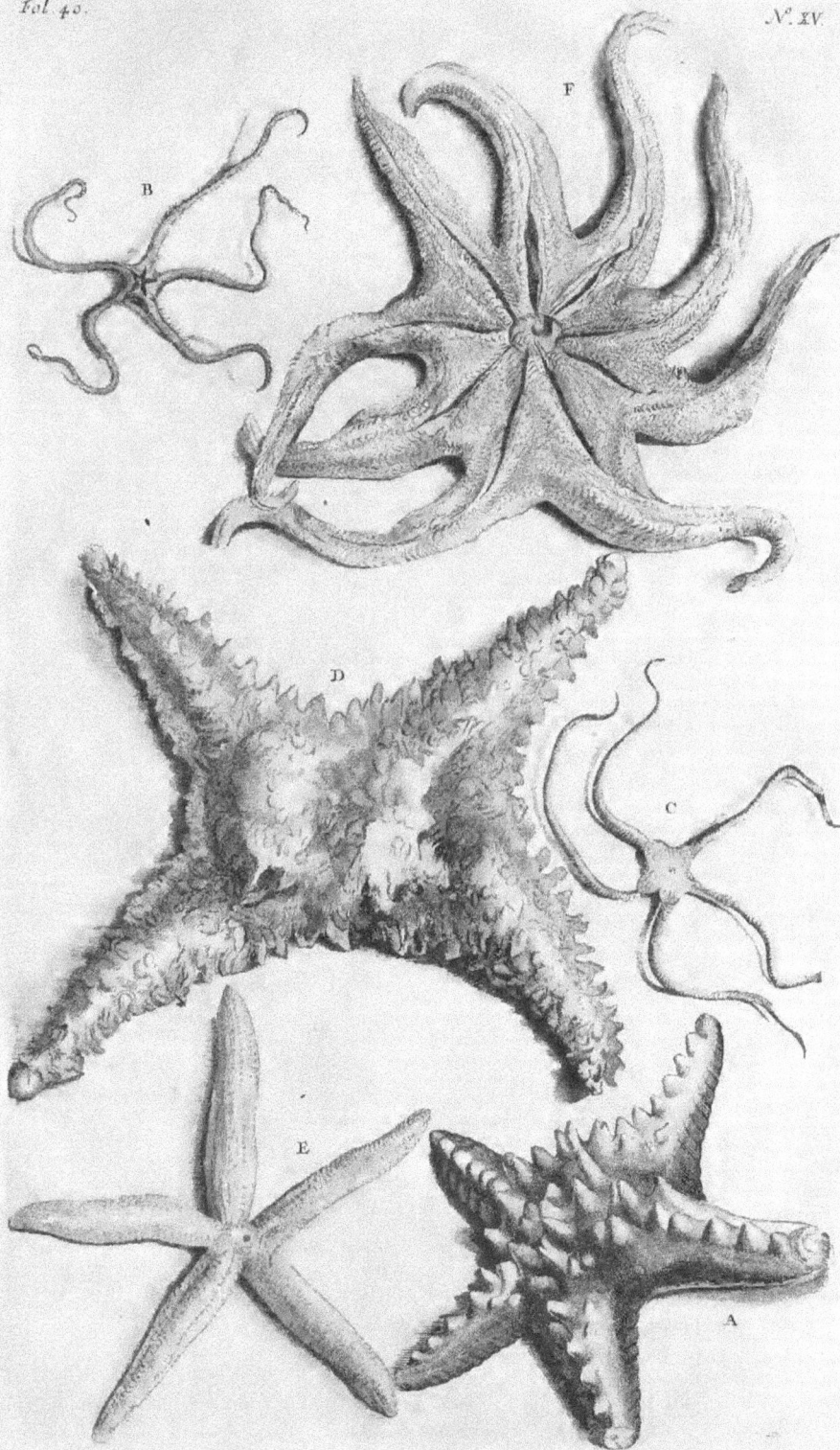

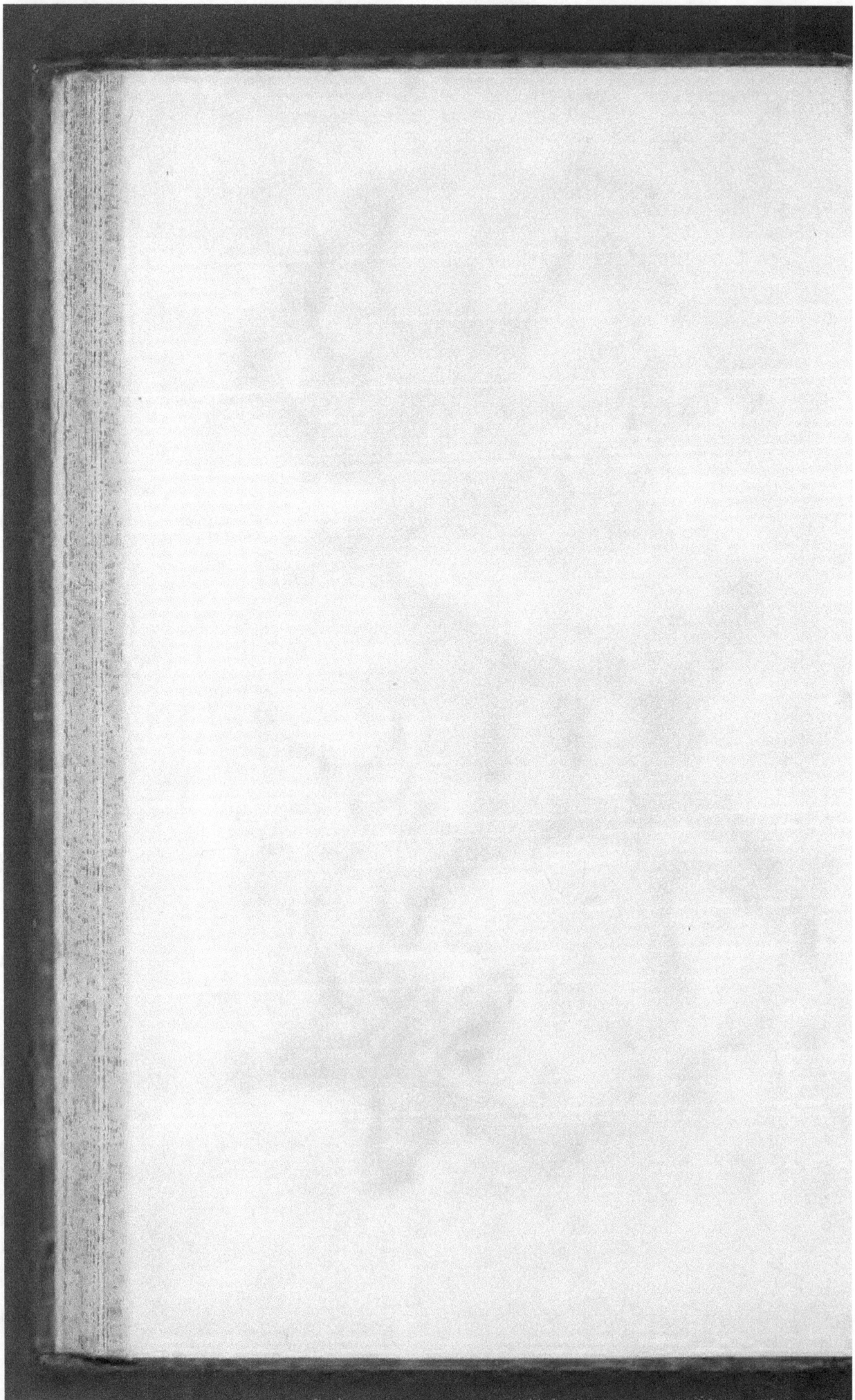

XXXV. HOOFTDEEL.

Van het Caput Medusæ: Bœlæ Aijam.

Dit Monstreuze Zeedier behoort mede onder de Zeesterren, vreeslyk van aanzien, en niet ligt om aan te tasten voor die geenen, die het nooit gezien hebben, waar van ik twee soorten beschryven zal.

Caput Medusæ. Zie de Plaat XVI. letter A. I Soort. Omstandig beschreeven.

I. Het eerste heeft het Lichaam of het hooft mede als een Spinnekop uit den ronden wat plat, en eenigzins vyfkantig, omtrent een duim breed, de dop is harder dan aan de Zeeappels, boven met een weeke huit bedekt, onder met een langwerpige scheur, 't welk de mond is, bezet met veele voeten. Dit Hoofd verdeelt zig voor eerst in 5 paaren of 10 enkele Takken, waar van twee en twee een gemeenen oorsprong hebben, en met hunne t'zaamenvoeging het voornoemde hoofd maaken, zoo dat het zelve geen byzonder Lichaam is. Ieder tak verdeelt zig in 3 andere, en de zelve wederom in 4 of 5 duudere, zynde de geheele tak ruim een hand lang. Alle deze takken of straalen zyn van ontelbaare steenachtige Wervels t'zaamen gezet, naar alle kanten beweeglyk, gelyk de baart van een Zeekat. Van onderen ziet men in twee reijen ontelbaare kleene witte voetjes, fyn gekartelt, met een geel nopje voor aan, als of het draadjes van een bloem waren, waar mede dit Beest zynen gang verrigt, zoo ysselyk van gedaante, dat men 't voor een klomp van Duizendbeen of kleene Slangetjes zoude aanzien. De gemeene koleur van beide de beesten, is ros, doch men vind 'er ook koolzwart, groen, grauw en geel; het binnenste is niet te onderscheiden in zeekere deelen van ingewanden, maar legt verwart, meest gelykende het geele vleesch van de Mosselen. Onder water gelykt het een wyt uitgebreide bloem, en als men 't opligt, laat het zyn getakte voeten allegaar nederwaarts hangen, maar uit het water getrokken zynde, sluit het zyne takken opwaarts, slaande de zelve om de hand des geenen die het by den kop vat, die daar over niet weinig verschrikt, meenende dat hy eenig dood Zeegewas aanvat, 't welk zig dan zoo schielyk om zyn handen slaat. Het besterft ook zoodanig met alle de takken opwaarts in een bol gesloten, gelykende alsdan 't hoofd van een kool (*Brassica*) die zig sluiten wil; men kan het echter niet lang bewaaren, dewyl het zoo bros is, en van enkele Wervels losselyk aan malkander hangt. Het houd zig in de diepten op, daar veel koraalsteenen zyn, en men vind het gemeenlyk om de Zeeboomtjes geslingert, doch word weinig gevonden.

Vertoont zig onder 't water als een bloem. Waar zy haar bouden.

II. *Caput Medusæ Secundum*, is noch zeltzamer en wonderlyker dan het voorgaande, doch meest in meerderheit der takken daar van verschillende; want de middelste kop, die mede het lyf van een Spinne verbeeldt, is voor eerst verdeelt in 5 paaren of 10 hoofdtakken, die niet boven een dwars hand lang zyn. Ieder der zelven verdeelt zig in twee andere, die een voet of 1½ lang zyn, doch de eene is altyd langer dan zyn naaste. Elk van deeze verdeelt zig wederom in 20 of 24 kleender takjes, die verwisselt tegens malkander staan, en dezelve eindelyk weder in andere dwarsdraadjes, alle van steenachtige, doch brosse wervels t' zaamen gezet, en naar allen kanten beweeglyk. Alle de mindere takjes zyn ruig van onderen, door welke het voortkruipt, want ze hebben geene voetjes, echter weet het alle zyne takken zoodanig uit te breiden en voort te zetten, dat ze malkanderen niet in den weg zyn. De kop heeft van onderen een rond gat, 't welk zyn mond is, rondom het welk veele kleene tandjes staan; behalven dit noch 5 scheuren by den oorsprong der hoofdtakken, die hem mede voor monden dienen. Het lyf is bedekt met een gladde huid, en de schaal veel weeker dan aan 't voorgaande. Binnen ziet men diergelyke 5 bloedzakken en eyeren gelyk aan de Zeeappels, doch veel kleender; de eyeren zyn geelder of schier roodachtig, harder dan

2 Soort. Noch zeltzamer. Hunne gedaante. Hebben eyeren als de Zeeappels.

F　　　　　　　　　　　　　　　　dan

dan aan de Zeeappels, en de maagen moet men onder de 5 Hoofdtakken zoeken. Het houd zig mede in de diepte op, onder en aan de groote Koraalfteenen, daar het zyn takken in de rondte uitbreidt, beflaande een plaats wel vier voeten in den *Diameter*; gemeenelyk hangt het lyf aan de klippen, en de takken flingert het om de naafte Zeeboomtjes die het zomtyds bedekt houd, inzonderheit die foorte, die wy *Lib.* 12. van ons *Herbarium*, *Pfeudo Corallium rubrum* genaamt hebben. Het komt zelden voor den dag, en de Scheepslieden haalen het zomtyds met hun anker op, daar dan niemand zoo ftout is die dat vervaarlyke dier durft afneemen, vreemt toeziende, als 'er een oud *Orang Lamma* onder is, die het met de handen durft aantaften, en dat het

En kunnen niet veel bewaart worden. zyn takken om de zelve flaat, en nochtans niet bezeert. Het uitgetrokkene krult al zyn takken en loofwerk, over 't hooft in een bol, als een fluitkool, en befterft aldus, doch duurd mede niet langer dan de naafte Regenftortingen, wanneer het in ftukken van malkander valt, of men moet het geduurig in den rook laten hangen.

Haar benaming in verfcheide taalen. *En waarom.* De gemeene naam van beide is in 't Latyn *Caput Medufæ*, dewyl ik niets anders weet, 't geen met dat Slangenhoofd zoo wel overeen komt als dit dier. In 't Maleits *Bulu Aijam*, naar 't Amboinfche *Manuhulu*, dat is, Hoenderveeren, waar mede ze de veelvoudige takken dezes beefts vergelyken, doch dezen naam is in 't voorgaande Hooftdeel ook gegeven aan de *Stella Marina Quinta* of *Scolopendroides*, die met dit dier eenderlei flag is.

Worden van d' Inwoonders tot fpyze gebruikt. De Inwoonders van *Hitoe* en *Hoeamohel*, gebruiken het zomtyds tot fpyze, neemende daar toe de tweede of grootfte foorte, waar van ze alle de fyne takken weg fnyten, en kooken daar van niets dan het middelfte lyf, met de naafte hoofdtakken, daar in de maagens verborgen liggen, waar van ze dan niets dan de Eyeren nuttigen. Andere braden het flegts op koolen, en zoeken dan de Eyeren daar uit.

Gedrooge zynde verbeeldt zy de roos van Jericho. Als men van de eerfte foorte eenige kleene vind, die haare takjes ordentelyk opwaarts fluiten, en het hart opdroogen konnen uitftaan, gelyken ze zeer wel de zoo genoemde roos van Jericho, zoo dat men ze eenen onweetenden daar voor verkoopen kan.

Caput Medufæ. *Onder alle Schepzelen die my voorgekoomen zyn, is deze wel 't wonderbaarlykfte; 't is een dier 't geen den naauwkeurigen aanfchouwer verbaaft moet doen ftaan, en zeggen: Heer, hoe wonderlyk hebt gy alles gemaakt! Deze Zeeftar te verbeelden, is byna onmoogelyk, om haare veelheit van leeden, die gedroogt zynde zoo verwart door een leggen, dat men niet dan eene afbeelding by gedagten daar af kan maaken: waarom de Schryver zulks naar behooren niet heeft kunnen laaten verrigten. De Heer Doctor D'Aquet, heeft uit zyn Kabinet ons een van deze toegezonden, die wy, zoo veel het doenlyk was, hebben verbeeldt, zie de Plaat N°. XVI. Letter A. en B. is een van haare vyf takken, welke tak zig gauftonts in tween verdeelt, die ieder weder in tween is gefplift, gaande zoo opwaarts tot eene tienwervige verdubbeling toe. Voor zoo veel wy hebben konnen befpeuren, komt een ftraal of tak uit te maaken 512 uiteinden, waar van wy in letter B maar eenige, om niet verwart te zyn, konnen vertoonen, en indien de andere, die nu afgebrooken ftaan, mede uitgeteekent ware, zoo zoude het niet anders dan eenen verwarden klomp voorkoomen. Deeze eene dan door vyf vermenigvuldigt, (want deze Star vyf zulke punten heeft) brengen t' zamen 2560. uiteinden voort, die alle zoo zyn als een draat gekrult, en om haar veelheit verwart, en door malkander leggen; dat nu zoo zynde, bevinden wy dat ieder punt of tak, altoos door twee opgaande, 512 uiteinden maakende, in zig befluit 1023 leeden, en de zelve door vyf vermenigvuldigt, 5115 leeden uitmaaken. Ieder lidt beftaat wederom in verfcheide wervelbeenen, die alle onder roudachtig, boven plat, en op ieder hoek met een doointje bezet zyn, verbeeldt met letter C. Ik heb dezelve nagefpeurt, en bevonden dat ieder lidt, (die alle niet gelyk, doch hoe meer naar 't uiteinde, hoe langer zyn,) van 10 tot 20, ja in zommige heb ik 'er 24 getelt, die diergelyke wervelbeentjes hebben: als wy nu de zelve door malkander ftellen op 16 ftuks, zoo komen ze uit te leveren het getal van 81840. Dit is nu maar ten opzigt van het kleine Caput Medufæ, alhier door den Autheur befchreeven; deze die ik nagefpeurt heb, is, zoo als zelve verwart lag, omtrent 5 of 6 duim lang, en meen, dat zoo de einden uitgeftrekt lagen, het einde in zyn middellyn niet wel een voet zoude uitmaaken, zoo dat men hier uit befluiten kan wat 'er van een, die de Schryver den tweeden noemt, moet zyn. Ik heb noch een diergelyke gezien, die, naar ik my verbeelde, regt uit lag, wel drie voeten over 't kruis zou geweeft zyn, en echter niet grooter van leeden dan deze voorgaande. Hier uit is te denken, indien de zelve maar 3, of vier leeden langer ware, hoe veel uiteinden, leeden, en wervelbeentjes dat die meerder uitmaaken zoude.*

Ik heb uit den mond van zyn Czaarfche Majefteit van Moscovien, wanneer hy my met zyne tegenwoordigheit vereerde, om myne liefhebbery te zien, verftaan, dat in de Caspifche Zee veele van deze gevonden worden, en dat ook de manier van de zelve te vangen, met die Autheurs befchryving over een quam, namentlyk, dat met een ftok op het dier in 't water fteekende, het alle zyne takken om de zelve flaat, en wel vaft houdende, zoo uit het water getrokken word: en noch naderhant, ten huize zynde van den Heer de Jong, en in gefprek raakende

met

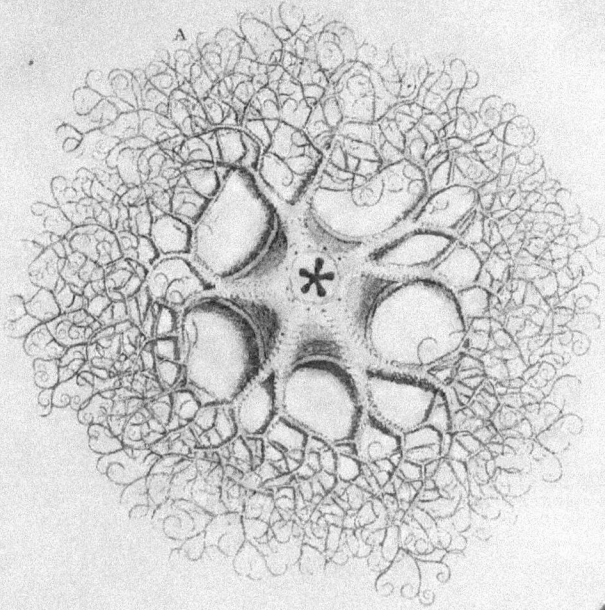

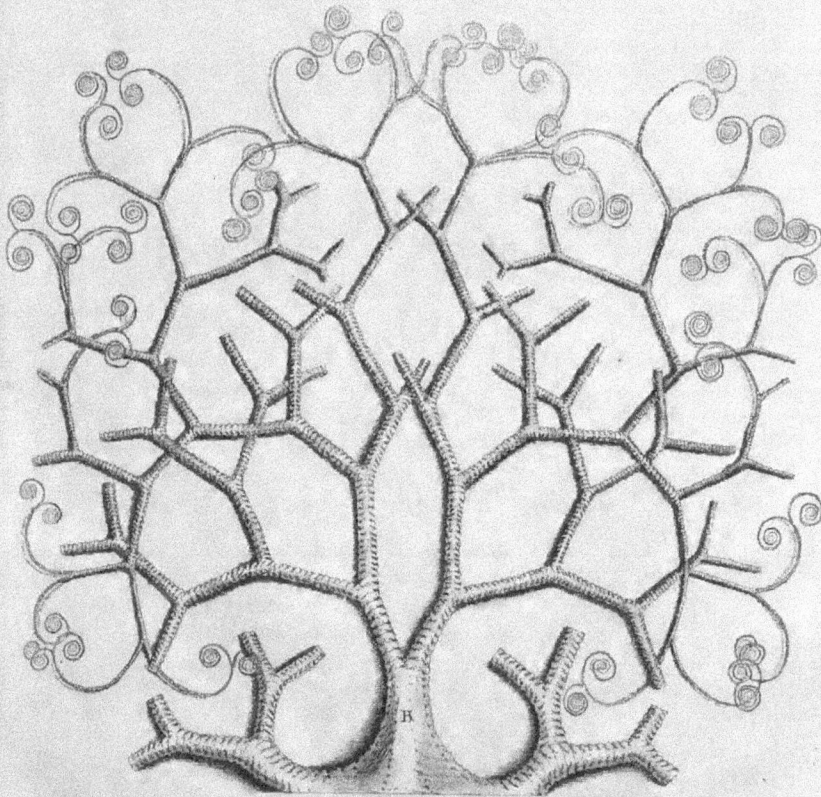

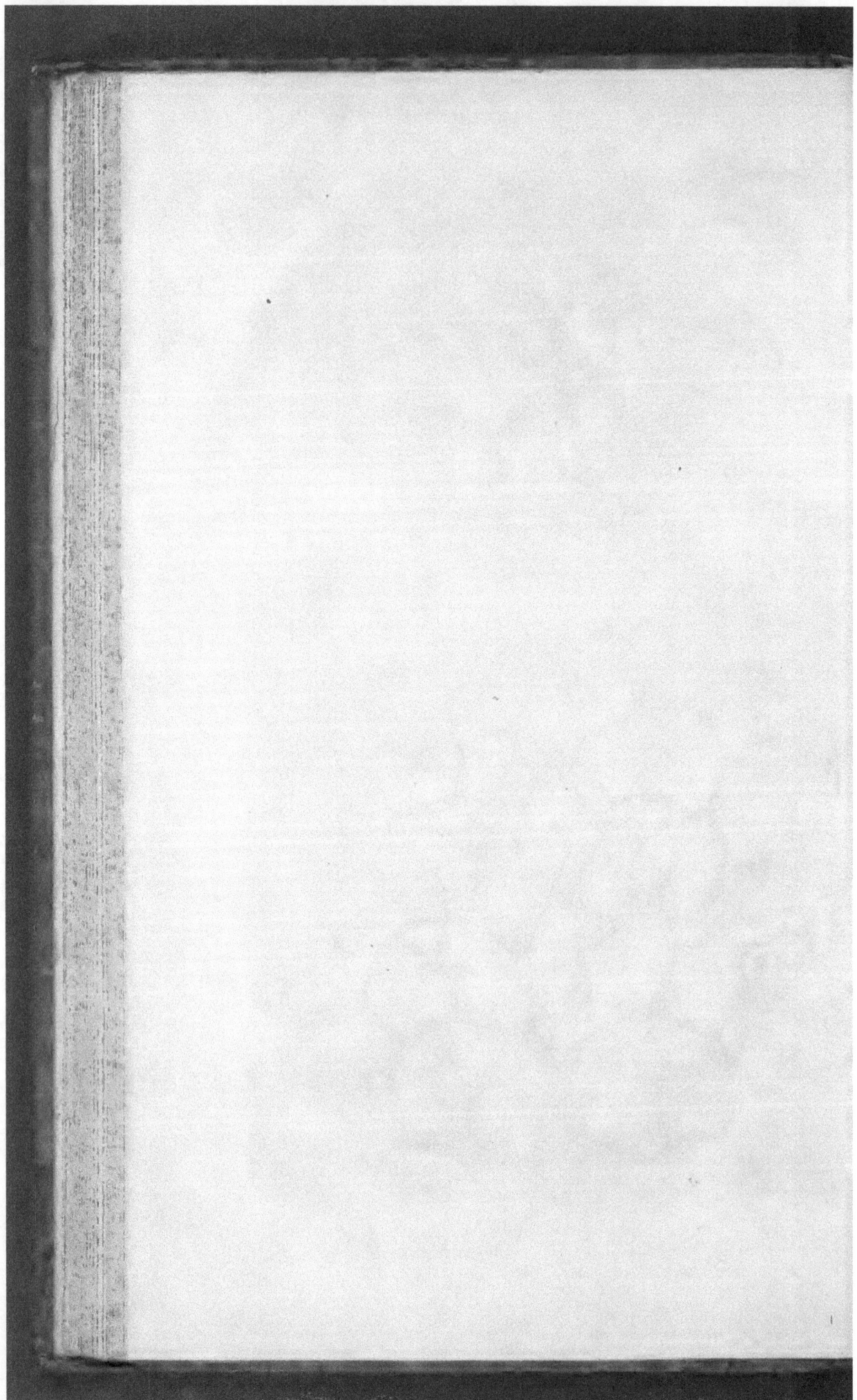

*met den Secretaris van zyn Scaarsche Majesteit, bevestigde die Heer het meede, met byvoeging, dat 'er
veele, en heele groote in de zelve gevonden wierden. De Schryver zegt dat deeze Zeestarren niet wel te bewaaren zyn, doch ik geloof dat de heete Lugt aldaar, hier van de oorzaak is. Die ik ontmoet heb, was
hart, en geheel gaaf, doch het kan wel zyn dat die uit een ander gewest, (daar de Lugt zoo veel beder-
ving niet aanbrengt,) zal gekoomen zyn. Hy was heel wit, en die van den Heere Doktor D'Aquet,
uit den geelen graauw, 't welk my doet gelooven, dat deze twee, ieder van eene byzondere gestalte geweest zyn.*

XXXVI. HOOFTDEEL.

Van de Sagitta Marina: Sasappo Laut.

Zeepylen of Zeespatten zyn dunne stokjes, die men binnen eenen zekeren Worm op zommige zandige stranden vind, verdeelt in twee soorten: witte en zwarte.

I. Witte Zeespatten zyn regte stokken, van een $1\frac{1}{2}$ voet lang, aan het eind qualyk een stroohalm dik, en allengskens toesmallende, tot de synte van een draad. Het dikste van dit stokje staat, tegens de gewoonte van zwaare dingen, boven, en het dunste onder, te weeten, in het lyf van eenen dikken Worm, die beneden daar aan hangt, noch wel een halve voet langer dan de pyl, in de gedaante van een buikworm, (*lumbricus intestinorum,*) naar beneden allengskens dikker, tot de dikte van een pink, en dan schielyk in een stompe spits eindigt. De pyl is doorgaans bekleedt met een week velletje, als met een scheede die aan den worm vast is, en heeft ter wederzyden een doorgaande zoomtje, van rood, geele en witte koleur, als of het franje was, in de gedaante van de lange, smalle Maccassaarsche Standaarden. De Worm is wit of vleeschverwig, zonder kringen, maar plat, en een weinig gestreept, van eene harde zenuwachtige substantie, binnen gevult met een vuil water, met weinig zand gemengt; deze Wormen groeijen op vlakke zandige stranden, en staan de pylen altyd regt over eind, by hoog water meest met de pylen boven den grond, doch met Zeewater be- dekt, en zoo als het water valt, daalen ze mede in 't Land, en blyven niet boven 3 of 4 vingeren boven den grond uitsteeken. Dieshalven, als men ze hebben wil, moet men zulks met hoog water waarneemen, vattende het bovenste van den Worm, daar de pyl uitsteekt, en 't zelve met eenen ruk uittrekkende; want als men daar aan gaat wag- gelen, trekt de worm hoe langer hoe meer naar beneden. Boven water gehaalt zynde, verslenssen straks de franjen, aan de zyde hangende, dat men ze niet meer be- kennen kan; men legt ze eenige dagen in 't versch water, of in den regen, zoo verrot de worm daar af, en men krygt eene witte pyl daar uit, die van een tot $1\frac{1}{2}$ voet, lang zyn, rond en niet geheel glad, en breeken zeer ligt; men zoud ze voor bezem- stokjes aanzien.

II. De tweede soort is 2 en $2\frac{1}{2}$ voeten lang, waar van de kleenste helft, zynde de regte Worm, glad is, en in zand steekt, de rest naar boven toe, is aan de eene zyde bewassen met twee rygen kammetjes, als haanekammen, doch veel dunder, en uitge- breidt door veele fyne straalen, in 't rond staande, als vischooren, ook met subtile pun- ten uitsteekende, digt boven malkander, en overdwars aan den worm, doch zooda- nig, dat men met eenen vinger daar tusschen kan komen. In 't water staan ze mooi uit- gebreidt als een bloeme, en verroeren zich, maar uit het water komende, sluiten ze zich naar boven toe tot over 't hooft heene, daar ze allengskens kleender worden. Als men onvoorzigtig deze stekels aanraakt, zoo gevoelt men eene hitte, en de hand word rood, daar op volgt een moeijelyk jeuken, waar na bobbeltjes opkomen, als of men door Brenneetels geraakt was, wel drie dagen duurende, maar als men ze van onderen opwaarts aanvat, gevoelt men niets dan hitte in de hand, waarom men ze dezer voegen moet aan-

Sagitta Marina. 2 Soorten, witte en zwarte. 1 Soort.

Gedaante en grootte der witte.

Heeft een worm om zig.

Waar groeijen.

Hoe ge- vangen.

En gezui- vert wor- den.

2 Soort.

Haar ge- daante.

Die aan- rakende verwelken zy groote jyn.

vatten;

vatten, de handen met zand eerst ruig maakende. Haare verwe is niet vleefchverwig gelyk de voorige, maar bleek blauw en grauw; by nacht geeven ze eenen vuurigen en groenaehtigen flym van zich; de pyl is aan deze niet wit, gelyk aan de voorige, of *Waar ge-* Hitoeëzen, maar blauwachtig. Zy trekken zich niet verder in 't zand dan tot aan de *vonden* kammen, en ftaan op het ftrand voor het Kafteel Victoria, digt aan den rand van 't *worden.* laagfte water, daar de wal begint af te gaan.

Haar ver- Haar naam in 't Latyn is *Sagitta Marina*, *Belg.* Zeepylen en Zeefpatten, in 't Ma- *fcheide be-* leits *Safappo Laut*, dat is, Zeebezemftokken. Maccaff. *Panadokki.* *naming.*

Zy worden gevonden op zoodanige ftranden, die met het hoogfte water niet boven een *Hoedanig* elle bedekt worden, en waar op met het laagfte noch altyd wat blyft ftaan. De eerfte foort *in 't wa-* vind men op Hitoe, op den ftrand van *Kaytetto*, de binnenkuft van *Hoeamohel* by *Lokki* *ter zyn.* en *Laala*, als mede op *Macaffar*; de tweede foort heb ik nieuwers gezien dan in den Amboinfchen Inham, voor 't Kafteel Victoria. Aan de eerfte of Hitoeëfche foorte, heb ik ook niet ervaaren, dat ze zonderlyken brand of jeukte in de hand verwekken, hoewel ik ze by honderden uitgetrokken hebbe; ook hier niet opgelet, of ze by nacht zoo- danige vuurigen en blauwachtigen flym uitgeeven gelyk de gekneufde Duizendbeenen, al 't welk de Amboinfche doen. Deze laatfte in den regen en de zonne gebleekt, verliezen wel haare blauwigheit, doch worden nooit zoo wit als de Hitoeëfche, waar van mis- fchien de oorzaak is, dat de eene in witter en zuiverder zand groeijen dan de andere. Zy hebben geen gebruik dan dat men de fchoongemaakte pylen tot Rariteiten bewaart, moetende in eenen Bamboes geflooten worden, op dat ze niet breeken. Zeekere *Mac-* *Dienen om* *caffaar* heeft my nochtans voor een groot geheim geleert, dat deze pylen dienen om *vergift uit* het grouwlyke *Maccaffaarfche* gift uit de wonden te trekken, die door haare venynige *de wonden* fpatten gemaakt worden, te weeten, als men een ftukje van deze pylen in de wonden *te trekken.* fteekt, 't welk van zelfs daar in dringt, en het gift uitzuigt, dat men alsdan, met een draadje dat daar aan gebonden is, wederom uittrekt: zoo dat het fchynt als of de- ze Zeepylen van de Natuur geteekent zyn, om dit gift te wederftaan. Want zy gelyken in de dikte en lengte zeer wel naar een *Maccaffaarfche* fpatte, daar het venynig hooftje noch niet aangevoegt is, en de ftukjes trekken in de wonde, naar hunne voorige natuur, toen ze noch in 't zand ftonden en nederwaarts trokken. De brand en de puiften die van de laafte foorte aan de huit opkoomen, als men ze hart handelt, of als ons de fyne fteekeltjes van de kammen in de hand raaken, worden aldus geneezen. Neemt warme affche met zuur Limoenfop gemengt, wryft daar mede de handen een reis of twee, tot dat het mocijelyk jeuken vergaa, maakt daar na een papje van de *Cru-* *fta Cinerea Accarbary Nigri*, op eenen fteen met water gewreven, en fmeert dat op de huid, dit zal den brand en 't fenyn uittrekken.

XXXVII. HOOFTDEEL.

Van de Phallus Marinus: Buto Kling.

Phallus D E volgende dieren noemt men eigentlyk *Zophifta* of *Plantanimalia*, die de *Marinus* gedaante van een Plant of ander leevenloos ding hebben, en nochtans on- *Waar van* der water leeven; en, zoo men 'er naukeurig opletten wilde, zal men hier van *3 foorten.* driederlei flag bevinden, of die in drie trappen konnen verdeelen. Den eerften *Haare hoe-* en opperften trap hebben die geene, die de dieren nader komen, en waar in men eenige lee- *danigheed-* den befcheidentlyk bekennen kan, en waar onder gehooren zommige in de voorgaande Hooft- *den.* deelen befchreven, als van de Zeeappelen en Zeefterren. Den tweeden trap hebben die geene, die van beiden even veel hebben, gelyk de dingen die hier na volgen. In den derden en on- derften

derften trap zyn die geene, die de planten en fteenen nader komen, en nauwlyks iets betoonen dat naar levend gelykt, waar van wy een deel in 't einde van 't 12de Bock van d'Amboinfche kruiden befchreven hebben, doch de Natuur is in 't Element des waters zoo verwart, dat men dingen vind, die men qualyk tot een van deze trappen brengen kan, *En tot welk die behooren* als of 'er overblyfzels van den eerften Chaos in gebleven waren; want hier loopen levende, groeijende en minerale dingen alle onder malkander, maakende planten die leeven, ftarren die groeijen, en dieren die de planten nabootzen.

Onder den tweeden trap van de *Zoophitis* dan, ftellen wy den *Phallum Marinum*, waar van wy twee foorten befchryven zullen. Het eerfte en gemeenfte is de zwarte of *1 Soort.* donkergrauwe, zeer eigentlyk een Mannelyk lidt, of een fchaft van een Kanon ver-*Een Mannelyk lidt gelykende.* beeldende, 6 en 7 vingers lang, ruim een duim dik, rond, aan 't eene of agterfte eind dikker, gelyk de Kartouwen zyn, voorfpits, doch rond toeloopende, alwaar ze een rond hoofdje uit- en intrekken, en daar door een weiachtig water uitfpuiten, over 't lyf kaal, doch in de lengte, en overdwars met eenige adertjes gerimpelt of geftreept. De koleur is aan de meefte donker grauw of zwartachtig, aan andere lyfverwig. Haare fubftantie is hardaehtig of calleus, dan inkrimpende, dan zig uittrekkende, waar door ze haaren gang maaken die langzaam is. Binnen hebben ze niet dan een weiachtig water met wat zand gemengt, en voorts rondom het dikke Calleu-*Haar gevonden worden.* ze vleefch. Men vind ze op vlakke ftranden daar veelderlei foorten van wier, en infzonderheit d'*Acorus Marinus* wafl.

II. *Phallus Marinus Verrucofus*, is grooter dan de voorgaande, 6 en 7 duim *2 Soort.* lang, agter twee duimen dik, uit den ronden, wat plat, op den rug met veele wratten of knobbeltjes bezet, vleefchverwig of roodachtig van koleur, zig uit- en intrekkende, en van binnen geftelt als de voorige. Beide maaken ze haaren gang zonder voeten, met Slangebogten, op den grond, langzaam voortkruipende. Men vind ze ook op vlakke ftranden, die niet te eenemaal droog vallen, al hebben ze geen wier noch fteen. De eerfte vind men veel voor *Hitulamma*. De tweede in den Amboinfchen Inham.

Haar naam in 't Latyn is *Phallus Marinus*, in 't Maleits *Buto Kling. Belg.* Kaffers-*Haar benaming in verfcheide taalen.* kullen, op Hitoe *Suheru*.

Het flegte volkje gebruikt ze tot den koft, te weeten, aan den buik opgefneeden, al het water en zand fterk daar uitgeduuwt, en dan in water gekookt, of op koolen gebraaden, ook wat Limoenfap of *Bocaffam* daar by doende.

XXXVIII. HOOFTDEEL.

Van d'*Anguis Marini*: *Ular Laut.*

Behalven de groote Zeeflangen, die men op veele plaatzen van de Indifche Zee *Anguis Marini. Haar gedaante.* vind, inzonderheit in de groote bogt van *Nova Guinea*, die benoorden het Wezels Eiland ingaat, en het voorfte *Onyn* van *Nova Guinea* of *Onyn Cubicy* fcheid; (by zommige van de onze, die haar in 't jaar 1675. bezogt hebben, Ryklof van Goens Bay genaamt:) zoo hebben wy noch een kleender *Overeenkomende met de blinde Slang.* flag, met de Blindflange Cecilia groote overeenkomft hebbende, omtrent een elle lang, en een vinger dik, zonder kennelyk hooft of ftaert, rond, glad en zwart, met eenen langzaamen gang op de vlakke ftranden voortkruipende. Deze vind men veel in ftille bogten daar d'*Acorus Marinus* wafl, gelyk in den Amboinfchen Inham.

Haar naam in 't Latyn is *Anguis Marinus*, *feve Cecilia Marina*, in 't Maleits *Haar benaming.* *Ular Laut.*

Zy doen geen zonderlyk quaat, zynde de fchrik grooter dan de fchade; als men
op haar trapt, flingeren ze zich om den voet; laat men ze met vreeden, blyven
ze op haare plaats; maar als men ze hard aantaft, byten ze in de handen, dat 'er
het bloed uit komt, doch zonder andere fchade.

XXXIX. HOOFTDEEL.

Van de Tethyis.

DIt zyn vleefchachtige uitwaffingen, die men aan zoodanige klippen vaft
vind, die geftadig met het Zeewater bedekt zyn; incarnaat lyfverwig,
zommige rood van koleur, taai en zenuwachtig van fubftantie, en van verfcheide gedaante; zommige als een ftuk vleefch, met veele kerven en rimpelen; zommige als tepels of vingers, waar van ze in 't Griekfch den naam hebben, van buiten glad en flibberig, en als men ze aantaft, ziet men dat ze zich een
weinig beweegen, maar als men ze te hart aantaft, verwekken ze eenen kleenen
brand of jeukte in de hand. Binnen ziet men niets dan aderachtige pypen, gevult
met water, 't welk men ook uitduuwen kan, als uit tepels; zy hangen vaft aan de
klippen, daar men ze niet dan met gewelt afrukken kan, doch men laat ze meeft met
vreden, dewyl het een ondeugend goed is. Ik heb 'er zommige opgefneeden die van
binnen ligt rood waren als vleefch, en beweegden zich noch eenen tyd lang. In de Zonne gedroogt, krimpen ze zeer t'zaamen, en worden als een hart leer.

Haar naam in 't Latyn is *Tethya*, dat is, Mammetjes. *Eufeb. Nierenb. Hift. Nat.*
Lib. 6. Cap. 19. vocat eas Carunculas molles, en *Glandulas ex Athenæo*.

XL. HOOFTDEEL.

Van den Sanguis Belille : Dara Belilli.

VAn het geflagte *Tethyorum*, fchynt te zyn de plante of dat gewas, waar van
het vermaarde *Dara Belilli* komt. De plant zelfs is my noch onbekent,
dewyl men zegt dat ze nergens elders waft dan in de Zee van *Solor*; en
de omleggende Eilanden; doch zal ik 'er zoo veel van befchryven, als
ik 'er van geloofwaardige Mannen van verftaan hebbe. 't Eerfte berigt is my medegedeelt in 't jaar 1681. door den E. Jacob van Wykerfloot, gewezen Opperhooft
op Timor, en luid aldus: De opregte *Dara Belilli* is geen vifchbloed, maar groeit op
klipachtige gronden, en word omtrent *Larentoeque*, en onder den Berg van *Lamaha-
le*, aan den Weftkant, op vyf en zes vademen water, gevonden; opgeduikt zynde, is
het een flymachtige fpecie, byna als kroos, dat in de flooten legt, maar bruinder en
flymachtiger, zoo dat ze het met meffen onder 't water, van den grond of klippen, af,
en aan kleene ftukjes moeten fnyden. Alsdan word het in Zeewater gekookt, en geftadig gefchuimt, tot dat het zoo dik als bry word, en geen fchuim of vuiligheit meer
uitwerpt; dan doen ze het in gewoone Bamboesjes, die ze in de Zon zoo lang over
eind zetten, tot dat het ftyf begint te worden, en leggen de Bamboesjes dan gemeenlyk in de rook, op dat het niet bederve, of eenige Wormtjes (die het verfch gemaakte zeer onderhavig is) inkomen zoude, want het niet te droog kan gehouden
worden.

Hier

Hier mede komt meest overeen het geene my verhaalt is door *Radja Salomon*; Ko- Een ander verhaal daar van. ning van *Adimantutu*, behalven dat hy zegt, dat het alleen op *Solor* valt, gelyk ook de *Soloreezen* zelfs bekennen, dat 'er maar eenige geslagten onder hen lieden zyn, die het weeten te bereiden. Het zyn lappen als vleesch, aan de klippen waffende, on- der rondachtig, boven met lange tepels of vingers, rood van koleur, gelyk de voor- schreve gemeene, in Amboina waffende, wit of lyfverwig zyn. Men heeft 'er twee foor- Met het voorgaande meest gelyk. ten van. De eerfte en befte is als men de geheele lappen afrukt, daar zomtyds de klippige wortel noch aanhangt, opkookt, in lange ftukken of riemen fnyd, een duim breed als teenen van lym : van buiten zwart, van binnen uit den Zeegroenen, en zwarten gemengt als donkere lym, taai, zeer bitter en brak van fmaak. De andere foort is in Bamboezen als klonteren van droog bloed, ziltiger dan het voorgaande, min bitter en flegter. Dit word gemaakt als ze het kleen en groot door malkander ftam- pen of kooken, en in Bamboezen gieten als boven.

Uit het bovenftaande verhaal befluit ik dat deze *Soloreeze* vleefchlappen, anders niet zyn dan een foort van de hier vooren befchreeven *Tethyis* van de Amboinfche meeft daar in verfchillende, dat ze rood zyn, van binnen bloedig en bitter van fmaak.

De bitterheit trekt zoo klaar naar Slangenhout, dat men zeggeu zoude eenig fchrap- zel of fap van Slangenhout onder dit bloed gemengt te zyn, doch ooggetuigen hebben my verzeekert, dat de bitterheit aan dit vleefch natuurlyk is.

Haar naam in 't Latyn is *Sanguis Belille*, in 't Maleits *Dara Belilli*, te weeten, het Haar benaming en waarom. opgekookte bloed 't welk men in Bamboesjes verkoopt, omtrent een hand lang en een duim dik, maar het gedroogde vleefch hiet *Dagin Belilli*, 't welk men verkoopt in korte riemtjes gefneeden, een vinger lang en dik.

Men vind het nieuwers dan op de voorfchreve plaatzen, en word meeft door de *Por-* Waar 't gevonden, *tugeezen* op *Liffau* en *Larentoeque* woonende, aan andere Nation verkogt. De *Solo-* *reezen* worden ook befchuldigt, dat ze het *Dara Belille* zeer vervalfchen, 't welk ech- En hoe 't bereid word. ter meeft daar in beftaat, dat ze het in 't kooken niet genoegzaam fchuimen, met vuilig- heit en al in de Bamboezen gieten, wanneer het noch niet dik genoeg gekookt is, waar door het komt dat de Bamboesjes dikwils half leeg zyn, het bloed in 't knauwen zan- dig, zeer brak, met weinig bitterheit. Dit Medicament is door de Portugeezen in Is een Geneesmiddel. groote achting gebragt, en het opregte word redelyk dier verkogt, van 't drooge bloed, 't welk in de Bamboesjes fteekt, fnyd men een fchyfje af de dikte van een mes, en Voor koortzen. de grootte van een dubbeltje tot eene dofis. Dit wryft men in flappen Aracq, of by koortzen in flegt water, en drinkt het aldus in. In 't eerft fmaakt het zeer ziltig, doch niet onaangenaam, fchier als het Sineefche *Bolatsjang*, waar uit men doopen maakt, daar na word men een klaare bitterheit gewaar, die naar 't Slangenhout trekt. Zyne voornaamfte kragten zyn in heete koortzen, die het door een geweldig zweeten ver- dryft, maar men moet zig 3 of 4 uuren naar 't inneemen voor drinken wagten, want daar door word het zweeten belet, al zoude men grooten dorft lyden, die ook gemeen- Is goet voor de pleuris. lyk volgt op 't inneemen van dit Medicament. Voorts word het gepreezen tegens pleu- ris, of fteeken in de zyde, krimping des buiks, Boord en Mordexi, die van overloo- pende galle haaren oorfprong hebben : als ook tegens ingenomen venyn, komende zyn reuk en fmaak niet qualyk met *Theriae* overeen. Men roemt het ook tegens perf- fing, doch daar heb ik geen ondervinding van, gelyk wel van de voorgaande; ftaat ook noch te letten, dat men na 't inneemen in 't naafte eetmaal geen Limoenen of eenige zuurte nuttigen mag, want dit zoude doodelyk zyn. Als het de Portugeezen tegens venyn gebruiken, zoo doen ze de Wortel *Luffa Radja* daar by: doe het de eerftemaal Een Katje voor 125 Ryksdaalders verkogt. in Jappan gebragt wierd, was het in zulken aanzien, dat men voor een katti, of 1 en 1 quart pond van dit bloed, 100 Tail Silvers, of 125 Ryksdaalders kreeg, maar daar na als de gierigheit te veel inbrak, wierd de markt bedorven, en het Medicament veracht.

XLI HOOFT.

XLI. HOOFTDEEL.

Van de Pulmo Marinus : Papeda Laut.

*Pulmo
Marinus.*

*Zyn Zee-
quallen.*

*Haar ge-
daante.*

*Zyn door-
schynend.*

*Werd door
de Zon
verteert.*

*Haar ver-
scheide be-
naming.*

*Worden ge-
bruikt
onder 't
maaken
van den
Arak.*

Dit *Zoophitum* gehoort onder die geene, die men in 't Latyn *Holothuria* noemt; in 't Neêrduits Quallen. Het is schier van de zelve gedaante, gelyk ik ze in Europa op Portugaals stranden gezien hebbe, behalven dat de Portugee-zen grooter zyn, en van binnen fraaijer krullen hebben. De Amboneesche Pulmo is in de grootte van een Tafelbord, aan de bovenzyde bultig of rond, gelyk een longe, aan de onderste of binnenzyde gelykt het een schotel, daar men in een vyf-hoek fraaije takken of krullen ziet, eenigzins een bloeme verbeeldende. Het lyf van de schotel is half doorschynend, vleeschverwig, de Gelatinen gelyk, die men van ge-kookte kalfsvoeten maakt, zeer teer en bevende. De takken of roos is regt yser-wig, te weeten, doorschynend en blauwachtig; in Zee dryvende vertoont een weinig leven, want het beweegt zig, trekt zig t'zaamen, en opent zig weêr. Als men 't hard aanvat, zoo brand het een weinig in de hand; zoodra men het uit 't water neemt, of dat het op den strand gedreeven word, kan men geen leven meer daar in mer-ken, en het kan geen halven dag in de Zon leggen, of het smelt schier geheel weg, nalaatende eenige dunne vliesjes, zoo dat het jammer is dat zulk een schoon Schep-zel niet langduurig is, noch bewaart kan worden. Men vind ze veel by klaare nach-ten, als den Hemel vol Sterren is, en de Wind wat waait, wanneer men ze s' mor-gens op den strand ziet uitgeworpen. Ik heb de kleene Schepzeltjes van de Zeelonge gevonden op de grootte van een dubbeltje, klaar, doorschynend als ys, in de midden met een rood plekje, 't welk zig in 5 straalen verdeelt, die zig t' zaamen trokken en uitrekten als of het slagaderen waren, die uit het hart haaren oorsprong neemen, en in de hand gantsch niet branden.

Haar naam in 't Latyn is *Pulmo Marinus*; en qualyk *Patella Marina*, welken naam eigentlyk toekomt, een zeekere Schulp, in 't volgende Boek *Lopas* genaamt, *Belg.* Quallen en Zeelongen, in 't Maleits *Papeda Laut*, naar de gelykenisse van den bry *Papeda* genaamt: in 't Amboins op Hitoe, *Methuæ* en *Methuay*; by andere *Mothe* en *Lappia Mutin*, dat is, Koude Papeda.

Veele meenen, dat deze Zeelongen haaren oorsprong hebben uit het snuiten of slaken der Schietsterren, dewyl men de Zeelongen meest vind als 'er eenige klaare nachten voorgegaan zyn, daar in men veele Schietsterren gezien heeft. Zeker het snuitzel van dit *Meteorum* op de aarde vallende, is een uitgebrande, teere, en ligte substantie, de Zeelongen wat gelykende, maar als men het aanraakt, vervalt het tot assche; dit dan op de Zee geschooten wordende, zoude in zoodanige Quallen veran-deren. Doch hier tegens schynt te stryden, dat men, als gezegt is, zoo kleene Schep-zelen daar van vind, waar uit men zoude besluiten dat ze van een kleen beginsel groot worden; doch men kan hier op zeggen, dat het voornoemde *Excrementum* van Schiet-sterren, op Zee vallende, in veele kleene deeltjes van malkander gaat, en dan een ie-der deeltje zulk een Schepzel formeert. De Inlanders weeten het niet te gebruiken, maar de Sineezen weeten het tot eenige kost te bereiden, en zoo ze zeggen ook eenig Medicament daar van te maaken. Doch onze Natie is van dit gevoelen, dat de Si-neezen een bedriegelyk en gewinzugtig Volk zynde, deze Quallen tot niet anders ge-bruiken, dan onder dat mengelmoes te doen, waar uit zy haaren *Arak* branden, om den zelven quantswys sterk en brandig te maaken, die in der daad zoodanig daar van word, maar daar by ook ongezond voor 't hooft, en *Zenuwen* schadelyk, daar om ze dit bedrog heimelyk doen, en zoo het voor den dag komt, worden ze daar over gestraft.

XLII. HOOFT-

XLII. HOOFTDEEL.

Holothuria. Besaantjes.

Dit vreemd slag van *Holothurijs* kan men onder de *Urticas Marinas* reekenen; ik heb het echter in 't byzonder willen beschryven. Men kan het geen eigentlyke gedaante geeven, noch van een dier, noch van eene plante. Het lyf is een langwerpige blaas, omtrent een vinger lang en een duim dik, gelykende het geheele lyf een opgevulde blaaze, en op den rug staan overdwars veele velletjes onder breed, en aan de rug vast, boven spits toeloopende, gelyk een half-zeil, 't welk men een besaan noemt. By de spits zyn alle deze zeiltjes aan malkander vast met een zoom die daar over loopt, en waar mede hy alle de zeiltjes kan nederlaaten en opregten, als hy Wind voeld en zeilen wil. Het lyf is van koleur doorschynend, als of 'er een krystallyne vlesch met dat groen blauwe *Aqua Fort*, 't welk men *Aqua Regis* noemt, gevuld was. De zeiltjes zyn wit als krystal en het bovenste zoomtje heeft wat purpur of violet, schoon om aan te zien, als of het geheele Dier een kostelyk juweel was. Wanneer de zeiltjes gespannen zyn, is het lyf schier driekantig, waar van hy het hoofd opwaarts kromt, en het achterste strekt hy uit den buik, die blauwer is dan het boven-lyf, als of het *Aqua Fortis* aldaar lag, en het boven-lyf van krystal was. Dit zeegedierte heeft geen kennelyke mond en als het zyn zeiltjes neêrlaat, gaat het niet te min in 't water voort door de beweeging van zyn lyf, en de aanhangende baarden. Aan de eene, naar myn onthoud de regter zyde, en achter rondom hangt een meenigte van dunne lange baarden, waar van de twee grootste wel twee ellen lang zyn en achter uitdryven; de andere zyn kleen en groot door malkander, veele ook afgebroken en weeder op nieuw uitwassende. De groote baarden hangen met een smal halsken aan het lyf, daarop volgt een langwerpig blaasje en de rest van den baard een schaft of stroohalm dik, allenxkens dunner wordende; de andere baarden zyn in de dikte van een zeilgaren en dunner, alle met veele knopjes bezet, als of ze in zoo veele leeden verdeeld waaren. Haare koleur is schoon blauw, doch zoo dat 't altyd wat groens onder speelt. Zy zyn zoo teêr, dat ze licht afbrecken en blyven hangen aan 't geene waar meede men ze aanraakt, en verwekken ze een snoode brand en pyn, daar ze aanraaken, dat de huid daar van rood word en met bleinen oploopt, jaa de geheele zyde des lichaams word met pyn vervult, daar men ze aanraakt. Deze schadelykheit schuild meest in de baarden, want het lyf van de quallen heb ik zonder letzel aangeraakt. De Visschers zyn dikwils in de klem met dit ongedierte, wanneer het aan de netten of aan de angel-roeden of visch-lynen blyft hangen, waar aan zy hun dan dapper bezeeren, doch 't beste hier van is, dat men 't niet het geheele Jaar door vind, maar meest in 't uitgaan van de Oostmorissen, of in de maand Augustus, of naa 't eindigen van 't witte water, wanneer het zelve om de West verspreid word. Het heugt my, dat ik, Anno 1662. met een Chaloep van *Poelo Ay* in *Banda* naar *Amboina* vaarende wel een heelen dag zeilde door een zee, dewelke met deze Besaantjes schier bedekt was, met groote schollen of troepen uit het Oosten aankomende. Zeeker Heer, toen ter tyd onzen Gouverneur, dit ziende, zeide: daar ziet gy, wat venynigheit in den grond van de Bandasche Zee of in haar wit water verborgen legt, waar uit zulk een meenigte van zoo venynige quallen voortkomt.

G   Hunne

Marginalia:

Holothuria. Behoort onder de Urtica Marina. Zyn gedaante.

Regt een Zeil op.

Daar hy mei zeilt.

Is doorschynend van koleur.

Zyn Zeiltjes needer laatende. Roeit hy echter voort. Met zyne baarden die achter uit hangen.

Zyn pynelyk als men ze aanraakt.

Voorval van den Schryver. Vind de heele zee vol van deeze Besaantjes.

Hunne be-
naming in
verscheide
taalen.

Hunne naam is *Holuthuria Urticæ specie & Epidromides Marinæ*. *Belg.* Besaantjes. *Amboins* Hurun ; *Si Ambonitæ Latinam callerent linguam , crederem ab urendi facultate, eis nomen dediffe.*

Is Schaade-
lyk in zee.

Dit ongedierte moet men doorgaans schuuwen om aan te raaken , die zyn handen niet wil verbrand hebben , zoo dat ik niets schadelyker in de Zee weet , het welk zulk een fellen brand veroorzaakt ; Evenwel , dat te verwonderen is , zyn zommige Inlanders zoo stout , dat ze deze snoode quallen in de kost dur-

En werd
echter tot
spyze be-
reid.

ven gebruiken , jaa maaken daar een Lekkerny van , dezelve slechts in zout water opkookende in een Bamboesje met *Sajor Songa* , Ritzjes en Lemoen-zap daar by doende ; want zy zeggen , dat door 't kooken het alle schadelykheit benomen word , daar ze nochtans de voorgaande Zeelongen niet durven nuttigen , maar laaten die aan de Chineesen. De uitgeworpene op den strand branden zoo zeer niet.

XLIII. HOOFTDEEL.

Urtica Marina : Culat Laut.

Urtica
Marina.
Vergele-
ken by de
Potta Ma-
rina.
Haar ge-
stalte.

Urtica Marina heeft meest dezelfde gedaante gelyk in de Middellandsche zee de *Potta Marina*, aldus by de Italianen genaamt. Zy gelykt een uitgebreide Bloem omtrent een voet wyd , met gekerfde en gerimpelde bladeren op de grond uitgebreid , groenachtig van koleur , met wat rood en wit gemengt , vleeschachtig van Substantie , daar binnen staan noch andere kleendre bladeren , in malkander gekrult als of ze een kop wilden maaken , van onderen heeft ze een breed stuk vleesch , roodachtig , 't welk haar wortel is , waar meede ze in 't zand vast hangt , of aan de steenen , die onder in 't zand leggen , als men den middelsten kop aanvat , of dien aanraakt , sluit ze zich t'saamen ; zy brand meede een weinig in de hand , doch

Hoe ge-
plukt en
waar ge-
vangen
word.

heeft niet te beduiden , en gaat lichtelyk weer over , want men moet ze by dezen kop vatten als men ze uittrekken wil , zy vallen op zoodanige stranden daar het laagste water noch 4 a 5 voeten diep is ; den hollen kop houd men voor haar Maag , want kleene vischjes daar in komende , besluit ze dezelve en verteerd ze.

Haar be-
naming in
verscheide
taalen.

Haar naam in 't Latyn is *Urtica Marina.* Mal. *Culat Laut* Amb. *Ulat* , een gemeene naam met alle Kampernoelien , voor wiens soorte zy dit *Zoophitum* houden.

Zyn goed
tot spyze
en hoe be-
reid word.

Zy mogen zoo afzienlyk zyn als zy willen , echter geeven ze een goed moes , 't welk ook lekkere monden wel aanstaan soude. Men rukt ze uit met wortel en al , kookt ze op in zout water , giet het zelve weeh en wringt ze wat uit , znyd ze dan in stukken en stooft ze nochmaals met een gekruide saufse. De Amboineesen , naar hunne manier , kooken ze in groene Bamboesen met *Sajor Songa* , laag op laag leggende.

Meer soorten en breeder beschryving zie by *Jonston* van de Bloedelooze waterdieren *Lib. 4. Cap.* 1.

XLIV. HOOFTDEEL.

Vermiculi Marini. Wawo.

Dit zyn kleene Wormtjes of veel meer Schepzels van Wormtjes, schaars een *Vermiculi* voet lang, in de dikte, zommige als zeilgaarn, doch de meeste als ge- *Zyn war-* tweernde zyde, in klompjes door malkander vermengt, daar in men altyd *men door* d' eene grooter, dikker en langer ziet dan de andere, 't welk men voor de *eengestren-* Moeder houd. De Coleur is veelderlei. De meeste zyn donker groen, doch daar on- *En daar-* der speelt vuilwit of geel, rood, bruyn en een weinig blauw. Haare regte gedaante *am haare* kan men qualyk bekennen, om datze als een verwarde streng gaarn door malkander *gedaante* hangen, en straks in stukken breeken, als men dezelve aanraakt; daarom men ze flux *niet ken-* by de keerfze beschouwen moet als zy uit het water komen; maar als men ze in zout *baar.* water laat staan tot 's anderen daags, en een vergrootglas gebruikt, zoo kan men de *Dit door* volgende gedaante daar aan bemerken, in ieder klomp, als gezegt, is d' een wat groo- *'t vergroot* ter dan d' andere, 't welk men de Moeder noemt, heeft de dikte van het grofste zeil- *glas.* garen, en zomtyds als een dunne schacht, bleekgeel of witagtig, het hooftje even bui- ten 't water steekende, daaraan men niets dan twee hoorentjes bekennen kan, gelyk de Slekken hebben, en aan ieder zyde vier duidelyke voerjes, gelyk rupzen. De andere zyn zeer fyn als haairtjes, en ontelbaar, die zy uit-en intrekken. De kinderen hangen rondom *Haar* deze Moeder, in de dikte van fyn zeilgaren of getweernde zyde, en groenagtig, zom- *grootte.* mige een hand, zommige ander halve voeten lang; zy zyn dwers over 't Lyf geribt, als of ze uit veele leden bestonden, doch zyn zoo teér, dat ze straks in stukken *Zy leeven* breeken, als men ze handelt of opligt, en in de gekookten kan men de leden beter be- *doch niet* kennen. Als men ze 's avonts versch uit het water gehaalt beschouwt, kan men klaar- *lang.* lyk tekenen van leven daar aan bespeuren, doch men kan ze niet tot den dag toe levendig behouden, al laat men ze ongemoeit in 't zout water staan; tekenen van 't gezigt, gehoor, en reuk, kan men ook daar aan bemerken, want het schynt door 't gezigt te geschieden, om dat ze naar eene brandende toortze of licht toeschieten, en als de Maan opkomt, zoo verbergen ze zig wederom. Het gehoor moet men haar toeschryven, om dat ze verjaagt worden als men een groot geraas maakt, en van den reuk moet het komen, dat ze zoo greetig naar de bevrugte Vrouwen, en Beenen daar *In welker* aan Ulceratien zyn, toe zwemmen. Dit gewormte ziet men 't geheele Jaar door niet, *tyt men* maar alleenlyk den 2, 3 en 4^{den} avond na de volle Maan, dewelke voorvalt als de Zon *haar vind.* in de Visschen is, in Februarius, en Maart, als dan moet men ze straks na Zonnen onder- gang zoeken met aangestookene Toortzen, op zoodanige stranden, daar groote klip- *En waar* pen in zee staan, die vol scheuren zyn, en egter niet scherp of steekelig, maar glad, *zy zich* want omtrent deze klippen ziet men zulke wormtjes krielen, op 't water dryven, *onthouden.* en naar hen toe komende, die eene brandende toortze in de prauw hebben, daar men ze dan met uitgespanne doeken of fyne zeeven onderschept, en uit het water neemt. De eerste twee nagten vind men ze omtrent de klippen, maar daar na wat verder daar af in Zee dryven. De Inlanders willen hebben dat men by deze vangst stil *Hoe ge-* moet zyn, geen geraas, nog met scheppen nog met praaten, maaken, maar laaten *vangen* de prauw zoetjes voortdryven. In de volgende volle Maan zyn deze wormtjes al groo- *worden.* ter geworden, omtrent een stroohalm dik, gansch gelyk jonge Duizendbeenen, van groen, bruin en wit gemengt, en derhalven wat afzienlyk, 't welk ook een byzon- dere Naam heeft, en voor het regte *Wawo* niet gehouden word. Na den vyfden avond, op de voornoemde volle Maan volgende, verliezen ze zig, en men kan ze het geheele Jaar door niet meer zien, behalven, als gezegt is, in de volgende volle Maan, wan- *Verande-* neer ze een andere gedaante en naam hebben. De voornoemde volle Maan dan, staan- *ren van ge-* *daante en* de *naam.*

G 2

de de Maan in de Maagd en de Zon in de Viſſchen, is de gewoone tyd van het *Wawo*, doch het gebeurt zomtyds, dat men ze ook wat vroeger vind, te weeten by de volle Maan, wanneer de Zon nog niet in de Viſſchen getreeden is. Zoo

En worden Wawo geheeten. komt ook niet jaarlyks in gelyke hoeveelheit het *Wawo* voor den dag: Want wanneer 'er veele warme regens voorgaan, komt het overvloedig, en men kan 't drie avonden na malkander ſcheppen; maar wanneer 'er veele drooge en heete dagen voorgaan, komt het weinig en maar eenen avond. Over dag kan men bekennen, of het den' zelven avond zal opkomen, want men ziet alsdan by dag zwarte plekken in 't Zeewater: Ook heeft men ervaaren, dat het jaarlyks zeer hoog water maakt, of immers hooger dan de dagelykſche vloed is, wanneer het *Wawo* voortkomt.

Gevoelen van waar dezelve koomen. Het gemeen gevoelen is, dat dit gewormte een uitwerpzel is van de voornoemde klippen, zoo wel die bloot ſtaan, als die onder 't zand verborgen leggen. Immers daar zoodanige klippen niet zyn, vind men dit *Wawo* ook niet: Het meeſte word gevangen in den Amboinſchen Inham, omtrent den rooden Berg, in de 3 *Liaſſerſche* Eylanden, op *Latuhaloij* en in *Banda*, als mede in de *Molukkos*.

Haar Naam. By proviſie mag het in 't Latyn heeten *Vermiculi Marini*; de Maleytſche naam is onbekent, dewyl het miſſchien in die Landen niet valt: In 't gemeen Amboinſch *Wawo*

Verſcheide benaminingen daar van. en *Wau*, 't welk men ook voor Ternataans houd. Op Hitoe, *Melatten*, op Leijtimor, *Laur*, in de Uliazzers, *Melattonno*, in Banda, *Oele*: Dewyl het nu tweederlei is, naar de twee volle Maanen, zoo word het eerſte en eigentlyke genoemt *Wawo Kitſjil*: het andere of groote in de volgende volle Maan *Wawo Bezaar*. De Hitoeëſen onderſcheiden het wat ſtipter, en maaken 'er drie ſoorten van. Het eerſte genaamt *Ma-*

Geſchikt naar haar verandering. *latten Salanay*, dit zyn kleene wormtjes als een hoopen draaden aan malkander hangende, voortkomende by een volle Maan in Januarius, wanneer de Zon in den Waterman gaat, dog dewyl dit niet alle Jaaren voor den dag komt, dat het ook weinig en kleen is, zoo word het niet vergadert, maar tot ſpys voor de viſſchen gelaaten. De tweede en eigentlyke ſoorte heet *Melatten Tan*, dat is Viſch-Melatten, als of het nu al tot levende viſchjes of kennelyke ſchepzels was geworden. De derde heet *Melatten Lalian*, dat is, Duizendbeens *Wawo*, dewyl het alsdan de gedaante van Duizendbeen bekomen heeft; dit komt uit in de volgende volle Maan van April, en word gehouden voor onbequaam om te eeten.

Dienen tot ſpyze. Men maakt groot werk in Amboina en Banda van dit *Wawo*, en die daar aan gewent zyn, maaken 'er eene groote lekkerny van, hoe wel het in 't aanſchouwen lelyk ſchynt, het word op driederlei manier toebereidt: De eerſte en ſmaakelykſte manier is, als men het verſch kookt in groene Bamboezen, waar toe men neemt het verſche *Wawo* van de eerſte ſoorte, laat het zelve in zout water dryven, en zuivert met eenige

Hoe bereidt word de. ſtokjes alle vuiligheit daar af, die in 't vangen of ſcheppen daar onder blyven; ſpoelt het dan met verſch water ter degen af, neemt vervolgens groene bladeren van *Sajor Songa*, ſnyd ze kleen als gekurven Tabacq, doed daar by geraſpte *Calappus* pit, Zout, Peper, en, zoo gy wilt, Ajuin en Look, mengt alles t'zaamen met de *Wawo*, en doet het in de Bamboezen, zet die by 't vuur en laat ze kooken. Men eet het niet alleen, maar tot Viſch en andere koſt, en dan moet men 't nog eerſt doopen in *Bocaſſan* of andere ſauſſe, dan geeft het eenen lekkeren geilen ſmaak, als het te vooren maar ter dege gezuivert is, van houtjes, kraalſteentjes en ſtukken van ſchulpjes, die onder 't *Wa-*

En waar toe meer. *wo* dryven. By het voornoemde *Sajor Songa* mag men mengen, of op dezelve manier alleen gebruiken, het *Sajor Pacu* of *Filix Eſculenta*; ook de bladeren van 't Boomtje *Lignum Aquoſum*, in 't Amboins *Aijwaijl*, en wegens dit gebruik, het *Daun Laur* genaamt. De tweede manier is om in te peekelen, en dit geſchied, als men het ſchoon gemaakte *Wawo*, waar van men al 't water moet laten afloopen dat het ſchier droog word, in peekel doet, met het ſap van Limoen *Papeda*, en zoo wel toegeſtopt bewaart, dus

kan

kan men 't ruim een Maand goed houden, saus daar van maakende, daar in men de kost doopt om den Eetlust te verwekken, gelyk men anders met de *Bocassan* doed; in deze peekel kan men geen gedaante van Wormtjes meer bekennen, want het schier 't eene maal tot stym wegsmelt, inzonderheit wanneer men het water niet ter dege laat afloopen. Een ander manier om *Bocassan* te maaken, is dat men 't versch gevangene *Wawo* niet veel handele zoo lang het noch leeft, maar zoetjes in de korven giet, en zonder 't veel te schudden, aan land brengt; men kookt eerst een sop van half water en half van 't voorschreeven Limoen-zap of Azyn met Gember, *Lanquas*, Ritsjes, en, dien het lust, ook met Look, en giet het alsdan daar over; daar na neemt Amboins zout, rookt het over 't vuur gansch droog, wryft het kleen en strooit het daar over, bewaart het in digte potjes dat geen lucht daar by komt, zoo hebt gy een goede *Bocassan* ter indoopinge dienstig, dewelke men wel een Jaar goed kan houden, hoewel de wormen gansch weg smelten. De derde manier van 't toebereiden geschied in den rook, wanneer men de schoon gemaakte, en met de boven staande gesneedene kruiden gemengde *Wawo*, op een *Pissang*-blad, dunnetjes uitbreidt, met een ander *Pissang*-blad bedekt, en dan tusschen dun gespleete Bamboezen, of *Gabba Gabben* bindt, over 't vuur roost, en daar na in den rook hangt; wanneer men 't eeten wil, neemt men het tusschen de bladeren uit, dat dan zoo dun is als Pannekoeken, breekt het in stukken en doopt het in eenige saus. Al het *Wawo*, inzonderheit het ingepeekelde, behoud zynen klipagtigen reuk en smaak, daar zig de Liefhebbers niet aan stooren, dog word die ook meest benomen door de voornoemde Speceryen. Men bevind ook dat het 't water afdryft, doch het word hen verbooden, die eenige zeerigheit aan 't lyf hebben; en wiens Beenen vol zweeren zyn moeten in zee het *Wawo* daar aan niet laaten komen, dewyl het meer verrotting veroorzaakt en de geneezing belet.

Een andere manier om het te bereiden.

Derde wyse om het te bereiden.

De tweede soorte die in de volgende volle Maan opkomt, en alreeds de gedaante van Duizendbeenen heeft, word wegens haar afzienlykheit niet of zelden gegeeten, want men daar van wel geen zonderling letzel bevind, doch by veele eene groote duizeling en benauwtheit verwekt, daarom het beter is dat men 't geheel en al myd. De laatste soort vuurd by nagt in zee, gevende een helder ligt van zig, waarom ze te meer geschuwt word, dewyl ze deze eigenschap met de Duizendbeenen gemeen heeft. Tot naarder kennisse van dit Schepzel, zal ik hier by de aanteikeningen van zommige Jaaren zetten, wanneer het regte *Wawo* gevangen is.

Welke niet eetbaar zyn.

Anno 1684 heeft men 't gehad den 3, 4, 5^den^ Maart, zynde de volle Maan op den eersten Maart geweest, het quam toenmaals in redelyke menigte voort, onder de klippen, van den rooden Berg tot *Hative Kitsjil* toe, men schept het zoo wel in de prauw zittende, als tot de midden toe in 't Water gaande, wanneer iemant van allen eene brandende Toortze in de hand houd, waar toe de Inlanders eene bevruchte Vrouw verkiezen, al zoude zy met de Toortze in de Prauw blyven zitten.

Eerste opmerking van den Schryver, wanneer 't zelve gevangen is in 't jaar 1684.

Anno 1685 was de volle Maan op den 20 Maart, wanneer de Zon in den Ram intrad, voor en na de volle Maan was het zeer heet en stil weêr, waarom men dit Jaar weinig *Wawo* gezien heeft, want op den 22 Maart s' avonds, vertoonde zig dat kleene goedje *Wawo Ican* genaamt, dewyl men 't zelve voor de Visschen laat. Den volgenden 23sten wierd het regte gevangen, dog in kleen getal.

2 Ondervinding 1685.

Anno 1686 was het volle Maan op den 8 Maart, het *Wawo* wierd den 11 van die Maand gevangen, doch mede weinig wegens de voorgaande droogte, hoewel op deze twee avonden een sterken regen voorviel.

3 Ondervinding 1686.

Anno 1687 den 27 February was het volle Maan, en den volgenden eersten Maart had het behooren de tyd van 't *Wawo* te zyn, doch is niets gezien, behalven eenige slymerige roode draaden, dewelke geen gedaante hadden, zynde al wederom de voorgaande droogte en stilte daar van d' oorzaak.

4 Ondervinding 1687.

5 Onder-
vinding
1688.

Anno 1688 was het volle Maan op den 17 Maart, al wederom by heet en droog weêr, waarom den 19 en 20 weinig *Wawo* gevangen wierd, zynde meest verwekt door regen, dewelke twee avonden van te vooren voorviel.

6 Onder-
vinding
1690.

. Anno 1690 den 27 Maart by de volle Maan in den Ram; wanneer het stil weêr met weinig regen was, heeft men den zelven avond en de twee volgende, het *Wawo* in redelyke menigte bekomen.

7 Onder-
vinding
1693.

Anno 1693 den 24 Maart, zynde den derden avond na de volle Maan, heeft men het *Wawo* beginnen te vangen 4 avonden na malkander, in redelyke groote menigte, want omtrent dezen tyd was het een stil weêr, wanneer het voornoemde gewormte meest voor den dag komt.

8 Onder-
vinding
1694.

Anno 1694 den 11 Maart, zynde twee dagen na de volle Maan in de Visschen, is het *Wawo* gevangen, het was mooi en stil weêr, doch is niet veel voortgekomen.

Van de voorgaande Hoofdstukken, namentlyk van 36 tot hier toe, heeft ons de Schryver geene afbeeldingen gegeven, en, naar ik geloof is zulkt nagelaaten, om dat het zaaken zyn, die de verderving te veel onderworpen zyn, en niet konnen bewaart worden, gelyk als de Pulma Marinus, of Zeequallen, d' Anguis Marinus, de Sanguis Belilla, en anderen, die enkel uit lit en vleesch gelykende dingen bestaan, waarom men zig vergenoegen moet met de beschryving. Doch de begeerigen konnen Jonston nazien, of wel noch beter Gesnerus, uit waen Jonston het toch getrokken heeft, die verscheide van de voorgenoemde vertoont; hoewel ik niet weet of die overeen koomen met deze, die de Heer Rumphius heeft beschreeven; want ik al veeltyts zie, dat de gedaante en benaming van dezelven by de Schryvers verschillig zyn en niet overeen koomen.

EINDE VAN 'T EERSTE DEEL.

D' AM-

D' AMBOINSCHE
RARITEITKAMER
HET TWEEDE BOEK;

Handelende van de Harde

SCHAALVISSCHEN

DOOR

GEORG. EVERHARD. RUMPHIUS.

HET TWEEDE BOEK,
Van de Harde
SCHAALVISSCHEN,
Zynde de Eigentlyke
AMBOINSCHE
RARITEIT-KAMER.

I. HOOFTDEEL.

Van de Harde Schaalvisschen in 't Gemeen.

I N dit tweede Boek zullen wy beschryven de Harde Schaalvisschen, *Inleiding en verdeeling.* in 't Grieks en Latyn *Ostracoderma* en *Sclerostrea* genaamt, dewelke met een Steenharde Schaal het geheele lyf, behalven den mond, bedekt hebben; of zoo ze uit twee Schaalen bestaan, zich in dezelve zoo dicht besluiten konnen, dat men van het Dier schier niets zien kan. Haare deelen en algemeene Eigenschappen zullen wy hier niet wydloopig ophaalen, maar wyzen den Lezer tot de Europische Schryvers.

Wy zullen ze in drie Hoofdgeslachten of ordens [*Classes*] verdeelen, en dan van ieders *In drie onderscheide soorten.* Eigenschap in 't byzonder wat melden. De eerste orden behelst die geene, die wy Eenschaalige gedraaide heeten, [*Quæ constant una eaque contorta aut anfractuosa testa:*] *D' eerste soort.* en die men eigentlyk *Cochleas*, of Slekken en Hoorentjes noemt. De tweede begrypt *De tweede soort.* de Eenschaalige enkelde, die maar aan de eene zyde een Schaal of *Univalvia*, of doorgaans een enkelde ongedraaide Schaal hebben, en met de andere zyde aan de klippen hangen. In de derde orden zyn, die men de Tweeschaalige [*Bivalvia*] heet, en *De derde soort.* die wy in 't Latyn *Conchas*, in 't Duitsch Schulpen, Mosselen en Oesters noemen. Die van de eerste orden zyn zoo verschillende van fatzoen, dat men ze qualyk in zekere Hoofd-soorten kan brengen; ja daar zyn 'er onder die een gemengde natuur heb-

H ben

De eerfte foort in 12 verdeelt.

ben uit Vifch en Hoorentjes. Echter om de geheugenis te hulp te koomen, zullen wy ze in twaalf Hoofd-foorten verdeelen, met een den Lezer waarfchouwende, zoo hy onder ieder foorte zommige vind, die aan gedaante wat veel van malkander verfchillen; dat daar aan niet gelegen is, onder wat Hoofdftuk dat ze ftaan. Wy noemen ze met eenen algemeenen naam Hoorentjes, Zeehoorentjes en Zeeftekken, zonder onderfcheid, dewyl wy onze rariteiten meeft uit de Zee haalen, of uit zoodaanige plaatfen, daar rivieren zich in zee loffen. De Maleijers noemen dit gedierte met een algemeene naam

De 2 foort in 2 geflachten verdeelt.

Bia. De Javaners en andere Maleijers *Crang.* De Amboneezen *Kima* en *Hoeri.* De tweede orden word in twee Hoofd-foorten verdeelt; waar van de eerfte zoodaanige begrypt, die maar een bultige of verwulfde fchaale hebben, en met de andere zyde tegens de klippen zitten; de tweede, dewelke een enkele ongedraayde fchaal, en daar aan

De 3 foort in 5 geflachten verdeelt.

twee openingen hebben. De derde orden is verdeelt in vyf foorten, dewelke op zyn plaats zullen verhaalt werden.

Opmerking der eerfte foort.

In de eerfte orden ftaat aan te merken, dat al die geene, die een ftek-vormige, of lang gedraayde gedaante hebben, aan den mond met een dekzel beflooten zyn, dat aan het vleefch vaft is, het welk zy in 't kruipen op het hoofd draagen; maar als ze zich intrekken, den mond daar mede zoo dicht toefluiten, dat men niets van het vleefch zien kan. Dit dekzel noemen de Maleijers met eenen gemeenen naam *Matta,* dat is, Ooge; de fpitze of dat deel, 't welk aan het hoorentje fpits toeloopt, en onze Natien voor het hoofd houden, is by de Maleijers de fteert; gelyk het breedfte deel by hun lieden

Waar die in beftaat.

het hoofd, 't welk wy voor het onderfte houden, daar de mond is. Behalven de twee hoorentjes, die het meefte deel aan het hoofd hebben, en die in 't kruipen voor uit fteeken, hebben zommige noch aan het hoofd hebben, die zy door een of meer takken, dewelke van onderen half hol als een geute zyn, uitfteeken, en hier in hebben zommige een fcherp Beentje, daar men zich aan verzeeren kan, en waar mede zy zoo 't fchynt iets doorbooren konnen. Het vleefch van het hoofd is hard kraakbeenig, en quaalyk om te eeten, in wiens midden de maage fchuilt, en daar aan de darmen, en 't geene men *Papaver* noemt, zynde een dun zakje, daar in een groenachtige of fwartachtige modder fchuilt, en tot het eeten niet deugt. De darmen krommen zich om het hoofd onder den hals, daar ze haaren uitgang hebben en de vuiligheid uitfmyten.

En welk eetbaar is.

Het overige vleefch, dat door de kronkelen des hoorens loopt, is geen darm, maar meer voor een vet te houden, 't geen ook het befte is om te eeten. Het ander flag, 't welk lankwerpig van lyf is, met een langen fmallen mond, heeft aan den mond geen dekzel, maar bedekt zich; of met een hard weerig [*callofa*] vleefch, daar aan men zomtyds noch

Haar eigenfchappen, en waar zy haar houden.

een beentje ziet; of kruipende heel naar binnen toe, dat men daar van niets bekennen kan. Haar andere Eigenfchappen, dat zommige aan de klippen bloot hangen, zommige over den grond kruipen, zommige in het zand zich verborgen houden, zullen wy by ieder foorte in 't byzonder befchryven.

Manier van 't groeijen van de Schaalviſſchen.

Hoe dezelve groeijen op driederlei wyfe. Eerfte manier.

Hier ftaan aan te merken driederlei Manieren, dewelke alle Schaalvifſchen in het groeijen onderhouden: Naar de eerfte manier groeijen zommige Schaalvifſchen door een toezet van nieuwe ftoffe aan den mond van de fchaal, [*per appofitionem novæ materiæ*] gelyk doen de *Murices* en *Turbinata.* In de *Murex* is dit op het klaarfte te zien, wiens voorfte deel der fchaal altyd dunder en zuiverder is dan de achterfte deelen. Deze

Namentlyk door quyl of flym.

ftof word geteelt uit een taaije quyl of flym, die het dier van zich geeft, en zich formeert in een dunne fchaal, aan de opening van den ouden mond, en loopt zoo voort tot omtrent een vierde van den omloop, al waar ze dan ruft en eenen nieuwen getanden of getakten mond formeert. De fchaal van den *Murex* fchynt wel driekantig te weezen, zoo dat een ieder toezet t' elkens een derde van de fchaal formeert. Maar de onderfte zyde, daar de mond ftaat, is altyd breeder dan de twee fchuinffe van den rugge,

rugge, zoo dat ze bykans de helft van den omloop beslaat. Hier uit volgt dat dit geslacht van tyd tot tyd zynen mond aan de schaal verandere, of na 't vervolg van draai- *De tweede* jingen voortzette. De tweede manier geschied door uitrekking over 't geheele lyf naar *manier.* alle kanten, (*per extensionem totius corporis testacei*) want dit slag behoud altyd een en den zelfden mond, maar het geheele lyf word grooter. Naar deze manier groeijen alle *Porcellanæ* en *Cauris.* De derde manier geschied door toezet en uitrekking te ge- *De derde.* lyk, (*per appositionem & extensionem simul*) gelyk doen alle Schulpen, Mosselen en Oesters, die niet alleen aan den voorsten rand een toezet krygen, maar de schaal in zich zelfs, of veel meer haare blikken [*Lamellæ*] worden over 't geheele lyf ook dikker, krygende, zoo t' schynt, haar voedsel uit dunne adertjes die aan den *Spondylo* vast zyn. Doch by alle staat aan te merken, dat de oude deelen der schaalen, inzonderheid aan *Aanmer-* haar buitenste huid en uitsteekende hoornen, zoo veel voedsel niet meer krygen, of *king.* zoo veel invloeijing van het dier niet meer hebben, als de jongste toezet; want alle hoekken, doornen of nagels, die eens volmaakt zynde afgebrooken worden, groeijen niet weder aan.

II. HOOFTDEEL.

Nautilus Major sive crassus: Bia papeda.

VOor het eerste geslacht van de eenschaalige en gedraayde hoorentjes, stellen *De Nau-* wy die geene, dewelke van binnen een Paerlemoer schaal hebben, of im- *tilus Ma-* mers zoodanig blinken als of het Paerlemoer was. Deze zyn van verscheide *jor eerste* gedaanten, waar onder uitmunt de *Nautilus*, draagende eene gemengde natuur van *geslacht.* Visch en Schulpen, waar in hy van alle andere Schaalvisschen verschilt; want de Visch die daar in woont of die deze Schulp formeert, is een slag van den *Polypus* of Veelvoet, verdeelt in twee soorten grove en fyne, die wy ieder zyn byzonder hoofdstuk zullen geeven.

Nautilus Major sive crassus, is het geen men in 't gemeen Paerlemoer hooren noemt, *Dezelve* waar van wy de twee voornaamste deelen, ieder in 't byzonder, beschryven zullen, *beschree-* te weeten; de Schaal of het Huisje, en den Visch die daar in woont. De schaal heeft de ge- *Zyne ge-* daante van een gemeene Slekke, of van dat verdichte hooren [*Cornu Ammonis*,] of ook *daante.* wel van een rond bootje; want de kiel is recht rond, van vooren naar achteren omtrent *Zie de* *plaat* 6 en 7 duimen lang, het voorste deel maakt het Bootje, 't welk boven open staat *N. XVII.* 4 en 5 dwers vingers breed. De achtersteven verheft zich boven deze vlakte met een *letter A.* ronde krul, die in zich zelf gedraayd en gewonden is, nergens geopent, maar gansch toe verwulft. Van het hol of ruim des Boots is hy van binnen afgescheiden door een af- schutzel, [*Parietem intergerinum*] in wiens midden een rond gaatje is, daar een dikke naalde door kan, van buiten wyd, en van binnen in een kort pypje eindigende. De *Is binnen* krul is van binnen verdeelt in ontelbaare Kamertjes, door diergelyke Scheids-Muuren *in veel* alle in de midden het voorschreeven gaatje hebbende. De schaal heeft twee korsten vast *verdeelt.* op malkander liggende, en echter qualyk de dikte van een mes uitmaakende. De bui- *ve plaat* tenste korst is grof gelyk aan andere schulpen en met fyne scheurtjes, wat oneffen, vuil *letter C.* of bleek wit; aan de kiel van eene koleur, naar achteren, daar de krul begint, is ze over- *schorsach-* dwars, met veele bruine en breede banden geteekend, dewelke allenxkens smaller wer- *tig.* den tot aan het opperste van de krul: De ander helft der krul naar binnen ziende, is zwart en het onderste deel zilver verwig. De binnenste korst is tweederlei, want die van *En binnen* 't Bootje is schoon Paerlemoer verwig, doch meer groen en rood vertoonende, een *paerle-* weerschyn als een reegenboog van zich geevende, doch niet doorschynend al is ze schoon *moer.* gemaakt, wanneer ze schaars de dikte van een half mes behoud. De scheids-muuren,

of

of affchutzels, zyn mede van een Paerlemoerachtige Subftantie, doch veel fchoonder, gladder en blanker, als filver blinkende, zoo dat deze hooren in fchoonheit van verwe de gemeene Paerlemoer te boven gaat. d' Inwoonder, of het dier wil uit de maagfchap van den *Polypus* of Veelvoet zyn, doch van eene byzondere gedaante gefatzoeneert naar de holligheit van de fchaal, die het niet gansch vervult, wanneer het zich t' zaamen trekt. Het achter deel zyns lyfs is wat uitgeholt, dat het tegens de krul gelyk overftaat; het bovenfte dat ons aanfchynt (want dit eigentlyk het onderfte van het dier is, wanneer 't zelve voort kruipt) is meeft vlak of een weinig bultig, kraakbeenachtig en rimpelig, naar den roffen of licht bruinen trekkende, met eenige fwartachtige plekken, de welke verfchieten gelyk aan den Veelvoet; het onderfte deel, 't welk tegens de kiel aanlegt, en in 't gaan het bovenfte word, is mede kraakebeenig, doch weeker dan het voorige met veele wratten bezet. Tuffchen beiden, aan 't voorfte deel, ziet men eenen klomp van ontelbaare voetjes met verfcheide lappen boven malkander geftelt, en ter weer zyden den mond bedekkende, zynde ieder lap gefatzoeneerd als een hand van een kind, waar van de grootfte en buitenfte zich verdeeld in 20 vingeren of voetjes, ieder een halven vinger lang, en een ftroohalm dik, rond, glad, zonder die wratjes die men aan des Veelvoets baarden ziet, doch aan 't voorfte breedachtig, gelyk het plat van een riem; hier onder legt het tweede en derde lapje, of handje, mede in 16 vingers verdeeld, en daar onder al weer andere kleendre en met kortere vingers tot op den mond. Alle deze vingers kan hy intrekken en uitfchieten naar believen, die hem dienen niet alleen voor voeten in het kruipen, maar ook voor handen om zyn aas aan te vatten, en naar den mond te brengen. De mond is gelyk de Snebbe van den vogel *Caccatuwe*, of gelyk een ander Zeekatte, te weeten, het bovenfte deel groot en krom, aan de kanten wat gekerft of getandt; het onderfte kleen en onder het bovenfte fchuilende. Beide aan 't achterfte einde wat hol of in tweën gedeelt, waar mede zy in 't vleefch fteeken. De geheele mond is been hard, fwart en naar den blauwen trekkende gelyk Indigo, van achteren omgeeven met een kring van wit en hardachtig vleefch, en daar onder noch een ander velletje, 't welk fchier de geheele fnebbe bedekt, gelyk dezelve ook gansch verborgen legt onder een flym en onder de voornoemde voetjes, zoo dat men niets daar van zien kan eer menze van malkander trekt. De Oogen ftaan naar de zyde, doch meer naar de kiel, zeer groot als navels, geformeert met geen kennelyken Oogappel, maar aan deffelfs plaats hebben ze een gat, en zyn van binnen gevuld met een fwart bruin bloed. Van het achterfte des lyfs, 't welk tegens het eerfte affchutzel legt, gaat een langen ader door alle de gaatjes van de affchutzels, en door alle de kamertjes tot aan het binnenfte middelpunt, de welke het eenigfte is, waar mede de vifch aan de fchaal vaft hangt, en die al mede ligt afbreekt als men den vifch uit trekt, zynde voorts de kamertjes leeg. Onder de fnuit heeft hy een half ronde pyp, die echter t' zaamen gerold is, van witagtig vleefch gemaakt, gelyk aan andere Zeekatten, en daar in iets als een tonge verborgen; doch hy heeft geen merkelyke opening in den buik, hoewel het buiten twyfel het zelfde kanaal is, waar door de Zeekat haar fwart bloed uitfchiet.

Tot beter verftand van dit dier, zullen wy de by gevoegde figuur uitleggen, gelyk het zelve uit zyn fchaal genomen en afgeteikent is, naar dien ftand als het op 't water dryft, te weten met de opening van het bootje om hoog; daar in beduiden B, C, D, E, het bovenfte kraakebeenige deel, by C, tegens den zwarten krul A aanleggende, zynde B, een wit vel 't welk aan de kanten rondom gaat. De oogen gelyken beter naar een oor of navel, en zyn in de midden doorboord. F, is de voornoemde kanaal. De geheele buik G, H, I, K, L, is gemaakt van een dunne huid, de welke aan de zyden by D, op 't dikfte is; de binnenfte holligheit is gevuld met een verwerd ingewand en een donker bruine vochtigheit. By M, zyn twee ronde fchyven als of het eyers waren, binnen met een geele flym gevuld. By I, fiet men eenen breeden band, die om den buik gaat. By K, is de voornoemde ader, die door alle kamertjes gaat. By N, zyn twee eyformige geele

De Vifch daar in, zit dezelve plaat letter B.

Verdere befchryving van dezelve.

Hunne vingers of voeten.

Hunne mond.

Hunne oogen.

Uitlegging van de afbeelding.

geele klieren met blaasjes boven op, zynde, zoo het schynt, de maage des diers; want van daar tot aan de swarte snebbe gaat een wyde keel, gevuld met zand, steentjes en schilfferen van Oosters en Mossel-schaalen. [Doch dewyl deze figuur t' zoek geraakt is, werd in plaats van dezelve een andere hier nevens gevoegt, dewelke doch haare byzondere letteren en byzondere uitlegging heeft.] Wanneer hy aldus op 't water dryft, zoo steekt hy het hoofd met alle de baarden uit, en spreid dezelve op 't water, met de achtersteeven of krul altyd boven water, maar op den grond kruipt hy omgekeerd, met het bootje om hoog, en met den kop en baarden op den grond, maakende eenen redelyk radden voortgang. Hy houd zich meest op den grond, kruipt zomtyds ook in de visch-fuiken of bobbers, maar na een storm, als het weer stil word, ziet menze met troepen op 't water dryven, zynde buiten twyffel door de ongestuimigheit der baaren opgeligt, waar uit men bemerkt, dat ze op den grond zich ook met troepen by malkander houden. Dit dryven duirt echter niet lang, want alle de baarden intrekkende, keerd hy zyn bootje om en gaat weer te grond. Daar en tegen de leege schaale vind men dikwyls dryven, of op den strand gesmeeten, want dit weerloose dier geen dekzel hebbende, is een prooy voor Krabben, Haijen en Kaimans, weshalven men de schaal aan de kanten meest afgeknaagt vind, en dewyl hy niet vast aan zyn schaale hangt konnen ze hem licht daar uit trekken, en laaten de leege schaal dryven. De Jonge schepzels van dezen *Nautilus*, noch niet grooter dan een schelling zynde, zyn schoon Paerlemoer verwig van buiten en binnen, zoo dat de ruige schaal eerst metter tyd daar over groeit, 't welk van 't voorste deel of het bootje af begint.

Hun naam in 't Latyn is *Nautilus major sive crassus*, Neerd. Paerlemoer hooren. Maleits *Bia papeda*, *Bia Coijn*, 't welk echter eigentlyk de schaale bedied. In 't hoog Maleits *Krang modang*. Amb. *Kika*, en dewyl daar onder de volgende *Nautilus* begreepen word, zoo noemen ze deze soorte *Kika lapia*, dat is *Papeda hooren*.

Men vind ze in alle zeën van de Molukse Eilanden, als mede omtrent de duizend Eilanden voor *Batavia* en *Java*, doch meest de leege schaal, want het dier werd zelden gevonden of het moest in de bobbers kruipen.

Het dier word tot de kost gebruikt gelyk andere Zeekatten, doch het is vry harder van vleesch en zwaar om te verduuwen. De schaal is in grooter gebruik om 'er schoone drinkvaten van te maken, gelyk ze in Europa bekent zyn, hier toe moet men de grootste en gladste verkiesen, en wel toe zien, dat ze aan de zyde geen gaatjes hebben want veele hebben een of meer ronde gaatjes, daar men pas door zien kan, die gemaakt werden door zeekere holle wratten, [een slag van *Balanis*] welker slymerige worm een scherp tandje heeft, waar mede hy deze harde schaal doorboord, als hy daar op komt te groeijen, welke schaalen dan tot dit werk onbequaam zyn. De geheele moet men 10 à 12 dagen in eenige suurte leggen, als in gooren ryst, azyn, of water daar in wyngaart loof verrot is, zoo gaat de buitenste schelle af, die men met sterk schuuren afwryven moet, beginnende aan die plaatze daar ze op 't dikste is, en zoo ze noch niet geheel af is, moet men ze al wederom hier in leggen, tot dat het Paerlemoer over al voor den dag komt, 't welk men dan met een slap sterk water strykt, tot dat het zyn volkomen glans bekomt, en ten laatsten met zeepwater afspoeld. De schoon gemaakte worden by de kamertjes door gesneeden, dat de vier of vyf achterste doorluchtrig worden, de drie ofte vier volgende kamertjes worden geheel uitgesneeden, en in de binnenste krul snyd men een geopend helmtje, en aan de zyden rondom het bootje kan men alderhande figuuren snyden, die men met gewreeve koolen en wasch of oly door malkander gemengt wryft, tot dat ze swart uitsteecken. De Inlanders, de moeite van schoon maaken niet willende doen, snyden den ondersten boodem zoodanig uit, dat 'er een groote leepel of schuitje van word, dewelke onder anderen dienstig is om 'er de *Papeda* uit te eeten, waar van dezen hooren by hun lieden zyn naam heeft; doch dewyl by de *Papeda* een saus komt van zuure lemoenen of azyn gemaakt, zoo krygt het

Marginal notes (right):
Heeft zandsteentjes enz. in zyn maag.
Hoe hy op 't water dryft.
En weeder te grond gaat
Verstrekt tot voetzel voor Krabben, Haijen en Kaimans.
Jong zynde, zynze van buiten Paerlemoer van koleur.
Haar benaaming in verscheide taalen.
Plaats waar dezelve gevonden worden.
Hun gebruik tot spys.
En hunne schaal tot drinkkroezen.
Hoe dezelve daar toe bereid.
En opgeciert werden.
Worden ook tot leepels gemaakt.

het

het binnenste Paerlemoer een bleek vlies hier van, 't welk men dierhalven t' elkens moet afspoelen met zeep of asch-water

By Plinius bekent.

By *Plinius Lib. 9. Cap.* 29-30. vind ik maar eenderley soorte van dezen visch, dien hy *Nautilum Pompilon* en *Nauplium* noemd, welke beschryving past op de volgende sijne *Nautilus:* maar de hedendaagsche Schryvers van de Middellandsche zee hebben twee soorten aangemerkt, waar van *Bellonius* deze eerste en dikke soorte *Cochleam margaritiferam* noemt, en hem toeschryft veele kameren en van binnen een schaal blinkende als Paerlemoer, zoo dat het dezelfde zal zyn dien de hedendaagsche Grieken, naar 't schryven van *Robertus Constantinus*, *Talamen tuéta podiu*, dat is, *Polythalamum*, of een hoorentje met veele kamertjes noemen. Diergelyk een hooren moet *Cardanus* ook gehad hebben, 't welk hy *Cochleam Indicam* noemt, van gedaante als een galey en bequaam om 'er kostelyke en schoone drinkvaten van te maken.

En by andere Schryvers meer.

Vreemd voorval van een diergelyk visschje. Welke steentjes voortbrogt.

Op *Boero* is in een diergelyken visch (misschien in de *Glandulis* die het vet verbeelden) een steentje gevonden, zoo groot als een boontje, wit als een stukje alabast, doch zeer ongeschikt van figuur, hoekig, en met kuiltjes als of het van veele stukjes t' zaamen gezet was; niet te min hard en blinkende. Een Chineesche vrouw, die het gevonden had, hadde het eenen tyd lang in een doosje alleen bewaart, wel verzekerd, dat 'er niemand was by gekomen, en het zelve wederom openende bevond ze dat het een kleen steentje gebaard hadde, zoo groot als een linze, doch ronder en dikker, ook wit en glad, een tyd lang daar naa noch twee andere steentjes, hebbende de grootte van een mostaard korl, doch het eene was zoo bros, dat men 't niet de vinger in stukken kon wryven. Na dien tyd heeft het groote steentje niet meer gebaard, en men kon niet bemerken waar de gebaarde steentjes gezeten hadden. Doch ik gisse, dat het uitgevallene brokjes zullen geweest zyn, en de plaatzen daarze gestaan hadden zyn misschien effen wit en glad geweest, dat men het afvallen niet bemerken konde. Zy bewaarde hem met dat bygeloof, dat ze goed geluk met mosselen te zoeken hebben zoude, om goed *Bocassan* daar van te maken. Diergelyke baarende steenen heeft *Plinius* mede beschreeven, *Lib.* 37. daar hy ze *Peantides* en *Gemonides* noemt.

Aanmerking van den Schryver daar op.

Zy zyn by nat weer vogtig.

Deze hoorens hebben de Natuur, doch gemeen met eenige andere *Turbinatis*, dat ze by vochtig regen weêr altyd zweeten, en dat zoo rykkelyk dat 'er de druppels opzitten, al heeft men ze lange jaaren in huis bewaart, en al veegt men ze dikwils af, 't welk veroorzaakt word door de zoute vochtigheid, die in de kamertjes zit en langzaam opdroogt, om het welke wech te neemen, moet men ze dikwils uit wasschen, en weder in de zonne droogen.

En reden waarom.

In de *Hist. Antill. Cap.* 19. *Art.* 4. *Lib.* 1. kan men beter uit de figuur, dan uit de beschryving bemerken, dat door *Bourgou* de *Nautilus Major* verstaan word; want de gedaante des Vischs word niet gestelt noch de buitenste schaal beschreeven.

Waarschouwing.

Tot waarschouwing dient, dat men zich niet daar aan stooten moet, wanneer de nieuwe Schryvers dezen hooren *Cochleam margaritiferam* noemen, en wy Duitsche Paerlemoer hooren, als of men ze voor de moêr van de rechte paerlen hield, daar nochtans dezen hooren alleenlyk zoo genoemt is van den schoonen Paerlen glans der schaalen. Zie hier van het nieuwe Rariteit-boek van *Philip Bonannus*, *Part.* 2. *Classf.* 1. N. 1 en 2.

De Nautilus Major, is by ons bekent met de naam Coquilie, alhoewel de Franschen alle hoorens zoo noemen, echter gaat die naam in 't algemeen by ons zoo door, en wy verstaan geen andere daar meê dan deze. Hy is verbeeld op de plaat N. XVII. met letter A. doch wat volmaakter van vlokken, als die wel in 't gemeen vallen; en om aan te toonen welke de beste zyn, heb ik deze, voor die van den Schryver, hier laaten stellen. Letter B. is de Visch door den Autheur beschreeven, maar alzoo op die tekening de letters ontbreeken, geeven wy de Lezers de beschryvinge, zoo als die voor heen is ter neder gestelt, over, om zelfs na te zien, welke deelen van den Visch daar door verstaan moeten worden.

Ik hebbe, om den liefhebberen te meer te voldoen, een dezer Hoorens laaten doorsnyden, om des te beter de inwendige kamertjes te vertoonen, die zoo wel niet uit de beschryving, als door het oog, zyn te begrypen. Het is een wonderlyk maaksel, en 't is onbedenkelyk, dat dezelve alle vol visch zyn, daar haar gemeenschap van d' eene kamer in d' andere voor aan pas de dikte van een naalde, en achter pas van een fyn haairtje opening heeft. Ik heb in dezelve getelt ontrent 50 kamertjes, en geloove dat 'er in 't end meerder geweest zyn; maar de tusschenschotjes zyn zoo zwak, dat ze, alhoewel ze met een fyn werktuigje doorsweeden wierden, echter aan stukken bryzelden. Zie de afbeelding zoo na als de plaatsnyder die kost krygen op dezelve plaat letter C.

I I I.

A

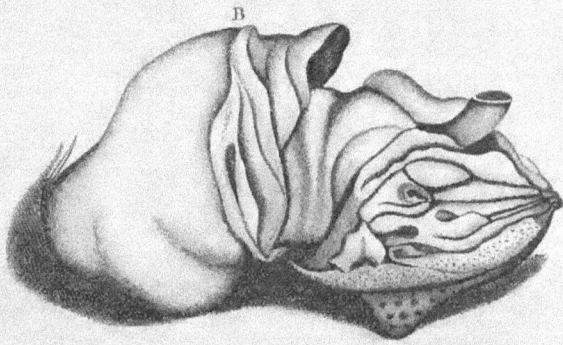

B

C

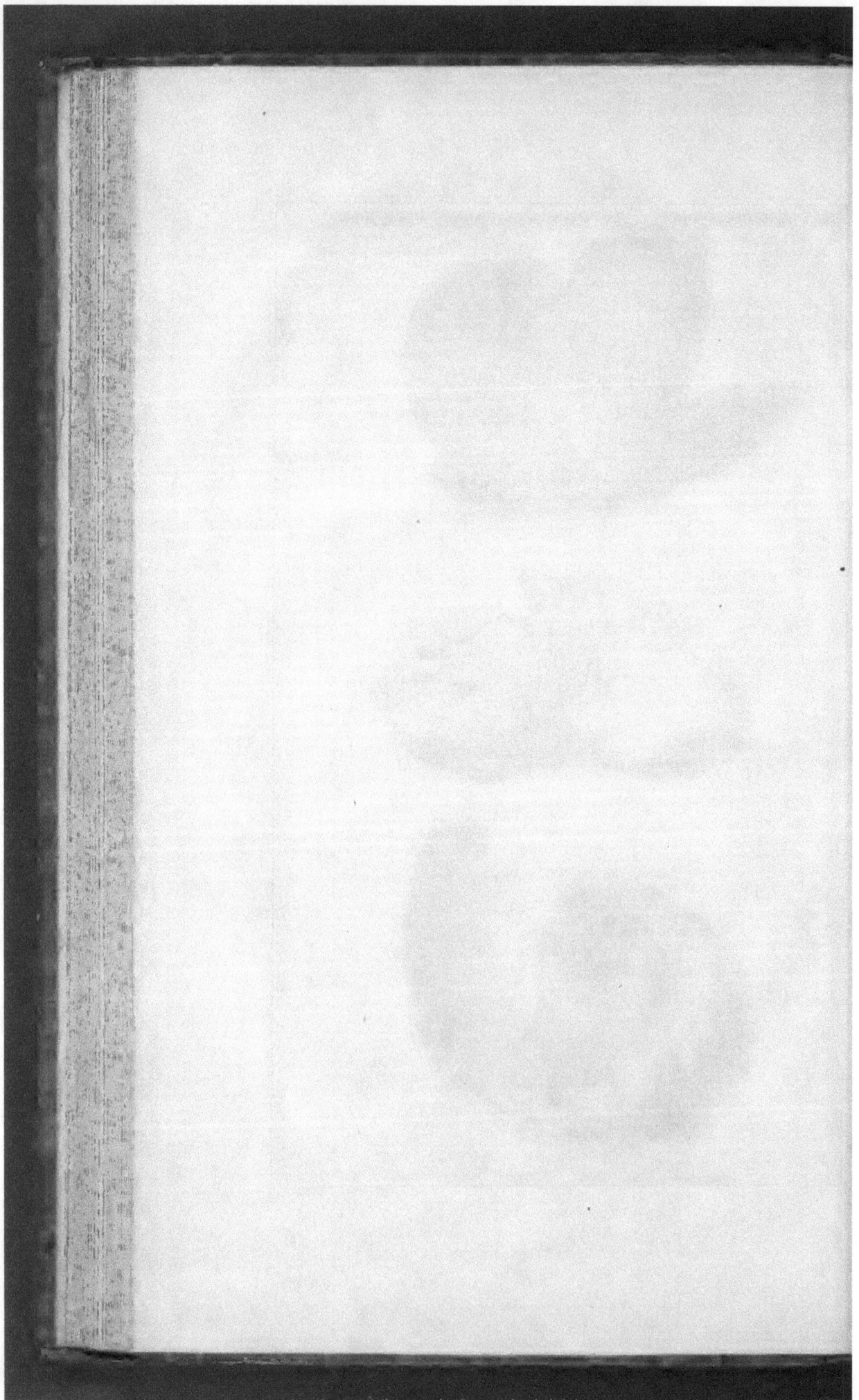

III. HOOFTDEEL.

Nautilus tenuis : Roema gorita.

Dit is nu de eigentlyke *Nautilus*, dien wy, tot onderscheid van den voorgaanden, den dunnen of fynen doe genoemt hebben, en den Ouden alleen schynd bekent geweest te zyn, want hy heeft de rechte gedaante van een galey, met een smalle kiel en twee hooge opgaande zyden, achter met een kleene krul, daar de voorgaande schielyk toeloopt en niet veel draaijingen heeft. Ik heb daar van twee soorten bekomen, groote en kleene: De groote *Nautilus* is een hooren van 5 tot 7 duimen lang, en vier duimen hoog; doch men vind 'er ook van een spanne lang, gemaakt van een enkele dunne schaal, hebbende de dikte van perkament, half doorschynend, spierwit als papier, zommige ook geelachtig. De kiel is schaars een halve vinger breed, half rond als een kring, in veele kanten of kerven gedeelt, van dewelke veele plooijen langs de zyden op loopen en schier alle vergaderen achter by het hoofd, daar de krul begint innewaarts te krommen, doch veele loopen onder wegens dood, zoo dat de geheelen hooren vol plooijen is. De kiel tot boven over de krul is zwartachtig, als of zy berookt was, 't welk zich niet afwasschen laat. De zyden zyn recht, en staan schuyns over eind, maakende boven eene opening van 2 en 3 vingeren breed, en achter by de krul hebben ze een uitsteckende hoek als een oor; de Visch die daar in woont, heeft merkelyk de gedaante van een *Polypus* of Veelvoet, te weeten van dat flach, 't welk *Aristot. Bolitæna* noemt, gansch week van vleesch, met 8 baarden verzien, waar van de 6 voorste kort zyn, wit en vol wratten gelyk alle Zeekatten, die hy in 't zwemmen als een rooze uitbreid. De twee achterste zyn noch eens zoo lang, dewelke hy langs de krul achter uitstrekt, in 't water laat hangen, en daar mede zyn bootje bestuurd; want ze zyn rond en glad, maar aan 't einde breed als het blad van een riem, zilververwig, en aan de kanten ook met wratjes, zoo dat dit bootje bestuurd word, gelyk een soort van Javaansche Sloepen, *Tingang* genaamt, in 't gemeyn *Tinan*, dewelke met 2 roers bestuurd worden. Tusschen de voorste baarden heb ik geen dun velletje konnen bemerken, gelyk de Schryvers melden van den *Polypus* in de Middellandsche Zee; wel is waar, dat dezelve baarden steecken in een zak van een vel gemaakt, en aan 't hoofd hangende, 't welk hy eenigsins uitspand met de twee bovenste baarden, doch dat zoude tot het zeilen niet veel helpen. Daarentegen oordeele ik, dat hy zyn zeilagie maakt, niet zoo wel met dit velletje, als met het hol van het bootje, 't welk hy met de voorsteeven om hoog licht, laatende den wind daar in blaazen. Want men bevind dat dezen visch zeilende het meeste lyf in 't achterste bergt, houdende alleen de twee voornoemde roers daar buiten om te stuuren; maar als 'er geen wind is, zoo brengt hy alle zyne baarden buiten, laatende de voorsteeven weder zakken, en dan roeit hy. Als hy nu eenig gevaar of laage vermerkt, zoo trekt hy al zyn vleesch binnen boord, keert den achtersteeven om hoog, dat het bootje water schept, en gaat zoo te grond, zoo dat men heel stilletjes in den wind naa hem toe moet koomen, en hem met een veerdigheit onderscheppen, als men de schaale met visch en al hebben wil; dit gebeurd zoo zelden, dat de Visschers het voor een groot geluk achten, als 'er eenen vangen, 't welk meest geschieden moet, als na een onweêr eene groote stilte volgt. Met zyne pootjes vat hy alderhande houtjes aan, die hy in zee vind, waar mede hy dan gaat dryven. In het hol van het bootje ziet men den wyden lossen buik, gelyk aan andere Zeekatten, en onder de baarden in dezen buik een wyde pyp, waar mede hy het water uitpompt, als hy boven komt; op de vlakte des buiks en van den rugge t' zaamen een zak uitmaakende, ziet men diergelyke donker bruine starretjes en plekjes, gelyk aan den *Polypus*, dewelke verschieten en haar verwe veranderen. Hy legt los in zyne schaal,

[marginalia:]
Gedaante van den Nautilu. Zie de plaat N. XVIII. letter A. Waar van 2 soorten. De groote hier te schreeven.

Het dier daar in beschreeven.

Heeft baarden in 't water hangen, waar mee hy zich bestiert.

En voort zeilt.

Doch onraadver-neemende trekt zyn veulst in en zinkt te grond.

Is los in zyn schaal.

fchaal, hebbende geene ader in de krul vaft gelyk de voorgaande; weshalven hy ook

En koomt die wel te verliezen. zeer ligt uit zyne fchaal geflingert word, dewelke als dan op 't water komt dryven,
en, by een gelukje, door de viffchers opgevangen word, eer ze tegens de klippen

Hoe hy op de grond, en weder boven koomt. in ftukken geflaagen word. Op den grond van de zee keert hy het bootje om, en gaat
op den kop, gelyk hy ook gezien word met den kiel om hoog, als hy eerft boven koomt,
maar keert behendig het bootje om, en hooft het water uit, dat hy dryven kan; de baarden als gezegt, in eene rooze uitbreidende. Men heeft ze ook gezien, dat ze onder
een groot blad van een boom met de baarden vaft hingen, en daar onder fchuilende
gingen dryven. De oogen zyn niet hol gelyk aan de voorgaande, maar vol en klaar.

De Nautilus Minor befchreeven. Haar gedaante. Zie dezelve plaat B. De kleene *Nautilus* is aan vifch en ftructure der fchaale de voorgaande meeft gelyk,
doch veel kleender en wyder van boot, drie en 4 duimen lang, twee en drie vinge-
ren wyd, met een breede kiel, die in mindere en ftompere kerven verdeelt is, en dierhalven ook minder plooijen heeft, die mede fchuins en bochtig naar het middelpunt
by de krul loopen. De fchaal is zoo zuiver noch wit niet als aan de voorgaande, maar
vuil hoorenverwig en als berookt, de kanten aan de kiel zyn mede zwart, evenwel
met veel waffchen in zeepwater en bleeken kan men ze eenigzins witter krygen. De

Is van dezelve natuur als de voorgaande. vifch is als aan de voorgaande, en hy gebruikt zyne baarden ook op dezelfde manier,
doch word meer roeijende dan zeilende gevonden, inzonderheid onder bladeren en dryf-
houten zich verbergende, anders houd hy zich meeft op den grond, en komt zomtyds ook in de vifch-fuyken, weshalven hy meer gezien word dan de voorgaande.

Of deze beide viffchen uit hunne fchaal vallende op zich zelfs in zeewater leeven konnen, is onzeeker: Immers ik heb ze verfch uit zee gebragt gehad, dewelke ftraks

Hebben eyert en hoe die zyn. ftierven, al deed ik ze in 't water. Ik heb ook eyers in hunnen buyk gevonden, zynde
ronde witte korlen aan een klomp hangende, en ieder hadde boven op een zwart ftip-
je als een oog. Zy beide hebben ook diergelyke zwarte fnebben of een *kakatoes* bek, die
diep onder 't vleefch verborgen legt. Op den bodem van de *carina* of fchulpe vind men
een klontje eyers of kuyt van gedaante of verwe gelyk andere vifchkuyt, en 't geheele
klontje is omgeeven met een dun vliesje, al is het geheele huysje niet grooter dan een
vinger, zoo hebben ze echter een eyerftok, als een kuffen, op de kiel leggende.

Hunne benaaming in verfcheyde taalen. Hun naam in 't Latyn is *Nautilus tenuis & legitimus*, en zyn Bootje *Carina Nautili*. Neerd *Doekhuyven*, van de veele plooyen. Mal. *Roema gorita*, dat is, *Domuncula*

Word zelden gevonden. *Polypi*, gelyk hem ook de Grieken *Ovum Polypi* noemen. Amboinfch *Kika wawutia*.

Deez hooren word zoo zelden gevonden, dat het in Indien zelfs hoog gefchat word.

En van de Indianen op hear feeft-dagen gebruykt. De Inlanders houden 't voor een gelukkig teeken, als zy het vinden, en bewaaren het
onder hunne fchatten, hetzelve zelden vertoonende dan op feeft-dagen en openbaare
vrolikheeden, wanneer de vrouwen hetzelve voor den dag brengen, als ze den ronden dans, *Lego Lego*, aanftellen, daar dan de voordanzerfche deez hooren verheeven
op de rechter hand draagt, doch zy zyn 'er zoo vies niet mede, al is zy wat berookt,
gefcheurt en vol gaten; daarom men ze by tyds met geld of goede woorden uit hunne handen moet krygen, als men ze ongefchonden hebben wil; voor het gemeene flag,

Hunne waarde. in wiens boot 4 of 5 mutsjes water gaan, betaalt men zonder te dingen 1 Ryxdaalder, doch
men heeft ze namaals daar voor niet meer konnen hebben, en daar zyn 'er geweeft van
8 mutsjes, of een Zeeufche kan, daar men 9 Ryxdaalders voor het ftuk gegeeven heeft,
om dat ze ongemeen zyn, en boven die maat heb ik 'er geen gezien. Die van de tweede

Vreemd voorval tuffchen een Arent en den Nautilus. foorte zyn flecht en van geene waardye. Een zeltzaam voorval moet ik hier omtrent
verhaalen. Een Zee-Arent, [*Haliaetos*] zynde een vogel die geduurig op zee gaat
rooven, nam zulk een *Nautilus*, in Zee dryvende, op, en voerde hem in de lucht, doch
dewyl het hem meeft om den vifch te doen was, en hy zig om de rariteyt niet veel
fcheerde, floeg hy zyne klauwen meeft in den vifch, waar door hem het hooren quam
te ontvallen, dat door een zeltzaam geval tuffchen de klippen op een zandplekje zoodaanig viel, dat daar van niets gebrooken wierd, dan een kleen hoekje aan den voorften
rand; en een viffcher daar omtrent zwervende, nam het vaardig op en bragt het by
my.

my; dit dan, als een ander *Palladium* uit den hemel gevallen zynde, een klein schets-
je van het vermaarde schip Argos, heb ik in 't jaar 1683. tot een gedachtenisse gezonden aan den Heer *Johan Michael Fehr*, *Philosophiæ & Medicinæ Doctor*, *Physicus*
Suinfurtensis Ordinarius & Academiæ Curioforum Naturæ per S. Romanum Imperium
stabilitæ electus Præses dictus Argonauta: in welk Collegium ik het zelve jaar tot
een Lid aangenomen ben onder den toenaam van *Plinius*, door gunstige recomman-
datie van de Heer *Christianus Mentzelius*, *Med. Doctor*, *Archiater & Consiliarius* van
zyn Keurfurstelyke doorluchtigheyt van Brandenburg, *Apollo* van 't zelve Collegium.
De oude Grieken noemen dezen visch *Nautilus*; *Suidas*, *Nautes* en *Ovum Polypi*; *Athe-*
næus, *Nauplium*, zommige ook *Pifcem nauticum: Aristot. Hist. animal. Lib. 4. Cap. 2.*
heeft al in zyne tyden twee geslachten daar van aangeteykent; het eerste heeft een gestreepte schaal als de *Jacobs* schulpen, binnen hol, en aan den visch niet vast, dit geslacht is klein, uit de maagschap van *Bolitæna*, een soorte van *Polypus*, weyd omtrent
de stranden, en word dikwyls uit zyn schaal gestingert op het drooge, daar hy dan opge-
geeten word of bederft; het tweede geslacht is aan zyn schaal vast als een wech slekke [*Li-*
max] nooit buiten zyn schaal komende, maar zomtyds zyn baarden op 't water uitbreyden-
de: het eerste zal buiten twyffel onzen fynen *Nautilus* zyn, en het tweede de voorgaande
paerlemoer hooren. *Plinius* beschryft hem als een byzonder wonderwerk der zee, doch,
naar zyne manier, wat donker en onder twee naamen, die hy zoo het schynt voor
twee verscheide dingen of visschen gehouden heeft; d' eerste noemt hy, *Lib. 9. Cap. 29.*
Nautilum en *Pompilum*, dien hy met zyne eygen woorden aldus beschryft, dewelke
ik, om hunne kortbondigheit aldus verduytsche, en hier by zette. „Onder de voor-
„naamste wonderwerken behoort die, welke men *Nautilum* of *Pompilum* noemt, deze
„op den rugge leggende, dat is, de openinge van de schaal om hoog keerende, komt
„boven op de zee, en door zyn pypen al het water uitgehoost hebbende, roeyt hy
„veerdig daar heenen; daar na de twee voorste baarden achterwaarts krommende
„(*Athenæus* segt opheffende) spant hy het dunne velletje tusschen dezelve zoodanig
„uyt, dat hy daar mede zeylt, en met de andere baarden roeyt, en met den middel-
„sten staert als met een roer zyn schip bestuirt, zoo vaart hy daar heenen op de hoo-
„ge zee de jachten [*Liburnicas*] naabootsende, en zoo hem eenige vreeze overkomt,
„schept hy water en gaat te gronde. Daar na in 't volgende Capittel 30. beschryft
hy naar zyne meening eenen anderen visch, doch uit het verhaal van *Mutianus*, dien
hy *Nauplius* noemt, met deze woorden:

Mutianus *heeft voorgegeven, dat hy noch een ander soorte van visch gezien heeft* in
Propontide, *dewelke in een scheepje woonde, of een scheepje droeg; het is een schulp,*
gelyk een bootje gefatzoeneert, met een ronde en verheevene achtersteven, maar voor
met een scherpe snuyt, hier in woont de Nauplius, *een diergelyke Zeekat alleenlyk om*
vermaak en om te speelen, 't welk op tweederley manier geschied; want by stille zee
strekt den opsater zyne voeten uit, en roeyt daar mede in 't water, maar als hem een
luchtje aanlokt, zoo stuurt hy met dezelve, en keert het hol van het schuytje tegens den
wind, waar door hy zeer lichs zeylt. Het vermaak van 't eene is om te draagen, en van
't ander om te stuuren, en beyde gaan t' saamen te grond, 't welk zomtyds voor een droe-
vig voorspook gehouden word van der menschen ramp, dat is, veele houden 't daar voor,
als ze dezen Nauplius *schielyk zien te gronde gaan, dat het een voorspook zy van aan-*
staande schipbreuk.

Alle beyde deze beschryvingen passen op onzen fynen *Nautilus*, dien *Jonston* uit
Bellonius wat klaarder beschryft, (*Hist. Natur. de Exang. aquatilibus Titul. 3. de Tur-*
binatis) alwaar wy met de woorden van *Jonston* beginnen sullen. „De *Nautilus*, wel-
„ken *Suidas*, *Nautes*; andere *Nauticus*, en 't gemeen *Nautilus* noemen, en dezelve met
„den *Nauplius* van *Athenæus* schynt te zyn, word van de hedendaagsche Grieken *Tha-*
„*lamis Toukdapodius* genoemt, gelyk *Robertus Constantinus* schryft. Wy hebben van
„hem by *Aristoteles* twee geslachten. De eene welkers schulp de *Pectunculus* gelykt,
„maar

I

De
Schryver
aangeno-
men tot
een mede-
lid van d'
Academie
Curiof. in
Duytsch-
land.

Hoe by de
Grieken en
andere
Schryvers
bekent zy.
En by
haar onder
2 geslach-
ten bekent.

Door Pli-
nius be-
fchreeven.

En voor
een won-
derwerk
gehouden.

Komt
met dees
Schryvers
verhaal
over een.

Mutia-
nus be-
Schryving
hier van.

Die haar
Nauplius
noemt.

Verder
door Jon-
ston be-
fchreeven.

„maar die hol en uit de Natuur aan hem niet vast is; hy weyd dikmaal omtrent het
„land, waarom hy van de baaren op 't drooge geworpen word, daar hy uit de schulp
„vallende, of gevangen word, of sterft; dit geslacht is klein, en de *Bohtæna* een ge-
„slacht van de *Polypus* gelyk. De andere hangt in de schulp als een slek, deze gaat 'er
„nimmer uit, maar steekt zomtyts zynen arm buiten.

Als mede door Bellonius. Bellonius heeft hem nauwkeurlyk beschreeven. *De schulp zeyt hy uit drie stukken te*
bestaan (naamentlyk uit een kiel en twee boorden, hoewel ze nochtans enkel is) welkers
zyden als aan de kiel schynen vast gehecht, en veeltyds zoo groot, als met twee han-
den kan omvat worden, zy zyn alle niet dikker dan een parkament, met langwerpige
streepen, aan de randen met kerven gekartelt en rond afloopende, maar het gat, daar de
Nautilus door gevoed word, en uit de schulp kruypt, is groot, deze schulp is breuk-
zaam, melkwit, helder en glad, en van gestalte als een rond schip, want hy vaart
boven op de zee, en doet sich met een omgekeerde bolle schulp op, om te beter op te duy-
ken, en opgereesen zynde keert hy de schulp weder om; maar tusschen de armen van den
Nautilus is een dun vlies, gelyk tusschen de klauwen van de platvoeten, en veel dun-
der, ja als en spinnekops raach, maar nochtans sterk, daar hy den wind in laat waayen;
de krullen die hy weêrzyden veel heeft, gebruykt hy voor een roer, en als hy schrikt, vult
hy zyn schulp met water en sinkt te grond.

't Gevoelen van dezen Schryver over dezelve. Hier op zeg ik nochmaals, dat ik aan den Oost Indischen *Nautilus* dat dunne vliesje tusschen de twee voorste Baarden, het welk de *Autheuren* dezen visch toeschryven,
meerendeels gevonden heb, behalven aan eene soorte, die hier naa volgt; als ook dat
de bovenstaande naam *Thalamis Tonkdapodius* niet kan verstaan worden van den rechten of dunnen *Nautilus*, dewelke geene kamertjes heeft, maar van den paarlemoer
hooren in 't voorgaande hoofdstuk beschreeven. *Bontius Lib. 5. Cap. 27.* stelt de *Nau-*
tili onder de *Polypos* met *Plinius*, en 't fatzoen van de schaal komt ook ten naasten by
over een met de onzen, echter kan ik niet raaden, wat hy voor een visch gehandelt
heeft, waar aan hy de handen zoo verbrand heeft, dat hy met look in water gewreeven zynde, heeft moeten geneezen, want nooit gehoort is dat een *Polypus* brande,
daarom ik gisse dat daar van eenige woorden moeten uitgelaaten zyn, en dat men zyn
zeggen van quallen moet verstaan.

Waarnee-ming van den Schry-ver. Anno 1693. in Januarius is een *Nautilus* gevangen op *Hitoe*, wiens boot lang was
7 duymen, hoog 6 duymen, verschilde wat in gedaante van de bovenstaande meest
in de twee achterste of bovenste baarden. Want de zes baarden waaren van 12 tot
14 duymen lang, aan de voorste helft zeer dun en smal, de achterste waaren met zuyg-
En ver-dere be-schryving. wratten [*Acetabulis*] bezet. De twee achterste of bovenste baarden, (by andere voor
de twee voorste gehouden) waaren veel dikker, achter ruym een vinger dik en met
zuygwratten bezet, verwisseld tegens malkander staande; de voorste helft had een dun
en breed vel of lap, als een omgekeerde Bezaan, te weeten achter zmaller, van voo-
Hoe hy roeyt en zeylt. ren breed, waar in hy van 't voorgaande verschilt: met deze lappen schynt het, dat
hy zoo wel roeyt als zeylt, want met de zuygwratten vat hy de kanten van zyn boot,
en met het breede deel roeyt hy, gelyk ook met de andere baarden, die als dan buiten
boord leggen; als hy nu zeylen wil, zoo recht hy de beyde lappen over eynd. Maar
ik hebbe nooit aan eenig *Nautilus* konnen bevinden, dat de twee gemelde baarden
Doch verwerpt het op-richten van 't Be-zaantje. met een dun scheyd velletje aan malkander zouden gegroeyt zyn, gelyk men by de Europische Schryvers leest, weshalven ik noch by myn voorige meening blyf, dat hy
met het voorste en holle deel zynes schips de zeylagie volbrengt. Hy was zoo slim, dat
als de visschers met een prauwtje hem vervolgden, dat hy dan naar de rechter, dan
naar de slinker zyde zyn boot keerde; weshalven, de visschers bemerkende dat hy
water wilde scheppen en te gronde gaan, most 'er een over boord springen en met
Bonan-nus ge-tuygt, dat die is de Golf van zwemmen hem achter haalen. By den hedendaagschen vermaarden Autheur *Philippus Bo-*
nannus in zyn Boek genaamt *Recreatio mentis & oculi* N. 13. *Class. 1. part. 2.* word hy
in 't Italiaansch *Polpo moscardino* en *moscarolo* genaamt, en gezegt; dat hy dikwyls
gevan-

N.º 1

N.2

N.3

B

N.º 4

N.5

A

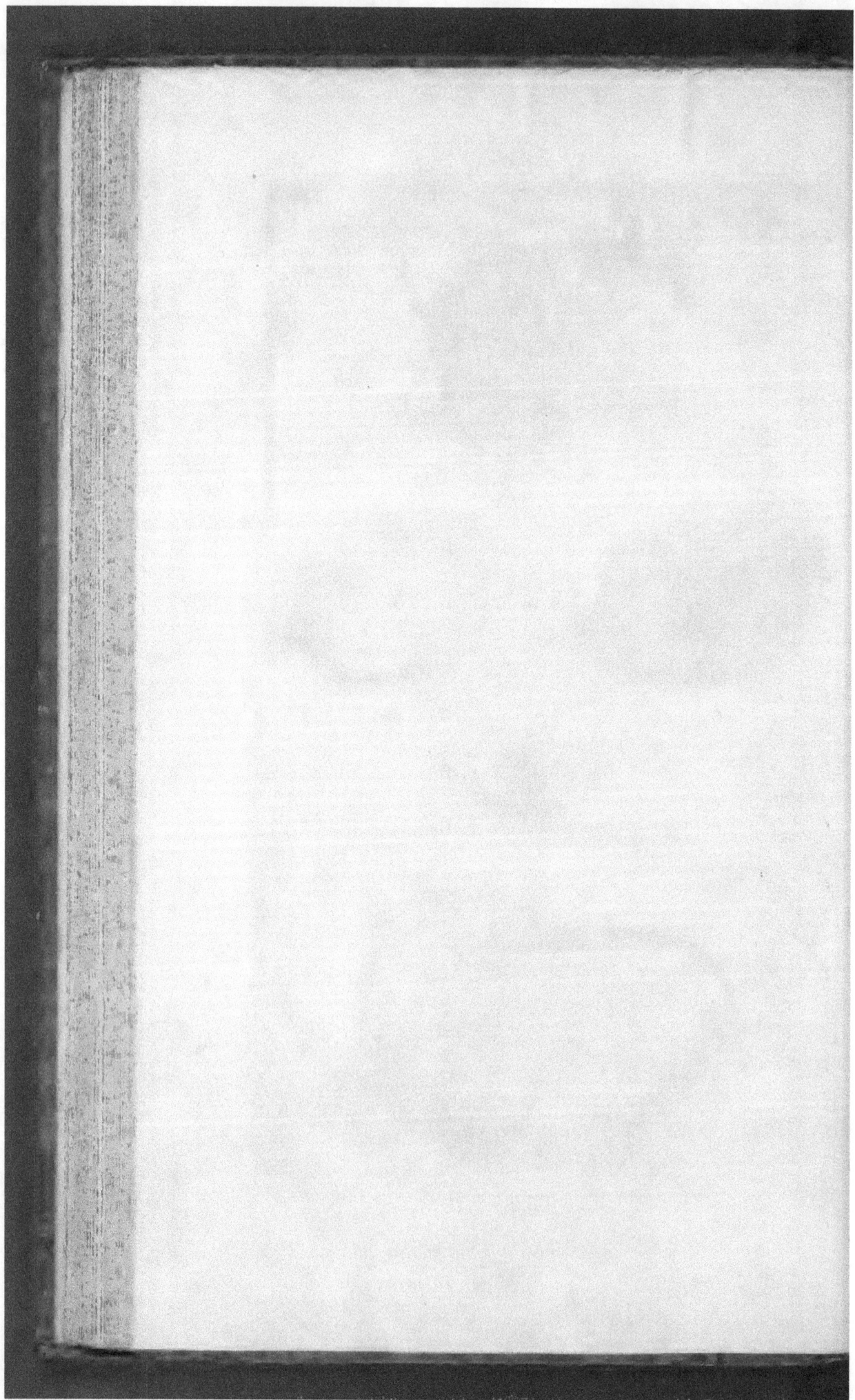

gevangen word in de Adriatische zee, of Golf van Venetien aan de zyde van Italien, onder andere Zeekatten zomtyds naar den strand zich begeevende om aldaar te weyden, 't welk niemand aan de Oost-Indische ooit heeft bemerkt, die nergens dan in de ruime zee, en altyd een alleen gezien word. Onze *Nautilus* heeft onder de baarden in de opene buyk noch een pyp, waar door hy het water uitspuygt, en dat vry wat hoog, en de visschers dikwils in 't gezicht; achter aan dezelve pyp hangt een blaasje, gelyk aan den *Polypus* en *Sepia*, doch hier in vind men geen rood, maar een bruyn paars bloed. Voorts blyft noch voor 't menschen verstand verborgen, hoe dezen visch zyn schaal formeert, daar aan hy nergens vast is, en echter t' zaamen groeyen, nooit daar uit springende dan by nood, wanneer men de leege schaal bekomt. De visch gaat naar den grond, maar niemant weet of hy wederom een ander huys formeert: Immers het is een visch zeer teér, en straks sterft hy als men hem een weynig handelt, zelfs in zeewater kan men hem niet lang in 't leven bewaaren. De zwarte randen van den verschen aan de kiel, kan men eenigzins wit wryven met wit fyn zand, doch aan 't bovenste van de achtersteeven gaan ze niet uit. Zyn bruyn bloed verschiet mede door 't lyf, en maakt plekken, doch aan de dooden verbleeken ze. Ik heb in hunne maagen ook gevonden stukjes van andere baarden, en zyne eyers lagen buiten 't lyf in 't hol van de schulp, doch aan den visch vast.

Venetien mede werden gevonden.

Hoe by zyn schaal bekomt, is den Schryver onbekent.

En is zeer slap van leven.

De Nautilus tenuis, *word by ons* Nautilus, *by de zeevaarende lieden 't* Schippertje, *(om dat zy die veel over de zee zien vaaren) doch by de oude liefhebbers, de* doekshuyt *genaamt, wegens haare gedaante en teérheit, want zy eer een koewerdoeks buytje, zoo als eertyds gedraagen wierden, gelyken, als een hooren 't zoo een woest element als de zee is. Ik hebbe zoo een* Nautilus *getien, die ontrent een Amsterdamsche boutvoet groot was, en, zoo ik bericht ben, tegenwoordig word bewaart in 't Cabinet van den groot Hertog van Florence, die een groot liefhebber van uitkomende zeegewassen is. Des Schryvers opmerking omtrent het oprechten van 't bezaantje of klein zeyltje, waar toe dit dier vaart, verdient gelof, vermits zyn E. hooren zyn naauwkeurig onderzoek, daar zelf voy getuygenis van heeft, daar alle de andere Schryvers zulks meest uit mondelyke berichten hebben, gelyk ik zelf mede van veele zeevaarende luyden heb verstaan, die my verzekerden dat dit dier voor aan een oprecht zeyltje heeft, of 't zou konnen zyn, dat het een andere soort was, den Schryver onbekent. De overleeden Hr. Volkertsz een der grootste Liefhebberen en kenders van zynen tyd, heeft een diergelyke naar 't leven laaten afteekenen, en door Savry, beneffens veele andere uitmuntende hoorens, in 't kooper brengen, welke nu noch berustende zyn in 't voortreffelyk Cabinet van den E.E. Heer La Faille, Hoofd-officier der stad Delft. Ik heb een afbeelding daar van, welk ik goet dacht hier neevens te zetten, zie hem verbeeldt op dezelve plaat met N. 1. N. 2. is het zoo genaamde bezaantje, en N. 3. zyn de rieven, waar mede hy zich bestiert of wel voortroeit, de hoorens is van een heel ander maaksel, want hy op zyn ribben gekuobbelt is. Die Engelschen liefhebber, M. Lister geeft hem in zyn* Historia Conchyliorum, *lib. IV. sect. IV. een veel grooter zeyl, veel licht uit gissing, doch deze van Volkertsz. komt met deze afbeelding van die* Gesnerus *heeft laaten afbeelden best overeen, dewel de hoorens van* Gesnerus, M. Lister, Bonanus *en dezen Schryver malkander beter gelyken. Behalven die twee soorten, die de Heer* Rumphius *ons geeft, zyn 'er noch verscheyde andere. Deze getekent met N. 4. is in verscheyden Cabinetten te zien; hy is veel synder dan de voorgaande, breeder van kiel, wyder van buyk, witter van stof, en op zyn striemen gekuobbelt. Noch een andere soort is 'er, die deze heel wel gelykt, doch is smalder van kiel, en synder gekuobbelt, zonder striemen; maar van eenige te zien zyn in de uitmuntende Cabinetten van de Heeren d'Aquet, Peytemaas; en wel de grootste en beste die bekent is, by Juffr. Oortmans groot liefhebster van diergelyke fraayheeden. Hier volgt uu noch een andere soort alleen (voor zoo veel ik weet) onder my niet aar berustende, zie hem afgebeeldt op dezelve plaat met N. 5. Hy heeft de gedaante van een waterlandsche boerinne kap, is heel wyd, plat gekruynt, naauwlyks gekielt, doch heeft geweunge striemen en knobbels, en is niet gelyk zydig als de andere, 't welk my doet gelooven, dat het een misgeboorte van den* Nautilus is.

IV. HOOFTDEEL.

Cornu Ammonis: Posthoorentje.

DIt is een klein hoorentje in de gedaante van een rams hooren, of gelyk men den Godt *Hammon* aan de ooren schildert, zoo groot als een dubbeltje. Men zoude het aanzien voor een afzetzel van den *Nautilus major*, wiens achterste krul het gelykt, welk het echter niet is, maar een geslacht op zich zelfs, want het krult zich wel in malkander, gelyk een rams hoorentje, maar de gieren hangen niet aan malkander, en zyn gescheiden tot het binnenste tipje toe, daar men een klein knopje aanziet als een paereltje, of als een neet van een luys. De buitenste gier heeft de dikte van een middelbaare schaft, buiten rond en reeht wit, van vooren afgebrooken, binnen doorgaans met veele afscheidzels, in zoo veele kamertjes, ver-

*De Cornu Ammonis beschreeven.

Gelykt de Nautilus major, maar is heel klein.

Hunne gedaante, zie de plaat N. XX. N. 1.*

deelt,

It binnen vol kamertjes.

deelt, blinkende als wit paerlemoer, en ieder affcheidzel heeft een klein gaatje, met een ftuk van een pypje naar binnen toe, t' eenemaal als de *Nautilus major*; hierom gelooven veele dat dit kleine afzetzels van dien zyn, daar ik nochtans deze Pofthoorentjes grooter bevonden hebbe dan de kleinfte van de voorfchreeven *Nautilus*, dewelke ook fchoon paerlemoer zyn van buiten en binnen. Daar en tegen deze Pofthoo-

En zit aan de klippen.

rentjes hebben in hunne voorfte kamer een flymerig dier, 't welk aan de klippen hangt, met eenen dunnen en fmallen dooren, die door het beeft en de eerfte gaatjes gaat, en aan de klippen vaft zit. Als nu de Noorde wind waayt, en de zee ontftelt maakt, zoo

't Gevoelen der Amboineefen over zyne voortkoming. Doch door den Schryver tegen gefproken. Hunne benaaming in verfcheide taalen.

worden deze hoorentjes van de klippen afgefmeeten, waar door het komt dat ze aan den mondt altyd afgebrooken fchynen. De fpitzen blyven aan de klippen zitten, die noch zoo ftyf zyn, dat ze iemant de voeten verzeeren als men daar op trapt. De Amboineefen gelooven, dat ze gegenereert worden van de witte meeuwen drek, 't welk voor eerft niet waarfchynlyk is, men vind ze niet altyd, maar alleen in zeekere maanden, wanneer de Noorde wind waayt, en dan met meenigte op den ftrand gefmeeten onder andere ruigte.

Hun naam in 't Latyn is *Cornu Hammonis*. Neerd. *Pofthoorentje*. Amb. *Tay manufamal*, dat is, Meeuwen drek, om reden als boven gemeld is.

De Cornu Ammonis, word by ons, als by den Schryver, ook 's Pofthoorentje genaamt, en, fchoon het heel klein is, zoo is het zelve zoo wonderbaar van maakzel, dat het geene behoeft te wyken. 't Is van buiten wit en mat (dat is zonder glans) maar van binnen paerlemoeragtig en doorfchynend dun. Heeft ontelbaare kamertjes, die alle gemeenfchap tot malkander hebben, door een heel klein gaatje. Ik heb getracht om 'er eene midden door te fnyden, en dezelve, gelyk de Nautilus Major, te vertoonen, maar zulks is my 's elkens miflukt wegens zyne teerheit. Zie hem afgebeeldt op de plaat XX. N. 1.

V. HOOFTDEEL.

Carina Holothuriorum : Qualle Bootjes.

De Carina Holothuriorum befchreeven.

DEze willen mede uit de maagfchap van de *Nautili* zyn, hoe wel ze de gedaante van een Alykruik hebben, gelyk wy een kleine foorte in 't volgende hoofdftuk befchryven zullen. Zy zyn omtrent een duim breed, rond,

Haar gedaante. Zie de plaat N. XX. N. 2.

aan den buitenften gier wat kantig, beneden platachtig, en uit weinig gieren beftaande, gelyk de Landflekken. De fchaal is enkeld, dun en doorfchynend, zeer licht, beneden licht viool blauw, boven naar den loodverwigen trekkende; de mond is wyd, rond, doch beneden met een uitfteekend hoekje als een hanglip, en van binnen zyn ze wit. Het dier hier in woonende is geenzins uit den flekken aard, maar een flach van Quallen overeind ftaande als een lid van een vinger, wanneer ze in zee dryven; dit Qualletje is fchoon klaar, als een kryftalletje, met eenen blauwen glans, en beftaat uit enkeld flym, die met een huidjen omgeeven is, en als men 't een dag

Worden zelden gezien.

bewaart, zoo vergaat het. Deze bootjes worden zelden gezien, immers in Amboina hebben wy ze eerftmaal gehad Anno 1682. in Auguftus, en September by 't uitgaan van den Oogft, wanneer zy met groote fchoollen quamen aandryven uit het Ooften in d' openbaare zee, *Manipa* en *Boero* voor by, daar ze de Inlanders opfchepten by droog

En zeilen over zee.

weêr. Het bootje lach met de opening om hoog, en het Qualletje ftont als een pylaartje over eind, zeilende, zoo het fcheen, met een flap koeltje, wonderlyk om aantezien, dat een zulke vloot van wel duizend kleine fcheepjes, zoo eenpaarig by malkander voer. Als men ze uit de zee nam en in een fchootel met water zette, bleeven de

En hebben een fchoone weêrfchyn.

Qualletjes noch wel een dag over eind ftaan, een wonderfchoonen weêrfchyn van zich geevende, als of de fchaal met Edel gefteente vervuld was; doch men befpeurde weinig leven daar in, allenxkens opdroogende, dat ik na vier dagen haar fatzoen noch bekennen konde. De Inlanders verklaarden, dat ze diergelyken nooit te vooren gezien hadden.

Hun

Hun naam in 't Latyn is *Carina Holotuhri*; men mag ze onder de *Neritas* reekenen, *Waarom zou ge-naamt.* 't welk zyn kleine hoorentjes in de Middellandſche Zee, die mede op 't water dryven, in 't Griex alzoo genaamt van 't ſwemmen; de Onze noemen ze *Qualle Bootjes*. By de Inlanders hebben ze geen naam.

Van de Carina Holothuriorum, *of het* Qualle Bootje, *heeft ons de Schryver geen afbeelding gegeven, doch wy hebben 'er uit onze verzameling, een laaten aftekenen; zie het op de plaat XX. N. 2.*

VI. HOOFTDEEL.

Cochlea Lunaris Major: Matta bulan beſaar, of Matta Lemboe.

HEt tweede deel van het Hoofdgeſlacht, begrypt alle de geene die de gedaan- *De Co-chlea Lu-navit be-ſchreeven.* te van een gemeene Alykruyk hebben, en niet te min paerlemoerachtig van binnen zyn; waar van wy twee ſoorten beſchryven zullen. De eerſte ſoort, *Eerſte ſoort.* Reuſe-ooren genaamt, zyn de grootſte van dit geſlacht, in 't gemeen twee *Hunne gedaante.* vuiſten groot en meer, van fatzoen als een Alykruike, met eenen grooten ronden mond, die aan den benedenſten hoek ook een weinig uitſpat, en daar door de gedaante maakt *Zie de plaat N. XIX. let-ter A en B.* van een oorlapje. De buitenſte en grootſte gier heeft twee kanten, een naar boven en een naar beneden, en tuſſchen beide noch een rugge, alle drie met knobbelen bezet. De ſchaal is gemaakt van twee dikke huiden, waar van de buitenſte grauwachtig is, doodsverwig, wat ruig en vol ſcheuren, doch hier en daar geplekt als de ſlangen, *Hunne koleur.* met ſwart, bruin, en zomtyds ook ſpaans groen; hoe kleinder de hoorens zyn, hoe fraaijer dat ze geplekt en hoe effender dat ze zyn; en men vind 'er ook ganſch grauw zonder plekken, dewelke men voor ſlecht acht. De binnenſte huid is ſchoon paarle- *Zyn in-wendig ſchoon paerle-moer.* moer, niet blank, maar alle de verwen van een regenboog vertoonende, te weeten, groen, rood, en blauw. Zy laat zich ook in ſchilfferen verdeelen als men ze in ſtuk- ken ſlaat, welke alle dezelfde koleur behouden. Het dier daar in is naar evenreedigheit groot, van vooren met een hard wit vleeſch. De achterſte krullen zyn enkel vet, en tuſſchen beiden is een groot *Papaver* of Zandſak. Op zyn hoofd draagt het een groot *Zyn Hoofd it met een ſwaar ſchild be-dekt.* rond ſchild, waar mede het zyne deur vaſt ſluyt, een hand breed en een vinger dik, ſteen hard, als of het een witte keyſteen was, aan de buitenſte zyde wat bultig als een linze, wit, en zomtyds met vlakke kuiltjes. Aan de binnenſte zyde is het plat, doch een weinig met gieren uitſteekende, die ſchielyk in malkander loopen en een navel for- *En word een Venus navel ge-heeten.* meeren, met een ros of bruinachtig velletje bedekt, dat daar vaſt aanzit, en deze zy- de aan 't vleeſch van 't dier; in 't kruipen draagt het dezen ſchild op 't hoofd, doch het begeeft zich niet verre buitens huis, houdende wel de helft noch van den ſchild bin- nen de ſchaal; het heeft zulk een ſterkte, dat 'er geen man zoo ſterk is, die het uit- trekken kan, al heeft hy 't onder de ſchaal gevat, maar het zoud hem veel meer de hand mede intrekken. Dezen ſchild dan behoord onder die men *Umbilicos marinos*, of *Ook Um-bilicus ma-rinus of meerna-vel.* Meernavels noemd, waar onder deze de grootſte is. Het houd zich op omtrent zooda- nige ſtranden, die ſteile klippen hebben, daar de zee hard tegen aanbrand, en zyn dierhalven moeijelyk om te duiken, doch daar ze zyn vind men 'er veele by malkander, *Waar zy haar op-houden.* maakende zeekere Compagnie of Troepen, gelyk men zegt de *Tſjanckor* op de kuſt *Coromandel* en *Ceylon* doen.

Zyn naam in 't Latyn is *Cochlea Lunaris Major*. Neerd. *Reuſe-ooren*. Maleits *Matta* *Hunne benaaming in ver-ſcheide taalen.* *bulan beſaar*; want men moet weeten, dat de Maleijers *Matta Bulan*, dat is, Maans oogen noemen alle hoorens, die een rond, dikachtig en ſteenhard ſchild draagen, 't welk met zyne buitenſte zyden een volle maan verbeeldt; men zoude het billyker *Co- chlea Margaritica* noemen, dan *Cardanus* omtrent den voorgaanden *Nautilo majori*

doet;

doet; om dat het uitdrukkelyker de gedaante van een flek heeft, dan den zelven *Nau-tilus.*

Het dier word tot fpys gebruikt.

De Inlanders maaken daar veel werks van, te weeten tot de kost, dezelve in heet water lang opkookende, tot dat het fchild zich opent; het befte daar aan is de ftaert, want het voorfte vleefch is vry wat hard, en al dat groene of fwartachtige *Papaver* moet men wech fnyten, dewyl het zelve bitter en zandig is. De Koningen van *Boeton* eygenen zich dezen kost alleen toe, weshalven hunne onderdaanen deze hoorens hun

Hoe men deze hoorens de huit af neemt en paerlemoerig maakt.

alleen moeten brengen. De onze maaken meer werks van den hooren, die, zoo hy fchoon geplekt, als een Luipard, zonder fcheuren en geheel is, bewaart word, anders ftopt men den mond toe met kley en boven op met wafch, dat de fcherpigheid niet aan het paarlemoer koome, en legt dien eenige weeken in azyn of gooren ryft, doch den azyn moet men 2 of 3 maal verwiffelen, en zoo dikwils ook fchuuren, tot dat de binnenfte runge huid afgaa, en de geheele hooren paerlemoer worde; die men dan met fterk water overftrykt, en noch eens met zeepwater affpoelt. De Japanders flaan

En waar dat dia toe gebruikt word en. Het fchild is een goud middel voor veele quaalen.

deze paerlemoer fchaal in ftukken, en zetten dezelve aan de groote Kantooren of Kaffen, om 'er het zwarte lakwerk, bloemen en ftarren uit te formeeren, 't welk een groote fraaijigheit geeft, fchoonder koleuren vertoonende dan het oprechte paerlemoer.

Het fteene fchild, of Maans oog, kan men in plaats van likfteenen gebruiken, ook verzeekeren my eenige *Chirurgyus* in het zelve alle de krachten van *Oculi cancri* bevonden te hebben, als wanneer men 't zelve in ftukken ftoot, in azyn diffolveert, en ingeeft, om 't geronnen bloed te fcheiden, de ftonden der Vrouwen te verwekken, en het graveel af te zetten.

De twee-de foort.

Hier toe behoort een kleine foort niet grooter dan een nagel van een vinger of duim, van gemeene Alykruiken fatzoen, met eenen wyden ronden mond, geflooten met een rond fteendekzeltje, 't welk aan de kanten eenen loodverwigen kring geeft, maar boven op wit is. De fchaal zelfs is van buiten doods aardverwig, en zomtyds met

Zyn van weinig waar de. Doch worden van d' In-landers gegeeten.

weynige witte ftippen, binnen een weynig naar paerlemoer trekkende. Zy hebben geen groote fraaijigheit, zyn derhalven het bewaaren niet waard, maar worden van de Inlanderen veel gekookt en gegeeten, inzonderheit by de *papeda,* om dat ze een zoet, hoewel weynig, vleefch hebben; en daarom noemen ze zommige *Bia papeda Kitffil.* De dekzels van de Reuzen-ooren leggen de Inlanders in water, daar ze hunne jonge kinderen uit waffchen, tegens het *Sawan,* dat is, de quaade lucht, die de kinderen bevangt en onruftig maakt.

De Cochlea Lunaris major, word van den Schryver ook Reuze ooren genaamt, by ons zyn die bekent met den naam van den bosten Knobbel hooren: men vind 'er die fchoon zee groen zyn, die dan de groene Knobbel hooren worden gebeeten; zie hunne afbeelding op de plaat XIX. letter A. is die van boven, en letter B. dezelve van onderen. In haar opening of mond, zit het fchild of dekzel Umbilicus Veneris, of by ons de Venus navel aangewezen met letter V.

VII. HOOFTDEEL.

Cochlea Lunaris minor: *Bia matta bulan.*

Cochlea Lunaris minor, waar van vyf foorten befchree-ven. Eerfte foort, zie de plaat N.ᵒ XIX. letter C.

ALle de volgende hebben mede de gedaante van gemeyne Alykruiken, met een dikke dubbelde fchaal bekleed, en den mond fluitende met een rond Maans-oog, 't welk wy *Umbilicus Marinus,* of Zee-navel noemen, waar van wy vyf foorten befchryven zullen.

I. *Cochlea Sulcata nigra.* Maleits, *Krang fuffu,* om dat ze eenigzins verbeeld een klein mammetje, heeft van buiten een dikke en fwarte fchaal, overdwers of langs de gieren diep gevoorent, en daar en boven wat ruig als of ze fchubachtig was, zonder glans, doch zomtyds met weinige fpaansgroene of witte plekken, binnen is een bleek wit

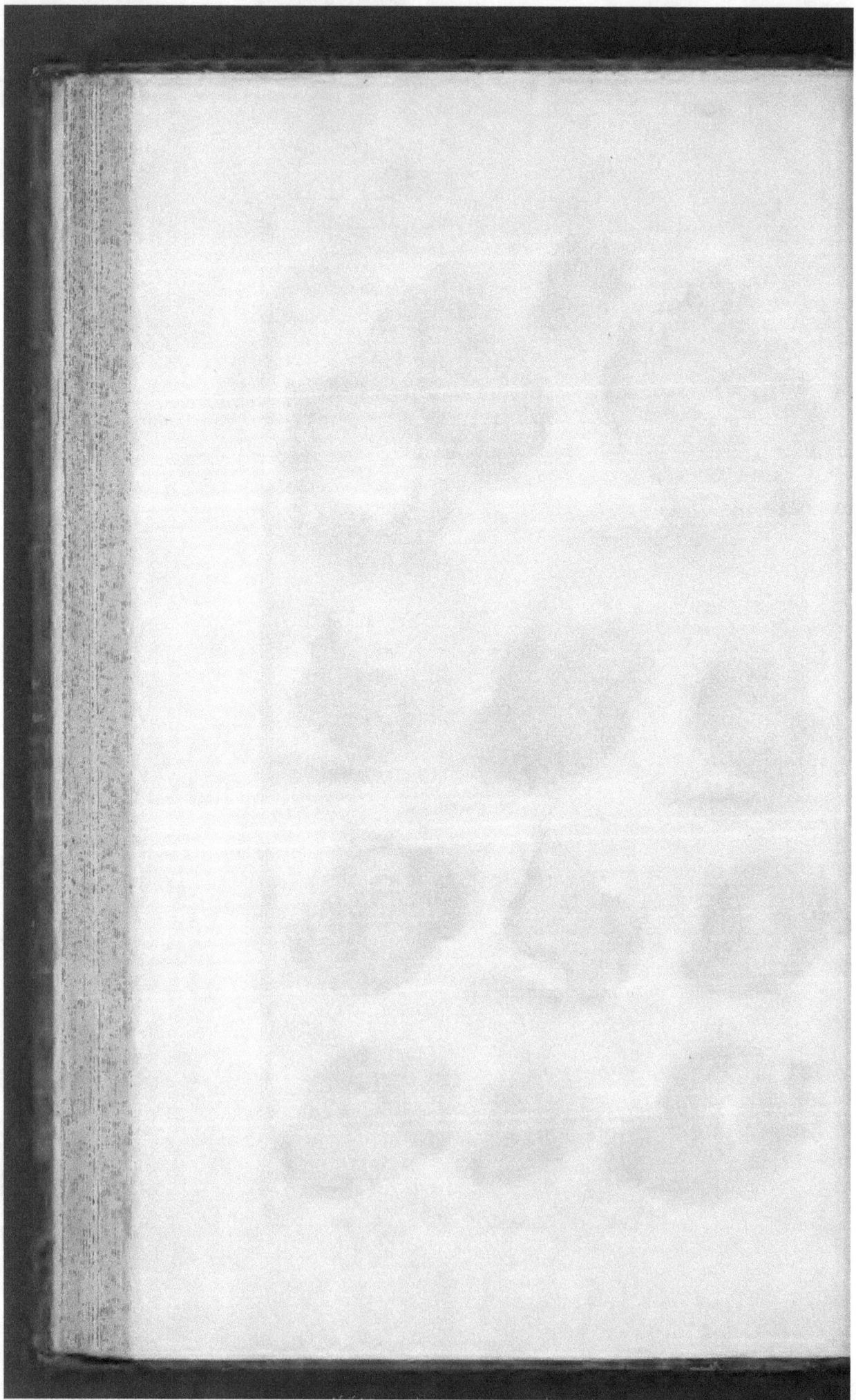

wit paerlemoer; het dekzel is aan de bultige of buitenfte zyde vuil wit, met eenige korreltjes, en zomtyds in de midden zwartachtig; het dier is goed om te eeten, maar de fchaal heeft geen mooijigheit.

II. *Cochlea petholata*. Maleits *Bia pethola*, is fchier van het voorige fatzoen, of wat kleinder, en de gieren zyn aan de voorfte zyde wat kantig; zommige ook recht rond, van buiten ganfch glad en met verfcheide verwen gefchildert, gelyk de kleedjes *Pethola*, of de groote Slange *Oelar pethola*: de meefte koleur is bruin met zwarte en witte plekken, maar als 'er groene en hoogbruine onderloopen, die acht men voor de befte; zommige van de geheel ronde hebben, in plaats van plekken, zwarte ftreepen langs de gieren, van binnen zyn ze geelachtig na paerlemoer trekkende, zyn dekzel is eene van de fchoonfte *Matta boelangs*, recht rond, beneden plat, en, naargewoonte, met een navel getekent, boven fchier half rond of linzeformig, meeft zwart, aan de kanten groen en ros, glad en blinkende als een Offen oog. Noch vind men een kleinder foort zwartachtig met een groene weerfchyn; het dier is wat harder van vleefch dan de voorgaande, taai en flymerig, en daarom tot de koft niet bequaam. Men vind ze zeer zelden, en worden daarom onder de befte rariteiten gerekent, wegens de mooije koleur van de fchaale.

[marginal: Twee-de foort. Zie de plaat XIX. letter D. Welke de befte zyn.]

[marginal: Een an-der foort. Zie de plaat XIX. N. 1.]

III. *Coclea Lunaris afpera*, heeft de gedaante van de eerfte foorte, langs de gieren mede gevoorent en ganfch ruig, met uitfteckende fchubben, waar door ze fchier fteckelig zyn. Het Maans oog is als aan 't voorgaande, doch flechter, en van minder glans, ook meeft zwart, of aan de kanten wat ros; de grootfte foort hier van is als een Hoender-ey, van buiten meer fteckelig, en van binnen heeft ze een geel paerlemoer, waar door ze een gloeijenden oven gelykt, en ook zoo genoemt word; de kleinder foort is min fteckelig, en heeft van binnen een wit of zilververwig paerlemoer, die gemeener en flechter is, en haar Maans oog is wat gekorrelt; beide zyn ze van buiten zwartachtig zonder glans, en zomtyds met fpaanfchgroene plekken; de befte tot het eeten zyn, als men het groene *papaver* wechfmyt, en hen zoo lang kookt dat zich de dekzels openen.

[marginal: Derde foort. Zie de plaat N. XIX letter E. Word een gloei-jende o-ven ge-noemt. Een an-dere foort. Zie dezel-ve plaat N. 2.]

IV. *Cochlea Lunaris minima*, is qualyk zoo groot als een nagel van een duim, van buiten mede gevoorent, licht karftanje bruin, zonder glans en fteckels, van binnen geel met weinig paerlemoer; het dekzel is mede een rond fchildje, zwartachtig en zonder glans.

[marginal: De vier-de foort, is veel kleinder.]

V. Groote zilvere ovens zyn deze foort gelyk, behalven dat ze aan den bovenften omloop een kant hebben, en daar aan eenige fchubben, voorts van buiten met wit en zwart gefchildert, doch het witte is het minfte, en van binnen mede zilververwig; worden zelden gevonden.

[marginal: De vyfde foort.]

Alle deze foorten noemen ze met eenen algemeenen naam *Bia matta bulan*, en worden op de markt te koop gebracht tot de koft, behalven de tweede foort, die zeltzaam is, en meeft in de Uliaffers valt.

De Cochlea Lunaris minor: De eerfte foort ftaat afgebeeldt op de plaat N. XIX. letter C. De tweede foort is letter D. en word by ons een Naffauwer geheeten, waar van wy hier neffens vier foorten uit ons Cabinet vertoonen, doch die alle uitmuntend van koleur en tekening zyn, zie haar op dezelve plaat N. 5, 6, 7. en N. 1. is by den Schryver een andere foort van de letter D. Wy zouden noch veele van deze hier by konnen voegen, maar meenen te konnen volftaan met de befte te vertoonen; het is een deugd van haar als zy fchoon zilver mondig zyn. De derde foort van den Schryver ftaat verbeeldt met letter E. deze zyn van buiten bruin geel plekkig, doch hoe zwarter hoe beter; zy wor-den by ons Gout monden genoemt, wegens haar fchoon gout paerlemoer koleur; waarom de Schryver haar ook de gloeijenden oven noemt. Een tweede foort hier van, zie dezelve plaat N. 2. zy zyn graeuw groen en bruin gevlakt; wy noemen die om haar wit paerlemoer Zilver mondjes. Waar nevens wy noch voegen den gefplekten of Bonte Zil-ver mond N. 3. als mede de Groene Zilver mond N. 4. die mede heel zeltzaam is; van de 4 foort geeft ons de Schry-ver geen afbeelding, veel licht om dat die weynig van waardy zyn; als mede van de 5 foort, waar in zyn E. aan-wyzing doet tot de eerfte,

VIII.

VIII. HOOFTDEEL.

Umbilicus marinus : Matta bulan.

WY zullen nu hier by malkander verhaalen alle de dekzels van de voorgaande hoorentjes, by de Maleijers, *Matta bulan*, dat is, Maans-
oogen, genaamt; maar in de Europische boeken hieten ze *Umbilicus ma-*
rinus, naar de gedaante van een navel, die ze aan de binnenste of
platte zyde hebben, waar mede ze tegens 't vleesch van 't dier hebben aangezeten,
en worden verkeerdelyk voor byzondere hoorentjes gehouden.

I. Het eerste en grootste is het dekzel van *Auris Gigantum*, *Cap. 6.* een hand breed
in den *Diameter*, gelykende beter een liksteen van marmer of eenen kaisteen gemaakt,
dan een deel van een hooren; aan de binnenste zyde wel plat, maar de gieren maaken met haare kanten eenige verhevenheit, voorts met een bruine huid bekleed, die
daar zeer vast aanzit; de buitenste zyde, als gezegt is, wit en bultig als een linze,
aan zommige effen, aan de meeste oneffen met eenige vlakke kuilen. Als men het schild
in stukken slaat, bevind men verscheide dikke huiden over malkander leggen, waar
uit blykt, dat het metter tyd en met laagen aangroeyt. Als het lang op den strand legt
rollen, zoo word de bruine huid afgeschuurt, en zoo glad, dat het een enkelde kaisteen gelykt.

De schildjes van de kleine soorten, in 't zelve hoofddeel beschreeven, komen in
geene achting, en worden daarom niet getelt.

II. *Umbilicus marinus niger*, is het dekzel van de tweede en derde soorte, in 't
voorgaande hoofddeel, de schoonste van allen, en meest blinkende, en daarom voor den
eigentlyken *Umbilicus marinus* te houden; doch hy verschild merkelyk van den *Umbili-*
cus, dien men in de Middellandsche zee vind, want die is wel plat aan de binnen zyde, en met een navel geteikent, maar aan de bultige zyde is hy ingedrukt, met een
merkelyk kuiltje, ros, of oranje van koleur: daarentegen de onze is, aan dezelve
zyde, uit den half ronden, plat en effen, meest zwart, met groen en ros gemengt,
zeer glad en blinkende als een Ossen oog, hebbende de grootte van een dukaat of minder.

III. *Umbilicus granulatus*, is het dekzel van de eerste en derde kleine soorte, in verre zoo mooi niet als de voorgaande, en daarom onder geene rariteiten gerekent. De
eerste is aan de binnenste zyde ook niet recht zwart, maar scheef en kuilachtig, aan de
buitenste vuilwit, zonder glans en korreligheid. De andere mindere soorten worden hier
toe gerekent.

Deze Maans-oogen vind men op *Boero* en elders, meer langs de strand verstrooyt
zonder haare hoorentjes, en het bruine vel meest afgesleepen, waar door de misgreep
komt, dat men ze voor byzondere hoorentjes houd, deze hebben de eigenschap, dat,
als men ze in een vlak schoteltje legt, daar azyn of zuir Limoen zap in is, en een
reis of drie op den bodem omwryst, zoo bewegen ze zich van zelfs, zommige doen
het ook zonder wryven, maar staan straks wederom stil. Die men versch van de hoorentjes uitneemt, willen zulks niet of qualyk doen; waar uit schynt, dat ze op strand
in de zonne leggende sponsachtig worden; want alle zoodanige dingen, die zich in
azyn van zelfs verroeren, moeten sponsachtig [*Porosæ*] zyn, en eenige ingestotene lucht
hebben, die den indringenden azyn zoekt uit te dryven, en door dien stryd het lichaam

beweegt. De Inlanders houden deze Maans-oogen van de tweede soorte voor goede oog-
steenen, waar mede ze de verhitte oogen bestryken, inzonderheit als ze de kleine
zweertjes (*Hordeola*) krygen, om dezelve te verdryven; anders hebben onze Chirurgyns ervaaren, dat alle deze steenen gestooten, en in azyn gedissolveert, dezelve kragten

N° 4

N° 5

N° 6

G

I

H

N° 1

K

A

N° 2

C

E

D

F

N° 3

B

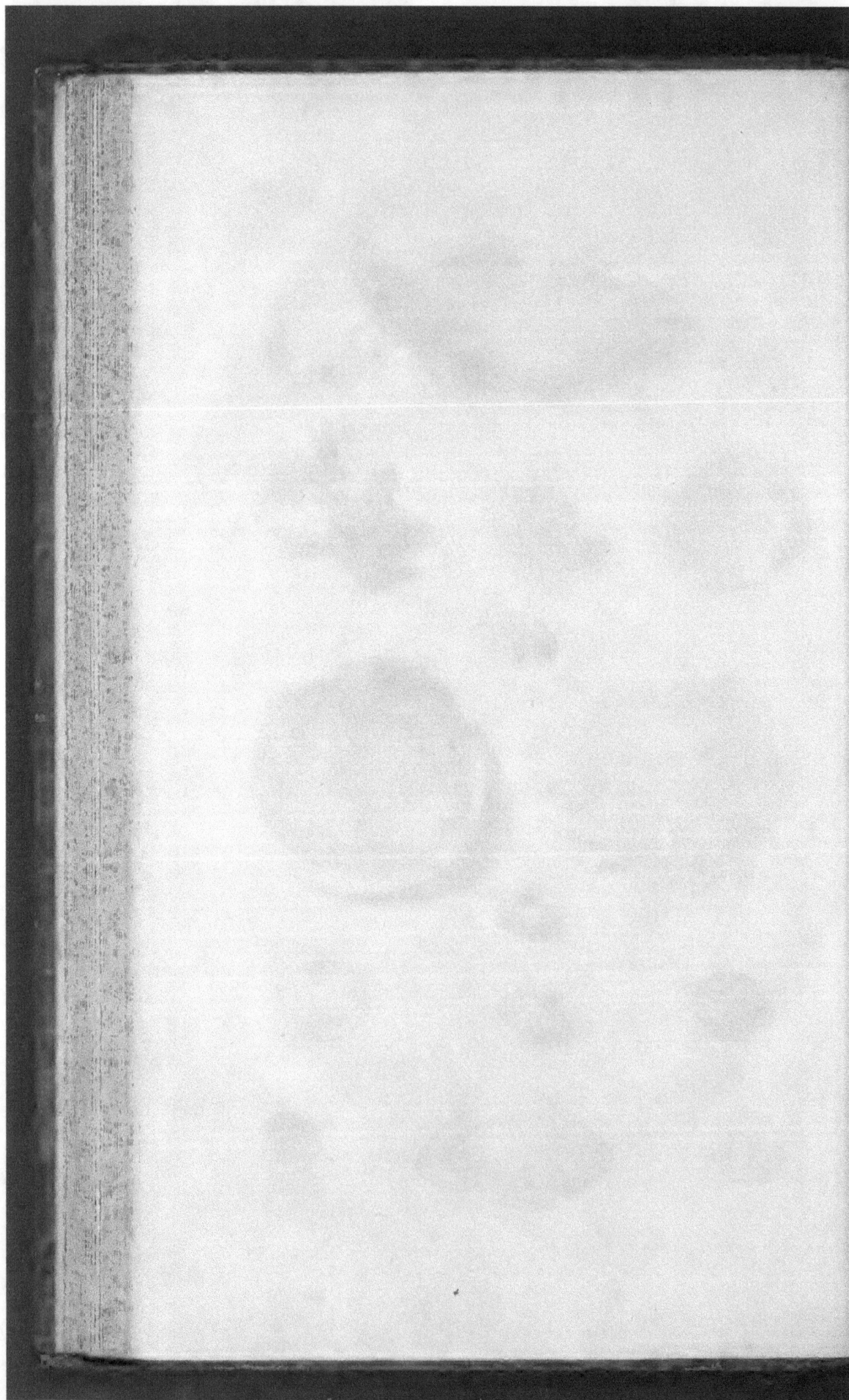

ten met de *Oculis cancri* hebben ; d' *Umbilicus marinus*, uit de Middellandsche Zee, *Umbili-cus uit de Middel-landsche Zee.* is by de Turken, inzonderheit op *Candia*; gebruiklyk in 't bord of brand van de maa- ge, wanneer ze den zelven op 't kuiltje van 't hart leggen, een weinig draaijende tot dat hy vaſt kleeſt, en wanneer ze den afgenomenen naweegen, en die zwaarder bevinden *Zie dezel-ve plaat letter C.* dan hy te vooren was, zoo houden ze 't voor een teken, dat hy de voehtige dampen naar zich getrokken heeft.

De Umbilicus marinus, of Maans oogen, zyn by ons bekent met den naam van Venus navelen, waar van veele ſoorten zyn. En alhoewel de Schryver hier van geene afbeeldinge heeft gegeven, vertoonen wy ze echter, vermits 'er veele onder ons berustende zyn, die met de beschryvinge over een koomen. De eerste ſoort, (zie de plaat XX. letter A.) is de aldergrootste. De tweede ſoort letter B. is uitnemend grantig en schoon. De derde is afgebeeld by letter D. en is boven op geheel met paerelen bezet. De vierde ſoort it zie uit de Middellandsche Zee, aangewezen met letter C. hy is uit den rooden vleeschverwig, en heeft recht de gedaante van een Navel. Letter E. is dezelve van onderen. Letter F. is een andere ſoort, maar bulachtig en schoon getekent. Letter G. is nog een andere ſoort; hy ziet groenach-tig grauw en is onder wat flauwer van tekening als de voorgaande.

IX. HOOFTDEEL.

Cochlea Laciniata : Lobbetjes en Spooren.

D It zyn platte Alykruiken, met de binnenſte gieren maar een weinig verheven, *Cochlea Laciniata of Lobbet-jes zyn 2 ſoorten.* en van twee ſoorten.

I. *Cochlea Laciniata.* Neerd. *Lobbetjes* ; is plat met weinige gieren, bui- *Eerſte ſoort.* ten ganſch ruyg, en aan de kanten van de gieren met uitſteekende kromme lappen, die al mede geſtreept of gevoorent zyn, en tuſſchen de lappen met mindere *Haar ge-daante. Zie de plaat N. XX. letter H.* dunne ſtompe ſteekeltjes, die over de geheele ſchaal ſtaan ; van de groote lappen ſtaan 'er gemeenlyk 5 in een omloop, en ieder is van vooren door eene kloove in tween gedeelt ; zommige hebben, in plaats van lappen, over 't geheele lyf ſtompe ſtee- kels, haar koleur is meeſt grauw, zonder glans, met weinig rood gemengt, zelden *Haar ko-leur.* zuyver, maar met wit zeegruis bewaſſen ; van binnen zyn ze recht paerlemoer, en *Is binnen paerlemoe-rig.* haar dekzel is een rond ſchyfje, dun, donkerbruyn, buiten hol met een kuyltje, binnen uitpuylende ; de grootſte zyn als een rykxdaalder, de gemeene als een ſchel- ling. Met haare gedaante verbeelden ze de oude kraagen, die men Lobbetjes noemt.

II. *Calcar* of ſpooren zyn qualyk zoo als een ſchelling, noch platter en dunner, *De twee-de ſoort, worden ſpooren ge-naamt.* langs de gieren met een uitſteekende kant, daar aan men in de ronde veele uitſteeken- de hoeken ziet, de gedaante van een ſpoor uitmaakende, van buiten vuylgrauw, ruyg *Zie haar gedaante op de plaat N. XX. letter I.* en kartelig, van binnen paerlemoer; haar dekzel is een klein rond ſchildje, aan de buiten zyde wat ingedrukt met een kuyltje, blinkende als een roodachtige pacrel. *Werden tot ſpysge-bruikt.* Beide zyn ze tot de koſt bequaam. Zy vallen op zoodanige ſtranden die vlak zyn, en in *Haar verschei-dentheid.* kleine ſteentjes beſtaan met grof zand vermengt, gemeen in den Amboinſchen In- ham by den rooden berg. Die men bewaaren wil, moet men met ſterk water van het aanhangende zeegruis zuyveren, en voorzichtig met een meſſje ſchrapen, op dat men de uitſteekende hoeken niet afbreeke. De ſpooren hebben tweederlei gedaanten; want zom- mige hebben de bovenſte gieren verheeven als alykruiken, doch tot aan 't binnenſte met de uitſteekende tanden vereiert; andere zyn plat, recht als een ſpoor.

De Cochlea Laciniata, of ook Lobbetjes, worden by ons Dolfyntjes, ook wel Baardmannetjes, genaamt ; zie haare af-beelding op de plaat XX. aangewezen met letter H. Zy zyn bruynachtig grauw, zomtyds met rood gemengt, doch de H. Vincent vertoont 'er een, die geheel schoon rood inkarnaat is: buiten deze, heb ik nooit diergelyke gezien. De andere, door den Schryver Calcar of ſpooren genoemt, word by ons de kleine Zonnehooren geheeten: zie hem op de zelve plaat, by letter I. verbeeldt; waar by wy gevoegt hebben de groote Zonnehooren, aangewezen met letter K. deze is graauwachtig wit, ook heel zeltzaam en ongemeen.

K   X. HOOFT-

X. HOOFTDEEL.

Trochus: Bia Cucuſſan.

Trochus noem ik alle zoodanige hoorentjes, die de gedaante, van een tol, waar mede de Jongens ſpeelen, of van een omgekeerden trechter hebben, te weeten van een breed voetſtuk, ſchielyk ſpits toeloopende in een korte pyramide of kegel; waar van vier ſoorten aangemerkt zyn.

I. *Trochus primus ſive maculoſus*, is beneden drie of vier vingeren breed, en niet veel hooger, aan de kanten van de bovenſte gieren met uitſteekende hoekjes, een weinig getand, maar de kant van den onderſten gier is effen; de buitenſte huyd heeft zwarte en roodachtige plekken, zonder glans; maar de binnenſte is ſlecht paerlemoer; de mond is ſmal, uit den ronden langwerpig; echter het ſchildje, 't welk den zelven bedekt, is rond, zeer dun als een blik, buygzaam, honigverwig en met veele kringen in een ſpits toeloopende.

II. *Trochus ſecundus*, is zmaller van *baſis* of voetſtuk, maar hooger van top, buiten gegranuleert of doorgaans met korreltjes bezet, bleekrood, ongeſpikkelt en doodſch van verwe.

Deze beide noemt men eigentlyk *Trochus*. Maleytſch *Bia cucuſſan*, naar zeeker keuken gereedſchap, 't welk een omgekeerden trechter gelykt. Neerduytſch *Tollen*. Band. *Tombor*.

III. *Trochus tertius ſive papuanus*, ut & *Trochus longævus*. Mal. *Cucuſſan papouan*, heeft de grootte van de eerſte ſoorte, maar is zeer ruyg en rimpelig over 't geheele lyf, en daarenboven aan de kanten van de gieren met knobbelen bezet, dik en ſteenhard van ſchaal, van buiten doodgrauw, daar wat groens onderloopt, niet te min zuyver van binnen, zonder paerlemoer; hun ſchildje is mede als een dun blik, 't welk het dier zeer diep intrekt; het dier zelf is heel hard en taai van vleeſch, onbequaam tot de koſt. Deze *Trochus* houd zich niet in zeewater op, maar hangt aan de ſteile klippen, daar het zeewater tegen aanſpat. In Amboina vind men ze niet veel grooter dan een kleine ſchelling; maar in de Papoeſche Eilanden, *Manipa* en *Kelang*, grooter dan een ryxdaalder. Dit dier is zoo hard van leven, dat zulks iemand niet lichtelyk gelooven zoude, die het niet bezocht heeft; immers ik had het op 't bloote zeggen niet durven ſchryven, indien ik 'er geen ervaring van hadde. De Papoewen zeggen, dat het een geheel jaar zonder koſt of drank kan bewaart worden, waarom ook by hun lieden het gebruyk is, dat ze deze hoorentjes in haare Tomtommen of ſtrooije koffertjes by hunne kleeden leggen, tot een bewaarder van hunnen huysraad; want, zoo het dier voor den gewoonlyken tyd ſterſt, zy gelooven, dat uit dat koffertje wat moet geſtoolen zyn. Van het Papoeſche Eiland *Meſſoal* zyn my in 't jaar 1675 omtrent 12 ſtuks van de grootſte ſoorte toegezonden, die ik in eene groote aarde ſchotel in myn kamer zette, en al te zamen over de twee maanden in 't leven behield, na dat ze alreeds een maand onderwegen waren geweeſt; daar na deed ik, uit een verkeerd medelyden, wat water in de ſchotel, en zette een ruyge zeeklip daar in, op dat de diertjes van honger niet ſterven zouden; toen kropen ze terſtont uit het water na de drooge buitenkant van de ſchotel, die in 't water bleeven, begonden allenxkens te ſterven, zoo dat ik in de vierde maand de helft al quyt wiert; de overige liet ik daar na in de ſchotel kruipen, wanneer ik bevond, dat my de laatſte in de negende maand afſtorf; waar uit ik beſluit, dat deze dieren haar voedzel zuygen uit de ziltige vochtigheit der klippen, daar ze aan hangen, en geenzins in 't water het konnen harden; 't welk echter te verwonderen is, dat ze niet te min, onder alle hoorentjes, de hardſte ſchaal en vleeſch hebben; waarom ze met recht *Trochus longævus*, of langlevende *Tollen* geheeten worden.

Na

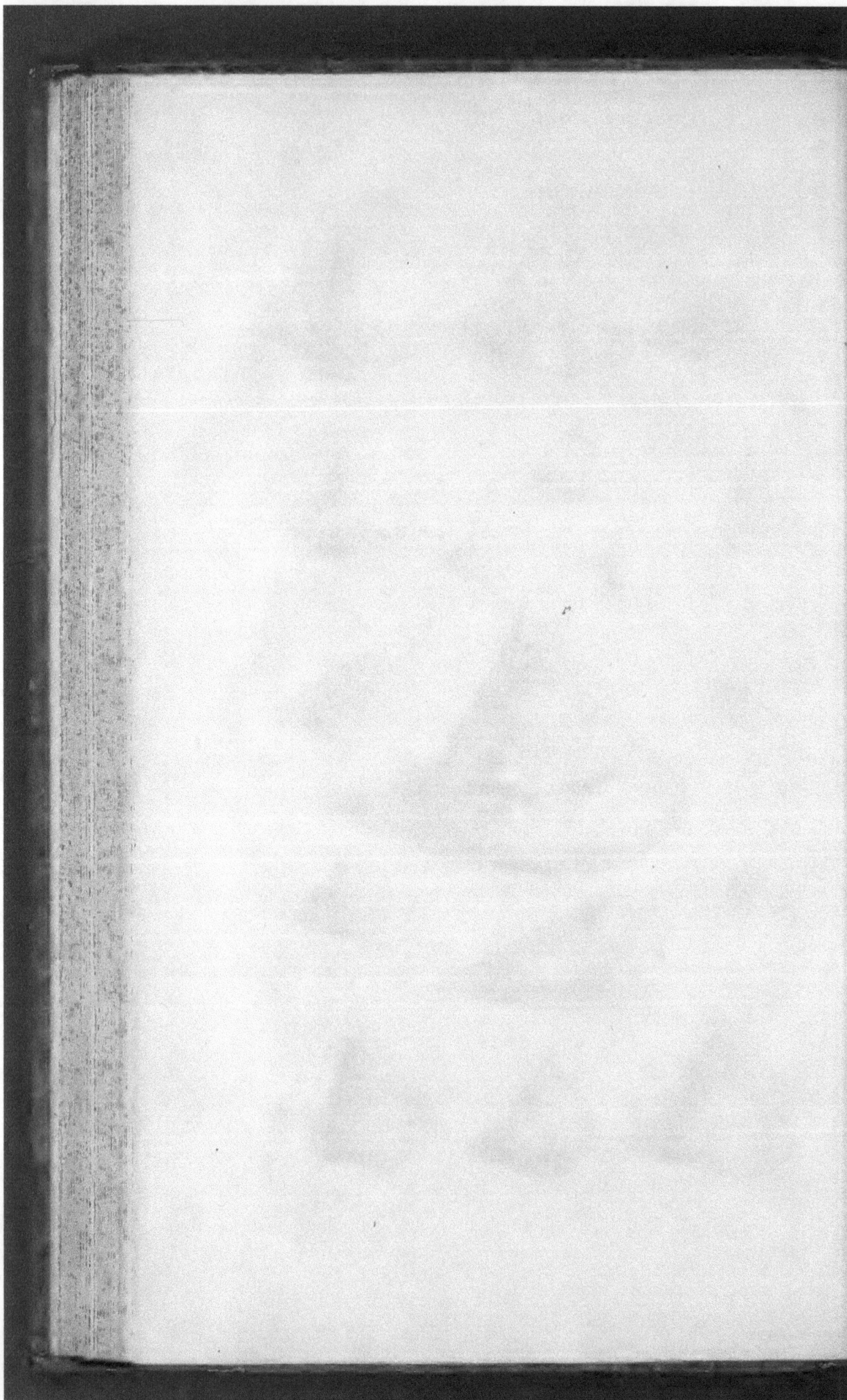

Na dien tyd heb ik ze mede aan den steilen hoek van *Nuffanive* gevonden, die, by waffend water, met het zelve wel bedekt wierden, maar kroopen allenxkens om hoog; deze heb ik 7 maanden bewaart, en daar na noch levendig naar Batavia laaten over-brengen, zoo dat 'er kans was deze hoorentjes levendig naar Holland te vervoeren. Men zoude ze mogen vergelyken by de Beeren, die men zegt een half jaar aan hun pooten te konnen zuygen, en daar door het leven te onderhouden; want het is zeker, dat dit dier zyn voedzel moet hebben van den taeijen flym, die het by zich heeft. In 't jaar 1693. heeft een zoodanige *Trochus* na een geheel jaar op *Sluitens* noch ge-leeft. *Worden by de Beeren vergeleken.*

IV. *Trochus quartus*, is kleinder dan de voorgaande, en neigt wat naar de gedaante van Alykruiken, want de tip is wat verheven, en de mond flaat niet onder, gelyk aan den voorgaanden, maar wat ter zyden; het dier heeft een dikke en als dubbelde lippe aan den zelven, waar door den ingang nauw blyft; het heeft de grootte van een kleine fchelling, met ronde gieren, en is bezet met grove korrelen, bleekrood, met groen en grauw gemengt, binnen een weinig paerlemoer, en een dun langachtich fchildje. Wy noemen dezen foort, diklip, dat is, *Labeonem*. *Vierde foort. Haar gedaante, zie de plaat N. XXI. letter E.*

Alle foorten, behalven de derde of *Papoefche*, zyn bequaam tot fpyze, doch men moet ze wat lang kooken; om ze te krygen, moet men de huysjes in ftukken flaan, want zy trekken zich zoo verre innewaarts, dat men ze anders niet kan uithaalen. *Zyn alle eetbaar behalven de derde foort.*

Dit zyn de foorten van 't eerfte hoofdgeflacht, die paerlemoer van binnen hebben. Ook vind men noch eenige *Quisquilias*, dat is, fchorri morri, of klein goedje tot dit geflacht behoorende, dewelke ik niet waardig achte te befchryven; maar de Lief-hebbers moeten ze evenwel hebben, die hunne Kabinetten met allerley foorten willen voorzien. Dit moet men mede van alle de volgende geflachten verftaan, die haa-re *Quisquilias* hebben, en van my niet aangehaalt zyn. *Daar zyn noch meerder foorten, doch niet waardig geacht om te befchryven.*

De Trochus, of Tollen van den Schryver, worden by ons Pyramiden, of ook wel Bagyne drollen, genoemt. Hy geeft ons maar vyf afbeeldingen, die op de plaat XXI. worden aangewezen, met letters A. B. C. D. en E. de andere heeft hy niet nodig geacht te befchryven; doch, alzo zyn Ed. 'er ons geene vertoont dan Amboineefche, daarom hebben wy nodig ge-acht, eenige, en voor al de befte (hier nevens, van andere plaatzen te vertoonen: zie op de zelve plaat XXI. N. 1. is eene uitmuntende lichtbruine van koleur, met eenen dunnen witten band daar om heene, beftaande alle uit fyne wit-te paereltjes. N 2. is een andere en hooger getopt met fcherpe punten; is blaauw, oranjeen bruingebandeert. N. 3. gelyk letter A. doch is aan zyne naaden of voegen rondom gebobbelt. N. 4. is van de zelve gedaante, doch in plaats van koleur de vlammen it ze geplekt, groen, rood en wit. N. 5. heeft verheven geknobbelde kringen, en is rood en wit geplekt. N. 6. is platter, doch fpits getopt, ze heeft roode en witte vlekken. N. 7. is hooger getopt, en heeft in zyom oraloop kartelen of gol-ven, is bruin en wit gekoleurt. N. 8. is een diergelyke, doch flaauwer gekartelt. N. 9. en 10. zyn gelyk van koleur, maar verfchillen van gedaanten en kinhoelen. N. 11. is een heel fyne geftreepte, bruin en grauw geplekt van koleur, doch deze fchil afgenomen zynde, heeft ze een paerlemoer, fchoon blaauw, rood en groen, weerfchyning. Van alle deze, die pyra-midaal zyn, munt uit N. 12. zy is Carftanje bruin, rondom fyn en gelyk geftreept, is heel zeltzaam, en, om hunne gedaante, de Zoerou genaamt.

XI. HOOFTDEEL.

Cochleæ valvatæ : Bia Tsjonckil.

HEt derde Hoofdgeflacht van de eenfchaalige hoorentjes begrypt de *valvatas five femilunares*, die de gedaante van een kleine Alykruike, en tot haar dekzel een halve maanswys fchildje hebben; daar de voorige een rond fchild hadden, 't welk aan de gekookten zich niet intrekt, maar ter zyden afwykt; zy worden in 't algemeen by de Amboineezen genaamt, *Matta tahettul*, [*fponte aperientes*] om dat het gekookte vleefch met het dekzel licht uit te neemen is. Zy zyn tweederlei, gladde en geftreepte, waar van wy de gladde in dit hoofddeel befchryven, beftaande in deze volgende foorten. *De Cochlea valvata, befchreven.* *Waar van tweederlei foorten.*

I. *Valvata lævis prima five vitellus.* Neerd. een *Dooijer*, is een ronde Alykruik met de fpitzen niet verheven, glad en dooijer geel, zoo dat men ze voor een dooijer van *Eerfte foort. Zie haar ge-*

een

daante op de plaat N° XXII. letter A.

een ey zoude aanzien, indien ze niet aan den onderften gier in een rye eenige witte oogjes hadde, die haar verzieren; van binnen is ze glad en fchoon wit; het dekzel is een halve maan, van buiten zoo wit en glad, dat men het voor een ftukje wit porcellein zoude aanzien, doch de kanten zyn wat gekartelt en gezoomt; de binnen zy-

Waar dezelve gevonden word.

de is vaal, waar mede het aan 't dier hangt, en 't fluyt effen op den mond, zoo dat 't dier het niet kan intrekken. Zy word weynig gevonden, meeft op gemengde ftranden van groove kaifteenen en zand, op de kuft van *Hitoe*.

2 Soort.

II. *Vitellus pallidus*, is wat grooter dan de voorgaande, van verwe doodbleek, de mond heeft beneden een uitfteekenden hoek; het fchild is mede wit, maar in verre na zoo mooi niet als het eerfte, aan de boven zyde met diepe vooren doorgeploegt: men noemt ze *de Joode*.

3 Soort. Zie haar gedaante op dezelve plaat, letter B.

III. *Vitellus compreffus*, deze gelykt beft naar eenen leggenden dooijer, want hy is platter dan de voorgaande, glad, leververwig, zonder fpikkels; de mond langachtig fmal, met een dun donker bruin fchildje.

4 Soort. Zie letter C.

IV. *Valvata quarta*, heeft de gedaante van de eerfte, doch kleinder, behalven dat de mond aan den onderften hoek wat uitloopt, over 't geheele lyf is hy wit, maar langs het midden van de gieren, in een en zomtyds twee of vier ryen met zwarte droppen gefpikkelt; het fchildje is uit den grauwen wit, en langs de kanten gegranuleert. Een kleinder foorte hier van heeft over het witte lyf 4 of 5 ryen zwarte of zwart bruine droppen, en word daarom *Canrena lima* genaamt.

5 Soort. Zie letter D.

V. *Valvata quinta*, heeft dezelfde gedaante, maar is over 't lyf donker grauw of leververwig met witte banden langs de gieren, doch de meefte hebben maar een witte band; het fchildje is als aan 't naaft voorgaande.

6 Soort. Zie letter E.

VI. *Valvata fexta*, is kleinder dan alle voorgaande, donker leververwig, zonder fchildering, en aan den mond zwart, waarom men ze zwartmondjes noemt; het fchildje is mede fteenhard, vuilwit en gegranuleert.

7 Soort. Zie letter F.

VII. *Valvata feptima five albula*, heeft weynige gieren, de punt wat verheeven, met een wyden mond, daar een donker bruin of honigverwig dekzel opzit, dun als een

Van deze zyn 3 foorten.

hoorne blik; de meefte zyn fpierwit. Een ander foort heeft alleenlyk aan den mond een zwarte plek. De derde foort is ronder en over 't geheele lyf oranje geel met diergelyke dekzels. Deze *Albulæ* worden in 't byzonder by de Amboineezen genoemt *Iffi paleffu*, dat is, die meer vleefch hebben dan ze bergen konnen, want ze kruipen met zoo veel vleefch daar buiten, dat men onmogelyk zoude achten, 't zelve in haar huys te konnen bergen, 't welk ze echter noch al konnen intrekken, en den mond fluiten met dat donker bruine blikje.

8 Soort. Zie letter G.

VIII. *Valvata octava five tenuis*, is kleinder en dunder van fchaal dan de voorgaande *albula*, ook ronder van lyf, zommige zwart, zommige vaal, beide met witte flangetjes gefchildert.

9 Soort.

IX. *Valvata nona five Gothica*, is klein, rond, van maakzel het zwartmondje gelyk; aan de kanten van den mond een weynig purperverwig of paers, over 't lyf wit, doch vol vaale Characters, als of het oude Gothifche letteren waren; ze fluyt

Deze alle zyn tot fpys onbekwaam.

den mond met een wit porcelleinachtig fchildje; men noemt ze ook *Bia faraffa Kitfjil*, tot onderfcheid van 't groote, 't welk de harp is. Alle deze *Valvatæ* hebben een hard taai vleefch, en worden tot de koft niet gezocht, om dat ze een worgende kracht hebben.

10 Soort. Zie letter H.

X. *Valvata decima fluviatilis five rubella*. Maleits *Bia mattacon*, dat is, roodoog;

Waar deze groeit.

deze Alykruik groeit in de zoete rivieren, daar dezelve in zee loopen, en aan haaren mond gladde klippen hebben; of op zoodanige fteenige ftranden, daar zoete wellen uit den grond komen, gelyk men 'er veele heeft by de wortelen van *Mangi mangis*. Zy heeft het fatzoen van gemeene Alykruiken, dun van fchaal, buiten zwartachtig en doodfch, met eenen wyden mond, die aan de kanten rofis, waar van ze den naam hebben; het fchildje is mede halve maans wyze, glad en blinkende, boven met een uitfteekend hoekje als een tand, met zwarte en roffe vuilgeele aderen, die met den

boch-

bochtigen kant parallel loopen, in de gedaante van een agaat, glad en blinkende. Men vind ze aan de hardachtige en roode steenen kleeven, gelyk de *Patellæ*, doch 't is licht haar daar af te trekken; op haaren rugge is ze dikwyls bezet met zoo veele vuilwitte wratten *Heeft* als korrelen, dat men de schaal qualyk bekennen kan, het geen haare Jongen zyn, die *haar Jong-* daar op blyven zitten, en daar aan vast besterven; en als men ze in stukken drukt, vind *op den rug* men alreeds een slymerig diertje daar in. Deze is daarentegen bequaam tot de kost, *zitten.* en zoet van smaak, word ook ten dien einde op de markt te koop gebragt, men *tot spyze.* vind ze aan den mond van groote rivieren in redelyken overvloed, doch met zoodanig een onderscheid, dat de rechte roodmondjes groeijen aan harde en rosse klippen, gelyk op *Hitoe*, waarom ook de geheele strand van diergelyke steenen en Alykruiken *Mat-tacou* bygenaamt is. Maar die men in moerassige rivieren vind, al hangen ze mede aan harde steenen, hebben weynig of zomtyds niets roods aan den mond, dewelke echter zoeter van smaak zyn. De voorschrevene Jongetjes, wat grooter geworden zynde, verlaaten de schaal van de Moeder, en kruipen aan de klippen. Men vind 'er ook, waar aan dezelve wratten afgewreeven zyn, nalatende veele geele kringetjes, die haar dan verzieren. Men vind ze ook in de kuilen van harde roodachtige aarde aan de oevers van rivieren.

Cochlea valvata, *by ons worden die Stekke hoorens genaamt; de Schryver geeft ons eenige afteekeningen verbeeldt op de plaat XXI. en met letteren aangewezen. A. is de eerste soort, van de 2de is geen afbeelding, maar de 3de soort is te zien by letter B. de 4de by letter C. de 5de by D. de 6de by E. de 7de by F. de 8ste by G. de 9de ontbreekt, doch de 10de is met letter H. aangewezen; waar by wy noch twee uitmuntende voegen als N. 1. en N. 2. van welke N. 1. ook maar alleen bekent is.*

XII. HOOFTDEEL.

Valvata Striata : Bia Tsjonkil.

DEze *Valvatæ* hebben mede een halve maans wyze schildje, maar zyn over de *De Val-* geheele schaal min of meer geribt of gestreept, bestaande in de volgende soor- *vata* ten. *striata,* *zynde*

I. *Valvata striata prima sive alpina*, is een zeer mooije Alykruik, zonder *tweede* een verheven tip, maar met een wyden mond en een dikke schaal, die boven op pas *soort.* kennelyk gestreept, maar met zwart aardig geschildert is, als of het verwarde takkebos- *soort be-* schen, of een wild gebergte was, gelyk men in de Landkaarten, de Alpes of ander groot *schreeven.* gebergte, schildert; de mond heeft een dikke lip, aan de kanten lichtgeel; het schildje *plaat* is lichtgrauw, blinkend, steenhard en gegranuleert, en aan den bovensten hoek met *XXII.* een uitsteekend tandje. Men heeft hier van 3 veranderingen; de eerste is de voornoem- *Van deze* de rechte *Alpina*; de tweede is ronder en bultiger, dieper gestreept en vol zwarte *zyn weder* stippeltjes, waar van men geen figuur kan maaken, waar door ze echter zwart schynt; de *3 soorten.* derde heeft spitze zwarte bergen, die men daarom spitsbergjes noemt, en is schier niet gestreept.

II. *Valvata secunda sive fasciata*, is de voorige gelyk, behalven dat ze, langs de *De 2 soort.* gieren, een, twee, of drie roode banden heeft, zynde het overige geschildert als voo- *Zie letter* ren. Zy word weynig gevonden, en meest op *Poeloron* of andere Bandasche Eilanden, *R.* waarom ze ook *Poelorontjes* genaamt worden.

III. *Valvata tertia undulata*, is wat ronder of bultiger dan de voorgaande, en *De 3 soort.* merkelyk gestreept of langs de gieren gevoorent, en aan de kanten van den mond een *Zie letter* weynig gerand; de schaal is geschildert overdwars met zwarte wateren, waarom men *L.* ze Camelottjes noemt, zommige hebben in plaats van zwarte, geelachtige wateren; de mond en het schildje zyn als aan de voorgaande, doch haaren tip steekt wat meer uit, en eyndigt in een korte spits; aan den mond hebben ze ook niets geels, maar zyn vuilwit, ze heeft aan dezelve een breede lip, die schuins afvalt naar binnen toe.

Alle

Haar be- | naaming | in ver- | scheide | taalen, | en | waarom. | Waar zy | zich ont- | houden.

Alle de voorgaande foorten worden eigentlyk in 't Maleitfch *Bia tsjonekil* genaamt, als of men Peutertjes zeide, om dat men het vleefch uit de gekookte met een fpelde uitpeuteren of uithaalen moet; wy noemen ze in 't Latyn *Valvatas ftriatas*, in 't Amboinfch op Hitoe, *Matta Cahettul*, dat is, die haar *Matta* of fchild van zelfs openen, als zy gekookt worden, men vind ze op zoodanige ftranden, daar groote klippen in het zand uitfteeken, want by leeg water, fchuilen ze in het zand, maar als het water wast, kruipen ze daar uit, en hangen aan de holle klippen, zy zyn van de befte tot fpyze, hebben een zoet vleefch, en geeven daar by noch een goed fop. De meefte en de befte vallen in de Bandafche Eilanden; men vind ze ook aan den hoek van *Nuffani- ve* en op *Ontoemoerij.* Die men tot rariteiten bewaaren wil, moet men niet kooken, want daar door verbleeken ze, maar van malkander op een plaats leggen, dat ze den anderen niet raaken; ook moet men 'er geen zoet of regen water laaten op komen, maar haar droog laaten uitrotten.

De 4 | foort Zie | letter M | Van deze | zyn 3 foor- | ten.

IV. *Valvata granulata*, deze is wit van fchaal, maar doorgaans met ruige wratten of korreltjes bezet, die in ryen ftaan, en tuffchen beiden langs de gieren vooren maaken; de mond is zeer wyd, met een grauwachtigen gegranuleerden dekzel, tuffchen de korreltjes of wratten ziet men aan de verfche eenige korte borfteltjes, waar door ze als met zwart gefpiekelt fchynen. Een tweede foort hier van is kleinder, vuilwit of fchier grauw, noch ruiger aan de wratten dan de voorige, doch mede diep gevoorent en zonder glans, de eerfte word zelden gevonden, de tweede heeft men op Amboina by de rivier Weynitoe, omtrent de wortelen van de Wakkatboomen. Hier by behoort de kleine vuilwitte ftrand foorte, overal in den Amboinfchen Inham gemeen.

De 5 foort. | Zie letter | N.

V. *Valvata fulcata nigra*, deze is diep gevoorent met uitfteekende ronde ribben, zwart van fchaal en mofchachtig, maar als men ze zuivert, komen 'er witte ftreepjes op de ribben voor den dach, waar door ze gefpikkelt worden, doch altyd blyft het zwartte meefter, deze voorens maaken den kant van den mond ook gekartelt, het fchild is zwartachtig, aan de buiten zyde gegranuleert met zoodanig een tand als de voorige,

Haar hoe- | danigheid.

en haaren tip fteekt ganfch niet uit. In 't Amboinfch word ze genoemd *Kima Ahoeffen*, om dat ze, te veel gegeeten, moeyelyk is voor die den hoeft hebben, en een kleine jeuking in de keel veroorzaakt.

De 6 | foort.

VI. *Valvata fulcata alba*, is kleinder en ronder dan de voorige, met eenen uitfteekenden tip, wit van fchaal, of met een weinig rood gemengt, meeft zonder fchildering,

Haar ge- | daante.

doch zommige hebben over den rugge weinige zwarte ftipjes, de lip is zeer dik, en heeft aan den voorften kant eenige uitfteekende tanden, waar door de mond zeer nauw word, en een klein fchildje, als een ftuk van een nagel, vertoont.

De 7 | foort.

VII. *Valvata compreffa*, deze is fchier niet dan mond, van vooren breed en fchie- lyk met fmalle gieren toeloopende, zonder eenigen tip, uit den ronden wat plat ge- drukt, de fchaal is buiten een weinig gevoorent, met breede platte ribben daar tuffchen, uit den zwarten en witten gefchildert met ftreepen en plekjes; de mond, die haer ook omvangt of befluyt, is nauw wegens defzelvs dikke lippen.

De 8 | foort.

VIII. *Valvata minor*, onder de *Quisquilias* van dit geflachte behooren de *Valva- tæ minores*, die men over al aan de kanten van 't water van verfcheiden gedaanten vind,

Onder | deze zyn | verfcheide | foorten | begrepen.

alle niet veel grooter dan de nagel van een vinger. De mooifte daar onder hebben 't fatzoen van de bovenftaande eerfte foort, doch zyn dunder van fchaal, en naar pro- portie wyder van mond, op den rugge effen, en met zwarte takkeboffchen gefchildert. De tweede is platter, diep gevoorent en zonder glans. De derde is effen van fchaal, van koleur eenparig, lichtróod of geel. De vierde is ook effen van fchaal, maar verziert met verfcheiden banden: Deze alle zyn gemeen op *Hitoe*, daar het fteenige ftranden heeft; maar in den Amboinfchen Inham onbekent.

De 9 | foort. | Zie de zel- | ve plaat, | letter O.

IX. *Valvata fpinofa*: Neerd-Rivier doorentjes. Dit zyn doorenachtige Alykruikjes, die men niet in zee, maar in de rivieren vind van tweederlei foorten: de grootfte zyn als de nagel van een duim, aardverwig en doodverwig van koleur, langs den boven-

kant

N.º 1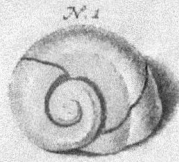
L
N.º 2

N.º 3
F
N.º 4

I
M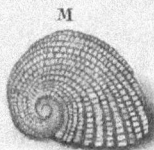
K

N
N.º 5
D

A
N.º 8
B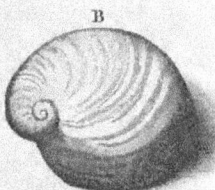

C
H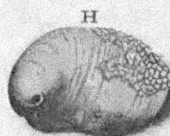
N.º 6

G
N.º 7
E
O

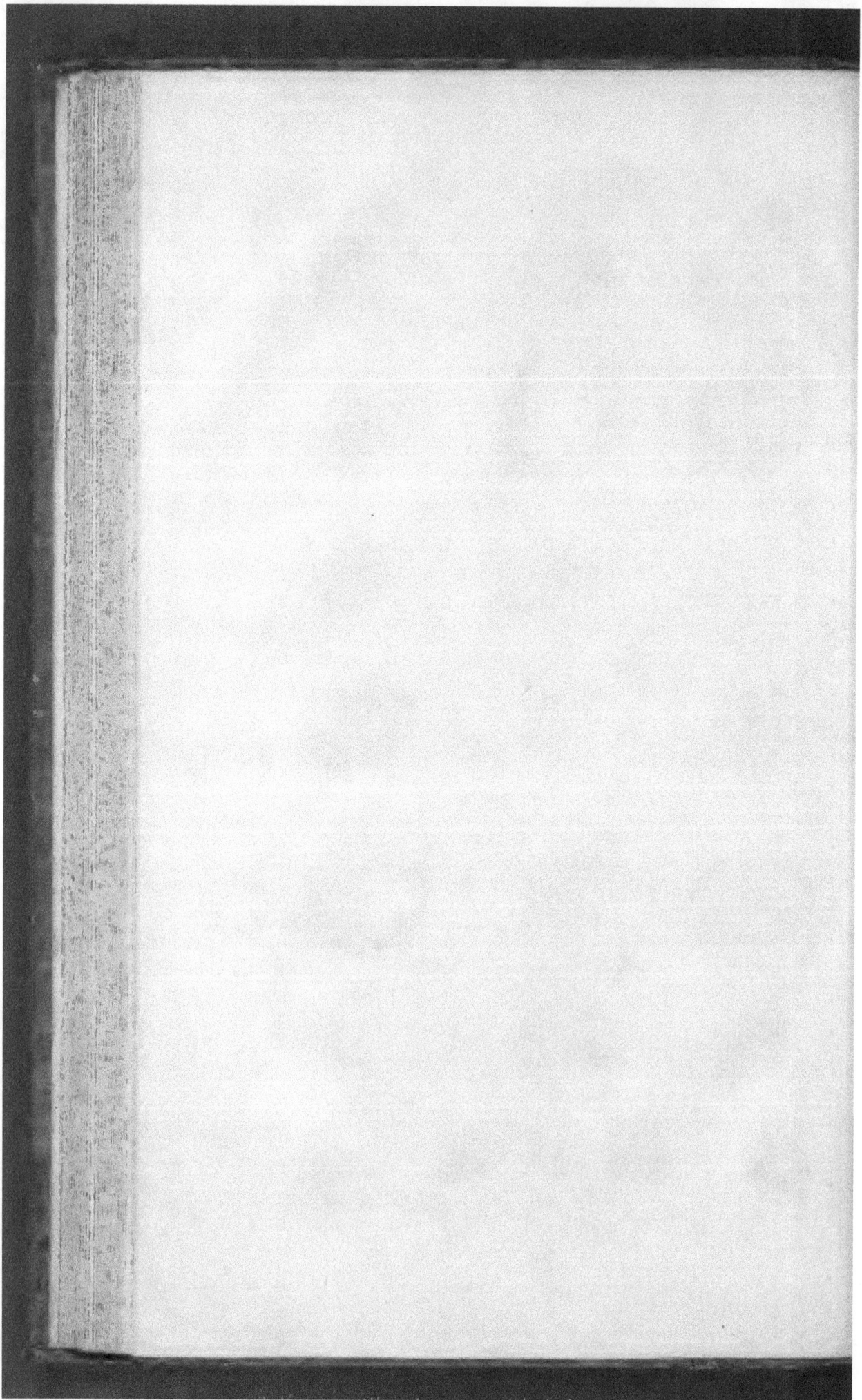

kant van de gieren met stompe doornen bezet; men vind ze omtrent de uitgangen van de rivieren, lelyk en ongezien, doch goed om te kooken: de andere zyn veel kleinder, als de nagel van een pink, zwart, dun van schaal, en ook met scherpe styve doorentjes bezet; zy zyn in alle rivieren gemeen, alwaar ze op de steenen zitten, en de voorbygangers *Waar zy* niet weinig quellen, want, als men op zoodanige steenen trapt, dan blyven ze met *gevonden* haare doornen in de voeten steeken. Men gevoelt ze meest, als 'er by droog weêr een *worden.* schielyke regen valt. Zy worden op 't Amboinsch genoemt *Hehul.*

Cochlea striata, zyn voor 't meerendeels de voorgaande gelyk, doch verschillen daar in, dat zy verheven gestreept zyn. Van deze en de voorgaande zyn veele soorten, waar van zommige Witmondige slekhoorens, en andere Maan hoorens genoemt werden, om dat zy binnen in den omtrek van hunnen mond een halven witten kring hebben, in welken men de gedaante van een halve Maan bespeurt. Op de XXI. plaat, by letter I. staat verbeeldt de eerste soort, en by letter K. de 2de. by letter L. de 3de. de 4de by letter M. de 5de by letter N. de 6de 7de en 8ste soorten zyn niet verbeeldt, doch de 9de by letter O. dus verre die van den Schryver. Deze volgende zyn wegens hunne zeltzaamheit van ons hier by gevoegt. N. 3. is de rechte Maan hooren, waar van 'er weinig gevonden worden. N. 4. is een 2de soort; deze beide zyn zwart en wit geplekt. N. 5. is een 3de soort, wit en zwart met Oranje banden. N. 6. is een 4de soort, bruinwit en zwart gevlekt. N. 7. is een 5de soort, zwartgranw en wit gebandeert. en N. 8. is een rechte uyd-mond, zwart en wit geplekt. Meer soorten zoude men hier konen by voegen, maar vergenoeg u met de alderbeste te zien.

XIII. HOOFTDEEL.

Cassides tuberosæ : Bia Gabesette.

HEt vierde hoofdgeslagt van de Eenschalige, begrypt die de gedaante van *De Cassi-* stormhoeden en gemeene slekken hebben; en eerstelyk de stormhoeden, *des tubero-* die wy verdeelen, 1. in *Cassides tuberosas*, 2. *Verrucosas*, 3. *Læves*, 4. *Mu-* *ven;* *riees.* *Cassis tuberosa*, of gebulte stormhoed, heeft een gemengd fatzoen *waar van* van een slekke, en een *Voluta*, want het hoofd is breed met veele kringen of gieren in *4 soorten.* malkander loopende, gelyk het hoofd van een *Voluta*, maar het lyf is groot en bultig, als een *Cochlea*; alle hebben ze een lange smalle deur of mond, daar van de buitenste kant buitenwaarts is omgewelt, of dik gezoomt; den mond sluiten ze niet dicht, want ze hebben maar een langwerpig beentje, of donkerbruin en dun schildje, 't welk ze zeer diep intrekken, zoo dat men het niet zien kan. Zy bestaan in de volgende soorten.

I. *Cassis tuberosa prima sive Cornuta.* Neerd. *Gehoorende stormhoeden* of *Ossekoppen*, *De eerste* deze zyn de grootste van dit geslacht, van tweederlei gedaante, doch met 'er tyd in *soort, zyn-* een komende; want zoo lang zy noch niet grooter zyn dan een of twee vuisten, heb- *hoorende* ben ze aan den kant van den bovensten gier veele stompe hoorens, te weeten, 11 en *stormhoed.* 12 aan eenen halven omloop, want het overige is bedekt met den mond; de voorste *gedaante,* zyde, die wy het hoofd noemen, en daar ze op 't breedste zyn, maakt de *Voluta* of *N XXIII.* krul, daar men de gieren in malkander ziet loopen, en eindigen in de midden met een *letter A.* korte scherpe spits; van dit breede hoofd loopt de bultige rugge allenxkens smal toe *verder* tot aan 't voorste eind, 't welk zich opwaarts kromt als een staert; dit eind noemen *ven.* wy, ten aanzien van den hooren, den staert, maar ten aanzien van het dier, is het zyn hoofd; want door dezen staert, die van binnen hol en naar vooren geopent is, steekt het dier zyne tong uit; de rug heeft noch 2 ryen met stompe bulten, en de geheele schaal is met korte groeven gegraveert, doorgaans vuilwit, hier en daar met zwart-achtige of donkerbruine plekjes; de mond, als gezegt, is lang en smal, heeft aan den buitensten kant een breede lip, die aan den binnen kant met ronde tanden bezet is, en voorts uitwaarts omgewelt; de tegen overstaande lip, aan den hooren zelf, loopt breed uit, en beslaat schier den geheelen buik, is zeer glad en blinkende, gelyk ook de buiten lip en de geheele binnenschaal, uit den witten naar 'r geele of vaale trekkende; het *Hoe ze* overige van de buitenste lip ziet men op verscheiden plaatzen aan de deure van de *Voluta*, *aan groeit.* waar door blykt, dat deze hooren groeit door aanzettinge t' elkens van een halven gier,

dewelke

dewelke dan over de voorige lippen overgaande, moet het dier noodzakelyk, door een ingeboorene doch wonderlyke eigenfchap, al het geen, dat hem in den weg tegenftaat, wederom konen wech ruimen en nederleggen. Dit kan men klaarlyk zien, als men de hoorens in ftukken flaat, wanneer men aan de binnenfte gieren niet dan kleine over- blyfzelfs van de oude lippen ziet, die echter klaarlyk aan de buitenfte *voluta* befpeurt worden, en dit moet men mede verftaan van alle de volgende horentjes dezes geflachts, inzonderheit van den *Murex aculeatus*. Als deze hooren nu zoo groot word als een mans hoofd, dan heeft hy zoo veele kleine bulten nier meer, maar alleenlyk vier of vyf uitfteekende ftompe horens, aan den bovenften omloop, gelyk de ftompen van de eerft uitkomende horens aan een bok, blyvende de voorige mindere bultjes noch al kennelyk aan de binnenfte omloopen van de *voluta*, de buitenfte lip is als dan zeer dik en breed uitwaarts omgewelt, en daar achter met breede zwarte ftreepen; de bui- tenfte fchaal is zonder glans, doch zuyver en mooi gefpikkeld, maar hebben dat ge- brek, dat ze dikwyls met zeegruis bewaffen en ganfch dood zyn, te weeten, zoo verre zy met den rugge boven het zand uitfteeken, want zy leggen voor 't meefte deel in 't zand begraaven; dit zeegruis vreet ook zomtyds zoo diep in, dat ze gaatjes en kuyltjes in de fchaal maaken, en de horens zyn dikwyls wel half uitgevreeten. Het dier heeft een dun taai vleefch, van vooren bedkt met een langwerpig dun beentje, honigverwig en wat getand, een klauw van eenen grooten vogel gelykende.

Haar naam in 't Latyn is *Caffis Cornuta*. Neerd. *Gehoorende ftormhoeden* of *Offe- koppen*. Maleitfch *Bia Cabefette* en *krang boekoe*. Amb. *Hubuffuta*, van de zelf de bedui- deniffe. *Boetons Tandaca*. Men kan ze niet wel onder eenig bekend geflacht van de oude naamen brengen, doch met den *Murex* zouden ze ten naaften by wel over een komen. Ik bevinde wel dat d' *Aporrhais* van *Ariftoteles* by zommigen op deze manier befchreven of afgeteikend word; doch dewyl d' *Aporrhais*, volgens zynen naam, eene groote flekke is, die, als eenen klompigen fteen, van de klippen af hangt, als of ze daar op druypen wilde, zoo kan het onzen ftormhoed niet zyn, dien men anders niet vind dan in 't zand begraaven, zomtyds geheel, zomtyds met den rugge wat uit- fteekende. Men vind ze op vlakke zandige ftranden, in de Liafferfche Eilanden, in- zonderheit op *Oma* voor *Haroeko*. De Inlanders leggen ze zoo geheel op koolen, braden ze, en flaan de huyden in ftukken, om het vleefch daar uit te haalen. Die men tot rariteiten bewaaren wil, moeten geheel onder het zand uitgegraaven, en van een middelbaare grootte zyn, want deze zyn zuyver van fchaal, en de zwartbruine plekken vertoonen zich door 't boenen; anders als 'er noch wat dun zeegruis op zit, moet men ze eenige dagen in den regen leggen, met zand fchuuren, en met fterk water overftry- ken; doch als dan moet 'er geen vleefch meer in zyn, want de flym van 't doode vleefch, daar uit loopende, bederft den fchoonen glans aan de onderfte zyde, 't welk men dood noemt, en met geen konft te herftellen is, en dit moet van alle gladde ho- rentjes verftaan worden.

II. *Caffis rubra*. Roode ftormhoed; dit is een raar flach en word weinig gevonden, kleinder dan de voorgaande, omtrent 2 vuyften groot, de *voluta* met haar fpitze puyle wat meer uit, en de rug is bezet met ronde, en niet hooge knobbelen, tuffchen wel- ke de fchaal met korte groeven en ribben verciert is, zwartbruyn en rofachtig, gefchil- dert als de veéren van een hoen; de buyk of de mond is rood, als rauw en bloedig vleefch, gelyk mede de binnenvlakte, aan den eenen kant van den mond, ook omgekrult is; het vleefch van 't dier trekt ook naar den rooden. Men vind ze mede in 't zand be- graaven, gelyk de voorige met den rugge zomtyds wat uitfteekende, dewelke dan zoo verre begroeit zyn, zoo dat ze niet fchoon gemaakt konen worden; maar die men onder 't zand vind, zyn doorgaans fchoon, glad en blinkende; men vind ze weinig, en fchier alleen op de Eilanden *Manipa* en *Bonoa*, waarom ze onder de voornaamfte rariteiten gerekent worden; men vind ze veel op *Boeton*, en worden van de Maleijers zeer ge- zocht om 'er bonte arm-ringen van te maaken.

III. *Caf-*

Onftan-
dige rede-
nen daar
van.

Waarom
dezelve
zeer zel-
den onbe-
fchadigt
gevonden
worden.

Haar be-
naaming
in ver-
fcheiden
taalen.

Waar de-
zelve ge-
vonden
worden.

En hoe-
men die
fchoon
maakt.

2 Soort
Caffis ru-
bra. Zie
haar ge-
daante op
de plaat
XXIII.
letter B.

Waar zy
zich ont-
honden.

B

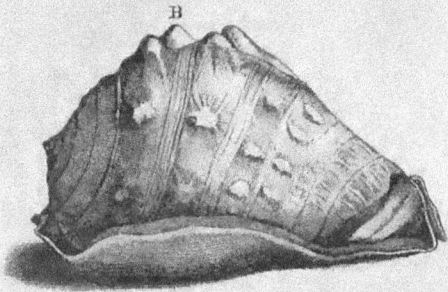

N.º 3.

A

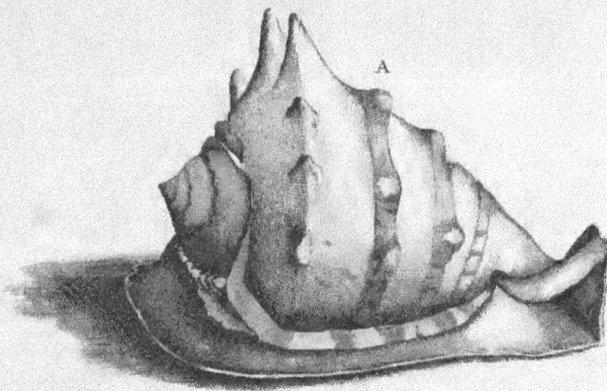

N.º 2

C

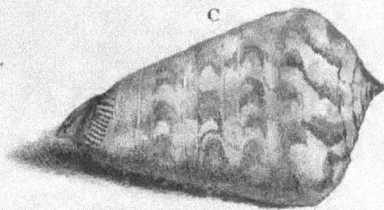

N.º 3

N.º 1.

D

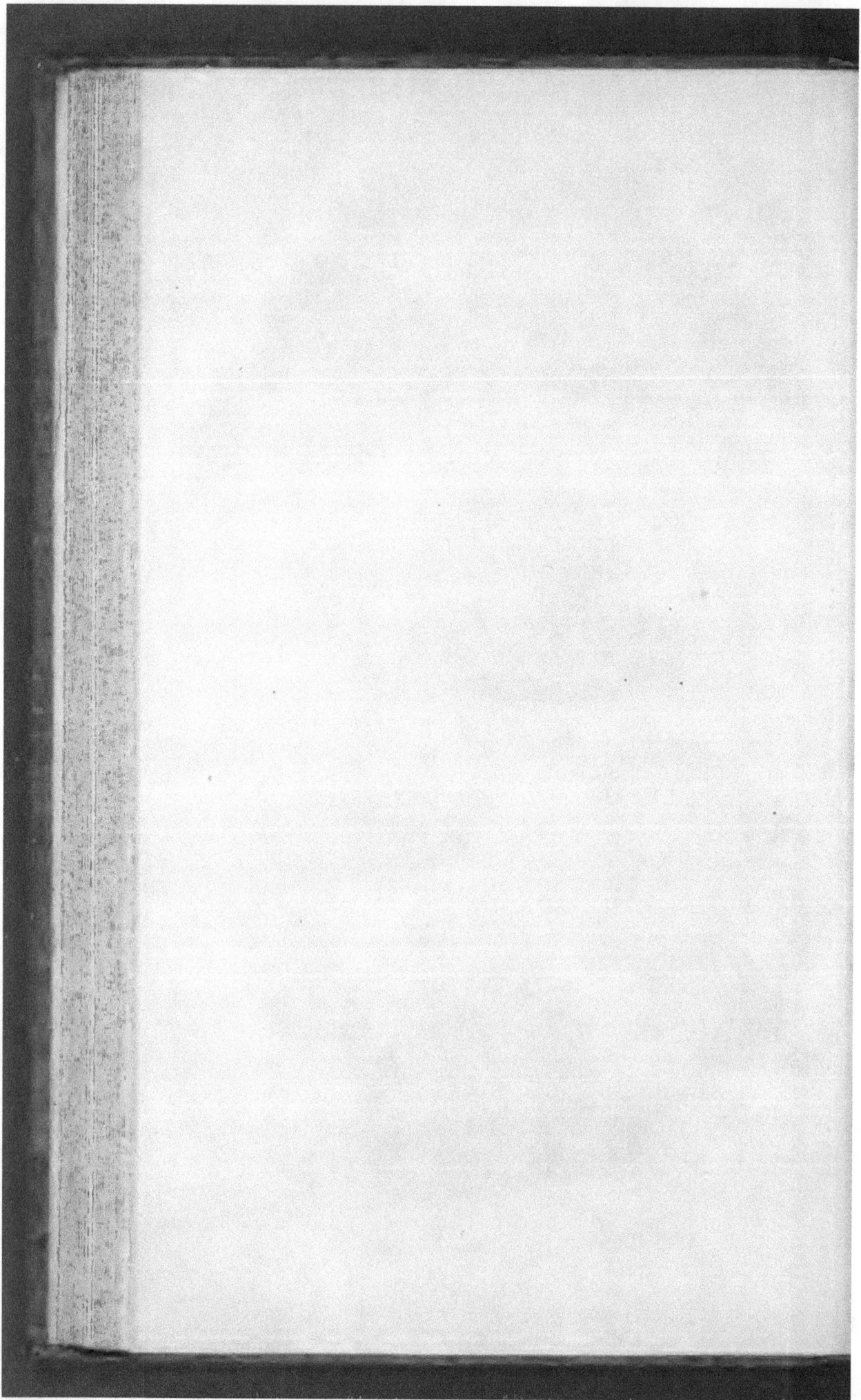

III. *Caſſis pennata*, is een medeſoort van de naaſt voorgaande; heeft geene knob- De 3.
ſoort.Caſſis
pennata.
bels over den rug, behalven eenige korter aan den bovenſten gier; de mond heeft
geen omgekrulden lip, maar eindigt met een enkelde ſchaal; de buyk is zoo rood niet, maar Zie deze-
ve plaat
letter C.
vaal; doch de rug is mooijer geſchildert met zwart, bruin, en wit, gelyk hoender
veeren, of gelyk het gemarmelt papier, 't welk men Turkſch noemt. Zy worden zoo
zelden gevonden, dat ik 'er in mynen geheelen tyd maar eene bekomen hebbe, die my
van *Cerams* noordkuſt gebracht is.

IV. *Caſſis aſpera*, Neerd. *ſteekelige Kasketten*. Deze is niet veel grooter dan een ey, De 4.
ſoort.Caſſis
aſpera.
over 't geheele lyf donkergrauw, en bezet met veele ſcherpe knobbeltjes, die ſtompe
doornen gelyken, en daar tuſſchen noch veele rimpelen en groeven, zynde de ſteekelige Zie haar
gedaante
by letter D.
tanden mede aan de gieren van de *Voluta* te zien, die wat uitpuilt; achter hebben ze geen
gekrulden ſtaert, gelyk de voorgaande *Kasketten*, of maar een klein beginzel daar van;
de mond heeft ook geen omgeworpen of omgekrulden lip, aan den buitenkant evenwel
een weinig getandt, en de zyde daar tegen over is glad, effen, en lichtgeel. Het dier
ſluit den mond met eenen langen ſmallen nagel, dien men voor eenen *Unguis odoratus*
zoude houden, doch is niet gebruykelyk. Deze ſoort is in Amboina zelden te vinden; Waar de-
zelve ge-
vonden
worden.
de mooiſte komen van de *Tukabeſſiſche* Eilanden, by zyden *Boeton* gelegen. Een
ſlechter ſlach valt op *Cerams* zuidzyde, omtrent *Kellimoeri*. Men vindt ze ook op de
weſtkuſt van *Samatera*.

Caſſides tuberoſæ, zyn by ons genaamt Stormhoeden. De Schryver geeft ons eenige afbeeldingen, die wy hier op de plaat
XXIII. met letters aanwyzen; alhoewel die by letter C. eerder onder de Voluta, hier na beſchreven, behoorde geſtelt
te zyn: doch wy zullen van des Schryvers verdeeling niet afwyken. De eerſte ſoort ſtaat verbeeldt by letter A. De
tweede by letter B. De derde by letter C. En de laatſte by letter D. N.1. is die geene, dien wy Stormhoed noemen: Hy
word ook de gebreide Stormhoed of Hoorn genaamt, wegens zyne kleine kartelen, die hy over al heeft. N.2. is een andere
ſoort, bruin gevlamt en weinig geknobbelt; is heel ongemeen. N.3. een andere ſoort met fyne en ſcherpe kartelen; en
N.4. heeft ronde banden over zich heen leggen, die eenigzins bruin gevlekt zyn.

XIV. HOOFTDEEL.

Caſſides Verrucoſa : *Pimpeltjes.*

D IT ſlag van hoorentjes beſtaat ſchier uit enkele knobbelen, gelykende zeke- De Caſſi-
des verru-
coſa be-
ſchreven.
re kleine en geknopte glaasjes, Pimpeltjes genaamt, waar uit men brande-
wyn drinkt; men kan ze niet wel onder zekere ſoorten brengen, om dat
ſchier ieder Eiland een byzondere heeft; derhalven ik maar de volgende en
meeſt bekende zal voorſtellen.

I. *Verrucoſa prima ſive Ceramica*, is de grootſte van dit geſlacht, met een uitſteekend Eerſte
ſoort. Zie
de gedaan-
te op de
plaat
XXIV.
letter A.
hoofd, gelyk een *Turbo*; het overige van de ſchaal geformeert als een *Murex*. Op de
gieren ſtaan 7 uitſteekende knobbels, als of het ſtompe doorens waren, die ook de gieren
tot den tip toe vervolgen, en dan ſtaan 'er noch andere mindere op den rug, en daar
tuſſchen met plooijen; aan den ſtaert hebben ze geen krul, en geen omgeworpen lip;
de ſchaal is van buiten doodſch, aardverwig, en aan de knobbels zwart, voorts zeer dik
en hard, als of het een knobbeligen ſteen was; aan den mond zyn ze vuilwit, en het
dier ſluit den zelven met eenen langwerpigen *Unguis*, donker honig verwig, en tot
reukwerk eenigzins dienende. Men vind ze op *Cerams* zuydkuſt, daar de ſtranden vol Waar de-
zelve ge-
vonden
worden.
kleine zwarte ſteenen zyn.

II. *Verrucoſa ſecunda* heeft de grootte van een hoender ey, aan 't hoofd zoo uitſtee- De 2.
ſoort. Zie
op de plaat
XXIV.
haar ver-
beeldt by
de letter B.
Haar
verſchei-
dentheit
kende niet, gelyk de voorgaande, maar beter de form van een *Voluta* uitdrukkende;
aan de gieren ſtaan 8 knobbels in eenen omloop, breeder en ſtomper dan de voorgaande, aan de eene zyde met een keep, als of ze t' ſaamen geweldt waren; het overige van den rug is met korte doornen bezet, en met ribben tuſſchen beiden: omtrent de ſnuit worden de doornen al weder grooter, en de ſnuit is zonder krul; de

L lip

breeder
beschre-
ven.
lip is enkeld dik en wat gekartelt; de koleur is doodsch, bleekwit, maar de doornen
zyn zwart, meerendeels met zeegruis zoodanig bedekt, dat ze beswaarlyk zyn om schoon
te maaken; andere zyn dunner van schaal en aan den mond met halfronde schubben,
't welk de Jonge en halfwasse knobbelen zyn; een derde soort is platter van hoofd,
schier als een rechte *Voluta*, en witter van schaal; een vierde soort heeft den tip weêr
wat uitsteekender, de doornen kleinder doch spitser, aan den mond zwart gelyk ook
En waar
die gevon-
den wor-
den.
de meeste schaal is. Alle deze soorten worden gehouden voor de gemeene Pimpeltjes,
die meest bekent zyn en op allerlei stranden vallen, doch meest die met scherpe kraal-
steenen vervult zyn, inzonderheit op het kleine Eilandje *Nuffaanan*, of het Duyven
Eiland, tusschen Amboina en Ona gelegen; haaren *Unguis* kan men tot reukwerk ge-
bruyken. In 't Maleitsch noemd men ze *Bia papuwa*.

De 3.
soort. Zie
dezelve
plaat letter
C.
III. De derde soort heeft een breeder hoofd, van buiten wit en krijtachtig, met
stompe knobbelen, en daar tusschen rimpelig; aan den mond wit met een weinig geel
of paers gemengt. Men noemd ze Bandasche Pimpeltjes, om dat ze in die Eilanden meest
vallen.

De 4.
soort. Zie
haar by
letter D.
IV. Wydmondige Pimpeltjes, hebben het fatzoen van *valvata*, te weeten een wyde
mond, en een dunne kant; doch de schaal is dik en doorgaans met stompe knobbeltjes bezet, die zoo zwart niet zyn als aan de voorige. Deze vallen meest op *Leytimors*
zuydzyde, en worden gegeeten gelyk de voorige, zomtyds ook niet, om dat haar vleesch
wat bitter is.

De 5.
soort. Zie
afgebeeld
by de letter
E.
V. Kleine Geelmonden, zyn niet grooter dan een hazelnoot, met een zeer nauwen
en gefronsden mond, daar aan men geele plekjes ziet, op de schaal krijtachtig, daar
zwarte knobbeltjes uitsteeken als stompe doornen. Daar en boven is 'er eene andere
soort, die noch kleinder is, en wyder van mond; op de schaal taneyt, met weinige
Waar van
noch meer-
der soorten.
stompe knobbeltjes. Deze noemt men bruine Pimpeltjes; doch deze beide hebben noch
meer veranderingen, naar de verscheidenheit der Eilanden.

Een 6.
soort ver-
beeldt by
letter F.
op de plaat
XXIV.
VI. Haairige ooren, deze komen de *Buccina* nader, want zy hebben een uitsteekend hoofd of tip, het overige van 't lyf is hoog of bultig, daar en boven geribt, en
met ronde knobbelen bezet, en overal, doch meest op den rug, bekleedt met stompe borstels, die daar vast aanblyven al worden ze gedroogt; doch aan de oude verliesen ze allenskens; de mond is nauw en met wonderlyke kronkelen bezet, de gedaante
Deze
worden
ook Ooren
genaamt.
Waar van
noch een
2 soort.
van een oor eenigzins uitmaakende, met wyd uitgerekte lippen, die glad en blinkende zyn, daar het overige van den hooren ruig en doodsch is; aan 't einde hebben ze
een opgeworpen snuit of staert; aan de voorste zyde geopent en hol. Een tweede soort
valt wat platter aan den buik, en de staert gaat rechter uit; de rug is min knobbelig,
maar dichter bezet met zachte borsteltjes als wol, die daar ook vast aanblyven. Zy worden weinig gevonden, en meest op de kust van *Hitoe*.

De 7.
soort. Zie
die ver-
beeldt by
letter G.
Waar die
gevonden
worden
VII. Paddetjes, hebben ook de gedaante van een *Buccinum*, uit den ronden wat
gedrukt, met een kant aan de eene zyde, op den rug gestreept of gevoorent, met
korte doch steekelige peukeltjes bezet, gelyk de rug van een Padde, van verwe vaal;
de staert is zonder krul, de mond wyd, met een dikke gekartelde lip. Deze vind men
omtrent den Amboinschen Inham, omtrent het Kasteel Victoria, in een slykig zand met
steenen gemengt; worden in 't Maleitsch *Bia Codoc* genaamt.

De 8.
soort. Zie
by letter H.
op dezelve
plaat ver-
beeldt.
VIII. *Ranulæ*, Kikvorschen, zyn schier van dezelfde gedaante, doch korter en ge-
drongener van schaal, achter uit met een staert, die een weinig opwaarts kromt; de
ruggen zyn mede geknobbelt en gerimpelt, doch niet steekelig, ook vaal en doodsch van
verwe; de mond heeft een dikke gladde lip, aan den buiten kant gekartelt. Men vind
ze by de voorige, doch zeldzaamer, en zy gelyken een Kikvorsch met eenen stompen
staert; hebben ook noch een verandering, die zeer klein is, ruig, rimpelig en kalkachtig van schaal, met een recht opgeworpen staert, gelyk de Meerkatten den haaren
draagen.

De 9.
soort. Zie
haar afge-
beeldt by
letter I.
IX. *Knoddekens*, zyn ook een gemengd fatzoen van *Buccinum* en *Cochlea*, kort ge-
dron-

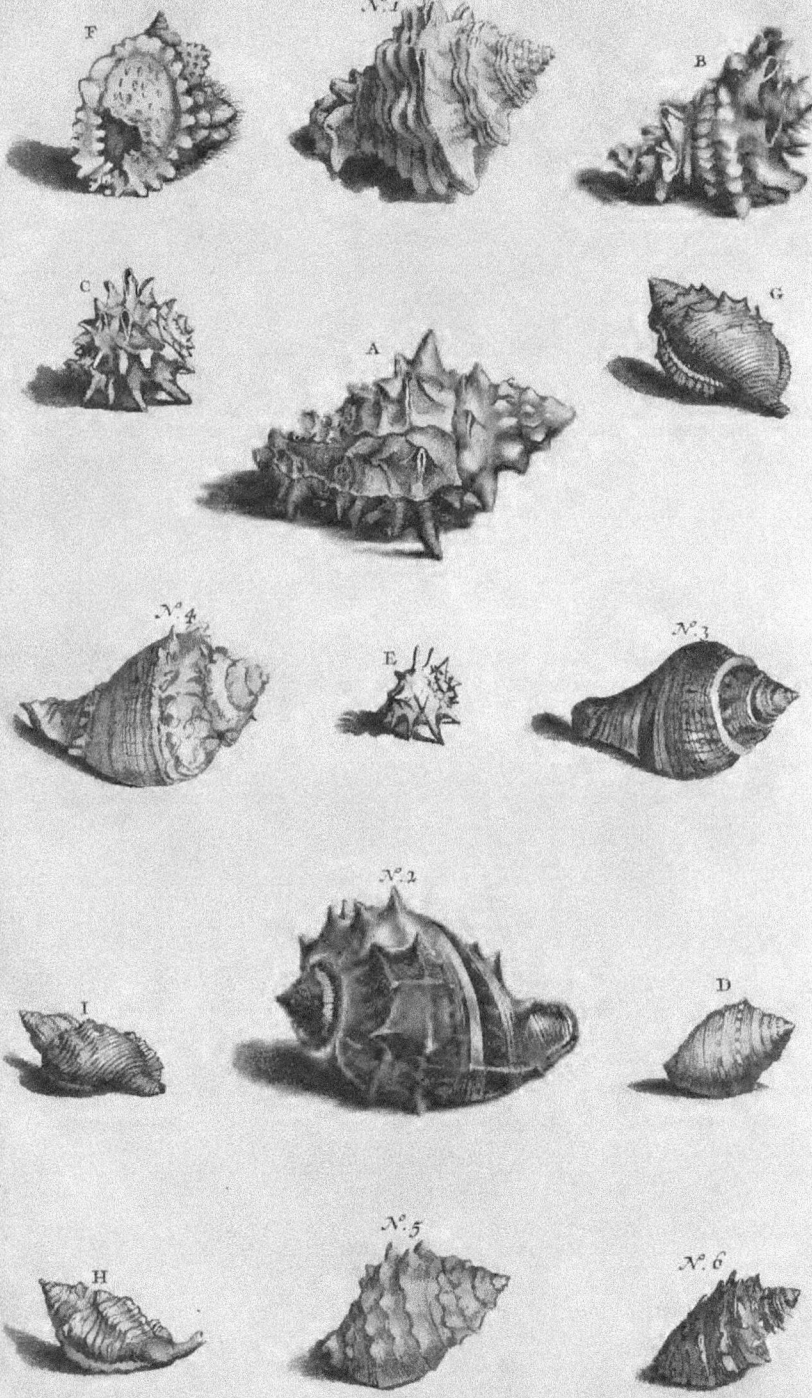

F

N.° 1

B

C

A

G

N.° 4

E

N.° 3

N.° 2

I

D

H

N.° 5

N.° 6

drongen en hoog van fchaal, met uitfteekende ronde knobbeltjes, vaal van verwe en zonder ftaert; de lip des monds loopt fcherp toe en is gekartelt; zy gelyken de knodden, die aan de fchaapen hangen.

Alle deze foorten en *Pimpeltjes* hebben een donkerbruin of zwartachtigen nagel, waar mede zy den mond fluiten, dien men, by gebrek van ander, tot reukwerk gebruiken kan. Alle zyn ze aan den fchaal ruig, en zonder glans, met zeegruis en kalk bezet, zoo dat men ze niet zonder veel moeite met veel fchraapen en fterk water kan fchoon maaken; zy alle konnen onder de *Murices* gerekent worden.

Alle deze foorten worden onder de Murices gerekent.

Caffides verrucofæ, deze konnen wy onder geen eene benaming brengen, nademaal ieder by ons een byzondere naam heeft, die elk op zyn plaats zal aangewezen worden. Van den Schryver zyn ons negen foorten toegevoegt, op de plaat XXIV. met letteren aangewezen. Die by A. is de getakte Zwitfers broek, waar by wy voegen N. 1. die de Zwitfers broek by ons geheeten word. De 2de foort is verbeeldt by letter B. De 3de by letter C. by ons genaamt de groote getakte Moerbei. De 4de foort by letter D. De 5de foort by letter E. die wy de kleine getakte Moerbei heeten. De 6de foort by letter F. van den Schryver genaamt Haairige ooren, om dat haar buiten huid met haairtjes bezet zyn, doch wy krygen die meeft fchoon en zonder haair, waarom zy Oorreliezen, of Oorhorens genaamt worden. De 7de foort is letter G. deze noemen wy de Paddehoorn, wegens zyne gedaante. De 8ste foort is verbeeldt by letter H. die wy Hoogftaerten noemen. De 9de foort by letter I. onder welke foorten ook behooren de Schilpad ftaerten, of Beddetteken; de eerfte benaming naar zyn klein puntig ftaertje, en de andere naar zyne ftreepen of banden, van dezen zyn verfcheiden foorten, doch de befte zyn de dubbelde getakte, met N. 2. en de gladde, met N. 3. aangewezen, waar van wy 'er een met Oranje banden bezitten. N. 4. is een getakte baftert foort. N. 5 en 6. zyn geknobbelde, doch die zelden voorkomen.

XV. HOOFTDEEL.

Caffides Læves five cinereæ : Grauwe Kasketten.

D Eze zyn rond en glad, van gemeene flekken gedaante, doch altyd met een uitfteekende tip, beftaande in de volgende foorten.

I. *Caffis Cinerea lævis*, deze gewint de groote van een vuift, doch is gemeenlyk kleinder, rond en glad van rugge, behalven dat de bovenfte gier eenige donkere voetfpooren van knobbelen heeft; de koleur is afchgrauw, zomtyds naar den blauwen, zomtyds naar den vaalen trekkende; achter met een omgeworpene en gekrulden ftaert, die wyt geopent is; de mond heeft aan den buiten kant een dikke, ronde, en omgewelde lip, aan wiens onderfte hoek 3 of 4 fcherpe tanden ftaan; de tegen over ftaande lip is vet uitgebreidt als een vlerk, zeer glad en blinkende, en daar achter ziet men een dikke naad, langs de lengte van den fchaal gaande, zynde het overblyfzel van eenen ouden mond. Deze grauwe Kasketten groeijen mede door eene toezetting zoodanig, dat haare oude lip blyft ftaan, en daar onder eene nieuwe dunne fchaal voortkruipt; dewelke alle hoeken en kanten aan de over zyde ontmoetende, door de kracht van 't levende dier weder week word en zich nederlegt, weshalven men dikwils de oude naaden in den mond voelen kan, daar de nieuwe lip al over heen geloopen is; en deze oude lip ziet men zomtyds over den rugge gaan; de binnenfte vlakte is aan den Jongen vaal en half doorfchynend, aan den Ouden violet en glad; den mond fluiten ze met een lang, dun, en donker bruin fchildje, tot reukwerk niet dienftig. Zy hebben noch eene verandering van foort, daar de fchaal op den rugge rimpeliger is, en aan de gieren merkelyker tanden heeft, die wat fcherp zyn. Zy vergaderen in September, 20 en 30 op eenen troep, en leggen haare eijeren, de een na het ander, doch by malkander, op de fteenen, ter diepte van twee vademen. Deze eijeren zyn kort, getakt en bros, gelyk *Alga Coralloides*, omtrent een duim lang, digt in malkander in de midden gekropt, boven op met een ftompe fpits, week, flymig, en licht bruin, omtrent zoo dik als zeilgaaren; ouder geworden zynde, vind men de gedaante van kleine flekken daar in, waar uit de voornoemde Kasketten groeijen. Een ander gedaante van eijers van grauwe Kasketten, heb ik gevonden in 't jaar 1694. in October, zynde een klomp als een Eenden ei, van buiten vuil-geel, als vuil wafch,

De Caffides Lævet, &c. hefchreven.

Eerfte foort Zie haar afgebeeldt op de plaat XXV. by letter A.

Hoe dezelve aangroeijen.

Wanneer zy vergaderen en voortteelen.

't Welk door eijeren gefchiet.

ruig,

ruig, gemaakt van veele dunne laagen op malkander, en tuffchen beiden met fcheidvel-
letjes veele celletjes uitmakende; doorgefneden was ze van binnen dichter, van verwe
vleefchrood met wit vermengt, fpongieus van fubftantie, doch van binnen was 'er geen gedaante van hoorentjes te vinden, boven op zat een diergelyke Kasket, van onderen
was het op een fteentje vaft, en ter zyden zaten noch 3 of 4 heorentjes. 'Zy vallen
op *Roewa tiga*.

Haar
naam
in ver-
fcheiden
taalen.

Men noemd ze in 't Latyn *Caffis Cinerea lævis*. Neerd. *Grauwe Kasketten*. Maleitfch
Bia bawang, om dat het gekookte vleefch van het dier gegeeten, een weinig naar
look riekt, en die ze veel eeten, krygen 'er een fterknekende zweet van; doch andere noemen ze ook *Bia Cabefette Kitsjil*. Men vind ze overvloedig in den Amboinfchen
Inham, omtrent het dorp *Hoecconalo*.

De 2 foort
is op dezel-
ve plaat
afgebeeldt
by de letter
B.
Zyn heel
zeltzaam.

II. *Areola*. Neerd. *Beddekens*, is diergelyk een Kasket, rond en glad van fchaal,
doch op den rugge geteikent, met groote vierkante plekken, taneyt van verwe, in
ordre geftelt gelyk de beddekens van een thuin; aan den mond hebben ze de drie fcherpe tanden niet, gelyk de voorige, maar aldaar in een rye veele kleine tandjes: Deze
worden zelden gevonden.

De 3 foort
flaat ver-
beeldt by
de letter C.

III. *Buikjes*, zyn mede ganfch rond en kort van tip, wyd van mond en dun van
fchaal; de eene foorte komt met de beddekens over een, waar van ze donkere voetfpooren op den rugge heeft, daarenboven met enge vooren langs de gieren; de andere is wat grooter en ronder, merkelyk gevoorent zonder bedden, maar eenpaarig van
eene bleekgeele of vaale verwe.

De 4 foort
is afge-
beeldt by
de letter
D.
Van deze
zyn ver-
fcheiden
foorten.

IV. *Fimbriata ftriata*, geftreepte zoomtjes, zyn kleine langwerpige Kasketjes,
naar 't fatzoen van de *buccina* trekkende, alzoo genaamt, om dat ze aan den eenen kant
van den mond een breeden zoom hebben, die met korte zwarte banden geteikent is,
en daar by eenige fcherpe tandjes; op den rugge langs den hooren zyn ze geplooit,
glad, lichtbruin of taneyt; den mond fluiten ze met een klein geel en dun fchildje,
't welk zich verre naar binnen trekt. Men vind hier van ook geheel witte, of een
weinig met ros gemengt, die heel zeltzaam zyn.

De 5 foort.
Zie dezel-
ve plaat
XXV.
letter E.

V. *Fimbriata lævis*, gladde zoomtjes, zyn van 't voorige fatzoen, dunner en gladder van fchaal, zonder plooijen, vaal, met bruine flangetjes geteikent, het zoomtje
is fmal, doch heeft mede zyne zwarte bandjes en fcherpe tandjes. Men vind ook van deze
gladde zoomtjes, die geen flangetjes hebben, maar bruine puntjes op een ry ftaande.

Een klein-
der foort
befchre-
ven.

Hier toe behoord een kleine foort, niet boven een nagel van een duim lang, glad
van fchaal, vuilgroen, of een luttel gefpikkelt, aan de gieren weinige peukeltjes, aan
den mond een fmal zoomtje met fcherpe tandjes.

Caffidis Lævis, &c. deze heeft de Schryver mede under de voorgaande geflachten geftelt, en niet zonder reden, want het
ook Kasketten of Stormhoeden zyn, doch zy hebben by ons een andere benaming, naamelyk die van Bezoar Hoorens,
om d' overeenkomft van verwe en glans; doch zy zyn zeer verfcheiden van malkanderen. De 1ste, die verbeeldt ftaat op
de plaat XXV. by letter A. is de gemeene Bezoar Hooren. De 2de foort is by letter B. die by ons genaamt word de
kleine geviakte Bezoar; van deze zyn 'er noch 2 foorten, d' eene wat kleinder en flauwer geviakt en gekartelt, d' andere
is veel grooter, aangewezen met N 1. Hier by komt de geftreepte Bezoar, verbeeldt by N 2. van welke maar weinige
bekent zyn. N 3. is een wilde Bezoar, veel lichter en dunner van ftuf, als d' andere: ook heel zeltzaam. N 4. is
een dwarsgeftreepte Bezoar. De 3de foort van den Schryver is aangewezen by letter C. N 5. deze is een andere foorte, doch
dieper gevoorent. De 4de by letter D. en de 5de by letter E. waar van wy noch 4 foorten vertoonen, aangewezen met
N. 6, 7, 8 en 9. welke laatfte foort heel ongemeen is, want boven zyn geplekte zoom aan den mand, heeft hy diergelyke
over zyn rug loopen.

XVI.

E.

A.

C.

B.

N°.6

N°.7

N°.2

N°.1

N°.5

N°.4

N°.8

D.

N°.3

N°.9

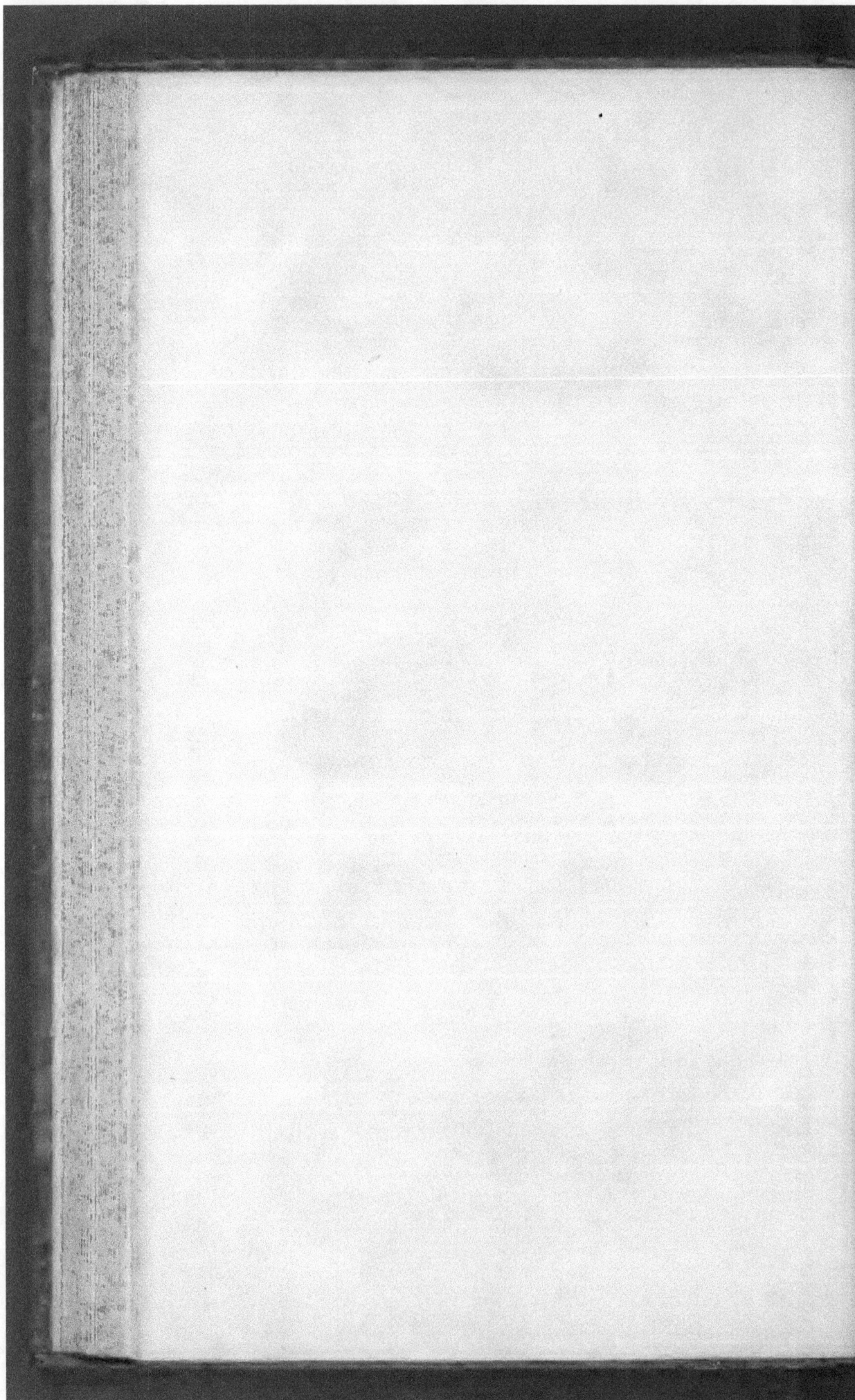

XVI. HOOFTDEEL.

Murices : Bia Unam.

HEt vierde flach, van 't vierde hoofdgeflacht, zyn de getakte en doorenachti-ge Kasketten, die wy voor Ooft-Indifche *Murices* houden, en in gedaante, maar niet in eigenfchap, wat verfchillen van die in de Middellanfche zee gevonden worden, hebbende een gemengd fatzoen van *Caffis* en *buccinum*, zoo dat zommige van dit flach voor een *Buccinum* mogen gehouden worden; daaren-tegen, zommige onder de *Buccina* aarden naar deze Kasketten. Zy beftaan in de vol-gende foorten.

De Mu-rices be-fchreeven.

Waar van veele foor-ten.

   I. *Murex ramofus.* Neerd. *Getakte Kasketten.* Mal. *Bia unam.* Amboinfch *Lay noa* en *Palay noa*, op Leytimor *Safalon.* Deze is de grootfte en voornaamfte van dit geflacht, met een kort op malkander gedrongen en verheven fchaal, dewelke driezydig fchynt, waar van de twee fchuinfe den rugge maaken, en de derde, den buik; ieder zyde is aan den kant bezet met kromme doorenachtige takken, te weeten, 5 grootere aan het lyf, en 3 aan den ftaert of fnuit, die breed en wat verheven is; ieder tak is weder ver-deelt in andere kleindere, en daar door ganfch fteekelig, alle een weinig achterwaarts gebogen, van binnen hol, en van vooren een weinig geopent, gelyk ook den ftaert of de fnuit is; de fchaal is daarenboven langs de gieren geribt, ruig, en met ftompe knobbelen bezet, de voorfte helft zuiver, maar de achterfte kalkachtig, 't welk by-komt, om dat de voorfte helft altyd de jongfte is, want aan dezen hooren op 't kenne-lykfte te zien is, hoe die met toezetten aangroeit, te weeten, t' elkens een derde van den omloop, waar door alle de tegen overftaande takken, gelyk meermaals hier vooren gezegt is, door de wonderlyke eigenfchap van 't dier week gemaakt en nedergelegt worden, zynde de overblyfzels van de getakte ryen noch aan het hoofd te zien, 't welk tot den uiterften tip toe doorenachtig is, maar drie ryen ziet men altyd volkomen, als mede drie fnuiten; binnen is dezen hooren wit, glad en blinkende als porcellein, aan den mond licht rood of inkarnaat, gelyk ook de tanden zyn, die men aan de getak-te ryen ziet; de mond is gefloten met een rondachtig fchild, boven met een uitftee-kend hoekje en wat krom, als de klauw van een dier, ter grootte van een fchelling, zomtyds ook van een ryksdaalder, zoo dik als een ftroohalm, of wat meer, doch de eene kant is altyd dikker en ronder; de buiten zyde is hoorenverwig, of vuilgrauw in verfcheide verhevene kringen verdeelt, zoo als het na malkander aangegroeit is, 't welk gemeenlyk met het getal der toezetten, of doorenachtige ryen, over een komt, de binnen zyde loopt ook met veele kringen door malkander, rimpelig en donkerbruin gelyk harpuyen, maar de eene kant is rond en glad. Dit fchild nu is de rechte *Unguis Odoratus*, te weeten, van het breede flach, die men in de Apotheeken *Blatta byzan-tia* noemt, waar van hier na meerder.

D' eerfte foort ftaat afgebeeldt op de plaat XXVI. met de let-ter A.

Haar takken of krollen be-fchreeven.

Beftaan in drie ryen.

Hoe haar ftekken dikzelt worden.

Unguis odoratus, ook Blatta bizantia genoemt.

   Deze heeft noch een kleinder flag, witter van fchaal, en korter van takken, dewelke in vyf ryen ftaan, gelyk 'er de voorige drie heeft; zyn *Unguis* is mede zwartbruin, niet grooter dan een nagel van een vinger; en mede krom, die voor de befte onder alle word gehouden; de eerfte foorte houd zich wat diep in zee, en is veel te vinden in den Amboinfchen Inham by den hoek *Martyn Alfonfo*, doch op 't meefte niet grooter dan twee vuiften, maar in de Eilanden van *Aroe*, en op *Nova guinea*, vallen ze zoo groot als een kop, en haaren *Unguis* grooter als een kleine hand; de kleine foorten vind men in de Eilanden van *Tukkabeffi.*

Van deze noch een 2 foort, met 5 ryen takken. Zie haar op dezelve plaat N. 2. En zyn heel zeld-zaam.

   II. *Murex Saxatilis*, heeft de grootte van de voorgaande, doch zyn hoofd of *turbo* fteekt verder uit, zoo dat hy meer een *Buccinum* gelykt; hy heeft geen drie dooren-achtige ryen, maar uitfteekende knobbels en rimpels over 't geheele lyf; de mond is flecht,

De 2 foort. Zie haar gedaaute op de plaat XXVI. letter B.

ftecht, met een enkelde lip, binnen ros en geelachtig, voorts zonder fnuit; zyn *Unguis*

Waar die gevonden worden. is dun, plat en ftecht. Hy word weinig gevonden op zeer fteenachtige ftranden, gelyk by oud *Hative*, enz.

De 3 waar van verfcheiden foorten zyn.
De 2 van deze is verbeeldt op dezelve plaat by letter C.
De derde, en vierde foort befchreven.

III. *Murex minor*, deze heeft vier veranderingen: 1. De grauwe, die langwerpig als een *Buccinum* is, over 't lyf ruig, rimpelig en grauw, met 3 ryen ftompe takken. 2. De zwarte, in 't gemeen Brand-hoorentjes, of Munk-yzers, Maleitsch *Bia papita* geheeten, deze is niet boven een kleine vinger lang, met drie ryen zwarte en fcherpe takken bezet, gelyk ook het geheele hoorentje meeft zwart is, als of het verbrand ware, doch zoodanig, dat men de witte vooren daar tuffchen ziet. 3. De bruine, deze is van dezelve groote doch met langer takken, en donker bruin van koleur. 4. De bleecke, deze is bleekgeel of vuilwit, met een breede lip aan den mond, ook een breede ftaert, en daar aan ftompe doornen. Alle vier hebben ze eenen kleinen *Unguis*, die men ter nood tot reukwerk kan gebruiken. De tweede foorte hier van is gemeen op alle ftranden die fteenachtig zyn, maar de drie anderen zyn zelden te vinden.

De 4 foort aangewezen met letter D.

IV. Het Schorpioentje is een kleine *Murex*, met een rond ftomp hoofd, en een lange rechte ftaert, daar aan ftompe takken ftaan, in gedaante als de pooten van een Scorpioen, zomtyds donker grauw, zomtyds vuilwit; deze is zelden te vinden.

De 5 foort Zie dezelve plaat, letter E.

V. Gedroogde peer, dit is een hoog bultig hoorentje, met een bochtigen ftaert, over 't lyf met knobbelen en rimpelen bezet, en daarenboven met 6 of 7 ryen borftelen, die aan malkander vaft zyn, als of het velletjes waren, doch die met fchuuren licht afgaan, als men z'er af hebben wil, van koleur ros en vaal, hier en daar met zwarte plekken; de mond heeft een dikke lip, aan den binnen kant met eenige vooren, en is gekartelt.

De 6 foort ftaat afgebeeldt by letter F.

VI. *Hauftellum*. Neerd. een Scheppertje. Maleitsch *Bia Sibor*, is mede rond van hoofd, gerimpelt en met drie naaden, zonder doornen: de ftaert is recht fmal, en wel 3 maal langer dan het hoorentje, binnen hol, waar door het dier zyn tong uitfteekt, en boven aan ziet men 2 of 3 korte doorentjes; in den mond zyn ze roodachtig, en zyn *Unguis* is aan de buiten zyde gansch rimpelig of gevoorent, dezelve dient tot reukwerk.

De 7 foort is aangewezen met letter G.
Van deze een 2de foort, verbeeldt op dezelve plant N. 3.
Deze zyn heel zeldzaam.

VII. *Tribulus*. Neerd. *Spinnekop*. Maleitsch *Bia Duri Lemon*, deze is van fatzoen als de voorgaande, maar op de drie naaden ftaan lange fcherpe doornen als Lemoen-doornen, doch wat gekromt, die ook langs den ftaert loopen, over 't geheele lyf eenpaarig grauw. Men heeft noch een raar flach hier van met lange doornen, die dichter by malkander ftaan als de tanden van een kam, en by haaren oorfprong andere kleine doorens hebben, zyn *Unguis* dient ook tot reukwerk. Het eerfte flach vind men overvloedig op vlakke zandige ftranden, in den Amboinfchen Inham, zynde een groote plaag voor die de zegens trekken, om dat ze met haare doornen de voeten bezeeren. Maar het ander flach is raar en zelden te vinden, word daarom onder de voornaamfte rariteiten gerekent Men noemt ze Kammetjes en Neete-kammetjes, in 't Maleitfch *Bia Siffia*.

De Murices, wy zullen des Schryvers benaming, zoo als voor heen veelmaal gedaan is, voor by gaan, en dezelve noemen zoo als die by ons bekent zyn. De Eerfte foort, is verbeeldt op de plaat XXVI. by letter A. die by ons de Krul hooren word genaamt, om zyne ongekrulde takken. N. 1. heb ik hier by gevoegt om zyne ongemeenheit, die ook 's Haize hoorentje genaamt word. De 2de foort, is verbeeldt by letter B. wy noemen hem de Voet hooren, ook wel de gedroogde Peer. De 3de foort, ftaat by letter C. en word by ons Brandaris of wel de Brand hooren genaamt, om dat hy zwart gebrand fchynt. N. 2. is een dubbelde van die foort, deze zyn heel ongemeen, haar grond is wit en de takken of krullen zyn mede zwart; noch een foort is 'er met zwarte banden en krullen. De 4de is verbeeldt by letter D. waar van een zwarte, en een witte by my bekent is. De 5de foort, by letter E. en de 6de by letter F. die wy noemen de Snippekop, en niet te onrecht, want hy die gedaante heeft; de Heeren Feitemaas vertoonen 'er twee van deze, die geheel blauw zyn, 't welk iets ongemeens is. N. 4. is een getakte Snippekop; en N. 5. een gedoornde, van welke maar een by my bekent is. De 7de foort, is aangewezen met letter G. en wort de Spinnekop genaamt; waar van wy een tweede, zynde een dubbelde, afbeelden met N. 3. een heel zeltzaam ftuk, waardig om te befchouwen, ons toegezonden door den Heer Doct. D' Aquet; Mejuff. Oortmans, heeft onder haare uitmuntende verfameling een diergelyke, als mede de Heer van der Burg, een is 'er by de Heer Vincent, en de laatfte beruft onder den Heer de Jong, buiten welke ik 'er geene zoo ken.

XVII.

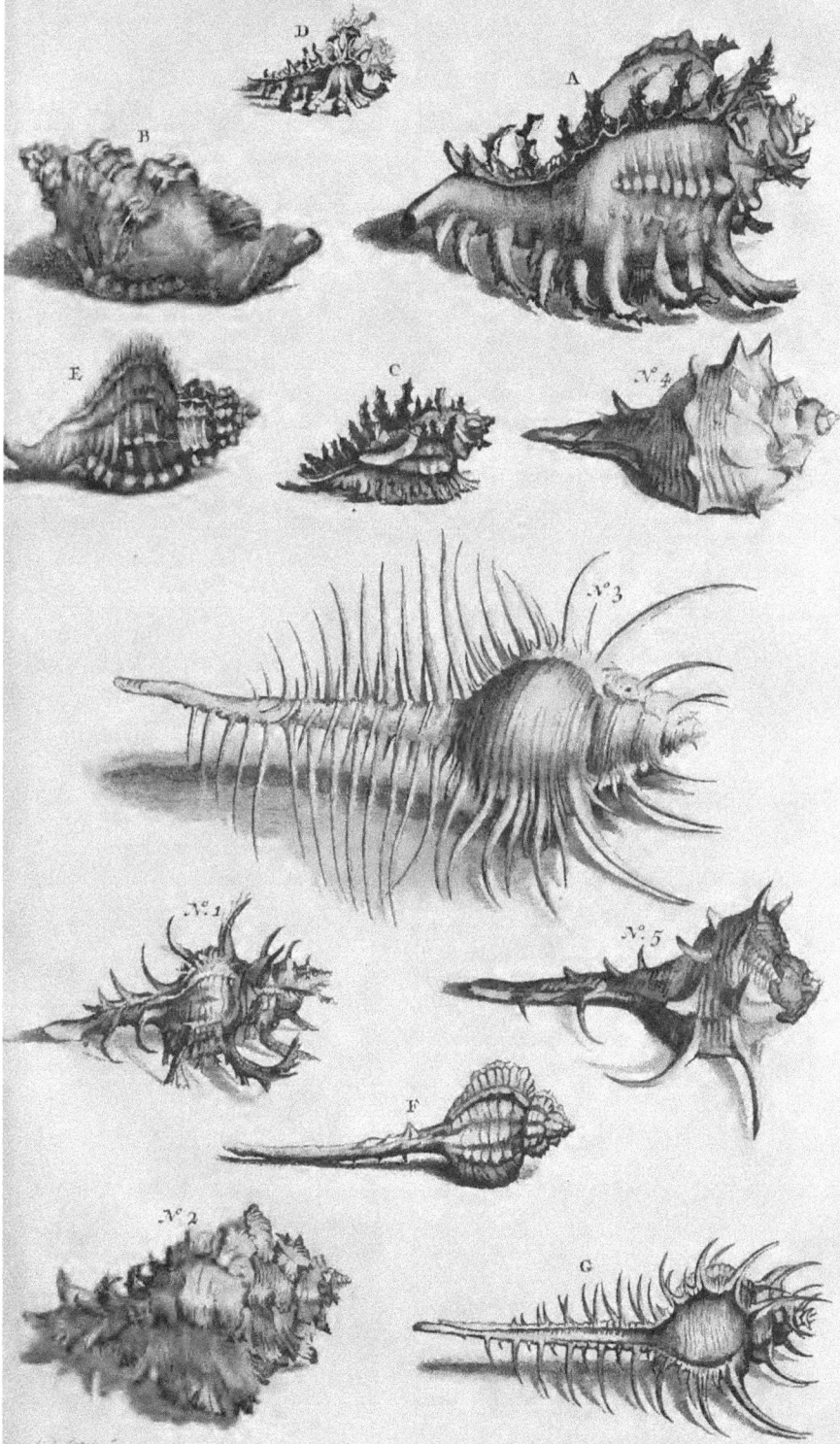

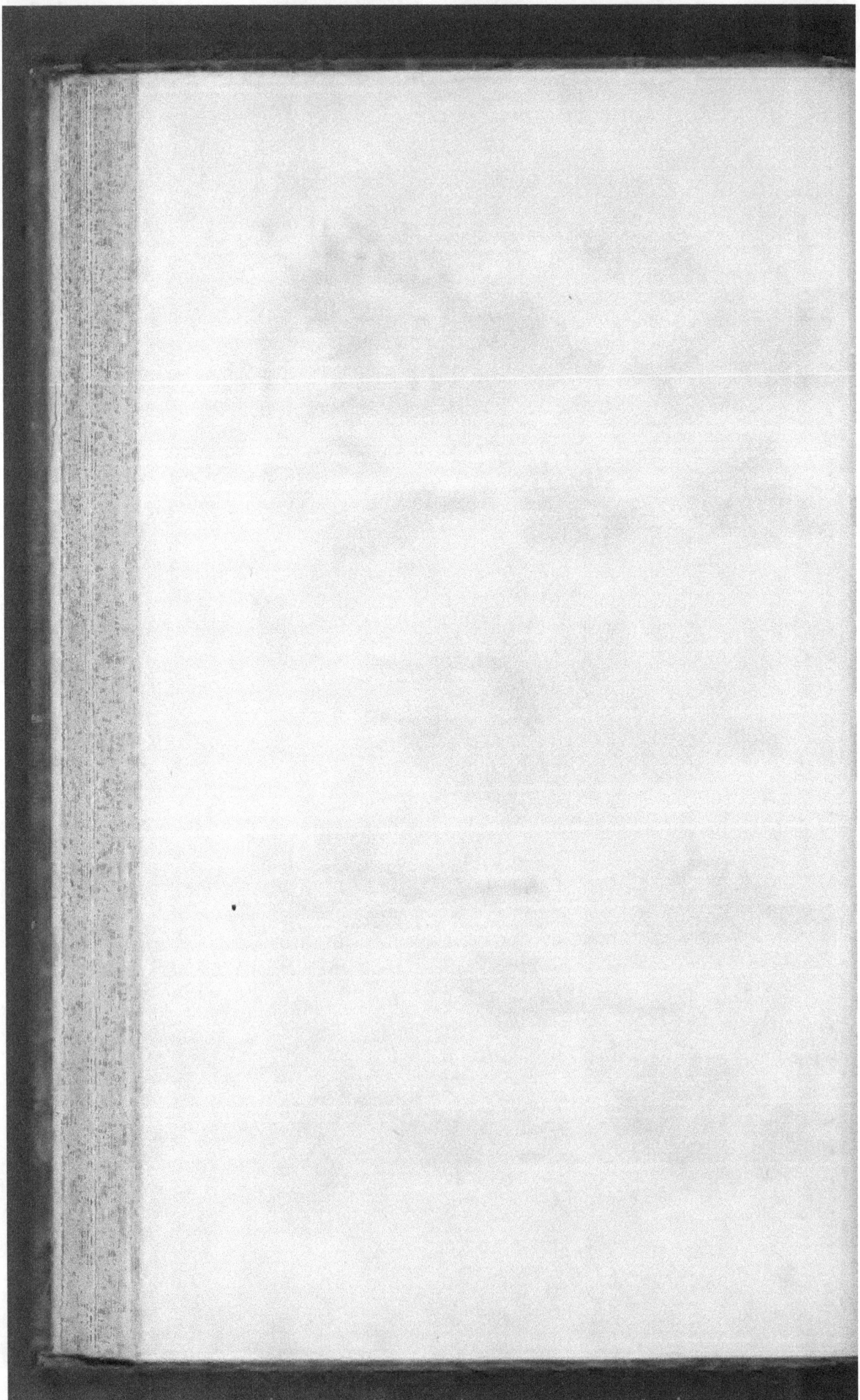

XVII. HOOFTDEEL.

Unguis Odoratus : Sche-Chelet : Unam.

Hier zullen wy nu in 't byzonder befchryven wat voor dingen onder den *Un-* **De Un-**
guis Odoratus verftaan, en van wat voor hoorentjes dezelve genomen wor- **guis odo-**
den. **ratus be-**
fchreven.

Unguis Odoratus, is een dekzel, in de gedaante van een hooren,
of van een klauw zonder eenige mooijigheit, van koleur donker hoonig verwig, of
als donker harpuys, waar mede zommige hoorentjes hunnen mond fluiten. De Ouden **Zyn**
hebben ze alleenlyk gehaalt uit de Purperflekken; maar wy zullen hier vertoonen ver- **flakke dek-**
fcheiden hoorentjes, die dezelve uitgeeven, gelyk alle de voorgaande *Marices* zyn, en **zelf.**
hier na noch eenige volgen zullen onder de *Turbines* en *Buccina*. Deze *Unguis* heet ook
Onyx Marina, en is door geheel Indien een bekent reukwerk, zynde de *Bafis* of 't **Worden**
voornaamfte onder alle reukwerken, (*Thymiamata*) te weeten, die men op koolen **tot reuk-**
rookt, of waar mede men *perfumeert*, gelyk de *Aloe* is onder de pillen; zy heeft aan **werk ge-**
bruikt.
zich zelven geen aangenaamen reuk, maar in grove ftukjes gebroken en op koolen gelegt, riekt ze eerft als gebraade Garneelen, maar trekt terftond naar Bernfteen, of,
zoo *Diofcorides* wil, naar *Caftoreum*; zoo dat ze alleen gerookt geen groote lieflyk-
heid heeft, maar onder ander reukwerk gemengt, geeft dezelve, om zoo te fpreeken, **En onder**
andere
zyne mannelyke kracht, en duirzaamheit; want om dat meeft alle reukwerken be- **ftoffen ge-**
ftaan uit zoodanige houten, refinen, en zappen, die een zoete, bloemachtige of geilen **mengt.**
reuk hebben, zoo moet men den Zee-nagel daar onder mengen, om ze krachtig en
duurzaam te maaken. Men kan dieshalven dezen *Unguis* vergelyken met een Bas in de **Gelykenis.**
Muzyk, die alleen gehoort geene bevalligheid heeft, maar onder andere ftemmen gemengt, een zoet akkoord maakt, en dezelve ftaande houd: van deze heb ik de volgende foorten befchreven.

I. *Onyx major five taurina*, is de grootfte en bekendfte van allen, zynde het dekzel **D' eerfte**
van *Murex major*, in 't voorgaande hooftdeel befchreven, zoo groot als een Ryxdaal- **foort be-**
fchreven.
der min en meer, ook van dezelve dikte, uit den ronden aan de twee hoeken wat
fpits toelopende; buiten vuil grauw, met eenige ribben of vooren; de binnen zyde is
aan den eenen kant dik, rond en effen; het overige is laager, dunner, en met veele
kringen door malkander loopende gekrult, van verwe als donker harpuys.

Die van *Onin* en *Nova Guinea* komen, zyn de grootfte en dikfte, maar veele daar **Welke de**
onder hebben een brandigen reuk, 't welk ontftaat, om dat de Wilden de hoorens op **grootfte**
zyn.
koolen braaden, om het vleefch daar uit te eeten. Dezen *Onyx* komt wel over een met
het geen men in de Apotheeken *Blatta Byzantia*, in 't nieuwe Griefch *Blattion Byzan-* **Worden**
tión noemt, het welk wil zeggen, een blad van *Byza*, eertyds een ftad in Africa ge- **Blatta**
Byzantia
legen, waar van daan men miffchien dit reukwerk bragt, en niet van *Byzantium*, 't welk **genaamt.**
Conftantinopel is. Onzen *Unam* is ook wat bochtig of innewaarts gekromt als de klauw
van eenig groot dier; hy is de gebruiklykfte onder alle reukwerken, men ftoot hem **Hoe die**
niet fyn, maar alleenlyk in grove fchilfertjes of brokjes, om zynen goeden reuk te **tot reuk-**
werk ge-
verfpreiden, moet hy langzaam op de koolen fmelten, en niet haaftig verbranden; **bruikt**
men mengt hem onder droog reukwerk *Aftangi*, ook inzonderheit onder de Makkaf- **worden.**
ferfche *Dupa*, op zyn plaats befchreven; ook heeft hy noch eenig medicinaal ge- **En waar**
bruik, behalven dat men in de Europifche boeken vind; want de Inlandfche Meeftreffen **ze meer**
dienftig
wryven daar van een weinig op eenen fteen, en geeven dit te drinken tegens 't kolyk en **toe zyn.**
buikpyn; als mede gebruiken ze den rook daar van tegens de moeder ziekte, doch als
dan moet men ze wat hard braaden.

II. *Onyx fecunda*, is het dekzel van de volgende *Purpura*, omtrent een halve vin- **De 2de**
ger **foort.**

ger lang, en een dwars vinger breed, dikker en zwartbruinder dan de voorige, ook beter naar eene klauwe gelykende, bochtig en fcheef; aan de buiten zyde grauw, binnen donkerbruin, en de eene kant is mede verheven, rond en plat; het overige laager en rimpelig, daar hy aan 't vleefch gezeten heeft. De Maleijers noemen dezen in 't byzonder *Unam Cafturi*, dat is, *Onyx mofchata*, om dat hy, naar hunne meeninge, zoeter van reuk is, dan de voorige; daarom hy ook meer gebruikt word tot welriekende zalve, dan tot reukwerk op koolen.

De derde foort. III. *Onyx minima & mofchata.* Mal. *Unam Cafturi*, heeft de grootte van eenen vinger nagel, en is mede bochtig en krom; komt van de kleinder foorte des voorgaanden *Murex ramofus*, welke valt in de Eilanden van *Aru* en *Tuccabeffi*; deze word voor de befte van alle gehouden tot reukwerk.

De vierde foort. IV. *Onyx quarta*, deze behoort mede onder de *Blattas*, en is het dekzel van de volgende *Buccina Tritonis*, gelykende een breed blad, 5 duimen lang, 2½ breed, een ftroohalm dik, weinig bochtig, maar meeft vlak; de buiten zyde is grauw en kalkachtig, de binnenfte honigverwig, lichter dan de voorgaande, en de eene kant fteekt zoo niet uit; aan reuk wykt hy de voorige foorte, en word maar by gebrek van dezelve gebruikt.

De vyfde foort. V. *Onyx quinta*, is mede een *Blatta* 4 duimen lang, en twee breed; aan de beide einden toegefpitft, donkerbruin, en zuiver, in de midden met een keep, fchaars een ftroohalm dik; deze is een dekzel van de *Buccina Aruana*, en word de naaft voorgaande voorgetrokken; doch is weinig te vinden, om dat hy nergens valt, dan op *Aru* en *Nova Guinea*, daar hem de Maleijers en Makkaffaren van daan haalen.

De zefde foort. VI. *Onyx fexta*, is dun en plat, en heeft de grootte van een duim nagel; aan de buiten zyde is hy geribt, met uitfteekende kringen, hy komt van de twee voorgaande *Murices*, *Hauftellum* en *Tribulus*, gemeen in Amboina, en word maar gebruikt by gebrek van anderen.

De zevende foort. VII. *Onyx feptima*, deze heeft de grootte en gedaante van den *Onyx tertia*, doch is dunner en platter; komende van de wydmondige kleine Pimpeltjes, en zyn mede goed van reuk.

De achtfte foort. VIII. *Onyx octava*, deze is kleinder en ronder dan de voorgaande, doch dikker en aan de buiten zyde ruiger; hy komt van den *Murex minor*, en is flecht van waardye.

De negende foort. IX. *Onyx nona*, is een geheel ander flach, komende van een flekke, die niet in zee, maar in de moeraffige ryftvelden waft, dun en plat, fchaars een lid van een vinger lang; aan de buiten zyde grauw en kalkachtig, aan de binnenfte zilververwig blinkende. Deze flekken vind men meeft in de ryftvelden van *Makkaffar*, omtrent *Marus*, en worden aldaar *Siffe* genoemt, in 't volgende hoofddeel befchreven; doch dezen *Unguis* is flecht van reuk, en word niet veel gebruikt. Dit flach maakt eenigzins waar-

Diofcorides aangetrokken, en tegen gefproken.
Doch van den Schryver door reden verdedigt.

fchynlyk het geen *Diofcorides* fchryft, *Lib.* 2. *Cap.* 8. dat de *Conchilia*, waar uit hy zynen *Unguis odoratus* haalt, in Indien zouden groeijen in zoodaanige moeraffen, daar de *Nardus* waft, dien deze flekken zouden afweiden, en waar van haaren *Onyx* zynen goeden reuk zoude bekomen; hoewel my tot noch toe niets is ter ooren gekomen van zoodaanige moeraffen, daar de *Nardus* zoude waffen, waar van in tegendeel eenpaarig getuigt word, dat hy diep landwaarts in, en op het gebergte groeit: immers dit kan dienen, op dat men de fchriften der Ouden zoo terftond niet laaken, of met leugens betichten moet, als men een zaak terftond zoodaanig niet bevind, gelyk zy ze befchreven hebben; daar dagelyks dingen voor den dag komen, die lang onbekent zyn geweeft, en men echter in de fchriften der Ouden vind, dewelke dikwils niet recht verftaan worden: zoo kan men den geheelen text van *Diofcorides* verdedigen, als men hem behoorlyk uitlegt; voor eerft, als hy zegt, dat *Onyx* een dekzel is van een *Conchilium*, het geene gelyk, waar mede de Purperflek bedekt word, zoo moet men daar door niet de fchaal of 't huis verftaan, maar het dekzel of het fchildje, waar mede veele hoorentjes,

tjes, inzonderheit alle *Murices*, hunnen mond dicht toefluiten, welk fchildje zy boven hun neus aan 't voorhoofd vaft hebben: waar door *Nicolaus Mirepficus* ook kan ftaande gehouden worden, dewelke oordeelt, dat *Onyx* een beentje uit de neus van een Purpurflek is: het zeggen van de *Nardus* rykke poelen, kan men tweezins verftaan; of dat boven aan den Ganges in der daad bergen zyn, die de *Nardus* draagen, en aan wiens voeten zoodaanige moeraffige velden zyn, in welke diergelyke Slekken of Hoorentjes groeijen, die een *Onyx* hebben, 't welk wy zoo even met het voorbeeld van Makkaffar bewezen, en waar van de befte foort by *Diofcorides*, *Nardus Gangitis* bygenoemt word, of *Diofcorides* kan dezen misgreep van den gemeenen man gevolgt hebben, die het *Malabathrum* toenmaals ook *Nardus* noemden, 't welk, naar zyn fchryven, in moeraffige plaatzen groeijen wil, zynde hedendaags in Europa onbekent, hoewel de nieuwe kruidkenners de bladen van de wilde kancel daar voor houden. Over den reuk moet men niet veel haairklooven, of dezelve welriekend, of fterkriekend moet overgezet worden; want wy hebben boven gezegt, dat hy van zich zelf, en alleen gerooken, niet zeer aangenaam is, en dat van deffelfs reuk naar 't verfchil der neuzen geoordeelt word: want hy zal den eenen zwaar voorkomen, naar *Caftoreum*, *Bitumen* of gebraade Garneelen trekkende; andere (gelyk meeft onze Inlanders) houden hem voor lieflyk, en vergelyken hem by *Cafturi*, dat is, Muskus.

Te gelyk ook Nicolaus Mirepficus.

Zyn reuk by d'eene veracht, en van d'ander bemindt.

De namen van deze 5 welriekende Nagelen, zyn in 't Latyn *Unguis odoratus*, *Onyx marina*, en *Conchula Indica*, de platte dunne foorten in 't byzonder, met een nieuw Griekfch woord *Blattion Byzantion*, en in de Apotheeken *Blatta Byzantia*: in 't Arabifch *Adfaro tibi*, of naar de gemeenen uitfpraak *Adfar al tibi*, dat is; welriekende Klauw. By *Plinius Lib.* 32. *Cap.* 10. vind men ook *Oftracion*, naar de gelykèniffe van een potfcherf: by de Hebreen *Schechelet*: in 't Maleitfch *Unam* en *Unam Carbou*: in 't Makkaffaarfch, 't welk ook Maleitfch is, *Ambelau*: in 't Boetonfch *Lacca nuga*; in 't Amboinfch *Laynoa matta*: in 't Chineefch *Lepi* en *Hiole*; andere noemen dien in 't byzonder *Tanka nuda*, den kleinen *Onyx*; en *Ambelan* of *Unam Carbou* den grooten. Het *Schecheleth*, *Exod.* xxx. ℣. 34. zynde een van die vier dingen, waar uit het heilige reukwerk gemaakt wierd, word van meeft alle de Overzetters vertaalt, *Onyx*; het welk my ook het waarfchynlykfte voorkomt: echter heeft het den geleerden *Samuel Bochartus*, in zyn *Hierozoico Lib.* v. *Cap.* 20. *p.* 808. behaagt, het zelve over te zetten, *Bdellium*, uit inzigt zoo het fchynt, om dat de Jonge Rabbynen, die meeft in Europa geleeft hebben, t' zelve *Schechelet* hebben gehouden voor een wortel, of iets, dat van een plante komt, gelyk het de Hoogduitfche Joden noch noemen Nagelwortelen, ziende op het kruid *Caryophyllata*; ook heeft hy in *Galenus* geleezen, dat het zwarte *Bdellium* zommige witte plekken heeft, die hy wegens de overeenkomft met menfche nagelen, *Onyx* noemt; waar uit *Bochartus* befluit, dat *Schechelet*, *Bdellium* moeft zyn; maar dewyl men nergens leeft noch hoort, dat *Bdellium* onder reukwerk gebruikt word, waar toe, daarentegen, by alle Oofterfche natien de *Onyx marina* gebruikt word, zoo doet men veel beter, dat men by de voorige overzetting blyft. Men behoeft ook geene zwarigheit te maaken, waar van daan de Ifraëliten in de Woeftyne dezen *Onyx* gehaalt hebben, die zoo verre uit zee komt, daar ze het *Bdellium* en *Ladanum* uit het naafte Arabien genoegzaam konden bekomen: want uit *Diofcoridus*, op de bovengenoemde plaats, blykt alrede, dat de befte *Onyx* quam uit het roode meir, en de kleine zwarte uit Babylonien, werwaarts hy gebragt wierd uit *Baffora* en de Perfifche zee; en dus hebben zy dien immers van wederzyden konnen krygen. Tot bewys hier of dient inzonderheit een plaats uit *Alcafuino*, in zyn Traktaat van de Waterdieren, in 't Hooftdeel van *Itar*, gelyk hy dezen *Unguis* noemt, die zeer overeenftemmende met den text van *Diofcorides* is. *Bochart.* p. 806. *Avicenna* in 't Hooftdeel van *Aphdar* of *Unguis odoratus*, na dat hy de woorden van *Diofcorides* verhaalt heeft, doet hy 'er van het zyne noch dit by: dat de befte *Ungues* komen uit het Roode meir van *Mecha* en de Zeehaven *Judda*, die goed van reuk zyn, en de gebruikelykfte in de Geneeskunft. Vervolgens haalt hy noch meer

Haare benamingen in verfcheide taalen. En waarom.

Bochartus aangetrokken.

En tegengefproken.

Beneffens andere zwarigheden opgelejt.

En verdedigt.

andere plaatzen op, daar goeden *Onyx* valt, te weten, van gansch *Jemen*, of Gelukkig Arabien, *Bacharyn*, en het slot *Abadan* by den *Tigris* gelegen, *Baffora*, en meer havens van den Persischen Golf.

Waarom dezelve Byzantia genoemt word.   *Byzantium* of *Byzacium*, daar de *Blatta* haaren naam van heeft, is naar 't getuigenis van *Plinius*, *Lib.* 4. *Cap.* 5. een Landschapje geweest in Afrika, by de kleine *Syrtes*, door de *Libyphoeniciers* bewoont, daar eertyds de steden *Leptis major* en *Minor*, *Adrumetum*, *Ruspina* en *Tapsus* stonden, hedendaags vind men de stad *Mahumeta* daar, van de voorschreve plaatzen dan schynt het, dat men eertyds de *Blatta Byzantina* gebragt heeft. By de Chinezen is de groote ronde *Unguis Lepi*, komende van den *Murex ramosus*, gebruikelyker tot de geneeskunst, dan tot reukwerk; hy word gepulverizeert met andere heelkruiden, in d' *Oly Maju* gekookt, en daar uit een wondzalve gemaakt. De voorschreve *Murex ramosus* word in 't Chineesch genaamt *Tsohil Le*, dat is, het doorenachtig Hoorentje, en valt in de zee voor *Quantung* grooter, dan in Amboina: Deze *Unguis* alleen is by hun lieden bekent.

Word by de Chinezen voor een geneesmiddel gebruikt.

Unguis odoratus, word by ons Blatta Byzantia genaamt, zynde dekzels van Hoorn-slakken. De Schryver heeft hier geene afbeeldingen van gegeven, echter hebben wy 'er voor den Liefhebberen, die dezelve niet mochten kennen, vier byzondere en wel de voornaamste laten afteekenen, die te vinden zyn op de plaat XX. by N. 3. 4. 5. en 6.

XVIII. HOOFTDEEL.

Cochlea Globosae.

De Cochlea Globosa beschreven. Waar van verscheiden soorten zyn.   HEt vysde hoofdgeslacht van de Eenschaalige Hoorentjes begrypt die geene, welke een ronde figuur of gedaante hebben, de gemeene Slekken naast komende, als mede noch eenige andere, die van de rondegedaante wat afwyken, en alle t' zaamen onder de *Cochleas Globosas* gerekent worden; bestaande in de volgende bekende soorten.

De eerste soort, zie de plaat XXVII. letter A. Haar gedaante beschreven.   I. *Cochlea striata sive olearia*. Mal. *Bia minjat*, deze is meest recht rond, met een redelyke wyde mond, langs de gieren met uitsteekende ribben, en aan den rand van de mond gekartelt, van koleur licht paers, met grauw gemengt, doch op de ribben met veel bruine plekken gespikkelt; gemeenlyk een vuist groot, doch de meeste zyn van een eenparige koleur zonder spikkels: deze Slek word veel gebruikt by de Amboineezen om de Klappes Oly af te scheppen, wanneer dezelve gekookt word, waar van ze de naam heeft: doch hier toe verkiest men zoodanige, die dun van rand of schaal zyn. Het Dier daar in heeft geen dekzel, maar legt bloot gelyk andere Slekken, en zyn eijers (*Favus*) is een klomp van verwarde, dikke en witte draaden, die men zomtyds aan den mond ziet hangen, waar van echter geen Jongen komen.

Ondervinding van den Schryver.   In 't jaar 1667. heb ik sulk een Hooren gevonden, geen Dier in hebbende, met een slymerige huid overtrokken, maar gansch gevuld met een *Melicera*, of Eijerstok, bestaande uit ontelbaare witte takjes, los aan malkander hangende, en bezet met witte doorschynende korreltjes, zoo groot als gerst, doch langwerpiger en schier alle getekent met 2 zwarte stipjes, als of ze de oogen van een Dier wilden worden; de takken geleken het *Lithodendrum calcarium*, waar uit men kalk brand. Deze Hooren word by de hedendaagsche Grieken genaamt *Cocholi batar*, dat is, *Cochlea pelagia*.

De 2de soort, zie dezelve plaat by letter B.   II. *Cochlea striata altera*, is kleinder en dikker van schaal, de dikke en ronde ribben zyn onderscheiden met heel kleine voorens, bruingeel, en met witte oogen; de mond is nauw, met een dikke en zeer gekartelde rand; men noemt ze de diklippige Olyhooren.

De 3de soort, aangewezen met letter C.   III. *Cochlea pennata*. Neerd. Patryzen. Mal. *Bia Culit bawang*, is een wydmondige Slekke met weinige gieren, en een dunne schaal, die lichtbruin en wit geschildert is, gelyk de veeren van een Hoen of Patrys.

IV. Co-

IV. *Cochlea pennata altera*, is ronder dan de voorgaande, ook dunner van fchaal, *De 4de foort, met letter D.*
by na als parkement, waarom ze de Inlanders by een Ajuyn-fchelle vergelyken, en daar-
om eigentlyk *Culit bawang* genaamt word; zy is gansch licht, als 't beeft daar uit is, het
welk, gelyk in de voorige en volgende, mede bloot legt zonder eenig dekzel.

V. *Cochlea patula*. Neerd. Wydmonder, is by na niets dan een gaapende mond, *De 5de foort, is verbeeld by letter E.*
met weinige gieren fchielyk toeloopende; de fchaal is zeer dik, fteenhard, doch by
den mond dun en kartelig, voorts rimpelig, op den rugge graauw met zwarte en witte
plekjes; de mond word geflooten met een dun en zwart bruin dekzel. D' eene foort is *Hier van een 2de foort.*
grooter dan een Eenden-ei, en word zelden gevonden. Een ander foort is veel klein-
der en bultiger, grauw en kalkachtig.

VI. *Rapa*. Neerd. een Knol, is rond van lichaam, met een plat hoofd, en achter *De 6de foort, met de letter F.*
heeft ze een korte gekrulde ftaert, gelyk een verkens ftaert, dun en licht van fchaal,
wat ruig en gerimpelt, licht citroen geel, en zelden te vinden.

VII. *Bulla*. Neerd. Blaasjes, dat is een byzonder fatzoen van Slekken in malkan- *De 7de foort, op dezelve plaat, by de letters G. en H. Waar van 3 foorten. Eerfte foort. 2de foort. 3de foort. Zyn zeldzaam.*
der gerolt, met weinige gieren, en eenen langwerpige wyden mond, wiens buiten-
kant langer is dan het overige lyf, verdeelt in drie foorten: De eerfte, is de grootfte
en dikfte van fchaal, zoo groot als een ronde Pruim, en over t' geheele lyf gefpikkelt, bruin
en zwart, op de manier als de Kievits-eijeren, en met eene flymerigheit overtogen.
De tweede, is dun van fchaal en wyder van mond, bleekwit, en heel fyn geftreept
of gevoorent. De derde foort, is de kleinfte en alderdunfte, by na als een water-
blaas, mede wit, doch over dwars geteikent met veele zwartachtige en bruine ftreepen.
De eerfte en tweede foorten zyn gemeen; maar de derde is raar, als deze laatfte met
zwarte en roode ftreepen getekent zyn, noemt men ze Prince vlaggetjes.

VIII. *Cochlea Imbrium*. Mal. *Bia Ribut*, is een platachtige Slek met een fpits *De 8^{ſte} foort, aangewezen met letter I.*
hoofd, en een nauwen mond, binnen diep gekartelt en aan de kanten omgeworpen, dood
van verwe met donkerbruin gefchildert, en aan de zyden met breede zwartachtige ftreepen, als of het voeten waren; de tegen overftaande kant van den mond is mede wat
fcherp, zoo dat ze een platte Kikvorfch gelykt; zy is van geen mooi fatzoen of koleur,
behalven dat men zommige bewaart, om dat men de gedaante van een dier met pooten
daar uit befpeuren kan. Men vind ze omtrent den zeekant, onder het verrotte ruigte, *Waar deze gevonden worden, en hoe.*
bladen en houtjes, zoo wel op ftrand als landwaart in; ja dikwyls op de bergen, daar
geen omgang van menfchen is, en ook niet waarfchynlyk, dat ze van ftrand fchielyk
derwaarts zouden gekropen zyn; derhalven het algemeen gevoelen is, dat ze door
de wind by fterken regen beneden opgeraapt, en aldaar neêr geworpen worden: doch my
dunkt waarfchynlyker, dat ze door den regen aldaar geteelt worden, om dat men ze
zoo wel klein als groot vindt.

IX. *Ficus*. Neerd. een Vyg, by andere genaamt een Luit, is mede een Slek van een *De 9de foort, met letter K. aangewezen.*
byzonder fatzoen; want het lyf is rond, met een plat hoofd, en achter loopt het fmal
toe, gelyk een Peer; wyd en langwerpig van mond, dun van fchaal, donkergrauw of
aardverwig, zonder glans, by na rimpelig en ruig, word echter onder de Rariteiten
bewaart.

X. *Umbilicata*, is een plat gedrukte Slek, beneden gansch plat, boven een wei- *De 10de foort, verbeeldt by letter L. En omftandig befchreven.*
nig verheven, en met veele fmalle gieren in malkander loopende, aan de kanten
fcherp; van onderen maakt ze de gedaante van een navel, doch omtrent het middelpunt ziet men een open, en aan de kanten gekartelt kuiltje; de bovenfte vlakte is
een weinig gerimpelt, boven met bruinachtige en witte kringen tuffchen beiden, met
korte fyne vooren; de mond is fmal met een dun dekzeltje: Daar van zyn noch twee
kleinder foorten, pas zoo groot als de nagel van een vinger; waar van de eene meer
verheven, grauw, rimpelig, en zonder glans is; de tweede is platter, niet rimpelig,
maar glad, met lichtbruine vlammetjes: men zou ze voor Land-flekken aanzien, 't welk
zy echter niet zyn, maar houden zich op aan den ftrand in zeewater.

XI. *Arcularia major*, is een kleine Slek, zoo groot als een nagel van een duim *De 11de foort, af-getekens by letter M.*

met

met een spits hoofd als een *turbo*, op den rugge geplooit, en aan de kanten van den omloop gekartelt, dik van schaal en vuilwit of geelachtig van koleur; de mond is smal met een dikke lip, waar aan scherpe tandjes staan, en geslooten met een dun geel dekzeltje.

De 12de soort, verbeeldt by letter N.

XII. *Arcularia minor*, is zoo groot als de nagel van een pink, van fatzoen als de voorgaande, doch met een verhevene bult, en niet gekartelt, donker grauw van koleur, doch glad en blinkende; de mond is zeer nauw met een dikke lip. De Maleijers noemen ze *Bia Totombo*, dat is, *Arcularias*, om dat men ze gebruikt tot de strooije koffertjes, in 't Maleitsch *Totombo*, by de Ternatanen *Tomtomme* genaamt, dewelke

Worden tot cieraad van koffertjes gebruikt.

vierkante koffertjes zyn, die d' Inwoonders van Oost *Ceram* en *Goram* van zekere bladen der boomen konstig weten te vlechten, en boven op in zekere ryen met deze hoorentjes bezetten, het bultje afslypende, en met stroogaarn daar aan vast naajende; 't welk nieuw zynde een mooi gezicht geeft, maar geen hondert jaaren duurt, om dat het stroogaarn zoo licht verrot.

De 13de soort, aangewezen met letter O.

Hier van tweederlei slach.

XIII. *Serpentuli*, Slangetjes, dit zyn platte slekken in malkander gerolt als een opgeschote slang, van tweederlei gedaante, beide dun van schaal, met een omgeworpene lip aan den mond. De eerste en grooter soort, Olyfant snuit, is eenpaarig bruin van koleur. De tweede is kleinder en platter met eenige zwartachtige of donkergrauwe vlammetjes. Daar is noch een derde soort, kleinder dan die beide, meest bruin en glad, die zith niet ophoud in zeewater, gelyk de voorgaande, maar op 't land in de ruigte, en by de wortelen der Boomen. Diergelyke, en noch kleinder en dikker van schaal en gladder, worden gevonden op den strand van den Persischen Golf, omtrent *Gamaron*, die wy ook gevonden hebben op *Hatuwe* van *Cerams* Noordkust.

De 14de soort, afgebeeldt by de letter P.

Waar van verscheide soorten zyn.

XIV. *Cochlea terrestris*, word hier ook onder gerekent, om dat ze met de twee voorgaande soorten groote gelykenis heeft, en ze word, om haare mooijigheit, onder de rariteiten aangenomen; zy is van fatzoen gelyk de gemeene stekken, dun en licht van schaal, van veelderlei koleur; de meeste zyn licht geel, met een of meer witte banden, andere met bruine banden; zommige geheel bruin, met en zonder banden; zommige aan de bovenste helft bruin, aan de onderste wit of licht geel, die men niet veel vind.

De 15de soort, aangewezen met letter Q.

Waar van 2 soorten.

XV. *Cochlea lutaria*, of Slyk-slekken, zyn tweederlei, groot en klein. De groote heeft de gedaante van een gemeene slekke, of gelyk de bovenstaande *Vitellus*, dun van schaal, donkergroen met bruin gemengt, gelyk de drooge bladen van *Cotihomera*, overdwars loopen dunne geelachtige aadertjes; de mond is groot en rond, gesloten met een dikachtig dekzel of langwerpig schildje; deze is de bovenstaande *Onyx* N. IX. Als ze voortkruipen, steeken ze twee hoornen voor uit, als andere Land-slekken, draagende als dan het schild op den rug; onder hebben ze een ronden mond, waar mede zy het slyk en water inzuigen. De tweede soort is kleinder, van het zelfde fatzoen, doch loopt spitzer toe.

Haar benaming.

En water ze gevonden worden.

Zyn goed tot spyze.

Op Makkassar word de eerste soort *Sisso Capong* genaamt: De tweede soort *Sisso Potir:* op Tombocko, *Wonko* of *Wonke:* op Balisch, *Kakol.* Men graaft ze beide op *Makkassar* uit het slyk in de rystvelden, op *Tombocko* ook uit de stykerige oeveren der revieren, daar ze zoo groot worden als een kleine vuist; zy hebben goed vleesch om te eeten, worden in water gekookt, en het vleesch daar uit gehaalt met een Limoen-dooren, doch men kan ze ook uitzuigen, om dat haare spitzen gemeenlyk afgebrooken zyn; haare dekzels zyn aldaar een gebruikelyk reukwerk, hoewel beide stecht, en by gebrek van ander *Unam*; doch de kleine worden voor beter gehouden. De kleine is op Tombocko doorenachtig, en word genaamt *Senipa*; in water-bakken kan men ze levendig houden en over zee voeren.

Op Makkassar zyn 3 soorten van deze Land-slekken.

De Makkassaarsche *Sisso* is driederlei. De eerste en grootste genaamt *Sisso salombe*, heeft de grootte van een kleine vuist, is glad en zwart, doch tegen het licht gehouden ziet men twee of drie zwarter streepen daar doorgaan; haar schild is gefatzoeneert als een oor, dik en beenhard, buiten doodsbruin, van binnen donker paerlemoerachtig, tot reukwerk niet bequaam. 2. *Sisso capong* is de middelbaare soort; en de *Sisso potir* de kleinste, met een spitze tuit, wiens dekzel is een slechten *Unam*.

Het

XXVII

N

Q

C

I

N.º 1

A

B

F

E

D

L

O

P

K

R

M

G

H

J.Lauwrts fec

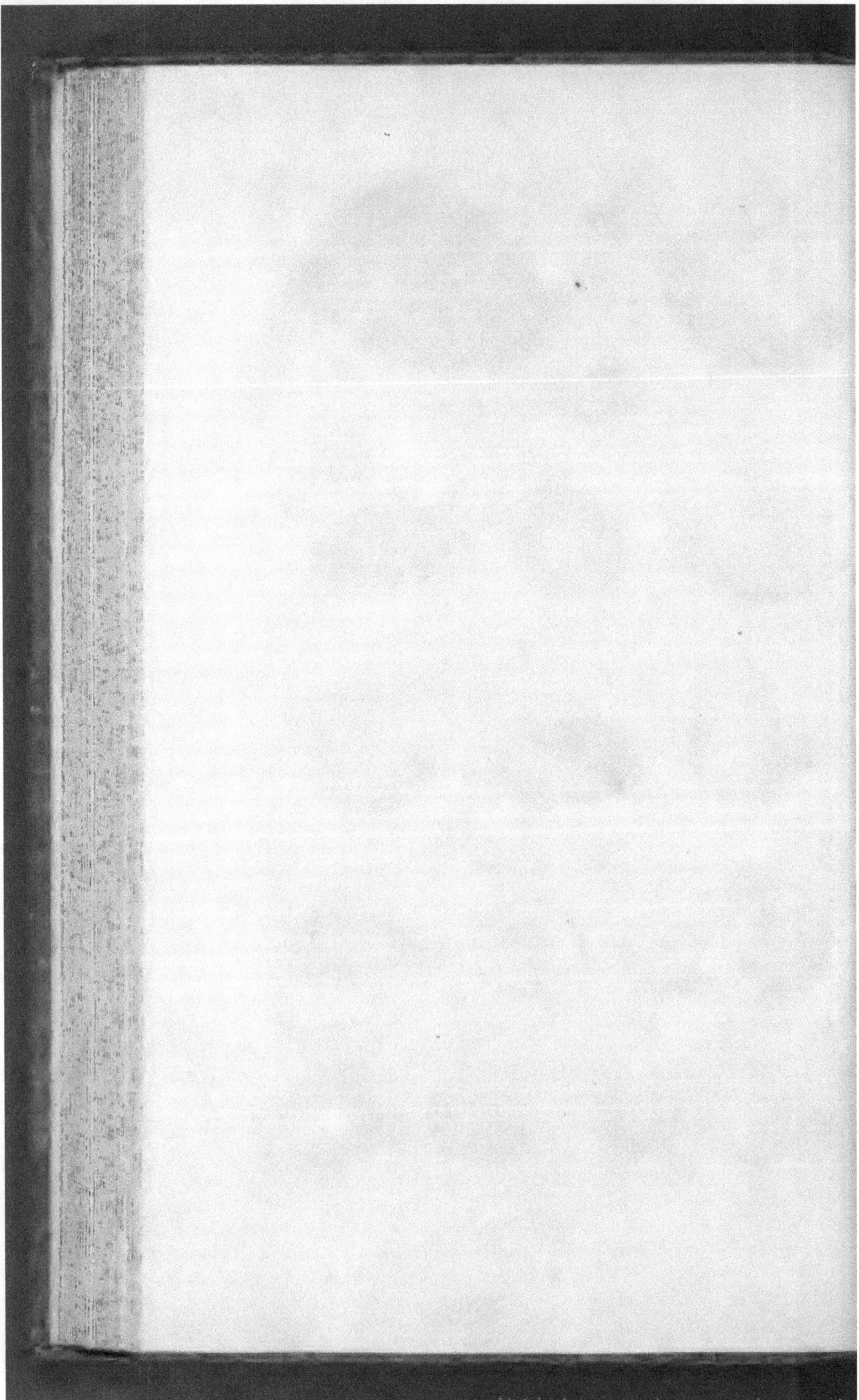

Het dekzel van de groote *Cochlea Lutaria*, is langwerpig als een stompe halve
maan, ter dikte van een mes, van buiten vuil graauw, van binnen witachtig als onge-
polyſt zilver blinkende; aan de ſlykerige rivieren zakken ze zoo diep in het ſlyk, dat *Waar die*
ze den harden grond raaken, hoewel men ze ook aan de klippen vind, die omtrent *gevonden*
zulke ſlykerige plaatzen ſtaan. Men kan ze uit het Griekſch *Pomatias* toenoemen, dat *worden.*
is, Dekzel-ſlekken, dewyl ze alleen onder alle Land-ſlekken een dik dekzel hebben;
men vind ze op *Celebes*, *Java*, *Baly*, en *Sumatra*, overal in de ſlykerige ryſtvelden, *En hoe*
daar ze zoo groot zyn als een vuiſt, als de ryſtvelden indroogen, verbergen ze zich *zy zich*
in den droogen ſlyk, daar ze dan blyven, tot de regen oogſt weêrkomt. Zy zyn goed *verbergen.*
om te eeten, als men ze in water kookt, of op de koolen braadt, de voorſte ſpits ofte *tot ſpys.*
ſtaert eerſt in ſtukken ſlaande, dan kan men ze gemakkelyk uitzuigen, of met een Limoen-dooren uithaalen; in water-bakken gedaan, kan men ze levend houden, over *En kon-*
zee voeren, en in andere vyvers verplanten, gelyk de Romeinen eertyds met dierge- *nen lang*
lyke ſlach deden, die ze uit Africa lieten haalen; zy worden inzonderheit gezond ge- *en ver-*
houden voor koortzige menſchen, en die een begin van de teering hebben. Diergely- *den.*
ke ſlekken zyn my gebracht van *Coetſchien*, en vallen, naar myn giſſing, mede op
Ceilon, over al in de moeraſſige ryſtvelden, en worden veel tot ſpyze gezogt.

XVI. Onder de *Quisquilias* van dit geſlachte, behooren noch verſcheide kleine ſlek- *De 16de*
jes en hoorentjes, geene byzondere beſchryvinge waardig; waar onder de voornaamſte zyn, *ſoort, op*
die men Steentjes [*lapillos*] noemt, ſchaars zoo groot als de nagel van een vinger; met *XXVII.*
een ſpits hoofd, gelyk de *buccina*, een nauwen mond met een dikke lip; zommige bruin met *zen met*
witte oogjes; zommige gerimpelt en met ſtreepen aardig geſchildert; ook noch andere *letter R*
kleine ſlekjes, gelyk de *ſerpentuli*, doch met een verheven tuitje. *noch veele*
ſoorten.

Cochlea Globoſa, zyn die ſoorten, die wy Bel hoorens noemen, waar van ieder weêr zyne byzondere benaming heeft.
De eerſte is verbeeldt op de plaat XVII. by letter A. die bekent is onder den naam van geplekte Bel hooren. De 2de
ſoort by letter B. waar toe wy 'er noch een voegen, met N. 1. zynde de geknobbelde Bel hooren, die zelden voorkomt. De 3de ſoort by letter C. die genaamt word de Patrys hooren, ook wel het Kivits ci. De 4de ſoort by letter D.
word by ons geheeten de Ajuin-ſchil. De 5de ſoort is by E. afgebeeldt. De 6de ſoort met letter F. is de Knol bel of Knol
hooren genaamt. De 7de ſoort word by letter G. een Agaatebakje, ook wel het Kivits ci genaamt; waar van letter H. eene aan de mond zyde vertoont; van deze zyn veele ſoorten, waar onder eene heel wit. De 8de ſoort met letter I. die wy de Toveraar, ook wel de Toover-ſlak noemen. De 9de ſoort by letter K. deze is by ons bekent met den
naam van den Peer hooren; by word ook de Spaanſche vyg, wegens zyne gedaante, genaamt, van welke verſcheide
ſoorten zyn. De 10de is verbeeldt by letter L. die wy de Wervel hooren heeten, en word ook genaamt de Perſpectiv
hooren, om zyn diepgaande en allenks verminderde inzigt, 't geen by van onderen heeft. De 11de ſoort met letter M
En de 12de by N. De 13de by letter O. die wy Bel-ſlak noemen. De 14de by P. word by ons Poſt hooren geheeten. De
15de by letter Q. is een gebande Ajuyn-ſchil. De 16de by letter R. is een andere ſoort van Poſt hooren, waar van
'er noch veele ſoorten bekent zyn.

XIX. HOOFTDEEL.

Buccinum: Bia Trompet.

HEt zeſde en zevende hoofdgeſlacht, zyn de *Turbinata*, beide van zoo een *De Buc-*
nabuurig fatzoen, dat men veele ſoorten van het eene geſlacht voor die van *cinum be-*
het auder zoude aanzien; doch tot beter verſtand, noemen wy *Buccina* zoo- *ſchreven.*
daanige hoorentjes, welker tuit of *turbo* kleinder is dan 't overige van 't lyf,
of immers niet veel langer; van buiten meerendeels ruig, geknobbelt en geribt, van
dewelke wy in dit hoofdſtuk zullen handelen. Haare algemeene naam is in 't Latyn *Buc-*
cinum. Maleitſch *Bia trompetta*. Amb. *Kima Tahuri*: waar door evenwel de grootſte
ſoorten verſtaan worden, die men tot Trompetten gebruiken kan.

I. *Buccina Aruana*, alzoo genaamt van 't Eiland *Aru*, daar men ze van daan brengt; *De eerſte*
hoewel ze mede aan het naaſte *Nova Guinea* valt, anders in de Amboinſche geweſten *ſoort, zie*
onbekent: dit is de grootſte en plompſte van alle, die ik gezien heb, zwaar en dik *XXVIII.*
van ſchaal, ruim een en een half voet lang, en een ſpan hoog, met weinige gieren en *letter A.*

een

een korten tuit maakende, achter met een korte staert of snuit; over 't geheele lichaam is ze schilfferig of geborsten, wit en zonder glans; het dekzel is een dunne *Blatta*, langwerpig en zwartbruin, word onder de beste *Onyx* gerekent, boven Hoofddeel XVII. Soorte V. vermeldt.

II. *Buccinum Tritonis*, is naast de voorgaande de grootste en schoonste van de *Turbinata*, die eigentlyk de naam toekomt van *Bia Trompetta*, *Krang Seroney* en *Kima Tahuri*, gelyk men de *Tritones*, of Watermannen schildert: onze Duitsche noemen dezelve Kinkhoorens, andere Schryvers *Turbo magnus*: zy gelykt meer naar een *Turbo* dan naar een *Buccinum*; zy is rond en dik van lyf, in een langen tuit eindigende, zonder staert, essen en glad van buiten, doch de bovenste randen van de gieren zyn ge-

kartelt, als of ze met verscheiden snoeren van *Paternosters* belegt waaren: over 't geheele lyf zyn ze aardig geschildert, gelyk Hoender-veeren, of noch nader gelyk Turksch papier, en daarenboven schoon blinkende; de mond is wyd en rond, zyn rand aan de rechter zyde gekartelt, en met tanden verciert; van binnen zyn ze schoonlicht,

of vuurrood, glad en blinkende als porsellein; het Dier heeft een grof sterk vleesch, ter dikte van een arm, rimpelig als de hals van een Schildpad, bruin en ros gespikkelt, waar aan vast is een langwerpig schild, 5 duimen lang, 3 breed, en een mes dik, het welk is de *Onyx*, die boven Hoofddeel XVII. Soorte IV. staat beschreven.

De grootste van deze soorten zyn ruim $1\frac{1}{2}$ voet lang, 6 of 7 duimen hoog; haare spits is meest een weinig afgebroken, en over 't lyf bezet met witte en roode grove stipjes, die men met een pennemes afschraapen moet, na dat zy eerst met sterkwater ver-

murwt zyn. Deze worden onder de voornaamste Rariteiten gerekent, en zoo zy zuiver zyn, gelden ze gemeenlyk zelfs in deze Eilanden het stuk een Ryksdaalder. In *Amboina* zelf vind men ze weinig, maar zy komen meest uit de Zuidoostersche Eilanden; zy houden zich diep in zee, en kruipen zomtyds in de Vischfuiken, gelyk ik 'er een op *Hitoe* gekregen heb van 't grootste slag, die den hals uitstrekte zoo dik als een been;

en als ik het schild wilde afsnyden, trok het Beest my de hand en 't mes naar binnen toe, zoo dat ik genoeg te doen hadde, dat harde vleesch te doorsnyden. De *Alphorezen* van *Ceram* gebruiken deze Hoorens tot hunne Trompetten, maakende in de middelste kring een gat, daar in zy blaazen, welk geluid zeer ver gehoort word, en op welk de na-buurige *Negoryen* t' zaamen moeten komen; diergelyke hoorne Trompetten gebruiken ook de *Tartars* in hunne Legers, gelyk men vind by Vader *Martinus* in zynen Tarta-rischen oorlog, en 't welk my ook van de Chineschen verhaalt is.

Het Dier heeft achter een roodachtig vleesch, of liever vet, bequaam om te eeten, maar het voorste is te hard; in de maag vind men stukjes van schulpjes, koraal en kei-steentjes.

De naam van Kinkhooren hebben ze gekregen, om dat ze kinken of een suissen veroorzaaken, als men ze met den mond tegens de ooren houd, de gemeene man mal-kander wys maakende, dat dit een vast kenteken van de oprechte is, quansuis om dat men daar in hoort het suissen van de wilde zee: Evenwel loopt hier een misslag onder, want dit suissen word men niet alle dagen of alle uuren gewaar, maar alleen over dag, wanneer de lucht bewogen word door wind, regen, of stemmen der menschen, daar-entegen by stille nachten, zal men geen suissen vernemen, en niettemin zyn ze van de oprechte. In Europa maaken ze malkander ook wys, dat het voor koortzige men-

schen gezond is, water uit deze Hoorens te drinken. Noch hebben ze eene zeldzaame eigenschap, doch met eenige andere Hoorens gemeen, dat ze by langduurig regenachtig weêr zoodaanig zweeten, dat 'er de druppels op staan, 't geen ik ervaren heb aan zoodaanige, die ik al over de 16 jaaren bewaart had, en dit gebeurt t' elkens al we-der, als de regen komt, schoon men ze zelfs dagelyks droog afveegt.

Om hunnen levenden glans te onderhouden, moet men ze zomtyds, immers alle twee jaaren, eens in zout water eenige uuren laten leggen, 't welk men noemt: *de Hoorentjes te drinken geven*; daar na moet men ze met versch water afspoelen, in de

zonne

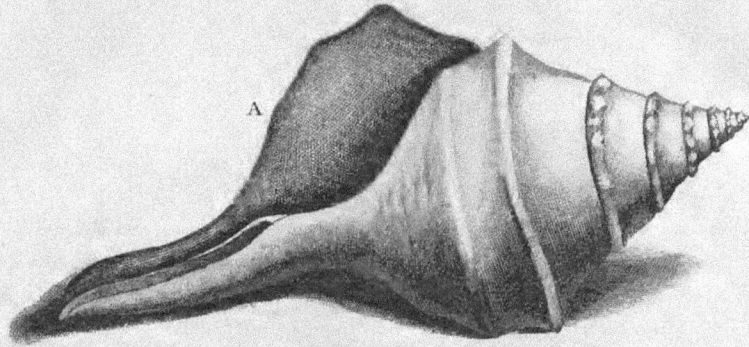

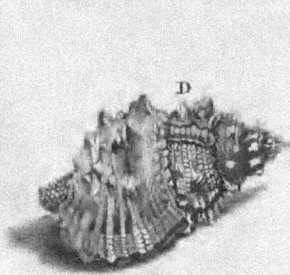

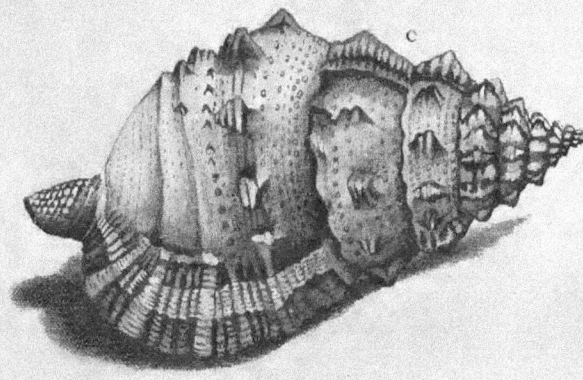

Tab. 94

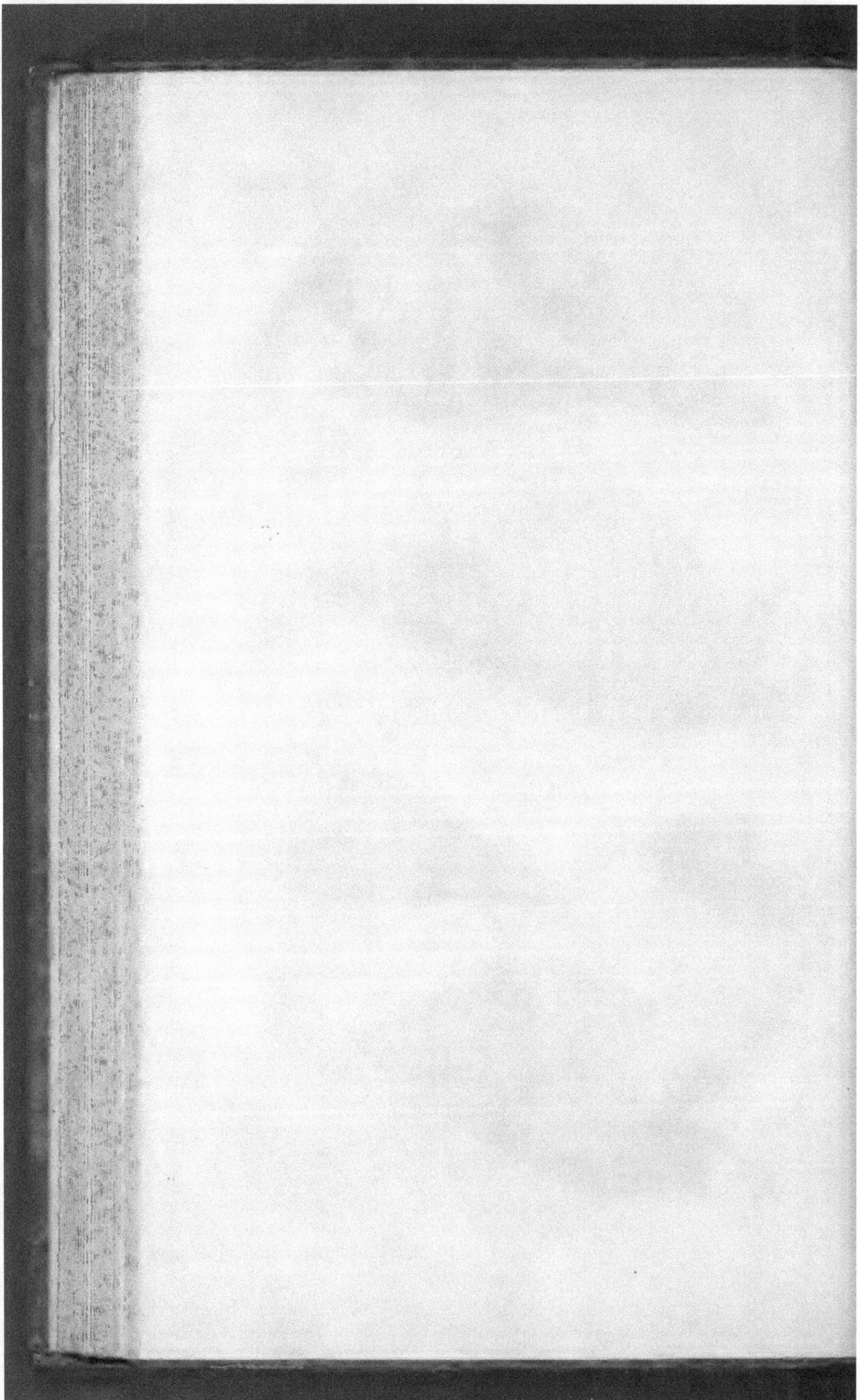

zonne droogen, en met een wolle lap zagtjes en lang wryven, tot ze warm worden, waar door ze zoo glimmend worden als een spiegel. Deze *Buccina Tritonis* hiet op 't Chineesch *Tsjanku*, of *Tsjaku*; op de Eilanden *Liukieuw*, of *Lequeos*; van waar ze de Tartars haalen om Trompetten van te maaken. *Haar benaming in verscheide taalen.*

Hist. Antill. Lib. 1. *Cap.* 19. *Art.* 8. noemt alle Kinkhoorens *Cornets de mer*, waar onder ik door de witte, welke het yvoor gelyken, de *Subulas*, of Marrelpriem versta; maar de gedaante van de *Trompette marine*, of zee Trompet, is onze *Buccina Tritonis*.

III. *Buccina tuberosa*, of geknobbelde Kinkhooren, is veel kleiner dan de voorgaande, in 't gemeen een hand lang, over 't lyf geheel rimpelig, en met knobbelen bezet, zonder eenige glans of mooijigheit, vuilwit van verwe, echter, wegens zyne zeldzaamheit, onder de Rariteiten getrokken, doch van binnen is hy schoon wit als Porsellein: men noemt hem *Hector*. *De 3de soort, aangewezen met letter C.*

IV. *Buccina tuberosa rufa*, rood geknobbelde Kinkhooren, deze is noch korter dan de voorgaande, mede geheel knobbelig en rimpelig, met het zeegruis of kalk zeer bezet, en dieshalven moeijelyk om schoon te maaken; ros van koleur, met zwarte plekken op de knobbelen; de mond is rond, aan de kanten zeer gefronst, en besloten met een dun donker bruin dekzel, gelyk ook de voorgaande; beide zyn ze tot reukwerk niet gebruikelyk; men vind ze weinig, en meest op zoodaanige stranden, daar groote keisteenen zyn. Op *Tombucco* of *Celebes* Oostkust, word deze zoorte eigentlyk *Honka* genaamt, en zeer gezocht van haare voorvechters, als ze ten oorlog willen gaan, niet zonder overgeloof: want zy moeten van buiten bruinrood en van binnen schoon vuurrood zyn; de knobbels omtrent den mond moeten ook op zekere manier met malkander overeenstemmen: waar in ze dan Gengber met noch eenige andere worteltjes, als ook briefjes met characters getekent stoppen, en binden ze dan in hunne gordels om de lendenen vast, geloovende, dat ze als dan gelukkig en onquetsbaar in den Strijd zullen zyn; hier door worden ze zoo stout, als den Grickschen held Ajax voor Trojen, waarom wy dit Hoorentje den bynaam van *Ajax* gegeven hebben; gelyk het voornoemde wit geknoopte den toenaam van *Hector*. *De 4de soort, afgetekent by letter D.* *Vreemd bygeloof der Indianen.*

V. *Pseudo-purpura*. Bastaard Purperslek. Deze noem ik zoo, om dat ze eenigzins de gedaante heeft van de Purperslekke uit de Middelandsche zee, en van binnen een rood bloedig vleesch heeft, gelyk men aan geen andere Slekken ziet; doch of daar in een rood bloed of zap te haalen zy, waar mede men zou konnen verwen, is noch niet onderzocht; zy heeft een gemengt fatzoen, van een *Murex* en *Buccinum*, zoo dat men ze onder die beide geslachten kan brengen; zy is 5 en 6 duimen lang, van vooren uitgespitst met veele gieren, en achter met een merkelyke dunne snuit; de bovenste gieren der randen zyn met knobbelen bezet, zomtyds zoo scherp als stompe doornen; het overige van de schaal is effen donkergrauw, of aardverwig, zonder glans; en als men het bovenste vliesje afschraapt, ('t welk niet licht te doen valt) is de schaal wit, met zwartachtige draaden over dwars; de rand van den mond is dun, met scherpe tanden gezaagt; tegen over is hy glad en purperverwig; de binnenste vlakte des Hoorens is met dunne ribbetjes gevoorent: het Dier daar in, is hard, en rood als rauw vleesch, goed om te eeten; draagt op het hoofd een langwerpig schildje, een lid van een vinger lang, en krom als een klauw van een beest, net sluitende op den mond, buiten vuilgrauw en effen, binnen donkerbruin en wat gerimpelt. Dit dekzel is van de beste *Onyx marina*, by de Maleijers *Unam Casturi*, dat is, *Onyx moschata*, genaamt, om dat ze voor de welriekenste van alle *Unams* gehouden word naar 't gemeene gevoelen, maar niet naar 't myne; want zy riekt naar niets minder dan naar *Moschus*, maar wel naar gebrande Garneelen met barnsteen gemengt, en ik zoude den *Unguis* van de cerste soorte voortrekken, of deze moest in andere landen beter zyn dan de Amboinsche. Zy is beschreven in 't XVII. Hoofdeel, de II. Soort. *De 5de soort, is verbeeldt op de plaat XXIX. by letter E. Haar gedaante.* *En koleur beschreven.* *Zy zyn goed tot spyze.*

Deze Hoorens vind men redelyk veel in den Amboinschen Inham, aan de Noord-zyde. *Waar zy gevonden worden.*

zyde, en zy komen met troepen by malkander voor den dag, maar in zekere maanden, en vertrekken dan wederom naar de diepte. Die men tot Rariteiten bewaaren wil, moet men van het bovenste vliesje niet berooven, want anders, door dien men het zelve nooit geheel af kan lichten, schynen ze schurft te zyn.

De 6de foort, is op dezelve plaat met letter F. aangewezen. Haar gedaante beschreven.

VI. *Fusus*, een Spil; dit is een langwerpig Hoorentje; wiens bovenste helft is een *Turbo* of Kegel, daar de gieren met diepe klooven onderscheiden zyn, en daarenboven gevoorent, hebbende op de midden van ieder gieren een uitsteekenden vooren, gelyk een naad; de andere helft is een lange smalle snuit, van binnen hol als een pyp, en aan 't einde een weinig gekrult; over 't lyf is de geheele Hoorn vaal, zonder glans, en met een dun vliesje bekleedt, het welk daar niet af te scheiden is; maar de spits, en het einde van de snuit zyn zwartachtig; de mond is klein en rond, geslooten met een rondachtig schildje, dat zwartbruin is, doch tot reukwerk niet gebruikelyk: Eerst uit zee komende, zyn ze met eene wolachtigheit bekleedt, die zich licht laat afwryven.

De 7de foort, zie haar by letter G. afgebeeldt. Hier van een 2de foort.

VII. *Fusus brevis*, Stompe Spil, verschilt niet veel van de voorgaande, behalven dat ze dikker van lyf zyn, en een dikke korte snuit hebben, langs de gieren met knobbelen bezet, donkergrauw en gevoorent als de andere. Een tweede foort hier van is rond van gieren, zonder knobbelen: haarer beider schilden zyn van buiten ruig met kringen afgedeelt, en eenigzins tot reukwerk dienende; hoewel ze in 't Hoofdstuk van de *Unguis Odoratus* niet gemeldt worden.

Haar lengte en dikte.

De rechte Spil is 9 en 10 duimen, de stompe Spil 4 en 5 duimen lang; in de midden schaars een duim dik, aldus genoemt naar de gedaante van een spil, en word weinig gevonden.

Worden zelden gevonden.

Daar is noch een andere zeldzaamer foort, die niet voor den dach komt, als wanneer 'er eene by geval in een vischfuik kruipt, want ze houd zich op in de diepte. Zy is grooter dan een gemeene Spil, mede gevoorent en gansch wit, langs de gieren met knobbelen of bulten, die omtrent de spits wat scherp zyn.

De 8ste foort, word aangewezen met letter H. Waar van verscheide andere foorten.

VIII. *Buccinum pilosum primum seve crassum*, in 't Neêrlandsch, Haairige Diklipjes, of Baertmannetjes; deze zyn van verscheide gedaante, alle met een korte dikke staert, en een breede gekartelde lip, over 't geheele lyf gevoorent, en met verscheide ryen van borstels bezet, ruig en zonder glans: De eene foort is rondachtig van gieren, aan de zyde tegen den mond overstaande, met een dikke uitsteekende naad: Een ander foort is niet alleen gevoorent, maar ook met knobbelen en bulten bezet; de mond is klein, van binnen ros, en gesloten met een dekzel als een *Unguis*.

De 9de foort.

IX. *Buccinum pilosum tenue*, is niet boven twee duimen lang, dun van schaal, mede gevoorent, en met lange weeke haairen bezet, die in ryen aan malkander vast staan, en licht af te wryven zyn, daar de voorige vast staan: men houd ze voor het wyfje van de eerste.

De 10de foort, op dezelve plaat by letter I. Is een schoon huis. Doch heeft een slechte Inwoonder. Is vergiftig. En word echter gegeeten. Hier van een 2de foort.

X. *Mitra papalis*, de Pauskroon, is een langwerpig glad Hoorentje, van een byzondere gedaante; want de eerste gier is zoo lang als al 't overige lyf, langwerpig als een rol, gansch zonder staert, over 't lyf wit, maar dicht bezet met roode droppels, die eenigzins in ryen staan, en waar van de meeste vierkantig zyn, als of het kostelyke steenen waren aan eenen Paus-kroon: de bovenste kanten van de gieren zyn mooi gekartelt of getandt, gelyk ook de lip van den mond. Deze Hoorn heeft een schadelyk Dier tot zynen Inwoonder, hard, taai, wit en slymerig van vleesch; in zyn snuit, die zomtyds als een lange tong uithangt, verbergende een klein beentje, als een doorn, waar mede zy eene senynige steek konen geeven, als men ze levendig in den hand houd, waar van zommige ook gestorven zyn: het Dier zelf gekookt en gegeeten, brengt een dodelyk worgen aan, weshalven het tot de kost verworpen is, hoewel de geringe luyden op *Kaybobbo*, een dorp van groot *Ceram*, daar zy veel vallen, dezelve zomtyds op koolen gebraden, zonder schade eeten: want wie zoude zeggen, dat onder zulk eene heilige Pauskroon een doodelyk fenyn schuilde?

De tweede foorte hier van is kleinder, aan de kanten fyn of weinig gekartelt, en

de

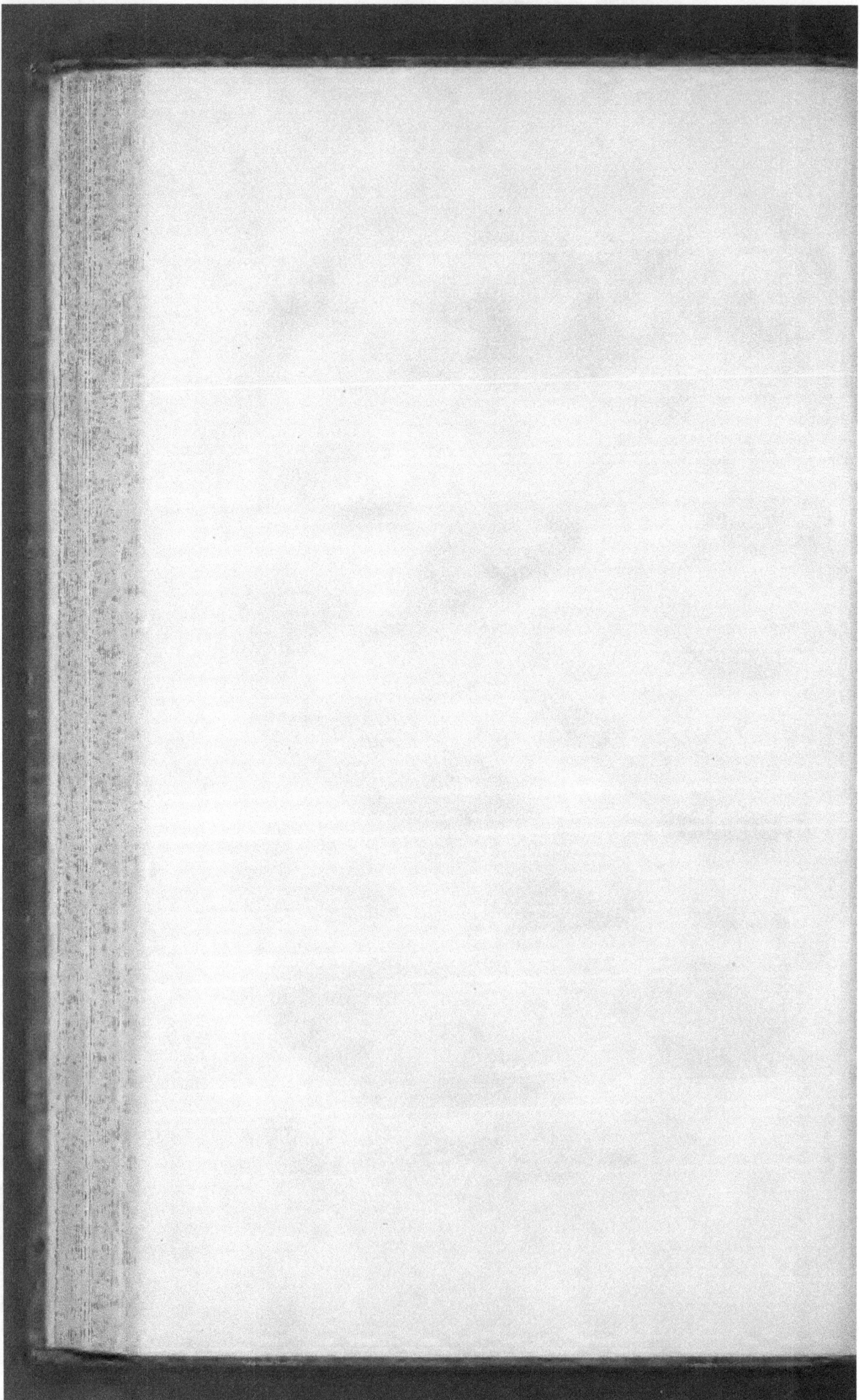

de droppels zyn bruinrood, die men bruine Pauskroonen noemt. Een derde foort *Als mede een 3de foort.*
blyft klein, omtrent een halve vinger lang, meeft rood, met witte vlammen, en diep gekartelt of getandt langs den omloop der gieren: de twee eerfte foorten zyn zeldzaam;
maar de derde is gemeen.

XI. *Mitra Epifcopi*, een Biffchops-mijter, is van de voorige gedaante, doch fmal- *De 11de foort, ward verbeeldt by letter K.*
ler en langwerpiger, zonder tanden aan de gieren, behalven aan den mond, daar ze
fcherp getandt is; over 't lyf glad, met groote roode plekken gefchildert, zoo dat
het rood even zoo veel is als het wit: In 't vleefch fchuilt mede het voornoemde fe- *Haar gedaante befchreven.*
nynig beentje, waarom men ze in de koft myden moet: Ze is lang 4 en 5 duimen,
en fchaars een duim dik; het vleefch van 't Dier verrottende, verandert in een zwart
flym, als inkt. Ze is gemeen op den ftrand van *Kaybobbo*. Men vind 'er noch een
kleinder foort, fchaars een pink lang, over 't lyf wat gevoorent, en brandverwig;
waarom men ze brandige Pauskroonen noemt.

XII. *Turris Babylonica*, Babylonifche Toren: Deze loopt met veele gieren in een *De 12de foort, is op dezelve plaat aangewezen met letter L.*
fpitze kegel toe, gelyk een *Strombus*, achter met een ftaert of fnuit, langs de gieren
diep gevoorent, waar van een langs den rugge uitfteekt; de grond is wit, met veele
zwarte puntjes, die deuren en venfters verbeelden, gelyk men die aan de Babylonifche
Toren fchildert. Dit Hoorntje heeft ook een zeker geflachtteken, te weeten, dat het *Deze vergeleken by de Babylonifchen Toren; waarom hy zoo ook genaamt word.*
boven in den hoek een keep heeft, als of 'er een ftuk uitgebroken was; het dekzel
van den mond is een zwartbruine *Unguis*: Het heeft noch twee kleine foorten, waar
van de eene kleine bleeke puntjes heeft; de andere is meeft zwart; van gedaante ko- *Waar van nog 2 ander foorten zyn.*
men ze met de bovenftaande Spil over een, behalven dat ze kleinder en geftipt zyn.

XIII. *Buccinum granulatum planum*, is fchaars een pink lang, de onderfte of eer- *De 13de foort.*
fte gier is breed, uit den ronden wat plat gedrukt, met twee uitfteekende naaden; d'
eene aan den mond; d' ander daar tegen over: voorts over 't geheele lyf bezet met
ronde korrels, die in ryen ftaan, en zomtyds *Paternofters* verbeelden, zynde de meefte wit; de middelfte, een band uitmaakende, zyn rood en zwart. Aan de verfche ziet
men korte en ftyve haairtjes in de laagte tuffchen de korrels ftaan.

XIV. *Buccinum granulatum rotundum*, is een enkelde *Turbo*, rond van lyf, en zon- *De 14de foort, word aangewezen met letter M.*
der naaden; ook doorgaans met ronde korrels bezet, eenparig vuilwit, zonder ban-
den.

XV. *Buccinum aculeatum*, is omtrent een halve vinger lang, en over 't geheele lyf *De 15de foort, met letter N.*
fteckelig, dwars over de gieren ftaan ruige ribben; daarenboven is hy gevoorent, lichtbruin van koleur.

XVI. *Buccinum undofum*, is een kort bultig Hoorntje, een lid van een vinger *De 16de foort, is verbeeldt by letter O.*
lang, dik van fchaal, met 5 ruggen dwars over de gieren, verbeeldende eenige zee-
baaren, en langs de gieren diep gevoorent; aan den mond met fcherpe tandjes: De
ruggen zyn zwart of brandverwig, het overige is vaal. Een tweede zoort daar van, is *Hier van een 2de foort.*
meeft rond, zonder baaren, doch mede gevoorent, en bezet met een wolachtigheid,
die daar vaft aan kleeft. Een derde beftaat meeft uit een groote ronde gier, achter met *Derde foort.*
een kort rond ftaertje; dun van fchaal, en omgeeven met veele ribben, als draaden
daar omgebonden; deze is zelden te vinden; maar de twee eerfte zyn gemeen.

XVII. *Buccinum lineatum*, is mede een enkelde en effene *turbo*, fchaars een pink *De 17de foort, word aangewe- zen door letter P.*
lang, omringt met zeer fyne of kleine zwarte ftreepjes, als of 'er zwarte draaden omge-
wonden waaren: de fchaal is ligt, met kleine tandjes aan den mond: In haar vleefch
heeft ze mede dat fenynig doorntje, gelyk de Pauskroonen, waar voor men zich
wachten moet, op dat het niemant in de hand quetze.

XVIII. *Digitellus*, het Vingertje, is ook maar een halve vinger lang, dik van *De 18de foort, met letter Q.*
fchaal, en lip, achter met een kort ftaertje, over 't geheele lyf korrelig, vaal, en zomtyds met eenige banden: De voorfte *turbo* ftaat altyd wat krom, en zyn fpits is ftomp,
waar door het een vingertje gelykt, het welk naar iets wyft. Een tweede kleinder foort, *Hier van een 2de foort.*
is glad, wit, en blinkende als porzellein: deze word zelden gevonden.

N   XIX. *Tur-*

De 19de
soort, is
getekent
by letter R.

XIX. *Turricula*, het Torentje. Mal. *Bia bidji gnemon*: Dit is een byzonder fatzoen onder de *Buccina*, langwerpig, onder en boven toegespitst, waar van de onderste gier zoo lang is, en meermaalen langer dan de verdere *turbo* of spits; de schaal is dik, aan den rand van den bovensten gier een weinig geplooit, en overdwars met zeer

Van deze
zyn veele
soorten,
en ver-
scheide ge-
kuleurt.

kleine vooren: zommige zyn ros of geel over 't geheele lyf: zommige hebben roode en zwarte banden: zommige zyn doorgaans een weinig geplooit, met en zonder banden. De kleinste soort daar van is wederom effen, of aan de randen een weinig geplooit, en zwartachtig van koleur; de mond is langwerpig, nauw als een scheur, en het Dier heeft geen been noch dekzel.

De 20ste
soort, is
afgebeeld
by letter S.
Van deze
zyn nog
meerder
soorten.

XX. *Turricula plicata*, geplooide Torentje, deze is dikker van lyf en schaal, meest grauw, met uitsteekende plooijen als ruggen, en overdwars gevoorent, zoo dat ze gansch rimpelig en ruig zy: doch hier by komt noch een soort, die wat slechter is, maar desselfs ruggen loopen scherper toe, en hebben gemeenlyk banden: de Maleijers noemen deze tweede soort, *Bia bidji gnemon*, naar de gelykenis van *Gnemon*, Korrels, die by ons de olysteenen gelyk zyn. Deze hebben veele veranderingen, die wy alle echter onder deze twee soorten brengen.

De 21ste
soort, met
letter T.
De 22ste
soort, met
letter V.

XXI. *Turricula filis cincta*, deze is ronder van lyf, omgeeven met zwart of bruinachtige en uitsteekende ribbetjes, als met dunne yzerdraaden.

XXII. *Turricula granulata*, deze is noch kleinder, waar van de eerste gier het meeste lyf uitmaakt, rondom en dicht met kleine korreltjes bezet: D' eene soort is lichtgrauw: D' andere heeft eenige banden van roode, zwarte, en blauwe korrels, als of het *Paternosters* waaren, gelyk men ze ook wel noemt.

De 23ste
soort.

XXIII. *Buccinum angulosum*, schynt mede geplooit te zyn, doch de ruggen zyn smaller en scherper; ze is dun en ligt van schaal, eenpaarig donkergrauw.

De 24ste
soort, met
letter W.

XXIV. *Buccinum scalare*, het Wendeltrapje, is een raar, klein, en wit Hoorntje, buiten omgeeven met veele plekken, die dwars aan de gieren staan, als schubbetjes, en in orde opgaande als een wendeltrap.

De 25ste
soort, aan-
getrokken
met letter
X.

XXV. *Buccinum spirale*, zynde de alderkleinste van dit geslacht, is schaars een lid van een vinger lang, grauw of bruin, ruig, en gerimpelt. Deze noemt men in Portugaal eigentlyk *Bozios*, ('t welk echter een gemeene naam is van alle *Buccina*) ze worden veel in de kloosters verkocht, waar uit de Nonnen, tot tydverdryf, kranssen en hoedbanden maaken.

De 26ste
soort, is op
de zelfde
plaat
XXIX.
met letter
Y. aange-
wezen.
Waar deze
gevonden
worden.

XXVI. *Buccinum foliorum*, zynde mede van de kleinste Hoorntjes, dun van schaal, uit eenen ronden gier schielyk toeloopende in een spits, zoo scherp als een naald; langs de gieren is ze fyn geribt, groengrauw van koleur, met zwartachtige stipjes; den mond sluit ze met een dun rond dekzeltje. Men vind ze by menigte aan de bladeren en takken van zoodaanige boomtjes en heesters, die op den strand wassen, inzonderheit op het *Mangium fruticans*. De Inlanders neemen de grootste, kooken ze, en eeten ze.

Dit zelfde geslacht heeft ook syne *Quisquiliæ*, of kleine schorri morri, van verscheide gedaanten, die men hier en daar op steenige stranden vind, welkers gedaante uitwyst, dat ze onder de *Buccina* behooren.

De Tsjan-
ko beschre-
ven.
Is heel
zwaar
van stof.

Tsjanko van de kust gebragt, komt met geen van de Amboinsche Hoorntjes overeen; behalven eenigzins met de *Pseudo-purpura*, uitgezondert dat ze geen bulten, noch doornen heeft, maar rond toeloopt in een stompe spits, met een dikke snuit: deze Hoorn is schaars een span lang, zeer zwaar en dik van schaal, te weeten, ruim een schaft dik; de buitenste huid is onzienlyk vuilgrauw, met geel gemengt, hier en daar geborsten, en met afgesprongene schilssers; binnen in den mond is ze Oranje-geel, doch allenxkens naar binnen witter, maar niet Paerlemoerachtig; aan de slinker zyde van den

Van deze
worden
Armringen ge-
maakt.

mond ziet men drie uitsteekende ribben, die wendeltrapswyze binnenwaarts omloopen; haar gebruik is om 'er armringen van te maaken, als men ze overdwars in stukken zaagt. Zy hebben een Koning, zoo men in 't gemeen gelooft; doch by nader onderzoek heeft

men

men bevonden, dat het een wyfje of Koningin is, van den gemeenen troep niet ver- *Hebben* schillende; behalven dat haar gier verkeert, of naar de rechterhand omloopt, als men *een ver-* den mond recht voor zich houd; gelyk hy aan alle andere Hoorntjes flinks omloopt, *keerden* ten aanzien van de aanschouwers. Naar 't verhaal der Duikeren, vind men de *Tsjanki* *omloop.* op den grond van de zee, op zeekeren tyd des Jaars, met honderden in eenen troep *Waar zy* over malkander vergadert, waar aan men bekent, dat ze dezen Koningin onder zich *den.* verborgen hebben, en, naar men gift, haar als dan bezwangeren: want kort daar na *voortree-* vind men op dezelve plaats een raare *Melicera*, of Eijerftok, hangende veele kriftal- *len.* achtige korrels, als druiven, rondom aan eenen fteel in 't zand opgerecht, waar uit dan Jonge *Tsjanki* voortkomen. By de Inlanders is deze Koning, zoo zy hem noemen, *Zyn van* zeer duur, geevende voor 't ftuk wel hondert *Pagoden*, om dat hy zoo zelden gevon- *een groote* den word: de gemeene man mag hem ook niet verbergen, maar moet hem aan hunne *waarde.* Koningen leveren.

De Buccinum, deze hebben, als de voorgaande, by ons andere benamingen, zie de eerfte foort op de plaat XXVIII. met letter A. aangewezen. De 1ᵈᵉ foort by letter B zyn 't die men Trompetten noemt, ook wel Tritons-hoorns. Men vind van deze heel groote, waar in omtrent de zyde aan de derde kral, of omloop een gat is gemaakt, door 't welk men fterk blaazende een groot geluid kan maken. De Heer vander Burch heeft 'er ont een wat kleinder ter hand geftelt, aangewezen met N. 1. waar in het geheele Dier noch is, en gelyk wel naar 't geen met K. en L. op de Va plaat, in 't eerfte Deel is aangewezen; doch met dit verfchil, dat de pooten en nypers wat fcherper en dunner zyn. De 3ᵈᵉ en 4ᵈᵉ foort, met de letters C. en D. aangewezen, hebben by ons den naam van Olykoeken, om dat zy de koleur en gedaante daar van hebben; ja zelfs, als zy wel gepolyft zyn, zoo is haar glans even eens, of zy met olye befmeert waren; die by letter D. is een enkelde; en die by letter C. een dubbelde, en word ook wel de gebulte Olykoek ge naamt: van deze zyn nog verfcheide foorten, waar onder twee uitmunten, en zelden voorkomen; namelyk de geftontle, en de Olykoek met rofynen. De 5ᵈᵉ foort, is verbeeldt op de plaat XXIX. met letter E. De 6ᵈᵉ foort, met letter F. die men Spillen ook Tabakspypen noemt. De 7ᵈᵉ foort, met letter G. En de 8ᵈᵉ met letter H. De 9ᵈᵉ heeft geen af beelding. Doch de 10ᵈᵉ foort, is aangewezen met letter I. deze is de Pauze-kroon, een Hoorn eertyds van den eerften rang; 't gedenkt my, dat 'er twee hondert guldens voor wierd betaalt; alhoewel nu hunne waarde wat vermindert is, zoo blyven zy noch goed, indien zy heel hoog rood gevlakt zyn, 't welk men dan Primierkoleur noemt; ook als hun koleur, van beneden tot boven aan den top, gelyk blyft, zonder te verminderen; die men dan Topfchoon noemt, en zy moeten voor al geen naaden of vooren hebben. Het veurig angeltje, 't geen de Schryver in derzelfs vifch aan merkt, moeten de Roomfchgezinde liefhebberen ongemerkt laaten voorbygaan; als mede dat in de Biffchops mijter is, aangewezen met letter K. zynde de 11ᵈᵉ foort. Wy noemen die Oranje pennen, om dat hunne vlakken fchoon hoog Oranje zyn: de Heeren Fenemans bezitten een van deze met fchoone Citroengeele vlakken: buten deze zyn 'er my ge ne bekent. De 12ᵈᵉ foort, met letter L. aangewezen, word by ons Piramyde genaamt, waar van mede verfcheide foorten zyn. De 13ᵈᵉ foort, heeft geen afbeelding; Doch de 14ᵈᵉ foort, ftaat by letter M. die wy, om zyne knobbelach tigheid, de Ryftenbryhoorn noemen. De 15ᵈᵉ foort, met letter N. word het Diftelhoorntje genaamt. De 16ᵈᵉ is verbeeldt by letter O. De 17ᵈᵉ by letter P. De 18ᵈᵉ by letter Q. De 19ᵈᵉ met R. die in 't gemeen Bandpennen ge naamt worden; waar van veele foorten zyn. De 20ᵈᵉ by letter S. is een foort van de voorgaande. De 21ᵈᵉ by letter T. De 22ᵈᵉ met letter V. deze word van zyn fchoone koleurde banden de Staaten Vlagpen geheeten. De 23ᵈᵉ foort heeft geen afbeelding; Doch de 24ᵈᵉ by letter W. deze geeft ons de Schryver voor een Wenteltrapfhoorn; alhoewel het maar een byfoort is: Met heel weinig verandering, worden op onze ftranden diergelyke veele gevonden, en van onze Viffchers, doch te onrecht, Kinkhoorns genaamt: het zou wel gevoegt hebben de rechte Wenteltrap hier by te zetten, maar alzoo ons, onder 't maaken van deze plaat, de afbeelding ontvak, zoo zullen wy die op de eerfte plaats, die ons voorkomt, vertoonen. De 25ᵈᵉ foort, word met letter X. En de 26ᵈᵉ met letter Y. aangewezen. Van de Tsjanko geeft ons de Schryver geen afbeelding, doch dezelve word by ons de Otterhoorn genaamt, om dat de Heidenen dezelve in hunne offerhanden gebruiken, waar mede zy welriekende olye of balfem gieten (zoo men zegt.) Zy komen hier meeft, buiten om met lompe cieraaden, en van binnen heel hol uitgefneden waarom men gelooven moet, dat zy tot eenig gebruik zoo gemaakt zyn. Ik heb dezelve nooit heel ontmoet, als nu by de Heer de Jong, die 'er eenige van Ceilon heeft gekregen, doch dezelve zyn my, om dat de plaat al gemaakt was, te laat toegekomen; waarom ik die niet heb kunnen laaten afbeelden: ook is hy grof, plomp, zonder koleur of eenige teikenachtigheit, en derhalven ook niet waard, om 'er een nieuwe plaat van te maaken.

XX. HOOFTDEEL.

Strombus. Naelde. Sipot.

O Nder het zevende geflacht behooren de *Strombi*, dewelke zyn fmalle, lan- *De Strom-* ge Hoorntjes, met veele gieren in een lange fpits toeloopende; gelyk een *bus be-* houte nagel. Men noemt ze eigentlyk *Strombi*, of *Turbines*, in 't Duitfch, *fchreven.* Naalden, of Pennen; Mal. *Bia Krang*, *Djarong* of *Sipot*. Zy zyn van *Waar van* tweederlei fatzoen, flechte, en hoekige of knobbelige. De flechte zyn effen van fchaal. *veele foor-* De gieren hebben geene of kleine keepen tuffchen beiden, of zyn een weinig geribt, *ten.* als volgt.

I. Strom-

De 1ste
soort, zie
de plaat
XXX.
letter A.

I. *Strombus primus sive subula*, een Elze of Marlpriem, deze is de grootste van dit geslacht, op het meest een hand lang, doch gemeenlyk korter, effen van schaal, vuilwit als yvoor, met zwartblauwe plekken of streepen aan den kant der gieren : het Dier is wit, zeer hard, en taai van vleesch, onbequaam tot eeten; het sluit zynen mond met een dun klein dekzeltje, 't geen het Dier echter qualyk bedekt : in zyn vleesch zit een venijnig beentje, wiens steeken voor doodelyk gehouden worden, gelyk het ook groote pyn verwekt, als men zich in de scherpe schaal, of in zyn spitze verzeert.

De 2de
soort, zie
letter B.

II. *Strombus secundus*, is van de voorige lengte, doch smalder, en niet boven een vinger dik, langs de gieren met groote zwarte droppels bezet, en de gieren puilen in de midden ook wat uit.

De 3de
soort, ver-
beeldt by
letter C.

III. *Strombus tertius*, is het gemeene slach ; waar van zommige witachtig zyn, met lootverwige plekken en streepen; zommige zyn wit, met zwarte stipjes langs den kant der gieren, andere zyn stomp van spits, als een zwik, dat men in een vat steekt; wederom andere hebben rosse en kromme streepen, als of 'er verwart garen oplag.

De 4de
soort, by
letter D.

IV. *Strombus quartus*, is lichtbruin, met groote witte oogen, en de gieren puilen mede in de midden wat uit; zyn zeer zelden te vinden.

De 5de
soort.

V. *Strombus quintus*, is ligt van schaal, lichtrood of vuurverwig, met witte slangetjes, ook zelden te vinden.

De 6de
soort, by de
letter E.
verbeeldt.

VI. *Strombus dentatus*, gekartelde Naalde, is mede lichtbruin, en aan de kanten der gieren met stompe tandjes, en langs de gieren met dunne streepen verziert.

Van de Eilanden *Lussapinjos* brengt men noch een raare Marlpriem, langs de gieren getandt of gekartelt, gelyk de voorgaande, doch van koleur bleekgeel, als vuil yvoor, met heel kleine streepen, en daarom genaamt de yvoore Marlpriem.

De 7de
soort, by
letter F.

VII. *Strombus septimus*, is een pink lang, en een schaft dik, dwars over de gieren met fyne groeven, gelykende een Eenhoorn.

De 8ste
soort, by
letter G.

VIII. *Strombus octavus sive Lanceatus*, Pickenier, is een kleine, en smalle Naalde, wit en glad, langs de gieren staan veele zwarte streepen overend, als of men een deel opgerechte pieken zag.

De 9de
soort, by
letter H.

IX. *Strombus nonus sive granulatus*, gegranuleerde Naalde, is een klein goetje ter groote van Naainaalden, beneden een stroohalm dik, met veele korreltjes bezet; zommige ook geribt en gekartelt, van verscheide fatzoen.

De 10de
soort, by
letter I.

X. *Strombus chalybeus*, Zeilnaalden, zyn de kleinste van dit geslacht, een weinig hoekig, doch gevoorent: zommige heel blauwachtig, als geblauwt staal : zommige met witte en zwarte stipjes.

De 11de
soort, by
letter K.

XI. *Strombus caudatus albus*, witte Tuitjes, zyn als andere Naalden, doch hebben achter een omgekromden staert; de witte zyn dwars over de gieren gevoorent, en hoe meer voorens zy hebben, hoe raarder zy zyn, sluitende haaren mond met een dun geel dekzeltje; zommige zyn geheel wit; zommige met fyne, zwarte, of bruine streepen omvangen, die de raarste zyn; een derde soort is geheel ruig, en gekartelt, ja schier steekelig.

De 12de
soort, by
letter L.

XII. *Strombus caudatus granulatus*, is gansch korrelig; zommige geheel grauw; zommige hebben de grootste korrels wit, dewelke fraaijer zyn. Men noemt deze beide soorten Tuitjes, naar de gelykenis van een tuit aan een Schenkkan.

De 13de
soort, by
letter M.

XIII. *Strombus tympanorum*, of *Tympanotonos*. Neerd. Trommelschroeven, naar de gelykenis van het houtje, waar mede de Tamboers hunnen trommel spannen; haare gieren zyn met keepen onderscheiden, en daarenboven geribt, eenpaarig taneit van koleur, en zonder tuitje; doch een raarder soort hier van is geheel wit; deze zyn de raarste onder dit geslacht, immers op *Amboina* ; maar worden ook gevonden op de Zuidzyde van *Ceram*, in den Landstreek van *Kellimoeri*: mooijer, en grooter vallen ze op *Java*, en *Sumatra*.

De 14de
soort, by
letter N.

XIV. *Strombus tuberosus*, geknobbelde Tuitjes, is de eerste onder de hoekige Naalden, vol groote knobbels, en aardig geschildert met zwarte plekken en streepen.

XV. *Strom-*

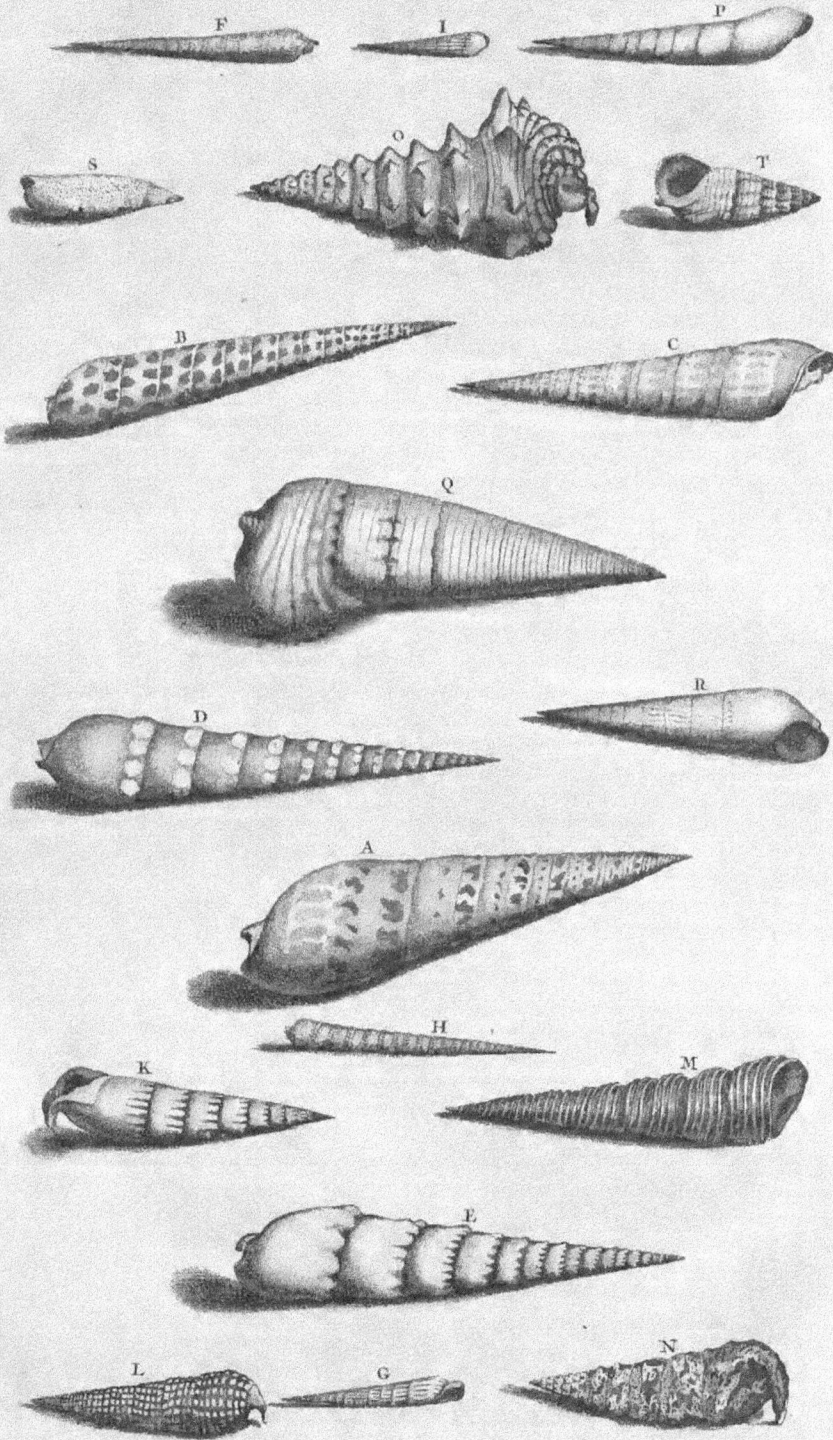

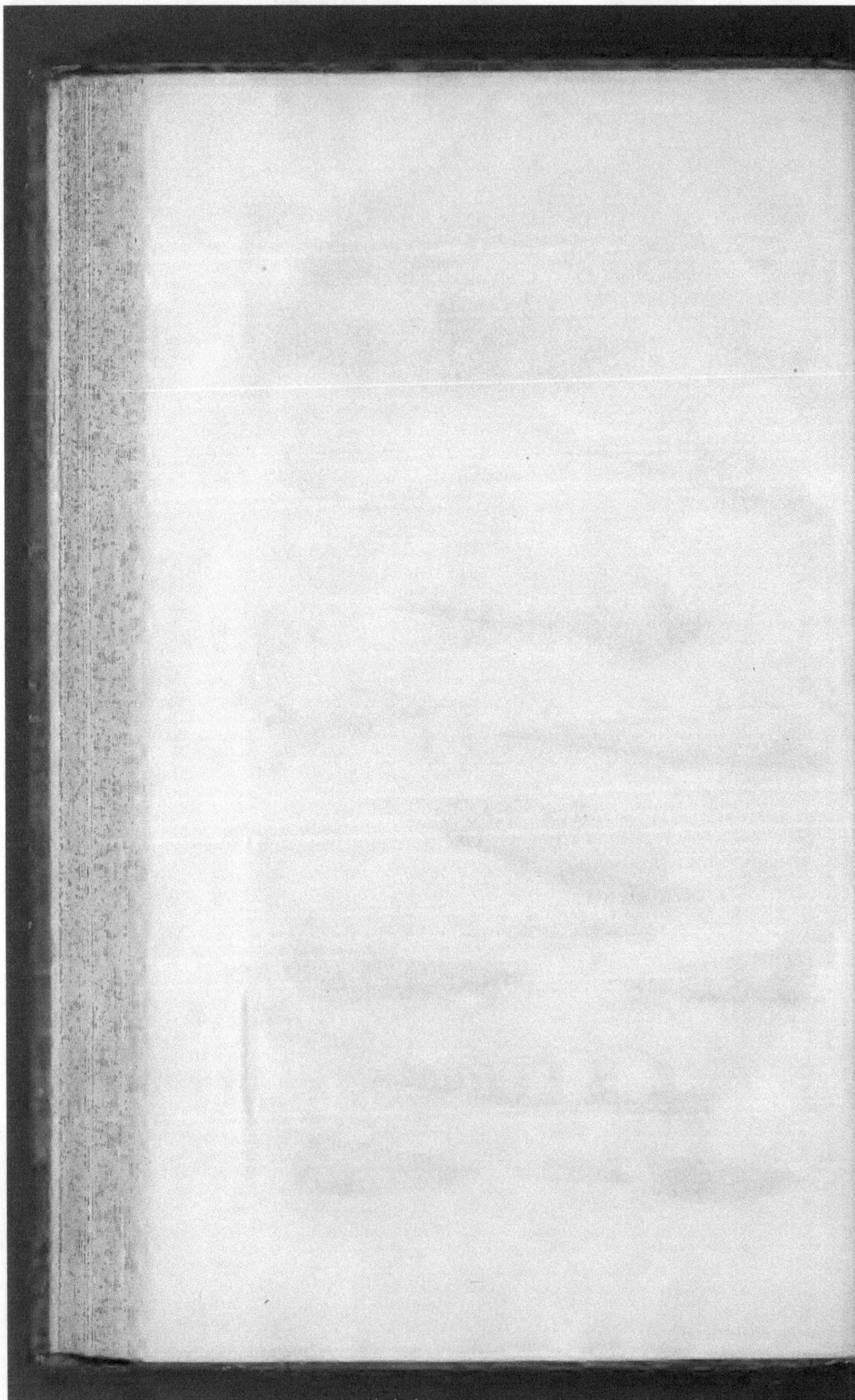

XV. *Strombus angulosus*, ruige Trommelschroeven, deze zyn zeer ruuw van fat- *De 15de* zoen, niet alleen knobbelig en gehockt, maar ook diep gevoorent, ruig, zonder glans *soort, by* en kalkachtig, dieshalven moeilyk om schoon te maaken; achter hebben ze geen mer- *letter O.* kelyken staert, echter loopt de mond aldaar wat scheef.

XVI. *Strombus fluviatilis*, Riviernaalden, in 't Amboinsch *Seffu*, in 't Maleitsch *De 16de* *Sipot aijer*, en slecht *Sipot*. Deze zyn lange smalle Naalden, dun en ligt van schaal, *soort, by letter P.* grauwgroen, of slykverwig, zonder glans of mooijigheit, 4 en 5 duimen lang, schaars een vinger dik: een ander soort is kleinder, stomp van spits, en met zwartachtige stree- pen getekend: zommige zyn ook wat hoekig langs de gieren. Men vind ze aan den *Deze* mond van alderhande Rivieren, daar het slykig is, leggende in het slyk verborgen, *worden in Rivieren* daar men ze met menigte uithaalt, en op de markt te koop brengt, want ze geeven *gevonden.* een goede spyze, zelf het sop daar van word tot het eeten van *Papeda* gebruikt: men *Worden* dient ze echter een halven dag of nacht in versch water te laten leggen, op dat ze het *tot spyze gebruikt.* zand en slyk wat uitspouwen; zy zyn zoet van smaak, doch als men ze eeten wil, moet men van de spits een groot stuk afslaan, en dan kan men ze uitzuigen, of anders met een speld uithaalen; haar mond is gesloten met een dun zwartachtig dekzeltje.

XVII. *Strombus palustris*, Amb. *Sipot kitsjil*, Makkass. en Maleitsch *Borongan*, *De 17de* deze is van gedaante als de Marlpriemen, doch korter, leelyker, slykverwig, ge- *soort, by letter Q.* meenlyk met een afgebroken spits, binnen wit en glad, en den mond met een dekzel gesloten; zy houd zich op in de moerassige Zagoebosschen, op Amboina onbekent, doch zeer wel bekent, en word veel gevonden op *Ceram*, *Boero*, en *Celebes*, deze is mede bequaam tot eeten, en word daarom veel gezocht en toebereidt als de voor- noemde.

XVIII. *Strombus palustris lævis*, is dik van schaal, hebbende de gedaante van *De 18de* gemeene Naalden, met een kleine keep aan den hoek van den mond, glad, zwart of *soort, by letter R.* donkerbruin. deze valt mede aan moerassige Rivieren by de wortelen der Boomen, en zyn ook goed om te eeten.

XIX. *Terebellum*, een Kuipers-boor, deze tel ik mede onder de *Strombi*, we- *De 19de* gens haare lange en smalle gedaante, hoewel zy van een byzonder maakzel is, de Rol- *soort, by letter S.* len naarder komende; want zy heeft maar een groote gier, een smalle en lange mond, en loopt schielyk spits toe, als een Kuipers-boor, of gelyk de spits van een houte Teil: de meeste zyn vaal of lichtbruin, met zwarte streepen en adertjes: zommige met zwar- *Van deze* te stipjes: men vind 'er ook spier witte; zy zyn dun, ligt, en glad van schaal, en kun- *zyn ver-* nen uit het water springen, als of ze uit een boog geschooten wierden. *scheide soorten.*

XX. *Strombus mangiorum*, is een grove Naalde, omtrent een vinger lang, van *De 20ste* buiten ruig, en diep gevoorent, staalgroen en zonder glans, met een breede lip aan den *soort, aan-* mond, hy houd zich op in moerassige plaatzen, daar een harde grond en steenen onder *gewezen* zyn, by de wortelen van het *Mangium caseolare*, en aan de steenen daar omtrent; hy *met letter* is van geen zonderlinge mooijigheit, word echter, wegens zyn fatzoen, onder de Ra- *T.* riteiten bewaart, en van de Inlanders tot de kost gezocht, gelyk den voorgaanden *Sipot aijer.*

De Strombi, Naalden, by den Schryver genaamt, zyn by al de Nederduitsche Liefhebbers onder den naam van Pen- nen bekent, die ieder weder haare byzondere benaming hebben. Die met letter A. aangewezen, op de plaat XXX. word geheeten de dikke Tyger-pen. Die met de letter B. de dunne Tyger-pen. Die met C. d' omwonde Pen Die by letter D. de witgeplekte Pen. By letter E. de gekartelde Pen. Die met de letters F, G, H, enz. werden Naalde-pen- nen genoemt, om haar dun-en scharpheit. Die by K. de Snuit-pen. By L. de Kobbel-pen. Die by M. de enkelde Trommelschroef; van welke noch een andere grooter soort is, die men de dubbelde Trommelschroef noemt. Die by letter N. de gedoomde Snuit pen. Die by O. word de Westindische Pauze-kroon genaamt, veelligt om dat ze daar van daan eerst tot ons is overgekomen. Die by P. is een Slakke-pen. Die by Q. een Westindische basterd Pauze-kroon, ligt om dezelve reden als de voorgaande. Die by de letter R. aangewezen, is een andere soort van een Slakke-pen. Die by S. is de gestippelde Boor: waar van meer soorten zyn, als de witte; de gestreepte; de gevlamde; enz. En die by letter T. afgebeeldt, word onder de Bandhorens, gerekent. Van deze Pennen zyn noch veele andere soorten, doch alzo de voornaamste hier zyn vertoont, moet het den Liefhebberen genoeg zyn.

XXI. HOOFTDEEL.

Voluta. Bia Tsjintsjing.

De Volutæ beschreven.

IN het achtste geslacht komen die geene, die wy *Volutæ* noemen; in 't Duitsch, *Wellen*, in 't Maleitsch, *Bia Tsjintsjing*, en *Krang lanke*, dit zyn alderhande *Volutæ*, daar men ringen van maaken kan, hoewel dit laatste eigentlyk op een zekere soort past.

Waar van deze benaaming komt.

Voluta is een konstwoord uit de Boukunst ontleent, waar door betekent worden de krullen, die men aan de Jonische en Corinthische pilaaren ziet, naar welkers gelykenis deze Hoorntjes genoemt worden: want zy hebben een plat hoofd, uit veele gieren in malkander loopende, gemaakt, in form van een *linea spiralis*, of slangelyn: het lyf is langwerpig, uit veele nauwe gieren gemaakt, over malkander gerolt, en achter spits tocloopende, zoo dat ze op het hoofd staande een kegel, of piramide gelyken. Uit het gevolg van dat fatzoen, hebben ze een lange smalle mond, en het Dier heeft gansch geen dekzel, trekkende zich zoo ver naar binnen, dat men niets daar van ziet. In zee zyn ze schier alle met eene wolachtigheit en slymerige huid bedekt, die ligtelyk kan afgeschrapt worden. Zy zyn zeer verschillende van fatzoen onder malkander, gelyk uit de navolgende soorten blyken zal.

Waar van veelderlei soorten zyn.

De eerste soort, is afgebeeldt op de plaat XXXI. by letter A. Worden by een Keizersrok vergeleken.

I. *Cymbium*, gekroonde Bak, of Kroonhoorn, Mal. *Bia sempe*, by de Inlanders van de Zuid-Ooster Eilanden *Wina*. Deze heeft een verschillend fatzoen van de volgende *Volutæ*, want als men hem overeind houd, en van achteren beziet, gelykt hy een wapenrok, of Keisersrok, (*paludamentum*) boven op met veele tanden, die in een kring staan, als een kroon; van voren gelykt hy een langwerpigen Bak, met een wyden mond, buiten wat ruig, en donkerbruin, hier en daar met groote witachtige plekken, binnen is hy vuilwit, als yvoor; de gieren aan de eene zyde bestaan pas de helft van de breedte, en daar in legt een groot Dier, van een hard grauwachtig vleesch, bloot en zonder dekzel. De grootste zyn 15 en 16 duimen lang, en 9 duimen breed. In Amboina vallen ze niet, maar veel in de Zuid-Ooster Eilanden, inzonderheit op *Key*. De Inlanders eeten het vleesch, de geheele schulpen op koolen braadende, doch de grootste breeken ze de binnenste gieren uit, en maaken daar van bakken en schotels; een profytelyken huisraat, om dat het niet ligt breekt, en als de maaltyd gedaan is, dient ze hun tot hoofvaten, om het water uit hunne vaartuigen te scheppen. Deze uitgeholde vaten brengen ze zomtyds te koop, maar de geheele kan men qualyk krygen, of men moet ze uitdrukkelyk bestellen. De Chineezen noemen dezen Hoorn, *Ongle*, dat is, Koningshoorn, en weeten uit zyn binnenste deel aardige lepels te maaken, dewelke men qualyk kan raaden, van welk een Hoorn zy gemaakt zyn; doch zy dienen best voor iemand, die stinks is.

Hunne grootte.

En hoe tot styge bereidt worden.

Van deze noch een 2de soort; verbeeldt by letter B.

Daar valt noch een kleinder soorte op *Ceram*, niet boven de 7 of 8 duimen lang, lichterbruin en gladder, boven op met een smalle kroon, die men zomtyds geheel krygen kan, om dat ze te klein zyn, om 'er bakken uit te maaken.

De 2de soort, afgebeeldt by letter C.

II. *Meta Butyri*, Boterweg: deze is onder de *Volutæ* de grootste; het hoofd is wel platachtig, doch aan de kanten rond, en in de midden met een uitsteekend spitsje, zoo dat hy niet overeind kan staan, over het geheele lyf is hy geel, als boter, met zwarte of bruine stripjes, die in een ryc staan, maar aan het hoofd zyn het breede aderen of streepen. Zy worden zelden gevonden, inzonderheit die gaaf en geheel van schaal zyn; want dikwyls hebben ze scheuren, of leelyke naaden.

Van deze is nog een 2de soort.

Men heeft hier van noch een kleinder soort, waar aan de Characters ordentlyk staan, gelyk aan den Muzykhoorn.

De 3de soort, aan-

III. *Voluta musicalis*, Muzykhoorn, of A. B. boekjes, anders Letterhoorns; deze is

d' al-

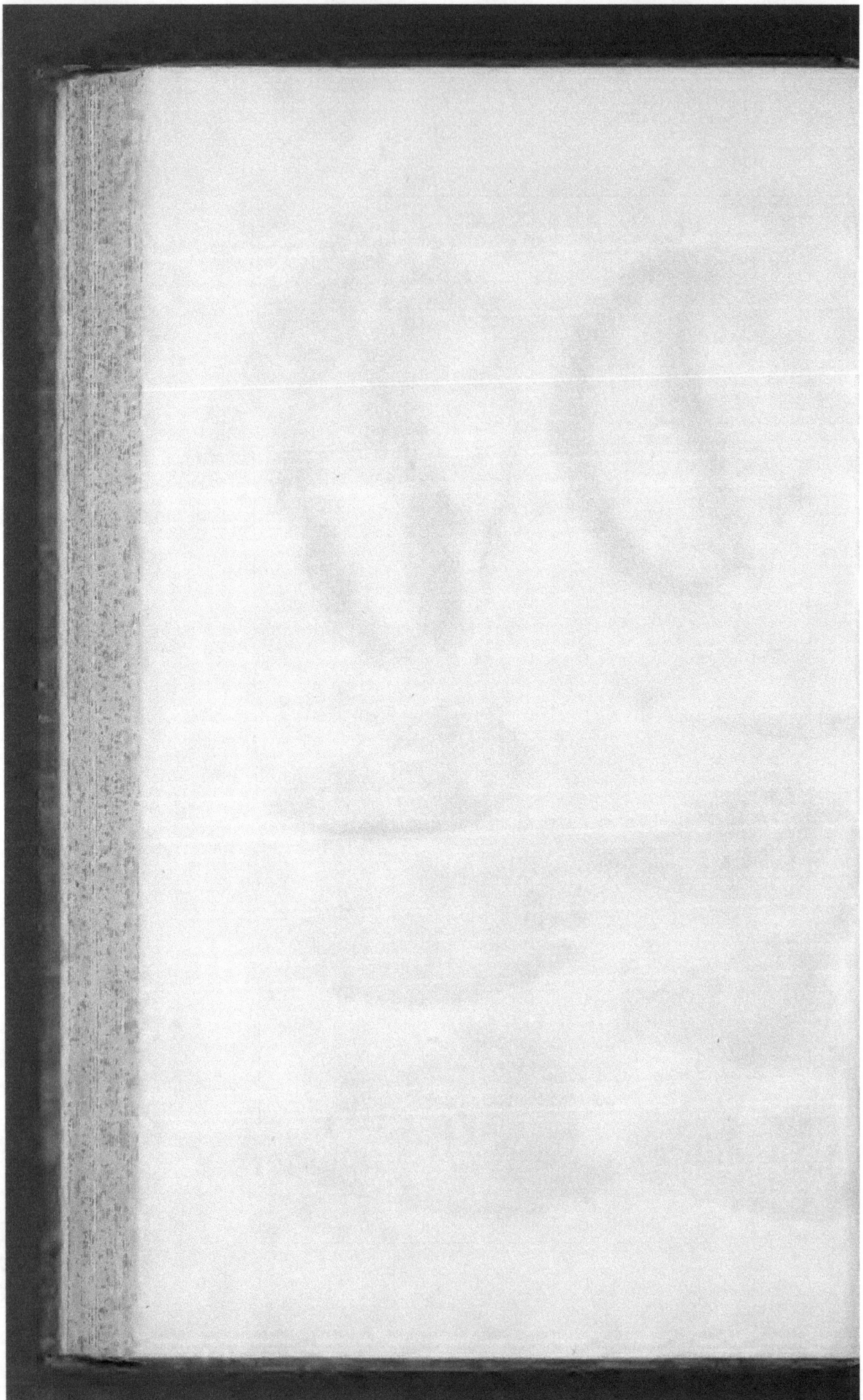

d' alderplatſte van hoofd, zoo dat hy over eind kan ſtaan, als een kegel; de ſchaal is *geweeſen* *met letter* C. wit, maar dicht bezet met grove zwarte, en vierkantige Characters, alle in ryen ſtaande langs de gieren, en eenigzins verbeeldende Muzyknooten; doch aan zommige zyn *Haare* *vlakken by letteren* de Characters langwerpig, en die 'er naaſt aan ſtaan, wat korter; diervoegen als men de letteren ziet in de A. B. boekjes der kinderen: het hoofd is met gelyke Characters *vergele-* *ken.* getekent, en over 't lyf loopen noch 2 of 3 geele banden, die de mooiſte zyn. Daar *Waar* *van noch* *een 2de* *ſoort is.* is ook een ſoort, die de Characters zeer klein en ydel heeft, naar den voorgaande Boterweg aardende; de mond is zeer nauw, zoo dat men qualyk iets van het Beeſt ziet, en de buitenſte ſchaal is bekleedt met een dun vlies, 't welk men terſtond aan de verſchen afſchrapen moet, anders is het moeijelyk af te krygen. Zy zyn ook meeſt vol ſcheuren, zoo dat men weinig gladde vind, en de beſte moeten niet boven drie duimen lang zyn; de binnenſte omloopen zyn zoo dun, als een Perkament, doch zoo ſtyf als de hoorne blikken aan de Lantaernen, dicht op malkander gerolt, en zonder Cha- *Worden* *tot Arm-* *ringen ge-* *bruikt.* racters. Op *Borneo* in de *Landas* worden deze Hoorns mede getrokken tot armringen.

IV. *Cereola*, Keersjes, Mal. *Bia Liling*: deze zyn ook kegelvormig, doch het *De 3de* *ſoort, af-* *gebeeldt* *by letter* E. hooft puilt meer uit, zoo dat ze niet wel konnen ſtaan, van een eenpaarige koleur, als verſch opgeſneede waſch; behalven achter aan den mond hebben ze een violette of zwartachtige plek, over 't lyf zyn ze fyn geribt, en de verſche zyn mede met een dik vel overtrokken, 't welk men terſtond afſchrapen moet. Een tweede ſoort hier van is *Van deze* *noch een* *2de ſoort.* breed van hoofd, met een kort ſpitsje in de midden, en korter van lyf, mede waſchgeel, en overdwars met fyne witte ſtreepen getekent; doch aan den mond hebben ze den voornoemden violetten plek niet.

V. *Voluta Tigerina*, Tygers: deze zyn niet breed van hoofd, maar lang van lyf, *De 5de* *ſoort, aan-* *gewezen* *met letter* F. en de kringen van het hoofd maaken eenige groeven; het lyf is getekent met groote kaſtanjebruine plekken, die zomtyds ook zwartachtig zyn, en de grond is wit, of lichtrood. Deze plekken verbeelden verſcheide figuuren, van Wolken, Gedierten, en Menſchen, die een groote kiſt draagen, naar dat iemand ſchrander is in 't beſpiegelen; langs de gieren zyn ze fyn geribt, of geſtreept, en met een dun vlies overtrokken, 't welk aan den gedroogden moeijelyk af te neemen is. Zy vallen op de kuſt van *Hitoe*.

VI. *Nubeculæ*, Wolkjes, zyn mede langwerpig als de voorgaande, doch aan 't *Waar die* *gevonden* *worden.* *De 6de* *ſoort, by* *letter* G. *Waar* *van noch* *een 2de* *ſoort.* hoofd wat geknobbelt, als of het een ſoort van de voorſchreeve Bakken was, mede wyd van mond, en dun van ſchaal; deze is aan d' eene en grootſte ſoorte bruin, met vuilwit geſpikkelt; aan d' andere ſoorte purperachtigbruin, met blauwe en witte ſtippeltjes, die met troeppen door malkander loopen, als of het wolkjes waaren, veel ſchoonder en raarder dan de eerſte: andere noemen de voorgaande Tygers.

VII. *Veſpertilio*, Vleêrmuis, Mal. *Bia morſego* en *Bia buduri*, Amb. *Ruluton*. Dit *De 7de* *ſoort, af-* *gebeeldt* *op de plaat* XXXII. *by letter* H. ſchynt in 't eerſt een *Murex* te zyn, want de kanten van de omloopen zyn bezet met ſcherpe knobbels, als de doornen van een Rozelaar, maar het Dier daar in woonende bewyſt, dat het onder de *Volutæ* behoort, welke alle zonder dekzels zyn: 't hoofd puilt ook vry wat uit, als een *Turbo*, daar aan men ook doornen ziet, de ſchaal van buiten is bleekwit, zomtyds lichtrood, met zwarte plekken en wateren getekent, gelyk de vlerken aan een vleêrmuis; de mond is wyd, vervult met een hard knarsbeenig vleeſch, aan de buiten zyde fraai geſchildert, met geelgroene en zwarte ſtreepen.

De tweede ſoort is langwerpig, lichtrood op den grond, met donkerbruine wate- *De 2de* *op dezelve* *plaat, ver-* *beeldt by* *letter* I. ren; in plaats van doornen, heeft het hoofd ſtompe knobbels. De derde ſoort is mede langwerpig, en met ſtompe knobbels, rookverwig, met donkerbruine ſtreepen geſchildert, in plaats van wateren, die wat verwart loopen als garen. D' eerſte zyn *Van deze* *nog een* *3de ſoort.* op alle ſtranden gemeen, hoewel men 'er weinig vind, die ongeſchonden zyn, maar meeſt geſcheurt, en met doode vlekken. Voor de mooiſte houd men, die bleek zyn, en op den grond breede zwarte wateren, en hoog verheevene knobbels hebben. D' Amboineezen zoeken ze zeer tot de koſt, ſmaak hebbende in dat knarsbeenige vleeſch, hoewel 'er wat bitter onder loopt: De Boetonders leggen ze den kinderen in 't ſlaapen

onder

onder 't hoofd , om voor het nachtelyk verfchrikken en fchreeuwen bevrydt te zyn ;
noemende die in hunne taal Droomhoorntjes ; in 't Mal. *Bia mimpi*: by anderen ook
Bia baduri, dat is, Steekelige Hoorntjes, welken naam ook gegeeven wordt den *Tribulus*, hier boven vermeldt. Zommige Amboineezen noemen ze ook *Makijn horun*, en
men vind dikwyls aan de klippen , daar ze woonen , een bosje van witte en hoekige
eijers hangen, doorfchynende als ys , en met fmalle halzen aan malkander hangende ,
niet ongelyk de eijers van een Zeekat ; doch men houd ze voor de eijers van deze
Hoorntjes , en doen niet tot de voorteeling, gelyk alle *Melicera* van Hoorntjes niets
anders zyn , dan een overvloed van nering. Zy hieten op 't Boetons *Cantaruga* , om
dat ze , als boven gezegt is , droomen verwekken , en de kinders geruft doen ftapen ,
als men ze hun onder de kuffens legt.

De 8ᵉ foort, is verbeeldt op dezelve plaat met letter K. Haar gedaante en kolenr.

VIII. *Harpa*, de Harp , is ook een wydmondige *Voluta* , wel de mooifte van dit
geftacht , van buiten verziert met breede en uitfteckende ribben , die boven eindigen
in fpitze doornen , en verbeelden de fnaaren van een harp , loopende de doorntjes door
den geheelen krul ; de ribben zyn vleefchverwig , de tuffchenplaatzen wat bruinder , met
witte kerkvenfters verziert en getekent ; in den mond aan den buik zyn ze zwart ; het
Dier heeft veel hard en knarsbeenig vleefch , aardig gefchildert , met lichtbruin en geel ,
boven op met fterretjes. Zy hebben een ftuk vleefch voor aan , zoo groot , dat het niet
wel in de fchaal kan , 't welk ze los konnen laaten en weehwerpen ; doch wat daar uit
groeit , is onbekent: immers men vind 'er veele , die dit ftuk niet hebben , en als men
t' ftuk afrukt , vind men daar onder eenige witte korrels , als of het eijers waaren.

Hoe die van haar vleefch gezuivert worden.

Zy zyn van natuur ftraks fchoon , maar men heeft moeite , om 'er het vleefch uit te krygen , want als men ze kookt , en laat verrotten , krygen ze doode vlekken , te weeten ,
overal daar het doode bloed raakt , waarom men het vleefch moet uitfnyden , zoo verre
men kan , en het overige de mieren laaten uiteeten. Zy heet op 't Amboinfch , *Tattahul*,
('t welk ook den *Sibor* beduidt) en haar vleefch word voor fchadelyk gehouden.

De 2ᵈᵉ van deze foort, is verbeeldt op dezelve plaat by letter L.
De 3ᵈᵉ by letter M.
Waar deze zich houden.
Verfcheide benaming.

De tweede foort is kleinder , maar fraaijer dan de voorgaande , om dat ze mooijer
gefchildert is , als met bloemtjes en roode vlekken ; de ribben zyn met zwarte ftreepen geftreept , en aan den mond hebben ze fcherpe tandjes , die de voorgaande niet
heeft ; deze noemt men Edele Harpen.

De derde foort is klein , en langwerpig ; waar van de ribben maar blinken , en de
tuffchenplaatzen zyn doodsgrauw , met kleine venfteren getekent. D' eerfte en derde
foort vind men overal in Ambon: maar de tweede valt in de Liaffertche Eilanden. De
Liefhebbers geeven deze Hoorntjes verfcheide naamen , naar hunne zinlykheit , om
dat ze de voornaamfte onder de Rariteiten zyn ; de Maleijers noemen ze *Bia faraffa* ,
naar de mooije gebloemde kleedjes alzoo genaamt ; by d' onzen hieten ze ook *Amou-
retjes* , van de Liefde ; andere noemen ze in 't Maleitfch *Bia bafaghi* , of *bafigi* , dat
is , 't hoekig Hoorntje. In de maand May met het begin van den regen *Mouffon* , wor-

*En wan-
neer ze ge-
vangen
worden.*

den de meefte gevangen ; als dan bevind men ook de voorfchreven *Mola* van zyn Dier
afgevallen , geformeert als een hart , aan de buitenfte zyde bultig of rond , en met goude fterretjes of bloemtjes getekent , aan de onderfte zyde plat , witachtig , met purpere droppels , als mazelen , daar ze tegens het ander vleefch gezeten heeft , 't welk in 't
eerft mede witachtig is , maar allenxkens verandert , bloemtjes en ftreepen gewinnen-
de , ook is de *Mola* altyd harder van vleefch , dan het overige van 't Dier.

*De 9ᵈᵉ foort, is verbeeldt op dezelve plaat by letter N. Haar ge-
daante, Kolcur, En 't Dier om-
ftandig befchree-
ven.*

IX. *Voluta marmorata* , in 't Neérd. *Marmerhoorntjes* , in 't Maleitfch , *Bia Tsjintsjing* , dat is , Ringhoorntjes , van 't volgende gebruik ; deze zyn kegelformig , aan de
kanten van d' omloopen gekartelt of getandt , en een kort fpitsje aan het hoofd in de
midden , over 't geheele lyf gefpikkelt , met groote witte plekken onder den zwarten
grond , recht als dat flach van marmer , 't welk men *Leucoftiéton* noemt , 't welk hun
een fraai aanzien geeft ; de mond is fmal , daar in het vleefch van 't Dier bloot legt ,
behalven aan den bovenften hoek , daar het een kleine nagel heeft , gefchildert met
geele en zwarte ftreepen , en by de fnuit fteeken ze een fmalle tong uit , met geel of

licht-

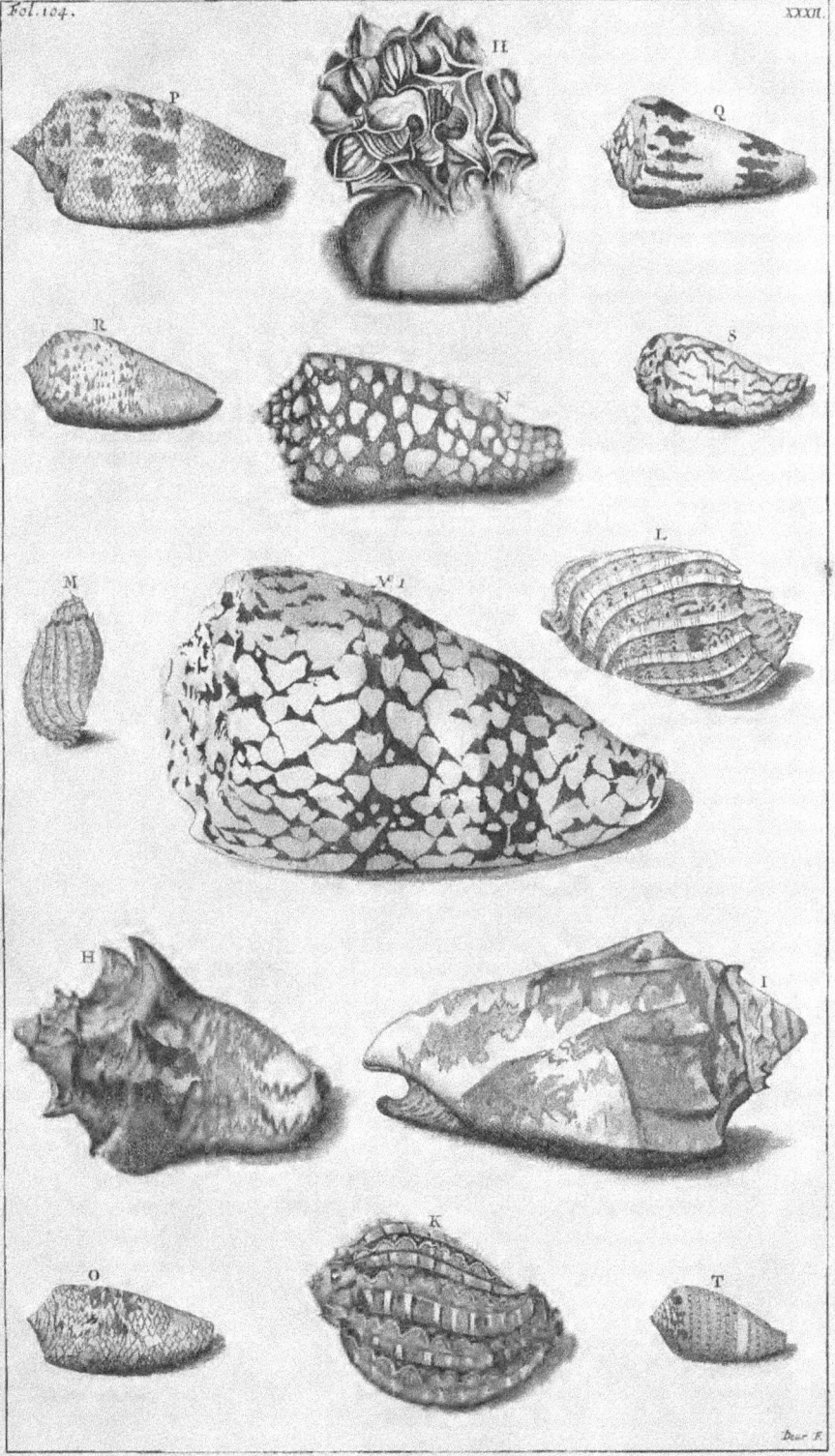

P

H

Q

R

S

N

M

V 1

L

H

I

O

K

T

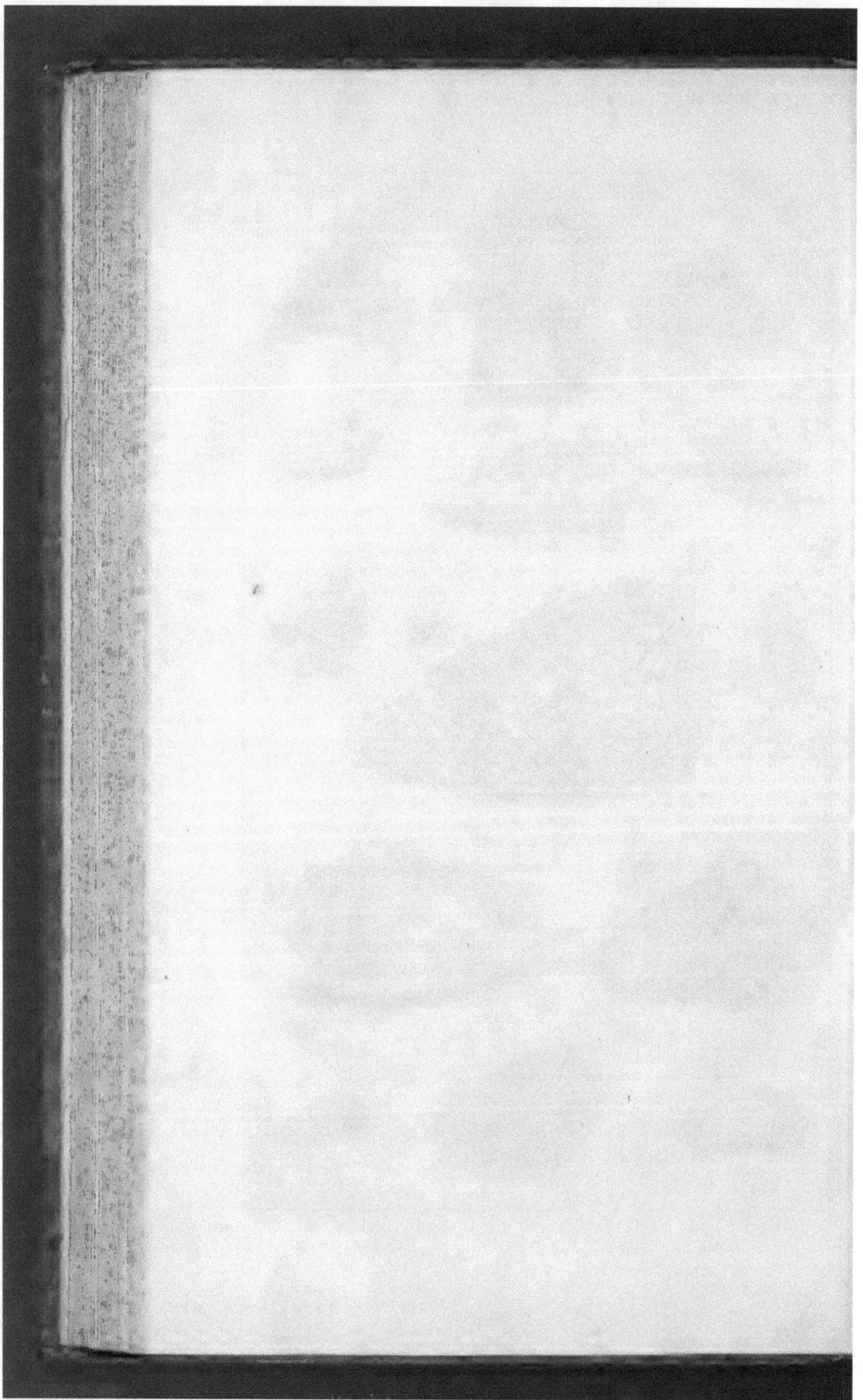

lichtrood gezoomt: Zy zyn omgeeven met een dun vliesje, 't welk daar aan vast houd, en ten eersten moet afgeschrapt worden: Haar *Melicera* is een verwert klontje van dikke draaden, of verwert zeilgaren, wit, rood, en ktaakebeenachtig, goed om te eeten, *Zyn goed tot spyze.* gelyk het Dier ook is; de meeste en mooiste vind men in de *Uliassers*, weinig op *Hitoe*, en klein *Keram*. Zy worden veel gezocht om 'er Ringen van te maaken, die niet *Waar van Ringen worden gemaakt.* alleen de Inlandsche, maar ook onze vrouwen aan de vingeren draagen; dit geschied met groote moeiten, en schier zonder gereetschap, want zy slypen het hoofd op eenen ruigen steen, tot dat men alle de holligheeden tusschen de krullen van binnen ziet, zy slaan het achterlyf met steenen af, of zaagen het af met eenen dunnen vijl, en slypen 't overige, tot dat 'er een Ringetje van word; konnen ook uit ieder Hoorn niet meer dan twee Ringetjes krygen; deze zyn schoonwit, als het witste been, glad en blinkende, als yvoor; want de zwarte koleur gaat niet in de witte substantie van de schaal, en *Haar koleur dringt niet door.* wort 'er uit gesleepen: Zommige laaten deze Ringetjes glad; zommige snyden ze uit met karteltjes, en bloemwerk; zommige weeten ze ook zoo aardig te snyden, dat 'er een verheeven kasje, met een zwart plekje daar boven op, aan blyft, als of het een formeele ring was met een ingevatte steen. Uit de bovenstaande derde soort *Voluta muscalis*, kan men deze Ringen ook maaken, als mede uit eenige andere *Volutæ*, en Schulpen; doch deze *Marmorata* houd men voor de beste; hier toe moet men neemen zoodaanige *Welke tot Ringen moeten gebruikt worden.* Hoorntjes, die niet lang uit de Zee geweest zyn, ook niet lang in de aarde gelegen hebben; want zoodaanige Ringen worden doodsch, en zonder glans, gelyk ook die gedraagen worden van ongezonde menschen: Men moet ze ook niet hard handelen, om *Die veeltyds met goud beslaagen worden.* dat ze ligt breeken, inzonderheit die van Schulpen gemaakt zyn. Zy pleegen noch andere hovaardye met deze Ringen, die zoodaanig met goud beslaande, dat men beide 't goud en den Hoorn kan zien; zomtyds maaken ze een groeve in 't midden van den Ring, en leggen daar in een gouden hoepje, of eenen anderen ring van zwarte substantie, gelyk van Schildpadshoorn, enz.

X. *Voluta pennata*, deze zyn langwerpig als een Rol, het hoofd niet plat, maar *De 10de soort, is afgebeeldt op dezelve plaat, by letter O.* uitpuilende in een *Turbo*, met een klein rood spitsje boven op, van tweederlei gedaante, geel en bruin: De geele soort noemt men Korhoenders (*attagenes*) item Goudelakens, want zy zyn over 't geheele lyf geschildert met geele veéren, die zwarte randjes hebben, schier gelyk de veéren van dien Vogel: De tweede soort is wat klein-*Van deze een 2de soort, met letter P. aangewezen.* der, en smalder, recht als een Rol, met bruin en wit geschildert als veéren, die men Zilverlaken noemt; beide hebben ze een smallen mond, en konnen een tongetje uitsteeken, dat wit is, en rood gezoomt, en daar in een beentje, of doorntje, 't welk *Noch een 3de soort.* mede smert, als ze iemant steken: De derde of bruine soort, heeft noch een verandering, die grooter is, ook met bruin en wit geschildert, doch de veéren leggen zoo ordentlyk niet; zyn doodsch van koleur, en langs de gieren fyn geribt: Hoewel de *At-*tagenata dagelyks gevangen en gegeeten word, zoo is hy nochtans niet onverdaeht van *Worden gegeten. Doch zyn venynig.* venyn, 't welk in *Banda*, zou ondervonden zyn aan een slavin, die wel wist niets anders in de hand gehad te hebben, als dit Hoorntje, 't welk zy in Zee opgeraapt had, *Voorbeeld daar van.* onder 't trekken van den Zegen; en naar strand gaande voelde zy een kleine jeuking in de hand, die door den arm allenkskens opkroop door 't geheele lichaam; en is alzoo op staande voet daar aan gestorven.

XI. *Voluta maculosa*, geplekte Katjes, deze zyn ook kegelvormig, met eenen scher-*De 11de soort, word aangewezen met letter Q.* pen spits boven op, en aan de kanten wat scherp; over 't lyf met breede plekken, die meest hoog geel zyn, zwart of lootverwig gespikkelt, gelyk zommige Katten, en daarenboven met fyne stipjes, als zand, bestrooit, die meest in ryen staan: In plaats van plekken, hebben zommige, aan den bovensten kant van de gieren, zwarte streepen, en het hoofd is met diergelyke stipjes gespikkelt; zommige hebben zoo weinige plekken, dat ze meest wit, of bleekgeel zyn, die men voor slecht acht: Men vind 'er ook die *Waar van men noch meerder soorten vindt.* grauwachtig zyn, en van andere verwe; doch alle aan 't hoofd met die zwarte stipjes bezet of getekent.

O   XII. *Vo-*

De 12de
foort, ver-
beeldt by
letter R.

XII. *Voluta cinerea*, in 't Neerd. Afſchepoeſters, zyn de voorige gelyk, doch ronder, aan de kanten, van 't hoofd, met een ſcherpe ſpits boven op, en over 't geheele lyf donker aſchgrauw, niettemin glad en blinkende, zonder ſchildering, dan hier en daar met een zwart plekje: zy zyn raar, en worden zelden geheel gevonden, maar meeſt met een ſcheur, als of ze eertyds afgebrooken, en wederom aangegroeit waaren.

De 13de
foort, by
letter S.

XIII. *Voluta ſpectrorum*, Spookjes, van fatzoen de voorgaande gelyk, maar van koleur den Boterweg, wiens klein geſlacht zy zyn, te weeten, dooijergeel van verwe, met eenige magere en gehakte Caracteren, die beſt naar de ſpooken gelyken, die de Kaartemakers ſchilderen in de groote en grouwelyke woeſtyne van Lob, beweſten *Sina* gelegen.

De 14de
foort, by
letter T.

XIV. *Voluta maculoſa granulata*, Gegranuleerde Katjes, zyn een klein ſlach van Katjes, met groote plekken, en over 't lyf bezet met ſteekelige korreltjes, van twee of driederlei gedaante.

De 15de
foort, zie
de plaat
XXXI. by
letter V.
De 16de
foort, zie
de plaat
XXXIII
by letter
W.
De 17de
foort, op
derzelve
plaat by
letter X.
Hier van
een 2de
is ver-
beeldt by
letter Y.

XV. *Voluta filis cincta*, is een korte Welle, met een breed hoofd, bruin, en met zwartachtige draaden, als Zeilgaren, bewonden; en is zelden te vinden.

XVI. *Voluta filoſa*, is een plompe Wel, met een rondachtig hoofd, en ſtompe kanten, het lyf is getekent met roſſe kromme aderen, als of het bruin Arakans garen was, en daarbeneven met eenige breede banden van vermengde koleuren.

XVII. *Volutæ faſciatæ*, zyn van veelderlei fatzoen, maar hebben dat tot een gemeen merkteken, dat ze een breeden band in de midden om 't lyf hebben: De eerſte ſoort is breed van hoofd, en geelgroen of doodſchgroen over 't lyf, ſchier als een groene kaas, met eenen breeden witten band om 't lyf, waar door noch eenige zwarte ſtippels loopen, aan den mond zyn ze violet of zwart: De tweede ſoort is bruin, met eenen witten band, en, aan 't onderſte van 't lyf, korrelig: De derde ſoort is de mooiſte en zeldzaamſte, ſchaars een pink lang, kegelvormig, met een plat hoofd, en in 't midden van 't zelve een grove ſpits; het lyf is boven en onder bruin, met verſcheide ſpikkeltjes, en in de midden eenen witten band, 't welk al weder gedeelt word door een rye van ſpikkeltjes, heel glad en blinkende als gepolyſt letterhout; deze noemt men Speldewerxkuſſen, of *Bia bantal*: Noch zyn 'er verſcheide kleinder ſoorten, wiens onderſcheid meeſt in de koleuren beſtaat.

De 18de
foort; op
derzelve
plaat
XXXIII.
verbeeldt
by letter Z.
Een 2de
is de let-
ters AA.
De 19de
foort, af-
gebeeldt
by de let-
ters BB.
De 20ſte
foort, by
de letters
CC.
Hier van
een 2de ge-
granuleert
met DD.
aangewe-
zen.
De 21ſte
foort, by
de letters
EE.

XVIII. *Voluta arenata*, Zandhoorntjes, of Vliegeſcheetjes, zyn van tweederlei fatzoen: De eerſte en grootſte heeft groote en zwarte ſtipjes over 't geheele lyf verſpreidt, als Vliegeſcheetjes: De andere ſoort is kleinder, aan het hoofd gekartelt, en bezet met zeer fyne zwarte ſtippeltjes, als of het zwart zand was, die hier en daar zoo dicht ſtaan, dat ze zwarte plekken uitmaaken.

XIX. *Muſica ruſticorum*, Boerenmuzyk, is een korte dikke Wel, ſchaars een duim lang, lichtrood op 't lyf, met groote zwarte vierkante droppels, die in ryen ſtaan, als aan het Muzykhoorn, grof en verſleete van ſchaal; want men vind ze altyd op ſteenige ſtranden.

XX. Grauwe Munniken, of Oude Wyven, is een ſlechte ſoort van Wellen, ſmal van hoofd, en aan 't lyf wat buikig, ſlecht grauw, met eenige rimpelen: Hier van is een kleinder ſlach, ſchaars een nagel van een duim lang, als een rolletje in de midden, mede wat buikig, wit, en met zwarte fyne korreltjes bezet, die het ruig maaken.

XXI. *Terebellum granulatum*, Ruige of Gegranuleerde Kuipersboor, heeft de gedaante wel van 't zelve, om dat het ſmal en langwerpig is als een rol, behoort echter onder de Wellen naar uitwyzinge van zyn hoofd; het is over 't geheele lyf gegranuleert, en daarenboven gevoorent, en geribt, van koleur vaal, of ros, zomryds ook met plekken, als de Katjes; dit ſlach vind men nergens zoo veel, als op het Eilandje *Nuſſatello*.

De 22de
foort, by
de letters
FF.

XXII. *Voluta fluviatilis*, Amb. *Laholun* en *Lahorun*, en *Papeyte*, dat is, *Amarula*, heeft een gemengt fatzoen van een *Voluta* en Pauskroon, dunſchaalig, vuilgrauw, met fyne

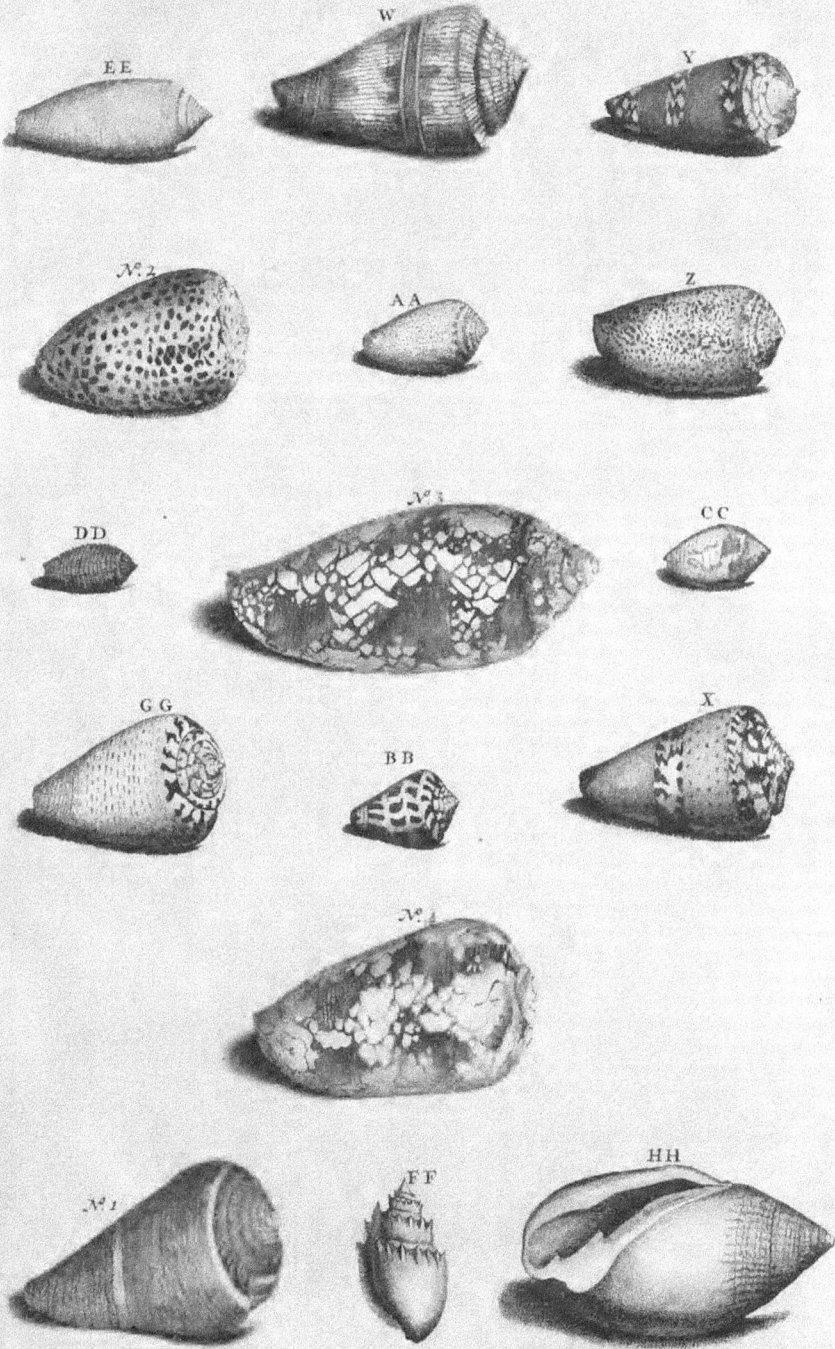

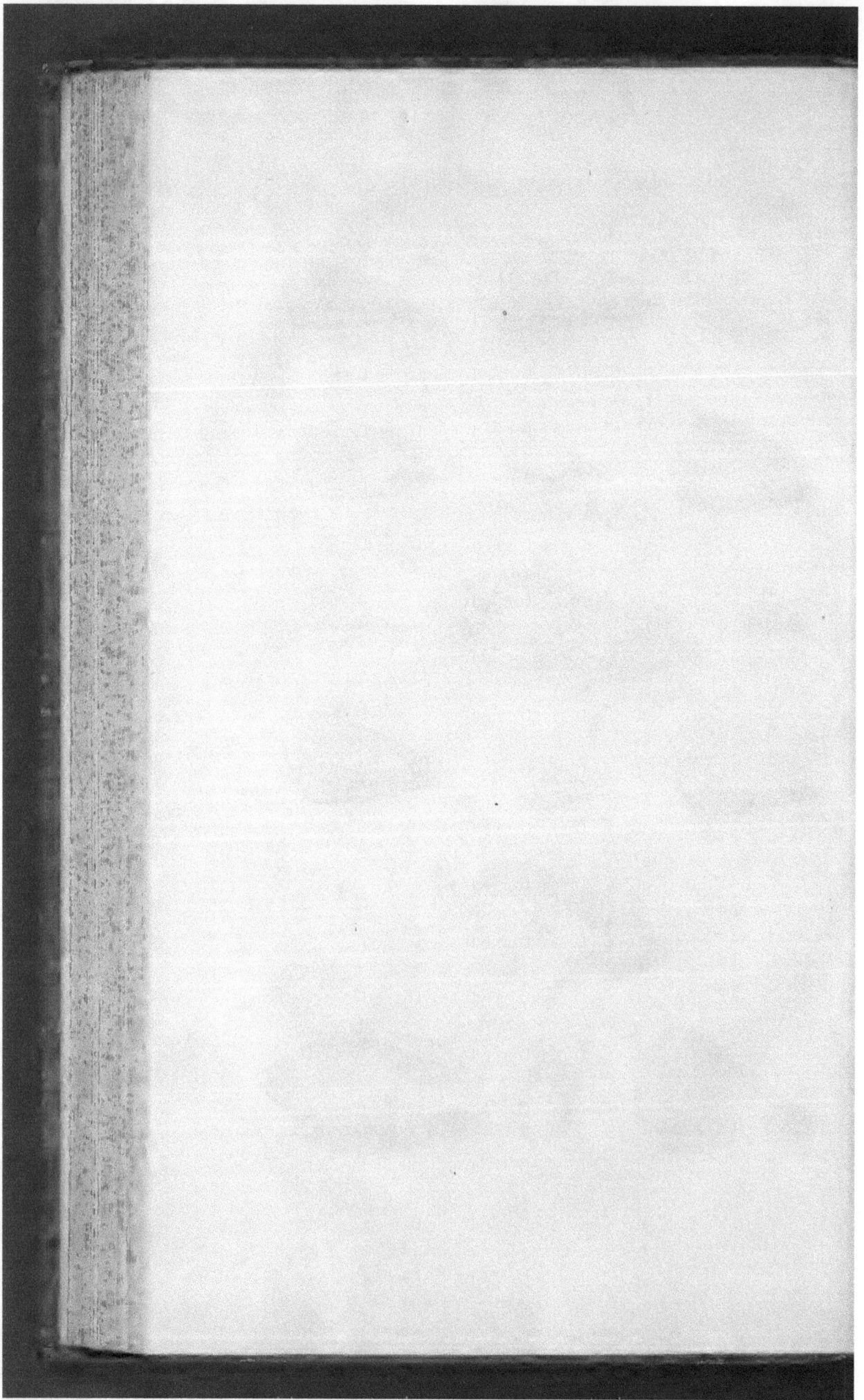

fyne voorens langs de gieren, en aan haare kanten met weeke doorntjes, zomtyds ook met stompe en ftyve: zy houden zich in den mond van diepe rivieren. De Inlanders eeten ze, hoewel ze bitterachtig van fmaak zyn. Anderen rekenen ze onder de Pauskroone.

XXIII. Boterwegje van *Boero*, is niet grooter dan een lid van een duim, rondachtig van hoofd, afchgrauw van lyf, met veele banden dwars getekent, die uit ftukken van ftreepen beftaan.

De 23ste foort, aangewezen by de letters GG.

XXIV. Midas Ooren, is mede een Slykhoorn, met eenen langen fmallen mond, over 't lyf zwart bruin: zy vallen in brakke flyk, en men heeft 'er groote en kleine. Zie deze uitvoerlyker befchreven in 't volgende XXV. Hoofdftuk, de XII. Soort.

De 24ste foort, by de letters HH.

Melicera of *Favago*, is als een Eijerftok, of Spinzel (*falivatio*) van zommige Hoorntjes, 't welk zy als een overtollig voedzel op zekeren tyd des Jaars uitwerpen, gemeenlyk by de veranderingen van de Mouffonnen, als in May, zynde t' begin van den regen-Mouffon; en in October, 't begin van den droogen Mouffon, of Amboinfchen zomer: 't is niet van eenderlei gedaante, waar van ik de twee voornaamfte befchryven zal. 't Eerfte is t' uitwerpzel, of d'Eijerftok van de VIIde Soort dezes Hoofdftuks genaamt *Vefpertilio*, of *Bia morfego*; dit is fraai van aanzien, hebbende de gedaante van een kleine Tros druiven, van witte beziën, ter grootte van kruisbeziën, of minder, doorfchynende als kriftal, hardachtig, met drie of twee ruggen, anders zouden ze rond zyn, alle met fmalle halzen, aan malkander hangende: Als men ze opent, of in ftukken duuwt, komt 'er een weiachtig flym uit, maar in de Zon gelegt, droogen ze geel op, en dan blyft 'er niets aan, dan het drooge velletje, dat naar de fchillen van erweten gelykt: Men vind ze aan 't voornoemde Hoorntjes vleefch hangen, en zomtyds op kleine fteentjes geplakt, eenen Tros druiven verbeeldende. Zy zyn de Eijers van een *Sepia* zeer gelyk, doch deze zyn ronder, en hebben twee zwarte ftipjes, die de oogen van dat Dier worden. De tweede foort is een Spinzel, of Klompje, van witte en dunne touwtjes uitgeworpen, by de IXde Soort *Marmorata*, als mede van de Cochlea Olearia, gelykende het Chineefche *Laxat*, wanneer het gekookt is; men houd dit goedje, en noemt het ook de Eijers van gemelde Hoorntjes, doch het doet tot de voortteling niets, en is maar een overtollig uitwerpzel, immers zoo veel tot noch toe bekent is. De laatfte foort is zomtyds wit, zomtyds lichtrood, kraakebeenachtig, en gekookt zynde, goed om te eeten, *Plin. Lib.* 32. *Cap.* 11. noemt zoodanige Hoorntjes, die dit Spinzel uitwerpen, *Melicembales*, 't welk men verbeeteren moet, *Meliceribales*, of *Meliceribali*, en fchryft zulks de *Buccina* en *Purpuræ* toe; doch haaren *Melicerum* vergelykt hy, by fchillen van *Ciceren*, 't welk met de eerfte foorten overeenkomt.

De Melicera befchreven ft afgebeeld op de plaat XXXII. en by de letters II. aangewezen. Zie op dezelve plaat, letter K.

Hier van een 2de foorte.

En een 3de, is goed tot fpyze.

De Volutä, en alle de foorten, die de Schryver daar onder gerekent heeft, zyn (doch eenige weinige daar uytgeftooten) by ons bekent onder den naam van Tooten, die alle wederom haare byzonders benaming hebben; onder deze foorten zyn de allerwaardigfte Boorns, waar van wy op zyn plaats rets zullen zeggen. Die op de plaat XXXI. met A. en B. zyn aangewezen, worden by ons onder de Bakken gefteld, en niet onder de Tooten, om dat zy heel groot en wydmondig zyn: Zy hebben boven in haaren kroon een tuit, gelykende een tepel, waarom zy Krooneepelbakken genaamt worden. Van deze zyn meerder foorten, namentlyk enkelde Tepelbakken; ook die zonder tepels zyn, en dan, na haare koleur, of Achaatbakken, of witte, ook geplekte, en geftreepte bakken genaamt worden. Wy verwerpen den naam van Kroonhoorn, om dat die is gegeeven aan eenen anderen foort, die by de Liefhebbers heel hoog gewaardeert word, die hier na zal aangewezen worden. De Toot, by letter C. verbeelt, ftaat by ons bekent met den naam van geelen Tyger, om dat die een geele grond heeft met zwarte plekken. En die met letter D. witte Tygers Toot, om dat zyn grond zuyver wit is. Van deze zyn noch meerder foorten, waar van de gemeenfte geele banden heeft. Die aangewezen is met letter E. word de Menniste Toot genaamt, om datze zonder banden of vlakken is, doch fchoon van luifter, als ze naar de konft fchoon gemaakt is. Die by F. afgetekent is, word de Wolkhoorn genaamt, waar van ook verfcheide foorten zyn. Die by letter G. word de Achate Kroonbak gebeeten. Die by de letters H. en I. verbeeldt zyn, op de XXXII. plaat, worden by ons wilde Muzyk-Hoorns genaamt, om dat 'er eenige onder dit geflacht, (waar van ik 'er wel in de twintig ken) naar den rechten Muzyk-hoorn, geleken, alhoewel zy alle in koleur en gedaante verfcheelen. Die by letter K. word de grauwe Chrifant. By L. de bonte Chrifant. En by letter M. de kleine Chrifant genaamt; doch hedendaags breekt de benaming van Harpje ook door. Van deze is noch een witte foort, en een die roozenrood, bont, en fynder getekent is, doch drie zyn heel zeldzaam, en, voor zoo veel ik weet, maar drie bekent. Die afgebeeldt is by letter N. word by ons de Hartshoorn genaamt, om dat zyn twitte vlakken, op eenenzwarten grond, Menfchehaartjes verwelken. By deze voegen wy noch een foort, heel ongemeen, zie hem verbeeldt op dezelve plaat, by N. 1. ons toegevoegt door den Heer Vincent. De Heer Doctor D' Aquet heeft een diergelyke, buiten welke ik 'er noch maar twee ken; by word genaamt de Hartshoorn met banden. Die verbeeldt zyn by de letters O. en P. worden by ons Speldewerkshoorns, van zommigen Goudlakenze genaamt, doch te onregt, want de Goudlakenze veel bruinder en hooger van koleur zyn. Van deze Speldewerkshoorns zyn veele foorten, als met bruine, als witte gronden, met blauwe ftreepen, en andere. Die verbeeldt ftaan by de letters Q. R. S. zyn Achate Tooten, waar van veele fchoone foorten zyn, en waardig gehouden worden; doch deze zyn van de geringfte, en van den Schryver genaamt. Die by Q. geplekte Katje. By R. Afchepoefter. En die by S. 't Spookje, welke benaming aangenomen behoorde te worden, om dat wy geen byzondere naamen tot deze foorten hebben. Die by letter T. is een uitmuntend Tootje, en, voor zoo veel ik

weet,

weet, alhier by geen Liefhebbers te vinden. Hem quam een grootser naam toe, als 't gegranuleerde Katje; doch ik zal 't niet herneemen. Die verbeeldt is by letter V. noemt men de Eikenhout-Toot; van welke wy op de plaat XXXIII. een 2de soort vertoonen, afgebeeldt by N. 1. deze heeft een witten band aan zyn kruin: en diergelyk een door het midden loopen; buiten deze is tot noch toe geen andere bekent. Die by de letter W. X. en Y. op dezelve plaat verbeeldt zyn, worden by ons gebande Olyvetooten geheeten; van welke laatste, by Y. geteckent, veele soorten zyn, die men waardig houd, als zy rondom, en ook topschoon zyn: de Schryver noemt die by W. verbeeldt is, Arakansgaren: by letter X. Groene kaas; en by Y. 't Speldewerks kussen; waar by wy 'er noch een voegen, verbeeldt op de plaat XXXI. met N. 5. deze word by ons de groote Olyvebandtoot genaamt, doch is heel zeldzaam. Die verbeeldt is op de plaat XXXIII. by letter Z. staat by den Schryver, en by ons bekent, met den naam van Vliegestheet. Maar de andere by de letters AA. is een Muggestheetje, om dat by synder van stippen is; hier toe voegen wy noch een (doch een veel zeldzamer soort) aangewezen met N. 2. de Vluygestheet genaamt. Die by de letters BB. door den Schryver Booren Muzyk geheeten, worden by ons geplekte Tooten, ook wel geplekte Katjes genaamt. Die verbeeldt zyn by de letters CC. en DD. zyn, volgens den Schryver, oude Wyven: waar van DD. gegranuleert is. Die by EE. de gegranuleerde Kuipersboor. Nu volgt, by de letters FF. een rivier Prinsiekroon, mede onder de Tooten niet behoorende. Die by GG. is bekent voor de Cyperse Kattoot; om haar grond koleur, waar op haar teken zwart met witte stipjes zyn. Deze Tooten zyn heel zeldzaam: De Heer Doctor D' Aquet, en de Heer Vincent zyn 'er maar bezitters van; buiten deze ken ik 'er nog maar twee. Die by de letters HH. noemt de Schryver Midas oor, om zyn gedaante; doch behoort niet onder de Tooten: wy hebben nodig geächt, hier by te voegen een rechte Brunnet; zie haar afgebeeldt op dezelve plaat by N. 3. waar van meerder soorten zyn; doch de beste is de geele Nethoorn; die om minder voorkomt als de voorgaande; die afgebeeldt is by N. 4. is de Brunettoot, en berust in 't Kabinet van den kunstryken Bronkhorst, voornaam Miniatuur-schilder tot Hoorn, buiten welk 'er noch maar twee bekent zyn.

Aanhangzel tot het XXI. Hooftdeel.

Dus verre zyn wy den Schryver gevolgt, doch alzoo onder de voornoemde Tooten, (gelyk voorheen gezegt is) de waardigste Hoorens zyn, hebben wy niet konnen nalaaten omme den Liefhebberen te vertoonen de alderzeldzaamste, die by den Schryver niet moeten bekent zyn, en weinig gevonden worden, alle afgebeeldt op de XXXIV. plaat. Die met letter A. is aangewezen, komt den voorrang toe, en is genaamt d'Oranjen Admiraal, hy is zuiver wit van grond, heeft twee schoone hoog-Oranje banden om hem heené loopen; verder is 't heele lichaam weder suel gebandeert, met witte en zwarte scharpsuydende plekken, zyn kruin, met de zelve koleur en banden, is topschoon. Onder de Zeegewassen, en voornamentlyk de Tooten, is hy de alderschoonste Hoorn, die my bekent is. De Ed. Heer Burgermeester D' Aquet te Delft, meermaalen hier genoemt, is 'er alleen bezitter van, buiten welk 'er geen bekent is. Die verbeeldt is by letter B. is genaamt d' Opper Admiraal, en is, eer de voorgaande bekent was, de eerste Hoorn in rang geweest. Buiten deze, die hier verbeeldt is, bezit de Heer van der Burg, in zyn uitmuntend Kabinet, een diergelyke: zyn koleur is geelachtig bruin, met wat bruinder gevlamde streepen, die door een gevlochten zyn, met witte hartsgewyze plekken, heeft vier geele banden om hem heene loopen, met fyne witte vlakjes, en is aan zyn kruin rondom getant of getopt. Nu volgt d' Admiraal, mede van koleur en plekken, als de voorgaande, doch heeft een band minder: zie hem verbeeldt by letter C. Voor deze, die hier afgetekent staat, wierd eertyds 500 gulden (doch vruchteloos) geboden, waar uit men bespeuren kan, wat waar die gehad heeft, alhoewel 'er nu geen meer dan toen bekent zyn geweest; hy was toen berustende in 't Kabinet van Zwammerdam. Nu volgt noch een andere soort, mede d' Admiraal, aangewezen met letter D. genaamt, doch verscheelt wat van de voorgaande. De Heer Ovens, konstschilder, heeft bezitter van deezen geweest, doch is met zyn Kabinet, na zyn overlyden, naar Engeland gezonden, en aldaar verkoeht. Nu volgt, die met letter E. is aangewezen, en genaamt word de Westindische Admiraal, is mede een heel schoon stuk, doch zoo waardig niet als de voorgaande. Hier volgt nu de Vice Admiraal, by letter F. verbeeldt, deze is een heel ongemeenen Hoorn, is hoogbruin, en wit gevlakt, heeft een witten band, met synder bruine aderen, die in 't midden door hem loopen, en is heel hoog getopt. Daar zyn noch verscheide soorten, die mede zoo genaamt worden, doch deze is de rechte, en heel zeldzaam. Nu volgt de Geneesche Toot, verbeeldt by letter G. een Hoorn, die eertyds de tweede in rang was, en hoog gewaardeert wierd, welke waarde hy by dezen tyd nog redelyk behouden heeft; hy is gridelyn of flauwpurper van koleur, heeft om hem zwarte en witte scharpgeplekte banden, die in breede en smalle bestaan. Volgt nu de Kroonhoorn, aangewezen met letter H. van deze zyn my ses soorten bekent, die alle van waardy zyn. Van deze bezit Juffr. Oortmans, en de voornaame Liefhebber Cattenburg de beste. Die by letter I. verbeeldt, is geen van de minste: de Heer Secret. Blaauw, heeft 'er in zyn uitmuntend Kabinet een, die voor niemant wykt. Deze voorgaande Hoorns, of Tooten, zyn alle van den eersten rang, en men moet, om een geächt Kabinet te hebben, deze voor al trachten te bezitten, alhoewel zy bezwaarlyk te bekomen zyn: Dit zy gezegt ten opzicht van de Tooten; doch daar zyn onder de andere soorten ook voornaame, die waardig zyn, en op haar plaatze zyn aangewezen. Nu volgen de Tooten, die Achaate-Tooten worden genaamt, waar van ook veele soorten zyn, die by de Liefhebbers waarde hebben. Onder deze munt uit, die op de zelve plaat, by letter K. is verbeeldt; als mede die by de letter L. de gestreepte Achaat-Toot genaamt. Die by letter M.

be-

J. d. Luve f.

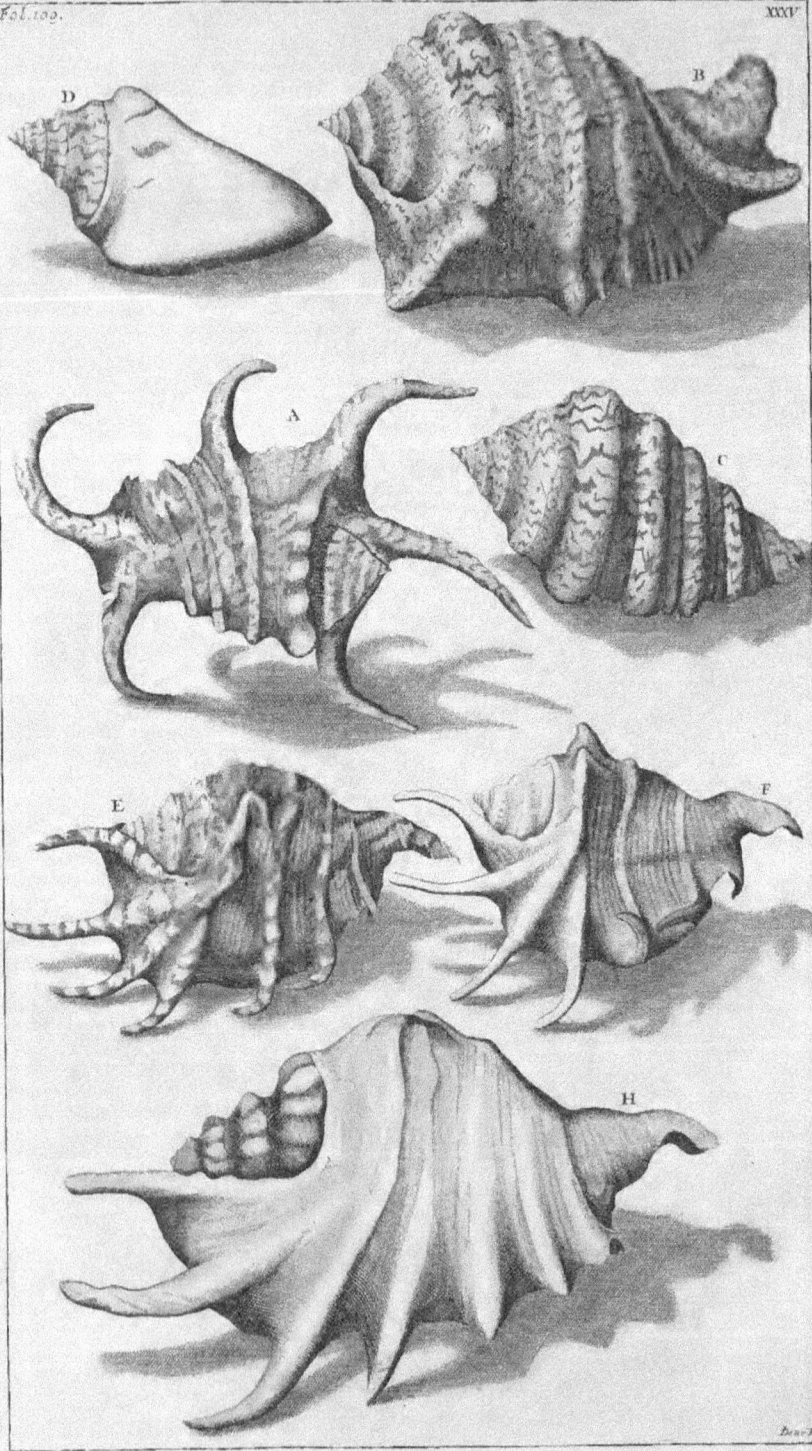

behoort ook onder dezelve, doch word van anderen de klimmende Leeuw-Toot geheeten, om haare vlakjes, die wel Leeuwtjes gelyken; zy worden om haare koleur ook wel Schild-pad-Tooten genaamt, doch dan, als zy grooter gevlakt zyn; dus verre van de ongemeen-ste en uitmuntenste Tooten.

XXII. HOOFTDEEL.

Alata : Amb. Tatallan.

HEt negende hoofdgeslacht behelst die geene, die wy *Alatæ* noemen, dat is, gevleugelde, om dat d' eene lip altyd breed uitloopt; in 't Amboinfeh *Tatallan* en *Talatallan*, naar de gelykeniffe der uitgespreide vleugelen aan den vogel *Tallan*, dien wy Scheervogel noemen; zy hebben een gemengt fatzoen van een *Buccinum* en *Voluta*; want het hoofd loopt spits toe, als aan een *Buccinum*; maar het lyf is langwerpig, als een *Voluta*, met eenen langen smallen mond: Tot een byzonder kenteken van dit geslacht, hebben ze aan den mond een lang beentje, van verwe en substantie den *Onyx Marina* gelyk, aan de buitenzyde scherp gezaagt, beneden spits, en boven aan een hard vleefch vaft, 't welk een handje gelykt, waar mede dit Dier niet alleen zynen gang volbrengt, van plaats tot plaats zich voortstootende, maar ook geweldig daar mede, als met een zwaard, schermt, en al, het geen hem tegen is, wegstoot; inzonderheit een zekere soort hier van, de Wyzers genaamt, dat rechte Schermers zyn.

De *Alatæ* zyn van tweederlei slach; want de uitloopende lip is aan zommigen in verscheide takken verdeelt, aan anderen is dezelve effen en glad, bestaande na malkander in de volgende soorten.

1. *Harpago*, Bootshaak, of Duivelsklauw, is de grootste onder dit geslacht, een hand of een span lang, als men de takken mede rekent; het lyf is een platte *Voluta*, wiens hoofd in een spitze *Turbo* eindigt; de rugge is overdwars geribt, met bulten bezet, en met bruine, of zwartachtige plekken geschakeert; maar aan den mond zyn ze licht roozenrood; aan den rand hebben ze 6 lange takken, binnen hol en spits toelopende; waar van de achterste, die om den *turbo* staat, de langste en de rechste is: de twee naaste, ter wederzyden daar aan volgende, zyn naar den voorigen gekromt: de drie overige zyn korter, en zoo krom als een haak, zoo dat men den Hoorn daar aan hangen kan; waar van de twee aan 't voorste of by de snuit staan, van malkander afgekeert, als twee Buffelshoornen; en naaft daar aan heeft de schaal aan d' eene zyde een wyde keep; de voorste lap van het Dier, die men in den mond ziet, is week, dun, uit den groenen en witten geschakeert, en dezelve heeft zyne uitwaasling, die naar alle takken loopen. Men verdeelt ze in mannetje, en wyfje; waar van het mannetje smalle en dikke takken heeft, meest toeverwulft, aan de oude ook maffyf zonder holligheit, de plekken zyn meer bruin of ros, dan zwart, en zyn stomper, en wyder geopent als een geut; maar het wyfje is dun van schaal, zwaar gespikkelt. Daar is ook noch een byzonder slach, met een breed hoofd, en 't lyf schielyk spits toelopende, zonder takken of uitlopende lip, genaamt *Stomyjes*, maar met eenen dunnen, gezaagden, en als uitgebrookenen rand aan den mond, voorts over 't lyf mede zwart gespikkelt; en men zoude ze voor een onvolmaakte *Harpago* aanzien. Ik oordeel, dat deze Hoorns by *Plinius* genaamt worden *Pentadactyli*, dat is, Vyfvingers, om dat ze, misschien in de Middellandsche Zee, niet meer dan 5 takken hebben. De mooiste hier van vind men in de Bandásche Eilanden, als ook veele op *Bonoa*, en *Manipa*; doch die zyn zeer begroeit met zeegruis, 't welk moeijelyk af te neemen is, en dikwyls de schaal met gaatjes doorvreet. In *Banda* en in de Zuid-Ooster Eilanden word het Dier tot de kost gezocht, bradende den omgekeerden Hoorn op koolen, en slaande daarna de schaal in stukken.

De Alatæ beschreven.

In haar geslalte.

En hoedaanigheden.

Zyn tweederlei van aard.

De 1ste soort, is afgebeeldt op de plaat XXXV. by letter A. Haar gedaante, En koleur, Omstandig beschreven.

Zie het wyfje verbeeldt by letter B.

Zie de afbeelding by letter C. waar van noch een soort, by letter D. Welke de beste zyn, en waar te gevonden warden.

De 2de soort, verbeeldt by letter E.

II. *Cornuta. Heptadactyli* by *Plinius.* Neerd. Krabben. Maleitsch *Bia Cattam.* Amboinsch eigentlyk *Tatallan.* Band. *Sipe cornuti:* Deze is kleinder dan de voorgaande, in 't gemeen een hand lang, wiens tip in 5 takken verdeelt is, en als men die van 't hoofd en den staert daar by telt, zyn 'er zeven, van ongelyke lengte, want die twee omtrent den *turbo,* of 't hoofd, zyn de langste, en die aan de zyde de kortste: Op den rug hebben ze twee of drie hooge en smalle bulten, en daarenboven overdwars

Is bleek van koleur.

geribt; zommige zyn vaalgeel, zonder spikkels, en van weinig glans, doch deze hebben de langste takken, die ook opwaarts gekromt staan: Andere hebben rosse en zwar-

En andere bruinder by letter F. verbeeldt.

te plekken op den rugge, wiens takken korter zyn, aan den mond zyn zommige geel, zommige violet, het Dier hier in verdeelt zich in lappen, als boven staat, maar by de snuit steekt het een lang vingertje uit, rond en styf, met een kloofje in 't voorhoofd, 't welk de mond van 't Dier is: dicht daar achter ziet men twee korte Hoorntjes, en daar op harde oogen, gelyk de Krabben hebben.

Zie de plaat XXXVI. by letter G. Waar van noch een 2de soort.

Het wyfje hier van heeft korter en breeder takken, beneden half hol, als de pypjes van een lamp, en doorgaans dunner van schaal: Hier van vind men 'er ook tweederlei; de eene slecht, vaalgeel; de andere met zwarte plekken: Zy hebben ook haare Stompjes, gelyk de voorige, die een byzondere soort maaken, zonder takken, met een gezaagden of afgebrooken rand, geelachtig van koleur. Zy worden mede tot de kost gezocht, en zyn op alle stranden gemeen; doch men vind 'er weinig, die niet met Zeegruis besmet zyn. By *Jonston Histor. Pisc.* worden deze Hoorns onder de *Murices* gerekent, en *Coracoides* genaamt, om dat de takken naar Ravens-bekken gelyken.

De 3de soort, is verbeeldt op de plaat XXXV. by letter H.

III. *Cornuta decumana,* is een zwaaren plompen Hoorn, wel tienmaal zwaarder dan de voorgaande, wegens de dikke schaal, die aan de uitlopende lip ook 7 korte takken heeft, den staert daar onder gerekent; de rug is niet zeer gebult, maar zoodanig met Zeegruis bedekt, dat men het voor een klippe zoude aanzien. Zy word zeer zelden gevonden, en schier alleen op *Bonoa.*

De 4de soort, is afgebeeldt op de plaat XXXVI. by letter I.

IV. *Cornuta millepeda.* Neerd. Duizentbeen, deze is platter dan de voorgaande, op den rug vaal, en dicht gespikkelt, met rosse streepen, de lip verdeelt zich in 10, en zomtyds 11 korte takken, alle naar achteren gekromt, waar van de snuit en 't hoofd de langste zyn; op den rug heeft het verscheide knobbeltjes, en de lippen zyn mooi geschildert met zwarte en roode streepen.

De 5de soort, op dezelve plaat, by letter K.

V. *Cornuta nodosa.* Neerd. Podagra, of Scorpioen; deze is 't kleinste van dit geslacht, ook in veele takken verdeelt, waar van de staert lang, en krom is als een Scorpioens staert: Alle de takken, en de rug zyn geknobbelt, gelyk de vingers, aan die het *Podagra* lang gehad hebben, aan den mond is het geribt, met zwart en rood geschildert, maar de uitsteekende ribben zyn wit. Het word weinig gevonden, en meest in de *Liassers.*

De 6de soort, by letter L.

VI. *Alata lata,* Breedlip, dus verre van de *Alatæ* met getakte lippen; volgen nu de ongetakte met een enkelde slechte lip, waar onder de grootste is de Breedlip, om dat ze zeer breed uitloopt, dik en kantig van lip, die zomtyds van binnen hol is; over 't lyf donkergeel, met weinige rosse plekken, van binnen glad en rood, zelden te vinden; deze noemen zommige eigentlyk *Tallan.*

De 7de soort, by letter M.

VII. *Epidromis,* een Bezaantje, dezes lip loopt op 't breeste, en zyn *turbo* of hoofd steekt uit, gelyk een *Buccinum,* en naast daar aan is de lip op het grootste en breedste, als men de spits onder houd, gelyken ze zeer wel een Bezaantje; zy zyn op den rug plat, en dooijergeel, meerendeels eenparig van koleur, zommige met weinige rosse streepen.

De 8de soort, by letter N.

VIII. *Epidromis gibbosa,* Bultjes, zyn als de voorgaande, doch kleinder, bultiger en dikker van schaal, hooger geel, en doorgaans met rosse kromme streepen, als draaden verziert: beide hebben ze een zwaerd, daar zy mede schermen; en vallen veel in den Amboinschen Inham.

Een 2de by letter O.

Daar is noch een *Epidromis,* langer dan de voorgaande, en smalder van vlerken, die

XXXVI

G

N.° 7

N.° 6

I

K

L

M

N

O

P

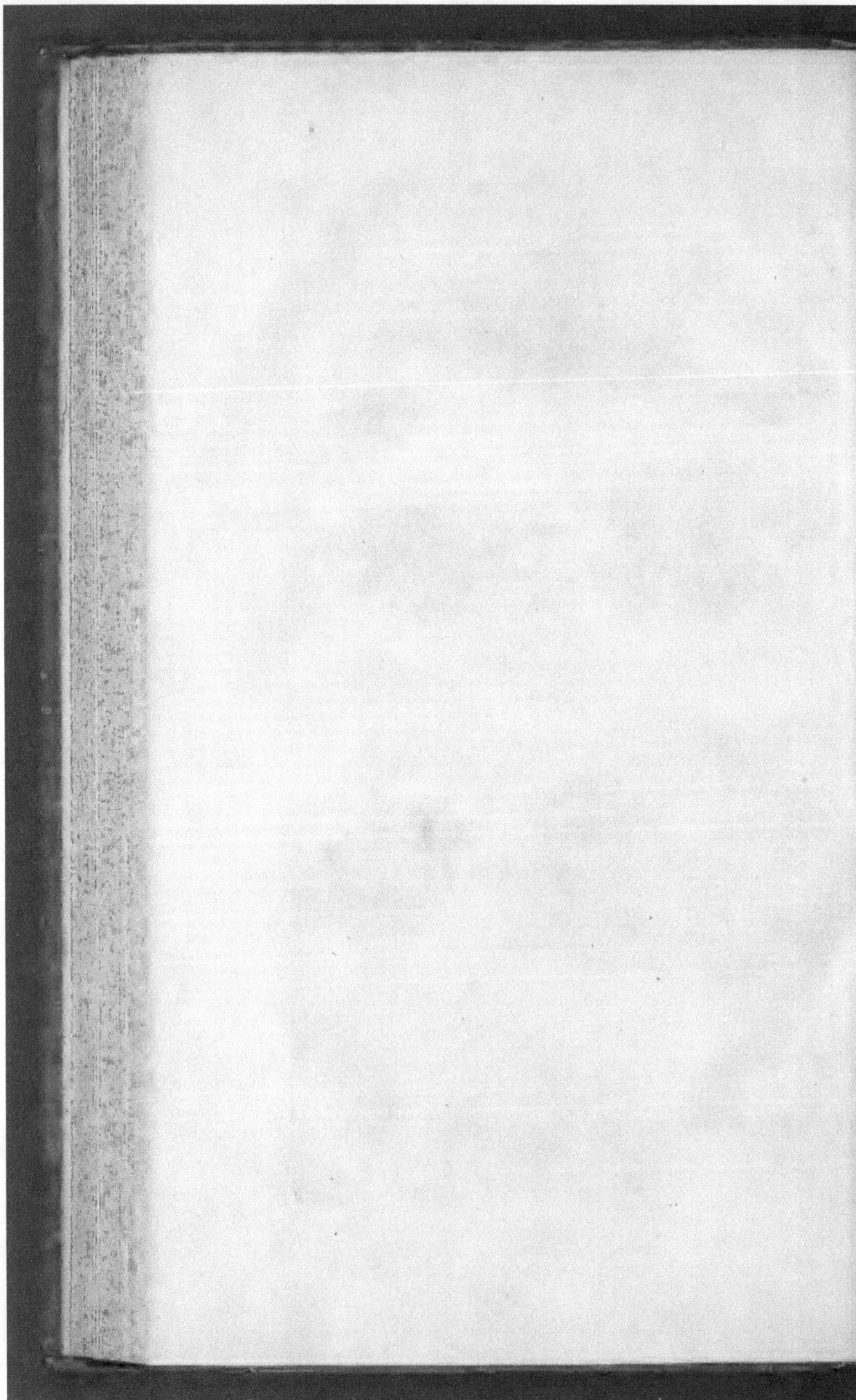

die men fmalle en opgerolde Bezaantjes noemt; doch zelden te vinden, deze kan men voor een byzondere foorte houden.

IX. *Epidromis minima*, kleine Bezaantjes, zyn fchaars een lid van een vinger lang, dik van fchaal, op den rugge bruin, voor in den mond fchoongeel; worden op de kuft van *Hitoe* op fteenige ftranden gevonden. De Maleijers noemen deze 3 foorten *Bia Leijer*. *De 9.de foort, by letter P.*

X. *Lentiginofa*, Sproetjes, zyn breed, maar dik van lip, over 't lyf met bulten en knobbels bezet, met zwart, ros, en groen gefpikkelt, doch doodfch van koleur, maar van binnen zyn ze glad, uit den geelen incarnaat, en met kuiltjes onder de buitenfte knobbels. Maleitfch *Bia Taijlala*, om dat haare fpikkels naar fproeten gelyken. *De 10.de foort, by letter Q. op de plaat XXXVII.*

XI. *Pugiles*, Schermers, Maleitfch *Bia t'unjoekan*, dat is, Wyzers, om dat ze, nevens de fpitze voor uit, een kleine vinger hebben, waar mede zy naar iets fchynen te wyzen: zy zyn mede niet breed, maar dik van lip; voor hebben ze een merkelyken *turbo* of toegefpitft hoofd, en achter een ftaert om hoog gekromt, aan te zien als een Ambonees, die op een voet ftaat en fage ilt: Zy zyn tweederlei van farzoen; 't eerfte flach is grauw, zeer geribt, en met knobbels bezet; de rand des monds is dik, doch heeft een fcherpen kant; van binnen zyn ze lichtrood, met witte aderen; de Wyzer, of 't vingertje, is bykans zoo lang als het lyf, en ftaat gemeenlyk wat krom: Het tweede flach is bruin, effener en gladder, over den rug met witte fpikkeltjes, en aan den bovenkant met weinige knobbels; de lip is mede dik, doch ronder dan aan 't voorgaande, van binnen fchoonrood: de Dieren hebben het zwaerdje getand, en meer tot hun wil, dan eenige van de voorgaande; 't zelve ftaat aan een klein handje, en zy zyn daar mede zoo vaardig, dat 'er 3 of 4 in een fchotel leggende, met andere Hoorntjes opgevult, zoodanig aan 't fchermen en wegruimen geraaken, dat 'er weinige in de fchotel blyven; en niemant is zoo fterk, dat hy de verfche dit zwaertje afrukken kan: Zy zyn gemeen op alderhande ftranden van de Amboinfche Eilanden, en worden, gelyk de voorgaande, van de Inlanders gegeeten, doch hebben alle 't gebrek, dat ze, die hun veel eeten, een bokachtich zweet aanbrengen. *De 11.de foort, op dezelve plaat, by letter R.* *Waar van een andere.* *En noch een 2.de foort is.* *Zyn zeer fterk.*

XII. *Luhuana*, in 't Duitfch Lochoneefche Hoorntjes, deze gelyken eenen langwerpigen *Buccinum*, omtrent ½ vinger lang, doch hebben het gemeene kenteken van de *Alatæ*, te weeten, een ronde keep in de lip omtrent de fnuit, dik van fchaal, op den rugge effen, witachtig, met breede vaale plekken, die eenige breede banden maaken, van geen zonderlingen glans; binnen in den mond hebben ze tot een byzonder teken, dat ze aan den lip fchoonrood zyn, zoo verre men naar binnen kan zien; aan de zyde, daar tegen over, zyn ze zwart, met groen en geel gezoomt: Deze zyn mede goede Schermers, en worden veel gegeeten. Men vind ze veel op alderhande ftranden, doch nergens zoo veel, als op het land van *Loekoe*, waar van ze den naam draagen, en in den zelven geheelen bogt van *Kaijbobbo*: zy zyn wegens hunne meenigte in geene achting. *De 12.de foort, afgebeeldt by letter S.* *Zyn goed tot fpys. En waar gevonden worden.*

XIII *Canarium*, Maleitfch *Bia Canarij*, alzoo genaamt, naar de gedaante van een gefchilde Kanary, zyn van fatzoen, gelyk de voorgaande, doch doorgaans kleiner, van 4 of 5 derlei foorte: De eerfte en grootfte zyn een kleine vinger lang, flecht en effen van fchaal; zommige met donkergrauw of rookverwige; zommige met geele banden op een witten grond: Men vind 'er ook, doch zeer zelden, die ganfch wit zyn. De vierde foort is niet boven een vingerlid lang, met bulten aan den bovenkant, en een verheeve lip aan den mond, grauw, met zwartachtige of bruine ftipjes: De vyfde foort is noch kleiner, maar de mooifte van fchildery, want op een witten grond, ziet men lichtroode en groenachtige plekken en ftipjes, die eenige bloemen verbeelden; zommige met banden en ftreepen; zommige met ftipjes, die in ryen ftaan. Zy zyn mede Schermers, en als het rechte Dier daar uit is, groeit 'er een *Cancellus* in, of *Cuman*; van andere *Cumans* daar in verfchillende, dat hy zoo geen groote fchaer heeft, waar mede hy de deur van zyn huis fluiten kan, gelyk de *Cumans* van de Alykruiken. *De 13.de foort, by letter T.* *Een andere foort, by letter V.* *Een deren de by letter W. En noch meerder foorten.*

XIV. *Canarium latum*, verfchilt van de voorgaande, om dat het breed uitloopt, fchier *De 14.de foort, by letter X.*

schier als een Bezaantje; over 't lyf donkergrauw, met geele en witte spikkeltjes, waar onder men zomtyds langwerpige vind, die naar opgerolde Bezaantjes gelyken.

De 15de foort, by letter Y.

XV. *Samaar*, gehoort mede onder de Kanaryen, langwerpig, rond, en toege- spitst, om den omloop met plooijen verziett.

d' Alatæ, *worden by alle de Nederlantfche Liefhebbers* Krabben *genoemt; (eenige uitge- zondert) die men* Laphoorns *noemt. Deze* Krabben *zyn veele in foorten, en ons bekent onder de benaming van Mannetjes en Wyfjes. De Mannetjes zyn, die hun takken dicht toe, engeflooten zyn; de Wyfjes, die haar takken platter en open zyn als gooten. De Schry- ver heeft ons verfcheide foorten toe laaten komen, onder byzondere benamingen, die wy daar by zullen laaten. De eerfte is verbeeldt op de plaat* XXXV. *by letter* A. *die by hem* de Bootshaak, *ook wel de Duivelsklauw word genaamt: Een andere van deze foort, is verbeeldt by letter* B. *dewelke by ons voor het Wyfje van de voorgaande word gehouden: Noch een foort, by letter* C. *noemt de Schryver*, Stompje, *van welke een tweede by let- ter* D. *verbeeldt is. De 2de foort, met letter* E. *aangewezen, word de geplekte Krab; en die by letter* F. *de geele Krab genaamt, om dat ze geelachtig, wit, en zonder vlakken is. Zie hier van een Wyfje verbeeldt op de plaat* XXXVI. *by letter* G. *Die by letter* H. *is de 3de foort, en ftaat op de* XXXV. *plaat, waar van niet te zeggen valt, dan dat dezelve dienftig is voor grot-of fonteinwerk; want hy om zyn plompheit geen plaats in een Kabinet verdient. Doch de Schryver toont wyffelyk aan, wat voor foorten de Na- tuur al voortbrengt. Hier volgt nu de 4de foort, verbeeldt op de plaat* XXXVI. *by letter* I. *die de Schryver* Duizentbeen *noemt: Deze, en ook de navolgende, aangewezen met letter* K. *zyn zeldzaam; en word de laatfte by ons de Podegra kreeft genaamt, veel- ligt om de knobbels, die in zyn takken ftaan, waar van wy 't Wyfje, op de plaat* XXXVII. *by* N. I. *hebben laaten verbeelden. Nu komen die foorten, die by ons* Laphoorns *ge- naamt worden, om haare groote en ongeffleete vleugels of lappen, die bezyden hun mond uitfteeken; alhoewel de Schryver die onder de voorgaande ftelt. Wy zullen echter den Schryver, die deze volgende de 6de foort noemt, byblyven, hy is aangewezen op de* XXXVI. *plaat, by letter* L. *en word by ons de groote Laphoorn genaamt. De 7de foort, by letter* M. *noemt de Schryver 't Bezaantje, doch hy is by ons het Duifje geheeten. De 8^{fte} foort, by letter* N. *verbeeldt, noemt zyn Eed. 't Bultje; waar van noch een 2de foort, by letter* O. *het opgerolde Bezaantje word geheeten. De 9de foort, by letter* P. *is een kleinder van de voornoemde. De 10de foort, is verbeeldt op de plaat* XXXVII. *by letter* Q. Sproetje *by den Schryver, en by ons* Kikvorfch *genaamt. De 11de foort, aangewezen met letter* R. *de Schermer, of de Wyzer genaamt, word by ons 't geknob- belde Laphoorntje geheeten. De 12de foort, by letter* S. *'t Lochoenfche Hoorntje. De 13de foort, by* T. *verbeeldt de gebu1te Kanary; waar van een andere by letter* V. *de ge- bande Kanary, en een 3de by* W. *de gebloemde Kanary. De 14de foort, by letter* X. *de breede Kanary. De 15de foort, by letter* Y. *een Samaar: Deze alle, naar de benaming van den Schryver, waar by wy noch voegen eenige nood ge ftukken, onder deze behooren- de, die weinig bekent zyn. Op de plaat* XXXVII. *by* N. 2. *is afgebeeldt het Pronkftuk der* Laphoornen, *namentlyk de* Oranjevlag, *zoo genoemt, om zyne fchoone oranje, en witte banden, en die waarlyk over al de* Laphoorns *de vlag voert; en is, buiten die de Heer* Vincent *bezit, geene dan deze bekent. Hier by heb ik geftelt den* Lapfchen geplek- ten Laphoorn, *toebehoorende den Heer* de Jong, *die dezelve uit Lapland heeft beko- men, en buiten deze, geene meer bekent is; aangewezen met* N 3. *hy is geelachtig wit, met zwarte ftippelen en vlakken.* N. 4. *is een andere foort, my uit Weft-Indien toege- komen, doch met weinig koleur. Die afgebeeldt is, by* N. 5. *word mede onder de* Lap- hoorns *gerekent; van deze zyn veele foorten, en men vind 'er nauwlyks twee, die mal- kander gelyken, waarom zy by de Liefhebbers* Kemphaantjes *worden geheeten. Op de voorgaande plaat* XXXVI. *is noch een klein gebandt Laphoorntje, by* N. 6. *verbeeldt; en by* N. 7. *een diergelyke, doch aanmerkelyk, om zyn gedraaide fpil of toppunt, waarom ik 't zelve waardeere.*

XXIII. HOOFT-

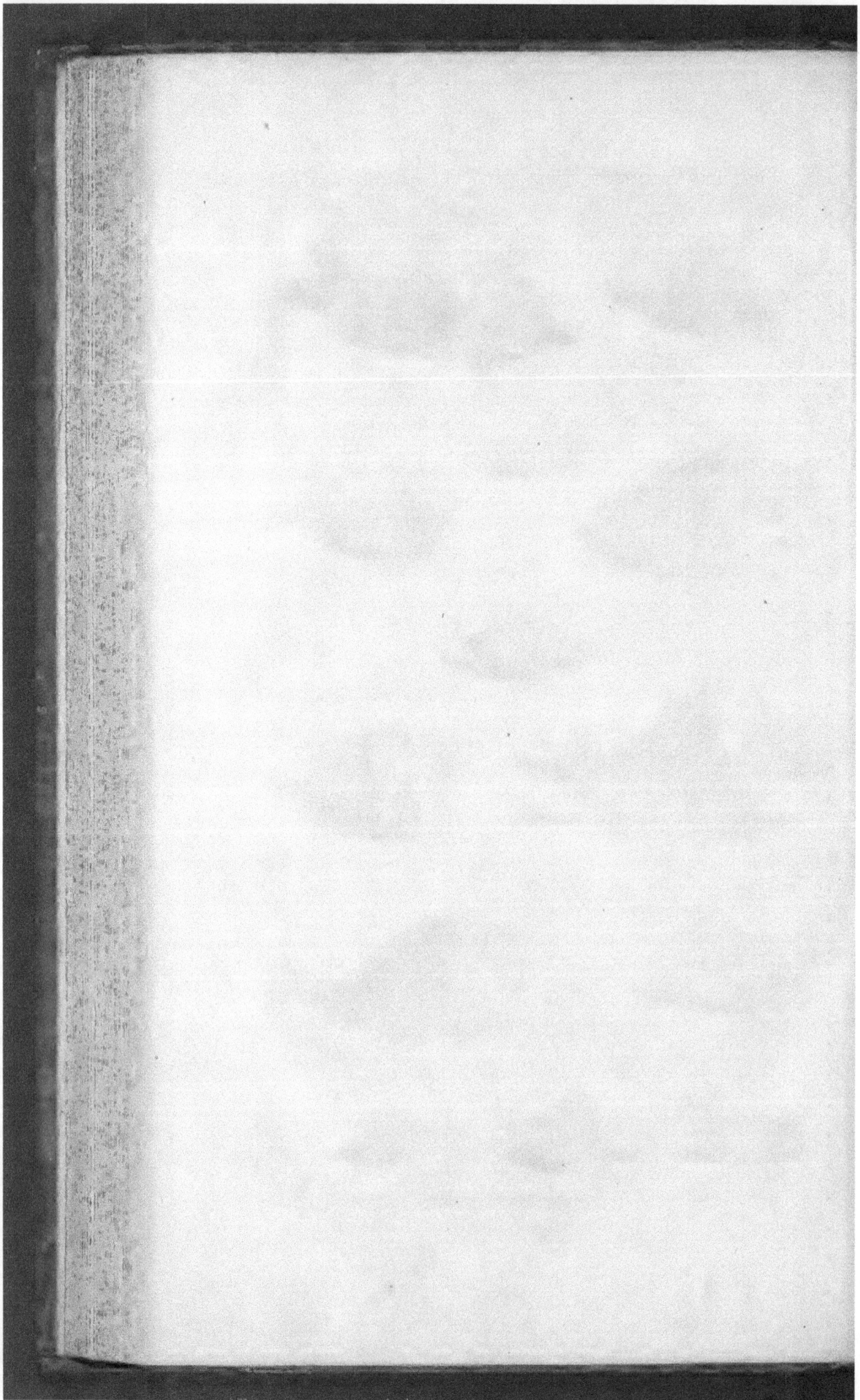

XXXVII

XXIII. HOOFTDEEL.

Porcellana major : Bia belalo.

H ET tiende Hoofdgeflacht behelft de *Porcellanæ*, een byzonder flach van Hoorentjes, *in fatzoen van alle de voorgaande veel verfchillende*, want deze
hebben ganfch geenen *Turbo*, of uitfteekend hoofd; zy zyn rond gebult van
rugge, aan den buik platachtig, waar langs een fcheur of fmalle mond loopt,
langer dan de geheele Hoorn, wiens lippen ter wederzyden innewaarts loopen, doch
zoodaanig, dat d' eene aan den rechterhand geenzins innewaarts gerolt of gewonden is,
maar gekartelt of met ftompe tanden gezaagt; d' andere zyde hier tegen over, is aan
den mond mede wat gekartelt, vol ribben of voorens, en loopt voorts innewaarts,
met veele draaijingen t' zaamen gerolt; de beide einden van dezen fcheur zyn fchier
even eens; doch aan 't bovenfte ziet men eenige voetftappen van de draaijingen, en
daar aan op zommige eenen kleinen fpits of *turbo:* Voorts zyn alle deze foorten van natuur glad, en blinkende als een fpiegel, zoo dra ze uit zee komen : Haaren gemeenen naam is in 't Latyn *Concha venerea*, by *Ennius*, *Matriculus*, by *Plinius Lib.* 9.
Cap. 25. is ze qualyk uit de *Mutiano-Murex* te febeiden, daar nochtans aan alle deze
foorten niets fcherps of fteekeligs is, 't welk op eenen *Murex* paft. Hedendaags noemt
men ze *Porcellanæ*, uit navolginge van de Grieken, die ze *Charinæ* noemen : *Apud*
utrofque nomen acceperunt à fimilitudine pudendi muliebris, quod Græci Chæron, Latini
porcum & porculum vocant, cujus aliquam fimilitudinem refert hujus Conchærima, zommige Duitfchen noemen ze uit gelyke reden Klipkouffen; doch met eenen fatzoen-
lyken naam mag men ze wel *Porcellanæ* noemen; Mal. *Bia* of *Sipo bilalo,* dat is, Likhoorntjes, om dat men daar mede linnen, papier, en diergelyke kan likken, dat is,
glad maaken; Amb. op Leitimor, *Huri;* op Hitoe, *Hulilu.* Zy beftaan in de volgende
foorten :

I. *Porcellana guttata,* Neerd. Klipkouffen, Mal. eigentlyk *Bia bilalo* en *Krang*
krontsjong. Dit is, de grootfte en fchoonfte van dit geflacht, omtrent een kleine vuift
groot, zeer rond, en glad van rugge, en dezelve dik gefpikkelt met zwarte droppels,
daar andere kleindere bruine en geele onderloopen; en langs den rugge gaat een goudgeele ftreep, doch niet aan allen; en hoe eenpariger de zwarte droppels zyn, hoe raarder men ze houd, ftraks uit zee komende blinken ze als een fpiegel; de buik is niet
zeer plat, maar effen, zoo dat ze daar op leggen konnen, zeer wit en blinkende;
van het Dier ziet men niets dan eenen dunnen lap, fchier op dezelve manier gefpikkelt als
de fchaal, te weeten, met zwarte, bruine, en geelachtige droppels, daar witte korreltjes op zitten, en beneden fteekt het een korte tong uit, en daar aan twee korte
hoorntjes met de oogen : 't Geene men voor 't Wyfje hier van houd, is dun en ligt
van fchaal, gewint fchier zyn volkomen grootte, eer het d' eene lip omrolt, dewelke
fcherp en dun is als parkement; de fchaal is fchoon gefchildert met zwart, blauw, en
geel; en hoe meer blauw hier onder loopt, hoe raarder zy zyn : Men vind ze op zoodaanige ftranden, die een wit zand hebben, met groote klippen, die daar in bloot leggen; zy houden zich meeft onder 't zand verborgen, want al wat boven 't zand uitfteekt, word ruig en doodfch, maar by nieuwe en volle Maan, komen ze by nacht uit
het zand, en hangen aan de klippen: Men heeft veel moeite om 'er het Dier uit te krygen, dat de fchaal haaren fchoonen glans behoud; want als men ze vergraaft, of onder den
Hemel laat leggen, zoo gewinnen ze eenen doodbleeken koleur, die onder de buitenfte
gladde fchaal doorblinkt, zoo dat het fchynt, dat dit Dier allenkskens ftervende, zynen
fchaal van haaren glans berooft; dierhalven is 't de zekerfte weg, dat men de verfche niet
meer dan in heet water fteeke, dat ze even daar in konnen fterven, het vleefch met haa-

P ken

Margin notes:
De Por-
cellanæ
befchre-
ven.

Hier van
zyn veele
foorten.

Plinius
tegenge-
fproken.

Waarom
die Porcel-
lana ge-
noemt
worden.

Worden
Klipkouf-
fen ge-
naamt.
Ook wel
Likhoorns.

De 1fte
foort, is
verbeeld
op de plaat
XXXVIII.
by letter
A.
Haar
geftaante.
Omftan-
dig be-
fchreven.

Van deze
een 2de
foort, die
men voor
het Wyfje
houd.
Waar zy
zich ont-
houden.

En hoe men die moet zuiveren.

ken zoo veel uithaalende, als men kan, en het overige met den schaal aan eenen scha-duwachtigen plaats leggende, daar ze noch regen, noch zou bereiken, en zoo laat men ze van de Mieren uiteeten: Men moet ze in geen versch water leggen, zoo lang 'er iets

Opmerking omtrent het schoon maaken.

van 't vleesch in is, want een nacht daar in blyvende, zullen ze verbleeken, ook moet het doode bloet van d' eene d' anderen niet raaken, waar door ze mede bederven; om het tweede of derde jaar moet men hun te drinken geeven, dat is, eenen halven dach in zout water leggen, met versch water uitspoelen, en dan weder in de Zonne droogen; uit den schaal maakt men tabaksdoozen en lepels, maar by deze Inlanders zyn ze in geen gebruik, behalven dat zommige arme Luiden, door den honger geprangt, die op koolen braaden, en eeten, 't welk hen zomtyds zoo qualyk bekomt, dat zommige het met den dood moeten bezuuren, en zommige worden ter nauwer nood noch

Welke soorten tot spyze bequaam zyn. Raad tegen die schadelyk zyn.

geredt. Deze gedenken niet aan den gemeenen Grondspreuk, by d' Inlanders vast gestelt, dat onder de Zeehoorntjes al 't geene glad en blinkende is, of 't geene niet dan roode spikkels heeft, tot de kost niet deugt: Daarentegen, dat de ruige en steekelige altyd beter zyn. Wanneer nu iemant onvoorzichtig hier van mogte gegeeten hebben, zal men hem terstond rykelyk suikerwater, of eenigen dikken syroop ingeeven, om het worgen te beletten, dat de keel niet toetrekt; en daar na tot tegenbaat het zwarte *Calbakaar* (in 't XII^de Boek van onzen *Herbarius* beschreven) met water gewreeven, ingeeven, 't welk die schadelyke kost door braaken uitwerpt, dit moet veerdig toegaan, om het geneesmiddel in de maag te brengen, eer de keel toetrekt, in welk een geval het niet

Voorval 't geen doodelyk was.

helpen kan, gelyk in 't jaar 1664. aan een Vrouw op de *pas Baguala* bezogt is, die door t' nuttigen van dit Dier is gestorven, dewyl 't *Calbakaar* te laat aanquam, en de keel al toe was.

De 2de soort, afgebeeldt op dezelve plaat by letter B.

II. *Porcellana montosa*, is wat kleinder dan de voorige, en doodscher van glans, bleekwit van schaal, daar op veele hoeken en heuvels met rosse streepen staan, als of men van verre een rond geheuvelt gebergte zag, gelyk men het Eiland *Ascension* schildert: By de onze word het de *Caap* genaamt, beduidende de *Caap de bon Esperance*, maar is zeer zelden te vinden, en in Amboina genoegzaam onbekent.

De 3de soort, verbeeldt by letter C.

III. *Concha testudinaria*, Karet, is langwerpiger dan de voorgaande *Caap*, op den rugge schoon geplekt, gelyk men aan Schildpadshoorn, of karet ziet, en voorts spiegelglad, eertyds qualyk genaamt *Caap falso*, doch nu hiet ze *Karet*, en word onder de raarste gerekent.

De 4de soort, by letter D.

IV. *Argus*, dit is een langwerpige *Porcellana*, bruinverwig van schaal, doorgaans aardig geschildert, met witte oogen, elk oog is uit 2 of 3 kringen gemaakt, gelyk men den reus *Argus* schildert: Zy worden ook zeer zelden gevonden, om dat ze zich

Zyn heel zeldzaam.

wat diep in zee ophouden, en zomtyds in de bobbers kruipen, of door een aardbeeving opgeworpen worden, gelyk in 't jaar 1674. by den hoek *Ciel*, op klein *Keram*, gebeurt is; doch de meeste daar onder zyn doof van koleur, en de blinkende heel raar.

De 5de soort, by letter E.

V. Slangekoppen, groote, deze zyn plat van buik, en hebben rondom eenen smallen kant aan den buik, een vinger breed; boven de kanten zyn ze rondom zwart of donkerbruin, blinkende als een spiegel; de rug is met tancite plekjes gespikkelt.

De 6de soort, by letter F.

VI. Slangekoppen, kleine, zyn van het zelve fatzoen en verwe, doch kleinder, niet boven een lid van een vinger-lang, mede zeer glad en blinkende: Zy zyn gemeen

Een andere soort, by letter G.

op steenige stranden, gelyk die van *Laricque* en *Nussatello* zyn. Men vind hier van een raar slach, op den rugge blauwachtig, met eenen geelen ader, 't welk men blauwe Slangekoppen noemt.

De 7de soort, by letter H.

VII. Witte Jamboezen, zyn van grootte en gedaante de voorgaande gelyk, doch gansch wit, gelyk zeker slach van witte wilde Water-Jamboezen; de rug heeft overdwars eenen uitsteekenden kant, en by de twee einden ziet men een bleekwit korreltje, in een kring staande, als een ingevatte paerl, en daar by een lichtrood plekje, 't welk met ter tyd verbleekt; het Dier is mede wit, en dun doorschynend, met zwarte stipjes, en word weinig gevonden.

VIII. *Tal-*

VIII. *Talpa*, een Mol, deze is langwerpig, rond als of het een rolle was, zwart *De 8.te* of donkerbruin aan den buik, en aan de zyden; de rug heeft twee bleeke, en tuſſchen *ſoort, by* beiden eenen roſſen band: Zy worden by de Inlanders veel gebruikt tot het gladmaaken *letter I.* van de Piſſangbladeren, daar ze de tabaksrolletjes van maaken, en hebben de keleur en gedaante van een Mol.

IX. *Carneola*, Maleitſch *Bia daging*, is mede langwerpig als de voorgaande, doch *De 9.te* aan de einden ronder, daar de voorige een kuiltje hebben; eenpaarig lichtrood, of *ſoort, by* *letter K.* vleeſchverwig.

X. *Porcellana ſalita*, Zoutkorreltjes, deze zyn korte, ronde *Porcellanæ*, omtrent *De 10.de* 2 duimen lang, op den rug grauwbruin, met witte droppels, die eenigzins uitſtee- *ſoort, by* *letter L.* ken, als of 'er korrels zout op geſtrooit waaren; op den buik zyn ze roodachtig, doch beſterven meeſt bleekgeel; het Wyfje hier van is dun van ſchaal, met weinige en geenzins uitſteekende korrels. Zy zyn gemeen op alle ſtranden, en daarom veracht.

XI. *Porcellana Litterata ſive Arabica*, Letterhoorntjes, of Arabiſche Hoorntjes, *De 11.de* zommige houden ze voor de Muzykhoorntjes: Zy zyn plat van buik, met eenen dikken *ſoort, by* *letter M.* kant rondom, die wat uitſteekt; op den buik zwartachtig, en aan de zyden met zwarte droppels, de rug is geteekent met tancite of roſſe ſtreepjes, en ſtippeltjes, 't Arabi- ſche ſchrift zeer wel gelykende; doch andere maaken 'er een *tabulatnur* met Muzykno- ten van; men kan 'er ook eenige van onze Letteren uit beſchouwen. Een tweede ſlach *Waar van* hier van is ligt van ſchaal en keleur, in plaats van ſchrift, heeft het veele verwarde *een 2.te* *ſoort.* ſtreepen, als of het Landſchappen waaren; zie de kluchtige figuur van een Muzicaal- hoorn by *Rochefort Hiſt. Antill. Lib.* 1. *Cap.* 19. *Art.* 9.

XII. *Porcellana lentiginoſa*, Kakkerlakjes, zyn ruim een lid van een vinger lang, *De 12.de* en hoog gebult; op den rug vol roſſe, zwarte en hooggeele ſpikkeltjes, waar tuſſchen *ſoort, by* *letter N.* lichtblauw loopt: Men zoude meenen, dat het de Jongen waaren van d' eerſte ſoorte, doch deze worden niet grooter, en hebben tot een byzonder teken aan den buik eeni- ge uitſteekende ribben, van 't eene einde tot het ander: De Wyfjes zyn ligter van ſchaal, *Een an-* *dere ſoort,* zonder ribben aan den buik, eenparig met ros geſpikkelt, en zoo ligt, dat men ze *die men* *voor 't* van haar plaats wechblaazen kan. *Wyfje* *boud.*

NB. Als wy in 't verhaal dezer Hoorntjes van Mannetje en Wyfje ſchryven, moet *Aanmer-* men niet meenen, dat onder dezelve in der daat zulk een onderſcheid van geſlacht zy, *king.* maar om dat, naar de gemeene gewoonte, voor 't Wyfje genomen word, het geenet' ligſte, en 't gladſte is.

XIII. *Variolæ*, Mazelen, zyn weder wat langwerpig, en van tweederlei ſlach: *De 13.de* Het eerſte en grootſte heeft aan de zyden groote zwarte droppels, gelyk zeeker ſlach *ſoort, by* *letter O,* van kinderpokjes, die de Maleijers, *Lute lute beſſi*, dat is, Yſerpokjes noemen: Het *en P.* ander ſlach is wat kleinder, en heeft aan de zyden purpere droppels, gelyk de maze- len (*morbilli:*) beide zyn ze op den rugge verwart geſpikkelt, met ros en taneit; doch de laatſte zyn de mooiſte.

XIV. *Ovum*, Maleitſch *Bia* of *Sipot Saloacco*, deze zyn van gedaante als een Eend- *De 14.te* ei, of wat langwerpiger, de tip van den mond is langer dan het geheele Hoorn, en *ſoort, af-* *gebeeldt by* gekartelt; de geheele ſchaal is ſpierwit, ſpiegelglad en blinkende, behalven de dikke *letter Q.* lip, die aan zommigen geelachtig of vuilwit is; van binnen is de ſchaal violet, en het Dier van buiten pikzwart, gelyk het ook in een zwarten inkt verſmelt. Deze witte Eijers *Haare* *Eijers* zyn in groote achting by de Alphooreezen, of wilde Bergwoonders van *Keram*, op *worden* wiens ſtranden zy ook meeſt vallen; want niemant onder hun mag deze Hoorntjes aan *tot ſpyt,* *en haar* den hals, of in de tuit van 't haair draagen, dan hunne Voorvechters, en die eenige *Hoorn heel* hoofden van den vyand gehaalt hebben. Als men ze in ſtukken ſlaat, en met ſlypen *waardig* *gehouden.* op een ſteen daar uit ronde, langwerpige, of van andere gedaanten ſtukjes formeert, worden dezelve gebruikt, om de lange ſchilden *Saloacco* genaamt daar mede in te leg- gen, 't welk hun eenen grooten fraaijigheit geeft, om dat deze ſtukjes ſchynen, als of ze *En tot* *ſieraad der* wit verglaaſt waaren, en fraai uitſteeken op die zwarte ſchilden, die met rood en geel ge- *ſchilden* *gebruikt.*

zoomt

Van deze noch een 2de foort. zoomt zyn, en hier van hebben ze hunnen naam. Men vind 'er een flach, dun van

Als mede een 3de. fchaal, hebbende de lip enkeld, fcherp, en niet omgekrult, dewelke men voor de Wyfjes houd, gelyk boven in d' eerfte Soort gezegt is. Een derde flach blyft klein, een weinig knobbelig of korrelig, en dik van fchaal.

Hebben haar naam na 't Chineefch Porfellein, of wel het Porfellein na dezen Hoorn. Waar van verfcheide gevoelens aangehaalt worden. Van deze Hoorntjes nu, heeft dat koftelyk Chineefche aardewerk, Porfellein, zynen naam; of, om dat men eertyds gelooft heeft, dat het uit derzelven ftof gemaakt wierd; of, 't welk geloofflyker is, om dat de Porfelleine vaten in wittigheit en gladdigheit overeenkomen met deze Hoorntjes: Maar of nu ons hedendaagfch Porfellein vaatwerk, met het geen de Ouden *Vafa Myrrhina* noemden overeenkomt, word by de Geleerden onderzogt; immers de geleerde *Julius Scaliger Exercit.* 92. houd het wel daar voor, dat de Porfelleine vaten hunne naamen bekomen hebben van de *Concha porcellana*; en *P. Bellonius* in zyne *Obferv. Lib.* 2. *Cap.* 71. noemt wel de Porfelleine vaten, naar 't gemeen gebruik, *Murrhina*, doch trekt in twyfel, of het de oprechte *Murrhina* der Ouden zy, beweerende met beter redenen, dat de oprechte *Murrhina* gemaakt wierden van d' Edele fteenen *Sardonyx*, *Onyx*, *Jafpis*, en diergelyke: waar mede overeenftemmen *Georg. Agric. de Re Foffil. Lib.* 6. en *Boëtius de Boot*, in zyn *Gemmarium Lib.* 2. *Cap.* 85. doch de rechte hiftorie van 't Porfellein, zie in 't volgende Boek.

Hoe men dezelve moet vangen. Om deze Hoorntjes te vangen, neem een ftuk van 't *Caju fonti*, of *Perlarius primus*, leg het in zeewater, daar het niet boven 4 voeten diep is, en laat het aldaar rotten, zoo zullen deze Hoorntjes zich daar omtrent vergaderen: De gepulverizeerde fchaal word ook onder de papjes gemengt, die men op het lyf fmeert der geener, die

Doch zyn onnut tot fpyze. gezwollen en waterzuchtig zyn; het Dier zelf deugt niet om te eeten, vermids het worgt, en dikwyls den dood aanbrengt. By *Phil. Bonannus Part.* 3. *Fig.* 252. word het *Ovum marinum* genaamt.

De Porcellanæ majores, worden alle by ons Klipkouffen, *en by de Varensgaften noch flimmer genaamt; doch men zou die 't beft,* Kliphoorns, *moogen noemen, 't welk ik altoos doe. Van deze zyn veele foorten, waar van eenige maar byzondere naamen hebben: het zyn maar gemeene Hoorns, om dat zy 'er overvloedig zyn, uitgenoomen eenige weinige, die aangewezen zullen worden. De eerfte foort, is verbeeldt op de plaat XXXVIII. by letter A, deze is heel gemeen; doch daar is een 2de foort, dewelke ligter van ftof, en dunner van fchaal is, ook veel zeldzaamer als de voorgaande. De 2de foort, afgetekent by letter B, is ook ongemeen. Doch de 3de foort, by letter C, heeft veel meerder waarde: hy word genaamt de* Schildpadhoorn, *om zyn bruine vlakken, die gloejend en doorfchynend zyn, onder deze foorten munt hy uit, en wel voornamelyk die, dewelke bewaart word in 't kabinet van den Heer Secret.* Blaauw. *De 4de foort, verbeeldt by letter D, word by ons de dubbelde* Argus *genoemt, om zyne plekken, die ieder met een rond ringetje zyn omtrokken: 't is een foort, daar men eertyds veel voor befteedde, en is noch heel zeldzaam, waarom hy ook noch in waarde is. De 5de foort, by letter E, is 'er te overvloedig, om hem waardig te houden. De 6de foort, by letter F, is als de voorgaande, en by den Schryver* Slangekop *genaamt: van deze is nog een 2de foort, aangewezen met letter G. De 7de foort, by letter H,* witte Jamboezen, *doch by ons* Hoogruggen *genaamt. De 8fte foort, by letter I, worden hier, als ook by den Schryver,* Mollen *genaamt. De 9de foort, by letter K, is heel gemeen. De 10de foort, by letter L,* Zoutkorreltjes. *De 11de foort, by letter M,* Arabifche letters. *De 12de foort, by letter N,* Kakkerlak. *De 13de foort, by letter O,* roode Mazelen; *waar van noch een 2de foort, by letter P, verbeeldt is. De 14de foort, is afgebeeldt by letter Q, en word by ons de witte* Porfelleinhoorn *genaamt; van deze is noch een 2de foort, veel dunner en ligter van ftof, inwendig zoo wit als van buiten, doch zyn heel ongemeen.*

XXIV. HOOFT-

E

A

M

Q

L

D

I

P

K

O

C

B

N

H

G

F

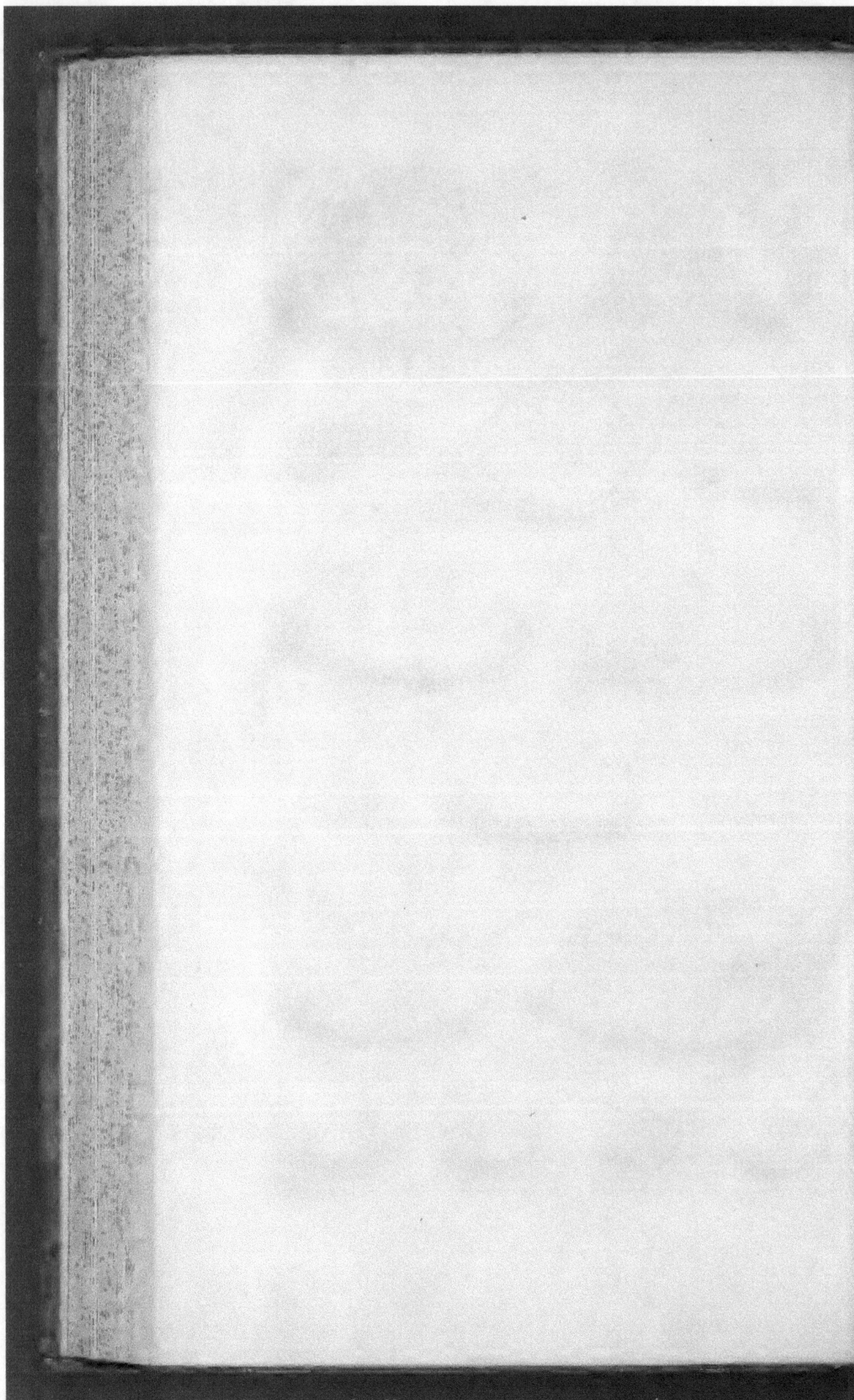

XXIV. HOOFTDEEL.

Porcellanæ minores : Bia Tsjonka.

DE kleine *Porcellanæ* maken het elfde Hoofdgeslacht , en bestaan in veelder- *De kleine Porcellanæ be-* hande soorten , zelfs in fatzoen van malkander verschillende , doch dewyl *schreven; waar van veele soor-* ze het gemeen teken van de *Porcellanæ* hebben , zullen wy ze door mal- kander in dit elfde geslacht begrypen. Zy worden in 't algemeen genaamt , *ten zyn.* by de Maleijers *Condaga* , en *Bia tsjonka* , om dat men ze veel gebruikt tot zeker spel *Tsjonka* genaamt , waar in men veele kleine dingen telt in zekere kuiltjes , die in een dikke plank uitgeholt staan : De voornaamste daar onder zyn , die wy *Thoracia* , dat is , Borststukjes noemen , om dat ze zeer wel gelyken naar een borststuk van een wapen : in 't gemeen worden ze *Cauri* of *Caudi* genaamt , en bestaan in de volgende vier soor- ten.

I. *Thoracium oculatum* , Witoogjes , zyn omtrent een lid van een vinger lang , met *De 1ste soort, is* eenen breeden en gekartelden kant , daar aan men een breede zwartachtige plek als een *verbeeldt op de plaat* brandmerk ziet ; de rug is vaalgrauw , met veele witte ronde oogjes ; de mond is zeer *XXXIX.* gekartelt , en van binnen lichtrood : Zommige zyn breed als een borststuk , 't geen de *by letter A.* mooiste zyn : Zommige zyn langwerpig , hebben geen uitsteekenden kant , en ydele oogjes. Men noemt ze ook Brandvlekjes.

II. *Thoracium stellatum* , Sterretjes , zyn wat kleinder dan de voorgaande , aan den *De 2de soort, by* buik en de zyden lichtbruin , of ros , met wat paars aan de einden ; de rug is bleekwit met *letter B.* rosse of bruine sterretjes versiert , gelyk de steen *Astroites.*

III. *Thoracium vulgare* , sive *Cauricium* , gemeene geele *Cauris* : deze hebben de *De 3de* eigentlyke gedaante van een borststuk , aardig met kleine bulten versiert , zeer glad en *soort, by letter C.* bleekgeel , zomtyds met eenen hooggeelen kring op den rug , aan den buik wit , en by den mond gekartelt , in 't gemeen zoo groot als een nagel van een vinger , of duim ; *Zyn by* doch hoe kleinder hoe fraaijer de bultjes staan : Deze zyn nu dat vermaarde geld , 't *d' Inwoon- ders van* welk men met scheepen vol van de Maldivische Eilanden afhaalt , en naar *Bengale* en *Bengale* *Siam* brengt , om aldaar voor klein geld te dienen , doch daar loopen noch andere soor- *en Siam gangbaar* ten van kleine *Porcellanæ* onder , die men alle *Condagæ* noemt. *geld.*

Wadaat by d' Arabiers , zyn kleine witte Hoorntjes , uit het geslacht van *Concha* *Worden ook tot* *Venerea* , dewelke men in die landen gebruikt , om de halzen der honden , en dierge- *sieraad gebruikt.* lyke , daar mede te versieren , en die ik niet anders oordeele te zyn , dan *Cauris.*

Van *Caudi* , of *Cauri* schryft *Franciscus Pyrard* in zyn tweede hoofdstuk aldus : daar *Francis- cus Py-* is noch een andere rykdom in de *Maldivis* , 't welk kleine Hoorntjes zyn , dik als een *rards aan- merking.* pink , geheel wit , zommige glad en blinkende , die men vischt tweemaal s' maands , drie daagen na de nieuwe , en drie daagen na de volle Maan , op andere tyden worden die niet gevonden , 't zyn Vrouwluiden , die ze gaan zoeken aan den zeestrand , waarom zy *Hoe die* zomtyds tot aan haar middellyf toe in 't water gaan : Deze Hoorntjes worden in zulken *gevangen worden,* menigte weggevoert naar alle gewesten van Indiën , dat ik zomtyds gezien heb 30 en 40 *en ver- voert.* scheepen vol met dezelve bevragt. By die van *Bengale* zyn ze in zulk een waarde , dat ze *En groo- telyks in* daar voor gemeen geld gangbaar zyn , hoewel die Natiën , Goud , Zilver en andere *waarde ge- houden.* Metallen genoeg hebben ; en dat , 't geen te verwonderen is , de Koningen en groote Heeren aldaar heele pakhuizen laten bouwen , om ze te bergen , en ze voor een deel van hunnen schat houden. De Kooplieden haalen ze alleen om naar *Bengale* te voe- ren , dewyl ze elders niet gevonden worden. In *Cambaja* , en andere plaatzen van In- diën , bestaan ze de schoonste in zilver en goud , en houden ze voor een groote Rari- teit , ja als of het Edelgesteenten waaren.

IV. *Thoracium quartum* , slechte *Cauris* , zyn kleinder dan de voorgaande , zonder *De 4de soort, by* bulten , *letter D.*

P 3

bulten, en effen van kanten, op den rugge blauwachtig of lootverwig, met een hoog-geelen kring omgeeven, als of men eenen ingevatten Turkois zag, doch de blauwe koleur verbleekt metter tyd, en word bleekgrauw : Deze zyn in *Amboina* gemeen; maar de-

rechte *Cauris* niet : Den blauwruggigen *Cauris* van de vierde soorte leggen de Chinee-zen een nacht in Lemoensop, tot dat ze smelten, dit drinken ze tegens het pynlyk en kalkachtig wateren, misschien gelyk wy met Kreefts-oogen doen.

V. *Casuaris* Eijers, deze zyn langwerpig, met ronde en effene kanten, in 't ge-meen een lid van een vinger lang, met doodschgroen, bruin, en ros gespikkelt, ge-lyk de eijers van den vogel *Casuaris*; zomtyds eenpaarig; zomtyds met eenen breeden brandvlek op den rugge.

VI. *Dracæna*, Draakenhooftjes, zyn bleekgrauw of vaal van schaal, overdwars met twee ronde ruggen, en tusschen beiden met eenen grooten brandvlek; die zomtyds een Eiland; zomtyds een vliegenden draak gelykt : Deze zyn zelden te vinden.

VII. Blauwruggen, zyn langwerpig, met eenen witten uitsteekenden kant of lyst, aan d' eene zyde op den rug verscheide verwig, met taneite en zwartachtige streepjes, die eenige Landschapjes verbeelden; zomtyds hebben ze 4 zwarte oogjes aan beide ein-den, dewelke raar zyn; zomtyds is 't buitenste velletje door 't zand afgeschuurt, en dan zyn ze doorgaans paars op den rug : Men noemd ze ook Lystjes.

VIII. *Isabella*, deze zyn mede langwerpig rond, als een rol, zonder kant aan de zyden; de beide einden zyn Oranjegeel, en stomp; de rug is vaal met weinige zwar-te streepen : Men vind 'er ook heel witte.

IX. Kleine *Argus*, is vaal op den rugge, doch dicht bezet met groote witte oogen, die met smalle randen aan malkander hangen : Deze zyn weinig te vinden.

X. *Nussatellana granulata*, Ryskorrels, zyn niet boven een nagel van een vinger lang, en rond gebult, over al bezet met uitsteekende korreltjes, die langs den rugge met een vooren onderscheiden worden, op den buik geribt : De mooiste zyn spierwit, of zomtyds loopt 'er een licht purper op den grond: De slechtere trekken naar den grau-

wen of bleeken koleur, en hebben fynder korrels: Een derde slach, is zoo groot als een lid van een vinger, ydel van korrels, op den grond staalblauw; zommige zyn uit den rooden

grauw, en zoo blinkende, dat ze schynen geëmalieert te zyn. Dit goedje valt nergens zoo overvloedig, als op het Noordelykste van de drie Gebroeders, of *Nussatello*, zyn-de drie kleine, doch hooge Eilandjes voor den Westhoek van groot *Amboina*, alwaar zoo wel deze, als de drie voorgaande, en navolgende soorten overvloedig vallen, daar een fyne witte zandstrand is : Men vind 'er ook, hoewel weinige, op de kust van *Hitoe*, maar die zyn nooit zoo wit, als die van *Nussatello*.

De 11.de
soort, by
letter K,
en L.
Waar van
meerder
soorten
zyn.

XI. *Globuli*, Knopjes, deze zyn kleinder, ronder en hooger gebult dan de voor-gaande, aan beide einden met een uitsteekend hoekje, en als het zelve afgesteeten is, gelyken ze wel kleine Wambais knoopen : Het eene slach is met korreltjes bezet; zom-mige bleekgeel, zommige wit: Een ander slach is wat kleinder, gansch glad, behal-ven dat het op den rugge eenen fynen vooren heeft; mede zomtyds geelachtig; zom-tyds wit.

XII. *Aselli*, Eseltjes, zyn wit, maar hebben dwars over den rugge drie breede zwarte streepen, als of 'er drie zakken over een Ezel gelegt waaren, of beter, als of 'er twee witte zakken op eenen zwarten Ezel lagen.

XIII. Paereltjes, zyn van gedaante als de *Bia Saloacco*, *Num.* 13, in 't voorgaan-de Hooftdeel, beschreven; doch niet grooter dan een vinger breed, blyven ook zoo klein, en zyn geheel wit, dat men ze voor paereltjes aan de ooren zoude kunnen draagen.

XIV. *Ursulæ*, Beertjes, is een klein goedje, meest wit, en hebben op den rug-ge eenen grooten vaalen plek, waar uit men een Beer of diergelyk een beest kan af-zien.

XV. *Pediculus*, de Luis, dit is 't alderkleinste Hoorentje schier van alle geslach-

ten,

ten, in 't gemeen niet veel grooter dan een dikke vette luis; zommige als weegluizen: Zy zyn gansch wit, en overdwars geribt en gevoorent, als of men de ribben van een luis zag; doch alle de ribben eindigen in eenen vooren, die langs den rug gaat. Men *Van deze* vind 'er een groot slach van, als een middelbare hazelnoot, op dezelve manier geribt *noch een* en gevoorent, doch zoo wit niet als de kleine. *andere soort.*

De Porcellanæ minores, zyn kleinder soorten als de voorgaande: De eerste is verbeeldt op de plaat XXXIX. by letter A, en worden Witoogjes genaamt. De 2de soort, by letter B, zyn Starretjes. De 3de soort, by letter C, zyn Cauris, doch by de Hoogduitschers Slange-hoofden, die dezelve veel gebruiken tot sieraad van hunne paardetuigen. De 4de soort, by letter D, blauwe Cauris. Van de 5de soort, ontbreekt ons de afbeelding. De 6de soort, by letter E, 't Draakenhoofdje. De 7de soort, by letter F, zyn Blauwruggen genaamt. De 8ste soort, by letter G, zyn Isabelle. De 9de soort, by letter H, de kleine Argus. De 10de soort, by letter I, is de Ryskorrel. De 11de soort, by K, 't korrelige Knopje: Hier van een 2de soort, by letter L, verbeeldt, 't gladde Knopje. De 12de soort, by let-ter M, waar van noch een andere soort, met Oranje vlakken. De 13de soort, by letter N. De 14de by letter O. De 15de by letter P, afgebeeldt; dus verre de Schryver, waar by wy noch voegen eenige, die ongemeen zyn. Die met letter Q, is een schoone gewolk-te Achate Kliphoorn. Die verbeeldt is by letter R, word de witgeplekte Achaat ge-naamt. Die by letter S, is een heel ongemeenen, ons van Cartagena toegezonden, waar-om wy hem de Cartageensche Kliphoorn noemen: Deze zyn niet bekent, dan in de Kabi-netten van den Heer Secret. Blaauw, en van den Heer Feitemaas.

XXV. HOOFTDEEL.

Cylindri : Rollen.

HEt twaalfde en laatste geslacht van de Eenschaalige gedraaide Hoorns zyn de *De Cy-* *Cylindri*, of Rollen, aldus genaamt van haaren langwerpigen figuur, als een *lindri be-* t' zaamen gerolt papiertje, of linnen: Deze alle zyn dik van schaal, glad, blin- *schreven.* kende, en met een kort tuitje voor uit; wegens haar Cylindervormig fatzoen *Waar van* komen ze met malkander zoo na overeen, dat men ze aan 't gevoelen niet wel onder- *mede veele* scheiden kan, bestaande het verschil meest in de schilderyen en verwen, als volgt: *soorten.*

I. *Cylinder porphyreticus*, is van buiten uit den donkergrauwen, en zwartachtig ge- *De 1ste* spikkelt, gelyk die soort van Marmer, die men Porphyrsteen noemt, hebbende dwars *soort, is* over de midden eenen zwarten band; van binnen zyn ze hoog geel. *verbeeldt* *op de plaat* *XXXIX.* *by N. 1.*

II. *Cylinder niger*, Satyne Rolletjes, deze zyn zwart als satyn, en spiegelglad, *De 2de* zonder vermenging van andere koleuren, als ze van de rechte zyn; want voor sleehter *soort, by* houd men, die omtrent den kant naar kastanjebruin trekken; de kant is gezoomt met *N. 2.* een of twee uitpuilende ribben; doch de rechtzwarte zyn gemeenlyk ongezoomt. *Dewelke* Dit slach vind men schier nergens dan op *Honimoa*, in het boehtje van *Tjouw*, en wor- *de raarste* den voor de raarste van dit geslacht gehouden. *zyn.*

III. *Cylinder tertius*, is stomp van tuit, van koleur meest olyfverwig, met kleine *De 3de* zwarte spikkels, die eenige Eilanden verbeelden: Andere hebben verscheiden banden *soort, by* overdwars, gelyk men aan den Agaatsteen ziet: Zommige zyn van eenderlei koleur, *N. 3.* te weeten lichtbruin, en Isabelle.

IV. *Cylinder quartus*, is noch stomper van tuit, en legt bykans in een kuiltje; de *De 4de* grond is mede olyfverwig, en de gladste van allen, met zwarte plekken en streepen, *soort, by* die in ordre staan, en niet qualyk een sleep of statie van mannen verbeelden, die met *N. 4.* lange mantels een lyk volgen, waarom ze in 't gemeen *Sepulturæ*, of Prinse begraaffe-nis genoemt worden.

V. *Cylinder quintus*, deze is wel groenaehtig, met dooijergeele, en weinige paers- *De 5de* blauwe plekken gespikkelt; doch van de gemeenste en sleehste. *soort.*

VI. *Cy-*

De 6de
soort.

VI. *Cylinder sextus,* Grauwe Monniken, deze zyn van buiten dicht gespikkelt met donkergrauw en zwartachtig, gelyk d' eerste soorte; en die ydele plekken hebben, zyn schiergrauw; haare tuiten steeken wat meer uit, en een soort daar van is in den mond violetverwig.

De 7de
soort, by
N. 5.

VII. *Cylinder septimus,* Kamelotjes, deze zyn met zwartachtige wateren of baaren geschildert, gelyk kamelot.

De 8ste
soort, by
N. 6.

VIII. *Cylinder octavus,* Blauwdroppen, verschillen wat van de gemeene gedaante, want zy hebben eenen merkelyken tuit, en eenen uitsteekenden rib, die scheef over den rug loopt, vuilwit of geelachtig, met weinige paarsche of blauwachtige droppels bezet: Een slach daar van blyst kleinder, stomp van tuit, en heeft zwarte droppels.

De 9de
soort, by
N. 7.

IX. *Cylinder nonus,* zyn de groote Glimmetjes, spits van tuit, spiegelglad; zommige gestreept; zommige donkergroen en zwartachtig gespikkelt, die gemeen zyn: Men vind 'er ook geheel witte, doch zelden.

De 10de
soort, by
N. 8.
Waar van
noch een
andere
soort.

X. *Cylinder decimus,* kleine Glimmetjes, deze worden niet boven een nagel van een vinger lang, gespikkelt als de voorige: Een slach daar van word zoo spits als een *Buccinum:* Een kleinder slach hier van is zoo raar, met streepen en plekjes gespikkelt, dat men ze voor den steen Jaspis zoude aanzien, inzonderheit als ze in een ring zoodaanig gevat worden, dat men niets dan den rugge daar van ziet; doch men moet ze met honderden by malkander hebben, om zoodaanige uit te zoeken.

De 11de
soort.

XI. *Cylinder,* Achaatjes, zyn mede niet veel langer dan een nagel, van tuit stomp, lichtrood of paarschachtig, met aderen als Achaat. Alle de voorgaande XI. soorten van de *Cylindri,* hebben een hardachtig wit vleesch, zonder eenig dekzel, onbequaam tot den kost naar den gemeenen regel: Al wat glad en blinkende is, dient tot de

Waar
deze ge-
vonden
worden.

kost niet. Haar eigen Vaderland zyn de *Liaffersche* Eilanden, inzonderheit *Honimoa,* het groote Rif van *Goeli goeli* aan tot *Keffing* aan *Kerams* Oosthoek, daar beneven de Amboinschen inham aan de Noordzyde.

De 12de
soort.

XII. *Cylinder lutarius,* Slykrolle, dit is een byzonder satzoen, uit een *Buccinum* en een Rolle gemengt, 4 duimen lang, en ruim 2 vingeren breed, van koleur aard-

Zyn Ri-
vier-
buurten.

verwig, in den mond Oranje, met eenen dikken lip: Men vind ze in de Moerassige Zagoebosschen van *Keram,* of diergelyke Moerassige rivieren, en derhalven zyn ze niet on-

En goed
tot spyze.

der de Zeehoorntjes te rekenen; zy zyn goed om te eeten, worden daarom gezocht, en zyn zoet van vleesch en sop, gelyk de bovenstaande *Sipot aijer:* Dit slach kan men ook

Waar van
noch een
andere
soort is.

onder de *Volutæ* rekenen, en zy worden in 't gemeen genaamt Midasooren: Men heeft 'er noch een kleinder slach van; doch beide hebben dat gebrek, dat haare spitzen wat afgebroken zyn. Deze zyn ook in 't voorgaande, XXI. Hooftdeel, XX. Soort, onder de *Volutæ* gerekent.

De Cylindri, Rollen; *waar van veele soorten zyn, zy worden by ons* Dadels *genaamt, om dat zy de steenen van dezen vrucht wel gelyken. De Schryver geest ons van dezelve veelerhande, die alle op de plaat* XXXIX. *afgebeeldt zyn. Die by* N. 1. *is wel de grootste; alhoewel 'er van dit geslacht noch grooter zyn. Die by* N. 2. *word by ons de zwarte* Dadel *genaamt, om zynen schoonen zwarten koleur.* N. 3. *is een bonte Achaat* Dadel. N. 4. *noemt de Schryver,* Prinse begraaffenis. *Van de* 5 *en* 6de *soort ontbreekt ons d' asbeelding, en 't is door de veelheit van dit geslacht niet wel te gissen, welken soort de Schryver hier mede meent. De* 7de *soort, is verbeeldt by* N. 5. *De* 8ste *by* N. 6. *De* 9de *by* N. 7. *De* 10de *by* N. 8. *die wy alle laaten by de benamingen, die de Schryver hen heeft gegeeven, om dat wy 'er geene toe hebben. De* 3 *laatste soorten, die beschreven zyn, ontbreeken, gelyk van de voorige, d' asbeeldingen, doch wy voegen hier in de plaats eenen gansch ongemeenen, aangewezen met* N. 9.

XXVI. HOOFT-

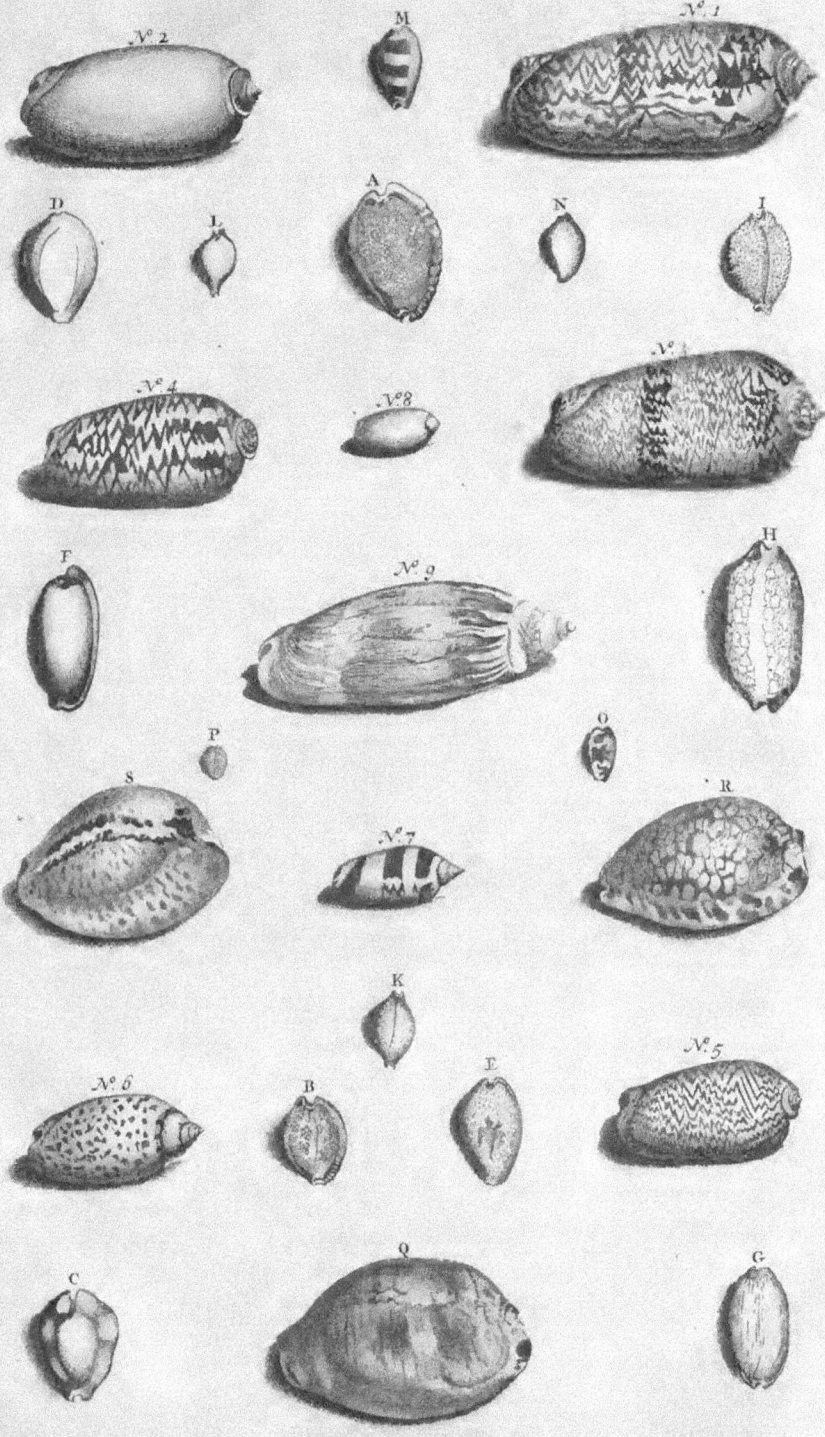

No. 2

M

No. 1

D

L

A

N

I

No. 4

No. 8

No. 3

F

No. 9

H

P

O

S

R

No. 7

K

No. 6

B

E

No. 5

C

Q

G

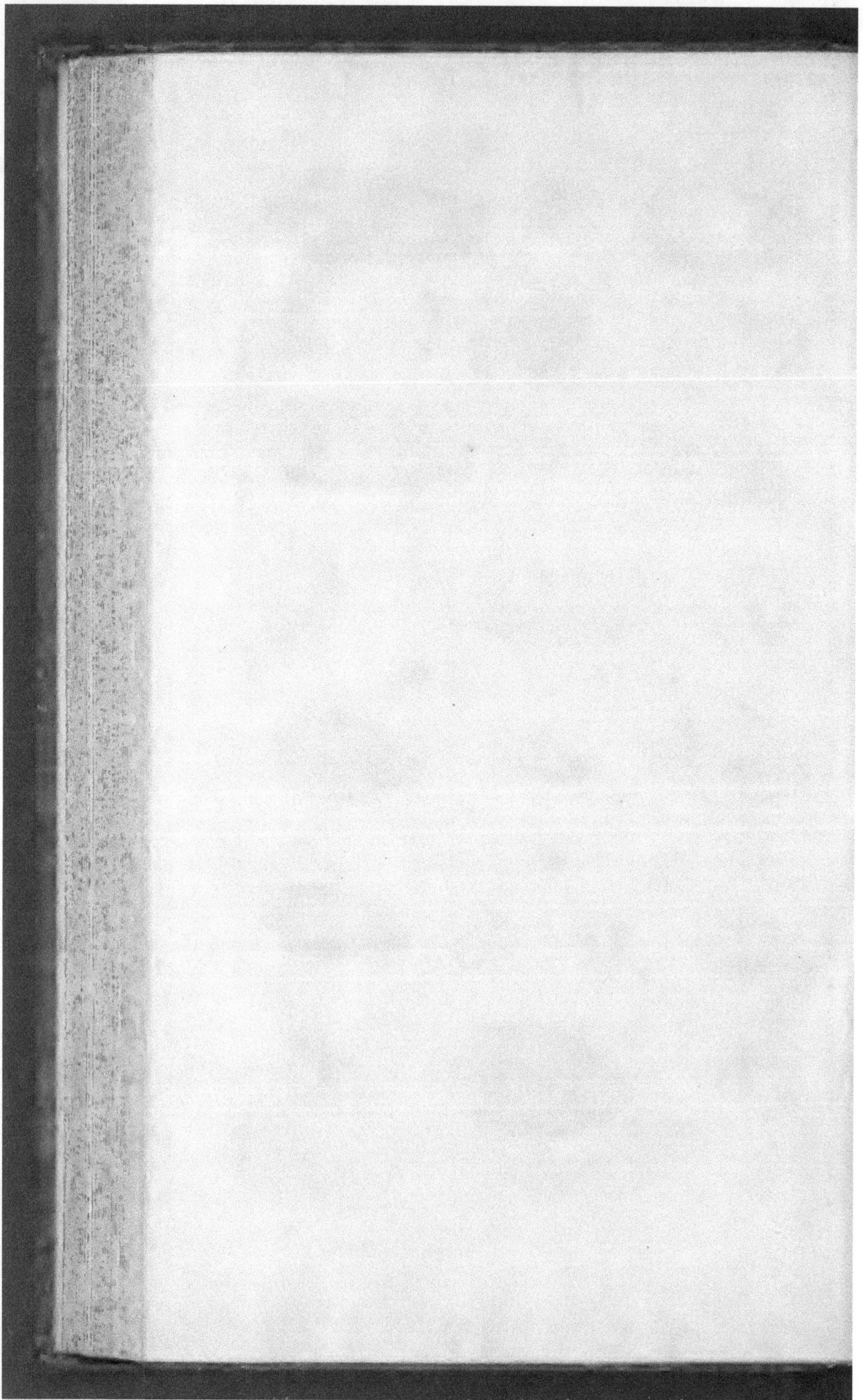

XXVI. HOOFTDEEL.

Concha Univalviæ.

N A de twaalf geslachten, te weeten der Eenschaalige gedraaide Hoorntjes, volgt nu het geslacht van de Eenschaalige ongedraaide, verdeelt in twee geslachten. Het eerste, waar van wy in dit Hooftdeel spreeken, begrypt die geene, welke maar aan de eene zyde een schaal hebben, en met de andere zyde bloot tegens de klippen zitten; bestaande in de volgende soorten.

I. *Lopas* of *Lepas*, *sive patella*, een Lampje, of Schoteltje; Maleitsch *Bia sabla*; heeft een hooggebulte schaal, als een gezwel, of een platte Piramide aan de klippen zittende; buiten ruig, grauw, en zonder glans, van binnen vuil paarlemoerverwig: De grootste soort hier van is buiten meest effen, of met weinige donkere ribben; de mond heeft de grootte van een ryksdaler, doch langwerpig: De tweede soort is zoo klein als een bloedvin; zomtyds diep geribt, niet grooter dan een stuiver; zomtyds met uitsteekende hoeken, en wat plat, zoo dat ze een klein Schildpadje verbeeld: De derde soort is schier plat, en rond van omloop, buiten slecht gespikkelt met zwart, van binnen zilververwig.

Men noemt ze in 't gemeen *Patellæ*, dat is, Schoteltjes, in Portugaal *Lambroa*, dat is, Lampjes; zy zitten zeer vast aan de klippen, en moeten met scherpe beitels afgeslagen worden, niet zonder quetzing van den schaal: Men kan niet merken, dat ze haar plaats veranderen, want daar ze zitten, maaken ze eenen kaalen plek: Zy zyn alle goed tot de kost, inzonderheit die men aan de Zeeklippen in Portugaal vind, die ook doorgaans grooter zyn dan de Amboinsche: Men zet den omgekeerden schaal op koolen, braad ze in haar eigen sop, en men neemt het vleesch met een spits houtje daar uit: Men kan ze ook kooken alleen in water, als boontjes. De Rivier-*Lopas* word genaamt *Ahaàn*, en is ter grootte als de nagel van een duim, in zyn vleesch met een dun en wit beentje voorzien, in gedaante als een pennemesje. Een ander slach is dunner en platter, en word genaamt *Bessi mattal*; heeft eenen dunnen schaal; zyn vleesch is eetbaar, en zonder het voornoemde beentje of pennemesje.

II. *Auris marina*; Maleitsch, *Telinga maloli* en *Bia sacatsjo*; Amboinsch, *Hovileij*; deze heeft de gedaante van een langwerpig oor, te weeten, aan de eene zyde met een verheeven kant, die by den eenen hoek in een krul toeloopt; langs dien kant heeft de krul verscheide gaatjes, waar van de voorste doorgaan, doch de achterste niet; buiten is ze ruig, en zonder glans; van binnen schoon zilververwig, of paarlemoerachtig; zy heeft veel vleesch, 't welk bloot aan de klippen hangt, gelyk de *Patellæ*, doch zyn zoo goed niet om te eeten als deze; want de grootste en mooiste soort is ruim een vinger lang, van buiten effen met donkergroen en zwartachtig gespikkelt als een slang: De tweede en gemeenste is korter en breeder, van buiten met veele peukeltjes bezet, wit en kalkachtig: De derde is noch breeder, dun van schaal, van buiten effen, doch een weinig geribt: De vierde is zeer klein, schaars een lid van een vinger lang, van buiten effen en wat gespikkelt, zonder gaatjes; die men aan kleine steenen langs den strand vind zitten.

III. *Balani*, Ekelen, Puisten; Maleitsch, *Gindi laut*, en opgaande Tulpen, hebben de gedaante van een opgeborsten gezwel, wassen veele by malkander, groot en klein, en zitten met klompen aan de scheepen, en aan zommige groote klippen, met een vlakken bodem daar tegens aangeplakt, zoo dat ze aan den bodem toe zyn; van daar loopen ze als een stompe Pyramide, met oneffene zyden, van buiten geribt of gevoorent, rood met grauw gemengt; boven hebben ze een opening, welken zommige by een opgaande Tulp vergelyken; de kanten van den mond zyn scherp, en als uitgebro-ken;

De Con-
chæ be-
schreven,
van welke
2 soorten
zyn.

De 1ste
soort, is
verbeeldt
op de plaat
XL. by
letter A.

Een an-
dere soort,
by de let-
ters B,
en C.
Een 3de
by letter D.

Haare
benamin-
ge, en
waarom.

Zyn goed
tot spyze,
en hoe die
bereid
word.

De 2de
soort, is
verbeeldt
op dezelve
plaat by
letter E,
van bui-
ten, en F,
dezelve
van bin-
nen.
Een an-
dere by
letter G.
De 3de
by letter
H.
De 4de
by letter I.

De 3de
soort, is
afgebeeldt
op de plaat
XLI. by
letter A.
Groeijen
onder aan
de schee-
pen.
En voor-
den Tul-

Q

pén ge-
naamt,
om haare
gedaante.

Zie de-
zelve
plaat let-
ter B.

De inge-
trokken
baard, zie
het Dier by
letter C.

ken ; in de opening ziet men een geftel van twee platte en gekartelde beentjes , een weinig gekromt als een Papegaaisbek, die als tanden tegens malkander ftuiten , en met dunne velletjes aan 't vleefch vaft zyn ; maar ieder tand laat zich weder in tween deelen: Als ze deze tanden openen , ziet men daar uitkyken een bofch van 12 korte en kromme pluimtjes ; waar van de twee middelfte de grootfte , en ter weêr zyden allenkskens kleinder zyn; aan de binnen zyde haairig als de pooten van zommige krab-ben : deze gebruikt het Dier tot een middel om zyn voedzel uit zeewater te haalen, en dezelve weder intrekkende, fluit het zyne tanden t' zaamen; het binnenfte vleefch rauw zynde , is ganfch ftymerig , zonder zandzak, of *Papaver*, om dat het fchynt van enkel water te leeven; maar gekookt zynde word het wit en hardachtig , van eenen treflyken fmaak, als het witte vleefch of het ver van de befte krabben , met een zuur en gepepert fausje: Dit is te verftaan van de groote Knoeften, die aan de fcheepen en cha-

Groeijen
ook aan de
klippen.

louppen groeijen; want die aan de klippen zitten, zyn zoo goed van fmaak niet : Als men ze van 't hout afbeitelt , dat ze aan den bodem onbefchadigt blyven, en in zout water zet, ziet men, hoe ze den voornoemden fnebbe buiten den mond verheffen, de baarden of pluimtjes uitfteeken, en aan de kanten van den fchaal den aanhangenden ftym, en 't mofch aflikken met de ruige korreltjes, die aan de baarden zyn, 't welk dan buiten twyffel haar voedzel is , maar zoo dra men ze beweegt, trekken ze haare baar-den en fnebben weder in: Merk hier weder aan de voorzichtige Natuur, die aan deze

Opmer-
king.

Knoeften van buiten dezen mofch en flym aanzet, waar van dit onbeweeglyk Dier leeven moet. De Chineezen houden het voor een koftelyk eeten gekookt zynde ; men haalt

Worden
by de Chi-
neezen
zeer be-
mint, en
tot spys
gebruikt.
Worden
ook inge-
zonten en
bewaart.
Van deze
noch meer-
der soorten.
Worden
tot kande-
laars ge-
bruikt by
de Afgo-
den.

het ook raauw uit , en zout het in als *Balatfan*, maar het moet ten minften een half jaar ftaan: Het huisje van binnen heeft omtrent de midden rondom eenen uitfteekenden kant. Men vind ze met klompen van een vuift , en een hoofd groot aan de fcheepen zitten; de grootfte in de midden, en de kleine rondom. Men vind noch twee of drie kleinder flach , die van buiten niet geribt zyn , maar leelyk grauw , ruig en gegaat; de mond is in drie of vier ftyve fpitzen geopent, daar in men zig wakker bezeeren kan, als men onvoorzichtig daar op trapt : Deze laatfte vind men zoo wel aan de klippen, als aan de fchildpadden. De Chineezen neemen de grootfte klompen , zetten die voor hunne Huisgodekens, en ftellen daar kaersjes in, als in een kandelaar : Noch ziet men diergelyke puiftjes , die als overhangende wratjes op andere Hoorntjes zitten , boven toe en onder open , alwaar ze een fcherp beentje hebben, waar mede zy den fchaal, daar zy op zitten, doorbooren konnen, en een rond gaatje daar in maaken , als of het

Reden
haarer be-
naming.

door konft gedrilt was. In 't Maleitfch worden ze genaamt, *Gindi batu*, of *Gindi laut*, om dat ze gelyken den tuit van een porfelleine gierkan , Chineefch, *Tfip*.

De 4de
soort, is
afgebeeldt
op de plaat
XL. by
letter K.

IV. *Verruca teftudinaria*, Maleitfch *Kutu totruga*, dat is Schildpadsluis. Dit is ook een *Balanus* , die men nergens ziet dan aan de groote Schildpadden , niet verheven, maar plat , een lid van een duim lang, een halven dwars vinger hoog, en rondachtig, t' zaamen gezet van 6 beenderen van ongelyke grootte , die met naaden en groeven aan malkander hangen; witachtig en effen : van onderen zyn ze plat , daar ze tegens den

Deze zit-
ten op de
Schild-
padden.

fchaal van den Schildpad zitten , en die helft van dien grond is de dikte der fchaale , fponsachtig, en vol gaatjes; in de midden ftaan ze open ; hebbende 't bloote vleefch tegens den Schildpad aanleggen : Boven zyn ze ook open, en hebben aldaar in den mond twee tanden tegen malkander gevoegt , gelyk de eerfte *Balanus*, daar tuffchen noch andere kleindere beentjes zyn, zich alle in 't vleefch beweegende: In de midden is een flymerig Dier , met het onderfte fponfachtige deel houden ze zich vaft aan de Schild-

En waar
die gevon-
den wor-
den.

padden, en veranderen niet van plaats: Men vind ze niet aan alle , maar meeft aan die zich ophouden op de Schildpads Eilanden *Luffapinjoe* , 25 mylen bezuiden Amboina gelegen: In de Amboinfche vind men de 2de foorte van 't eerfte flach, te weeten, die grauwe of verhevene Wratten heeft.

De 5de
soort, is
verbeeldt

V. *Opercula callorum*, dit zyn Dekzeltjes van zekere ftukken vleefch, die wy *Callus* noemen; zynde een flach van den *Limax marina*, die zich in zandige en ftykige ftran-

den

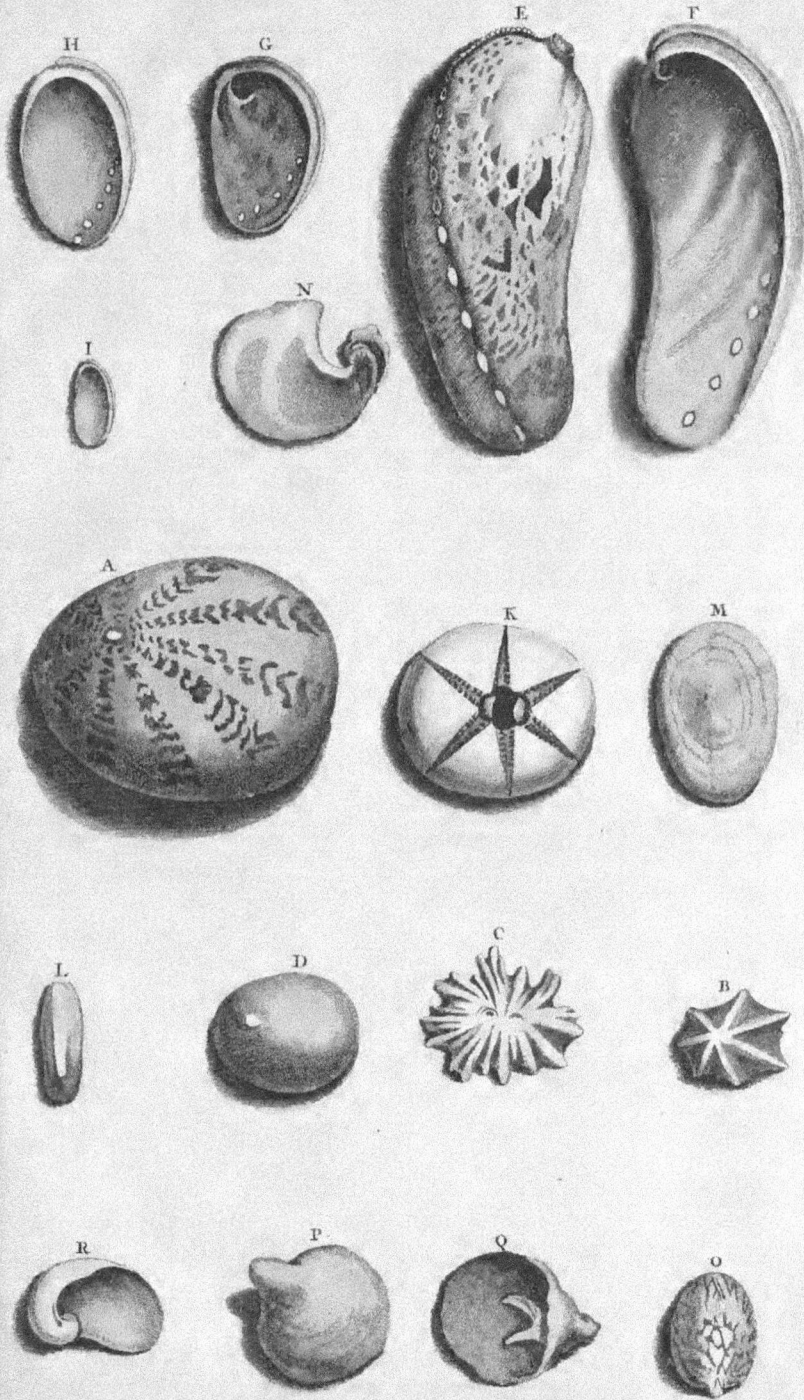

XL

T.Lanwelt fec.

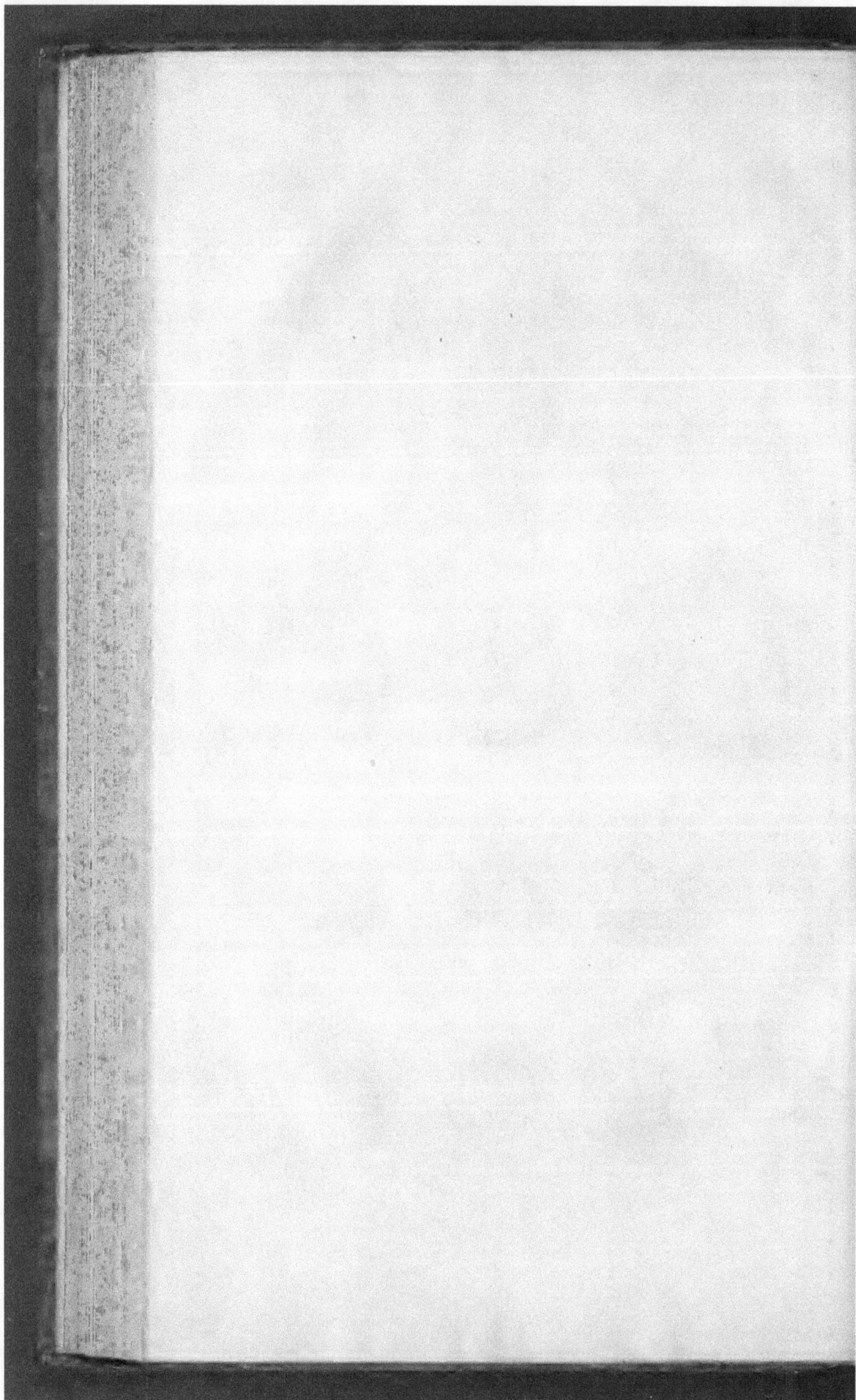

den onder het zand houden, dit dekzel op den rugge als een nagel draagende, waar *op dezelve plaats met letter L.* van ik driederlei flach aangemerkt heb: Het eerfte flach is een langwerpig beentje, een lid van een vinger lang, gefatzoeneert als een langwerpig Amboinfch fchildje; bene- den wat hol, en boven gebult: Het ander is grooter en ronder, als een fchoteltje, *De 2te by letter M.* met fcherpe kanten, vuilwit, en wat paarlemoerachtig: 't Derde is een wit beentje met een uitfteekend hoekje, en daar by een bochtje gefatzoeneert als een fchonkje van een *De 3de by letter N.* varken; de twee eerfte leggen op den rugge van 't Dier, wat uitkykend; maar t' der- de legt in 't vleefch, fchier ganfch verborgen, welk vleefch geil van reuk is, doch goed van fmaak, als t' gekookt word. Het is moeilyk te vinden, dewyl het zoo diep in 't zand fteekt: Men heeft het op 't ftrand voor 't kafteel *Victoria.*

VI. Nootedoppen, deze zoude men ten aanzien van de helft voor een fchulp aanzien; *De 6de foort, by letter O. verbeeldt.* want zy hebben aan den eenen hoek een kantje, als of het de wervel van een fchulp was, 't welk echter zoo niet is; want zy kleeven met de opene zyde tegens de klip- pen; op den rugge zyn ze gefchildert, als of het kleine hoenderveêren waaren.

VII. Orlamjes of Vifchhuiven, zyn vuilwitte wratjes, met de tuit wat overhan- *De 7de foort, by letter P, van bui- ten, en by Q, van binnen te zien.* gende, gelyk de Orlamfche mitjes der Matroozen, of de huiven der Vifchwyven; bin- nen hebben ze een rond beentje, gelyk een halve pyp; en met de opene zyde zitten ze vaft tegens de klippen.

VIII. Melknapjes, dit is een kleine vlakke *Patella*, glad, en van binnen melkwit. *De 8te foort, by letter R.*

De Schryver ftapt hier af van het geflacht, by ons bekent onder den benaming van Hooms, en gaat over tot het andere, namentlyk der Eenfchaaligen, by ons bekent onder den naam van Klipkleevers, om dat de vifch altoos tegen de rotzen, of klippen aanzit, en buiten om met een Schulp, of Schild gedekt en bewaart is. Van deze zyn 'er veele foorten, waar van eenige verbeeldt zyn op de plaat XL. Die by letter A, noemt zyn Edi. een Lampje, of Schoteltje, als mede die by de letters B, C, en D, zyn aangewezen. De 1de foort, by let- ter E, Zeeooren by den Schryver, word by ons de lange Paarlemoerfchulp genaamt: By letter E, is de buitenfte, en by F, de binnenfte zyde vertoont. Die by G, H, en I, worden ook maar Paarlemoerfchulpen geheeten. De 3de foort, is afgebeeldt op de plaat XLI. by letter A, die by ons Pokken worden genaamt; zy groeijen onder aan de fcheepen, en zyn hen hinderlyk in 't zeilen, ook wel aan rotzen, fchulpen, fteen, en hout, zy zyn veelderlei van gedaante en grootte, doch deze is wel de voornaamfte. 't Geen by letter C, word aan- gewezen, is de Vifch, die in dezelve zit met zynen uitgeftrekten baard; en dat by letter D, is dezelve, doch in een geflooten. De 4de foort, is afgetekent op de plaat XL. by letter K, is een Schildpadpok, deze zyn heel zeldzaam. De 5de foort, is verbeeldt by letter L, van welke wy heele groote bezitten: Van deze is noch een 1de en een 3de foort, afgetekent by de letters M, en N. De 6de foort, is verbeeldt by letter O. De 7de by letter P, van buiten, en by Q, van binnen. Deze word by ons Zotskap genaamt: een Schulp of Hoorn voortyds zoo ongemeen, dat men plagt te zeggen, als men diergelyken niet be- zat, noch niet in den kap te zyn; by is noch waardig, als by wat groot is. De 8fte foort, by letter R, noemt de Schryver een Melknapje, doch wy hebben hem altoos den witten Oorfchulp genaamt: Zy zyn heel zeldzaam, en, voor zoo veel ik weet, maar drie be- kent; van deze is noch een andere foort.

XXVII. HOOFTDEEL.

Solen : Cappang.

HEt tweede flach van de Eenfchaalige Schulpen beftaat uit een lange pyp, die *De Solen befchre- ven.* zommige recht, zommige krom, en aan de beide einden open zyn; doch zoodaanig: dat het eene eind altyd fmal is, als een afgebroken fpits, al- *Zyn lange pypen.* waar de fchaal op 't dikfte is, en van binnen ziet men de holligheit door een fcheiding in tween verdeelt, 't welk echter niet diep ingaat, en hier heeft het Dier hun begin, zynde als de wortel daar van: het ander eind is altyd grooter en dunner

van

van fchaal, dewyl het Dier aldaar zyn aangroeijen heeft; zoo dat de pyp hoe langer hoe wyder word; hier van heb ik drie foorten gevonden.

I. *Solen arenarius*, Zandpyp, Maleitfch *Cappang bezaar*, in de Uliaffers *Hatu Aätu*, Neerd. Koedarm; by zommige Tritonshoorn of Zeetrompet, doch verkeerde-lyk, genaamt: Deze gelyken zeer wel groote Koedarmen aan 't achterfte eind, 't welk wy de wortels noemen, zyn een vinger dik in den diameter, doch de fchaal is aldaar op 't dikfte, en binnen met een fcheidsmuur, in tweën, of drien gedeelt, die niet bo-ven een vinger lang ingaat, doch aan zommigen met een kalkachtige *fubftantie* meeft toegegroeit is: Aan 't voorfte eind zyn ze 2 en 3 vingers breed in den diameter, in 't gemeen 2 en 3 voeten lang, weinige recht, maar de meefte krom en bochtig, de fchaal is ruim een ftroohalm, zomtyds ook een fchaft dik, van buiten wit, en overdwars met kringen getekent, ook hier en daar met fcheuren, die niet doorgaan, zoo als het Beeft zyn aangroeijing genomen heeft; omtrent den mond zyn ze altyd op 't witfte en zui-verfte, maar by den ftaert of wortel zyn ze vuil, zwartachtig en begroeit, binnen legt

een flymerig Dier, 't welk door 't kooken wat hard word, en bequaam om te eeten, van fmaak als de befte Moffelen; voor in den mond heeft het 2 beentjes als een My-ter tegen malkander fluitende, niet aan den fchaal, maar aan 't vleefch vaft, 't welk zyne tanden zyn; waar mede het zich den wech bereid om zyn fchaal voort te zetten:

Dit groot flach *Cappang* vind men op weinige plaatzen, als op *Keram* in den bocht van *Amaheij*, en in den bocht van *Kaijeli*, op *Boero*, alwaar het omtrent de wortelen van

de *Mangi mangi*-boomen groeit, in een grond die van kleine fteenen, en zand ge-maakt is; derhalven het in 't groeijen zich krommen en formeeren moet, zoo als de fteenen en wortelen toelaaten, die het in 't groeijen ontmoeten; derhalven men zoo weinige rechte vind: Onze Amboineezen maaken hedendaags weinig werk daar van, ja zouden ze niet eens opzoeken, zoo wy 'er zomtyds niet eenige begeerden om tot Rariteiten te bewaaren; doch zy weeten te zeggen, dat ze eertyds van de Maleijers en Vreemdelingen zeer wierden gezoeht, toen zy noch in deze gewelten mogten komen om te handelen, niet alleen om het Dier te eeten, 't welk zy zeer preezen, om de mannelyke krachten te verfterken, maar ook om de fchaal of pype met zich te voeren, dien zy tot eenige geneesmiddelen gebruikten; doch hebben zulks aan d' Amboineezen niet willen openbaaren: Ten tyde van Oorlogen, als wy zomtyds der vyanden vaartuigen verover-den, hebben wy gevonden onder hunnen huisraad, dat ze ftukken van deze pypen onder ander koraal en zeegewaffen bewaarden, waar van ons namaals d' Inwoonders van de Xulafche Eilanden, die daar van fchynen de befte keniffe te hebben, deze ope-

ning deden: Dat deze fchaal onder andere gewaffen uit de zee, te weeten, drie of vierderlei flach *Calbahaar*, en de navolgende *denticuli Elephantis* een beweert Tege-gift zyn tegens alderhande ingenomen fenyn, om deffelfs krachten te dooden, en dan

door andere braakmiddelen uit het lyf te jaagen; daarenboven tegens zekere betovering of fchelmftukken, die zy malkander zeer ligt aandoen, om iemant de mannelyke krach-ten te beneemen; weshalven zy deze dingen altyd by zich klaar hebben, als zy van huis reizen; de fchaal in ftukken gebroken, bevind men dat ze uit verfcheiden korften over malkander leggende gemaakt is, die glad zyn en blinken als de fchilfferen van *Bezöar*, hoewel de buitenfte gansch rimpelig, ruig en zonder glans is: In 't wryven geeft ze een moerasachtige reuk van zich, fchier als de *Mangi mangi*, daar ze by groeijen.

By nader onderzoek bevind men, dat deze *Solenes* aldus groeijen: Het breedfte en dunfte deel ftaat onder, en is geiloten met een dunne fchaal, die zeer ligt breekt, waar uit men befluit, dat ze neérwaarts groeijen: Het dikfte en finalfte deel ftaat bo-ven, alwaar het door een fcheiding in tweën gedeelt is: Uit ieder opening gaat een lange pyp opwaarts, wel twee fpannen lang, dewelke een weinig boven den grond uitfteeken, en zy konnen ze uit en inhaalen naar believen: Uit ieder pyp hangt een klein ftukje vleefch, waar door het Dier zyn voedzel zuigt, doch als men daar by komt, trekt het in, en fpuuwt het water wel een vadem hoog uit: Deze pypen zyn zeer

dun

dun en bros, breeken ligt af, doch groeijen wederom aan, en boven staan zy een weinig van malkander: Men kan ze zelden uitgraaven, dat deze pypen daar aan blyven, en de pypen zelfs zyn met een kalkachtige en brosse schorse bekleedt, die zeer ligt afvalt. Men vind ze op *Amaheÿ* in een moelige moeras, tusschen de *Mangi mangi-* boomen, daar in men tot boven de knie zakt, doch daar onder is een harde grond van kleine steentjes gemaakt. Die van *Amaheÿ* gebruiken deze Hoorns, om daar op te tuiten, als zy het volk in de kerk en de kinderen in de schoole willen hebben, waarom men ze Schooltrompetten mogt noemen. *Worden voor blaas hoorns gebruikt.*

II. *Solen lignorum*, Neerd. Boorworm, Maleitsch *Cappang* en *Utor*, Amboinsch *Ahet*. Deze gelyken naar gekronkelde hoenderdarmen, daarom ze zommige Maleijers ook noemen *Purrut aĳam*, zy hebben de dikte van Tabakspypen; zommige dikker; zommige dunner, doch de schaal van zich zelven is niet dikker dan een dubbeld parkement, ook van verscheide rolletjes gemaakt, van buiten schoon wit met fyne kringetjes, met eenen diergelyken Dier, als 't voorige, bezet: Deze groeijen in 'tverrotte hout, zoo aan scheepen, als boomen, die in Zee dryven, inzonderheit aan het *Mangi mangi-hout*, daar in ze zoo vermenigvuldigen, dat men geheele boomen vind van binnen met deze Pypen opgevult, met zeldzaame krullen en bochten over en door malkander lopende, doch de meeste zyn leeg, om dat het Beest verrot, als het de schaal niet verder voortzetten kan: Het is een schadelyke pest voor de vaartuigen van inlandsch hout gemaakt, die door dezen Worm zoo doorboort worden, dat ze zinken moeten, inzonderheit als zy niet neerstig met kalk, en eenig olye, in plaats van teer, gesmeert worden: De grootste hier van worden een vinger dik; waar van men de stukken tot diergelyke geneesmiddelen bewaart, als de voorgaande. *De 2de soort, by letter F, en G.* *Waar deze groeijen.* *Zyn schadelyk onder aan de Scheepen.*

III. *Solen anguinus*, Maleitsch *Cappang* of *Bia ular*, dit zyn diergelyke Pypen, niet boven een schaft dik, met veele zeldzaame krullen te zaamen gedraait als een slange; van buiten wit, wat hoekig, en met korreltjes bezet; van binnen met diergelyk een slymerig Dier, en een getand Mytertje voor in den mond: Zy groeijen niet in 't hout, noch in den grond, maar aan zoodaanige klippen, die vol kuilen zyn, en uitsteekende knobbels hebben, daar zich deze Slangetjes omleggen, met den mond aan de klippen zuigende: Hier onder gehooren noch andere zeer kleine Pypjes, die aan de steenen vast gegroeit zyn, of ten deele los, ook met slangevormige bochten, doch niet boven een stroohalm dik. D'eerste vind men zelden, en worden onder de voornaamste Rariteiten bewaart. *De 3de soort, by letter H.* *Deze groeijen aan de klippen.*

IV. *Denticuli Elephantis*, Olyphants tanden, Maleitsch *Tando laut*, dit zyn kleine *Solenes*, ruim een middelste vinger lang, beneden schaars een pink breed, boven toegespitst, doch zoodaanig, dat 'er altyd noch een opening blyft, en weinig gekromt als een Bokshoorn, of wat rechter, gelyk Olyphants tanden; van buiten met uitsteekende ribben, groen, by den tip witachtig: Een tweede slach is langer, ranker, en zoo groen niet, maar bleek Spaanschgroen: Het alderkleinste slach is pas een lid van een kleine vinger lang, diergelyke men op de Persiaansche stranden vind: In alle zit van binnen een slymerig Dier, en als men ze weglegt, versmelt al het vleesch: In 't vleesch zyn geen tandjes, maar een rond mondje, en aan 't zelve een doorgaande adertje, zonder eenige hardigheit, daar in men een rysje kan steeken; door dit mondje zuigen ze het slyk, en fyne zand binnen; in water gelegt, willen ze het zelve niet uitsteeken. Men vind ze op vlakke stranden, daar een harde grond, en stille Zee is, gelyk in den Amboinschen Inham; de breedste helft steekt in het zand, en de spits daar buiten schuins uit: Wegens haare kleinigheit worden ze van d' Inlanderen tot den kost niet gezogt, maar wegens haare zeldzaame gedaante komen ze onder de Rariteiten. *De 4de soort, verbeeldt by letter I.* *Waar van een 2de soort. Ook een 3de.* *Waar deze gevonden worden.*

V. Men vind noch een soort van de *Solenes*, meest aan en in de Koraalklippen; waar van zommige recht zyn, als stukken van darmen, of saufysen; dik van schaal, ordentelyk geribt, en bruinachtig; andere zyn dikker, effener, en ronder van schaal, doch gekron- *De 5de soort, by letter K. De andere soort hier*

van by
letter L.

kronkelt als ftukken van een kronkeldarm (*colum*;) aan het eene eind open , en met
het ander aan de klippen vaft gegroeit.

Waar de
Olyphanti-
tanden ge-
vonden
worden.

De Olyphantstandjes worden ook bevonden fchuins in 't zand te fteeken , met de
fpits onder , en daar aan een adertje als een blaadje , met den breeden mond even buiten 't zand, wiens fcherpe kanten de voeten mede bezeeren , maar die met de fpits boven leggen , zyn door 't aanflaan der zee omgekeert , en meeft leeg. Men vind ze
veel aan den mond van de rivier *Waijnitoe*, en op den Galghoek: In 't vleefch word
geen fcherp beentje gevonden, en zomtyds gelyken 'er twee in malkander geftooken te
zyn.

Hier volgen nu de Zoolen, by ons Zeepypen, Zeeflangetjes, en die wy naar hun gedaan-
te hier na zullen noemen. De Schryver noemt deze de tweede foort van d' Eenfchaalige,
alhoewel dit een byfoort der Hoorns, en die van 't voorgaande Hoofdftuk, een byfoort
der Schulpen is. Van deze is de eerfte foort , verbeeldt op de plaat XLI. by letter D,
't welk het onderfte deel van een Zandpyp, by ons een Offedarm genaamt is , en het bo-
*venfte deel by letter E. De 2*de *foort, is by de letters F, en G, aangewezen. De 3*de *foort,*
*by letter H. De 4*de *foort, by I, en by ons ook een Olyphantstand geheeten. De 5*de *foort,*
by letter K, en van deze noch een andere by letter L, verbeeldt. Tot hier toe de Schryver:
Waar by wy noch voegen eenige ftukken, die heel ongemeen zyn. Die met N.1. aangewe-
zen, is een Hoornflangetje, zyn fchoonheit beftaat in zyn gekronkelt ftaartje, 't geen
heel fcharp moet zyn. N.2. is een diergelyke, doch korter in een gedrongen. N.3. is een
uitgeftrekte Hoornflang. En N.4. een gekrolde op een Hoornflak gewaffen. N.5, en 6.
zyn beide andere foorten van Olyphantstanden. En N.7. is de zoo genaamde Venus-
fchagt, een heel zeldzaam ftuk, 't geen maar by weinige Liefhebbers word gevonden.

XXVIII. HOOFTDEEL.

Chama afpera : Bia Garu.

De Cha-
ma be-
fchreven.

Tot hier toe zyn verhandelt de Eenfchaalige Hoorntjes, zoo gedraaide, als ongedraaide; volgen nu de Tweefchaalige, (*Bivalviæ*,) dewelke wy eigentlyk
in 't Latyn *Conchæ*, in 't Duitfch Schulpen noemen, in 't Maleitfch behouden ze noch al den algemeenen naam *Bia*, in 't hoog Maleitfch *Krang*, in
't Amboinfch *Kima* en *Ima*. De Tweefchaalige verdeelen wy in zes geflachten, de Ri-

En in
verfcheide
foorten
verdeelt.

vierfoorten t' elkens onder haars gelyke Zeefoorten begrypende; en zyn deze: 1. *Cha-*
ma afpera, 2 *Chama Lævis*, 3 *Peſten*, 4 *Tellinæ*, 5 *Mufculi*, 6 *Oftrea*. *Chamæ* noemen wy alle zoodaanige Schulpen , die op den grond bloot leggende, meeft gaapen,
en daarom niet qualyk Gaapers genoemt worden: Deze zyn al van *Plinius* in 2 geflachten verdeelt, te weeten, in *Chametrachea*, en *Camelæa*, waar van wy ieder een byzonder Hooftdeel geeven.

De Cha-
ma Afpe-
ra.

Chametrachea, of *Chama afpera*, is die een ruige fchaal heeft, 't zy door uitfteekende ribben, 't zy door fchubben en nagelen; en zyn deze:

De 1ſte
foort, ver-
beeldt op
de plaat
XLII. by
letter A.

I. *Chama fquammata*, Nagelfchulpen, qualyk van zommigen Klipkouffen. Maleitfch *Bia garu*, dat is Krouwers, om dat men daarmede iemant euvel krouwen zoude,
of om dat ze iemant de handen krouwen, alsmen ze handelt. Amboinfch *Maeka*, Ter-
nat *Kima*: andere noemen *Kima* voor recht Maleitfch, Boëtonfch, *Morabo*, Ban-
dafch, *Manixoe*, Maccaff. *Alibo*.

Van deze
zyn ongc-
meene
groote.
Ook klei-
ne.

Deze worden de grootfte onder alle Schaalviffchen; want men vind 'er zoo groot,
dat 'er 6 of 8 menfchen aan een genoeg te draagen hebben, doch dewyl deze zich altyd in de diepte ophouden; en dat men daarentegen omtrent de ftranden een kleinder
flach vind, die niet boven een hand lang worden, zoo zullen wy ze verdeelen in *Cha-*
mæ decumanæ, of *Pelagiæ* en *Littorales*. De *Littoralis* eerft befchryvende, zoo is dezelve

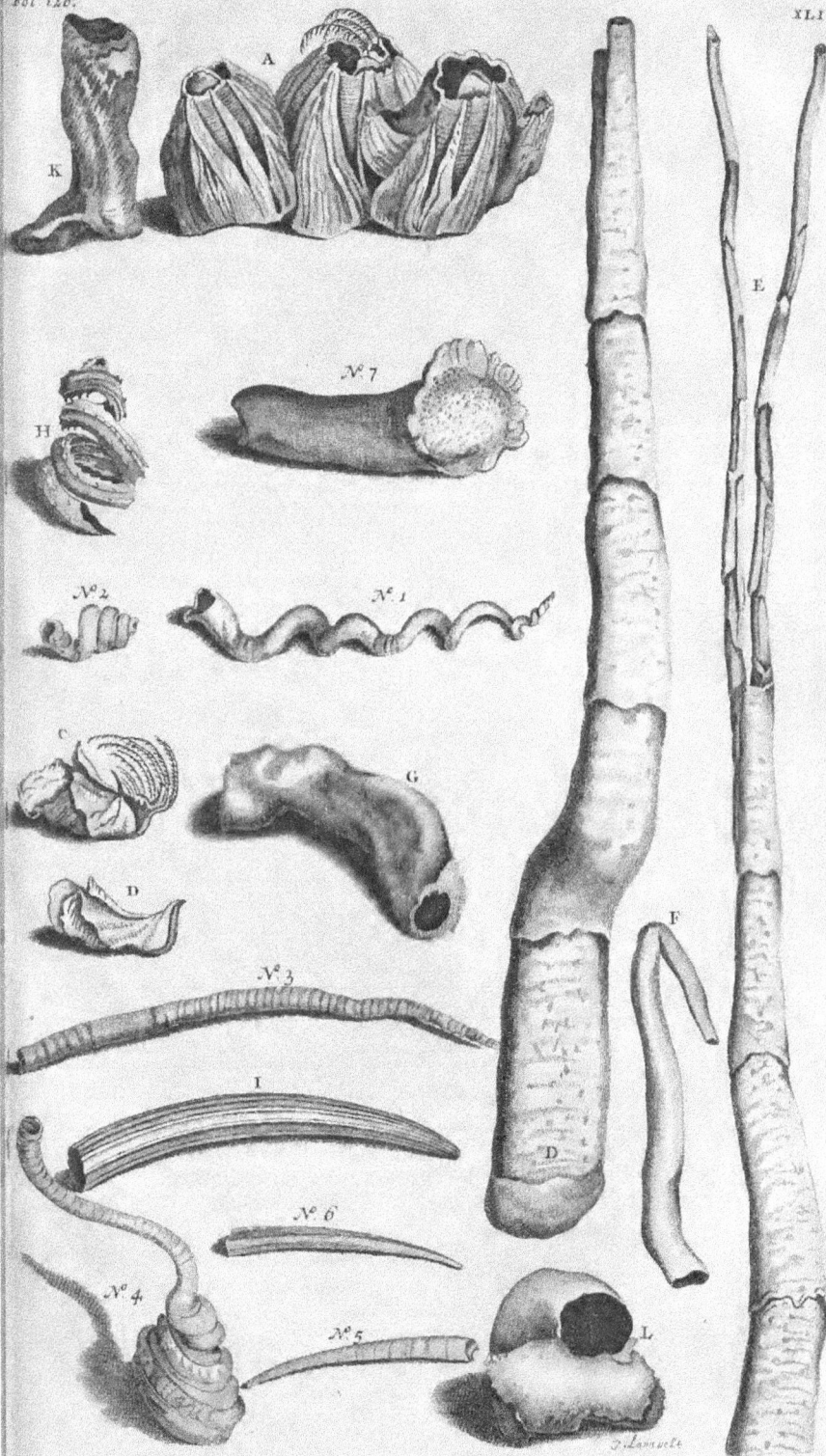

XLI

A

K

H

N.º 7

N.º 2

N.º 1

C

G

D

I

N.º 3

N.º 6

N.º 4

N.º 5

L

D

F

E

J. Lamotte

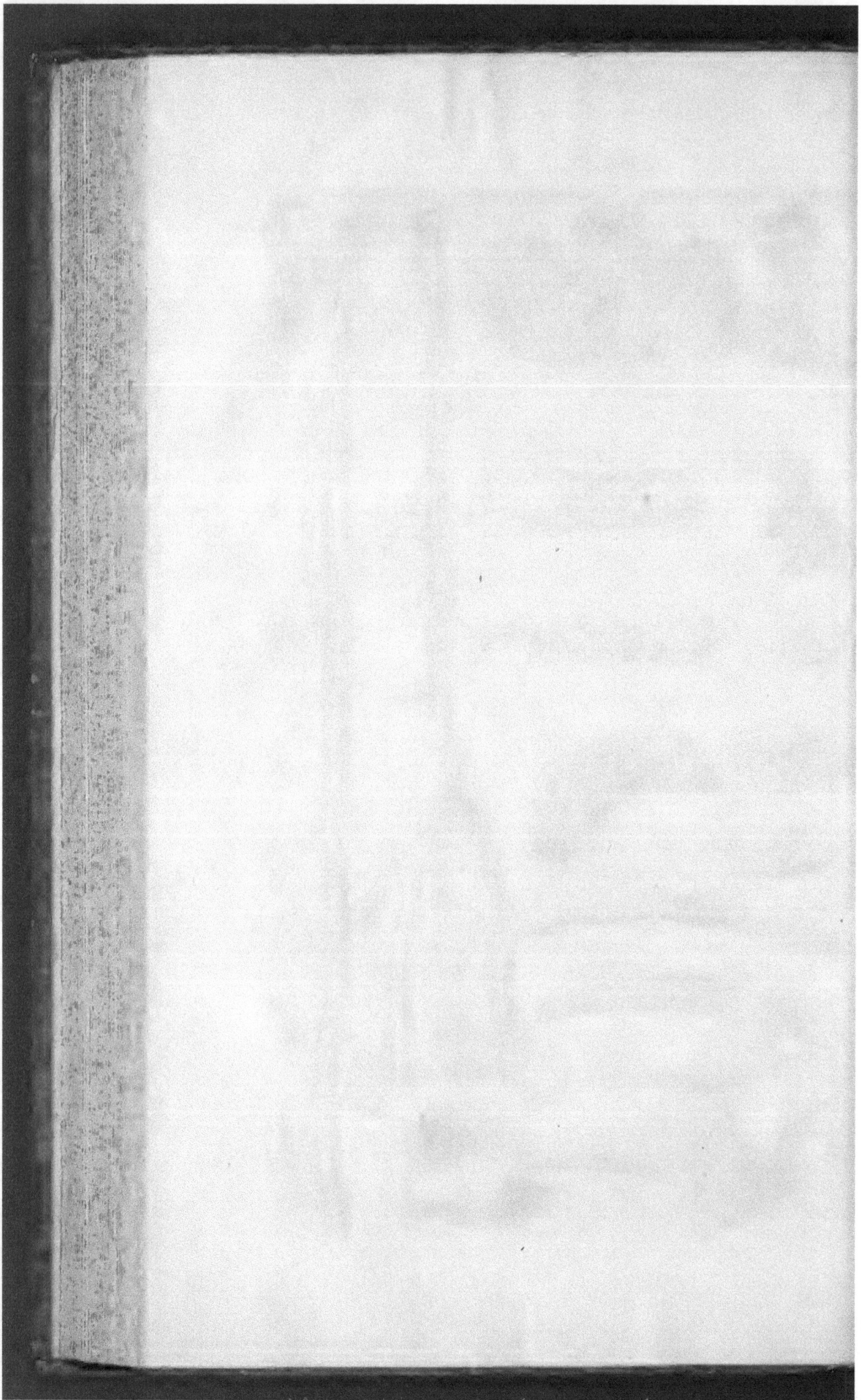

zelve een hand lang, en minder van gemeene fchulpfatzoen, te weeten, uit den
ronden làngwerpig, verdeelt in Wyfje en Mannetje : Het Wyfje is het gemeeufte, *Zynde Mannetje en Wyfje.*
wiens fchaal verdeelt is in 4 of 5 uitfteekende ronde ruggen, tuffchen beiden diepe vooren maakende, die met fcherpe kanten nauw in malkander fluiten, behalven aan de
eene zyde, daar ze een nauwen opening hebben, wiens kanten gekartelt zyn, zoo dat
deze fchaal op en neèr gaat als zeebaaren, zoo wel binnen als buiten ; op den rugge *Hebben buiten op fchubben als nagels.*
ftaan groote kromme fchubben, der menfchen nagelen zeer gelyk, van vooren rond en
fcherp, doch de meefte, inzonderheit de oude zyn afgebroken en gefchonden, en
hoe volkomener deze nagels zyn, hoe beter Rariteit zy maaken : Deze kleine foorten
zyn van buiten vuilwit, zonder glans, van binnen geelwit als yvoor ; doch aande oude is
de buitenfte fchaal zeer begroeit met mofch, kalk, en ander zeegruis, ja met andere
fchulpen, moffelen, en koraalboomtjes ; zoo dat men ze eer voor een klip, dan voor
een fchulp zoude aanzien : Het Dier daar in woonende, is yffelyk van aanzien, want *En zyn inwendig flechts van vifch.*
als men den gapenden aanfchouwt, ziet men niets dan een gefpannen vel, vol zwarte,
witte, geele en lootverwige aderen, gefchildert als een flangevel ; de geheele fchulp is *Haar verdere gedaante.*
eenigzins driezydig, waar van de voorfte, daar zig 't Beeft opent, de langfte is ;
de tweede aan des Beefts flinker zyde, als het voor ons legt, is meeft geflooten, dien
wy den rugge noemen, de derde aan des Beefts rechter zyde, is zyn buik, daar de voorfchreve gekartelde opening is, in de Wyfjes zoo nauw, dat men qualyk een mes daar
in kan krygen : Deze twee fmalle zyden maaken een ftompen hoek, daar de twee fchaalen t' zaamen fluiten door een *Gynglymum*, te weeten, de uitfteekende hoekjes van de
eene fchaal fluiten in de holligheeden van de andere, zynde daarenboven verbonden *Omftan- dig be- fchreven.*
met een dik huidje, 't welk van buiten daar tegen aanlegt : In 't geopende Beeft ziet
men ook twee gaten, naar de twee voornoemde fmalle zyden ; 't eene naar de flinker
zyde, is klein, en meeft geflooten, waar door het Dier zyn overtollige vochtigheit
loft, aan de rechterhand heeft het een grooter rondachtig gat, waar uit een lange quaft *Hoe zy haar aan de klippen vaft hou- den.*
hangt van groove en taaije draaden gemaakt, 't welk men den baard noemt, waar me-
de zy aan de klippen vaft hangen om niet geflingert te worden, doch in een zandgrond
maaken ze deze baarden ook vaft ; zynde aan hunne uiterften vermengt met fteentjes
en ander zeegruis, doch het is niet waarfchynlyk, dat ze daar door eenig voedfel
trekken ; midden in de fchaal, doch de opening nader, ftaat een dikke pilaar, die in de
groote een arm, en in de kleine een vinger dik is, zynde de *tendo* van een taai draadig vleefch
gemaakt, aan beide fchaalen vaft, waar mede het Dier hun fchaale t' zaamen trekt, en
zoo vaft geflooten houd, dat men ze met geen gewelt openen kan ; rondom deze pilaar
legt een hardachtig vleefch, als een ronde fchyf, 't welk men *Spondylum* of een wervel
noemt, en het befte is dat men eeten kan ; aan t' zelve is t' ander witachtig vleefch vaft
met een groote geele klomp, als een dooir van een ei, 't welk des Diers vet is ; daar
onder legt een fak van een zwart flym, met zand en fteentjes gemengt : Het Mannetje
is langwerpiger, in 9 of 10 ruggen verdeelt, en op dezelve ftaan de fchubben dicht,
doch veel korter dan aan 't Wyfje, en d' opening aan d' eene zyde is veel grooter ;
anders evenwel van t' zelfde maakzel.

De *Pelagia* word van 3 tot 4 en 5 voeten lang op dezelfde manier verdeelt, als de *De Pela- gia be- fchreven.*
voorige ; de fchubben zyn wel 2 meffen dik, meeft ftomp en afgebroken van buiten,
aan de bovenzyde zoodaanig begroeit, dat men ze qualyk fchoon kan krygen ; de
onderfte is altyd zuiverder en effener ; de fchaal is in de gemeene een dwars hand dik :
Men vind 'er, die over $\frac{1}{2}$ voet dik zyn, waar uit men ligt kan afmeten de zwaarte *Haar dikte.*
van dezen fchulp : Als men den fchulp in ftukken flaat, zoo bevind men dat ze uit
verfcheide laagen gemaakt is, dewelke buiten twyffel van tyd tot tyd over malkander
groeijen, 't welk men buiten aan de afzetzels afnemen kan, zoodaanig dat t' elkens
de jongfte laage onder d' oudere voortgroeit, en haar na voren toe uitbreid, waar door
het komt, dat de jongfte laag met een de voorfte is, en zoo fcherpe kanten maakt, die
als een mes fnyden : Hierom is het zeer zorgelyk deze fchulpen te handelen, zoo lang *Zyn for- gelyk te handelen.*
het

het Beeft daar in is, zoo men zich niet bezeeren wil. In de Molukkifche en Papoéfche Eilanden, daar wel de grootfte vallen, heeft men ervaren op onze Chalouppen, als de Matroozen het anker laten vallen, en het ankertouw by geval in deze gaapende fchulp komt, dat ze toenypende t' zelve afknappen, als of het afgekapt was: Iemant zoude gevaar loopen om een hand te verliezen, die het gaapende Beeft wilde aanraaken, zoo hy niet iets tuffchen den fchaal lag, om voor 't fluiten bevryd te zyn: De Viffchers haalen ze aldus voor den dag: Een Duiker maakt een touw daar om te brengen als een ftrop, welken zy dan met alle man ophyfen, daar na maakt men met een mes of parring door den opening aan de zyden te dringen, en den *tendo* of pilaar door te fnyden, waar in alle de kracht van 't Beeft legt, en dan gaapt de fchulp van zelf, en kan niet meer fluiten; op welk manier men ook alle Dieren en Menfchen verloft, die aan dezen fchulp vaft raaken.

Op den grond als gezegt is, gaapen ze meeft altyd, inzonderheit om de kleine viffchjes te vangen, die in meenigte daar in zwemmen en fpeelen, tot dat ze al 't zaamen fchielyk beflooten worden, en dan tot voedzel van 't Beeft dienen: Dit plompe Beeft heeft altyd een Kameraatje by zich, 't welk hun wachter is, zynde een foorte van Garneeltjes, hier boven in 't eerfte Boek onder den naam van *Pinnoteres* befchreven, 't welk den fchulp in 't vleefch nypt, als het ziet, dat 'er veel prooi in haar huis is, waar op de fchulp dan toenypt, en men gelooft, dat het Beeft niet leeven kan, als dat Pinnewachtertje by geval daar uit raakt, dewyl het Beeft zonder gezicht is, en zich voor de roovers niet wachten kan.

Daar is noch een ander flach, dunner en platter dan de voorige *Littoralis*, en meer in een kring geformeert, ydel van fchubben, die niet te min lang zyn; zommige lichtgeel; zommige lichtrood van fchaal, met noch andere veranderingen; doch de mooifte en befte om te bewaaren zyn niet boven een vinger lang, zuiverwit en vol fchubben of nagels: by onze Amboineezen zyn ze niet zeer gebruikelyk tot den koft, daar ze by andere volkeren zoo veel meer zyn: De Inwoonders van *Bonoa* en de *Papoeën* zyn zeer graag daar na, en ik heb 'er gefien, die met grooten zmaak het rauwe vleefch, inzonderheit het geele vet opaaten: De *Badjos* (zynde menfchen die geftadig op zee zwerven, en hun met viffchen geneeren) vangen de grootfte, neemen 'er het vleefch uit, en rooken het zelve als rookvleefch, *Dendeng bia* genaamt, 't welk zy dan op *Makkaffar* en *Bima* te koop brengen; een lekker koftje voor yzere tanden en dikke tongen; flimmer als gedroogde Zeekatten, doch t' word meeft by den Theebak opgefchaft om daar van te peuzelen. In den *Tendo* of band of den omliggenden *Spondylo* worden zomtyds eenige mooije fteentjes gevonden den fteen *Calapites* of *Calappus* zeer gelyk, te weeten als Alabaft; zommige fchoon wit; zommige vuil of geelwit; zommige ook met een paarlachtige weèrfchyn, en by den eenen hoek half doorfchynend als Achaat: van den fteen *Calappus* kan men ze hier in onderfcheiden; dat de fteen *Calappus* of gelyk en eivormig is als een Hagediffen-ei, gemeenlyk met een donker hoekje, 't welk de wortel is, waar mede het aan den *Calappus* dop vaft gezeten heeft; of Linzevormig, gelyk die men in 't appeltje vind. Daarentegen deze Schulpfteentjes, die wy *Chamites*, in 't Maleitfch *Meftica bia garu* noemen, zyn oneffen, hoekig, en meerendeels geelachtig. In de Amboinfche vind men ze weinig, maar meer in de Makkaffarfche en Papoéfche; zelfs in het gerookte *Dendeng* heb ik kleine half doorfchynende gevonden; want die niet boven een erwete dik zyn, zyn de zuiverfte en witfte, maar die de grootte van een knikker hebben, zyn hoekig en vuilwit: die met viffchen en fchulpen haar koft moeten foeken, draagen deze fteenen gaarn by zich: Anders onze Amboineezen zyn wat bygeloovig, om deze groote fchulpen in haare vaartuigen over zee te voeren, zeggende dat ze wind en onweèr ontmoeten fouden: Men brengt 'er evenwel zoo nu en dan een aan van 't grootfte flach om in de erven by de huyfen te zetten, en de hoenders of ander tam gevogelte daar uit te laaten drinken, 't welk zy voor die vogels zeer goed achten om gezond te blyven, en nooit lerzel aan

de

de oogen te krygen, doch dan besterft de yvoore gladdigheid van binnen, en word
grauw; men moet ook de scherpe kanten als dan wat afwryven, op dat zich niemant
daar aan bezeere. Ik heb'er ook gehad, die van binnen aan den onderften schaal een
uitwas hadden, zeer hoekig, en kartelig, schier als een haanekam, van *substantie*
als de *Chamites*.

In de Papoesche en Keramsche Schulpen word noch een andere *Chamites* Een andere Chamites beschreven.
gevonden, langwerpig als een klein vingertje, beneden met een rond bolleken, en
voorts toegespits; het bolleken is donker roodachtig, doch met een paerlachtige weêrschyn; het vingertje zelfs schoon wit; zomtyds gelykt het naar een stuk van een
vinger, afgebroken en schilferig, doch daar aan ziet men altyd wat paerlachtig, dit
mag men *Chamites digitalis* noemen. Noch een ander gebruik van de schaal; op den *Noch een diergelyke foort.*
strand vind men zomtyds stukken van de gebrokene schaal, van den buitenften ruigen
schorfze door 't schuuren gezuivert, glad als yvoor, en zoo hard, dat men ze voor keisteenen zoude aanzien; onder deze heb ik zommige zoo versteent gevonden, dat men
'er eenigzins mede vuur kan slaan als met de rechte keisteenen; ook bewaart men ze
tot eenig gebruik in de geneeskunde; tot dien einde neemt men de grootste stukken, *Deze worden tot een genees-middel ge-bruikt.*
en slaat de buitenfte ruige schorfze af, r'overige wryft men op een steen met water
tot een papje, dit zmeert men rondom de groote bloedzweeren om den brand en den
pyn te verminderen, desgelyks op zweerende oogen: En zo iemant dezelve wilde gebruiken zoo binnen als buiten t'lyf by gebrek van *Calbakaar* of wit koraal, die zoude
myns oordeels niet dwaalen, hoewel ze wegens haare taaije *substantie* moeilyker te
wryven zyn, als een gemeene steen.

Men vind ook, doch zelden, onder de Inwoonders van *Amboina* en *Keram* eenige *Clypeo-lus Lunæ, beschry-ving van een foort van Schil-den.*
roude schildekens omtrent 7 duimen breed, en aan de kanten een halve vinger, maar
in de midden een duim dik, aan de buitenzyde een weinig buikig, aan de binnenfte
wat hol, en aldaar in de midden met een verhevenheit gefatzoeneert als de nave
(*modiolus*) van een rad, en in deffelfs midden een rond gat, daar qualyk een pink *Zyn fteen-hard.*
door mag. Het is een steenharde *substantie*, vuilwit als gebezigt yvoor, met veele
witachtige aderen, die bochtig en dwars loopen, te kennen geevende, dat het een
stoffe zy mer veele laagen over malkander aangegroeit; want natuurlyk steen kan 't niet
zyn, om dat het na mynen gewoonlyken proeve by nacht niet vuurt, gelyk andere *Proef dat dezelve geen steen zyn.*
klaare keisteenen doen; daarentegen in zuur Lemoensap gedaan zoo kookt 't, 't welk de
steenen niet doen, waar uit ik afneeme, dat het van eenige groote Schulpen moet gemaakt
zyn, te weeten, uit den voorschreven *Chama Pelagia*; zynde de geheele breedte des
schilds, uitwyzende het beloop van de aderen, uit de dikte dezer Schulpen gemaakt,
waar uit men afneemen kan, dat ze aan zommige plaatsen van ongeloovige dikte moeten vallen; als men ze tegens den dag houd, zoo zyn ze omtrent de kanten half door-
schynend, doch d'eene meer dan d'andere. De Inlanders weeten niet te zeggen, door *Zyn by d'Inlan-ders onbe-kent, waar van zy ge-komen zyn.*
wien, en uit wat stof zy gemaakt zyn, alleenlyk verklaarende, datter in oude tyden
eenige weinige in deze Landen gebragt en duur verkocht zyn. Haar gebruik is, om ze
aan de geveften van haare zweerden te zetten, om den hand daar mede re beschermen, *Worden tot kleine Handfchil-den ge-bruikt.*
gelyk anders de Amboineezen op dezelve plaats een rond tafelbordje van hout heb-
ben, en het geveft met loot begieten om de noodige zwaartte in de vuist te hebben. De
voornoemde Schildekens echter mag niemant draagen, dan hunne helden of voorvegters, *Doch met bygeloof.*
die ze *Brani* noemen, geloovende, dat niemant het hert heeft tegens iemant te kappen
ofte te slaan, die sulk een Schildeken aan zyn zweerd heeft; doch zedert dat de Europeërs bezitters van deze Landen geworden zyn, willen ze de Schildekens als tekenen
van haare oude dapperheit niet meer draagen, om by d'onze niet in 't oog te raaken;
weshalven zy nu dezelve zomtyds aan d'onze aanbieden. Namaals ben ik wat zekerder *Nader bericht, dat deze door de Java-nen daar eertyds ge-bragt,*
bericht, dat deze Schildekens door de Javanen van *Bantam* in deze Landen zouden ge-
bragt zyn, buiten twyffel d'Inlanders wysmakende, dar het dingen van groote waardy
waaren, en dierhalven aan haar Lieden duur verkocht wierden. De Bantamers nu

R

maak-

maakten ze uit den voornoemden *Chama decumana*, dewelke zeer dik en zwaar valt in den mond van den ftraat *Sunda*; inzonderheit omtrent *Poelo taboang*, dat is, 't Banditen Eiland, waar door zy miffchien de Prince Eilanden verftaan; als mede daar tegen over in den bocht van *Lampin*, in welke diepe zee men zomtyds ook ziet den Boom, daar de *Calappa Laut* aanwaft, wiens top men even onder water bekennen kan, doch ik weet niet, uit wat reden niemant daar na derft duiken: Zoo heb ik ook verftaan, dat ze mede in de *Molukkos* gemaakt, en tot noch toe by d' Alphoorcezen op *Gelolo* gedraagen worden.

d' Inwoonders noemen deze Schildekens *Moffa boela boelang*, dat is, Schildeken, geformeert als een volle maan, en zoo in 't Latyn *Clypeolus Lunæ*: Als men de befte *Bia garu* tot den koft wil uitzoeken, zoo moet men neemen, die niet boven een voet of $1\frac{1}{2}$ lang zyn: Diergelyke groeijen zomtyds in de holligheden of gaaten van de breede klippen *batu tikar* genaamt, zoodaanig daar in vergroot, dat ze geenzins geheel daar uit konnen genomen worden, of men moet eerft de kanten van den klip in ftukken breeken; met een baard hangen ze daar in vaft, daarom noemen de Maleijers den zelven des Beefts *Ackar* of wortel; en dewyl men altyd de onderfte zyde zuiver, en de bovenfte begroeit ziet, zoo befluit ik daar uit, dat ze nooit van plaats veranderen, immers niet zoo-

daanige, die aan den klip gewortelt zyn. Op *Luffapinjoe* vind men noch een byzonder flach, hebbende een gemengde fatzoen van *Bia garu* en *Coroerong*, wiens fchaal wel op en neêr gaat met zeebaaren, en korte en ydele fchubben heeft, maar aan de flinker zyde is ze plat, gelyk de *Coroerong*, vuilgrauw van buiten; men vind den voorfchreeven

Meftica daar in zoo wel als in den *Bia garu*, in de grootte van vitfen, erweten en boonen, doch in de grootfte vind men altyd maar een, gelyk in de Paerlfchulpen ook gebeurt; in 't eerfte meeft alle fchoonwit en blinkende, doch worden metter tyd geelachtig, 't welk een gemeene faut van den *Chamites* is.

Ik moet noch iets raars van de *Chamites* voortbrengen, doch ik kan niet verzekeren, of het een *Chamites* uit een *Bia garu*, of uit een ander Schulp moet zyn, immers ik heb het van ooggetuigen voor de waarheit hooren vertellen: Het waaren viffchers, die diergelyke fteentjes in hooge achtinge houden, deze verklaarden tweemaal gezien te hebben, dat een groote hoekige *Chamites*, byzonder in een doosje bewaart, met verloop van tyd een ander fteentje gebaart hadde van de zelfde fubftantie en koleur, en men konde 't gaatje zien, daar dat fteentje geftaan had: Ik giffe dat dit gefchied zy, dewyl het kleine fteentje met het groote geen *continuum corpus* gemaakt heeft, zynde daar aan wel vaft gegroeit, doch dat de natuurlyke lym metter tyd los gegaan zy; want hoewel de eigenaar zeide wel te weeten, dat dat Moederfteentje na 't baaren aan grootte en zwaartte niet vermindert was, zoo houd ik nochtans daar voor, dat hy zulks

niet nauwkeurig genoeg onderzocht heeft. Ik heb zelf bevonden, dat ik 6 zulke fteentjes, daar onder eene zeer hoekig was, in een doosje bewaarende, en na een half jaar weder beziende, 7 gevonden heb, doch niemant konde aanwyzen, waar de zevenfte geftaan had: Daarentegen, heb ik nu eenige jaaren eenen hoekigen *Chamites* af-

zonderling in een fchulpje bewaart, en daar by t' nette gewigt aangetekent, doen ik hem eerft kreeg, dewelken ik jaarlyks onderfoeke en befchouwe, maar bevinde niets van zyn gewigt vermindert of vermeerdert, en hy wil ook niet baaren, te meer alzoo men rondom geen voege befpeurt, daar een hoekje afvallen mogte; of 't moet zyn, dat des bezitters ongeloof zulks verhindert: Immers allerlei *Chamites* hebben nu den naam gekregen, dat ze baaren konnen, en zoo zouden ze der Ouden *Gemonides* en *Peanthides* mogen zyn, by *Plinius Lib.* 37. *Cap.* 10. vermeldt, diergelyken zie mede *Cap.* 2. de *Nantilo craffo*. Hierom is 't, dat zommige Chineezen veel van deze fteenen

houden, om goed geluk in 't huis te brengen, en het goed te vermeerderen: Zeker Chineefch heeft alhier gewoont, bezittende een zulken *Chamites*, die gebaart hadde, en dien hy voor groot geld van de Mooren geloft hadde, die hem wys maakten, dat hy den fteen alle vrydaagen met *Benjoin* berooken moefte; waar na hy van een flechte ka-

lis

lis in rykdom rykelyk toenam; (doch men moet weeten, dat hy een neerftig houtzaager *Word ryk.*
was;) maar in 't jaar 1674. is zyn huis door de groote Aardbeving omvergevallen, en *Doch we-der arm.*
den fteen verlooren hebbende, is hy namaals verarmt : Die de tyd hebben, mogen over-
wegen, hoe het toegekomen zy, dat de Inwoonders van *Ternate* en *Manado* deze *d'In-woonders van Tern. en Man. en de Grieken geeven dezen fchulp een benaming.*
fchulpen *Kemas* noemen, even zoo als ze de oude Grieken genaamt hebben, te weeten,
Chemæ, waar van de Latynen *Chama* maaken, zynde *Chemæ* noch by de oude Latynen
in gebruik geweeft, zulks uitwyzende 't vaersje van *Apulejus* in zynen *Apologia* uit *En-nius* genomen.

Apriclum pifcem fcito primum effe Tarenti

Surrentis chemas. Glaucum cumas apud: at quid *Uit Apu-lejus be-wezen.*

Scarum præterii cerebrum Jovis pæne fupremi.

In 't gemeen verdeelt men den *Chama* als gezegt is, in *Afpera* en *Lævis. Chama afpe- Verdee-ling van deze Sebulpen.*
ra is eertyds gehouden van een quaden fap of voedzel, die men ook *Oftrea* noemde:
In Macedonien *Corycos,* te Athenen *Krios. Chamæleæ* of *Chama lævis* was van beter *En haare benamin-ge by ver-fcheide Schryvers.*
fmaak, daarom ze zommige *Pelorides,* en wegens haar grootte *Bafilicæ,* dat is, Ko-
ninklyke noemden: Maar *Plinius Lib.* 32. *Cap.* 11. verhaalt 4 foorten met deze woorden
in 't Duitfch overgezet: De geflachten van de *Chamæ* zyn deze, (in de gedrukte boeken
leeft men qualyk *Caucrorum genera pro chamarum genera*) *Chamætrachea, Chamæleos,*
Chamæ pilorides, in verfcheidentheit van fatzoen, en rondte van d' andere verfchillende; *Chamæ glycymerides,* dewelke grooter zyn dan de *Pelorides,* dan voegt hy als een
vyfde foorte noch daar by de *Colycea* of *Coraphia* (andere lezen *Copycia* en *Coryphæa.*)
De uitleggers tekenen aan op deze foorte, dat *Chamætrachea* de hardfte fchaal heeft: *Haare eigen-fchappen uit de be-naminge aangewe-zen.*
Chamæleos de witfte en teerfte: *Pelorides,* by *Athenæus Conchæ peloriades,* zyn zoet van
fmaak, en grooter dan *Pelorides,* hoewel deze de naam zoude gekreegen hebben van
Pelorios, dat is, groot, 't welk men miffchien met beter reden afbrengen kan van
Peloro, een voorgebergte van Sicilien : Uit *Colycia* of *Corophya* maaken andere waar-
fchynlyker *Corycia. Athenæus* doet de 6de daar by, dewelke hy *Chamænigram, Con-cham molænam* en *Melænitem* noemt.

11. *Chama afpera & obtufa,* is ronder en dikker van fchaal, met geen verhevene *De 2de foort, is afgebeeldt op de plaat XLII. by letter B.*
ruggen of baaren, en dezelve met dichte, doch korte ftompe fchubben bezet, grauw
van buiten, aan d'eene zyde met eenen wyden mond, daar men wel een duim infte-
ken kan, al is de geheele fchulp niet boven een hand breed; aan de kanten geelachtig, gemein op Kerams Noord-kuft by *Affahoedi* en *Hennetello.*

111. *Chama Striata.* Maleitfch *Bia Coroerong.* Neêrd. Peerdevoetjes, deze heeft een *De 3de foort, op dezelve plaat by letter C. Omftan-dig be-fchreven.*
wonderlyk maakzel, te weeten, als of men van een halve maan den eenen hoek wegge-
fneden had, waar door dezelve zyde plat word, en, als men ze van voren bekykt, de
figuur van een hert maakt, met veele ribben boven malkander in een halve kring lopende, en zoo veel hertjes uitmakende, waar van de kleinfte achter by 't lid ftaat, verbeeldende een doorfchynende teikening; en door dezen fneed wort de fchulp eenigzins
driezydig. De fchaal is overal zeer ruig en fteekelig, met kleine nagels als ftompe
doorns bezet, niet alleen in verfcheiden ruggen of baaren verdeelt, maar ieder rug en
vallei verdeelen zich weder in andere ribben en voorens, niet te min overal zoo dicht
fluitende, dat men nergens een dun mes daar in brengen kan: Het dier daar in is
van 't zelfde maakzel als 't voorige, en zyn vel noch wel zoo yffelyk gefchildert. Ik
heb ze nooit grooter gezien dan een fpan lang, daar de meefte nagels al afgefleeten *Haar grootte.*
zyn, maar die de grootte van een ei hebben, zyn de mooifte, vol van fcherpe nageltjes, en met bruine plekken getekent, welke bruinigheit men ook binnen aan de
kanten ziet, aan de meeft doorfchynende zyde; hoewel die nauw geflooten is, hebben
ze echter een dunnen baard uithangen, waar mede zy haar aan de klippen hegten. In
den *tendo* of band bevind men ook den *Chamites,* doch meeft in die fchulpen, die op *Hebben mede den Chamites.*
Luffapinjoe vallen, van de voorgaande wat verfchillende; want deze *Chamites* is zoo
groot als een geheele hazelnoot of knikker; de andere meenigte is klein als vitfen en

fpel-

speldekoppen: Van de grootste vind men twee of drie omtrent het hoofd van den band, gansch hoekig en korlig, als of ze uit veele steentjes 't zaamen gezet waaren, niet te min hard en vast aan malkander hangende; zommige witgeel; zommige lichtpaars: Het

Doch van weinig waardy. ander klein goedje legt daar onder, aan zommige zoo vol, dat de geheele *tendo* van steentjes schynt 't zaamen gezet te zyn; alle niet veel byzonders, en van geen groote mooijigheid.

De 4de soort, verbeeldt by letter D. IV. *Testæ*, Scherfjes, zyn kleine ronde schulpjes van dikke en platte schaalen, zy hebben de grootte van een dubbeltje en sesje, van buiten met groote korrels bezet, vuilwit met zwartachtige of rosse plekken aan den kant: de enkele schaal op den strand leggende zoude men voor dikke scherfjes van een gebroken schotel aanzien; de grootste zyn zoo dik van schaal, dat men ze voor een steen zoude aanzien; de kleindere zyn beter met voorens getekent, vuilwit en ros van koleur; beide zyn ze gemeen in den

Waar die gevonden worden. Amboinschen Inham. Op den witten Zandstrand van *Mamalo* vind men ze schoonwit, als of het een klompje gekookte witte ryst was, zy zyn alle goed om te eeten.

De 5de soort. V. *Testa pectinata*, Wilde Scherfjes, zyn ook rond als een schelling, en dik van schaal, met voorens en ruggen getekent als de *pectines*, doch veel groover, vuilwit, en met zwartachtige plekken en tekenen.

De 6de soort, afgebeeldt by letter E. VI. *Cartissæ*, Hertjes, *Bia hati*, dit zyn de raarste en mooiste van alle *Chamæ*, dun van schaal, recht hertvormig, scherp van kanten, en aan dezelve zommige ge-

En omstandig beschreven. tand, zommige niet; aan de onderste zyde platachtig, aan de bovenste met een verhevene buik, dewelke scherp toeloopt, en ter weêrzyden veele halve kringen of ribben heeft, dewelke op een doorschynende wyze verkleinen; over dezen buik gaat de opening, daar de schulp van malkander gaat tegen de manier van andere schulpen, en echter in het kloofje van het hert hangen ze aan malkander, en ieder stuk in 't byzonder gelykt een halve maan. Zy hebben driederlei fatzoen: De gemeenste zyn onder en boven buikig, doch van onderen minst, aan de kanten getand, en witgeel van

Een tweede. koleur: De tweede zyn witter, van onderen en aan de kanten ongetand, en aan zom-

Als mede een 3de soort. mige opgeworpen: Het derde slach is van onderen wat hol, maar boven zeer gebult, ook meest ongetand, en met roodachtige stipjes. Het Dier daar in is meest slym, zwartachtig, en, als men het een nacht in versch water legt, ligt uitvallende. De

Hoe men die zuivert. meeste en beste vallen op *Nussalaut*, weinige ook op *Hitoe*. Men legt ze twee daagen in versch water, tot dat het Beest uitvalt, daar na moet men ze een halve maand in de regen en zon bleeken, waar door ze zuiver en wit worden, en ten laatsten met een draadje 't zaamen binden. Men rekent ze onder de voornaamste Rariteiten.

De 7de soort, afgebeeldt by letter F. VII. *Quadrans*, 't Quadrantje heeft de gedaante, als of men een kaasken, 't welk smalle kanten heeft, en in de midden buikig is, in vier stukken gesneden hadde, weshalven de afgesnedene zyde plat is, en een langwerpig hert vertoont, en dessels randen zyn eenigzins getand, doorgaans muisverwig of donkergrauw, en een weinig gestreept.

Deze zyn heel zeldzaam. Men vind ze zeer weinig, en meest op de buiten Eilanden van Amboina.

Proef om te zien, of deze dingen steen, of maar versteent zyn. De stukken van *Bia Garu*, *Bia cattam*, en Reuzen ooren hebben wy gezegt, dat door langheid van tyd in steenen veranderen, en door de zee zoo glad gesleepen worden, dat men ze voor keisteenen of andere raare steenen aanziet: Dezelve kan men aldus onderscheiden: Twee witte en half klaare keisteenen, by nacht tegen malkander geslaagen, vuuren helder en veel, maar twee stukken van Versteende Schulpen doen het niet, of zeer weinig, doch eenigzins de stukken van de Versteende Bergschulpen in 't volgende Hoofdeel beschreven.

De tendo beschreven. En wat eetbaar is. De *tendo* of span-ader van dezen schulp hiet in 't Maleitsch ook *Toncat* en *Toncatnja*, dat is, een pilaar. De Badjos en Makkassaaren eeten uit dezen schulp al het wit en hard vleesch, wegsmytende het witte of geele vet, om dat het zelve wat dronken maakt, als mede al het zwarte bloed.

Verhaal van een lichtende steen in Men verhaalt veel zeldzaams van een groote *Bia garu*, dewelke op een binnenmeir van 't Eiland *Timor Laut* zoude te zien zyn, dewelke haar by nacht openende een klaar licht

licht of schyn van zich zoude geeven, 't welk men ook van verre bekennen kan: Een *een Bia Garu gezien* ander ooggetuyge van *Hitoe* heeft my verhaalt, omtrent d' Eilanden van *Kei* in zee gezien te hebben eenen ongemeen grooten *Bia Garu* wyd gapende, en daar in iets helders als een kostelyke steen, 't welk zy Lieden voor deffelfs *Mestica* hielden, doch niemant derfde bestaan daar na te duiken, dewyl het op een plaats was, daar een groote stroom ging.

Van *Bia Garu* is te verstaan, het geene men in zommige Autheuren aangetekent *Bia Garu zyn Schulpen van een ongemeene groote.* vind, dat 'er in 't jaar 1645. op t' Princen Eiland, gelegen in de mond van den straat *Sunda*, gevonden is een Oester (Schulpen) van 7 ellen in den omloop, of 2 en $\frac{1}{2}$ el in den diameter: Defgelyks, dat men op *Java* Oesters vind, die 300 pond weegen.

In 't jaar 1681 in Februarius heeft de Gouverneur *Robbertus Padbrugge* in den straat *Een ander verhaal van 2 diergelyke groote Schulpen.* *Lembe*, aan de Noord-Oosthoek van *Celebes* gelegen, twee van deze Oesters aan boord gekregen; waar van de eene acht voet en twee duimen, de andere 6 voeten en 5 duimen in den omloop hadden: Zy wierden aldaar *Kemas* genaamt, overeenkomende, als gezegt is, met het Griekfche *Chemæ*, zynde dat slach, waar van het dorp en 't gebergte *Kemas* zyn genoemt geworden, dewyl ze aldaar veel en groot vallen; hier van *Waar van d' Inlanders armringen maaken.* maaken de Noord-Celebifche Bergboeren armringen, weetende die harde schulpen, met een stukje porsellein aan een stok gebonden, aardig door te drillen, en dan ver- *Ongelooflyke kracht van dezelve door 's kroms nypen van een yzeren koevoet.* volgens met Bamboezen te polyzen, en glad en effen te maaken. Deze schulp, met takkels overgehaalt, lag op den overloop des schips, en gaapte als of ze dood was, weshalven een Matroos een koevoet daar in stiet, om dezelve open te houden, maar de schulp neep toe, en hield den koevoet zoo vast, dat hy bochtig wierde. Zy zitten gemeenlyk aan de klippen vast, zoo dat men ze met koevoeten moet los breeken: De Makkaffaaren *Welk deel de Makkaffaaren tot spys gebruiken.* houden uit den schulp voor 't beste, 't geen zy *Subang* noemen, waar door zy verstaan niet alleen den *Tendo*, maar ook den *Spondylum* of het hardachtige (*callofa*) vleesch, 't welk als een wervel daarom legt.

Hier gaat de Schryver over tot de Tweefchaalige, die wy Schulpen noemen, en altoos met het ondiutfch woord Doubletten, Schulpen, die ieder weder haare byzondere benaming hebben; dewelke wy vervolgens op haar plaats na onze beste kenniffe zullen noemen, laatende de benaminge van den Schryver blyven, daar wy gebreekig zyn. De eerfte foort, is verbeeldt op de plaat XLII. by letter A. en word by ons genaamt de Nageldoublet, ook wel de Nagelfchulp: Van deze is een 2de foort, verbeeldt op de zelfde plaat by letter B. waar van noch meerder foorten zyn: Zy verfchillen in gedaante en koleur; waar van de roode wel de ongemeenfte zyn. De 3de foort van den Schryver, is verbeeldt by letter C. doch by ons de perfpective Doublet genaamt; om dat hy op zyn platte zyde eenige streepen heeft loopen, die verminderen, en krom omgaande een hert verbeelden, gelyk by deze aftekening is te zien. De 4de foort, by letter D. Van de 5de foort ontbreckt de afbeelding. Doch de 6de foort, is aangeweezen by letter E. 't welk wy een Venus Hertje noemen: van deze zyn ook verfcheide foorten, doch haar waarde beftaat daar in, als zy roode stippels hebben. Jr. Oortmans en de Hr. Vincent bezitten ieder een, die citroenverwig zyn; dewelke voor de alderwaardigfte worden gehouden. De 7de foort afgebeeldt by letter F. is een heel ongemeene Doubletfchulp; my staat voor maar eenen van deze gezien te hebben in 't Kabinet van wylen de Hr. Dr. 's Gravezande tot Delft. Het is een andere foort van een Venus Schulp met haair, dewelke wy hier na zullen vertoonen op de laatfte plaat van de Schulpen.

XXIX. HOOFTDEEL.

Chama montana sive Noachina, Vader-Noachs schulpen.

VAn de groote *Bia garu* of *Chama decumana* vind men woeste stukken en brokken, niet alleen in 't Amboinsche gebergte, maar ook in de omliggende Eilanden, en in de *Molukkos*, van dewelke veel woordentwist gemaakt word,
hoe zy daar komen; weshalven ik goed vind dezelve wat uitvoerlyk te beschryven: I. Haare gedaanten: II. De plaats, daar men ze vind: III. De valsche redenen,
hoe ze daar komen: IV. De waare of waarschynlykste.

I. Aangaande haar gedaante, zoo kan men daar aan bemerken, dat zy eertyds
niets verschilden van die men noch dagelyksch uit den zee haalt, doch nu zyn ze door
langheid van tyd zoodaanig begroeit, dat men ze voor heele klippen aanziet: maar,
zoo men daar wat nauw op let, kan men ligt bekennen aan het beloop van de ruggen
of baaren, dat het schulpen zyn: Weinige daar van zyn noch ten naasten by geheel,
behalven dat de kanten meest afgebroken zyn, aan zommige ook heele stukken uit:
Andere zyn in de midden doorgebroken, zoo dat men de stukken niet 't zaamen kan
vinden; zommige leggen op d'aarde bloot, of slegts met een weinig aarde of ruigte
bedekt, want diep daar onder vind men ze niet; zommige zyn aan de klippen vast
gegroeit; zommige steeken ook een stuk weegs geheel daar in: Zy leggen op verscheiden manieren schuins, recht plat, overeind en door malkander, als of ze gesaait waaren: Alle zyn ze van buiten ruig, moschachtig, en aan de zyde, die bloot legt, met
een scherpe keiachtige *Substantie* begroeit, ja geheele stukken van scherpe keisteenen,
die men Speldewerk noemt, zitten daar zoo vast aan, dat men ze quålyk afslaan kan;
van binnen zyn ze schoonwit, massief en dicht, als eenig wit marmer zyn mag; doch
daar aan kan men duidelyk de verscheidene laagen bekennen, gelyk andere zeeschulpen hebben, en al vind men stukken, die half doorschynend zyn, zullen evenwel
zoo veel niet vuuren by nacht, als gemeene keisteenen doen, hoewel ze tegens malkander geslagen noch eenige vonken geeven, en merkelyk een keiachtigen reuk hebben, tot een bewys, dat ze de steenachtige natuur al vry veel aangenomen hebben:
als men daar op slaat, zoo klinken ze als porsellein. Men vind'er daar 4 of 6 man
aan een halve genoeg te draagen hebben; andere zyn kleinder, en niet boven een voet
lang, en daar na veele stukken in de grootte van een kop.

II. Men vind ze meest op alle Eilanden van 't Amboinsche Gebied, als mede,
zoo ik versta, in de *Molukkos*, en misschien op andere plaatzen meer; De meeste en
grootste heb ik gevonden op het Hietoësche gebergte, dicht achter *Hitoelamma*, daar
eertyds de *Negorii Tomoe* gelegen heeft, waar van men noch veele oude muuren van
opgezette steenen vind. De plaats aldaar is gansch klippig, en zoo scherp, dat men
qualyk een voet zetten kan; welk slach van klippen men Speldewerk noemt: Ik heb
nooit het geluk gehad, dat ik de twee deelen van deze schulpen op malkander gevonden heb, maar zy leggen verstrooit; zommige ook, als gezegt is, aan de klippen vast; zommige ook recht in den weg, daar men afdaalt, dewelke de voorby-
gaande voor klippen aanzien, en zoo voorts door dat zelve geheele gebergte. Ik heb
ze ook gevonden op den strand van de zelfde kust, in de klippen zoodaanig vast, dat
het onmogelyk was de schulpen daar uit te krygen zonder de klippen te vermorzelen,
tot een bewys, dat dezelve klippen eertyds moeten week geweest zyn, en de schulpen zelfs waaren door 't zeewater blank geschuurd. Op *Leytimor* by 't Riviertje *Weynitoe*
legt een heuvel omtrent een musquetschoot van den strand af, denwelken het gemeene volk al lang na myn naam genoemt heeft, om dat men aldaar, als mede in 't omleggende gebergte, veel zulke schulpen vind, zoodaanig begroeit, steekelig en zwart,

dat

dat men ze alle ten eersten voor klippen aanziet, doch deze zyn niet boven 1 of 1½ voet lang; den steekeligen kei, die daar aan vast hangt, kan men na veel moeite daar af staan, op dat men de *substantie* van den Schulp ter deege bekennen mag, die dan noch al vol gaten en afgebrokene hoeken is. Het Eiland *Bonoa* heeft wel het scherpste, stekeligste en hakkeligste gebergte van gansch Amboina, op 't zelve vind men deze Schulpen zeer groot en dik, veele in de klippen vast, vol gaten, en t' eenemaal versteent.

III. Nu valt te vraagen, hoe zy op dit gebergte komen, daar van zyn verscheide gevoelens en zaamenspraaken voorgevallen: Veele van onze Natie oordeelen, dat een van deze twee moet waar zyn; of dat het natuurlyke vrugten zyn van die klippen, en van dien grond, daar men ze vind, voortgebragt, gelyk andere metallen, mineralien en steenen; tot een bewys brengen ze voor de steenen *Aëtites*, *Gelodes*, *Ombria*, &c. dewelke men, na haar byzondere manier getekent, mede zomtyds bloot op den grond, of op andere steenen vind; of zoo men dit niet wil aannemen, zoo moesten ze eertyds door menschen derwaarts gebragt zyn, om het vleesch daar uit te eeten: Dat beide deze manieren niet waarschynlyk zyn, zal ik door volgende redenen bewyzen: Eerstelyk zeg ik dan, dat ze geen natuurlyk of gewoonlyk gewas van de bergen konnen zyn: 1. Om dat men ze van zoo verscheiden fatzoen en gesteltheit vind, als geheele, twee op malkander, halve, gebrokene stukken, nu plat leggende, dan schuins of overeind, even als of ze door een machtige hand aldaar gezaait waaren, zommige op, of een weinig onder den mullen grond; zommige in, en aan de klippen vast; hier ziet men een groote, daar een kleine, en niet te min alle van een ouderdom, namentlyk die even lang daar moeten gelegen hebben, om dat ze op eenderlei manier begroeit en versteent zyn. Nu is 't immers bekent, dat alle zoodaanige dingen, die uit aarde en klippen groeijen, op eenderlei manier daar aan geworteltzyn, of immers haar byzondere *Matrices* hebben, gelyk men aan meest alle edele gesteenten ziet: Want t' bewys van den steen *Aëtites* doet hier niet toe, dewelken men altyd van een zeker en gewoonlyk fatzoen en figuur vind aan de oevers van zommige rivieren, of op 't veld: niemant is zoo slecht, die maar een weinig kennisse van bergwerken heeft, die niet verstaat, dat de korreltjes van goud en ander metaal, die men in zommige Rivieren vind, aldaar niet gegroeit zyn, maar in die bergen, daar de Rivieren ontspringen, en door der zelver afloopen mede gevoert worden: De steenen *Aëtites* en *Gelodes* groeijen in de aarde, gelyk andere steenen, maar worden, of door Rivieren, of door regenwater ontbloot, weggevoert, en hier en daar langs de oevers, of op de velden verstrooit: De steen *Ombria*, dien men bloot op de velden vind, word eenpaarig gelooft, dat met eenig groot onweêr aldaar geworpen word: Alle welke manieren van onze Bergschulpen niet en konnen gezegt worden. 2. Zoo bevind men dat de *substantie* en gedaante van deze Bergschulpen t' eenemaal overeenkomt met die men dagelyks uit zee haalt, gelyk boven gezegt is, en hoe hard men daar ook op staat met een goed staal, zoo men maar den kei niet en raakt, zal men echter geen vonxken vuur, of immers bezwaarlyk daar uit krygen, hoewel ze in 't staan een keiachtigen reuk hebben; daarentegen zullen zy in zuuren Lemoensap kooken, hoewel veel slapper dan de Zeeschulpen, 't welk geen steene gewas uit de bergen doet. 3. De keiachtige korst mag daar zoo vast aanhangen als hy wil, echter zy maakt met den Schulp geen *continuum corpus*, maar men kan ze met hamers en beitels daar van afslaan, en dan vind men gemeenlyk tusschen den kei en schulp noch iets aardigs. Dat ze door menschen aldaar zouden gebragt zyn, is noch ongerymder, want wat zoude de menschen bewogen hebben, zulke zwaare beesten, ja monsters, van den strand op de hooge bergen te draagen, daar het gemeenlyk zoo scherp is, dat men qualyk staan kan, en daar 't niet waarschynlyk is, dat 'er ooit menschen gewoont hebben, en dat alleenlyk om 't vleesch daar uit te hebben, 't welk men met kleine moeite op den strand daar uit neemen kan, gelyk te voren van de Volkeren *Badjos* gezegt is, die 't vleesch van deze beesten op Makkassar te koop bren-

Derde reden, van haar komste, welkers onwaarschynlyke redenen worden voorgestelt. Waarom die in en op 't gebergte worden gevonden. En hoe die daar komen. Verdere reden genomen uit haar veelderlei gestalte, en haar gelyke versteening, ook om dat ze geen wortel hebben.

Bewys genomen van 't goud, 't geen in de Rivieren word gevonden, hoewel 't daar niet groeit. Tegenwerping van den steen Ombria weerlegt. De tweede reden is, om dat de zelve Berg of Steenschulpen overeenkomen met die van de zee. Proef hier van. De derde reden, van dat de steene korst van den Schulp onderscheiden is. Zyn daar door geen menschen gebragt.

Nader
reden.

brengen: genomen, dat de menſchen in oude tyden halve reuzen waaren geweeſt, zoo
geloof ik echter, dat haar huid zoo week zy geweeſt als de onze, en derhalven die
hakkelige plaatzen zoo wel geſchuuwt hebben als wy, en zoo zouden zy dezelve noch al
niet in de klippen vaſt gemaakt hebben; derhalven ik met d' Inlanders dit zeggen beter
met uitlacchen, dan met veele redenen te wederleggen, waardig acht: Zeker, d' Inlanders achten zich niet weinig verongelykt, dat men haare voorouders voor zulke
gekken houd, een zoo moeijelyk werk om een nietige oorzaak te beginnen, en daar
men nooit diergelyke verſteende Schulpen omtrent bewoonde plaatzen vind, behalven
weinige, die zy by haare huiſen zetten om het pluimvee daar uit te drenken, die dan
altyd zuiver gehouden worden.

De vier-
de reden,
waar door
de waare
reden van
haar kon-
ſte ward
voorgeſtelt.
Afgeleidt
van d' al-
gemeene
Zand-
vloed.

IV. Dewyl ze dan in die bergen niet gegroeit, noch van menſchen daar gebragt
zyn, zoo kan men geen nader redenen bedenken, dan dat ze door een groote vloed
daar moeten gevoert zyn, 't welk wy uit de Heilige Schriftuur weeten, dat maar eens
geſchiet is, namentlyk in de dagen Noë, wanneer alle de bergen onder water geſtaan
hebben, en wanneer deze, en andere Zeedieren door 't opzwellende water geholpen,
daar na toe gekropen zyn, en de boſſchen bewoont hebben; gelyk *Ovidius* van zyne
Deucalions vloed zingt, *Lib. Metamorph.* 1. *verſ.* 299. & 300.

   Modo qua graciles gramen carpſere capellæ
   Nunc ibi deformes ponunt ſua corpora phocæ.

Tegen-
werping op-
geloſt en
met reden
beveſtigt.

Men mogte vraagen, waarom al dat Zeegedierte zich niet weder na haar oude woonplaats de zee begeven heeft, doe het water weder afliep? Daar op ik antwoorde: Dat men
het immers dagelyks gebeuren ziet, dat by afloopend water al het Zeegedierte weder
na de diepte ſpoeit, daar vlakke en effene ſtranden zyn, maar, daar dezelve holle
klippen en kuilen heeft, verblyven t' elkens alderhande kleine viſchjes, krabben, ſchul-
pen, &c. die zich buiten twyffel na haar oude woonplaats zouden gepakt hebben, hadden ze t' verſtand gehad, dat hun ondertuſſchen het water zoude ontloopen, terwyl zy

Nader
bewys.

in deze kuilen ſpeelen: zoo is het ook gelooflyk, dat het meeſte deel van deze Schulpen zich weder na de zee gepakt heeft, daar t' glad en ſlibberig is geweeſt, maar wat
zouden die doen, die op ruige en hakkelige plaatzen geraakt, en wel ligt met de om-
gevallene boomen bedekt waaren, die hebben zich immers zoo gauw niet konnen red-
den, te meer alzoo t' vallen van die vloed veel ſchielyker is toegegaan, als ons gewoonlyke ebbe, dewelke op 't meeſte in 6 uuren 10 voeten valt, behalven eenige weinige plaatzen in de weereld: Als men nu de hoogſte bergen 1 ½ Duitſche myl of 5000
ſchreeden, dat is, 25000 voeten hoog ſtelt naar 't *perpendieul*, en de wateren van de
vloed, in 125 dagen deze hoogte gevallen zyn, zoo moeten ze ieder etmaal zonder
ruſten 200 voeten, of in 6 uuren 50 voeten gedaalt zyn, dat is ruim 5 maal raſſer dan
de gewoonlyke ebbe.

Zyn tot
tekenen ge-
geeven aan
de Loche-
naars van
d'algemee-
ne Zand-
vloed, de-
welke niet
alleen
daar, maar
ook in Eu-
ropa,

Zoo heeft ook buiten twyffel God de Schepper zoodaanige overblyſſelen en merk-
tekenen van d' algemeene vloed hier en daar in de weereld laten overblyven, als voor-
ziende, dat in de laatſte dagen neuſwyze menſchen zouden opſtaan, die de waarheid
van de H. Geſchiedeniſſen ook in dezen zouden trachten te krenken; namentlyk die de
Præadamiten ſtaande houden en beſchermen, ons willende wys maaken, dat de vloed
niet over den geheelen aardbodem gegaan zy, want daar door zouden haare verdichte
Præadamitiſche menſchen verdronken zyn; maar dat 'er een hooge waterberg geweeſt
zy, dewelke alleenlyk Paleſtina, Syrien, Armenien, Arabien, en de naaſt aangele-
gene landen bedekt heeft, namentlyk daar de nakomelingen van Adam woonden: Zoo
bevinden wy in Europa, namentlyk, in Vrankryk en Italien, dat men op zommige
plaatſen veele Zeeſchulpen uit d' aarde graaft: Een geloofwaardig ooggetuig verhaalt
in het Franſche landſchap *Avergne* gezien te hebben een natuurlyk klip van marmer,
daar in alderhande Zeeſchulpen en Hoorntjes door malkander als ingelyft waaren,
als of het een *maſſa* was, door konſt zoodanig toebereid. De vogelsberg in de
Weſterwald is bekend de naam te hebben, om dat men aldaar beenderen van alder-
han-

hande vogelen vind in steen verandert, inzonderheit als men putten graaft in den zelven berg.

De Chineezen hebben my verhaalt, dat men in de bergen van 't Landschap Fockien *In China,* zomtyds onder den aarde groote ankertouwen vind, van een haairige stof gemaakt, gelyk wy hier te Land van den Boom *Gumuto* maaken, zynde een stoffe, die in den aarde schier onvergankelyk is, en van hun voor overblyffels van den grooten vloed gehouden worden, die ten tyde van haaren Koning U, anders Jao genoemt, voorgevallen is, en in den tydrekening niet veel verschilt van Noachs vloed: In deze Oostersche Eilanden hebben wy de voornoemde Bergschulpen: In West-Indien, na 't *America,* schryven der Spanjaarden, heeft men, by 't zoeken van goud in de Bergen van *Peru,* gevonden zommige heel oude vaartuigen en ongewoonen huisraad; waar by wy in 't voorbygaan afneemen, dat, hoewel door den zundvloed de voornaamste gedaan- *En verder* te des weerelds niet verandert zy, echter veele bergen op nieuw opgesmeeten zyn, waar *in alle ge-* mede deze Zeegedierten bedekt, en metter tyd versteent zyn, en 't zaamen met den leem, *weesten des* daar in een steenachtig sap was, en derhalven metter tyd tot steen geworden zyn: *woraen* Zoo zyn dan in der daad deze Bergschulpen de oudste en ontwyffelbaare overblyffels der *gevonden.* oudheid, als die nu by de 4000 Jaaren op die bergen gelegen hebben, en met haare gedaante den ontsachlyken oudheid vertoonen: Hier mede komt over een het gemeen gevoelen *Hier by* der Inlanderen, dewelke deze overleveringen van haare voorouders bekomen hebben; *nocb d'* *overleve-* dewelke onder hun wat gauwer zyn, inzonderheit de Moorsche Paapen, weeten duide- *ringe en 't* lyk te zeggen, dat het overblyffels van *Nabbi Noch* (zoo noemen zy Noach) zyn: *verhaal* Ik zelfs zoude het niet ligt gelooft hebben uit het enkel verhaal van anderen, zoo ik *der vreem-* *de volke-* de plaatsen niet zelfs gezien had, alwaar ik overleggende haar gedaante en gelegentheit *ren.* ligtelyk heb konnen besluiten, dat ze aldaar geenzins gegroeit, noch van menschen derwaarts gedraagen waaren: Een zulken helft, daar 6 mannen genoeg aan te draagen hadden, ik in 't jaar 1663 uit het gebergte van *Hitoelamma* gehaalt, en aan den Heer *Jacob Huftard* oud Gouverneur van Amboina behandigt, dewelke voorgenomen hadde, dezelve me- de na Europa te neemen, en op eenig Academie te vereeren, doch vermits gemelde Heer in Indien verbleven is, kan ik niet weeten, waar die heen gekomen zy. In 't jaar *Een van* *deze ge-* 1682 is een zoodaanige kleine onder myne andere Rariteiten aan den groot Hertog *zonden* van *Toskanen* gezonden. *aan den* *groot Her-* Iemant mogte vermoeden, dat, vermits deze Landen het aardbeeven zeer onderwor- *tog van* pen zyn, behalven d' algemeene Zundvloed, met verloop van tyd noch andere gewel- *Toskanen.* *Een an-* dige omkeeringen van Landen door 't aardbeeven veroorzaakt, en daar door veele nieu- *der tegen-* we bergen, dewelke 'er te voren niet waaren, opgeresen zyn, en dat met dezelve deze *werping* Schulpen om hoog gevoert zyn: Ik ontkenne geenzins de geschiedschriften, dewelke zoo- *opgelyst en* *wederlegt.* daanige bergen in den weereld aanwyzen, maar men kan zulks van deze Landen niet zeggen, of men moeste met een voor vast stellen, dat alle Eilanden en Bergen, daar deze Schulpen gevonden worden, met haaren geheelen omslag uit den Zee gerezen waaren, 't welk een ongerymd zeggen zoude zyn; want men vind ze binnen in 't land op zoodanige Bergen en op zoo groote Eilanden, die buiten twyffel van 't begin der Scheppinge geweest zyn.

Chama Montana, *of* Vader Noachs-Schulpen, *van deze geeft de Schryver geene afteeke- ninge; om dat het meerendeels maar groote ruuwe stukken en brokken zyn van Schulpen, die zyn Eed. zegt, dat meest enkeld worden gevonden: 't Gedenkt my voor eenige jaa- ren, alhier op 't Oost-Indisch huis, drie van dezelve gezien te hebben, die volkomen Doublet waaren, zynde dezelve ongemeen groot, weegende ieder Doublet wel 300 pond: om den Liefhebberen een denkbeeld daar van te geeven, zoo zie op den plaat XLII by de letters A en B haar gedaante; 't is een soort tusschen beiden, doch meer gelykende naar die by letter B. Des Schryvers gevoelen over deze versteening; hoe en wanneer 't geschied is, en waarom Vader Noachs-Schulpen genaamt worden, is ontwyfelbaar: Wy zouden veele soorten, die by meengte over al zyn gevonden (en waar van wy veele bezitten) konnen aanwyzen; doch alzoo in 't volgende derde Deel in 't 65. 66. en 84. Hooftdeel weder van de versteende stoffen word gesprooken, zoo zullen wy aldaar eenige af-*

S

afbeeldingen, zoo van die de Hr. Vincent, *als die onder ons berustende zyn, vertoonen: Die verder mogt twyfelen aan 't versteenen van levende en ziellooze zaaken, die leeze* Kircherus *Onderaardsche Weereld in 't tweede deel 't achtste boek, daar hy omstandig van dezelve en van de steensappen schryft: En hoe die in 't diep der aarde, en binnen de bergen worden gevonden, zie in de aantekeningen gemaakt op de Nederlantsche Outheeden, en wel inzonderheit, in 't uitmuntend werkje genaamt 's Weerelds Begin en Einde, door den Engelschen Godgeleerden en Natuurkundigen* de Ray *beschreven, 't geen in 't Nederduitsch in* 8. *is gedrukt.*

XXX. HOOFTDEEL.

Chama Lœvis.

De Chama Lœvis beschreven.

DE gladde *Chamæ* of Gapers zyn veel kleinder dan de voorgaande ruige, als hebbende de grootte van een gemeene Schulp, meest rond, en van een dikke schaal, waar in zy van de *Tellinæ* verschillen, dewelke alle dun van schaal, en langwerpig zyn: Zoo leggen ook de *Chamæ,* of bloot op den grond, of niet diep in de modder, maar de *Tellinæ* moet men uit 't Zand en onder de steenen uitgraaven; doch in dit Hooftdeel zullen wy mede begrypen zommige Schulpen, dewelke waiffelen tusschen de *Chamæ* en *Tellinæ,* zoo dat men ze zoo wel onder d' een als onder d' andere kan rekenen. Zy bestaan in de volgende soorten.

De 1ste soort, is verbeeldt op den plaat XLII. *by letter* G.

I. *Chama Lœvis* eigentlyk zoo genoemt, of gladde Gapers, zyn rondachtig, of uit den ronden dryzydig; hebbende achter by den wervel een stompen hoek, maar 't voorste deel loopt rond, dik van schaal, gansch glad en effen; zommige zyn van buiten bleekgeel of vaal; zommige staalgroen en bruinachtig, doch alle aan d' eene zyde zwart; het vleesch is wit, en onder anderen het zoetste van zmaak, daarom men ze niet onbillik voor de *Glycymerides* van *Plinius* mogte houden, men vind ze in zuiver zand, of daar fyne modder onderloopt, weshalven haar koleur ook naar den grond geschikt is:

Waar die gevonden worden.

Zy zyn weinig in *Amboina* te vinden, en de meeste by 't dorp *Soeli;* meer op *Kerams* Noordkust, daar 't lange Zandstranden heeft, en in de Zuid-Ooster Eilanden, inzonderheit op *Tenember:*

Hebben mede een wachter.

Ieder heeft tot een wachter een klein krabbetje, in den grootte van een nagel aan een vinger, vierkantig van schild, uit het geslacht der geene, die wy in 't voorgaande Boek *Cursores* of *Hippi* genoemt hebben, dewelke, zoo 't schynt, daar in zoo lang woonen, tot dat ze zoo groot geworden zyn, dat ze zelfs buiten den Schulp konnen leeven: Dewelke hier te lande vallen, zyn niet boven 2 of 3 duim breed, maar in *Japan* en *China* zyn ze meer dan een hand breed, dewelke de Japanders van binnen vergulden of verzilveren, daar op boomtjes of eenige figuuren schilderende, zoo dat men ze voor doosjes gebruiken kan;

Dienen in China voor een speeltuig.

maar zy gebruiken ze tot eenig spel, misschien om daar door te looten, wat voor een figuur iemant krygen zoude, in manier als men anders met de kaarten doet; want van buiten zyn ze malkander allegaâr zoo gelyk, dat men ze niet onderscheiden of weeten kan, wat daar in geschildert zy.

Haar benaming in verscheide taalen.

Wy noemen ze *Chama lœvis Glycineris Indica.* Maleitsch, *Bia Lebber* en *Bia Tenember.* Makkassarsch, *Tudo.* Neêrduitsch, Gladde Gapers; maar de groote noemt men Japansche Schulpen.

De 2de soort, is verbeelt op dezelve plaat, by letter H.

II. *Chama Lutaria* en *Coaxans.* Neêrduitsch, Quakkers. Maleitsch, *Bia Codock.* Deze zyn van de zelfde gedaante met de voorgaande, ruim een hand breed, en gebult, doch van buiten zoo glad niet, staalgroen of modderverwig, zonder glans, en wat ruig wegens de lappen van 't groen vliesje, waar mede zy bekleed zyn, en 't welk hier

Waar die gevonden worden.

en daar scheurt. Men vind ze in slykige plaatzen, meest aan den uitgang van groote Rivieren, daar ze by afloopend water ontdekt worden, en door het openen en sluiten

van

Tab.138

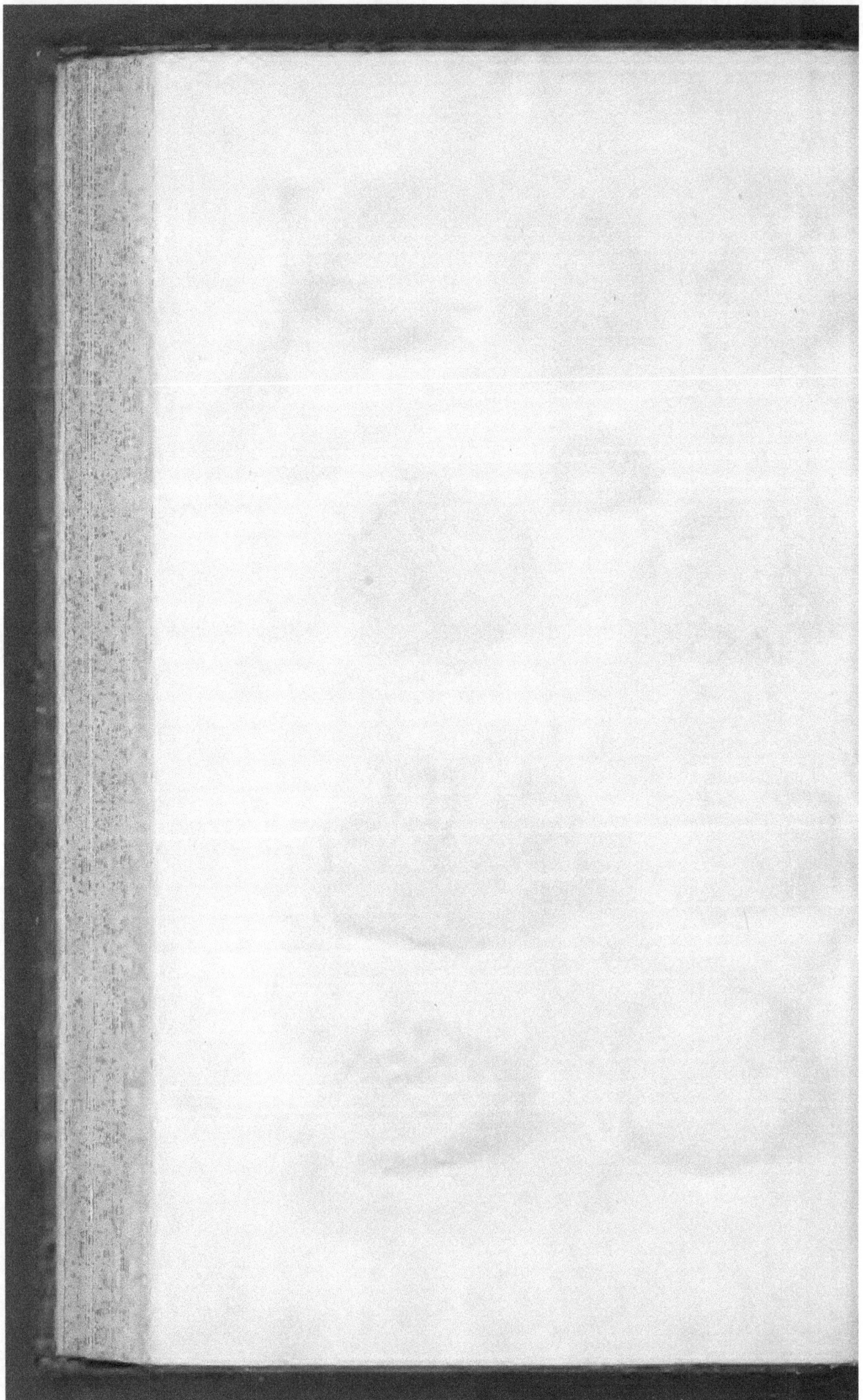

'van den schaal quakken als kikvorschen, zoo dat men ze van verre hooren kan. Zy zyn *Konen* mede goed tot eeten, als men ze eerst ¼ dag in versch water legt, op dat ze het meeste *geluit maaken.* zand uitspuuwen; en de grootste vallen op *Boero.* In zommige vind men ook een *Me-* *Hebben* stica of wit steentje gelyk de voorschrevene *Chamites;* zomtyds mooi rond, zuiverwit *ook Cha-* en blinkende; zomtyds vuilwit en hoekig, 't welk mede onder de *Pæantides* gerekent *mites.* word, dewelke metter tyd een klein steentje van zich geeven, als of ze baarden, doch dit gebeurt zelden.

III. *Chama virgata.* Maleitsch, *Bia Baguala,* is van 't zelfde fatzoen, doch dun- *De 3de* ner van schaal, buiten staalgroen, met donkergeele streepen of straalen, dewelke ach- *soort, is verbeeldt* ter by den wervel 't zaamen stooten, binnen violet. Dezen vind men in den stillen bocht *by letter I.* van *Ambon* by 't dorp *Baguala,* doch worden tot den kost niet veel gezocht, om dat ze naar modder smaaken.

IV. *Chama optica,* Perspectiefjes, zyn rondachtige en gebulde Schulpjes, omtrent *De 4de* 2 duimen breed, dik van schaal, van buiten glad, en met zwartachtige schilderijen ver- *soort, by letter K.* siert, heuvelen, huisjes en spitsjes vertoonende, zoodanig dat, dewelke naast aan den rand staan, de grootste en zwartste zyn; de andere na achteren volgende zyn allenks- kens kleiner, blauwer en flauwer, even als of men een Landschapje in 't verschiet of perspectiefs getekent zag. Een slechter slach hier van is in de lengte met kringen of *Van deze* ribbekens getekent, alle met den rand parallel; de schilderijen zyn bruin, en onderen *een ande-* *re.* door malkander. Noch heeft men op *Bouton* een derde slach, niet boven 2 dwars vin- *Een der-* gers breed, en met flauwe kammen gegraveert als de Jacobs Schulpen, zonder kringen, *de.* meest kastanjebruin met weinige witte schilderijen. Men vind noch een kleinder soor- *En noch* te, buiten glad, en met donkerbruine schilderijen, die eenige tenten verbeelden met klei- *een vierde* ne vlaggetjes boven op, als of men het Turksche leger in 't veld zag. *soort.*

V. *Chama circinata.* Maleitsch, *Bia matta doa,* dat is, Schulpen met 2 oogen, *De 5de* deze is wat platter dan de voorgaande, vol kringen en ribben, met de randen parallel *soort, is verbeeldt* loopende, met donkergroene of rookverwige, zomtyds ook zwartachtige stipjes en vlek- *op den plaat* ken, meest verwert met wit gemengt, die zomtyds toorntjes en huisen verbeelden; *XLIII. by* het Dier heeft een wit en smaakelyk vleesch, weshalven dit de gemeenste Schulp is da- *letter A.* gelyks in den kost te gebruiken, inzonderheit by de *Papeda* om de sauzen daar van te *Dienen* *tot spys.* maaken. Men moet ze uit vochtige plaatzen, en uit 't zand met kleine steentjes gemengt uitgraaven, doch zy leggen gansch ondiep, en verraden haar plaats door twee gaatjes, die men in 't zand ziet; de uitgegraavene hebben wederzyds een pypje, 't welk d' In- landers oogen noemen, waar door ze water uitspuiten, en den graaver dikwyls d' oogen raaken, zelfs door de voornoemde gaatjes, als zy noch in 't zand stecken. Zy zyn op *Waar die* alle stranden gemeen, te weeten, daar geen groote slag van zee gaat. *gevonden worden.*

VI. *Chama litterata oblonga.* Neêrduitsch, Letterschulpen. Maleitsch, *Bia letter;* *De 6de* deze is 4 of 5 duimen lang, 3 breed, van een middelbaare schaal, van buiten ook met *soort, is verbeeldt* paralleele kringen, op den grond lichtros of vaal, met zwarte streepen of tekenen ge- *op dezelve plaat by* tekent, die de letter W uitmaaken, en hoe meer en dichter deze letteren staan, hoe *letter B.* de Schulp netter is: Dewelke men *Bia malam,* dat is, Nachtschulpen noemt, deze *Welke de beste zyn.* hebben geene letters, maar zyn zwart, met breede lichtroode en witachtige straalen, *Een an-* achter smal toelopende, verbeeldende een schildery, daar men een licht door een don- *dere soort.* kere nacht schynende aftekent: De derde slach is kleiner, dunner van schaal, grauw- *Een der-* achtig met weinige zwarte stipjes, die geen tekenen uitmaaken, daarom van slecht *de.* alloi: De vierde slach is langwerpig en smal, dik van schaal, zonder kringen met bru- *Een vier-* ne of vloeijende wateren verdeelt. *de.*

VII. *Chama litterata rotunda,* is gansch vlak, niet te min dik van schaal, bykans *De 7de* recht rond, vol kringen met zwarte letters (M) en (W) getekent, die zoo vol rak- *soort, ver-* *beeldt by* ken niet zyn als aan den *Oblonga,* maar uit magere streepen bestaande: Zy worden niet *letter C.* veel gevonden, en zyn daarom raar.

De 8de VIII. *Chama pectinata* is vlak, dikschaalig, in weinige en wyde kammen verdeelt *soort, af- getekent by* door *letter D.*

S 2

door laage voorens, die van achteren na den kant loopen. Men vind ze niet op *Ambon*, maar op *Kerams* Noordkust *Bolela*.

De 9de
soort, by
letter E.

IX. *Chama Scobinata*, is mede rond, vlak, en wit als de voorige; zomtyds met flauwe kammen en voorens; zomtyds zonder dezelve, maar over 't geheele lyf met kleine schubbetjes bedekt of met schubachtige ruitjes. Zy zyn zelden te vinden, en op *Amboina* onbekent.

De 10de
soort, by
letter F.

X. *Favus*; Wafelyser, is een dikschaalige schulp, wit, en zoodaanig met kringen en dwarsribben getekent, dewelke scherpachtig van kant zyn, dat ze vierkante kamertjes uitmaaken, gelyk men aan de Wafelysers ziet.

De 11de
soort, by
letter G.

XI. *Lingua Tigerina*, Tygerstong, verschilt niet van den voorgaanden, als dat de kanten van de kringen scherper zyn, niet wit, maar vuilros, en aan de kanten zwartachtig, van verscheiden fatzoen, doch van geen waardy, om dat ze geen fraeije koleur hebben.

De 12de
soort, by
letter H.

XII. *Chama granosa*, verschilt niet van den Tygerstong, dan dat ze in plaats van ruiten, uitsteekende scherpachtige korrels heeft; onder beide vind men zommige, die zeer dik en breed van lippen zyn : Noch is de wilde Tygerstong, dewelke geen ruiten noch korrels heeft, maar vol schubben is als de *Scobinata*, rookachtig van koleur, en zonder mooijigheit.

De 13de
soort, by
letter I.

XIII. *Remies*, is een platte *Chama*, vol uitsteekende kringen, dik, en wit van schaal, zonder schildery, waar van de grootste 3 vingers breed zyn, maar de gemeine zyn als een nagel van een duim, en groeijen met meenigte in 't witte zand, inzonderheit op kleine en woeste Eilanden: Zy zyn goed om te eeten, en worden met schaal en al in-

Waar van
verscheide
soorten
zyn.

gepekelt. Men heeft noch een kleine soorte, dewelke met donkergrauw geschildert is, anders mede met ringen bezet. Andere zyn wat dikker, en gestreept als de *Pectunculi*, van verwe smoddig, met weinige zwarte plekken: Alle soorten vallen overvloedig op witte zandstranden, zoo dat, als men maar een weinig met de handen in 't zand

Worden
tot spys
gebruikt.

vroet, men ze met hoopen vind; zy hebben beide een smaakelyk vleesch, hoewel weinig en voor een hongerige maag niet bequaam; men kookt ze in water, neemt ze als dan uit den schaal, en giet daar over een sauze van boter, azyn of limoensop,

Waar die
gevonden
worden.

met peper en sout. Zy vallen veel op eenzaame Eilanden, gelyk het Duiven Eiland, men kan ze ook saaijen, als men ze met het wassende water op den strand slechs uitspreid, zoo dra het water daar over komt, kruipen ze in het zand, en vermenigvuldi-

Noch een
van deze
afgebeeldt
by letter
O.

gen zich in korten tyd; haar naam is in 't Maleitsch *Remis*. Hier by behooren noch meer andere soorten, die men Scherfjes noemt, dewelke op den schaal gegranuleert zyn, zommige wit, zommige leververwig: Dit is wonder van deze Schulpjes, dat ze in het zand groeijen, en leeven, en men vind nochtans weinig zand daar in, als men ze kookt, zoo men ze maar te voren ter degen in water afspoelt. Men kan ze eenige dagen goed houden, als men ze in zand zonder water in een pot of kist doet, daarom zyn ze ook op der Heeren tafelen toegelaten. Men vind ook zoodaanige *Remies*, die zoo groot zyn als een schelling, vuilwit en slecht van aanzien.

De 14de
soort, by
letter K.

XIV. *Toede baija*, is ook een met kringen bezette *Chama* op *Makkassar* vallende, dik van schaal, rook en bruinachtig, met breede witte straalen daar tusschen, meest rond, en bultig, een kleine hand breed : Zy heeft noch 2 kleinder soorten, onze *Bia Matta doa* gelyk, doch bultiger, zwartbruiner dan de voorige, en met vuilwitte straalen.

De 15de
soort, by
letter L.
van deze
noch een
by M.

XV. Xulancesche Letterschulpjes, zyn mede uit het slach van N°. VI. doch kleinder, niet boven een lid van een vinger lang, en mooijer getekent. Zy vallen in de Xulancesche Eilanden, en men kan 'er twee soorten uitmaaken, als men nauw op den gedaante der letteren ziet.

De 16de
soort, by
letter N.

XVI. *Remies gargadja*, is een witte *Remies*-Schulpje, aan d' eene zyde gerand of gezaagt.

De

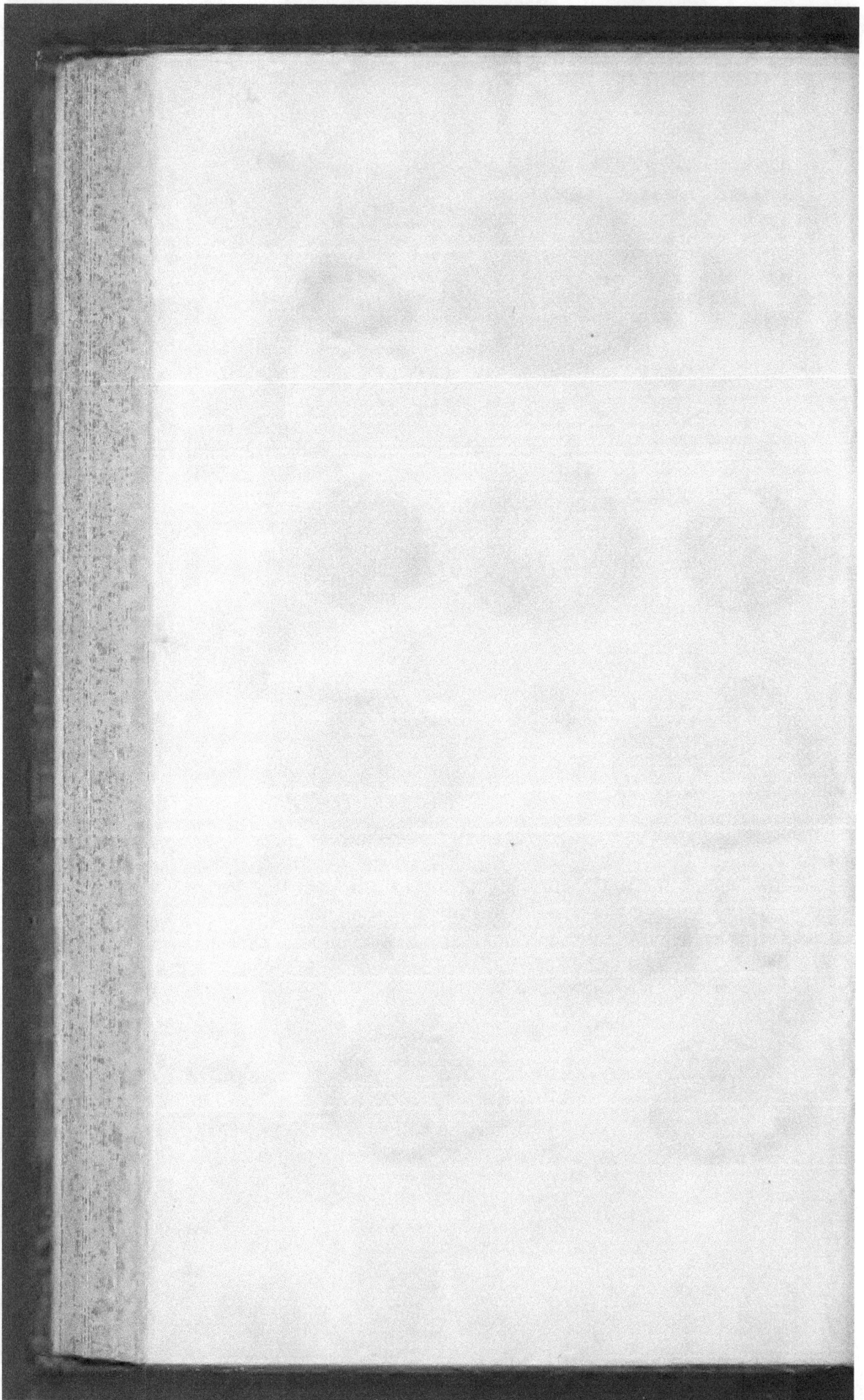

De Chama lævis, zyn zommige glad, andere gevoorent, geftreept, gevlakt of gekarteld. De eerfte van den Schryver is verbeeldt op den plaat XLII. by letter G, deze is glad enge-vlakt; doch word by ons de Japanfche Speeldoublette genaamt, om dat dezelve daar veel gebruikt word om mede te fpeelen: zy befchilderen dezelve inwendig met beeltjes, kruidtjes en andere fieraaden, en roeren die dan in twee hoopen onder een, na welk zy die dan weder paaren, en die zyn hoop 't eerft heeft gedaan, wint het fpel. De 2de foort, ftaat op dezelve plaat verbeeldt by letter H, en word by den Schryver de Quaaker ge-naamt. De 3de foort, is afgetekent by letter I, deze zyn zeldzaamer als de voorgaan-de. De 4de foort, by letter K, word by ons de Griekfche A doublet genaamt, om dat alle haare tekens daar naar gelyken: van deze zyn veele foorten, doch hoe fynder en fcher-per die ftreepjes zyn, hoe waardiger. De 5de foort, is verbeeldt op den plaat XLIII. by letter A. De 6de foort, by letter B, die by ons Strikdoubletten, ook wel Japanfche matjes genoemt worden; van welke veele foorten zyn, als grof en fyn geftreepte, geftippelde, gevlakte, gewolkte en andere meer. De 7de foort, is afgebeeldt by letter C, van deze zyn ook verfcheide foorten, en worden baftaart Strikdoubletten genaamt. De 8fte foort, by letter D, dezen de voorens of ribben afgefleepen en gepolyft zyn als dan veeltyds fchoon-rood, wit, en geel zacht gekoleurt. De 9de foort, is verbeeldt by den letter E. De 10de foort, by letter F, d'en wy de Lipdoublet heeten, om dat zy met breede randen fynge-tandt dicht in een fluiten. De 11de is een andere foort van de voorgaande, aangewezen by letter G. De 12de noch een andere by letter H, verbeeldt. De 13de foort, by letter I, waar van noch een by letter O, te zien is. De 14de foort, by letter K. De 15de foort, by letter L, van dezelve noch een by letter M, die by ons tour de Bra word genaamt. De 16de foort, by letter N, verbeeldt, word by ons de getande Venusdoublet geheeten.

XXXI. HOOFTDEEL.

Pectines & Pectunculi.

HEt derde geflacht van de Schulpen maaken de *Pectines* of platte St. Jacobs Schulpen, en de *Pectunculi*, dewelke bultig zyn, als volgt: *De Pecti-nes be-fchreven.*

I. *Pecten primus feve vulgaris*, gemeene St. Jacobs Schulpen, Neerduitfch, Bontemantel, is plat, 3 en 4 vingers breed, achter by den wervel met twee ooren, waar van t' eene altyd grooter is, waar door ze een uitgebreide mantel gely-ken: Zy heeft veele plooijen, met diepe voorens onderfcheiden gelyk een kam, waar van ze in 't Latyn den naam heeft, de plooijen zyn overdwars gekarteld en ruig, vuilwit of vaal met weinige zwarte plekken. De Maleijers noemen ze *Bia Siffir*, dat is, Kamfchulpen, ook *Bia Terbang*, dat is, Vliegende Schulp, om dat men ze zom-tyds uit het water een fprong ziet doen als of ze vlogen, doch niet ver. De heden-daagfche Grieken noemen ze *Chtenia*, afkomftig van 't oude Griekfche *Ctenes*. De raarfte hier van zyn, dewelke de twee achterlappen meeft gelyk hebben. *De 1fte foort, af-gebeeldt op den plaat XLIV. by letter A.*

II. *Pecten fecundus*, is kleinder en bultiger dan de voorgaande, ook met twee doch ongelyke ooren, en op de voorens ruig, aan 't breedfte deel grauw, naar achteren witachtig, met veele zwarte plekjes en ftipjes, waar door men ze mede Bontemantels noemt; binnen zyn ze wit, en omtrent de kanten purperverwig, Alle *Pectines* hebben achter geen uitgeholden wervel of *Ginglymum* gelyk de *Chamæ*, maar d' ooren leggen plat op malkander, en worden 't zaamen gehegt door een harden en zwarten band als een dikke draad, dewelke droog zynde afbreekt, en dan vallen de fchulpen van mal-kander, anders fluiten ze rondom dicht, en hebben geen opening, behalven een wei-nig by de grootfte ooren. Zy zyn in *Ambon* niet overvloedig, en men vind ze meeft op ftranden, daar meer fteen dan zand is. *De 2de foort, op dezelve plaat by letter B. Worden Bonte-mantels genaamt.*

III. *Pecten tenuis*, is dun van fchaal, met geen verhevene plooijen, en met kor-te ooren, in vierderlei foorten onderdeelt: D' eerfte is kaftanjebruin, met korte en ydele fchubbetjes op de plooijen: De tweede blyft klein, grauw, ruig van fchubbetjes, en met zwarte plekjes, gemeen aan de voorfte randen op fteenige ftranden: De derde *De 3de foort, af-gebeeldt by letter C.*

is ganfch wit, ook met ydele fchubben: De vierde is koraal en minie-rood, zommige ook citroengeel, dieper geplooit, en ruig gekartelt op de plooijen, doch word zelden gevonden, en daarom voor een groot Rariteit gehouden.

De 4de foort, by letter D.   IV. *Radula*, een Rafpe, deze is geformeert als of men een Jacobs Schulp in tween gedeelt had, te weeten, aan d' eene zyde recht, aan de andere rond, diep gevoorent of getandt, en daarenboven gefchubt als een Rafpe, ganfch wit, en zonder fchildery. Een kleinder foort heeft fyner kammen, en heel kleine fchubbetjes, gelyk een foetveil, mede wit; beide vallen ze ligt van malkander, als het zwarte bandje breekt.

De 5de foort, by letter E.   V. *Pectunculus vulgaris*. Maleitfch, *Bia cucuran*, wegens haare gekartelde kanten het getande yfer gelyk, waar mede men de Calappusnooten rafpt: in 't Chineefch, *Ham*; deze is getandt gelyk de voorige, doch de plooijen zyn ronder, effener, en niet gekartelt, of een weinig ruig, en de voorens daar tuffchen zyn fmal: De fchaal is rondachtig en hol of bultig, zonder ooren, maar met gekartelde kanten, die dicht op malkander fluiten, en de fchaalen hangen achter met diergelyken zwart bandje aan malkander, 't welk gebroken zynde, zoo willen de fchaalen niet meer aan malkander hegten; van verwe zyn zy vaal en vuilwit, met weinige zwarte ftipjes, dewelke drie dwars vingers groot worden, zy zyn in de midden van den fchaal eitroengeel, en op de plooi-

Waar die gevonden worden.   jen merkelyk gekartelt. Zy hebben veel vleefch, en houden zich op onder 't zand, doch by laag water komen ze boven, openen haar fchaal, en gaapen na een fachten wind. In dit geweft is het vleefch wat hard, en tot den koft niet zeer aangenaam, maar in Portugaal, en langs de Spaanfche kuften, daar men ze *Brigigoins* noemt, en niet breeder dan 2 dwars vingers zyn, worden ze voor een lekkere koft gehouden, in haar eigen fop gekookt met een Brafilifche peper houwe, daar ryke en edele ook fmaak in hebben, *ut ajunt, ad excitandam Venerem*.

De 6de foort, by letter F.   VI. *Fragum*, een Aardbefie. Maleitfch, *Cucuran mera*, is mede gekant, en bultig of hol, aan de eene zyde wat plat, doch zoodaanig, dat in de midden de kanten wat uitpuilen, als of een halve maan in tween gefneden was; de plooijen zyn dicht bezet met bruinroode riemtjes of fchubbetjes, die den geheelen fchulp ruig maaken, en daar door een Aardbefie gelyken, in 't gemeen ruim twee vingers lang, en ook zoo dik: Deze en alle *Pectunculi*, dewelke rond en hol zyn, hebben achter een wervel, waar mede zy in malkander fluiten, en daar achter een velleken, 't welk den fchaal 't zaamen houd. Zy zyn gemeen in den Amboinfchen Inham, en leggen niet diep begraaven

Waar van een andere foort.   in 't zand. Men vind onder deze, dewelke zommige plooijen hebben, ganfch kaal, zonder eenige riemtjes; en op *Nuffapinjo* heeft de heele platte zyde geen riemtjes of kartels.

De 7de foort, afgebeeldt by letter G.   VII. *Fragum album*, witte Aardbefien, deze zyn fchaars een duim groot, van de zelfde fatzoen als de voorige, behalven dat de vlakke zyde wat fcherper kanten heeft; de plooijen zyn dicht bezet met fyne riemtjes, bleek of witgeel, en zelden te vinden. *Noch een andere by letter H.* Van deze is noch een grooter foort, die d' eene zyde ganfch glad en plat heeft; de plooijen fyn bezet met geele riemtjes, die beter naar fchubbetjes gelyken; men vind ze in den binnenften fak van den Amboinfchen Inham.

De 8de foort, by letter I. Omftandig befchreven.   VIII. *Pecten virgineus*. Maleitfch, *Bia anadara*, is een dikfchaalige getande Schulp, aan d' eene zyde met een uitloopenden hoek, waar door ze fcheef word, als of men van een halve maan met een fchuinze ftreep het eene hoorn afgefneden hadde, het achterhoofd maakt twee ronde bulten, alwaar de fchaalen zonder wervel op malkander leggen, hangende buiten aan malkander met een velletje, en aan den fchaal ziet men eenige fyne kerven; de plooijen zyn plat, met fmalle voorens onderfcheiden, weshalven de kanten ook niet zeer gekerft zyn, bleekwit, zonder fchildery, maar uit zee komende doorgaans bekleedt met een donkergrauw of aardverwige wolachtigheit; aan de kanten haairig, dewelke met zand ligt af te wryven zyn; het vleefch is hardachtig, en heeft een minie-rood toegefpits handeken, waar mede het groot geweld kan doen, van zich geevende een lichtrood fap, 't welk d' Inlanders vergelyken by de

cerfte

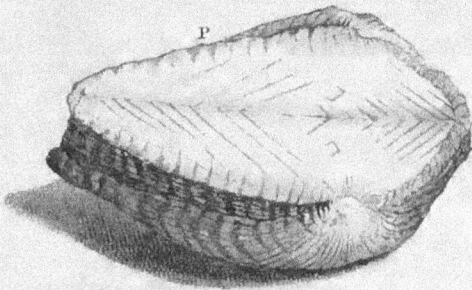

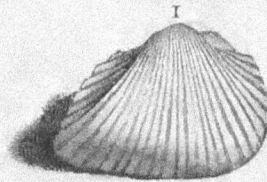

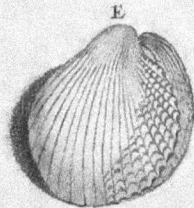

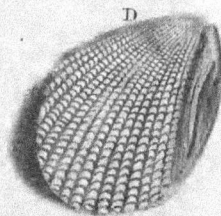

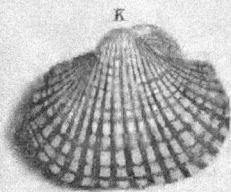

Tab. XLIV

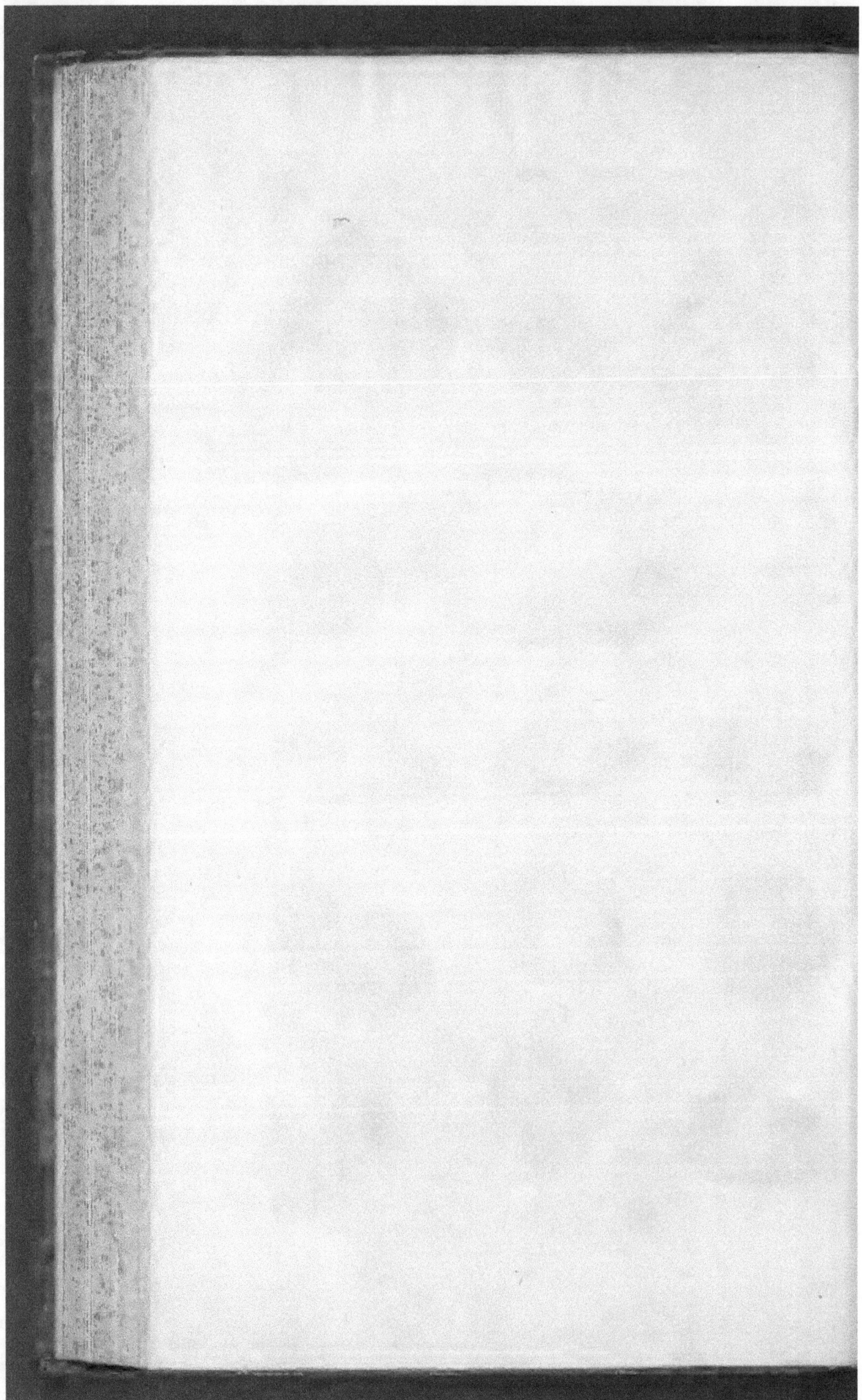

eerften bloem van een Maagt, waar van ze den naam heeft. Zy zyn gemeen op alle Amboinfche ftranden, daar wat modder onder 't zand loopt, en zy worden veel gezocht tot den koft, hoewel ze hard te verteeren zyn.

Ctenites is een wit rond fteentje, in de grootte van een erwete, en kleinder; zomtyds wat paerlachtig blinkende, of met een wit fonnetje boven op, 't welk men in deze en in de voorgaande *Pectines* vind, doch zelden, en word voor een Rariteit gehouden. De Inlanders draagen het om gelukkig te zyn, in 't opfoeken van moffelen en fchulpen. Daar is noch een andere *Ctenites*, zynde een harde donkergrauwe fteen in de gedaante van een *Pectunculus*, waar van zie in 't volgende Boek onder de Steenen. *Ctehites befchreeven. Waar van noch een andere foort.*

IX. *Pecten granofus*, heeft den gedaante van den voorgaanden, doch ronder en dunner van fchaal; de plooijen fteeken zeer uit, en zyn bezet met groove korrels, die den fchaal eenigzins fteekelig maaken; deze is in *Ambon* onbekent, maar valt op *Kerams* Noordkuft, en op *Celebes* by *Makkaffar*. *De 9de foort, by letter K.*

X. *Pecten faxatilis*. Maleitfch, *Bia batu*, is langwerpiger en fmaller dan *Bia anadara*; zy heeft achter eenen platten rugge, en daar over 2 bultige hoofden, hangende de fchaalen los aan malkander met een velleken; zy is donker en onordentlyk gekamt, en aan den voorften zyde heeft zy een opening, als of 'er een ftuk uitgebroken was; by den uitlopenden hoek is ze wat haairig: Men vind 'er zoo fmalle en langwerpige, dat ze een kleine baktrog (*mactra*) gelyken, en de fchaalen zyn gemeenlyk van malkander op den ftrand verftrooit, anders hangen ze met een fteenig gewas door het voornoemde gat aan de klippen vaft, als of ze daar in beeten; dies zy geenzins van plaats veranderen. *De 10de foort, by letter L. Een andere foort.*

XI. Billetjes, zyn niet boven een nagel van een duim groot, met een uitloopend hoekje, bultig, en achter met ronde billen, bruingrauw met plooijen en ftreepen in ruitjes verdeelt, en derhalven ruig: Andere zyn platter, en hebben aan d' eene kant 4 of 6 fcherpe fchubben, mede in ruitjes verdeelt: Deze beide zyn gemeen in den Amboinfchen Inham. *De 11de foort, by letter M.*

XII. *Pecten bullatus*. Maleitfch, *Bia filoos*, is zeer dun van fchaal, zoo dat men ze ligt in ftukken duuwen kan; van buiten is ze lichtros en geelachtig, met weinige fpikkeltjes, weinig en donker gekamt, en de fchaalen hangen loffelyk met een velleken aan malkander; van binnen is ze lichtrood, zeer hol, en opgeblaazen als een zeker bolachtig pannebakfel, hier te lande *filoos* genaamt: Het vliegen of liever fpringen uit het water verrichten de *Pectines plani* door het handeken, 't welk een hardachtig (*callofa*) vleefch is, waar mede zy tegen den grond flaan, en daar door uit het water vliegen, met d' achterfte of fcherpfte kant voor uit: Zoo dat *Jonftonius*, en andere Schryvers geen reden hebben dit vliegen in twyffel te trekken, quanzuis om dat deze Schulp haar fchaalen niet uitbreiden kan als vleugels, 't welk by dit uitfchieten niet van noden is. *De 12de foort, by letter N. verbeeldt. Die uit het water vliegen.*

XIII. *Bia Sabandar*, of kleine Bontemantel, is als een gemeene Jacobs Schulpe, met weinige en ronde ruggen, waar op men zwartachtige wateren ziet, geplekt als de vifch *Jean Sabandar*. *De 13de foort, by letter O. verbeeldt.*

De Pectines & Pectunculi, worden voor 't meerendeel by ons Bontemantels genaamt; waar van wy eenige zullen aanwyzen. De eerfte foort, is verbeeldt op den plaat XLIV, by letter A. De 2de foort, by letter B, deze Bontemantels zyn waardig, inzonderheit als zy fcherp van nageltjes, en hoogrood met fcherpe witte vlammen gekoleurt zyn; doch de zwarte plekken op een zuiveren witten grond worden voor de befte gehouden. De 3de foort, by letter C, worden baftaart Bontemantels genaamt, ook wel Weftindifche Bontemantels, om dat dezelve daar veel van daan koomen: van deze zyn veele foorten en verfcheiden van koleur en tekens; zommige zyn heel fchoon hoogrood; andere oranje, purpere, met wit gewolkt of geftreept, ook wel geftippelt. De 4de foort, aangewezen by letter D, is hoe witter hoe beter, en worden Ysdoubletten genaamt om haar waterachtige doorfchynigheit. De 5de foort, by letter E. De 6de foort, by letter F, die wy roode Aardbeidoublet noemen. De 7de foort, is verbeeldt by letter G, en word de witte of geele Aardbeidoublet genaamt. Die by H, is het dubbelde Venushartje, om dat dezelve wederzyds een verfcheiden hartje vertoont; deze zyn voormaals hoog gewaardeert, en is en is voor een, dat roode stippelen of vlakjes hadde, 60 Ducatons betaalt, doch was toen maar alleen bekent; nu zyn dezelve wat gemeender, doch echter waardig. De 8ste soort, by letter I, aangewezen, word by ons een Baſtaard-Ark genaamt. De 9de soort, by letter K. De 10de soort, by letter L. De 11de soort, by letter M. De 12de soort, by letter N, Deze alle zyn verscheide soorten van Baſtaard-Arken; waar by wy de rechte Noachs-Ark, by letter P verbeeldt, hebben gevoegt. De 13de soort, by letter O afgetekent, behoort onder de Bontemantels, en word de Gewolkte genaamt; deze zyn heel zeldzaam, en worden weinig gezien.

XXXII. HOOFTDEEL.

Amuſium : Kompas-Schulp.

d' Ama-
ſium be-
ſchreven.

DE zeldzaame Schulp *Amuſium* of Kompas-Schulp, al ſchynt ze uit den maag-ſchap van de *Peſtines* te zyn, verdient echter wegens haare zeldzaamheit een byzonder Hooftdeel.

Zie hem
verbeeldt
op den
plaat
XLV. let-
ter A. van
buiten, en
letter B.
van bin-
nen.

Zy u aan
wederzyden
verschei-
den van
kleur.

Zy gelykt een platte Jacobs-Schulp, gemaakt van twee dunne, ronde, en meeſt platte ſchaalen, in den grootte van een dwarshand en meer, doch men vind aan beide ſchaalen ganſch geen uitſteekende ribben, gelyk anders alle *Peſtines* hebben, maar zy zyn effen en glad: Het wonderlykſte daar aan is, dat de bultige zyde ganſch wit is, daarentegen is de vlakke ſchaal, dewelke maar een weinig bultig is, donker-leververwig, en doortrokken met groene ſtreepen, dewelke achter by den wervel meeſt 't zaamen ſtooten, en zich na den omloop uitbreiden, recht gelyk de ſtreeken op een Kompasroos, waar van ze den naam heeſt, aan den binnenſten zyde daarentegen heb-ben beide de ſchaalen eenige dunne uitſteekende ribben, dewelke niet tot achteren toe loopen, maar die zy omtrent de midden verliezen, dewelke men ook van buiten be-kennen kan, als men ze maar een weinig tegens den dag aanhoud; zoo ſchynt dan deze Schulp uit twee verſcheiden ſchaalen gemaakt te zyn, zoo dat men 't niet geloo-ven zoude, als men ze niet aan malkander vaſt ziet; achter by den wervel in de twee uitſteekende hoeken zyn ze met een bandje vaſt, gelyk andere *Peſtines*. Haar Inwoon-

Zyn zeld-
zaam.

der is een week geelachtig vleeſch, ſchier gelyk aan den *Pinna*: Het tweede wonder is, dat men ze zoo zelden vind, en geen plaats op ſtrand of in 't zand kan aanwy-zen, daar zy woonen, dan dewelke by geval in 't zand op vlakke ſtranden geraken:

En koo-
men maar
op 2 plaat-
zen voor.

Men weet tot noch toe maar twee plaatzen, daar men ze vangt, te weeten den Noord-Weſten hoek van *Xula mangoli*, en de ſtranden van *Waro* tot *Hote* toc, op *Kerams* Noordkuſt. Zy dryven in zeewater omtrent de ſtranden, meeſt met de witte of bulti-ge ſchaal boven, doch zy zyn zoo behendig, dat ze dan 't witte, dan 't bruine bo-ven keeren, gelyk ze ook ſchuins dryven, en zoo zy willen te gronde gaan, trekken ze haar 't zaamen, doorſnydende het water als een pyl: Men vangt ze met netten on-der andere viſſchen, daar in zy al gapende dryven, en aerſelen als men na hun toegaat. Men vind ze maar in weinige maanden van 't jaar, en dat maar in den Ooſten of Zuid-

Zyn veel
jaaren
vermiſt;
doch weder
te voor-
ſchyn ge-
komen.

Ooſten *Mouſſon*, dewelke op voornoemde plaatzen een opperwal maakt. De eerſte wier-den in 't jaar 1666. in *Amboina* gebragt van *Hote*, daar na heeſt men ze wel in 20 jaa-ren niet gezien, tot dat 'er eenige weinige, in 't jaar 1685, van *Xula mangoli* gebragt wierden: na dien tyd zyn ze in meerder meenigte van *Waro* aangebragt. Haare zeld-zaame gedaante en moeilyke manier om te vinden hebben haar altyd onder de dierſte Rariteiten geſtelt.

Worden t'
onrecht
vliegende
genaamt.

De eigen Naam by d' Inlanders is onbekent, behalven dat haar zommige *Bia terbang*, dat is, Vliegende Schulp noemen, om dat ze quanſuis als vliegende op 't water dry-ven; doch deze naam komt met beter reden toe alle de Jacobs-Schulpen, dewelke een ſprong doen als of ze vlogen. Beter hebben ze onze Duitſche Kompas-Schulpen genaamt,

genaamt, naar de streepen, dewelke men op de vlakke schaalen ziet, en daar van mag het zyn, dat men ze in 't Latyn *Amusium* noemt. Dezen Schulp vind men ook beschreven, als een meesterstuk van de zee, in het Boek van de Hoorntjes door *Philippus Bonnanus*, en afgetekent in 't III Deel, de 354ste Figuur. *Door Bonnanus beschreven.*

In 't jaar 1696. Zyn deze Schulpen ook op Batavia bekend geworden, wordende door de visschers van de Eilandekens aangebragt.

In 't jaar 1698. Heb ik ze bekomen van *Bima* uit den straat *Sapi*, van de zelfde fatzoen en eigenschap als die van *Keram*, doch die van *Bima* waaren wel zoo groot en schoon, zynde aldaar mede in de treknetten gevonden.

d' Amusium, *word by ons* Maandoublette, *dog ook wel*, *als by den Schryver*, Compas-schulpen *genaamt*, *zie den zelven verbeeldt op den* XLV. *plaat*, *die by letter* A, *is de buiten zyde*, *en by letter* B, *is dezelve van binnen te zien.*

XXXIII. HOOFTDEEL.

Tellina.

O Nder de *Tellinæ* begrypen wy al dat dunschaalig en langwerpig goedje, 't zy glad of gestreept, bestaande in de volgende soorten. *De Tellina beschreven.*

I. *Tellina arenosa.* Maleitsch, *Bia passir*, is een vinger lang, en 2 dwars-vingers breed, redelyk dik van schaal, buiten gestreept als de *Pectines*, doch de ribben zyn ruiger en smaller, loopen wat bochtig, en met stekelige korrels bezet; zommige lichtgrauw of witachtig; zommige uit den blauwen en grauwen gemengt; maar de meeste roodachtig, gelyk ook de kanten van binnen zyn: Het Dier heeft een wit vleesch; aan d' eene hoek 2 holle pypjes met roode srangjen gezoomt, waar door zy het water inzuigt, en met gewelt wederom uitspuit; by den anderen hoek is noch een gat in 't vleesch, waar door zy de vuiligheden uitwerpt uit het zwarte *papaver*, 't welk vol zand is; de schaalen sluiten in malkander *per ginglymum*, en daar achter is een dik sterk vel, dat de beide schaalen 't zaamen houd, en, als het Beest daar uit is, dezelve zoo sterk achterwaarts trekt, dat men ze met gewelt weder 't zaamen moet drukken; de wervel en 't hoofd staan niet recht in het midden van den rug, maar nader aan den eenen hoek, en de twee voornoemde spuiten staan by den langsten hoek, en by den ronden hoek is de uitgang van de vuiligheid; dichter by na voren toe is een handje van hardachtig vleesch, aan 't levende Dier buiten den schaal uitkykende, waar mede het op den grond voelt, en zich op en neêr laat, want alle *Tellinæ* staan omtrent een hand, en zomtyds een voet diep in den harden zingelgrond overeind: De 2 water-spuiten eindigen straks in den maag of zandsak, van het *papaver* onderscheiden, 't welk by den ronden hoek legt: Zoo hebben ook alle *Tellinæ* eenen langwerpigen schulp, en twee *tendines* of spanaderen; de eene by den waterspuit, in den langsten hoek; de andere by den ronden hoek, om dat een niet genoeg was om dien wederspannigen schaal te sluiten: In het midden legt een klontje wit vleesch geformeert als een dooijer van een ei, 't welk het geen is, dat men tot den *Botassan* gebruikt, doch de Chineezen laaten het zwarte *papaver* daar by. Alle *Tellinæ*, zoo wel in een waazigen, als in een zingelgrond, staan overeind, op 't hoogste een voet diep onder den grond, maar als het water wast, zoo ryzen ze na boven, wanneer ze een halve voet diep staan, en dan zyn ze best te graaven. Men vind ze aan den uitersten rand, alwaar het zeewater komt, in 't grof zand met steenen gemengt, hebbende tot een kenteken van haar plaats een rond gaatje, 't welk men ziet, als men 't zand wat wegschart, 't welk de voornoemde pypjes maaken met het inzuigen en uitblaasen van 't water; zomtyds vind men ook een klein

De 1ste soort, verbeeldt op den plaat XLV. by letter C.

Deze houen het zwater door 2 pypen uitspuiten.

De Tellina verder beschreven.

Waar die gevonden worden.

T   paerltje

Hebben ook paerlen en andere steenen in. paerltje daar in, geelachtig of paars naar den koleur der schaal, 't welk is een *Tellinites*. Doch noch een ander steen van dien Naam zie in 't volgende boek onder de Steenen.

Deze Schulpjes worden veel gegraaven tot het maaken van *Bocassan*, en daarom by veele *Bia bocassan* genaamt; doch dewyl ze zeer zandig zyn, zoo worden de volgende blauwe Schulpjes daar toe voor beter gehouden; en deze worden maar by gebrek *Hoe men die zuiveren moet.* van dezelve genomen, die men wel een week in zeewater moet laaten staan om haar van 't zand te zuiveren, in welken tyd men ze geduurig ziet het water uitspuiten, zoo dat men qualyk daar by staan kan, zonder in d' oogen geraakt te worden.

De 2de soort. II. *Tellina saxatilis*, *Bia batu*, is een dikschaalige ruige Schulp, met het achterste aan de klippen vast, weinig gestreept, vuil moschachtig, aan de kanten haairig, die vast aan den schaal zyn, zoo dat men ze niet afwryven kan; aan den voorsten kant niet wel sluitende, waarom ze ten deele altyd gaapen; zy worden niet veel gezocht: Deze veranderen haar plaats niet, als mede de *Pecten saxatilis* in 't voorgaande Hooftdeel.

De 3de soort verbeeldt op denzelven plaat by letter D. III. *Tellina Gari*. Maleitsch, *Bia bocassan*. Amboinsch, *Blastor* en *Blastol*, is een vinger lang, en een dwars vinger breed, niet gestreept, maar langs de kanten met eenige kringen of scheuren; 't overige effen, zwartachtig of donkerblauw, met weinige bleekwitte en donkere straalen aan de hoeken, niet altewel sluitende, en aan den voor- *Zyn mede water spuitende.* sten kant wat innewaarts gebogen; voorts hol, en veel vleesch verbergende, door haare pypjes 't water uitspuitende als de voorige: Het vleesch is wit en sacht, het *papaver* met geen zand vervult, daarom worden ze voor de beste gehouden tot het maaken van *Bocassan*. Men graaft ze op weeke stranden, daar een stille zee is, uit een zwart modderig zand of waazigen grond.

Bocassan beschreven. *Bocassan* of *Bacassan*, is dat vermaarde Amboinsche *Garum*, met der oude Romeinen *Garum* meest overeenkomende, 't welk men aan de tafels gebruikte om eetlust te verwekken; in *Amboina* maakt men het uit tweederlei Schulpen, te weeten, uit den eersten en derden zoort dezes Hooftdeels, en zomtyds ook uit den navolgenden *Tellina picta*, doch uit den derden is het gemeenste en beste: De Schulpen moet men eenige dagen in zeewater zetten, dat ze haar ter deege van 't zand zuiveren, 't welk de derde soort in een of twee dagen doet, als dan op tweederlei manier gehandelt maa- *Bereiding van de witte Bocassan.* ken ze tweederlei slach van *Bocassan*, witte, en zwarte: De witte *Bocassan*, dewelke by onze Natie voorgetrokken word, maakt men aldus; de rauwe Schulpen opent men, neemt het witte vleesch daar uit, en smyt het *papaver* weg, 't welk, wel gewasschen en gezuivert, 8 dagen in 't zout moet staan, en hoe witter men dit vleesch krygen kan, hoe aanzienlyker de *Bocassan* word; dit gepekelde vleesch bestaat meest in riemtjes en vellekens, word daar na in goeden *Towak*-azyn gelegt, daar onder mengende klein gesnedene wortelen van *Galanga major* of *Lanquas*, witte gember, en hauwens *En hoe ze bewaart word.* van *Siliquastrum* of ritsjes, ook, voor die het verdraagen konnen, wat look; de potjes, daar in men het bewaart, moeten wat nauw van mond zyn, daar op men dan een weinig Olyven-oly giet, en dicht toebind, want de *Bocassan* gansch geen lucht ver- *Andere bereiding.* draagen kan; op deze wyze toebereid, kan men ze over een jaar bewaaren: Andere neemen, in plaats van ritsjes, zwarte peper en den schorze *Culit Lawan* in kleine stukjes gesneden; als men ze nuttigen wil, moet men 'er t' elkens maar een weinig uytnee- *Word tot sauze gebruikt.* men om op tafel te zetten, en 't overige weder toebinden. Het is een voortreffelyke en aangenaame sauze by alderhande kost te eeten, inzonderheit by gebradens, verwekkende den eetens lust, en 't maakt allen kost smaakelyk, daarom word het uit *Amboina* na *Berei- ding van de zwarte Bocassan.* alle plaatzen van *India* vervoert: De zwarte *Bocassan*, daar de Chineezen en Maleijers het meest van houden, en ook met het Romeinsche *Garum* beter overeenkomt, maakt de tanden zoo eggerig niet als de witte, om dat hier geen azyn bykomt, en word aldus bereid; de Schulpjes haar behoorlyken tyd in water gelegen hebbende, tot dat men gist, dat ze van 't zand ter deege gezuivert zyn, worden of geheel gelaten, en met schaal en al ingepekelt, of, als men ze straks eeten wil, zoo opent men den schaal en men

men neemt het witte vleesch daar uit met dat aanhangende zwarte vet, 't welk in andere Schulpen geel is, en het ei genaamt word, wegsmytende alleenlyk den zwarten
Zandfak of *Papaver*; dit vleefch acht dagen in pekel gelegen hebbende maakt den zelven bruinzwart, waar van men zoo veel uitneemt, als men op een maal eeten wil, giet
daar wat zuur Lemoenzap over met gefneden gember en ritsjes, zoo is ze toebereidt;
aan fmaak geenzins wykende het Romeinfche *Garum*, 't welk zy van kleine Vifch-dar- *By 't Ro-*
men maakten, gelyk hier te lande ook gefchiet.   *meinfche*
                                                                                        Garum
                                                                                        vergele-
    Als men den witten *Bocaffan* over Zee wil ftuuren, en men geen Olyven-oly heeft om *ken.*
daar over te gieten, zoo dekt men de potjes toe met een paar bladeren van den boom
Capraria of *Caju Cambin*, 't welk ze voor 't bederven bewaart, waar toe anders de
Culit Lawan ook dient; zoo neemen zommige ook witte peper in plaats van zwarte,
om dat ze beter fin in defzelfs geur hebben.

    IV. *Tellina Violácea*, is grooter doch dunner dan de voorgaande, 4 en 5 duimen *De 4ͩ*
lang, 1 breed, als een fcheede geformeert, zoo dun van fchaal, dat men ze ligt in *foort, ver-*
ftukken duuwen kan, aan beide einden wat gapende, licht violetblauw, met witach- *beeldt by*
tige breede ftraalen, effen en plat van fchaal; zommige zyn rondachtig; zommige *letter E.*
platter, en 2 vingers breed, aan de hoeken recht, als of 'er wat afgefneden was; deze is zelden te vinden, en word onder de Rariteiten gerekent; zy heeft haar paarf-
achtige ftraalen niet altyd in 't midden des rugs, maar meerendeels in d' eene hoek vergadert: Men vind ze aan den Ooft-ftrand van de *Paffo Baguala* en *Xulij*, overeind ftaan- *Waar en*
de in 't fyne zand, en dat aan den kant van 't alderlaagfte water, 't welk gefchiet 's *Wanneer*
jaarlyks by een volle Maan in *November*; haar plaats word gekent aan een gaatje in 't *den wor-*
zand, 't welk een fleutelgaatje verbeeld: Men vind ze niet alle jaaren, en derhalven *den.*
alzoo zelden als de volgende *Bia piffou*; hierom noemt men ze Sonneftraal van *Bagua-*
la, doch de Maleijers rekenen ze onder den *Bia piffou*.

    V. *Tellina cultriformis*. Maleitfch, *Bia piffou*, is mede dun van fchaal, en langwerpig, *De 5ͤ*
aan de einden een weinig gapende, aan den voorften kant een weinig buikig, en fcherp *foort, af-*
met de beide hoeken achter overgebogen als een Zabel, of als de Chineefche Zeepmef- *getekent by*
fen; zy is op den fchaal gefpikkelt met lichtbruin en ros: Men vind ze weinig omtrent *letter F.*
den rivier *Weijnitoe*, in 't zand overeind ftekende, gelyk de volgende *Ungues*, en uit
den bovenften mond, die meeft gaapt, water fpuitende, als men daar na graaft, waar
op zy dieper in 't zand fakken, daarom moet men ze met behendigheit uitgraaven,
toeziende dat ze met haar fcherpe kanten niemant in den hand fnyden, wegens haare
zeldzaamheit verftrekken zy voor een Rariteit.

    VI. *Tellina picta*. Maleitfch, *Kappija*, is een Schuipje van gemeen fatzoen, wei- *De 6ͤ*
nig geftreept, en korrelig met landfchapjes en torentjes gefchildert; zommige buiten *foort.*
lichtgrauw, binnen wit; zommige buiten ros, van binnen rood, maar haarer beider
fchilderijen zyn donkergrauw of zwartachtig, en een lid van 1 duim lang: Zy groei- *Waar die*
jen in een harden fteenachtigen ftrand, daar men ze met moeite uitfcharren moet, en *groeijen.*
dat effen aan den rand, daar 't hoogfte zeewater komt, by vallend water na de diepte
fakkende, en by defzelfs waffen weder opkomende, 't welk van alle *Bocaffan* Schulpen
gezegt zy. Zy vallen meeft op den ftrand van *Roema tiga*, daar een zingel grond is, *Worden*
zy hebben een zacht vleefch, en weinig zand, en daarom mede bequaam om *Bocaffan* *mede tot*
daar van te maaken, wordende met fchaal en al ingepekeld.   *Bocaffan*
                                                                                        gebruikt.
    VII. *Lingua felis*, Katte tongen, zyn breede en platte Schulpen, aan de eene *De 7ͤ*
zyde recht rond, aan de andere met een fmallen hoek, met veele fyne fchubbekens *foort, ver-*
bezet, en daar door ruig als een Katte tong: Zy zyn wit, met roodachtige ftraalen *beeldt by*
achter by 't hoofd 't zaamen ftotende; zommige zyn flecht wit, met bochtige fcherpe *letter G.*
ribben, en ruitjes zonder ftraalen, d' eerfte vallen in fyn zand, en dienen voor Rariteiten; d' andere vallen onder de fteenen, en zyn niet mooi.

    VIII. *Tellina virgata*, Sonneftraalen, Maleitfch, *Bia matta harij*, zyn fchaars een *De 8ͤ*
vinger lang, twee vingers breed, en meer, aan de eene hoek mede rond, aan de andere *foort, by*
                                                                                        letter H.
                        T 3   fcherp, *afgebeeldt.*

En ver-
der be-
schreven.
scherp, gelyk een Westphaalsche ham, vol kringen of ribben, met de kanten paralleel lopende, in 't gevoelen wat scherp, bleekgeel, met roodachtige straalen, achter
by 't hoofd 't zaamen stotende, verbeeldende de straalen, die men 's avonds ziet by den
ondergaanden Zon, als hy water trekt, daar een regen op volgt : Van deze straalen
zyn zommige breed, zommige smal, zommige Schulpen hebben ook gansch geene of
slechts eenige voetstappen daar van; daar is weinig vleesch in, om dat ze zoo plat zyn,
en men vind ze meest leeg op strand gapende, doch de schaalen noch aan malkander
vast, 't welk geschied, als ze by aflopend water boven 't zand komen, en schielyk
door de heete Zon geraakt zynde zoo magteloos worden, dat ze den schaal niet 't
zaamen konnen houden, om dat het achterste dikke velletje door de droogte buitenwaarts krimt, waar door zy den krabbekens ten prooi worden. Men vind ze overvloedig in den Amboinschen Inham omtrent de *Waijnitoe* en in de *Uliassers* op vlakke en
Waar
van meer-
der soorten
zyn.
harde stranden: Zy worden tot den kost niet gezogt. Men vind 'er ook, doch zelden,
die rood van schaal zyn, met witte of geele straalen. Noch een derde soort, dewelke
gansch wit is, en slecht van koleur. Een vierde soort valt op Oost-Keram, zynde de
grootste onder de *Tellinæ*, vier duimen lang, twee vingers breed, over 't geheele lyf
glad en bruin, en zonder straalen, dewelke raar zyn.

De 9de
soort, by
letter I.
IX. *Tellina lævis* is van fatzoen als de voorgaande, maar wel zoo breed en dun,
gansch glad, zonder ribben of schilderijen; zommige wit als yvoor; zommige lichtgeel, achter by den wervel met een rood plekje of kruisje; zommige hebben ook eenige donkere straalen, dewelke wit zyn; deze zyn raar.

De 10de
soort, by
letter K.
X. *Folium.* Maleitsch, *Bia Lida*, deze is gansch plat en dun, heeft geen uitste-
kenden hoek gelyk de hammen, maar aan beide einden rond, of aan 't eene eind recht,
en als afgesneden, en aldaar scherp getand, gelykende een tong of een blad, van verwe hooggeel, met en zonder straalen : Zy worden zelden gevonden, en zyn derhalven
raar; men moet ze zacht handelen, en niet lang in den Zon droogen, want daar door
verbleeken ze.

De 11de
soort, by
letter L.
XI. *Petasunculus*, Hammetje, heeft de gedaante van een Banquethammetje, te
weeten, aan den eenen hoek rond, en aan den anderen smal toelopende, een vinger
lang, en ruim een breed, zeer dun van schaal, eenpaarig rood : Zommige zyn incarnaat, dewelke breeder en ronder zyn : Andere zyn lichtgeel als vuil yvoor, dewelke
grooter en slechter zyn : Men heeft ook kleine, schier zonder hoek, en rond, mede
rood.

De 12de
soort.
XII. *Petasunculus striatus*, is een klein langwerpig Schulpje, in de lengte geribt,
wit of lichtgrauw.

De 13de
soort, by
letter A.
op den
plaat
XLVI.
XIII. *Vulsella*, Baardnypers, is een langwerpige Schulp; aan den eenen hoek
dik, en aldaar met een wervel aan malkander vast; aan den anderen dun, plat, en
rond, zoo dat ze op en toe gaan, gelyk een tang of Chineesche Baardnypers; de grootste zyn 3 en 4 duimen lang, buiten vaal, en ruig, zonder mooijigheit, en gelyken
meer naar een snebbe van een Eend : Andere zyn kleiner en mooijer, die beter naar
een Nyper gelyken; zy zyn een kleine vinger lang, wat krom als een Zabel, donkergrauw of aardverwig. Men vind ze in groote klompen by 70 en 80 met een ruig mosch
aan malkander vast hangende, die men dan in water moet leggen, en los laaten weeken.

De Tellinæ, *deze* 1ste *soort, is afgebeeldt op den plaat* XLV. *by letter* C. *Van de* 2de *soort,*
ontbreekt d' afbeelding. Doch de 3de *soort, word aangewezen by letter* D. *De* 4de *soort,*
by letter E, *deze word by ons de* purpere Sonnestraal, *ook wel de groote* Tour de Bra,
genaamt. De 5de *soort, by letter* F, *is een* Peuldoublet, *en word ook 't* Poolsch Mes *ge-*
naamt. Van de 6de *soort, ontbreekt d' afbeelding. Doch de* 7de *soort, is afgetekent by letter*
G, *en word by ons* Robbetong, *om zyn scharpe schubbetjes, genaamt, ook wel de* Se-
greinedoublet *: van deze zyn groove en fyne; de groove hebben bruine plekken; en de*
fyne hebben roode straalen op een witten grond: Dewelke hier als de 8ste *soort, by letter*
H, *is aangewezen. De* 9de *soort, by letter* I, *is glad, en behoort onder de* Roosdoubletten,

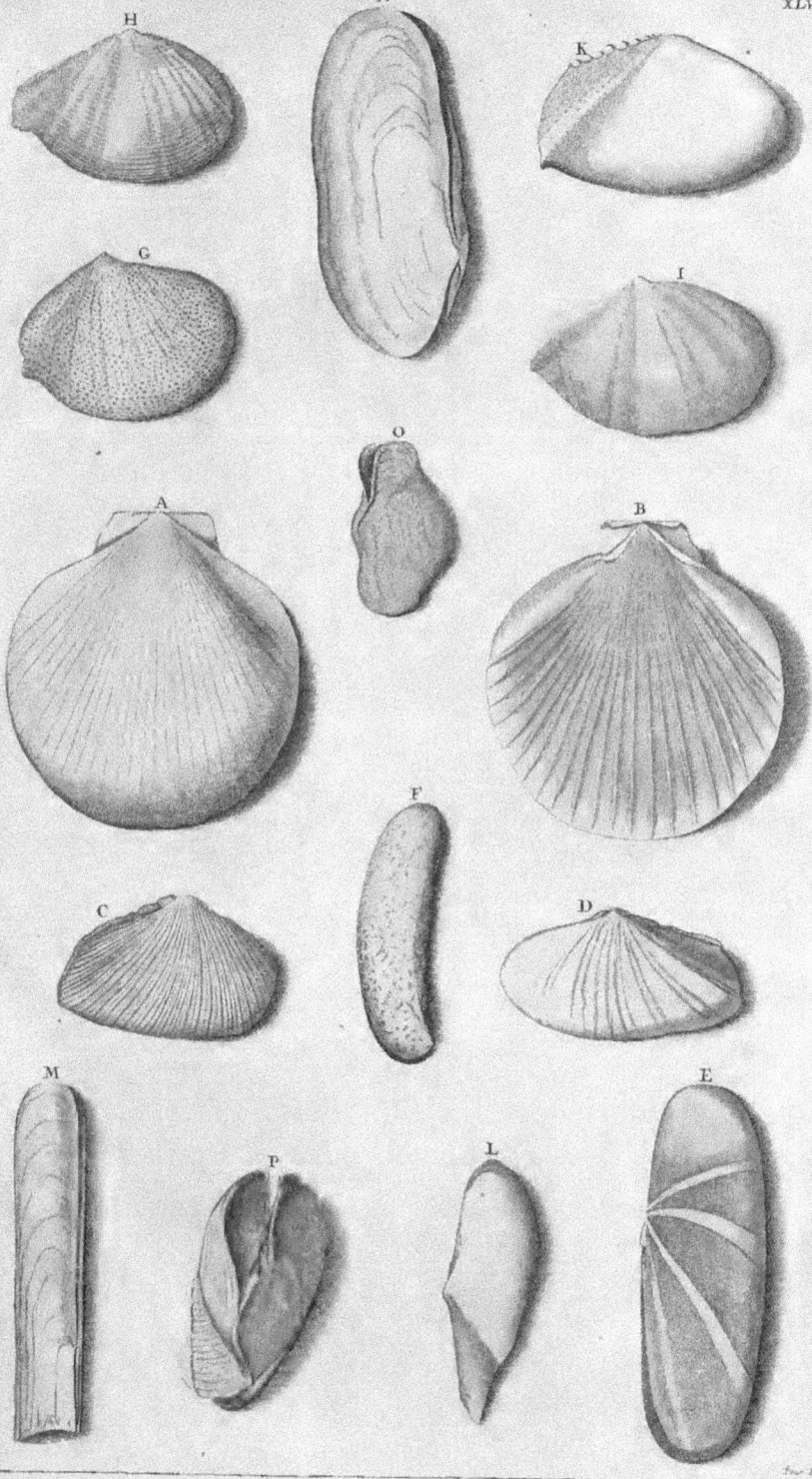

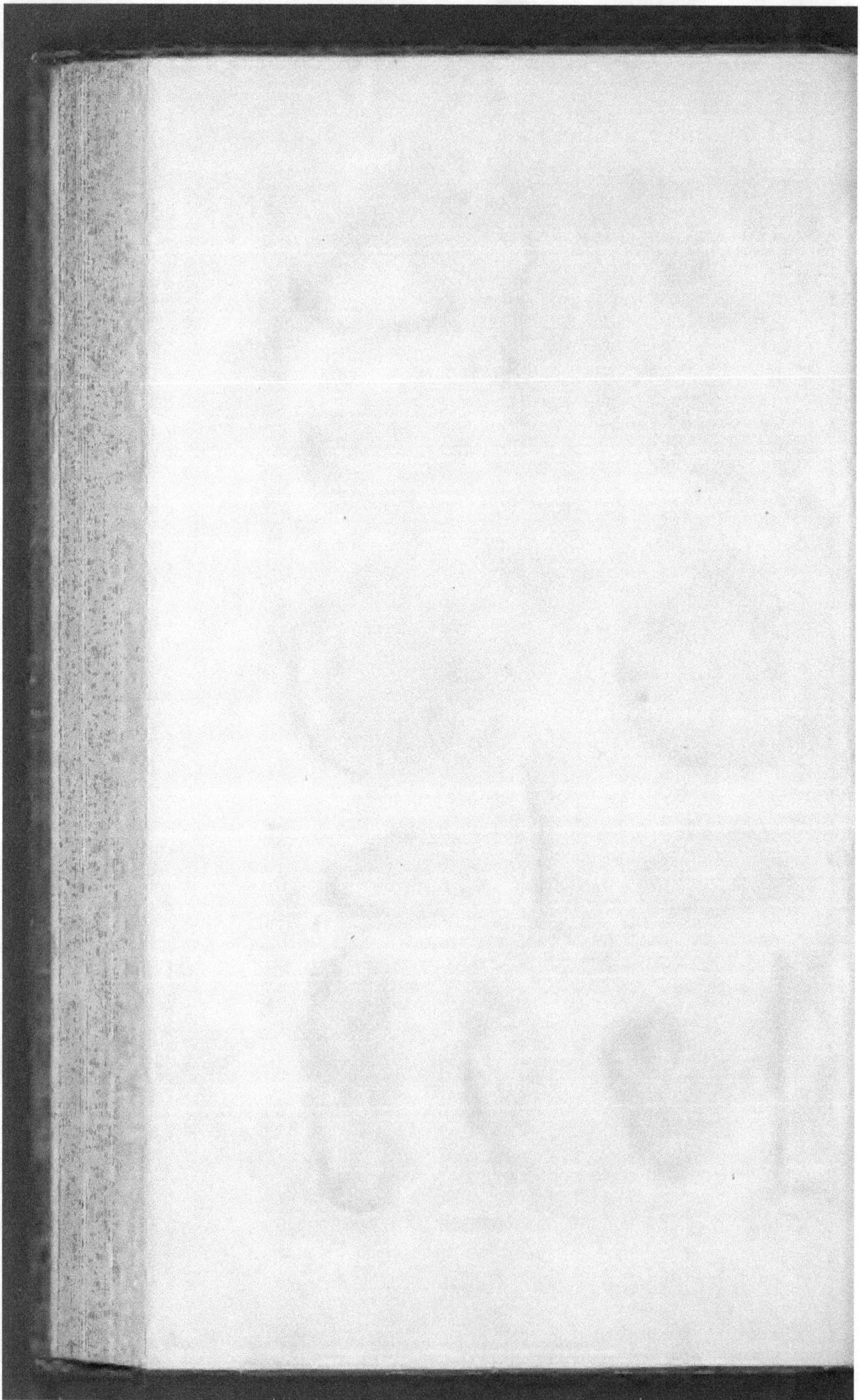

letten; *waar van geele, roode, witte, gevlamde, geftraalde, en geftreepte zyn. De 10de foort, verbeeldt by letter K, is een andere foort van Venusfchulpen, te voren befchreven. Den 11den foort, by letter L, noemt de Schryver 't Hammetje, doch worden by ons mede onder de Roosdoubletten gerekent. Den 12den foort, moeten wy, om dat de aftekening outbreekt, voorbygaan. Doch de 13de foort, is verbeeldt op den plaat XLVI. by letter A, dien de Schryver* Baartknyper *noemt.*

XXXIV. HOOFTDEEL.

Solenes bivalvij.

Boven in 't XXVII. Hooftdeel, hebben wy befchreven de *Solenes folidi*, die maar uit een pyp beftaan, nu komen de Tweefchaalige, maakende het vyfde geflacht van Schulpen, dewelke langwerpige Schulpen zyn, met haare twee fchaalen een fcheede of pype verbeeldende, en beftaan in de volgende foorten: *De Solenes bivalvij befchreven.*

I. *Solenes bivalvij, Ungues, Dactyli, vulgò, Vaginæ,* Neêrduitsch, Orgelpypen, Maleitfch, *Bia butu* en *Bia faron*, ook *Krang fiffij* en *Bia koekoe*, om dat haar fchaal uit nagelen of fchubben fchynt 't zaamen gezet te zyn. Deze zyn 4 en 5 duimen lang, een vinger breed, dunfchaalig, uit den ronden wat plat, aan d' eene zyde door een velleken wat 't zaamen gevoegt, aan d' andere open, doch niet wydgapende, want ftraks daar achter is 'er een velleken voorgefpannen: De beide einden ftaan open, waar van het bovenfte rechte, het onderfte rondachtige kanten heeft: De koleur van den fchaal is lichtbruin, aan zommige met witte plekken en ftraalen, effen en glad, of met kleine fcheurtjes overdwars, wyzende zyne aangroeijinge na beneden; het vleefch is hard en zenuwachtig, boven met een eindtje, zynde een lid van een duim lang, uitfteekende, gefatzoeneert als een *Membrum virile*, met een zwarte voorhuid naar believen uit en ingetrokken wordende, en water uitfpuitende: Zy ftaan recht overeind in een zuivere zandgrond, altyd aan den rand van 't laagfte water, daar de wal begint af te gaan: Haaren plaats kan men bekennen aan een rond gaatje in 't zand, daar men ze behendig uitgraaven moet met onderfcheppen, want geraakt zynde trekken ze zich diep in den grond. By de Chineezen worden ze ingepekelt en gegeeten, hoewel ze zeer hard en onverdouwelyk van vleefch zyn. In den Middellandfchen Zee, inzonderheit in den *Archipelagus* moeten ze veel beter en murver zyn; want ik verfta, dat ze by de Grieken en Italiaanen aldaar in hoogachtinge zyn. De hedendaagfche Grieken noemen ze *Sulinees*; de Italiaanen *Lanquetti*; doch by *Jouftonus Lib. de Aquatilibus*, vind ik den Venetiaanfchen naam, *Cappa longa*; te Bononia, *Pifce canella*; en het is miffchien de *Concha longa* van *Rondoletius*; hoewel de Middellandfche *Solenes* van de onze wat verfchillen. Men behoeft *Ariftoteles* juift niet te berifpen, daar hy fchryft, dat de *Solenes* aan beide kanten geflooten zyn; want in der daad de loffe zyde niet ver open gaat, zynde als gezegt van binnen met een velleken toegefloten. *De 1ste foort, is verbeeldt op den plaat XLV. met letter M.*
En verder omftandig befchreven.
Hoe die gevonden worden, Worden gegeeten.
Haar benaming in verfcheiden taalen.

II. *Roftrum anatis.* Eende-bekken, zyn mede een foort van *Solenes bivalvij*, en miffchien de Wyfkens, want *Plinius* verdeelt ze in Mannekens en Wyfkens, hoewel deze ook van tweederlei flach zyn: De eerfte of grootfte Eende-bek is dikker van fchaal en breeder, langs de kanten geribt, en als vol fcheuren, niet bruin, maar afchgrauw, boven met een zeer gapenden mond, wiens lippen een weinig uitwaarts gekromt ftaan, de onderfte hoek fluit wat meer, en zy ftaan overeind omtrent een hand diep in 't zand, hebbende boven een zwart en zenuwachtig eind uitfteeken, rimpelig, zich uit en intrekkende, en maakende boven in 't zand twee gaatjes, daar men een kleine vinger infteeken kan, en waar uit het Dier water fpuit; het binnenfte vleefch is onedugende, vol zwart bloed en zand, velachtig en onbequaam tot den koft, behalven een weinig, *De 2de foort, op dezelve plaat, by letter N. verbeeldt. Waar van 2 foorten. Zie deze foort, verbeeldt by letter O. Zyn ook waterfpuivers.*

weinig, 't welk men inpekelt: Het tweede flach is korter, en zoo dun van fchaal, dat het fchier doorfchynend is, in 't midden buikachtig, boven zeer gapende, en van 't zelfde vleefch; de fchaal is vuilwit of grauwachtig, en ruig als een Haaije-vel, aan 't *Waar die gevonden worden.* vleefch is gansch niet dat deugt: Men vind ze in grof zand, daar een waazige of moeraffige grond onder is.

De 3de is verbeeldt by letter P. Een derde foorte hier van is een kleine vinger lang en breed, wiens fchaal overdwars wat geftreept of geribt is. Onder de *Solenes bivalvij* behooren ook de *Mufculus arenarius: Afuffen paffir* en *Bia piffou*: De *Afuffen paffir* fteekt haar vleefch mede buiten 't zand uit, 't zelve uitbreidende in den rondte als een rooffebloem, die zich ftraks nederwaarts begeeft, als men het aanraakt, en de moffel trekt zeer diep in 't zand, daarom is 't moeijelyk haar geheel uit te graaven: Men legt ze flechts een ommezien in heet wa- *Zyn eetbaar.* ter, tot dat ze gapen; en men eet het vleefch half rauw, want het vleefch is week, en zeer welfmaakende, zonder zand, wit, en beter als veel Oefters, voornamentlyk 't onderfte, want het bovenfte is wat hardachtig, in twee langwerpige lippen verdeelt; wiens opperfte dat gerimpelde vliesken heeft, 't welk buiten 't zand uitfteekt.

De 3de foort. III. *Bia catsjo.* Amboinfch, *Hua ilij* of *Huily.* Deze zyn kleine Schulpjes een lid van een duim lang, wit, of blauwachtig met groen gemengt, van figuur als een fchopje met een platte rugge in het midden van yder fchaal; onder aan hangt een taaije witte zenuwe, als of 't een Langhals was, dewelke in 't zand gaat; en, als zy geraakt *Waar zy haar onthouden.* worden, zinken ze nederwaarts: Zy ftaan overeind niet diep in 't zand, hebbende tot een teken een klein fcheurtje, als of het met een mes gefteken was, Men graaft ze op vlakke ftranden met meenigte by malkander, en worden veel gegeeten by den *Pape-* *En waar den Catsjo genaamt.* *da.* Men noemt haar *Bia Catsjo* naar de gedaante van de kuiltjes in de *Pinang*-beeken, daar in men een *Catsjo,* dat is, een beet *Pinang* leggen kan, naar welke zy gelyken.

De 4de foort, Zee-penzeelen genaamt. IV. Zee-penzeelen, vind men op den ftrand van *Waijnitoe* overeind in 't zand fteekende, zynde een vinger lang, en een ftroohalm dik, witachtig, en half doorfchynend als glas, gelykende zeer wel een fchaft van een vogelveêr, boven in veele ve- *Waar van verfcheide foorten zyn.* zeltjes verdeelt als een penzeel: Daar by vind men noch een ander goed, wat dikker als fyne darmen, buigzaam en taai, 1 voet of 1½ lang, buiten zandig, binnen met water gevult, die men als formen uit 't zand graaft: Een derde foorte zyn pypen, hebbende den dikte van een pink, een vinger lang, buiten ruig, binnen glad, met flymerig water gevult, zoo bros, dat ze van enkel zand fchynen gemaakt te zyn, om dat ze ftraks breeken, als men ze drukt.

Hoemen die vangen moet. Om alderhande *Solenes* te vangen, als men eerft de gaatjes ziet, daar zy infteeken, zoo zal men van boven een bezemriedje of den ftyven middelzenuwe van een *Calappus*-blad daar in duuwen, zoo diep men kan, en veerdig daar onder graaven ter zyden; want door dat fcherpe rysken geprikkelt zynde, vergeeten ze het neêrwaarts zakken.

Onder de *Solenes* kan men ook brengen, (als gezegt is) de vyfde foorte van 't voorgaande Hooftdeel *Tellina Cultriformis* of *Bia Piffu*, om dat ze op diergelyke manier in 't zand fteekt, en aan fatzoen niet veel verfchilt. De fchaal is langwerpig, en wel zoodaanig, dat de zyden paralleel loopen, voorts dun en breukzaam, van buiten is ze getekent met fyne ribben en voorens, dewelke paralleel met de randen loopen in een halven kring. Zy is altyd zuiver, en laat haar wel polyzen, daarom is zy onder de Rariteiten aangenomen, de koleur is geel bruin.

De Solenes Bivalvij, *waar van eenige onder de* Moffelen *behooren, van deze word de* 1fte *foort, aangewezen op den plaat* XLV. *by letter* M, *de Schryver noemt deze* Orgelpypen, *doch die worden by ons* Goot-Doubletten *genaamt, om dat zy of heel of half zynde, heele of halve gooten gelyken. De* 2de *foort, by letter* N, *noemt de Schryver den grooten* Eendebek, *van welke noch een andere foort, by letter* O, *verbeeldt, de kleine Eendebek genaamt word, doch by ons eeuwigduurende* Gaapers, *om dat die noit toe konnen fluiten. De andere foort, by letter* P, *is van deze voornoemde de groote. Van de volgende heeft de Schryver in dit Hooftdeel ons geen afbeeldingen laaten toekoomen.*

XXXV.

XXXV. HOOFTDEEL.

Muſculi : Moſſelen.

Het zefde geflacht van Schulpen maaken de *Muſculi* of Moſſelen, en de *Miiuli*, waar van wy de volgende foorten aangemerkt hebben.

I. *Muſculus vulgaris major.* Maleitſch, *Afuſſeng.* Deze is de gemeene Moſſel van bekende fatzoen, doch hier te land meer naar den bruinen dan blauwen trekkende, met een baard aan de klippen of houten hangende, aan fmaak veel wykende den geenen, dien men in onze Wefter-zee vind.

II. *Mitulus anatarius.* Maleitſch, *Afuſſeng Bebec*, dat is, Eend-moſſelen, Amboinſch, *Jkul*, op Hitoë, *Lulat.* Deze zyn kleine Moſſeltjes, ſchaars een lid van een vinger lang, en 1½ vinger breed, bleekbruin, en wat rimpelig van ſchaal: Zy ſteeken veele by malkander in een waazigen grond, maakende een geheelen korſt, gemeen in den Amboinſchen Inham, en op *Hoeconalo*, en andere ftille bochten: Men graaft ze veel uit om d' Eenden daar mede te voeden, over de uitgegraavene korften rolt men een fteen, of men breekt ze met de handen in ftukken, en als dan worden ze van de Eenden greeig gegeeten: De Varkens eeten ze ook gaarn, inzonderheit de wilde, waar op de Jagers ook weeten te loeren.

III. *Mitulus faxatilis* is noch kleinder, ſchaars een lid van één vinger lang, maar breeder, en als een oor gefatzoeneert, buiten rimpelig of korrelig, omtrent de randen met haairen bezet, en met een groenen weêrfchyn: Zy hangen aan harde klippen, die plat leggen, en op andere harde vlakke ftranden: Zy dienen niet tot eeten, maar wel voor Varkens en Eenden.

IV. *Muſculus arenarius.* Maleitſch, *Afuſſen paſſir.* Deze fteekt geheel in 't zand verborgen, en overeind, gelyk de *Solenes*, van fatzoen als Moſſelen, doch de zyden loopen meer parallel, en beneden is 't hoofd ronder, dun en bros van ſchaal, in kringen verdeelt, langs dewelke zy breekt, als men ze duuwt; zy zyn eenpaarig grauw, naar den vaalen koleur trekkende, en zuiver: Zy hebben geen baard, gelyk de Moſſelen, maar volgen den natuur van den *Pholates.* Het vleefch is wit, week, en goed om te eeten. Men vind ze weinig in een harden en fynen zandgrond op vlakke ftranden, daar men haar plaats bekennen kan aan een rond gaatje, en by laag water in 't zelve een roosje van roodachtig vleefch, in de grootte van een fchelling, en in de gedaante van een *Boletus*, het welken het Dier boven uitfteekt om te bakeren.

Myites is een fteentje van gedaante als de voorgaande Moſſelen, doch niet boven een nagel van een duim lang, boven bruin of violet, beneden rond, witachtig met een paerlachtigen weêrfchyn, en half doorſchynend, 't welk men by geval in deze Moſſelen vind; wegens haare mooije gedaante en zeldzaamheit, worden deze Moſſelen onder de Rariteiten gerekent.

V. *Pholas.* Maleitſch, *Afuſſeng batu.* Neêrduitſch, Steenfcheede. Deze is een langwerpige zwarte Moſſel, hebbende de lengte en breedte van een vinger, doch meerendeels kleinder, zomtyds ook een hand lang, met eenige kringen by het bovenfte eind, 't welk fcherp en plat toeloopt, beneden ftomp en witachtig: Deze vind men nergens bloot, maar altyd in de groote Koraalfteenen; (*Lib.* 12. *Herbar. Ambon. Saxum calcarium* en Katskoppen genaamt.) in deze fteken ze in een kuiltje, zoo net op den Moſſel accordeerende, als of het door konft uitgehouwen was, ftaande met den fpits altyd overeind of een weinig hellende, en van daar altyd een heel klein gaatje hebbende, 't welk door den fteen gaat, waar door zy het water inzuigen en uitfpuuwen: Rondom den Schulp legt een meelachtige fubftantie als een papje, en hoe minder deze is, hoe mooijer, zwarter, en gladder de Moſſel is; maar die veel pap om zich hebben zyn

ruig

ruig en korrelig, doodſchbruin, en niet mooi : Het vleeſch is ſlymerig, doch word
door het kooken hardaehtig, tot het eeten niet zeer aangenaam, om dat ze naar de klip-

pen ſmaaken : Men krygt ze nooit dan by 't maaken van kalkoovens, wanneer men
die Katskoppen in ſtukken ſlaat of kapt, om kalk daar van te branden, daar men met
verwondering ziet, hoe deze Schulpen in den ſteen verborgen leggen, daar men van
buiten geen tekens ziet, en nochtans door die kleine gaatjes haar voedzel moeten zuigen; zoo moet men ook wel 3 of 4 ſteenen openen, eer men een vind, die ze heeft;

de kleine hebben kleindere, en de groote grootere Moſſelen : Daar zyn zommige van
onze Ooſtindiſche Philoſophen, dewelke vermoeden, dat deze Moſſelen 'er eerſt zyn,
en daar na deſteenen daar rondom groeijen door onzienlyke Waterdiertjes, die den ſtee-
nigen ſtoffe 't zaamen draagen, en laag op laag aanzetten, gelyk de Byen haare huisjes
maaken. De Katskoppen groeijen gelyk andere Zeegewaſſen, gelyk 't zelve door ons
in 't voorgenoemde *Herbarium* is beſchreven; daarom heb ik ze ook onder de Waterplan-
ten gebragt; of het evenwel door zoodaanige Diertjes geſchied, is my noch onbekent,

maar dat ze rondom deze Moſſelen groeijen, kan ik niet toeſtemmen; de reden hier
van is deze, om dat men deze Moſſelen niet bloot vind noch rompſtomp over hoop in
die ſteenen, maar altyd of recht of ſchuins overeind, hebbende buiten twyſſel het Dier
deze eigenſchappen en krachten, dat het in 't groeijen den omliggenden zachten ſteen
vermolzemen of verbryzelen kan, om haar kamertje grooter te maaken, en haar ſchaal
uit te breiden, het welk men merken kan aan de kringen, die de ſchaal aan haar dunſte
einde heeft, alwaar het aangroeijen geſchied.

VI. *Avicula*. Maleitſch, *Aſuſſeng burong*. Deze is een zwarte Moſſel, in den gedaante van een Vogeltje of Swaluwtje, 't welk haar beide vleugels opwaarts ſteekt,
maar als men ze uitbreid, zoo gelykt ze een vliegend Vogeltje met een langen ſtaert,
in 't gemeen een vinger lang; met het hoofd hangen ze nederwaarts, en met den ſtaert
opwaarts aan ſtokken, en dus houd men die lang in zee ſtaan, als mede aan de berg-
houten en roers van Chaloupen door middel van den baard, die by 't hoofd is. Men
vind ze ook aan de zeeboomtjes of *Akkarbaar* vaſt gegroeit, inzonderheit aan het zwarte, dewelke niet boven een vinger lang zyn; zommige zyn zwart; zommige rood,
beide met lange ſtaerten, en ligt afvallende; het vleeſch is gelyk aan andere Moſſelen.

VII. *Pholas lignorum*, gelykt 't uiterſte lid van een vinger, te weeten, van voren
ſtomp, achter ſpits, platachtig, en met een rond gaatje, in twee deelen open gaande,
van buiten is ze grauw, lelyk, en zeer bros van ſchaal; zy groeijen in de verrotte paalen,
die in zout water ſtaan, zoo als de *Solenes integri*.

Met den natuur van *Pholas* komt overeen, 't geen *Matthiolus* zegt van zekere Alykruiken of Slekken, die men levendig vind in zekere rotzen by 't ſlot *Duin* in den Adria-
tiſchen zee, daar men met yzere hamers groote ſtukken afſlaat, en dezelve wederom
in andere kleindere ſtukken, daar in men dan deze Slekken vind, goed om te eeten,
en lekker van ſmaak : By den Tartariſchen ſtad *Tarku* worden desgelyks Slekken in een
rots gevonden; ook vind men verſcheide Schaalviſſchen in de hoogſte *Alpes* achter *Ve-*
rona. *Aldrovandus Lib*. 3. *de Exanguibus* beveſtigt dit bovenſtaande mede : Aan den

oever te *Ancona* worden ſteenen van 50 en meer ponden uit den zee getrokken, dewelke, met hamers in ſtukken geſlaagen zynde, kleine levendige en zeer lekkere viſchjes
uitleveren, *Idem Aldrovandus*.

De Moſculi, Moſſelen, is by ons de 1ſte ſoort, verbeeldt op den plaat XLVI. *by letter* B.
De 2de ſoort, by letter C. *De 3de ſoort, by letter* D, *deze is heel zeldzaam, en word*
de Eende-moſſel genaamt. De 4de ſoort, is verbeeldt by letter E. *De 5de ſoort, by letter*
F, *deze is een Steen-moſſel, om dat dezelve in de Zee-Koraalſteenen groeijen, die men*
aan ſtukken ſlaande, daar uitkrygt. De 6de ſoort, by letter G, *is het gevlerkte Vogel-*
tje genaamt, om dat dezelve van malkander leggende, en tegen een gevoegt, een vliegend
Vogeltjen verbeelden. De 7de ſoort, is te zien by letter H.

XXXVI.

XXXVI. HOOFTDEEL.

Pinna. Maleitsch, *Bia mantsjado.*

HEt zevende geslacht van de Schulpen maaken de *Pinnæ*, Maleitsch, *Bia mants-* *jado*, naar den gedaante van een smalle Indiaansche byl, Amboinsch, *Kima* *Omin*, Neêrduitsch, Holster-Schulpen. Deze hebben een byzondere ge- daante, van alle andere Schulpen verschillende, namentlyk driekantig, lang, plat, boven breed, en gapende, beneden scherp en spits toeloopende, gelyk een holster; zy zyn verdeelt in de volgende soorten.

I. *Pinna prima sive oblonga*, is een of 1½ voet lang, en boven vier duimen breed, beneden spits toeloopende, overeind staande, en de helft in den slykigen grond staan- de; de eene lange zyde is gesloten, de andere is los, en opent zich omtrent 1 vinger breed, en aldaar aan den grond ziet men een baard van zwartgroene draaden gemaakt, omtrent een lid lang, aan het Dier smal en van voren breed, den welken men *byssun* noemt, waar mede het Dier zich vast maakt aan steentjes en zand; de bovenste zyde sluit niet wel, maar staat boven altyd gapende, en loopt wat rond, zynde de schaal aldaar zoo dun en scherp als een mes, zoo dat men zich dapper daar in bezeeren kan, als men onvoorzichtig daar op trapt of daar na duikt: De buitenste schaal is zwart, of met wat bruin gemengt, zoo ver zy boven den grond uitsteekt, vol zeegruis of kalk; 't overige is zuiver, met korte en ydele schubben bezet, die in ryen staan, en aan d' oude schier geheel vergaan; de onderste spits is wit, binnen is de bovenste helft mede zwart, de onderste zilverwig: Het Dier heeft een grooten *Callum*, en een groo- ten klomp hooggeele, of minij roode vettigheid, die men het ei noemt, voorts breede zwartachtige lappen, door den geheelen Schulp verspreidt, beslaande 't vleesch niet meer dan de zilververwige plek, en daar onder legt een groote zandsak van zwart bloed en zand.

De jonge *Pinna*, noch geen half voet lang zynde, is wit van schaal, zeer dun en doorschynend, van buiten in den lengte geribt of gestreept, en met scherpe schubben bezet, allenkskens den bruinen koleur aannemende, en de bovenste of smalste zyde is niet rond, maar recht, zoo dun en bros als glas; alle *Pinnæ* hebben een Pinnewachter, *Pinnophylax* en *Pinnoteres* genaamt, dewelk een garneeltje is, zynde 1½ vinger lang, ys- verwig met witte stipjes, en schier doorschynend, met dunne en zeer scherpe nypers, 't welk geduurig in den *Pinna* woont, zoo lang dezelve leeft, maar als zy begint te sterven, zoo loopt het daar uit: In ieder *Pinna* woont maar een garneeltje, doch 't zel- ve schynt daar in zyne eijers (dewelke men onder zyn staert vind) te formeeren, en jongen voort te brengen, die daar na verhuisen moeten, en andere *Pinnæ* zoeken: Zyn ampt is den *Pinna* te nypen, dat ze haar toe zal trekken, als 'er prooi in den Schulp is, of als 'er eenig gevaar voor handen is, gelyk wy boven in 't XXVIII. Hooftdeel van de *Chama Squammata* gezegt hebben. Zy groeijen in geen openbaaren zee, maar in stille bochten, daar een moddergrond is; met het bovenste ronde deel even uitky- kende, maar daar een harde zandgrond is, steeken ze meer dan de helft bloot boven den grond, veele by malkander, met den scherpen kant altyd boven, dat men geen voet daar tusschen zetten kan; zy zyn 4 en 5 voeten onder water: Men vind ze in den binnensak van den Amboinschen Inham, in den geheelen moerassigen bocht van *Heu-* *netello* tot *Cauwa*, aan Kerams Noord-Westhoek, en in den bocht van *Tauoeno* en *Kaj-* *bobbo*. Zy worden tot den kost gebruikt, doch dat zwarte *Papaver* moet men wegsmy- ten, om dat het wat dronken of duiselig maakt, en 't overige is ook van geen zon- derlyken smaak: Beter moeten ze zyn in den Griekschen zee, inzonderheit in den

V Pro-

De Pin- *na be-* *schreven.*

De 1ste *soort, afge-* *beeldt op* *den plaat* *XLVI.* *by letter I.* *Haar ge-* *daante, ke-* *leur, en* *Dier om-* *standig be-* *schreven.*

De ande- *re van de-* *ze zie by* *letter K.*

Deze alle *hebben een* *Wachter.*

Dewelke *haar (dood* *zynde)* *verlaat.*

Wat de- *zelve* *Wachter* *doet.*

Waar de *Pinnæ* *groeijen,*

en haar op- *houden.*

En wor- *den mede* *tot spys ge-* *bruikt.*

Propontis, of rivier van *Conſtantinopolis*, daar men ze noch *Pina* noemt, en alwaar zy noch wel 2 voeten lang vallen zullen.

Men vind hier in ook zomtyds paerlen, gelyk men van de *Pinnæ* in den Middelland-ſchen zee ook ſchryft, doch deze zyn klein, rond, paars, of lichtviolet, en verlie-ſen metter tyd haaren glans: Ik geloov echter, dat ze witter en mooijer vallen in zoo-daanige *Pinnæ*, die van buiten niet zwart, maar bruinachtig zyn, en in een harden grond groeijen, en klaarder water hebben, daar de meeſte Amboinſche in water ſtaan, dat modderig is; het moet echter wat klaar zyn, als men na dezelve duiken wil, want zommige meer dan een vadem onder water ſtaan; ook moet men wel oppaſſen, dat men zich aan haare ſcherpe kanten niet bezeere: Van de *Pinnæ* zie *Plinius Lib.* 1x. *cap.* 42. en *Cicero Lib.* 2. *de naturâ Deorum.*

II. *Pinna lata. Plinius*, *Perna*. Deze word voor het wyfken van den *Pinna* gehouden, en is wat korter dan de voorgaande, maar veel breeder, en dikker van ſchaal, zeer wel naar een Weſtfaalſch hammetje gelykende: Ik heb 'er gehad van 16 duimen hoog, en 1 voet breed, aan den openen zyde een weinig uitgeholt met een bochtje; daar de *byſſus* ſtaat; de ſchaal is mede zwart of aardverwig, in ryen met ſcherpe ſmalle ſchub-ben bezet, die zy ook in haar ouderdom behoud: Men vind ze ydel, en van de voo-rige afgezondert, want zy willen een harder grond hebben, en vrijer zee; doch ik heb bevonden, dat 'er altyd geen verſche rivieren omtrent zyn, daar de *Pinnæ* zich ophou-den, gelyk andere ſchryvers melden.

III. *Pinna alba*, word ook voor 't wyfken gehouden, en is veel kleinder dan de voor-gaande, zy is wit of lichtgeel van ſchaal, dun, en half doorſchynend als glas, niet recht driezydig, maar in 't midden bochtig, als of ze 't zaamen gebogen was, van buiten is ze glad, doch een weinig geplooit: De grootſte zyn een hand lang; andere 3 en 4 dui-men lang, en in 't midden zoo bochtig, als of ze 't zaamen gevouwen waaren: Zy ſteeken niet in den grond, maar hangen met de baarden aan de ſteenen; deze worden zelden gevonden.

De Pinna, by den Schryver Holſters, *worden by ons* Hamdoubletten, *om haar koleur en gedaante, genaamt, ook wel* Steckdoubletten, *om dat dezelve meeſtentyds in een weeken grond ſteekende gevonden worden. De* 1ſte *ſoort is verbeeldt op den plaat* XLVI. *by let-ter* I, *van deze* Hamdoubletten *heb ik 'er een gehad, ruim twee voeten lang: Hier van is een andere ſoort, afgetekent op den zelven plaat, by letter* K, *doch is een veel kleinder ſlach als de voorgaande. De* 2de *ſoort, by letter* L, *waar van noch een andere by letter* M, *verbeeldt is. De* 3de *ſoort, word aangewezen by letter* N.

XXXVII. HOOFTDEEL.

Oſtreum, Oeſters, *Tiram*.

HEt achtſte geſlacht van Schulpen maaken de Oeſters, van veelderlei fatzoen, doch alle daar in overeenkomende, dat zy van buiten een ruig geſchilſſer-den of ſchubachtigen ſchaal hebben, van binnen zyn zy zilververwig of paar-lemoerachtig, en deze veranderen niet van plaats: Van Oeſters ſullen wy

hier niet uitvoerlyk handelen, als genoegzaam bekent zynde, maar alleenlyk eenige ſoorten aantekenen, die men hier in *Amboina* vind.

I. *Oſtreum radieum ſive lignorum.* Neêrduitſch, Stok-oeſters. Maleitſch, *Tiram be-ſaar* en *Tiram akkar.* Deze zyn de grootſte, langwerpig, een hand lang en minder, van geen vaſt fatzoen, maar bochtig met omgevlochtene kanten, en dezelve zomtyds gekartelt of geplooit; van buiten zyn ze zwartachtig, van binnen zilververwig, met den onderſten en dikſten ſchaal krommen ze haar om de wortelen der boomen, waar aan zy groeijen, weshalven haar fatzoen zich ſchikken moet naar den plaats, daar zy hangen.

De

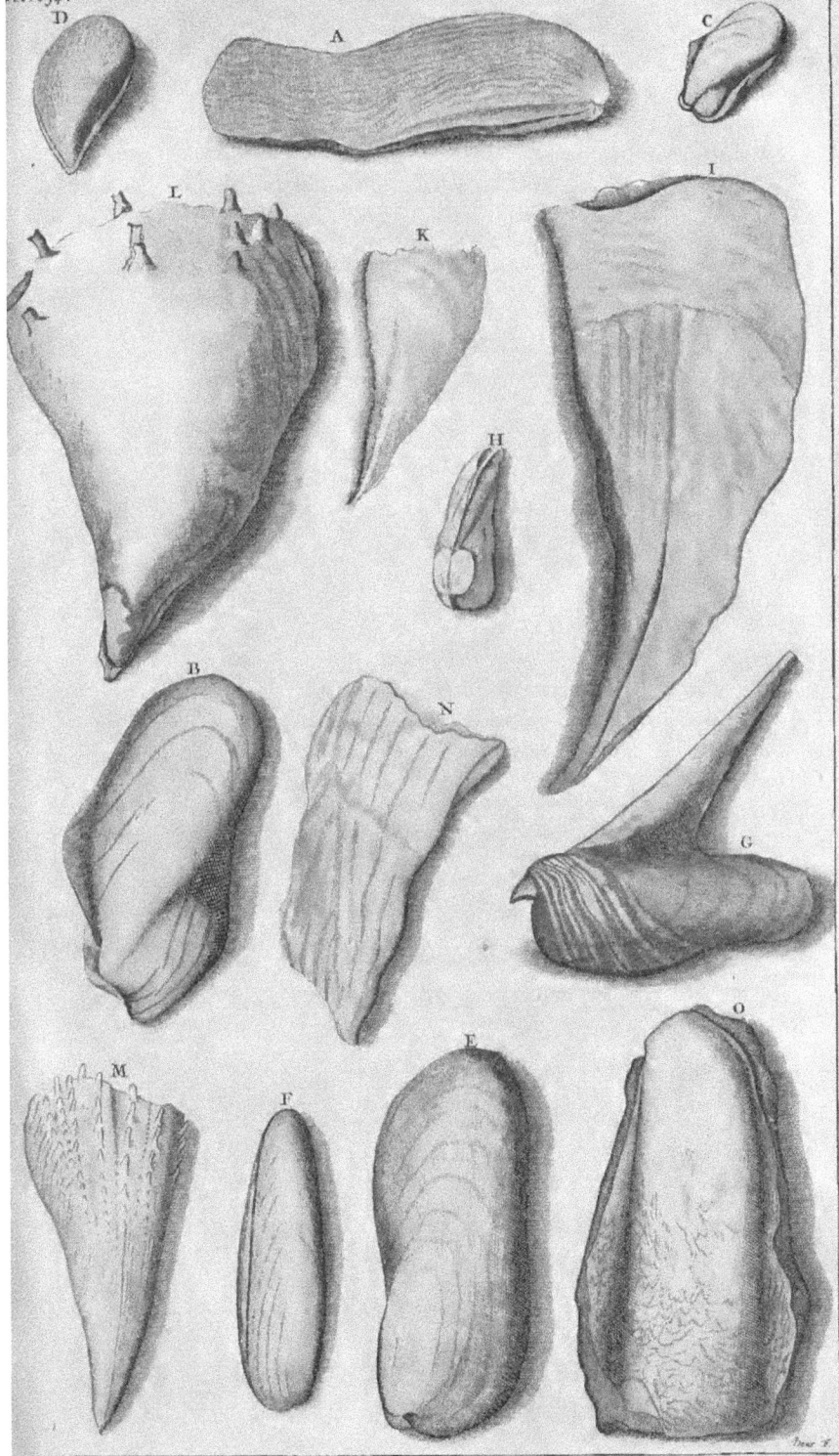

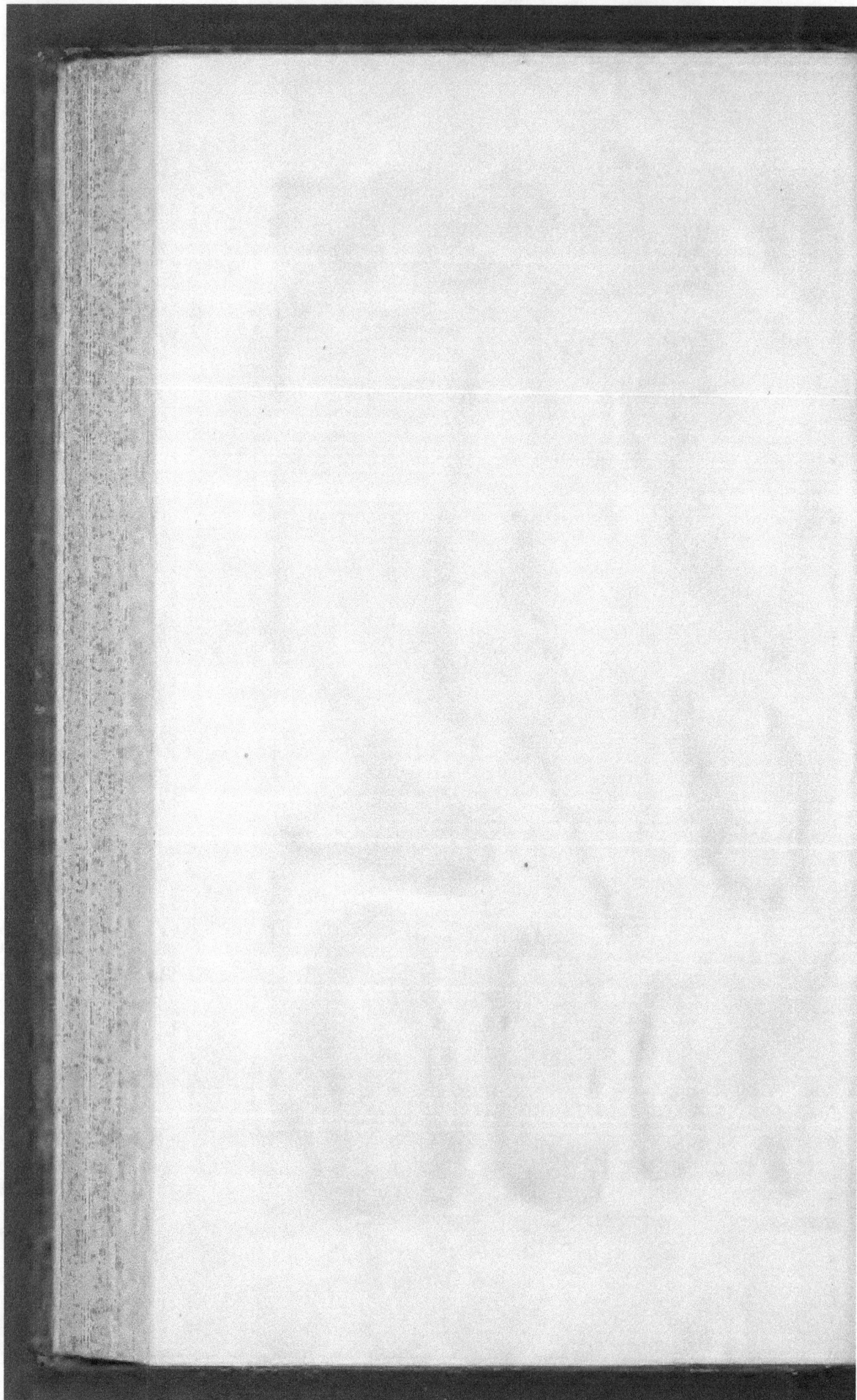

XLVI

De beste en grootste vind men op *Manipa*, *Boero*, *Kelang*, *Bonoa*, en op vlakke stran- *Waar die gevonden worden.*
den, daar veel *Mangi mangi*-boomen staan, aan wiens wortelen zy hangen, zoo dat
men dikwyls een stuk van den wortel mede af kappen moet, men mag ze houden voor
den *Tridaena* by *Plinius*, en by de hedendaagfche Grieken worden ze *Chæderopada*
genaamt na de gelykeniffe van een ezels voet. Zommige landen en stranden brengen
deze Oesters zoo weelderig voort, dat de scheepen aldaar ten anker leggende, en
't zelve ophaalende den ankerstok bezet vinden met schoone groote Oesters, gelyk *Groeijen onder aan de Scheepen, en Ankers &c.*
mede den kiel van 't schip, 't welk inzonderheit gebeurt in *Siam*; alwaar aan de kie-
len ook zekere Mosfelen groeijen, die langwerpig, grauw, of lichtbruin zyn, van fatzoen als de bovengemelde *Musculus arenarius*; zelden gebeurt het, dat men witte
steentjes daar in vind, in de grootte van een erwete, en vitse; zommige zyn geheel
wit; zommige met een paerlachtigen weêrschyn aan den eenen zyde, dewelke men onder de *Chamites* rekenen kan.

II. *Ostreum Cratium*, *Sery*-Oesters. Deze zyn kleinder, omtrent een vinger lang, *De 2de soort, op den plaat XLVII. by letter A.*
met geplooide en gekartelde randen, van buiten grauw en schilfferig; zommige ros,
zuiver, en met een verheevene rug in den bovensten schaal, met den ondersten omvatten
ze de stokjes of rietjes van de *Serys*, die omtrent ⅓ jaar in zee gestaan hebben; dit
geschiet met veele korte voetjes, of armtjes, die de randen van de stokken omvatten,
op den zelven manier, als men aan de wortelen van *Polypodium* ziet: Aan deze rieten
wassen ze met klompen boven malkander, zoo dat men de stokken mede afsnyden
moet, doch de mooiste zyn, dewelke enkeld groeijen: Men vind ze ook aan de wor- *Waar die gevonden worden.*
telen van allerlei *mangium fruticans*, doch die zyn klein, scherp, en zeer gekartelt,
waar van men veelderlei slach vind op den *Basso* van *Baguala*, ter wederzyde van dien
Isthmus.

III. *Ostreum Saxatile*, deze zyn klein, van veelderlei hoeken, en fatzoen; zom- *De 3de soort.*
mige als een schoteltje, met de eene zyde aan de steenen vast; zommige zyn rond als
Paarlemoerschulpen, en deze staan overeind: Zy groeijen aan alderhande steenen, zelfs
die niet grooter dan een noot zyn, ook op scherffen, en stukken van gebakkene steenen, &c.
de steenen zoodaanig bedekkende, dat men ze van boven niet bekennen kan. Zy zyn *Worden tot spys gebruikt.*
lekker van smaak, maar kosten wat moeite om op te kloppen en schoon te maaken:
Men vind ze veel aan den Noordzyde van den Amboinschen Inham.

IV. *Ostreum placentiforme sive Ephippium*. Neêrduitsch, Engelsche Zadels en Za- *De 4de soort, is verbeeldt op dezelve plaat, by letter B.*
delschulpen. Maleitsch, *Tiram Lebber*. Amboinsch, *Ea* en *ija*. Boëtonsch, *Calepinda*.
In de 'Xulaasche Eilanden, *Calvinde*, vallende op *Toccoeve*-en zyn aldaar paerlryk.
Deze zyn dun, en plat als pannekoeken, doch een weinig gebogen, in manier
als de platte Engelsche Zadels; zommige hebben 6 en 7 duimen in den *Diameter*, recht *Waar paerlen in groeijen.*
gefatzoeneert als een Zadel; de schaal is een schaft dik, schilfferig, als of zy alleen
van huiden gemaakt was, buiten is ze zwartgrauw, binnen schoonpaarlemoer met regenboogs verwe, inzonderheit de ronde plek, daar de *Tendo* staat, daar men ook zomtyds eenige korrels als paerlen aan den schaal vast ziet: Het vleesch is weinig, en
schier enkel lappen, doch goed van smaak. Deze vind men op *Bonoa* in stille bochten, daar een harde koraal-grond is, op malkander leggen, en daar eenige aders van
zoet water zyn. Een ander dunner slach vind men in den Amboinschen Inham, die *Van deze een 2de soort.*
beter naar pannekoeken gelyken, en wiens schilfferen zich ligter van malkander laaten trekken, kleinder in den omloop dan de voorige, buiten is ze uit den grauwen ros,
binnen paerlachtig, doch met veel rood gemengt, als rood koper, derhalven zoo
mooi niet als de voorige. In den straat van *Bouton*, en rondom *Pangesane* vind men
de groote ook, daar ze mede *Calepinda* hiet, en wiens paarlemoer tot het inleggen
van houtwerk aan de stevens van haare vaartuigen gebruikt word: Deze soorte word
op den Oost-kust van *Celebes* mede *Calepinda* genaamt; waar van men aldaar een klei- *Ook een 3de soort.*
ne soorte heeft, die wat plat, en dun is, gelyk men ook op *Baguala* vind: Deze
schaalen hangen die van *Tambocco* aan malkander gereegen aan de voorstevens van hunne

vaar-

vaartuigen, als zy op een togt zyn geweeft, en goed geluk hebben gehad om koppen te haalen; defgelyks haare voorvechters hangen ze rondom haare huifen, om, als de

Geeven geluit van haar.

wind waeit, door haar geklatter de menfchen te waarfchuuwen, dat aldaar een ftout man woont, die zich niet veel onder den neus laat peuteren; zoo dat deze Schulpen als Bafuinen van de *Fama* zyn.

Alle deze foorten brengen paerlen voort, doch in de Amboinfche vind men ze weinig, en die zyn klein, hoekig en geelachtig, mooijer heeft men ze in de Xulaafche Eilanden, en op het Papoefche Eiland *Meffoal*, alwaar zoo mooije paerlen vallen,

En waar die gevonden worden.

die de oprechte Ceilonfche vry wat gelyken: Deze Oefters vind men 3 en 4 vademen diep onder water; zommige plat, zommige als leijen fchuins tegens malkander gefchikt, daar men ze met harpoenen fteekt en opligt. Op *Balij* hiet men ze *Giwan*, met wiens mooi uitgefneedene ftukken de zadels en toomen worden ingelegt.

Opmerking van den Schryver.

Boven onder den *Chama fquammata* heb ik aangetekent het verhaal van de Inwoonders van *Keij*, dat omtrent haare Eilanden op een klip in zee eenige vademen onder water een groote Schulp te zien zy, dewelke een groot licht van zich geeft, maar, als men daar na duikt, verdwynt, of miffchien haar 't zaamen trekt: Indien het geen *Bia garu* is, zoo zal het buiten twyffel een groote Zadelfchulp zyn, waar van ik dikwyls zelfs gezien heb den gapenden fchaal onder water leggen, en een fchoone paerlachtige weêrfchyn van zich geeven.

De 5de foort, verbeeldt by letter C.

V. *Ofreum plicatum majus* is een dikfchaalige Oefter, uit verhevene plooijen gemaakt, welkers ruggen bezet zyn met lange fchubben, als nagels 't zaamen gerolt, ganfch ruig en morsachtig, wiens flym aan den buitenften fchaal hangende een jeuken veroorzaakt, op den huid zyn ze gelyk die van andere Koraalfteenen; het binnenfte is wit, en omtrent de kanten zwart: Men vind ze op *Manipa*, doch weinig, niet aan de wortelen der boomen, maar onder de fteenen. Een flach hier van valt op *Hoeconalo* in den Amboinfchen Inham eenige vademen onder water, en tuffchen de fteenen; zy is mede geplooit, doch zonder nagels of hoornen, maar met kleine gaatjes: Deze is zoo ruig en onaanzienlyk, dat men ze voor een klip aanziet, doch van binnen fchoonwit als alabaft.

De 6de foort, by letter D.

V I. *Ofreum Plicatum minus* is qualyk een hand breed en groot, uit weinige, doch groote plooijen gemaakt, zonder uitfteekende nagels of hoornen, maar met kleine gaatjes en ruitjes uitgegraaven, grauw en zuiver: Deze geplooide Oefters worden zelden gevonden, en maaken eenen grooten Rariteit.

De 7de foort, by letter E.

V I I. *Ofreum Echinatum*, Maleitfch, *Bia tsjoeppo*. Deze heeft twee holle fchaalen, donkerbruin, en overal met fteekels of takken bezet, gelyk een *Echinus marinus* of Zeeappel, van ongelyke lengte; waar van zommige breed, zommige rond zyn; zy zyn moeilyk om aan te vatten, behalven achter by 't hoofd, daar de fteekels op 't kortfte

Van deze zyn verfcheide foorten.

zyn. Een ander flach is kort, en diep als een kommetje of theekopje, waar op de andere helft als een vlak dekzel legt, met korte en ydele fteekels bezet, alle aan de kanten een weinig gekarteld, en zommige zyn van buiten zoo rood als koraal: Daar zyn 'er noch andere van flechter fatzoen, met korte breedachtige fchubben, met een klein dekzel boven op, witgrauw, kalkachtig, en daarom niet mooi. Alle *Tsjoeppi* hebben achter een breed gat als een koraalfteenig aanwas, waar mede zy vaft tegens

Welke de befte zyn.

de klippen zitten: De mooifte zyn de Kaftanje-bruine, niet zeer hol, vol fteekels, en zonder zeegruis; waar van men zomtyds twee en drie met de billen aan malkander

En waar zy haar onthouden.

gegroeit vind: Zy zitten aan harde roffe keifteenen, op den ftrand van *Hative*, en veele hebben ook een Krabbetje tot een wachter: Het vleefch word weinig of niet gegeeten, dewyl het een kleine duizeling of benautheid aanbrengt.

De 8fte foort.

V I I I. *Ofreum echinatum maximum & monfrofum*, dit fchynt de Koning van alle *Tsjoeppi* te zyn, waar van ik maar een gezien heb, dewelke met een net opgetrokken wierd voor *Porto* in de Uliaffers: Zy was ongemeen groot, en van een wanfchiklyke gedaante, te weeten de Schulp zelf een hand lang, overal bezet met lange fteekels; zommige een vinger lang, zommige korter, zommige plat, en fcherp als vlymen,

XLVII

I

L

A

G

F

C

E

N.º 1

M

B

H

K

D

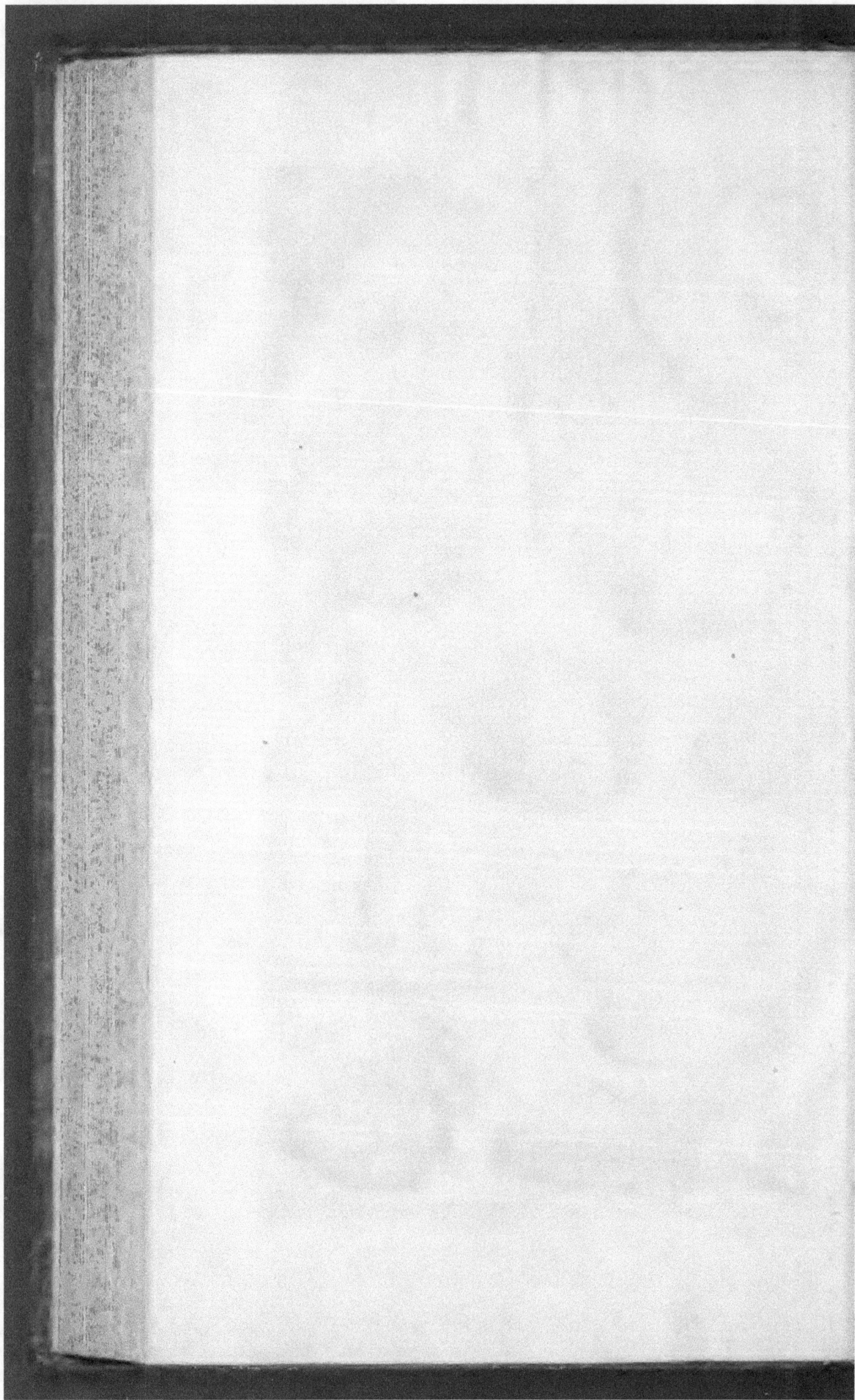

men, zommige rond als doornen, wit en grauw, alle na voren gekeert, zoo dat men ze nergens konde aanvatten, als alleen, en dat noch naulyks, achter by 't hoofd: De geheele Schulp klonk als fyn porfellein, en geen Inlander had diergelyke meer gezien : Zy is in 't jaar 1682. aan den groot Hertog van *Tofcano* gezonden.

IX. Rechte Paarlemoerfchulpen, deze hebben wy op deze Eilanden niet, maar wel een foorte, die zeer daar naar gelykt, hoewel zy geen paerlen geeft; wy noemen ze Tafelbordjes, en zilvere Pierings. Maleitfch, *Telinga andjin*. Amboinfch, *Affo teli-nar*, dat is, Hondsooren: Zy is meeft rond als een klein tafelbordje, achter aan de eene zyde met een oor gelyk de *Pectines*, doch ftomper en breeder, buiten met veele lange fchubben bezet, omtrent de randen de langfte, buigzaam, en in den zon ge-droogt, bryzelig als nat gemaakt en weder ingedroogt parkement: Deze fchubben of nagels afgefchuurt zynde, word de fchaal wat effen, en is met witte plekken gefpikkelt gelyk een flangevel: Binnen zyn de kanten zwart, 't overige is wit en zilververwig, het vleefch als aan andere Oefters, doch witter en harder. Men heeft noch een ander flach, uit den grauwen ros, dun van fchaal, in den zon leggende fcheurt ze ligt, en is van geen belang.

In de Molukkos hebben de Alphooreezen op 't land *Hallemahera* aan haare zwaar-den zekere fchildekens van Schulpen gemaakt, dik en rond geflepen, dewelke hun de handen bedekken: Deze fchildekens noemen zy *Ngnotsjo*, die zy zoo 't fchynt van verfcheide Schulpen maaken; de gemeenfte zyn gemaakt van een flach groote breede Schulpen, gelyk wy in deze IX^de foorte ftellen, zynde ruim een fpan breed, en wat min-der lang, fchaars een vinger dik, van driederlei korften gemaakt; waar van de buiten-fte grof en ruig is; de middelfte is als aan den *Bia garu*, doch meer blinkende; en de binnenfte is recht paarlemoer: Binnen ziet men een groot plek vol rimpelen, daar de wervel geftaan heeft, en daar in groeijen de paerlen, doch niet in alle: eerft is zy aan den Schulp vaft met een fmal halfje, 't welk van het Dier zoo lang gelekt word, tot dat ze los raakt, en daar van word de paerl peerformig: Of zy rondom het Land *Hal-lemahera* en *Gelolo* in zee vallen, is my noch onbekent; want alle, die de Alphoo-reezen hebben, zyn langen tyd in den aarde vergraaven geweeft, en, zoo men zegt, in *Ternate* gebragt in 't jaar 1661. door een groote Chineefche *Wanckan*, die dezelve op *Solock* (een landfchap op *Borneos* Noordzyde) ingeladen hadde, en in China wil-de voeren, om kantoortjes en fchrynwerk daar mede in te leggen; doch, dewyl het volk van het voorfchreeven jonk voor Spyonnen van *Coxinga* wierd aangezien, is het door de onze aangehaalt, en prys verklaart; wanneer deze Schulpen op *Ternate* in groo-ten meenigte hier en daar verfmeten wierden, en miffchien door de Alphooreezen op-gezocht en bewaart zyn, dervende voor 't ftuk wel een Ryxdaalder eifchen; zy noe-men ze daar in 't gemeen *Mutiara*, dat is, Paarlemoer, en zeggen, dat ze een tyd lang moeten vergraaven worden, om dat de verfche in 't werken te bryzelig vallen: De Koning van 't voornoemde land *Solok* heeft in zyn land een zekeren vlakken ftrand, daar de voorfchrevene Paarlemoerfchulpen vallen; alwaar, zoo ik verfta, niet alleen alle Schulpen, maar ook de viffchen, die zich daar omtrent ophouden, paerlen by zich hebben: Deze ftrand word met ftrenge wachten bewaart, zoo dat niemant daar viffchen mag, ja niet eens aan Land vaaren; maar de Koning, als 't hem belieft, laat de Schulpen opviffchen, die hy dan aan de vreemde Handelaars verkoopt.

Diergelyke Schulpen vallen in den Golf van Perfien, inzonderheit aan den zyde van Arabien omtrent de Eilanden van *Bahareijn*, daar eertyds de vermaardfte paerlebank was, en zy worden tegen over den *Congo* aan den Perfifchen ftrand te koop gebragt, dienende' meeft om rauwe Oefters daar in te braaden, want men kan ze lang gebrui-ken, eer de buitenfte rauwe fchorze afbrand, en dan zyn ze noch goed paarlemoer. Uit Weft-Indien worden na Holland ook dusdaanige gebragt, waar van men de groot-fte infgelyks gebruikt om Oefters in te braaden: De fyndere worden in ftukjes gezaagt om fchryn en buffenmakerswerk daar mede te maaken: In de twee buitenfte fchorzen

vind

De 9de foort, afgebeeldt by letter F.

Van deze een 2de foort, by letter G. verbeeldt.

Waar van d' in-landers fchildens maaken.

Hoe de paerlen daar in groeijen.

Deze Schulpen worden tot verfcheide zieraaden gebruikt,

En ver-boden die te vangen.

Worden in Perfien mede ge-vonden,

Als mede in Weft-In-dien.

vind men dikmaals diepe gaaten en kuiltjes, in welke zekere wormen fchier een pink dik zich ophouden, dewelke men in de overgebragte noch dood vind, welke kuilen de *Ternataanfche* ook hebben: Als deze Schulpen paerlen in haar hebben, zoo worden ze gevonden omtrent zoodaanige ftranden en kuften, die gansch bar en droog zyn, zonder eenig verfch water, en daar de grond ziltiger is dan de zee zelfs: Daarom vind men geen Paerlen in de Amboinfche Tafelborden, waar van ik 'er gehad heb, die mede een fpan breed waaren, doch fchaars een halve vinger dik, van binnen veel bleeker van paarlemoer dan de voorgaande. Deze vallen veel in den Amboinfchen Inham, doch niet boven 4 duimen breed, dun van fchaal, en zeer gefchubt: Grooter vind men ze in den *Talaga* of binnenwater op den hals van klein *Keram*, tuffchen *Laala* en *Tanunu* gelegen, daar zoete fpruitjes inloopen, als mede in de Xulaafche Eilanden, doch alle zonder paerlen.

Zy groeijen in het alderzontfte water op verfcheiden plaatzen.

X. *Oftreum divifum*. Neêrduitfch, Meshamers. Maleitfch, *Bia kris*. Dit is ook een zeldzaame gedaante van Oefters, van figuur als een half kruis of de Letter T, doch de twee bovenfte hoornen zyn fmal, dik, en van ongelyke lengte; het lange been gaat niet altyd recht uit, maar dikwyls na eene zyde gekromt, en daarenboven op en neêr gaande als de zeebaaren. Zy is zwart, fchilfferig, en gefchubt: De Maleijers vergelyken ze by een *Kris*; de onfe by een Meshamer: Het vleefch is als aan andere Oefters, en goed om te eeten, wegens haare zeldzaame gedaante worden ze onder de Rariteiten gerekent. Men vind ze omtrent *Affahoedi*, en *Hennetello* op klein *Keram*, als mede in den Amboinfchen Inham aan den zyde van *Leytimor*.

De 10de foort, afgebeeldt by letter H.

Waar die gevonden worden.

XI. Ιστγνόμμ. Neêrduitfch, Winkelhaak. Dit is een Moffelformige Oefter, langwerpig plat als een tong, met een hoorn aan den eenen zyde in gedaante van een winkelhaak, of ook een femmet van een *Kris*; achter is ze dik, en voor dun, en fchilfferig: Men vind ze noch ook van een andere gedaante, en gansch irregulier, niet recht zwart, maar bruinachtig.

De 11de foort, by letter I.

XII. *Oftreum tortuofum*, dit is een zeldzaame Oefter, uit 't Papoefche Eiland *Meffoal* komende, langwerpig en als gedraait met een uitfteekend hoekje by 't eene eind, van buiten grauw, geftreept en zuiver, haar fcheeve gedaante kan met niets vergeleken worden, dewyl zy in deze Eilanden onbekent is; behalven dat men eenige weinige vind op *Kerams* Noord-Kuft by *Hote*: De fchaal heeft eigentlyk 3 zyden, waar van de ribben ook zoodaanig loopen, gelyk de zyden gedraait zyn.

De 12de foort, by letter K.

XIII. *Oftreum electrinum*: Bernfteen-Oefters, is een klein Oeftertje, fchaars een lid van een vinger lang, waar van alleenlyk 't bovenfte deel te voorfchyn komt, blyvende de andere helft onder water aan de klippen hangen: De bovenfte helft is hol als een Nootedop, doch fcheef, dun, van verwe is ze binnen geel, buiten ook geel en paerlachtig, en half doorfchynende als donker bernfteen, in den zon een fchoone weêrfchyn geevende. Zy zyn tot noch toe nergens gevonden, dan omtrent den Noord-Oofthoek van *Boero* by het bochtje *Wayhla*, en den berg *Karamat*, doch de plaats, daar zy groeijen, is voor menfchen oogen verborgen, en alleenlyk de bovenfte kant word op ftrand gefmeten: De Mooren van *Boero* maaken gaatjes daar in, en rygen die aan een fnoer, zoodaanig; dat twee en twee tegens malkander ftaan als Katte-ooren, die zy dan aan haare Tulp-banden draagen, hebbende vermaak in 't fchitteren, dat ze in de oogen maaken met haaren goutgeelen glans. Op *Xula taljabo* vind men ze ook, van welken plaats ik ze geheel gehad heb, zynde het onderfte een dun dekzeltje; waar mede zy tegens de klippen zitten, doch zoo bros, dat men het zonder breeken qualyk handelen kan. Zy zyn ook gevonden op *Amboina*, by den River *Waynitoe* op ftrand gefmeten, in 't Jaar 1686 in Januarius.

De 13de foort, by letter L.

Van deze vind men geen dubbelde.

En worden van de Mooren tot zieraad gebruikt.

XIV. *Mitella*, Mytertjes, is een flach van *Balanus*, gefatzoeneert als een platte Myter, van 4 of 5 beentjes gemaakt, dewelke naar klauwen van een vogel gelyken, gekartelt en overdwars geribt, vuilgeel en groenachtig: Deze beentjes ftaan alle met de fpitzen opwaarts, en fluiten den Myter, doch boven konnen ze haar openen, daar het

De 14de foort, afgebeeldt by letter M.

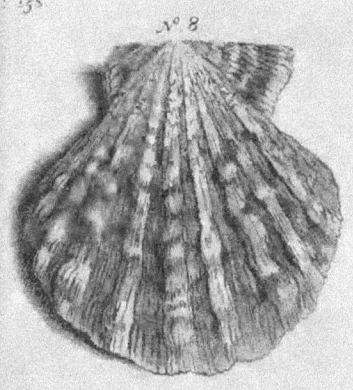

N° 8.

N° 7.

N° 5.

N° 2.

N° 1.

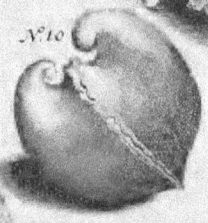

N° 10.

N° 6.

N° 3.

N° 11.

N° 4.

N° 9.

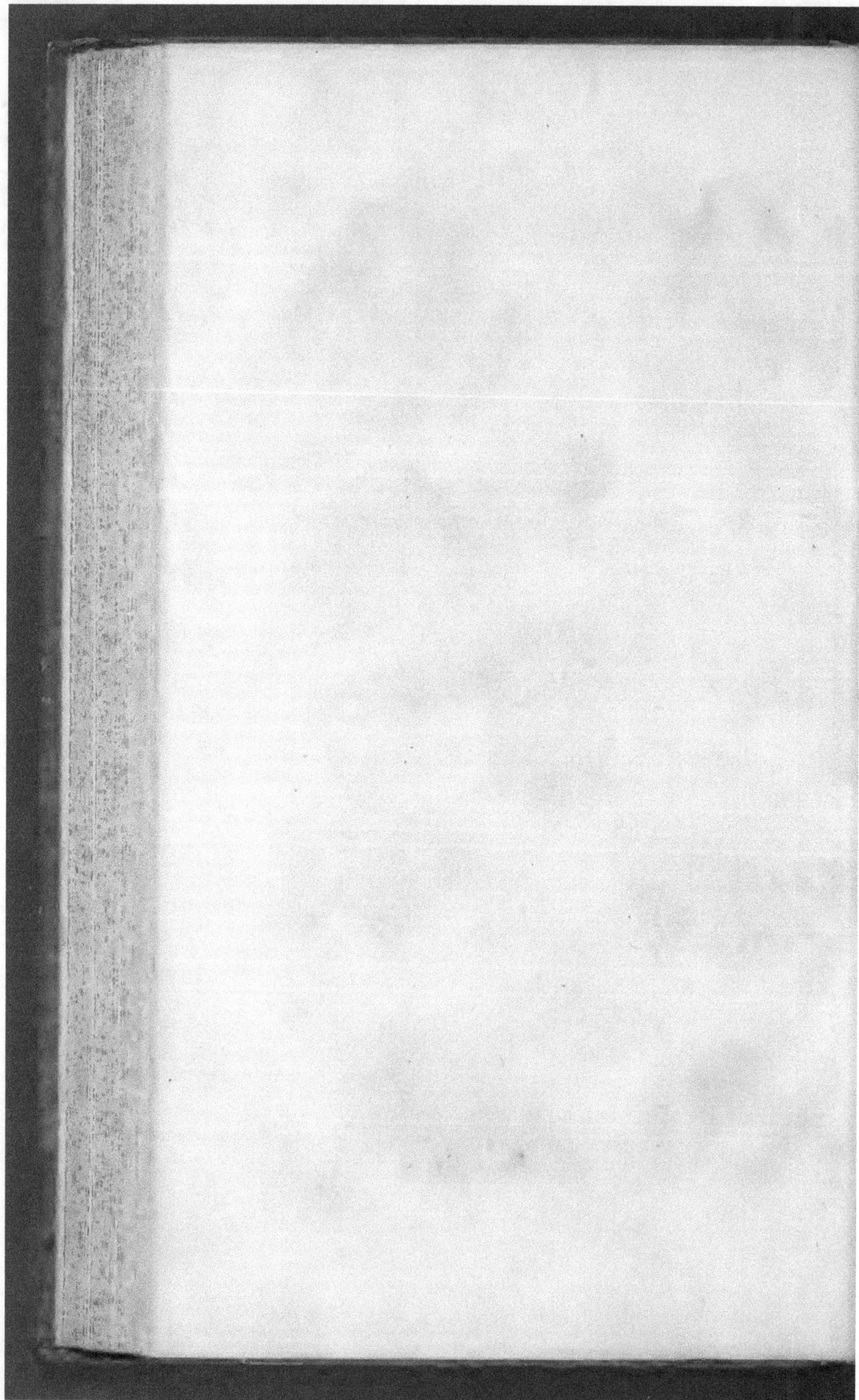

het Beeft dan iets uitfteekt, en het voedzel van den fchaal aflikt, zynde het flym, dat het zeewater daar aan zet: Aan 't onderfte of breedfte deel van den Myter ziet men noch andere kleine beentjes als tandjes, die allenskskens andere Myters voortbrengen, waar door men 4 en 5 aan een klomp ziet zitten: Ieder heeft eenen korten hals, van een fchubachtig vel gemaakt, waar mede zy aan de klippen zitten. Men vind ze *Waar die* aan groote en fteile Zeeklippen, daar 't hoogfte water even tegen aanfpat, maar noit *worden.* onder water, veel op *Nuffatello* en aan den klip van *Laricque* 't Zuikerbroodje genaamt: De Inlanders zoeken die om *Papeda* fauzen daar van te maaken, alleen om den fmaak, want weinig vleefch is in dezelve; men kan ze qualyk langen tyd aan malkander houden, want na eenen langen regentyd vallen ze los van malkander.

XV. Langhalfen, is ook een Oefter gewas, in den gedaante van een fpitfe hooge *De 15de* Myter, gemaakt van 6 witte beentjes; waar van de twee fmalfte den rand aan den *foort.* hals maaken, overeenkomende met den *Clavicula* van de dieren; de twee breedfte zyn de wangen of zyden, aan den buik noch twee zmalder hebende: Achter hebben ze eenen langen hals, van een taai vel gemaakt, dewelke aan de drooge inkrimt, en waar mede zy aan de vaartuigen vaft hangen, doch zy booren niet in der zelver hout, by den fpits opent zich die Moffel een weinig: Aan den zyde van den buik (want op den rugge zyn ze geflooten) komen zoodanige kromme en bruine pluimtjes uit, gelyk een haane ftaert, of gelyk van den *Balanus* gezegt is; deze pluimtjes dienen het Dier om zyn voedzel te zuigen van den flym, die buiten aan den fchaal hangt. Zy groeijen aan de vaartui- *Waar die* gen, niet onder, noch boven 't water, maar daar 't zelve even raakt, en met water *groeijen.* bedekt zynde opent ze zich; maar die van 't water niet geraakt worden, droogen op en fterven. Diergelyke Oefters of Moffelen zyn ook die, uit dewelke men gelooft heeft, *Worden* dat de Kranten of Schotfche Rotganfen hunnen oorfprong hebben, waar van *Ifaac Ly-* *voor 't be-* *dius* in zyn vrolyke uure des doods fchryft op 't 88fte blad by den Heer *Colvius* gezien *Rotganfen* te hebben, en fchryft daar van aldus: *Die de meergemelde Heer* Colvius *heeft, zyn als kleine* *gehouden.* *Moffelen, ende zy hangen aan wier, 't welk vaft is aan een ftuk hout, daar uit men* *Lydius uit* *gemeent heeft, dat vogels groeiden, overmits men binnen in die Moffel-fchulpen (die van* *Colvius* *een witte koleur zyn, en daarom van andere Oefters genaamt worden) vind een fubftan-* *bewezen.* *tie, dewelke de veéren van een ftaert, of vleugel van een vogeltje zeer gelyk zyn, die met een* *dun vliesken aan de randen van den Oefter of Moffel vaft zyn, gelyk ik een van dezelve open* *doende heb gemerkt, ende aan den zyde, daar de Moffel aan 't wier vaft is, word ook een* *andere fubftantie gezien, die 't lichaam van een fchepzel fchynt te zyn, doch de rechte* *gedaante van een vogeltje, noch bek, noch hoofd is 'er niet te vinden: Het is echter* *Doch met* uit de fchipvaarten der Hollanders genoegzaam ondekt, dat de Rotganfen in de Noor- *redenen* der quartieren, Groenland en *Nova Zembla*, gevonden zyn op haare eijers zitten te *wederlegt.* broeden, van welke plaatzen zy 's jaarlyks in de Zuiderlanden komen overvliegen.

XVI. *Oftreum Pelagium*, is een foort van geplooide Oefters, dik van fchaal, *De 16de* doch zonder fchubben, groeijende aan de Zeeklippen redelyk diep onder water, met *foort.* een breed gat daar aan vaft gehecht, en daarom moeilyk 'er af te krygen. Men acht ze beter van fmaak dan de groote Stok-oefters, die men aan de wortelen der boomen vind.

Oftreum, Oefters, *en andere foorten daar onder behoorende: Van deze heeft ons de* *Schryver eenige verbeeldt; waar onder veele heel zeldzaam zyn, die wy vervolgens* *aanwyzen. De eerfte foort, is afgetekent op den plaat XLVI. by letter* O, *en word de* Stok-Oefter, *genaamt. De 2de foort, op den plaat XLVII. by letter* A, *is by ons be-* *kent met den naam van 't* Lauwrierblad, *om zyn gedaante. Van den 3den foort, ont-* *breekt d' afbeelding. Doch de 4de is aangewezen by letter* B, *die by ons* Poolfche *Zadels, ook wel* Engelfche Zadels *genaamt worden: Van deze vind men veele foorten;* *doch de grootfte, die my voorgekomen is, beruft onder den Hr. Doctr. d' Aquet. De* *5de foort, afgetekent by letter* C, *word by ons de* getakte Haanekam *genaamt; doch* *deze is heel zeldzaam. De 6de foort, by letter* D, *is de* Haanekam; *waar van* *ook dubbelde zyn. De 7de foort, verbeeldt by letter* E, *word by ons de* Lazarus-Klappe- *naamt; om dat zy in haar flot met kromme haaken dicht in een fluiten, en niet van een* *vallen, fchoon men met dezelve als met een* Lazarus-klap *klapt: Van deze zyn veele*
foor-

foorten, die malkander in gedaante en koleur ongelyk zyn; als daar zyn gepende, ge-
nagelde, gefchubde, witte, grauwe, bonte, bruyne met witte nagelen, fchoon oran-
je, ook citroengeele; doch onder deze alle munt uit, die verbeeldt ftaat op den plaat
XLVIII. met N. 1. aangewezen, dewelke fchoon bloedroot, en allein maar bekent is:
Die met N. 2. op den zelven plaat afgetekent ftaat, is grauwachtig wit, met roode
vlakken gevlamt; waar van de Hr. Doctr. d' Aquet de grootfte en fchoonfte bezit, die
ons bekent is. Dit zyn uitmuntende ftukken, en die zelden voorkoomen, waarom ik die
alhier nevens heb gevoegt: De Hr. Griffet tot Rotterdam, heeft een uitmuntend ftuk,
namentlyk een Keifteen, waar op verfcheide diergelyke zyn gegroeit. Zulk eene is ook
te zien in 't Kabinet der Heeren Feitemaas tot Amfterdam: Tot deze behoort ook de foort,
aangewezen op den zelven plaat by N. 3. een uitmuntend ftuk, de Rotsdoublet genaamt;
waar van de Hr. Secret. Blaauw bezitter is, buiten welke heel weinige zyn bekent. Nu
keeren wy ons weder tot den Schryver, die ons een 8fte noemt, doch geen afbeelding
geeft. De 9de foort, is verbeeldt op den plaat XLVII. by letter F, en is by ons bekent met
den naam van Paarlemoer-Schulp: een van deze heb ik in 't Kabinet van de Hr. Dr.
d' Aquet gezien, omtrent een hout voet groot over 't kruis, een heel ongemeen ftuk;
waar van een 2de foort, word aangewezen by letter G. De 10de foort, by letter H, ver-
beeldt, word een Poolfche Hamer, ook wel om zyn gedaante, een Indiaanfche Kris,
doch voortyds een Kruis-Doublet, genaamt; zy waaren eertyds hoog gewaardeert. Ik ben
berigt, dat zeker Heer eertyds hondert dukatons voor een betaalde, om die als een won-
der (dewyl dezelve een recht kruis verbeelde, en waar aan eenige fchyn van een lichaam
zich vertoonde) aan de toen zynde Paus te vereeren, doch haar zeldzaamheit is nu ver-
vallen, door dien men nu weet, dat het een geflacht is. De 11de foort, is verbeeldt by
letter I, van den Schryver Winkelhaak, doch by ons Venusfchagt-Doublet, genoemt; zy
zyn ook heel zeldzaam. De 12de foort, by letter K, de gedraaide Oefter, word by ons
de kromme Noachs-Ark, geheeten. De 13de foort, by letter L, en de 14de by letter M,
door den fchryver, de Myter genaamt om zyn gedaante. Van de 15de en 16de foorten
ontbreeken de afbeeldingen: waarom wy den plaats vullen met een heel ongemeene Schulp,
aangewezen by N. 1. Dus verre den fchryver nagevolgt zynde, hebben wy nodig geacht
noch eenige, doch heel ongemeene foorten, die wel op andere plaatzen te voren behoor-
den ingevoegt te zyn, hier te laaten volgen; door dien wy die eerft na 't afdrukken
van de voorgaande hebben bekoomen. In 't XXVIII. Hooftdeel op den XLII. plaat by
letter F, is een foort van Venus-Schulp, verbeeldt; zie den plaat XLVIII. by N. 4. een
andere: Deze is de rechte Venus-Schulp met Haair. En by N. 5. de gerimpelde oude
Wyfs-Schulp, deze is heel ongemeen. En by N. 6. de geribde Venus-Doublet, een ftuk
heel zeldzaam, om dat die zelden gepaart, en altoos befchadigt voorkomen. Onder de
Bontemantels, in 't XXXI. Hooftdeel befchreven, behooren ook de Koraal-Doubletten,
verbeeldt op den voornoemden plaat by N. 7. alwaar dezelve op zyn eene zyde is afgetekent,
geribt, en gevoorent; doch zyn andere zyde word vertoont by N. 8. alwaar hy op zyn
ribben eenige knobbels heeft, gelykende naar koraalen; zoodanig zyn zy meeft: Doch de Hr.
Secret. Blaauw bezit eenen heel ongemeen grooten en zonder knobbels, diergelyke my noch
noit is voorgekomen. Zy is bruinrood met grauwachtig wit gemengelt: Doch Juffer
Oortmans bezit eenen, die heel fchoon Citroengeel is, met witte vlammen; die ook de
eenigfte onder de Liefhebbers bekent is. Onder de Nagel-Schulpen, in 't XXVIII. Hooft-
deel befchreven, behoort ook die verbeeldt is op den zelven plaat by N. 9. dewelke uit-
muntend en heel zeldzaam is: Waar by wy noch voegen een andere, die ons noit gepaart,
als deze, is voorgekomen, aangewezen by N. 10. en die de dubbelde Zotskap-Schulp,
word genaamt. Doch N. 11. is d' afbeelding van een Schulp, die voor geene behoeft
te wyken, een ftuk volmaakt fchoon, zoo van gedaante, koleur, als fcherpe tekening,
beruftende in 't uitmuntende Kabinet der Heeren gebroeders de Feitemaas: waar mede de
befchryving en d' afbeeldingen der Schulpen worden geeindigt.

AANHANGZEL.

Alzoo ons na 't afdrukken der befchryving van de Hoornen, eenige zyn ter
hand gekomen, die om haar zeldzaamheid niet te bekomen, ja nauwlyks te
zien zyn, zoo heb ik nodig geacht dezelve hier achter aan te voegen, en op
den zelven plaat XLIX. noch eenige te verbeelden, die de Schryver heeft
voorby gegaan, veel ligt, om dat die zyn Ed. niet zyn voorgekomen, of on-
trent dat geweft niet vallen: Zy behooren voor 't meefte gedeelte onder dien
foort, welken de Schryver in 't XIX. Hooftdeel, Buccinum, noemt; waar in
een

Tab. 160.   XLIX

I   A   D   H   C   E   B   F   M   G   K   L

G. d Vatr. fe.

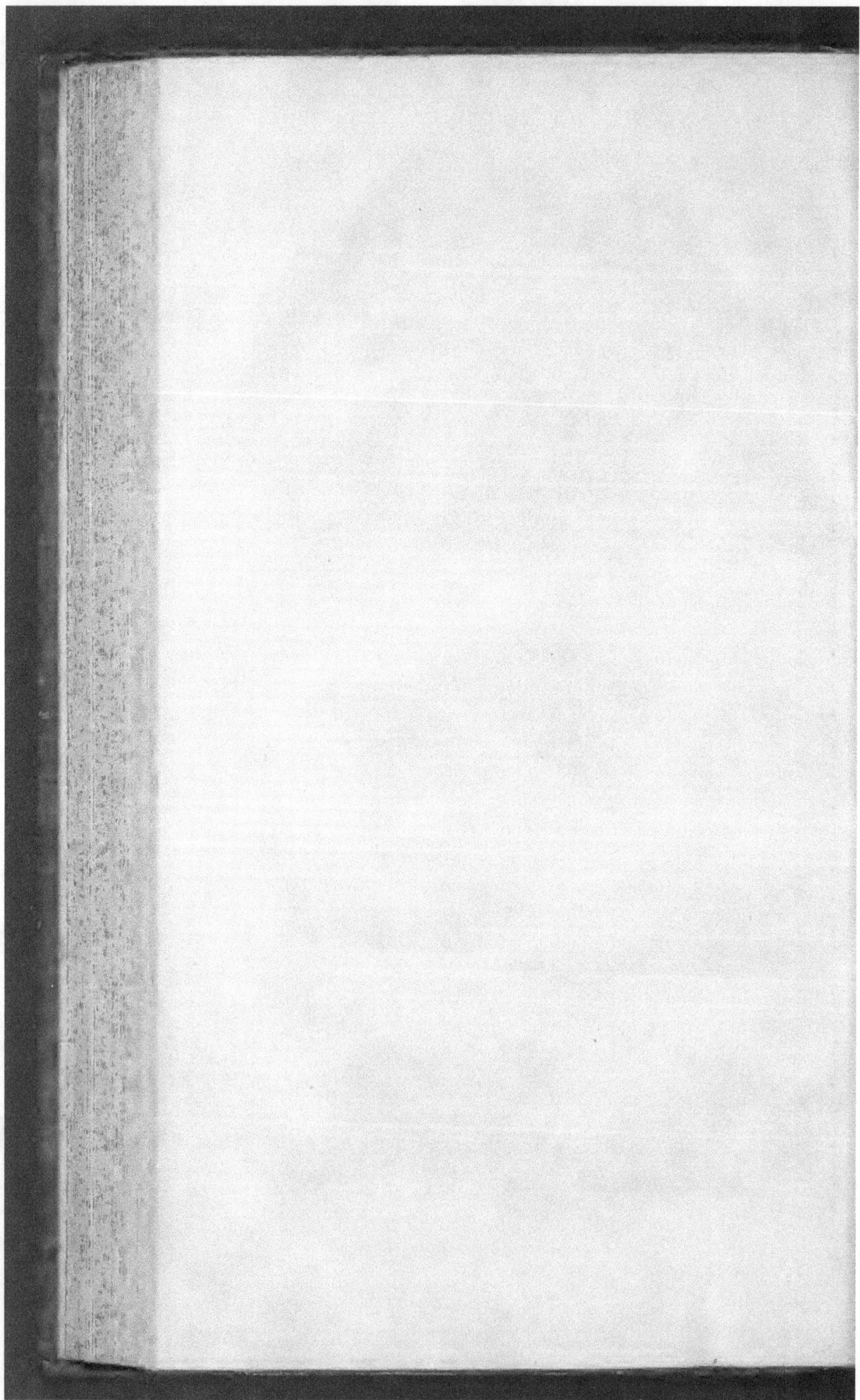

een vertoont word, die de Wenteltrap genaamt word; doch door ons in d' Aantekening maar voor een byfoort gehouden; waar van de rechte u hier op den XLIX. plaat by letter A, word verbeeldt: Hy is maar fchoonwit van kolenr, doch wonderlyk van maakzel, en niet wel zoodaanig te verbeelden, als hy in der daad is; zyn flakke kring is los, en vermindert van 't hoofd tot den ftaert in dikte, gelyk de meefte Hoornen; doch is niet aan een gevoegt, dan door dwarfe banden, die over dezelve evenwydig, doch verminderende, heen loopen: Hy is hol van fpil, zoo dat men boven by zyn hoofd tot aan den ftaert door den zelven heen zien kan; 't geen my buiten dezen noch maar in een, doch minder foort van Hoornen, is voorgekomen: De bezitters van dezelve zyn de groot Hartog van Tofcanen &c. en de Heer la Faillie, Hooftofficier der Stad Delft, buiten welke noch maar een, die elders in Engeland is, (en gekoomen uit het Kabinet van den konftryken fchilder Ovens) bekent is· Haar waarde is daar uit af te neemen, dat de overleeden Volkartfz 500 guldens voor dezelve heeft geweigert. Die afgebeeldt is by letter B, is een, waar van geen wedergaa bekent is; dien wy, om zyn witte ronde oogjes op een bruinen bandgrond, de gebande Argus oogen, noemen. Die afgetekent zyn by C, D, en E, zyn verfcheiden foorten, alle wit met kaftanje bruine vlakken, mede heel ongemeen, en inzonderheit die by letter E, waar van mede weinige bekent zyn. Die afgeteken is by letter F, word genoemt de omgewonde Hoorn, om dat op een grauwwitten grond een bruine draad legt, evenwydig van boven tot beneden, als of die door konft daar omgewonden was. En die verbeeldt is by letter G, de gevoornde Plek-hoorn. Die by letter H, de gebande Achaat-hoorn: van welke meerder foorten zyn; zommige bruin; andere wat lichter gevlakt. Die aangewezen is by letter I, is een ongemeene foort van Olykoek-hoorn, doch grauwachtig wit van kolenr. Die by letter K, de gebande Knobbel-hoorn. Die by letter L, is een andere getakte Switzers-broek; waar van op den voorgaanden plaat XXIV. by letter A, een is aangewezen: Andere noemen hem den Morgenftar, na zeker oorlogs gereetfchap, om zyn fcherpe punten: Hy is by d' oude liefhebbers bekent met de benaming van de bonte Takhoorn. En de laatfte by den letter M, word de Franfche Hoorn genaamt; waar van ik de reden niet weet, noch heb konnen bekomen. Wy zouden noch veel meerder foorten hier by konnen voegen, die door den Schryver niet zyn aangehaalt, doch om dat het boek de benaming heeft van d' Amboinfchen Rariteitkamer, zoo zoude den Schryver van deze te kort gedaan worden, met daar van een algemeenen befchryving der Hoornen en Schulpen te maaken; alzoo dit het oogmerk van zyn Eed. niet is geweeft: Echter hebben wy niet konnen nalaaten eenige van de voornaamfte hier by te voegen, als dienende tot verlichting der onkundige.

XXXVIII. HOOFTDEEL.

Verdeeling van Zeeflekken en Schulpen uit Plinius.

P Linius in 't IX. Boek, Hoofdftuk 33. heeft zich onderftaan al dat Zee-goetje, 't welk hy met een gemeene naam Concha noemt, en in zyn tyd in den Middellandfchen zee bekent was, in 33 veranderingen af te deilen; dewelke ik hier na malkander zetten en aanwyzen zal, hoe dezelve paffen op de Hoorntjes en Schulpen in dit Boek befchreven, als volgt:

De verdeeling der Hoornen en Schulpen, &c.

X

1. Con-

1. *Concha plana*, zyn alle platte en effene Schulpen, gelyk zommige *Pectines*, en platte Oeſters.

2. *Concava*, dewelke gebult en hol is, gelyk de *Pectunculi*, en *Oſtreum echinatum*.

3. *Longa*, langwerpige, gelyk de *Solenes*.

4. *Lunata*, halfrond als een halve maan. *Chama Squammata*.

5. *In orbem circumacta*, recht rond als een ſchijf, als een ſoorte van *Chama litterata*, en Tafelbordjes.

6. *Dimidio orbe cæsa*, als van een halve maan een ſtuk afgeſneden is, gelyk de *Chama ſtriata*, *quadrata*, en *Pecten virgineus*.

7. *In dorſum elata*, bultig, Tygerstongen, en *Pectunculus granoſus*, onder de Hoorntjes alle de *Caſſides*.

8. *Lævis*, glad, als *Chama lævis*, *Porcellanæ*.

9. *Rugata*, *Chama aſpera*

10. *Denticulata*, wiens kanten getandt of gekartelt zyn, gelyk alle ſoorten van *Chama aſpera*.

11. *Striata*, dewelke ribben heeft van 't hoofd na de kanten ſtrekkende, *Chama ſtriata* en *Pectines*.

12. *Vertice muricatim intorto*, dewelke in een tuit toeloopen, en ſteekels daar aan hebben, als *Pſeudopurpura*, *Turbo caudatus*, & *Voluta aculeata*.

13. *Margine in mucronem emiſſo*, wiens randen met takken en hoornen uitloopen, als *Pentadactyli* en *Heptadactyli*.

14. *Margine foris effuſo*, wiens rand uitwaarts omgebogen is, gelyk de *Caſſides majores*.

15. *Margine intus replicato*, wiens randen innewaarts gebogen zyn, gelyk alle *Porcellanæ*.

16. *Diſtinctione virgulata*, dewelke met ſtreepjes of kentekenen geteikent is, als Letterhoorntjes en Letterſchulpen.

17. *Diſtinctione crinita*, met fyne ſtreepjes als haairtjes geſchildert, fyne Letterſchulpen en Arabiſche Hoorntjes.

18. *Diſt. criſpa*, die verwarde ſchilderijen hebben, Arabiſche Letterhoorntjes.

19. *Undata canaliculatim*, dewelke groote plooijen heeft, op en neêrgaande als Zeebaaren *Concha ſquammata*.

20. *Undata pectinatim*, wiens ſchaalen geſtreept zyn als kammen; alle *Pectines*, gelyk de zoo genaamde Aardbezien.

21. *Undata imbricatim*, wiens ſchaalen gekartelt zyn op de plooijen, in manier als de dakpannen leggen.

22. *Cancellatim reticulata*, ruitswys gedraait, onder de *Chamæ* de Tygerstongen en Wafelyſer.

23. *Expanſa in obliquum*, die een uitlopenden hoek maakt, *Pecten virgineus* en *Tellina*.

24. *Expanſa in rectum*, die voor uitgebreidt is, gelyk de Oeſters, en de *Bia kris*.

25. *Denſata*, kort gedrongen, gelyk de Pimpeltjes.

26. *Porrecta*, lang uitgerekt, Spillen en Babyloniſche torens.

27. *Sinuata*, bochtig. *Bia kris*.

28. *Brevi nodo ligata*, die kort en rond zyn, als Alykruiken.

29. *Toto latere connexa*, die aan den eenen zyde niet open gaan, *Soleues*, *Tellinæ*, en *Pinnæ*.

30. *Ad plauſum aperta*, als men daar op klopt opengaande.

31. *Ad buccinam recurva*, zoo krom, dat ze tot een Trompet dient, Tritonshoorn.

32. *Navigans* & *Velificans*, *Venerea ſive Nerita*. *Nautilus*.

33. *Saliens ex aquis*, & *ſeipſam Carinans*. *Pectines*.

XXXIX.

XXXIX. HOOFTDEEL.

Hoe men de Hoorntjes vergaderen en schoon maken zal.

ONze Landslieden en Vrienden in 't Vaderland zyn meerendeels in dat gevoelen, dat men de Hoorntjes en Rariteiten zoo schoon en zuiver op strand vind, of zoodanig uit den zee haalt, gelyk men ze hunlieden toezend, en dat 't by gevolg geen andere moeite kost als maar het opraapen: Het was bykans niet waardig dit misverstand wydlopig te wederleggen, indien het niet nodig was, ons die in *India* woonen van dat quaad vermoeden te zuiveren, als of het onbeleeftheid of onbillikheid was, als wy de Vrienden zomtyds hun verzoek en zinlykheid niet konnen voldoen: Weshalven ik aanwyzen moet, wat tyd en moeite zy kosten, als men een stel van Rariteiten by malkander wil krygen, my, doch zonder roem, redelyke kennisse daar van toeschryvende, als dewelke in myne ledige uuren vry wat werks daar van gemaakt heb. Ik verklaar dan, dat ik over een Kabinet van omtrent 360 soorten, alleenlyk in Hoorntjes en Schulpen bestaande, dewelke in de Amboinsche gewesten gevonden worden, by de 28 jaaren vergadert heb, en dat daar onder veele soorten waaren, waar van ik maar een stuk gehad heb, welke alle in 't jaar 1682. op het aanhouden van eenige Vrienden, aan dewelke ik verplicht was, gezonden zyn aan zyn Hoogheit *Cosmus* den III. groot Hartog van Toscanen.

Behalven den langen tyd, die daar toe vereischt word, zal ik hier ook aanwyzen, wat moeite en verdriet men uitstaan moet om dezelve schoon te maaken, en eenig aanzien te geeven: Ik wil gaarn bekennen, dat ik ze by andere Liefhebbers alzoo schoon gezien heb, maar veel weiniger soorten; en die den navolgenden moeite niet wil ontzien, en zyn werk daar van maaken, daar toe beter gelegentheid hebbende dan ik, zal ze buiten twyffel alzoo schoon, en veel, ook in veel korter tyd, by malkander konnen krygen, dan ik gedaan heb.

1. Voor eerst staat te weeten, dat alle Hoorntjes, die men hier en daar op den strand vind, meest dood, gebroken en gescheurt zyn: Dood noemen wy zoodaanige Hoorntjes, niet daar het Beest uit verrot of gestorven is, maar die haaren natuurlyken glans en koleur verlooren hebben, want al 't geene men tot een Rariteit bewaaren wil, moet men varsch uit den zee haalen, daar het levende Dier noch in is.

2. Men vind niet allerlei Hoorntjes op alle stranden, maar een ieder heeft zynen byzonderen strand en Eiland, daar men ze moet laaten opzoeken, gelyk in dit Boek by alle soorten aangetekent staat; doch daar zyn zommige, die geen byzonderen strand hebben, maar die men by geval in den open zee vind, gelyk de *Nautilus major* en *minor*.

3. Het opzoeken van de Hoorntjes geschied meest by nacht, zoo wel by nieuwe, als by volle maan: Het moet laag water, of aan 't wassen zyn, wanneer de Hoorntjes zich buiten 't zand begeeven: By donkere naehten moet het met toortzen geschieden, op dat men van zich zien mag.

4. Haar beste tyd zyn de twee eerste regen-maanden, dewelke in *Ambon* zyn *Majus* en *Junius* tot in *Julius*; maar als het regenweêr te lang aanhoud, zoo verbergen ze haar weder in 't zand, als mede in de heete maanden; doch by volle maan komen ze als dan voor den dach.

5. Vlakke zandstranden hebben meest Schulpen en kleine *Turbines*, maar andere Hoorntjes, inzonderheit de getakte, moet men tusschen de klippen zoeken, doch daar het land geen steilen wal maakt, want aan den steilte kan men niet zoeken.

6. Dit

Swaa-
righeden
die in 't op-
zoeken
van dezel-
ve voor-
koomen.
6. Dit zoeken op klippige ftranden heeft zoo wel zyn verdriet en fwaarigheid, als de vlakke zandftrand, want op deze heeft men geduurig te vreefen den grooten Zee-moordenaar, den *Kaiman*, zyn 'er dan eenige moeraffige kuiltjes, daar men door moet, daar trapt men zeer ligt op de fcherpe Zee-egels of Zee-appels, en op den veny-nigen vifch *Ican Swangi.* De klippige ftranden worden wel niet bezocht van den *Kaiman*, maar daar bezeert men de voeten zeer ligt aan de fcherpe koraalfteenen, welke

En waar
voor men
zich al
heeft te
wachten.
quetzuuren zeer ligt quaadaardig worden door de fchilfferen en den brandigen zee-flym, die over al aan de klippen hangt; zoo moet men ook handen en voeten wach-ten voor den *Echinus fedofus*, in 't Maleitfch, *Boelu babi* genaamt, wiens lange pylen als fyne naalden, op 't minfte aanraken, iemand in den huid blyven fteeken, en groo-ten pyn veroorzaaken, gelyk boven in 't voorgaande Boek gezegt is.

Wat men
verder
moet doen.
7. Eenige nu vergadert hebbende, zoo moet men dezelve twee daagen in een kuip met zeewater zetten, op dat men ze op zyn gemak kan verdeilen.

Aanmer-
king om-
trent de
gladde,
8. Tot een gemeene waarfchouwinge dient, dat alle gladde, en glimmende Hoorn-tjes, zoo lang het Dier noch daar in is, in geen zoet water, regen, noch zon, moeten gelegt worden, want daar door verliezen ze haaren glans, veranderen haar koleur, en wor-den doodfch, 't welk met geen konft te verhelpen is; men moet ze ook niet op malkan-der leggen, dat het doode bloed van de eene d' andere raake, want daar door bederven ze.

Getakte,
9. Daarentegen alle ruige, geribde, en getakte Hoorntjes, die van natuur geen glans hebben, konnen dit alles beter verdraagen, zelfs 't kooken in zeewater, als men ze in heet water effen zoo lang laat leggen, dat het Beeft fterft.

En ande-
re Hoornen
in 't uit-
neemen
van den
vifch.
10. Uit allerhande Hoorntjes moet men zyn beft doen, ten eerften zoo veel vleefch daar uit te haalen, als mogelyk is, op dat het overige zoo veel eerder uitrotten kan; aan zommige gefchied dit met uitfnyden, als men ze wechlegt en wacht, tot dat het Dier een ftuk weegs daar uit kruipt, en dan vaerdig met een fcherp mes daar ach-ter is, gelyk men handelt met den *Auris gigantum*, *Murex ramofus*, *Buccina Tritonis*, *Harpa*, *&c.* op andere moet men zout, azyn of eenig fcherp goed gieten, zonder den fchaal veel te raaken, want hoe fchielyker het Dier fterft, hoe minder de fchaal van haar glans verlieft.

Waar van
de Por-
cellanæ,
en de Vo-
lutæ an-
ders moe-
ten gehan-
delt wor-
den.
11. Maar de *Porcellanæ*, *Volutæ*, *& Strombi*, dewelke een nauwen mond hebben, kan men op den voorfchreeven manier niet handelen; die moet men dan aan een fchaduwachtigen plaats leggen, van zon en regen bevrydt, daar de zwarte mieren haar konnen uiteeten, altyd met den mond neerwaarts zettende, op dat het doode bloet 'er kan uitlopen, 't welk niet zonder verdriet en ftank toegaat.

Een an-
dere ma-
nier.
12. Andere leggen de Hoornen uit malkander gebreidt op een *parparre* of roofter-werk van latten gemaakt, en ftooken daar onder een fmeulend vuur, wanneer het Dier door den rook fterft en inkrimpt, daar zy dan ten minften 2 of 3 weeken op-leggen; maar in 't zand te begraaven is niet raadzaam, om dat veele Hoorntjes daar door doodfch worden.

En hoe
men ver-
der daar
mede moet
doen.
13. Als het Dier nu uitgerot of verdroogt is, zoo mag men ze eerft in varfch wa-ter een nacht leggen, te weeten de gladde, en daar een glans by is, want die moet men ftraks des anderen daags uitfpoelen, en, zoo 't nodig is, met een lap van grof linnen en fyn zand overwryven; maar de ruige en getakte moet men eenige weeken in regen en zon leggen, waar door het zeegruis en andere mofchachtigheid afwykt, 't welk men daar na te gemakkelyker afwryven of afborftelen kan.

Ook on-
trent de
verkalkte.
14. Zeegruis, *Salfilago marina*, noemen wy dien kalkachtigen en harden fubftantie, zoo wit, als rood, die zich aan den fchaal zet, zomtyds met kleine korrels, zom-tyds met groote plekken: Aan gladde Hoorntjes kan men ze meeft afchuuren met fyn zand of grof linnen: Aan de getakte moet men het met een penne-mes afchrabben, en

wat

wat hier door niet afgaan wil, moet men met sterk water beftryken, en dan wederom
fchuuren of fchrabben.

15. Ieder zy gewaarfchouwt, het gemeen praatje niet na te volgen, dat men alle
Hoorntjes, die met zeegruis befmet zyn, fchoon kan krygen met het leggen in azyn,
of gooren ryft, 't welk de gewifte dood voor alle gladde Hoorntjes is.

Waar-
fchoon-
wing.

16. Maar den *Nautilus major*, dien men tot drinkbekers wil maaken, of het Reu-
fen-oor, waar van men het paarlemoer hebben wil, pleegt men te weeken in azyn,
gooren ryft, of wyngaard-loof, om 'er den buitenften huid af te krygen, gelyk boven in 't Hooftdeel van den *Nautilus* gezegt is, waar by men opletten moet, dat men
de Hoornen ettelyke reifen uitneemen moet, en aan de hoeken, daar zy de dikfte
korften hebben, zoo veel affchuuren, als men kan; daar na afgedroogt weder in
azyn leggen, wel toeziende, dat men met geen vette of zweetige handen in den azyn
koome.

Hoe weed
het paarle-
moer te
voorfchyn
doet koo-
men.

17. De *Volutæ*, Krabben, en Pauskroonen zyn met een vel bekleedt, als ze uit zee
koomen; zommige met een dik wolachtig vel, 't welk zich ten allen tyden laat affchuuren; maar zommige met een dun velleken, 't welk daar zeer vaft aanhangt, en
aan de gedroogde niet wel af wil, weshalven het nodig is, dat men het zelve aan de
varfche ten eerften affchrabt; doch het velleken, dat den *Pfeudo-purpura* bekleed, moet
men daar aan laaten, dewyl 't zelve geen mismaaktheid geeft.

Hoe men
ze zuivert
van de
vellen en
vliefen.

18. De borftels, die men hier toe gebruikt, maakt men van Gomuro, zynde de
zwarte haairen van den *Zaguers*-boom, tot dit werk bequaamer dan verkensborftels:
Men moet daar van verfcheide borftels maaken, groove en fyne, dikke en dunne.

Wat voor
borftels
men moet
gebruiken.

19. Als men de fchoongemaakte Hoorntjes droogt, moet men ze by nacht wel bewaaren voor de *Cumans* of kleine Krabbetjes, welke gauwdieven 's nachts de Hoorntjes
fteelen, die zy voor hun lyf bequaam achten, in der zelver plaats voor u de oude
gebrokene huifen laatende: Doch deze dieven moeten het zomtyds met den dood bezuuren, te weeten, als zy in een huis kruipen, dat geraakt of geftaert is, waar mede zy
hier of daar hangen blyven; als men ze uit de fchaalen wil jaagen, moet men aan
't achterfte een kooltje vuür of brandende lont houden, en hun het gat warm maaken,
zoo beginnen ze het hoofd uit te fteeken, 't welk men dan vaardig vatten en uittrekken moet; anders, zoo het een Hoorn is, dat geen grooten glans heeft, zoo legt
men ze een nacht in varfch water, en dekt ze toe, tot dat ze verfmooren, want zommige hangen zoo vaft aan haare fchaalen, zynde mifschien daar in gegroeit, dat ze
haar liever laaten verbranden, dan dat zy uit haare huifen zouden wyken.

Opmer-
king om-
trent eeni-
ge Dieren,
die de
Hoorntjes
fteelen, en
voor hun
huifen ge-
bruiken.
Middel
om hun die
weder te
ontzetten.

20. *Porcellanæ*, *Strombi*, Harpen, *Cylindri*, zyn van natuur fchoon en glad, behoeven geen fchoonmaaken, maar die uit den zee doodfch koomen, konnen niet
herftelt worden, die men dan wechfmyt.

Welke
Hoornen
geen
fchoon-
maaken
behoe-
ven.

21. Zoo zyn ook de Hoornen het fchoonmaaken niet waardig, die met het witte
kalkachtige zeegruis zoodaanig bezet zyn, dat het zelve gaten in den fchaal gevre-
ten heeft.

22. Hoorntjes, wiens randen of takken een weinig gefcheurt of gebroken zyn, moet
men verhelpen en effen maaken met een grooven vyl, of met het flypen tegen een ruigen fteen.

De ge-
fcheurde
takken
konnen
weder

23. Op gladde Hoorntjes moet men niet veel met het fterk water arbeiden, behalven op den *Buccina Tritonis*, dien mag men wel met een flap fterkwatertje, gelykmeeft
hier in Indien valt, overftryken, 't welk de verwen verheft.

aangevyld
worden.
Tot welke
men
geen fterk
water
moet ge-
bruiken.

24. De fchoongemaakte en gedroogde Hoorntjes moet men lang, doch niet zeer
hard, met een ruig lapje wryven, tot dat ze warm worden, 't welk haar glad maakt,
en de koleuren verheft.

Hoe men
die glanfig
maakt.

X 3

25. Al-

25. Alle paarlemoerachtige Hoornen, die buiten eenen ruigen fchaal hebben, moet men een nacht in eenen lauwen, doch fterken loog weeken, 't welk de koleuren en plekken mooi voor den dach doet komen.

26. Met de Schulpen behoeft men zoo veel moeite niet, men legt ze op 't droog zoo lang heen, tot dat ze gaapen, dan moet men met een fcherp mes den *Tendo* fnedig in ftukken fnyden, waar door ze belet worden den fchaal weder te fluiten, en als dan kan men met gemak het vleefch daar uitneemen.

27. Nagelfchulpen, Jacobfchulpen, en alle die van buiten ruig'zyn, als het vleefch daar uit is, moet men in varfch water, of in den regen leggen, tot dat de aankle-vende vuiligheid 'er afweekt, en daar na moet men ze fterk borftelen: De gebroke-ne Nagels moet men met een vyl of fteen rond vylen.

28. De Hartjes en witte Aardbeziën moet men een etmaal of meer in varfch water weeken, zoo kan men het vleefch daar uit flingeren, achter met den vinger haar vaft houdende, dat de fchaal niet van malkander breekt, daar na moet men ze in regen en zon bleeken, en ten laatften zachtjes borftelen.

29. Zommige Hoorntjes of Schulpen zyn van buiten met korte borftels of haairtjes bezet, gelyk de gedroogde peeren, *Auris hirfuta*, *Buccinum pilofum*, en *Tellina faxatilis*: Deze laat men weeken met haare borftels, zoo die noch vaft daar aan zyn, wordende flechts maar in den regen gelegt, en zachtjes geborftelt.

30. Eenige dunfchaalige Schulpen, inzonderheit de *Pinnæ*, en de Swaluwtjes moet men geenzins in den zon droogen, maar in den lucht, want door den zon fcheuren haare kanten.

31. De fchoongemaakte Hoorntjes, die men wechzenden wil, dienen niet met kat-toen of diergelyke warme ftoffe ingepakt te worden, om dat door dit broeijen haar koleur verbleekt, maar het moet gefchieden met fyne kiftemaakers krullen, en Chi-neefch of ander week papier: Het doornachtig goed, of dat fyne nagels, maar gee-ne zonderlinge koleuren, heeft, mag men in kattoen bewaaren: Die men in 't huis voor zich zelfs behoud, mag men maar bloot over malkander leggen.

32. Zommige Liefhebbers hebben in gebruik, dat zy om het tweede of darde jaar de Rariteiten eens te drinken geeven, 't welk gefchied, als men ze een etmaal in zee-water legt, daar na met varfch water uitfpoelt en weder droogt, want het fchynt, dat hier door de koleuren wat levendig worden, als komende weder in haar element, immers zoo 't niet veel helpt, zoo fchaadt het ook niet.

33. Zommige Hoorntjes hebben dien natuur, inzonderheit de *Nautilus major* en *Buc-cina Tritonis*, dat ze by langduurige regen-maanden in den kamer leggende zweeten, zoo dat 'er droppels water opftaan, daar men op moet letten om naarftig af te droo-gen, op dat ze het omleggende goedje niet bederven.

EINDE VAN 'T TWEEDE BOEK.

BE-

BESCHRYVING EN VERDEELING

Der

AMBOINSCHE

HOORNEN en SCHULPEN,

Door den Heer SIPMAN, Doctor
in de Medicynen, enz, enz.

AMBOINSCHE RARITEIT - KAMER, beftaande
in verfcheiden foorten van Hoorntjes en Schulpjes, in 't Latyn, *Oſtracoderma*, of *Scleroſtrea* genaamt,
in 't Nederduitfch, Harde Schaalviſſchen, dezelve
verdeelende in drie Hoofd-foorten of *Claſſes.*

HET EERSTE GESLACHT

Van de Eenſchaalige of gedraaide Hoorntjes, van binnen
paarlemoerachtig blinkende.

Nautilus major ſive craſſus. Mal. *Bia papeda*, word gevonden in alle Moluk-
kiſche Eilanden: By *Plinius*, *Nautilus Pompilon*, en *Nauplius* genaamt.

2. *Nautilus tenuis major.* Maleitfch, *Bia gorita.* Neêrduitfch, Doekhuyven. Amb. *Kika Wawutia.* Deze is wit van koleur met eenen nauwen mond, van de
Inlanders niet wel te bekomen, om dat hunne vrouwen zulke op de handen draagen,
als zy op haare Feeſtdaagen het *Lego, lego* danzen. Een kleinder flach hier van, in
den Amboinſchen Inham gemeen, is ook wit, maar heeft eenen wyden mond.

3. *Cornu Hammonis.* Neêrduitfch, Poſthoorntjes, worden, hoewel qualyk, gehouden voor een Schepfel van den *Nautilus major*; deze aan de klippen hangende, en
door een ſterken Noorden-wind de zee ontſteld zynde, koomen van de klippen geflaagen aan ſtrand dryven. Amb. *Tay manuſamal*, dat is, Meeuwen-drek.

4. *Carina holothuriorum.* Neêrduitfch, Quallebootjes. Zyn enkel van ſchaal, beneden blauwachtig; het Dier, dezen *Carina* bewoonende, is een flach van Quallen,
overeind ſtaande als een lid van een vinger; wanneer zy in zee dryven, zyn ze ſchoon
en klaar als een kriftalletje, met een blauwen glans een aangenaamen weêrſchyn van zich
geevende, beſtaande uit enkel ſlym, en met een huideken omgeeven; men mag ze onder de *Neritæ* rekenen, dewelke men vind in den Middelandſchen zee, van hun ſwemmen zoo genaamt: Men vind ze weinig omtrent *Boero* en *Manipa*, en hebben derhalven geen Inlandſchen Naam.

. HET

HET TWEEDE HOOFDGESLACHT

Behelft zoodaanige, die den gedaante van een gemeenen Alykruik hebben, mede paarlemoerachtig blinkende.

Cochlea lunaris major, *Auris gigantum.* Maleitfch, *Matta boelan bezaar* of *Matta Lemboe*, is van bekende fatzoen, zy word wegens haaren wyden mond, Reuzen-ooren; en van haaren grooten ronden dekzel, *Matta boelan*, dat is, Maands-oog genaamt: Haar dekzel is een *umbilicus marinus.*

2. *Cochlea lunaris minor*, heeft 4 foorten: 1. *Cochlea fulcata nigra.* Mal. *Krang fuffu*, om dat ze eigentlyk verbeeld een klein Mammetje, zy heeft een zwarten fchaal, overdwars diep gevoorent, en ruig, als of ze fchubachtig was, met weinige fpaanfch-groene plekken, van binnen paarlemoerachtig. 2. *Bia pethola*, *Naffau*, waar van drie foorten van verfcheiden koleuren zyn. 3. *Cochlea lunaris afpera*, heeft van binnen geel paarlemoer, waarom zy vuurige Oven genaamt word: Een kleinder foort hier van heeft wit paarlemoer, van buiten fteekeliger. 4. *Cochlea lunaris minima*, is van buiten nergens gevoorent, licht kaftanjebruin, niet grooter als een nagel van een vinger, van binnen is ze geel met weinig paarlemoer. De tweede foort valt meeft in de Uliaffers.

3. *Cochlea Lanciniata.* Neêrduitfch, Lobbetjes.

4. *Calcar.* Spooren. Deze zyn platte Alykruiken, dubbelde, en enkelde.

5. *Trochus.* Dit zyn diergelyke Hoorntjes, den gedaante hebbende van een tol, waar mede de Jongens fpeelen, en is *Trochus maculofus* genaamt, zy is de grootfte van allen, beneden glad met wit en rood vermengt, van boven met verfcheiden koleuren gefchildert als Hoender-veêren, of Turkfch papier.

6. *Trochus granulatus*, is doorgaans met korreltjes bezet en hooger van dop, zy is bleekrood, en doodfch van verwe.

7. *Trochus longævus five Papuanus*, is bekent. Neêrduitfch, Lang-leven. Een kleinder foort hier van valt omtrent de *Batoe Chabehoe* in overvloet. Maleitfch, *Bia Cucuffan* genaamt.

HET DERDE HOOFDGESLACHT

Van de Eenfchaalige begrypt die den gedaante van een kleine Alykruik hebben. Cochleæ valvatæ. *Maleitfch,* Bia Tsjonkil *genaamt.*

Vitellus. Neêrduitfch, Dooijer, deze is van koleur geel.

2. *Vitellus Compreffus*, deze gelykt beft naar een leggenden Dooijer, want zy is platter dan de volgende, leververwig van koleur, zonder fpikkels, de mond is langachtig fmal.　　　　　　　3. *Vi-*

3. *Vitellus pallidus*, is wat grooter dan de eerste, van koleur doodschbleek, aan den boven zyde is ze met diepe voorens doorplooit.

4. Is wit van koleur, en over den rugge zomtyds met 2, zomtyds met 5 ryen swarte spikkels: *Bia carera.*

5. Is van de zelfde gedaante, over 't lyf donkergrauw of leververwig, met witte banden langs de gieren.

6. Is kleinder dan alle voorgaande, ongeschildert, leververwig, doch aan den mond is ze swart, daarom noemt men ze Swartmondjes.

7. *Albula*, heeft een wyden mond, en is spierwit: Een ander slach heeft aan den mond een swarten plek: Een ander slach is over 't geheele lyf Oranjegeel. Amb. *Issi palessu*, dat is, die meer vleesch hebben als zy bergen konnen.

8. *Tenuis*, is dunner van schaal en ronder, zommige zyn swart, zommige vaal met witte slangetjes geschildert.

9. *Gothica*, is het Swartmondje gelyk, aan de kanten van den mond een weinig purperverwig, over 't lyf wit, vol vaale tekenen als of het Gothische letters waaren. *Bia sarassa kitsjil* genaamt, tot onderscheid van de groote, dewelke de Harp is.

10. *Fluviatilis sive rubella*. Maleitsch, *Bia mattacou*. Neêrduitsch, Roodoog, groeijende in zoete Rivieren.

Cochleæ Valvatæ Striatæ, *zynde over 't lyf gestreept.*

1. *Alpina*, hier van zyn 3 soorten: De eerste heeft een wyden mond, en een dikken schaal, die pas kennelyk gestreept is, maar met swart aardig geschildert, als of het verwarde takkebosschen waaren, gelyk men de *Alpes* schildert: De tweede is dieper gestreept, en vol swarte stipjes, zoo dat ze swart schynt: De 3de heeft spitze swarte bergen, die men Spitsbergjes noemt, deze is niet gestreept.

2. *Valvata secunda, sive fasciata*, is den voorigen gelyk, behalven dat ze langs de gieren 2 of 3 roode banden heeft, zynde 't overige geschildert als vooren: Zy worden weinig gevonden, en meest op *Poeloron*, daarom zy ook Poelerontjes genaamt worden.

3. *Valvata undulata*, deze is wat ronder en bultiger dan de voorgaande, merkelyk gestreept, aan de kanten van den mond een weinig getandt, zynde geschildert met swarte wratten, zommige ook met geele, genaamt *Kamelotjes*: De mond heeft niets geels, maar is vuilwit.

4. *Valvata granulata*, deze is wit van schaal, maar doorgaans met ruige wratten of korreltjes bezet, tusschen de gieren voorens maakende, de mond is wyd met een grauwachtig dekfel, tusschen de wratten of knobbels staan eenige borstels, waar door zy als met swart gespikkelt schynen.

5. *Valvata sulcata nigra*, deze is diep gevoorent met uitsteekende ronde ribben, swart van schaal, en moschachtig, maar schoon gemaakt zynde is ze mooi gespikkelt met witte streepjes.

6. *Valvata fulcata alba*, is kleinder en ronder dan de voorgaande, met een uit-steekenden tip, wit van schaal, of met een weinig rood gemengt, meest zonder schil-dery; doch zommige hebben op den rugge swarte stipjes; de mond is nauw wegens de tanden.

7. *Valvata compreffa*, deze is schier niet dan mond, en van voren is ze breed, en schielyk met swarte gieren toelopende, zonder tip, en uit den ronden plat ge-drukt; de schaal is buiten een weinig gevoorent met platte breede ribben, en daar tuf-schen uit den swarten en witten koleur geschildert met streepen en plekjes.

8. Is lichtrood, of geel van koleur, effen van schaal, maar versiert met verschei-dene banden; deze is in den Amboinschen Inham onbekent.

9. *Spinofa*. Neêrduitsch, Riviertoorntjes. Deze zyn doornaehtige Alykruikjes, en worden niet in den zee gevonden, in den grootte van een nagel van een duim, aard-verwig van koleur, en boven met stompe doornen bezet.

HET VIERDE HOOFDGESLACHT

Van de Eenfchaalige, begrypt die den gedaante hebben van Stormhoeden en gemeene Slekken, verdeelt in 4 Soorten.
1. Caffides Tuberofæ. 2. Verrucofæ.
3. Læves. 4. Murices.

T*Uberofa Cornuta*. Neêrduitsch, Gehoornde Stormhoed of Offekop, van zy-ne hoornen. Maleitsch, *Bia cabefette befaar*. Amboinsch, *Hubuffutha*.

2. *Caffis rubra*, roode Stormhoed. Deze heeft den rugge bezet met ronde en niet hooge knobbels, tuffchen welke de schaal met groeven versiert is, swart-bruin en rofachtig geschildert als veêren van een hoen; de mond is rood gelyk rood vleesch met een dikken omgeworpenen lip: Men vind ze op de Eilanden *Manipa*, en *Bonoa*, hoewel zeer zelden.

3. *Pennata*, heeft geen knobbels op den rugge, behalven aan den bovenften gier; de mond heeft geen omgeworpen lip, maar eindigt met een enkel schaal, de buik is vaal, maar niet zoo rood; maar de rugge is schoonder geschildert gelyk het Turksche papier: Zy word gevonden op den Noordkuft van *Keram*.

4. *Afpera*, steekelige Kasketten. Deze zyn niet veel grooter dan een ei, over 't geheele lyf donkergrauw en bezet met veele sterke knobbeltjes, die stompe door-nen gelyken, zynde de steekelige tanden mede aan den *voluta* te zien, dewelke wat uitgepuilt zyn: Achter hebben zy geen gekrulden staert, maar een beginfel daar van, de mond heeft geen opgeworpen lip, en is een weinig getandt; de zyde daar tegen over is glad en lichtgeel: Deze foorte is in *Amboina* weinig te vinden.

Verrucofæ, Pimpeltjes.

5. *Verrucofa Ceramica*, is de grootfte van dit geflacht met een uitfteckend hoofd gelyk een *turbo*, 't overige van den schaal als een *Murex*, heeft 7 knobbels.

6. Is

6. Is als een Hoender-ei, aan de gieren 8 knobbels in een omloop hebbende, zy is breeder en stomper dan de voorgaande.

7. Heeft een platter hoofd, van buiten wit en krytachtig, met stompe knobbels, aan den mond is ze wit met een weinig geel of paars gemengt: Deze valt op *Banda*.

8. Wydmondig Pimpeltje, is by na niets dan mond, van buiten met swart en wit gemengde streepen; deze is bekent.

9. Kleine Geelmonders, zyn niet grooter dan een hazelnoot, met een nauwen mond, daar aan men geele plekken ziet, op den schaal is zy krytachtig, daar swarte knobbels uitsteeken als stompe doornen.

10. Haairige Ooren, *Buccinum pilosum*, komen de *Buccina* nader, het lyf is hoog en bultig geribt, en met ronde knobbels, en overal doch meest op den rugge met stompe borstels als haairen bezet, die daar vast aan blyven, al worden ze gedroogt, doch aan de oude verliesen ze allenkskens; de mond is glad en blinkende: Deze worden weinig gevonden.

11. Hebben ook den gedaante van een *Buccinum*, uit den ronden wat gedrukt, met een kant aan de eene zyde, op den rugge gestreept of gevoorent, met korte doch steekende puckeltjes bezet, gelyk de rugge van een padde, en zyn van koleur vaal.

12. *Ranula*, is schier van dezelve gedaante, doch korter van schaal, achter uit met een korten staert, die een weinig opwaarts kromt, de rug is mede geknobbelt, doch niet steekelig.

13. Knoddekens, zyn een gemengde fatzoen van *Buccinum* en *Cochlea*, hoog van schaal met uitsteekende ronde knobbeltjes, vaal van koleur, en zonder staert.

14. Groote Wydmonders. *Bia moele bezaar.* Deze bestaan uit een enkelde mond, waar van noch een kleinder soorte bekent *Rudolphus.*

15. *Cassis cinerea lævis*, grauwe Kasketten.

16. *Areola*, Beddekens, is een diergelyke Kasket, glad van schaal, en met groote breede vierkante plekken getekent, taneit van koleur.

17. Zyn mede rond, en kort van buik, en lip, wyd van mond, en dun van schaal: De eene soorte komt met de Beddekens overeen: De andere soorte is wat grooter, merkelyk gevoorent, en bleekgeel van koleur, of eenpaarig vaal.

18. *Fimbriata striata*, gestreepte Zoomtjes, zyn kleine langwerpige Kasketten, zoo genaamt, om dat ze aan den mond een breeden zoom hebben, met swarte plekken getekent, op den rugge geplooit, glad lichtbruin of taneit: Men vind van deze ook heel witte, of een weinig met ros gemengt, dewelke raar zyn.

19. *Fimbriata lævis*, deze is zonder plooijen, met bruine slangetjes getekent: Noch een soorte hier van is met bruine stipjes in een rye in plaats van slangetjes.

20. *Murex. Bia oenam.* Deze is bekent, de deksel daar van is een *onyx*, en word *Blatta byzantia* genaamt, van een Stad in *Africa.*

21. *Mu-*

21. *Murex faxatilis*, is zoo groot als de voorgaande; maar zyn hoofd strekt wat verder uit, zoo dat hy meer naar een *Buccinum* gelykt.

22. *Murex minor*, heeft 4 foorten: 1. Deze is grauw, en langwerpig als een *Buccinum*, over 't lyf grauw, en rimpelig, met 3 ryen ftompe takken: 2. Brandhoorntjes. Maleitfch, *Bia papua*, deze is niet boven een vinger lang, met 3 ryen fwarte fcherpe takken, als of het verbrand was, doch zoo dat men de witte voorens zien kan: 3. De bruine, deze is van de zelfde gedaante, doch heeft langere takken: 4 De bleeke, deze is vuilwit, met een breeden lip aan den mond, en een breeden ftaert, en daar in zyn ftompe doornen. De tweede foorte is gemeen; maar de andere niet.

23. Schorpioentje, heeft een rond ftomp hoofd, en een lange rechte ftaert, aan dewelke ftompe takken ftaan in den gedaante als de takken van een Schorpioen; zomtyds grauw, vuilwit, ook fwart, en is zelden te vinden.

24. Gedroogde Peeren, is een knobbelig Hoorntje, met een lange bochtige ftaert, met 6 of 7 ryen borftels, als of het vellekens waaren, die aan malkander vaft waaren, van koleur ros en vaal, hier en daar met fwarte plekken, aan den binnen kant heeft ze eenige voorens, en is gekartelt.

25. *Hauftellum*, een Scheppertje. Maleitfch, *Bia fibur*. Deze heeft een langen ftaert.

26. *Tribulus*. Spinnekoppen. Maleitfch, *Bia duri lemoen*. Deze heeft drie ryen groote doornen als Limoen-doornen, wat gekromt, over 't geheele lyf grauw. Van deze is 'er noch een foort, welkers doornen dichter by malkander ftaan, en fynder zyn, maar is weinig te vinden, en worden Kammetjes genaamt. Zy vallen op *Affahoedi*.

HET VYFDE HOOFDGESLACHT

Behelft die een ronden gedaante hebben, de gemeene Slekken naaft komende, en worden gerekent onder de Cochleæ globofæ.

*C*Ochlea ftriata feve olearia. Maleitfch, *Bia minjae*. Deze is meeft rond, met een wyden mond, langs de gieren met uitfteekende ribben, en aan den mond gekartelt, van koleur is ze lichtpaars, met veele bruine plekken gefpikkelt, doch de meefte zyn eenpaarig van koleur.

2. Deze is kleinder en dikker van fchaal, bruingeel, en heeft witte oogen.

3. *Cochlea pennata*. Maleitfch, *Bia culit bawang*. Zoo genaamt van haar gedaante als Patryfen: Een ander flach hier van, zynde dunner van fchaal, vergelyken zy by den ajuin-fchelle, die eigentlyk *Culit bawang* genaamt word; deze is uit den geelen gemengt.

4. *Cochlea patula*, is befchreven onder de *Verrucofæ*.

5. *Rapa*, Neêrduitfch, een Knol. Deze is rond van lichaam, met een plat hoofd, en achter een kort gekrulden ftaert, gelyk een varkens ftaert omgeboogen; zy is dun en ligt van fchaal, licht Citroengeel, ruig en gerimpelt, en is zelden te vinden.

6. *Bullæ*, Blaasjes, zyn in malkander gerolt, met weinige gieren, en een lang-werpigen mond, wiens buiten kant langer is dan 't overige van 't lyf: Hier van zyn 3 foorten; waar van de derde, de raarfte zynde, wit is met fwarte en roode freepen getekent, waarom zy Prinze-vlaggetjes genaamt worden: De eerfte is gefpikkelt als de Kievits eijers: De tweede is bleekwit, en heel fyn gefreept.

7. *Cochlea imbrium. Bia ribut.*

8. *Ficus*, Neêrduitfch, Vyge, by andere word ze genaamt een Luite.

9. *Umbilicata*, is een plat gedrukte Slek, beneden plat, boven een weinig ver-heven, en worden Naveltjes genaamt; waar van 3 foorten zyn.

10. *Areularia major*, deze heeft den grootte van een nagel, met een fpits hoofd als een *Turbo*, zy is vuilwit of geelachtig van koleur. *Areularia minor*, is kleinder, en word tot den *Totombo* gebruikt om dezelve daar mede in te leggen.

11. *Serpentuli*, Slangetjes, zyn platte Slekken, in malkander gerolt als een opge-fchoten flang met een omgeworpen lip.

12. *Cochlea terreftris*, is als een gemeene Slek; zommige geel; zommige bruin, met banden en zonder banden.

13. *Cochlea lutaria* of *Bia fifo* komt van *Makkaffar*, en houd zich op in de Rys-velden.

HET SESDE HOOFDGESLACHT

Van de Eenfchaalige zyn de Turbinata, *welkers tuit of* turbo *kleinder is dan het overige lyf; haar gemeene naam is* Buccinum. *Maleitfch,* Bia Trompet. *Am-boinfch,* Kima Tahoeri.

Buccina Autnaria, is in Amboina onbekent.

2. *Buccinum Tritonis*, Amboinfch, *Krang Seroney*, is gelyk men de *Tritones* of Watermannen fchildert; de Duitfche noemen ze Kinkhoornen, om dat ze voor de ooren gehouden eenige zuifinge veroorzaaken; andere noemen ze *Turbo magnus*.

3. *Buccinum tuberofum rufum*, rood geknobbelde Kinkhoorn, is ros van koleur, met fwarte plekken op de knobbels: Deze word op Celebes ooftkuft *Hunka* genaamt, zy word van de mannen veel gezogt, wanneer zy in den oorlog gaan, dewelke als dan in dezelve wortelen en briefjes met vreemde tekenen getekent foppen, die zy dicht aan 't lyf binden, en dan geloven zy, dat ze in den ftryd gelukkig en onquetf-baar zyn zullen; hierom hebben de Liefhebbers dien Hoorn *Ajax* genaamt.

4. *Buccina tuberofa*, geknobbelde Kinkhoorn, is vuilwit van koleur, en wat klein-der dan 't voorgaande.

5. *Pfeudopurpura*, heeft eenige overeenkomft met die uit den Middellandfchen zee komt, en heeft van binnen een rood vleefch; doch of daar rood bloed uit te haalen

zy

zy om daar mede te verwen, is noch niet onderzocht: De *onyx* daar van is de beste van alle, en word daarom van de Inlanders *Unam casturi*, dat is, *moschata* genaamt.

6. *Fusus*, een Spil, word weinig gevonden, spierwit van koleur, rondom met knobbels bezet, en heeft een langen hollen staert.

7. *Fusus brevis*, is van d' eigenste gedaante, doch veel kleinder.

8. *Buccinum pilosum primum & crassum*, in 't Duitsch, haairige Diklip. Deze alle hebben eenen korten dikken staert, en zyn over 't geheele lyf gevoorent, en met ryen borstels bezet; de mond is klein, en van binnen ros.

9. *Buccinum pilosum tenue*, is niet boven 2 duimen lang, dun van schaal, mede gevoorent, en met lange dunne haairen bezet.

10. *Mitra Papalis*, Paus-Kroon, is gekartelt, en met groote roode vierkante plekken getekent; hebbende den gedaante van kostelyke steenen.

11. *Mitra Episcopi*, is mede gekartelt, en met groote roode vierkante plekken, maar glad als de voorgaande; en word Bisschops Myter genaamt. Het Dier heeft een swart beentje, waar mede het weinig steekt.

12. *Turris Babylonica*, zoo genaamt van de groote swarte plekken, die het heeft, verbeeldende de vensters aan den geschilderden Babylonischen toorn.

13. *Buccinum granulatum planum*, is schaars een pink lang, over 't geheele lyf met ronde korrels bezet, als of het *paternosters* waaren, van koleur is ze bruin en geel.

14. *Buccinum granulatum rotundum*, is een enkelde *turbo*, rond van lyf, met diergelyke korrels eenpaarig bezet, vuilwit en zonder naaden.

15. *Buccinum aculeatum*, is omtrent een halve vinger lang, over 't geheele lyf steekelig, dwars over de gieren staan ruige ribben, daarenboven is het gevoorent, en lichtbruin van koleur.

16. *Buccinum undosum*, is een kort bultig Hoorntje, een lid van een vinger lang, dik van schaal, met 5 ruggens dwars over de gieren, verbeeldende eenige zeebaaren, aan den mond is ze met scherpe tandjes voorzien, de rug is brandverwig, 't overige is vaal. De derde soort is dun van schaal, omgeeven met ronde ribben als banden, en is zelden te vinden.

17. *Buccinum lineatum*, is een effene *turbo*, omringt met dunne swarte streepen, als of 'er swarte draaden omgewonden waaren, met kleine tandjes aan den mond.

18. *Digitellus*, des zelfs voorste *turbo* staat krom, en zyn spits is stomp, waar door het een vingertje gelykt, het welk na iets wyst: Een kleinder soort is wit, blinkende als porsellein.

19. *Turricula*, Bia bidji gnemon. Dit is een byzonder fatzoen onder de *Buccina*, zy is langwerpig, onder en boven toegespits, zommige zyn ros of geel; zommige rood of met swarte banden.

20. *Turricula placata*, geplooide Toorntjes, deze zyn dikker van lyf en schaal, en meest grauw.

21. *Turricula granulata*, is noch kleinder dan de voorgaande; waar van de eerste gier het meeste lyf uitmaakt, rondom dicht met kleine korreltjes bezet: De eerste soort is lichtgrauw, en heeft eenige banden, als ook roode, swarte en blauwe korrels, daarom noemt men ze *Paternosters*.

22. *Turricula filis cincta*, is met banden als yserdraaden omgeeven.

23. *Buccinum angulosum*, is mede geplooit, en eenpaarig donkergrauw.

24. *Buccinum scalare*, Wendeltrapje, is een raar klein wit Hoorntje, van buiten omgeeven met veele vlerken, die dwars aan de gieren staan als schubbekens, en in ordre opgaande als een Wendeltrapje.

25. *Buccinum spinale*, is de alderkleinste van dit geslacht, zy is grauw of bruin van koleur.

26. *Buccinum fol.* is dun van schaal, uit een grooten gier schielyk toeloopende in een spits, zoo scherp als een naald; zy is groengrauw met swartachtige stipjes.

HET SEVENDE HOOFDGESLACHT

Zyn de Strombi, *dewelke lange en smalle Hoorntjes zyn, met veele gieren in den lengte spits toeloopende gelyk een goude Nagel, men noemt ze in 't Neêrduitsch, Naalden en Pennen; in 't Maleitsch, Bia krang of Djaron of Sipot. Zy zyn van tweederlei fatzoen, slechte en knobbelige; de slechte zyn de volgende.*

STrombus *primus sive subula*, een Elze of Marlpriem, zy is de grootste van dit geslacht, op het meest een hand lang en wat korter, effen van schaal, vuilwit als yvoor, met swarte blauwe plekken of streepen aan den kant der gieren.

2. *Secundus*, is van dezelve lengte, doch niet zoo dik, en zy is smalder, langs de gieren met groote swarte droppels bezet, en de gieren buigen mede in 't midden wat uit.

3. *Tertius*, is het gemeene slach; waar van zommige witachtig zyn met loodverwige plekken, zommige zyn wit, met swarte stipjes langs den kant der gieren; andere zyn stomp van spits als een swik, dien men in een vat steckt; andere hebben rosse en verwarde streepen, als of 'er verwart gaarn over lag.

4. *Quartus*, is lichtbruin, met groote witte oogen, en is zeer zelden te vinden.

5. *Quintus*, is ligt van fchaal, lichtrood of vuurverwig, met witte flangetjes, deze is ook zelden te vinden.

6. *Strombus dentatus*, gekartelde Naalde, is mede lichtbruin, aan de kanten der gieren met ftompe tandjes, en langs de gieren met fyne ftreepen verfiert. Van *Luffapinjoe* brengt men een ander foort, van koleur zynde bleekgeel als vuil yvoor, met fyne ftreepen voorzien, en daarom yvoorne Naalden genaamt.

7. *Septimus*, is een pink lang, en een fchaft dik, dwars over de gieren met heel kleine groeven, gelykende een Eenhoorn, anders Trommel-fchroeve genaamt.

8. *Octavus five Lanceatus*, Pickeniers, is een kleine en fmalle Naalde, wit en glad, langs de gieren ftaan veele fwarte ftreepen over eind, als of men een menigte opgerechte pieken zag.

9. *Granulatus*, gegranuleerde Naalden, deze zyn mede klein, in den grootte van Naainaalden.

10. *Chalybeus*, Zeilnaalden, zyn de kleinfte van dit geflacht, een weinig gevoorent en hoekig; zommige met witte en fwarte ftipjes.

11. *Strombus caudatus albus*, witte Tuitjes, zyn als andere Naalden, maar hebben achter een omgekromden ftaert: Een ander flach hier van hebben bruine ftipjes rondom, en zyn raar: De derde foort is geheel gekartelt, en valt ftekelig.

12. *Strombus caudatus granulatus*, is ganfch korrelig, en grauw; zommige hebben de groote korrels wit, dewelke fraaijer zyn: Men noemt ze Tuitjes na den gedaante van den tuit van een fchenkkan.

13. *Strombus tympanorum* of *tympanotos*, Neèrduitfch, Trommelfchroeven, haare gieren zyn met keepen onderfcheiden, en daarenboven geribt, tancit van koleur, zonder tuitjes.: Een ander foort is heel wit, en is de raarfte onder dit geflacht, immers op *Ambon*, zy word gevonden omtrent *Kellimoeri* op den Zuid-zyde van *Keram*.

14. *Strombus tuberofus*, geknobbelde Tuitjes, zyn vol groote knobbels, en aardig gefchildert met fwarte plekken en ftreepen.

15. *Strombus angulofus*, ruige Trommelfchroeven, zyn diep gevoorent.

16. *Fluviatilis*, Riviernaalden. Maleitfch, *Sipot aijer*. Deze zyn grauwgroen, en licht van fchaal of flykverwig, 4 of 5 duimen lang: Een ander foort is kleinder met fwarte of fwartachtige ftreepen getekent.

17. *Strombus paluftris*, is van gedaante als een Marlpriem, en leelyk van koleur.

18. *Paluftris lævis*, is dik van fchaal, in den gedaante van gemeene Naalden, met een kleine keep aan den cenen hoek van den mond, zy is glad, fwart of donkerbruin.

19. *Terebellum*, Kuipersboor, is vaal, of lichtbruin met fwarte ftreepen en adertjes, zommige met fwarte ftipjes: Men vind 'er ook fneeuwwitte, dewelke raarder zyn; zy komen uit het water fpringen, als of ze daar uit gefchooten wierden.

20. *Strom-*

20. *Strombus mangiorum*, is een groote Naalde omtrent 1 vinger lang, buiten ruig, en diep gevoorent, ftaalgroen en zonder glans, met een breeden lip aan den mond, zy houd zich op by de wortelen van de *Mangi mangi*-boomen.

HET ACHSTE HOOFDGESLACHT

Begrypt de Volutæ, *in 't Maleitfch*, Bia Tsjintfing, *in 't Neêrduitfch, Wellen.*

C*Ymbium*, gekroonde Bak of Kroonhoorn. Maleitfch, *Bia Sempe*, heeft achter een kroon, waar van het den naam heeft; zy is van koleur geelbruin.

2. *Meta butyri*, Boterweg, deze is onder de *Volutæ* de grootfte, het hoofd is wel platachtig, doch aan de kanten rond, en in het midden met een uitfteekenden fpits, over 't geheele lyf geel als boter, met fwarte of bruine ftipjes, die in een rye ftaan.

3. *Voluta muficalis*, Mufykhoorn of A, B, C-boekje, deze is als de voorgaande, maar de ftippels ftaan ordentlyk.

4. *Cereola*, Kaersjes, zyn als de voorige, doch zonder ftippels, van koleur als verfch opgefneden was, met een breeden band om het lyf; in 't Maleitfch, *Bia Liling* genaamt.

5. *Voluta tigerina*, een Tyger, is niet breed van hoofd, over 't lyf geteikent met groote karftanje bruine plekken, die zomtyds ook fwartachtig zyn, en de grond is wit of lichtrood.

6. *Nubeculæ*, Wolkjes, zyn langwerpig als de voorige, doch aan 'thoofd wat geknobbelt, wyd van mond, en dun van fchaal, dewelke bruin met vuilwit gefpikkelt is: Aan den anderen foorte is die purperachtig, en bruin, met blauwe en witte ftipjes met troepen door malkander loopende, als of het wolkjes waaren: Deze is raarder als de eerfte.

7. *Vefpertilio*, Vlcêrmuis. Maleitfch, *Bia Monfego* en *Baduri*, fchynt onder de *Murices* te behooren wegens haare fcherpe knobbels; de fchaal van buiten is bleekwit, zomtyds lichtrood, met fwarte plekken en wateren getekent, gelyk de vlerken van een Vleêrmuis: De tweede foort is langwerpig, lichtrood, en op den grond met donkerbruine wateren; in plaats van doornen heeft ze ftompe knobbels: De derde is roodverwig.

8. *Harpa*, een Harp, is ook een *Voluta*, maar zy is de mooifte van alle, en is uit verfcheiden foorten en koleuren beftaande.

9. *Voluta marmorata*, Marmer-hoorntjes. Maleitfch, *Bia tsjintsjing*, dat is, Ringhoorntjes, zy worden zoo genaamt van haar gebruik en koleur, dewelke met het marmer *Leucoftieton* overeenkomt.

10. *Voluta pennata*, is van 2^{delei} gedaante: Den eerften noemt men *Attagenata*,

Z   Koor-

Koorhoenders, of Goudelakens: De tweede is kleinder, recht als een rol, met diergelyke doch witte veéren geschildert, en word Zylverlaken genoemt.

11. *Voluta maculofa*, geplekte Katjes, deze zyn ook kegelformig, met een scherpen spits boven op, over 't lyf met breede plekken, dewelke meest hooggeel zyn, met swart of lootverwig gespikkelt, gelyk zommige katten zyn, aan het hoofd zyn zy met swarte stipjes getekent.

12. *Voluta cinerea*. Neêrduitsch, Asschepoesters, zyn de voorige gelyk, doch ronder aan de kanten van 't hoofd, met een scherpen spits boven op, over 't lyf donker aschgrauw, en zyn zonder schilderyen.

13. *Voluta fpectrorum*, Spookjes, deze gelyken de mannen, dewelke de Kaartemaakers schilderen, zy worden gevonden in den grooten woestyne *Lob* tusschen den Zandzee en de Tartaren, gelegen aan den West-kant van *China*.

14. *Voluta maculofa granulata*, gegranuleerde Katjes, hebben groote plekken, en over 't lyf bezet met stekelige korreltjes van twee of driederlei gedaante.

15. *Voluta filis cincta*, is een korte Welle, met een breed hoofd, bruin, en met swartachtige draaden omgeeven als zeilgaren, en is zelden te vinden.

16. *Voluta filofa*, is een plompe Wel, het lyf is getekent met rosse kromme aderen als verwart garen, daarenboven met eenige grove banden, van vermengde fatzoen, als 't Arakans garen.

17. *Voluta fafciata*, is van veelderlei fatzoen, maar heeft tot een gemeen merkteken, dat ze een breeden band in 't midden om 't lyf heeft: De derde soort is de raarste, schaars een pink lang, kegelformig, met een plat hoofd, en in deszelfs midden een grove spits; het lyf is boven en onder bruin, met verscheiden spikkeltjes, en in 't midden een witte band, 't welk ook weder gedeelt word door een rye van spikkeltjes, zeer glad en blinkende als het polyste letterhout, zy word Speldewerks-kussen of *Bia Bantal* genaamt: Onder deze behoort ook de soort, de groene Kaas, genaamt.

18. *Voluta arenata*, Vliegescheetjes, waar van d' eene grove, en de andere fyne scheetjes hebben.

19. *Mufica Rufticorum*, Boeren Mufyk, is schaars een duim lang, met grove vierkante swarte plekken, die in ryen staan, als aan het Mufykhoorn.

20. Grauwe Monniken of oude Wyven, deze zyn over 't lyf slecht grauw met eenige rimpelen.

21. *Terebellum granulatum*, is over 't geheele lyf gegranuleert, en daarenboven gevoorent en geribt, van koleur is ze vaal of ros, zomtyds ook met plekken als de Katjes.

22. *Voluta fluviatilis*, is een gemengde fatzoen van een *Voluta* en van de Pauskroon, dunschaalig, vuilgrauw, met fyne voorens langs de ribben, en aan deszelvs kanten zyn weeke doorntjes, dewelke zomtyds ook stomp zyn.

HET

HET NEGENDE HOOFDGESLACHT

*Behelst die wy Alatæ noemen, dat is, gevleugelde, om dat d' eene
lip altyd breed uitloopt; in 't Amboinsch, Tatallan, naar
de uitgebreide vleugelen des Vogels Tallan, den
welken wy Scheer-Vogel noemen.*

HArpago, Boots-haak of Duivels-klauw, word verdeelt in 't Mannetje en Wyfje: Het Mannetje heeft smalle dikke takken, aan d' einden zonder holligheid, de plekken zyn meer ros dan swart: Het Wyfje is dunner van
schaal, swarter gespikkelt, de takken zyn stomp, en wyder geopent als
een geut; een soort hier van zonder takken is mooi, en schynt een jong van deze te
wezen, by *Plinius*, *Pentadactyli* genoemt.

2. *Cornuta*. *Plinius*, *Heptadactyli*. Maleitsch, *Bia Cattam*. Neêrduitsch, Krabben. Deze zyn mede verdeelt in Mannetje en Wyfje: Het Wyfje is ligter dan het
Manneke; zommige zyn geel, zommige met swart en geel vermengt.

3. *Cornuta decumana*, is in *Ambon* onbekent, en valt alleen op *Bonoa*.

4. *Cornuta millepeda*. Neêrduitsch, Duizentbeen, deze is platter dan de voorgaande, op den rugge is ze vaal, en dicht gespikkelt met rosse streepen; de lip verdeelt haar in 10, zomtyds ook in 11 takken, alle na achteren gekromt, waar van de
snuit en 't hoofd de langste zyn; op den rugge heeft ze verscheidene kobbeltjes, en
de lappen zyn mooi geschildert met swarte en roode streepen.

5. *Cornuta nodosa*, Neêrduitsch, Podagra of Schorpioen, is het kleinste van dit
geslacht, waar van de staert lang en krom is, als de staert van den Schorpioen; alle de
takken zyn geknobbelt gelyk de rug van 't lyf, of als de vingers van die het Podagra lang
gehad hebben: Zy word weinig gevonden, en meest in *Lassers*; de mond is geribt
met swarte en roode streepen.

6. *Alata lata*, Breedlip genaamt, om dat zy zeer breed uitloopt, zy is dik en
kantig van lip, die zomtyds van binnen hol is, over 't lyf donkergeel, met weinige
rosse plekken, van binnen glad en rood, en is zelden te vinden.

7. *Epidromis*, een Bezaantje, dezes tip loopt op 't breedste, de eene spits van
deze steekt uit als een *Buccinum*; zy is van doorgeelen koleur; andere zyn eenpaarig
van koleur, en zommige met rosse streepen.

8. *Epidromis gibbosa*. Neêrduitsch, Bultjes, zyn van diergelyken fatzoen, behalven dat de lip dikker is, van buiten naar den donkergeelen koleur trekkende: Een
ander slach van *Epidromis* is smalder, zonder vlerken, maar langer dan de voorgaande, dien men den opgerolden Bezaantje noemt.

9. *Epidromis minima*, is van den zelvden gedaante, maar zeer klein, en is
dikker van schaal, op den rugge bruin, en voor in den mond geel: Maleitsch, *Bia
Leyer*.

10. Len-

10. *Lentiginofa*, Sproetjes zyn niet breed, maar dik van lip, over 't lyf met knobbels bezet, met fwart, ros en ftaalgroen gefpikkelt, doch doodfch van koleur; maar binnen zyn ze glad uit den geelen incarnaat, en met kuiltjes onder de buitenfte knobbels: Maleitfch, *Bia taeylala*, om dat haare fpikkels naar fproeten gelyken.

11. *Pugiles*, Schermers. Maleitfch, *Bia Toenjokan*, dat is, Wyzers, om dat ze nevens den fpitfe voor uit een kleine vinger hebben, waar mede zy na iets fchynen te wyzen; zy zyn niet breed, maar hebben een merkelyken *turbo* of fpits toeloopend hoofd, en achter een omgekromden ftaert om hoog; De eerfte flach is grauw, van binnen lichtrood met witte aderen : De tweede is bruin, effener van fchaal, en op den rug met witte fpikkeltjes, zy is mede van binnen fchoonrood.

12. *Luhuana*.

13. *Canarium*, Maleitfch, *Bia Canary*, zoo genaamt, na den gedaante van een gefchilde Kanary, zy is van fatzoen gelyk de voorgaande, doch doorgaans kleinder; hier van zyn 4 of 5derleije foorten; de grootfte zyn een kleine vinger lang, effen van fchaal, met donkergrauw of rookverwig; zommige met geele banden op een witten grond: Men vind 'er ook die gantfch wit zyn, doch zelden: De vyfde foort is de mooifte van fchildery, want op een witten grond ziet men lichtroode en groenachtige plekken en ftipjes, die eenige bloemen verbeelden; zommige met banden en ftreepen; zommige met ftipjes, die in ryen ftaan, niet boven een lid van een vinger lang.

14. *Canarium latum*, verfchilt van het voorgaande, om dat het breed uitloopt, fchier als een Bezaantje, over 't lyf donkergrauw met geele en witte fpikkels, waar onder men zomtyds langwerpige vind, die naar opgerolde Bezaantjes gelyken.

HET TIENDE HOOFDGESLACHT

Handelt van de Porcellanæ *zynde een byzonder flach van Hoorntjes, aan fatzoen van alle voorgaande verfchillende :* Dicuntur Porcellanæ ad imitationem Græcorum, qui χοιρίνας vocant, apud utrofque nomen acceperunt â fimilitudine pudendi muliebris, quod Græci χοίρον vocant, Latini porculum, cujus aliquam fimilitudinem refert hujus conchæ rima; hinc etiam Concha Venerea audit : Apud Ennium, Matriculus. *Maleitfch*, Bia Lilala, *dat is, Likhoorntjes, om dat ze daar mede linnen en papier likken, dat is, glad maaken konnen.*

POrcellana *guttata*. Neêrduitfch, Klipkoufen. Maleitfch, *Bia Vilala*, is de grootfte en fchoonfte van dit geftacht, omtrent een kleine vuift groot, zeer rond en glad van rugge, en dezelve dicht gefpikkelt met fwarte droppels, daar andere kleine bruine en geele onderloopen, en langs den rugge gaat een goudgeele ftreep, doch niet aan alle.

2. *Porcellana montofa*, anders de Kaap genoemt, vertoonende verfcheide heuvels of bergen, gelyk men den hoek, en het gebergte van den Kaap *de bon Efperance* fchildert. Deze heeft geen mooijigheid, maar zy is bleek van koleur.

3. Con-

3. *Concha teftudinaria*, is langwerpiger dan de voorgaande, op den rugge schoon geplekt, gelyk men ziet aan schildpadshoorn of karet, waar van zy den naam heeft, Karet, *aliàs*, *Kaap falso*.

4. *Argus*, is een langwerpig Hoorn, bruin, leververwig van koleur, met veele oogen bezet, gelyk men den Reus *Argus* schildert.

5. Groote Slange-hoofden, zyn plat van buiten, en de rug is swart met geele of taneite plekken verziert.

6. Kleine Slange-koppen, zyn van 't zelfde fatzoen, doch niet grooter dan een lid van een vinger: Een raar slach hier van is over den rug blauwachtig met een geelen ader, dewelke men blauwe Slangen-hoofden noemt.

7. Witte Jamboesen, zyn van grootte den 5^{den} soorte gelyk, doch gantfch wit, de ring heeft overdwars een uitfteekenden kant, en by de einden ziet men een bleek-wit korreltje in een kring ftaande, als een ingevatte paerl, en daar by een lichtrood plekje, 't welk metter tyd verbleekt.

8. *Talpa*, een Mol, is swart of donkerbruin, en op den buik van bekende fatzoen.

9. *Carneola*, Maleitsch, *Bia Dagin*, is mede langwerpig als de voorige, eenpaarig lichtrood of vleefchverwig.

10. *Porcellana falita*, Zout-korrels.

11. *Porcellana litterata*, *five Arabica*.

12. *Porcellana lentiginofa*, Kakkerlakjes.

13. *Variolæ*, Mazelen, zyn van tweederlei fatzoen en langwerpig, de eerfte hebben aan den kant groote swarte droppels; de tweede heeft aan den zyde purpere droppels, gelyk de *Morbilli*.

14. *Ovum*, Maleitsch, *Bia of Sipot Saloaeco*, deze zyn spierwit, en hebben den grootte van een eend-ei: De Amboincezen leggen hunne fchilden daar mede in, en hangen ze tot pronk aan de voorfteevens van hunne vaartuigen.

HET ELFSTE HOOFDGESLACHT

Begrypt de Porcellanæ minores, *in 't gemeen by de Maleijers genaamt* Candaga *en* Bia tsjonca, *om dat men ze veel gebruikt tot zeker spel* Tsjonca *genaamt, waar in men veele kleine dingen telt in zekere kuiltjes, die in een dikke plank ingeholt ftaan: De voornaamfte zyn, dewelke men* Thoracia *noemt, dat is,* Borftftukjes, *in 't gemeen* Cauri *of* Caudi, *beftaande in de volgende vier foorten.*

T Horacium oculatum, Witoogjes, zyn omtrent een lid van een vinger lang, met een breeden engekartelden kant, daar aan men een breede swartachtige plek als een brandmerk ziet; de rug is vaalgrauw als met veele witte ronde oogjes; de mond is van binnen lichtrood: zommige zyn breed als een Borft-

ftuk,

ftuk, en die zyn de mooifte; zommige zyn langwerpig, en hebben geen uitfteekenden kant, en ydele oogjes: Men noemt ze ook Brandvlekjes.

2. *Thoracium stellatum*, Starretjes, zyn wat kleinder dan de voorgaande, aan de
kanten bruin of ros met wat paars aan de einden; de rug is bleekwit met rofte of bruine
ftarretjes verziert, gelyk de ftarre *Astroites*.

3. *Thoracium vulgare sive Cauricium*, gemeene geele *Cauris*, deze hebben den eigentlyken gedaante van een Borftftuk, aardig met kleine bulten verziert, zeer glad en
bleekgeel; zomtyds met een hooggeelen kruin op den rug, aan den buik wit, en by
den mond gekartelt, in 't gemeen zoo groot als een nagel van een duim, doch hoe
kleinder dat zy zyn, hoe fraaijer de bultjes ftaan: Deze zyn het vermaarde geld, 't welk
men met fcheepen vol uit de Maldavifche Eilanden afhaalt, en na *Bengala* en *Siam*
brengt om aldaar voor klein geld te dienen.

4. *Thoracium quartum*, Blauwrugjes, zyn flechte en gemeene *Cauri*, effen van
lyf, zonder bulten op den rug, blauwachtig met een goudgeelen kring omgeeven als een
ingevalle Turkois in 't goud, maar het blauw verbleekt metter tyd. In *Ambon* zyn ze
gemeen, maar de rechte *Cauri* niet.

5. *Casuaris*-Eijers, deze zyn langwerpig, met ronde en effene kanten, met doodfch-
groen en ros gefpikkelt.

6. *Dracæna*, Drakenhoofdjes, zyn bleekgrauw of vaal van koleur; overdwars
met twee donkere ruggen, en tuffchen beiden met een groote brandvlek, die zomtyds een Eiland, zomtyds een vliegende Draak verbeelden, en zyn zelden te vinden.

7. Blauwruggen, zyn langwerpig, met een witten uitfteekenden lyft of kant aan de
eene zyde, op den rug verfcheiden verwig met taneite en fwartachtige ftreepen; zomtyds 4 fwarte plekken of oogjes hebbende aan beide einden, dewelke raar zyn.

8. *Isabella*, is mede langwerpig rond, zonder kanten aan de zyden, beide einden
zyn Oranjegeel en ftomp, de rug is vaal met weinige fwarte ftreepen.

9. Kleine *Argus*, is vaal op den rug, dicht bezet met groote witte oogen, die
met fmalle randen aan malkander hangen, en is weinig te vinden.

10. *Nussatellana granulata*, Ryftkorrels, zyn van koleur fpierwit, zomtyds loopt
'er wat paars onder, over den rug zyn ze vol korrels met een vooren onderfcheiden.
Een derde flach hier van is een lid van een vinger lang met ydele korrels, op den
grond ftaalblauw, of zommige uit den rooden grauw, en zoo blinkende, dat ze fchynen geamulieert te zyn.

11. *Globuli*, Knopjes, zyn kleinder, ronder en hooger gebult dan de voorgaande, aan beide einden met een uitfteekend hoekje, 't welk afgefleepen zynde zoo gelyken ze naar wambais-knoopen; zommige zyn met korrels bezet; zommige zyn glad.

12. *Aselli*, Ezeltjes, zyn wit, maar hebben dwars over den rug 3 fwarte ftreepen, of 'er drie zaaken over een Ezel gelegt waaren.

13. *Pediculus*, dit is het alderkleinfte Hoorntje fchier van alle geflachten, in 't gemeen niet veel grooter als een betteluis, ganfch wit, en overdwars geribt en gevoorent, en alle de ribben eindigen in een vooren, die langs den rug gaat: Men vind een
flach daar van zoo groot als een hazelnoot, maar zoo wit niet.

HET

HET TWAALFDE HOOFDGESLACCT

Van de Eenſchaalige en gedraaide Hoorntjes heeft de Cylindri *of Rollen, aldus genaamt van haaren langwerpigen figuur als een Zaamen gerolt papiertje of linnen, van ſchaal glad en blinkende, met een kort tuitje voor uit.*

Cylinder *Porphyreticus*, is van buiten uit den donkergrauwen en ſwartachtig geſpikkelt gelyk die ſoorte van marmer, dewelke men porphyrſteen noemt, hebbende dwars over de huiden een ſwarten band, van binnen zyn ze hooggeel.

2. *Cylinder niger*, zatyne Rolletjes, deze zyn ſwart als zatyn, en ſpiegelglad, zonder vermenging van andere koleuren, als zy van de rechte zyn; zy worden voor de raarſte van dit geſlacht gehouden.

3. *Cylinder tertius*, is van koleur meeſt olyverwig, met kleine ſwarte ſpikkels; zommige hebben een koleur, te weeten lichtbruin of *Iſabella*.

4. *Cylinder quartus*, *Sepulturæ*, of Prinze begraavenis, wordende zoo genaamt van de ſwarte plekken en ſtreepen, die een proceſſie verbeelden.

5. *Cylinder quintus*, is groenachtig met dooijergeele en weinige blauwe plekken geſpikkelt, zy is gemeen en ſlecht.

6. Grauwe Monniken, deze zyn van buiten dicht geſpikkelt met donkergrauw en ſwartachtig, gelyk de eerſte ſoorte; en die ydele plekken hebben zyn ſchiergrauw, haar tuiten ſteeken wat meer uit: Een ſlach daar van is in den mond violet.

7. Kamelotjes, zyn met ſwartachtige wateren of baaren geſchildert, gelyk kamelot.

8. Blauwe Droppen, verſchillen wat van den gemeenen gedaente, want zy hebben een merkelyken tuit en een uitſteekenden rib, die ſcheef over den rug loopt, zy zyn vuilwit of geelachtig met weinige paarſ- of blauwachtige droppen bezet.

9. Zyn de groene Glimmetjes, ſpiegelglad, zommige geſtreept, zommige met donkergroen en ſwartachtig geſpikkelt: Men vind 'er ook geele, en witte; doch zelden.

10. Kleine Glimmetjes, worden niet boven een nagel van een vinger lang; zy zyn geſpikkelt als de voorige.

11. Agaatjes, zyn mede niet veel langer als een nagel van een vinger, lichtrood of paarsachtig met aderen als Agaat.

12. *Cylinder lutarius*, Slyk-rolle, is van een byzonder fatzoen, uit een *Buccinum* en een Rol gemengt; van buiten ruig en zonder glans; omtrent den tuit een weinig geribt; van koleur aardverwig: In den mond is ze Oranjegeel met een dikke lip: Zy word in 't gemeen Midas-ooren genaamt, waar van men noch een kleinder ſoorte heeft.

N A

NA DE XII GESLACHTEN

Van de Eenfchaalige gedraaide Hoorntjes volgen nu de Eenfchaalige ongedraaide, verdeelt in twee geflachten, en worden genaamt Con-chæ Univalviæ : *Het eerfte geflacht behelft die maar aan den eenen zyde een fchaal hebben, en met den anderen bloot tegen de klippen zitten, beftaande in de volgende foorten.*

Opas of *Lepas, five Patella,* Lampje of Schoteltje. Maleitfch, *Bia Sabla.*

2. *Auris marina*, Zee-oor, Maleitfch, *Bia Maloli,* hebben den gedaante van een langwerpig oor, te weeten, aan den verheven zyde met een kant, langs den kant heeft de fchaal eenige gaatjes, waar van de voorfte doorgaan, en de achterfte niet.

3. *Balani,* Ekelen, Puiften, Maleitfch, *Geddi laut,* als opgaande Tulpen, zittende met klompen aan de fcheepen en aan zommige groote klippen, met een vlakken bodem daar tegen aangeplakt, zoo dat ze aan den bodem toe zyn; zy zyn rood met grauw gemengt van koleur.

4. *Verruca teftudinaria,* Maleitfch, *Cutu totruga,* dat is, Schildpads-luis, deze is ook een *Balanus;* maar nergens te zien dan aan de Schildpadden, glad, effen en witachtig, een lid van een duim lang, ½ dwars vinger hoog, en rondachtig, zaamengezet van 6 beenderen van ongelyke grootte, die zich met naaden en groeven aan malkander houden.

5. *Opercula callorum,* deze zyn dekzeltjes van zekere ftukken vleefch, die wy *Calli* noemen, zynde een flach van den *Limax maxima,* die zich in zand-en flykige ftranden onder het zand houden; op den rug deze dekzels als een nagel draagende : Waar van drie foorten zyn. De 1^{fte} is gefatzoeneert als een langwerpig fchildeken, beneden wat hol, en van boven gebult. De 2de is grooter en ronder als een fchotteltje met fcherpe kanten, vuilwit en wat paarlemoerachtig. De 3de is gefatzoeneert als een hammetje van een varken.

6. Noote-doppen, kleeven tegen de klippen aan, en zyn van boven gefchildert als of het hoender-veéren waaren.

7. Orlamjes of Vifchwyven, zyn vuilwitte wratjes, met den tuit wat overhangende gelyk de huive van de vifchwyven, binnen hebben ze een beentje gelyk een halve pyp; met den openen zyde zitten ze tegens de klippen aan.

HET

HET TWEEDE HOOFDGESLACHT

Van de Eenschaalige ongedraaide Hoorntjes bestaat uit een lange pyp, aan zommige recht, aan zommige krom, die aan beide einden open zyn, doch zoodaanig, dat 't eene eind altyd smalder zy, en als een afgebroken spits, alwaar de schaal op 't dikste is; zy worden genaamt Solenes, *Maleitsch,* Cappang.

SOlen *arenarius,* Zandpyp. Maleitsch, *Capang bezaar.* Neêrduitsch, Koedarm, by zommige, doch t' onrecht, Tritons-Hoorn genoemt, zy gelykt zeer wel naar een opgeblasen koedarm, in 't gemeen 2 of 3 voeten lang; weinige zyn 'er die recht zyn, maar de meeste zyn krom en bochtig, van buiten wit, en over dwars met kringen getekent, ook hier en daar met scheuren, die niet doorgaan, zoo als het Beest zyn aangroeijen genomen heeft; omtrent den mond zyn ze op het witste en zuiverste, maar aan den wortel vuil en begroeit: Dit slach word gevonden op *Keram* in den bocht van *Amahey,* en in den bocht van *Cajeli* op *Boero,* alwaar deze soort omtrent de wortelen van de Mangi Mangi boomen groeit in een grond, die met zand en kleine steenen gemaakt is, waar uit zy in 't groeijen toeneemen en aanwassen moet, na dat de wortelen en steenen het toelaaten; *habet suum in med. usum ac indigen.*

2. *Solen lignorum.* Neêrduitsch, Boorworm. Maleitsch, *Capang* en *Utor,* deze gelyken naar gekronkelde Hoender-darmen, daarom noemen ook zommige Maleijers haar *Purrut aijam;* zy hebben den dikte van een tabakspyp; zommige zyn dunner, doch de schaal is niet dunner dan een dobbel parkement; van buiten schoonwit met fyne kringetjes, groeijende in 't verrotte hout, zoo aan scheepen, als ander hout, daar in zy zoo vermenigvuldigen, dat men geheele boomen vind van binnen met deze Pypen opgevult, met zeldzaame bochten en krullen over en door malkander loopende: Zy zyn schadelyk voor de vaartuigen van Inlandsch hout gemaakt.

3. *Solen anguinus.* Maleitsch, *Capang* of *Bia Ular.* Deze zyn diergelyke Pypen, niet boven een schaft dik, met veele zeldzaame krullen t' zaamen gedraait als een slang, van buiten wit, wat hoekig, en met korreltjes bezet; met een getandt Muttertje voor in den mond: Zy groeijen niet in 't hout, noch in den grond, maar in Zeeklippen, daar veele kuilen en uitsteekende knobbels zyn, om welke zy zich leggen met den mond aan den klip zuigende; deze zyn raar, en worden zelden gevonden.

4. *Denticuli Elephantis.* Maleitsch, *Tande laut.* Deze zyn kleine *Solenes,* gekromt als een Boks-hoorn, van buiten geribt, groen, en witachtig by den tip: Het tweede slach is zoo groen niet, doch is langer en ranker: Het derde slach is pas een lid van een vinger lang; en is mede op de Persiaansche stranden gemeen.

5. Men vind 'er ook noch een soort van *Solenes* in de Koraal-klippen, dewelke van koleur bruinachtig en onordentlyk geribt zyn.

Tot hier toe zyn verhandelt de Eenschaalige, zoo gedraaide als ongedraaide; volgen nu de Tweeschaalige.

A a   HET

HET EERSTE HOOFDGESLACHT.

C*Hama aspera squammata*, Nagelschulpen, van zommige Klipkoushen genaamt. Maleitsch, *Bia garu*, dat is, Krauwers, om dat ze iemant de handen krauwen, als men ze handelt; deze worden de grootste onder alle Schaalvisschen, want men vind 'er zoo groot, dat 6 of 8 Mannen genoeg daar aan te draagen hebben, deze houden zich op in den diepte van de Zee: Een kleinder soort niet boven een hand lang vind men aan strand; dezen noemen zommige *Pelagia decumana*, en andere *Littoralis*.

2. *Littoralis* is kleinder, en word niet boven de 3, 4, en 5 voeten lang, bezet met schubben wel 2 messen dik, meest stomp en afgebrooken, en qualyk schoon te krygen: Op het Eiland *Java* worden 'er gevonden van 300 en meer ponden. In de Papoesche Eilanden zyn ze zoo groot, dat ze het ankertouw van een Chaloup, zoo zy dien by geval raaken, in stukken konnen nypen, als of het afgekapt was: In dezen Schulp word een *Chamites* gevonden, van dewelke gezegt word, dat hy een ander steentje baaren zoude, als hy hoekig is, 't welk hier by een Chinees gebeurt is, dewelke, na dat hy het steentje verlooren hadde, verarmt is geworden, waar van veel verdicht en verziert word, als dat het den bezitter of eigenaar rykdom zoude aanbrengen: Men mag ze houden voor der ouden *Gemonides* en *Peanthides*, by *Plinius* in zyn beschryvinge der Dieren aan 't XXXVII^{ste} Boek, Hooftdeel 10.

3. *Chama striata*. Maleitsch, *Bia Coeroerong*. Neêrduitsch, Paardevoetjes. Derzelver schaal is over al zeer ruig, en steekelig, met kleine nagels als stompe doornen bezet, niet alleen in verscheide ruggen en baaren verdeelt, maar ieder rug en vallei verdeelt zich weder in andere ribben en voorens, niet te min over al zoo dicht sluitende, dat men nergens een dun mes daar in brengen kan.

4. *Cardissæ*, Hartjes, *Bia hatj*. Dit zyn de raarste en mooiste van alle *Chamæ*, dun van schaal, recht harteformig, scherp van kanten, en aan dezelve zommige gekant, zommige niet; aan den ondersten zyde platachtig, en de bovenste met een verheven buik, dewelke scherp toeloopt, en ter wederzyden veele halve kringen heeft; over dezen buik gaat de opening, zoo dat de Schulp van malkander gaat tegen den manier van andere Schulpen, en achter in het hoofd van het Hart hangen ze aan malkander: Zy zyn van driederlei fatzoen, en vallen op *Nussalaut* en *Hitoe*.

5. *Quadrans*, Quadrantje, heeft de gedaante als of men een kaasken in 4 stukken snydt, weshalven de eene zyde, als afgesneden, plat is, en een langwerpig hart vertoont, en deszelfs randen zyn eenigzins getandt, doorgaans muisverwig of donkergrauw, en een weinig gestreept.

HET TWEEDE HOOFDGESLACHT.

C*Hama lævis*, gladde Gapers, zyn rondachtig of uit den ronden driezydig, hebbende achter een stompen hoêk, van buiten bleekgeel of vaal. Maleitsch, *Bia Lebber*, en *Bia Tenember vid. in fine.*

2. *Chama Lutaria & Coaxans*, Quakkers. Maleitsch, *Bia Codock*; Deze zyn een hand groot, staalgroen of modderverwig; zy worden zoo genoemt, om dat ze met het toesluiten van den schaal quakken als Kikvorschen.

3. *Cha-*

3. *Chama optica*, zyn rondachtige en gebulde Schulpjes, twee duimen breed, dik van schaal, en van buiten glad met swartachtige schilderyen, die aan den rand staan zyn grooter, en de volgende kleinder en blauwer.

4. *Chama cincinnata*. Maleitsch, *Bia Matta doa*, dat is, Schulpen met twee oogen. Deze zyn wat platter dan de voorgaande, vol kringen en ribben, met de randen parallel loopende, met donkergroen bezet, en zyn rookverwig, zomtyds ook swartachtige stipjes en vlekken hebbende, meest verwart met wit gemengt, die zomtyds huisen en toorntjes verbeelden.

5. *Chama virgata.* Maleitsch, *Bia baguala*, is van de tweede fatzoen, doch dunner van schaal; van buiten is ze staalgroen met donkergeele streepen of straalen, dewelke achter by den wervel te zaamen stooten; van binnen violet.

6. *Chama litterata oblonga*. Neêrduitsch, Letter-Schulpen. Maleitsch, *Bia letter*, deze is 4 of 5 duimen lang, en 3 breed, van buiten met paralleele kringen, op den grond lichtros of vaal met swarte streepen of tekenen getekent, die den letter W uitmaaken.

7. *Chama litterata rotunda*, is gansch vlak, niet te min dik van schaal, bykans recht rond, vol van kringen, met swarte tekenen getekent, dewelke de letters M en W verbeelden: Zy worden niet veel gevonden, en zyn daarom raar.

8. *Chama pectinata*, is vlak, dikschaalig, en wit; zy is in weinige doch wyde kammen verdeelt door lange voorens, die achter na den kant loopen. Men vind ze niet op *Ambon*, maar op *Boleia* den Noordkust van *Keram*.

9. *Chama scobinata*, is mede rond, vlak en wit als de voorige; zomtyds met flauwe kammen en voorens, zomtyds zonder dezelve, maar over 't geheele lyf met kleine schubbetjes bedekt: Zy is zelden te vinden, en op *Ambon* onbekent.

10. *Favus*. Neêrduitsch, Wafel-Yzer, is een dikschaalige Schulp, wit, en zoodaanig met kringen en dwarsribben getekent, dewelke scherpachtig van kant zyn, zoo dat ze vierkante kamertjes uitmaaken, gelyk men aan een Wafel-yzer ziet.

11. *Lingua tigerina*, Tygers-tong, verschilt niet van de voorgaande, dan dat de kanten van de kringen scherper zyn, niet wit, maar vuilros, en aan de kanten swartachtig: Hier van zyn verscheide soorten.

12. *Chama granosa*, verschilt niet van den Tygers-tong, dan dat ze in plaats van ruiten uitsteekende scherpachtige korrels heeft.

13. *Remies*, is een platte *Chama*, vol uitsteekende kringen, dik en wit van schaal, zonder schilderye; waar van de grootste 3 vingers breed zyn, maar de gemeenste als een nagel van een duim.

14. *Kapija*, is een soorte van Letter-schulpjes, ½ vinger lang, buiten wat ruig, en met grauwe schilderyen als Bergen en Landschappen: *Tellina picta adspect. inscr.* Die hier te lande vallen zyn niet boven 2 a 3 duimen breed, maar in *Japan* en *China* zyn ze meer als een hand breed, dewelke de Japanders van binnen vergulden of verzilveren, daar op schilderende boomtjes of andere gedaanten, zoo dat men ze voor doosjes gebruiken kan; maar zy gebruiken ze tot eenig spel, misschien om daar door te loo-

A a 2

te looten, wat voor een gedaante iemand krygen zoude, in manier als men anders met het kaarte-spel doet, want van buiten zyn ze malkander allegaar zoo gelyk, dat men ze niet onderscheiden of weeten kan, wat daar in geschildert is.

HET DERDE HOOFDGESLACHT

Van de Schulpen, maaken de Pectines *of platte St. Jacobs Schulpen en* Pectunculi, *dewelke bultig zyn.*

Gemeene St. Jacobs-Schulpen. Maleitsch, *Bia Sissir.*

2. *Pecten secundus*, is kleinder en bultiger, vol van swarte en grauwe stipjes, waarom men ze bonte Mantels noemt, van koleur grauw aan 't breedste deel.

3. *Pecten tenuis*, is dun van schaal, met geen verhevene plooijen, en met korte ooren, in vierderleye soorten verdeelt: De 1ste is kastanjebruin, met korte en ydele schubbekens en met swarte plekjes, gemeen aan de voorste randen van steenige stranden op de plooijen: De 2de blyft klein, zy is grauw, ruig van schubbekens en met swarte plekjes, gemeen aan de voorste randen van steenige stranden: De 3de is gansch wit, ook met ydele schubben: De 4de is koraal en minjerood, zommige ook citroengeel, dieper geplooit, en ruig gekartelt op de plooijen; doch word zelden gevonden, en daarom voor een groot Rariteit gehouden.

4. *Amusium.* Neêrduitsch, Kompas-schulpen, word zoo genaamt van de streepen, dewelke op den bovensten schaal van koleur leververwig doorschynen gelyk op een Zeekompas; zy zyn van onderen wit, zoo dat men meenen zoude, dat deze twee schaalen niet t' zaamen behoorden; zy worden nergens gevonden dan op den kust van *Keram* omtrent *Hate* en *Waro*; op *Ambon* vind men een slach daar van, waar van de onderste schaal lichtrood of incarnaat is, de bovenste bruin, doch zonder kompas-streeken.

5. *Radula*, een Raspe, deze zyn geformeert, als of men een Jacobs-Schulp in tween gedeelt had, te weeten, aan de eene zyde reeht, aan de andere rond, diep gevoorent of gekamt, en daarenboven geschubt als een Raspe, gansch wit en zonder schilderyen. Een kleinder slach heeft fyne kammen en schubbetjes gelyk een saat, en is vuilwit.

6. *Pectunculus vulgaris.* Maleitsch, *Bia Cucurang*, zoo genaamt wegens haare gekartelde kanten, waar door het naar getande tisen gelykt, waar mede men de *Calappus*-nooten raspt, de schaal is rondachtig en hol, dewelke 3 dwarsvingers groot worden, zy is geel in het midden, en op de plooijen merkelyk gekartelt: *Vescuntur ad excitandam Venerem.*

7. *Fragum*, een Aardbesie. Maleitsch, *Cucurang mera*, is als de voorgaande, van buiten vol van roode schubbetjes, waar door ze naar een Aardbesie gelyken.

8. *Fragum album*, witte Aardbesie, is schaars een duim groot, en van het zelfde fatzoen als de voorige, behalven dat de vlakke zyde wat scherpe kanten heeft; de plooijen zyn dicht bezet met fyne rimpjes, bleek of witgeel, en zelden te vinden: Zy heeft

noch

noch een grooter foorte, dewelke de eene zyde ganfch plat en glad heeft, de plooijen zyn bezet met ydele rimpjes, die beter naar fchubbekens gelyken; zy is bekent in den Amboinfchen Inham.

9. *Pecten virgineus.* Maleitfch, *Bia anadara*, is een dikfchaalige getande Schulp, aan de eene zyde met een uitloopende hoek, als of men van een halve Maan met een fchuinfe ftreep de eene hoorn afgefneden hadde, van koleur bleekwit, zonder fchilderyen, maar uit zee komende met een bruine wolkachtigheid bekleedt, of beter met een donkergrauwe of aardverwige; het vleefch is hardachtig, en heeft een minjerood toegefpits handeke, van zich gevende een lichtroode zap, 't welk de Inlanders vergelyken by de eerfte bloem van een Maagd, waar van ze den naam heeft.

10. *Pecten granofus*, heeft een gedaante van de voorgaande, doch ronder en dunner van fchaal, de plooijen fteken zeer uit, en zyn bezet met grove korrels, die den fchaal eenigzins ftekelig maaken; zy is in *Ambon* onbekent, maar valt op *Kerams* Noord-kuft.

11. *Pecten faxatilis.* Maleitfch, *Bia batoe*, is langwerpiger en fmalder dan *Bia anadara*, zy heeft achter een platte rugge, en daar over twee bultige hoofden, hangende de fchaal los aan malkander met een velleken, en fchynt by haar opening, als of 'er een ftuk uitgebroken was, en aan den hoek wat haairig, genaamt *Mactra*, Baktrog.

12. Billetjes, hebben den grootte van een duim, en zyn van koleur bruingrauw.

13. *Bia filoos. Pecten bullatus*, is zeer dun van fchaal, zoo dat men ze ligt in ftukken duuwen kan; van buiten lichtros en geelachtig, met eenige ftippeltjes, binnen lichtrood en opgeblafen als een zeker foorte van Pannekoeken *Filoos* genaamt.

14. *Teftæ*, Scherfjes, zyn kleine ronde Schulpjes van dikke en platte fchaalen, hebbende den grootte van een dobbeltje of een fesje, van buiten zyn ze met groote korrels bezet, vuilwit met fwartachtige of rofle plekken aan den kant.

15. *Tefta pectinata*, wilde Scherfjes, zyn ook rond als een fchelling, en dik van fchaal, met voorens en ruggen getekent als de *Pectines*, doch veel grover, vuilwit met fwartachtige plekken en tekens. Maleitfch, *Bia Patsja pingang*.

HET VIERDE HOOFDGESLACHT

Onder de Tellinæ *begrypt men al dat goedje, dat dunfchaalig en langwerpig is, 't zy glad of geftreept, beftaande in de volgende foorten.*

T*Ellina arenofa.* Maleitfch, *Bia paffir.* Deze loopen wat bochtig, en zyn met ftekelige korrels bezet, zommige lichtgrauw of witachtig, zommige uit den blauwen en grauwen koleur gemengt; maar de meefte zyn roodachtig, gelyk ook de kanten van binnen zyn.

2. *Tellina faxatilis; Bia batu*, is een dikfchaalige ruige Schulpe, met het achterfte aan de klippen vaft, en haairig.

3. *Tellina gari; Bia bocaffan*, deze is niet geftreept, maar langs den kant met eenige

nige kringen, 't overige effen fwartachtig of donkergrauw word tot *Bocaſſan* gebruikt, het welk is het vermaarſte Amboinſche *Garum* met der Ouden *Garum* overeenkomende; en is van tweederlei fatzoen, fwart en wit; het fwarte zoeken de Chineezen, en het witte de Europeers; der Ouden *Garum* is uit darmen van kleine vifchjes gemaakt.

4. *Tellina violacea*, is grooter dan de voorgaande, gefatzoeneert als een fcheede, dun van fchaal, aan de beide einden wat geopent, lichtviolet blauw met witachtige breede ſtraalen: Men noemt ze ook *Bia matta hari Baguala*.

5. *Tellina cultriformis*; *Bia piſſoe*, is mede dun van fchaal, en langwerpig, aan de einden een weinig geopent, aan den voorſten kant buikig en fcherp, met beide hoeken achter overgebogen als een zabel, op den fchaal gefpikkelt met bruin of ros.

6. *Lingua felis*, Katte-tongen, zyn breede en platte Schulpen, aan de eene zyde recht rond, aan de andere met een fmallen hoek, met veele fyne fchubbekens bezet, en daar door ruig als een Katte-tong; zy zyn wit, met roodachtige ſtraalen achter by 't hoofd te zaamen ſtootende.

7. *Tellina virgata*. Maleitfch, *Bia matta hari*, Sonne-fchulpjes, verbeelden een Weſtphaalſchen ham, vol kringen of ribben met de kanten parallel loopende, van geelen koleur met roode ſtraalen: Men vind 'er ook doch zelden, dewelke rood zyn, met witte of geele ſtraalen: Een ander foorte valt op *Keram*, de grootſte van allen, zynde over den fchaal bruin, zonder ſtraalen en glad.

8. *Tellina lævis*, *alba*, *rotunda*, is als de voorgaande doch ronder; de witte daar van zyn de raarſte, en hebben achter by den wervel een rood plekje.

9. *Folium*. Maleitfch, *Bia Lida*, deze is ganfch plat en dun, heeft geen uitſteekenden hoek gelyk de Hammen, maar aan beide einden ronde, of aan 't eene eind rond en als afgefneeden, en aldaar fcherp getandt, gelykende naar een tong of een blad, zy is van koleur hooggeel, met en zonder ſtraalen; zy word weinig gevonden.

10. *Petaſunculus*, Hammetje, heeft de gedaante als een Banquet-hammetje, een vinger lang, en ruim een breed, zeer dun van fchaal, eenpaarig rood, zommige incarnaat, dewelke breeder zyn; andere zyn lichtgeel, andere als vuil yvoor.

11. *Petaſunculus ſtriatus*, is een langwerpig Schulpje, in de lengte geribt, wit of lichtgrauw.

12. *Vulſella*, Baartnypers, is een langwerpige Schulp, aan d' eene hoek dik, aan d' andere dun, plat, en rond, zoo dat ze open en toegaan gelyk een tang of Chinefche Baartnyper, of gelyk een Eendebek.

Solenes bivalvij maaken de gedaante van een Scheede, en zyn

1. *Solenes bivalvij*, *Ungues*, *Dactyli*, *vulgò*, *Vaginæ*. Neerduitfch, Orgelpypen. Maleitfch, *Bia buru* en *Bia ſaron* naar de gelykeniſſe van een fcheede: Zy zyn 4 en 5 duimen lang, dunfchalig, uit den ronden wat plat, aan 't eene eind open, doch niet wyd gaapende; van koleur lichtbruin, aan zommige met witte plekken en ſtraalen, effen en glad.

2. *Roſtrum anatis*, Eende-bekken, zyn mede een foorte van *Solenes*, van tweederlei

derlei fatzoen, Wyfke en Manneke, van koleur fpierwit en doorfchynende als glas van Mofcovien.

3. *Bia Catsjo*, is een klein Schulpje, een lid van een duim lang, van koleur is ze wit of blauwachtig met groen gemengt, de gedaante is als een fchepje, met een platte rugge in het midden van ieder fchaal.

HET VYFDE HOOFDGESLACHT.

De Muſculis, *van de Moſſelen*, aliàs Mitulis.

MUſculus *anatarius*. Maleitſch, *Aſuſſeng bebec*, dat is, Eende-Moſſel, bleek-bruin en wat rimpelig, waar mede ze de Eenden hier te lande voeden.

2. *Mitulus vulgaris major*. Maleitſch, *Aſuſſeng*, is een gemeene Moſſel, hier te lande meer naar den bruinen dan blauwen koleur trekkende.

3. *Mitellus ſaxatilis*, is nog kleinder, ſchaars een lid van een vinger lang, maar breeder, en als een oor gefatzoeneert, buiten rimpelig en korrelig, omtrent de kanten met haairen bezet.

4. *Muſculus arenarius*. Maleitſch, *Aſuſſeng paſſir*, ſteekt geheel in 't zand verborgen, gelyk de *Solenes*; zy is van fatzoen als de Moſſelen, doch de zyden loopen meer paralleel, en het hoofd is ronder, dun en bros van fchaal, eenpaarig grauw naar den vaalen koleur trekkende.

5. *Pholas*. Maleitſch, *Aſuſſeng batu*, Steen-ſcheeden, is een langwerpige ſwarte Moſſel, hebbende den langte en breedte van een vinger, zomtyds ook een hand lang, zy groeijen in de groote Koraalſteenen.

6. *Avicula*. Maleitſch, *Aſuſſeng burong*, is een ſwarte Moſſel, in den gedaante van een vogeltje of ſwaluwtje, te weeten, zyn beide vleugels opwaarts ſteekende, maar als men ze uitbreidt, zoo gelykt ze naar een vliegend vogeltje met een lange ſtaert, groeijende aan 't hout, dat lang in zee ſtaat: Men vind ze ook aan zeeboomtjes en aan het ſwarte *Accarbaar*.

7. *Pholas lignorum*, gelykt het uiterſte lid van een vinger, te weeten, van voren ſtomp, en ſpits, achter platachtig, met een rond gaatje in 2 deelen opgaande, van buiten grauw, lelyk en zeer bros van fchaal; zy groeijen in verrotte paalen, die in zeewater ſtaan, zoo als de *integri Solenes*.

HET SESDE HOOFDGESLACHT.

Bia mantsjado , *deze gelyken wel naar een Indisch smal mes of bijl.*
Amboinsch , Kimaomen. *Neêrduitsch* , *Holster-schulpen* , *zyn-*
de driekantig , *lang* , *plat* , *boven breeder en gapende* , *be-*
neden scherp en spits toeloopende , *gelyk een Holster.*

PInna prima , *sive oblonga* , is 1 a 1½ voet lang , 4 duimen breed , beneden spits
toeloopende , zy heeft haaren *Pinnophylax* , gelyk alle *Pinnæ* hebben , en is
van bekende fatzoen.

2. *Pinna lata. Plinius* noemt ze *Penna* , deze word voor het Wyfje van den *Pinna*
gehouden , en is wat korter dan de voorgaande , maar veel breeder en dikker van schaal ;
zeer wel een Westphaalsche ham gelykende , zy is 16 duimen hoog en 1 voet breed ; de
schaal is mede swart en aardverwig , in ryen met scherpe smalle schubben bezet , en
dezelve in hun ouderdom behoudende.

3. *Pinna alba* , is veel kleinder dan de voorgaande , wit of lichtgeel van schaal ,
dun en half doorschynend als glas , niet recht driezydig , maar in 't midden bochtig , als of ze t' zaamen gebogen was , van buiten glad , doch een weinig geplooit :
Zy steeken niet in 't zand , maar hangen met de baarden aan de klippen , en worden
zelden gevonden.

HET ZEVENDE HOOFDGESLACHT.

De Ostris , *van de Oesters.* Tiram.

Ostreum radicum , *sive* , *lignorum*. Neêrduitsch , Stok-oesters. Maleitsch , *Ti-*
ram bezaar. Deze zyn de grootste van verscheiden gedaante ; zommige door
malkander geslingert , en van buiten geplooit : Deze komen van *Boero.*

2. *Ostreum palorum. Sery-*Oesters , deze zyn wat kleinder , omtrent een vinger lang
met geplooide randen , van buiten grauw en schilfferig.

3. *Ostreum saxatile* , is klein , en van veelderlei slach ; zommige zyn als een schot-
teltje , en zitten aan de klippen vast ; zommige zyn rond als Paarlemoer-schulpen ,
en staan overeind : Zy groeijen op alderhande steenen , en zyn lekker om te eeten.

4. *Ostreum placentiforme* , *sive Ephippium*. Neêrduitsch , Engelsche Zadels en Za-
del-Schulpen. Maleitsch , *Tiram lebber* , deze zyn dun en plat , doch een weinig gebogen in manier als de platte Engelsche Zadels , hebbende 6 of 7 duimen in den *Dia-*
meter , van binnen paarlemoerachtig , en met regenboogs verwe : Een ander dunner
slach vind men in dezen Inham , dewelke dunner en platter is gelyk een Pannekoek :
De voorgemelde Zadels hangen de Alphoreezen op *Celebes* aan hunne huisen , als zy
goed geluk gehad hebben over koppen te haalen , om daar door te laaten zien , dat
daar een stout man woont , die zich niet veel onder de neus laat peuteren.

5. *Ostreum sulcatum majus* , is een dikschaalige Oester , uit verheevene plooijen gemaakt ;

maa... welkers ruggen bezet zyn met schubben, als lange nagels t' zaamen gerolt, gan... rug en morsachtig.

6. *Ostreum sulcatum minus*, is qualyk een hand breed groot, uit weinige doch groote plooijen gemaakt, zonder uitsteekende nagels of hoornen, maar met kleine gaatjes en runtjes uitgegraven; zy is grauw en zuiver, en word zelden gevonden, waarom zy voor een groot Rariteit word gehouden.

7. *Ostreum echinatum*. Maleitsch, *Bia tsjoeppo*, heeft twee holle schaalen, donkerbruin, en overal met stekels of takken bezet gelyk een *Echinus marinus* of Zeeappel, van ongelyke lengte, waar van zommige breed, zommige rond zyn, moeilyk om aan te vatten, behalven by het hoofd, daar de stekels op 't kortste zyn: Men vind 'er ook op den rugge geribt en met ydele stekels bezet.

8. Rechte Paarlemoer-Schulpen, vallen in deze Eilanden niet, maar wel een soorte, die zeer daar naar gelykt, hoewel ze geen paerlen geeft; zy word genaamt Tafelborden, en Zilverpierings. Maleitsch, *Telinga andjin*, dat is, Honds-ooren; zy is meest rond, achter aan de eene zyde met een oor gelyk de *Pectines*, doch stomp en breeder, buiten met veele lange schubben bezet, en omtrent den rand zyn de langste.

9. *Ostreum divisum*. Neêrduitsch, Meshamer. Maleitsch, *Bia Kris*. Deze is gefatzoeneert als de letter T.

10. *Ostreum tortuosum*, komt uit de Papoesche Eilanden, en is hier onbekend.

11. *Ostreum electrinum*, Bernsteen-Oester, is een klein Oestertje, en men ziet maar den bovenstaanden helft daar van; de bovenste helft is hol als een noote-dop, doch scheef, dun van verwe, binnen geel, buiten ook geel en paerlachtig, en hel doorschynend als donker bernsteen, in de zon een schoone weêrschyn gevende.

12. *Mitella*, Mytertjes, is een stach van *Balani*, gefatzoeneert als een platte Myter van 4 of 6 beentjes gemaakt, dewelke klauwen van een vogel gelyken, gekartelt en overdwars geribt, vuilgeel en groenachtig; deze beentjes staan alle met de spitze opwaarts en sluiten den Myter, doch boven konnen ze haar openen, daar het Beest dan iets uitsteekt en het voedzel aflekt, zynde het slym, dat de zee daar omzet; onder aan den Myter ziet men noch andere beentjes als tandtjes, die allenxkens andere Myters voortbrengen, waar door het komt, dat men 4 a 5 aan een klomp ziet zitten.

13. Langhalsen, is ook een Heester-gewas, in de gedaante van een spitze hooge Myter, gemaakt van 6 witte beentjes, waar van de twee smalste den rand aan den hals maaken, overeenkomende met de *Clavicula* van de Dieren, achter hebben ze een langen hals van taaije wol gemaakt, 't welk aan de drooge inkrimpt, en aan de vaartuigen hangt: By de spits opent zich de Mossel een weinig aan de zyde van den buik; (want op den rug zyn ze gestooten) daar komen zoodaanige kromme en bruine pluimtjes uit gelyk een Haane-staert, of gelyk van de *Balani* gezegt is. Diergelyke Oesters of Mosselen zyn het, uit dewelke men gelooft heeft, dat de Schotsche Rotgansen haaren oorsprong hebben, overmits deze staert of pluimen, waar mede ze haar voedzel zuigen, een vleugel van een vogel gelykt.

Bestaande alle de bovenstaande Geslachten zoo Hoornen als Schulpen t' zaamen in 272 soorten.

B b.   D.

De H'. Sipman, een der grootſte liefhebbers en bewaarders van zeldzaame dingen, heeft deze beſchryvinge en verdeelinge der Amboinſche Hoornen en Schulpen opgeſtelt, zynde alstoen een medegenoot van den H'. Rumphius tot Amboina, en heeft het zelve alhier overgezonden aan zynen byzonderen goeden vriend, den H'. J. de Jong, die het, als dienſtig tot dit werk, aan ons heeft overhandigt; waarom wy het ook, tot voldoeninge der naukeurige Liefhebberen, en nader verſtant dezer Beſchryvingen, hier hebben bygevoegt.

EINDE VAN 'T TWEEDE DEEL.

D' AM-

D' AMBOINSCHE
RARITEITKAMER
HET DERDE BOEK,

Handelende van de

MINERALIEN,
GESTEENTEN,

En andere zeldzaame zaaken.

DOOR

GEORG. EVERHARD. RUMPHIUS.

HET DERDE BOEK,
Van de
MINERALIEN,
GESTEENTEN,
En andere zeldzaame zaaken.

I. ᴬHOOFTDEEL.

Hoe het gout in deze Landen vervalfcht word.

Lhoewel het gout met fcheepen (doch niet vol) in oude tyden uit Indien gebracht wierd, zoo bevinden wy echter in onze tyden, dat het op verre na zoo overvloedig niet meer gevonden word, dat men over de goutklompen zoude ftruikelen, gelyk men by *Salomons* tyden te *Jerufalem* over de Steenen deedt; want men nu ter tyd al lang vraagen moet, waar hier of daar een goutberg zy. *Sumatra* is het eenige, 't welk hedendaags de kroon fpant, en naaft daar aan *Borneo*; op *Timor* valt een weinig, van *Celebes* word wat gedroomt, als mede van *Nova Guinea*, en een weinig zandgout levert *Mindanao*, en de Philippynfche Eilanden: Oud Indien, *China* en *Japan* willen wy onder den kreits van ons water-Indien niet begrepen hebben: Hoe weinig het nu is, zoo wil echter een ieder iets daar van in zyn huis hebben, agtende geen huisgezin zich gelukkig, daar deze Huis-God niet gevonden word, en dit is de oorzaak, waarom de kleine meenigte, die men nu vinden kan, zoo verdunt, gerekt, gedagen en vervalfcht word, dat het ten minften naar gout moet gelyken. Ik wil alle de manieren hier niet ophaalen, hoe het zelve toegaat, maar alleenlyk dit weinige hier aanroeren, hoe het in deze Eilanden vervalfcht word, en dat tot waarfchouwinge van onze Landslieden, die het geluk mochten hebben daar mede te handelen.

Inleiding.

Waar het gout in Indien gevonden word.

Opmerking van den Schryver ontrent deszelfs fchaarsheit.

En hoe het door d' Inlanders word vervalfcht.

Gee-

Geene *Alchimistische* vonden heeft men by deze domme Inlanders te vreezen, zoo is hun ook de konst van verzilveren en vergulden onbekent, maar zy hebben eenen anderen snoden handel, waar mede zy ook de goede kenners van metalen bedriegen: Dit geschied op deze manier, dat ze het gout tot dunne blikken slaan, en daar mede zilvere plaatjes zoodaanig bekleeden, dat het geheele werkstuk voor zuiver gout aangezien word, door de toets kan men dit niet bekennen, of men moeste het zoo diep wegslypen, dat men op 't zilver komt, daar op men dikwyls niet verdacht is: Een stukje van de kanten af te snyden om te zien wat daar aan vast is, gaat ook niet vast, want het gout in 't doorkappen of doorsnyden zich zoodaanig in de sneede legt, dat dezelve mede geel vertoont: Zoo gy het in 't vuur smyt, en tot een klomp smelt, zoo krygt gy goet zilver daar af: De naaste weg dan is, dat men het fatzoen leert kennen, het welke de gewrogte stukken hebben, waar van ik twee soorten heb leeren kennen.

Het eerste en gemeenste is, dat men Amboinsche goude Slangen noemt, zynde van wervelen gemaakt, schier als de beenderen uit den rugge-graat van een Slang, uit dunne blikken in malkander geschakelt, en aan de einden met twee Slange-hoofden voorzien; deze kan men noch eenigzins aan 't gewicht bekennen, want ze vallen veel ligter dan het massief gout, ook zyn ze in 't voelen nooit zoo koud als het waare gout.

Het tweede fatzoen zyn diergelyke Slangen, niet uit wervels gemaakt, maar een doorgaande ketting, wiens draad in 't kruis gevlogten is op de manier als een ruggegraat uit den visch *Serdijn* of Haring; hier van zyn zommige ook uit zuiver zilver gemaakt, en van buiten met eenige verw geel geverwt, 't welk men egter door de toets ligt bekennen kan: Deze twee fatzoenen wierden eertyds in *Amboina* veel gemaakt door de goudsmeeden, die te *Ihamahoe* woonden, en zyn onder den gemeenen man noch genoegzaam te vinden; maar zoodaanige Slangen, die van draadwerk gemaakt zyn, worden niet of zelden vervalscht, die men dan voor dat geene mag aannemen, 't welk de toets uitwyst. De goude krishegten moet men zoodaanig aannemen, dat ze maar een goude blik boven op hebben, en het overige van binnen is opgevult met eenig hers, gelyk ook de hoofden van de voornoemde Slangen zyn. Als men in de Zuid-Ooster Eilanden gout handelt, daar vind men groote schotels en tafelborden, dewelke gout schynen, doch zoo dun zyn als klatter-gout, en van slecht alloy, echter noch al beter dan de massieve stukken, die zy U aldaar toonen, vermits dezelve met geel koper vermengt zyn, 't welk een snoode vermenginge geeft, en tot alle werken onbequaam is.

II. HOOFTDEEL.

Water-Proef van gout en zilver.

UIt de geschiedenissen is bekent, dat *Archimedes* Bouwmeester des Konings *Hieronis* te *Syracusa* de eerste uitvinder is van deze konst, doch zy is nooit veel in 't werk gestelt, ten deele om dat men groote klompen gouts en zilvers daar toe hebben moet, andersdeels om dat het water zich zoo buikt, swelt, en als een bogt maakt buiten en boven het vat, als men het gout daar in doet, namentlyk als men met kleine stukken handelt, zoo heb ik dan myn heureka hier by willen stellen, hoe men zulke proeven met kleine parthyen gout en zilver zal in 't werk stellen, wel te weten, dat de stukjes van gout en zilver, die men toetsen wil, ten minsten 2 onçen moeten swaar zyn, en tot staafjes en andere massieve klompen moeten
ten

(marginal notes:) *De proeven om het te kennen zyn onderker.* *En zyn tweederki.* *Het eerste.* *Het tweede.* *Welk gout men voor echt houden, en van welk men zich moet wachten.* *De Proef van 's gout, door Archimedes uitgevonden.* *En van den Schryver nader ontdekt.*

ten gegoten zyn: Hier toe worden vereifcht zekere toeftellen, waar uit dan eenige grond-
regelen gemaakt worden, en daar op het werk zelfs volgt, namentlyk.

Eerfte toeftel.

Neem van 't fynfte gout, dat gy hebben kunt, en niet beneden de 2 3 karaaten zy, *Eerfte*
fyn zilver en fyn koper alles tot ftaafjes gegoten, en aan het eene eind plat, neem dan *manier van*
ook week wax, bekleed daar mede de voorfchreeve ftaafjes eerft met olye gefmeert, *het gout te*
dat ze glad uit en ingaan, fnyd de formtjes boven af, dat ze met het platte eind ge- *proeven.*
lyk worden, laat het wax koud en ftyf worden, en neem de ftaafjes dan wederom
uit: De ftaafjes moeten te voren net gewogen zyn, waar toe ik gebruikt heb medicinaal gewigt van 1 onçe, houdende 8 drachmen of quinten en 4 8 o grein: Ieder drach-
me houdt 3 fcrupels of 60 grein: Ieder fcrupel houd 2 0 grein; en ieder grein heeft de
fwaartte van een witte peper korl of 2 korls gepelde rys; een pond gemeen of zilver
gewigt is 6 drachmen fwaarder dan 1 6 onçen medicinaal gewigt.

Tweede toeftel.

Vul de voornoemde formtjes met water zoo vol gy kunt, ftort het zelve in een *De twee-*
kopje of fchaaltje, weeg 't zelve netjes, en teken ieders gewigt byzonder aan: By *de manier.*
voorbeeld om van 't gout te beginnen. Ik heb een ftaafje van fyn gout, van ruim
2 3 karaaten, wegende 3 onçen min 2 5 grein of 7 1 fcrupels fchaars, of 1 4 1 5 grein,
doch dewyl vyf greintjes gout zoo weinig water uitwerpen, zoo neem' ik het op 7 1
fcrupels net: Het water in 't voornoemde waxdoosje gaande word bevonden 90 grein
te weegen, zeg nu naar den regel van drien, 7 1 fcrupels geeven aan water 90 grein,
wat geeven 2 4 fcrupels of een onçe? maakt 3 0$\frac{1}{2}$ grein.

Eerfte Regel.

Dewyl uit 't volgende werk blykt, dat het waterfchil van karaat tot karaat op een on- *'t Gevolg*
çe gout bedraagt ruim een grein waters, zoo maake ik hier uit den eerften grondre- *daar van.*
gel, dat een onçe fyn gout van 2 4 karaaten, 't welk men Capelle-gout noemt, aan water uitwerpt 2 9 grein, en ik maake daar uit het volgende tafeltje:

Karaat.		Water.	Karaat.		Water.
2 4	- - - - -	2 9 grein	18	- - - -	3 6
2 3	- - - - -	3 0	17	- - - -	3 7
2 2	- - - - -	3 1	16	- - - -	3 8
2 1	- - - - -	3 2	15	- - - -	3 9
2 0	- - - - -	3 4	14	- - - -	4 0
1 9	- - - - -	3 5	13	- - - -	4 2

Al het gout, dat meer zilver houdt dan de 1 2^{fte} karaat mede brengt, word geen
gout meer, maar goudryk zilver genaamt.

Derde toeftel.

Een ftaafje Siams zilver weegt 3 onçen 2 quinten 2 fcrupels, of 8 0 fcrupels; zyn wax- *De derde*
formtje houdt aan water eerft 3 drachmen 5 grein, of 1 8 5 grein: Zeg nu naar den regel, *manier*
8 0 fcrupels geeven 1 8 5 grein waters; wat geeven 2 4 fcrupels? maakt 5 5$\frac{1}{2}$ grein. *'t zilver.*

Tweede Regel.

Een onçe Siams zilver werpt aan water uit $55\frac{1}{3}$ grein waters.

Derde Regel.

Hoe men die let-werkt.

Verdeel het bovenstaande watergewigt van 't gout 29 grein in 24 deelen, 't welk karaaten, of zoo men met onçen handelt, scrupels zyn; komt voor 1 scrupel $1\frac{1}{5}$ deel grein waters ten naasten by: Desgelyks 't zilvergewigt 56 grein ook in 24 gedeelt; komt nauw genoeg voor 1 scrupel $2\frac{1}{3}$ grein, neem het eerste van 't tweede af, blyft $1\frac{1}{5}$ grein, 't welk wy waterschil noemen van karaat tot karaat, want om dat onder ieder onçe gout het 24ste deel of een scrupel zilvers moet gemengt zyn, als het een karaat lager in alloy zal wezen, zoo volgt dat het voorschreeve waterschil 't onderscheid der karaaten aanwyst.

Vierde toestel.

De vier-de manier wegens 't koper.

Een staafje Japansch koper, dat men voor 't zuiverste houdt, weegt 7 onçen 1 drach-me en 2 scrupels; werpt aan water uit 7 drachmen 25 grein, of 445 grein; door den regel gewerkt, komt voor 1 onçe 61 grein schaars.

Exempel I.

Verdere proef van gemengt gout, zil-ver, of koper.

Of u gout of zilver, dat gy tot deze waterproef beproeven wilt, inhoude zilver of koper, zult gy daar aan kennen; het zilverige gout is bleekgeel en week op de toets; het koperige is roodachtig en hard op de toets. Ik heb dan een staafje slegt gout, dat ik bevinde zilverryk te zyn, wegende 12 drachmen en 45 grein, of 745 grein; zyn wax-formtje houd aan water 1 drachme of 60 grein, voor de bovenstaande 12 drachmen en 45 grein neeme ik 38 scrupels, en zegge, 38 scrupels geeven 60 grein water; wat geeven 24 scrupels, of 1 onçe? maakt 38 grein.

Om nu het alloy van dit staafje te weten, zoo zeg 24 scrupels of een onçe fyn gout geeven aan water 29 grein, wat geeven 38 scrupels? maakt 46 scrupels: trek hier af de bovenstaande 38 grein waters, blyft 8 grein waterschil, 't welk maakt 8 karaaten, trek die af van 24 karaaten, blyven overig 16 karaaten, 't welk is het alloy van dit staafje, gelyk gy ook in de bovenstaande tafel vindt; waar uit volgt, dat onder dit staafje 16 deelen gout en 8 deelen zilver zyn, dat is, een derde deel aan zilver.

Besluit.

Besluit en waar-neeming hier toe.

Hier uit blykt verder, dat deze proef wat onzeker gaat, indien de staafjes, die gy toetsen wilt, niet ten minsten twee onçen houden ; want hoe meer iemant neemt, hoe zekerder het uitkomt; en in 't maken van de formtjes moet men wel opletten, dat het wax overal ter degen aanlegge, en in 't uitschudden van de staafjes, dat men den form niet drukt.

Exempel II.

Met een proef door den Schry-ver ont-dekt.

Een Frankforter goude Dukaton was suspect, dat 'er van binnen eenig zilver verbor-gen lag, en boven op een goude blik hadde, nadien hy naar zyn grootte te ligt scheen, hoewel op de toets Coepan-gout geleek, en, als men daar op schrapte, klonk hy hol, hy was zwaar 9 drachmen essen, of $21\frac{1}{5}$ dobbeltjes; deze op de voor-

noem-

noemde manier met wax bekleet, het zelve in de midden door gefneden, en het water daar ingaande wierde gewogen, en zwaar bevonden 50 grein; naar de bovenftaande Regelen moet voor 9 drachmen fyn gout komen fchaars 33 grein waters,
't welk van 50 afgetrokken blyven 17 grein waterfchil, waar uit dan blykt, dat het
over de 15 karaaten lager is dan fyn gout; maar dewyl het de toets houdt op 21 karaaten, zoo volgt dat 'er een ftuk zilver in moet zyn, doch hoe veel kan men hier door
niet weeten.

III. HOOFTDEEL.

Hoe gout en zilver op andere dingen behalven den Toetfteen zich vertoont.

Dewyl ik ondervonden heb, dat gout en zilver haar koleur op zommige dingen
anders vertoonen als op den toetfteen, zoo heb ik eenige der zelver be-
vindinge hier willen aantekenen.

*Verfchei-
de proeven
op gout en
zilver.*

Ik heb van *Makkaffar* een *Meftica Pinang* gekregen, zynde een oude
Pinang in een harden donkerbruinen fteen verandert, gelyk hy hier na zal befchreven worden: Gout en zilver daar op getoetft houden beide haar koleur aan de zyde
gewreven; maar op het vlakke hoofd, daar anders de *matta* of 't oog ftaat, vertoont
het fyne gout haar regt geele koleur; maar al het gemengde vertoont zich ros als of
'er koper onder gemengt was; maar het zilver blyft blank.

*Eerfte
manier
van 't zel-
ve te toet-
fen.*

Op den *Sangites* of *Meftica* van *Caju Sanga* houden de metaalen haar koleur.

*De twee-
de wyze*

Op *Meftica parrang* word het fyne gout lichtgeel, daar na hoe gemengder gout hoe
roffer de koleur is: het zilver is blank, doch wat rood loopt 'er onder.

De derde.

Op de ftukken van *Bia garu* word al het gout lootverwig, maar als men ze naar
't licht keert, vertoont het zich geelachtig; op het ronde ftuk van *Bia garu* word het
zilver lootverwig, doch heen en weêr geneigt, word geelachtig.

De vierde.

Op *Calbahaar poeti* word het gout lootverwig, naar 't licht geneigt word het fyne
gout geel, 't gemengde donkergeel, als of 'er loot onderliep.

De vyfde.

Op witte Keifteenen houden de metalen haar koleur, doch fteken niet uit, en kleven niet vaft.

De fefde.

Gladde Vuurfteenen of Snaphaanfteenen willen niet wel toetfen; doch de nieuwe
Bimaafche doen 't beter, hoewel ze doorfchynender zyn.

*De ze-
vende.*

Allerley beenderen toetfen ganfch niet, als mede de tanden van groote viffchen.

*De acht-
fte.*

De Amboinfche groene en verfteende *Amianthus* toetft, maar de regte ganfch
niet.

*De ne-
genfte.*

Op een flypfteen van Makkaffarfch 'Cofaffuhout gemaakt is het fyne gout geel,
en 't gemengde ros, maar naar zich toegehouden van 't licht af word het allegaar donker.

De tiende.

De zwarte korrels van Saguweers-boomen toetfen zoo wel als zwarte toetfteenen;
doch men vind zomtyds eenen, die half verfteent is, dewelke wegens zyne gladdig-
heid niet toetfen wil.

De elfde.

IV. HOOFTDEEL.

Suaffa *wat het voor een Metaal zy.*

't Suaffa beschreven.

SUaffa is een mengeling van verscheide metalen, gelyk het *Electrum antiquorum*, by alle Oosterfche Volkeren in groote achtinge, zelfs by de Portugeezen, en de Inlanders draagen het liever tot ringen, dan gout. Het is tweederlei, *Nativum* en *Artificiale*, doch verschillen beide wat van 't geene de Europifche Autheuren befchryven. Ik zal derhalven hier zetten, gelyk het in Indien gevonden en gemerkt word, immers in dit ons water-Indien.

Waar het gevonden wordt.

Electrum nativum of het natuurlyk *Suaffa*, 't welk men ook *Tambagga Staffa* noemt, word alleenlyk gevonden op het Eiland *Timor* in defzelfs Oostelyke Landschap *Ade*,

Haar hoedanigheid.

het is van aanzien niet anders dan een rood koper, behalven dat het digter en zwaarder is dan het gemeene koper, met een weinig gout gemengt, 't welk men in 't doorkappen gemeenlyk daar in blinken ziet, doch zoodanig dat het koper het meefte deel uitmaakt, en derhalven voor een goutryk koper te houden is. Men vind het aldaar maffief in groote en kleine klonteren, zomtyds zoo groot, dat 'er acht man aan een stuk op te beuren hebben, en ik heb uit den mond van *Radja Salomon*, eertyds Ko-

Hier van een stuk ongemeen groot voor een stoel gebruikt.

ning van *Ade* zelv gehoort, dat voor zyne wooninge een stuk gelegen heeft, 't welk hy voor een stoel gebruikte, waar toe 100 man geweest zyn om het op den Berg te draagen, doch 't zelve is hem door de Portugeezen in 't jaar 1665 afgenomen, en waar over de meeste oneenigheid gevolgt is, zoo dat hy eindelyk uit zyn Land heeft moeten vlugten. De Berg, daar in het valt, legt ruim 1 myl van strand naar 't Zuiden van *Ade*, zeer kennelyk aan zyne gedaante, en word by d' onze de Koperberg genaamt. d' Inlanders verhaalen, dat op dezen berg twee groote witte buffels

Vreemd gevoelen der Inlanders daar van.

huis gehouden hebben, zeer wild van aard, dewelke steenen aaten, en 't voornoemde goutryke koper door den afgang weder uitworpen, waar van d' eene noch zoude in 't leven zyn. Zy hielden het ganfch ongeoorloft dien berg aan te taften, maar lieten zich vergenoegen met de klontertjes, die de rivier uit dien berg ontspringende afdreef; ja zy zouden liever oorlogen als dien berg aan te taften om mynen daar in te

En waar toe zy het eertyds gebruikten.

graaven. Zy hielden dit metaal wel in waarde, doch men heeft niet vernemen konnen, dat ze eertyds iets anders daar van maakten, dan vifch hoeken, tot dat ze door de Makkaffaren en Portugeezen wyzer gemaakt wierden.

Is een goutryk koper.

In der daad is dit metaal voor geen *Electrum*, maar goutryk koper te houden, dewyl des zelfs vyfde deel geen gout is, en alle werken daar van gemaakt staan zwart uit gelyk ander koper.

Een tweede foort door kunst gemaakt.

Electrum artificiale is veel fchoonder en koftelyker dan 't voornoemde Natuurlyke, en daarom ook in veel grooter gebruik: Het gelykt wel rood koper, maar veel helderder van glans en blanker, met een geele weerfchyn fchier als een gloeijende kool, wanneer 't gepolyft is. Het word op verscheide manieren gemaakt, waar van deze de gemeenfte is, men neemt fyn gout van 23 of ruim 22 karaat, en fyn rood koper gelyk het Japanfche is, van ieder even veel en dat fmelt men t' zaamen; als men meer

Hoe het bereidt wordt.

gout neemt, zoo word het *Suaffa* donkergeel en zoo mooi niet: Andere neemen gout en koper even veel, een quartje fyn zilver, en de fwaarte van 2 dubbeltjes fyn staal, fmelten eerst het gout en koper t' zaamen, daar na het zilver, en ten laatften doen zy het staal daar in; doch zy moeten noch eenige handgreepen weeten, die zy voor ons verborgen houden, want onze goutfmeden, deze mengeling willende namaaken, bederven gemeenlyk den geheelen klomp, daarom men beft by d' eerfte manier blyft.

De proef of het zelve goet is.

Deze *Suaffa* gepolyft zynde moet altyd fchoon en blinkend blyven, al komt 'er zout water en azyn op, ja sterkwater en *Spiritus falis armoniaci*, want al wat

zwart

zwart of groen uitflaat, is geen opregt *Suaffa*. Des zelfs gebruik als gezegt is gansch gemeen by alle Oost-Indische volkeren, inzonderheit by de Maleijers, dewelke gladde hoepringen daar van maken om aan de vingers te draagen, kalkdoofen in de *Pinang*-bekkens, blikken om hunne kriffen aan de fcheede en aan 't onderfte van 't hegt daar mede te bekleeden, en de groote Koningen ook drinkkoppen en bekers: Men fchryft het zelve zoodanige kragten toe, die men voor waangeloovig zoude agten, niet te min is t' by die volkeren zoo ingewortelt, dat ze daar niet af te brengen zyn, roemende op de veelvoudige ervaring. Zeker indien de helft daar van waar is, zoo mogt men het billyk 't gout voortrekken, en 't is zoo veel wonderlyker, dat die kragten noch in 't gout, noch in 't koper affonderling fteken, maar eerst door vermenging verkrygen: Ik heb gezien, dat perfonen, die den mond verbrandt hadden met fcherpe kalk, den zelven geneefden met een ring van *Suaffa* in den mond te fteken; hierom maken ze geerne kalkdoofjes daar van, waar in allerlei kalk onfchadelyk word: Eenig vergift omtrent dit metaal komende doet het zelve verbleken, vreemde koleuren aannemen en knerffen; het waangeloof doet 'er by, dat de drager van dit metaal van veelderlei ongelukken zal bevrydt zyn, en, zoo hem iets geraakt of eenige fiekte overkomt, de ring zal aan de hand berften. Daarom draagen de Maleijers en Makkaffaren 't zelve zoo geern aan hunne kriffen, en aan hunne wapenen, houdende zich daar door in den oorlog gelukkig, zoo lang de Hollanders hun niet overkomen, tegens welke zy geloven, dat zelfs hunne Duivels niet beftaan konnen.

Des zelfs waardy, als men 't koopt, is ten minften het halve gewigt van gout, doch als men 't van hun hebben wil, zoo moet men 't gemeenlyk noch duurder betaalen: Veele van onze groote plegen de Rottangs, die ze in de hand draagen, met *Suaffa* te beflaan, dewyl het onkoftelyker is dan van louter gout, en niet te min fchoonder van glans is, nooit uitflaat, en de handen niet befmet, gelyk zilver doet.

Quaad *Suaffa* word gemaakt als men jong gout neemt van 17 of 18 karaat, te weeten daar onder ruim ⅛ deel zilvers is, want deze menging met rood koper geeft wel een *Suaffa*, het welk zeer blank word, doch na 't polyften niet langer blinkt, maar ftrax als men het raakt fwartachtig of donkerbruin word, en de vingers zwart verft, doch t' elkens als men 't wryft weder blank word: Dit is by geval gevonden door d' ontrouw der goutfmeeden, die in plaats van oud jong gout naamen; egter hebben deze zwarte ringen noch hun gebruik, als men rouw draagt.

Electrum Antiquorum zoo als 't van d' oude Autheuren befchreven word, namentlyk een menging van 4 deelen gout met 1 deel zilver, is hedendaags onder die naam niet meer bekent, want de Maleijers noemen zulk een menging *Maas Mouda*, dat is, jong gout, van zyn jonge (dat is bleeke) koleur.

Zwart *Suaffa* komt uit *Tonquin* en *Japon* zynde een flach van rood koper, 't welk van buiten altyd zwart is, maar als men 't wryvt, word het koperverwig, wiens menginge my noch onbekent is; men gebruikt het veel tot degen geveften, beflag om Rottangs en Wambais-knoopen, dewelke met goude bloempjes ingeleidt of verguldt worden, want het gout door 't draagen ligt afgewreven word: Zommige zeggen dat het een menget el van rood koper en yzet zy, andere dat het 't hart van 't roode koper zy: De Chinezen noemen diergelyk koper *Luykung tang*, dat is, Donder-koper, en zeggen, dat het d' oudfte en befte kern van 't koper zy, van buiten zwart uitflaande, maar geenzins dat het van den donder afgeflagen wierde.

Aurichalcum five Orichalcum Antiquorum fchynt geenzins ons geel koper of mefling geweeft te zyn, 't welk door menfchen gemaakt word van gemeen koper met *Cadmia* of *Chalmey* geverwt; maar een goudryk koper, 't zy natuurlyk uit de Bergen gehaalt, gelyk wy boven van 't Timorfche gezegt hebben, 't zy door de konft gemaakt, gelyk onze Oost-Indifche *Suaffa* is, want van dit rood *Suaffa* fchynen de Perfiaanfche Koningen hunne koftelyke drinkbekers gemaakt te hebben, die zy *Battahas* noemden, hebbende de gedaante eener in de midden doorgefnedene pompoen, waar van

wy

Marginal notes (right column):

En 't gebruik daar van.

Bygeloof der inlanders.

En waar voor zy het al gebruiken.

Des zelfs waardy en zoet gebruik.

Welk Suaffa niet goet is.

Noch een andere foort.

Zwart Suaffa van waar het komt, en waar toe gebruikt word.

't Koper der Ouden hier by vergeleken.

wy noch het Maleitsche woord *Bateca* hebben, 't welk nu een Water-meloen beduid.
Hier van schynen ook geweest te zyn de twee kostelyke vaten, Ezræ Cap. 8. dewelke
de Koningen van Persien in den Tempel van Jerusalem vereert hadden : De text van

En met
Ezra Cap.
VIII: 27.
Ezra aan het VIII Hooft-deel, vs. 27. luid aldus: *Ende 2 vaaten van blinkend goed*
koper, *begeerlyk als gout* . In 't Hebreeusch staat נחשת מצהב , 't welk beter word
overgezet, blinkend koper, gelyk de Grieken het ook overzetten, χαλκῶ στίλβῶντ,
dit woord στίλβῶντ, afkomstig van στίλβω, geeft te kennen eene eigenschap het opregte *Electrum* toekomende, en niet geel, gelyk zommige Overzetters hebben.

Als mede
't Chas-
mal by
Ezech.
Cap. I: 27.
חשמל Chasmal by Ezech. in 't eerste Hooft-deel, vs. 27. is ook anders niet geweest
dan een zulk *Suassa*, 't welk de Grieken overzetten ἤλεκτρον *Electrum*, gelyk zulks met
bondige reden bewyst de geleerde *Sam. Bochardus* in zyn byvoegzel op 't *Hierozoicum*,
alwaar hy het woord חשמל Chasmal afbrengt van twee Chaldeeusche woorden נחש Ne-
chasch en מלל Melal, rouwgout, zoo als het uit de mynen komt, waar mede t' eenemaal
overeenkomen de woorden *Aurichalcum* en *Chalcochrusos* : Zoo is hy ook van ge-

Ook in d'
Openbaa-
ringe Joh.
I: 15. en
II: 18.
Met deze
Suassa
over een
gebragt.
dachte en wel met goede redenen aangaande het woord χαλκολιβανω, *Chalcolibanon*,
(waarvan men leest in d' Openbaaringe Joh. I: 15. en II: 18.) dat het eigenste zy met
Chasmal of *Electrum metallicum*, dat is, schoon gepolyst *Suassa*, 't welk wy boven de
koleur van een gloeijende kool of van gesmolten koper, zoo als 't in de gloed staat,
gegeven hebben . Wy besluiten derhalven, dat het opregte *Electrum metallicum* een
menging is van zuiver gout en koper, 't welk na 't getuigenis van *Plinius* en der Ouden d' eigenschap heeft met zyn regenbogige verwen het ingegoten vergift te verraa-
den, 't welk de menging van gout en zilver alleen geenzins doet.

Javaan-
sche Suas-
sa, hoe
gemaakt
word,
De Javanen maken hun *Suassa* aldus : Zy neemen fyn gout een reaal zwaar, een
Ryxd. zilver, 3 sesjes *Brongo sari* of fyn geel koper, rood koper van ieder een quart,
loot ruim een dubbeltje, smelten dit al t' zaamen, doch het loot doen zy niet eer daar
by, voor dat alles in de vloed staat, dan gieten zy het tot staefjes en slaan ze sagtjes
met een hamer, doch zoo draa zy zien, dat het scheurt, zoo leggen zy 't weder in
't vuur, en laaten het dan van zelfs kout worden, 't welk zy dikwils doen moeten,
tot dat het zoo dun en breed worde, als zy 't begeeren, zy konnen 't zoo dun krygen als blik, waar mede men de kris-scheeden beslaat, en het laat zich ook soldeeren:

En is by
hun van
groote
waardy.
Dit *Suassa* is by de Javanen in grooter waarde dan enkel gout, en hunne Keizer de
Suffuhunam draagt het meer dan 't gout: Zy maaken ook kalkdoosen daar van, dewelke den kalk zyne scherpheit benemen, 't welk ook doen de *Suassa*-ringen, als men ze
in den mond houd.

V. HOOFTDEEL.

Hoe eenige metaalen door den Spiritus salis *beproeft worden.*

Spiritus
salis hoe
die op gout
werkt.
Spiritus *salis communis* doet de volgende werking op de metaalen : Op fyn
gout doet hy niets anders, als dat hy 't schoon maakt :
Op slegt gout doet hy insgelyks.

Op zilver.
Op Suassa.
Op zilver, wort het swart, een weinig naar den blauwen trekkende als inkt.
Opregt *Suassa* blyft helder, en verandert gansch niet, 't welk dan eene vaste proe-
ve van 't zilver is.

Op slegt
Suassa.
Quaat of swartachtig *Suassa* eerst schoon gepolyst word door den *Spiritus salis* straks
zwart.

Op Cerau-
nia &c.
Op 't *Ceraunia metallica* of 't Donderschopje, word blauwachtig zwart, en droogt
op als zout, in de kuiltjes van 't zelve Schopje word het regt blauw.

Een

Een staafje van een ander Donderschopje gewint niets blauws , maar word donker *Op een an-* muscus-grauw , daar wat paers onderloopt. *dere soort.*

Electrum nativum van *Timor* word op 't vlakke koper rood , maar aan de zyde in *Verscheide* de kuiltjes donkerblauw : Het Japansch koper word eerst donkerbruin , maar droogt *veranderingen.* geelachtig op.

Spiritus salis Armoniaci doet de volgende werken : Allerhande gout word daar door *Spiritus* zuiver , doch aan 't jonge gout droogt het metter tyd blauwachtig op. *salis Ar-* *moniaci* *hoe op 't*

Zilver word vuilblauw; regt *Suassa* verandert gansch niet , 't welk wederom een vaste *gout* proef is. *werkt.* *Op 't zil-*

Quaad *Suassa* word zwart met blauw gemengt : Donderschopjes worden vuilgeel , *ver.* om dat 'er gout onder loopt. *Op Suassa.*

Timorsch koper word roodachtig , en aan de zyden loopt 'er wat groen onder. Ja- *Op Ti-* pansch koper word donker paers , met weinig geel daar onder. *mors ko-* *per.*

Naarder proef van *Spiritus salis communis :* Op zilver van een Spaansche mat word *Naarder* hy zwart , op den derden dag de plek roodachtig , en aan de kanten blauw opgedroogt : *proeven* *daar van* Op t' Japansche koper blyst de plek schoonrood en blinkend , en op den derden dag *op ver-* aan de kanten spaens-groen : Op het Tonquinsche zwarte *Suassa* , daar men knoopen *scheide* van maakt , blyst het zwart en droogt zoo op. *metaalen.*

VI. HOOFTDEEL.

Zeldzaam Yser in Indien.

ONs Water-Indien is van Yser weinig voorzien , niet zoo zeer als of het de *Yser word* Natuur aldaar niet voortbrengt , als wel door d' onwetenheid der Inlan- *weele in* *Indien ge-* ders , dewelke 't zelve uit allerhande yser-steenen niet weeten uit te trek- *vonden.* ken.

Crimata een klein Eiland , ten westen van *Borneo* gelegen , heest veele Ysersmids , *Tot Cri-* die t' zelve uit de steenen weeten te trekken : Van daar komen de Crimaatsche byltjes , *mata.* die men om dezen geheelen Oost verhandelt.

Op *Celebes* Oost-kust in 't district van *Tamboceo* valt ook veel yser , waar uit men de *Op Cele-* Tamboksche swaerden maakt , door alle deze Eilanden bekent , doch stegt van alloy. *bes.*

Een beter slach valt in het naaste Landschap daar aan in 't Westen gelegen , rondom het *Waar het* binnenmeir van *Tommadano* , welkers swaerden en beter zyn en meer gelden dan ses *beste valt.* Tamboksche , want zy weeten door veelvoudig wellen het yser zoodanig te bearbei- den , dat het zoo goet als staal word , 't water uit het voorschreve binnenmeir veel daar toe helpende : De swaerden kan men daar aan kennen , dat ze omtrent den rug in de lengte veele bogtige aderen vertoonen , zynde een teken , dat ze dikmaals gewelt zyn. Ik zal hier niet breed beschryven , wat veranderingen al 't yser in Oost-Indien *Verteert* onderworpen is , naamentlyk dat dit duursame metaal , 't welk de geheele waereld *in Indien* *heel ligt ,* dwingt , in Indien zoo bedervelyk is door den roest , die 't geduurig plaagt , en , zoo *en waar-* 't in de vrije lugt staat , binnen korte jaaren verteert , veroorzaakt wordende door de *om ?* warme vogtige en doordringende lugt dezes lands , gelyk ik achte genoegzaam bekent te zyn : Ik zal alleenlyk hier aanhaalen eenige zeldzame soorten , waar van men zoo wel fabuleuse als waarschynlyke dingen verhaalt , gelyk 't zelve van d' Inlanders opge- geven word.

Ghiry is een Berg en opene Stad op d' Oost-kant van *Java* digt achter de koopstad *De berg* *Grisek* gelegen , waar op woont de *Penimbaan* , dewelke daar als Patriarch en Prie- *Ghiry be-* *woont van* sterlyke Koning woont , die wegens zyne schynheiligheid en valsche wonderwerken *een Heilig.* van al dat Landvolk , zelfs van den grooten Keiser of *Sussuhunam* , voor een heilig

perzoon

Die de bygeloovige Javaanen misleid,

perzoon geagt word. Onder andere bedriegerijen verfchenkt deze baftaart-heilig aan de vreemdelingen, en aan alle die hem bezoeken, zekere yfere ringen en armbanden, waar van de ringen maffief en d' armbanden hol zyn, gevult met eenige heilige aarde uit die plaats gegraven, daar hy woont; zommige ringen zyn dun en van binnen ganfch hol, zoo dat ze op 't water konnen dryven, 't welk het onwetende volkje voor een wonderwerk houd: Zy zullen nooit roeften, en zy zyn goed voor beten en fteeken van fenynige gediertens, defgelyks voor 't branden van kalk in den mond, gelyk boven gezegt is.

en de redenen waarom.

By nader onderzoek bevind men, dat dit alles bygeloovigheden en Moorfche bedriegerijen zyn, want die Paap maakt ze uit verroefte fpykers, dewelke hy uit zyn tempel trekt, noemende dat yfer quans-wys *Beffi keling*, want het word hem gebragt van de kuft van *Coromandel*, en de kragten zullen ze eerft krygen door zyne belefinge; het is waar zoo lang men ze aan de handen draagt, blyven ze blank, maar legt men ze heen, zoo roeften ze als ander yfer; dit bedrog van bygeloof is de gemeene man onbekent, daarom laaten ze onze Chineezen hunne vrouwen draagen, jaa zelfs de ftegte Chriftenen dezelve noch al in waardy houden, geloovende dat de kragten der Natuur in dat yfer zyn. Zy willen ze echter niet ligt de vrouwen laaten draagen, maar eigentlyk de mannen, en dat aan den voorften vinger of aan den duim, waar mede zy den kris en andere wapenen vatten, om gelukkig in den oorlog te zyn. Ik vertrouwe dat ze dezelve tegen

Deze heeft geen vermoogen tegen de Hollanders en word van hun 't ondergebragt.

hun Landlieden gebruiken, want dat ze tegen de Hollanders niet vermogen, heeft de voorfchreven Moorfche Paus tot zyn ongeluk ervaaren, als hy in 't jaar 1680. den 15 April met zyn maagfchap 50 weêrbare mannen fterk in perzoon op ons volk aanquam, dewelke door laft van den *Suffuhunam Amancurat* dien heiligen berg zoude beftormen, om dat de *Tenimbahan* het heimelyk hielde met zynen rebel *Troenajaja*, en hem geen *Homagie* wilde doen: De Paap quam wel ftoutelyk met zyn gefellen op ons volk aan, en doode een Duitfchen Capitein met 15 Zoldaten, dewelke door den drank verhittet wat onvoorzichtig op hem aanquaamen, doch terftond wierd hy van onze mufquetten in zyn knie getroffen, dat men hem weder na zynen berg droeg, en de volgende nacht wierd hy door een *Madurees* op zyn kooi geponjaardeert, en des volgenden daags zyne twee oudfte zoonen door *Amancourat* zelf op die plaats, daar ze onze Duitfche hadden nedergevelt; wordende aldus dat geheele heilige geflagt uitgeroeit tot verwonde-

En met al de zyne uitgeroeit.

ring van geheel *Java*, daar menigmaal te voren des *Amancurats* vader dezen berg van *Gliry* te vergeefs beftormt had.

Een ander bedrog van de zelve Heilig.

De voornoemde Paap plagt ook aan de vreemdelingen mede te deelen zekere witte aarde uit die heilige plaats gegraven, gelykende naar vuil Kryftal of Alabaft, dewelke hy de voornoemde kragten mede toefchryft, en daarenboven dat ze met water gewreeven en ingenomen by de zuigende vrouwen de melk zoude vermeerderen: Van een ander zeldzaam yfer zie hier onder in 't XXXII Hoofdeel van de *Dentritis metallica.*

Japanfch yfer hoe 't bereidt, en tot ftaal gemaakt wordt.

De Japanders bereiden 't yfer aldus om houwers daar van te maaken, tot platte ftaaven gefmeedt begraven zy 't in een moeraffige plaats eenige jaaren, tot dat het ter dege verroeft is, daarna herfmeden ze die, en doen ze weder in de moeras tot 8 of 10 jaaren toe, tot dat al het ftegte yfer door den roeft verteert zy; 't overige is dan zuiver ftaal, waar uit zy hunne houwers maaken: Zoo weeten ook onze Amboinfche fmids uit d' oude en ganfch verroefte hoepen de befte *Parrangs* te maaken; tot de fnede neemen ze ftukken van gebrokene Sinefche pannen, die men *Tatsjos* noemt, in plaats van ftaal: de Singalezen neemen ook de meeft verroefte hoepen van ons volk, waar uit ze die koftelyke loopen fmeeden, dezelve dikwyls over en weder overwellende tot een ronde ftaaf, die zy dan booren: Het fak-piftool van de Heer *Rijcklof van Goens* was zoodaanig een loop, 17 duimen lang.

VII. HOOFT-

VII. HOOFTDEEL.

Van 't Metaal Gans.

IN *Pegu* en *Siam* is gemeen een Metaal, dat men *Gans* noemt, en schynt een mengeling te zyn van koper en tin; 't is rood als bleek koper en t' gaat voor geld, maar t' is verboden uyt te voeren: Zy smelten het, en maaken potten daar van; misschien van dit metaal is dat groote stuk, 't welk heden op *Baly* te sien is, hebbende de gedaante van een massief wiel met een stuk van den as daar aan, van buiten blauwachtig of zwart uitgeslagen, het welk d' Inlanders zeggen uit de lucht aldaar gevallen te zyn. Andere geeven 't aldus op: By de stad *Pedjing* word de plaats getoont, daar dit ongemeen groot stuk metaal legt op de eigenste plaats, daar het neêr gevallen is, hebbende ter weêr zyden een groot *Martavaau* staan. Het wiel is in den diameter omtrent 4 voeten breed, en de as ruim zoo lang, al van een stuk, en hedendaags blauwachtig uitgeslagen. Die van *Baly* geloven vastelyk, dat het een wiel van den Maans wagen zy, eertyds zoo helder schynende, dat het de nacht verlichte, doch als zeker Fielt op een tyd daar teegen aanpiste, op dit licht gestoort zynde, om dat het hem in zyn nachtelyke dieveryen belette, zoo is het van die tyd af verroest en donker geworden: Evenwel heeft nooit de Koning van *Baly* het hert gehad dat stuk van zyn plaats te brengen, of iets daar van af te kappen, maar heeft 't zelve aldus ter gedagtenis laten leggen; indien het waar is, dat het van menschen niet gemaakt is gelyk men ook geen reden weet te geeven, waar toe zoodaanig een onvormelyke klomp dienen zoude; zoo is 't waarschynlyk, dat het door een donder voortgebragt en aldaar nedergeslagen zy; waar van wy hier naa zullen verhaalen, dat dondersteenen van verscheide metaalen afgevallen zyn, en dat de donder ook groote steenen afslaat, kan men noch zien in de Stad *Grave*, daar in 't Choor van zeker kerk een zeer groote steen getoont word door den donder aldaar heen geworpen.

't Siamse Gans.

Hoe 't gemaakt word.

Op Baly legt een groot stuk van 't zelve, 'tgeen gelooft word uit de lucht gevallen te zyn,

en waarom?

Gevoelen van den Schryver.

VIII. HOOFTDEEL.

Ceraunia, *Dondersteen*, Gighi gontur.

DE Dondersteenen geloof ik, dat in Indien ruim zoo veel gevonden worden, en in meer soorten verdeelt, dan in *Europa*; Ik zal daar van aanteikenen, zoo veel ik in Indien ondersocht en bevonden heb, verdeelende dezelve in twee hooftsoorten, te weeten, 1. in *Ceraunium lapidem* of eigentlyken Dondersteen, 2. in *Cerauniam metallicam*, waar van in 't volgende Hooftdeel.

De Dondersteenen beschreven.

Waar van 2 soorten.

De Eigenlyke Dondersteenen zyn van verscheide gedaanten en koleur, doch zoo veel ik aangemerkt en ook van andere ooggetuigen verstaan heb; plegen ze alle de gedaante van een slaande of quetsend Instrument te hebben, als van een hamer, byl, beitel, pyl, gutse, &c. In *Europa* hebben ze zomtyds een gat, doch diergelyk heb ik in Indien noch niet gezien: Zy zyn van koleur in Indien meest zwart als de gemeene toetssteenen, doch gladder en blinkender, zommige staalgroen, zommige ros met groen gemengt, weinige wit en half doorschynend als donkere krystallen; zy zyn alzoo hard als eenig keselsteen zyn mag, en men kan alle metaalen daar op toetsen.

Hun onderscheit, en koleur.

Hun Naam in 't Latyn is *Ceraunius lapis*: By Plinius, *Ceraunia* en *Bætylus*: in 't Maleitsch, *Gighi gontur* en *Batu gontur*: in 't Chineesch, *Luykhy*, dat is, Dondertand, want de Chinezen en Indianen gelooven, dat de donder een grooten kop heeft

Hun benaming in verscheide taalen.

Vervolg gevoelen der Indianen van dezelve.

heeft als een Stier, en dat de Dondersteenen zyn de tanden, maar de volgende metaalachtige zouden kiefen fyn, de welke hy uitfpuuwt, als hy vergramt is, zynde het donderen volgens hun vermoeden anders niet dan het brullen van dien Stier: Zommige zyn zoo ftout, datze voorgeven met eigen oogen gezien te hebben de gedaante van zulken Stier in een Donder-Wolk, die zich opende, doch andere vergelyken hem by een Bak-oven: De volgende gedaanten van Dondersteenen zyn my voorgekomen, waar van ik zommige heb laten uittekenen, gelyk hier nevens te zien is.

No. 1. is verbeeldt op de plaat L. by letter A.

1. Is een Donderfteen in de gedaante van een vlakke gutfe 4½ duim lang, 2 vingers breed, doch aan 't bovenfte eind wat fmalder, daar hy vierkant en als afgekapt fcheen, aan de zyde met ftompe kanten, en in de midden dikft, doch hier en daar met tekenen als of 'er fplinters uitgebroken waaren, dewelke miffchien veroorzaakt zyn, als hy met gewelt in 't hout voer, hoewel men aan defzelfs keepen giffen konde, dat de fteen uit veele fchilfferen over malkander liggende gemaakt was, rondom het lyf gingen fmalle bogtige ftreepen, als of de fteen aldaar t' zaamen gezet was; en aan d' eene zyde was noch een andere ader, dewelke lootverwig fcheen, ook eenigzins toetfte

Zyn gedaante,

als yfer, wanneer men ze met de toetfteen treffen konde, zoo word ook de azyn, op deze ader geftreeken, ros, waar uit men mede oordeelde, dat 'er yferachtig ftof in dezen fteen moeft zyn, te meer dewyl hy een fcherpe klank gaf, als men aan de kan-

Koleur.

ten daar tegen floeg; zyn koleur was doorgaans donkergroen, fchier als groene kaas, en ganfch niet doorfchynend, en zoo hard, dat men met een ftaal daar tegen flaande qualyk een vonksken vuur daar uit konde krygen. Alle metaalen daar op geftreeken toetfen

Zy dienen voor toets, en Slypfteenen.

zoo wel als de befte toetfteen, en yfer daar op geflepen neemt van den fteen niets af, gelyk van andere flypfteenen, maar het yfer word fcherp, wefhalven men allerhand geweer daar mede aanzetten kan; aen 't gewigt was hy niet wel zoo zwaar als een gemeene keifteen, ook in 't gevoel zoo koud niet: Een linnen docksken daarom genaait, dat het over al glad aanlegt, is op gloeijende koolen zoo lang onbefchadigt gebleven, tot dat men 100 tellen konde, doch de fteen wierd zeer heet, en het linnen rook ten laaften wat brandig: Dit houden d' Inlanders voor een vafte proef van een Donderfteen; doch ik heb ervaren, dat dit alle harde en gladde fteenen doen. Hy is

Waar dezelve is gevonden,

door den donder geflagen in een dikken yferhouten boom, die van boven neer geklooft was, en in defzelfs hart ftak deze fteen op 't Eiland *Gape* op klein *Bangay* in 't jaar 1677. in Januarius, waar op ik dit Jaar-versken gemaakt heb.

ALs *Gapes* opperheer boog Voor *Kabonna* ftoVt,

Voer Ik Door DonDers kraCht In 't hart Van 't yfer-hoVt.

Want op den zelven tyd moefte de regte Koning van *Gape* vlugten voor den *Ternataan Cabondo*, die hem uit gefach verdreef, gemelde Koning wilde dezen boom omvellen, onwetende dat hy van den donder gefcheurt was, om uit defzelfs hout *Nadjos* voor zyn Corre Corren te maaken, en zoo gebeurde het, dat deze fteen gevonden wierd in tegenwoordigheid van eenige Duitfche borgers, die hem met groote moeite en fmeeken van den Koning kreegen, dewelke verklaarden, dat hy liever een flaaf wilde miffen dan dezen fteen, gelyk hier onder zal gefegt worden.

No. 2. Op dezelve plaat by Lettr. B.

2. Deze heeft de gedaante van een kromme kleine vinger, doch achter wat breeder, fchaars 2 duimen lang, ganfch glad en pikzwart als een toetfteen, gelyk hy ook alle metaalen toetft, en omnaait zynde met linnen heeft dezelve proef uitgeftaan als de voorige.

No. 3. Zyn gedaante.

3. Is op *Boero* omtrent *Tomahau* gevonden, door den donder geflagen in een *Pangi*-Boom, in de gedaante van een oude gefchilde *Pinang*, te weeten als een ftompe kegel, aan d' onder zyde met een kuiltje, ook pikzwart en glad, maar in 't midden van 't kuiltje, 't welk men aan den *Pinang* het oog noemt, klonk hy als klokfpys, waar uit men vermoede, dat 'er koper in was.

Een vreemd voorval van dezelve.

Eenen *Imam* of Paap van *Tomahau*, die dezen fteen gevonden en in den gordel om zyn lyf gedraagen heeft, verzekerde my, dat hy in den Madjiraschen oorlog

eens

eens met een kogel getroffen wierd, en dat juist op die plaats, daar hy den steen droeg, dat hy omtuimelde, maar noch hy, noch de dock, daar de steen ingewonden was, zyn daar van bezeert geworden: Hy zeide ook, dat, hy hem in de hand houdende, de Steen zoo sweete, dat de geheele hand daar van binnen nat wierde.

4. Uit 't verhaal van andere: Een andere Dondersteen mede op *Boero* gevonden, als een klein wiggetje geslagen door een boom in de aarde; deze was aan d' eene zyde steen, aan d' andere zyde yser. *No. 4.*

5. Een ander dergelyke Steen, op *Amboina* gezien, was als een gemeen ei, of wat langwerpiger, mede pikzwart en glad, ook bequaam tot toetsen. *No. 5.*

6. Van geloofwaardige ooggetuigen heb ik verstaan; dat een ongemeene groote Dondersteen te zien zy in de stad *Grave*, te weeten in het Choor van een kerk aldaar, zynde ingemetselt in de plaats van de kerk, daar hy door den donder heen geworpen is, te weeten op den vloer, met het dikke deel in d' aarde; want hy heeft de gedaante van een Zuikerbrood, maar aan zyn dikste deel wel 1½ voet dik, van verwe donker met bruin en groen gemengt: Deze, als het zeer regenachtig weêr is, sweet veele droppels, die op hem hangen. *No. 6. Een ongemeene groote.*

7. Een ander Dondersteen, op *Ceilon* in de knie van een schip geslagen, hadde mede de gedaante van een wigge of beiteltje, en de lengte van een middel vinger; van gedaante wit en bykans doorschynend als donker krystal of als klaare keisteenen, doch mede zeer hard. *No. 7.*

8. Te *Goslar* in Saxen heeft men een Dondersteen gehad, volkomentlyk als een wigge, een hand lang, achter wat smalder, van koleur wit en grauw door malkander gemengt als alabast, doch zeer hard: De eigenaar hadde hem omtrent de helft in zilver gevat, en aan een touwtje hangende, waar aan men heeft opgemerkt, dat hy zich t' elkens beweegde, als 'er een donder weêr was; maar op een tyd, als de huisheer niet te huis was, en een zwaar donder weêr quam, heeft hy (zoo men giste) zoo hard tegen de muur geslagen, daar hy tegen aanhing, dat hy zoo ver afbrak, als hy in 't zilver gevat was: Men zoude konnen gissen, dat hy aan die plaats, daar hy brak, losselyk t' zaamen gezet was, of dat het geschiet zy door Antipatie, die dezen Martialischen Steen misschien met 't zilver heeft. *Vreemd voorval van een Dondersteen.*

9. De Tamboksche Dondersteenen zyn meest zwart als toetsteen, doch gladder, altyd in de gedaante van een slaand Instrument. *No. 9.*

10. Een andere Dondersteen had de gedaante van een gemeene koks-byl, doch aan de sneede loopt hy mede wat bogtig als een platte gutse, 7 duimen lang, by de sneede 3 duimen breed, maar aan 't bovenste einde 2, daar hy mede vierkant was, gelyk die van N°. 1. zoo ook aan de zyden met ronde kanten, in de midden buikachtig met eenige keepjes, als of 'er schilsteren uitgebroken waaren: De koleur is niet eigentlyk te beschryven, doch ten naasten by kan men ze vergelyken met het zoute vleesch, 't welk aan de kanten wat groen en blauw is: Over 't geheele lyf met donkergroene stipjes, die hem ook groenachtig doen schynen: Overdwars loopen veele bogtige aderen, waar van de grootste rond loopen, d' andere zyn kort en afgebroken, witachtiger van koleur dan d' andere substantie, voorts hard, glad en blinkende als marmer, eenigzins een weêrschyn van zich gevende; hy is gevonden op *Makkassar* door een boom in d' aarde geslagen, daar men hem gevonden heeft, na dat het donder weêr voorby was; een Eigenaar van *Makkassar* heeft hem door gebrek van gelt aan my verkocht voor 10 Ryksdaalders, daar hy hem anders voor geen 20 zoude willen missen. *No. 10. Een ongemeene groote door den Schryver voor 10 Ryksdaalders gekogt.*

11. *Zeilerus* in zyner Zend-brieven eerste Deel, Brief 73. bladzyde 205. verhaalt, dat in *Pomeren* een groote Walvisch gestrandt zy, in wiens lichaam een Dondersteen gevonden is. *No. 11.*

12. Te *Devonshire* in Engeland in 't Jaar 1622. is in den akker van *Robbert Piers* een geweldige Dondersteen neêrgevallen, hebbende de lengte van 3½, de breette van

2½, en

$2\frac{1}{2}$, en de dikte ook van $2\frac{1}{2}$, voet; in hardigheit en verwe was hy een keſelſteen ge-lyk, hy wierd in veele ſtukken geſlagen, waar van ieder wat mede nam om uit voor wat wonders te vertoonen: Hy quam met zulken kragt om laag, dat hy wel een el diep in de aarde wierd geſtagen, zoo haaſt de gedagte ſteen neêrlag, hield de donder op.

Uit veele heb ik maar deze Exempelen willen aanhaalen, dienende mynes oordeels tot een genoegzaam bewys, dat de Donderſteen geenzins voortgebragt word in d' aar-de, daar men hem vind, als of het blixemvuur den zelven in dat ominesien voortbrag-te, 't welk, wanneer het in d' aarde ſlaat, quanſuis der zelver zand doet gelyk glas ſmelten, daar het in 't tegendeel waarſchynlyker is, dat hy in de wolken voortge-bragt word uit aardachtige en metaalachtige ſtof, de welke met de dampen uit de aarde opgetrokken, en daar na door de geweldige kracht des blixemvuurs geconcentreert en tot een ſteen geformeert wordt: Waarom hy nu altyd de gedaante van een ſtaand Inſtrument hebbe, moet men de verborgene eigenſchap van een Martialiſchen geeſt toeſchryven: Want in *ſecretiori Philoſophia* & *Magia naturali* leert men, dat alle Natuurlyke li-chaamen geteelt worden, na dat de byſondere denkbeelden de Aſtraliſche invloeijingen by haar hebben, zynde de grond van de natuurlyke ſignaturen; want dat hy niet in de aarde uit zand voortgebragt wordt bewyſen genoegzaam zoodaanige ſteenen, die in een onbequaame ſtoffe (gelyk zoo wel groeijend als droog hout, 't vleeſch van de walviſch, &c.) gevonden worden.

Van 't gebruik des Donderſteens zal ik alleen verhaalen, 't welk ik van d' Inlan-ders geleert hebbe, onbetwiſt latende wat daar van voor ſuperſtitieus te houden zy: Voor eerſt kan men alle Donderſteenen gebruiken voor Toetsſteenen, want zy houden t' metaal vaſter dan de gemeene. De Mooren zetten hunne kriſſen daar mede aan, tot dat ze de regte ſcherpte bekomen, zy geloven, dat ze daar mede alle hard gemaakte vellen konnen doorſtooten: Het grootſte gebruik, waarom zy by alle Indianen zoo

hoog geacht worden, is tot het *Cabbal*, dat is, zich vaſt en onquetsbaar maaken, ſtout en moedig in den oorlog te zyn; 't welk nodig is voor die eenige ſterkte willen be-ſtormen, naar welke konſtjes de Inlanders inzonderheit tragten. Zekere *Sengadje* van *Waytina* op *Xula Mangoli* regeerende, heeft op een plaats, kort te voren door den donder geſlagen, een wonderlyken Donderſteen gevonden, dergelyken ik nooit geſien

of gehoort hebbe, hy was als een dikke armring, daar men 3 vingers doorſteeken kon-de, de ring zelv was omtrent een vinger dik, rond, glad en pik-zwart, als of het zwart glas was geweeſt; hy wilde dien noch voor geld noch voor goede woorden over-geeven, maar droeg dien altyd in zyn gordel op den navel, als hy in den oorlog

trok, en gaf voor, dat hy nooit eene wonde ontfangen had: Indien d' invloed der ſtarren hier toe niets vermag, en alles voor waangeloof gehouden word, 't welk ik egter niet en zegge, zoo dienen deze konſtjes ten minſten om d' inbeelding van den drager te verſterken, dat hy te ſtouter word, en met meerder moed aanvalt; anders moet het een Chriſten niet onbekent zyn, dat hy zyne overwinninge niet van eenig ſchepſel, veel min van een levelofe ſteen, maar door een vaſt vertrouwen op God verkrygen moet; egter moet ik noch dit zeggen, dat dit gebruik al zeer oud is, want

Plinius Lib. 37. *Cap.* 9. beſchryft uit *Sotacus* twee ſoorten van den Donderſteen, zwarte en roode, de welke een byl gelyken; de zwarte zouden in gebruik zyn om de ſtee-den te veroveren, en vlooten te verſlaan, de welke men *Bœtylus* noemt; maar de langwerpige ſtegs *Ceraunia*, ſtrax voegt hy daar by: Men heeft noch een andere *Ce-raunia*, zeer raar en zelden te vinden, by de Parthiſche *Magi* hoog geacht, en word nergens gevonden dan op plaatſen door den donder geraakt, buiten twyffel is de Parthiſche *Ceraunia* geen ander, dan die *Sotacus* beſchryft.

In water gelegt en gedronken, ook van buiten daar mede gewaſſchen, bluſt bran-dende koortſen, meeſt der geene, die by donder en kout regenweer naakt geloo-pen, en hun een koortſe over t' lyf gehaalt hebben.

In 't Vaderland leggen zommige Vee-Herders en Boeren den Donderſteen in 't water

ter, en laaten de beeften daar van drinken, als ze eenige ziekte onderhevig zyn: Zoo heb ik ook in *Europa* gezien, dat Vrouwen, ontftekene en fweerende borften hebbende, dezelve met dezen Steen dikwyls beftreeken, om den brand te bluffen.

13. Ik hebbe gezien een ftuk van een Donderfteen, zwart en glad, bykans als een Toetfteen, omtrent *Baguala* door den Donder geftaagen tegen een harde klip op 't land ftaande, daar hy een fcheur in gemaakt hadde, by dewelke men dit ftuk vond; of de andere helft in de klip gevaren zy, is onzeker. *Nᵒ. 13.*

14. Een *Patty* van *Tamilau* bewaarde een Donderfteen, vierkant en glad, aan 't eene grootfte einde als een zwarte Toetfteen, aan 't ander als rood koper, doch hy wilde hem aan niemant van ons volk toonen. *Nᵒ. 14.*

15. Zeker Inlander van *Nau* op de kuft van *Hitoe* heeft in een klip by 't Zuiker-broodje op *Lariques* ftrand een diergelyken gemengden Donderfteen gevonden, daar in de Donder voor zyne oogen geftagen hadde; gelyk ook de *Patty* van *Tamilau* op zulken manier een gevonden heeft, deze was rond in de grootte van een Bas-kogel, d' eene helft als een zwarte Toetfteen, d' ander helft als rood koper; deze in water gelegt, en verhitte oogen daar mede gewaffchen, heeft de zelve genefen: Doch als ik in 't jaar 1670 den zelven leenen wilde, hebben ze hem verborgen gehouden, voor-geevende dat hy verloren was; in 't gemeen gebruiken ze alle Donderfteenen in wa-ter te leggen, en 't zelve te drinken, ook van buiten daar mede te waffchen om al-len inwendigen brand des lyfs te bluffen; welke genezinge veel aangenaamer is dan met de volgende kopere Schopjes: Dit moet niemant vreemd dunken, dat een fteen in 't allerheetfte Element voortgebragt een anderen brand kan bluffen, want het min-dere altyd voor 't meerdere moet wyken, gelyk wy zien, dat het fonlicht een kaerfte kan uitdoen, en de kalk op verbrande deelen gefmeert trekt den brand uit: In ons Kruid-boek vind men ook Exempelen, dat de kleine bermnetels den brand van een ander blad uittrekken. *Nᵒ. 15. Eene gevonden in de gedaante van een Bas-kogel. Hunge-bruik in 't gemeen. Door den Schryver bekragtigt.*

In 't jaar 1690 heeft de donder in een fchip omtrent het Eiland St. *Paulo* in de groote Zuid-Zee zeilende, de grote fteng in ftukken geftagen, die van boven neêr viel; en dewyl men op den derden dag noch eenige fwavelftank in 't fchip vernam, wierde overal gezogt, tot dat men agter een kift den Donderfteen vond, die noch al ftonk, doch de reuk verdween allenxkens: Hy was omtrent 4 duimen lang, agter rond en ftomp, van voren fpits, uit den grauwen blauwachtig. De fchip-per heeft hem mede naar Holland genomen. *Verhaal van een nedergefla-gen Don-derfteen.*

De Schryver geeft ons hier een verhaal van de Donderfteenen, over welkers voortkoomen van veele word getwyfelt; doch deze ter nedergeftelde ondervindingen zullen veele fwa-righeeden wegneemen, te meer, als men de redenen, hier gegeven, nagaat, dewelke altoos naar myn gevoelen, hebben beftaan, en met dees Schryvers meening ook overeen-ftemmen, daar op uitkomende, dat alle de in de lucht opgetrokkene aardiche en metalli-fche fyne deelen, die door de verdunning der lucht met de waterdeelen vermengt en dus opgevoert zynde, door de groote kragt van het onwederftaanbaare blixem-vuur ontmoet, dezelve in haar fnellen doortocht aandoen, fmelten, en tot een klomp doen ftremmen na de groote der ftoffen, die door het zelve vuur bevat zyn, en door welkers kragt zy tot in de hardfte ftoffe door geftaagen worden, ontfangende zulke gedaanten en wezen, als de ftremming der deeltjes en de vermenging der ftof-fen toelaaten: Dus verre ben ik met den Schryver van een gedagte; doch de andere wyze komt my mede waarfchynlyk voor, om dat ik 'er veele gezien heb, die door fmel-ting ongelykzydiger en ruuwer, ook van aardachtiger ftoffe my voorkwaamen, dewelke ik my verbeeld' op deze wyze te gefchieden: Namentlyk, dat het blixem-vuur, in een lucht zuiverder van aardiche ftoffen, de deeltjes in hout, fteen, of metallifche li-chaamen, in de aarde ontmoetende, doet fmelten, en om haar beftootenheit zoo tot ruuwer en ongeregelder klompen doet ftremmen. Welk gevoelen mede plaats kan hebben, fchoon de Schryver het zelve verwerpt; waarom wy gelooven, dat de geregelde figuu-ren in de open lucht, en de ongeregelde klompen in de aarde gevormt zyn. De Hr. Rum-phius geeft ons eenige afbeeldingen der geene, die hy heeft befchreven, doch n'et alle; wy zullen, om dat gebrek te vullen, gelyk wy in de voorgaande Hooftdeelen hebben gedaan, eenige van die wy bezitten vertoonen. De eerfte foort van den Schryver is af-gete-

Dd 2

getekent op de plaat L. by letter A. en de 2^b soort by letter B. Waar by wy 'er een voegen met N°. 1. verbeeldt, omtrent een vinger lang en dik, naar onderen toe wat dinner loopende, zynde graauw van koleur, hebbende in 't midden over langs heene een vooren of kerf, ter wederzyde gerimpelt en eenigzins geplooit. Zyn stof is heel hard, doch een der zelver doorstaande, bevond' ik die bros en glasachtig, en met straalen uit het middelpunt naar buiten schietende, als hier by N°. 2. afgebeeldt is. N°. 3. is een andere, doch klender soort, gloeiend bruin en doorschynend van koleur, doch veel vaster en harder als de voorgaande: Wy hebben een van dezelve dwars doorgeslaagen, en b. vonden, dat uit een wit middelpunt zyn straalen alle blinkende naar buiten liepen, gelyk te zien is by N°. 4. en wanneer ik een ander in de langte kloofde, bevond' ik dat dezelve mede uit het genoemde middelpunt naar buiten liepen, als te zien is by N°. 5. Waar uit wel ligt te besluiten is, dat zy door eene schielyke smelting en stremming geformeert zyn. Die afgetekent staat by N°. 6. is een van een andere gedaante, nameutlyk onder plat, topsgewys opgaande als een Zuikerbrood, doch dikker en stomper van gedaante, hebbende vyf ribben, ieder tusschen twee naaden of vooren heen loopende, beginnende van het toppunt af, en eindigende in 't midden van het onderste platte deel, zie hem verbeeldt by N°. 7. van deze is een andere soort, afgetekent by N°. 8. die een weinig platter is als de voorgaande, en tusschen zyn ribben als met een net, 't geen witter als de grond is, omvlogten: Hy heeft de koleur en hardigheit van een Vuursteen. Die by N°. 9. verbeelat, is noch een andere soort, wat platter en zoo geregelt niet als de voorgaande, en mede vuursteenachtig. Van deze heb ik noch meerder soorten, doch alzoo zy maar weinig verschillen, laaten wy het hier by blyven, en vertoonen noch een van die soorten, die wy gelooven door 't Blixem-vuur in de aarde gevormt te zyn, zie hem verbeeldt by N°. 10. Hy is ongelykzydig, bobbelig en geperst, waar door hy noch week zynde, op twee plaatzen is geborsten, en een van dezelve hier duidelyk te zien; Hy is mede Vuursteen hard, doch met een glanssige Kastanie bruine korst omtrokken: Wy zouden meer voorbeelden konnen geeven, doch alzoo op deze plaat ook moeten koomen de zoo genaamde Donderschopjes, zullen wy hier mede eindigen.

IX. HOOFTDEEL.

Ceraunia Metallica : *Donder-Schopje.*

De Donder-schopjes beschreven.

DAt steenen in de Wolken voortgebragt worden is mynes eragtens nu genoegzaam bekent, en by t' meeste zoo geleerd als gemeen volk aangenomen; maar dat metallische lichaamen in de Donder-wolken geteelt worden is mynes wetens in *Europa* noch weinig gehoort, en zal misschien ook beswaarlyk aangenomen worden, te meer als men hoort en ziet de wonderlyke gedaante van dit slag van Donder-steenen, dewelke zoo natuurlyk onze huislyke Instrumenten

De reden, waarom te gelooven is, dat dezelve in de lucht gehooren worden.

verbeelden. Ik bekenne, dat het my qualyk kon wysgemaakt worden, doe ze my eerstmaal getoont wierden, te meer als zommige van onze Werkbaasen aannaamen, zulke Dondersteenen na te maken, 't welk zy egter niet volbrachten, doch ik versekere den Leser, dat ik my hier in niet onachtzaam of ligtgelovig gedraage, maar alles eerst nauwkeurig en uit zoodaanige ooggetuigen, die my geloofswaardig toescheenen, ondervraagt hebbe: Ik zie ook geen swarigheid, waarom niet zoo wel metallische als aardachtige en steenachtige stoffe met de dampen uit de bergen in de wolken zoude konnen opgetrokken, en door 't Donder-vuur tot een steen gesmolten worden, als men overdenkt, dat de bloedige en veelverwige regen, die men zomtyds gezien heeft, geen andere

De swarigheid.

oorspronk kan hebben als van diergelyke aardachtige dampen: Maar hier in leide de grootste swarigheid, hoe dit slach van Donder-steenen, die ik van hun gedaante Donder-schopjes noeme, die wonderlyke gedaante van onze huislyke Instrumenten verkreegen; doch ik bekenne, dat ik my liever over de ondoorgrondelyke kragten der natuur verwondere, dan met een al te nauwkeurig ondersoek in d' een of d' ander dwaling

Door Natuurkundige reden opgelost.

vervallen wil; het naaste, daar ik my aanhoude, kan men haalen uit de *Philosophia secreta Veterum sive Magia naturali*, dewelke leert, dat alle menschelyke konsten,

weten-

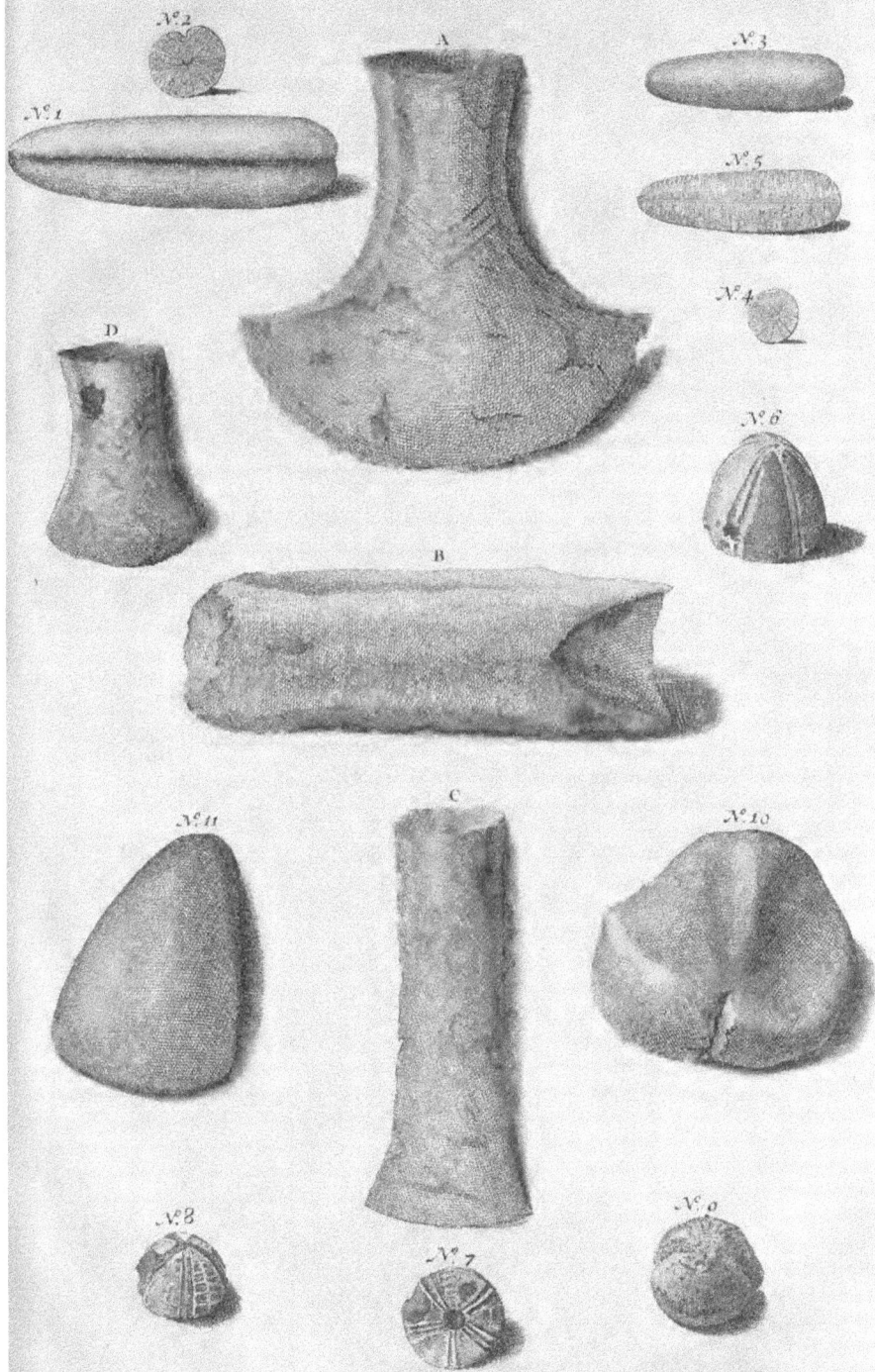

No 2

No 3

No 1

A

No 5

No 4

D

No 6

B

No 11

C

No 10

No 3

No 7

No 9

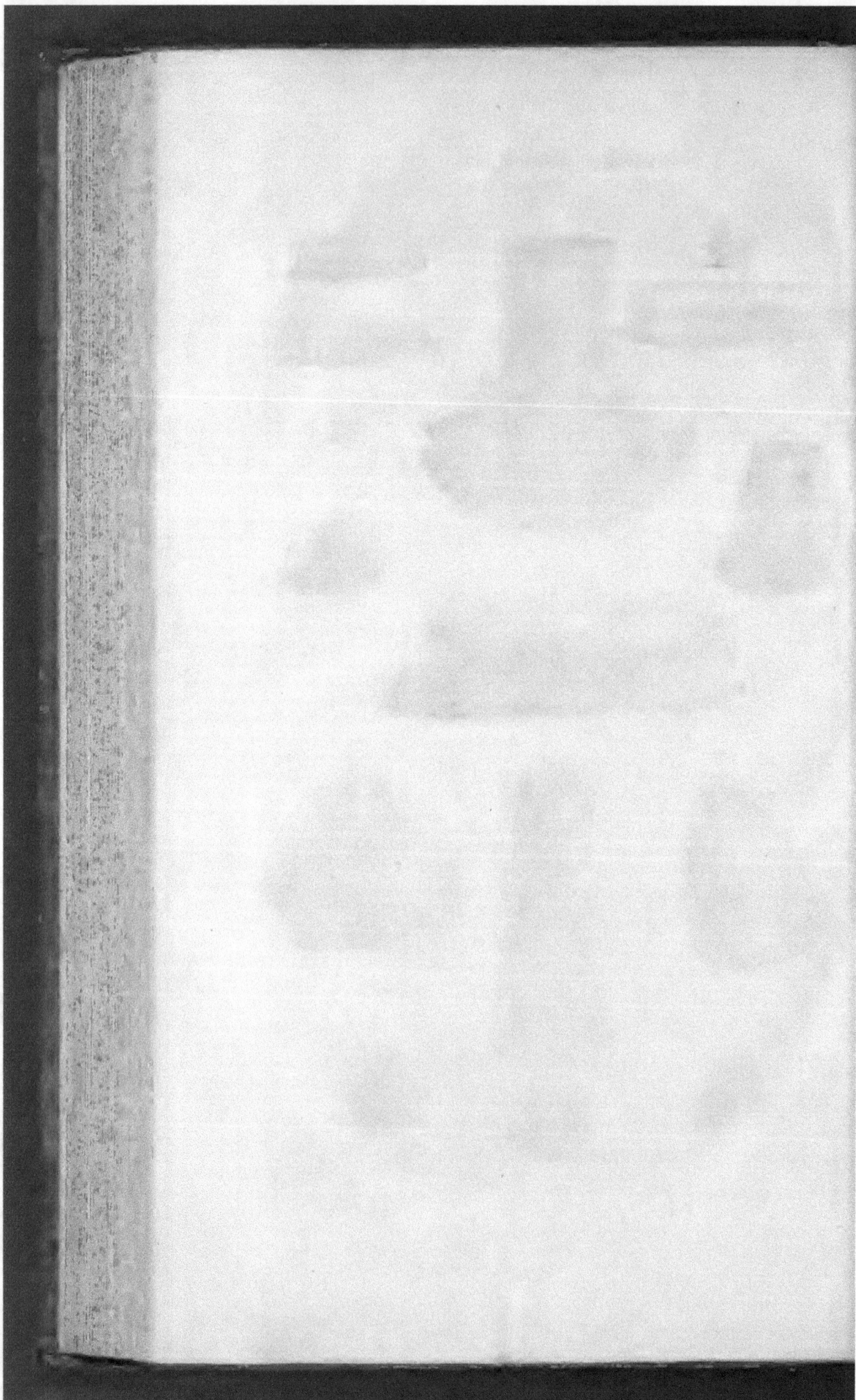

wetenschappen en daar toe behoorende werktuigen, die tot het tydlyke leven dienen, oorspronkelyk den Mensch invloeijen door 't gestarnte, na dat hy 't zelve gunstig of ongunstig heeft, waar uit men dan besluiten mag, dat dien Astralische smid, die den Menschen ingegeven heeft, hoe ze hamers, beitels, en dergelyke instrumenten tot het smeeden nodig zullen maken, ook in 't Donder-vuur, waar over hy 't gezach heeft, dergelyke instrumenten zonder Menschen handen maken kan, gelyk men ziet, dat veele planten de gedaante van eenig huisraad of oorlogs wapenen hebben; zoo *En voorbeelden bevestigt.* dat ieders gestarnte de dingen op aarden formeert naar de schets, dewelke haar Godt in de eerste Schepping toegeeigent heeft: Ik zal dan den Leser hier na malkander voorstellen eenige van zulke metallische Donder-steenen, dewelke my getoont zyn, en waar van ik gehoort heb, latende een ieder zyn oordeel vry, en 't nader onder-zoek bevolen. Myn is een Donder-schopje voorgekoomen, hebbende zeer net de ge- *Een vreemd Donder-schopje beschreven.* daante van een schopje uit den ronden vierkant, met een stuk van een steel daar aan, aan de scherpte was het 5 vingers breed, aan de zyden 3 vingers hoog, en de steel noch twee vingers lang, en binnen hol; in 't eerste aanzien was 't vuilswart als ver-roest koper, en stonk ook gelyk ander koper, dat men met vette of sweetige handen aantast, maar geschuurt zynde kreeg 't de koleur van gemeen rood koper, doch wat bleeker en naar 't geele trekkende, behoudende hier en daar eenige swarte plekken of kuiltjes, die men niet schoon konde krygen, en scheenen van andere substantie te zyn: Omtrent de snede was t' redelyk scherp, en harder als gemeen koper, ter weêr-zyden van den steel liepen 3 of 4 uitbuilende aderen naar de kanten van 't Schopje toe; aan de eene zyde zeer eenpaarig, als of ze van Menschen handen gemaakt waren; de steel was als gezegt is hol, doch de holligheid liep aan d' eene zyde wat krom in 't Schopje, de steel was ook niet rond, maar gedrukt aan weêrzyden met een stompe kant, en aan de bovenkant van 't huisje liep hy ook onordentlyk.

In 't jaar 1679 zond de Koning van *Tambocco* eenige gesanten naar *Ambon* om *Word door eenige gesanten mede gebragt, en aan den Schryver verkogt.* eenige gescheften te verrigten, dewelke dit Schopje mede bragten, en van dewelke ik het niet groot vleijen en goede betaaling gekregen hebbe; deze verzekerden op hun manne waarheid, dat dit Schopje gevonden was voor 3 jaaren omtrent *Tomadano* een Negory van *Celebes* Oost-kust, daar een groot Binnemeir en veel yser-hutten zyn, zoo dat schier de heele Negory uit ysersmeden bestaat; als nu in 't zelve 1676ste jaar op ze- *Verhaal hoe het zelve gevonden is.* kere nacht een swaar Donder-weêr voorgevallen was, en de *Badja* van dien plaats des morgens uitging om te zien, waar de Donder geslagen hadde, vond hy eenige boo-men in stukken geslagen, en daar by een kuil vol slykig water, 't welk men te voren nooit gezien hadde, daar in hy zoo lang met de voeten omwroete, tot dat hy die Schopje vond: Twee jaaren daar na hebben hem die van *Tambocco* 't zelve afgenoo-men, als zy hem den Oorlog aandeden, en dewyl ik met den *Badja* van *Tambocco* in goede kennis stont, en hem al eenige jaaren om diergelyke Dondersteenen moeilyk gevallen hadde, heeft hy zich bewegen laten 't zelve vóor my af te staan: Het genoem-de Donder-schopje nu hier aangebragt, en aan onze Werkbaasen getoont zynde, kon- *Waarom het voor een natuurlyke te houden zy.* den ze 't zelve anders niet aannemen dan voor een werk van Menschen handen ge-maakt, wordende meest daar toe beweegt door de vier voornoemde vooren of aderen, die zóo eenpaarig liepen, als ook door de holligheid des steels: Zy hebben 't ook na-der getoetst, en bevonden 't zelve van ongelyke substantie, te weten aan d' eene kant harder dan aan d' ander, in de kuiltjes zoo grof en swart als roestig yser: Zy onder-zochten ook de kanten van den steel, die niet gesoldeert was, doch bevonden daar geen teken derhalven, dat het moest gegoten zyn, 't welk ook niet mogelyk schynt, dewyl de holligheid zoo krom liep: De brengers of *Tamboccanen* *Redenen der In-dianen over 't ongeloof der Chris-tenen van 't zelve.* lachten ze wat uit, vraagende wat doch de Menschen in hun land bewegen zoude een zulk onbruikbaar werkstuk te smeeden of te gieten, 't welk noch tot graven noch tot vegten bequaam was, en dat noch in een land, daar men yser overvloedig heeft, en of ze niet zagen, wat moeite en arbeid het een Mensch kosten zoude een zulk on-

deu-

deugend en onordentlyk werkstuk te vervaerdigen, inzonderheit de voornoemde uitstekende aderen, die doch tot de volmaaktheid of mooijigheid van 't werktuig niet
met al doen, daar t' werktuig zelv zoo onordentlyk, vol kuilen en bogten was: Daarenboven was 'er by hun en hunne voorouders geen geheugenis, dat by hun dergelyke wanschiklyke werkstukken noch van koper noch van yser gemaakt waaren; om nu
te keuren van wat substantie dit Koperschopje was, dewyl ik dikwyls gehoort hadde,
dat het meeste metaal door den Donder afgeslagen, ongesmedig of brokkelig was, zoo
heb ik van de bovenkant des steels een smal riempje laten afzaagen en 't zelve smeeden,
't welk ons ten tweedemaal met byvoeginge van eenig *Borax* gelukte, wordende een
vierkantig staafje, 4 dwars vingers lang en een schaft dik. Ik liet ook een ander staafje van gemeen rood koper en van dezelve grootte maken; hier aan bevonden wy eerst
eenig onderscheid in de koleur, zynde t' Donder-koper bleeker en geelder dan 't gemeene, aan gewigt verschilden ze niet veel, behalven dat het Donder-koper omtrent
een stuiver zwaarder woeg, maar 't meeste onderscheid bestont in den klank, dewelke
in 't Donder-koper veel synder en helderder was, dan aan 't gemeene, den klank van
't gout nader komende, weshalven wy oordeelden, dat 'er gout moeste onder schuilen, gelyk het ook met *Spiritus Salis* bestreken zoo zwart niet uitsloeg als 't gemeene.

Proef van den Schryver genoomen, die het synder bevind, dan ander metaal.

Een myner knechten geboortig tot *Loebo* of *Toloebo*, een Landschap gelegen in de
groote Zuid-bocht van *Celebes*, verhaalde my, dat in 't zelve Land een rivier zy,
roodachtig water voerende, en afkomende van een gebergte, daar yser en koper valt;
langs dezen rivier zeide hy met zyn Oom gereist te hebben, en komende aan een
plaats, daar zy wisten, dat de Donder te voren geslagen had, vonden ze een schuinse
scheur of groeve in d' aarde, daar ze naar groeven, en een Donderschopje, ten naasten by met het voorgaande overeenkomende, zyn Oom liet het zelve smelten, zonder daar iets by te doen, en maakte 'er ringen van, die hy aan den voorsten vinger
droeg om gelukkig in den oorlog te zyn.

Verbaal van een Dondersteen, waar van ringen gemaakt wierden.

Een Amboinsch burger geboortig van *Makkassar* verhaalt, dat hy verscheiden Donderkylen in zyn Land gezien heeft van een metaalachtige substantie, van 't bovengenoemde Schopje merkelyk verschillende, te weeten, de substantie gelykt zomtyds
naar klokspys of zoodanig metaal, waar van men de gestukken giet, zommige van
yser, zommige van yser en koper gemengt: Zy hadden de gedaante niet van een Schopje,
maar van een wigge of kyl, evenwel boven in twee ooren gespleeten: Alles was brokkelig, en liet zich niet gieten, ten waare men ruim de helft gout daar onder deede.

Een ander verhaal van diergelyken metaaligen steen.

Hier tegen verhaalt zekeren Sinees Soon op *Makkassar* woonachtig, dat hy meer
zulke Donderschopjes gezien hadde van dezelve substantie en satzoen als t' myne; onder anderen hadde de Donder eens geslagen door een groote Waringe-boom, eertyds
voor het Konings-huis op *Bontuala* staande, daar men vermoede, dat de voorige Koningen hunne schatten begraven hadden: *Radja Palacca* liet op dien plaats zoeken,
na dat de boom omgekapt was, daar hy een deel van den schat vond nevens een zoodaanig Schopje, 't welk hy aan de Nederlandsche Præsident toonde, om hem te overtui-
gen, dat zoodaanige dingen met den Donder afgeslagen wierden: Gemelde *Radja*
wilde het laaten smelten om een bestag tot zyn kris daar van te maken, maar het wilde niet vlieten tot een klomp, hoe men het ook maakte: Hy had 'er noch verscheide
andere gezien, zommige rood, zommige geel van verscheide gedaanten, en dat meest
alle Donderkylen op *Makkassar* neêrvallende of metaalachtig of met metaal gemengt
waaren, gelyk hy ook op *Java* een zulk Schopje gezien hadde omtrent de stad *De-
mack* door den Donder afgeslagen: Gemelde *Radja Palacca*, zynde een stout krygs-
man, wiens dapperheid in den Javaanschen oorlog genoegzaam gebleeken is, draagt
(zoo men my berigt) geduurig aan zyn lyf een zulk Donder-schopje, wanneer hy in
den Oorlog is, en men weet niet, dat hy ooit gequetst is, hoewel hy in 't gezigt van
onze Duitsche Officiers veele stoute aanvallen op den Vyand gedaan heeft, op hun aan-
vallende half gekleedt, en slegts gewapent met een schildeken, zabel en toraan in
de

En door meerder voorvallen bevestigt.

Des zelvs verschil in gedaante, koleur en stoffe.

de hand : Dergelyks hoorde ik van de Tambokfche Gefanten in hunnen oorlog met die van *Boëton* gevoert , doch dewyl daar onder fchyn van eigen roem liep , heb ik 't zelve hier niet mogen aanhaalen.

Noch heb ik een klontje metaal gekregen omtrent een onçe zwaar , van buiten zwart , vuil en vol kuilen , binnen roodachtig als koper , zynde een gedeelte van een ftuk door den donder op *Totoli* afgeflagen , op *Celebes* Noord-Weft-hoek gelegen ; dit heb ik ook met *Borax* laaten fmelten , maar bevond het gansch ongefmeedig , hoewel het tot driemaal hergoten wierd , krygende van ieder hamerflag een borft , doch van 't zelve ftuk heb ik een gekartelde ring , die met byvoeginge van de helft gout gemaakt is. *Proef van den Schop-ver gemeenen in 't fmelten van een andere foort.*

Het boven befchreeve Schopje in 't jaar 1682. onder myne andere Rariteiten gezonden aan *Cofmus* de derde Groot Hartog van *Tofcanen.*

By de letter B. is de Donderfteen van *Bangay* , en is dezelve met die by letter B. in 't voorgaande Hooftdeel is aangetekent.

2. In 't voornoemde jaar 1679. heb ik bemachtigt het tweede Schopje van dezelve Tamboccaanfche Gefanten : Dit was wat kleinder dan 't eerfte , 't was van voren niet vierkant , maar rond met een fcherpe fnee , en zoo hard , dat men qualyk iets daar van fchrabben konde : Zyn fubftantie was noch bleekgeeler , ook met verfcheide plekken en kuiltjes , die zich niet glad lieten fchuuren , waar uit men bemerkte , dat het een gemengt metaal was , van de fteel liepen ook ter wederzyden twee kromme en verhevene aderen zikkels wyze naar de kanten toe ; de fteel was uit den ronden wat plat gedrukt met eenige aderen , en van binnen hol , en daar in ftak een ftuk hout , 't welk de verkopers my niet wiften te zeggen , hoe het daar in quam ; zy vermoeden egter dat iemand hunner Koningen een fteel daar in moeft gemaakt hebben om in de hand te draagen , 't welk ook waarfchynlyk was , want het ftukje uitgehaalt bevond men goed *Ciaten*-hout te zyn , met een mes gefneden en naar de holligheid gefchikt : De verkopers zeiden , dat de donder het door den kop van een Os in de aarde hadde geflagen , en woog omtrent 8 onçen , breed zynde ruim een hand , en half rond toelopende gelyk een halve maan : De fteel had ook twee tuiten of knoopen by ieder fcherpe kant. *No. 2. zie de plaat L. by letter C.* *Zyn gedaante en ftofomftandig befchreeven.*

3. Het derde Schopje heb ik gekregen in 't jaar 1683. mede van *Tambocco* , en gekogt voor 6 Ryxdaalders. Dit was grooter en zwaarder dan de beide voorfchreevene , anders van 't zelve fatzoen , voor rondachtig met dergelyke verhevene aderen van den fteel afkomende , en naar de kanten lopende : De fubftantie verfchilde wat van de voorgaande , want zy geleek beter naar klokfpys dan naar koper , en aan de kanten waaren eenige hoeken uitgeftoten , op de vlakte waaren zwartachtige plekken , en 't rook fterk als koper ; het is gevonden op *Bonfora* , 4. mylen bezuiden *Tambocco* gelegen , in een harde fteenachtige grond , door den donder vry diep ingeflagen : Dit Schopje is in 't zelve jaar gezonden onder andere Rariteiten aan den Heer *Chriftiaan Mentzelius* Cheurvorftelyke Raad en Lyf-Medicus tot *Berlin.* *No. 3. is een andere foort.* *Waar het zelve gevonden is.*

4. Dit was het kleinfte Schopje van allen , 2 vingers breed en 2 leeden lang , met een natuurlyk gat aan d'eene zyde van den fteel , die zeer plat gedrukt en hol was , met fcherpe kanten aan de zyden , hebbende aan ieder zyde maar een ader of ribbe : Het voorfte liep uit den ronden plat toe , redelyk fcherp , doch met een uitgeftoten hoek : De fubftantie was gemengt van koper , ('t welk zoo hoog toetfte als gout) en van yzervlekken. Het is door de Alphoerezen agter *Tambocco* gevonden , door den donder geflagen in den palmyt van een *Calappus*-boom , wiens geheelen kruin de blixem verzengt had : Drie eigenaars na malkander hadden het aan hun kriffen gedragen , waar door 't zoo glad en zmeerig was , dat het gevernift fcheen. *No. 4. zie de afbeelding op dezelve plaat by letter D.* *Hoe , en waar het gevonden is.*

Van het monftreufe ftuk koper of klokfpys , hebbende de gedaante van een wiel , door een onweér op *Baly* neêrgeworpen , zie boven in 't VII. Hooftdeel , handelende van 't metaal *Gans.* *Zie boven in 't VII. Hooftdeel.*

In 't voorgaande Hooftdeel is gefegt , dat alle deze Heidenfche en Moorfche Inlanders den donder de gedaante van een Stier of Paarde-kop toefchryven , en dat onder *De redenen der Inlanders ,*

ande-

En die des Schryvers herhaalt.

andere deze Donderschopjes zyne kiefen zyn, die met den steel of 't holle deel in 't kakebeen steeken, en die den donder uitspuuwt, als hy zeer vegramt is: Mer beter reden kan men giffen, dat by 't blixemvuur een sterke wind zy, die van agteren deze Schopjes voortdryft, en daar door deze holligheid maakt; ondertuffchen dat het omstaande blixemvuur die stoffe van buiten t' zaamen houdt, en de snee formeert, gelyk men aan zommige geschotene kogels ziet, die van agteren een kuiltje hebben, als ze in een zuivere aarde vaaren. Van 't gebruik is schier 't zelve te zeggen, 't geen wy boven van de Donderfteenen gezegt hebben, te weeten, dat zy ze aan 't lyf draagen, of ringen daar van maakende dezelve aan den voorsten vinger steeken, als zy ter oorlog gaan, inzonderheit als zy iets bestormen willen: Zy zyn zoo zeer verfot op deze dingen, dat men ze niet dan met vleijen en groot gelt, of anders door openbaaren oorlog van hun bekomen kan; inzonderheit is van dat goetje veel in onze handen gevallen by de heerlyke overwinninge, die wy in 't jaar 1667 op *Boeton* over 't groote Makkaffaarsche leger behaalt hebben: Want geen Natie zoo veel met oorlogs kunstjes omgaat, als die van *Makkaffar* en andere Inwoonders van *Celebes*, daarom het ook den gemeenen man ongeoorloft is deze dingen by hun te hebben of te verbergen, maar zy moeten ze aan hunne Overften of *Radjas* geeven, jaa zoo zy in een misdaad des doods vervallen waaren, zy zouden dikwyls hun leven behouden met het vereeren van een Donderfteen: Naar hun geloof maken ze den dragenden niet alleen stoutmoedig en *Cabbal* of onquetsbaar, maar ook de stukjes van een zulk Schopje in een krishegt verborgen, en den kris met een Donderfteen aangezet, doen het zelve door alle betoverde vaftigheid doordringen: Desgelyks onder 't gieten van kogels eenige stukjes van donder-koper onder 't lood gemengt doen dezelve door alle wapenen en vaftigheid doordringen. In de Medicynen gebruikenze deze Schopjes op dezelve manier, gelyk die Donderfteenen, leggende dezelve in 't water, eerft een weinig in 't zelve wryvende, waar van ze dan iemand te drinken geeven, en van buiten daar mede waffchen, die met een heete koortfe bevangen is om allen inwendigen brand te bluffen, doch dit water zoude my niet luften wegens den lelyken koperachtigen smaak, die het daar van krygt, en ik zoude in dat geval liever de Steenen gebruiken.

De Schopjes met de Donderfteenen over een gebragt. En 't waangeloof der Induaanen aangewezen.

Ook haar gebruik in de Medicynen.

Verhaal van Georgius Agricola.

Georgius Agricola Lib. 5. de ortu fubterran: refert hæc ex Avicenna: Avicenna verò inquit, in Perfia decidunt, cum cornfcat, corpora ænea & similia fagittis hamatis, quæ in fornacibus non liquefcunt, fed eorum humor in fumum refolvitur, terra autem refidua fit cinis. Decidit quoque prope Lurgeam ferri maffa quinquaginta librarum, quæ præ duritie frangi non quivit; cujus pars ad Regem Torali eft miffa, is verò ut enfes cuderentur juffit, fed illa nec frangi nec cudi potuit. Adhæc Lydiatus de fontibus Cap. 6. refert, in Hispania maffam lapideam venis metallicis infertam, è nubibus delapfam fuiffe.

Die het uit Avicenna heeft.

Welke woorden in 't Duitfch overgefet aldus luiden: *Georg. Agric. de ort. fubterr.* verhaalt het volgende uit *Avicenna*: In Perfien, als het blixemt, vallen kopere lichaamen af, gelyk gehaakte pylen, dewelke in geen fmeltoven willen fmelten, maar haare vogtigheid verdwynt in rook, en d' overfchietende aarde word tot afch. Zoo is mede by *Lurgea* een groot ftuk yzer afgevallen 50 pond zwaar, 't welk wegens de hardigheid niet heeft konnen gebroken worden; hier van een ftuk aan den Koning van *Torali* gezonden, zoo heeft hy belaft, dat men daar van houwers zoude maaken, doch men konde het wegens des zelfs hardigheid noch breeken noch fmeeden. Verder verhaalt *Lydiatus de Fontibus* in 't VI. Hoofdeel, dat in *Hispania* een steene klomp nedergevallen zy uit de wolken, dewelke met metallachtige aderen gevult was.

Ook Lydiatus de Fontibus.

Sterkwater op een *Ceraunia Metallica* geftreeken, en een eetmaal daar op geftaan hebbende vertoont zich aldus: Na 6 uuren word het een weinig groen over 't meefte lichaam; in het tweede eetmaal trok het naar 't fpaensgroen, doch daar onder liepen tweederlei plekken, zwarte en bruine: De zwarte vermoedt men van een aardachtige fubftantie, en de bruine van een yzerachtige te komen: In 't midden waaren noch eenige

ge plekken ongeverft, het welk zoude moeten gout zyn. Op den zelven tyd op gemeen koper geftreeken wierde het donkergroen, en aan d' eene zyde zwartachtig.

De Schryver geeft ons hier de Donder-Schopjes, *die ook* Donder-Beitels *genoemt worden,*
deze beftaat meeft uit metaalftoffen, waar van ik veele foorten hebbe gezien, van ge-
lyke koleur en gedaante, in 't Kabinet van den Hr. Capitein Krytsmar, *doch alzoo de-*
zelve meeft onder buitenlandfche Liefhebbers verftrooit zyn, heb ik 'er geene konnen be-
koomen, als die verbeeldt is op de plaat I., *by* N°. 11. *hy is gitzwart van koleur,*
blinkende, en heeft, naar ik uiterlyk beffeuren kan, geen metaal in zich: Hy is mede
van een Indiaan uit waangeloof om zyn hals gedraagen, die om hem te behouden zyn
leven verliet, ten welken einde daar boven een gaatje dwars is doorgeboort. De Hr.
Rumphius *geeft ons maar van de zyne twee afbeeldingen, waar van de eerfte is aangewe-*
zen op dezelve plaat by letter C. *en de andere by letter* D.

X. HOOFTDEEL.

Auripigmentum Indicum : *Maleitfch,* Atal.

O P *Java* vind men een foort *Auripigmentum pallidum,* 't welk onze Schilders *Opermont* en *Realgar* noemen, zynde geele fteenachtige klontertjes zonder goude glimmetjes, gelyk het regte *Auripigmentum* heeft, van fmaak niet t' zaamentrekkende, maar bykans ongefmaakt, of een weinig naar 't *Vi-triolum* trekkende : Men vind zomtyds roode ftukjes daar onder, 't welk de *Sanda-racha Græcorum* wil zyn : De Maleijers en Javaanen noemen 't *Atal,* de Sineezen *Tsjio uijn,* dat is, geele Steen.

Het Ja-vaanfche Auripig-mentum befchre-ven.

De Javaanen en Chineezen agten het voor geen vergift, want zy gebruiken het niet alleen in water of olye gewreeven om geel daar mede te verwen, maar geeven het ook zonder fchroom in 't lyf, doch in kleine quantiteit, waar in zy myns oordeels niet al te voorzigtig zyn : Immers men heeft gezien in 't jaar 1660. op *Batavia,* dat ze het een Vrouw ingegeeven hebben, die daar van gek wierd, tegens de muuren opklaute-rende als een kat, zynde miffchien de quantiteit te groot geweeft : Anders geeven zy het in kleine quantiteit onder het *Djoe djamboe* gemengt binnen lyfs om de drie maan-den eens, zeggende, dat zulks dient om de huid voor alle onzuiverheid te bewaaren, en een glad vel te maaken, waar naar de Vrouwtjes tragten : Men vind het in de Ja-vaanfche koopfteeden op de markt te koop, als mede op *Baly* en in *Sina.*

Word van hun voor geen ver-gift gehou-den, doch ontvaar bevonden.

Die van *Baly* gebruiken het ook om een flach van linnen, *Krinfing* genaamt, daar mede geel te verwen, zynde een foort van kleederen met gout-geel, rood en wit, &c. gefprenkelt, doch wanneer men dit gout-geel opgefmeert heeft, moet men 't linnen in den rook droogen, want daar van krygt deze verwe haar vaftigheid : De Sineefche fchilders gebruiken dit goet om gout-geel op het pampier te verwen.

Word tot verwen, en tot fchil-deren ge-bruikt.

XI. HOOFTDEEL.

Tsjerondsjung.

I N den *Vulcaan* of brandenden Berg tot *Banda* heeft men verfcheide fpelonken en overhangende klippen als kleine kelders of verwulffels, behalven den *Crater* of gefprongene mond aan de Weft-zyde van dien berg : In dezen *Crater* en verwulf-fels vind men verfcheide mengzel van fwavel en aluin, gelyk ik betrouwe in

De Tsje-rondsjung befchre-ven, zyn-de een mengzel

E e   alle

van zwa-
vel en
aluin.

alle fwavel-mynen gevonden te worden; onder andere een flach van *Alumen plumofum*:
Ik meen geenzins den *Amianthus*, dewelke hedendaags by de Apothekers t' onrechte
dien naam voert, maar een rechte aluinachtige fubftantie, wit als kalk, die wat aan-
gevogtigt is, van fmaak zuur, met een merkelyke t' zaamentrekkinge, gelyk het oprechte *Alumen plumofum* hebben moet. De Inlanders noemen het *Tsjerondsjong* of *Tsje-*

Waar van
verfcheide
foorten
zyn, en
hier ge-
noemt
worden.

rondsjung, en men heeft 'er tweederlei foorten van: De eerfte, witfte en befte heeft
men in de verwulffels aan 't bovenfte der zelver met ftompe kegels afhangende, gelyk men in *Europa* in de kelders ziet, die onder den blooten hemel ftaan, en daar
veel regenwater opvalt, en lange kegels ziet afhangen van een falpeterige fubftantie:
Dit *Tsjerondsjung* is egter zoo hard niet, maar bryfelig, zoo dat men de geheele kegels niet kan afbrengen: In 't eerft is 't zuiver wit als kalk, maar befterft metter tyd
grauwachtig, en word fchier nooit ter dege droog, in den mond fcherp zuur doordringende en wrang: Het flegter is mede wit als drooge kalk, 't welk men vind op
den grond van de voorfchreeve fpelonken, inzonderheit in den grooten *Crater* met menigte op den grond leggen, aan de randen van dat helfche gat, waar uit geduurig een
warme damp komt, en een onderaardfch gedruis gehoort word, dit is veel onzui-
verder dan 't voorgaande, met aarde en kleine kruimpjes van fwavel gemengt, weshalven het ook min of meer brandt, als daar vuur bykomt. Andere klompjes zyn wit,
droog, en ligt, hebben weinig zuurte, en branden niet, zoo dat ze een uitgebrande
fubftantie fchynen te zyn; derhalven het befte *Tsjerondsjung* moet men niet in den *Cra-*
ter, maar in de Spelonken, die aan de zyden des bergs zyn, zoeken, daar het door-
zyperende regenwater deze kegels formeert. Omtrent het jaar 1660. plagt dit een wel-
getrokken koopmanfchap op *Java* te zyn, zedert dat de Keifer van *Mataram* het uit *Ban-*
da ontboden had, geldende een pond van 't zuivere 3 Ryxsdaalders, van 't onzuivere
¾ van een Ryxsdaalder: Men heeft lang niet ervaaren konnen, waar toe het de Javaanen

Waar toe
het ge-
bruikt
word.

gebruikten; zommige wilden ons wys maaken, dat dit dienen zoude om de mannelyke
kragten in 't Venus fpel te vertraagen, of lang op te houden, doch dit ftreed tegen
de natuur dezes Mineraals, het welk meer vloeijend en afvaagend dan ftoppend
is: Naderhand hebben wy zeker ervaaren, dat het de Moorfche Vrouwen gebruikten
voor haar zelven, om haare natuur door des zelfs afvaagende kragt zuiver en droog te
maaken, om daar door aangenamer by haare Mannen te worden, een kunftje nodig
by zulke Natien, daar veele Vrouwen by eenen Man moeten houden, en ieder zoekt
haar de bevalligfte te maaken; het word in kleine quantiteit ingenoomen, te weeten,
in de grootte van een erwete, onder zoodanig *Djoedjamboe*, 't welk van t' zaamentrekkende zaaden en bloemen gemaakt word, en dan moeten ze het niet meer dan eens
ter week innemen; want men heeft ervaaren, wanneer het te veel gebruikt word,

Is zaa-
mentrek-
kende en
afvaagen-
de.

geduurige vloeijing veroorzaakt, dewyl de afvaagende kragt in dit Mineraal veel fterker is dan de t' zaamentrekkende. Namaals, als de Bandaneezen de flegte en drooge foort meer dan de befte begonden in *Java* te voeren, miffchien veroorzaakt door
onkunde zoo wel van den verkooper als kooper, is het weder in verachting gekomen, want onder de Bandaneezen zelfs weinige zyn, die het oprechte weeten te
zoeken, en van 't droge te onderfcheiden. Van *Nila* en *Damme*, daar ryke fwavel-
mynen zyn, is my 't zelve *Tsjerondsjong* toegebragt, wit en droog als kalk, zommige als meel, zommige als klompjes, een vuift groot, bykans zonder fmaak of met
weinig zuurte, ook niet brandende, ten ware dat daar geele klontjes onderliepen;

Ook fterk
branden-
de,

want daar veel geel onder is, 't zelve brand zoo krachtig en langzaam, dat een klontje van een boon groot aangefteeken, meer dan een ½ quartier uurs brande, maakende een gat door een dunne plank, daar op het geworpen word; zommige van onze
Natie kennen dit Mineraal ook niet ter dege, t' onrechte het zelve houdende voor *Ar-*
fenicum album, doch de meefte en onkundigfte voor falpeter, niet weetende, dat de

en beftaat
uit zwa-
vel en
aluin.

natuur in een fwavelachtigen of brandenden berg nooit fwavel en falpeter t' zaamen voegt,
waar door zulk een berg fpringen zoude als een Granaat, daar het zeker is, dat die

eeu-

eeuwige vuuren veroorzaakt worden door fwavel met aluin vermengt, dienende de
fwavel om te branden, en de aluin om tegen te houden.

XII. HOOFTDEEL.

Tana Bima,   Badaki Java.

Dit is mede een aluinachtige aarde, wat drooger en harder dan het voorgaan- *De Tana Bima &c. wat het is.*
de *Dsjerondsjong* doch mede brokkelig, gelykende ruuwen fwavel, te wee-
ten, bleekgeel met vuilwit gemengt, hoewel ze in geen fwavel-bergen gevonden word, ook op vuur gelegt geenzins brand, maar zift of kookt,
van fmaak zuur en t' zaamentrekkende gelyk gemeen aluin. Men noemd ze in 't Ma-
leitfch, *Tana Bima* en *Badaki Java*, op *Bima*, *Batungontfjo:* Men vind ze op 't *Waar gevonden, en hoe bewaart wordt.*
Eiland *Sombava* op den Berg *Sarri* gelegen tuffchen *Sape* en *Bima*, alwaar men ook
de befte vuurfteenen vind: Men bewaard ze in aarde potten, en hangt ze een tydlang
in den rook; want zy is moeilyk om te bewaaren, by regenweer of aan een vogtige plaats
ftraks fmeltende tot een dikken Siroop, doch men kan ze t' elkens wederom droogen.

Zy word meeft gebruikt om de tanden daar mede zwart te verwen, by de Malei- *Is om tanden en andere goederen zwart te verwen.*
jers en Javanen voor een welftand gehouden, men neemt een klontje zoo groot als een
erwete, knauwt 't zelve met *Siripinang*, zoo worden lippen en tanden daar van zwart,
doch aan de lippen gaat het ligt weder af, en het maakt de tanden met een vaft: De
Inlanders neemen het zoo nauw niet, of ze in 't knauwen t' fap daar van infwelgen;
zonder *Siripinang* in den mond gedaan verftfe geenzins zwart: Men doet ze ook by
't *Zappan*-hout of *Lolang*, als men met *Iudigo* zwart wil verwen, want het geeft een
hoogzwarte koleur, en maakt dezelve beftendig; zoo dat deze aarde nooit zwart verft,
als 'er geen rood by gemengt word: Om deze oorzaak maaken ze een koopmanfchap
uit deze aarde, wordende in de Steden van *Java* en *Bima* op de markt verkogt.

XIII. HOOFTDEEL.

Eenige foorten van Marga *en* Argilla :   Batu Pœan.

De Amboinfche Eilanden zyn ryk van alderlei foorten *Marga* en *Argilla*, doch *Waar de Marga, &c. vallen.*
zoo veel tot noch toe bekent is, geen zonderlyk medicynaal gebruik heb-
bende, waar van de voornaamfte zyn de volgende: *Zyn verfcheide foorten.*

De eerfte, een foort van *Terra Sigillata*, word maar in brokskens gevon- *De eerfte foort, komt over een met de Terra Sigillata.*
den, in de grootte van een walnoot, drooger en ligter dan de regte *Terra Sigillata*,
doch aan fmaak dezelve gelyk, aan de lippen kleevende, doch in den mond fmeltende als andere fyne aarde, van koleur lichtgrauw, zommige meer naar den geelen,
zommige naar den witten koleur trekkende; in hardigheid onder, malkander ook verfchillende, want zommige zyn zoo week als *Bolus*, zommige zoo hard als half gebakken leem, draagende een middel natuur tuffchen fteen en *Marga*.

Men noemt ze in 't Maleitfch, *Napal* en *Batu Pœang* of *Poang*; en, om dat men ze *Haar benaming in verfcheide taalen.*
niet *Siripinang* aan de bruilofts feftoenen bindt, *Pœan* genaamt, dewelke men by de
Maleijers en Sineezen op bruilofts tafelen tot een pronk zet: Amboinfch, *Hatu mi-*
na: In de Uliaffers, *Hatu meual*, dat is, Vette Steen, om dat hy in 't eeten fmeerig valt. Zommige willen het woord *Batu poan* niet van 't Maleitfch, maar van 't Amboinfch af brengen, dewyl het meeft alle Amboineezen noemen *Hatu pœan*, en *Hatu*

puanno,

puanno, afkomftig van *Puan* of *Appuan*, dat is, fmelten, bryfelen, dewyl het een fteen is, die in den mond ligt fmelt en verbryfelt word.

Waar die gevonden worden.   Men vind ze fchier in alle Amboinfche Eilanden, doch d' eene is wat beter dan de andere: Die op 't Eiland *Honimoa*, in 't gebergte van *Ithawacca*, *Ulat* en *Ouw* valt, word voor de befte gehouden, zynde lichtgrauw en den *Bolus* naaftkomende: Andere achten meerder die van *Waccafihu*, op groot *Amboina* gelegen, deze zyn harder en geelachtiger dan de voorige, vaft aan de lippen kleevende, dewelke men graaft *En welke de befte zyn.*   agter dezelve *Negory* uit een bakoven aan 't hangen van den berg: In 't riviertje *Waypya* in 't land van oud *Hative* vind men klontjes klein en groot, harder en witter dan de voorige, zoo dat men ze in 't byten afknappen moet, dewelke men ook onder de befte rekent: D' andere, dewelke men langs 't Hitoëfche land vind, als in oud *Eli*, *Senalo* en *Peliffa*, worden voor flechter gehouden, en zyn dikwylsmet zand gemengt: Men graaft deze aarden 2 of 3 voeten diep onder den gemeenen grond, beftaaude of uit gemeene zwarte, of roode, of grauwe berg-aarde; men moet zoodanige plaatfen kiefen, die aan een fteilte afhangende van een berg ftaan, daar men dan hoolen maakt als bakovens, daar men de zuivere *Batu poan* zonder vermenging met andere aarde kan uithaalen; maar in opene kuilen blyft het regenwater ftaan, 't welk den *Batu poan* onzuiver maakt.

Word tot fpys om uit de hand te eeten gebruikt.   Alle *Batu poan* is in 't dagelyks gebruik niet tot de medicyn, maar om uit de hand te eeten, de Inlanders vinden groote fmaak daar in, inzonderheit hunne vrouwen, die bevrugt en gewoonlyk met vreemde luften bevangen zyn: Men eet ze nooit zoo verfch, als ze uit den Berg of uit de Rivieren komt, maar men doet ze in een nieuwe onverglaafde pot, en hangt ze omtrent een maand in den rook, waar door ze een rookachtige fmaak (*Wangi* genaamt) bekomt, fchier als verfche ryft, by d' Inlanders aangenaam, en dan word ze op de markt verkocht: De Vrouwtjes weeten niet eigentlyk te zeggen, waarom zy ze zoo graag eeten, als dat zy daar fmaak in hebben, en malkander wys maaken, dat zy een bleeke koleur daar door krygen, en zoo op haar manier wilde wit fchynen, ik meen als 't ongebleekte linnen: De ervaaring leert wel, *Doch maaken een ongezonden mils en kortborftigheit.*   dat moeder en kind op haar manier daar door wit worden, maar die ze dagelyks en te veel eeten, krygen een bol vleefch en grooten milt, en ten laaften den koek of korten aafem, (*Tehatu*) met een vervuilde maag, waar uit *Cacochymia* ontfpringt: Daarentegen houd men ze gezond voor die een fcherpe buik en bloedloop hebben om de bezeerde darmen te zuiveren, te falven en fmeerig te maaken, dat de fcherpe dampen daar geen vat op hebben, en met eenen zachtjes te ftoppen.

De tweede foort.   *Marga Ihana* gelykt zeer wel naar nat gemaakte afch van koleur, zwaarder en vetter dan *Batu poan*, aardachtig van fmaak: Deze vind men over al in 't gebied van oud *Iha* of *Hatuana*, zoo dat het geheele land daar van fchynt genaamt te zyn, doch word meeft gevonden aan de kanten van des zelfs rivieren, inzonderheit by *Wayfalee*; als men 2 of 3 voeten diep door deze *Marga* graaft, zoo komt men op de regte *Batu poan*, dewelke men in koleur en fubftantie ligt daar van onderfcheiden kan. Van deze *Waar van een heele klip is.*   *Marga* vind men een geheele klip aan 't riviertje *Eijer Goeroe Goeroe Kitsjil*, daar 't zelve van boven neêrftort, en daar de boots van de fcheepen hun drinkwater haalen, gelegen aan de Noord-zyde van den Amboinfchen Inham, dit riviertje voert een fteenachtig zap in zyn water, het welk een fteene korft zet aan houten en takken, die daar in vallen, doch als men 't water wat ftaan laat, tot dat deze fubftantie op den bodem fakt, zoo is het goed te drinken: De Amboneezen noemen deze *Marga*, *Hatu fuhu*, dat is, *Batu lompor* of Slykfteen, om dat men hem in 't water wryvende terftont *En waar toe gebruikelyk.*   tot flyk kan maaken; in de Uliaffers, *Hatu kullul.* Deze *Marga* gebruikt men in de Uliaffers om formen van te fnyden, daar in men gefmolten tin, koper en loot kan gieten.

De derde foort.   *Terra Nuffalavienfis* komt nader met de *Terra Sigillata* overeen, zy is wit, een weinig naar 't gryfe trekkende, als of 'er wat lichtblauw onder liep, zeer vet als zeep, doch

doch niet kleevende aan den mond, en zoo brokkelig, dat met het minfte handelen
de klontjes van malkander vallen, niet te min is ieder ftukje aan zich zelfs vaft en fmeerig: De fmaak trekt merkelyk naar onze *Terra Sigillata*, en zy is zoo vet, dat ze haar
niet wel met het water laat mengen, gelyk een *Axungia*, of *Medulla Saxorum*. Men
graaft ze op *Nuffalaut* in 't hangen der bergen, en op de naafte heuvelen agter de dorpen *Sila* en *Titaway*. De verfch uitgegravene doet men in een *Baly* met water, roert
ze met een ftokje om, tot dat de geele en roode klei daar afgaat; want men graaft ze
onder zoodanigen grond 2 of 3 voeten diep, en dewyl de Inlanders ftordig daar mede
omgaan, ook t' elkens na 't uitgraven den kuil met die aarde weder ftoppen, zoo
komt ze by 't uitgraaven daar onder, daar anders d' ader of gang zuiver is: De uitgewaffene in potten gedaan, en in den rook gehangen, word van de Vrouwtjes van dat
Eiland gegeeten gelyk andere *Batu poan*, den buik min ftoppende, en miffchien met de
regte *Terra Sigillata* nader overeen komende, doch de Inlanders hebben de eerfte of
drooge foorte liever, om dat deze Nuffalautfche aarde zoo fmeerig is, en aan de tanden kleeft. In de voorfchreve heuvelen vind men noch een andere foort, witter, heeft
grootere klontjes, en is min brokkelig, die men voor een witte *Bolus* mag houden. Zy
word gerookt en gegeeten als de vorige.

Waar die gevonden, gegraven, en bereidt word.

Waar van meerder foorten zyn.

De *Batu poan* van 't Eiland *Oma* is vry flegter dan de Uliaffarfche, want daar loopt
veel geele klei onder, gemengt met zand en fteentjes, en riekt wat fwavelig.

Bolus ruber is tweederlei van koleur, donkerrood en lichtrood, men vind hem in
't gebergte van *Ulat* en *Ouw* met kleine kloutjes boven op den *Batu poan*, en ook daar
onder gemengt; hy word niet gegeten, maar van de Pottebakkers gefogt, dewelke
de zuiverfte klontertjes vergaderen, met water wryven, en op de nieuwe potten van
buiten fmeeren, eer zy die in 't vuur zetten om rood te worden. Zy noemen hem aldaar *Haca caul* en *Tianl*: Dezen *Bolus* vind men overvloedig op *Leytimor* aan den
rooden berg, daar dezelve fteil en afgevallen is: Des gelyks den rooden en witten *Bolus* by het Hitueefche dorp *Haufihol*.

De vierde foort.

Dient om aardtwerk daar mede rood te fchilderen.

Terra Aurifabrorum, in de Uliaffers *Umepyal* genaamt, is een vette zwaare *Marga*,
van veele klontertjes gemaakt, bleekgeel met een zilvere weerfchyn, brokkelig, aan
de lippen niet kleevende, en niet zonder vermenging van fyn zand: Men graaft ze
uit een vlakken grond, aan *Pya* en *Kullur*, plaatfen aan de Noord-zyde van *Uliaffar*
by den hoek *Umepoeti*. De Goudfmeden van *Iha* gebruiken deze aarde om formen en
fmeltkroefen daar van te maaken, daar onder mengende geftotene Javaanfche Gorgeletten: Zy gebruiken ze ook om de holligheden in 't gemaakte goutwerk daar mede
op te vullen, als zynde hoefden van de goude flangen en de krifhegten, 't welk andere Goudfmeden met *Ambalo*, dat is, *Gummi lacka* doen; dergelyke aarde vind men
ook by den hoek van *Nuffanive* in de Portugeefche Baay, daar de Landweg overgaat,
en by regenweer den weg zoo kleeverig maakt, dat men met moeite de voeten daar
uit haalen moet.

De vyfde foort, wat de Terra Aurifabrorum is.

En waar toe die gebruikt word.

Ochra, bruine en geele, word gegraaven op 't Hitoeefche land, op een berg, daar
de oude *Negory Peliffa* geftaan heeft, op den plaats *Amahutetto*, 2 en 3 voeten diep
onder den grond; de bruine gelykt naar donker *Lacca*, doch verbleekt leelyk, wordende blauwpaers van buiten: Zy loopt met het geele door malkander gemengt, 'zoo
dat men zelden groote klonters van een koleur vind; daar omtrent heeft men ook roode, zwarte en witte aarde meer naar den *Bolus* dan *Oker* trekkende; ook treffen de
gravers zomtyds een bloedrooden zap aan, zynde buiten twyffel een gefmolten *Bolus*,
welk deze waangeloovige voor een quaad voorteken aan de gravers houden: De bruine
en geele word gerookt en gegeeten als andere *Batu poan*. In 't gemelde dorp was eertyds een gehugt *Liffaloho*, wiens beurt 't was hun Stadshuis te ftichten, daar ze in 't
graaven de twee voornoemde *Okers* vonden, en van haar naam bygenaamt Aarde van
Liffaloho: In 't zelve gebergte lagen ook de dorpen *Senalo* en *Eli*, daar men ook *Batu
poan* uitgraaft, te weeten, tot *Senalo* by den oorfprong des riviers *Waccahuli*, een

De fefde foort, Ochra waar die gevonde word.

Haar gebruik tot fpys.

witte,

witte, fyne en dichte aarde; maar die van *Eli* is grauwachtig met plekken als yzer
roeft en fyn zand ondergemengt, derhalven ondeugend. By *Mamalo* in 't gebergte van

En tot verwen.

Haufſhol vind men roode en witte *Bolus*, fyn, en in groote klontjes, waar van de
roode tot olyverwe dienſtig is; gelyk ook de Leytimorfche uit den rooden berg.

De zevende ſoort, Argilla.

Argilla is een witte, vette en zeer kleiachtige aarde, dewelke gevonden word by
den oorſprong van de rivier *Way yla*, die by *Hoekonalo* in zee loopt. De plaats hiet
Pannat, omtrent een uur gaans na 't Ooſt-Zuid-Ooſten van 't voorſchreve *Peliſſa*,
een laage vlakke plaats, daar men deze *Argilla* vind, zynde ſchier nooit droog, weshalven men ook niet daar door gaan kan wegens de taaije kley. Zy dient tot het eeten

Is tot eenig gebruik onbequaam.

niet, als ook niet om vaten daar van te maken, dewyl ze te veel vermengt is met kleine grauwe ſteentjes: Men noemt ze *Pannat* naar de plaats, daar ze gevonden word.

Wanneer het langen tyd geregent heeft, zoo ſpoelen in dit kley-plein eenige vuurſteenen bloot, zynde van dat ſlach, de welke men *Androdamantas* noemt, zwaar en

Zie de plaat LI. by No. 1. en 2.

hard van ſubſtantie, van koleur als geel koper. De klontjes zyn in de grootte van een
dobbelſteen, kleinder en grooter, zommige vierkant, zommige irregulier hoekig, als

Is maar een ſchyn-metaal.

of 'er een *Pentagoon* of vyf zydig Lichaam in een *Cubus* verborgen lag, en hier en daar
met de hoeken uitſtak; aan haar zwaarte en koleur zoude men giſſen, dat 'er eenig
metaal inſtak, maar men kan ze niet ſmelten, gelyk hier onder breeder zal gezegt worden: Egter wiſt my een Moor te zeggen, dat hy op *Timors* Zuid-zyde gezien hadde
het Amoeraſſiſche gout met kleine klontjes uit dergelyke witte kley trekken Zoodaanige witte *Argilla* vind men ook aan den voet van den rooden berg, na *Hative kitsjil*
toe, op ſtrand, doch die is brak en met veel zand gemengt, grauwachtig en droogt
niet wel, buiten twyffel witter en drooger te vinden, als men wat dieper in den berg
groeve: Het is een rechte *Terra Cimolia* of volder aarde, dies de Inlanders dezelve ook
gebruiken by gebrek van zeep, om hunne klederen daar mede te waſſchen.

De achtſte ſoort.

Marga van *Nuſſanive* word, omtrent den uiterſten Weſt-hoek van *Leytimor*, *Wey-
hoeki* genaamt, met groote ſtukken gegraaven, gelykende wel een *Marga*, doch is veel
drooger en harder, muisverwig met een geele weêrſchyn, zoo dicht als een lever, en
knappende als men daar iets afbyt: Zy word mede voor een goede *Batu poan* gehouden, en behoeft over de drie dagen niet gerookt te worden, dat dan noch niet hard
genoeg is, houd men voor geen *Batu poan*, maar voor een *Marga*, dewelke men op

Waar die gevonden word.

Leytimor, *Hatupatta*, dat is, brokkeligen Steen noemt: Dergelyke klontertjes, roode, geele en grauwe vind men overal in de rivieren van *Leytimor*, inzonderheit in de
Waytommo en Olyphant, die men rookt en voor *Batu poan* eet, hoewel ze vry wat
hard vallen in 't byten; uit deze kleiachtige klontjes worden metter tyd redelyk harde
ſteenen, van buiten met knobbelen en kuilen bezet, doch van andere daar aan te onderſcheiden, dat ze in 't aantaſten glad zyn als zeep, zich ligt laten ſlypen, en met een
mes ſnyden, van binnen veelderlei plekken, aderen en wolkjes vertoonende; waar
van zie hier na in 't Hoofdeel van 't Amboinſche *Marmor*.

De negende ſoort, Verf-aarde van Bangay.

Op het Ooſtelyke deel van *Bangay* of *Gapi* genaamt *Bulu* legt de *Negry Labo*, en
daar by een rivier, in de welke men klontertjes en ſteentjes vind, zynde een goede
Verf-aarde, daar men rood, geel en wit mede verwen kan.

De tiende ſoort, Ampo.

Ampo is een roodachtige aarde op *Java*, waar van men op *Cheribon* de gorgeletten
maakt, bleekrood als een halfgebakken ſteen; de ſtukken hier van, of byzondere koek-

Word ze de gegeten.

jes van die aarde tot dien einde half gebakken, worden op de markten verkogt, en
van de Vrouwtjes uit de hand gegeten, gelyk de *Batu poan* op Ambon.

De Heer Rumphius *heeft in dit Hoofdeel eenige aardſche ſtoffen beſchreven, waar in
zyn Eed. onder andere ook van ſteenen in dezelve groeijende gewag maakt; en alzoo de
afbeeldinge ontbreekt, en wy veele ſoorten van dezelve bezitten, zoo konnen wy niet
nalaaten eenige hier toe behoorende daar by te voegen. Op de plaat LI. by No. 1. is een
afgetekent, hebbende de gedaante van een volmaakte vierkante dobbelſteen, dewelke veel
vallen in Zwitſerland by de Rivier-baaden, en ook, doch kleinder, in de Leibergen gevonden worden. Die by No. 2. verbeeldt, is de Vyfkantige, mede van hem beſchreven:*
waar

waar by wy voegen een heel ongemeene, aangeweezen by N°. 3. wat ongelykzydiger, zittende dezelve op een rotsje vaſt. Zie hier by N°. 4. een heel andere ſoort: zyude alle als breede pypunten, die verwart door malkander noch in haar Argilla, of moeder aarts zitten.

XIV. HOOFTDEEL.

Eenige Steenen tot verwen bequaam.

1. **C** *Omalo* is een Steen, tot verwen bequaam.
2. **C** *Antsjor* is een groene Steen; ook tot verwen dienſtig; zy komen beide van *Suratte.*
3. **C** *Suligi* is een witte Steen, komt van *Atching*, met andere ſpezeryen gewreeven en ingenomen, is goed voor het ſteeken in de beenen.

XV. HOOFTDEEL.

Hinghong : *Sineeſch Mineraal.*

H inghong is een rood grauwachtig Mineraal of Steen, welk men in *Sina* vind op zoodanige plaatſen, daar de Pauw drie jaaren na malkander zyn neſt gemaakt heeft, omtrent een ſpan onder 't zand of aarde ſtekende, en openbaart zich door zekere ſcheuren, die men aldaar in den grond ziet: Het is tweederlei van ſubſtantie, het eene als yſerroeſt, en 't ander wat rooder. *'t Hinghong, waar 't gevonden, en,*

De Sineezen noemen het *Hinghong*, maar in *Siam* hiet het *Jaklak*, dat is, Medicyn tegens het Coerap: De Pauwen leggen het by haare Eijers om van de ſlangen bevrydt te zyn; met ſlappen *Arac* gewreeven, en zoo veel gedronken als men kan, geneeſt de beeten van alle fenynige ſlangen, ook van die in zee woonen, en daar men van opſwelt; geſtoten en vermengt met *Sajor Cancong* en opgelegt, geneeſt de zugtige beenen. De liehte of roodachtige ſtukjes daar van met water gewreeven verwen Oranje koleur, en d' andere bruine zyn als ſnuiftabak. *Jaklak, waar toe dit gebruikt word.*

XVI. HOOFTDEEL.

Zwart Zand.

H Et zwart Zand word gevonden in *Amboina* voor de Negory *Hitulamma*, niet 't geheele jaar door, maar wanneer de Noorde- of Noord-Weſte wind ſterk doorwaait, dan word het uit de zee op ſtrand geworpen; dewyl nu dit Zand in menigte op *Java* valt, inzonderheit op de ſtrand omtrent *Griſec*, zoo willen die van *Hitulamma*, onder dewelke hun *Radja* en de ſtam *Tanahitunneſſing* van Javaanſche afkomſt zyn, dat men gelooven zoude, dat dit zwart Zand aan den kiel van hun Jonk gezeeten hebbe, waar mede hun voorouders van *Java* afgevaaren, en op deze plaats aangelandt zyn, en hebben zich namaals aldus vermenigvuldigt; daarom het ook anders niet te voorſchyn komt, dan als de Weſte wind doorwaait, wan- *'t Zwart Zand, waar en wanneer 't gevonden word.* *Vreemd gevoelen der Javaanen, van waar het komt*

neet

neer de vreemde handelaars daar aankomen: In meerder overvloet vind men het op *Bat-*
schian, en op *Halemahera*, de West-zyde van 't groot Eiland *Gelolo*: Na de groote
aardbeving in 't jaar 1674. dit Landschap overgekomen, heeft het zich ook geopenbaart
by den rooden berg ten Oosten van het Kasteel *Victoria*, doch komt niet 's jaarlyks voor
den dag. Ik heb bevonden, dat het Amboinsche Zand grooter is dan t' Moluksche, en wel
een vierde deel zwaarder; desgelyks dat het zwarte Amboinsche Zand, met het fyne witte
vergeleken, mede veel zwaarder is: In 't jaar 1678. heeft de Heer *Robbertus Padbrugge*
doenmaals Gouverneur van *Ternaten* ondervonden, dat de zeilsteen het zwarte Zand van
Gelolo zoo wel aantrekt, en tot haairtjes formeert, als het vylsel van staal, waar uit

men oordeelt, dat het yser-ryk moet zyn: Het Amboinsche word van den zeilsteen ook
aangetrokken, doch veel slapper dan het Ternataansche. Zoo heb ik ook aangemerkt,
dat het vylsel van yser of staal, door den zeilsteen aangetrokken, als men 't aan een kaers

houd, terstond t' zaamen smelt, en zich tot korte draadjes formeert; anders heeft het
zwarte Zand geen gebruik, als by de Schryvers op 't versche schrift te strooijen, daarom onze Secretaryen en Comptoiren zich 's jaarlyks van *Hitulamna* voorzien; doch men
moet het eerst in versch water opkoken, en in de zon droogen, eer men het gebruikt.

Van dit zwart yserachtig Zand, is my door den Sardammer, bereisden Heer Calf, *nauw-*
keurig versamelaar van uitmuntende zoo natuurlyke als konstige zaaken, een doosje vol
ter hand gestelt, door zyn Eed. mede gebragt van Puretta, *gelegen over* Genua, *heb-*
bende dezelve eigenschap als in dezen gemelt is, namentlyk, dat het door de Magneet
word aangetrokken, gelyk 't vylsel van staal en yser: Het heeft volkomen de gedaante van
zand, en 't is korlig, hard en glinsterig, doch pikzwart van koleur.

XVII. HOOFTDEEL.

Cinis Sampaensis : *Abu Muz.*

IN 't Landschap *Tsjamsiaa*, by d' onze *Tsjampaa* genaamt, legt de Stad *Colong*,
agter welke omtrent ½ dag reizens landwaarts in een plaats is, in de grootte van
't Kasteels binnenste plein hier op *Amboina*, aldaar welt in 't heetste van den So-
mer een troebelwater als slyk op, 't gelykt als of 't kookte, of als een pap borrelt:
Dit water, zoo draa het de heete Son beschynt, droogt in, en verandert in asch,
witachtig, een weinig naar den geelen trekkende, of vuilwit: De plaats is omringt
met een muur, en word bewaart door een Officier met 50 Soldaten, op dat niemand

van deze asch wegdraage; want men moet ze den Koning des Lands brengen, die

alleen daar mede handelt, zynde een koopmanschap door geheel Indien getrokken, en
geldt den Picol in *Tsjampaa* 10 tail zilvers, dat is, 32⅓ Ryksdaalders: Buiten dien
muur een stukweegs rondom valt deze asch ook, maar die is vuil met zand en aarde vermengt, daar van mag een ieder nemen.

Wat beter is die digt aan den muur valt, waar van men ook niet neemen derf, als
met toestemminge van den pagter, maar de binnenste asch, inzonderheit die in 't midden van 't beslotene plein opwelt, is de witste en fynste, zonder eenig zand, in klonters als een vuist groot, dewelke egter zeer ligt van malkander vallen, als men ze wryft;
aan zwaartte is ze andere asch gelyk: Op andere tyden des jaars welt ze niet op, als
dan ook de plein onbewaart staat.

Die van *Tsjampaa* noemen ze *Catloe*. De Sineezen *Tsjamsia soa*, dat is, Tsjampaa-
sche Asch. Maleitsch, *Abu mué*, dat is, opswellende Asch, gelyk de goede ryst in 't
koken doet; zommige noemen ze ook *Abu maleijo*.

Haar gebruik is meest tot alle dingen, daar men zeep toe gebruikt, als om kleederen en lynwaat te wasschen; ook om de handen wit te maaken: In de loog kookt men
de lang-

de langwerpige ryſt, *Bras boeloe* genaamt, die daar van een aangenaame geur krygt, daar van men allerhande koekjes maakt: Inzonderheit word ze veel gebruikt tot het maaken van *Caſomba*-verwe, in plaats van aſch, die men anders van gebrande *Durioens*-ſchillen en *Calappus*-ſchuitjes maakt, en men kan met een lepel vol van deze aſch meer uitrichten, dan met een groote hand vol andere aſch; ook word de verwe veel klaarder daar van; egter zommige zeggen, dat het lynwaat dikwyls daar in gewaſſchen, en als men de loog te ſterk maakt, ligt verbrandt en verſlyt.

Ook om te verwen.

XVIII. HOOFTDEEL.

Verſcheide Vuurſteenen. Batu Api.

IN de Amboinſche Eilanden worden op verſcheide plaatſen goede Vuurſteenen gevonden, niet alleen tot het vuurſlaan dienſtig, maar ook bequaam om Snaphaanſteenen daar van te maaken: Zy zyn driederlei van koleur; zwart of hoornverwig, dewelke de beſte zyn; daar na de vaale of leververwige; maar de bruine of roodachtige zyn de ſlegſte: De beſte zyn ook niet grooter dan een vuiſt; want de groote ſtukken zyn van gemengde ſubſtantie en brokkelig, van buiten kalkachtig, grauw en ruig, gelyk andere keiſteenen, doch zwaarder, zy zyn ook hoekig, glad en blinkende. De beſte vallen op 't Varkens Eiland, aan deszelfs Zuidzyde, in 't bochtje *Sonahola* is een droog riviertje langs een heuvel, daar men ze onder andere keiſteenen vind: Op ſtrand ſtaan wel verſcheide klippen van vuurſteen, doch zyn vol ſcheuren en brokkelig. Op Kerams Noordkuſt heeft men ze ook op *Caloway*, aan deszelfs Zuidzyde omtrent *Goeli Goeli* van de rivier *Wattalomi* tot *Affan* en *Dawan* toe, daar men fyne en maſſieve ſtukken van een kop groot in zee vind: Desgelyks op den Noord-Weſtenhoek van *Boero*, te weeten, *Balatetto*, en aan de Zuidzyde by *Karike*: Op Makkaſſar heeft men ze ook, en zoo ik verſtaa geheele klippen daar van, daar onder zommige zoo ſchoon en fyn zyn, dat men ze voor Achaat zoude aanzien, en zeker de Achaat en Vuurſteen hebben zoo groote overeenkomſte met malkander, dat het geloofſyk is, dat het buitenſte of groffſte van Achaat niet dan Vuurſteen zy, gelyk veele edele geſteenten een groove moeder om zich hebben, in de *Gemmariis*, *Matrix Gemmarum* genaamt: Immers my zyn van *Suratte* eenige ſtukjes ruuw Achaat toegezonden, waar van men de meeſte voor Vuurſteen zoude houden. Dit onderſcheid is alleenlyk daar onder, dat de Vuurſteenen meer of min toetſen, als men gout daar op ſtrykt, maar de Achaat geenzins, dewelke ook veele breede aderen of banden heeft, en half doorſchynend is, maar de Vuurſteen niet: De beſte onder d' Ooſt-Indiſche, die ik tot noch toe gezien hebbe, worden van *Bima* gebragt, uit het gebergte van *Sarri*; waar van zie boven in 't Hooftdeel van *Tana Bima*. Zy zyn van driederlei koleur, rood, hoornverwig, en wit, die men voor Achaat zoude aanzien, zoo zy aderen hadden: Zy laten zich zoo wel klieven als de vaderlandſche, en geeven veel vuur op den minſten ſlag tegen malkander of tegen ſtaal: Zy zyn ook zoo glad, inzonderheit de witte ſoorte, dat men daar op niet toetſen kan; het is bekend, dat men in Europa van den Italiaanſchen Achaat ook Snaphaanſteenen maakt, die men op piſtolen zet, dewelke weinig, doch rood en doordringend vuur geeven. Onze Amboinſche Vuurſteenen hebben die fauten, dat ze zoo wel niet klieven of ſchilfferen als de Europiſche, of de faute moeſt by onze onkunde zyn om dezelve te handelen. De Makkaſſaren leeren ons, dat men de geheele klompen eerſt een dag in water moet kooken, zoo zullen ze te beter klieven, 't welk geſchied met een klein hamerrje, als men den ſteen op de vlakke hand of een hard kuſſen legt, en aan de hoeken daar op ſlaat, dat de

De Vuurſteenen beſchreven. Welke de beſte zyn.

En waar die gevonden worden.

Zyn den Achaat zeer gelyk.

En waar in zy van dezelve verſchillen.

Hun koedanigheid.

En hoe men die moet klieven.

ſlag

flag wat fchuins daar op komt, 't welk een zekere handeling is: Zy geeven wel veel vuur, maar fpringen ligter, en worden eerder ftomp dan de Europifche, men kan zich egter daar mede behelpen.

Zie hier
van een
afbeelding
op de
plaat LI.
by No. 5.

In 't midden van eenen roodachtigen Vuurfteen, afkomftig van de Zuidzyde van *Boero*, hebben myne Jongens gevonden eenen anderen witten keifteen, in de grootte en gedaante van een duive-ei, doch langwerpiger en vuilwit, gelyk men ook zomtyds in de Europifche vind, dezen zoude ik houden voor den *Enorchis* by *Plin. Lib. 37. Cap. 10.* Waar van zie ook het *Gemmarium Boëtii lib. 2. Cap. 202.* Op andere plaatfen van *Bima* vallen ook goede Vuurfteenen, doch die zyn zoo goed niet, en worden metter tyd dood, dat is, geeven zoo veel vuur niet meer.

Een dergelyk Steentje als een duiven-ei word op de plaat LI. aangewezen by N°. 5. 't geen wy bezitten is zuiver wit, eenigzins doorfchynend en hard, en heeft aan zyn fchootig einde een kleine ronde uitwaffinge als een paereltje; 't is rondom in de kneep gerimpelt, als of 't een afgebonden wrat was.

XIX. HOOFTDEEL.

Androdamas, Maas Urong.

De Maas
Urong be-
fchreven.

Zyn me-
talige
Vuurftee-
nen, en van
zeldzaame
gedaan-
tens.

Zie de
plaat LI.
N°. 1. 2.
3. en 4.

MAAS *Urong* is een fchoone en raare *Pyrites* of Vuurfteen, zeer zwaar, hard en maffief, het geele koper zoo gelyk, dat men 't voor klontjes daar van zoude aanzien, doch niet wel op den fteen toetfende, maar met een ftaal geflagen vuur geevende als een andere vuurfteen: Men vindt het in groote en kleine ftukjes, alle zeer hoekig en onordentlyk, nogtans zoodaanig, dat alle de hoeken een zekere ordre hebben, want de meefte zyn wel rondachtig, maar daar fteeken hoeken uit, by de *Geometra*, *anguli folidi*, dat is, vafte hoeken genaamt, beftaande uit 3 vlakke zyden t' zaamen in een hoek gevoegt, en naar 't uitwyzen der hoeken fchynen ze deelen te zyn van een lichaam, by de Konftenaars *Dodeca-etron* genaamt, 't welk gemaakt is van 12 vlakten, en ieder vlakte heeft 5 ftreepen als een *pentagonus*, of vyfhoek: Men zoude zeggen, dat veele zulke *Dodeca-etra* in een *Corpus* of lichaam fteeken, maar als men den fteen in ftukken flaat, zoo bevind men hem van binnen maffief, en geenzins van deelen gemaakt, 't welk men ook aan de Kryftallen gewaar word, die altyd van buiten zoo ordentlyk als onordentlyk fefkantig, en evenwel van binnen maffief zyn: Andere ftukken zyn vierkantig als een dobbelfteen; andere ganfch onordentlyk, en hoekig, zoo nogtans, dat hier en daar een *Dodeca-etron* uitfteekt. Ik noeme dezen fteen *Androdamas* van *Plinius*, en *Pyrites folidus*, in 't Maleitfch *Maas Urong*. De grootfte en fchoonfte ftukken vind men op *Java* omtrent de Stad *Mataram*; Ook op *Celebes*, *Borneo* en *Succadana*, dewelke gefleepen een hand breed zyn en blinken als een metale fpiegel: In *Amboina* en op *Keram* vind men maar kleine klontjes in de grootte van een erwete of piftoolkogel, dewelke de voorfchrevene *Dodeca-etra* beft vertoonen: Zy groeijen in harde en rofte kei-

fteenen, die men aan de kanten van zommige rivieren vind, namentlyk op *Hila*, *La-rique* en oud *Hative*, in de rivier *Waspia*, dewelke, als boven gezegt is, ook rykelyk uitlevert de befte *Batu poan*. De rofte keifteenen moet men in ftukken flaan, dan vind

men deze klontjes daar in zoo vaft gegroeit, dat men ze daar uit kappen moet; doch onder 10 fteenen vind men pas een, die ze heeft: Het zyn ook altyd geen maffieve klontjes, maar dikwyls zeer kleine ftukjes als grof zand, en korreltjes van geel koper, door het geheele lichaam des fteens verftrooit. In de Europifche marmerfteenen, inzonderheit in de zwarte of blauwe vind men dergelyke *Pyrites* in redelyk groote ftukken,

ken, dewelke de steenhouwers Quasten, in 't Latyn, *Centrum marmoris* noemen, en die zy in 't bewerken niet gaarn daar in zien; want zoo zy dien uitkappen, 't welk geschieden moet, als ze daar in vast steekt, zoo blyft een kuiltje in den steen, waar door dikwyls een geheele tafel geschendt word; maar wanneer zoodaanige *Pyrites* aan een hoek des steens staan, die worden al willens daar uit gekapt, geslepen en op vuurroers gezet, dewelke men Italiaansche vuursteenen noemt: De andere stukken, die op een vlakte van een marmersteene tafel voorkomen en vast zitten, moeten door de werklieden met gedult essen gekapt, en met 't overige van de tafel gepolyst worden, 't welk een Rariteit en welstand daar aan geeft. *Zyn in de steenen, als quasten in 't bont.*

Op de kust van Finland, in dat deel van de Oost-zee, 't welk men den Finschen bodem noemt, staan veele yselyke rotsen in zee, de Finsche Scheeren genaamt, waar uit men blauwen marmer of arduinsteen kapt, daar in vind men veele van deze vuursteenen, wat grooter dan een musquetkogel, bleeker van koleur dan de Oost-Indische, als of geel koper met zilver gemengt was; dewelke geslepen blonken als een spiegel, doch op den steen geenzins toetsten; daarentegen de Amboinsche massieve toetsen min of meer op den steen, doch de streek gaat straks uit, als men met de hand daar over strykt. *Worden in Finland, in de blauwe steenbergen mede gevonden.*

Boven in 't XIII. Hooftdeel staat de plaats *Pannat* beschreven, bestaande uit louter witte weeke *Argilla*, daar in men by regenweer veele van deze *Pyrites* vind, dewelke egter zoo ordentlyk niet en zyn, als die men uit de rosse steenen der riviere van *Larique* kapt. *Zie boven, het XIII. Hooftdeel.*

Op *Timor* vind men ook groote klontjes van dezen steen, doch die is zeer brokkelig, en schynt uit veele stukken t' zaamen gezet te zyn, derhalven noch tot stypen, noch tot vuursteenen bequaam. *Worden ook op Timor gevonden.*

Soo gehoort hier onder ook een soorte *Marcasita ærosa* of Kopersteen, dewelke men op verscheide plaatsen in de Oostersche quartieren vind; deze is brokkelig, ruig en scherp, hoekig, daar glimmerjes en blikken onderlopen als geel koper, met grauwe bergsteen gemengt, by deze Inlanders mede onder den naam van *Maas Urong* begrepen, hoewel het merkelyk daar van verschilt, want het is niet alleen brokkelig, en men kan geen vuur daar mede staan, maar heeft ook een scherp corrosief zout by zich gelyk *Salmiaak*, 't welk daar uit staat, als men 't een tydlang in de opene lucht laat leggen. *Zie van deze verscheide afbeeldingen op den plaat LI. by N°. 6, 7, 8, 9, 10, 11, &c.*

Men vind het veel op 't Oost-eind van 't Eiland *Messoal* digt op strand, en daar toe moerassig: Ook op Kerams Noord-kust by *Hote*; op *Nussalau* omtrent het warme water by *Sila*, op *Timor*, en andere plaatsen meer. *En worden op verscheide plaatsen gevonden.*

Het gebruk van dezen koperigen vuursteen is by de Inlanders noch niet ter dege bekent, veele Europeers vergapen zich daar aan, inzonderheit aan d' eerste soorte of *Pyrites solidus*, wegens zyne swaarte en koperige koleur, willende met gewelt des vuurs eenig metaal daar uit haalen, 't welk doch daar in niet is, en blyft een bloote steen. De Javaanen, Maleijers en Makkassaren stypen de mooiste stukjes tot een platte tafel, zoo wel rond als ruits-gewys, en zetten die in slegte ringen of aan hunne Tulpbanden; want zy geloven, dat ze den drager moedig en winbaar maaken: Achter *Grise* legt een berg *Giry*, daar op de *Penimbaan* woont, den welken de Javaanen alle voor een Heilige Leeraar of Paus houden; van dezes voorouders en geslachten ziet men verscheide graven op t' hoogste van dien berg, waar in groote gepolyste stukken van dezen steen gezet zyn, die een wonderlyken glans van zich geeven; wanneer de opgaande zon daar tegen schynt, 't welk het onwetend volkje voor een wonderwerk acht. De tweede of brokkelige soort, geeft wat meer hoop om metaal daar uit te trekken, hoewel het tot noch toe met weinig vrucht geschiet is: In 't jaar 1666. hebben wy 't hier op *Ambon* ondervonden met een gedeelte van *Messoal* gebragt, 't zelve in smeltkroesen met een sterk vuur aantastende, wanneer het schier anders niet uitgaf als eenen ongelyken swaveligen stank, latende op den grond van den kroes een klompje, 't welk na spyauter geleek, maar als men daar op klopte, sprong het aan stukken; evenwel houd men voor *Worden geslepen en in ringen gezet.* *Zyn heel glanzig.* *Proef genomen of 'er metaal in is, en waarnaar bevonden.* *Doch eg*

ter daar
voor ge-
houden.

zeker, dat de Meſſoalſche Papoeen die ſtoffe daar uit haalen, waar uit zy de kopere
bekkens *Gong*, by d'onze Gommen genaamt, maaken met toeſet van eenig koper,
maar dan moeten zy de ſteenen wat diep en onder water graaven, daar ze maſſiever
en harder zyn.

De rede-
nen van
den Schry-
ver we-
gens zyn
benaming
uit ver-
ſcheide
Schryvers,
en inzon-
derheit
Plinius.

Dat ik nu de eerſte ſoort voor *Androdamas* van *Plinius* houde, daar toe hebben my
zyne woorden bewogen, welke ſtaan *Lib. 37. Cap. 10.* daar hy zegt: *Androdamas*
heeft een zilveren glans als een Diamant, vierkantig en altyd de dobbelſteenen gelyk:
De *Magi* vermoeden, dat hy zyn naam bekomen hebbe, om dat hy de ongeſtuimig-
heid en toornigheid der menſchen bedwingt: De Autheuren leggen het niet uit, of,
Argyrodamas dezelve ſteen zy of niet, *Clariſſimus Salmaſius* tekent op dezen plaats
aan by *Solinus* p. 564. het volgende: *Plinius* wil zeggen, dat hy de kragren en hardigheid van een Diamanr heeft. En kort daar na doet hy daar by: *Androdamas* is zeker een ſoorte van *Hematites*, dat is, Bloedſteen, van uitnemende hardigheid en zwaarte, maar van yzer koleur, zoo dat hy oordeelt, dat den ouden geen ander *Androdamas* bekent zy geweeſt dan deze, en dat hem *Plinius* by een Diamant vergelyke, om
dat hy zoo hard is, en de menſchen bedwingt:

Omſtan-
dig onder-
zogt en
vergele-
ken.

Myn gevoelen daarentegen is, dat *Androdamas* geen ſoort van *Hematites*, maar
van *Pyrites* zy, en zyn naam heeft niet van een Diamant, maar van 't bedwingen der
menſchen, gelyk ik alrede boven van de Javaanen gezegt hebbe, *Plinius* geeft hem wel
een zilveren glans, maar dat moet men van geelachtig zilver verſtaan, gelyk het ge-
polyſte *Maas Urong* heeft: Hy heeft wel meerendeels de gedaante van dobbelſteenen, maar ik heb gezegt, dat hier en daar de vyf hoekige kanten van een *Dodeca-ëtron*
daar onder lopen: Eenen anderen ſteen zal ik hier na beſchryven, den welken ik voor *Argyrodamas* houde. Wilt gy dan noch eenen anderen ſteen uit *Plinius*, die met onze vyf-
hoekige of veelhoekig *Maas Urong* over een kome, zoo geeve ik uw in 't zelve Hooftdeel den *Hexicontalithos*, dewelke in een lichaam veele verwen vertoont, en gevonden word in *Troglodytica regione*: Dewyl 'r nu qualyk te geloven is, dat in een kleine ſteen 60 koleuren zich zouden vertoonen, zoo is het waarſchynlyk, dat *Plinius*
van hoeken heeft willen ſpreeken: Naar myn giſſing ſchryft ook *Bellonius* van dezen

Getuige-
nis uit Bel-
lonius.

ſteen *Lib. 2. Obſerv. Cap. 67.* zeggende, dat hy te *Tauris*, een ſtad aan 't roode meir,
een ſteen in redelyke menigte gezien heeft, den welken een Griekſche Monnik voor de *Lapis Arabicus* wilde gehouden hebben, hy was rond of bolachtig, hard, een *Pyrites*
zeer gelyk, uit veele vierkante ſtukjes t' zaamen gezet, op de manier van *Androda-*

En toege-
paſt op den
Androda-
mas.

mas; hy hadde liever mogen zeggen, dat het de *Androdamas* zelv was, wanrindien
de *Arabicus Lapis* dezelve is met *Arabic. Plin. loc. cit.* zoo moet hy het yvoor zoo gelyk
zyn, dat men hem daar voor zoude aanzien, indien hy zoo hard niet en was: Men
houdt hem voor die ſoort van Marmer, dewelke *Orpheus* in zyn ſteen-gedigt *Lapis
Barbarus* noemt.

Zyn be-
naming
op 't Ja-
vaansch

Maás Urong hiet op 't Javaanſch *Crapo*, waar men groote ſtukken van een hand
breed uit het Mattaramſche gebied brengt, die zy ſchoonglad ſlypen, en in zilver of
koper zetten, als ook om daar mede vuur te ſlaan.

*Dit geheele Hooftdeel is een verhandeling van zoodaanige ſtoffe, die by ons Marchaſita
genoemt word: 't Is een ſchyn metaal, want het heeft de koleur en gedaante van Ko-
peraarts, waar van in Moſcovien heele bergen gevonden worden, uit welke men met
groote moeite eenig zilver ontdekt heeft, doch heel weinig, het zelve in 't vuur gebragt
vervliegt alles in eenen afſchuwelyken ſtinkenden rook, en laat heel weinig Caput inor-
tuum, of Doodskop over, waar uit dan 't zilver word gehaalt: In Ungarien, Bo-
hemen, Saxen, en andere bergwerken word het mede gevonden, doch in klompen van
een zeldzaame gedaante, en alle meeſt van een byzondere koleur engedaanten: dezelve
bergwerkers houden het voor een verbrande zwavelſtof, en (zoo zy zeggen) voortgebragt uit zwavelachtige wateren, die uit de mynſtoffen loopen of ſyperen, mede ſlee-
pende eenige van die deeltjes, waar door zy heen dringen, en, als dezelve in de kuiltjes ſtil blyven ſtaan, dan door een ſtremmende kragt zaamen ſtollen, en zoodaanige
gedaanten maaken, als de deeltjes der mynſtoffen toelaaten, ieder verſcheiden na hunne
zon-*

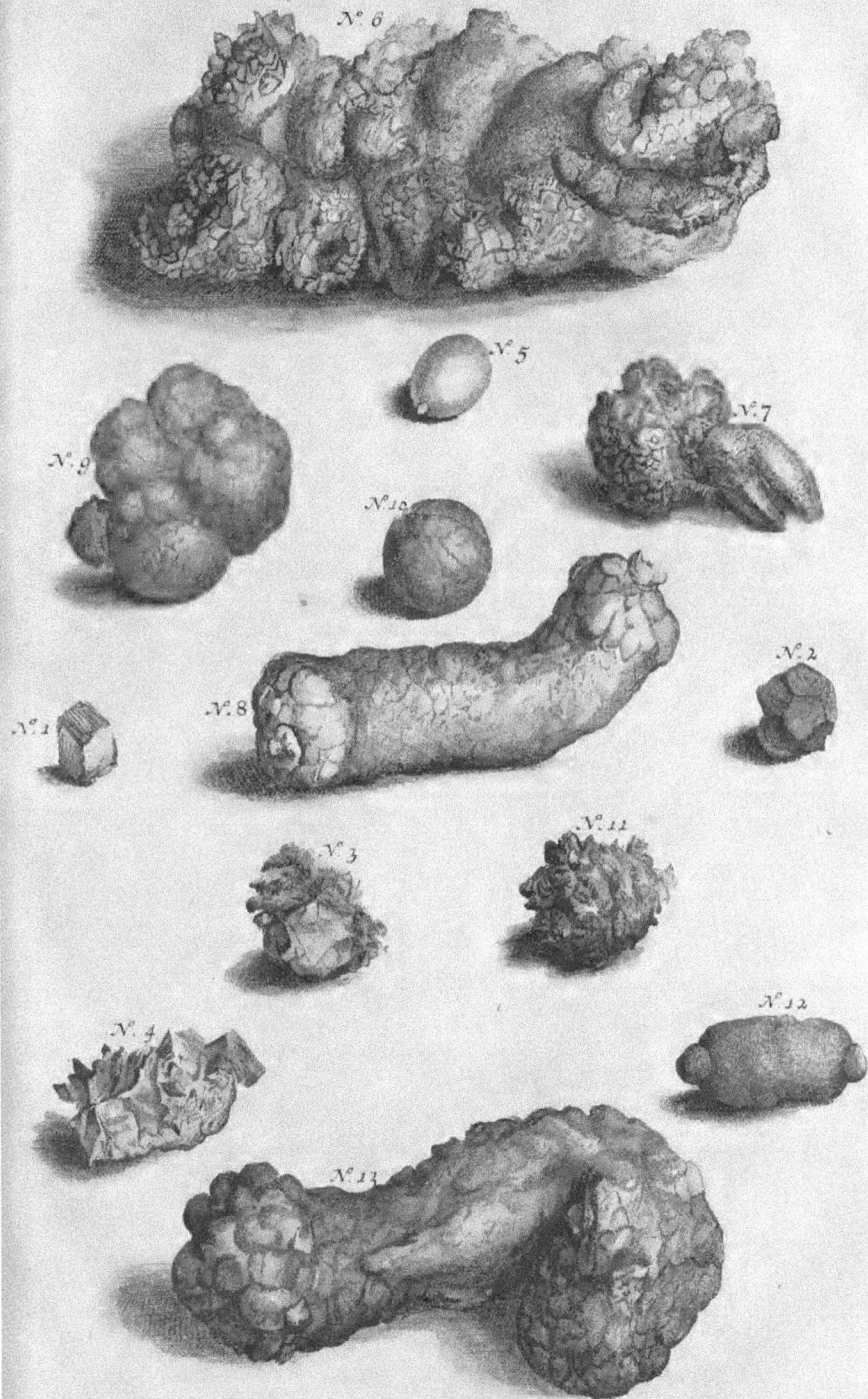

LI

N.° 6

N.° 5

N.° 9

N.° 7

N.° 10

N.° 2

N.° 1

N.° 8

N.° 3

N.° 11

N.° 12

N.° 4

N.° 13

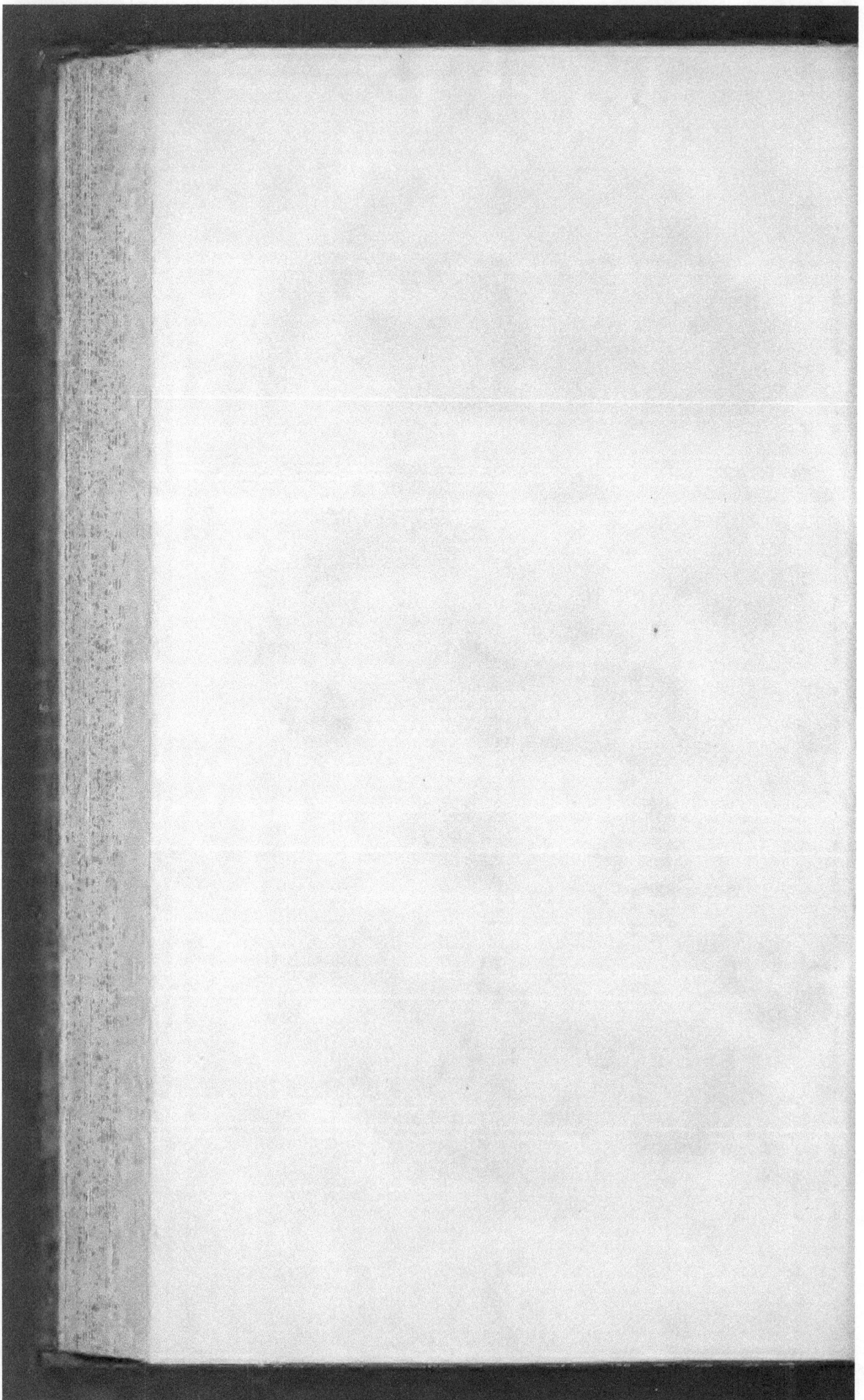

zoute, swavelachtige en andere deelen, daar zy mede vermengt zyn; in dit water eenige stoffe geworpen of by geval inkomende, word van 't zelve voort doorgedrongen en
verteert, waar in deze deeltjes blyven, en de gedaantens verbeelden van de ingewor-
pe zaaken, doch ruuwer, alzoo korste en bywas aan 't zelve groeit: Wy bezitten veele van deze, zynde alle van byzondere koleur en gedaante, waar van 't ons goet dacht
eenige hier te verbeelden op de plaat LI. Die hy N°. 6. aangewezen, is een ruuwe klomp,
doch schoon glinsterend van koleur. N°. 7. Heeft de gedaante van een Boksvoetje, en boven aan een knobbel of klomp van een andere stof en koleur als de klauwtjes zyn. N°. 8.
is een stuk, door welkers midden een tak loopt, aan de einden uitkoomende, 't welk wy
vermoeden een worteltje te zyn, 't geen in Marchasita verandert, en waar om de om-
zynde korst door dezelve stof is gegroeit. N°. 9. is een klomp, geelder van koleur, en
wolkachtig, het zelve aan stukken geslaagen, ziet men dat alle dezelve met straalen uit
een middelpunt naar buiten schieten. N°. 10. is een geheele ronde Bal, buiten om
eenigzins wolkachtig, en inwendig mede straalsgewys uit een middelpunt voortkomende.
N°. 11. is een diergelyke Bal, doch rondom met scherpe uitsteekende prlpunten onzet.
N°. 12. is een lankwerpig Keisteentje, voor een gedeelte met een korst Marchasita omgroeit.
N°. 13. is een ruuwe groote klomp, hebbende de gedaante van een koperen deur-klopper:
Wy zouden veel meerder soorten hier by konnen voegen, namentlyk Hoorns, Schulpen,
en andere gedaantens, alle met deze stof onzet of wel geheel verandert, maar meenen
genoeg gedaan te hebben eenige van dezelve te vertoonen.

XX. HOOFTDEEL.

Argyrodamas. Batu goela.

An de Zuid-West-zyde van *Boeton* in 't gebergte en op strand, vind men *De Argy-*
een slach witte Keisteenen in de grootte van een kop of een vuist, van buiten *rodamas.*
vuilwit, oneffen, vol scheuren en hard gelyk een gemeene Keisteen, maar
als men daar op slaat, zoo valt hy in stukken, en dezelve kan men deelen
in zoo veel kleine brokjes als men wil, waar van zommige de figuuren als dobbel-
steentjes, andere van platte tafeltjes hebben, en dezelve laten zich al weder in andere kleindere schilferen; zy zyn wit, doorschynende als krystal, doch boven op hun
vlakte geeven ze een weérschyn, als of ze verzilvert waaren of als zilverschuim: Zy
zyn week van substantie, slaan geen vuur, en lichten geenzins by nacht, als men ze *Hun ei-*
tegen malkander slaat, gelyk Kristal en de Keisteen doen. Ik heb dergelyke steenen noit *genschap*
beschre-
meer gezien, ook by geen Autheur iets daar van gevonden, egter oordeel ik, dat *ven.*
men hem voor den *Argyrodamas* van *Plinius* mag houden, te weeten een steen die een *En voor*
Diamant gelykt, en een zilveren weérschyn geeft, waar van zie *Lib.* 37. *Cap.* 10. *d'Argyro-*
In 't Maleitsch noemt men hem *Batu goela*, dewyl hy zeer wel gelykt naar de brokjes *van Pli-*
van Candy-zuiker, in 't Latyn *Saccarum cantium*, en niet *candidum*, vermits *cantium* *nius ge-*
een nieuw Grieks woord is, beduidende kantigen zuiker: Men zoude hem voor een *houden.*
Lapis specularis aanzien, maar men kan hem niet tot kalk of gips branden, gelyk hy
ook wel zwaarder en harder is dan eenig *Lapis specularis*. In dat gebergte, daar men *Waar die*
gevonden
hem vind, vloeit hier en daar een adertje van zwart *Bitumen*, 't welk in zee komen- *word.*
de hard word, en de vreemdelingen voor zwarten Amber verkogt word, hier door
kan het zyn, dat deze steen geen harde en massieve substantie gewint, noch tot een
volkomen Keisteen worden kan. In 't jaar 1666. wierden my van *Boeton* eenige man-
den vol van deze steenen gebragt, dewelke ik toen niet achtede, dewyl ik daar aan
niet zien konde, 't geen die van *Boeton* daar van opgaven, te weeten, dat hy veele *En waar*
in zyn
schoone koleuren zoude van zich geeven, als van zilver, paerlen, en regenbogen, *schoonheid*
daar men anders niets aansag als een onfatzoenlyken Keisteen, weshalven ik ze weg *bestaet.*
smeet, maar als ik 10 jaaren daar na by geval een groote klont daar van aan stukken sloeg,
bevond ik, dat hy van binnen veel schoonder en raarder was, dan ik gedagt had, en

doe

doe waaren de andere ftukken weg. Die van *Boeton* weigerden ook meer daar van te
brengen, niet zoo zeer om dat dezelve Koning niet meer leefde, aan wien ik kennis
hadde, als om dat zy die fteenen niet graag aan onze Natie willen openbaaren, vermits

Deze
woorden
van d' In-
landers tot
kegels ge-
bruikt.

zy dezelve, zoo ik verftond, gebruiken in plaats van kogels om uit hun kanons daar
mede te fchieten, dewyl ze in veele 100 ftukken fpringen, als of men met fchroot
fchoot: Dergelyke flach *Batu goela* valt op *Makkaffar*, een groote dagreis achter *Ma-*
rus, in een zeer hoog en koud gebergte, 't welk men doorreifen moet, als men na
't land der Boegiffen gaat, boven op kan niemand wegens de groote koude duuren,
ja geen gevogelte noch gedierte ziet men aldaar; omtrent de halve hoogte van dit ge-

Groeijen
mede in
een berg-
fpelunk.

bergte heeft men groote fpelonken, daar in men groote ftukken en kegels ziet af hangen aan fmalle halfen van allerhande gedaante yfelyk om aan te zien; die metter tyd
ook afvallen, van buiten zyn ze wit, doof en krytachtig, van binnen klaar en doorfchynend als kriftal, doch zonder deszelfs glans, behalven hier en daar met een zil-
verachtige weêrfchyn, niet maffief, maar uit veele langwerpige ftukken t' zaamen gezet, die meeft vierzydig, zommige vyf en feszydig zyn, doch ganfch onordentlyk,
en derhalven met een kleine flag ligt van malkander te fcheiden, uit te nemen en weder
in te fteken: De meefte hebben de dikte van een fchaft, weinige van een vinger of een

Dienen
ook tot
verfierfe-
len der
Makkaffa-
ren.

duim: De Makkaffaaren brengen de afgevallene ftukken naar huis, en flypen de grootfte brokken tot platte tafels en ruitjes, die zy tot verfierfel aan hunne kriffen zetten;
het flypen gaat gemakkelyk toe met water op een ruige fteen, want ze zyn week en
geeven een wit zap van zich, zy vuuren niet by nacht, noch ricken als Keifteenen,
gelyk ook de voorige *Batu goela*, anders zoude men ze voor Kryftallen houden. Op
Makkaffar, *Batu bakilat*, dat is, glimmende Steenen genaamt.

Een an-
dere foort,
Ambouin-
fche.

Saccharites Ambonicus of Amboinfche *Batu goela* verfchilt wat van de beide voorgaande aan fatzoen, maar niet in fubftantie: De Amboinfche valt mede in groote
klompen, dewelke buiten doof en kalkachtig zyn, maar ftraks daar onder legt de
Saccharites t' zaamen gezet van ontelbare ftukjes, zoo klaar als een kryftal, doch veel

Is van
veelderlei-
je gedaau-
tens.

weeker: Deze ftukken zyn ganfch onordentlyk van grootte en fatzoen; want die in
de eerfte laag zyn lankwerpig en onordentlyk, zoo dat men qualyk een ftukje vinden
kan, 't welk feskantig en den Kryftal gelyk zy: Onder deze zyn andere grootere ftukjes, zomtyds in dezelve laagen, zomtyds in de naafte daar onder, zynde de laagen met
een kalkachtige fchorffe van malkander onderfcheiden: Deze ftukjes zyn mooijer en
den Kryftal gelyker, hebben een, twee of meer gladde zyden, doch geen vafte figuur,
en de andere zyden zyn geftreept, als of ze van fmalle ftukjes t' zaamen gezet waaren, in
manier als de *Amianthus*: Alle deze klontjes, zoo kleine als groote, hoe onordentlyk
van hoeken dat zy ook zyn, leggen zoo digt geflooten aan malkander, dat 'er geen leege plaarfen tuffchen zyn, egter met een kleine flag kan men de groote klompen van
malkander flaan, en de ftukjes met de vingers af haalen; dewyl geene of weinige ftukjes van deze de dobbelfteenen gelyken, zoo konnen ze geen eigentlyke *Argyrodamas*

Ook
fchoonder
van flof.

zyn, welke naam de bovenftaande Boetonfche foorte beft paft, hoewel de Amboinfche *Batu Goela* veel helderder en mooijer van aanzien is dan de Boetonfche,

Waar de-
zelve ge-
vonden
worde.

dewelke donkerder van fubftantie is, hier en daar met een zilvere weêrfchyn, latende zich in platte tafeltjes of dobbelfteenen deelen, welke kentekenen *Plinius* zynen *Argyrodamas* toefchryft. Den beften hier van vind men op *Leytimor* in de val-
leije van de *Waytommo* aan den voet der bergen, en digt by de rivierkant, fteekende
met groote klompen in andere klippen, de groove en koraalfteenige zyn van een onzuivere gemengde fubftantie, gelyk de regte en feshoekige Kriftallen tot een moeder

Onder-
fcheid
tuffchen
deze en 't
kriftal.

of voet hebben een anderen roffen of grauwen fteen, die eenpariger van fubftantie is.
Ook groeit de regte Kryftal nooit zoo digt tegen malkander, hoewel zyne ftukjes met
hun voeten digt aan malkander zitten: Alle Kryftallen groeijen ook buiten 't lichaam
van den fteen, daar aan zy zitten als een vrugt of uitborting der zelver fteenen, de
Argyrodamas, zoo wel de Boetonfche als d' Amboinfche, is van buiten met de voorfchreven

ven fchorffe bedekt. In de naafte rivier van den rooden berg vind men een flegter foorte *Batu goela*, meeft van langwerpige ftukjes t'zaamen gezet, gelyk een groven *Amianthus*, zonder tafelen of vlakten: *Batu Goela* verfchilt van het kryftal, behalven aan de figuur, ook hier in, dat *Batu goela* altyd een dooven glans heeft, met een kleine flag bryzelt, by nacht tegen malkander geflagen ganfch niet vuurt, ook in 't vryven geen keyachtigen reuk van zich geeft, al het welk 't kryftal doen moet: Men zoude dit Amboinfche *Batu goela* vergelyken konnen met dat onvolmaakte flach van baftaart kryftal, 't welk men in Zwitferland *Gletfcher* noemt, 't welk egter haar oorfpronk zoo 't fchynt niet uit eenen fteenzap, welken de koude vochtige klippen uitzweeten, maar uit een veroudert ys heeft.

d' Argyrodamas, door den Hr Rumphius befchreven, die ons geene afbeeldingen van dezelve geeft, veel ligt om dat het by zyn Ed. meeft gedaantelooze zaaken zyn, gelyk wy ook verfcheide hebben, zynde maar ruuwe klonten, en niet waardig af te beelden: Deze ftoffe word by de bergwerkers alhier Kryftal-talk, of ook wel glets-Kryftal genaamt; waar van verfcheide foorten zyn, doch onder dezelve munten uit, die in Engeland, en wel inzonderheit tot Cornuwal, gevonden worden: Zy zyn fchoon zilverglanzig, wit en meeft doorfchynend, Haar gedaante is die altoos van een fcheeve ruit, flat en naar de kanten met een lyft fcherp toeloepende, als of dezelve gefleepen waaren; echter zyn zy zoo natuurlyk gegroeit, ten bewys is, dat veeltyds in 't midden, ook wel op de zyde van dezelve wederom een andere van die gedaante ter halver wege uitfteekt. Zie op de plaat LII. een groote verbeeldt by N°. 1. en een andere by N°. 2. uit welkers zyde een halve gegroeit is: Haar ftof en hoedanigheid komt over een met de befchryving van den Hr. Rumphius.

XXI. HOOFTDEEL.

Cryftallus Ambonica.

MEn heeft in de Amboinfche en omleggende Eilanden een foort van flegt Kryftal op de zelve manier aan ruuwe klippen groeijende, als de regte: Men vind weinige ftukken, die den regten gelyken, en die zyn klein, niet boven een fchaft dik; d'andere zyn meeft vol fcheuren, fchurft, vuil van koleur en oneffen; zommige zyn aan de eene zyde enkelde donkere keiftenen, vuilwit of geelachtig, aan d'andere helft doorfchynende als Kryftal: Zy hebben alle 6 zyden, gelyk het Mathematifche *corpus Chrifma* of eenhoekige *Cylinder*, en eindigen boven in een punt van even veel zyden als een Diamant, doch aan de meefte afgebrooken: De grootfte, die ik in Amboina gezien hebbe, zyn een vinger dik en lang: Zy groeijen als een vrugt uit ruuwe en grove bergfteenen, altyd veele by malkander, niet regt opwaarts, maar fchuins en verwert door malkander, hebbende gemeenlyk een of twee grootere, en daar rondom al kleinder, en kleinder; ook dikwyls op de vlakte van den fteen een kryftalachtige korft, als hun voet: hun natuurlyke plaats zyn de groote grauwe klippen, daar in de kuiltjes ftaan, zoo wel buiten als binnen d'aarde, ja zelv die onder het water ftaan; de grootfte vind men op hooge bergen aan zoodanige klippen, die overhangen, en daar omtrent een rivier ontfpringt, welkers kuilen men van binnen bezet vind met kleine Kryftalletjes, een lid van een vinger lang, een fchaft en een halm dik, alle feskantig ende puntig, doch de zyden zyn niet alle effen breed, maar onordentlyk, zoo dat 'er zomtyds een geheele zyde toegegroeit is; waar door de fteen vyfkantig word. In de rivieren vind men deze ftukjes hier en daar verftrooit, zomtyds ook in 't veld, als men graaft, dewelke daar geenzins gegroeit, maar van de bergen afgefpoelt zyn; want het fchynt, dat deze fteentjes 't zy door hun rypheid, 't zy door ftormwinden, plas-regen, of ander geval van hun moeder-klip afraaken, en zoo met de rivieren afgefpoelt worden;

on-

onder andere voert de Rivier *Waytommo* veele van deze steentjes, aan welkers steile oevers 1 of 2 voeten onder den grond men geheele lagen vind van ruuwe, rosse en grauwe steenen, daar de Kryftalletjes met menigte opzitten, inzonderheit in de kuiltjes, ja ook in de gebrokene steenen, die van binnen hol zyn, zoo dat groote klippen

groote, en kleine steenen kleine Kryftalletjes hebben: Op't land van oud *Hative* zyn zommige rivieren, daar in men 6 of 8 voeten diep onder water groote klippen ziet, en daar op schoone groote en zuivere Kryftallen. Op *Negory Lima* een dorp op de Hitoefche Kuft legt een zeeftrand, vol groote grauwe steenen, zoo wel op't drooge als in zee

water, welkers kuilen vol Kryftalletjes zyn, zuiver maar klein: Onder't Guarnizoen van 't zelve Reduyt lag zeker foldaat, dewelke een beiteltje, nyptang, en hamertje hadde, hem van een Amfterdamfche ziel-verkoper mede gegeven, om paerlen en diamanten van de klippen af te nypen, dewelke hy na des zielen-verkopers zeggen in Indien overal aan de klippen zoude vinden; Die plompe Juwelier had verfcheide stukken met

klip en al afgeflagen, dewelke hy, by zyn wederkeeren naar Holland, voornam den ziel-verkoper in zyn bakhuis te duuwen tot dankbaarheid, dat hy hem zoo bedroogen had; doch een vroege dood heeft dit quaad voornemen voorgekomen, en ik zette dit daar by om de waarheid van deze eerlyke ziel-verkopers op te houden.

Noch een ander voorbeeld, hoe de Kryftallen onder water groeijen; op *Bima* is een berg *Tolocco* zynde hun vlugtberg, omtrent een dagreize van 's Konings fort aan ftrand, boven op vlak en breed, vol zailand, en vrugtboomen; agter de *Negory* op een hooger heuvel is een kuil met verfch water, daar de Koning na toegaat *Batappa*, wanneer een *Djing* of Duivel hem in 't water verfchynt met een grooten buffels-hoorn aan zyn voorhoofd, die hem deze steenen aanwyft niet diep onder water aan de klippen vaft.

Batappa is een Goddeloos overblyffel van 't Heidendom, 't welk de Mooren tegen hun wet, en daarom in 't heimelyk ook nadoen; wanneer zy van een *Djing*, dat is, *Dæmon*, (den welken zy van den Satan of Duivel onderfcheiden) iets begeeren, of een konftje willen leeren, ook rykdom te verkrygen, gelukkig en onquetsbaar in den oorlog te zyn, rooven, steelen, dievery plegen, speelen, minnen, &c. zoo

gaan zy op zulke afgelegene plaatfen en hooge bergen, blyven daar een tydlang, dag en nagt, en doen eenige offerhande aan den *Djing* met een vaft opzet voor deszelfs gedaante niet te verfchrikken noch zich te laaten wegjaagen, zoo geeft hun dan eindelyk de *Djing* een houtje of een steentje, dat zy by hun moeten draagen om het afgebedene werk te verkrygen, en dan meenen zy op hun manier noch Godsdienftig te zyn, daarom deze Kryftallen ook by hun *Batu Djing* genaamt worden.

In de goutmynen van *Sumatra* vind men ook fchoone groote Kryftallen, ruim een vinger dik en een lid lang, zuiver en effen van kanten, met een volkomene punt als of ze geflepen waaren, doch de zyden zyn onordentlyk, zommige leggen los in den grond, zommige zitten vaft aan ftukken van grauwe en witte steenen, en het is geloof-

lyk, dat de losse ook zoo gezeeten hebben, want by my is niet waarfchynlyk, dat eenig Kryftal los en zonder voet in de aarde zoude groeijen, hier in *Amboina* vind men wel fchoone ftukken, eenige voeten diep onder den grond, als men putten graaft; maar men kan klaarlyk daar aan befpeuren, dat ze afgebroken zyn: Het is aanmerkens waardig, dat de geheele vlakte, daar het Kafteel *Victoria* met de omliggende *Negory* op ftaat, een opgehoopte grond is, ten deele door menfchen, hoewel voor 't meefte deel door overvloeijing van de rivieren gemaakt; bewys hier van is, dat men in 't graaven van putten, 8, 9, of 10. voeten diep onder den zandigen grond, veeledingen vind, als *Calappus*-doppen en Canary-noten, die daar niet gegroeit zyn.

De Amboinfche Kryftallen wegens haar kleinheit en fchurftheit worden niet geagt, doch de Javaanen neemen de mooifte ftukken, die zy aardig weeten te flypen tot tafels en punten, en om ze in ringen te zetten, dat ze Diamanten fchynen, waar van ze egter met een half oog konnen onderfcheiden worden; daarom leggen ze liever eenige

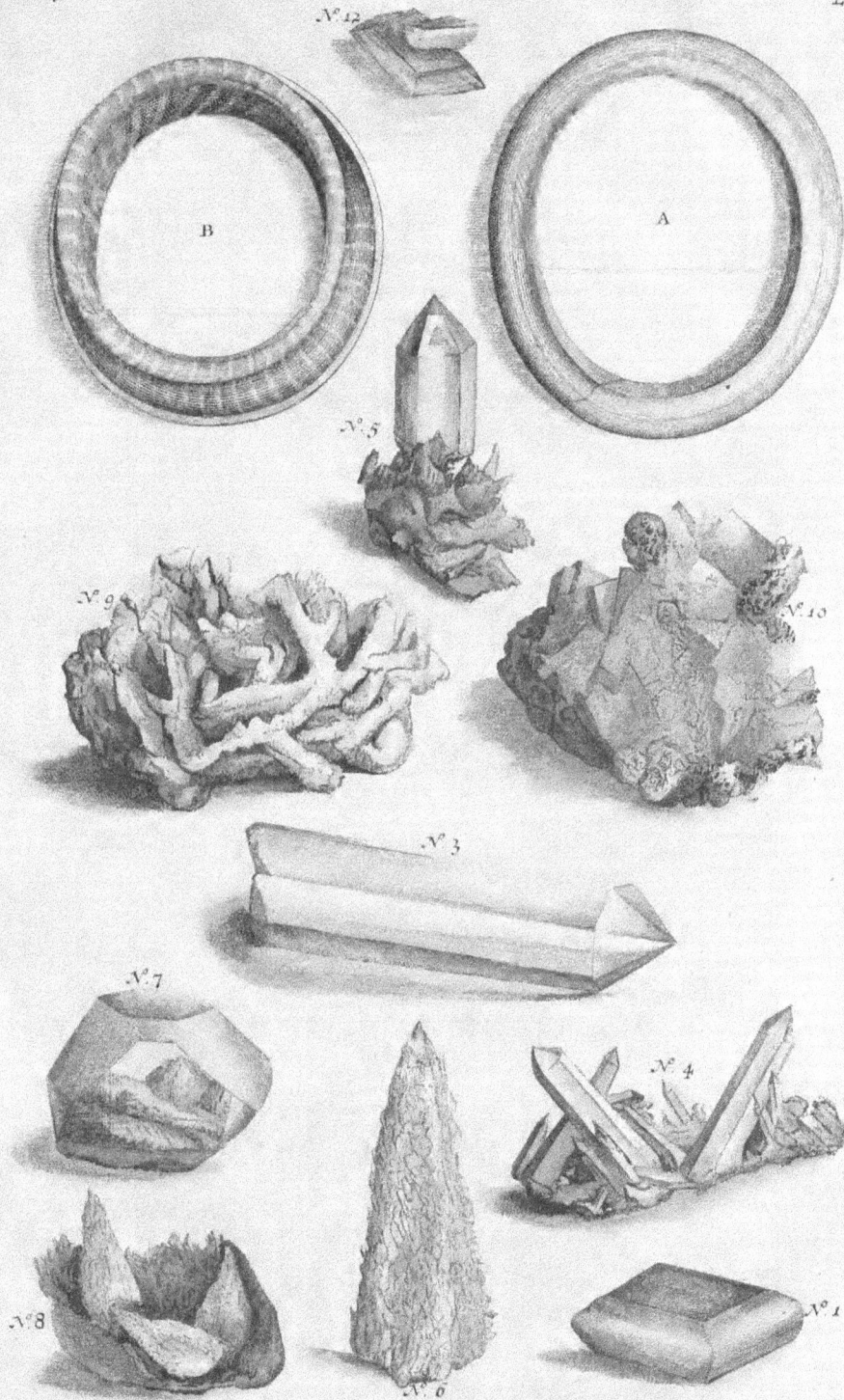

LII

No. 12.

B

A

No. 5

No. 9

No. 10

No. 3

No. 7

No. 4

No. 8

No. 6

No. 1

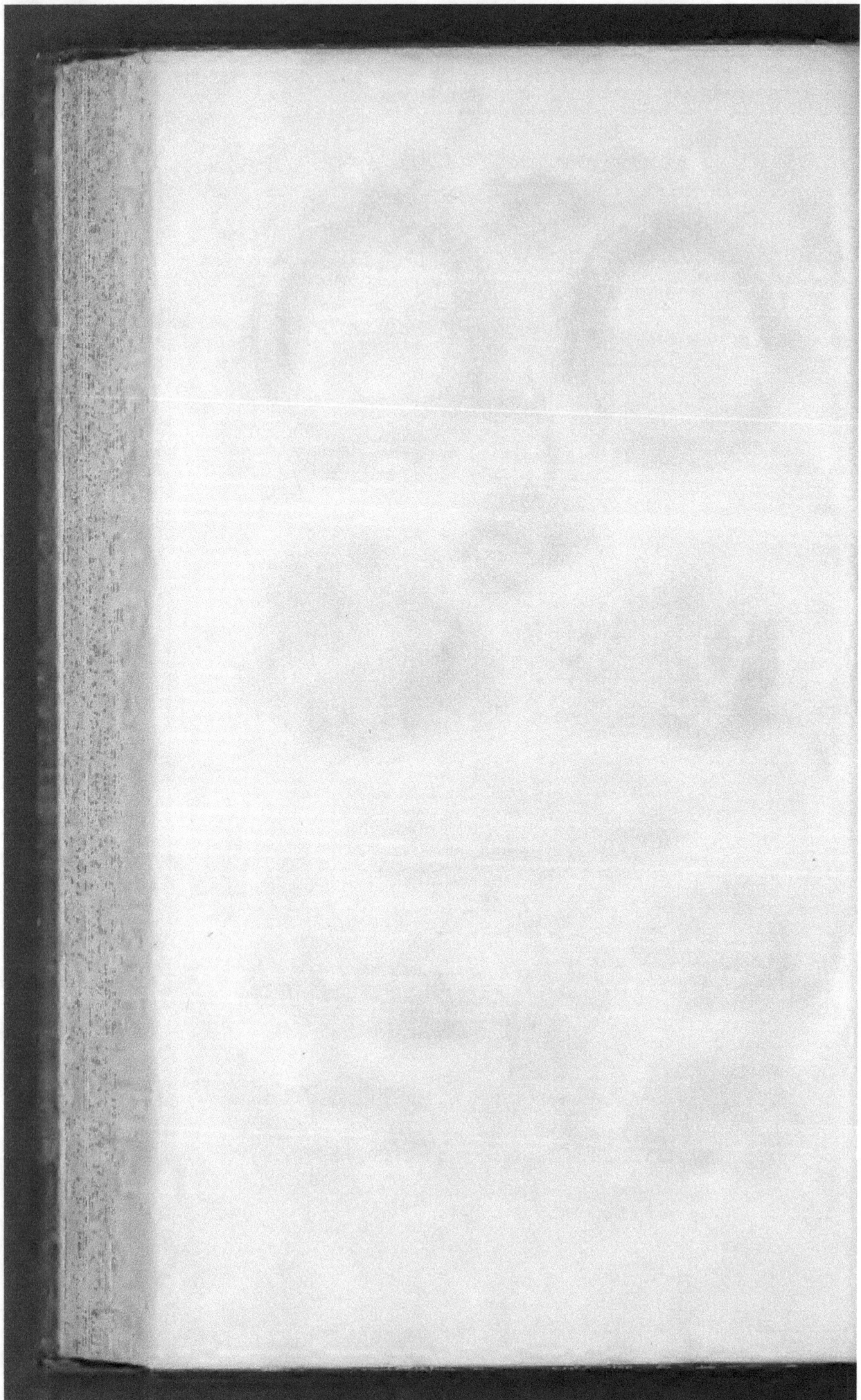

nige geverfde foely daar onder, en maaken aldus valfche Emarauden en Robynen, gelyk men veel aan hunne kriffen ziet : De Inlanders willen ze mede tot medicyn gebruiken, daar een goed geloof toe vereifcht word, want zy wryven ze op een gladde toetfteen met water, daar evenwel niets afgaat, en egter geeven zy het zelve te drinken om den brand in de koortfen en andere heete fiekten te bluffchen, verkiefende hier toe die onder water gegroeit zyn, om welke oorzaak *Radja Bima* zomtyds een meenigte van deze Kryftallen den Koning van *Makkaffar* moet zenden.

Daar is noch een andere foorte van Kryftal in *Ambon*, 't welk men op de bergen in grootere ftukken vind, te weeten, als een ey of walnoot, niet feskantig maar onordentlyk veelhoekig als afgebrokene ftukken van een grooter klomp, anders redelyk doorfchynend en klaar: Hoe deze groeijen is noch onbekent, dewyl men ze meeft op hooge koude bergen vind, daar weinig menfchen heen komen, en de Inlander daar toe niet nieuwsgierig is. Ik heb ze gevonden tuffchen de wortelen van groote boomen vaft fteeken, alwaar ze buiten twijffel door den regen gefpoelt worden. *Noch een andere foort van Kryftal.*

Op *Nuffatello* vind men dergelyke ftukjes, doch klein, zeer klaar, en naar den geelen koleur trekkende, gelyk zommige geele Diamanten, ook gantfch onordentlyk, en als afgebroken, hebbende zoodaanige fcherpe hoeken, dat ze eenigzins glas fnyden; het zelve doen ook zommige feshoekige Kryftalletjes, die men op *Nuffalauw* by de Marcafiten vind: De Zee-Arend, in 't Amboinfch *Kiappa* genaamt, fchynt vermaak in deze fteentjes te hebben, want men heeft ervaren, dat op *Manipa* een neft van zoodaanigen Zee-Arend, op een hooge *Cafuaris*-boom ftaande, door een wind eens afgeworpen wierde, waar in men vond vier of vyf redelyk groote en feskantige Kryftallen, waar van de grootfte een vinger lang en dik, met kleindere omgeeven, en alle op een ftuk van een grauwe klip vaft waaren, 't welk de Arend in 't gebergte vindende, en miffchien wegens haar blinken voor een aas aanziende in zyn neft gedraagen heeft, doch vermits die van *Manipa* zeiden, dat zy zulke fteenen meermaals in die neften gevonden hadden, zoo zoude men oordeelen, dat den Arend eenig nut of gebruik daar van moet hebben, weshalven zy hem ook den naam van Arend-fteen gaven: Van andere fteenen in zulke neften gevonden zie hier na in 't Hooftdeel van *Aetites*. *Worden ook op Nuffatello gevonden, doch kleinder.* *En worden door de Arenden in hun neften gedraagen.* *Waarom die ook Arend-fteenen genaamd worden.*

Het verfchil tuffchen recht Kryftal en *Batoe goela* of *Argyrodamas* zie in 't byvoegzel van 't voorgaande Hooftdeel.

Van de Kryftallen alhier befchreeven zyn mede geene afbeeldingen, waarom wy nodig geacht hebben eenige zeldzaame hier by te voegen: Het gemeen Kryftal, in 't begin van dit Hooftdeel gemeldt, is verbeeldt op de plaat LII. by N°. 3. zynde feskantig: Het Bergje afgetekent by N°. 4. zyn alle kleinder foorten, die wonderlyk door malkander geworpen en over hoop leggen, deze is zoo gegroeit. N°. 5. is een ander Rotfje, waar uit op een punt een feskantig ftuk gegroeit is, en na boven met platte kanten fpits toeloopende, als of het gefteepen was, hebbende drie breede en drie wat fmalder banden of zyden. N°. 6. is een ftuk piramidaal, mede feskantig tot boven toe: Zynde alle deze kanten omzet met ontelbaare dergelyke feskante puntige Kryftallen, die alle opwaarts aan loopen; zy zyn zoo wonderlyk van maakfel, als my ooit iets is voorgekoomen. N°. 7. is een ftuk helder Kryftal, waar binnen inwendig te zien is een geheel Landfchap met bergen en daalen, alle met groen mofch gelykende bewaffen. N°. 8. is een bruin Bergje, waar op leggen eenige als om ver gevalle Piramiden, zynde dezelve heel wit en knobbelig als zegerynleer. De Rots by N°. 9. verbeeldt, heeft op een bruinen grond eenige witte gecandiliffeerde fchotfen of platte ftukken, alle hol over bol geworpen. N°. 10. is een Bergje van geele Toepaas, gelykende naar Kryftallen met hagelwitte korrels befaait, en met Marchafita of metaal fchynende Bergjes begroeit.

G g   XXII. HOOFT.

XXII. HOOFTDEEL.

Silices Cryſtallizantes. Batu Dammar.

Silices Cryſtalli-zantes zyn door-ſchynende Keiſteen-tjes.

BEhalven de voorſchrevene Kryſtalletjes vind men in d' Amboinſche Eilanden noch een ander ſlach, die men niet hooger kan achten dan klaare Keiſteen-tjes, doch dewyl zommige daar onder zulken klaaren weérſchyn hebben, dat ze 't edel geſteente zeer naby komen en als tergen, zoo heb ik ze met een byzonder Hooftdeel verwaardigen willen. Ik noem ze *Siliees cryſtallizantes*, de Maley-ers *Batu Dammar*, om dat ze groote gelykeniſſe hebben met den Amboinſchen klaaren

Van ver-ſcheide ko-leuren.

Dammar batu. Zommige hier van zyn half doorſchynende, aan d' eene zyde rond-achtig, 't overige onordentlyk hoekig, zomtyds helder en doorſchynend als ys; zom-mige met een blauwen weérſchyn, gelyk het wit van een gekookt ey; zommige heb-ben van binnen een geelen weérſchyn, gelyk een lichtje van de eene plaats tot d' an-dere verſchietende, als men ze neigt; zommige verbeelden zoo duidelyk de klaare ſtuk-ken van *Gummi tragant*, dat men ze daar voor zoude aanzien, indien niet de zwaarte

Waar die gevonden worden.

en hardigheid anders getuigde: Deze alle vind men in den Amboinſchen Inham, aan des zelfs Noord-zyde op ſteenige ſtranden, van *Hative*: Op *Nuſſatello*, *Locki*, en aan de Zuidzyde van *Boero* vind men andere kleine witte Keiſteentjes, in de grootte van hazel-nooten, zommige rond, zommige plat, van buiten eſſen en doof, van binnen door-ſchynend en van een eenpaarige ſubſtantie, zommige geelachtig, zommige blauwach-tig, zoo dat men ze voor ruwe Diamanten zoude aanzien, en geſlepen zouden ze miſ-

En heb-ben gelyke-nis naar de Amers-foortſche Diaman-ten.

ſchien d' Amersfoortſche Diamanten niet veel wyken, inzonderheit die van *Nuſſatel-lo* komen, doch het is tot noch toe niet bewezen. Dergelyke Steentjes, doch wat groo-ter, zyn my gegeeven voor opregt Berg-kryſtal, 't welk van de Kuſt *Coromandel* komt, waar voor ik ze egter niet kan aannemen, dewyl ik 't voor een ſubſtantieele eigenſchap des Kryſtals houde, dat hy van natuur ſeskantig moet zyn.

XXIII. HOOFTDEEL.

Vaſa Porcellanica.

't Porſel-lein door Nieuhof beſchre-ven.

DE meening is niet om 't Porſellein uitvoerlyk te beſchryven, dewyl het zel-ve by andere Auteuren genoegzaam te vinden is, inzonderheit in de nauw-keurige geſchiedeniſſen van 't Sineeſche geſandſchap door *Johan Nieuhof* beſchreven; alleenlyk zal ik hier aantekenen eenige dingen, dat koſtelyke Vaatwerk betreſſende, dewelke myns weetens by andere Auteuren of niet of donker aangehaalt worden: Voor eerſt zal ik myn oordeel zetten, waar van de naam Porſellein komt, namentlyk van zeker ſlach van Zeehoorntjes, dewelke men in 't Latyn *Con-*

Haar naam ge-nomen van zeker ſlach van Zee-hoorns.

cha Veneris en *Murex Mutiani* noemt, boven in 't II. Boek Hooftdeel XXIII. beſchre-ven: Welk ſlach van Hoorntjes men hedendaags by de Françoiſen en Italiaanen *Por-cellanæ* noemt; hier van (zegge ik) heeft het Sineeſche Vaatwerk haar naam bekomen, geenzins oorſpronkelyk in *Sina*, maar zoo 't ſchynt in Spanjen, en eigentlyker in *Majorca*, alwaar men fyn en wit aardwerk maakt, 't welk wegens haar gladdig-heid, met die Hoorntjes gemeen, haar naam gekregen heeft: Of men moeſte zeggen, dat het Sineeſche Vaatwerk zoo genaamt zy, dewyl men de waereld voor dezen wys ge-maakt heeft, dat het gemaakt wierde van gladde Zeehoorntjes, geſtamt, met het witte

RARITEIT-KAMER. III Boek. 235

witte van eijers gemengt, en ik weet niet hoe veel jaaren ook onder de aarde begraaven: Hier in Indien by de Maleijers heeft het niet eenderley naam, want in 't gemeen wordt het genoemt *Manko*, doch eigentlyk verstaat men daar door diepe Kommetjes: *Pingan* zyn allerhande Schotels: *Piring*, Tafelborden: *Tsjauwan*, Kopjes: *Mamolo*, groote Potten met een hals, dergelyke men op de Kassen te pronk zet. Zoo is ook myn gevoelen, dat *Plinius* en d' Ouden dit Vaatwerk *Myrrhina Vafa* genaamt hebben, in welke tyd het zeer duur was, en alleenlyk in der Koningen schatten te vinden: Doch het schynt, nademaal de waereld hedendaags daar mede als opgepropt was, dat de natuur ons dit kostelyk Vaatwerk wat heeft willen onttrekken door de verwoestende Tarters, haters van alle mooijigheid, dewelke de oude Chinesche meesters verjaagt, en de werkstellingen verwoest hebben: Om dit gebrek te vervullen, hebben zich voor weinige jaaren eenige meesters opgedaan in 't Landschap *Quantung* by de stad *Tikoa*; doch dewyl zy de regte aarde niet hadden, hebben ze witte marmer of veelmeer alabast genomen, 't welk zich ligt stoten laat, en hebben uit 't gestotene, met water tot een deeg gemaakt, kleine Schoteltjes en Kommetjes geformeert. Deze zyn wel schoon-wit en glimmende, doch hebben den blauwen weêrschyn niet als de regte, maar gelyken best naar witte gepolyste marmer: Zy zyn veel swaarder dan het regte Porsellein, en worden voor minder prys verkogt: Uit *Japan* komt nu ook overvloedig Porsellein het Sineesche tergende, het welk de geboorene Sineezen aan de *characters* en figuuren ligt kennen konnen, maar onze Natie maakt een onderscheid, dat het Japansche nooit het helder blauw heeft, 't welk men aan 't Sineesche ziet, ook heeft het Japansche onder aan den bodem drie ruige knopjes; het grootste verschil bestaat daar in, dat het opregte Sineesche niet springt, als men heet zop daar in doet, maar het Japansche zeer ligt, als men het van te voren niet eerst warmt: Dit gebrek kan men egter ook gebeteren, als men t' Japansche in een grooten ketel doet, water daar over giet, en t' zaamen ter dege opkookt, daar na van zelv weder laat koud worden.

Voor het beste Sineesche Porsellein houd men, dat van binnen geschildert is met de bloem *Serune*, welk is de *Matricaria Sinensis*, waar van zie myn *Herbarium Lib.* 8. en waar van men dergelyke Schotels *Pingan Serune* noemt. Nader beschryvinge, hoe het Porsellein gemaakt wordt, zie by *Nieuhof pag.* 9.

Men heeft bevonden, dat het hedendaagsche Porsellein in *Sina* onder de Tartarsche regeering gemaakt, en Kraakwerk genaamt, in Holland gebragt zynde, de groote koude des winters niet kan verdraagen, maar in stukken springt, het welk men van het oude werk nooit gehoort heeft.

Ik zal hier by voegen de beschryving van 't Porsellein uit *Thomas Brown*, in zyn II Boek (*van de gemeene dwaling*) aan 't V Hoofdeel: dewelke, de valsche opinie of dwaling overslaande, aldus begint: Doch *Gonzales de Mendoza*, van *Philippus* de II Koning van Spanjen naar *China* gezonden, heeft op ondersoek en eigen ondervindinge een manier beschreven, die tegen alle de vorige aangaat; want naar de konst daar van vernemende, bevond hy, dat ze gemaakt waaren van een kalkachtige aarde, welke gestoten, en in water geweekt een room of vettigheid boven op geeft, en onder een grove substantie: Van het bovenste zegt hy, worden de fynste Schotels gemaakt; van het onderste de grove, dewelke, als ze gefatsoeneert zyn, zy schilderen, en doen ze niet 100. jaaren onder d' aarde begraaven.

En hier op staat in alle deelen het verhaal van Linschoten, een vlytig ondersoeker, in zyn *Oostersche Zeevaart.* Noch jonger bevestiging van de zaak mogen wy hebben uit Alvares, de welke lang in die gewesten geleeft heeft, in zyn verhaal van China, dat de *Porselleine Schotels* slegts in een stad in 't Landschap Chiamsi gemaakt wierden, dat d' aarde uit andere Landen gebragt wierd, doch om 't gerief van water, 't welk haar gladder en doorlugtiger maakt, wierden ze in dit Land alleen gemaakt; dat ze bearbeidt en gefatsoeneert wierden, gelyk die van andere Landen, waar van zommige blauw geverst wierden, zommige rood, andere geel, van welke verwe alleen zy den Koning vereeren.

Gg 2   *De*

Nadere
beschry-
vinge daar
van.

De laatste onderrigtinge hier van is te vinden in de reis van den Duitschen Ambassadeur, die van Batavia aan den Keiser van China gezonden wierd, en in 't Fransch gedrukt in 't jaar 1615, die daar duidelyk van verhaalt, dat de aarde, daar de Porselleine Schotels van gemaakt worden, uit het gebergte van Hoang gebragt word, en in hoekachtige stukken geformeert, te water gebragt, en met des Konings zegel gemerkt word; dat d' aarde in haar zelv heel mager en fyn is, glinsterende gelyk Zand; en dat ze word toebereidt en gefatzoeneert op dezelve wyse, gelyk de Italiaanen de fyne aarde vaten van Faventia of Faënça bereiden, en dat zy aangaande dat konststuk zoo zorgvuldig zyn,

Moet 15.
dagen in 't
vuur
staan.

dat het alleen van den Vader maar aan den Zoon geopenbaart word; datze met Indigo geverft, en vyftien dagen achter een in een vuurigen ooven gebakken worden, en bestookt met hout, dat heel droog en niet rookende is, het welk den Auteur gezien hebbende, konde hem qualyk van laechen onthouden over 't gemeene gevoelen, 't welk boven door ons verworpen is.

Redenen
van haar
schaars-
heit.

Vraagt uu iemand, hoe ze zoo schaars of nauwlyks te bekomen zyn, daar ze zoo veel en in korten tyd gemaakt worden? Hier op antwoorden deze laaste Schryvers, dat 'er een groote boete gezet is op die de eerste soorte uit het land voeren. En gewisselyk op deze soorte passen d' eigenschappen, die Scaliger en andere de Porselleine Schotels toeschryven; dat ze geen vergift willen houden, dat ze vuur staan, dat ze niet hooger heet worden, dan daar vogtigheid in gedaan word: Want die onder ons in 't gebruik zyn, en den naam van fynste draagen, zullen alleenlyk vuur staan, maar geen vergift ontdekken, doch mogen boven d' andere dienstig zyn tegen de roode loop.

XXIV. HOOFTDEEL.

Pingan Batu, Gory. *Gift-schotels.*

De Gift-
schotels be-
schreven.

MEn heeft voor dezen die van *Europa* wys gemaakt, dat het fynste Porsellein 't welk men Kraakwerk noemt, die eigenschap zoude hebben, dat het springen of knersen moest, als men eenig vergift daar in dede: De Sinceezen hier van ondervraagt weeten geen Porsellein aan te wysen van het gemeene slach, hoe fyn het ook zyn mag, 't welk die eigenschap zoude hebben; maar wel een ander slach van 't gemeene veel verschillende, 't welk by de Maleyers

't Porsel-
lein 't on-
recht daar
voor ge-
houden.

Pingan Batoe genaamt word. Onder dezen naam vind men verscheide Schotels, die onder malkander in substantie en prys veel verschillen, weshalven ik ze verdeelen zal in gemeene of slegte, en in zeldzaame of kostelyke.

Een an-
der slach
van Por-
sellein be-
schreven.

De gemeene *Pingan Batoe* is een zwaare groote Schotel, als of ze van steen gemaakt was, vlak, op den grond een vinger dik en meer, aan de zyden half zoo dik met omgewelde kanten, glad, bleekgroen, doch de eene meer naar 't blauwe, de ander meer naar 't grauwe trekkende; de meeste zyn eenpaarig van koleur, doch zommige hebben onder 't glasuursel eenige figuuren van bloemwerk uitkyken: Men vind 'er ook, die aan de buiten-zyde veele ronde en verhevene ruggen hebben, eertyds by de Ternataanen zeer geacht, en *Gorange Mangati* genaamt, dat is, Haais-lever of naar 't fat-

't welk
veel ruw-
wer en
groover is.

zoen der ruggen of naar de koleur van de rauwe Haaije-lever. Al het andere slach van *Pingan Batu* noemen ze *Suggi*: Deze soort moet glad, geheel en massief zyn, maar als daar veele scheurtjes inkomen, zoo rekenen ze die voor dood, en niet meer deugende: Dit aardwerk plag eertyds in *Sina* gemaakt te worden, doch was aldaar in geen waarde, maar alleen voor gemeene Lieden, gelyk het ook in der daat een slegt aardewerk is, en hiet in 't Sineesch *Tschopoa*, dat is, steene Schotels: Hedendaags by de Tartarische regeering word het niet uitgevoert, en misschien ook niet meer gemaakt, daarom men nu in waarde houdt al wat men van 't oude slach noch vind; Inzonderheit dat met witte bloemen geschildert is. De Amboineezen, en by na alle inwoonders van

By d'
Amboinee-
zen hoog
geacht,

den Molukkischen kreits, plagten eertyds, ja doen het noch, deze steene Schotels, gelyk ook allerhande fyn Porsellein onder de aarde te vergraaven, om 't zelve niet ligt

te

te verliefen by overval van vyanden, of wanneer hunne ftroohuisjes afbranden; dit doen ze niet omtrent hunne huifen, maar in de bofchtuinen, daarze dan een ftruikje van *Codiho* en *Terminalis* planten, om de plaats te kennen: Andere vergraaven het in fpelonken en onder overhangende klippen, inzonderheit de Alphorcezen of wilde bergwoonders, het zelve eerft dik bewindende met *Goemoet* en *Rottangs*; defe vergraavene fchat haalen ze dan niet eer voor den dag, tot dat ze een groot feeft maaken of aan hunne Duivelen een offer willen doen; zy zyn zoo bedekt met dat vergraavene goetje, dat ze dat zelv aan hunne kinderen niet willen openbaaren: Hier door gebeurt het, dat, zy ondertuffchen ftervende, deze begraavene fchat onbekent blyft, tot dat ze by geval, of door aardbevinge, of door een fterke regen of afval des Landts ontdekt wordt; Op welke manier onze Jagers fchoone Schotels in 't gebergte opgedaan hebben. Zedert zyn uit *Japan* dergelyke Schotels aangebragt, zommige glad en flecht, zommige gefchildert, meer grauw dan groen hebbende, aan fchoonheid de Sineefche niet wykende, behalven dat ze mede dat gebrek hebben, ligt te fpringen of te fcheuren, als men heete koft daar in doet of op koolen zet, doch worden op de zelve manier verbetert, gelyk in 't voorfchrevene Hooftdeel geleert is: Deze zyn nu gemeen, en men koopt het ftuk voor 1 Ryxdaalder, of 1½ voor een gefchilderde, die men zomtyds met goede winft by de Alphorcezen verhandelen kan.

Zeldzaame of koftelyke *Pingan Batu* zyn mede gebloemde en vlakke Schotels, wat kleinder dan de voorfchrevene, te weeten, als een gemeene Schaf-fchotel met breede en geenzins omgewelde randen, niet van eenderlei koleur noch fubftantie: De meefte zyn dik, geenzins doorfchynende met zulken wonderlyken weêrfchyn, dat men de rechte koleur niet befchryven kan. De grond van 't glaffuurfel fchynt geel te zyn, en daar op een lichtpaarfche koleur: De bodem is lichtblauw of afchblauw met een kring omgeeven, van de zelve koleur, die geen weêrfchyn geeft, hier en daar met bruine plekken of ftippeltjes, en als men de Schotel aan een fchaduwachtige plaats aanziet, gelykt ze groen: De buiten-zyde is afchblauw, en als men 'er van binnen nauw oplet, zoo is ze vol fyne fcheurtjes, die men egter niet voelt, behalven de fyne ribbetjes aan de zyden; zommige zyn meer bruin, zommige blauw, zommige groen; men vind 'er ook die omtrent de randen half doorfchynende zyn, dewelke men voor de duurfte houd, daar men 70, ja ook wel 100 Ryxdaalders voor ieder geeft: Dergelyke twee hebben de Koningen van *Makkaffar* gehad, maar de gemeene kan men voor 20 Ryxdaalders krygen; d' oorfaak, waarom deze Schotels zoo duur zyn, is een algemeene inbeelding, die nogtans alle man van d' Inlanders zoo ingenomen heeft, dat ze daar af niet te brengen zyn, hoewel men 'er zoodaanige weinig vind, die de proef konnen uitftaan; de proef beftaat hier in, dat ze het vergift zullen verraden, te weeten, als men eenige vergifte koft in vochtigheid beftaande daar in doet, zoo moet het zop kooken of bobbeltjes opwerpen, de Schotel knerfen en fcheurtjes krygen, of immers haar koleur veranderen: Als men gekookte rys daar in doet, die zal drie dagen lang goet blyven, en niet goor worden, maar wel opdroogen; waar van een Sineefche *Kyayloera* of ontfanger van *Grifek* my verzekerde zulks geprobeert te hebben; als men kalk op den buitenften bodem ftrykt, daar de Schotel niet verglaaft is, die zal haare fcherpigheid verliefen, zoo dat men ze zonder fchade in den mond kan houden: Wat van deze dingen zy, kan ik niets voor zeker zeggen, dewyl my het geluk tot noch toe niet gedient heeft een zulke Schotel te bemachtigen, die de voorgemelde preuve kan uitftaan, behalven een van het gemeene flach, waar van ik het volgende ondervonden hebbe: Wy hebben fublimaat in water los gemaakt, en het zelve in de Schotel gegooten, de plaats, daar het water ftont, kreeg een andere, dat is, lichter koleur, maar wy wierden geen knerfen noch fcheuren gewaar, en als men 't water weder uitnam, zoo kreeg de Schotel haar voorige koleur: Op de onderfte bodem heb ik meffel-kalk laten ftryken, na een weinig tyds proefden de omftanders daar van, en de zelve in den mond houdende zeiden geen fcherpigheid te gevoelen; ik dede

het

Die het begraaven.

En niet gebruiken, als in hun Afgoden-dienft.

Doch die wordenn nu in Japan noge-maakt.

Van deze een twee-de foort.

Haar gedaante en koleur.

Worden heel waardig gehouden.

En waarom.

De proef door den Schry-ver genoten

Doch ontwaar bevonden.

Een andere proef met kalk.

het mede, en proefde wel de natuurlyke kalkfmaak, doch wyl d' omftanders zeiden

*En be-
vonden als
voren.*

niets te gevoelen, zoo zeide ik mede zoo: Ik wil echter hier mede dit koftelyke Vaatwerk geenzins verkleint hebben, maar liever geloven, dat ik het befte flach niet gehad heb, en de ondervindinge andere aanbevolen laten, die de gelegentheid daar toe
hebben, want in deze Oofterfche geweften zyn ze zoo weinig te vinden, dat men
qualyk van de een of van d' andere hoort, en die ze bezitten willen ze qualyk toonen.
Van haaren oorfpronk weet ik ook niet zekers te zeggen, doch het gemeen gevoelen
is, dat ze eertyds uit *Sina* gebragt, en door de Inlanders dezer Eilanden hier en daar
vergraaven zyn: De Sineezen hier van ondervraagt hebben my het volgende opgegeeven:

*Berigt
der Cbi-
neezen
hier van.*

De vermaarde Sineefche Admiraal *Sampo* zal de eerfte uitvinder en werkmeefter van
dit Vaatwerk zyn, doch waar hy 't zelve gemaakt, en waar hy de ftof daar toe gevonden heeft, zyn ze in 't verhaalen niet eenpaarig: Zommige zeggen, dat hy ze noch
in *Sina* zynde gemaakt heeft, en als de ruuwe Schotels op de bank ftonden, eer ze
in den oven quaamen, dat 'er een groote vogel, na hun befchryving *Geruda* of Grif-

*Ex hun
bygeloof.*

fioen, over de werkftede zy gevlogen, dat het geheele huis daar van daverde; waar
van de Schotels die fcheurtjes zouden bekomen hebben, dewelke zy dan voor een teken van oprechte houden.

*Ander
berigt van
deze Gift-
fchotels.*

Andere willen, dat de voornoemde *Sampo* deze Schotels zal gemaakt hebben op 't
Eiland *Condor*, voor 't Land *Cambodja* leggende, en maar uit eenen hoogen berg beftaande, als hy van *Humvuus* den eerften Sineefchen Keifer, na het verjagen van de
Tartars, naar vreemde Landen gezonden wierde, om het koftelykfte van ieder Land
voor zyn Keifer op te foeken en mede te brengen; het zy zoo 't wil, het is zeker,
dat men de Schotels meeft vind in de Landen van dezen *Sampo* befocht, en alwaar
hy een tydlang gewoont heeft: Onder dewelke voornamentlyk genoemt worden, *Borneo*, *Makkaffar*, *Baly*, *Java*, en *Malacca*, alwaar de Sineefche put aan 't bergje *Bu-*

*En waar
van zy
haar bena-
ming heb-
ben.*

kit Sina noch te kennen is: Van hem worden deze Schotels noch by de Sineezen
Sampo poa genaamt, en boven de voorfchreve noch de volgende eigenfchap toegefchreven; dat ze 't fout water daar in gegoten verfch en drinkbaar moeten maaken; maar
de gemeene *Pingan Batu* noemen ze *Tsoe Pijan*. De Ternataanen noemen allerhand
koftelyk Porfellein-werk *Picca Radja*, dat is, Koninglyk Huisraad.

*Gori.
Haar ko-
leur, ge-
daanten,*

Gift-fchotels of *Gori* zyn of dezelve of dergelyk flach van Schotels, doch meeft
naar den groenen trekkende met dergelyken weérfchyn, zommige in de gedaante van
Schotels, zommige van Tafelborden, en andere van Kommetjes: Deze koopt men in
Pegu, alwaar ze komen van *Ava*, en worden naar oud Indien vervoert, alwaar ze in
groote waarde gehouden wierden, zoo dat de Guzaratten eertyds voor een zulke Scho-

*En groo-
te waarde,
die daar
na ver-
mindert is.*

tel 150 en 200 Ryksdaalders gaven, om dat ze naar hun zeggen geen vergift konde lyden;
maar als de gierigheid de meenigte heeft ingevoert, en miffchien ook de winfucht der
Peguers de zelve nagebootft en vervalfcht heeft, zoo zyn zy in verachting gekomen,
en zoo ik verftaa, blyven ze te *Golconda* in 't Pakhuis van de Compagnie leggen,
want de Sineezen zullen ze niet kopen, vermits hunne laatdunkenheid niets acht, 't
welk niet uit *Sina* komt: Zoo is het ook onzeker, of de maker *Sampo* zelv ge-
weten, of de menfchen wys gemaakt heeft, dat deze Schotels 't vergift niet
konnen verdraagen, dan of de zelve Schotels niet eenige eigenfchap ontfangen

*'t Gevoe-
len van
den Schry-
ver on-
trent het
begraaven
der zelver.*

hebben van d' aarde, daar ze zoo lange jaaren hebben vergraaven gelegen. Immers ik beelde my in, dat men hier en daar verfcheiden Vaatwerk vind, door de Ouden
vergraaven, 't welk ik niet gelove, dat *Sampo* gemaakt heeft; by voorbeeld in het gebergte achter *Cheribon* op *Java* worden by geval nu en dan bruine of donkerroode
Kopjes en Schoteltjes, ook vuilwitte Kroesjes met blauwe bloemen en vol fcheuren gevonden, dewelke de Sineezen voor 't maakfel van *Sampo* hielden, en de proef van kalk
verfch te maaken uitftond, daar het waarfchynlyker is, dat ze, inzonderheid de bruine
en roode, op *Cheribon* zelv gemaakt zyn, (alwaar men noch roode Gargeletten en der-

ge-

te verliefen by overval van vyanden, of wanneer hunne ftroohuisjes afbranden; dit doen ze niet omtrent hunne huifen, maar in de bofchtuinen, daarze dan een ftruikje *Die het begraaven.* van *Codiho* en *Terminalis* planten, om de plaats te kennen: Andere vergraaven het in fpelonken en onder overhangende klippen, inzonderheit de Alphoreezen of wilde bergwoonders, het zelve eerft dik bewindende met *Goemoet* en *Rottangs*; defe vergraavene fchat haalen ze dan niet eer voor den dag, tot dat ze een groot feeft maaken of aan hunne Duivelen een offer willen doen, zy zyn zoo bedekt met dat vergraavene *En niet gebruiken, als in hun Afgodendienft.* goetje, dat ze dat zelv aan hunne kinderen niet willen openbaaren: Hier door gebeurt het, dat, zy ondertuffchen ftervende, deze begraavene fchat onbekent blyft, tot dat ze by geval, of door aardbevinge, of door een fterke regen of afval des Landts ontdekt wordt; Op welke manier onze Jagers fchoone Schotels in 't gebergte opgedaan hebben. Zedert zyn uit *Japan* dergelyke Schotels aangebragt, zommige glad en flecht, *Doch die worden nu in Japan nagemaakt.* zommige gefchildert, meer grauw dan groen hebbende, aan fchoonheid de Sineefche niet wykende, behalven dat ze mede dat gebrek hebben, ligt te fpringen of te fcheuren, als men heete koft daar in doet of op koolen zet, doch worden op de zelve manier verbetert, gelyk in 't voorfchrevene Hooftdeel geleert is: Deze zyn nu gemeen, en men koopt het ftuk voor 1 Ryxdaalder, of 1½ voor een gefchilderde, die men zomtyds met goede winft by de Alphoreezen verhandelen kan.

Zeldzaame of koftelyke *Pingan Batu* zyn mede gebloemde en vlakke Schotels, wat *Van deze een tweede foort.* kleinder dan de voorfchrevene, te weeten, als een gemeene Schaf-fchotel met breede en geenzins omgewelde randen, niet van eenderlei koleur noch fubftantie: De meefte zyn dik, geenzins doorfchynende met zulken wonderlyken weêrfchyn, dat men de rechte koleur niet befchryven kan. De grond van 't glaffuurfel fchynt geel te zyn, en daar op een lichtpaarfche koleur: De bodem is lichtblauw of afchblauw met een kring omgeeven, van de zelve koleur, die geen weêrfchyn geeft, hier en daar met bruine *Haar gedaante en koleur.* plekken of ftippeltjes, en als men de Schotel aan een fchaduwachtige plaats aanziet, gelykt ze groen: De buiten-zyde is afchblauw, en als men 'er van binnen nauw oplet, zoo is ze vol fyne fcheurtjes, die men egter niet voelt, behalven de fyne ribbetjes aan de zyden; zommige zyn meer bruin, zommige blauw, zommige groen; men vind 'er ook die omtrent de randen half doorfchynende zyn, dewelke men voor de duurfte houd, daar men 70, ja ook wel 100 Ryxdaalders voor ieder geeft: Dergelyke twee hebben de Koningen van *Makkaffar* gehad, maar de gemeene kan men voor *Worden heel waardig gehouden.* 20 Ryxdaalders krygen; d' oorfaak, waarom deze Schotels zoo duur zyn, is een algemeene inbeelding, die nogtans alle man van d' Inlanders zoo ingenomen heeft, dat *En waarom.* ze daar af niet te brengen zyn, hoewel men 'er zoodaanige weinig vind, die de proef konnen uitftaan; de proef beftaat hier in, dat ze het vergift zullen verraden, te weeten, als men eenige vergifte koft in vochtigheid beftaande daar in doet, zoo moet het zop kooken of bobbeltjes opwerpen, de Schotel knerfen en fcheurtjes krygen, of immers haar koleur veranderen: Als men gekookte rys daar in doet, die zal drie dagen *De proef door den Schryver genomen.* lang goet blyven, en niet goor worden, maar wel opdroogen; waar van een Sineefche *Kyayloera* of ontfanger van *Grifek* my verzekerde zulks geprobeert te hebben; als men kalk op den buitenften bodem ftrykt, daar de Schotel niet verglaaft is, die zal haare fcherpigheid verliefen, zoo dat men ze zonder fchade in den mond kan houden: Wat van deze dingen zy, kan ik niets voor zeker zeggen, dewyl my het geluk tot noch toe niet gedient heeft een zulke Schotel te bemachtigen, die de voorgemelde preuve kan uitftaan, behalven een van het gemeene flach, waar van ik het volgende ondervonden hebbe: Wy hebben fublimaat in water los gemaakt, en het zelve in de *Doch onwaar bevonden.* Schotel gegooten, de plaats, daar het water ftont, kreeg een andere, dat is, lichter koleur, maar wy wierden geen knerfen noch fcheuren gewaar, en als men 't water weder uitnam, zoo kreeg de Schotel haar voorige koleur: Op de onderfte bodem heb *Een andere proef met kalk.* ik meffel-kalk laten ftryken, na een weinig tyds proefden de omftanders daar van, en de zelve in den mond houdende zeiden geen fcherpigheid te gevoelen, ik dede

het

En be-
vonden als
voren.

het mede, en proefde wel de natuurlyke kalkſmaak, doch wyl d' omſtanders zeiden
niets te gevoelen, zoo zeide ik mede zoo: Ik wil echter hier mede dit koſtelyke Vaatwerk geenzins verkleint hebben, maar liever geloven, dat ik het beſte ſlach niet gehad heb, en de ondervindinge andere aanbevolen laten, die de gelegentheid daar toe
hebben, want in deze Ooſterſche geweſten zyn ze zoo weinig te vinden, dat men
qualyk van de een of van d' andere hoort, en die ze bezitten willen ze qualyk toonen.
Van haaren oorſpronk weet ik ook niet zekers te zeggen, doch het gemeen gevoelen
is, dat ze eertyds uit *Sina* gebragt, en door de Inlanders dezer Eilanden hier en daar
vergraaven zyn: De Sineezen hier van ondervraagt hebben my het volgende opgege-
ven:

Berigt
der Chi-
neezen
hier van.

De vermaarde Sineeſche Admiraal *Sampo* zal de eerſte uitvinder en werkmeeſter van
dit Vaatwerk zyn, doch waar hy 't zelve gemaakt, en waar hy de ſtof daar toe gevonden heeft, zyn ze in 't verhaalen niet eenpaarig: Zommige zeggen, dat hy ze noch
in *Sina* zynde gemaakt heeft, en als de ruuwe Schotels op de bank ſtonden, eer ze
in den oven quaamen, dat 'er een groote vogel, na hun beſchryving *Geruda* of Grif-

En hun
bygeloof.

fioen, over de werkſtede zy gevlogen, dat het geheele huis daar van daverde; waar
van de Schotels die ſcheurtjes zouden bekomen hebben, dewelke zy dan voor een teken van oprechte houden.

Ander
berigt van
deze Gift-
ſchotels.

Andere willen, dat de voornoemde *Sampo* deze Schotels zal gemaakt hebben op 't
Eiland *Condor*, voor 't Land *Cambodja* leggende, en maar uit eenen hoogen berg beſtaande, als hy van *Humvuus* den eerſten Sineeſchen Keiſer, na het verjagen van de
Tartars, naar vreemde Landen gezonden wierde, om het koſtelykſte van ieder Land
voor zyn Keiſer op te ſoeken en mede te brengen; het zy zoo 't wil, het is zeker,
dat men de Schotels meeſt vind in de Landen van dezen *Sampo* beſocht, en alwaar
hy een tydlang gewoont heeft: Onder dewelke voornamentlyk genoemt worden, *Bor-*
neo, *Makkaſſar*, *Baly*, *Java*, en *Malacca*, alwaar de Sineeſche put aan 't bergje *Bu-*

En waar
van zy
haar benu-
ming heb-
ben.

kit Sina noch te kennen is: Van hem worden deze Schotels noch by de Sineezen
Sampo poa genaamt, en boven de voorſchreve noch de volgende eigenſchap toegeſchre-
ven; dat ze 't ſout water daar in gegoten verſch en drinkbaar moeten maaken; maar
de gemeene *Pingan Batu* noemen ze *Tsoe Pijan*. De Ternataanen noemen allerhand
koſtelyk Porſellein-werk *Picca Radja*, dat is, Koninglyk Huiſraad.

Gori.
Haar ko-
leur, ge-
daanten,

Gift-ſchotels of *Gori* zyn of dezelve of dergelyk ſlach van Schotels, doch meeſt
naar den groenen trekkende met dergelyken weêrſchyn, zommige in de gedaante van
Schotels, zommige van Tafelborden, en andere van Kommetjes: Deze koopt men in
Pegu, alwaar ze komen van *Ava*, en worden naar oud Indien vervoert, alwaar ze in
groote waarde gehouden wierden, zoo dat de Guzaratten eertyds voor een zulke Scho-

En groo-
te waarde,
die daar
na ver-
mindert is.

tel 150 en 200 Ryksdaalders gaven, om dat ze naar hun zeggen geen vergift konde lyden;
maar als de gierigheid de meenigte heeft ingevoert, en miſſchien ook de winſucht der
Peguers de zelve nagebootſt en vervalſcht heeft, zoo zyn zy in verachting gekomen,
en zoo ik verſtaa, blyven ze te *Golconda* in 't Pakhuis van de Compagnie leggen,
want de Sineezen zullen ze niet kopen, vermits hunne laatdunkenheid niets acht, 't
welk niet uit *Sina* komt: Zoo is het ook onzeker, of de maker *Sampo* zelv ge-
weten, of de menſchen wys gemaakt heeft, dat deze Schotels 't vergift niet
konnen verdraagen, dan of de zelve Schotels niet eenige eigenſchap ontfangen

't Gevoe-
len van
den Schry-
ver en-
trent het
begraaven
der zelver.

hebben van d' aarde, daar ze zoo lange jaaren hebben vergraaven gelegen. Immers ik beelde my in, dat men hier en daar verſcheiden Vaatwerk vind, door de Ouden
vergraaven, 't welk ik niet gelove, dat *Sampo* gemaakt heeft; by voorbeeld in het gebergte achter *Cheribon* op *Java* worden by geval nu en dan bruine of donkerroode
Kopjes en Schoteltjes, ook vuilwitte Kroesjes met blauwe bloemen en vol ſcheuren gevonden, dewelke de Sineezen voor 't maakſel van *Sampo* hielden, en de proef van kalk
verſch te maaken uitſtond, daar het waarſchynlyker is, dat ze, inzonderheid de bruine
en roode, op *Cheribon* zelv gemaakt zyn, (alwaar men noch roode Gargeletten en der-

ge-

gelyk Vaatwerk maakt) en een tydlang onder de aarde gelegen hebben, waar door ze
miſſchien die verſch makende kragt konnen hebben, en ook metter tyd weder ſtaande
verlieſen.

Op *Boeton* noemen ze deze Schotels *Manco Paſo*, om dat ze op den bodem 1 of 3 *Worden ook Manko Paſo genaamt.*
zwarte ſtreepen hebben als groote ſpykers; de Koning van *Boeton* heeft 'er een van een
Aſta of kleine elle wyd, lichtgroen, dik, zwaar, vol ſcheurtjes, nochtans glad,
daar in hy zich roemt ſout water te konnen verſch maaken.

Op *Beliton* en *Crimata* graaft men niet alleen deze Schotels uit de aarde, maar *Antique Potten.*
ook groote antique Potten van 1½ en 3 en 4 voeten hoog, van buiten verglaaſt, geel
of geelgroen, met Slangen, Draaken en dergelyke ongedierten geteikent, boven met
een wyden mond, dat men 't hoofd daar in ſteken kan, en worden *Tadsjos* genaamt;
men vermoedt, dat ze in oude tyden de aſch van hun verbrande doden daar in vergraaven hebben: Hun word geen kracht van vergift te wederſtaan toegeſchreeven,
echter zyn ze in achtinge niet alleen wegens hunne zeldzaamheid, maar ook om dat
men groote koopmanſchap daar mede dryven kan by de Alphoreezen op *Borneo*, de- *En waar toe die gebruikt worden.*
welke voor ieder ſtuk graag een ſlaaf geeven om de koppen van hunne vianden daar in
te bergen; want het is by hun de manier, gelyk by onze Alphoreezen op *Keram*,
dat niemand mag een wyf trouwen of een nieuw huis oprigten, die niet te voren een kop
van den viand gehaalt heeft, dewelke zy dan onder hunne ſchatten bewaaren.

De *Pingan Batu* van d' eerſte ſoorte moeten helder klinken, en zonder ſcheurtjes *Onderſcheid van dit Vaatwerk.*
zyn, maar de tweede of koſtelyke hebben een dooven klank, en de ſcheurtjes worden
daar aan gepreſen, niet die door ſtooten of ſlaan daar in komen, maar die zich onder
't glaſſuurſel vertoonen, zeer fyn en daar in gebakken zyn: Zoo ſchynt 'er ook een
onderſcheid te zyn tuſſchen de groene Gift-Schotels en Gorys uit *Pegu* komende en de
dikke *Pingan Batu*, in 't Sineeſch *Sampo Poa* genaamt, dewelke naar 't zeggen der Sineezen eertyds in *Sina* gemaakt zyn by de ſtad *Jautſcheu* in 't Landſchap *Kiangſi* of *Kang-
ſay*, doch nu in veele hondert jaaren niet meer, zynde eertyds in deze Indiſche geweſten gebragt door *Sampo:* Zy moeten ligter zyn dan gemeen Porſellein, en een dooven klank hebben, den welken zy verkregen hebben door hun ouderdom en door het lang
vergraaven leggen onder d' aarde: In *Sina* worden ze zeer koſtelyk gehouden, geen- *En waar om die begeerig zyn.*
zins wegens eenige zonderlinge kragten, gelyk hem de Maleijers toeſchryven, maar
alleenlyk dewyl ze een oud Meeſterſtuk zyn, 't welk hedendaags niemand meer kan namaaken, weshalven zy door de Sineezen in Indien worden opgekogt, en in *Sina*
vervoert.

Het verhaal van den Sineeſchen Admiraal *Sampo*, en der diere Schotels, *Pingan Batu* *Pater Martinus verhaal wegens den Sineeſchen Admiraal Sampo.*
genaamt, dewelke hy in deze landen gebragt heeft, zoo als het onze Amboinſche Si-
neezen zelf opgeeven, is als volgt:

De diere Schotels, in 't Maleitſch *Pingan Batu*, in 't Sineeſch *Sampo Poa* genaamt,
zyn voor 350 jaaren gemeene Schotels in *Sina* geweeſt, vermits de Sineeſche Keiſers
't Porſellein naar hun believen zomryds veranderen, zoo wel in ſtof als in gedaante,
doch hebben de voornoemde Schotels haare waardigheid gekregen op de volgende manier: Als omtrent voor 324 jaaren, of gelyk *Pater Martinus* ſchryft, in 't Jaar Chri-
ſti 1368. *Hungvu* of *Humvu* de Tartars verjaagt hadde, en daar door de eerſte Sineſche Keiſer geworden was uit het geſlachte *Tsju*, by *Pater Martinus*, *Taiminga* genaamt, en 37 jaaren geregeert hadde, heeft hy na zyn dood het ryk overgelaten aan
zyn Zoons Zoon *Kembun*, beide tot *Nankin* hun verblyf houdende; doch deze *Kembun* is verdreven door zyn Oom *Englok*, vierde Zoon van *Humvu*, in 't derde jaar
zyner regeering, den welken miſſchien *P. Martinus*, *Taichangus* noemt: Deze *Englok* heeft den Keiſerlyken ſtoel van *Nankin* naar *Pakin* overgebragt, en onder zyne
getrouwſte vrienden, die hem tot de regeering geholpen hebben, gehad eenen *Ong-
Sampo* tot Raadsheer en Hofmeeſter van zyn geheel huis, een zeer geleerd, wys en magtig man, ervaren in natuurlyke konſten: Op zeker tyd vraagde de Keiſer dezen *Sam-*

po,

po, waar doch de verdreven *Kembun* fchuilen mochte, of hy levendig of dood was, en of 'er hoop was om hem in handen te krygen, *Sampo* antwoorde: Uit den loop der ftarren weet ik dat hy noch leeft, hy fchuilt in verre plaatfen, doch gy zult hem niet vinden noch in handen krygen; de Keifer wierd hier over ontftelt en bekommert, dat *Sampo* wel mochte weeten, waar zich *Kembun* ophield, en heimelyk met hem

Die be-
vel krygt
om Kem-
bun op te
zoeken.
houden: Hy vermaande dan *Sampo*, dat hy als een wys en in alle natuurlyke konften ervaren man zich zoude op een zeereize begeven, *Kembun* in alle Landen opzoeken en met een voor hem wat raars medebrengen, hy zoude hem fcheepen, volk en levens-middelen befchikken: *Sampo*, daar naar trachtende om zich van den Keifer te ont-flaan, en op verre zeereizen te komen, hoewel de Sineezen doe in veele hondert jaa-ren geen groote zeereizen geoeffent en de ftuurkonft fchier vergeeten hadden, heeft zulks echter aangenomen, den Keifer verzekerende, dat hy tot alles raad wifte, en ook zelf voor zyne Lands-Lieden een nieuw Stuurmans-boek gemaakt hadde; hy

Waar toe
een Vloot
uitgeruft
word in 't
jaar 1420.
rufte dan een Vloot toe van omtrent 18 fcheepen van alles wel voorzien in 't 13de jaar van *Englocks* regeering of 't jaar Chrifti 1421. wanneer *Sampo* zyn eerfte reis begon: De Vloot ftond onder drie Hoofden, alle 3 *Sampo* genaamt als Koninglyke Faktoren, waar van de eerfte en grootfte was dezen *Ong-Sampo* als Admiraal over de Vloot, ge-houden niet alleen voor een wys en geleert, maar ook voor een heilig en in wonder-werken magtig man; deze dan nam onder anderen mede tot zyn dienft en huishou-

Neemt
eenige Por-
fellein en
tot zyn ge-
bruik me-
de.
ding, en geenzins tot koopmanfchappen, veelderlei Porfellein van fchotels, kommen en potten, gelyk toenmaals in *Sina* gebruykelyk waaren, dewelke alle, het zy door de heiligheid van *Sampo* of door byzondere konft, 't welk de Sineezen niet weeten te zeg-gen, die kracht en eigenfchappen verkreegen hebben, dat het drinkwater in de pot-ten nooit ftinkend wierd, de gekookte ryft en andere koft in de fchotels gedaan vee-

Die, zoo
zy gelou-
ven, won-
derlyke
krachten
verkree-
gen.
le dagen onbedorven bleev, alle de geneesmiddelen in de kommen gedaan haare krach-ten verdubbelden, ja het water daar uit gedronken den brand in de koortfe verfloeg; doch hebben nooit gehoort, dat het vergift, in 't Sineefch, *Pifun*, in 't Maleitfch, *Warangan*, by de onze *Arfenicum* genaamt, daar in gedaan de fchotels zoude doen fpringen of van koleur veranderen, gelyk naar hun zeggen wel in 't gemeene Porfel-lein gebeurt, maar in 't tegendeel, dat de fchotels van *Sampo* geen verandering moe-

Van wel-
ke hy in
andere
Landen
gefchonken
doet.
ten toonen, en evenwel het vergift krachteloos maaken: Van dit Porfellein heeft *Sam-po* hier en daar in de Landen daar hy geweeft is aan de grooten eenige gefchonken, die zy altyd voor een groot Rariteit en koftelykheid, ook om van den brand bevryd te zyn, gehouden en zomtyds begraaven hebben. In zyn eerfte reis dede hy de Landen van

Zyn voor-
vallen in
verfcheide
plaatfen.
Tunkin, *Cautfchi*, *Cambodja* en *Siam* aan; komende eindelyk tot *Sohor*, daar zoo veele en krachtige tovenaars waaren, dat ze hem eenige fcheepen op de bergen haal-den, eindelyk geraakte hy tot *Malacca*, daar hy mede door ftorm en onweër eenige fcheepen verloor, derhalven genoodzaakt wierd aldaar wat te ruften en nieuwe fcheepen te timmeren: De overblyffels en gedenktekenen hier van te *Malacca*, zyn het Berks-

En wat
hy zyn
Keifer we-
der terug
brengt.
ken *Bukit Sina*, en de Sineefche Put, die alleen goed drinkwater heeft: Na vyf jaa-ren keerde hy weder tot zyn Keifer mede brengende fchoon fyn wit linnen, *Sanho-fu* of Bloedkoraal-boomen en *Calambac* of Paradyshout; doch *Englok* was te onvrede, dat hy zoo veel volks en fcheepen verlooren hadde, hield hem daarom by zich tot *Pakin*, hoewel *Sampo* om nieuwe fcheepen en volk aanhield, en een tweede tocht wilde doen, het welk echter niet gefchiede tot in 't tweede jaar der regeering van *Engloks* Zoons Zoon

Zyn
tweede
tocht,
Suan Tie of 28 jaaren naar zyn eerfte tocht, omtrent het jaar Chrifti 1450. wanneer *Sampo* voor het tweedemaal uitgevaaren is, veel meer andere Landen aandoende dan te voren, als *Borneo*, *Baly* en *Java*, daar men noch overal zyne gedenktekenen toont, en daar hy van deze fchotels en potten al wederom gelaten heeft, die men nu heden-

Wat hy
verricht.
daags hoewel zelden vind, na dat zommige over de 100 jaaren vergraaven hebben ge-legen naar de manier van deze Ooftersche volkeren, die hun koftelykfte huisraad meeft vergraaven: Eindelyk is hy in *Siam* gekomen, zoo 't fchynt, niet gezint zynde naar

zyn

zyn Vaderland te keeren, alwaar hy ook geftorven is, na dat hy met een Wonderman *En waar* van *Siam* lang geftreden hadde, wie de grootfte wonderwerken zoude konnen doen; *by gefter-* en volgens bericht zoude 'er noch een groot paleis in *Siam* zyn, 't welk *Sampo* gebouwt *ven is.* heeft in 3 eetmaalen, in welken tyd de Siammer niet meer dan een *Tà* of *Pyramide* heeft konnen oprechten.

De koftelyke en opregte Schotels, die men *Poa Sampo* noemt, zyn aldus gefchikt: *Nadere* De grootfte daar onder zyn over een elle wyd, andere kleinder en dieper, doch alle *befchry-* meeft van die gedaante als de nieuwe overkomende *Gori* of *Gift-fchotels*, wel grof en *Poa Sam-* dik van fubftantie, doch niet zwaar, ook van een gantfch doove klank; van koleur *po.* zyn zommige vuilwit, andere geel, bleekgroen, blauw, donkerbruin, en zommige *leur en* ook zwart, maar nooit rood, alle met fyne pas kennelyke fcheurtjes in 't glaffuurfel na *groote* buiten; van onderen aan den bodem met een bruine kring omtrent 2 vingers breed om- *waarde.* geeven, alwaar ze ook niet of weinig verglaaft zyn; aan de gebrookene ftukken ziet men de binnenfte aarde niet wit noch fteenhard als aan de gemeene, maar houtverwig, en met een nagel kan men daar van fchrappen, gelyk aan een gebakken fteen van bin- nen: Deze Schotels zyn hedendaags zelv in *Sina* zoo hoog geacht, dat de Sineezen de- zelve op *Java* en andere plaatfen voor 40 en 50 Ryksdaalders opkoopen en in *Sina* voeren, daar zy het ftuk voor 100 en 150 Ryksdaalders verkoopen.

De *Gori*, in 't jaar 1684. in *Amboina* aangebragt, kennen zy niet, waar ze gemaakt zyn, gelyk ze ook geene kentekenen hebben van de *Poa Sampo* of Schotels van *Sampo*; maar zy weeten wel, dat ze in *Japan* op 't nauwfte nagebootft worden, dewelke men hier *Worden* plagt voor 1½ en 2 Ryksdaalders te koopen, hoewel ze niets van de voorfchreve ken- *poneezers* tekens hebben. *nage-*
maakt.

XXV. HOOFTDEEL.

Mamacur *of* Macur.

Hier zal ik verhaalen, hoe een nietig ding door enkel goedvinden en inbeel- *De Ma-* ding der menfchen tot zulk een waarde kan koomen, dat het onder de voor- *macur be-* naamfte fchatten gerekent word. Een dikken, plompen Armring, dewelke *in zyn ftof-* onze Natien voor glas aanzien, en ook anders niet is dan een maakfel van *fe en ge-* menfchen handen, van glas, *Amaus* en dergelyke klaare fteentjes gemaakt, van zulke wydte, dat men 'er een bequaame hand effen doorftecken kan; aan de binnenkant al- tyd vlak, ruig, fchaars een duim breed; van buiten zyn zommige met een ronde rug- ge, zommige loopen wat driekantig toe als een dak, doch met een rondachtige rugge, en fchynen altyd van tweederlei fubftantie gemaakt te zyn, want de binnenfte kant of bodem is grof en donker, de rugge glad en half doorfchynend gelyk een dik glas; in 't gemeen noemt men ze *Mamacur* en *Macur*: By de Mooren *Mamacul*: Op Keram *Mamaur*: By die van Ooft-Keram, *Dittir*: In de Zuid-Oofter Eilanden *Ditti*; op *Lety* en *Moa* worden ze genaamt *Sely*. Ik hebbe daar van driederlei foorten gezien, van *Waar van* malkander veel in fubftantie en prys verfchillende: De eerfte, befte en meeft geachte *3.foorten* zyn regt glasgroen met een ronde rugge, half doorfchynend gelyk het dikfte van de *De eer-* Engelfche bottels, wat zwaarder dan gemeen glas; als men ze tegen den dag houd, *foort is* moet men daar in eenige wolkjes zien dryven, die haar met het neigen veranderen, *koleur.* 't welk de Alphoreezen voor flangen en draaken aanzien.

De tweede en zommige voor de befte geachte is hoogblauw, mede halv doorfchy- *De 2.de* nend, daar zomtyds wat paars onderloopt, van binnen met dryvende wolkjes en als *foort is* zandkorreltjes: Deze beide zyn altyd rond van rug, van buiten niet gefchildert, en *blauw.*

hoe

hoe meer veranderingen van koleuren, wolken en water zy van binnen vertoonen, hoe kostelyker zy zyn.

De derde is veel slechter dan de voorige, doch in de Zuid-Ooster Eilanden tot *Timor* toe meer geacht dan op *Keram*: Deze zyn driekantig met een ronden rug, van groen, bruin, en blauw glas, daar in veele kuiltjes gegraaven zyn, en de zelve gevult met geel en rood lak-werk, 't welk met 'er tyd daar weder uit valt; deze plekken zyn zoodaanig geordineert, dat 'er een roode tusschen twee geele komt, alle omtrent een vinger breed en loopen dwers over den rug.

De Inlanders betwisten ons met grooten eernst, dat deze geen gemaakte maar natuurlyke Steenen zyn, uit de bergen of uit zee komende, en de winsucht raad onze Natie aan, dat men ze by dat gevoelen laat, want het is een van de vermaartste koopmanschappen onder deze Inlanders, zoo dat men voor een van de slechtste een slaaf kan krygen, maar zoo ze mooi gewatert en naar hun sin gewolkt zyn, kan men wel 5, 10, en meer slaaven voor een krygen; ja zy voeren onder malkander oorlog om de zelve: Van waar nu deze Ringen koomen, kan men niet eigentlyk weeten, het waarschynlykste is, dat eertyds de Portugeezen de zelve in deze Eilanden gebragt en de menschen wys gemaakt hebben, dat het kostelyke Steenen waaren; want het is zeker, dat

de hedendaagsche Papen in *Bengale*, en op de kust van *Coromandel* dergelyke Armringen geeven aan die in hunne tempelen offeren, die zy buiten twyffel van eenig grof glas maaken: Evenwel kan men niet eigentlyk weeten, hoe en waar uit zy die maaken, en dat ze zulke wateren hebben: Dit is te verwonderen, dat de Javaanen, die door een lange omgang met d' Europeërs nu snedig zyn geworden, evenwel de rechte groene *Mamacurs* opkopen, en aan hunnen Koning tot een groot present vereeren.

Nu zullen wy verhaalen, wat de Alphoreezen van *Keram* met deze Ringen doen; de gemeene man mag de zelve niet hebben, immers niet opentlyk, en het moet al een grooten *Radja* zyn, die 'er een besit, houdende zich rykgenoeg, als hy deze drie dingen heeft, een steene Schotel of *Pingan Batu*, een *Mamola* of steene Pot, van wit Porsellein van buiten met figuuren, loofwerk en draaken versiert, en een zulken *Mamakur*.

De twee eerste dingen, als in 't voorgaande Hoofdeel vermeldt is, worden met kattoen, gomuto, en rottang digt bewonden, dat men wel een uur te doen heeft, eer men een los snyd, ook worden ze in de aarde begraaven: De *Mamakur* word ook met kattoen en linnen bewonden, en boven in 't huis aan een hoogen balk opgehangen, om dat hy naar hun zeggen in geen kisten wil besloten zyn: Op de nieuwe maan haalen ze hem af, en doen hem offerhanden met een hoen, ja zy doopen hem

zomtyds in 't bloed van een hoen, zeggende dat hier door zyne wateren ter dege voor den dag zullen koomen; als zy ten oorlog of op roof willen uitgaan, zoo beschouwen ze hem ook, en willen daar in goed of quaad geluk voorzien; het is niet ongelooflyk, dat de Leugengeest daar onder speelt, en door deze κατοπτρομαντία weet zyne dienaars iets te vertoonen, waar na zy hun konnen schikken.

Ten tyden van den Gouverneur *Herman* van *Speult*, wanneer d' eerste oorlogen in *Amboina* begonden, wierd *Lissabatte* op Kerams Noordkust ook afgelopen, alwaar onzen *Gnatahoedi Paulo Gomes* in 't huis van den overste aan een balk een zulken *Mamakur* vond: Deze was blauw naar 't groene trekkende, gelyk het glas aan den voet van de fyne roemers, met wateren, wolken en vier koleuren van binnen.

Radja Saulau de machtigste onder de Alphoreezen op *Keram* hadde eertyds een glasgroenen *Mamakur*, waar over geduurig oorlog gevoert wierd met zyne naabuuren, zoo dat hem nu d' een nu d' ander bezat; eindelyk raakte hy in handen van ons volk, die hem straks naar 't Vaderland zonden, en lieten dergelyke Ringen van glas maaken, dewelke zy met den oprechten aan die van *Keram* vertoonden om te verkoopen, maar die van *Keram* wisten met der haast hunnen ouden en rechten Ring uit te kiesen, en

begeer-

begeerden d' andere niet, hoewel d' onze fchier geen onderfcheid daar aan zaagen, geene wolkjes maar wel zandkorreltjes konden befpeuren; wilde men derhalven vreede met hun hebben, zoo moeft men hun den rechten Ring wedergeeven: Ik achte dat men deze Ringen van geen gemeen glas, maar van doorfchynend *Amaus* moet maaken, gelyk de fteene *Paternofters* zyn, die den Bernfteen gelyken. *Voorval hier van.*

De Præfident *Simon Cos* namaals Gouverneur in *Amboina* heeft in 't jaar 1655. in de Negory *Noccohar* op Kerams Noordkuft een zulken *Mamakur* moeten wegneemen, om dat de Nabuurige Negory oorlog daarom voerde, doch de Capitein *Hoelong*, die het gefag over deze Landftreek voerde, en de onze anders wel toegedaan was, toonde zich zeer misnoegt hier over, zeggende dat zulken Ring wel 100 Slaaven ja een heele Negory waardig was, doch zy hebben hem niet weder gekregen, dewyl hy weg geraakt is: In de Zuid-Oofter Eilanden, als gezegt is, worden deze Armringen met roode en geele plekken geëmaljeert met een grof emaljeerfel, 't welk daar ligt uitfpringt, en gemeenlyk kan men een flaaf voor een krygen; doch die van een eenpaarige blauwe of groene koleur zyn, en in dewelke naar hun zinlykheid veele wolken fpeelen, houden ze voor ongelyk beter: Die van *Seru Matta* en *Babber* worden befchuldigt, dat ze valfche *Macurs* konnen maaken, doch die zy van de rechte ligt konnen onderfcheiden; hoe zulks toegaat is my onbekent, dewyl ik niet weet, dat de voornoemde Eilanders de konft van glas maaken verftaan, behalven die van *Keram Laut*, dewelke de groene ftukjes van gebrokene bottels naerftig opfoeken, in een uitgeholde houtskool weeten te fmelten, en daar uit zulke fchoone Steenen maaken, die men voor Toepaazen en Chryfoprafen zoude aanzien, doch een goed kenner kan ze ligt van de natuurlyke onderfcheiden, als men ze uit den Ring neemt, wanneer men aan de kanten de glasachtigheid ftraks gewaar word; dewelke ook by nagt niet vuuren: Uit de zelve Eilanden heb ik een *Makur* gekregen, op den bodem ruim een duim breed, aan de binnenzyde zeer oneffen en heuvelig, van aanzien zwart, maar als men hem tegens 't licht hield, half doorfchynend en donkerblauw, daar op ftonden geele en bruine plekken met bochten door malkander lopende, waar van de hardfte fcheenen emaljeerfel te zyn, maar de uitgefprongene waaren met lak vervult: Hy vuurde by nagt geenzins, behalven aan de dikke kanten van den bodem, daar hy met een Amboinfchen Kryftal geflagen een weinig vuurde, gelyk alle glasachtige fteenen: De gemeene gelt 7 Ryksdaalders, een goede 15 of 16; als hy geheel blauw is met bruinblauwe of paarfche wolken, word hy *Dittir Radja* genaamt, waar voor zy 16 en 20 flaaven geeven: Eenige Makkaffaren en Maleyers geeven voor, dat ze deze *Makurs* eerft op *Atchin* gekocht en in de voornoemde Eilanden gebragt hebben, 't welk ook waarfchynlyk is, want de Portugeezen bevaaren de zelve Eilanden niet of weinig, en op *Timor*, daar zy woonen, worden de *Makurs* niet geacht: De rechte grasgroene *Makurs* worden hedendaags niet meer gevonden, en als 'er een voor den dag komt, zoo koopen hem de Javaanen en Maleijers op, die hem dan met gout beflaan en met andere gefteenten bezetten, dewyl zy noch al in die mening zyn, dat het een natuurlyke Steen zy.

Simon Cos neemt eenen der zelver weg om 't oorloogen te beletten.

Glafefteenen door de Keram-Lauwers gemaakt.

Zie de afbeelding op de plaat LII. by de letters, A en B.

De groene worden by de Javaanen en Maleijers noch hoog gewaardeert.

Ik hebbe my laaten berichten, dat op de kuft *Coromandel* de manier zy by hunne glasblafers, dat ze de ftukken en ftollen van een klomp grof glas van allerhande koleur op 't laatft zaamen in een pot fmyten, en eenige dagen in den fmeltoven laaten ftaan; hier uit word een klomp geformeert van groen, blauw en ander gekoleurt glas, daarin zomtyds wonderlyke wolken en koleuren fpeelen, na dat de ftoffe vuil of zuiver is geweeft, al het welk by geval voorkomt; want als zy 't zelve met opzet willen maaken, zoo wil 't hun niet gelukken, van welken klomp het waarfchynlyk is, dat de *Mamakurs* gemaakt worden, hoewel zy niet dan zuivere glaaze Armringen draagen.

Bericht aan den Schryver, hoe, en waar van dezelve gemaakt worden.

Van deze Ringen hier befchreven geeft ons de Hr. Rumphius twee afbeeldingen op de plaat LII. aangewezen, beneffens zyn Eed. aanwyzingen; te weeten die by de letter A was van een donkergroen en blauwachtig glas; aan de binnenzyde glad en heel donker als fteen; ook konde

men

men bekennen, dat de bovenfte Ring aan den hoek te zaamen gelaft was. Letter B. *Was
een Armring van zuiver en helder glas, met een verheeve rug, die van onderen hol
was, dwars over den kring liepen witte ftreepen, als of ze daar op geëmalieert waaren:
Den eerften by letter* A. *hielden de* Papoua *hooger van waarden, en zeiden eertyds
in de* Molukkos *gebragt te zyn door de Portugeezen: Den tweeden, by* B. *hielden zy
voor een Sineefch maakzel.*

XXVI. HOOFTDEEL.

Armilla Magica & Coticula Muſæ.

BY aanleiding van den voorfchreven *Mamakur* moet ik hier een dergelyken Armring verhaalen, doch van een ganfch andere fubftantie met noch een fwarten
fteen, waar van my het volgende opgegeeven is: In 't jaar 1668. als ik noch
op *Hila* woonde, zyn my door een Moor van 't dorp *Mofappel* deze twee dingen te koop gebragt, zynde daar toe gedwongen zoo hy zeide, om dat ze in zyn geflagt geen geluk meer daar mede hadden.

Het eerfte was een fteene Armring van die grootte, dat men hem gemakkelyk over
de hand konde ftryken, driekantig, binnen plat, een kleine vinger breed, boven in
een ftompe rug toelopende, doodfch, zonder glans, naar alle oogenfchyn door menfchen handen gemaakt, zyn fubftantie was als een harde en zwarte Leye-fteen, hier
en daar met zilvere glimmetjes, gelyk *Antimonium*; dergelyke groote klippen ik op
Hoeamohel gezien hebbe, inzonderheit op de ftrand van *Erang:* Dezen konde men

met een mes gemakkelyk fchrappen tot een grauwe poeder; des verkopers Oom hadde
hem aldus verkregen: Op den hoek van *Mamoa* hadde hy in 't bofch t' arbeiden geweeft
om eenige bofchtouwen voor zyn bobber te kappen, wanneer hy hoorde, dat uit de
lucht door de takken der boomen in de ruigte iets afviel, 't welk hy nafpeurende dezen
Ring vond, dewelke in 't eerft klein geweeft, maar daar na allenkskens tot die groote

uitgewaffen zoude zyn; hy geloofde dat hem een *Djing* of *Dæmon* moefte gunftig geweeft zyn, en tot zyn gebruik hem dezen Ring befcheert hebben; hy heeft hem ook
altyd aan de hand gedraagen, als hy ten oorlog uitging, inzonderheit om een plaats
te beftormen, wanneer hy dikwyls als Capitein de ordre uitgevoert heeft, en naar 't
zeggen van zyn neef weet men niet, dat hy eenmaal in zyn leven gewond zy geweeft,
of een droppel bloets gelaten heeft; eindelyk tot een hoogen ouderdom gekomen is hy
arm en zonder mannelyke oir overleden, nalatende eene dochter, die met een vreemdeling getrouwt en van den zelven verlaten is, die dezen Armring met den volgenden

fteen tot een byzonderen fchat voor zyne vrienden naliet; doch zyn voornoemde neef
niet genegen het voorfchreve geluk uit te ftaan, en dan in zyn ouderdom tot armoe-
de en eenzaamheid te vervallen, heeft die beide dingen aan my verkocht, my verzekerende, 't welk ik ook volkomentlyk aannam, dat ze geen krachten by my zouden
hebben, gelyk naar hun zeggen alle zoodaanige Rariteiten doen, die men niet zelv
vind of gefchonken krygt, maar met gelt koopt.

Het tweede was een Steen, naar 't aanzien t' eenemaal als een zwarte toetfteen, glad,
uit den ronden wat gedrukt, in de grootte van een ronde pruim, of gelyk hy in den
voorfchreven Ring afgetekent ftaat: De vinder van den voorfchreven Ring hadde hem
gevonden ftekende in een *Piffang*-ftronk, niet ver boven den grond, op dezelve plaats
van *Mamba*, en dewyl hy hem op zoo een ongewoone plaats vond, heeft hy hem
mede in eeren gehouden en tot het voorfchreve gebruik bewaart, den zelven in zyn
gordel draagende als hy ten oorlog ging. Ik konde niet anders daar van maaken dan
een zwarten toetfteen, hoewel hy wat fmeerig en glad was om het gout en zilver ter
dege te vatten; miffchien had hy zyn toetfende eigenfchap verlooren, om dat hy zoo

lang

lang in de vochtige *Piffang*-ftronk gefteken had, of om dat hy met civet en andere
vettigheid befmeert was, gelyk ze met die fteenen doen, die ze tot bygeloov bewaa-
ren: Ik zoude giffen dat het een Donderfteen was, om dat men op die plaats, daar *Des Schryvers meening van deze.*
deze *Piffang*-boom ftond, geen Toetsfteenen vind; maar dewyl de ftam geheel en
onverfeert was, kan dit ook niet zyn, derhalven volgen moet, dat dit Steentje by geval
daar gefmeeten, en door den opwaffenden *Piffang*-ftronk ingefloten zy, gelyk meermaals gemeene Steenen gevonden zyn in 't onderfte van een ftam of by de wortel, buiten twyffel daar gelegen hebbende eer de ftam opfchoot.

In 't jaar 1684. wierde my een groote platte en ruige Keifteen gebragt, gevonden *Noch een andere foort.*
in 't onderfte van een *Calappus*-ftam, dewelke miffchien de planter op de *Calappus*-noot
als een dekfel gelegt heeft, toen hy de noot plante: Zie deze beide uitvoerlyker befchreven in 't volgende Hoofdeel.

XXVII. HOOFTDEEL.

Mutu Labatta.

Hoewel dit Hooftdeel mede te vinden is in 't twaalfde boek van ons *Her-* *De Mutu Labatta.*
barium; echter heb ik het hier mede willen zetten, om dat het onder de
raare Steenen valt en meeft gedraagen word op *Timor*, *Solor*, en de omleggende Eilanden, daar Portugeezen en Hollanders nu zoo lange jaaren koopmanfchap gedreven en gewoont heb-
ben, zoo is nochtans zyn oorfprong en geboorteplaats aan onze Europeërs ganfch *Hun oor-fprong on-bekent.*
onbekent, en by de Inlanders zoo onzeker en verfcheiden voorgeftelt, dat men niet
weet, wat men daar van fchryven zal: Ik heb veel moeite aangewend om des zelvs
oorfprong en natuur uit te vraagen, zoo by de natuurlyke inboorlingen der voorfchre-
ve Eilanden, als door myne vrienden, die het Commando aldaar voerden, en die het *Alfchoon 't eernftig onderzogt is.*
ook door zekere Heeren opgelegt wierde zulks uit te vraagen, doch alles te vergeefs,
gelyk ik den lefer uit de navolgende aankondigingen vertoonen zal.

Jacob Wykerfloot Opperhoofd van *Timor*, op *Coepan* zyn verblyf houdende, heeft my *Berigt van Jacob Wyker-floot.*
in 't jaar 1680. dit berigt toegezonden: Wat *Mutu Labatta* zy, en waar het gevon-
den word, zulks kan men niet recht te weeten krygen, want de Inlanders om de Oost
meenen, dat het van de Weft, en die van de Weft meenen dat het van de Oostkant
dezes Eilands *Timor* komt, gelyk ook die van *Rotty* zyn in de meening, dat het van
Sawo komt; maar als men de oudfte Rottineezen daar naar vraagt, zouden ze de *Mu-*
tu Labatta van een Eiland, dat *Rotty* en *Sawo* was voor by komen dryven, bekomen
hebben, 't welk nu niet meer te vinden is, en dat zyn ook maar giffingen of inbeel-
dingen van deze Natien, zoo dat niemand weet waar het van daan komt, noch des
zelvs kracht weet uit te leggen; doch door den Broeder van den Moordenaar *Talo* verftaan wy, dat de *Mutu Labatta* op *Sabo*, omtrent een mufquetfchoot van de *Negory*
Timor op een klein bergsken uit een diepen kuil, byna een mans langte diep, zoo als
men ze tegenwoordig ziet met gaatjes en als geflepen, zy gehaalt, maar, om dat ze
alle in 't korte ftierven, hebben die van *Timo* en hy *Talo* zelv den kuil met fteen en aarde onder een gemengt toegemaakt.

Radja Salomon verdreve Koning van *Ade mantuttu*, op de Oostelykfte hoek van *Ferder berigt van Radja Sa-lomon.*
Timor gelegen, in 't voorfchreve jaar hier in *Amboina* tegenwoordig zynde, hoewel
een nauwkeurig man en van veele dingen ondervindinge hebbende, heeft my geen ander berigt weeten te geeven, als dat *Mutu Labatta*, zoo wel in zyn Land als in de
verdere Eilanden naar 't Oosten gelegen tot *Tenimber* en *Timor Laut* toe, een gemeen-

ne

ne dragt zy, doch de Inlanders weeten van des zelvs oorsprong anders niet te verhaalen, dan dat het van de Westkant kome: In 't einde van 't zelve jaar heeft hy my ook
een snoertje gezonden, 't welk hy zeide het oprechte *Mutu Labatta* te zyn, zynde 1½ voet
lang, digt geregen van platachtige korrels, in 't midden groote, na de einden allenkskens kleinder, anders van gedaante als koraalen van 't kleinste slach, maar oranje rood,
wegende 7 dubbeltjes, by hem geschat op 1½ tail gouts ofte 15 ryksdaalders waardy.

Twyffel-
achtig be-
rigt der Hol-
landers
van de
Mutu Labat-
ta.
     Eenige Inboorlingen van *Timor* en *Rotty* van my naar dit gewas ondervraagt deden
daar van zoo verscheide verhaalen, dat men zeggen zoude het onder hun een opge-
stemt werk te zyn voor de Hollanders te verbergen, wat *Mutu Labatta* zy en waar het
valt; want het is by my niet gelooflyk, dat zoo veele Inlanders niet zouden weeten,
waar dat ding van daan kome, 't welk zy zoo gemeen draagen: De Rottineezen zeggen, dat het op *Timor* valt in 't bergachtige Landschap *Sunneba*, in 't gemeen *Sonne-*
bay genaamt, omtrent die plaatsen daar het gout valt: Men vind het als kleine en
hoekige korrels in 't gebergte, die aan 't vuur gehouden zaamen smelten, of zoo
andere zeggen, niet smelten maar alleenlyk gloeijend en week worden, dat men ze
Hoe het
tot mal-
kander ge-
bragt
werd.
essen met een hamertje fatsoeneren kan tot platte schyfjes, en dan met een gloeijend
yserdraad doorbooren: Die het smelten staande houden zeggen, dat men veele korrels aan een yserdraad moet rygen en over 't vuur houden, tot dat ze aan malkander
smelten, en dan met een ander yser daar over stryken dat ze essen worden; 't welk
koud geworden is geeft een lang pypje, dat men dan naar believen in stukken breekt,
d' einden plat slypt en aan draaden rygt: Daar loopt echter een soort onder die be-
storven geel is, van buiten gestreept als koraalen, van binnen doorgeboort en zwart,
schynende stukjes te zyn van lang gebesigde tabaks-pypen: vraagt gy de *Timoreezen*,
waar het wast, zy zullen eenstemmig ontkennen, dat *Mutu Labatta* op hun Land was-
se, en wysen u na *Sawo*, daar het misschien op beide plaatsen valt.

Beschry-
ving van
het zelve.
     Haar geboorte-plaats dan overslaande zullen wy het beschryven, gelyk het ons voor-
gekomen is: Het zyn korreltjes van verscheide gedaante, de meeste als dunne schyfjes, zommige als kaaskens, andere als stukken van pypen, van substantie de bleeke
of geele koraalen naast komende, de meeste roodgeel, zommige wat rosser, zommige
wat bleeker, dat men ze voor lang gedragene koraalen zoude aanzien, indien ze die
geschikte form hadden, haar oorsprong is naar 't waarschynlykste uit het gebergte, en
derhalven mineraal, vallende zoo wel in kleine stukjes als in lange takken, die van
natuur binnen hol zullen zyn; hoe zy nu door het vuur gesmolten en geformeert wor-
Proef ge-
nomen op
het voor
verhaalde,
e'er ontwaar
bevonden.
den, zullen wy aan het nader ondersoek beveelen: Immers het heeft my niet willen
gelukken, want de stukjes van *Mutu Labatta* over 't vuur gehouden wierden wel gloeijend en rood, maar geenzins week en gesmeedig veel min vlocijend.

Van deze
zyn ver-
scheide
soorten.
d' Eerste,
Ua-Boa.
De 2de
soort,
Tzeda.

De 3de,
een bas-
taart soort.
     Men verdeelt het in twee soorten, want de grootste korrels, en die best naar het
bleek koraal trekken, noemen de Inboorlingen van de voorschreve Eilanden *Ua-Boa*
of *Waboa*; deze zyn weinig aan een snoer en dier, men vind 'er korrels van zoo
groot als hazelnoten, waar van hunne *Orangcayen* maar 3 aan eene snoer geregen om
den hals draagen: De tweede soort hiet by hun *Tzeda*, 't welk kleine korrels zyn,
meer van het geele dan van het rosse hebbende, en veel slechter van prys; behalven
deze twee oprechte soorten heeft men noch een bastaart *Mutu Labatta*, 't welk zy
van slechte steentjes maaken, ja het schynt veel meer een gebakkene aarde te zyn, dewelke zy onder de oprechte mengen om den hoop te vermeerderen; doch andere zeggen, dat deze Bastaart-koraal hun toegebragt word door de *Kelings* van de kust *Co-*
romandel, die ze in hun Land van een zekere slach van aarde bakken, andere snoeren,
Waar toe
dit ge-
bruikt
werden.
die de gemeene man en de vrouwen om 't lyf draagen, zynde 3 voeten lang, hebben
loode Pyramydjes aan d' einden, die zy af laaten hangen als quasten; deze snoeren
hebben veel *Schorri morri* door malkander gemengt, waar van pas 't vierde deel oprecht is, of 2 paar grootere korrels omtrent de midden: Het ander goedje is gemengt
van Krystal, Bernsteen, zwarte en koleurde Glas-koraalen, als mede eenige kopere
kor-

korreltjes, van de midden kleinder en kleinder aflopende, doch alles in zeker getal, welke vermenginge zy maaken, op dat ieder zyn snoer kennen moge.

Het is met geen andere naam onder ons en de Indianen bekent, dan met den Maleitschen *Mutu Labatta* of *Muttu Labatte*, 't welk schynt te willen zeggen een steene Paerl, by de Timoreezen en Rottineezen is echter deze naam onbekent, maar wel de twee te voren genoemde *Ua-Boa* en *Tzeda*. *Haar naam.*

In de voornoemde Eilanden *Timor*, *Solor*, en de omgelegene tot *Tenimber* toe, is naast het gout niet hooger in waardy dan dit *Mutu Labatta*, 't welk in 't gemeen tegen de halve zwaartte van het slechte Timorsche gout betaalt word; daar mag geen *Orangkay* of zyn Vrouw zyn, of zy moeten eenige korrels van het *Ua-Boa* om den hals draagen: Men kan ook niets anders of beters vinden dan *Mutu Labatta* om in die Eilanden slaaven te koopen, daar men voor twee snoeren van de bovenstaande lengte een slaaf kan krygen. *Zyn naast het gout in waardy.*

De E. Compagnie heeft daarom veel moeite gedaan om de rechte myne van 't oprechte *Mutu Labatta*, op 't Eiland groot *Sawo* West-Zuid-West van *Timor* gelegen, op te soeken, maar heeft daar over een schip verlooren, en daar na het werk laaten steeken, vermits verradery daar onder liep, gelyk boven in S^r. *Wykersloots* verhaal aangeroert word, dewyl nu zoo een groote hoop *Orangkayen* op *Timor* en *Rotty* zyn, dat hun na gegeeven word in zekere Negory 110 *Orangkayen* getelt te zyn, daar alle des zelvs onderdaanen maar 109 waaren, dewelke *Orangkayen* alle echter van deze *Mutu Labatta* willen draagen, diesvolgens moet daar nootzaaklyk veel valsch goedje onderloopen, het welk dan die geene ter dege moeten leeren kennen, die op die plaatsen handelen: Deze Koraalen, lang by die smeerige menschen gedraagen, besterven zeer bleek en worden van binnen zwart, dewelke zy dan wederom zuiveren, met een loog water daar in zachtjes gewreeven en wederom gedroogt: Ik hebbe zulks geprobeert aan zoodaanige stukjes, die buiten gestreept en pypeformig waaren, en bevonden dat ze wel zuiver wierden, maar besturven, daar na grauwer dan zy te voren waaren, zoo dat het misschien een byzondere loog moet zyn. Anders zyn gansch geen Medycinale krachten daar aan bekent, zoo dat buiten twyffel de eenigste oorzaak van haar waardy zy ten deele d' inbeelding en zinlykheid der Inlanders, die ze misschien om gezondheid en goed geluk draagen, ten deele om dat het zoo weinig en zelden gevonden word; het zy zoo 't wil, het is zeker dat de Inlanders ons niet willen openbaaren den plaats, daar het gevonden word, gelyk het een zeer nydige Natie is, die noch andere kostelyke gewassen en metaalen van hun Land voor ons verborgen houd. *Waarom veel moeite aangewend is om de zelve te ontdekken. De zelve vervuilen ligt. Hoe die weder schoon gemaakt worden. En waarom d' Inlanders die hoog waardeeren.*

XXVIII. HOOFTDEEL.

Mare album. *Wit Water.* Ayer Poeti.

DE Zee omtrent de Bandasche Eilanden word jaarlyks op zekeren tyd tweemaal wit, niet by dag maar by nagt klaar schynende, en zoodaanig licht van zich geevende, dat men de lucht en 't water qualyk onderscheiden kan, daarom het wat gevaarlyk is zich dan met kleine vaartuigen op Zee te begeeven, om dat men d' aankomende dyningen en stortingen niet gewaar kan worden, alzoo zy met de lucht een koleur hebben: By dag heeft het water zyne gewoonlyke koleur, en men kan daar aan geen onderscheid bemerken, noch in reuk noch in smaak, behalven dat de Vaartuigen in dit water leggende dan ligter verrotten als op een anderen tyd; zoo eer als de Son onder is en de donkerheit des nagts begint, dan ziet men het Zee-water wit en helder gelyk zommige verrotte houten, *Mare Album beschreeven.*

als

En waarom de Melk-Zee genaamt. als ook 't flym van de zeekatten en haeringen by ons doen, en hoe dieper men op Zee komt hoe witter het fchynt; hier om vind men in zommige Kaarten de Zee, tuffchen *Keram* en het bekende Zuid-Land, genaamt de *Melk-Zee*, in 't gemeen het witte Water, in 't Latyn *Mare Album*, hoewel men het eigentlyk *Mare Noctilucum* mogte noemen, Maleitfch *Ayer Poeti*.

De tyd wanneer zulks gefchiet. Zyn tyd is in 't midden van de Ooft of regen *Mouffon*, 't welk zyn de Maanden *Junius*, *Julius* en *Auguftus*, en word verdeelt in klein en groot wit Water.

Het kleine of eerfte wit Water begint met de nieuwe of donkere Maan in *Junius*, waar van de zee even wit geverft word, doch noch geen helder licht geeft, en allenkskens weder vermindert; doch eer het geheel vergaat, komt het groote witte Water aan met de nieuwe Maan in *Auguftus* en duurt tot in *September*, wanneer de geheele Zee rondom *Banda*, zoo ver men aldaar beoogen kan, des nagts helder en wit fchynt, hoe dieper in Zee hoe witter, blyvende hier en daar langs den ftrand een weinig van 't gemeene Water; het houd evenwel zoo geen netten tyd, dat het niet t' eene jaar vroeger of laater kome dan het ander; ja in zommige jaaren word het niet of zeer *En door welke winden het veel of weinig komt.* weinig gezien, meerendeels komt het op 't klaarfte, wanneer de Zuid-Oofte wind fterk en doorwaait, buijig en regenachtig weêr maakt, en daar door zoo 't fchynt die geheele Zee ontroert: Het gevaarlykfte is, dat de zee inzonderheit by nagt als dan zich verheft met zwaare dynningen, al is 'er geen wind aan de lucht, een teken dat 'er eenige dampen uit den grond moeten ryfen en dezelve baaren befwangeren: Na dat de Zuid-Oofte wind fterk en vroeg doorwaait, daar na heeft men het witte Water vroeg en veel, allermeeft wanneer de wind na 't Zuiden draait en veel donker regenweêr maakt: Want in 't jaar 1663. hebbe ik in *Banda* bemerkt, wanneer de wind ooftelyker waaide, zelv in 't laafte van *Auguftus*, wanneer ik van *Banda* naar *Amboina* verfeilde, dat 'er fchier geen wit Water was, behalven veele vuurige vonken, waar van de zee fcheen vol te zyn, gelyk ik in 't jaar 1668. in de maand *December* de zee ten Weften van *Amboina* gezien hebbe, wanneer de wind Noord-Ooft waaide, zonder regen; daarentegen, wanneer de Zuide of Zuid-Oofte wind laat begint, zoo heeft men het witte Water ook laat, 't welk in zommige jaaren tot in *October* duurt.

De plantfen waar het zelve gevonden word. Dit wit Water ziet men zoo verre, als ons volk uit *Banda* de Zuid-Ooftere of Zuidere Eilanden bevaaren hebben, te weeten van *Arou* en *Key* af tot *Tenimber* en *Timor laut* in 't Zuiden, en van daar af tot *Timor* toe in 't Weften, in 't Noorden tot digte by de Zuidkuft van *Keram*, ten Noorden de *Liaffers* en *Amboina* komt het niet, maar gaat voor by dezelve in 't Zuiden, zoo dat men het op het *Leytimorfche* gebergte klaarlyk *Word onderzogt.* zien kan; waar van daan het nu zyn eerfte oorfprong neemt is noch onbekent, in 't gemeen houd men daar voor, dat het zyn oorfprong hebbe in den grooten boefem, dewelke het bekende en ons naafte Zuid-Land met den langen hals van *Nova Guinea* maakt, want onze Bandafche Zeevaarders hebben aangemerkt, dat het op 't grootfte zy en de zwaarfte dynningen maakt omtrent *Tenimber*: Zoo is het ook gebeurt, dat *Een opmerking daar van.* eenige van *Key* komende in 't jaar 1664. ten Weften naar *Banda* omtrent 30 mylen van *Key* geen wit Water hadden, maar *Banda* genakende vonden ze de Zee geheel wit, waar uit men nochmaals befluiten mag, dat 'et uit den Zuid-Ooften of Zuid-Zuid-Ooften moeft komen: Het vermengt zich niet met het ander Zeewater, 't welk een zeldzaame vertooninge by nagt geeft en by onkundige zeelieden dikwyls verflagentheid veroorzaakt, gelyk gefchiede met zeker fchip, 't welk in *September* van *Ambon* naar *Batavia* verfeilde, en even buiten de engte van *Amboina* gekomen zynde fchielyk uit het zwarte in het witte Water geraakte, meenende, dat ze op een droogte quaamen; doch geen grond vindende, en de Zee in 't Zuiden, zoo verre zy beoogen konden, wit ziende dachten eerft aan dit voorval, evenwel waaren ze zoo benauwt in deze Melk-zee, dat ze *Waar het eindelyk verblyft.* met 'er haaft weder naar 't zwarte Water fpoeiden: Als nu dit witte Water tot in 't begin van *September* aldus geftaan heeft binnen de voornoemde paalen, zoo begint het allenkskens om den Weft te raaken, te weeten, in zyn geheele *maffa* langs de Zuidere

Eilan-

Eilanden, *Ombo*, *Luhu*, *Bala*, *Ende*, en *Bima*, strekkende zich uit tot 4 of 5 my-len bezyden *Amboina*: Van daar af begint het zich in groote streepen te verdeelen, die noeh al voorby *Boeton* gaan, en, als ze geen Weste wind ontmoeten, noch al ver-der voorby *Saleyer* en *Makkassar*, tot dat ze zich allenkskens verliesen en met het ge-meene zee water vermengen.

Het witte Water brengt geen merkelyke schadelykheid aan, behalven het geene bo-ven staat van het verrotten der vaartuigen en de zwaare dyningen, maar in *Banda*, en daar het op 't hoogste is, veroorzaakt het in dien tyd schaarsheid van visch, niet alleen om dat de visch voor deze helderheid schuw wordende naar 't zwarte Water vlucht, maar ook die weinige, die noeh daar in blyven, zyn moeilyk om te vangen, dewyl ze de visch-lynen en vaartuigen te klaar zien, en voor de minste beweging der zelver schuw wor-den: Daarentegen veroorzaakt het zomtyds overvloed van visch, wanneer het witte Water de diepte beslaat en 't zwarte of gemeene Water naar den strand perst, waar na toe de visch dan ook vertrekt: Als het nu voorby of in 't afgaan is, dan ziet men de Zee zich zuiveren, verscheide vuiligheden op strand uitwerpende, de Zee zelv is vol van brandige quallen, die de onze bezaantjes noemen, gelyk ik in 't voornoemde jaar 1663. een geheelen dag gezeilt hebbe van *Poelo Ay* naar *Amboina* door zulke bezaantjes.

In 't jaar 1669. heeft de zee na 't witte Water zulke leelyke en vui-le stoffe opgeworpen langs den geheelen Zuid-Oosten hoek van *Neira*, en tegen over tusschen *Ranan* en *Wahan*, dergelyke nooit te voren gezien was, immers niet by lie-den, die 60 of 70 jaaren oud waaren: Dit uitwerpsel had de gedaante van een taaye slym of *Papeda*, bloedrood en gaf een vuilen zwaveligen stank van zich, wanneer de Son daar op scheen: In de kuilen, daar het aflopend Zeewater staan bleef, stierven alle visschen en krabben, die 'er van geraakt wierden, ja zelv de schadelyke landkrab-ben, by dag was deze stoffe bloedrood, en de strand als met een rood laken bedekt, maar des nagts was ze vuurig en vonkte als sterretjes: Van *September* af des zelven jaars en 't volgende geheele jaar 1670. was een drooge gesteltheid des luchts zoo in *Banda* als *Amboina*, waar by hevig omging eerst de kinderpokken zoo wel onder oude als jonge, niet minder als een pest, daar op volgende de dolle koortsen en lelyke bloedloopen.

In 't jaar 1673. heeft men in *Banda* het kleine witte Water niet gehad, en het groo-te quam wat laat in *Augustus*, om dat de Zuid-Ooste wind doenmaals laat doorwaaide.

In 't jaar 1681. hebben 't de onze ontmoet tusschen *Timors* Oosthoek en *Kisser*, wanneer de zee van verre met zulke vuurige dyningen zich verhief, dat het scheen als of een schip vooruit zeilde met een groote lantaarn achter op.

Wat de eigentlyke oorzaak van dit witte en by nagt lichtende Water zy, kan ik tot noeh toe niet bevestigen, en zeker de verstanden hebben stof zich over dit wonder-werk der natuur te oeffenen: By de Bandasche Ingezetene hebbe ik geen berigt noeh curieusheid bevonden, dewelke hun hoofd met deze beuselingen, zoo zy ze noemen, niet willen breeken en door de jaarlyksche gewoonte geen acht daar op slaan; ja daar is niemand, die eens opletten wil op wat tyd en by wat gesteltheid van weêr en wind dit witte Water jaarlyks min of meer, vroeg of laat kome.

Daar zyn 'er veele, dewelke oordeelen, dat dat veroorzaakt worde door ontelbaare kleine diertjes, die by nagt lichten en de Zee zoodaanig verwen, gelyk men in Zee veele visschen en goedje heeft, 't welk by nagt licht, by voorbeeld de *Sardynen*, *Ikan*, *Moor* en *Gatzje*, by de roode visschen van de steenbrazems aart en daar van meest hun ingewand; boven al doet het de Spaansche Zeekat, *Sepia*, in 't Portugeesch *Si-ba*, doch in Portugaal veel meer dan hier in Oost-Indien: Deze meening voldoet my niet, dewyl het gansch niet waarschynlyk ja onmoogelyk is, dat zoo veele diertjes schielyk konnen opkoomen, en eene groote Zee eenpaarig verwen zonder water van ander koleur daar tusschen te zien, en dat nooit iemand die diertjes gezien heeft, al schept men het water in een zuiver vat, en laat het tot den dag staan, wanneer het klaar is

en de koleur van 't gemeen water heeft: Daarenboven hoe zouden deze diertjes by malkander konnen blyven zonder zich met dat ander water te vermengen, want het witte
Water van het zwarte als met een streep afgefcheiden is, en met groote velden ftreepen
en bogten allenkskens om de Weft gevoert word: Waar van dit volgende tot een bewys: In 't jaar 1679. een fchip zeilende uit *Banda* omtrent 't midden van *September*,
wanneer het witte Water in *Banda* al voorby was Weftwaarts naar *Batavia*, ontmoe-
te het zelve bezyden *Amboina*, en zeilde twee nagten daar door tot de helft van *Boero*, alwaar een Weftelyke ftroom van gemeen water 't zelve tegen perfte, dat het niet
Weftelyker konde koomen, te meer dewyl het ftil weêr was: Andere mynes oordeels

Des Schryvers redenen hier van.

vermoeden met beter reden, dat het een dunne fubftantie zy in gedaante van een damp
uit den grond der Zee uitwazemende, en zich met dat water vermengende, want
een dikke fubftantie kan het niet zyn, om dat het water by dag niet geverwt is;
men vermoedt dat het een zwavelige damp zy, waar mede die geheele Zeeboefem be-
fwangert is, 't zelve uitwyfende de veele zwavelbergen, dewelke men in die Eilanden vind, als *Banda*, *Nila*, *Teeuw*, *Damme* tot *Lery* toe, en uit de Schipvaart
van *Jacob Lemaire* veele groote op *Nova Guinea*. Het tweede bewys zyn de ftinkende roode uitwerpfelen, vuurige bezaantjes, en andere zwavelige uitwerpfelen, dewelke het witte Water nalaat, gelyk boven gezegt is: De *Alchimiften* zouden ons hier
in eenige opening konnen doen, of niet een *Spiritus fulphureus* (zwavelachtige damp)
met *Aqua falfa* (zout water) zich vermengende dergelyke nagtlichtende eigenfchap voort-

*Een ver-
gelyking by
het Phof-
phorum
liquidum.*

brenge, 't welk onder andere zoude konnen doen die van ons *Collegium Naturæ Curioforum*,
in 't Duitfche Roomfche Ryk opgeregt, dewelke het *Phosphorum liquidum* ('t helder licht
van zich geevende) bedacht hebben, waar van een klein glasje, door hun Eed. my toegezonden, een geelachtig watertje behelfde, 't welk op eenig ding gefmeert by nagt niet
alleen helder lichte, maar ook zeer fyne dampjes en vlammetjes van zich gaf, duurende fchier een geheele nagt; doch hier ftaat wederom aan te merken, dat 'er noch een
onderfcheid is tuffchen de bekende nagtlichtende dingen, als de bovengemelde vifch-
darmen, duizentbeenen, fenynige kampernoelje en zelv het voorfchreve *Phosphorum
liquidum*, welke alle by nagt vuuren als ftarrelicht en ons wit Water, 't welk eigentlyk niet vuurt, gelyk men aan de zeebrandingen ziet, maar alleenlyk een witten fchyn
van zich geeft gelyk fnee of melk.

*Een an-
der gevoe-
len.*

Daar zyn weder andere, dewelke giffen, dat in de Oost-*Monffon* uit de groote rivieren van 't Zuid-land en *Nova Guinea* by fterk regenweêr eenige ftoffe in zee gevoert word,
waar van die geheele zeeboefem befmet word; doch dewyl dit op geen ondervindinge
fteunt zullen wy niet breeder daar van fpreeken.

*Verhaal
van ver-
fcheide
nagtlich-
tende zaa-
ken en
voorval-
len.*

Cafparus Scotus in appendice ad Phyficam curiofam cap. 3. haalt verfcheide dingen
aan uit *Thomas Bartholinus*, *Fortunius Licetus*, *Olaus Wormius*, en andere, dewelke
een ongewoon licht by nagt van zich geeven, daar men te voren niet opgelet heeft, als
het verfch geflachte offen en fchaape vleefch te *Montpeljeers* in 't jaar 1641. omtrent
de velachtige en vette deelen, het hoofd en vel van een *Scorpius marinus*, zekere
kleine oeftertjes in een kleiachtige ftoffe fchuilende in de zee by *Ancona*, een eede-
le Juffer in Italien, welkers lichaam vuurige ftreepen en ftraalen van zich gaf, een Monnik, wiens hoofdhaairen vonkten als men daar over ftreek; voor eenige jaaren heeft
men ook in Engeland gezien, dat al het verfch geflachte vleefch in de hallen by nagt
licht van zich gaf omtrent de velachtige deelen; d' oorzaak hier van hebben de nieuwe
Wysgeeren eenige kleine en pas kennelyke diertjes toegefchreven, dewelke by pefttyden
in de lucht voortgebragt worden, en de peft zullen veroorzaaken, dewyl naar hun

*Doch by
deze ver-
worpen.*

zeggen, dit fchoufpel nooit gezien word, dan by een groote fterfte: Alle welke be-
wysredenen niet genoeg zyn om de nagtlichtende natuur van ons wit Water uit te drukken, waar toe men in waarheid wel een *Apollo* van nooden hadde, om ons dat uit te
leggen, gelyk *Bartholinus* by zyn nagtlichtende vleefch wenfchte.

*Een an-
der ver-*

In *Herberts* reisboek *pag.* 16. ftaat, dat ze de zee op vier graaden Zuider breedte en ten

Noor-

Noorden van de *Majottos* wel 10 mylen lang sneeuw wit gevonden hebben, niet door schuim *haal van* of wind, maar by groote kalmte: Zy verstonden, dat het aldaar jaarlyks zoo gebeurde *Herberts.* omtrent den 19 van *September*.

XXIX. HOOFTDEEL.

Hoe de Amboinsche Goudsmeeden 't Gout zuiveren,
en haar koleur geeven.

Z Y neemen een Ketting of ander gemaakt Gout, dat door lang draagen be- *Hoe men* smeert en vuil geworden is, leggen het op gloeijende koolen, tot dat alle *'t Amboin-* vuiligheid en vezels afbranden, en het Gout zwart word; om dit te zui- *sche Gout* veren neem een potscherf, doe daar in zalpeter, aluin en gemeen zout, van *zuivert.* ieder even veel en klein gewreeven, leg de Ketting daar in en giet daar water op, dat ze even bedekt zy, kook dit t'zaamen, tot dat het water meest verdroogt en aan de Ketting hangt als een dikke Syroop, maar men moet het wel omkeeren; als gy dat ziet, neem het'er straks uit, wasch het in zuiver water of met wat Limoen-sap, sterk wryvende en met borstels afvegende, zoo is het Gout zuiver en blank: Hier toe neemt men gemeenlyk een klein slach van Limoentjes, te weeten Limoen Maas, in ons *Her-* *barius*, *Limonellus aureus* genaamt; doch *Limon nipis* is daar toe ook bequaam.

Om nu het schoon gemaakte Gout haar koleur te geeven, 't welk de Maleyers *Suppo* *Hoe men* noemen, neem een andere pot, wryv op den bodem een weinig zwavel, doe'er een *'t haar ko-* mudsje water in met wat *Tamaryn* en een sesje zwaar zout, kook dit op, doop de Ket- *leur geeft.* ting daar in, ten laatsten met versch water afspoelende: Het jonge Gout moet men daar in maar 2 of driemaal doopen, maar het oude 5 of sesmaal, tot dat het rood genoeg word.

Geneesmiddel van 't Gout om 't *Lappar Garam* te geneezen, zynde een roode opdrach- *'t Gout* tigheid in de huid met een moeijelyk jeuksel en een scherpe vochtigheid: Neem eenig *geneest* Gout, leg het in 't water, wasch het voorschreve Accident 2 of driemaal daar mede, *Lappar* 't is waar bevonden by onze Inlanders, hoewel men geen reden daar van geeven kan, *Garam.* dewyl naar ons gevoelen het Gout geen uitvloeijing in 't water geeven kan.

XXX. HOOFTDEEL.

Myrrha Mineralis. Mor.

M Or vloeit als een dikke voehtigheid of honing uit de rotsen op *Crimata*, die *'t Mine-* omtrent de zeekant staan, en word daar na zoo dik als een pap, dat men *raal Myr-* 't handelen kan; het is wat brak van smaak, doch niet bitter, en wat zan- *rha be-* dig, het komt alle jaaren niet, maar altemets in de drooge *Moussons* als een *schreeven.* dikke honing uitvloeijen: Dit met *Ramak Dagin* vermengt word meest onder *Djoed-* *Waar toe* *jamboe* gebruikt tegen buikloop en buikpyn. *'t gebruikt,* *en zoo ge-*

Ik noem het *Myrrha Mineralis*, niet als of het groote gelykenis hadde met de rech- *naamt* te *Myrrha*, maar om dat het onze Indiaanen *Mor*, dat is, *Myrrha* noemen; want het *word.* heeft noch de bitterheid noch de goede reuk van de *Myrrha*, maar alleen een brakke smaak zonder scherpigheid, waar uit ik oordeele, dat het een uitsweetinge van de brak-

I i 2   ke ke klippen zy : Dergelyke vettigheid doch wat witter word ook in *Banda* gevonden aan de Zuid-zyde van 't hooge Land of *Lontor* , aan overhangende klippen op ftrand , doch by die Inlanders in geen gebruik : Het voorfchreve *Mor* hebbe ik ook befchreven in 't Amboinfche Kruidboek , III. Boek in 't Hooftdeel van *Dammar Selan* by *Ramak Daging* , dewyl het zoo wel voor een *Refina* , als voor een *Mineraal* kan gehouden worden.

XXXI. HOOFTDEEL.

Toetfteen van de Kuft.

De Toetfteenen befchreven.
D Eze Steenen zyn in rood koper omvat , zwart , zonder glans en gekartelt , daar men 't gout hard opftrykt , en dan met wafch met koolen gemengt afdrukt , doch als op het wafch veel gout ftaat word het zelve gefmolten.
Op de Malabaarfche kuft gebruiken ze den Malabaarfchen Amaril , *Tsjanicalla* genaamt , dewelke is een Steen vallende in groote rivieren tot *Malabaar* en *Goa* , en maaken Slypfteenen daar van op de volgende manier : Dezen Steen neemen de Inlanders , ftooten hem heel fyn , daar by doende rauw *Gummi Lacca* , zoo als het van de ftokjes komt , fmelten het zelve en doen daar by den klein geftoten *Tsjanicalla* , tot dat 'er een dikke pleifter van word , het welk zieh malaxe-

En waar toe die gebruikt worden.
ren laat , het zelve plakt men dan rondom een houte fchyf , omtrent een fpan breed , aan welkers kanten deze klomp vaft kleeft en hard word , die men dan aan de boven-fte kant , zynde omtrent een vinger breed , glad maakt om daar op allerhand gereet-fchap te flypen ; te weeten , men fteekt een as door de fchyf , die met haar einden op twee pilaartjes ruft , dewelke men dan met een toutje omdraait , gelyk de draaijers doen , en het yfer tegen de fchyf aanhoud.

XXXII. HOOFTDEEL.

Dendritis Metallica.

De Dendritis befchreven.
U It het verhaal der Javaanen hebbe ik , dat ze op *Java* zomtyds gevon-den hebben in eenig onbekent hout , 't welk zy in 't bofch opgeraapt had-den tot brandhout , eenige ftukjes yfer , die zy in groote waardy houden en aan 't lyf draagen , als zy ten oorlog gaan : Een ander ooggetuige ver-haalde my , dat hy op *Makkaffar* gevonden hadde in een ftuk quaftig en rood hout ('t welk hy in 't bofch opraapte om een kris-fcheede daar van te maaken , en dat hy voor rood *Lingoo* aanzag) een klompje metaal , zynde half yfer en half koper of ei-

Wat het zelve is.
gentlyk uit die beide fubftantien gemengt : Hoe deze dingen in 't hout koomen daar van kan men veele gevallen bedenken , dewelke my niet waarfchynlyk voorkoomen ; der-halven , dewyl ik boven gezegt hebbe , dat de metaalachtige fubftantien met den Don-der afgeflagen worden , zoo zoude het konnen zyn , dat de voorfchreve ftukjes *Cerauniæ Metallicæ* zyn : Evenwel blyft die zwaarigheid , hoe zulke houten door den Donder geflagen geheel blyven , want naar 't zeggen der vertellers waaren de voorfchre-ve ftukjes gevonden in een maffief hout ; doch ik geloof dat de vinders zoo nauwkeu-rig niet geweeft zyn om alle omftandigheden ter dege te betrachten , en 't is de na-tuur niet onmogelyk , gelyk een verfteende fap in de planten kan trekken , waar uit *Meflicæ* voortkoomen , dat op de zelve manier uit d' onderleggende aarde door de zuig-

zuig-aderen der wortelen ook een metaalachtige ftoffe kan optrekken, dewelke zich dan in 't hout tot een klomp zaamen zet: Dit is het Metaal, dat *Julius Scaliger Exercit. 187.* befchryft en *Metrofideros* noemt, doch die naam komt myns oordeels eigentlyk het yferhout toe, hier mede maaken hun de Javaanen onquetsbaar, daar noch by doende 16 andere *Mefticæ*, die zy zoo vaft om het lyf binden, dat zomtyds het fmeer en de huid daar over groeit; onder die 16 is een van de voornaamfte de *Cochlites rarus*, dewelke een klein Alykruikje gelykt, en in een wit en half doorfchynend fteentje verandert.

Door Scaliger aangehaalt, doch wederlegt. Bygeloof der Indiaanen daar van.

XXXIII. HOOFTDEEL.

Steene Vylen op Java.

DE Javaanfche Smids gebruiken geen Vylen in 't maaken van hun krifzen, maar fteene ftokjes als rollen, die zy aldus maaken: Zy neemen geftooten Porfellein, fmelten een gedeelte *Dammar Selan* of eenige andere harde *Dammar*, roeren het voorfchreve Porfellein daar onder, tot dat het een dikke klomp word, die ze dan met de handen formeeren tot rollen, een hand of fpan lang en twee vingers dik: Deze rollen draaijen ze met een touwtje daar om geflingert, (gelyk de draaijers,) fterkelyk op het kris, 't welk het yfer zoo wel wegneemt als de befte Vyl.

Steene Vylen, van wie, en hoe die gebruikt worden.

XXXIV. HOOFTDEEL.

Steene Kogels en Steene Vingers.

DE fteene Kogels zyn een foort van *Geodes*, de Vingers zyn *Belemnitæ* of *Dactyli Jdæi*; zy worden beide gevonden in de Xulafche Eilanden, weshalven wy die plaatfen wat duidelyker ophaalen zullen: Onder de drie Xulafche Eilanden is *Mangoli* het grootfte, doch heeft maar twee Negorijen, *Mangoli* en *Weytina*, beide aan de Zuid-zyde gelegen, voor 't overige woeft en onbewoont: Van *Mangoli* fcheept men 3 uuren Weftwaart aan tot in 't boehtje *Gorangoli*, daar een ankerplaats is, met drie Eilandekens daar voor; van daar noch 6 uuren te vaaren komt men aan het bochtje *Boeja*, daar drie Riviertjes zyn, en twee mylen Landwaart in twee kennelyke bergen, alle van den zelven naam; van *Boeja* noch drie uuren weftelyker, komt men aan den uiterften Wefthoek *Batoe Maloela* of *Batoe Lacki Lacki*, van daar men overfteekt na *Taljabo*: Alhier ftaat een Klip in de gedaante van een Man, daar de Xulaneezen voor by vaarende gemeenlyk eenige vruchten haar toewerpen tot een offerhande om geen ongeluk daar te hebben, want het een nauwe en zeer gevaarlyke Straat maakt tuffchen *Mangoli* en *Taljabo*, en by deze Klip is een Maalftroom: De engte is op 't fmalfte niet breeder dan een mufquetfchoot, doch word ftraks ter weêr zyden breeder; in 't midden van deze Straat op *Taljabo* legt de hoek *Langoy*, en daar by een bochtje.

In de bocht van *Boeja* op ftrand by laag water vind men zekere fteene Kogels zeer glad en rondachtig, zommige zoo rond als of ze gegooten waaren, doch die zyn weinig, van verwe blauwzwart, gelyk de flechte Toetfteenen, die zy ook gelyken in

De fteene Kogels en Vingers befchreven. Omftandig berigt. En waar deze fteene Kogels gevonden worden

I i 3   Sub-

substantie en hardigheid, maar niet in zwaarte en toetsen, als ook de Metaalen, van binnen massief en moeijelyk om in stukken te slaan, de kleinste zyn als een Pistool-kogel, en allenkskens grooter tot een, twee en 3 ponden toe van ysere kogels, zommige zyn grauwachtig, andere doch weinige zyn ruig en ros als ysersteen, zommige ook donkerrood, de scheeve en hoekige zyn de meeste: De Xulaneezen zoeken de rondste uit en gebruiken ze tot Bassen en Musquet-kogels, men heeft daar mede door een plank geschoten, zonder dat de Kogel breekt: Als men ze in stukken slaat en op een steen wryst, rieken ze zwavelachtig als bedorven boskruid; binnen is een eenpaarige zwarte substantie, en buiten als met een steene huid omgeeven, waar uit men bemerkt, dat hun deze rondigheid niet door 't rollen van 't zee-water aankomt, maar door hun eigen natuur hebben, gelyk in *Europa* andere soorten van *Geodes:* Men vind ze alleen op strand maar niet in de rivieren, of ze op de bergen *Boeja* mede vallen is onbekend; want de Inlanders willen niet eens daar naar toe gaan, noch alleen noch met ons volk, vreezende dat ze dood gesmeeten of geslaagen zullen worden van den Duivel, dewelke op die bergen woont, en met de voorschreve steenen van zich smyt, zy verhaalen daar van deze fabel: Voor omtrent 80 jaaren hebben op die bergen verscheide volkryke Negoryen gewoont, dewelke met malkander zoo lange geoorlogt hebben, tot dat eindelyk de Duivel hun deze Kogels beschikt heeft, en aan den voorschreven berg zoude men noch ander geweer vinden; op den zelven berg hoort men op verscheide tyden, inzonderheit in de maand *October*, wanneer de Noorder of regen *Mousson* aldaar begint, verscheide slagen van Kanon en Musquetten, die men zomtyds op *Fatoe matta* hoort: In de voorschreeve Straat, *Seranna* genaamt, leggen noch andere klippen onder water, waar op eertyds de stroom een Portugeesch schip gezet heeft, waar van ze het volk dood geslagen en 't schip geroost hebben.

Dergelyke steene Kogels zwart en zeer blinkende worden gevonden op den heiligen berg *Basagi* op *Baly* boven op des zelvs vlakte, daar de *Pygmæ* of Bergmannetjes op woonen, zynde kleine menschen, zommige zyn wit, zommige kakerlakken van vel en hair met een spitse bultige rug, zoo dat ze altyd op een zyde moeten leggen, woonende in kleine huiskens, rondom met een tempel bezet; deze staat op eenen effenen steenen vloer, als van hard arduin, zoo glad dat men qualyk daar op staan kan, en voor des zelvs deur staan 4 ysere koevoeten, zoodaanig uit de aarde gegroeit; rondom dezen steenen vloer legt het vol van deze ronde Kogels, dewelke die van *Baly* naar believen mogen opraapen en tot gedachtenis mede neemen; 't welk zoo zynde blykt, dat deze Kogels niet rond gesleepen worden door 't rollen van de zee of regen, gelyk zommige vermoeden, want zy leggen vlak en stil, breng hier by tot verder bewys den akker van *Jerusalem*, die vol steene *Ciceres* is.

In 't bochtje *Langoy* op *Taljabo* is een moerassige brakke rivier, aan welkers mond men op strand vind de steene Vingers t' eenemaal gesatsoeneert gelyk een *Belemnites*, of *Dactyli Jdæi*, in 't *Gemmarium* van *Boëtius* afgeteikent; doch deze steene Vingers zyn meest gebrooken, van een weeke substantie, die haar snyden en schrappen laat, donker van substantie, meest geelgrauw, binnen met een hart als een houte rak, en in de omtrek veele straalen: De geheele gelyken de spits van een stompen pyl, alle met een keep of vooren aan d' eene zyde, langs dewelke zy haar laaten deilen als men daar op slaat: Zommige zyn geelachtig als *Dammar Selam*, zommige ros en half doorschynende als donker bernsteen, die men weinig vind, en d' Inlanders bewaaren om een *Adjimat* van te maaken: Tegen malkander gewreeven rieken ze vuil of modderachtig als *Mangi Mangi*: Van haaren oorsprong is noch niets verhaalt; naderhand is bevonden, dat ze op andere plaatsen meer dan op *Taljabo* door de Zee opgespoelt worden, immers meest aan d' Oost en Noord-zyde des zelven Eilands, als mede op *Kelang*: Op de zelve plaatsen vind men noch een anderen zeldzaamen Steen in de grootte van een schelling, beneden vlak, boven geschikt en gestreept als 't Hoorntje *Umbilicus*; zommige zyn bruin, dewelke de hardste zyn, zommige grauw, en zoo

weeck,

Hun grootte.

Kokar.

Waar toe die gebruit worden.

't Gevoelen der Inlanders daar van is zeer kluchtig.

Beschryving van de Pigmæi.

Hun tempel en woonplaats.

Daar die ook gevonden worden.

De steene Vingers, waar die gevonden worden.

Haar hoedanigheit omstandig beschreeven.

Noch een andere soort.

week, dat men ze fchrappen kan, zommige zitten op een hard keifteentje: Ik heb
'er een gehad op *Kelang* gevonden, een kleine hand breed, fcheef en gedraait als een
Carina Nautili aan de eene zyde: Van de fteene Vingers vind men ftukjes als Koraalen in 't midden met een gat, en daar onder zommige zoo dun als een mes, die men
voor Timorfche *Muttu Labatte* zoude aanzien, zoo ze die koleur hadden.

XXXV. HOOFTDEEL.

Ambra Gryfea. Ambar.

U It de verfcheide verhaalen der Auteuren van den oorfprong en eigenfchap des
Ambers zal ik alleenlyk die voortbrengen, dewelke my nodig fchynen om
myn oordeel daar uit vaft te ftellen. Deze fpezeryachtige Gom, zynde hedensdaags gerekent onder de koftelyke dingen der waereld, en in gewigt al tot
de waardy des gouts gefteigert, is, zoo veel ik weet, by alle Natien met geenen anderen naam bekent, dan *Ambra*, en *Ambar*, gelyk het ook by onze Maleijers hiet,
behalven by de Inwoonders van de Zuid-Oofter Eilanden en *Timor*, dewelke het on-
waardiglyk, *Ijan-taij*, dat is, Vifch-drek, noemen: De gemeene manier volgende
zullen wy het verdeelen in 3 foorten, te weeten, grauwe of *Ambar grys*, witte, en
fwarte, onder malkander veel verfchillende in fubftantie en kragten: Van de eerfte
foort zal dit Hooftdeel fpreeken, welke men eigentlyk *Ambra* en *Ambra Gryfea*, naar
haare grauwe koleur noemt. By zommigen wegens haare voortreflykheid en duurte,
Ambra Chryfea, dat is, gulden Ambar: Wy verftaan daar door zoodanigen *Ambar*,
die van buten befmeert of zwartachtig is, van binnen grauw als gedroogden koedrek,
ruffchen de tanden taai en nooit verminderende, hoe lang men hem ook kauwt, ligt
van fubftantie, aan zich zelv een goeden doch flappen reuk hebbende, en weinig naar
de Zee riekende, of eigentlyk naar *Unguis Odoratus*; doch in een warm fop gefmolten, veel kragtiger van reuk; op een gloeijend blik van yfer, of, zoo andere willen,
van gout gelegt, geheel en al verfmeltende, zonder rook, maar op koolen geeft hy
een recht opgaanden rook van zich, doch weinig en met een dunnen ftraal.

D' oorfprong des Ambars word verfcheidentlyk opgegeeven, naar de verfcheide
oordeelen der Auteuren: De oudfte en by deze Inlanders fchier over al aangenome meening is, dat het zynen oorfprong heeft uit den Walvifch, doch niet van alle, maar
van een byzondere foort, dewelke d' Arabiers *Azel* noemen: Onder anderen moet ik
hier aanhaalen de kluchtige gefchiedenis van den oorfprong des Ambars uit *Ferdinandus
Lopes de Caftagneta*, die in 't vierde boek van 't bedryf der Portugeezen in Ooft-In-
dien *cap.* 35. fchryft, dat de uitgelefenfte *Ambar* valt in de Maldivifche Eilanden, daar
zich veele groote vogels ophouden, *Anacangrifpasqui* genaamt, de welke veelderhande fpezeryachtige kruiden afweidende, hunnen drek uitwerpen op de klippen die aan
Zee ftaan, 't welk dan goede en oprechte Ambar is, by hun *Pona Ambar*, dat is,
gulden Ambar genaamt, hoewel hy wit is, echter de duurfte van allen, om dat hy weinig en met moeite gevonden word: Deze drek, met groote korften aan de klippen hangende, word metter tyd door regen en wind afgeflagen, en met groote ftukken in Zee
vallende, dryft daar in heen en weêr, tot dat hy opgefpoelt en aan ftrand uitgeworpen word, zynde grauw van koleur, en hiet *Coambar*, dat is, Water-Ambar, om
dat hy lang in 't water gerolt en veel van zyne deugd verlooren heeft, welk dan de
tweede foorte is: De derde en flechtfte is de zwarte, genaamt *Mani-Ambar*, dat is,
Vifch-Ambar, om dat hy van Walviffchen en andere groote Viffchen opgeflokt en in
der zelver maag onverdouwlyk zynde, weder uitgefpogen is, en daarom fchier al zyn

deugd

*Befchry-
ving van
d' Ambra
Gryfea.*

*Waar van
zyn 3 foor-
ten.*

*Haare be-
naming en
hoedanig-
heid.*

*D' oor-
fprong van
de zelve
uit den
Vifch
Azel.*

*Oordeel
van Fer-
dinandus
Lopes de
Caftagne-
ta.*

*Ponam-
bar, Vogel-
Ambar.*

*Coambar,
Water-
Ambar.*

*Maniam-
bar, Vifch-
Ambar.*

deugd en krachten verlooren heeft; dus verre *Caftagneta*: Dit verhaal laat ik in zyn
waardije, en wil wel toeftaan, dat onder zoodaanigen vogel-drek *Ambar* gevonden
word, echter komt my verdagt voor, dat van *Garzias Lib.* I. *cap.* 1 geen gewag van
die vogels gemaakt word, dewelke nochtans een nauwkeurig befchryver van de Ooft-
Indifche dingen in zynen tyd geweeft is; immers hadde *François Pierard* daar van moeten weeten, de welke van 't jaar 1602. veele jaaren in de Maldivifche Eilanden gewoont heeft, en van den Ambar niets anders fchryft, dan dat hy in meenigte op die
Eilanden door de Zee opgeworpen word, en dat de Eilanders van zynen oorfprong
niets anders weeten, dan dat hy uit de Zee komt.

Meenin-
ge van
Servatius
Marel.

Ambar
komt van
den Wal-
vifch.

Carolus Clufius fchryft in zyne aantekening op 't voornoemde Hoofdeel, dat hy te
Frankfurt een zekeren Bourgonjer, *Servatius Marel* gefprooken heeft, dewelke veele
Landen doorreift hadde, om fpezeryen, edelgefteenten en paerlen te handelen: Deze hadde hem verzekert, dat Ambar niet anders is dan eene overtollige vergadering in
de maage van den opregten Walvifch, daar onder hy geenzins d'*Orea*, *Phyfeter* noch
eenige groote en getande Viffchen wil verftaan hebben: De regte Walvifch dan, hebbende geene tanden en een nauwe keel, flokt niets dan kleine vifchjes in, inzonderheid Zeekatten en *Polypi*; deze blyven hem in de maage langen tyd zitten, en maaken een flymerige vergadering, die hy niet wel verdouwen kan, en eindelyk, als de
meenigte hem te laftig valt, weder uitfpouwen moet: Dat eerfte uitfpouwfel is flechte
en vuile Ambar, maar het geene lange by hem blyft en wel gekookt is, wort goede
Ambar; of dit nu alle jaaren eens of meermaals gefchied, is onzeker, maar dit is gewis,
dat wanneer de Walvifch de maage ontledigt heeft en dan gevangen word, men geen
Ambar in hem vind: Een tyd lang daar na heeft hy by zich weinigen rauwen Ambar, maar
de befte is, die lang by hem gebleven is: Hier van komt het, dat men onder den Ambar zomtyds den bek van de voornoemde Zeekatten vind, dewelke men verkeerdelyk voor

Proef,
welk de
befte is.

vogels-bekken aanziet: Voor den beften Ambar koos hy die van binnen grauw is, en
een brokje op een heet gemaakt yferblik gelegt moet ten eenemaal fmelten tot eene
olye, en eenen lieffelyken reuk van zich geeven; dus verre *Servatius Marel*.

Meenin-
ge van Ju-
lius Scali-
ger.

Julius Scaliger Exercit. 104. na dat hy uit de boeken der Mauritanen veele voorbeelden bygehaalt hadde, dat d'Ambar in Walviffchen groeit, en de Walvifch zelv
in de taal van *Fez* en *Marocco Ambar* hiete, verklaart zyn gevoelen, dat hem zulks
ganfch onwaarfchynlyk voorkomt, dewyl hy zoo veele Walviffchen heeft zien openen,
in de bocht van *Biskayen*, en 'er van gehoort heeft, maar van niemand verftaan, dat
in die Walviffchen het minfte Ambar ooit gevonden zy; daar op verklaart hy zyne mee-

Dat de-
zelve op
den grond
van de zee
groeit.

ninge, namentlyk: Dat d'Ambar op den grond van de zee groeit op de wyze als *Fungus* of Campernoelje, en door de zeebaaren los gefpoelt zynde, dan boven komt
dryven, Tot deze meening is hy bewogen, om dat hy eenige bollen van Ambar gezien
heeft, dewelke van buiten met een vliesje overtrokken waaren gelyk een *Fungus*, ook
met gelapte fchilfferen, gelyk een oude *Fungus*: Op dezelfde plaats fchryft hy ook,
dat de Voffen den Ambar vindende gretig opflokken, en daar na door den afgang weder van zich geeven, doch dat het zelve een vuile en verdorve Ambar is; welk verhaal ons hier na zal te paffe koomen: De drie bovengemelde foorten uit *Caftagneta* van
den vogel-drek heeft hy ook, maar met andere naamen, noemende de Eilanden *Pa-
landuras* (zynde miffchien bedorven uit *Maldivas*) en de drie foorten *Povambar*, *Pu-
ambar*, en *Pinambar*, doch de bovenftaande naamen koomen met den Portugefchen
text beter overeen.

Onder-
vinding
van een
Walvifch
op Timor.

Radja Salomon Speelman, verdreven Koning van *Ade manduta*, een geloofwaardig
man en ooggetuige van dit verhaal, heeft my in opregtigheid verklaart, dat in zynen tyd, omtrent 't jaar 1665. in zyn Land by *Batoerou* opgedreven is een doode
Walvifch, dien hy *Iju-Ambar* noemde, 15 vademen lang, waar van het hoofd
een vadem lang was en fpits toeliep, doch het voorhoofd was rond: Op het hoofd
ftond een vinne, wel van een mans hoogte, en langs den rugge 5 vademen lang, die hy

kon-

konde nederleggen, opgefneeden, vond men den buik zoo groot als een kamer, en schier met enkel Ambar gevult, waar van het voorfte en naafte aan de keel wit en waterachtig was, het middelfte geel en grauwachtig, het achterfte zwart en week als teer, het welk hy door den afgang uitwerpt, maar de twee eerft genoemde uitfpouwt: De Timoreezen kenden het niet en gebruikten het voor teer aan hunne prauwen, tot dat ze van de Makkaffaren wyfer gemaakt wierden, die het van hunne vaartuigen weder affchrapten, hen afkogten en naar hun Land voerden: Eenige jaaren te voren waaren meer Walviffchen op *Timor* geftrand, dewelke korte en dikke tanden hadden, zommige een voet lang, zommige korter, gelyk die van *Leti in hiftor. animalium* worden gemeldt; doch of de voornoemde andere viffchen mede tanden hadden was hem vergeeten.

Wáár is een groote meenigte Amber gevonden is.

Het gevoelen der Javaanen is, dat Ambra een uitwerpfel of drek is van den grooten Vogel *Geruda*, dewelke op den Boom *Paos Singi* zoude woonen, ftaande in de groote Zuid-Zee, wiens afgang daar na de Walvifch inflokt, en d' Ambar hem onverdouwlyk vallende weder uitfpout.

Gevoelen der Javaanen.

Nu zal ik wat nieuws opfchaffen, miffchien te voren in de waereld niet gehoort, voortgebragt door eenen *Hubert Hugo*, voor eenige jaaren gefaghebber op het Eiland *Mauritius*, dewelke aan den Ed. Heer Generaal *Joan Maatfuyker* in een brief gefchreeven den 14. *December* 1671. aldus fchryft.

Aangaande de verfchillen onder de geleerden nopens het Ambar-grys, waar het zelve zynen oorfprong van daan zoude neemen, of wat gedierte of wat gewas het zelve zoude voortbrengen, zyn wel in aanmerking te neemen, maar niet daar uit vaft te ftellen; want ik hier door neerftig onderfoek en ondervindinge bevonden hebbe, het zelve geen fchuim of drek van den Walvifch noch een gedaante van *bitumen* of lym te weezen, maar uit den wortel van een boom (wiens naam voor my zelven onbekent is) voort te fpruiten, welke boom, hoe ver hy ook in 't land ftaat, zyne wortelen altyd naar de Zee fchiet, zoekende de warmte der zelver om zyne vetachtige gom, die al naar beneden en niet naar boven fchiet, door de warmte der zee quijt te worden, alzoo anderzins boven door zyne groote vettigheid zoude verbranden en verftikken; waarom de zelve naar onderen zendt om door behulp en warmte der zee zich daar van te ontlaften: De wortel dezes booms zynen vetten gom in zee fchietende, is de zelve zoo taai, dat men hem niet ligtelyk van den wortel af kan breeken, ten zy het zoodaanigen klomp word, die voor het kleine adertje van den wortel te zwaar, door de warmte der zee en beweging der zelver van zelv afbreekt en alzoo in zee dryft, wordende door de ftroom, waar die meeft zyn val heeft, aan ftrand door zyne vette ligtigheit geworpen, waarom ik een geheel jaar myn werk gemaakt hebbe de ftrooms kabbelingen waar te neemen, maar door gebrek van vaartuigen, daar toe bequaam, hebbe niets ten vollen konnen uitwerken, waarom genootzaakt ben (by 't goet vervolg van 't nieuwe getimmerde vaartuig) mynen tyd ten meeften dienft van d' E. Compagnie daar in te befteeden: Gevonden en in 't werk geftelt zynde, zoude oordeelen, door 't planten der zelver boomen aan ftrand, of die plaatfen daar die ftroom zynen aanval heeft, dat het niet miffen konde, of zoude moeten, op ftrand geworpen zynde, door de zoekers gevonden, en d' E. Compagnie rykelyk toegebragt worden; hoewel ik oordeele, dat de boomen dieper in 't land ftaande, vetter gom, als die aan ftrand zyn, geeven, en dat daarom ook d' eene Ambar beter als d' andere gehouden word. U. E. word door dat fcheepje ⅓ pond toegezonden, (zynde gevonden by een foldaat *Jan Wefphalen van Straalfont*, die ook, om dat zynen tyd uitgedient heeft, en voorleden jaar van 't Fort de Goede Hoop op zyn verzoek verloft, mede naar Batavia is vertrokken, om naar 't Vaderland over te vaaren,) nevens noch 2 ftukken by my zelv gevonden; 't welk ik hoope, dat U. E. aangenaam, en voor my een eer zal weezen.

Nieuwe meeninge van den oorfprong des Ambars.

Ambar-Boom en Boom-Ambar.

Die zyn wortel in zee fchiet.

En zoo groeijende eindelyk tot Amber word.

De foorten *Ambar-noir* en *Succinum*, worden meerder dan de andere gevonden, te weeten koftelyker, waar van ik U. E. zoo veel, als ik hebbe konnen magtig worden, toe-

Dezwarte Amber.

K k

toezende; doch, myns oordeels, van kleine waardy: Maar om dat van den E. Commandeur *Jacob Borghorst* in zynen brief verzogt word, alles wat reuk en smaak heeft op te zoeken, en zyn Ed. toe te zenden, hebbe niet willen daar in nalatig zyn; dus verre *Hugo.*

Bedenking van den Schryver daar over; doch door hem verworpen.

Indien het voorgaande waar is, ben ik verwondert, dat deze boom alleen op 't Eiland *Mauritius* zoude ftaan, daar d' Ambar niet alleen aldaar, maar langs de geheele Oostkust van *Afrika*, *Madagaskar* en *Maldivas*, hier in de Zuid-Oostere Eilanden, ja op zoo veele plaatfen der geheele waereld, als in West-Indien of de ftranden van *Marokko*, gevonden word, en dat deze raare Ambarboom dus lange onbekent is gebleeven: En zoo hy in de gemelde Landen ook groeit, inzonderheit op d' Oostkust van *Afrika*, en *Madagaskar*, dat hem de fcherpfinnige Arabiers, zoo veele eeuwen dezelve Kuft doorfnuffelt hebbende, niet eer gekent hebben: Zoo men ook allerhande welriekende Gommen, dien Ambar eenigzins gelykende en uit boomen druipende, ftraks voor Ambar wilde houden, zoo kan ik in 't Landfchap *Amboina* dergelyke boomen toonen in mynen Amboinfchen *Herbarius*, in de hoofdftukken van *Nanarium minimum* en de *Boeroneefche Rowayl*: Van *Manipa* is my een zekere aarde gezonden zeer natuurlyk naar Ambar riekende, maar by nader onderzoek wierd bevonden, dat dezelve aarde uitgegraaven was onder den voornoemden boom, en buiten twyffel van zyn fap doortrokken was.

Ander gevoelen, dat dezelve in de wilde zwynen groeit.

En hoe zal de voornoemde boom konnen beftaan met het geene my een ander perfoon, die een tyd lang op 't Eiland *Mauritius* gelegen hadde, verhaalt heeft, dat d' Ambar groeit in de maage van wilde varkens; en waarom zoude ik hem niet gelooven? daar hy 't zoo wel met zyn oogen gezien heeft uit den buik van de voornoemde varkens uithaalen, als *Hugo* aan den wortel van zynen boom hangen; maar voorwaar, indien men het gelooven wil, dat d' Ambar groeije in de buiken van zoo veele Land- en Water-dieren, daar in men hem zomtyds en by geval vindt, zoo mogen die van Weft-

Als mede in voffen.

Indien ook gelooven, dat hy in haare voffen ook groeit, waar van men leeft in de Franfche gefchiedeniffen *Antillarun cap.* 20. door Monf. *Rochefort* gefchreven, aldaar ftaat eerftelyk, dat veel goede Ambar-grys gevonden word op de Kuft van *Florida*, *Tabago* en ander Caribefche Eilanden: Kort daar na leeft men, dat in die Landen, daar de meefte Ambar valt, veele voffen gevonden worden, die 's nagts de wacht houden op de ftranden, daar hy meeft opgeworpen word, en den zelven vindende ftraks opflokken, doch hun onverdouwlyk voorkomende, door den afgang weder van zich geeven, dewelke veel van zyn deugd verloren heeft, en by hun *Ambar des renards*, of Voffen-Ambar, hiet, noch tot geneesmiddelen, noch tot reukwerk dienende, en derhalven niet in Vrankryk gebragt word.

Onderfoek en gevoelen van den Schryver hier over, beweerende dat d' Amber op den grond van de zee groeit.

Dewyl dan uit de bovenftaande voorbeelden blykt, dat d' Ambar in zoo veelderlei dieren gevonden word, die hem als voor hunne natuur onverdouwlyk zynde, onverteert weder van zich geeven, zoo is 't ganfch niet waarfchynlyk, dat hy in dezelve dieren groeije: Ik houde my dan aan de meeninge van veele geleerden, die beweeren, dat *Ambra* zoo wel als alle Bernfteen, een weeke Lym zy, uit den grond van de Zee zweetende, 't welk boven koomende, door de koude en ziltigheid des Waters allenkskens hard word; deze weeke fubftantie heeft in 't eerft een fterken reuk, juift niet ftinkende gelyk de Franfche gefchiedenis zegt, maar gelyk alle lymachtige zappen, aard-olye, en dergelyke, dewelke de dieren aanlokt als een aas, daarom flokken het de

Hoe hy in zoo veelerhande dieren komt.

Walvifch en andere dieren in, als mede allerhande Zeevogels zoo lang het in Zee dryft: Word het aan ftrand opgeworpen, zoo word het ten buit aan wilde Varkens, Voffen, en miffchien ook aan den Kayman, gelyk de Franfche gefchiedenis van den Weft-Indifchen Krokodil getuigt. Onze Amboinfche viffchers hebben hier ondervindinge van, die hier omtrent in Zee ziende iets dryven, daar de vogelen naar pikten en veele viffchen rondom fwommen, dezelve verjagende, vonden een zwart klompje als week pik, vol kuilen en gaten, zoo het hun fcheen door de vogelen en viffchen daar in gemaakt; dit by my gebragt zynde, bevond ik, dat het buiten-

tenfte zwarte Ambar was, noch al week, maar na weinige maanden zoo hard als ander pik; doch als men het handelde en in de handen warm maakte, zoo wierd het
weder wat week. In des zelfs midden lag verborgen een ftukje goeden Ambar-grys omtrent ½ once zwaar: Zoo hebben my d' Inwoonders van de Zuid-OofterEilanden berigt,
dat de meefte bevonden word aldus met eene zwarte en weeke fubftantie omgeeven
te zyn, dewelke noch verfch zynde, vry vuil riekt, miffchien om dat hy eerft van den
Walvifch komt; maar op koolen riekt hy natuurlyk als *Bitumen* of Aerd-olye. In 't jaar
1682. is een zulk zwart ftuk, ruim een vadem breed, met den Ooften wind op den
ftrand van *Loehoe* gefineten, daar het door de hitte der zonne gefmolten lag met zand
en ander vuiligheid vermengt; hier uit hebben de Chineezen en zommige Inlanders eenige ftukjes en brokjes gepeutert en goeden buit daar van gemaakt: De zwarte
en weeke fubftantie als teer, dewyl ze ganfch vuil en met zand vermengt was, heeft
men alhier op eene flegte wyze gediftilleert, en daar uit gehaalt een bruine olye, fterk
van reuk t' eenemaal als *Petroleum*, echter altyd iets van den zeereuk behoudende,
gelyk men in den *Unguis odoratus* bemerkt: Waar uit ik wederom befluite, dat d' Ambar eene lymachtige fubftantie zy, en zoo is 't ook een vaft bewys, dat d' Ambar
niet in den Walvifch kan groeijen, om dat men zulke groote ftukken daar van vind,
dat men ze by kleine Eilanden vergelykt, dewelke nimmermeer uit de nauwe keel van
een Walvifch konnen koomen; zie onder anderen *Linfchoten* Cap. . van een ftuk
by de Kaap *Comoryn* gevonden, het welke 30 Centeners woeg: Maar voor Ambar uit
den Walvifch houd men, als 'er in den Ambar, zoo zwarte als grauwe, de bekken
van de Zeekatten, kleine fchulpjes en beentjes gevonden worden, die nergens anders
dan in zyn maage daar onder konnen koomen, hoewel ik nu vaftftelle, dat Ambar een
Bitumen, of lym zy, zoo wil ik nochtans niet voor onmogelyk houden, dat het zelve
Bitumen door eenigen wortel van groote boomen aangetrokken, en in een hars, den Ambar eenigzins gelykende, verandert worden, zoo nochtans dat 'er altyd een merkelyk onderfcheid zy tuffchen den waaren Ambar en zulken hars, gelyk het zeker is
dat een en de zelve lymachtige vettigheid der aarde in Pruiffen, wanneer ze in de zee
komt, Bernfteen word, maar door de dennen en pynboomen opgetrokken zynde, een
weinig verandert en tot hars word: Op deze manier kan men het voornoemde verhaal
van den Ambarboom op *Mauritius* waarfchynlyk maaken; te meer dewyl dezelve *Hugo*
fchryft, dat op *Mauritius* meer andere lymachtige foorten, als zwarte Ambar en *Succinum* of Bernfteen, vallen, als hy maar niet eenig hars, van de boomen afgevallen
en in zee-water verhardt, voor Bernfteen aangezien heeft, gelyk men in deze Oosterfche Eilanden veelerlei hars, 't welk men *Dammar* noemt, op den ftrand vind, dat men
voor Bernfteen zoude houden.

Om nu de manier te befchryven, hoe men den rechten Ambar-grys verkiefen en beproeven zal, zoo komt het voor eerft op het gefigt en de koleur aan: Wel is waar 't
geene *Rochefort* in zyne Franfche gefchiedenis fchryft, dat de oorspronkelyke Ambarftukken bolachtig moeten zyn, niet volkomen rond, maar uit den ronden bultig of
gedrukt, van buiten vuil, befmeert, zomtyds zwartachtig, zomtyds uit den roffen
en grauwen gemengt, even als of ze met een vlies omgeeven waaren, niet ongelyk de
Tubera, by de Italiaanen *Tartufoli*, by de Franfchen *Truffles* genaamt; het welk vee-
len heeft doen gelooven, dat Ambar een *Tuber* of *Fungus marinus* was; van binnen,
zegt de zelve Auteur, moet hy grauw zyn, droog en ligt, of eigentlyk, als of 'er
afch met wafch gemengt was, zoo nochtans dat men d' afch en het wafch ieder in 't byzonder onderfcheiden kan: Doch mynes oordeels gaan deze kentekenen niet al te
vaft, want d' Inlanders pleegen den Ambar te vervalfchen met wafch, drooge aarde, en
een weinig flechte Ambar, geevende de bollen de zelve figuur en koleur van buiten, als de rechte Ambar heeft: Om dan den nagebootften beter te kennen moet men
uit de ervaarentheid weeten, hoe veel een bol rechten Ambar weegen moet, van die
grootte als ons eene voorkomt, want de gemaakte altyd merkelyk zwaarder is dan de op-

*Een aan-
der onder-
zoek.*

*En befluit
van den
Schryver.*

*Lin-
fchooten
aange-
haalt.*

*En ver-
dere rede-
nen van
den Schry-
ver hier
over.*

*Hoe men
den Ambar
kennen en
beproeven
zal.*

*Zyne
hoedanig-
heden.*

*En ver-
valfing.*

*Den zel-
ven te lee-
ren onder-
fcheiden
door 't ge-
wigt.*

rechte, aan de buitenfte koleur is niet veel gelegen, want dewyl onze Oofterfche Ambar gemeenlyk met den zwarten Ambar gevonden word, den welken men afschrappen moet, tot dat men op het harder komt, 't welk de rechte Amber is, zoo behoud hy van buiten eene zwartachtige of donkergrauwe koleur, van binnen moet hy grauw zyn, niet eenpaarig, maar met witte plekjes gemengt: D' onze vergelyken hem by drooge koeftront; loopt 'er dan wat zand, steentjes of schulpjes onder, dat maakt d' Ambar niet flimmer in qualiteit, maar minder in prys: Indien de verkoper niet toeftaat de *Nadere proef.* bollen in ftukken te laaten breeken, en gy echter gaerne weeten wilt, of zand, steentjes en bekjes van Zeekatten daar in fteeken, zoo neem een lange heet gemaakte naalde, fteek die daar in, zoo zult gy wel gewaar worden, of de naalde eenige hardigheid ontmoet, daar naar gy dan den pryskont maaken, dewelke in *Amboina* en *Banda* is van 12 tot 15 ryksdaalders voor een onze, zynde de prys van gemeen gout: Veele heb- *De waarde van dien.* ben hier van een proef willen maaken, als men met een heete naalde eenig olye daar uit brengt, maar dit gaat niet vaft, want de valsche Ambar doet dat ook: Het is met meerder zekerheid, als men een brokje op een heet gemaakt yser of meslegt, het welk fmelten moet als wafch en t' eenemaal wegbranden of wegrooken, zonder iets na te laaten.

Den reuk kan men niet beschryven, den welken men uit ondervindinge hebben moet, vermits d' Ambar een byzonderen reuk geeft, die niet kan nagebootft worden: Boven hebben wy hem Zee-reuk genoemt, den welken men ten naaften by kan leeren *Een andere proef.* kennen uit den *Unguis odoratus.* Die van *Keram* hebben my noch een andere proef geleert, hoewel ze my onwaar voorkomt, te weeten d' Ambar aan een hoen of haan gegeeven doet de zelve fterven, het welk wonder zoude zyn, daar d' Ambar aan geen ander dier schadelyk is: Amber in den mond genomen, zoo men zegt, kan niet verminderen, of immers zoo ligt niet als andere gomachtige dingen; doch ik hebbe de- *Doch onzeker bevinden.* ze preuve al mede onzeker bevonden, want ik hebbe goeden Ambar gehad, dewelke in 't byten kort afknapte als glas of wafch, het welk door groote koude hard geworden is, en tuffchen de tanden bryzelde, dat men hem infwelgen konde; wederom een ander ftuk goeden *Ambra* bryzelde wel tuffchen de tanden, maar men konde het ligter tot een klomp brengen, dewelke echter door lang knauwen allenkskens verminderde: Daarentegen de zwarte taaije Ambar in den mond genomen zal niet verminderen, al knauwt men eenige uuren lang; zoo dat men op deze proef niet vaft kan *Meerder proeven.* gaan: Wanneer d' Ambar op koolen gelegt een vifch-reuk of een lymachtige geur, gelyk steenkool of zwarte Ambar, van zich geeft, of eenigzins naar dien reuk trekt, *Ambar Bonga, Bloem-Ambar.* dit is quaade of flechte Ambar; want de Maleijers willen hebben, dat hy een aangenaamen bloem-reuk zal hebben, daarom zy de befte foorte noemen *Ambar Bonga*, dat is, Bloem-Ambar: Amber met den eenen hoek aan 't vuur gehouden, dat hy een weinig fmelt, moet aan de vingers zoo vaft kleeven, dat men hem niet afwryven kan en de gefmoltene plek moet afchblauw befterven, welke beide de valsche niet doet.

Krachten en eigenschappen van den Ambar. Van de krachten en eigenschappen des Ambars zal ik my gedraagen aan de Europische boeken, alleenlyk dit zeggende, dat d' Ambar zich niet vermengt met water, olye of andere vogtigheid, noch zich toeftof laat maalen, doch als men hem fyn schrapt *Hoe men dien los maakt.* en met eenig droog poeijer vermengt, zoo laat hy zich met andere dingen vermengen: Men kan hem ook eenigzins ontdoen in den beften geeft van wyn, over koolen warm gemaakt: De bekendfte kracht, die men van hem weet, zyn de herfenen of zenuwen te verfterken, de levensgeeften te verquikken, en inzonderheit, 't welk hem ook zoo duur maakt, de mannelyke krachten te vermeerderen, een konft die inzonderheit in *En waar toe die gebruikt word.* Indien groot geacht word, voorts om reukballen daar van te maaken en welriekende *Paternofters*, dewelke men zoo wel bloot als op de huid draagt, als ook in eenig hol of doorbrooken goudwerk fluit om daar aan te rieken: Hier toe kan men den enkelden Ambar niet gebruiken, maar men moet het meeftendeel van zwarten Ambar daar onder doen, dewelke hem het harde beftaan (*confiftens*) geeft, als ook *Benjoin*, *Mufcus* en en *Unguis odoratus*, alles met het befte rofewater gewaffchen, en dan met *Styrax liquida* of *Rafinalla* tot een klomp gebragt.

Aangaande de plaatfen daar d' *Ambra* valt, zyn door de geheele waereld verfpreidt: De Hiftory van *Anthill:* verdeilt hem ten aanzien van de plaatfen in Weftelyk (*Occidental*) en Ooftelyk (*Oriental*) *Occidental* noemt hy dewelke gevonden word in Weft-Indiën, *Florida*, en de Eilanden van *Caribe*, den welken hy boven den anderen waardeert; maar dewyl hy door *Oriental* verftaat, die gevonden word op de kuft van *Barbaria*, *Maroceo* en *Guinea*, zoo heeft hy eenigzins gelyk, dewyl de zelve mede zwart is: Maar zoo men onder den *Oriental* ook den Ooft-Indifchen verftaat, zoo kan zyn zeggen niet doorgaan, want de geheele Ooft-kuft van *Africa*, inzonderheit van *Sophala* tot *Melinde* ja tot het Roode Meir toe, d' Eilanden *Madagafcar*, *Mauritius* en de *Maldivas* geeven zoo koftelyken Amber-grys als zyn Weft-Indiën, hoewel de zwarte ook overal gevonden word. Ik geloove, dat men tot noch toe niet genoegzaam opgelet heeft, namentlyk dat de goede Ambar grys, dikwyls met den zwarten omgeeven, gevonden word, en derhalven moeft men altyd den zwarten befchouwen, of die niet eenige harde klompjes van goeden Ambar in zich verborgen heeft; immers wy hebben het in deze geweften dikwyls zoo bevonden: Voorts word hy gevonden in de Zuid-Ooftere Eilanden, inzonderheit die omtrent *Tenember* leggen; doch de Eilanders zyn door onze Kooplieden zoo fnood gemaakt, dat ze den zelven meeft met wafch vervalfchen, 't welk men gewaar word, als de klompen te geel zyn door 't handelen, en in warm water leggende ligt week worden, 't welk de rechte Ambar niet doet.

Drie ftukjes van Ambar-grys, genaamt *Piffang*, *Loehoe*, *Baber*, op het hoete blik getoetft, zyn aldus bevonden: Alle drie hadden geen goeden reuk, inzonderheit *Loehoe* rook als gebrande foute visch, en liet vuiligheid op het blik na zich, gelyk ook zyn zwart kleed dede: De *Piffang* en *Baber* hadden beter reuk, verrookten geheel weg zonder iets na te faaten, gelyk ook het zwarte kleed van den *Piffang*, het welke noch al week bleef; zoo dat geen Ambar op koolen of heet blik een aangenaamen reuk geeft, daarentegen *Loehoe* en zyn kleed (het welk met veel zand vermengt nu tot een fteen geworden was) hadde rauw den beften reuk, zeer naar *Unguis odoratus* trekkende: De *Piffang* en zyn kleed vermindert niet tuffchen de ganden, gelyk ook het Ceylonfche ftukje, maar *Loehoe* en *Baber* bryzelen en vergaan: Door *Ambar Piffang* verftaa ik het boven genaamde ftukje zwarten Ambar in zee gevonden: Door *Loehoe* verftaa ik het voornoemde groote ftuk op den ftrand van *Loehoe* gevonden: Door *Baber* het geen uit de Zuid-Ooftere Eilanden komt.

In 't jaar 1693. heeft de Koning van *Tidore* van zyne Papoefche viffchers gekregen een ongemeen groot ftuk Ambra de grys, zwaar 194. pond, waar voor de E. Compagny geboden heeft 11000 ryksdaalders; het hadde de gedaante van een schildpadde, doch de kop was daar van afgebrooken, waar over hy eenige van zyn onderdaanen liet gevangen zetten, doch heeft het niet krygen konnen.

Ik moet hier by voegen het verhaal, 't welk my van den H'. D'. *Andreas Cleyer*, gewezen Opperhooft in *Japan* mede gedeelt is in verfcheide brieven van een Ambar-visch dewelke in *Japan* zoude te vinden zyn, waar van het eerfte berigt hier onder volgt, getrokken uit zyn E. brief van den 28. Februarius 1695.

De Visch, waar van d' Ambar de grys voortkomt, word in 't Japanfch genaamt *Hay ong kie*, en is van gedaante een Walvisch van de kleinfte foorte zeer gelyk, verfchillende met den zelven maar in dit eenige, dat de Walvisch (Noord-kaaper) geen tanden, wel een vifchbeenigen mond, maar deze Visch den mond vol tanden hebbe, waar onder twee groote uitfteeken, gelyk aan een wilde Zwynsbeer, of Walrus te zien is.

In een andere brief van 't voorgaande jaar 1694. fchryft zyn E. van den Ambar-visch aldus: Om U. E. eindelyk ook te dienen met de kenniffe van den Ambar de grys, die

dik-

[Marginalia:]
De plaats daar dezelve valt, is niet wel te bepaalen.

Word in verfcheide gewesten gevonden.

Verfcheide foorten van Ambar door den Schryver onderfocht.

Een ongemeen groot ftuk Ambar. Zie dergelyke afbeeldt op de plaat LIII. en het aanhangfel van dit Hoofdeel.

Verhaal van den Hr. Cleyer.

Een onder zerhaal van des zelven

met een onstandige beschryving

dikwyls in *Japan* rykelyk aan verscheide plaatsen valt, en voornamentlyk de Liquesche Eilanden, die onder de Japansche regeering behooren, en dan noch op andere plaatsen meer, die in *Japan* te vinden zyn, komende uit een visch zeer gelykende naar den Noord-kaaper, van gedaante en van grootte, uitgenomen dat hy verschilt in dezen, te weeten, dat deze voor uit zynen mond twee uitsteekende witte tanden nederwaarts afdalende, en een ongekloofde staert heeft, die my door een Japansche tolk, die zelv een Walvischvanger lange jaaren geweest is, vereert en medegedeelt is; voegende wyders daar by, dat ze zekere tekens aan dezelve hebben, daar uit zy konnen oordeelen, wanneer die visschen een meenigte Amber in hunnen buik bezitten: Deze visschen zomtyds vangende zyn de visschers gehouden, zulke visschen aan land te brengen, en aldaar in tegenwoordigheid van eenige afgezanten, die hun Landheer daar over stelt, op verbeurte van 't leeven te openen, wanneer de grootste massieve stukken voor den Landheer daar uit worden genomen, 't overige van kleine brokken, en dat noch slymachtig dun is, vervalt aan de visschers met het lichaam, daar ze traan uitkooken: En

Van 't voortkomen des Ambers.

wat U. E. verders aangaat, de groote stukken Ambar, die in der visschen buik gevonden worden, waar van U. E. schryft; dat ze niet zouden konnen worden ingeswolgen, om dat de Walvisschen een zeer klein keelgat hebben, daar in ben ik met U. E. van een gevoelen, dat namentlyk de stoffe van d'Ambar in 't eerste week en vloeibaar is, en door de zee hard word, gelyk my die van *Japan* mede bevestigden, en dat de visschen, onmachtig zynde de voorgedagte ingeswolgen stoffe te konnen uitspouwen, nootzaakelyk ziek worden, ende eindelyk daar van moeten sterven of verstikken; welke groote stukken, wanneer de visch vergaan of verrot is, dan door de zeewellen worden aan strand gesmeten en dusdaanig meermaals verkregen worden.

BESCHRYVING

Van het Stuk

GRAAUWEN AMBER

Dat de

Kamer van Amsterdam uit Oost-Indiën heeft gekregen weegende 182 ponden; nevens eene korte verhandeling van zynen oorsprong en kragten.

MYN HEER.

GY weet dat d' Oost-Indische Kamer van Amsterdam heeft verscheide plaaten laaten snyden en drukken van een stuk Graauwen Amber, 't geen ze gekregen heeft. Ik heb 't geluk gehad van dit stuk te zien, dat, wegens zyne ongemeene grootte, te zeldzamer is. 't Pond houd 16 onçen, en de gewoone prys van den graauwen Amber is, van 30 tot 40 guldens de onçe, zoo dat men 2912 onçen rekenende, dat het gewigt is van dit stuk, zal bevinden, dat het omtrent 116400 guldens waardig is, en dat gevolgelyk, dezen kostelyken klomp, voor die dien gevonden heeft, zoo hy de waardye kende, zekerlyk eenen vry goeden schat is geweest.

Ge-

LIII

Het stuk Amber der E. Oostindische Maatschappye zoo als
het zich in de lengte vertoont.

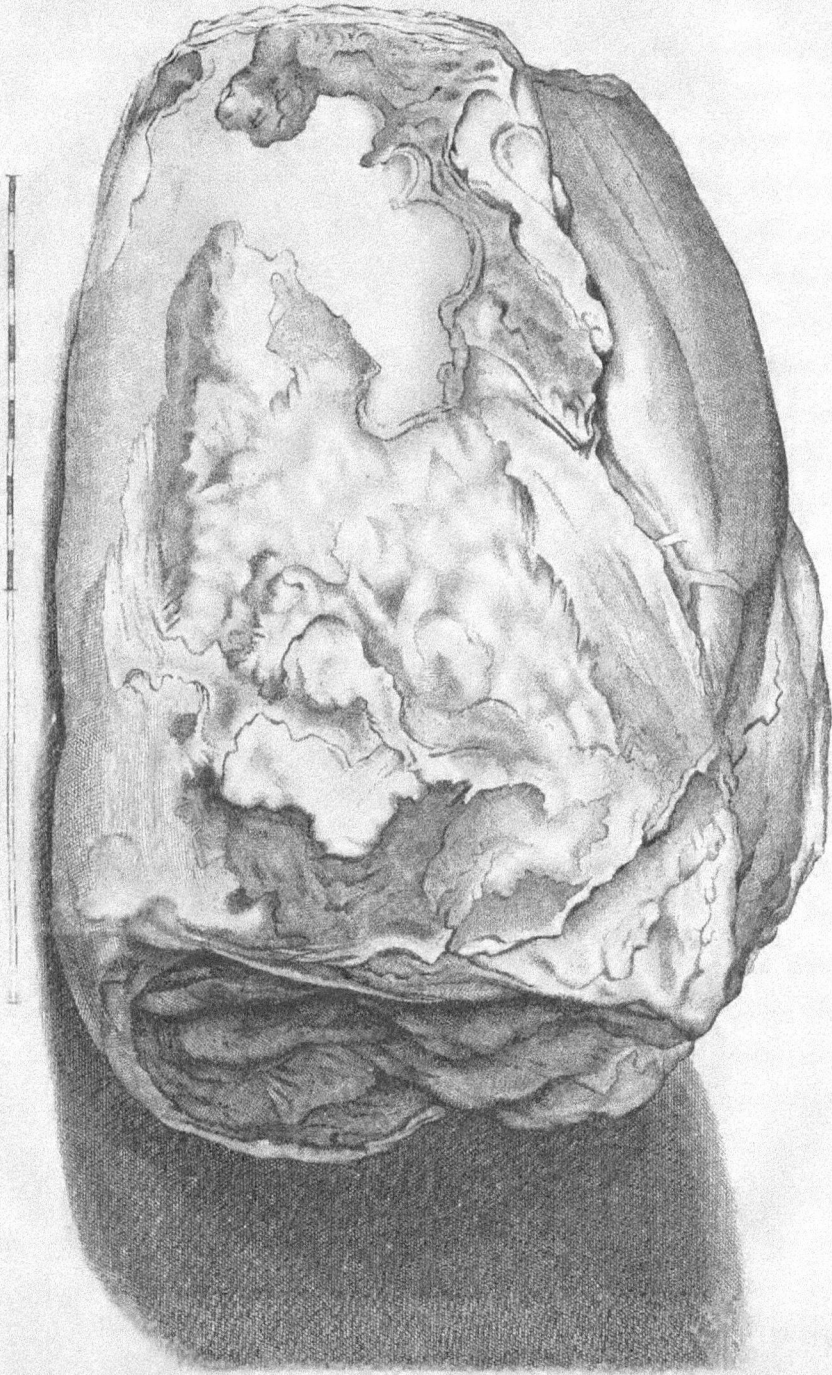

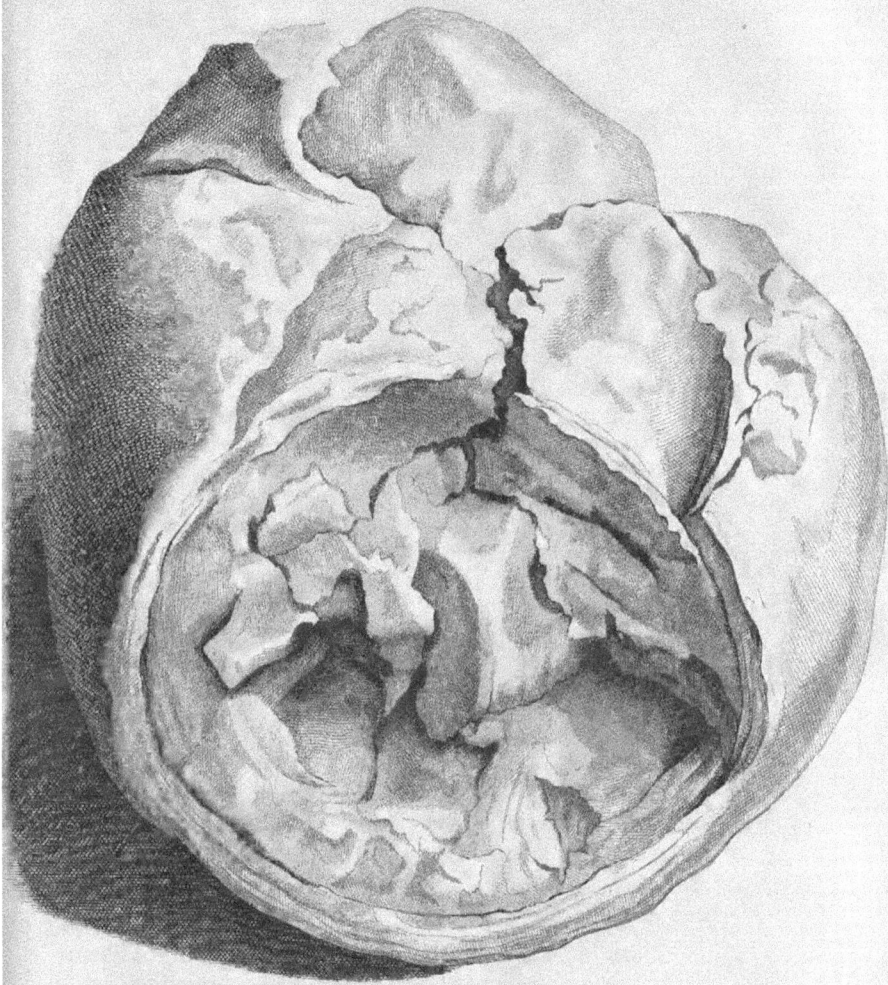

LIV

Het stuk Amber der E. Oostin.disóne Maatschappye op zyne breette te zien

J. d. Sol. f

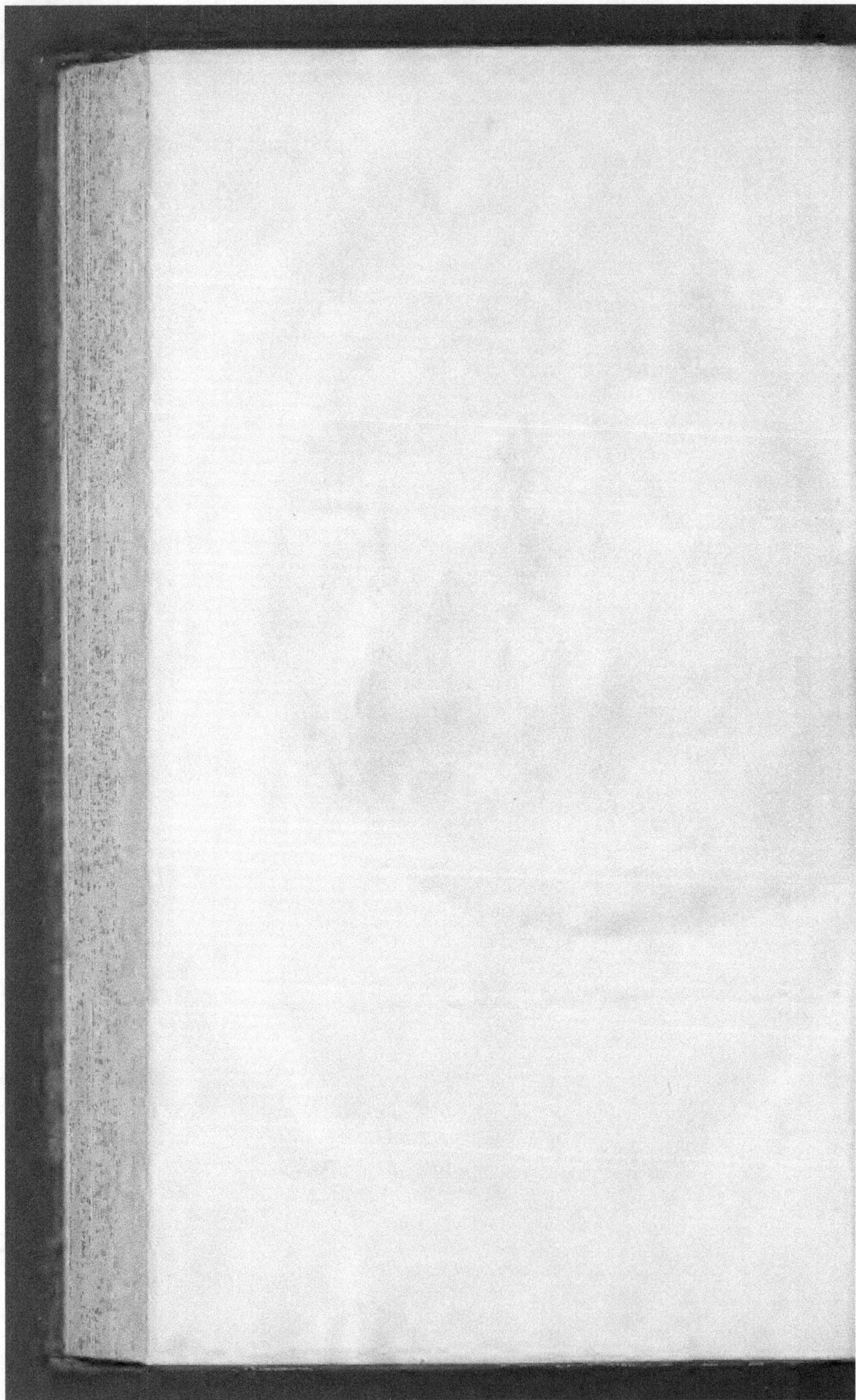

Gelyk nu de afbeeldzels van dit ftuk zekerlyk wyd en zyd verfpreidt, en tegenwoordig in handen gevallen zyn van alle naukeurige Onderzoekeren van de verborgentheden der natuure, twyfele ik niet, of zy maaken verfcheide bedenkingen over den oorfprong, den aart, de hoedanigheden en eigenfchappen van deze Amberfoorte, om, ware 't mogelyk, de voortkomft van dit ftuk, en de wyze hoe het is t' zamengegroeit, uit te vorfchen.

Indien ik verzekert ware, dat iemant dezer Geleerden de moëite wilde neemen, om 'er ons eenig beregt omtrent te geeven, en zyne gedagten wegens deze ftoffe te ontvouwen, ik zou de myne zoo dra niet in 't licht brengen, noch myne twyfelingen dien aangaande eerder voorftellen, dan na ik zyn gevoelen wel doorkeken haddë.

Maar dewyl deze Heeren zich mogelyk niet zullen verhaaften, als met wigtiger bezigheden belemmert, om ons hunne bedenkingen mede te deelen, en dat het jammer ware, dat 'er de nieusgierige liefhebbers langer van verfteeken bleven, zal ik eerft het ys breeken, om hen hier door aan te zetten, dat ze de waereld met hunne bevindingen en gevoelens over dit ftuk willen verryken. Ik zende U dan hier neven, myn Heer, 't geen ik 'er over ontworpen hebbe, en gelyk ik weet dat gy my zyt toegedaan, houde ik my ten vollen verzekert, dat gy wel de moëite zult willen neemen, om myne gedagten dien aangaande in te zien, en my vervolgens de uwe, omtrent myne twyfelingen en giffingen, te ontvouwen. Maar voor dat ik ze U opgeeve, zal 't niet onvoegzaam zyn hier de verfcheide meeningen der Schryvéren, over den oorfprong van den Grauwen Amber, voor te draagen.

Matthiolus heeft eenige Leerredenen, in zyne verklaringen over *Dioscórides*, gemaakt; maar aangezien zy zoo overvloedig, noch zoo wydluftig niet zyn dan de redeneeringen van *Juftus Klotius* in de Philofophifche verhandelingen van Engelland, zal ik ze hier onder ftilzwygen voorbygaan.

Ik ben zoo gelukkig niet geweeft, van de laatfte dezer twee Schryvéren, wat moëite ik 'er om hebbe aangewendt, te konnen bekoomen; maar volgens 't geen ik 'er van in de Philofophifche handelingen van Engelland heb geleezen, haalt hy achttienderleí gevoelens over den Grauwen Amber op, en onderzoekt dat voornamentlyk, het welk wil, dat dezen Grauwen Amber van 't uitwerpzel van zekeren Vogel voortkomt, die in 't Eiland van Madagaskar gevonden, en door d' Inwoonderen van 't Land *Afchibobuch* geheeten wordt. *Odoardus Barbofa*, Portugeefch, heeft ons de befchryvinge van dezen Vogel gedaan. Daar zyn andere Schryvers die beveftigen, dat hy zoo groot als een Eendvogel is, hebbende een groot hoofd, en ongemeen fchoone vederen. Ik heb dezen *Afchibobuch* in de Vogelbefchryvingen van *Aldrovandus*, en *Willugbei*, de lefte een Engelfchman, gezogt, doch niet gevonden, dewyl 'er van geenen vogel die dezen naam heeft in gewaagt wordt. De zelve *Juftus* zegt, dat niet alleen deze flag van vogelen in 't Eiland van Madagaskar gevonden worden; maar dat 'er ook eene groote menigte van in de Maldivifche Eilanden zyn: Dat ze eveneens als de kraanvogels vergaderen, en gewoon zyn hun verblyf rontom de hoogfte rotzen, op den zeeftrand, te neemen, waar af hun uitwerpzel in 't water valt. De zelve Schryver, na dat hy over deze meening heeft gefproken, en zyn gevoelen geuitt, gaat tot eene andere over, die hy meent zekerder te zyn, namelyk, dat de Grauwe Amber 't uitwerpzel van zekeren Walvifch is, waar van hierna zal gehandelt worden.

Nademaal nu deze klomp, ten aanzien van de waardye, veel koftelyker dan 't gout is, en dat niemant tot noch toe zynen rechten oorfprong heeft konnen ontdekken, hebben veele perfoonen van tyd tot tyd onderzogt, waar eigentlyk zyn beginfel, van 't welke men in 't algemeen zoo onkundig was, in berufte. Overzulks leezen wy in een boek, dat het opfchrift van *Mifcellanea Natura Curioforum* draagt, en in Duitfchland in den jaare 1630 is gedrukt, dat *Honnins Vollquadus* eene van zyne ondervindingen, onder den tytel van 300 uitgaf; by hem gedaan over een ftuk Grauwen Amber, dat vyf hondert vierentagtig onçen en een half woeg. Deze Amberbrok, die

in

in den jaare 1613, te Venetien gekocht was, wierd voor een ongemeen schoon en verwonderlyk stuk gehouden, alhoewel het op verre na niet quam by 't geene waar over ik hier schryve, nadien het, als wy boven gezegt hebben, twee duizent negen hondert en twaalf onçen weegt.

De Schryver van 't gemelde boek *Miscellanea Natura &c*, tekent op deze onder-vindinge van *Honnius Vollquadus* aan, dat *Gargius* van *l' Orto*, in zyne Historie der Drogeryen verhaalt, en na hem andere Schryvers, die hem misschien hebben uitge-schreeven, dat men in zee niet alleen groote stukken Amber, maar zelf gansche Ei-landen vindt. De Schryver die deze Aanmerking in zyn boek *Miscellanea Natura &c.* maakt, kryt deze beregten voor belachelyk uit, en voegt 'er by, dat indien hier in gissingen mogen plaats hebben, deze vertellingen op 't verhaal der geener zyn gegrondt, die over een stuk van de zee zynde gevaaren, daar Grauwen Amber op den grond lag, over al de geur van dezen Amber geroken hebben, waar door ze zyn bewogen ge-worden te gelooven, en daar na te verbreiden, dat het een Eiland van Amber onder water was, 't geen dezen reuk uitgaf. Die zelve Schryver, om zyne meening te bevestigen, verhaalt het geene *Joannes Fabri*, over het verslag van *Gregorius van Bolmar*, heeft uitge-geeven, te weeten, dat men in dit gedeelte van de zee een stuk Amber van 100 ponden ge-vonden had, en 't geen *Gargius* ook heeft verspreidt, dat 'er in 't jaar 1555, omtrent de Kaap *Komoryn* een brok van 300 ponden gevonden, en onder den naam van leem verkocht is.

Joannes Ugoliscotus verhaalt, dat 'er omtrent de Kaap *Komoryn* een ander stuk van 1500 ponden is verkocht, en *Monardus* schryft, dat 'er uit het lyf van eenen Walvisch 100 ponden Amber is gehaalt. Onze Schryver, die deze aanmerkingen in zyn boek *Miscellanea Natura* maakt, voegt 'er by, dat het geene de zelve *Gargius*, op 't ver-haal van anderen, heeft geschreven, de waarheit nader bykomt, namelyk, dat men een stuk Grauwen Amber van een mans lengte, en een ander van 30 handpalmen lang, en 18 breed had gevonden. De zelve Schryver tekent daarenboven aan, dat *Montanus*, in zyn Gezantschap naar Japan, in den jaare 1659 gedaan, gewaagt dat de Koning van Saffumen een stuk Grauwen Amber van 130 ponden hadde, 14000 Tailien, zeker Japans geld, waerdig geschatt.

Volgens 't verhaal der Hollanderen, smeet men, in den jaare 1666, na by de groe-ne Kaap, in den Jambesstroom een stuk Amber weg, dat 80 ponden woeg, en *Gar-gius* bekent, na alle deze verscheide verhaalen, dat het grootste stuk Amber, 't geen hy gezien heeft, maar van 15 ponden was.

In 't gedagte boek, *Miscellanea Natura* genaamt, heb ik gevonden dat deze Am-ber geen gom van een boom is, by toeval in zee gedropen; dat het alzoo weinig 't uitwerpzel van eenigen vogel is, noch een honigraat, maar dat het eenig slym op den grond der zee is, dat, even eens als het Zeepik, groeit en t' zamenstolt; en by deze waarneminge word aangeknoopt, dat zeker koopman van Batavia, *Gabriel Nak-ke* genaamt, als een ooggetuige, verklaart hadde, dat de Inwoonders van de Zuidely-ke Ooster Eilanden Amber met pik van den grond der zee hadden gehaalt, en dat men langs de stranden van 't Eiland Mauritius, die van Madagaskar, en de Zuidelyke Ooster Ei-landen dezen Amber op 't land vond, die zeer van de varkens gezogt, en gretig in-geslokt word. In de tweede afdeeling, van het meergemelde boek, by de 21ste waarne-ming door *Andries Kleijer* gedaan, vind men d' afbeeldzelen van twee Walvisschen, van 't kleinste slag, in d' Eilanden van Japan gevangen, in wier buiken veel Grauwen Amber gevonden wierd; en dit verhaal heeft aanleidinge tot het verdigtzel gegeeven, van die geloofd hebben, dat d' Amber van de slymagtige vogtigheit kan voortkoomen, die in de maage van den Walvisch groeit, en die door onverteerde spyze veroorzaakt zynde, naderhant word uitgebraakt: of van zommige anderen, die gemeent hebben, dat het de drek, of 't zaad van deze Walvisschen is. 't Gevoelen van die met *Avicenna* en *Serapion* gemeent hebben, dat d' Amber de dieren de dood aanbrengt die 'er van eeten, is niet een haair beter.

Alle

Alle deze gevoelens, die ik hebbe opgehaalt, worden in 't algemeene Woorden-boek der Franfche taale gevonden, door den Abt *Furetiere* gemaakt en uitgegeeven. Ik zal ze hier vervolgens na malkander, tot klaarder verftand van dit ftuk, in order noch eens voorftellen.

Deze Schryver ftelt voor eerft, na anderen, dat de grauwe Amber een foort van Gom is, die eene aangenaame geur uitwaaffemt, en zoet van zmaak is. Hy voegt 'er by, dat deze Gom, waar van de Natuurkenners noch den aart niet ontdekt hebben, op den zeeftrand gevonden word.

2. Dat zommige meenen, dat d'Amber de drek van zommige vogelen is, die in 't Eiland van Madagaskar, naar de uiterfte deelen van den Oofterfchen Archipel, te vinden zy.

3. Dat hy, naar 't gevoelen van zommige anderen, 't uitwerpzel, of 't zaad van den Walvifch is; en *Jooft Globius* zegt, in zyne hiftorie van den grauwen Amber, dat deze koftelyke ftoffe uit de ingewanden van zekeren Walvifch, *Tromp* geheten, voort-komt; vermids hy op 't hoofd een tromp met tanden heeft een voet lang en een vuift dik, en dat d'Amber, anders *Spermace* genaamt, in 't hoofd van dezen Walvifch gevonden word.

4. Dat andere willen, dat d'Amber een Zeefchuim is, ofwel een Leem, die onder uit de aarde komt, of uit de klippen, waar in hy word overgehaalt.

5. Dat 'er zyn die gelooven, dat zekere vifch, *Azel* genoemt, zeer op den grau-wen Amber verlekkert, geduurig dezen Amber zoekt, maar dat hy, zoo dra hy 'er van gegeeten heeft, fterft; waar na de viffchers, die hem op 't water zien dryven, hem opvangen, om den Amber, dien hy ingezwolgen heeft, uit zynen buik te haalen.

6. Dat andere meenen, dat de grauwe Amber van kleine honigdruppelen zich t'zamenzet, die met den tyd, door de zonne herkookt wordende, van de rotzen en klippen in zee vallen, daat de beweging van 't zout en der baaren de kokinge vol-trekkende, deze druppelen de lyvigheit, waar in ze gevonden worden, byzet. Maar daar fteekt weinig waarfchynlykheit in deze meeninge; overmids men ftukken Amber van twee hondert ponden gewigt vindt.

Deze grauwe Amber, gelyk *Furetiere* aantekent, is van marmerkoleur, op den grau-wen trekkende. Dikwyls word het lichter of donkerder gevonden, met witte ftreepen, en zomtyds eenigzins geelachtig. Zomwylen worden 'er ook vogelfnebben, met bloe-delooze diertjes, en andere ftoffen in gevonden, die 'er, terwyl hy noch maar een vloei-jend Leem was, zich mede vermengt hebben. Ik heb 'er eenige ftukjes van, waar in vyf of zes vogelbekjes, en dergelyke dingen zyn.

De befte grauwe Amber word op 't Eiland Mauritius, in Afrika, gevonden.

Gemeenlyk word deze Amber na een onweder gevonden, en de varkens, die het van zeer verre ruiken, verzuimen niet om 'er naar toe te loopen, en het gretiglyk in te flukken. *Izaak Vigni*, een Franfch reiziger, meldt, dat in eene zekere landftreek de grau-we Amber in zulk eene overtollige menigte word gevonden, dat 'er wel 1000 fche-pen mede zou konnen bevragt worden, en dat hy zelf daar ter plaatze een ftuk kreeg, 't geen hy voor 1200 ponden fteerlings, dat 14300 Hollandfche guldens is, verkocht. Maar gelyk men tot noch toe deze plaats niet heeft konnen ontdekken, onaangezien men zes weeken lang van voet tot voet zonder ophouden naar de plaats dezer land-ftreeke gezogt heeft, geloof ik vaftelyk, dat het geen 'er deze Schryver van zegt een verdigtzel is.

Behalven alle deze gevoelens, die ik hebbe bygebragt, is noch dat overig van die meenen, dat deze koftelyke ftoffe niet anders dan een zeeftym is, die de beftandigheit van den grauwen Amber verkrygt, en dat hy, na door de zon gedroogt te zyn, op 't vier word gefmolten, om 'er de wezentlyke kracht en geuren van te maaken, en vervolgens ook onder andere droogeryen gemengt word.

By deze zoo zeer verfcheide meeningen over den oorfprong van den grauwen Am-

L l ber,

ber, door *Furetire* by een gehaalt, zal ik voegen die van *Garcias du Jardin*, d' Aantekeningen van *Antony Colyn*, en de gevoelens van den Heer *Nikolaas Monard*, Geneesheer te Sivilje: Dit merkt 'er *Garcias du Jardin* over aan: d' Amber, die de Latynen heeten *Ambarum*, en d' Arabiers *Ambar*, is, naar ik kan giffen, onder dezen naam, met weinig, of geene verandering, bekent.

De Schryvers die over deze ftoffe hebben gefchreven, zyn ten aanzien van de teeling of voortkomft des Ambers zeer verfchillende van gevoelens.

D'Amber is geen hom van den Walvifch. Zommige ftellen vaft, dat d' Amber de hom, of 't zaad van eenen Walvifch is; andere dat hy 't uitwerpzel van zeker Zeedier, en andere dat hy Zeefchuim is. Deze gevoelens zyn, om de waarheit te zeggen, op geene reden geveftigt, vermids 'er in de plaatzen, daar zich de meefte Walviffchen onthouden, gelyk ook daar de geduurige beweginge der baaren veel fchuim verwekt, geen gryzen Amber gevonden word.

De graauwen Amber fchynt een zeker leem, of vette aarde te zyn. Daar zyn 'er die ftellen, dat d' Amber, op gelyke wyze als 't Leem, uit zekere onderaardfche groeven of buizen van de zee voortkomt; en deze meening heeft veele Schryveren toegefchenen de befte te zyn, en die 't naafte aan de waarheit quam.

Avicenna in 't tweede boek, het 63fte hooftd. en *Serapion* in zyn boek van de Kruiden het 196 hooftd. zeggen dat d' Amber aan de zeerotzen, gelyk de Kampernoeljen op de boomen waffen, groeit, en dat zomwylen de ftormen dezen Amber met het gruiszand op de ftrand afmyten. Dit gevoelen is van alle, die *Avicenna* aanhaalt, het waarfchynlykfte. Wanneer de wind meeft Ooft waait, word te Sofolan, en op d' Eilanden van Komora, Emgora, Mazambiquen, en overal langs dezen ftrand een groote menigte Amber gevonden, die 'er van de Maldivifche Eilanden, naar den Ooftkant gelegen, word op gefmeten. In tegendeel wanneer de wind Weft

De Maldivifche, de Angedivifche Eilanden. waait, word d' Amber overvloedig op deze Eilanden gevonden, *Maldivifche* geheeten, van een bedorven woord, want men moet ze *Naledives* noemen, vermids *Nale*, in de Malabarfche fpraak, *vier*, en *Diva*, een *Eiland* betekent. Overzulks moften ze *Naledives*, als of men zeide, Vier Eilanden, heeten, even gelyk wy de Eilanden den naam van d' *Angedivifche* geeven, twaalf mylen van Goa gelegen, alwaar den Ooft-Indifchen handel gedreven word, aangezien deze Eilanden vyf in getal zyn, naby den ander leggende; want *Auge* betekent in de taal dezer volkeren *vyf*. Alhoewel dit hier ter zaake niet doet, heb ik 'er echter een woord in 't voorbygaan, by gelegenheit van *Malediva*, van willen aanroeren.

De Vifch Azel, die, naar men zegt, den Amber inzwelgt. Deze twee Schryvers, ter zelver plaatzen door ons aangetrokken, voegen 'er by, dat d' Amber door eenen Vifch, *Azel* genaamt, word ingezwolgen, die fchielyk fterft, na dat hy dien heeft ingeftokt. Dat d' Inwoonders van 't Land, die hem op de baaren zien dryven, hem met yzere haaken op ftrand trekken, en na dat ze hem ontweidt hebben, den Amber uit hem haalen, die van kleine waarde is, behalven die aan 't ruggraat zit, dit met der tyd zeer uitftekend is geworden. Naar myn gevoelen, is

Azel fterft niet, om dat hy den Amber heeft ingezwolgen. deze meening valfch, aangezien het ten hoogften waarachtig is, dat de dieren geen ander aas zoeken dan dat met hunne natuur overeenkomt, en wanneer ze iets fchadelyks neemen, zulks gefchied niet anders, dan na dat ze door den fchyn van eenig ander, dat hun eigen, en waar mede 't fchadelyke vermengt is, bedrogen zyn, op gelyke wyze als de Rotten door 't eeten van *Arfenicum*, of Rottekruid, onder iets gemengt dat hun fmakelyk is, gevangen worden. 't Is derhalven geenzins waarfchynlyk, dat de Vifch, *Azel* geheeten, den Amber tot zyn aas zoekt, indien 't waar is, dat hy 'er, na hy dien heeft ingezwolgen, fchielyk van fterft. Daarenboven, nadien

D'Amber verfterkt het harte. d' Amber onder die dingen behoort die 't harte verfterken, moft deze Vifch zeer vergiftig zyn, indien hy ftorf, na dat hy zoo een uitftekend en krachtig geneesmiddel had ingezwolgen.

Averroes, in 't vyfde boek van zyn *Coll.* het 56 hoofdft. verhaalt, dat 'er een zeker flach van Kamfer word gevonden, die in de zeegroeven groeit, en daar na op 't water dryft, waar van 't befte en uitftekendfte is, 't geen d' Arabiers *Afchap* noemen.

't Is

't Is onnodig hier veele redenen by te brengen, om te toonen, dat zulk eene meeninge verre van de waarheit af, en onwaardig zulk eenen grooten Filofoof is: Voor
eerft om dat hy zegt, dat de Kamfer in de zee groeit; ten tweeden, overmids hy
van deze zelve Kamfer, die koud en droog is in den derden graad, een foort van Amber
maakt, die hy echter heet en droog in den tweeden graad ftelt. Wy zullen hier eenige woorden aantrekken, die by *Serapion* en *Avicenna* gevonden worden. *Serapion* in
zyn Boek van de Kruiden, het 196 hooftft. beveftigt, dat men eene groote menigte
Amber uit het land *Zinga*, dat is, *Sofala*, vervoert, want *Zinga* of *Zanga*, betekent in de Perfifche en Arabifche taale *Zwart* in 't Neèrlandfch; en overmids deze
ganfche ftrand van Ethiopien door Negers of Zwarten word bewoont, heet *Serapion*
die *Zinga*. Van gelyken geeft *Avicenna*, in zyn tweede boek, het 63 hooftft. den
Amber den naam van *Almendeli*, als of men zeide van *Melinde*, en dien van *Sela-*
chrifticum, mogelyk van den naam van *Zeilan* (*Cylon*) een van de vermaardfte Eilanden
van 't Ooften. *Lacuna* in 't eerfte Boek zyner verklaringen over *Diofcorides*, het 20fte
hooftft. meent dat het een ftad is, waar in hy mistaft, gemerkt het een Eiland met
veele fteden is. Daar hebt gy al wat 'er d' Arabifche Schryvers van melden, en belan-
gende de Grieken, daar is 'er niet een, behalven *Aëtius*, die 'er gewag van maakt.

Vorder, zie hier wat myn gevoelen over dit ftuk is. Gelyk naar den aart der Landen, de aarde zomtyds rood als Armenifche *Bolus* is, zomtyds wit als kryt, en zomtyds ook zwartachtig, zoo is 't ook waarfchynlyk, dat 'er, of Eilanden, of Lande-
ryen gevonden worden, van een Amberkoleur, of gedaante, door dien de aarde ligt,
en fponsachtig is, of, als een Kampernoelje, niet kleine gaatjes. De groote menigte,
die 'er van gevonden word, toont middagklaar dat dit waarachtig is, gemerkt men
zelfs menigmaal ftukken zoo dik als een man, ter lengte van 90, en breedte van 22
handpalmen gevonden heeft. Zommige hebben verzekert een Eiland ganfch van zuiveren Amber gezien te hebben, maar alhoewel men naderhant met veel moeite naar
't zelve gezogt heeft, is 't echter nooit weder gevonden.

In 't jaar 1555 vond men een ftuk Amber omtrent de Komorynfche Kaap, tegen
over de Maldivefche Eilanden, ter gewigte van drie duizent ponden; doch dewyl hy
die 't had gevonden meende dat het pik, of een foort van leem was, verkocht hy het
tot eenen zeer laagen prys.

't Grootfte ftuk dat ik ooit heb gezien, woeg niet meer dan omtrent 15 ponden,
maar die in Ethiopien vaaren, om te koopmanfchappen, verzekeren, dat zy 'er veel
grooter hebben gezien; want deze ganfche kuft van Ethiopien van *Sofala* af, tot aan
Brana heeft overvloed van Amber. Hy word ook zomwylen, doch zelden, in de landen van *Timor* en *Brazil* gevonden.

Ik heb ook gezien, dat 'er in 't jaar 1530, naar d' aantekening der Schryveren,
een groot ftuk in een haven van de Portugalfche zee, *Setubal* geheeten, is gevonden.

Zomtyds worden 'er Ambarftukken gevonden, waar in men iets als Vogelbekjes ziet,
en 't is gelooflyk dat 'er deze beeftjes in neftelen. Ook vind men by wylen in deze Am-
berbrokken fchelpen en fchaalen van Zeeoefters, die 'er waarfchynlyk, wanneer d'
Amber tegens haar aandryft, in blyven zitten. Verder word die voor de befte Amber
gehouden, die de zuiverfte is, en 't naafte by 't wit komt, dat is, die afchgrau is;
of ook wel, die dan eens witte, dan eens afchgrauwe aderen heeft, die daar by ligt
is, en waar uit, met een naalde doorgeprikt zynde, eenig olyachtig vocht druipt.
De zwarte in tegendeel word niet veel geacht, en is gevolgelyk van kleine waarde;
en indien *Serapion*, in zyn Boek boven aangetrokken, de witte niet goedkeurt, zulks
is om dat hy van die fpreekt, die met plaafteraarde vervalfcht is.

Wy zullen hier een woord in 't voorbygaan aanroeren, van de tegenzegginge
van *Nanardus*, die in zyne uitkippinge *der Gefteenten*, d' eerfte onderfcheiding, beweert dat d' Amber een nieuwgevonden ding is, waar van hy luttel werk maakt. Maar
een weinig verder, in de t' zamenmenginge van den *Diambra*, als of hy niet dagt

L l 2   aan-

(marginal notes, right side:)
d'Afchgkamfer is geen foort van Amber.

't Gevoelen van Garcias du Jardin wegens den Amber.

Een Eiland ganfch van Amber.

De Kaap van Komoryn.

Een ftuk Amber van 15 ponden.

Verkiefing van den Amber.

aan 't geen hy even te voren gezegt had, pryst hy dit t' zamenmengzel hemelhoog, uit inzigt, zegt hy, van den Amber, die eene uitmuntende drogery is, en waar van hy zich, gelyk hy verzekert, menigmaal, zoo voor de vrouwen, als hoog bejaarde perſoonen, bedient heeft.

D' Amber word hoog geacht by de ryke en vermogende Indiaanen, die dien dikwyls in plaats van geneesmiddelen gebruiken, en ook in hunne gewoone ſpyze doen. De prys van den Amber word hooger, of laager naar dat de ſtukken groot of klein zyn; want hoe de brokken grooter zyn, hoe d' Amber dierder is, van gelyken als d' edele geſteenten, waar van de grootte 't onderſcheid van den prys maakt.

d' Amber
is heel dier
in China. Echter is 'er geen plaats, daar d' Amber meer geacht, en hooger van prys dan in China is. Want zommige Portugeezen, die 'er een weinig van in dat ryk gebragt hadden, verkochten het katje, een gewigt van omtrent 20 onçen, tot 1050 Ryksdaalders. Nu laaten wy de Aantekeningen van *Antony Colyn* volgen.

Ferdinand Lopes de Caſtagueda, die de hiſtorie van Portugal heeft beſchreven, waar in hy de heldendaden der Portugeezen in 't Ooſten verhaalt, verzekert, dat in de Maldiviſche Eilanden zeer uitſteekenden Amber gevonden word; maar wegens zyne voortkomſt, is hy ganſch in een ander gevoelen van veele Schryveren die 'er over geſchreven hebben. Deze Maldiviſche Eilanden, zegt hy, brengen veele welriekende kruiden voort, die door zekere groote vogelen worden gegeeten, by d' Eilanders *Anacangriſpaſqui* genaamt. Deze vogels, die in groote menigte in de rotzen langs de zee worden gevonden, kakken Amber, van driederlei ſlach: D' een, die wit is, blyft vaſt aan de rotzen zitten, zoo dra zy dien uitwerpen; deze Amber word voor de beſte gehouden, en d' Inwoonders van d' Eilanden noemen hem *Sonambar*, dat is, gouden Amber; deze is veel dierder dan de twee andere ſoorten, om dat hy weinig gevonden wordt. De andere twee Amberſoorten zyn van een zwartachtige aſchgrauwerwe, en van kleinder prys. Deze Schryver voegt 'er by, dat deze Amberſtukken, door 't gewelt der ſtormwinden afgerukt, en in zee geſmeten zynde, naderhant by verloop van tyd op ſtrand worden geſmeten, en dat deze ſoort van Ambar *l' Oamber*, dat is, die ganſch van 't zeewater is doortrokken, geheeten word. De derde Amberſoort, die zwartachtig is, word *Hanſamber*, als of men Viſchamber zeide, genaamt, en deze Amber is dusdanig geworden, door dien hy ingeſtokt, en daar na weer uitgeſpogen is, door de Wal- of andere Viſſchen, die hem niet konnen verdouwen; deze is de ſlechtſte van alle, vermids hy alle zyne krachten verloren heeft.

Naukeurige Liefhebbers van dezen tyd, die in den handel zyn, en in vreemde Landen gereiſt hebben, beveſtigen, dat d' Amber niet anders dan een zekere overtolligheit is, die met den tyd in de mage van eenen rechten Walviſch toeneemt. Men moet weeten, dat de rechte Walviſſchen geen tanden hebben, en gelyk ze om die reden de viſſchen geheel inſtokken, en noch ligter die week van viſch zyn, groeit daar nootzakelyk eene ſlym- en lymachtige ſtoffe van, die by verloop van tyd, de mage dezer Walviſſchen overlaſt, zoo dat ze genootzaakt zyn, of alle jaaren, of op zekere tyden haar uit te braaken. Deze ſtoffe, zoo lang in de maag gehouden en bewaart, en naderhant uitgeworpen, is 't geen men eigentlyk Amber heet, en op 't water dryft. Verder moet de beſte Amber aſchgrauverwig zyn, en wanneer men dien op een gloeijend mes legt, ſmelt hy als oly, en geeft eene aangenaame geur van zich.

Die meer over den Amber wil weeten, behoeve ſlechts te leezen 't geen 'er *Julius Scaliger* in 't Latyn van heeft geſchreven in zyn boek van de Scherpzinnigheden tegen *Cardanus*, de 104 verhandeling, de 10 verdeeling, daar hy 'er breed over uitweidt.

Men kan niet twyfelen, dat 'er niet eenen grooten overvloet van Amber langs de kuſt van Ethiopien word gevonden, gemerkt men dien heel ligtelyk, de ganſche ſtrand over, ontdekt. Zulks word ook met het gezagh van *Garcias du Jardin* bewezen. *Avicenna* gewaagt 'er ook in zyn Latynſch werk van, maar breeder in 't geen hy in

't Ara-

't Arabifch heeft gefchreven. Wy willen hier de plaats inlaffen, door een hedendaags Schryver vertaalt.

„ Ten aanzien dat zommige zeggen, dat d' Amber Zeefchuim, of de Drek van ze-
„ ker gedierte is, zulks is ganfch ongerymt. My aangaande, ik heb van een geloof-
„ waardig man hooren verhaalen, dat hy in zyne jeugt ter zee gevaren hebbende, in
„ een zeker geweft was gekomen, dat aan zee lag, door die van 't land *Bachach* geheeten;
„ en dat hy, met zommige andere op ftrand gekomen zynde, daar verfcheide ftukken of
„ brokken Amber, van verfcheide koleuren, gevonden bad: Dat die van dezen Amber kon
„ vinden, dien voor zich behielt, en dat hy den Inwoonderen gevraagt hebbende,
„ waar ze van daan quam, zy hem niet anders hadden weeten te antwoorden, dan dat
„ men gemeenlyk zag, dat hy 'er nu en dan by tuffchenpozinge van tyd viel.

Men brengt te Sevilje, een van de vermaardfte koopfteden, niet alleen van Gre-
nada, maar ook uit ganfch Spanje zekere olye te merkt, die uit Amerika komt. Deze olye is roodachtig, en men fchryft haar eene wonderlyke kracht tegens de gebreken
der lyfmoeder toe: Zy word oly van *Liquidambar* geheeten, en heeft bykans de zelve reuk als de Styraks.

Deze olye word uit een zeker vocht getrokken, dat uit een boom vloeit, *Ocofolt*
geheeten, gelyk de Schryver van de Mexikaanfche hiftorie, in deze woorden, verhaalt: *Onder de boomen die Mexica voortbrengt, is 'er een Ocofolt genaamt, die heel
groot en fchoon is, hebbende bladen als Veil, of Eiloof; 't Vocht van dezen boom, 't geen
d' Inlanders Liquidambar heeten, is heel goet voor allerlei wonden.* Met de fchorffe van
den boom, waar uit het vloeit, gemengt, na die tot ftof is gemaakt, komt 'er een
zeer lieflyk en krachtig reukmengzel uit.

Na deze opmerkingen en aantekeningen laat ons nu ook eens het gevoelen van den
Heere *Nikolaas Monard*, Geneesheer van Sevilje, overweegen. Hy begint zyne waar-
nemingen van Florida, een Landfchap van Nieuw Spanje, waar van daan wy hedendaags den grauwen Amber krygen, dien men opgeworpen vind langs de zeeftrand,
van Kanavazal af, tot de Kaap van St. Helena: dit zegt hy 'er van.

Men vind verfcheide meeningen nopende den oorfprong van den grauwen Amber. *D' Amber*
Maar het is zeker, dat hy een foort van leem is, die uit de fpringen in het diepfte *is een leem.*
der zee vloeit, en die, na dat hy in de lucht is gekomen, hard word, gelyk veele
andere dingen, die week en zagt in 't water van de zee zyn, maar daar uitgehaalt,
hard worden, als 't koraal, en de geelen Amber.

Onder de Grieken vind men alleen *Simon Lethi*, en *Etius*, die 'er gewag van maaken, waar van d' eerfte beveftigt dat d' Amber, gelyk het leem, uit de bronnen voortkomt, en dat die door de viffchen word ingezwolgen de flechtfte is.

Dit gevoelen fmyt de meeninge van hen om ver, die ftellen dat d' Amber de hom, *D' Amber*
of 't zaad van den Walvifch is, om dat hy zomwylen in de maage der Walviffchen *is geen
hom van
den Wal-
vifch.*
word gevonden, die dien, voor hun eigen voedzel houdende, inflokken.

't Is eene waarachtige zaak, dat 'er ten mynen tyde een Walvifch omtrent de Ka-
narifche Eilanden, de Gelukkige geheeten, gevangen wierd, in wiens ingewanden
hondert ponden Amber wierd gevonden. Naderhant doodde men eene groote menigte
Walviffchen met hunne jongen, maar men vond 'er ganfch geen Amber in.

Die van Florida komen, zeggen, dat in die zee veele Walviffchen zyn, maar
dat, alhoewel 'er veele met hunne jongen zyn gevangen en gedoodt, men in geen
van beiden Amber heeft gevonden. D' Amerikanen weeten deze kleine Walvifchjes
met eene wonderlyke behendigheit te vangen op de volgende wyze.

Een dezer Amerikanen neemt een lang fterk tou, waar in hy een ftrikknoop legt, *De wyze
der Ameri-
kanen om
de Walvif-
fchen te
vangen.*
verder gaat hy in een bootje voor den Walvifch leggen op den ftreek, dien hy met
zyne jongen houdt, by welk een hy gekomen zynde, fpringt hy 'er op, en fmyt hem
den ftrikknoop om den fmoel. Zoo dra 't Walvifchje dien gevoelt, duikt hy met den
Amerikaan naar den grond, die hem met beide armen om den hals vafthoud. Nu

heb-

hebbe men te letten, dat deze Amerikanen groote duikers en goede zwemmers zyn; zoo dat ze langen tyd onder water konnen blyven. Echter is de jonge Walvisch, adem willende scheppen, gedwongen weêr boven water te komen, wanneer d'Amerikaan zynen slag waarneemt, en hem met de hand een gescherpte houte wig, of paal in de neus of tochtgaten steekt, waar door hy adem haalt, zoo dat z'er in blyft zitten, zonder dat 'er het Walvischje zich van kan ontdoen. Daar na zyn tou schot geviert hebbende, klimt hy weêr in zyn sloepje, en wagt 'er in tot dat de visch, die geen lucht meer kan scheppen, gestikt is, om dien op 't land te trekken. Zeker eene aardige, maar zeer gevaarlyke vischvangst. Ook zyn deze Amerikanen zoo gauw en wel afgerecht, dat een van hen eenen Kaiman, een soort van Haagdisse, of Krokodil, wel van dartig voeten lang en het wreedste van alle de zeedieren, kan afmaaken.

Daar zyn 'er ook die beweeren, dat de grauwen Amber van eene zekere welriekenke vrucht komt, die dicht aan de zeestrand groeit, en in de maanden van April of May ryp word, en die, wanneer zy is afgevallen, van de Walvisschen word ingeslokt. Gelyk of de vrucht, die tot voedzel strekt, iets anders dan vleesch en bloed kon voortbrengen.

Alhoewel 'er in 't eerste hoofdeel van 't boek van *Garcias du Jardin*, verscheide dingen worden opgehaalt, wegens den oorsprong en de beschryvinge van den grauwen Amber, zullen wy echter, tot voldoeninge van den nieuwsgierigen Lezer hier eenige byzondere gevoelens noch dien aangaande bybrengen, om vervolgens den knoop van 't besluit te leggen.

Serapion werd aangetrokken. Daar zyn 'er zommige, als *Serapion*, die stellen, dat de grauwen Amber op den grond van de zee, of aan de boomen, of rotzen, die 'er instaan, voortkomt, op de zelve wyze als een Kampernoelje, of Paddestoel op d'aarde, en dat hy ten tyde van onweder, door 't gewelt der baaren word losgerukt, en op strand gesmeten. Ook

Scaliger. verzekert *Scaliger*, dat 'er op de Pireneesche gebergten, en in 't land van Rouergue welriekende Kampernoeljes gevonden worden.

Garcias du Jardin. 't Gevoelen van *Garcias du Jardin* schynt de waarheit nader by te komen. Die Schryver beweert, dat de grauwen Amber een Leem, grauwe aarde of eenige aarde van andere verwe is. 't Geen niet onwaarschynlyk voorkomt, gemerkt men heele groote

Een stuk Amber van 100 ponden te Bajonne gevonden. stukken Amber vindt. 't Is noch geen hondert jaaren geleden, dat 'er tusschen Bajonne en Lappreton een brok van 100 ponden gewigt wierd gevonden. De zee worp ook een stuk van 35 ponden op de naburige kust van Buch, en naderhant een ander van elf ponden en een half op de strand van Marenzyn op.

Gevoelen van Eduard Barbossa. *Eduard Barbossa* zegt in zyn boek van de Indiën, dat d'Inwoonders van de Palanduursche Eilanden, in de Indische zee, het daar voor houden, dat d'Amber het uitwerpzel van zekere groote vogelen is, die 's nachts op de rotzen na by de zee komen zitten. Dat de drek dezer vogelen door de lucht en de zon gezuivert word, en dat de zee by een onweêr het weder opwerpt, daar by voegende, dat het niet zwaarder te begrypen valt, dat een Vogel den Amber kakt, dan dat een ander Dier muskus en civet voortbrengt.

Gevoelen van Simon Lethi. *Simon Lethi* beweert, dat d'Amber uit zekere springen of bronnen van een grauw welriekend leem komt, 't zy dat ze in zee, of by de zee zyn. Hy pryst zeer den roodachtigen en grauwen Amber, die op Ceilon in Indiën word gevonden, van gelyken als dien men in eene zekere zeestad vind Sycheon genaamt; en hy meent dat de zwarte de slechtste van allen is. Dit gevoelen hebben *Falopius*, onze Schryver, *Agrikola*, *Garcias* en zommige anderen gevolgt.

Gevoelen van Erasmus Stella. *Erasmus Stella* zegt, in zyne Beschryvinge van Pruissen, dat men door ondervindinge weet, dat d'Amber uit het slyk van zekere gebergten vloeit, door de kracht der zonne uitgebroeit; dat het op 't gewas, aan den voet dezer bergen vallende, hard word, en dat wanneer de zee hoog word, zy het wegsleept, en naderhant weêr op de naburibuurige stranden opwerpt. Deze Schryver doet 'er by, dat hy den Amber heeft zien van d' aarde opneemen zoo week als wasch, die, na dat hy in zeewater was geweekt, hard wierd.

Ten aanzien van de hardigheit of vastigheit van den grauwen Amber, die kan de *Reden,* zee hem geeven, om dat hy door de kracht der baaren, waar in hy dryst, gezouten *waarom* en t' zamen getrokken word. Of ook kan deze grauwen Amber in de lucht hard wor- *niet anders* den als 't koraal, waar van men zegt, dat het, *in mari herba, si in aërem transfera-* *dan leem* *tur, in lapidis firmitatem solidatur;* dat is, in de zee een kruid is, maar indien men 't in de *hard word* lucht brengt, zoo hard als steen word. Eveneens als de Asphaltitesche leem, die op *gevonden.* strand gesmeten, *vapore terræ & vi solis inarescit, ita ut securibus diffindatur,* dat is, zoo hard door de dampen der aarde word, dat men ze met bylen moet breeken. Ge- lyk ook als de Pissasphaltus van *Dioskorides,* die in de stroomen dryst, en door den wind op de Kaai gesmeten, zoo hard als geelen Amber word, dien men een rosachti- ge leem houd te zyn, tegens de dwalende meening der Ouden, die gemeent hebben dat hy een sap, of vocht was, dat uit de boomen komt, die dicht by de zee staan daar hy valt.

De Schryver van den *oprechten Koopman,* of *algemeene verhandeling der Droogeryen,* zegt in het tweede deel van zyn boek, het XXVI. Hoofdeel, dat de grauwe Amber niet anders is dan een t' zamenpakking van honigraten, die van de rotzen in zee val- len, of die door de golven worden afgespoelt, 't zy door de kracht van den wind, of anderzins. Hy voegt 'er by, dat deze waschraten vol honig, in zee dryvende, 't zy door d' eigenschap van 't zeewater, of door de kracht der zonnestraalen, week en drif- tig op 't water worden gemaakt.

Deze Schryver, om zyn voorstel te bevestigen, zegt, dat de Heer *Morkonys,* alge- meen Luytenant van Lion, op de 71. bladzyde van zyne Reizen, verzekert, dat hy in Engelland gehoort heeft, dat de grauwe Amber de wasch en honig is, die de Byën tegen de groote rotzen, die op den oever van d' Indische zee staan, teelen, en dat deze honigraten, door de zon geroost, los worden en in zee vallen, die door haare beweeginge haar verder tot Amber maakt. Hy voegt 'er by, dat men midden in een groot stuk Amber, 't geen noch tot zyne volkomenheit niet was geraakt, na dat het gebroken was, beide de raat van wasch en honig gevonden had. En om dit gevoelen noch meer kracht by te zetten, verzekert hy, dat 'er, als men den grauwen Amber met geest van wyn op wynsteen doet smelten, eindelyk eene stoffe als honig overblyft.

Renanus Franciskus, Prediker des Konings van Vrankryk, toont in zyne Proef- stukken van de wonderen der nature, dat hy gansch niet van dit gevoelen is, want na hy alle de meeningen heeft bygehaalt, en gezegt, dat hy noch van den Visch *Azel* komt, in wiens buik *Serapion* zegt, dat hy, door dien Visch ingeslokt, tot volko- menheit geraakt; noch van zekere boomen, waar uit een lymachtig vocht vloeit, 't geen in zee gevallen hard word, en naderhant door de baaren op strand word gesme- ten; noch van 't uitwerpsel des Walvischs, dat, verre van in zulk eene zelfstandigheit te veranderen, die zoo lieflyk van geur is, naar 't zeggen van hen die op de kusten verkeeren, daar de Walvisschen zich onthouden, en die hen vangen, eene onverdraag- lyke stank van zich geest; noch van d' ontlasting zommiger vogelen, die op de top- pen van de klippen en rotzen leeven; bekent hy onbewimpelt dat men niet weet wat het is, en dat niemant noch d' oorzaak van zulk eene kostelyke stoffe ontdekt heeft. Hy schynt echter te hellen naar 't gevoelen, dat het een Leem is, die, door onder- aardsche buizen op den grond der zee gevoert, hard word, en, op verscheide wyzen, tot zyne volkomenheit geraakt: Welk gevoelen veel bewyslyker dan dat van den Schry- ver der *algemeene verhandeling van de Droogeryen* is, die meent dat d' Amber wasch- en honigraten t' zamen zy. Want behalven dat d' Amber op plaatzen valt, daar geene byekorven zyn, en dat zulk eene groote overvloet dezer dierbare stoffe, van 't wasch en den honig niet kan voortkomen, die van eenige rotzen in zee vallen, zulks blykt

te

te meer, om dat d' Inwoonders der-Maldivifche Eilanden, daar d' Amber in menigte aanfpoelt, noit hebben konnen bemerken waar van hy voortkomt, noch iemant anders van die langs de kuften woonen, daar deze grauwe Amber gevonden word, 't geen men zekerlyk op d' eene, of d' andere wyze zou ontdekt hebben, zoo hy van honig-raten zynen oorfpronk had. En uit dien inzigt antwoorden de Maldivifche Eilanders, naar *Pirards* verhaal in zyne Reizen, aan die hen naar d' oorzaak van den grauwen Amber vraagden, dat ze niet wiften waar deze koftelyke ftoffe van daan quam; dat ze wel wiften dat hy zynen oorfprong in zee had, maar of het op den grond, of boven op 't water, of op eenige rotzen, of ergens elders was, dat niemant hun met zeker-heit daar omtrent had konnen beregten.

Na de verfcheide gevoelens der Schryveren te hebben opgehaalt, over den oorfprong en den aart van den grauwen Amber, is my overig ook myne giffingen voor te draa-gen, 't geen ik zal doen alleenlyk om een onzer geleerden op te wekken, op dat ze hun-ne gedachten den naukeurige onderzoekeren mededeelen, omtrent het geen zy 'er van ontdekt hebben.

Om dit tweevoudig oogwit te bereiken, acht ik het nodig te zyn, dat men de form of gedaante van de klompen Amber wel aanmerke, die ons van tyd tot tyd worden overgebragt, om te weeten, of het een afgevallen drop is, en dit word men in dien van 't Ooft-Indifch huis gewaar.

Indien 'er, die 't gezien hebben, wel op hebben gelet, zullen ze zekerlyk zyn ge-waar geworden, 't geen ook in onze twee prinrverbeeldingen boven is te zien, dat dit Amberftuk de gedaante van eenen grooten droppel heeft. Dat het met de zyde A getekent, ergens aan vaft fchynt te hebben gezeten, gelyk men ligtelyk kan befpeuren uit d' indrukzelen, die 'er heel zigtbaar in zyn; en dat het aan d' andere zyde een weinig fpirs is, 't geen aanwyft, dat men 't voor een kegeldrop moet houden, brengt my dit ook in 't gevoelen van die meenen, dat het niet anders dan een Leem kan zyn, onder uit de aarde of rotzen voortgekoomen.

D' eerfte reden die my overhaalt te gelooven, dat de grauwen Amber van Leem voort-komt, is dat naar 'r gevoelen van alle hedendaagfche Filozofen de geur van de zwa-vel voortkomt, zoo dat, na 'er meer of min van deze ftoffe in de lichamen is, de reuk in dezelve ook fterker, of flauwer is

Dit vaftgeftelt, ga ik tot eene tweede reden over, namelyk dat de zwavel een foort van aardfch vet, of een olyachtig vochr zynde, zy zich meer met het Leem, dan met eenige andere ftoffe vind vermengt. Nu gelyk dir Leem in 't middelpunt van de aarde van een geduurig vier word geblaakt, waar door het vloeibaar word en aan 't koken komt, loopt het door d' aderen van deze zelve aarde, en verfpreid zich, even eens als het bloed in d' aderen van 't lichaam, door verfcheide buizen, of groe-ven, die meeft onder holle gebergten uitloopende, van tyd tot tyd door hen worden uitgebraakt. De Leemftroomen, die uit den berg *Gibel* en *Vefuvius* zyn ontftaan, zyn onwederfpreekelyke bewyzen van myn zeggen, en men heeft toen aangemerkt, dat naar mate deze kokende vloeden van hunnen oorfprong afweken, zy door de kou-de van de lucht verdikten; zoo dat eindelyk hun vocht, zoo hard als fteen werd ge-ftolt, en zy ophielden te loopen.

Myn derde aanmerking is, dat zommige dezer groeven in 't binnenfte der klippen konnende eindigen, gelyk ik niet twyfele of zy ftrekken zich zoo verre uit, en dat 'er onder deze klippen holligheden van zout water zynde, die *Kircherus*, *Hydraphi-laci*, noemt, de brandende ftoffe die geduuriglyk in 't binnenfte dezer klippen vloeit, dit water, dat niet zuiver, maar olyachtig, en, by gevolg, vol zwavel is, verdikt. On-dertuffchen dewyl het tot geen Leem kan ftollen, wegens 't zout dat 'er in is vermengt, neemt het eene andere wezendheir aan, waar uit de grauwen Amber voortkomt, die door eene geduurige kokinge, gelyk ons de Scheikonft beveftigt, dezen aangenamen geur bekomt, waar door hy zoo hoog geacht word.

Men

Men kan hier eene tegenwerping maaken, namelyk, dat zoo'er in den graauwen Amber zout ware, men zulks door den smaak zou gewaar worden, daar men het tegendeel bevindt, nadien hy, gelyk wy boven gezegt hebben, heel zoet van smaak is. Ik antwoorde daar op met de scheikundige Filozofen, dat de zouten, door eene lange kokinge, bitterder worden, en dat ze eindelyk alle hunne bitterheden verliezende, zoet worden.

Alles wat ik hebbe voorgestelt dus bevestigt zynde, onderstelle ik, dat 'er in deze klippen kleine openingen, of tochtgaatjes zyn, waar door 't vuur lucht schept. Wanneer nu dit middelpuntig vuur ontstoken word, brengt het de Leem aan 't koken, die door de kracht en schrikkelyke hitte van het zelve door deze openingen vloeit, en gelyk ze eene dikke en zwaare stoffe is, stolt ze straks, zoo dra zy in de koelte van de lucht komt, en word, gelyk alle andere vochten, tot een kegeldrop, die door de koude van de lucht gestremt zynde, met veele spleeten, door 't schynzel van eene groote hitte, openbarst, gelyk zulks in 't stuk, dat hier vertoont word, te zien is.

't Is buiten tegenspraak, dat de hitte de lichaamen doet splyten. Men hebbe maar het aardryk in den zomer, wanneer 'er eene lange droogte is, te beschouwen, om van deze waarheid overtuigt te worden. Men ziet als dan, dat de deelen, door de groote hitte, en gebrek van vochtigheit, ingetrokken zynde, het vol reeten en spleeten is. Dit zelve word ook op zommige lichaamen door eene groote koude veroorzaakt, te weeten, wanneer de vochtigheit die 'er in is, bevriest, gelyk hier de proeve van is genomen, door de vermaarde hooge Schoole van *Florençen*, omtrent kristalyne, en andere metale vaten van verscheiden slach. Deze vaten met water gevult, en zoodaanig besloten zynde dat 'er geene uitwaasseming van kon geschieden, sprongen aan stukken, zoo dra als 't water bevroren was. Zoo dat, wanneer men in 't stuk, waar over deze verhandeling valt, gelyk ook in de Print, die 'er naar gemaakt is, verscheide spleeten vindt, men hier uit zou konnen besluiten, dat het vol vocht, en zyne oppervlakte hard was, zoo dat, deze vochtigheit door de koude gestolt zynde, hier uit deze spleeten zouden konnen ontstaan zyn.

Doch gelyk ik niet oordeele, dat deze klomp een korst, of harde schaal kan hebben, en dat ik zelf overtuigt ben, dat hy 'er gansch geen heeft, kan ik dit gevoelen niet omhelzen.

Ik zal hier by myne Aanmerkingen, 't gevoelen van den Paracelsus van onzen tyd, ik meen *Pieter Jan Fabri*, voegen; dit zegt hy van dezen Amber in zynen *Panchinitus*, 't IV^{de} Boek, het 49ste Hoofddeel:

De graauwen Amber is eene dikke en grove stoffe, die van 't zeewater voortkomt, en, als de Kampernoeljen, in de klippen van de vette, vochtige, en leemachtige stoffe van 't water groeit, dat in de steenen en rotzen van de klippen zuigt; in welkers gaatjes 't water kookt, en gist, waar van de fynste deeltjes vervliegen.

Men moet weeten, voegt 'er deze Schryver by, dat d'aarde, door het middelpuntige vuur, in haar besloten, overal dampen opwerpt, zelf in den grond van de zee, daar de groffste stoffe wellende 't zout, gelyk ook de steenen der klippen maakt, die midden in zee worden gevonden: En van de dikste stoffe, die uit de gaatjes van deze steenen komt, word d'Amber gemaakt, die, naar de hoedanigheit des zwavels, grauw, of zwart is; welke zwavel met het zeewater vermengt, een zeer goeden reuk geeft. Men kan derhalven zeggen, dat de graauwen Amber een gom, of dikke stoffe van 't zeewater is, die, als 't wasch, by 't vuur smelt, en door de koude verstyft.

Naar 't gevoelen van dezen zelven Schryver, word de graauwen Amber ook in 't zand voortgebragt, overmids 'er het slymachtige zeewater, dat 'er inloopt, ook door de hitte der zonne, in kan verdikken: Hy voegt 'er by, dat nooit eenig Zeeman op 't water dezen Amber heeft zien dryven, waar van 'er driederlei soorten zyn; de eene grauw, d'ander aardverwig, en de derde zwart, maar dat de graauwen Amber de beste van allen is, zoo ten aanzien van zynen reuk, als dat hy een uitnemend hartsterkend mid-

del

del is, die alle de levendige geesten vervrolykt, en die zelf een balsemkracht heeft.

Wy besluiten onze Aanmerkingen, met te zeggen, dat 'er van alle de verscheide gevoelens die ik hebbe bygebragt, geen bewyslyker is, dan 't geene stelt dat hy een soort van Leem is, of dat hy 'er van voortkomt; gemerkt gelyk ik straks bewezen heb, de bronnen of springen van dezelve op den grond der zee, in de holen van branden-den Leem, die 'er, zoo wel als onder de bergen, in voorkomen, te vinden zyn. Nu dat 'er onderaardsch vuur op den grond van deze groote diepten is, is ligtelyk af te neemen uit de nieuwe Eilanden, die men van tyd tot tyd van Pruimsteen ziet voortko-men, 't geen niet anders dan eene opwerping, of uitdamping van vuur kan zyn.

Ik kon my veel breeder over deze stoffe uitbreiden, maar gelyk ik door geen ande-re beweegreden de penne in de hand heb genomen, dan om zommigen onzer Ge-leerden gaande te maaken, op dat ze ons hunne ondervindingen over dit stuk, van den aart en oorsprong des Ambers mededeelden, vind ik ongeraden my in myne be-spiegelingen hier over breeder uit te laaten. Ik onderwerp ze, Myn Heer, aan uw oordeel, u biddende te willen gelooven dat ik altyd bereid zal zyn de reden te vol-gen, en veel achtinge te toonen voor 't oordeel van een persoon als gy zyt, die on-eindig meer licht dan ik bezit.

Ik blyve,

MYN HEER,

V. Ed. gansch verpligte dienaar,

N. N.

XXXVI. HOOFTDEEL.

Ambra nigra : Ambar Itan.

De zwarte Amber be-schreven, en wat die zy.

DE zwarte Ambar, in 't gemeen *Ambar de Noort* genaamt, uit een bedorven naam in het Fransch *Ambar de noir*, word in 't gemeen gehouden voor een uitwerpsel van den Walvisch, om dat men hem by 't openen van zoodaa-nige visschen gemeenlyk in 't achterste des buiks vind, doch dewyl, gelyk in 't voorgaande Hooftdeel gezegt is, de rechte Ambar dikwyls met dézen zwarten om-geeven gevonden word, zoo moet ze de Walvisch zoo wel door den mond als door den afgank uitwerpen; hy mag nu door den Walvisch verandert of vermeerdert wor-*Gevoelen des Schry-vers van den zel-ven.* den, zoo kan ik geenzins gelooven, dat zoo wel de zwarte als de grauwe Ambar in den Walvisch voortgeteelt worde, maar dat ze beide zyn eene lymachtige of olyachti-ge vochtigheid uit den grond der zee voortkomende, dewelke op het water dryvende door allerhande groote visschen, en misschien in hun maage wat verandert word.

Onder den naam van zwarten Ambar word in deze Oostersche gewesten tweederley substantie verkogt merkelyk van malkander verschillende, hoewel ze misschien een ge-meene natuur hebben: D'eerste is de eigentlyke zwarte Ambar, dien men in zee vind: D'ander is het Boëtonsche Steenpek of *Ambar Batoe.*

Nader opmerking daar van. D'eigentlyke zwarte Ambar, die men met en zonder Ambergrys vind, is het gee-ne meest door den Walvisch uitgeworpen word, met groote stukken in zee dryvende, uit den grond der zelver voortkomende omtrent de Zuid-Oostere Eilanden, en van daar tot *Nova Guinea* en het Zuidland, daar zich ook veele Walvisschen ophouden: En niet

niet zonder reden mogte men giſſen; dat de *Ambar Fonteine* in die groote Zeebocht zy, want gemeenlyk na een grooten ſtorm in de Ooſte *Mouſon* word dezelve opgeworpen; eerſtelyk is hy week als ontlaate pik, maar word metter tyd hard, kort afbrekende, en grauwzwart als een doove kool, die lange onder de aarde gelegen heeft, verſch zynde is hy van een vuilen viſchachtigen reuk, maar droog en op koolen gelegt, riekt zwaar als *Bitumen* (lym) of ſteenkoolen, doch altyd noch iets van den zeereuk behoudende: Ik hebbe tweederley ſoorten daar van aangemerkt. *Beſtaande in 2 ſoorten.*

De eerſte naar myn giſſing word door den Walviſch uitgeſpogen met en zonder Ambar-Grys, daarom ik ze het kleed van den zelven noeme; deze word noit ter dege hard, behoud altyd wat van den viſchreuk inzonderheit op koolen; ja men vind 'er, 't welk een vuilen reuk heeft gelyk ſtront, en zy verrooken beide op het heete blik: Dat deze ſoorte van den Walviſch komt, giſſe ik daar uit, om dat my in 't jaar 1677. een ſtukje Amber-Grys gebragt is, in gedaante naar de grootte van een *Piſſang*, naar 't aanzien goeden Ambar de Grys gelykende, doch geheel omgeeven met een zwarte kleverige ſubſtantie, dewelke metter tyd hardachtig wierd, zynde rechte zwarte Amber ook den Ambarreuk behoudende: Dit zwart kleed ſtak vol ſnebben van Zeekatten, dewelke nootzaaklyk in den buik des Walviſchs daar onder gekoomen zyn, die zulke weeke viſſchen tot zynen voedzel inzwelgt, en miſſchien de taaije ſlym van die viſſchen helpt wat tot de voortteelinge of vermeerderinge van den zwarten Amber: Het was een klomp in de grootte van een Boëtonſche Kiſt in Zee voor *Manipa* dryvende, daar veele viſſchen en vogels rondom vergadert waaren. *De eerſte ſoort.*

De tweede ſoorte ſchynt nooit in den Walviſch geweeſt te zyn, droogt harder op en ſpringt als glas, het afgebrokene blinkt mede zoo, en is vol kuiltjes, doch zonder de voornoemde ſnebben; op koolen riekt het als Aard-olye, zonder viſchreuk, en derhalven aangenaamer dan het voorige, op het heete blik langzaam verrookende. *De 2de ſoort.*

Beide ſoorten vind men in redelyke menigte in deze geheele *Archipelagus* tuſſchen *Celebes* en *Nova Guinea*, inzonderheit in de Papoeſche Eilanden, welk wel het hardſte en het vuilſte van reuk is, ook dikwyls van eenig *Dammar* vervalſcht; want het gebeurt zomtyds, dat de zwarte *Canarij-Dammar*, door de rivier in Zee gevoert en aldaar verhardt, voor zwarten Amber verkogt word, gelyk ander, ligter, harder en geele *Dammar* door 't Zeewater verhardt de gedaante van Bernſteen krygt. *Waar de ze ſoorten gevonden worden.*

Ambar Batu of Boëtonſche zwarte Ambar is geenzins een vrucht der Zee, maar een Steenpek, *Bitumen durum* of *Piſasphaltum*, uit eenige rotzen op het Land zweetende, eerſt week als teer, daar na ſteenhard, als het in water komt blinkend zwart als *Gagates* of ſteenkoolen; op koolen is 't mede van den zelven reuk; het welk (in 't kort) de bedrieglyke Boëtonders voor zwarten Ambar willen gehouden hebben, en ook daar voor verkoopen, de vreemdelingen wysmaakende, dat het uit de Zee kome: Na veel moeite en uitvraagen heb ik ervaaren, dat het in manier als ander *Bitumen* (Lym) uit de aarde en klippen zweete in 't gebergte van het Boëtonſche Land naar des zelfs Zuidzyde, zomtyds zoo dun als olye uit de rotzen, zomtyds dikker als week pek in gedaante als een hoorn of raape uit de aarde, zoo week dat het ſchier aan de handen kleeft, doch in weinige weeken word het hard: De plaats word genaamt *Cotawo*, zynde een berg gelegen tuſſchen de ſtad *Boëton* en *Coeloetsjoetsjoe*, doch niet veel volks komt aan die plaats, om dat het aldaar ſpookt of van ongedierte bewoont word, 't welk echter niet zeer waarſchynlyk is; want ik heb ondervindinge, dat ſlangen zich niet gaern ophouden aan plaatzen, daar *Bitumen* (Lym) en namentlyk dit Boëtonſche gerookt word, daarom ik ook gezien hebbe, dat zommige Inlanders hun ruinen daar mede berookt hebben: Uit den voornoemden berg ontſpringt een rivier, waar in het weeke *Bitumen* uit de klippen druipt, en het zelve met zich voert in de groote bocht van *Coeloetsjoetsjoe*, daar het dan in Zee komt, en hard word zonder door 't handelen weder week te worden; noch week zynde en in Zee dryvende zwerven de viſſchen en vogels zoo wel daar rondom als om ander Ambar, inzonderheit de Haaijen, en *Tsjoe-* *Amber batu is maar Steenpek.* *Bedrog daar mede gepleegt.* *Onderzoek, waar het zelve groeit.*

kalen,

kalan, ('t welk is een klein flach van *Thynnus*.) Hierom gelooven de Boetonders of immers maaken het andere wys, dat het een uitfpuigfel van den Walvifch zy: Andere, die wel weeten, dat het uit het Land komt, zeggen of verzieren, dat op de voornoemde plaats in 't gebergte een groote Slange woont, *Bokulawa* of *Bonkulava* genaamt, een flach van de aldergrootfte *Boa*, dewelke de Maleijers *Ular petola* noemen; deze Slange zal den voornoemden Ambar uitfpuigen, als ze aan 't water komt om te drinken, die daar na door de rivier in Zee gevoert word: Hoor nu hoe het met *Bokulawa* verder afloopt, als hy zeer oud en groot geworden is, dat hy de dikte en langte van een *Calappus*-Boom heeft, zoo kan hy wegens de zwaarte zynes lyfs niet meer voortkoomen, blyft derhalven meest op een plaats leggen, zich geneerende met het geene hem naaft voorkomt, door dit lange ftilliggen vergadert zoo veel vuiligheid en ftof op zyn lyf, dat 'er een geheele ruigte en ftruiken op groeijen, wanneer nu al het voedzel op is, zoo port hem de natuur fchielyk op, en maakt hem indachtig, dat zyn tyd uit is op het land te woonen, *Bokulawa* dan met een wakker voorneemen zich opwekkende neemt affcheid van het land, doch niet zonder fchrik van de toehoorders, hy breekt met een groot gedruis door boomen en ftruiken, alles breekende wat hem voorkomt, niet anders als of men een groote boom de bergen affleepte, hy neemt zyn weg recht naar de zee, daar hy dan in zwemt, verandert zynde in een langen en dunnen Walvifch, dewelke fchubben en tanden heeft, zyn oude natuur van zwarten Ambar uit te fpuigen behoudende.

Verzie-ringe der Inlande-ren van den zelven heel kluch-tig.

Die van 't Eiland *Binonco* in 't Zuid-Weften van *Boëton* gelegen zien dikwyls dergelyke Viffchen en Slangen omtrent hun Eilanden, daar men ook den voorfchreven zwarten Ambar vindt: Zeker Makkaffaar, die zomtyds de waarheid fprak, verzekerde my met zyn oogen gezien te hebben, dat op het Land *Makkaffar* omtrent *Turatta* een zulken booms dikte hebbende en bekruide Slang van het gebergte afdaalde, en naar de zee ging met zulken gedruis, dat de omftanders daar voor vlooden, doch of hy in een vifch verandert zy, konde hy niet zeggen: Ik giffe dat ze door dezen Vifch verftaan den langwerpigen en getanden Walvifch *Priftis*, dewelke in den Indiaanfchen Oceaan zeer groot gevonden word: By mynen tyd is een zulken vifch dood komen aandryven op het groote rif van *Lacker*, een van de Zuid-Ooftere Eilanden, lang over de 30 gemeene vademen of 150 voeten, niet dik maar gefchubt, en de mond vol tanden, van ongelyke grootte, gelyk de flangen hebben; want de grootfte waaren een ftaande hand of een fpan lang, vier vingeren breed, boven een weinig krom met een ftompe fpits, maffief en vuilgeel, doch binnen wit en als yvoor, doch veel harder: Dergelyken een ik bezitte door vereeringe van den H^r *Qualbergen* doe ter tyd Gouverneur in *Banda*; andere zyn korter, doch wel zoo breed en boven ftomp.

Een ander ver-haal van 't voor-gaande.

De Pri-ftis een ge-tande Wal-vifch.

Wederkeerende tot den zwarten Amber zoo vermoede ik, dat op *Boëton* meer zulke plaatfen moeten zyn, dewelke *Bitumen* (lym) moeten uitzweeten, want aan de Weftzyde van *Boëton* op den ftrand van *Waloba*, andere zeggen *Waccocco*, vind men op ftrand grauwzwarte fteenen, die men voor gemeene fteenen aanziet, maar als men ze nader onderzoekt, zoo bevind men dat het een klomp van *Bitumen* (lym) is vermengt met grof zand, kleine, zwarte en donkergroene fteenrjes, dewelke toetfen, alles metter tyd tot een fteen verhardt: De zwarte hier van aan het vuur gehouden, worden aan dien hoek een weinig week, bryzelig, branden bezwaarlyk en rieken fterk als fteenkoolen; de grauwe zyn al te oud en hard, fmelten aan 't vuur niet wel, doch bryzelen en geeven den voorfchreven reuk: Die van *Boëton* noemen ze *Batoe Ambar*, dat is Ambarfteen, en worden by hun niet geacht noch gebruikt: Het fchynt dat deze weeke Ambar door den Weften wind op *Tomahoes* ftrandt, zynde de Wefthoek van *Boero* en wel 40 mylen van de dwaal-Bay of den bocht van *Coeloetsjoetsjoe*, daar zyn dikwyls ftukken opgedreeven van zuiver zwarten Ambar zonder vermenginge van zand, doch zommige daar onder zoo hard en grauw, dat men ze voor zuivere fteenen aanziet.

Nader verhaal van den zwarten Ambar; en 't ge-voelen van den Schry-ver over den zelven.

Werds ge- De zwarte Ambar in 't gemeen is van kleine waarde en gebruik: D'eerfte foorte of

Wal-

Walvisch-Ambar word meest gebruikt om de welriekende Koraalen of Paternosters daar *gebruikt tot het maaken van Paternosters,* van te maaken, gelyk in 't voorgaande Hoofdeel gezegt is: De tweede soorte of Boëtonsche, *Ambar batu*, word by die van *Coeloetsjoetsjoe* gesmolten en in schotels gegooten, waar uit groote koeken worden, schoon, zwart en harder als pik, blinkende als men ze breckt, die zy dan aan de vreemde handelaars verkoopen voor het geene zy hun konnen wys maaken: De Maleijers en Makkassaaren koopen het echter voor geringen prys, dewyl ze het van noden hebben om een weinig daar van onder de *Ook reukwerken.* *Dupa* te mengen; want het geeft andere zoete reukwerken de mannelyke kracht, dat is, maakt ze langduurende en krachtig, doch men moet de nette maat weeten, want een weinig te veel daar onder komende, bederft het geheele reukwerk: Met het versche berookt men de vischlynen, netten, en serijen om de visschen aan te lokken. In 't jaar 1669. hadden die van *Boero* een kock van zwarten Ambar, waar mede zy de kinderpokken, [die doen geweldig omging] berookten, om het moeijelyk jeuken en krauwen te verdryven: De Ambersteenen deugen nergens toe als om de tuinen daar mede te berooken, doch ik hebbe bevonden, dat ze onder reukwerk bequaamer zyn als het zuivere steenpik, dewyl ze door het afspoelen van zee-water meer van den Ambar-reuk verkreegen hebben: De Koning van *Boëton* heeft in zyne stad op den berg een waterbak bereid, daar toe nemende het voorschreve steenpik met olye week gemaakt in plaats van ciment, want in 't water word het weder hard: Die van *Boëton* vermengen het ook met wasch, olye en verscheiden welriekend hers, maaken 'er graauwzwarte bollen van, en verkoopen ze voor Amber, voor welk bedrog men zich waehten moet, want het is een slecht vuil goedje, langen tyd week en naar *Calappus*-olye riekende, maar metter tyd word het steenhard.

Ambar Gunong is een andere zwarte substantie, dewelke ons die van *Boëton* voor *Een andere soort Ambar gunong.* een Ambar verkoopen, zeggende dat dezelve in 't gebergte groeije en niet diep onder de aarde ligge omtrent de wortelen van eenige boomen: Ik zie het aan voor een *resina* [hers] van een my noch onbekenden Boom, want het gelykt zeer wel het *Gummi Elemi*, doch zonder reuk; aan zommige deelen hoornverwig, aan zommige bleekgeel en ros, op koolen riekt het als vet, doch niet onlieflyk: Men vind ook stoppelen, drooge ryskens en bladeren daar onder, eenige hoeken zien 'er uit als dik groen glas, en aan 't vuur gehouden brand het als ander *resina* [hers.] De bedriegelyke Boëtonders, die alle dingen op hun Land vallende een valschen naam geeven, maaken de vreemdelingen wys, dat het een duur ding zy en een soorte van Amber, welken de bergen voortbrengen: Zy gebruiken het onder welriekende zalve en onder ander reukwerk, *Tot welk gebruik. En waar die gevonden werd.* daar de gemeene *Dammar Selan* bequaamer zoude zyn: De voornoemde zwarte Amber-steenen van *Boero* worden eigentlyk gevonden omtrent *Foggileko* of oud *Foggi*, doch by de Inlanders niet gekent en geacht.

XXXVII. HOOFTDEEL.

Ambra alba. Sperma Ceti. Ambar Poeti.

Het derde geslacht van *Ambar* is de witte, waar onder ik geenzins versta den *De witte Ambra, anders Sperma Ceti genaamt.* witten Vogel *Ambar* in 't begin van 't voorgaande XXXV. Hooftdeel uit *Castagneda* verhaalt, dewelke zoo hy is, onder den Ambargrys moet gerekent worden; maar dat wit schilfferige goedje, 't welk men in 't gemeen *Sperma Ceti* noemt: Ons Oost-Indische *Sperma Ceti* nochtans verschilt in gedaante, maar niet in substantie van het Europische, het welk met groote plassen in zee dryft, geelachtig of vuilwit, en in kleine schilfferen verwaart word. Daarentegen het Oost-Indische vind men met groote en kleine stukjes zaamen gepakt, zommige een vuist, zommige

zommige

Hare hoedanigheid omstandig beschreven.

mige een kop en meer groot, meest schoonwit of een weinig naar den geelen trekkende, latende zich ligt schilfferen, inzonderheit tusschen de tanden, het is smeerig in 't aantasten, doch de vingers geenzins besmettende of vet maakende, zonder smaak of met een slappen zeereuk, die wat naar Ambar riekt, maar op koolen riekt het als gesmolten ongel: De groote stukken zyn meest plat met kuilen en hoeken, als zy op den strand geworpen worden; van buiten met zand bekleedt; binnen vind men zoo wel als in den Amber de bekken van Zeekatten, stukken van Schulpen en Oesterstukken; zómmige niet boven 2 vingeren dik, tegen 't licht gehouden zyn ze klaar en half doorschynend gelyk witte Bernsteen, doch die vind men zelden, dergelyken een van 5 pond van my naar *Florenço* gezonden is: Andere stukken hebben van binnen een zwarte stoffe als slyk, dikwyls door den geheelen klomp verspreidt, dewelke men voor zwarte modder houd: Maar ik oordeele, dat het zoo wel daar onder komt als de bekken van Zeekatten en Schulpen in den buik des Walvischs; want hoewel ik eerst tot

Des Schryvers gevoelen wat het zy.

die meeninge geneigt ben geweest, dat *Sperma Ceti* een vettigheid van de Zee zy, en eenige gemeenschap met des Ambars oorsprong hebbe, zoo heeft echter het zeggen van de Inlanders my anders doen gelooven, te weeten, dat het waarschynlyker zy, dat het niet alleen een uitspouwsel van den Walvisch, maar ook iets zy in den zelven voortgeteelt: Dit bewysen niet alleen de voornoemde dingen, die men daar onder vind, maar ook de vette en schilfferige substantie en d' ongelagtige reuk, van alle voorgaande soorten des Ambars merkelyk verschillende, en niet duister te kennen geeven-

Redenen daar van.

de, dat het een vischagtige substantie moet zyn. Onze Europeërs houden het voor 't zaad of de natuur van den Walvisch, waar van het den naam van *Sperma Ceti* en Walschot bekomen heeft; immers dat schilfferige goed, het welk men in de Noordzee opschept, kan in het Oost-Indische niet wel zyn, om dat het zoo veel van de natuur des zaads van alle andere dieren verschilt, en in groote klompen gevonden word, en de voornoemde vreemde dingen daar onder gemengt zyn; wat het dan eindelyk zy, moet de nadere ervaaring en 't naarstig onderzoek ons leeren.

De naam.

Wy noemen het in 't gemeen in 't Latyn *Sperma Ceti* tot onderscheid van het Europische schilfferige: Ook *Ambra alba*, in 't Maleitsch *Ambar poeti*, dewyl geen ander witter Amber te vinden is dan dit goed: Zommige Maleijers noemen het *Iean poenja monta*, dat is, 't uitspouwsel van een visch, welke naam eigentlyk toekomt het volgende Zeespek; anders ook *Bene gadja mina*, dat is, Walvisch-zaad, doch ik vertrouwe, dat hun dit van onze Natie wys gemaakt is.

Plaats.

Men vind het in zommige jaaren redelyk veel in de Amboinsche Eilanden, inzonderheit op *Boero* en *Manipa*, na 't uitgaan van de Ooste *Monsson* hier en daar op strand. geworpen, daar het niet lang leggen moet, om dat het de varkens anders opslokken: Ik hebbe gemerkt, dat het in *Amboina* en de *Moluccos*, als mede langs de Oostkust van *Celebes* meer gevonden word dan in de Zuid-Oostere Eilanden.

Verkiesing.

Men houd voor 't beste, het welk wit is of een weinig geelachtig, ligt schilfferig en zonder de voorschreve zwarte vuiligheid; het geene smeerig is schilffert niet ligt, en inzonderheit het geene de Boeroneezen smelten en in Bamboezen verkoopen, is verre zoo goed niet, als dat vermengt is met Zeespek of door den Walvisch of door menschen, en derhalven van een ongelachtigen reuk.

En gebruik in de Geneeskunst.

Wy gebruiken het hier te Land op de zelve manier en tegen de zelve gebreeken als het Vaderlandsche *Sperma Ceti*, namentlyk tegen de pyn van 't graveel en nierensteen, tegen longe gebreken en etter spouwen, tegen geronnen bloet in 't lyf om het zelve af te zetten: De ervaring heeft geleert, dat het zeer ongelyk by de eene of ander mensch werkt, want by zommige gravcelige menschen heeft het zoo sterk afgezet, dat 'er bloet navolgde, daarentegen by andere deed het weinig werkinge. Het is moeijelyk in te nemen, om dat het zoo ligt in den mond stremt, al is 't in eenige vochtigheid gesmolten, daarom doet men beter als men een stukje zoo groot als een hazelnoot in de mond knauwt en doorzwelgt, 't welk ligt om te doen is, wyl het van geen viesen

reuk

reuk noch fmaak is, en daar op een dronkje van eenig warm vocht doet, latende *Hoe men het zelve bereiden moet ende gebruiken.*
het dus in de maage fmelten: Anders fmelt het zeer ligt in heet water en allerlei voch-
tigheit, en kout geworden komt het weder tot een *Maſſa*, maar met warme olyen
vermengt het zich; op deze manier kan men het vuile eenigzins zuiveren, wanneer
men het in heet water fmelt, waar door de meefte en grofſte vuiligheid zich op den grond
zet: Doch dit gefmolte goet krygt een ander gedaante, word zoo wit niet meer, en
het ongel gelyker, daarom ik voor beter achte, dat men de ſtukken bewaare,' zoo als
ze uit Zee komen, al loopt daar wat zwart onder, 't welk doch geen quaad doet, als
het maar gezuivert word van de buitenſte zand- en vuiligheit; de brakkigheit beneemt
men hem, als men het eenige malen in verſch water legt, en t' elkens weder in de zonne droogt; zommige weeten het ook wit te bleeken, alle de kleine ſtukjes eerſt fmeltende tot dunne en platte koeken, die ze daar na met zeewater in de zonne zoo lange
bleeken, tot dat ze wit genoeg en weder wat ſchilſſerig worden, waar uit ze dan bollen en klompen maaken.

Op *Sumatra* in de bocht van *Lampon* valt het ook, maar als het in de Negory ge- *Eenige omſtandig-heden van het Sper-ma Ceti.*
bragt word, zoo verbieden ze de jonge Vrouwen het zelve te bekyken of te hande-
len, zeggende dat ze den witten vloet daar van krygen zullen, ik geloove als ze het
innecmen, waar in ze miſſchien dit goet ongelyk doen: Zommige Chineezen wilden
my wys maaken, dat het een Gom zy, uit oude en opgeſplete *Caſuaris*-Boomen zweec-
tende, het welk niet veel wederleggens behoeft, want de klompen zyn te groot, en
geen Gom fmelt als vet in 't water, noch heeft zulken reuk. *Matthiolus* en andere hebben genoegzaam beweezen, dat het geen ἄλος ἄχϑος van *Dioſcorides* en *Plinius* zy,
waar mede ik het ook houde; maar dat het een vettigheid of *Bitumen* zoude zyn,
uit de zee of der zelver grond zweetende, heeft (als gezegt) zyn zwaarigheid: Immers uit den traanigen reuk op koolen, als ook om dat het zoo ligt in het water fmelt
en zich met olye vermengt, kan men beſluiten, dat het geen *Bitumen*, maar een
vettigheid uit eenig Dier voortkomende, zyn moet. Als men de ſtukken in een vat wil
kuipen om lange te bewaaren, op dat ze niet t' zaamen fmelten, moet men ze eerſt
bewinden met droog gras, en dan inleggen in eenig zaagzel van hout: Anders kan
men ze ook bewaaren in een ſteene pot en aan koele plaatzen, maar men moet ze by
geen linnen of papier leggen, het welke daar van verrott wegens de brakkigheit,
die langen tyd daar in blyft, dewelke echter haar bewaarmiddel is; want *Sperma Ceti*
en andere ſoorten van Ambar, als ze te oud en droog geworden zyn, moet men, immers alle 10 jaaren eens, een nachtje in zeewater leggen en in de zonne weder droogen, waar door haare krachten vernieuwt worden. Uit de Franſche Geſchiedeniſſen
van de *Antbill* blykt, dat dit goet in de Weſt-Indiſche Zee ook valt, en aldaar *Sapo marinus* genaamt word.

Nu zal ik noch eenige bewyzen aanbrengen, waar uit mynes oordeels blyken kan, *Bewys van den Schryver wat het zelve is. Eerſte aanmer-kinge en omſtandig-heden.*
dat *Sperma Ceti* uit eenige Walviſſchen haaren oorſprong hebbe.

Voor eerſt kan den lezer vinden in de *Ephemeridibus Naturæ Curioſorum* in 't eerſte Deel *ad Annum* 1670. *Obſ.* 136. dat een zeker perſoon langen tyd voor een groot geheim heeft gehouden, doch eindelyk in 't licht is gekomen, namentlyk, dat hy in de
bocht van *Biſcaija* veele Walviſſchen gevangen, en uit der zelver brein het oprechte
Sperma Ceti hadde weeten te bereiden: Want hy nam het brein van den Viſch, deed
het in een groote pot, dewelke beneden een gaatje met een prop hadde; dit liet hy
aan eene warme plaats een tyd lang ſtaan, daar na opende hy het onderſte gaatje, en
liet de olye of traan daar uit loopen, zoo bleef het zuivere *Sperma Ceti* in de pot:
Die ſoorte van Walviſch word aldaar genoemt het Mannetje, in 't Latyn *Orca*, dewelke
veele tanden hadde, en daar onder zommige waaren, dewelke omtrent een pond woegen.
Noch in de zelve *Obſerv.* ſtaan eenige Exempelen, dat de Engelſche in de Eilanden *Bar-
mudas* woonende, het *Sperma Ceti* gehaalt hadden niet alleen uit het brein, maar ook uit
den buik van een getanden Walviſch, den welken zy mede voor het Manneken hielden.

Vor-

Verdere onderfindinge van 't zelve.

Vorders hebben wy zedert 't Jaar 1670. dergelyke ondervindingen hier in Amboina gehad, wanneer wy uit het hoofd van doode Walvisschen, die meest getandt waaren, het brein hebben uitgehaalt, het zelve in potten of Bamboesen een tyd lang bewaart; na verloop van eenige maanden, doch meest in de koude of regentyd heeft men aan de kanten van die vaaten een zuiver wit en schilfferig *Sperma Ceti* gevonden, en als men beneden aan 't vat een gat maakte, zoo liep de olye of traan daar uit: Doch dit slach van *Sperma Ceti* is altyd traaniger van smaak en reuk dan de bovenstaande stukken en klompen, die men in zee vindt. Van dezen getanden Walvisch of *Orca* zie breeder in myn Dierboek. De Engelsche in *Bermuda* hebben geleert, dat men het *Sperma Ceti* versch uit den Walvisch gehaalt met *Omphacinum*, dat is, verjuis, afwasschen en doorperssen moet, om den traanigen reuk te verliezen.

Brouwns verhaal van 't Sperma Ceti.

Ik vinde goet hier by te voegen, een omstandig verhaal van *Sperma Ceti* uit *Thomas Brouwn lib.* 3. *part.* 1. *cap.* 26. Wat *Sperma Ceti* zy, mogen de menschen met regt twyfelen, nadien de geleerde *Hofmannus* in zyn dertigjaarig werk rond uit zegt: *Nescio quid sit*, dat is, ik ken 't niet. Dies behoeven zy hen niet te verwonderen over de veelerhande gevoelens; alzoo zommige hebben geoordeelt, dat het was *Flos maris*, dat is, de vettigheid van de zee, en by veele maar voor een slymachtigheid op de zee dryvende gehouden.

Dat het 't zaad van een Walvisch niet is, naar 't oordeel van de gemeene man ofte de gewoonlyke benaminge, hebben de wysgierige altyd in twyfel getrokken; niet ligtelyk konnende oordeelen, dat de zaadelyke vochtigheid der dieren zoude konnen aangesteeken worden, of van een zwemmende aart zyn.

Dat het uit den Walvisch voortkomt, word door ondervinding en voorvallen bekrachtigt.

Dat het uit den Walvisch voortkomt, behalven het verhaal van *Clusius* en andere geleerde onderzoekers, is in weinige jaaren ontwyfelbaar gemaakt, door een *Sperma Ceti*-Walvisch op onze Noord-volksche kust komende aandryven, waar van wy, tot nader onderrigtinge, niet konnen nalaten iets te verhaalen: Hy was 60 voet lang, 't hoofd was byzonder, iets in 't breede over den mond heen hangende, tanden alleen hebbende in d'onderste kinnebak, waar van de grootste woegen omtrent twee pond, zonder knersbeenen in den mond, doorgaans Walvischbeenen genoemt; alleen twee korte vinnen voor aan op den rug hebbende, de oogen waaren klein, de roede lang en uitsteekende: Een kleinder Walvisch van zulk een slach quam 'er twintig jaaren te voren op de zelve kust aandryven.

De beschryving van den Walvisch, schynt *Gesnerus*, *Rondeletius*, en *Aldrovandus* in zyn eerste druk overgeslagen te hebben, doch aangemerkt en beschreven in de Latynsche druk van *Ambrosius Pareé*, en onder de vreemde dieren van *Clusius*, en in de natuurlyke historie van *Nurenbergius*, doch noch wydlopiger in *Jonstonius*.

De Matrosen (die de beste naamgevers niet zyn) hebben dit Dier *Jubartas*, ofte veel eer *Gibbartas* genoemt; van de zelve benaminge leest men van een in *Rondeletius*, by de Fransschen genoemt *Gabbar*, van zynen ronden en bultachtigen rug.

De naam *Gibbartas* vinden wy ook, dat een zekere soorte van Groenlandsche Walvisschen gegeven word: Maar d'onze, daar wy nu van verhaalt hebben, scheen met den Walvisch van die benaminge niet overeen te komen; maar veel eer met de *Trumpa* of *Sperma Ceti*-Walvisch, volgens de meeninge van onze Groenlandsche beschryvers in *Purchas*, die de derde geweest is onder de acht aanmerkenswaardige Walvisschen van die kust.

Dezelve komt uit het hoofd.

Uit het hoofd van dezen Walvisch (eenige dagen gestorven zynde en nu aan 't verrotten) vlociden stroomen van olye en *Sperma Ceti*, die by de visschers aldaar met vlyt verzamelt en bewaart wierd; doch in 't opbreeken van het hoofd, vond men het Magazyn van *Sperma Ceti* in huiskens en ordre leggen, zoo groot als Ganze-eijeren, omhangen als met breede plaaten, zoo groot als een Mans-hoofd, in de gedaante van honingraten, gansch wit en vol olye.

Uit Ca-

Iets dergelyks schynt 'er geweest te zyn in den *Physeter* of *Capidolio* van *Rondeletius*,

daar

daar hy fchryft Dat een vettigheit, dunner als olye , uit de harzenen van dat dier *pidolia van Rondeletius bewezen.* vloeit , welke daar uit zynde , is het'overfchot als de fchobben van Zardyn in een klomp uitgeperft; 't welk van hitte fmeltende wederom van koude ftyf wierd: En dezen oordeelen veele den Vifch geweeft te zyn , die *Jonas* opflokte ; hoewel hy om de grootte van zyn mond, en de menigte in de Zee ligtelyk de *Limia* geweeft is.

Een zeker gedeelte van *Sperma Ceti* , aan de Zeekant gevonden, was zuiver, en *Eenige van dezelve aan ftrandge-vonden* had weinig zuivering van noden : Een groot gedeelte met ftinkende olye vermengt, diende wel ter dege toebereidt , en dikmaals uitgeperft te worden, om in platte koeken te brengen, en was niet alleen in 't hoofd , maat ook in andere deelen gelegen ; want uit de vleefchachtige deelen gebraden zynde , droop olye, het reuzelachtige en dikkere deel naar den grond zinkende : In de olye zelf was ook veel daar van begrepen, en na eenige jaaren kreeg men daar iets uit.

Zelden dat de Groenlandsvaarders zulk een flach van Walviffchen te zien krygen; *Deze foort van vifch komt zelden voor.* en derhalven is 't maar een toevallige waat, by andere niet te bekomen: 't Brandt wit en helder op als Kamfer, maar 't wil zoo in fterk water niet fmelten. Zommige brokken van omtrent vier loot geduurig in 't water gehouden, geeven een friffe en lieflyke reuk; wel toebereidt en van de olye afgefcheiden , zal 't niet ligtelyk vergaan , en de olye, die vereifcht word in de zalve van *Matthiolus*, konnen uitharden.

De veelheit van olye, die uit de *Sperma Ceti* eerft geperft wierd, was wit en klaar, *Haar olye word in de Geneeskonft gebruikt.* gelyk de olye van Amandelen ofte *Ben*; dat 'er uit gezoden wierd, was rood: Men merkte dat ze in de vaten, daar ze in bewaard wierd, groote lekkagie leed: Zy bevrieft ofte word haaft ftyf in de koude, en hoe verfcher hoe eerder: Zy fchynt van de olye van andere dieren te verfcheelen, en onze Zeepzieders wierden in hunne meeninge dies aangaande grotelyks bedrogen , als zich niet willende vereenigen ofte laten mengen onder hunne loog, maar wel onder Schilders vetwe, hoewel ze nauwlyks altoos opdroogen wil : De wollekammers gebruiken ze , en de boeren tot een fnee, pyn in de lenden en harde gezwellen: In de Geneeskonft kan ze dienftig zyn, en vetftrekt tot een grond in de vermengde Olyen en Balzamen; gediftilleert zynde, geeft ze een fterke olye, nevens een doordringend water; afgerookt zynde, levert ze een balzem, die bequamer geperfumeert word in terpentyn met *Sperma Ceti* overgehaalt: Had het den afgryzelyken ftank willen lyden, wy hadden dat vreemd maakzel des hoofds en de heuveltjes van vleefch daar omtrent doorfnuffelt, nadien de werkluiden getuigen , dat hun het *Sperma Ceti* voorquam , aleer zy aan het been quaamen, en het hoofd, dat noch bewaart word, fchynt ook zulks te bekrachtigen : De *Sphincteres* dienende tot de *Fiftula* , had men mogen bezien, nademaal ze in andere Walvifchachtige dieren in zoo een merkelyke ordre geftelt zyn : Als ook de ftrot, overeenkomende met die der dolfynen en vogelftruizen, in het vreemde maakzel en gedaante die 't heeft: Ook wat voor een fatzoen van maag dit dier heeft, (dat het in het onderfte kakebeen maar tanden heeft) daat in de vogelftruifen [die van beiden overvloet hebben] de maag drievoudig verdeelt word ; en nadien in dat dier, te voren gevangen, niet dan onkruid gevonden wierd; het hert, de longen en nieren zouden niet vry geraakt hebben, die merkelyk van die der landdieren verfcheelen; mitsgaders wat voor een humeur dat 'er in de blaas was, doch voornamentlyk in de Zaadvaten; waar door wy hadden mogen oploffinge doen van het onderfcheid des humeurs van deze, die den naam daar van draagt.

XXXVIII. HOOFTDEEL.

Lardum marinum. *Zeefpek.* Ikan poenja monta.

Lardum marinum, Zeefpek.

Onder de foorten van Amber wil zich indringen een ander vuil en fmeerig goetje, het welk wy *Lardum marinum* noemen, dat is, Zeefpek en Zeeongel, in 't Maleitfch, *Ican poenja monta.* Het is buiten twyffel een recht uitfpouwfel van den Walvifch, word met groote en kleine klompen gevonden, bleekgeel, vuil als oud ende garftig fpek, de handen fmeerig maakende, van binnen is het ganfch haairig en draadig, zoo dat men het qualyk van malkanderen trekken kan, maar wel doorfnyden, van een vetten en traanigen reuk en fmaak, op koolen noch fterker en onliefelyk, gelyk traan of oud fmeer, zoo dat het een geheele kamer met zyn vuilen reuk vervult, die ook lange duurt: In 't eerft is het witachtig of vuilgeel, maar binnen weinige jaaren word het van buiten gryzig en zwartachtig, met 'er tyd verdroogt ook het meefte vet, zoo dat by na niets dan de grove vezelen overblyven; op het vuur gefmolten en door een doek gekleinft word een dik ongel daar van.

Wanneer, en hoe het bekent geworden is.

In 't jaar 1664. is het alhier eerft bekent geworden, wanneer een groot ftuk op *Manipa* aangedreven was, liggende in de zonne te fmelten zonder dat 'er iemant oplette, tot dat een jager, met zyn honden daar omtrent komende en ziende, dat de honden daar van aaten, het zelve opnam: Omtrent dien tyd wierd ook een ftuk op *Nuffatello* gevonden, en dewyl het onder den gemeenen man onbekent was, maakte men malkander wys, dat het een foorte van Amber moefte zyn, gelyk het ook redelyk duur verkocht wierde: Men bragt het op *Java*, daar de verkopers uitgelacht wierden, leerende van de Javanen en Maleijers dat het een veracht goedje en het uitfpuigzel van een Walvifch was: Zy wilden het egter noch wel hebben voor een geringe prys, om dat het dienftig was voor die zich met vifcheryen geneeren; want het zelve wat warm gemaakt, en de deur van de Serijen en mond van de vifchfuiken of Robbers daar mede gefmeert of berookt, lokt de vifchen aan, het welk dan [zoo veel my bekent is] haar eigentlyk en eenig gebruik is; hoewel andere dit goed aan hunne Serijen niet geerne hebben, dewelke quaade beenen hebben, want de verzweeringen zullen verergeren in 't Zeewater door dit goed geinfecteert. Men zoude mogen giffen, dat de taaije vezelen van het Zeefpek haaren oorfprong hebben van het taaije en haairige vleefch der Zeekatten, het welk hard om te verdouwen is, en miffchien dit mengelmoes in zyn maage maakt.

XXXIX. HOOFTDEEL.

Naamen van eenige Edelgefteenten in 't Maleitfch.

Adamas, Diamant.

A*Damas*, een Diamant, in 't Maleitfch *Intam*: De Maleijers maaken drie foorten van den Diamant: 1. *Intam Bun*, dat is, water- of donker-Diamant, dewelke donkere wateren geeft; deze word voor de gezontfte geacht om te draagen: 2. *Intam Api*, of vuur-Diamant, dewelke een roodachrig water heeft, en het lichaam wat geel; deze verhit het bloed te zeer, en word voor ongelukkig gehouden: 3. *Intam Poets* of witte Diamant, van heldere en blanke wateren; deze zyn de mooifte om te draagen, dewyl ze verre van zich fchitteren. Alle drie vallen op *Succadana* ende in de *Landas*. Diamant hiet in 't Sineefch *Suanu*,

en

en is in Sina niet geacht, alleen maar eenige kleine koopen ze om glas daar mede te snijden en te graveeren.

Canjang is een baftaart Diamant, wiens wateren op den grond blyven zitten, en niet uitfchieten, miffchien zynde onze *Clabbeken: Clabbeken* vallen in Sina, zyn hard en moeijelyk te flijpen, en hieten aldaar *Tsjoetsjoe*, dat is, Waterfteen, om dat ze het vuur van een Diamant niet hebben. *Noch een baftaart-foort.*

Het is geen wonder, indien men hedendaags de Diamanten zoo hard niet vindt, gelyk d'Ouden daar van gefchreven hebben, zoo 't waar is, dat in de Golkondaalfche mynen binnen zoo weinige jaaren de Diamant weder aangroeit, daar men te voren gegraven geeft. De hedendaagfche winzucht en pracht willen ze in zulke menigte hebben, dat ieder ambagtsman dezelve draagen mag, zoo dat de fteen geen tyd heeft om oud genoeg te worden, daar hy te voren miffchien 1 of 2 duizent jaaren in zyn myne ruft hadde gehad: Immers het outfte gewag vind men daar van by *Mofes*, die den Diamant onder den naam van *Jahalon*, dat is, Hamerfteen, eerft in den heiligen borftlap gezet heeft, toen de waereld al 2500 jaaren geftaan had; of *Tubalkain*, de werkmeefter in koper en yzer, al voor den Zondvloet de konft gevonden hadde om Diamanten te flypen, is onbekent. *Aanmerking van den Schryver.*

Rubinus, een Robyn, de grootfte, die wy voor een Karbonkel houden, noemen de Maleijers *Gomala*, de gemeene Robynen *Manicam* en *Permatta mera*; want *Permatta* is in 't gemeen een Edelgefteente, als of men zeide *Per meij matta*, dat is, iets dat fchoon in de oogen is: De Maleijers maaken ook geen onderfcheid tuffchen de rechte Robynen, dewelke vuurrood zyn; *Spinellen* hoogrood; *Lychnis* geelrood, en *Baleis* lichtrood, of witachtig: Hier van is zyn zommige zoo wit, dat men ze voor kryftal aanziet, maar in 't neigen toonen ze eenige roodigheit, het welk fraai ftaat en dit is d' *Eriftalis* of beter *Erytrylla* van *Plinius Lib.* 37. *Cap.* 10. Alle Robynfoorten hieten in 't Sineefch *Sia Liudfi*, dat is, Graanaat-korrels, en worden van hun zeer diep uit d' aarde gegraven; de vrouwen draagen ze in de haairftekers, maar geen mannen. *De Robyn.* *Is verfcheidentlyk rood van koleur.*

Smaragd in 't Franfch Efmaraude, Maleitfch *Permatta Idjou*; deze word niet veel gezien in deze Landftreek: Smaragden komen uit het Sinefche Landfchap *Suffuwan*, daar men ze in zekere rivieren vindt digt by hunnen oorfprong, daar ze uit de klippen komen: Men vind 'er ftukken van een hand groot, egter zyn ze weinig en dier in Sina. *Smaragd of Efmarauid is fchoon-groen van koleur.*

Saphyr; in 't Arabifch *Nila*, Maleitfch *Nilam* en *Permatta biroe.* *Saphyr is fchoon-blauw, ook zuiver-wit.*

Granaat; in 't Maleitfch *Bidji de Lima*, roozeverwig van koleur en gedaante, de korrels uit den rypen Granaat ganfch gelyk, daarom ik giffe dat hy de *Kargedonius* van *Plinius* of *Grenater* der Ouden geenzins zyn kan, dewelke hoogrood en vuurig zyn moet, daar de gemeene Granaat veel meer onder de Baleifen gehoort: Deze hebben hun naam geenzins van een Paleis, als of hy het huis of moeder van den Robyn was, maar van de volkeren *Balukes* of *Balotsjes* ten Weften van de rivier *Indus* woonende, daar deze fteenen veel vallen: Ik heb ze de Inlanders zien gebruiken om het donker gezicht te verklaaren en verhitte oogen te verkoelen, op een harde flypfteen met water zoo lange gewreven, dat 'er even iets af komt, en het zelve in d' oogen gedaan. *Granaat fchoon-root gekoleurt.*

Amethiftus is bekent aan zyne purperverwe; deze is hard, glad, blinkende doch niet zeer doorfchynende, aan den kant ftomp en vetachtig van aanzien; voor de befte houdt men dewelke de koleur van Amorellen-wyn heeft: Men vind 'er ook, die zoo licht van koleur zyn, dat ze naar 't paarfch kryftal gelyken, en zomtyds met violette aderen daar door; men draagt ze niet in ringen wegens hunne flegtigheid, maar aan Brazeletten en *Paternofters.* *Amethift is fchoon-purper.*

Sardius, een Carneol, deze komt veel uit het roode meir van *Mocca*, en word by den gemeenen man onder den Agaat mede betrokken, en ook genaamt *Sardius en Carneol zyn zomroo-*

roo-

mige
vleefch-
rood, ande-
re zuiver-
wit , ook
t'zaamen
gemengelt.

roode en geele Agaat ; want zommige zyn roodachtig als rauw vleefch of water , daar in bloedig vleefch gewaffchen is, en fchier niet doorfchynende , 't welk de
rechte *Carneol* zyn moet; andere zyn Oranjeverwig, half doorfchynende , met breede aderen , die zomtyds eenige beelden vertoonen ; zommige ook witachtig als een
ander Agaat: Alle zyn ze ftomp van kanten en vetachtig van aanzien : Daar zyn 'et
ook zoo vuurigrood, dat men ze voor geele Robynen zoude aanzien , doch aan den
kant hebben ze altyd eenige donkere plekken of aderen.

XL. HOOFTDEEL.

Kat-oogen. Maleitfch , *Matta Cutsjing.*

Kat-oo-
gen zyn
weerfchy-
nende van
koleur.

KAt-oogen , by de Portugeezen *Olhos de Gathos* genaamt , zyn een foorte
van *Opalus* , hebbende tot een byzonder merkteken , dat ze over 't lyf een
witten ftraal vertoonen , als men zekeren hoek tegen 't licht keert , zy mogen dan donker , half , of geheel doorfchynende zyn , en van wat koleur
zy willen , zoo ze dezen ftraal niet hebben , zoo zyn 't geen Kat-oogen ; doch ftaat
re merken , wanneer men den rechten hoek niet naar 't licht keert , zoo ziet men den

Waar
van veele
foorten en
koleuren.

ftraal niet of weinig ; ook fchynt de ftraal altyd mooijer en grooter by de kaers dan
by dag. De flegtfte hebben een grauwgeele koleur , zommige naar 't groen trekkende ,
even gelyk de oogen der Katten ; zommige niet , zommige half doorfchynende , en hun
ftraal trekt uit den witten naar den geelen. Men moet ze niet flypen met tafels of kanten , maar rond laaten en flegt polyften. De flegtfte worden gebruikt tot Brazeletten en
Paternofters , de half doorfchynende worden in ringen gezet , doch moeten van onderen platachtig zyn , en niet diep in de kas ftaan.

Element-
fteen is
weerfchy-
nende.

De mooifte foorte hier van komt nader aan den *Opal* , en hiet by de Duitfche Juweliers Elementfteen , *Gemma Elementorum* ; hy heeft de grootte van een erweet , is doorfchynende als een donker kryftal , waar in men de koleuren der vier Elementen kan zien

En ver-
toont de ko-
leuren van
den regen-
boog.

fpeelen ; want het doorfchynend lichaam met de witte melkftraal vertoont de lucht ;
een geel vlammetje ter zyden het vuur ; een blauw plekje het water ; de andere donkere hoek de zwarte aarde : Na zonnen ondergang vertoonen zy zich vuuriger dan by
dag : Deze zyn weeke en teere fteenen , die men zachtjes handelen moet ; men vind
ze op *Ceylon* in *Cambaija* en *Pegu.*

Bygeloof
der Inlan-
ders van
dezelve.

Zy worden in Indiën veel hooger gefchat en ook dierder verkogt dan in Europa ,
om dat de Javanen een algemeen gevoelen of waangeloof hebben , dat des bezitters en
draagers goed niet zal verminderen maar al geftadig vermeerderen ; miffchien om dat
menfchen , dien 't wel gaat , veele benyders hebben , die de oogen toefluiten om
eenes anderen geluk niet te zien. Zy gelooven ook dat Vrouwen , die dezen fteen
draagen , by het manvolk zullen aangenaam worden : Het is ook een Droomfteen zoo
wel als den Amathift , want hy maakt geneugelyke droomen , en wil egter van geen
droomer gedragen zyn : De Oude noemden diergelyken fteen *Paederos* , in 't Duitfch
een Wéze , om dat hy minnens waardig is als een mooi weesjongetje.

Onder-
vinding
van den
Schryver.

Noch een andere ondervindinge heb ik van den Elementfteen , dat hy in een ring
ftaande , en uitpuilende gelyk een erweet , de beelden en koleur vertoont van alles ,
't welk zyn affchynzel naar hem toefchiet , inzonderheit als men onder dak ftaat ; by
voorbeeld. Eens zat ik in een *Oranbay* (zynde een gedekt vaartuig daar in fatzoenlyke
luiden vaaren:) een zulken ring aan de hand hebbende en langs het land vaarende ; ik
konde daar in zien de groene boomen , die ter zyden op het land ftonden , het bewegen der fchippers die achter my , en de aangezichten van die neffens my zaten.
Indien deze Elementfteen den naam van den rechten *Opalus* niet kan haalen , zoo dunkt
my

my dat hy is de *Aftrobolos* van *Plinius Lib.* 37. *Cap.* 10. dewelke gelykt naar een vifch-oog, en den glans der fterren aanneemt.

Daar is noch een ander zeldzaam Kat-oog van een wilde Kat komende, waar van zie op zyn plaats onder de *Mefticæ.*

Dewelke wy Kat-oogen noemen, verdeelen de Chineezen in drie verfchillende fteenen: De eerfte is de gemeene of donkere Kat-oog, met een witte ftraal; deze word in 't Sineefch *Njaun kang bac* of *matta Coetsjin* genaamt, en is weinig geacht als hy niet klaar is: 2. De befte en dierfte is d'Elementfteen, dewelke veelderlei verwen vertoont en dezelve veranderlyk, daarom is hy miffchien de rechte *Opalus*; deze word by uitnementheit *Tsjoe* en *Po-tsjoe*, dat is, Edele fteen, genaamt, en word gevonden in de rivieren van *Suffawan* onder 't zand verborgen: 3. De derde is de flegtfte, uit *Ceilon* komende, die men doorboort en 'er dan koraalen van maakt; deze is fchier niet doorfchynende, aan d'eene zyde vuilwit, aan de andere geelachtig met een paarlemoerftraal, die men niet ziet als men hem van 't licht afwendt; hy komt geenzins uit de bergen, maar het is een *Meftica* uit de *Chama Striata* of *Bia Coroerong*, boven in 't II. Boek befchreven; deze vallen veel en groot in den Zeeboezem voor 't Landfchap *Quang fay* omtrent de ftad *Kengtsjoehu*, en daarom hiet hy Kat-oog *Hamtsjoe*, dat is, Schulp-peerlen, doch zyn gemeen en van weinig prys.

Meftica Bulang fchynt ook een foort van Kat-oogen of Elementfteen te zyn, van my noit gezien en word zelden gevonden; naar 't verhaal van anderen, heeft hem een vrouw op *Makkaffar* gehad, dewelke was boven plat en rond, beneden uitpuilende als met een fteel, klaar en half doorzichtig; daar in zag men by dag een licht, het welk by nacht grooter wierd, en 't zelve wierd groot en klein, na dat de maan toe en afnam: De vrouw, die hem bezat, wilde veele voorzeggingen daar mede doen, maar zy wierd by den gemeenen man gehouden, dat ze een gemeenzaame geeft (*Spiritus familiaris*) hadde. Dergelyke *Gemma* befchryft *Plinius Lib.* 37. *Cap.* 10. onder den naam van *Selenitis*, dat is, Maanfteen, te onderfcheiden van *Selenites lapis*, 't welk is Moskovifch glas. Een anderen fteen heb ik gezien van Ooft-Keram gebragt in de grootte en rondte van een mufquet-kogel, groenachtig als bottel-glas, in de midden met een geel en wandelend lichtje, dergelyke de Italiaanen *Girafole*, en de Latynen *Afteras* noemen.

Dewyl men my dikwyls wys gemaakt heeft, dat de Ceilonfche Kat-oogen uit de Zee of uit eenig Zeegedierte komen, zoo heb ik zekeren Chirurgyn laft gegeven, die een tochr naar *Ceilon* dede, dat hy ter dege daar naar zoude vernemen, dewelke dan tot my wederkeerende, bericht dede, dat hy 'er naar gevraagt hadde, te weten naar de zelve fteenen, die wy in 't Duitfch Kat-oogen, in 't Portugeefch *Olhos de Gathos*, in 't Malabaarfch, *Ponekenbeijdudi* noemen, en dat hy van d'Inlanders geen ander bericht heeft konnen bekomen, dan dat ze op de Ceilonfche ftranden door de Zee opgeworpen wierden: Dit verhaal kan ik qualyk van alle Kat-oogen opnemen, immers geenzins van de klaare en doorzichtige, hier boven Elementfteen genaamt, maar wel van de andere donkere, dewelke miffchien in eenige fchulpen groeijen of uit der zelver fchaal gemaakt worden: Inzonderheit komt my niet waarfchynlyk voor van een fteen, die de onze mede voor een foorte van Kat-oogen houden en de Sinezen boven op hun Tartarfche mutzen draagen, waar van de Sinezen beveftigen, dat hy uit een Zeefchulp gehaalt word: Hy is rond in de grootte van een mufquet-kogel, doorboort, van verwe als vuil yvoor, doch ter weerzyden heeft hy een plek als een oog, met een paarle weerfchyn; zoo moet men ook den boven genaamden edelen Elementfteen onderfcheiden van een anderen gemaakten Elementfteen, 't welk een konftig glaswerk is, half doorfchynend, waar van de geele en blauwe koleur zeer aardig door malkanderen loopen, inzonderheit als ze hoekig zyn, waar van men oorhangzels en Paternofters maakt, zynde merkelyk ligter dan de natuurlyke fteenen.

Doch doorboorde korrels van de Ceilonfche Steenen heb ik zelf gezien, hoewel dezelve wat flegter van alloy zyn.

Wederom myn Schoonzoon, Monft. *Wybrand Laurentius*, heeft op myn verzoek my

be-

Nn 3

By Plinius Aftrobolos genaamt.
Een andere foort van Kat-oog.
De zelve in 3 foorten verdeelt: 1ste foort. De 2de foort.
De 3de foort.
Waar die gevonden word.
Meftica bulang is heel zeldzaam.
Plinius aangetrokken.
Onderzoek en verfcheide redenen van deze Kat-oog-Steenen.

bericht, dat de Kat-oogen op Ceilon in de groote rivieren gevonden, en miffchien door de zelve zomtyds op ftrand gevoert worden.

XLI. HOOFTDEEL.

Onyx. Joc.

BBy onze Europeërs is de Diamant de Koning onder de Edele gefteenten, maar of zulks al van outs en inzonderheit by de Oofterfche Natien zoo geweeft zy, ftaat zeer in twyffel: Immers in de Heilige Schrift word de Diamant zulke eere niet gegeven; maar de *Onix*, in 't Hebreeuwfch *Schoham* genaamt, waar onder de *Sardonix* begrepen is, heeft de eere dat hy de eerfte genoemt, en zyn geboorteplaats in het aardfche Paradys aangewezen word, *Genef. Cap. II.* in den heiligen borftlap, *Exod. Cap.* xxviii. De Diamant is ook aan geen voornaamen noch koninklyken ftam, als Levi en Juda waren, maar aan een van de twee minfte en ge-

ringfte, Benjamin of Gad, toegewezen. Zoo vind men in de Hiftoryen der Chinee-
zen, dat men van outs geen werk van den Diamant, maar wel van den *Onyx* gemaakt heeft, waar uit ik befluite, dat dit de alderoudfte en eerftbekende fteen in de wae-
reld is. In 't gemeen Chineefch word hy genaamt *Jok*, by Vader *Martinus*, *Tu*; hy moet wit zyn als een nagel van een menfch, doch wat zwartblauw en rood moet daar onder loopen, wat minder dau half doorfchynend, niet te min fchoon blinkende. Hier van is het Keizerlyk Signet van China gemaakt; zynde alle andere onderdanen op halsftraffe verboden hunne Signetten van *Jok* te maaken, maar wel van *Satsjoo*, 't welk is een flach van witte marmer met licht vleefchrood gemengt. Hy word zeer zelden en moeijelyk gevonden, eu niet dan in 't hert van groote en harde klippen; weshalven het in China de manier is, wanneer iemant een zulke klip weet aan te wyzen, daar in hy uit zekere tekenen voor vaft weet dat de *Onyx* is, zoo laat de Keizer de zelve klip openen; vind hy den *Jok*, zoo laat hy den aanwyzer en al zyn geflagt met veele gaven vereeren; vind hy hem niet, zoo laat hy hem een voet af-
kappen wegens zyn vermetel aanwyzen, waar door men zoo veel vruchteloofe moeite ge-
daan heeft. Daar was echter in oude tyden iemant *Banho* genaamt, die zulk een klip aan

twee Keizeren aangaf, t' elkens met verlies van een voet, om dat men na veel moeite geen *Jok* vondt, hy volhardde echter by zyn voorftel, en wees de zelve klip aan by den derden Keizer, Zoonszoon van den eerften, die de klip ten gronde toe liet afbreken en doorzoeken, wanneer men eindelyk den *Jok* vondt; toen liet hy den armen man rykelyk vereeren met zyn geheel geflagt, en uit den gevonden *Jok* het Kei-
zerlyk Signet maaken, het welk van hand tot hand overgeërft is tot dien tyd toe, dat het zelve geflagt uitgeroeit wierde door een oproer, van drie Koninkskens *Sam Coefi* verwekt; maar op dat evenwel dit Signet niet in handen der vyanden zoude komen, zoo wierd het een vrouw om 't lyf gebonden, en de zelve in eenen put gefmeten; niet lang daar na zag een zeker man in dien put iets dat licht van zich gaf, 't welk hy uittrok t' zamen met het doode lichaam, door de kracht des fteens noch onbedorven zynde: Deze mans zoon, nu bezitter van het Keizerlyk Signet, is namaals een van de 3 Koningen of *Sam Coefi* geworden, dewelke te gelyk over China geregeert hebben omtrent 314 jaaren na Chrifti geboorte. Dit Signet is echter namaals weder verlooren, als de laatfte Keizer der Chineezen, door de Tarters in 't jaar Chrifti 1270 verjaagt, over Zee na *Cotnam* wilde vlugten, wanneer hy onderwegens tuffchen *Heijnam* en *Brafelles* met zyne vloot grooten dorft lydende dezen fteen in de Zee fmeet (zoo ze zeggen) uit wanhoop. Op de zelve plaats zal men noch een plek met witachtig water vinden, 't welk zoet en drinkbaar zal zyn, by onze Zeeluiden mede gezien doch niet geproeft:

De.

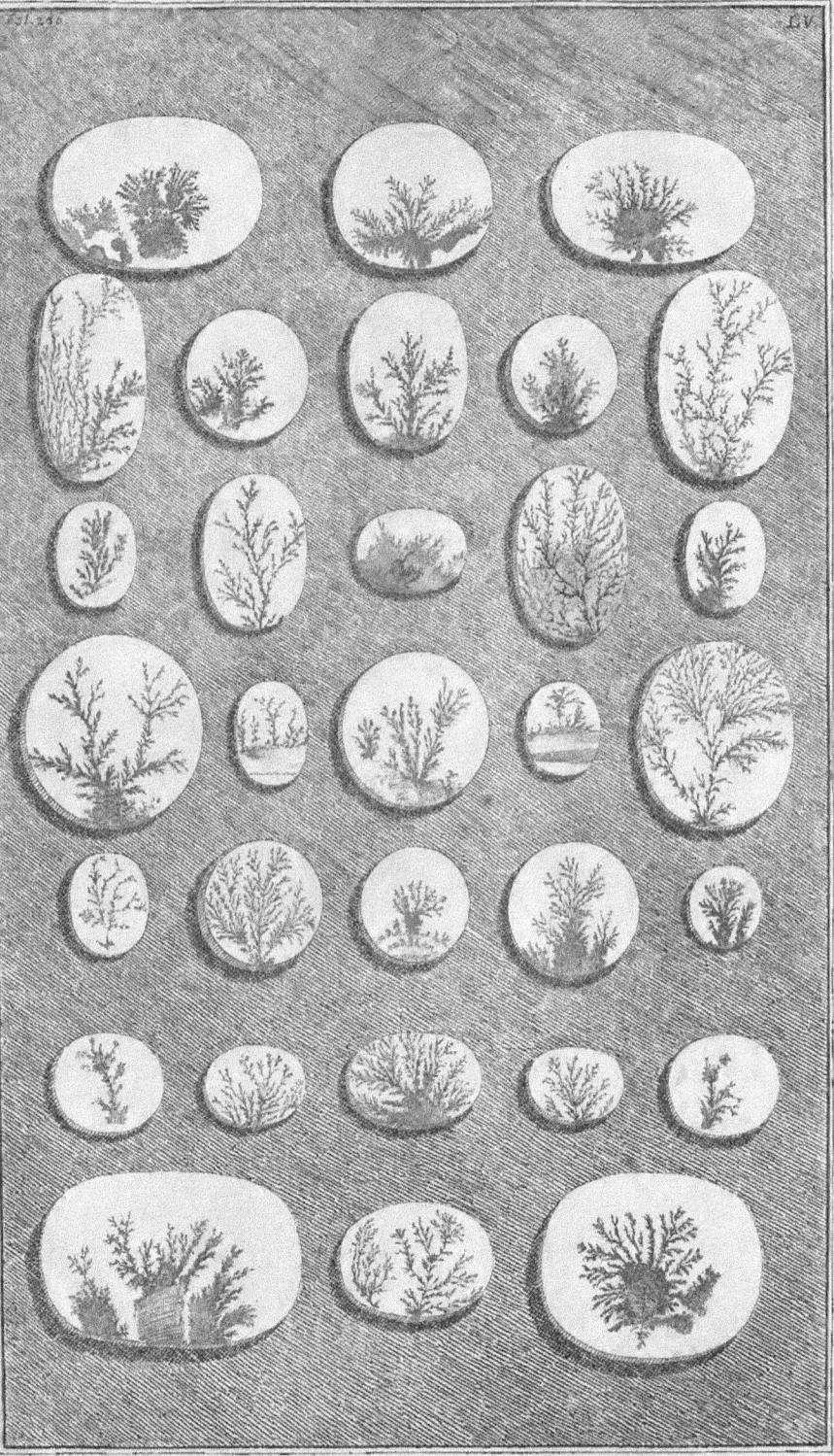

Tab. 266.

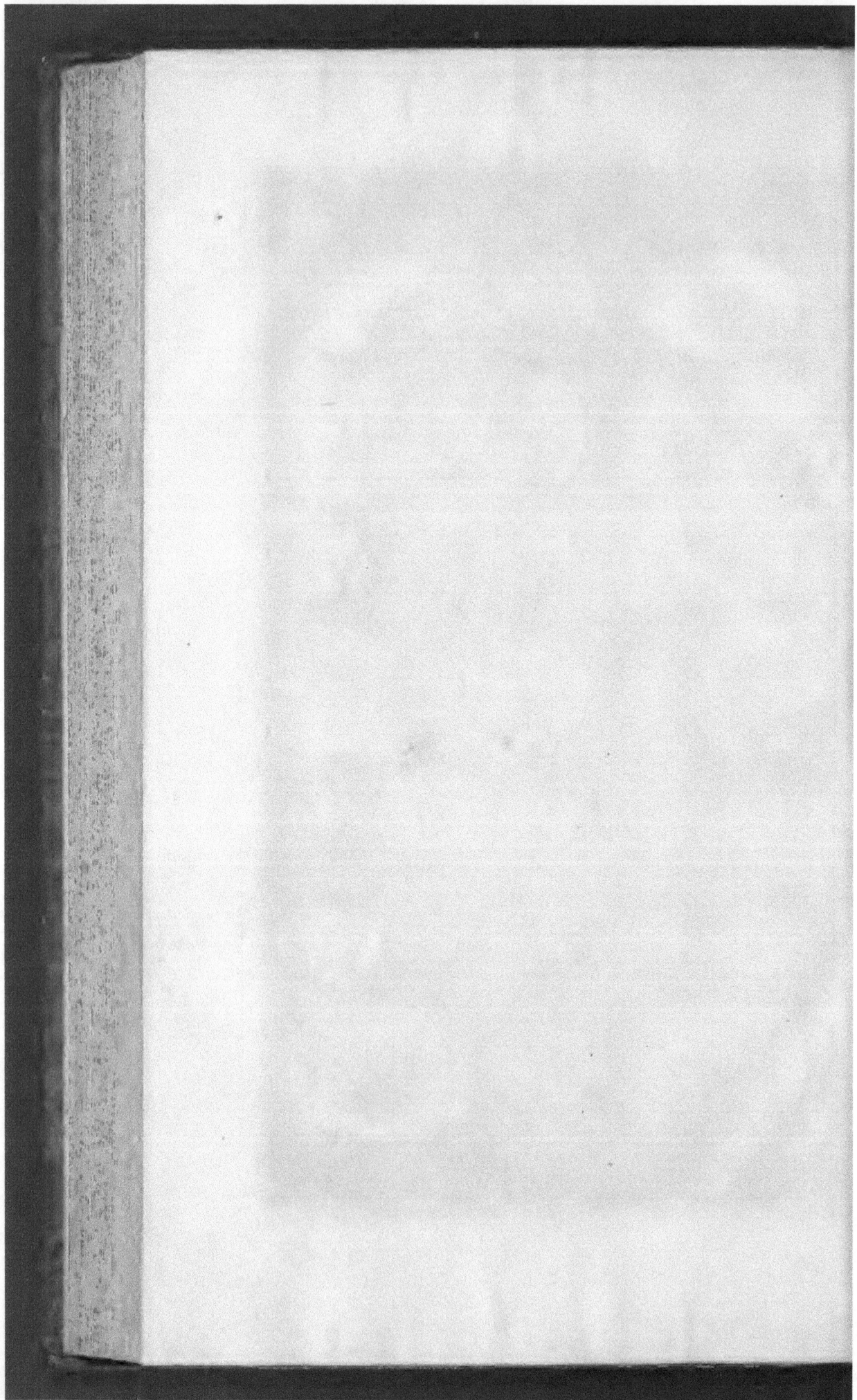

LV

Deze Chinefche vertellinge zet ik hier niet, als of ik het naar de letter geloofwaardig hielde, maar om aan te wyzen in wat waardigheit den *Onyx* by de Chinezen is, zynde by ons een ongeachte fteen.

Den voornoemden *Jok* of *Onyx*, waar op het Keizerlyke wapen ftond, zeggen andere verlooren te zyn omtrent het jaar Chrifti 1618. wanneer voor de tweedemaal de Tarters Heeren van *Sina* zyn geworden, en dat doe het voorfchreven Signet door een Tarter heimelyk zoude geftoolen en naar Tartarien gebragt zyn, daar het t' eenemaal verlooren is: Het was een ftuk ruim een ftaande hand lang en een dwars hand dik.

XLII. HOOFTDEEL.

Achates. Widury.

Behalven de roode Achaten zyn in Indiën gemeen de witte met en zonder figuuren; als mede op Coromandel, en weinig zwarte: De witte, geen figuur hebbende, zyn half doorfchynende, gelyk het witte van een hart gekookt ei; deze worden eigentlyk by *Plinius* genoemt, *Leuc' Achates:* De witte of geelachtige met boomen verfiert worden genoemt *Dendra Achates*, by d' onze Boomtjes Achates: Zy zyn zeer gemeen en vallen in menigte omtrent de ftad *Suratta* in 't Indoftaanfche gebergte. De witte zoo wel met als zonder figuuren worden genoemt by de Maleyers en Javanen *Widury*, by zommige doch qualyk *Belonr*, welke naam eigentlyk den Beryl toekomt, gelyk de Chinezen noch alle roode Achaten *Belo* noemen, en de witte voor Bernfteen aanzien. Gelyke misvattinge heeft onze Natie, dewelke den zwarten Achaat gelyk ftelt met den zwarten Bernfteen of *Gagates*, die nochtans merkelyk van malkander te onderfcheiden zyn, want de zwarte Achaat is veel zwaarder, harder en blinkende, gelyk een fteen behoort te zyn, maat de *Gagates*, in 't Portugeefch *Aljo bidjo* genaamt, waar uit men Braçeletten maakt, is ligt, en aan 't vuur gehouden brandt eenigzins met een fterken reuk van *Bitumen*. Op de zelve wyze kan men ook onderfcheiden den witten Achaat, en witten Bernfteen, die malkander mede zeer gelyk zyn: De witte Achaat is niet van eenderlei fubftantie, want zommige en wel de meefte zyn half doorfchynende, zoo dat men ze voor Beryl of Bernfteen zoude aanzien, indien ze van binnen niet bezet waaren met eenige ftipjes als zout of zandkorreltjes. Ik hebbe een houwer-geveft van een groot Heer gezien, gemaakt van wit Achaat, over 't geheele lichaam van een koleur, behalven aan de eene zyde zag men de gedaante van een pikzwarte vliege, dewelke het geheele ftuk raar maakte. Dat 'er veelderleye andere gedaanten in den witten Achaat gevonden worden is genoeg bekent, doch hier te lande vind men ze meeft met boomtjes verfiert, dewelke fchier alle de gedaante hebben van onze Vaderlandfche heide, [*Erica*] zwart van koleur, het welk fraai uitfteckt op een witten fteen; zomtyds zyn het veele verwerde takken door malkander, zomtyds fatzoenlyke boomtjes, zoo natuurlyk op een heuveltje ftaande als of ze daar op gefchildert waaren, en zommige takken leggen in 't lichaam verborgen: Men kan 'er ook bloemtjes aan bekennen, ook wolkjes, en vogeltjes, doch daar toe word een fcherp gezicht vereifcht. Onder de geelachtige vind men, dewelke droop-oogen en andere beelden van menfchen en gedierte hebben, dewelke niet alle op te tellen zyn. Ik ben verwondert wat reden en oorzaake van deze verfchillende figuuren men uit de nieuwe Wysbegeerte zoude willen voortbrengen, daar in men leert, dat meeft alle zoodanige figuuren door een toevallige vermenginge van de ftoffe voortkome, en 't is zeker dat een Achaat genoegzaam leert, dat het geen toevallig, maar een beftendig en vaft voorgenomen werk van de natuur zy, en dat dezelve een wetende of kennende geeft zy, die uit ieder ftoffe weet een lichaam te maaken met zoodanige

nige

d' Achaten of Boomfteentjes, zie de plaat LV.

Worden op Suratte gevonden; van dezelve zyn verfcheiden foorten.

Meeft witachtig en doorfchynende; doch met zwarte figuuren en geeftige boomtjes, landfchappen, menfchen, dieren en meer andere gedaanten. Redenen van den Schryver daar over, die de natuur werkende oorzaak daar van noemt.

nige figuuren, als de Schepper in 't begin ieder fchepzels byzondere natuure toegeei-
genr heeft, waar van de fchikkinge in 't byzonder van 'r geftarnte afhangt, maar haare *Zopyra* of vonkskens hier en daar in de geheele ondermaanfche waerelt verfpreidt
leggen, en de ftraalen of invloeijingen van haare ftarren aantrekken en hegten: In alle planten, dewelke een zadelyke kracht by zich hebben, volgen deze *Zopyra* of Zaad-
vonkskens altyd net zoodanige figuuren, als haar in 't begin ingedrukt zyn: Maar in
de bergen by 't maaken van de Edele gefteenten, heeft de natuur wat meer vryheid om
veelderhande figuuren dezelve in te drukken, onrleenende of afteikenende niet alleen
natuurlyke dingen, maar ook zoodanige werken en fchilderyen, die wy menfchen bedacht hebben, ten welker aanzien men de natuur van zoodanige bergen niet qualyk
vergelyken kan by een zwangere moeder, die haar vrucht zomtyds zulke figuuren indrukt, als ze in haare bevattinge of gedachte begrepen heeft: Hier toe is zoo zeer
niet nodig, dat een berg, met Achaten zwanger, zoodanige figuuren, als hy den
Achaat indrukt, op gezetten ryde en in gelyke gróotte en dikte hem zelven voorftel-
le, om dezelve aan te zien, gelyk Jacobs fchaapen de gefchilderde ftokjes deden, en
gelyk zommige van den Achaat voorgeeven, dat de zwangere natuur van een Achaat-
berg de gedaante van heide of mofch ontleenen of afzien zoude van het mofch, 't welk
aan een tegenoverftaande berg groeide; maar zy ontleent haare figuur ook van afwe-
zende dingen, als ze maar in de natuur zienlyk zyn, als van dieren, huiffelyke werk-
middelen en fchilderyen, die juift aan den tegenoverftaanden berg niet te vinden zyn:
Dit fpel van de natuur is zoo wonderbaar en verfcheiden, dat der menfchen oordeel en verftand onmogelyk 't zelve ter dege konnen verftaan, hoe zulks toegaat; immers in den A-
chaat bevinden wy grotere vryheid van de fpelende natuur dan in eenig ander fchepfel, en

*Voorbeeld
van de
Donder-
fteenen
aange-
haalt.*
laat zich in geene regelen vatten; by voorbeeldt, boven in 't Hoofdeel van den Donderfteen hebben wy gezegt, dat de Martialifche geeft, natuurlyk præfident van den donder,
den zelven fteen voortbrengt in de gedaante van een ftaand en quetfend werktuig: In de
planten maaken de hemelfche directeurs dezelve zoodanig, dat men daar uit haare aart
eenigzins bekennen mag, als de Jovialifche geeft maakt zyne kruiden zacht, en wolachtig, Mars de zyne brandende of doornachtig; Zon en Venus fchoone bloemen, en
zoo voorts: Maar wat zullen wy van den Achaat zeggen, dewelke zoo veelderleye
gedaante vertoont van menfchen, gedierten, oogen, handen, boomen, heide,
mofch, ruiters, wagens, ftykbeugels, zadels, toomen, en zoo voots: Welke alle
onder een hoofd qualyk konnen gebragt worden, of men moefte den zelven den ver-

*En ver-
der d'on-
mogelyk-
heit des
Schryvers
om de re-
den daar
van te kon-
nen door-
gronden.
Hun
kracht en
eigen-
fchappen
ondervon-
den in 't
uittrekken
van ver-
gift.*
anderlyken *Jan Potage Mercurius* toefchryven: Laat ons liever over de mogentheit
der natuure ons verwonderen, en des Scheppers wysheit pryzen, dan al te wys willen
zyn en te onderzoeken dingen die boven ons begryp zyn, laarende ons vergenoegen,
als wy maar een weinig daar na raaden konnen.

Aangaande de kracht dezes Steens, zoo bevinde ik, dat hy by de Maleijers en Javanen vry meer geacht word dan by onze Natien, inzonderheit de Boomtjes-Achaten,
en alle die van natuuren met eenige figuur getekent zyn: Dezen fchryven ze de kracht
toe den draagenden te bewaaren, dat hy van geen vergiftig of fchadelyk dier gebeten
of gefteken word, en ik laat my voorftaan eenige ondervindinge daar van te hebben:
Onlanks is het ook in 't werk geftelt aan een flaaf, die in zyn hand gefteken was door
de fenynige pylen van den vifch Pylftaert, *Paftinaca marina*, waar van hem den geheelen arm opfwol met grooten brand en pyn, doch een Boomtje-Achaat eerft in water gelegt en verkoelt, en daar na op den fteek gebonden zynde is hy geneezen.

*Een an-
dere onder-
vindinge.*
Een ander Achaat, met roode droppen en oogen geteikent, benecmt den kalk zyne
brandigheit, dat men hem zonder fchade in den mond kan houden, 't welk alhier dikwyls
in 't werk geftelt is door een zekeren goutzmid, bezitter van dien Steen, dewelke
in myn tegenwoofdigheit groote klompen kalk op den Steen fmeerde, en zonder fchade in den mond hielde.

En waar
Uit de roode en geaderde Achaten, by den gemeenen man t' onrechte *Batoe Ceylon*

ge-

genaamt, maaken de Mooren hunne *Tafibée* of Bidfnoeren, moetende altyd 99 korrels aan eenen fnoer zyn, de honderfte en grootfte ftaat voor aan alleen. *d'Inlanders dien toe gebruiken.*

De Schryver heeft van deze Boomfteenen geene afbeeldingen gegeven, doch de Hr. Feitema heeft ze ons uit zyne koftelyke verfameling van dergelyke fteenen mede gedeelt, die verbeeldt ftaan op de plaat LV. Zynde dezelve zoo groot als die daar afgetekent ftaan, doch voor 't meerendeel verfcheiden van koleur en wonderlyk fcherp getekent. Hier by voege ik noch eenige andere foorten van Boomfteenen. Zie de plaat LVI. by de letters G. en H. deze is een fteen van koleur den olyfteen gelyk, met zwart geftipte boomtjes. Als mede een andere foort, verbeeldt op dezelve plaat by letter I. Deze worden gevonden in een rouwen klipfteen, daar men dien doorkloovende binnen in vindt: Zy zyn mede zwart op een grauwachtigen grond, doch leggen meeftentyds heel verwart door een, loopen dwars en fchuins, ja ook wel 't onderfte boven, zoodanig hoe men den fteen ook klooft, men altoos heele Landfchapjes daar in vindt: Deze konnen niet geffeepen noch gepolyft worden; ik heb het meer dan eenmaal bezogt, doch altoos de boomtjes verlooren. Dit ftuk hier afgetekent is zoo groot van geboomte als ik oit gezien hebbe.

XLIII. HOOFTDEEL.

Ophthalmius.

Achates, Onyx, en Sardius zyn drie fteenen, die groote gemeenfchap met malkanderen hebben, en maaken zomtyds een mengelmoes van een vierden fteen, die men zoo wel tot een als tot de andere brengen kan: Onder andere is de *Ophthalmius* van zulken aart, doch den Achaat naaftkomende, of een weinig donkerder, hebbende afbeeldzels van verfcheide dieren oogen, naar dewelke hy genoemt word: By voorbeeld een Vifchoogs-Achaat is buiten aan de rand licht hoornverwig, daar na een kring van donkerder koleur, en in 't midden een witten oogappel, gelyk die menfchen die een paerl op de oogen hebben. *d'Ophthalmius in zyn aart befchreven.*

XLIV. HOOFTDEEL.

Cepites.

Dit is ook een flach van Achates met verfcheide aderen, ftreepen en koleuren, die zoodanig door malkander lopen, dat ze de gedaante van een tuin of van een Fortres uitmaaken; by voorbeeld: Ik heb een zulken fteen in de grootte van een hoender-ei, doch aan de onderfte zyde een weinig uitgeholt, gelyk de Cabeletten die men op de piftolen zet; op de bovenfte of bultige zyde is hy aan de kant hoornverwig, half doorfchynende gelyk Caret; ook heeft hy 6 witte aderen, waar van de buitenfte en binnenfte de breedfte zyn met vier ftreepen tuffchen beiden, alle paralleel lopende en uitmakende de figuur van een irregulier vyfhoekig kafteel; het binnenfte plein is wat blauwachtig en in de midden een ovaal met twee bruine kringen omgeeven, en binnen in de koleur van het ander plein, afbeeldende een woonhuis; door des zelfs muur loopt een dwarfe ftreep, dewelke een kruis en een kandelaar afbeelt, aan den eenen hoek ziet men de gedaante van een oog mede met 6 fyne witte kringen omgeeven, dewelke zich verfpreiden na de punten van 't kafteel; de onderfte of holle zyde is blauwachtig, daar in men noch veele bruine ftreepen ziet, mede bochtig en in 't rond t'zaamen lopende; hy is zoo glad dat men 'er zich in fpiegelen kan, en vuurt zoo wel by nacht als andere Achaten: Hy is gevonden op *Co-* *De Cepites is mede een foort van Achaat, doch met ftreepen, die geeftige fortreffen en andere gedaantens verbeelden. Zie de verfcheide afbeeldingen op de plaat LVI. aangewezen by de letters A. B. C. D. E. en F.*

romaan-

romandel in een rivier: Den Inlandschen naam weet ik niet, waarom ik hem *Cepites* noeme, dat is, Tuin-fteen, vermelt by *Plinius Libr.* 37. *Cap.* 10.

Deze Afbeeldinge hebben wy hier weder by gevoegt, ons mede ter hand gestelt door den voornoemden Hr. Feitema. Waar van ik uit veele dit weinige hebbe gezocht, zoo veel 't nodig was tot dit Hoofdeel: Zie de plaat LVI. Die by letter A. verbeeldt is een feshoekige fortres, rontom in zyn wallen en grachten; hy is hoog doorfchynend rood: Die by letter B. is doorfchynende oranjeverwig, doch het middelfte eilandtje is wit, met een rood geftippelde ftrand omtrokken, doch zoo eedel en teer van tekening en koleur, dat het onmogelyk is dezelve wel op koper te verbeelden. Die by letter C. is met een witten grond, doch niet doorfchynende; de afbeelding is grauw purperachtig, doch met fnelle witte ftreepen omtrokken. By letter D. is de buitenfte rand doorfchynend als glas; de fortres is bruin purperachtig en tuffchen in helder van koleur. De afgetekende by E. is de buitenfte omtrek bruin doorfchynende, waar na weder drie ftreepen verfcheide van koleur zyn, verbeeldende een dyk, rontom een doorfchynend doch vzachtig water, in welkers midden legt een groot Eiland, en rontom het zelve veele kleine Eilandtjes; de-ze zyn blaauw, purper en roodachtig van koleur: Dit ftuk is zoo uitmuntend en vreemd, als my onder die foort oit is voorgekomen. De laatfte van deze is verbeeldt by letter F. zynde wit en blaauwachtig, doch weinig doorfchynende. Dus verre hebben wy eenige ver-beeldt, die tot dit Hoofdeel behooren, en om te vertoonen, hoe wonderlyk de natuur in de fteenen fpeelt, zoo komen wy niet voorbygaan eenige diergelyke op de zelve plaat te vertoonen; by N°. 1. is een foort van Ægiptifch marmer of Achaat, bont en ver-fcheide van koleur, waar in men de gedaante van een biddenden Paus ziet in zyn ge-daante en verwen, zoo als hier afgebeeldt ftaat, doch de lucht is wat geplekter en meer gevlakt: Dit hebbe ik gevonden onder veele foorten van fteenen, die buiten Romen uit een oude tempel van het muur bekleedzel zyn gebroken. N°. 2. is een Duitfche Achaat-fteen, waar op men in zyn volkomen koleur ziet een onderaardfche rots, en door dezel-ve eenige bergen in 't verfchiet, hebbende boven in 't verwulfzel twee doorgebrookene gaten, door welkers eene een ftraalend licht komt vallen: Hier neevns worden noch ver-toont twee uitmuntende ftukken van de zoo genaamde Ferraarfche Natuur-fteenen aange-wezen by N°. 3. en 4. onder veele die ik bezitte, zyn deze wel de netfte en befte; zy ko-men veel uit Italien en worden gebruikt tot voorftukken van Cabinetten: Het is onge-looflyk voor die dezelve noit befchouwt hebben, men ziet 'er in woeftenyen, bergen, ftroomen, vervalle gebouwen, fteeden, gewolkte luchten, en andere zeldzaame gezich-ten, en hoe dun men die ook door de konft van een zaagt en polyft, zoo behoud men egter de gedaante, doch met eenige verandering, na dat de gekoleurde ftoffe van dezelve loopt.

XLV. HOOFTDEEL.

Proef der Edelgefteenten.

Onder-vindinge van den Schryver om de na-tuurlyke fteenen van de valfche te kennen.

IK hebbe by geval en uit eigen ondervindinge gevonden een zeker proef, waar door men allerhande Edelgefteenren, zoo ze maar een weinig doorfchynende zyn, van de valfche en uit glas gemaakte onderfcheiden kan, welk konftftukje ik noch by geen Autheurgelefen hebbe, en waar uit ik deze grondregel maake: Alle natuur-lyke Edelgefteenten, die uit bergen komen en geheel of maar ten deele doorfchynende zyn, moeten by nacht of in 't donker gehouden vuuren, dat is, een helderen fchyn of ten minften een vonksken van zich geven, als ze met een ander diergelyken fteen tegen malkander geflagen worden. Dit doet geen glas, geen *Meftica* uit eenig gedier-te of plante die niet doorfchynende zyn, noch geen donker en weeke fteen al is hy natuur-lyk; dit vuurtje of glans is nochtans verfcheiden, in d'een minder in d'ander meer, uit d'een moeijelyker te haalen dan uit d'ander, waar van ik de volgende ondervindin-gen aangetekent hebbe.

Eerfte op-merking ontrent den De Diamant, Robyn en Saphyr, vuuren weinig en bezwaarlyk, te weten de Dia-mant heeft een klein doch fcherp blixemend vonksken, waar door ik geenzins verfta

een

een uitvaarend vonksken, maar een klein lichtje of glans, het welk in den steen gezien *Diamant* *Robyn en* word: Deze drie zynde harde en gladde steenen moeten met hun gelyke geslagen wor- *Saphyr.* den, ook wat hard tegen zoodanige hoeken, daar ze minst geschonden konnen worden. Men moet geen Punt-Diamant tegen malkander staan, want die zouden malkanderen krassen: Maar plat gestepen en *Fasetre* kan men zien vuuren, als men ze sterk tegen malkander vryft, niet met de punt maar met de kant aan de zyde of aan het laveur. De robyn geeft een rood en de Saphyr een blauw vonksken of vuurtje. De Smaragd en Element-steen heb ik niet durven toetsen om dat ze te week zyn.

Achaat, Krystal en alle Krystalachtige half klaare en witte keisteenen, dewelke in *2de Op-* *merking* menigte in Amboina gevonden worden, vuuren op 't aldermeest, dat by na de geheele *van d'A-* *chaaten en* steen daar van schynt, zoo wel met hun gelyke als met andere geslagen; ja de Krystal *Krystal-* *len.* zoo ligt, dat ze vuuren als men ze maar tegen malkander laat vallen of slegts zacht strykt. De Achaat geeft ook aanstekende vonken van zich, zoo dat men ze tot vuursteenen, tot vuurroers en snaphaanen gebruiken kan; derhalven heb ik boven gezegt, dat de Achaat en vuursteen groote gemeenschap met malkanderen hebben, dat het schynt de moeder van Achaat niet anders dan een halve vuursteen te zyn, immers zoo als ze my van *Suratte* toegezonden zyn.

Alle *Mestica*, zoo uit gedierten als uit planten die niet doorschynende zyn, vuuren *3de Aan-* *merking* niet. Als gy dan een zulk steentje krygt, hoe mooi en gelyk het den waaren steen ook *van de* *Mestica.* mag zyn, 't welk geenzins vuurt, moet gy voor een *Mestica* houden, evenwel die klaare steenen, dewelke my voor *Mestica Ular* of Slangesteen verkocht zyn, vuuren ook doch zoo veel niet als de Krystal.

Stukken van glas tegen een klaaren keisteen geslagen vuuren wel doch zeer weinig, *4de Aan-* *merking* en zoo gy wel oplet zoo komen de vonkskens meer van den keisteen dan van 't glas; *van 't Glas.* men moet dan door oeffening leeren kennen het onderscheid tusschen het vuur van 't glas en natuurlyke steenen.

De *Cochlites* of *Cochlea saxea* vuurt niet, immers aan de platte kanten, hoewel hy *De 5de* *van de Co-* half doorschynend is en zoo hard als een Keisteen. *chlites.*

Alle blauwe en grauwe Toetsteenen hard geslagen vuuren een weinig, maar de zwar- *De 6de* *van de* re gansch niet. *Toetstee-* *nen.*

Alle versteende Koraalsteenen, en het witte *Kalbahaar*, dat gestreept is, vuuren *De 7de* *van de Ko-* een weinig; maar het witte gladde *Kalbahaar* gansch niet. *raalstee-* *nen.*

De witte *Enorchus* is een rosse Keisteen op *Boero* gevonden; deze vuurt ook: *De 8de* *van d'E-* *norchus.*

XLVI. HOOFTDEEL.

Mestica *in 't gemeen.*

MEstica of *Mostica* word in 't Maleitsch genaamt ieder steentje, 't welk *Wat de* *Mestica* men buiten gewoonte der natuur in eene plante, hout of andere steenen *zyn.* vind, voortgebragt in dezelve, niet uit eene bedorve stosse en de dieren lastig vallende maar uit zuiver overtolligheit van goet voetsel, daar in een steenachtig zap is aangetrokken uit het uitwendige voetsel. Hier onder dan worden geenzins verstaan zoodanige steenen, die by geval in de dieren of planten komen of die eenig gebrek dezelve aanbrengen, gelyk alle steenen in de maage, *Urin*, en gal-blaazen, nieren, darmen, enz. zelfs niet de *Bezoar*, varkensteen, geenzins de steenen die eenig dier inzwelgt, gelyk de Kaiman en hertebeest doen: Maar *Mestica* moet een hard steentje zyn, glad, zelden of niet doorschynende, voortgebragt in plaatzen daar *Waar die* *voortko-* ze de natuur zelf niet maakt, als in 't vleesch, herzenen, vet, en aan de beenderen *men.* der dieren, in 't zuivere hout en in de vruchten van zommige planten. Deze steentjes

wor-

Zyn by d'Indianen hoog geacht.

worden by alle de Indianen in vry groter waarde gehouden dan by onze natie, hoewel ze van geen byzondere mooijigheit zyn, om dat ze dezelve toeschryven veele verborgene krachten, die meest in een waangeloof en inbeeldinge bestaan. In 't gemeen

Hun bygeloof van dezelve.

worden hun de krachten toegeschreven van den dragenden gelukkig te maaken of in den oorlog of in de koopmanschap of in eenig andere hanteering, na dat het dier of plante is daar ze van genomen zyn, hierom plegen zy dezelve zoo veel by malkander te zoeken als ze krygen konnen en in een gordel om 't lyf te dragen, zoodanig dat de steenen zoo dicht op het bloote vleesch liggen, dat ze zomtyds met het vel overtrokken en daar in genezen worden; dit doen inzonderheit dewelke hun in den oorlog vast en onquetsbaar willen maaken, het welk de Maleijers *Cabbal* noemen, hebbende misschien zulken konstje van de Joden geleert, die door hunne *Cabala* zulk vast maaken en andere wondere dingen beloven. Het is waar en men vertelt onder den gemeenen man veele raare voorvallen, dat 'er menschen gezien zyn, die met geenderleije wapenen hebben konnen gedoodt worden, tot dat men hun een of meer diergelyke steentjes uit het lyf gesneden heeft, daar ze dezelve ingedrukt hadden; diergelyke gecabalizeerde menschen zyn ons volk in d' oorlogen voorgekomen, en de zaak is van geloofwaardige officieren in der daat aldus bevonden, zoo dat het my niet lust de zelve tegen

Door den Schryver tegengesprooken.

te spreken: Maar een ieder gezond Christen weet wel, dat zulke krachten geenzins natuurlyk van een steen of hout, maar gemeenlyk door duivelery by de kinderen des ongeloofs (zy mogen Mooren of Naam-Christenen zyn,) konnen voortgebragt worden: Derhalven als wy in 't vervolg van eenige *Mestica* dergelyke dingen schryven, geschied geenzins dat men straks geloof daar aan stellen zal, maar alleen om te toonen wat de Inlanders daar van verhaalen, en waarom zulke by ons ongeachte steenen by deze natie in zoo groote waarde komen, daar het doch allegaar bestaat in de inbeeldinge en sinnelykheit van zommige menschen.

Waar van hy d' Europeaurs niet vry kent.

Zeker wy Europeanen behoeven de Inlanders niet uit te lacchen, want wy zyn aan dat euwel zomtyds mede ziek: Hoe is anders in vorige tyden de Bezoar in zulke achtinge gekomen en nu zoo veracht geworden, daarentegen is hedensdaags de leelyke Varkensteen tot zulken hoogen prys gesteigert, dat men meer goet gout daar voor geeft als hy groot is, als om dat men zich ingebeeldt heeft veel grootere krachten daar in te steeken dan ze in der daad hebben.

De proef van dezelve tegengesprooken.

Om nu de *Mestica* van andere steenen, die 't zelve fatzoen en koleur hebben te onderscheiden, hebben ze veele proefjes bedagt, die doch alle niet vast gaan; inzonderheit stellen zy tot een generaale proeve, dat een *Mestica* in scherpen azyn of zuut Limoenzap gelegt koken moet, dat is, kleine bobbeltjes rondom zich opwerpen, dit is wel in de meeste waar, echter houd ik die proeve niet voor goet, om dat de mooiste steentjes daar door bederven, en haaren glans verliezen: Men doet dan beter dat

Die gansch onzeker is.

men naukeurig kennen leert de gedaante, koleur, streepen en inzonderheit de plaats, daar eenig *Mestica* gevonden is met eenig eigenschap, als wy by ieder in 't byzonder zeggen zullen. Door 't vuuren by nacht kan men ze niet toetsen, dewyl geen donker *Mestica* zulks doet, behalven weinige en half doorschynende, gelyk in 't vervolg op zyn plaats zal aangetekent worden.

Alle *Mestica* te beschryven is myn voornemen niet, maar alleen die my voorgekomen zyn, en voor eerst zoodanige die in menschen en gedierten groeijen en dan vervolgens die in houte planten en andere steenen gevonden worden: Waar by inzonderheit aan te merken staat, dat de *Mestica* op geen land overvloediger gevonden worden,

Dezelve vallen meest op Makkassar en Celebes.

dan op het land van *Makkassar*, op het geheele Eiland *Celebes* en de naast rondom gelegene Eilanden, zynde zulks buiten twyffel een eigene natuur van die landen, dat in de dieren en planten meer steenzap uit haar voetzel aangetrokken word dan op andere plaatzen. De *Mestica* in 't gemeen word ook die eigenschap toegeschreven, dat ze by niemant gelukkiger zyn dan by den vinder, of die ze van den zelven geschonken gekregen heeft, maar by geen kooper: zoo willen ook de Mooren, dat ze door
hun-

hunne Papen eerst moeten belezen zyn, en dan op ieder vrydag met eenig goet reukwerk berookt worden.

Onder de *Meslicæ* worden mede gerekent eenige andere steentjes, dewelke niet op de voorschreve manier in dieren, houten of planten maar buiten gewoonte in andere steenen van een ander substantie gevonden worden.

XLVII. HOOFTDEEL.

Encardia humana. Muttiara manusia.

O M van de *Meslicæ* te beginnen, dewelke in de dieren groeijen, zoo komt ten eersten voor de Menschen-steen, *Encardia humana*, in 't Maleitsch *Muttiara* of *Meslica manusia* genaamt; waar van ik 'er maar twee gezien hebbe: De eerste naar 't zeggen van den verkoper gegroeit in 't herte van een mensch, zynde geweest een Javaansche Paap, ik weet niet om wat oorzaake door die van *Tombouco* doot geslagen, in wiens hert omtrent des zelfs spits deze steen gevonden is: Hy was in de grootte en gedaante van een oude en geschilde *Pinang*, dat is, als d' onderste en stompe spitse van een hert; aan de bovenste zyde platachtig; van koleur zwart; aan de platte zyde zwarter; aan de spitse wat naar den grauwen trekkende, rondom met heel kleine gaatjes als of hy met spelden gesprikkelt was: Omtrent de spits zag men veele en pas kennelyke streepen slangswyze rondom loopende, doch bogtig en geene kringen maakende: Voorts zeer hard, zwart en altyd kouder dan andere steenen; indien hy de voorschreve gaatjes en streepen niet hadde, die de zwarte koleur en gladdigheit verminderen, men zoude hem voor een toetsteen aanzien, want hy ook de metalen toetste. De Inlanders zeggen dat hy gelukkig zy in den oorlog te draagen, de menschen stout, listig en anderer Luiden voornemen ligt bekent maakt.

Een ander Menschen-steen, doch niet bekent in wat deel des menschen hy gezeten hadde, is kleinder, in de grootte van een Amarelle kersse, niet hertformig, maar onordentlyk rond, hard, zwaar, noch kouder dan de voornoemde, donkerrood en wat ros, vol merkelyke gaatjes, van buiten ruig en wat korlig zonder streepen, maar aan de platte zyde met builen als of 'er stukjes uitgesprongen waaren. Hy is my van *Makkassar* gezonden met den naam van Menschen-steen, doch ik hebbe den Eigenaar niet spreeken noch vraagen konnen, hoe en in wat mensch hy gevonden zy.

Plinius Lib. 37. *Cap.* 10. heeft driederleye steenen, die hy *Encardia* en *Cardisce* noemt: De 1ste vertoont een zwart hert, afgetekent op een veld van een ander koleur: De 2de een dusdaanig groen hert: De 3dr vertoont een zwart hert, maar is aan zyne andere deelen wit. Het kan wel zyn dat ze alle drie soorten zyn van *Achates* of *Onyx*; evenwel hebben wy onzen *Meslica Manusia* den zelven naam willen geven, dewyl *Encardia* in 't Griekfch te kennen geeft een steen die in 't hart gevonden is, en den naam *Cardisce* hebben wy boven in het II. Boek 't XXVIII. Hooftdeel aan een hartformig schulpje gegeven.

Nota: Steenen, die men in blaazen, nieren en gal van menschen vindt, worden onder de *Meslicæ* niet gerekent.

De Encardia humana is 't hert van een Javaansche Paap gevonden.

Hun koleur en gedaante beschreven.

Een andere soort.

Plinius aangehaalt.

XLVIII. HOOFTDEEL.

Steatites.

De Stea-
tites.

S Teatites is een witte steen den Albaft of Calappus-steen gelyk, doch zonder
vafte figuur, in de gedaante van een klontje vet, gelyk *Plinius* van zyn *Steatites*
Waar die ook zegt. En deze word gevonden in het vet van zommige fterke en vette
groeijen. Indianen in 't hooft, in de nek en in de heupe, daar hy zonder pyn of be-
letfel van den mensch groeit: hy is zoo hard en glad, dat men qualyk iets daar van
schrabben kan, gansch niet doorschynende, zomtyds enkeld, zomtyds uit twee en
meer klompjes t' zaamen gezet, diergelyke ik maar een gezien hebbe. De Indiaansche
Koningen hebben zekere tekenen of liever giffingen, waar uit zy vermoeden dat zulken steen in een mensch steke, wanneer zy dan om geringe oorzaaken zoodanige menschen zullen dooden om dien steen uit hun lyf te krygen, zoo weinig achten zy het
Waar toe leven van een mensch. Zy dragen hem om liftig en verftandig te worden.
die ge-
bruikt
worden.

XLIX. HOOFTDEEL.

Tigrites. *Tygersteen*, Meftica matsjang.

De Ty-
gersteen,
waar ge-
vonden,

D E Tygersteen is gevonden op *Sumatra* in 't hooft van een Tyger omtrent
de herssenen, in de grootte van een ronde pruim, niet volkomen rond,
maar een weinig hoekig, en hier en daar met een gaatje als of 'er zand in
gesteken had en uitgevallen was, zoo hard als een keisteen, grauwaeh-
tig van koleur doch vol rosse plekken, eenige figuuren verbeeldende: Men konde daar uit beschouwen de hoofden van menschen, paerden en andere dieren, dewelke
misschien deze Moordenaat in zyn leven verscheurt hadde, en welke afbeeldzels de
phantazie zyn herssenen en dien steen ingedrukt hadde. Zeker Heer, van den welken
ik dien steen hadde, en hem zelf gezien hadde uit het hooft van den Tyger haalen,
verklaarde dat het een zeer grote en verwoede Tyger was geweeft, die met veele fla-
gen en wonden qualyk konde gedoodt worden: De Indianen wilden den steen ftraks
verbergen om tot hun gewoonlyk bygeloof te gebruiken, gelyk boven in 't XLIV.
Hooftdeel gezegt is, doch zyn gezag en achtbaarheit bragt te weeg, dat zy hem den
en aan zelven geven moesten: Hy is in 't jaar 1682. gezonden aan zyn Hoogheit den groo-
uwen ver- ten Hertog van *Toscanen.*
eert is.

Een an- Een ander diergelyke Steen is eertyts gevonden in de herssenen van een *Renofter*
der soort op *Java*, den welken zie beschreven in de werken van *Jacobus Bontius Lib. Cap.*
uit een Re- in 't Maleitsch *Meftica abbadac* genaamt. Deze is by de Maleijers in groote waarde,
nofter. dewyl ze van den zelven een weinigje in water gewreven innemen tegens de veranderde koorts om dezelve door 't sweeten te verdryven. Zoo heeft men ook in 't jaar 1656.
Een 3.de op *Jambi* in de herssenen van een Oliphant twee *Meftica* gevonden, het eene wit het
uit een O- ander zwart: Hy was gedoodt van een Yzervarken, 't welk hem zyne pylen in de oo-
liphant. ren schoot als hy het zelve wilde doot trappen.
Een ander Renoftersteen wierde gevonden in 't jaat 1672. op *Batavia* zoo lang als
een lid van een pink, eivormig, met het spitse eind in de hersepan stekende, met het
dikkere in de herssenen uitpuilende zeer hard en grauw van koleur: Naar 't verhalen
van andere ooggetuigen waaren de beelden op den voorschreven Tygersteen veel duidelyker

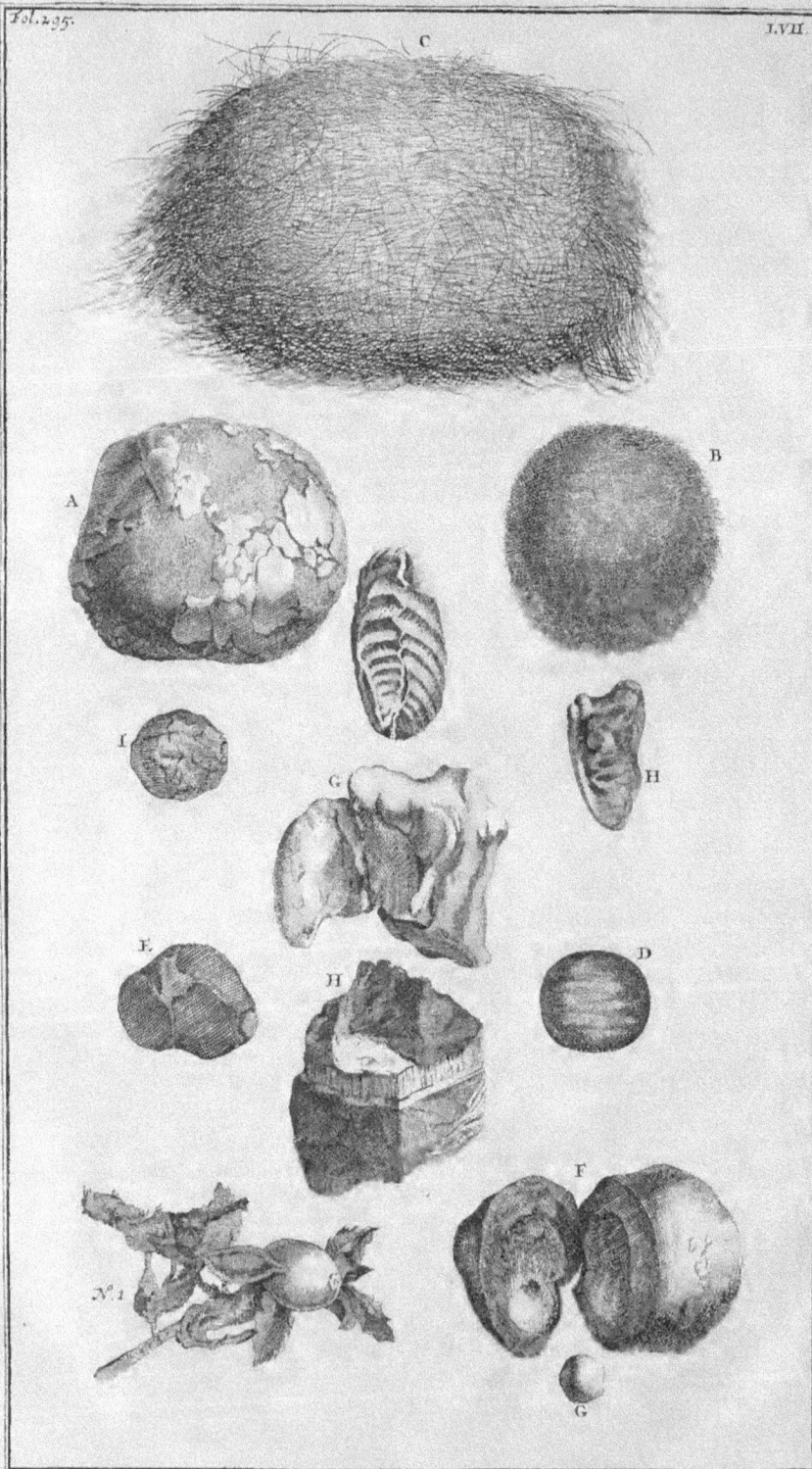

lyker en noch meer te zien en te bekennen, als men hem des avonds by een kaers beschouwde.

Op *Manipa* in de herssenen van een wild koebeest is een steen gevonden in de groot- *Een 4de* te van een musquet-kogel, bruinachtig en half doorschynende: Hy liet geen hoen van *uit een* den ryst eeten daar hy bylag. *wild koe- beest.*

L. HOOFTDEEL.

Aprites. Mestica babi.

APrites is een steen in de grootte van een baskogel, die maar een pont weegt, *d'Aprites* ten naasten by rond met een klein gaatje aan (het eind) de eene zyde, wit *zyn ge- daante,* als yvoor, zonder plekken, niet doorschynende, war harder dan albast, *waar by* doch liet zich schrabben, en als men daar aan slikte war brak van smaak *groeit.* byna als spek. Hy was gevonden in 't hoofd en in de herssenen van een wild varken voor lange jaaren op *Loehoe*, eertyts de hooftplaats van klein *Keram*: Dit is een klein slach van wilde Varkens, hard van vleesch en leven, zoo dat, als de vinder verklaar- de, men het zelve Varken niet dooden ja niet eens quetsen konde, tot dat men het van achteren met een spits yzer doorstak; deze Varkens lopen des nachts gemeenlyk op strand, daar ze de kleine mosselen opknappen, en daar men ze aan 't kraaken hooren kan, en worden daarom van onze Jagers, Strandjutten genaamt: Deze voorschreven steen is *En wear* in het zelve geslacht nu al 3 of 4 maal overgeërft en geschonken met die ingebeelde *toe die ge-* kracht, dat hy veelderleije droomen zoude maaken, (het welk geen wonder is, want hy *bruikt* komt van een slaperig beest) inzonderheit als men eenig gewigtig voornemen heeft, zoo zou- *word.* de deze Steen de goede of quade uitkomst door eenen droom openbaaren: Doch de laatste eigenaar heeft hem aan my overgegeven by dusdanige gelegenheit; hy was om eenige fou- *Verhaal* ten in de ketenen geklonken, gelyk hy my in 't jaar 1660. als ik het gezag over de *daar van,* kust *Hitoë* kreeg ook geketent overgelevert wierde; hy dede den steen groote eer *en bygeloof* aan, hem neerstig in kattoen bewaarende, alle vrydagen berookende en hem 's nagts *der India-* onder het hooft leggende om te zien of en wanneer hy uit de ketenen zoude geraaken; *nen.* doch hy wilde hem niets openbaaren, 't welk mede geen wonder was, want hy quam van een dom beest, het welk zyn leven niet in gevankenisse, maar meer in vryheit toebrengt: Doe wierde hy quaat op den steen en gaf hem aan my over, zeggende ge- merkt te hebben, dat hy hem en zyn geslachte niet meer dienen wilde, gelyk hy wel eertyts gedaan hadde: Ik zeide laat u dit niet vreemt dunken, dat de steen u zynde een Moor niet dienen wil, daar u voorouders heidenen zyn geweest, die de varkens wel lyden mogen, gelyk wy Christenen ook doen: Ik zal u betoonen dat de steen nu by my goede krachten zal hebben, en wel wetende, dat hy om een geringe oorzaak in de ketenen geraakt was, maakte ik hem uit de zelve los; waar op ieder van ons wel vergenoegt ik met den steen en hy met zyne vryheit naar huis keerde. De Steen is in *De zelve* 't jaar 1682. aan meergemelte Hoogheit van *Toscano* gezonden, zynde in de 22 jaa- *aan den* ren by my niets verandert, behalven dat ik hem zomtyts met zeep gewasschen hebbe, *groot Her-* wanneer hy wat geelachtig begon te worden: De voornoemde eigenaar hadde hem *tog ver-* van zyn bestevader, gewezen Orangkay van *Saluki* geërft, zynde zy alle gelukkig in *eert;* den oorlog geweest, die hem aan 't lyf droegen, wanneer ze op een tocht gingen. Doe ik hem kreeg hadde hy eenige plekken als sprocten, die namaals afgingen als hy in zeepwater gewasschen wierde, met een mes geschrapt zynde, blonk hy van binnen als Candyzuiker, maar vuurde by nacht niet. De voorschreven eigenaar hadde noch een kleinen hoekigen steen gehad, gevonden in het geraamte van een dode slang, doch *Een an-* van *der, in 't geraamte van een doode slang gevonden.* van zelfs in stukken gesprongen, eer hy in de ketenen geklonken wierde, en de stuk- ken daar na door hem uit mismoedigheit weggesmeten, te meer dewyl hem de *Genius* des voorschreve varkensteens naar ouder gewoonte in de gedaante van een man in den droom niet meer verschynen en geen uitkomst openbaaren wilde, daarom hy zich dien *Een dier- gelyke in een tam varken ge- vonden.* ook quyt maakte. Op mynen tweeden trouwdag heeft een van de aanzittende gasten in een tam varkenshooft, digt onder 't oog een steentje gevonden in de grootte van een erwete, niet recht rond, eerst wit, daar na allenkskens grauwachtig wordende, deze was zoo hard niet als de voorgaande.

LI. HOOFTDEEL.

Pilæ Porcorum. *Varkens Bollen.*

De Pila Porcorum beschree- ven, zie die afgebeeld op de plaat LVII. met dezel- ve zyn, of hoe die grootte in ontzeken. Ewyl wy nu aan 't verhaal der Varkens geraakt zyn, zoo moeten wy noch meer dingen aanhaalen, dewelke zeldzaam in dezelve zyn; in de magen van de voorschreve Strandjutten of kleine wilde Varkens op het Land *Hoehamohel* vind men dikwyls 2, 3 en 4 ballen omtrent een vuist groot of minder, zom- mige vierkant, zommige rond als een kogel, van buiten zyn ze vaalgrauw gelyk de grauwe hoeden, zommige ook bruin, ruig als een vilt, daar aan men de haairtjes klaarlyk bekennen kan, ligt en taai van substantie; als men ze doorkapt zoo ziet men niets dan diergelyke haairen, in de midden hard, roodachtig doch noch al van haai- ren gemaakt, zoo digt en vast dat de geheele bal niet dan een enkel vilt schynt te zyn. Zy hebben geen zonderlyke smaak en de haairtjes iemand op de huid komende verwekken een klein jeuken: De Jagers hebben my tot noch toe niet konnen zeggen, waar uit deze ballen groeijen, weetende geene vruchten in 't bosch noch geen ander kost die de Varkens eeten, waar aan diergelyke haairtjes staan; het is ook te verwonde- ren, dat zomtyts 4 diergelyke groote ballen, in eene mage van zulke kleine Varkens gevonden worden, en de Jagers hebben nooit gemerkt, dat zoodanig varkenvleesch *Worden ook in de magen der koebeesten gevonden.* slimmer zy van smaak. Daarentegen heeft men in de magen van zommige koebeesten diergelyke ballen gevonden, van buiten gladder dan de voorige, zwartgroen en voo- zer, van binnen mede haairig doch niet viltig, maar als van slym t' zamen gebakken: maar deze koebeesten waren lange te voren niet gezond geweest, quynende en uitree- *Piso aan- gehaalt.* rende tot dat ze stierven. Diergelyke ballen beschryft *Doctor Piso Lib.* 5. *Cap.* 2 5. *Hi- stor. Brasil.* gevonden te worden in de Brasilische koebeesten, die hy *Tophos Pilosos Jumentorum* noemt: Deze koebeesten gaan langen tyd kuchende en quynende tot dat ze stierven, gelyk de bokken, die den Bezoar hebben; dezelve ballen zyn gansch haai- rig, van buiten met een zwartachtige harde en gladde huid omgeven: Hy oordeelt *Zyn ge- voelen daar over.* dat ze komen als de koebeesten op haar vel jeuken gevoelen, het welk zy met byten in de huid verdryven, willende eenige haairtjes uitrukken en inzwelgen, die dan on- verdoulyk in de mage zittende met de voorschreve slymerige huid omgeven worden. Als dit in de Brasilische koebeesten plaats heeft, zoo kan ik niet weeten, hoe het in de wilde Varkens zyn kan, welkers ballen buiten lichtgrauw en ruig, binnen van rosse haairtjes gemaakt schynen, daar de Varkens hier te lande allegaar zwarte haairen heb- ben.

Wat ge- bruik die hebben. Het gebruik van de Brasilische *Tophus* is gewreeven en ingenomen tegens een lang- duurige *dysentheria*, van buiten als haazen haairen opgelegt, stillet het bloeden der neuzen, 't welk *Piso* zegt bevonden te zyn. De Amboinsche Varkensteenen worden ge- brandt, en men laat de Jagthonden daar aan rieken om gretig op het wild te wor- den.

Omtrent de ftad *Tuncham* in het Landfchap *Xantung* en voornamentlyk in 't ge- *Waar die meer ge- vonden worden.*
weft van de vierde Hooftftad *Cingchieu* omtrent 20 mylen naar 't Ooften van *Tunckam*
gelegen, word, zoo ons de Tolk uit het zeggen der Inwoonders verhaalde, een fteen
in de maag der koeijen gevonden, dien de Sinezen *Nieuhoang* noemen, 't welk op
't Neêrduitfch zoo veel is als 't geel der koeijen, want *Nieu* is een koe, en *hoang* zoo
veel als geel gezegt; deze fteen is van verfcheide grootte en dikwyls niet veel kleinder dan een ei van een gans, uiterlyk fchynt hy uit een zachte keyachtige ftoffe te beftaan, uitgezeit dat hy gemeenlyk geel van koleur valt, invoegen hy veel zachter en wee-
ker als de Bezoar is, daar voor of ten minften voor een foort van den Bezoar zommi- *Waar toe de Chine- zen dien gebruiken.*
ge dezen fteen willen gehouden hebben; De Sinefche Geneesmeefters pryzen dezen
fteen hemel hoog en wenden groote neerftigheit aan om dezen te bekomen. De Sinezen fchryven, dat deze fteen zeer kout van aart is, en zonderlinge kracht by zich heeft
om alle zinkingen te genezen, en te verdryven: Het ftof van dezen fteen in ziedendt
water geworpen doet dezelve naar 't zeggen der Sinezen terftont ftillen, en indien
op 't zelve een weinig kout waters gegoten word, zoo komt 'er een rookachtige damp
uittrekken.

Een diergelyke bal is op *Honimoa* in een koebeeft gevonden, in de grootte van een *Een gely- ke foort.*
Sinefchen appel, buiten zwart als pik, binnen vol groffe en fteckelige hairen, meeft
van *Gomoetoe*: Den welken ik giffe voortgebragt te zyn, dewyl de koebeeften de jon- *Der Schryvers gevoelen daar van.*
ge bladeren van den Saguweersboom gaerne eeten, als mede de *Ela* of zemelen van
Zagoëmeel, daar zy dan buiten twyffel veele hairen van *Gomoetoe* mede inflokken, die
zich dan in de maagen zetten en t' zamen rollen, en dagelyks met nieuwe flym omgeven worden.

In een ouden Poolfchen Bok tot *Cracau* is in zynen blaas gevonden een fteen, in de groot- *Bakie- fteen in een Bokken- blaas ge- vonden.*
te van een walnoot, uit den ronden wat gedrukt, zeer hard als een Keifteen met eeni-
ge kuiltjes, van verwe uit den grauwen en witten gemengt, zoo zwaar als een gemeene
fteen; men kofte hem ligt fchrabben met een mes tot grof zand, in water gelegt had
hy bobbelen of blaasjes rontom zich.

Hier ontbreeken weder d' afbeeldingen van den Schryver, doch de Hr. Doct. d' Aquet heeft
uit zyn fchatkamer ons eenige toegezonden: Zie dezelve op de plaat LVII. by letter A.
deze is zyn Eed. toegekomen van Amboina, is omtrokken met een kaftanjebruine korft,
doch brokkelig en afgefchilfert, inwendig fyn hairachtig, doch vaft in eengefloten. Die
by letter B. is een andere foort, doch zonder korft en veel voozer van hairdeelen: Zyn
Eed. noemt die Pila marina. Hier by is noch een derde verbeeldt by letter. C. deze is,
alzoo zyn Eed. my bericht heeft, hier te lande uit de maag van een tam varken gefie-
den: Men vind ook veeltyds dezelve in de maage of penzen van koebeeften; waar van
ik eenige bezitte, doch verfcheiden van koleur en maakzel, zommige zyn fyn van hair
en dicht in een gefloten, andere met een gladde korft omtoogen: Onlangs is my een van
Koppenhaven toegezonden, met lange hairen, hebbende de koleur van een grys konynen bont,
doch inwendig heel vaft en hard.

LII. HOOFTDEEL.

Hyftricites. Pedra de Porco.

O Nder den naam van Varkenfteen worden verfcheide getoont in fubftan- *De Pedra de Porco befchre- ven, van welke ver- fcheide foorten zyn.*
tie en kracht van malkander verfchillende, gelyk ze ook niet van een
dier komen: Alle zulke medecynale fteenen, die men wryven en innemen
kan, worden niet onder de *Meftica* gerekent, maar van de Maleijers eigentlyk *Culiga* genaamt. De opregte Varkenfteen komt uit de galle van een Yzervarken,
in 't Latyn, *Hyftrix* genaamt, en hiet daarom in 't Latyn, *Hyftricites*, in 't Portu-
P p geefch,

geefch, *Pedra de Porco d'Efpinha*, Maleitfch, *Culig* *Landa*: Deze is klein, niet grooter dan een musquetkogel, ros, glad als Spaanfche zeep, byzonder als men hem naar maakt, op het minfte aanraken de tonge zyn bitterheit meedeelende, hy is weinig te *Hun* vinden en zeer dier, want de waarde dezes fteens is hedendaags zoo hoog geklom- *waarde.* men, dat men het ftuk van 60 tot 100 Ryksdaalders verkoopt: Van zyne krachten hebben andere genoegzaam gefchreven; zyn gemeene proef is, dat hy in water gelegt *Zyn* het zelve terftont bitter maakt, ingenomen het zweet uitdryft en daar door den brand *zweet dry-* van de koortfe bluft. De Sinezen noemen hem *Ho-ti-fchoo*, dat is, wilde Varkenfteen, *vende.* verftaande miffchien daar onder mede de Yzervarkens, gelyk wy in 't gemeen ook doen. *Hun proef.* Zy hebben noch een ander proef, nemende den fteen in de handt en houden hem beflooten, tot dat hy warm word, dan zuigen ze op den arm en zoo ze eenige bitter- heit proeven, zoo houden ze hem voor goet. De onze hebben dit nagedaan, maar het *Waar de* fchynt dat onze tongen te dik zyn, of dat deze proef niet altyt vaft gaat. De befte wor- *befte ge-* den omtrent *Malakka* gevonden, en tegen over op *Sumatra* in de ftad *Baneakis*, op *vonden* de Kuft *Coromandel*, op *Ceilon* en andere plaatzen vind men ook wel Yzervarkens, *worden.* maar die hebben geenen fteen, of die ze hebben zyn de befte niet.

Een an- De gemeene Varkenfteen ook *Pedra de Porco* genaamt, in 't Maleitfch, *Meftica de* *der foort,* *Soho*, doch beter *Meftica babi*, zegt men te groeijen in de maage van wilde Varkens: *dewelke* Deze vallen op *Sucutana* en in het Landfchap *Tampas*, daar ze de wilde bergliedn aan *van min-* *dere kracht-* de ftrandwoonders brengen, naar hun zeggen uit eenige wilde Varkens gehaalt. Deze *ten zyn als* zyn grooter dan de voorfchrevene, ligter en zoo ros niet, maar vaal als een half gebak- *de voor-* *fchrevene.* ken fteen, zoo glad niet, en moeten wel 6 uuren in 't water leggen, eer het bitter word, zy hebben dikwyls een viltig aanwas, gelyk de *Pilæ Porcorum* in 't voorgaan- de Hooftdeel, daarom wy in 't eerfte meenden, dat wy den regten *Pedra de Porco* gevonden hadden, doch geene bitterheit daar aan proevende, hielden ze 't voor een ondeugend goet. Ik hebbe 6 diergelyke fteenen gezien, door de Portugezen aan on- zen *Refident* op *Timor* verkoeht onder den naam van opregte *Pedra de Porco*, gelyk miffchien waar was, want naar myn oordeel warenze gekomen van wilde Varkens op het groot Eiland *Ende* vallende: Zy waren in de grootte van een okkernoot; zommige kleinder van fubftantie, en van koleur als even gezegt: Na dat ze 6 uuren in water gelegen hadden, gaven ze aan het zelve een natuurlyke fmaak van Slangenhout, waar uit men oor- deelen zoude, dat de Varkens de wortelen van Slangenhout eeten, en dat het Slan- genhout, 't welk mede op *Ende* groeit, dezelve kracht hebbe als de Varkenften; doch op het zelffte Eiland vind men ook Yzervarkens, maar kleinder van lyf dan de Ma- lakkifche en met korte pennen, meer naar Eegels dan Varkens gelykende.

Lapilli è felle apri.

Een der- In de galblaas van de wilde Varkens vind men ook zomtyts kleine hoekige fteentjes *de foort.* als çiçeren, hooggeel als donker ooker, zommige hardachtig, zommige bryzelig, van fmaak zoo bitter als galle, doch niet fterk; deze zyn noch niet onderzocht wat krachten zy hebben: Ik heb in eene blaas 7 ftuks gevonden, alle ruim zoo groot als çiçer, hoekig, glad, tuffchen de tanden brokelig. In een ander wilt Varken op *Boero* zyn gevonden 3 fteentjes in de grootte van piftool-kogels, mede hoekig en brokelig als uit veele kleine ftukken t' zamen gezet: De eerfte 7 fteentjes zyn gevonden in een galblaaze van een mager wild Varken of wilden Beer, op *Hitoe* in 't jaaar 1667. in de grootte en gedaante als kleine hoekige boontjes, zy lieten zich ligt fchrabben en wry- ven tot poeijer, van koleur regt als droge geele gom of *Gutta Cambodja*.

Pedra de Porco van Larentuque.

Een vier- Deze *Pedra de Porco* is in de grootte van een *Lemon nipis* of kleinder, word van *de foort.* de de Portugezen van *Solor* of *Larentuque* gebragt, zoo zy zeggen, gehaalt uit eenige wilde Varkens, het zyn zeer brofte bolletjes, oneffen rond, hier en daar gefchilffert en afgefprongen, buiten uit den roffen en grauwen gemengt, binnen grauw en zoo teer, dat men ze met de nagels van de vingers bryzelen kan tot een fyn meel, derhalven men ze zachtjes met water op een fteen wryft en inneemt tegen de koorts, de fmaak is in 't eerft wat fpeçeryachtig, trekkende naar de medeçynale wortelen *Luffa Radja* en *Raiz Baffado*, in 't laafte merkelyk naar flangenhout trekkende, dies men zeggen zoude, dat de voornoemde Varkens veel van die wortels moeten gegeten hebben. *Worden mede tegen de koorts gebruikt.*

De *Pedra de Porco* van *Malakka* gekomen, in de grootte van een middelbare pruim, woeg 10 Johorfche maafen of 12 Japanfche maafen, doende 120 Condoryns, en 't goldt 364 Spaanfche matten. Daar is noch een derde foorte van de *Pedra de Porco*, flegter dan d' andere, gelykende naar fyne vilt of de ballen, die men uit zommiger koebeeften maagen haalt: Deze is mede bros en moet zachtjes gewreeven worden, waar van men omtrent een lepel vol inneemt, de bitterheit is klein. *De Malakkifche Pedra de Porco, haar waarde.*

Eenige Experimenteerde krachten van *Pedra de Porco* uit een zeker (MS.) gefchreven werk aangehaalt en hier op volgende voorgeftelt: *En krachten.*

1. Is dienftig voor den fteen, en ik hebbe daar mede genezen zekeren Minnebroeder van d' ordre van St. *Francifcus*.
2. Tot de bloetloop, waar mede zeer veele heb genezen.
3. Tot het Colyk, gelyk dikmaals ondervonden heb.
4. Tot alle gebreken van winden voortkomende.
5. Tot bort of mordexin, 't welk met veel braaken en afgang aankomt.
6. Voor fenyn is 't krachtiger dan *Bezoar*.
7. Tot de Pleuris een dodelyke ziekte.
8. Tot allerhande pyn van de maag.
9. Tot de koortzen een krachtig geneesmiddel.
10. Tot allerhande hartkloppingen.
11. Tot de vallende ziekte.
12. Tot alle winden in 't lichaam.
13. Tot afdryving en doding der wormen.
14. Tot de binnenfte *Apoftemata*.

De voornoemde krachten heb ik dikmaals ondervonden, behalven noch eenige andere, die andere Autheuren befchreven hebben.

Laat dezen Steen in weinig water leggen, en zoo de ziekte zeer fterk is, zoo moet 'er een weinig van de fubftantie gefchrapt en dan van 't zelve water gedronken worden; de prys des zelfs is zomtyts 200 Ducaten, byzonder wanneer hy groot is, en hoe dezelve ligter is, hoe beter hy is. Was getekent *Albertus Polonus*. *Het gebruik.*

LIII. HOOFTDEEL.

Lapis è Cervo.

IN de maage van een Hertebeeft, door onze Jagers op *Combello* gevangen, is gevonden een witte Steen in de grootte en gedaante van een duiven-ei, zoo hard en glad, dat wy hem voor een keifteen aanzagen, en ook noch daar voor houden, om dat hy by nacht vuurt gelyk een ander keifteen: De gifling is dat het Hertebeeft hem onder het drinken moet ingeflokt hebben: Miffchien was hy eerft hoekig of onordentlyk gelyk men andere fteenen ziet, en is daar *De Lapis è Cervo befchreven. Des Schryvers meening, en ondervinding hier van.*

na in de maage zoodanig gefatzoeneert; dat zulks geschieden kan heb ik ervaren aan ftukjes van wit *Kalbahaar*, die ik een Endt ingegeven hebbe, en des anderen daags geflacht
zynde wierd het ftukje *Kalbahaar* kleinder en ronder bevonden, daar het nochtans in
hardigheit den keifteen niet veel wykt.

LIV. HOOFTDEEL.

Oculus Cati feri. Meftica Cutsjing.

d'Oculus Cati feri befchreven. Waar die gevonden worden.

Uit het Katten geflacht heb ik tweederlei *Meftica* aangetroffen, naar 't zeggen
der eigenaars, beide gevonden in den oogappel, d'een van een tamme,
d'ander van een wilde Kat: De laatfte gevonden op *Boëton* in den oogappel van een wilde Kat, ftond in een ring en was in de grootte van een erweet,
doch zoo het fchynt plat geflepen en rond, niet doorfchynende, aan de kant donker
ros, in de midden met een witte plek als een paerl, dewelke by avont en by de kaers
groter en klaarder zich vertoont dan by dag: De Boëtonder zeide dat een wilde Kat in
zyn land groter was dan de tamme, wreet en zeer fchuw voor menfchen, weinig te
vinden in 't hooge gebergte, doch zomtyts omtrent de *Negory* komende, de graven
omwroetende en de verfchbegravene lichamen verfcheurende; haar oogen lichten by
nacht als vuur: Het was geen çivetkat noch het dier *Lau*, beide geflachten van wilde Katten in Amboina bekent, weshalven ik giffe dat dit een flach van *Hyæna* moet zyn, waar

Bellonius en Plinius aangehaalt.

voor *Bellonius* de çivetkat houd, en *Plinius lib. 30. c. 11. & lib. 37. cap. 10.* getuigt ook,
dat in den oogappel van de Africaanfche *Hyæna* fteentjes gevonden worden, die hy
Hyæniæ noemt, van tweederlei koleur.

Een diergelyke in den oogappel van een Huiskat gevonden.

De eerfte Steen is op *Makkaffar* gevonden in den oogappel van een oude tamme
Huis-kat, mede in de grootte van een erweet, rondachtig doch overdwars met een
kromme keep als of de fteen by 't indroogen gekrompen was, dewelke een wit en half
doorfchynende ftraal maakte, blinkende als de ftraal in andere fteene Katoogen, en
deilende d'eene geelachtige helft van d'andere, die naar 't bruin trekt, doch de oneffen-
heit kan men beter met de nagel voelen dan met het gezigt bekennen, ook is de ftraal
by de kaers lichter en groter dan by dag, en daar de voorfchreve keep een bochtje maakt
gelyk een haakje, ziet men den fteen half doorfchynend, en een lichtje daar in, in-

Haar hoedanigheit.

zonderheit als men 't by de kaers befchouwt. Tot wat einde zy beide van de Makkaffaren en Boëtonders gedragen wierden, wiften zy my niet te zeggen, d'een eigenaar
was een Sinees, dewelke happig zyn op hun voordeeltje en miffchien daarom de katte
natuur van noden hebben. Ik noem hem in 't Latyn *Ælurites*, dat is, Katten-fteen,

Word by den Schryver Ælurites genaamt.

en voege daar by, dat de voornoemde kromme paerlftraal naar u toegekeert den Cyffer-
letter 9 verbeelde, hebbende naar de andere zyde noch een ander kleinder haakje, als
of men 6 en 9 aan malkander gevoegt hadde: Hy kookte mede in Saguweers azyn, maar
vuurde by nacht niet, het welk de fteene Katoogen doen.

LV. HOOFTDEEL.

Bezoar. Culiga kaka.

DE *Bezoar* word voor geen *Meftica* gehouden maar voor een *Culiga*, wiens *De Be-*
uitvoerlyke befchryving zie by andere : De oude en tot noch toe bekende *zoar be-*
fchreven.
Bezoar word verdeilt in Orientalifchen en Occidentalifchen, en beide groci- *Zyn*
tweeder-
jen ze in een byzonder vleefachtig beursje, veel by malkander in de maage *lei.*
van zekere wilde Bokken, in 't Perfiaanfch *Pazan* genaamt. De naam *Bezoar* willen *Waarom*
zoo ge-
zommige afleiden van een Perfiaanfch woord *Belzahar*, het welk zoude te kennen gee- *naamt.*
ven Heere des gifts : De Occidentaalfche komen uit *Peru* : De Orientaalfche uit *Per-*
fien, *Curaffou*, *Arabien*, *Malabaar*, en de Eilanden *Ilhas de Vaccas* by *Jafanapa-*
tam gelegen, doch die uit *Curaffou* worden voor de befte gehouden, en daarom by *En welke*
de befte
d' Arabiers genaamt *Hagjar Curaffou*, waar van zie de fchriften van *Philippus Baldeus* *zyn.*
en andere. Wy zullen alhier befchryven een nieuwe foorte van *Bezoar*, myns wetens in
de Europifche fchriften tot noch toe onbekent ; in 't Maleitfch genaamt, *Culiga kaka* *Hun be-*
naming in
of *Culiga kees*, met een half Duitfch woord ; in 't Portugeefch, *Pedra* of *Culiga d' Bu-* *verfcheide*
zio ; in 't Sineefch, *Gautsjo* ; alle betekenende Apenfteen: Aan koleur en fatzoen ver- *taalen.*
fchilt hy niets van d' ouden, want de meefte zyn mede olyverwig, andere groengeel,
zommige ook bruinachtig, gemeenlyk zoo groot als een hazelnoot, andere langwerpig
als een ftuk van een vinger, alle van fchellen over malkander liggende gemaakt, van
binnen met een kleine holligheit, daar in men iets kafachtigs vindt, het welk voor het
befte deel van dezen fteen word gehouden ; men brengt ze uit de *Succadana* en *Tambas*,
plaatfen op *Borneo*, daar ze de ftrandwoonders bekomen van de berglieden ; naar 't zeggen van deze, zouden ze groeijen in een zeker flach van Apen of Meerkatten ; want *Vreemd*
gevoelen
zy konnen ons niet ter dege berigten van de eigentlyke gedaante dezes diers, daar in *der Inlan-*
ze groeijen, alleenlyk daar in overeenkomende dat het een zeker flach van Apen is, *ders.*
die de Maleijers *Kaka* noemen ; zommige zeggen, dat het groote en Apen zonder ftaerten zyn, diergelyke wy Bavianen noemen of beter Papianen ; andere dat het kleine
en Apen met lange ftaerten zyn, in 't byzonder op *Borneo*, *Mothien* genaamt ; ande-
rere wederom zeggen, dat ze groeijen in de maage van die Apen en veele by malkan- *Waar en*
hoe die
der ; andere en wel de meefte, dat men ze op dusdanige wyze vind : De bergliedeu *groeijen.*
gaan op zekeren tyd uit en fchieten deze Apen met ftompe pylen of met fpatten, die
zy uit een roer blazen, die het dier flegts quetfen maar niet dooden ; nu heeft den
Aap die manier, dat hy een gaatje in 't lyf krygende het zelve met krabben groter
maakt, daar na zoekt hy eenige Medicinale kruiden, die hy in den mond kauwt en
daar mede de gaten ftopt, en waar over het vel toegroeit, waar uit dan metter tyd
deze fteenen groeijen, te weten uit de gekaude bladeren en het bloed dezes diers ; na
verloop van eenige jaaren gaan ze wederom in 't gebergte naar dezelve plaats, daar
ze te voren den Aap gequetft hebben, fchieten hem met fcherpe pylen dood, en be-
taften hem overal aan 't lyf, daar zy dan een bult vinden, fnyden den zelven op en
vinden den *Bezoar* daar in: Voor de waarheit hier van wil ik niet inftaan, maar laten het
aan 't verder onderzoek ; immers de Chinezen en andere inwoonders van *Borneo* lacchen *De In-*
d' onze uit, dat ze die *Bezoars*, die men te *Bantem* te koop vind en in deze geweften *loonders ge-*
looven die
alleen bekent zyn, uit Bokken willen halen, daar het anders niet dan Aapefteenen zyn. *Aapeftee-*
nen te zyn.

De *Bezoar* was in vorige tyden in vry grooter achtinge dan hedendaags, wanneer *Zyn veel*
hy in prys zeer afgeflagen is, ten deele om dat men aan hem zoo grote kracht niet *vermin-*
dert in
bevind als men eertyts wysgemaakt wierdt, ten deele om dat hy zoo dikwyls vervalfcht *waardy.*
word.

De proef van den oprechten was eertyts, dat men een draat, door het zap van eenig *Eerfte*
proef.

vergiftig kruid gehaalt, met een naalde door het beeu van een hond trok, latende den draar daar in steken, wanneer nu de hond tekenen maakte dat hy sterven wilde, gaf men hem geschrapten *Bezoar* met water in, genas hy daar door zoo hield men den steen voor goed, en zoo niet, dan verwierp men hem. De Maleijers toetsen hem al-

Tweede proef der Maleijers. De 3de proef van den Schryver onderzochten aangewezen.

dus: Zy smeeren dunnen kalk op een wit linnen en wryven den *Bezoar* daar op, verft hy terstont het linnen geel zoo is hy goed, maar verft hy langzaam, weinig, of donkergeel, zoo houden ze hem voor gemaakt: Dewyl egter deze proef niet al te vast gaat, zoo houde ik deze manier: Druk een heet gemaakte spyker tegens den *Bezoar*, is hy goed, zoo springen de schilfferen daar af; is hy valsch, zoo gaat de heete spyker daar in en de steen smelt; of breck eenige schilffertjes daar af en leg dezelve op een heet yzerblek, de opregte springt in kleine stukjes en vervalt zonder rook, de valsche smelt met rook en een hersachtigen reuk, want hy wotd van eenig hers gemaakt: In stukken gebroken hebben alle de opregte een holligheit en daar in iets kafachtigs, gelyk een gedroogdt blaadje: De valsche zyn ook masslief, of hebben iets dat men ligt bekennen kan, van menschen daar in gesteken te zyn. De Sinezen hebben noch een verdragelyker manier om te vervalschen, makende uit veele

Hoe van de Sinezen echte ver-valscht wordt.

kleine een grooten op dusdanige wyze: De kleine stoten ze tot een fyn poeijer en maken met water een fyn deeg, daar van smeeren zy dan over een steen, eerst in de dikte van een mes, latende 't zelve t'elkens droogen eer zy het ander daar op smeeren en zoo voorts tot dat het geheele deeg verbesigt is, op dat de steen mede schilfferig worde. Deze gemaakte *Bezoar* is qualyk van den natuurlyken t'onderscheiden en ook byna van de zelve krachten als uit de zelve stoffe gemaakt, wordende dus uit veele kleine een groote gemaakt, om dat de groote meer gelden: Egter kan men ze daar aan beken-

Hier toe een nader proef.

nen, om dat van de natuurlyke het bovenste velleken afgenomen het onderste altyt gladder is en meer blinkt, het welk de gemaakte zoo niet doen.

Hun waarde.

De prys is hedendaags veel vermindert van den ouden, daar men een Karaat van het grootste stag voor 8 stuivers plagt te verkopen: 1 Karaat van het middelstach voor 4 en 6 stuivers; van het kleinste stach voor 2 en 3 stuivers: Hedendaags kan men te *Bantem* een grooten steen, die meer dan 1 onçe weegt voor 8 en 10 Ryksdaalders; het klein en gemeen stach voor 4 en 5 Ryksdaalders de onçe kopen. Op *Succadana* en *Banjar massing*, plaatsen op *Borneo*, zyn ze ook voor minder prys te koop.

Hun gebruik by de Chinezen in de Geneeskonst.

Naar 't voorschrift der Sinesche doctoren moet men dezen steen digt gesloten bewaren, op dat zyne fyne deeltjes niet vervliegen, daarom maken ze tot ieder grooten steen een byzonder doosje van wit hout, daar in ze den steen met kattoen bewonden digt bewaren, gelyk men ze ook te koop vindt: Zy willen ook dat men by 't innemen van den *Bezoar* de tanden niet raken zal, om dat hy dezelve bederft, daarom gieten ze den zelven op een blaatje of geutje den patient in den mond. De minste *dosis* is 10 grein, maar men neemt 'er ook tot 30 grein in, want men kan hem niet te veel innemen, inzonderheit als men zweeten moet. Zy gebruiken hem tegens aller-

Zyn zweetdryvende en versterken.

hand ingenomen fenyn, brandige koortzen, ziekten, die uit Melancholique humeuren ontstaan, als schorftheit, de beginnende melaatsheit; en om de jeugt frisch en gezont te bewaren plegen ze tweemaal 's jaarlyks te purgeeren in Maart en September, wanneer de Zon in den Evenaar komt, en de volgende 5 dagen nemen ze dagelyks het gewigt van 10 greintjes *Bezoar* in met rozenwater, waar mede zy de jeugt onderhouden willen. Al het voorgaande uit het voorschrift der Sinezen zal men verstaan van den nieuwen *Bezoar* of Aapesteen en niet van die uit de Bokken komen, dewelke

Hoe die by de onze gebruikt word.

hun onbekent zyn. Ons volk neemt den *Bezoar* hedendaags in vry grooter menigte in dan eertyts, want een gemeenen steen wat groter dan een hazelnoot deilen ze slegts in 3 of 4 deelen, en neemen t'elkens een deel op eenmaal in.

Het gevoelen van den Chinees Zeuquius van den zelver.

De Chinees *Zeuquius* zegt in 't Sinesche Landtboekje te vinden, dat de *Bezoar* kome van het Dier *Monjet* (anders *Mothien*,) 't welk hy niet anders beschryft dan een gesteerten Aap in 't Landschap *Queicheu*, by hem *Quitscheu* genaamt, 't welk vol welriekende kruiden

en

en bloemen is; men vangt de Apen met ſtroppen, ſlacht ze en betaſt ze over al, waar buiten aan 't lyf zyn, daar in men den *Gautſcho* vindt, wiens proef is met kalk als boven,
en hy wil ze binnen niet vol hebben. In *Sina* worden ze meeſt gebruikt tot de kraam-
vrouwen om het nawee te verdryven, ingegeven met een gekookt mengzel van *Caſſom-
ba* en *Hoÿchjee*, dat is, drakenbloet in kleine koeken, om te zuiveren en te verſterken. Manspersoonen nemen hem in met ſlappen *Arak*, 't welk hun wyn is. *De Bezoar extracto ex animali ſagittâ transfixo, quod fovebat partem ſagittæ in ſuo corpo-
re*, dat is, van den *Bezoar* gehaalt uit een dier met een pyl doorſchoten, 't welk een
gedeelte van den pyl noch in zyn lichaam hadde. *Vide Miſcell. Curioſ. ad Annum* 1670.
obſ. 115.

LVI. HOOFTDEEL.

Enorchis Silicis. Meſtica batu api.

IN 't jaar 1672. hebben myne Jongens op de Zuidzyde van *Boero*, omtrent den
ſtrand van *Wayſamma*, daar men veele vuurſteenen vind, in een rotze, dien ze
klieven wilden tot gerief van hun vuurſlag, in des zelfs midden en holligheit gevonden eenen anderen witten ſteen naar de holligheit geſchikt, ook veel meer de holligheit en de uitwendige ſteen naar den ingeſlotenen : Hy was in de grootte en van gedaante van een duiven-ei, vuilwit, en donker, wat weeker dan een ordinaris keiſteen,
egter by nacht vuurende als men hem tegen eenen anderen ſteen ſloeg. Men mag hem
houden en noemen een ſoorte van *Enorchis*, waar van *Plinius Lib.* 37 *cap.* 10.

*d' Enor-
chis Silicis
beſchre-
ven, waar
die gevon-
den word*

In 't jaar 1667. als d' Hr. *Cornelis Speelman* den oorlog op *Makkaſſar* voerde, heeft
een Boëronder midden in een Keiſteen op dat Land en in des zelfs midden gevonden
een diergelyk eiformig ſteentje, niet wit maar blauwachtig en het zelve aan den voornoemden Admiraal geſchónken. Men zoude alle deze ſteenen niet qualyk rekenen onder de *Techolidas* of Joden-ſteenen, dewelke altyt gevonden worden in 't hart van marmer of andere diergelyke groote ſteenen, want het komt my niet waarſchynlyk voor,
dat zeker Chirurgyn my verhaalt heeft in *Suratte* gezien te hebben vrugten van een
Boom, waar uit de Joden-ſteen gehaalt wierde, waar van hy ook een handvol toonde ganſch natuurlyk en gelykformig met die wy in ons Land hebben. Ik houde 't daar
voor, dat alle diergelyke ingeſlotene ſteenen eerſt gemaakt zyn, en daar na van den
omvattenden marmer of andere Keiſteenen, dewelke in 't eerſt een vloeijende ſtoffe
waren, omgeven worden.

*By de Jo-
den-ſtee-
nen verge-
leken.*

*'t Gevoe-
len van
den Schry-
ver.*

LVII. HOOFTDEEL.

Ophitis Selonica. *Ceilonſche Slangenſteen.*

OM tot den Slangenſteen te komen, van den welken men veele waare en ook
kluchtige dingen verhaalt, zal ik voor laten gaan het geen *Philippus Baldeus* van den gemeenen en in Indiën overal bekenden Slangenſteen ſchryft :
Verdeilende den zelven in natuurlyke en gemaakte, naar zyn zeggen beide
van een fatzoen, te weten in de grootte van een dubbeltje of halve ſchelling, platrond,
zwartachtig, en in de midden met een wit oog. De natuurlyke komt voort van een
Waterſlang, als men den zelven met den ſtaert ophangt over een pot met water, zoo-

*De Ophi-
tes Seloni-
ca of Slan-
genſteen zie
de plaat
LVII. by
letter D.
Zyn na-
tuurlyke,
en na ge-
maakte :
De na-*

danig

tuurlyke waar van komen. danig dat hy het water even lekken kan, zoo zal hy na weinige dagen den fteen in den pot uitfpouwen, dewelke dan in 't korte al her water doet opdroogen; deze is een koftelyk geneesmiddel tegen de waterzucht, als men hem op den buik van een waterzuchtigen bindt, zoo zal hy al het water uittrekken: Andere zeggen, dat hy komt van de

Ander ge- teelen. aldervenynigfte flange, in 't Portugeefch *Cobra de Cabelo*, in 't Latyn *Serpens pilofus* genaamt, maar of dit alles waar zy, en niet veel meer van den gemaakten Slangefteen moet verftaan worden, laat ik aan het onderzoek der geene, dewelke in die landen woonen.

De nage-maakte toe bereide word. De gemaakte Slangefteen is meer bekent op *Ceilon*, de Kuft van *Coromandel* en *Malabaar*, daar hy van de *Bramines* toegeftelt word, naar 't fchryven van *Baldeus*, uit de levende deelen van de *Cobra Capelo*, als het hooft, hart, lever, en de tanden met een goet deel *Terra Sigillata*. Andere verzekeren my, dat 'er een goet deel gedroogde koedrek onder komt, het welk de *Bramines* voor een groot Geneesmiddel houden als komende van een beeft, 't welk by hun heilig gehouden word: Immers de *Bramines* houden deze konft zoo verborgen, dat zy dezelve noch voor gelt, noch voor bidden aan andere leeren willen, ja men zegt dat 'er maar een geflacht onder hun geweeft zy, het welk deze konft wifte, en het zelve nu uitgeftorven, heeft men van alle de fteenen, die hedendaags gemaakt zyn, dat vermoeden, dat ze hun behoorlyke

Waar toe dienftig. kracht niet hebben: Het zy zoo het wil, het zyn goede fteenen tegen de fteeken en beeten van allerhande venynige dieren geprobeert, als ze maar van d' opregte zyn, waar van men voor een vafte proeve houd, als ze in een glas met water gelegt een ftraal opgeven en eenige bullekens opwerpen, of als men ze tegen het gehemelte des monts drukt

Hun ge-daante, zie de plaat by letter. daar aan zoo vaft kleven, dat men ze qualyk aftrekken kan: Zommige zyn platrond, in de midden dikft, rontom met fcherpe kanten als een linze, in de midden met een wit oog, het welk zomtyts maar aan d'eene zyde is, en in de midden weder een zwart plekje heeft, zomtyts is het witfte meeft en aan beide zyden; doch deze acht men voor flechtere: Zommige zyn langwerpig en niet groter dan een nagel of als een Roomfche boon, meeft zwart en blinkende met een klein wit plekje aan d'eene zyde.

Worden tegen ve-nynige beeften of fteeken ge-bruikt. Men legt ze flegts op den fteek of beet van eenig venynig dier, eerft de wonden een weinig prikkelende, dat 'er wat bloets uitkome, en dan moet de fteen zoo vaft daar aan kleven, dat men hem niet aftrekken kan, maar als hy zyne werkinge gedaan heeft, zoo valt hy van zelfs af, gelyk een Bloetzuiger: Zomtyts gebeurt het dat hy door 't al te fterk zuigen in ftukken valt, dan moet men met eenen anderen fteen gereet zyn om dien daar op te leggen, den van zelfs afgevallen fteen moet men in koemelk of in 't zog van eene vrouw leggen, daar in hy dan zyn vergift weder aflegt, zoo dat de melk

Hoe men die weder zuivert en bewaart. blauwachtig daar van word: Daar na wafcht en droogt men hem weder af, en bewaart hem in een digt doosje tuffchen kattoen, want ik hebbe gemerkt, dat deze fteen nauw bewaart wil zyn, anders verlieft hy zyne krachten, gelyk ik eenen hebbe in de groote van een halve fchelling, aan d'eene zyde grauwwit, dewelke te voren goet was, en na eenige jaaren op de beet van een houtfpin in myn hand gekregen gelegt niet eens hegten noch trekken wilde.

Onder-vinding van den Hr. Cleijer van de zelfs Sym-pathetifche wer-king. Ik zal hier byvoegen eene ondervinding van een Sympathetifche werking door dezen fteen gedaan, gelyk het my bekent gemaakt is door den Hr. Doctor *Andreas Cleijer*, en ook te vinden in de *Ephemerid. German. ad annum* 83. *Obfervat.* 7. Een zeker jonge van gemelden Heer *Cleijers* dienftknechten zoude een groote flang fchoon maken om een *Sceleton* toe te ftellen, bezeerde hem by geval aan een van zyne vingers door een tand van gemelde flang, hoewel al het vleefch daar af was, waar van hem de geheele arm opzwol, met ontfteking, koortzen en ydelhoofdigheit; op den fteek leide men den Ceilonfchen Slangefteen, die het vergift uittrok en den arm dede dunner worden; maar doe was men verlegen om wat melk te krygen, daar in men den fteen weder uitwaffchen zoude; doch een zoogende vrouw by geval daar by ftaande leide den fteen in een kopje, hieldt haar borften daar over, en fpuite genoegzaam melk op op den zelven, dewelke daar van blauwachtig en de Steen weder zuiver wierde; doch de warme melk op den vergiften steen gefpuit werkte zodanig op de borft, dat die daar van gansch ontfteeken wierde, en men moeite hadde om die weder te herftellen: Van dezen Slangenfteen zie *China illuftrata pag.* 81.

Een ander verhaal van de werking der Slangefteenen en hun zuivering.

Ik zal noch hier byvoegen een verhaal van een zeker Chirurgyn, genaamt Mr. *Chriftiaan Gyrarts*, dewelke in zynen brief aan my aldus fchryft: Ik wilde van een Slangenfpeelder eenige Slangefteenen koopen, doch op de proef aan, hy wilde in 't eerft daar niet aan, doch als ik hem een Ryksdaalder beloofde, zoo liet hy hem in den arm byten van een jonge getande Slang omtrent de polsader; voorts zag men her bloed opwaarts trekken, zoo dat de arm opzwol: Hy leide eenen van myne Steenen daar op, die ik koopen wilde, toen trok het bloet weder neêrwaarts, liep eerft dikachtig, daar na tappelings daar uit, tot dat de Steen afviel, toen nam hy niets als nagelen onder een *Pinang* geknauwt en leide het op die wonde met een *Daun baru* of *folho de Pouw de St. Maria*, en na dat ik ze hem afgekocht hadde, vertrok hy en leerde my, dat zoo men de Steenen na 't gebruik niet in zoete melk, of by gebrek van die, in zout water leide, om het venyn 'er uit te trekken, zoo waren ze bedorven en noit meer te helpen, en toen ik hem vroeg, waar voor een fubftantie het eigenrlyk was, wilde hy niets zeggen, maar na ik hem zyn begeeren voldeed met fchenking van een rok, verhaalde hy, dat omtrent de Nicobaarfche Eilanden zekere zeeboomen gevonden worden, doch zeer diep, welke met kleine yzere dreggetjes eerft opgehaalt, dan gefteepen en zoo verkocht worden zonder daar iets by te doen, behalven eenige bygelovigheit, waar aan niets geloofwaardigs is, en daarom niet fchryve. Ik vertoonde hem *Kalbahaar Itam*, hy dit ziende verklaarde dat 't het zelfde was, maar het moefte een huit aanhebben; dit geleek heel en al daar na, behalven dat het myne zoo glinzende zwart was, 't welk hy aan d'andere niet waargenomen hadde, doch hy verzekerde my, dat het zulk eene ftoffe was:

Doch dit laafte fchynt my niet waarfchynlyk, en ik geloove, dat de voornoemde Mr. *Chriftiaan* van dien gochelaar bedrogen is.

LVIII. HOOFTDEEL.

Ophitis Vera.   Meftica Ular.

De Ophitis Vera, zynde een andere foort van Slangefteenen.

BEhalven den voorfchreven Ceilonfchen Slangefteen, heeft men in Indiën noch andere Slangefteenen, van dewelke zoo kluchtige als waare dingen verhaalt worden, zoo dat ik niet weet wat ik daar van houden zal: Want om dat ze zoo weinig gevonden en zoo zelden gezien worden, zoo kan men ze niet uitvoerlyk befchryven, maar wy moeten ons behelpen met het geene onder den gemeenen man daar van verhaalt word: Zy zyn niet eenderhande maar van verfcheide fubftantie, koleur en gedaante, komen ook van verfcheide flangen, gelyk ik ze na malkander voorftellen zal, nademaal der zelver veelderleije foorten in myne handen gekomen zyn.

De eerfte foort, in wat voor Slangen die gevonden worden.

Op *Java* is een Slang by de Javanen *Ular Maas*, in 't Sineefch *Kim Soa*, dat is, Goutflang genaamt, gefpikkelt met rood, geel en zwart, aan den buik geel en blinkend als gout, waar van ze den naam heeft: Hy heeft veele tanden, en is op het hoofd verfiert met eenen rooden kam; hy gaat met het hooft opgericht, varkens en andere dieren aandoende, als hy vechten wil blaaft hy de keel op, en fpouwt zyn fenyn uit, het welk een menfch rakende doet opzwellen als waterzuchtig en al quynende fterven.

Zyn gedaante, eigen-

In 't jaar 1679. wierde my de *Ophitis* of *Meftica* van deze Slange getoont in de grootte van een grauwe erweet, ftaande in een zilveren ring, want naar hun zeggen wil hy

in

schap, en werking. in geen gout staan, daar in hy zyne krachten verliezen zoude ; hy is wit met blauw gemengt, half doorschynende ; boven op zag men een zonneken, en binnen in veele heldere straalen, die zich verroerden als men hem beweegde , hy trekt al het vergift uit gestekene wonden , en in azyn met zout gelegt kookt hy , ook beweegt hy zich een weinig ; hy was meest rond, behalven van onderen, daar hy in den ring stont , wat platachtig met een klein kuiltje niet diep in den steen gaande , waar mede hy zoo het scheen in een been van 't hoofd gesteken hadde , de kas van den ring was van onderen open , zoo dat men den steen uitneemen en weder inzetten konde: Den uitgenomenen lag ik in wyn-azyn , daar in wilde hy niet kooken maar wel in zap van *Lemon nipis*, en noch meer in sterk Saguweers-azyn , waar in hy veele bobbelen opwierp , doch zich niet verroerde , en uitgenomen was hy helderder dan te voren : By avont tegens Kryftal of klaaren Keisteen geslaagen vuurde hy niet , welke beide kentekenen zyn van een *Mestica.* NB. Naar myn gissing zal de voornoemde Slang een *Cobra Cabelo* zyn, dewelke mede op *Java* valt , daar de voorschreve Steen gevonden is.

Noch een andere soort.   *Ular Sawa*, anders *Tsjinde* of *Ular Petola*; in 't Sineesch, *Backlyong*, in 't Makkassaarsch, *Tomma Laboe*, is gespikkelt van bruin , rooden zwart , met een plat hoofd, daar op staat een kring , en in den zelven een kruis , makende de gedaante van een oog, waar van hy in 't Sineesch den naam heeft , maar in 't Makkassaarsch , om dat

Welkers Slang by de Chinezen voor een God word gehouden, en met spys bezorgt. hy met het hoofd opgericht gaan kan ; hy doet geen quaat aan de menschen, en word daarom van de Chinezen en Baliërs in hun vaartuigen en huizen opgevoedt en als een huisgodeken geëert, om dat hy hun goed geluk aanbrengt ; hy zuigt egter d' eyers zeer graag uit en dat zoo behendig, dat men byna geen gat daar in bemerken kan: Uit deze willen de Chinezen den regten Slangensteen hebben , den welken hy (naar hun zeggen) in 't hoofd zoude dragen , doch zoodanig dat hy hem afleggen kan , wanneer hy eeten of drinken wil , dan moet men snedig oppassen en den Steen wegroven , want die men van den doot geslagenen krygt , licht by nacht geenzins gelyk hy anders doen moet ; als de slang hem by geval in 't water laat vallen , kan hy den zelven niet weêr opnemen , en dan kan men hem ook krygen : Van dezen Steen gisse ik , dat *Baldeus* spreekt , den welken hy den natuurlyken noemt , waar van in 't voorgaande Hoofddeel ; doch hier staat te merken, dat *Ular Pethola* by d' Maleijers een andere Slang is, dan die wy hier in *Amboina* zoo noemen , dewelke is de *Coulouber boa* of Huisslang, eerst met eyers en hoenders zich behelpende , daar na zoo dik geworden als een dye tast ze dieren en menschen aan: Maar de voornoemde gekroonde Slang, die de Sinezen eere aandoen , is niet boven 1 en ½ vadem lang , ruim een been dik , met een rond hoofd , en over 't lyf zoo schoon geschildert als de kleedjes *Petholæ* ; zy doet niemant quaad, maar vergenoegt haar met den kost , die haar de Sinezen voorzetten ; het welk den Satan een groot vermaak zyn moet , dat zoo een groot gedeelte des waerelts zyn beeldtenisse zoo veel eer aandoet.

Een der de soort van Slangen, waar in dezelve gevonden worden.   De gedaante der Slangen, die den kostelyken *Ophitis* geven, tot nader onderzoek uitstellende zal ik voortvaren te beschryven den tweeden *Ophitis* , dewelke my daar voor gegeven is. Deze is my gebragt en gezonden van den *Radja Tomboucco* woonende op *Celebes* Oostkust, zynde gekomen van een Slange , die zy my zoo afgryzelyk be-

Haar gedaante en mismaaktheit. schreven, dat de regte *Basilifcus* niet lelyker kan afgemaalt worden, want zy zoude twee voeten hebben , een hoofd en een kam als een haan , zoo vergiftig dat zy met haaren azem een mensch dooden kan , gelyk zy ook nergens woont dan in afgelege gebergten , daar de venynige spatten-boom groeit , en daar onder zy haar ophoudt:

Hoe die gevangen en de Steen gevonden word; beneffens eenige aanmerkingen van den zelven. Deze *Basilifcus* kan derhalven niet levend gevangen worden, maar was van verre met pylen doot geschoten, en in haar hoofd wierde deze Steen gevonden ; hy was in de grootte van een dubbeltje, aan d' eene zyde plat , aan d' andere bultig als een halve kegel, doch wat platter, klaar doorschynende als een donker Kryftal , doch d' eene helft was donkerder dan d' andere , en aan de scherpe kanten was hy glasachtig. De nachtlichtende Eigenschap was aan hem gansch niet te merken, maar tegen een Kryftal

stal

ftal of klaaren Keiſteen geſlagen vuurde hy by nacht, in azyn of limoen-zap wilde hy niet koken; dit aan den verkoper voorgehouden zynde, dat zulks immers geen eigenſchap van een *Meſtica* was, gaf tot antwoord dat de nachtlichtende eigenſchap by den ſteen niet blyft, als het dier door geſchoten word, maar alleen by die men van levende ſlangen krygt, waar van egter weinige zyn, die zulken gezien hebben, hoewel alle Indianen zoo veel daar van ſpreeken: Daarenboven alle *Meſticæ*, die klaar en hard zyn, zouden in azyn noch limoen-zap niet koken, het welk ook zyne reden heeft, want een digte klaare Steen heeft geene gaatjes, [*Pori*] daar de azyn indringen mochte: Voorts heb ik geene ondervindinge van dezen ſteen, en de verkoper wiſt 'er my ook niets van te verhaalen.

De derde *Ophitis* is my gebragt door eenen Duitſchen handelaar van het groot Eiland *Mindanau*, by de Inlanders *Magindano* genaamt, by hem aldaar gekogt voor een ſtuk Guineeſch Lynwaat op een afgelege Negory aan de Zuid-Ooſt hoek van de Inlanders, die hem gevonden hadden in 't hooft van een Slange, en ſteelswyze by hem bragten, om dat hun Koning alle zoodanige ſteenen voor zich begeerde: Hy was in de grootte en natuurlyke gedaante van een Roomſche boon, langs de rugge rondom met een uitſtekende en glasachtige kant, veel klaarder dan de voorſchreven, het Kryſtal of eenig Kryſtallyne glas zoo gelyk, dat men hem daar voor aanziet: De verkoper zoude by my geen geloof gevonden hebben, had ik in de oude ſchrift niet gelezen, dat de opregte *Dracontia*, waar voor men deze beide ſteenen houden moet, zoo ze waarachtig uit ſlangen komen, aan koleur gelyk moet zyn den Kryſtal, en aan gedaante een boon: Hy lichte by nacht niet noch kookte in azyn en limoen-zap, maar vuurde by nacht tegens eenen anderen Kryſtal geſtagen t'eenemaal als de voorſchreven, met den welken hy ook aan den glasachtigen rand overeen quam; en dewyl zy beide van zoo verſcheide natie quamen, die eenderlei verhaal daar van deden, zoo zoude ik het by proviſie geloven, dat ze van eenige Slange moeſten komen.

Een ander verhaal van den Steen Dracontia genaamt.

De vierde *Ophitis* is my gebragt uit de ZuidOoſtere Eilanden, die onder *Banda* ſtaan, mede in 't hooft van een Slang gevonden, dewelke de brenger niet wiſte te beſchryven: Hy was van aanzien onder de voornoemde, in de grootte van een grauw erweet, half rond als een doorgeſnede kogel, beneden plat en blauwachtig, zonder gaatje, boven toen hy my gebragt wierd grauw of vuilwit, maar na 6 jaaren merkelyk naar 't geele trekkende, met een ſcheurtje overdwars als of hy geborſten was, doch pas kennelyk en zonder zonnetje, van den *Chamites*, die uit *Bia garu* komt, qualyk te onderſcheiden: Hy kookte in Limoen-zap, maar vuurde by nacht niet.

Een vierde ſoort van Ophitis.

Op *Jambi* is een groote Boſchſlange of gemeene *Oelar Pethola*; in welkers hooft gevonden is een witte *Ophitis*, langwerpig, ruim een halve vinger lang, hard, glad en blinkende: De Maleijers hangen hem aan hunne kriſſen, benaaijen hem in laaken, en hangen hem de kinders aan den hals, om voor tovery bevrydt te zyn: Met ter tyd wierde hy ook geelachtig, dan leggen ze hem in Limoen-zap, daar in hy kookt en zich verroert, ſtraks neemt men 'er hem weder uit en weekt hem in water, daarin rys gewaſſchen is, wryft hem ook een weinig met den rys, zoo word hy weder zuiver en klaar, die men dan in kattoen bewaart.

Een 5te ſoort.

Hoe die vervuilt zynde gezuivert word.

Noch andere Slangen worden 'er genoemt, dewelke een klaaren Steen zouden hebben, als, 1. een *Iſte Liong* in 't Sineeſch genaamt, dat is, *Nagga* of *Draco*, dewelke de Sinezen voor de grootſte Slange houden, en deze zoude gevonden worden op het Eiland *Contung*, het welk miſſchien *Poelo Condor* zal zyn, daar de Sineſche Admiraal *Sampo* een tydlang zich opgehouden, en dezen Steen voor zynen Keizer opgezocht heeft, gelyk hy ook gedaan heeft in de ſtad *Burneo*, daar het land vol van dergelyke Slangen zal zyn: Doch de Chinezen zeggen, dat hy op zyn geheele reis maar een zoude gekregen hebben, die by nacht lichte, en den zelven aan zynen Keizer gebragt. 2. *Tambo Siſi* is de alderdikſte Slang met harde ſchubben bekleedt en met een groot gedruis van 't gebergte naar 't water komende. 3. *Terrebelau*, een

Een 6te ſoort, koomt van een ongemeene groote Slang.

Slan-

Slange op *Celebes*, die haar *Meſtica* in 't water laat vallen, en dan niet kan weder neemen.

Proef
van den
Meſtica
ontrent ba-
rende
Vrouwen.
Noch een
ander ver-
haal van
eenen gee-
len door-
ſchynenden
Slange-
ſteen.

De proef van een *Meſtica Ular* zal genomen worden, als men hem in water weekt, het zelve een baarende Vrouw te drinken geeft, en den Steen over den buik ſtrykt, dat zal haar een gemakkelyke verloſſing geven.

Een Chirurgyn hebbende eenige jaaren op *Ligoor* gelegen in 't jaar 1687. verklaarde my gezien te hebben een Karbonkel van een Slang by een zeker Regent des Landts, dewelke door de moeder in zyne kindsheit met een kleetje in 't boſch aan twee takken was gehangen, toen was 'er een groote Slang by hem gekomen naar 't verhaal van zyne ouders, die een zekeren Steen op zyn lyf liet vallen, en die Slang is naderhant by zyne ouders altyt gevoedt; deze Steen was in de grootte van een oude geſchilde *Pinang*, ovaalswyze, doorſchynend brandig geel, naar den rooden trekkende, by nacht zoo klaar ſchynende, dat een kamer daar door verlicht wierde : De Viceroy en regeerende Opperhooft van *Ligoor* hebben hem dezen Steen, als hy in hegtenis zat, afgenomen en aan den Koning van *Siam* gezonden.

LIX. HOOFTDEEL.

Steenen uit verſcheide andere Venynige Dieren.

De Sco-
lopendri-
tes, hun
benaming
in ver-
ſcheide
taalen.
Bygeloof
der Chine-
zen van de
zelve.

Scolopendrites, Maleitſch, *Meſtica kacki ſariboes* in het Sineſche Landtſchap *Suchuem*, of gelyk de Chinezen ſpreken *Soutſjouam*, worden groote Duizentbeenen gevonden, die de Inlanders opvoeden moeten in hunne hooftkuſſens, die van binnen hol zyn als een kiſtje : Deze kuſſens moeten zy by hen dragen als zy door 't Land reizen, en s' nachts daar op ſlapen om bevrydt te zyn van een ſlach booze Slangen *feſe* genaamt, dewelke een hooft hebben eenes menſchen aangezicht gelyk, die 's nachts in de huizen kruipen en de menſchen aandoen; doch zy komen niet daar deze Duizentbeenen zyn, en zoo ze daar al komen, zoo laten ze de groote Duizentbeenen los, die deze Slangen aandoen en haar ombrengen, welke Duizentbeenen zy dan weder zoetjes vatten en in haar huisken zetten : Deze Duizentbeenen zyn niet boven een ſpan lang, en egter 3 of 4 vingers breed, in 't Sineeſch genaamt *Jacan*, zy draagen een *Meſtica* by zich, half doorſchynend en by nacht lichtende, genezen de ſteeken van venynige gedierten en bewaaren den dragenden voor de voornoemde Slang.

De Ja-
vaanſche
Duizent-
beenen
zynde een
andere
ſoort.

Op *Java* worden de Duizentbeenen ook groot, wel een hand of een ſpan lang, en een duim breed, die ook een nachtlichtende *Meſtica* hebben, immers men heeft op *Batavia* op het kerkhof in het beenhuis dikwyls by nacht gezien een groote Duizentbeen, aan 't hooft of in den mond lichtende als een vuurtje; doch de doodsbeenderen weggenomen zynde wierde zy niet gevonden : Men vermoedt, dat het voornoemde licht van haar *Meſtica* gekomen zy, doch andere, die *Meſticæ* uit Duizentbeenen konden toonen, hebben geen nachtlichtende eigenſchap daar aan gemerkt, miſchien om dat hy van een doodgeſlage Duizentbeen genomen was.

De Sal-
mander of
Gecko-
ſteen be-
ſchreven.

Salamandrites, *Meſtica Tocke* komt van een ſlach des Salamanders, by de Maleijers, *Tocke*, by d'onze *Gecko* genaamt, vallende op *Sumatra*, *Java* en *Celebes*, deze heeft mede een Steen in 't hooft, wit, niet doorſchynende, den Kalappus-ſteen wat gelyk, hy word aan de kriſſen gehangen, en vuil of geelachtig geworden zoo word hy in Limoenzap en ryswater gezuivert, gelyk in 't voorſchreve Hooftdeel gezegt is.

LX. HOOFT-

LX. HOOFTDEEL.

Aëtites Peregrinus. Meſtica Kiappa.

Van de Vogelen heb ik de volgende *Meſticæ*, *Aëtites peregrinus*; deze waren twee ſteenen eertyts gevonden op *Hoelong*, een Negory landwaarts in van klein *Keram*: Aldaar had een Zee-Arendt *Haliaëtos*, in 't Amboinſch *Kiappa* genaamt, een neſt op een boom en dede de Inlanders veel quaat met rooven van pluimvee, en was zoo ſtout, dat hy geen menſchen ontzag; dies de Heeren van dat dorp beſloten hem den oorlog aan te doen, men trok te veld met pyl en boog, want 2 of 3 mannen dorſten hem niet aandoen, en de eerſte, die zynen boom beklom, was genoegzaam lyveloos: Het geluk diende hun dat ze hunnen vyant met pylen dood ſchooten, en het neſt, 't welk zoo groot was dat een Amboncee genoegzaam daar in konde woonen, van boven neêr wierpen. De doode Arendt hadde op zyn kop een knoeſt, daar andere Arenden vlak van hooft zyn, in dewelke geopent gevonden wierde een ronde ſteen als een groote musquetskogel; hy was vaalbruin van koleur met kleine gaatjes over 't lyf als of hy met ſpelden geprikt was, en een merkelyk kuiltje aan d' eene zyde, daar hy miſſchien met een adertje aan 't hooft vaſt gezeten hadde; voorts donker en hard als een Keiſteen: Den anderen ſteen vonden zy in 't neſt in de grootte van een baskogel of kleine bal, uit den ronden wat hoekig, wit als yvoor, glad en mede ſteenhard, behalven op een plaats met 7 kleine gaatjes: Beide kooken ze in Limoenzap en vuuren niet by naeht. De eerſte eigenaar hadde hem gedragen om ſchoot vry in den oorlog te zyn, ſchreef hem ook toe, dat de Hollanders hem nooit gevangen of gequetſt hadden, doe wy in 't jaar 1654. met hunlieden oorlogden, daar nochtans die zotte man gezien hadde, dat de vogel voor de pylen niet ſchoot vry was, daar hy nochtans dezen ſteen op 't hooft gedragen hadde.

Van deze Arendſteenen zyn ons mede geene afbeeldinge gegeven, doch, om de liefhebbers te voldoen, hebben wy onder veele ſoorten, die voor handen zyn, alleenlyk twee verbeeldt; zie de plaat LVII. Die by letter E. is een veelhoekige, doch glad en kaſtanjebruin van koleur. Die met letter F. aangewezen is grooter, doch ruwer, dien wy doorgeſlaagen, en den zelven hol bevonden hebben, hebbende in zich een witachtig kleiner ſteentje, aangewezen met de letter G.

LXI. HOOFTDEEL.

Lapillus Motacilla. Meſtica Baycole.

Doe het Landt *Hoeamohel* of klein *Keram* noch volkryk en met veele Negoryen bezet was, te weten voor het jaar 1651. is het gebeurt dat zeker Inwoonder van *Lycidi* in Zee viſchte omtrent een vervallen Serì, aan wiens ſtokken een quikſtaert zyn neſt hadde gehegt, naar gewoonte dezes vogels, die altyd zyn neſt maakt op diergelyke paalen in Zee ſtaande: als de Inlander nu bezig was met viſſchen, viel hem dezen vogel laſtig, om zyn hooft, uit en in het neſt vliegende, gelyk het een ongeruſte en nieusgierige Vogel is, dies hy hem zochte te vangen; hy beſmeerde zyn neſt met vogellym van de melk des *Soccom*-booms gemaakt, waar aan de vogel kort daar na vaſt bleef hangen, zoo dat de viſſcher hem kreeg; maar als hy den vogel opnam vond hy een aardig ſteentje in 't neſt, dies hy den vogel als ſchenket van deze rariteit met olye zalfde, waar van het vogellym van zyn veêrtjes

tjes los raakte, en liet hem vliegen met het steentje doorgaande; het zelve was platachtig, ovaal, gefatzoeneert als een aangezicht van een mensch, te weten boven breed

Hebbende de gedaan-te van een menschen aangezicht.

en onder spits toelopende als een kin, een duim lang en een vinger breed, hard en
blinkende als marmersteen, bleekbruin, doch naar het kin witachtig, aan de voorste
zyden die het aangezicht verbeelde waren veele witte kringetjes te zien, onder anderen twee groote, het welk d' oogen zouden zyn, de oogappel in dezelve was een donker wit plekje met fyne roode adertjes doortrokken, omgeven met een bruine *Iris* of
kring, en dezelve weder met een witte kring: Deze beide oogen met een kuiltje daar
onder geleken zeer wel een aangezicht of veel meer een dootshooftje: Op het voorhoofd zag men noch veele witte kringetjes kleinder dan de vorige, een lichtbruin
plekje begrypende, aan de rechter zyde in 't kruis over malkander lopende; van achteren had hy noch meer diergelyke witte kringetjes, doch door malkander en zonder
ordre met noch eenige kuiltjes: De Lifidiaan hadde hem tot aan zyn dood niemant
getoont, hoewel hy bekende dat hy hem bezat; hy beelde zich in dat het by dezen
steen toequam, dat hy gelukkiger en ryker was dan zyne andere medeborgers: Eindelyk
heb ik hem door fineken en goede betaalinge van zyn erfgenaam bekomen.

Een an-der soort van een Quik-staertsteen.

Een ander Quikstaertsteen is van my niet gezien maar beschreven uit het verhaal van
eenen ouden geloofwaardigen *Orangkay*: Deze steen was gevonden door een Inlander
van *Caytetto*, als hy op den strandt ging wandelen, vloog hem een Quikstaert zoo
moeilyk om 't hooft, dat hy hem met geen geraas verjagen konde; eindelyk sloeg hy
met zyn neusdoek en raakte by geval dien moeilyken vogel, doe liet hy een steentje
voor zyne voeten vallen, 't welk noch ook wilde nabootzen de ongeruste natuur van

Zyn ge-daante en hoedanig-heit.

zyn vogel: De Indiaan nam den steen op en bevond hem eenigzins gelyk te zyn het
ei van dien vogel, aan 't eene eind bruinachtig, aan 't ander zwart, in de midden wit
met een heldere schyn. Zy verhaalden veel wonders van dezen steen, waar van het
geloof by hun blyft.

De vinder had hem in een beker half vol zoete Saguweer gelegt, waar op de Saguweer begon te kooken, en niet ophieldt tot dat de beker vol wierde: Onder rys gemengt, die men de hoenders voorwierp, hadde geen hoen eenigen korrel van den rys
gegeten, zoo lang de steen daar by lag: Den dragenden maakte hy gauw, ras en on-
vermoeit in 't lopen of marcheren, hebbende zulks aan hem zelfs bevonden, wanneer
hy in den Hitoëschen oorlog omtrent het jaar 1642. van de Hollandsche soldaten yve-
rig vervolgt wierde, doch hy zeide niet daar by, dat 'er misschien een halve myl spa-

Bygeloof der Inlan-ders van denzelven Steen.

tie tusschen beide was. Alle vrydagen wierd hy met *Benjoin* of *Dupa* berookt, en in
een doekje van *Muscus Zibeth* of ander stinkend reukwerk zorgvuldig bewaart, hier
door had hy een reuk gelyk alle *Mestica*, die ik van de Inlanders gekregen hebbe;
waar uit blykt wat afgodery en waangeloof zy met diergelyke steenen bedryven en met
meerder hartzeer daar van affcheiden dan van diamant en robynen. De vinder, die
hem van den vogel zelfs gekregen hadde, verhaalde noch iets anders daar by; als hy
met den steen t' huis quam, is hem een klein manneke van een gansch korte statuur, doch
onbekent, ontmoet, dewelke hem van de kracht dezes steens onderricht heeft, namentlyk wanneer ze ten oorlog uittrokken om eenige vyantlyke vastigheit in te nemen,
dat ze dan den steen in Zaguweer zouden leggen, en alle daar van drinken, zoo zouden
ze alle gelukkig op hun tocht en voor 's vyants wapenen verzekert zyn, onder beding

Bygeloof der Israëli-ten.

dat hy den steen als boven staat bewaaren en berooken moeste: Op dezelfste manier
lezen wy dat de afgodische Israëliten hunne netten en garen berookt hebben als zy een
goede vischvangst hadden. *Habacuc. Cap.* 1. *vers.* 16.

Proeven van den zelven.

De eerste steen tegens een Achaat geslagen vuurde by nacht doch weinig, in Limoenzap en Azyn heb ik hem nooit getoetst, zorgende dat de mooije koleur bederven
mogte; doch in een half vollen beker met Saguweer leggende, wierde dezelve terstont
vol, te weten, op dat gy 't wel verstaat, toen de jonge meer daar toe goot, en anders niet.

Plin.

Plin. Lib. 37. Cap. 10. maakt ook gewaag van een Quikſtaertſteen, dien hy *Chlo-* | De Chlo-
rites noemt, dewelke groeit in den buik van een Quikſtaert t' zamen met den Vogel, | rites door Plinius be-
en deze is grasgroen, welke koleur aan den voorſchreven niet te vinden is. De *Magi* | ſchreven
willen, dat men hem in een yzere ring zal zetten tot eenige wonderbare krachten naar
hun manier, waar uit gy ziet dat het al een oud bygeloof is met dezen Steen, den zelven meer krachten toe te ſchryven als de natuur geven kan : Waar mede ik egter de
invloet van 't geſtarnte geenzins verwerpen noch ontkennen wil, dat een ſteen in 't
eene metaal krachtiger word dan in 't ander, hoewel *Plinius* naar zyn manier daar
mede ſchynt te ſpotten.

LXII. HOOFTDEEL.

Steenen uit verſcheide andere Vogels.

O P *Boëton* vind men een Vogel hebbende een gemengt fatzoen van een wilt | Verſchei-
Hoen en een wilde Duive, langs den grond lopende gelyk een Velthoen; maar | de andere Vogeltjes-
de bek en de ſtem is van een wilde Duive, zwart van vederen maar op de vler- | teenen be-
ken uit den groenen blinkende. In zyn krop vind men een hoornachtig beurs- | ſchreven. Eerſte
je, en in het zelve gemeenlyk een wit Steentje als een Keiſteen doch weeker, in de groot- | ſoort, uit een Velt-
te van een boontje, en laat zich met een mes ſchrabben ; de wittigheit blyft niet lang, | hoen en wilde Dui-
maar verandert binnen een jaar in geelgrauw met een bruin plekje boven op : De Boë- | ve t' za-
tonders brengen deze Velthoenders op de markt te koop en de meeſte hebben dit | men gezet.
Steentje.

Een ander Vogel my van *Taljabo* gebragt, niet veel van den voorſchrevenen verſchillen- | Tweede
de, behalven dat de vederen vuilgrauw waren, die hy ook weinig had, en door het minſte | ſoort, van eenen onbe-
handelen uitvallende, zoo dat hy byna kaal was, zelden hoort men een ſtem van hem, tegen | kenden Vogel.
den dag een weinig zuchtende, als een wilde Duive: Hy hadde mede in zyn krop een
dergelyk hoornachtig beursje, en daat in eenen witten Steen, aan hardigheit en koleur van een Keiſteen niet te onderſcheiden, plat, hoekig, en weinig naar den blauwen trekkende, en zyn wittigheit niet verlieſende gelyk de voorige. Het Hoen is my
gebragt onder den naam van *Ajan Taljabo*, zynde een van de Soulaneſche Eilanden,
hard van vleeſch, de ſpieren van de dyen en de borſt zoo vol ſmalle beentjes, als of
het viſchraten waren, maar het voorſchreven Boëtonſche Velthoen is veel beter van
ſmaak en vleeſch.

De twee voorſchreve Steentjes tegen Kryſtal of klaren Keiſteen geſlagen vuuren by | Proef.
nacht, waar uit ik giſſe, dat ze natuurlyke Keiſteenen moeten zyn, die de Vogels in-
ſlokken en in hun krop blyven ſteken ; doch dewyl ze altyt een byzonder huisken
hebben, zoo is 't geloofflyk, dat ze dien Vogel een byzondere dienſt moeten doen.

Aan de Kaap heeft men in het doir van een ei eenes Vogelſtruis gevonden een Steen, | De 3e
in de grootte van een duive-ei, wit en in de gedaante van een Calappus-ſteen, een | ſoort van een Vogel-
weinig met blauwe adertjes doorregen ; maar de gedaante van een ſchynende zon had | ſtruis.
hy veel klaarder dan een Calappus-ſteen. Hy is te zien by den Heer *Qualbergen*.

LXIII. HOOFT-

LXIII. HOOFDEEL.

Sepites. Meftica Sontong.

De Sepi-
tes, zynde
Vifchfteenen.
Eerfte
foort van
de Zeekat.
Uit de viffchen heb ik de volgende Steenen bekomen: In het vet van de Zee-kat *Sepia*, in 't Maleitfch *Sontong* genaamt, groeit een langwerpig Steentje, fchaars een lid van een vinger lang, aan 't eene eind een fchaft dik en daar na fmalder in een ftompe fpits toelopende, een gefchilde korrel van de vrucht *Gnemon* wat gelykende, doch glad en effen, in 't eerft fchoonwit en half doorfchynende, mettertyd aan 't fmalfte eind vuilgeel of vuilachtig wordende: Men heeft hem my gebragt voor een *Meftica* van de voornoemde vrugt *Gnemon*, doch naderhant door onze Natie op *Manipa* in het vet ofte klier van een Zeekat een diergelyke steentje gevonden, is het bekent geworden, waar van zy komen.

Worden
in de mee-
fte foorten
van vif-
fchen ge-
vonden.
Inde Ca-
palla ba-
toe, inde
Karpers.
Byna alle viffchen hebben in hun hoofd achter by de herffenen aan 't onderfte deel, 't welk het verhemelte maakt, twee gaaten in het *Cranium*, dewelke geflooten worden door twee beentjes, die men uitnemen kan; deze zyn aan alle viffchen niet even eens, aan de meefte klein en langwerpig, met twee fpitfe einden in de gedaante van een fchuitje: De mooifte en grootfte vind men in zekere viffchen, om dier oorzaake wille *Capalla batoe*, dat is, Steenkop genaamt, kleine Karpers niet zeer ongelyk, doch met zoo harden kop, dat men hem qualyk kloven kan; aan de voorfchreve plaats van de herffenen vind men in ieder kop twee steentjes, die ik *Lapides lithocephali* noeme; deze zyn onze Karperfteenen zeer gelyk of wel zoo groot, in de breette van een nagel eenes vingers, driekantig, zommige langwerpig met eenen fcherpen en twee ftompe hoeken, alle fchuitvormig, te weten; aan de onderfte zyde bultig, effen, glad, of zommige met een voren als of 'er twee fteenen tegen malkander gezet waren; aan de bovenfte zyde tegens de herffenen hol en rimpelig, zomtyts met eenig uitwas: Hun koleur is witaehtig gelyk d' andere beenderen des vifchs, zommige half doorfchynende en blauwaehtig als wit Achaat, doch metter tyd worden ze geelachtig. Van hun gebruik weten de Inlanders niets te zeggen, doch ik oordeele, dat men ze in alle manier gebruiken kan als onze Karperfteenen, te weten, tot het afzetten van 't graveel en t' zand.

En waar
toe die ge-
bruikt
worden.

By gebrek van aftekeninge, hebben wy hier bygevoegt dergelyke foorten, die heel zeldzaam, en verbeelt zyn op de plaat LVII. by letter G. is een Steen uit het hoofd van een Zeekoe. By letter H. een diergelyke uit het hoofd van een Zeewolf: Waar by wy voegen die by letter I. afgetekent ftaat, en, zoo ik bericht ben, gevonden is in 't hoofd van een Stier, en my voor wat zeldzaams vereert: Wat belangt de Steenen van den Karper en andere viffchen, die zyn zoo veele en gemeen, dat de zelve geene afbeeldinge verdienen.

LXIV. HOOFDEEL.

Chamites. Meftica bia garu.

Chami-
tts, zyn
Schulp-
vifchfteen-
en.
Eerfte
foort, komt
uit de Na-
gelfchul-
pen.
Boven in 't II Boek, 't XXVIII. Hoofdeel in de befchryvinge van *Chama afpera*, heb ik gezegt, dat men uit verfcheide foorten van de *Chama* eenige *Mefticæ* haalde, dewelke ik nu na malkander zetten zal.

Meftica bia garu komt uit den groten Schulp *Chama* of Gapers, dien wy Nagelfchulp noemen, wanneer ze al groter dan een voet zyn geworden, doch onder 10 vind men pas een, die een Steentje heeft, en het zelve altyt in den *tendo* of daarom liggende

gende *Spondylo:* Zy zyn niet van eenderlei fatzoen, doch ik breng ze alle onder twee geslachten: De eerste zyn langwerpig als een klein vingertje, in de gedaante van een *fiole* der Alchimisten, te weten onder rond en bolachtig en dan allenkskens in een stompe spits toelopende, zommige regr, zommige een weinig krom gelyk een *Retorte*; van verwe wit, aan 't onderste bolletje roodachtig of geelachtig en donker; aan 't smalle eind half doorschynend als wit Achaat, gemeenlyk ook met een paerlachtigen weêrschyn: By nacht vuuren ze niet, maar gewreeven rieken ze als wit *Kalbahaar* en koken in Limoenzap. Men vind hier van korre stukken, aan 't onderste eind ruim een vinger dik, en schaars een lid van een vinger lang, mede wat krom als een *Retorte*, beneden vuilgeel, gescheurt en afgebroken, daar ze aan de schulp vast gezeten hebben, want ze zyn niet alle los, en de losse zyn rond en glad, gelyk ze door 't lekken van 't dier geformeert worden. Naar de spits zyn ze glad, zuiver wit en zoo hard als een Keisteen.

De huwge-daante.

De tweede soorte van *Chamites* zyn kleinder, en liggen los in het vleesch meest omtrent den *tendo*, zommige langwerpig en plat gelyk een Hagedissen-ei, den Calappus-steen zeer gelyk, zoo dat men ze daar voor aanziet, doch hier in te onderscheiden: De langwerpige Calappus-steen, die ook een Hagedissen-ei gelykt en zuiver wit is, heeft gemeenlyk aan het dikste eind een kroontje als een uitgevallen tand, waat mede hy aan de schaal vast gezeten heeft, en aan 't smalste eind een weêrschyn of zonnetje. De *Chamites* heeft geene van die kentekenen, maar hier en daar een paerlachtigen weêrschyn, en vertoont eenige scheurtjes, daar hy op het meest glimt: Andere zyn onordentlyk rond, met uitstekende hoekjes en kuiltjes, slegt wit of geelachtig als yvoor van ongelyke grootte, zommige als een erweet, zommige als een dubbelsteen, en worden metter tyd noch al geelder.

De twee-de soort.

De derde *Chamites* komt uit de *Chama Striata* of *Bia Coroerong*, inzonderheit uit een groot slach, die men op de Eilanden *Lussapinjos* vind, en een gemengd fatzoen hebben van de *Squammata* of Nagelschulp, en *Striata:* Hier heb ik verscheide steentjes gevonden, zommige in de grootte van een erweete en regt rond, zommige grooter en linzevormig, alle schoon glad ende blank, dat men ze voor bleeke paerlen zoude aanzien, en hun koleur behoudende: Deze leggen in de wervel of klierachtig vleesch, en worden door het lekken aldus geformeert. Andere zyn niet groter dan *Katjang*, zommige aan malkander in een klompje gebakken, alle steenhard, van koleur verscheiden. De grootste zyn wit en glad, zommige geelachtig, maar die aan de klompjes staan lichtrood, en paars, alle steenhard; de *tendo* is zoo vol van deze steentjes, als of hy daar van t' zamen gezet was, en de grootste stukken zyn omtrent de einden. De Amboinsche *Bia Coroerongs* hebben ze niet of zelden, in Limoenzap willen de korrelachtige klompen niet of weinig koken, een teken dat ze van een hard en digte substantie zyn.

De derde uit de Chama striata. Waar van verscheide soorten.

De vierde *Chamites* valt in de gladde *Chama*, inzonderheit die wy Quakkers, in 't Maleitsch *Bia Codoe*, noemen: Deze zyn slegt wit, doch worden metter tyd geel of grauwachtig, zommige rond als een erweet, zommige hoekig en als of 'er eenige kleintjes aangezet waren, die ook zomtyts daar af vallen: Hier van komt het dat de *Chamites*, zoo wel uit deze als de voorgaande *Bia Garu* die hoekig is, zomtyts een klein steentje van zich geeft, het welk dan by het gemeene volkje gelooft word, dat de steen baart en jongen krygt. Zekere Sinesche vrouw op *Amboina* heeft in een Quakker op *Boero* zulk eenen *Chamites* gevonden, wit, hoekig als een kleine dobbelsteen, na dat ze hem eenige jaren bewaart hadde, en by geval daar na weder zag, vond ze een klein steentje daar by, 't welk zy zeide een kind van den groten te zyn; doch de grote nauw bezien zynde, konde men niet bekennen waar de kleine gezeten hadde: Zy zoude den steen om veel gelt niet willen missen, haar inbeeldende dat haar goed zoude aangroeijen, gelyk de steen gedaan hadde. Alle de voornoemde Steenen noem ik in 't Latyn *Chamites* naar 't exempel van

De vier-de soort uit de zoo ge-naamde Quakkers-Schulpen.

Pli-

Plinius aangetrokken, en bewezen dat de Steenen voortteelen.

Plinius, dewelke *Lib. 37. Cap.* 10. en 11. veele diergelyke Steenen beschryft, naar de dieren en planten hen noemende, daar in ze misschien groeijen of eenige gelykenis daar mede hebben, dewelke dus lange by onze Juweliers onbekent geweest of voor fabulen gehouden worden, doch nu allenkskens weder aan den dach komen. Zoo is het zeggen van 't baaren der Steenen geen nieuw maar een outgevoelen, want *Plinius* schryft het zelfste van zynen *Gemonites* en *Pheantites*, dat die op hunne tyden ook baaren zouden. In 't Maleitsch worden ze genoemt *Mestica bia garu*, of alleen *Mestica bia*, om dat ze meest van eene substantie en koleur zyn; uit wat Schulpen zy voortkomen, zie mede boven van de *Chama aspera* in 't II. Boek, Hooftd XXVIII.

Hun gebruik.

Hun gebruik is om ze tot een Rariteit te bewaaren; de mooiste daar onder worden in zilvere ringen gevat, en de Inlanders dragen ze om gelukkig te zyn in 't vifschen, Mosfels en Schulpen op te zoeken en diergelyke kost uit de zee te halen: De voornoemde Sinesche Vrouw schryft door dezen Steen haar zelf eenige gauwigheit toe,dat ze op strand wandelende aan de gaatjes in 't zand bekennen kan, wat Schulpen en Mosfelen daar onder steken, en zeker, zy weet zulke rare Mosfelen op te zoeken, die niemant anders vinden kan.

De waarde.

Van de mooiste, die rond en blank zyn, koopt men het stuk voor een Ryksdaalder, de andere zyn geen quartje waert. De Inlanders toetzen ze gelyk andere *Mesticæ* in Toack, Azyn, of Limoenzap, 't welk ik mede verwerpe, om dat de glans daar door bederft; ook zommige van de mooiste, die hard, keiachtig en klaar zyn, doen zulks niet of qualyk, en niet te min zyn ze van d' opregte; want geen steen, die hard en digt van substantie is, kan zulks doen, hy mag een *Mestica* zyn of niet.

De vyfde zynde een foort van Katoogen.

De vyfde *Chamites* word onder de Katoogen gerekent, en tot noch toe uit misvatting voor eenen natuurlyken Bergsteen gehouden, daar ze nochtans groeijen in een slach van de *Chama* of Nagelschulp; by de Sinezen bekent, om dat ze zoo scherp van nagelen zyn, dat het iemant, die zich daar aan verzeert, zoodanig smert, als of hy met vuur gebrandt was. Zy vallen veel in de boeht van *Cantong* en aan d' Oostzyde van *Ceilon*, waar van het komt dat men ze met de natuurlyke Katoogen vermengt, dewelke mede op *Ceilon* vallen. De Steen of *Mestica* hier van is rond in de grootte van een grauw erweet, vuilwit of grauwachtig met een paerlstraal als andere Katoogen: Van de zelve, met gaten doorboort en aan snoeren geregen, worden Braçeletten gemaakt. Een diergelyke Katoog, doch groter zie beschreven boven in 't XL. Hooftdeel.

Waar toe die gebruikt worden.

LXV. HOOFTDEEL.

Tellinites, Ctenites. Bia Batu.

Tellinites wat het zyn.

DAar worden Steenen gevonden, de gedaante van verscheide Schulpen hebbende, waar van men noch niet zeker is, of ze in de Schulpen groeijen of buiten dezelve uit een klomp aarde geformeert worden: Immers men vind ze buiten de Schulp, ja zomtyts op plaatzen daar diergelyke niet omtrent zyn, waar van ik deze twee soorten aangemerkt hebbe.

De eerste foort.

Tellinites is geformeert als eene van de *Tellinæ* boven in 't II. Boek, Hooftdeel XXXIII. beschreven, inzonderheit van de zeste soorte, dewelke langwerpig zyn, en een ander wat ronder of uit den ronden driezydig, gelyk de Schulp *Bia matta doa:* Het zyn onzienlyke Steenen als of ze uit eene vuile donkergeele rosse aarde slegts versteent waren, achter met twee billetjes en een keep; voorts effen zonder streep, redelyk hard, nochtans met een mes ligt te schrabben. Men vind ze op *Java* op den strand van *Remban* en *Lasfam.* Ik weet geen ander gebruik daar van, als dat de Chinezen dezelve gaerne by hun voeren op hunne vaartuigen: Deze *Tellinitis* vind men ook omtrent *Grisek* by *Dudunam*

Worden op Java gevonden.

in een moerassig zand, men weet niet of ze de zee opwerpt: Zommige dragen ze aan hun lyf, en geloven dat ze den dragenden bewaaren zullen tegens de tovery der vrouwen, die ze met liefdranken of *Oebat Goena* verrichten willen.

Ctenites is een harde donkergrauwe steen als een Kei, geformeert als *Bia anadara*, een foorte van de *Pectines* of bultige *Jacobs* Schulpen, met diergelyken rand en streep of voorens, doch weinige en die niet naar d'ordre van de natuurlyke schulpen lopen, zoo hard dat men ze qualyk schrabben kan. Men vind ze op de kleine Eilanden, in de kaarten *de Uos* genaamt, beoosten het grootste Papoësche Eiland *Messoal* gelegen. Men kan ze brengen onder de foorte van *Ombria* of Weêrsteenen, leggende hier en daar verstrooit op den strand van die Eilanden. De Papoëers zoeken de rondste uit en gebruiken ze in plaats van kogels uit hunne Bassen daar mede te schieten, waar toe ze egter noch andere bequamere hebben, op *Messoal* zelfs vallende, die men voor regt yzere kogels van 1 pond zoude aanzien, gelyk ze ook in der daad yzerachtig zyn.

Hier by behooren noch eenige andere versteende Schulpen, van gedaante als de Steenscheede en eenige andere gladde *Chamæ*, doch grof, donker en aardachtig van substantie, dewelke men vind in zommige klippen op strand, boven water staande, en wel bezien zynde kan men niet anders oordeelen of zy zyn het vleesch van dezelve dieren, door het indringend slyk in steen verandert; want men ziet 'er hier en daar noch eenige overblyfzeltjes van de schaal daar aan. Diergelyke hebben wy veele gevonden in 't jaar 1692. in de rotzen, waar op de Fortresse *Duerstede* op het Eiland *Uliassar* toenmaals gelegt wierde.

De weerde foort.

Worden tot kogels gebruikt.

Noch verscheide andere versteende Schulpen.

LXVI. HOOFTDEEL.

Cochlites, Cochlea Saxea. Mestica Bia.

DE Steenen in dit Hooftdeel beschreven oordeele ik natuurlyke Slekken geweest te zyn, die door eenig geval in harde steenen verandert zyn, waar van ik 3 foorten aangemerkt hebbe.

De versteende Schulpen beschreven.

De eerste was een witte en half doorschynende Steen, in de grootte van een Roerkogel, in de gedaante van een Alykruikje, *Bia papeda*, genaamt, boven in 't II. Boek, VI. Hooftdeel beschreven; want hy hadde de zelfste gieren, en omtrent het achterste noch een donker overblyfzeltje van de schaal, 't overige was massief, uitgevult en zoo hard als een Kei, waar voor men dezen zoude aangezien hebben, indien hy by nacht gevuurt en den keiachtigen reuk gehad hadde : Hy is op den strand van *Mamalo* gevonden, en ik hebbe in mynen tyd maar een gezien, die gezonden was aan den groot Hertog van *Toscana*. Men zoude zeggen, dat het geheele Hoorntje in steen verandert was, doch nauwer bezien zynde kan dit niet zyn, dewyl men tusschen de gieren van de schaal niets overig vond, behalven een weinig boven op, zoo dat het geheele beest in steen verandert moet zyn.

De eerste foort.

Aan den groot Hertog gezonden.

De tweede *Cochlites* had mede de gedaante van een Alykruikje, doch daar aan hing het kruipende dier buiten de schaal, ten naasten by de gedaante van een volkomen Slek hebbende, doch gerimpelt, geschonden, en hier en daar een hoekje afgebroken. Het huiske was als het voorste, keiachtig en half doorschynend, maar het dier was een donkere steen, vuilwit of grauwachtig. Men vind ze zelden, hier en daar een op de stranden van *Leytimor*, en ik heb 'er maar 3 gezien, waar van de mooiste aan den voornoemden groot Hartog gezonden is. Zy koken in Limoenzap, worden zuiver daar door, en vuuren niet by nacht, noch hebben eenen keiachtigen reuk : Hoe deze dieren in steen veranderen kan ik noch niet zeggen, behalven het gevoelen

De tweede foort.

Haar gedaanten.

van

Verschei-
de redenen
over het
versteenen
van Hoor-
nen en
Schulpen. van zommige Chinezen, te weten, dat deze dieren op den bloten strand kruipende, en by geval door het blixem-vuur geraakt, schielyk versteenen zouden; indien dit zoo was, dan zoude het al meer aan andere soorten ook gebeuren, waar van men geen ondervinding heeft: Het is waarschynlyker, dat een slach kleine en witte Alykruiken, (die vier of 6 maal meer vleesch hebben, dan haar huisken bergen kan, en daarom in 't Amboinsch *Issi Palesou*, dat is, Veel Vleesch of Meer Vleesch genaamt worden) haar van de natuur bestemde maate van wasdom en grootheit erlangt hebbende, van zelfs en door haar eigen steenzap verstyven en in steen veranderen: Hoewel dit gevoelen al mede haar zwarigheit heeft, want men kan zeggen, dat dan deze steen de nette gedaante van het vorige dier behoort te behouden, het welk men echter niet ziet: Hier op kan men antwoorden, dat de dieren in 't versteenen qualyk haar vorige gedaante konnen behouden, dewyl ze inkrimpen, hier en daar gestoten en gebroken worden, gelyk men aan deze steene Slekken nooit ter dege het hooft bekennen kan. De Maleijers zeggen, dat ze in andere Landen ook gevonden worden, doch zeer zelden; zy dragen ze onder andere *Mesticæ* om 't lyf, inzonderheit de eerste soorte, om naar hun gevoelen onquetsbaer in den oorlog te zyn.

Cochlea Saxea is de derde soorte van versteende Slekken, doch geene gedaante van eenig slekkenhuis hebbende, maar alleenlyk een stuk van het vleesch dezes diers vertonende, gemeenlyk een vinger lang en schaars een pink dik, meestendeel krom en bogtig: Men zoude ze voor witte en half doorschynende Keisteenen aanzien, doch de gedaante bewyst genoegzaam dat ze van eene slekke moeten komen, want het ronde deel heeft altyt een aanwas of vlek, gelyk het kruipende dier gehad heeft; het ronde deel is het witste, gemeenlyk half doorschynende en blauwachtig als Achaat, zomtyts effen zomtyts rimpelig met een wit hart in de midden als een ader; de vlerken zyn van eene donkere keiachtige substantie, uit wat soorte van hoorntjes zy komen kan ik noch niet zeggen, want men vind de stukken bloot hier en daar op den strand van *Leytimor*, en malkanderen niet gelyk. Zy koken dapper in Limoenzap, en vuuren by nacht niet, behalven een weinig aan de keiachtige vlerken, als men ze wat hard staat; tegen malkander gewreeven ricken ze als andere stukken van Schulpschaalen; van haar gebruik is noch niet bekent.

In 't XXIX. *Hooftdeel van het voorgaande* II. *Boek, zyn de versteende Horens en Schulpen door den Schryver geleerdelyk verhandelt: Daar neffens, hoe en waarom, die in Steenen, op bergen, ja ontoegankelyke diepten onder d' aarde gevonden worden. Zyne redenen zyn ontwyfelbaar; namelyk, dat ze daar in geraakt zyn, toen Godt de Heer, om de eerste waereldt te verdelgen, door den algemenen Zond-vloet alles overstroomde; daar door al dat geschapen was, Menschen, Vogels en Landtgedierte (buiten dat de Ark besloten hield) om hals raakte en vernielt wierdt: Voerende de Visschen, (Horens, Schulpen en andere stoffen daar onder begrepen) door den drift der Wateren, over den gehelen Aartbodem. Veele zyn daar door in 't diep der Bergen en onder de aarde, door den drift der Wateren, geraakt; die met Steenzap doordrongen, echter de gedaanten behoudende, versteent zyn: Wordende dagelyks en byna op alle plaatzen, zoo in 't binnenste der bergen, als aardigronden gevonden, en daarom van den Schryver, Vader Noachs-Schulpen, genaamt; alhoewel latere overstromingen zulks mede hebben veroorzaakt.*

De tegensprekers van dit gevoelen willen, dat het gewassen der aarde en steenen zyn. Doch, wanneer men de zaak met reden navorscht, is het onbetwistbaar geene onmogelykheit, om dat gevoelen goedt te keuren; te meer, om dat de meeste, die in de bergen en aarde gevonden worden, in gedaanten, met die de zee voortbrengt, overeenkomen; zomtyts geheel schulp, zomtyts half of wel geheel versteent; ook vindt men dat, als ze geheel geopent of doorgeslagen worden, de binnenstof, namelyk de visch, mede in steen verandert; van eene geheele andere gesteltheit is dan de schors of schulp, die het binnenst wel eer omvangen heeft: Ja, men bespeurt ook onderscheit tusschen de harde of vaste deelen van de visch en de slymerige of wekere; die insgelyks harder of weker, en de buitenschulp daar tegen, wederom ongelyk harder dan de inwendige deelen zyn. Dus bevindt men ook dat de Horens en Schulpen, uit de Steenbergen gehaalt, meest alle harder en steenachtiger zyn, dan de uit de aarde gegravene, die veel weker, meer verkalkt en vergaan zyn: Ook is 't aanmerkelyk, dat hoe ze dieper (zoo wel in bergen als aarde) gevonden worden,

den,

den, hoe schoonder en volmaakter, voor het oog komen. Een klaar bewys, dat de lucht-deelen, op de diepleggende, zoo veel gewelt noch kracht hebben gehadt, als wel op die de oppervlakte nader waren; ook, dat zommige, uit diepe plaatzen te voorschyn gebragt, voor 't meerendeel de koleuren noch behouden; in tegendeel, die de lucht nader hebben, daar van berooft zyn, doch buiten gesloten zulke, die by Zulfer, Zalpeter, Arse-nicum of andere scherpe stoffen geraakt zyn, waar uit men weder bespeurt, dat 'er Ho-rens, Schulpen of andere gewassen, geheel in de Aarde of Bergen gespoelt, echter daar niet gegroeit zyn. Van de uit de aarde gegravene, hebben wy, in 't beschouwen van de ongemeene en zeltsame zaken der nature, by den Ed. Gr. Achtb. Hr. N. Witzen Burgerm. 't Amsterd. verscheidene soorten gezien, die toen de Waterput in 't Oud-man-huis aldaar wierdt gegraven, na dat veele gronden waren doorboort, ter diepte van 160 voeten, zandt met horens en schulpen gemengt, gevonden, en waar van eenige, by zyn Ed. Gr. Achtb. onder andere zeldzaamheden, bewaart zyn; daar in zyn de ko-leuren noch volkomen, en ('t geen aanmerkelyk is) alle soorten, die nu, op onze stran-den, niet meer gevonden worden. Waar uit te denken is, dat die, door eenen geweldigen storm, van andere gewesten zyn medegesleept en hier gebragt; of wel, dat de overstroo-ming en weder afloping van 't water, zoo veele aarde en slib heeft nagelaten, dat dit geheel Geslacht verfmoort en in den grondt verzwolgen is; daar beneffens is ook te denken, dat dit Landt, voor 't meer-gedeelte, water of zee geweest is, en allengs, door meer dan eene overstrooming (te bespeuren aan de verscheidene gronden of korsten der aarde, in het gra-ven, eer men tot dien diepen Zeebodem komt, daar die Schulp-bedden leggen, ontdekt) eindelyk zoodanig, als 't nu zich bevind, aangegroeit. Ik moet 'er noch iets van diergelyke natuur byvoegen, mede door zyn Ed. Gr. Acht. als Gedep. wegens dezen Staat, met het Leger te Veldt aangemerkt: Omtrent Tongeren dat men voor-heen, doch zeer duister-lyk voor eene zeeplaats hield, heeft het zyn Ed. Gr. Acht geluft, om, ware 't mogelyk, eenige ontdekking daar van te bekomen, vermits bericht kreeg, dat eene plaats aldaar, de zeedyk genaamt, ook geoordeelt wierd wel eenen zoodanigen dyk te moeten of te konnen geweest zyn; schoon genomen dan in het eerst, eene goede vaste kley grondt ontdekte, voer zyn Ed. Gr. Achtb. echter voort, latende eenige voeten dieper graven, daar een grondt, met eene grote menigte Schulpen en Horens bezaait, zich opded Zyn Ed. Gr. Achtb. heeft 'er aan my vier soorten van ter handen gestelt; die ik, om de Liefhebbers te vol-doen, in 't koper hebbe gebragt, te zien op de plaat LVIII. by de letter A. zynde eene Oesterschulp: Als mede by de letter B. eene andere soort van Oester: Die men by de letter C. ziet, is eene Zeeschulp: En by letter D. eene by ons, onder den naam van Pen-nehoorntjes, bekent, doch bedendaags, op onze strandt, niet voortkomende. Van de Oesters is bekent, dat ze aan de Engelsche kust zyn: En de andere komen ons noch da-gelyks uit de West-Indiën toe. Hier by noch een derde voorbeeldt: De Hr. Doctor Mag-nus Bromelius van Gottenburg, voornaam nafpoorder der natuurlyke zeldzaamheden, heeft in zyne reizen, door Vrankryk en andere plaatzen, veele diergelyke versteende za-ken ontdekt, mede gebragt, en aan my in de twintig soorten vertoont, by zyn Ed. al-le in Champagne gevonden, by zeker dorp Chamerı buiten Rheims, meenen Wynberg la Montagne de Rheims en andere uitgegraven, daar onder eenen van ongemeene grootte, zynde een Pennc-hoorn, aan 't eene eind eenigzins verkalkt, doch verder heel schoon en zuiver, gelyk ook alle de andere soorten; ja veele zoo gaaf als of ze eerst uit zee qua-men. Nu is het bekent, hoe verre deze Landtstreek van zee legt, gelyk wy ook veele soorten (doch alle versteent) by ons hebben, die 50. en 60. vademen diep, uit het Toscaans gebergt gehaalt, evenwel klaar blyken Zeehoornen te zyn.

Eerstelyk, om dat de meeste diergelyke ook in zee gevonden worden, en niet alleen in den omtrek, maar ook in de binnenste deelen overeenkomen: Doch met dit onderscheit, dat de meeste in de aarde gelegen hebbende, der zelver Vischdeelen zyn vergaan en tot aarde gewor-den; men ziet het duidelyk aan de holligheden, gelykvormig met het dier dat 'er in is geweest; daar, in tegendeel, de dieren in de Steenbergen, 't meeste-deel in hunne eigene schorssen, door de van buiten inkomende Steenzappen, zyn versteent.

Ten anderen, dat wy, eene proef nemende, met die op eenen Robyn-molen te polysten, de stof der Schulpachtige (mits die niet vergaan zyn) zoodanig hebben bevonden, als der uit de zee gekomene.

Ten derden, blykt het ook, dat de versteende Visch-deelen, altydt veel weker, dan der Schulp-deelen zyn.

Te willen zeggen, dat, het Landt, de zoete rivieren en beeken, ook Slakken, Oesters of Mossels (met Horens en Schulpen omvat) hebben, sta ik gaerne toe, doch men zal ze ook veel ligter en dunder geschaalt, zoo wel hier te Landt, als in Oost of West-Indiën be-vinden; daar wy noch byvoegen, dat die soorten in de zee niet gevonden worden: Want de Zee-Schulpen en Horens zyn, voor 't meerendeel, veel zwaarder, vaster en dikker van schors en stof, om dies te grooter geweldt, van een woester element, tegen te konnen staan. Ook worden de dun geschaalde in de Zeén, meest gevonden op zoodanige plaatzen,

daar

daar ze de harde gronden en 't stuiven der baren tegen de steenklippen, niet onderworpen zyn. Dus verre achten wy het nodig ons hier in te laten, ook wel verder, indien 't werk het toeliet. Die meerder licht daar ontrent begeert, leeze het geleert werkjen van den Hr. J. de Ray 't IV. Hooftst. van zyn Waerelts begin en eind, uit het Engelsch in 't Nederduitsch vertaalt, in 8vo gedrukt te Rotterdam by Barent Bos. Als mede de Nederlantsche Ontheden, voor ontrent 100 jaaren door R. Verstegen opgestelt en opnieuws, met geleerde aantekeningen, in het licht gebragt, gedrukt t' Amsterdam by van Rooijen in 8vo. En wat belangt, het komen der Hoornen en Schulpen, in de allerzwaarste steenbergen, 't zal ligt te begrypen zyn, indien 't gevoelen van den Hr. T. Burnets heilige Aardkloots beschouwing, zoo veel ingang by den leezer als my heeft. Lees hem daar hy handelt, van het instorten, overstromen, en voortkomen der Bergen. Dat werk is mede uit het Engels vertaalt, en in 't jaar 1696. s' Amsterdam, by Van Dalen in 4to gedrukt. Van de voorgaande uit de aarde gegravene, als in de bergen gevondene versteende Hoorens en Schulpen, worden 'er veele by de Liefhebbers bewaart en gezien. Daar in munten uit (behalven de voornoemde) de Hr. Doctor Ruysch, de Hr. Vincent en andere. Van de grote menigte, die wy bezitten, zullen w'er maar eenige den Liefhebberen voorstellen: Zie de plaat LVIII. by de letter E. dit is eene keiharde Steen met verscheidene zoo Hoorntjens als Schulpen bezet, door den Hr. Kreitsmaar Kapitein onder des Konings guarde, buiten Brussel, onder 't graven in 't maken van eene sterkte gevonden: Die afgetekent staat by letter F. is een diergelyke, doch met een ander soort van Hoorntjens omzet, en my uit West-Indiën toegekomen: By letter G. eene andere bergklomp: En by letter H. een volkome dubbelde Oester, buiten en binnen geheel versteent, en in het Toscaans gebergte gevonden: by letter I. een hard versteendt Hoorn; en by letter K. een diergelyke versteende dubbelde Schulp. Op de plaat LIX. by letter A. is een Rotssteen, met verscheidene Schulpen, daar onder eene groote geribde, hoogblaauw van koleur: By letter B. op de zelfde plaat, een versteende Schulp, by ons de enkele Zots-kap genaamt, van welke ik de dubbelde ook versteent hebbe gezien. Op de plaat LX. by de letter A. is een Pennehoorn, de Trommelschroef genaamt, buiten en inwendig geheel versteent, verbeeldt: By de letter B. een diergelyke, doch noch in zynen rotssteen zittende: By letter C. eene dubbelde Schulp, waar van 'er veele in Hongaryen worden gevonden: By letter D. is een Hoorn, Cornu Ammonis genaamt, afgetekent, waar aan getwyfelt wort, of het een gewas, of hoorn is; doch zie de voor- en tegen-reden by den voornoemden J. Ray. By de letter E. (deze heeft zyn volkome koleur) en is vuur-steenhard: En die by de letter F. een, by ons bekent onder de benaming van Toot: By de letter G. ziet men een zwart Slakkehorentje, met een flaauw wit bandtjen: En by de letter H. een, by ons onder de Posthoorntjes, bekent: Het verbeelde by letter I. is een getopt Hoorntje, zynde zwart en glanzig; alle zyn ze uit de Steenbergen gekomen, en zoo wel in als uit-wendig versteent. Nu volgen, uit de vele die voor handen zyn, maar eenige uit de aarde gegravene en geheel versteende, die by de letter K. afgetekent, is een dubbelde Jacobs-Schulp, doch heel zuiver en schoon, met zyne ingestoten visch noch by zich, maar, veel weker dan de voorgaande, versteent: Zodanig is mede de verbeelde by L. en by de letter M. eene geribde Maan-Doublet, of Compas-Schulp. By de letter N. een langwerpige Schulp met schuinze, tot malkanderen lopende, ribben: Daar wy mede eindigen; zullende op het LXXXIV. Hooftdeel verder van de andere Steengewassen schryven.

LXVII. HOOFTDEEL.

Myites. Mestica Assousing.

De Myites beschreven, zie de plaat LX. No. 1. word voor een Mosselsteen gehouden.

Plinius Lib. 37. Cap. 11. maakt gewag van den Steen *Myites*, doch anders niets van hem schryvende, dan dat hy den naam zoude hebben van de gedaante eener muis; doch myn *Myites* is genaamt van een Mossel, dewelke in 't Grieksch eenen gemeenen naam heeft met de muis, hy word gevonden in een slach van Mosselen, die dun van schaal zyn, diep in 't zand stekende, en daarom boven in 't II. Boek, XXXV. Hooftdeel, Zandmossel of *Musculus arenarius* genaamt: Zeer zelden vind men in dezelve dit Steentje, 't welk men voor een kleine Mossel zoude aanzien, indien het niet steenhard was, aan 't bovenste einde wit en half doorschynende, aan 't onderste

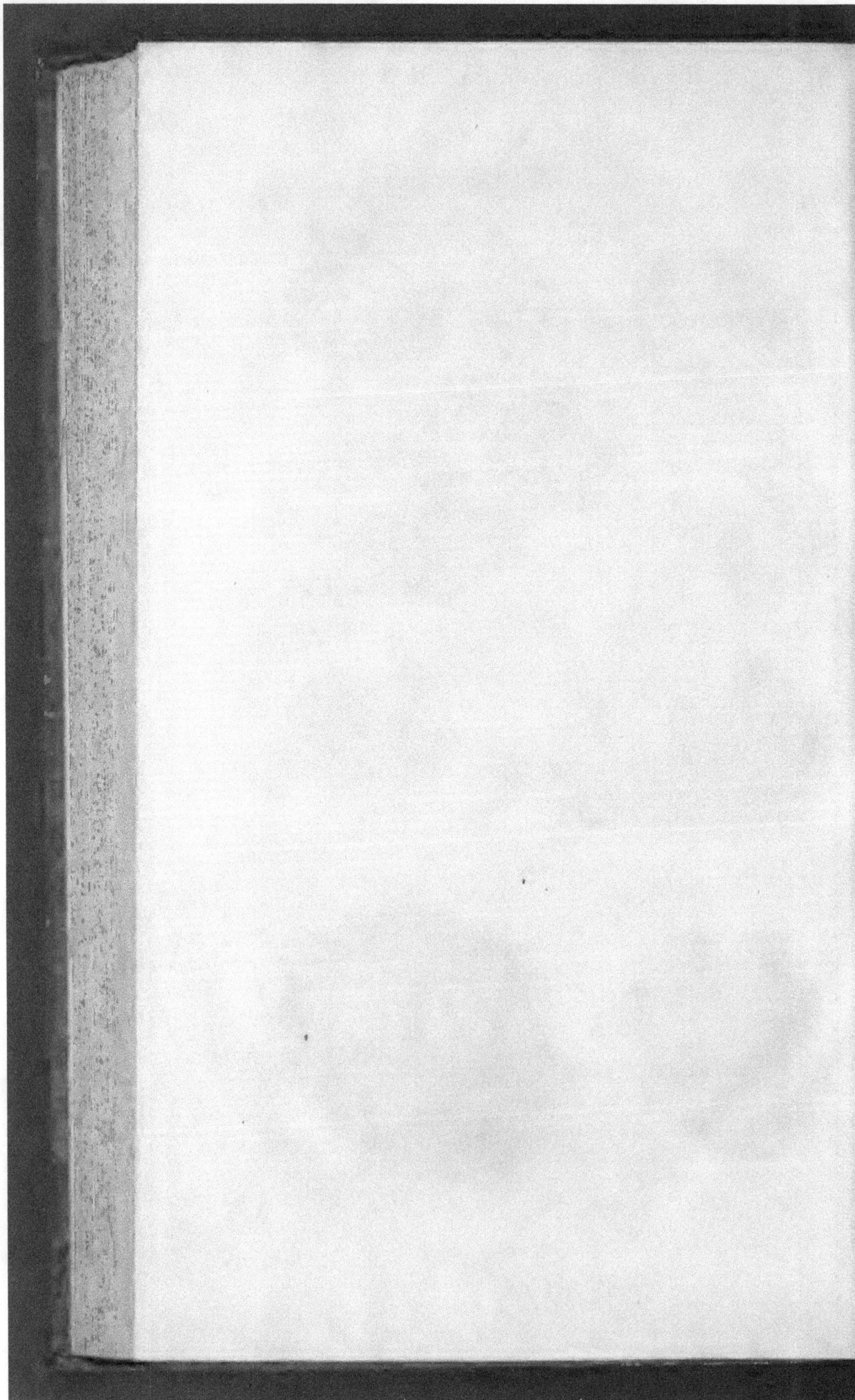

fte of dikfte eind, paars en blauwachtig, fchaars een lid van een vinger lang. Ik hebbe maar een gezien, zynde meer voor een zeltzaam toeval dan een gewoon fchepzel
der natuur te rekenen.

Om de *Meftica* der Zeegedierten te befluiten, zoo voege ik hier by de Paerl, die *De Paer-len mede onder de Meftica gerekent:* men in zommige Schulpen en Mofelen in de Amboinfche zee vindt, dewelke klein
en flegt zyn en daarom geen byzonder befchryving behoeven. In de vlakke Zadelfchulp
vind men de befte, de regte Paerl naaftkomende, doch geelachtig en hoekig, gelyk
die men in den Amboinfchen Inham vindt: Schooner en grooter vallen ze op *Xula Mangoli* omtrent de Negory *Weytina*, als mede op *Boëton*, daar deze Schulp *Cale-pinda* hiet. In de Holfterfchulp of *Pinna* vind men ze ronder, doch paars of bruin,
en beflerven metter tyd.

De Schryver geeft geene afbeelding van dezen Mofelfteen, doch alzoo wy eenen dierge-
lyken bezitten, vertonen wy hem op de plaat LX. N°. 1.

LXVIII. HOOFTDEEL.

Calapites. *Klapfteen.* Meftica Calappa.

DE *Calappus*-fteen is ten deele befchreven *Lib. 1. Cap. 111.* van ons Amboinfch *De Ca-lapites.*
Kruidboek in de Hiftory van den *Calappus*-boom, doch zal nu hier op zyn
plaats zyn volle befchryving hebben; behoorende onder die Steenen, dewelke *Plinius Lib. 37 Cap. 11. Dendritides* noemt; doch dewyl daar onder veele foorten begrepen worden, die men in deze Oofterfche Eilanden en by na in
allerhande flach van vruchten en boomen vind, zoo heb ik ieder een byzonder naam,
naar de Pliniaanfche manier geformeert, gegeven: Het is te geloven, dat deze Steent- *Zyn Stee-nen uit vruchten en gewaf-fen.*
jes geformeert worden uit den fteenzap, dewelke uit den grond in de boomen en vruchten
opgetrokken word, zich aldaar concentreert en uit het edelfte der zelver een *Gemma* of raar
Steentje maakt, het welk, als meermaals gezegt, de Maleijers met een gemeene naam *Meftica*
of *Moftica* noemen. Onder die uit boomen en vruchten komen is de bekentfte en gebruike-
lykfte de *Calappus*-fteen, in 't Latyn *Calapites*, in 't Maleitfch *Meftica Calappa*. Het is *Hun be-naming in verfcheide taalen.*
een wit Steentje, het wit kezelfteentje of alabaft zoo gelyk, dat men hem daar voor
zoude aanzien, doch de *Calappus*-fteen is weeker, flaat geen vuur, heeft geen keiach- *Hun ge-*
tigen reuk, en noch eenige andere eigenfchappen, die hem van andere Steenen onder- *daante en eigen-fchappen.*
fcheiden, verdeilt in langwerpige en ronde: De langwerpige heeft de gedaante en groot-
te van eene duive- of eenes anderen vogels-hert, zomtyts ook van een Hagediflen-ei, aan 't
eene eind dikker met een donker kroontje als een uitgevallen tand, 't welk de wortel
is, waar mede hy aan de fchaal of *Tampoerong* heeft vaft gezeten: Doch zommige
hebben dit kroontje niet, 't welk een teken is, dat ze al van de fchaal afgevallen en
los in 't water gedreven hebben, dewelke dan het Hagediflen-ei gelyker zyn, aan het
ander en fmalder eind, 't welk als een ftomp kegeltje toeloopt, zyn ze op 't klaarfte
en boven op met een blinkend plekje gelyk een ftralend zonnetje, het welk zich open- *Kente-ken of die levend of doot.*
baart als men ze tegen den dag houd, en als ze dit zonneken niet hebben worden ze voor
dood gehouden.

De *Calappus*-fteen is zomtyds regt rond, als een groot erweet, zomtyts linze-vor- *Hebben verfcheide gedaanten en kleu-ren.*
mig, zoo groot als een platte grieke, rontom met eenen fmallen rand: Deze groeijen in
't appeltje, het welk men in d' oude *Calappus*-noot vind, en zoo ze daar af vallen
dryven ze mede los in 't water. Beide zyn ze zuiverwit, te weten d' eerfte foorte melkwit, de tweede trekt uit den witten een weinig naar het blauwe, en zomtyts aan de
randen half doorfchynend, daar ze in 't gemeen alle donker zyn: De ronde hebben

aan

aan de klaarfte en meeft verhevene zyde ook het witte zonnetje , aan beide ziet men zomtyts heel kleine en fyne fcheurtjes , die niet diep ingaan en den Steen geenzins flimmer maken : Want dewyl de Steen in eene geduurige vochtige fubftantie groeit gelyk het binnenfte hol van een *Calappus*-noot is , zoo kan 't niet minder zyn of de Steen moet fcheurtjes zetten , wanneer hy aan de drooge lucht komt , het welk men ook ziet gebeuren aan den *Umbilicus Marinus* , als men den zelven varfch van zyn dier affnyd. Hoe ze in de *Calappus*-noten groeijen , heb ik van een ooggetuig geleert , zynde een Faandrig , dewelke in 't jaar 1672. naar de Zuid-Ooftere Eilanden gezonden , aldaar onder anderen een *Calappus*-noot oopende , daar in het pit wel volwaffen , doch noch niet hard was , aan het zelve een rood plekje gewaar wierde , een weinig buiten het ander vleefch uitpuilende , en daar in twee wittte platte Steentjes , die noch week waren en aan de fchaal noch vaft : De Inlanders zeiden ; hadde die *Calappus*-noot noch twee maanden aan den boom mogen blyven , dan zouden de Steentjes ryp en hard geworden zyn.

Verhaal van haar rypheit.

In de Amboinfche geweften vind men ze niet , hoewel daar zoo veel duizent oude noten geopent worden , om olye daar uit te branden , doch van Kerams Noordkuft worden veele gebragt naar het zeggen der Inlanders in hunne *Calappus*-noten gegroeit , daar ik mede aan twyffel , dewyl my niemant voorquam , die ze zelfs daar in gevonden hadde. De meefte vind men op *Celebes* en *Makkaffar* , het land van de *Boegis* , *Cajeeli* , en op *Boëton* ; het fchynt dat die Landen een eigenfchap hebben , dat ze meer fteenzap in haare vruchten en boomen ftieren , dan elders gebeurt , daarom ook de meefte *Meſticæ* van die plaatzen komen.

Waar die 't meefte gevonden worden.

De proeve dezer Steenen gefchiet gemeenlyk met fcherpen Azyn of Limoenzap , als men een weinig daar van in de hand giet en den *Calappus*-fteen daar in legt , zoo moet dezelve daar in terftont koken of bolletjes rontom zich opwerpen , en die dat niet doet word voor ondeugend of doot gehouden ; maar ik heb meermaals deze proef verworpen , dewyl de Steen daar door zynen glans verlieft en eene doodfche koleur krygt , al wafcht men hem terftont met water. Ook doen dit alle weeke , donkere en poreuze Steenen , in welkers [*Pori*] gaatjes de Azyn of Limoenzap indringende de ingeflote lucht uitdryft , en daar door bobbeltjes veroorzaakt , gelyk men in *Europa* ook ziet gebeuren aan den *Lapis Victorialis* of *Aſtroites* , dewelke zich in den Azyn ook beweegt. De tweede proef zal deze zyn ; als men hem op een matte legt en daar rontom rys of *Pady* ftrooit , zoo zal geen hoen derven een korrel daar van eeten , zoo lang de Steen daar by legt ; doch dit heeft my niet willen gelukken , want had ik den Steen niet weggenomen , de hoenders zouden hem met den rys opgeflokt hebben , en nochtans meende ik , dat ik den regten hadde. De derde proef is noch ongelooflyker , dewelke ik van eenen ouden Malabaarfchen *Empiricus* gehoort hebbe , als men den Steen aan den ftam van den *Calappus*-boom bindt , zoo zouden alle de noten afvallen , 't welk ik niet in 't werk geftelt hebbe.

Hoemen die toetzen moet.

Andere proef.

Derde proef.

Plinius op de voorfchreve plaats fchryft zynen *Dendritis* die eigenfchap toe , dat hy onder de wortel van een boom begraven , die men omvellen wil , de byl niet laat ftomp worden ; het welk men aan den volgenden *Dendritis* in 't werk ftellen mag. De langwerpige *Calappus*-fteen heeft ook grote gelykeniffe met den *Chamites* van d' eerfte foorte , doch daar in te onderfcheiden , dat de *Chamites* gemeenlyk een paerlachtigen weërfchyn maar geen zonnetje heeft , ook in Limoenzap lankzamer en weiniger kookt dan de *Calappus*-fteen : Metter tyd door 't draagen word de *Calappus*-fteen ook fmoddig , vuilwit en doodfch van koleur , den welken men weder zuiveren moet op deze wyze , men legt hem een halven dag in water van een jonge *Calappus* , en wryft hem met des zelfs liplap , of wafcht en wryft hem in water , daar men rys in gewaffchen heeft , die men kooken wil.

Vreemt gevoelen van Plinius.

Hoemen die vuil geworden wederzuivert.

De *Calappus*-fteen word onder de voornaamfte *Meſticæ* gerekent , die men draagt om gezondheit of goed geluk in eenig voornemen te hebben en tot veele andere dingen , die

Worden bygeloovig gebruikt by

die de Inlanders door bygeloof en inbeeldinge hem toefchryven , als om gelukkig te *d' Inlan-ders.*
zyn in koopmanfchappen , thuinen te maken , en in den oorlog iemant gezont en onquetsbaar te bewaaren ; welk laatfte immers geen fchyn heeft , want wat heeft de vreed-
zame *Jupiter* , waar onder deze boom behoort , mer den Krygs-God *Mars* te doen :
Betere redenen hebben zy , dewelke hem regens de koortzen gebruiken , als men hem in wa- *Hun regt gebruik.*
ter legt en daar van drinkt om den koortzigen brand te blufichen ; ook met water op
eenen fynen fteen gewreeven en in d'oogen gedaan geneeft de verhitheit der zelver.
De mooifte en ronde worden in zilvere ringen gezet , want in 't gout wil hy niet ftaan.
De grootfte worden aan de kriffen gehangen ook met zilvere hoepen gefloten. De Ma-
labaaren maken ook oordroppen daar van , die de vrouwen aan de ooren dragen , doch
met gout ingevat , daar in ze nooit zoo blank blyven als in 't zilver. Het ftuk koopt *Waarde.*
men in 't gemeen voor een Ryksdaalder , doch de ronde en mooi geftraalde gelden
wat meer.

In 't jaar 1691. in Februarius is zekere meid by my gekomen , dewelke een oude *Verhaal van eenen gevonden Calappus- Steen.*
Calappus-noot gefchilt hadde , die op *Baguala* gegroeit was : Op de fchaal of *Tam-
poerong* en onder de buitenfte bolfter heeft ze een *Calappus*-fteen gevonden , niet aan
het oog maar aan d'eene zyde van de *Tampoerong* in een vlak kuiltje zittende : In koleur en fubftantie was hy de andere *Calappus*-fteenen gelyk , maar in gedaante verfchilde hy ; want hy was in de grootte van een dubbeltje en gedaante van een vlak hart ,
aan de onderfte zyde plat , aan de bovenfte bultig en aldaar een klein kuiltje , daarin
men iets bemerken konde als een vezeltje van den bolfter , en aan den eenen hoek was
een fchilffertje uitgevallen , waar onder een klein quaftje was. De meid hadde hem in
azyn gelegt , waar in hy gekookt en zich beweegt heeft , doch daar door iets van
zynen glans verlooren.

LXIX. HOOFTDEEL.

Dendritis Calapparia.

EEn regte foorte van *Dendritis* uit een *Calappus*-boom is gevonden op *Ceilon* *De Den-dritis Ca-lapparia, wat het zy.*
in het hout van des zelfs ftam , kort te voren door den donder omgeflagen ,
want s'daags na dien flag gingen 2 Duitfche Officieren met hunne flaven daar
voor by ; de flaven liepen naar den omgevallen boom om het palmyt uit de
kruin te haalen , wanneer ze dit Steentje in het hout van den ftam vonden , daar aan
men klaarlyk bekennen konde , dat het aldaar moefte gegroeit zyn , om dat het met dat
hout digt omvat was ; zy gaven het aan hun Meefter den Kapitein , die het namaals
in *Amboina* aan my vereert heeft. Dit Steentje was rond of een weinig bultig , in de *Haar ge-daante omftandig befchre-ven.*
grootte van een kriekje , hard en glad als een kezelfteentje , nietdoorfchynend , dooir-
geel van koleur , daar op ftonden rontom veele witte oogjes of kringetjes , binnen met
een geel plein , zommige groot , zommige klein , als of ze gefchildert waren ; het bovenfte oog was het grootfte , en hadde in zich noch eenen anderen donkeren kring ,
gelyk de Iris van een oog ; van de andere oogjes liepen zommige door malkander , zommige waren ook geheel wit , diergelyke kringetjes men byna ziet aan een foorte van
den *Lapis Victorialis* of *Aftroites* : Aan d'eene zyde zag men een wit plekje , doodfch
van koleur , alwaar men vermoedde , dat hy van het blixem-vuur een weinig geraakt
was : (De Kapitein verhaalde my , dat de Singalezen hem gezegt hadden , dat zulke
Steentjes meermaals in 't *Calappus*-hout gevonden wierden ; echter zy konden hem niet *Worden in 't Ca-lappus-Hout ge-*
een te voorfchyn brengen , noch daar van aanwyzing doen , hoewel hy doemaals als
Deffave , dat is , Landdroft over hun lieden het gezag voerde : Naar zyn gifing mog-

S f
ten

vonden, en bygeloovig gebruikt

ten ze wel diergelyke gehad doch voor hem verborgen gehouden hebben, om dat die Natie zoo wel als andere Indianen diergelyke zeltzaame *Mesticæ* in groote waardye houden, dezelve dragende om goed geluk te hebben, byzonder in den oorlog, 't welk ik eenigzins aannemen konde, indien hy zynen boom hadde beschermen konnen tegen des donders gewelt; doch het spreekwoort luid: *Als meerder komt, moet minder wyken.*) Ik heb van diergelyke niet meer gehoort noch gezien in deze Oostersche gewesten; hy is in een ring gevat in 't jaar 1682. en onder myne andere Rariteiten gezonden aan den groot Hartog van *Toscano* met den naam van *Dentritis Calapparia*: In Azyn of Limoenzap heb ik hem niet willen toetzen om zynen glans niet te willen bederven, maar by nacht tegens een Krystal of Achaat geslagen vuurde hy, doch weinig, gelyk alle harde *Mesticæ* doen, die of geheel, of ten deele doorschynende zyn.

LXX. HOOFTDEEL.

Pinangitis. Mestica Pinang.

De Pinangites beschreven.

DEze *Pinang*-boom geeft tweederleije Steenen uit hem, van malkander veel verschillende. D'eerste is de gemeene *Mestica Pinang*, 't is een klein Steentje, wat groter dan een groene *Catjan*, van gedaante als een stomp kegeltje, zuiverwit, met een straalend zonnetje boven op, niet zoo ligt ver-

Waar die gevonden word.

bleekende als de *Calappus*-steen. Men vind hem in de oude *Pinang*-noten steekende boven in den kern, de noot, die men eet, is in dat kuiltje, 't welk men het oog noemt, en waar uit een nieuwe spruit voortkomt: Doch men moet weten, dat men onder duizent noten hem qualyk in eene vindt, en dat meest op *Makkassar* en

Hun waarde.

Boëton. Zy worden wegens hun mooijigheit in ringen gezet en gedragen als *Calappus*-steenen, inzonderheit eigenen zich hem die geene toe, dewelke met *Pinang* te planten en verkoopen omgaan.

De tweede de soort.

De tweede *Pinang*-steen heeft een geheel ander fatzoen, en is anders niet dan een oude *Pinang*-korrel in een harde keisteen verandert, daar van hy ook meest de gedaante en grootte heeft, te weten, aan het onderste eind een weinig plat en voorts rond toelopende met een rimpelig kroontje boven op, donkerbruin met rosse stipjes, zeer hard, koud, en als men hem aantast vochtig schynende, hy word zeer zelden

Worden voor Toetsteenen gebruikt.

gevonden op *Makkassar*: In Limoenzap kookt hy niet; men kan hem voor een Toetsteen gebruiken, doch hy neemt het gout zeer ongelyk aan, want aan de zyde rontom neemt hy de natuurlyke koleur van 't gout aan en behoud die lang, maar aan de onderste vlakke zyde vertoont hy het gout bleek en onzienlyk, als mede op het kroontje.

De Mestica Bras zynde de derde soort.

Voeg hier by den *Mestica bras*, zynde een klein langwerpig en wit Steentje, het welk men op *Makkassar* zomtyts vindt in plaats van een ryskorrel, in zyne natuurlyke bolster besloten, het welk die geene geerne by zich dragen, die met rys planten omgaan.

De Scorodites de vierde soort.

Scorodites, dat is, *Mestica bawang poeti* is een witte Steen, niet doorschynend, behalven een weinig aan 't dikste eind, in de gedaante van een teen van look, doch tweemaal grooter, gevonden op Makkassar in een bol van look, gelyk men zomtyts ook lookbollen vind, die maar uit eene groote teen bestaan, dewelke men Mannetjes-look noemt, hy vuurt niet by nacht en in 't wryven riekt niets naar look.

LXXI. HOOFT-

LXXI. HOOFTDEEL.

Dendritis arborea. Meftica Caju.

DEze *Dendritis* is aldus in *Amboina* gevonden : Daar was een zeker Sinees, De Dendritis Arborea. Waar die gevonden word. in 't eerft een arm en gering perzoon, die zich met Arak-branden geneerde, welke hanteering veel brandhout vereifchte, en dat van 't befte flach ; nu gebeurde het op zekeren tyd, dat een van zyne flaven een hout kloofde, doch de byl trof op iets hards in 't hout, 't welk daar uit en den meefter voor zyne voeten fprong, 't zelve opgeraapt wierd het een mooi Steentje bevonden van eene ongemeene gedaante, 't welk in 't hout gepaft zynde bevond men, dat het daar in gelegen en by gevolg gegroeit was, anders zoude men den kapper opgeftreden hebben, dat hy in een fteen gekapt hadde. Wat hout het geweeft zy, daar op wierd toen niet gelet, doch namaals by nader onderzoek hielt de jonge ftaande, dat het *Cafuaris*-hout geweeft was, welk hout de Sinezen meeft gebruiken tot het Arak-branden, om dat het fel brand en een vafte kool maakt. Dit Steentje was langwerpig rond als een lid van een vinger, doch wel Zyne gedaante en koleur. zoo dik, en had men 't elders gevonden, men zoude het voor een hoornverwig Achaat aangezien hebben; het midden des Steens vertoonde een melkweg uit 7 fmalle witte aderen gemaakt, gelyk men zomtyts een *Iris fecundaria* ziet by een regte regenboog; de bovenfte helft des Steens was hoornverwig, maar beneden den gordel lichter van koleur, gelyk een regte witte Achaat, en de onderfte hoek was breedft en wat ruig, tegens het licht gehouden overal half doorfchynend en by nacht vuurde hy ook gelyk Achaat, hoewel wat minder, aan hardigheit en glans den zelven mede gelyk. De voornoemde Sinees, *Nonko* genaamt, heeft hem van dien dag af in zyn gordel om Bygeloof der Inlanders. 't lyf gedragen, en vermits hy van een arm perzoon in korte jaaren ryk wierd, heeft hy als een Heiden dat geluk dezen Steen toegefchreven; den welken hy zelden getoont, noch voor eenig gelt heeft willen miffen, hoewel ik hem de zwaarte van goed gout daar voor aanbood, 't welk naar 't gewigt bedroeg omtrent 10 Ryksdaalders. Ik moeft my laten vergenoegen, dat hy hem my voor een uurtje leende om uit te teikenen en te befchryven, zonder dat hy ondertuffchen uit de kamer ging. Namaals in 't jaar 1693. by zyn overlyden is de Steen zoek geraakt, zonder dat de Erfgenamen iets daar van wilden weten ; zoo hy hem gedragen heeft om naar 't gemeen gevoelen onquetsbaar daar door te wezen, zoo is het aan hem mis geweeft, nademaal hem in een krakeel het tipje van zyne neus afgekapt wierdt.

Diergelyke Steenen in hout groeijende worden by de Maleijers in 't gemeen *Meftica* Worden zelden gevonden. *Caju* genaamt, en zoo zelden gevonden, dat ik dezen alleen maar gezien heb, hoewel men zegt, dat 'er hier en daar onder de Inlanders noch eenige fchuilen. Op *Makkaffar* vind men ze nu en dan in knoeften of quaftige deelen van *Cofaffu*-hout en *Camoeneng batoe*, die ik noch niet gezien heb.

In 't jaar 1674. heeft een Sineefch Timmerman in een boom *Caju ficki* gevonden De Meftica Sicki, wat die zyn. een Steentje, in de grootte van een *Bonga Manoors* knop, buiten witachtig en half doorfchynend gelyk Achaat, doch zonder die aderen van de bovenftaande ; naar binnen was de koleur wat zwarter en als donker : De Sinees, die hem gevonden had, wilde hem niet miffen, want zy gelooven, dat de vinder van zoodanige Steenen groot geluk zal hebben, en achten hem krachteloos als men hem verkoopt.

Voeg hier by twee Steentjes, die leververwig, donker en hoekig zyn, gevonden Twee Steenen uit de vruchten van een Cafuaris-boom. op *Camarien* in de vrucht van eenen grooten *Cafuaris*-boom, wiens vruchten viermaal grooter zyn dan de gemeene.

LXXII. HOOFTDEEL.

Nancites. Meſtica Nanka.

DE korrels, die men in het vleeſch van de vrucht *Nanka* of *Soorſack* vind, verſteenen ook zomtyds, en dat op het Land *Makkaſſar*, welke Steenen kleinder zyn dan de korrels zelfs, doch van het zelfde fatzoen, te weten als een langwerpig eitje, hard, glad, bleekgeel of immers witter dan de korrel: Men vind ze zelden, en hoewel de vrucht over de 100 korrels heeft, nochtans maar een verandert in eenen Steen, dewelke ook van ongelyke grootte zyn, in 't gemeen een lid van een vinger lang, zommige langwerpig rond, zommige wat plat gedrukt: Zy worden by de Makkaſſaren met vier zilvere bandjes ingevat, en aan hunne kriſſen gedragen; hoewel deze laffe vrucht geen eigenſchap met den oorlog heeft. De metalen toetzen eenigzins daar op, doch valſch, en de toets houd niet vaſt; het zilver vertoont zich als potlood, en 't gout word ook bleek en ongedaan; aan 't onderſte of dikſte eind is hy zomtyds ruig alf of 'er een ſtukje afgebeten was. Voorts vind men noch *Meſticæ* in verſcheide andere boomvruchten en kruiden, dewelke van my noch niet gezien zyn, te weten in de houwen van *Tamarind*, in de vruchten van *Tsje-remey* of *Boa Malacca*, in de knien van 't kruid *Sulaſſi*, en meer andere.

Meſtica Clompan heeft de gedaante van een *Bidji Clompan*, maar is wit als *Ca-lapites.*

LXXIII. HOOFTDEEL.

Sangites. Meſtica Sanga.

WAt een ſchadelyke melkboom *Sanga* zy, zie in 't Amb. *Herbar. Lib.* 3. *Cap.* ..... waar van het Sineeſch vernis of *tsjad* gemaakt word; dragende eene vrucht de Amboinſche *Gajang* gelyk, doch veel kleinder: Deze vrucht ſteekt vol zwartbruine melk, die ook ſteenhard word, maar eene drooge witte korrel legt 'er binnen, dewelke zomtyds in eenen Steen verandert; deze behoud gemeenlyk de gedaante van de vrucht, met dergelyke uitpuilende aderen, doch kleinder dan de vrucht; hy is zeer hard en zwaar als een keiſteen, koud, kaſtanje bruin, donker en toetſt redelyk wel en vertoont de koleuren der metalen opregt: Zommige zyn kleinder, vol hoeken en kuilen, en wel zoo bruin. Zeker ooggetuig heeft my verhaalt eene vrucht aan dien boom gevonden te hebben, dewelke al half in ſteen verandert was, daarom hy een touwtje aan den ſteel bond om die vrucht te kennen, doch omtrent een maand daar na weder by den boom komende was de vrucht afgevallen, en lag onder den boom geheel in ſteen verandert. Een ander had dergelyke half verſteende vrucht afgebroken en in een *tomtom* gelegt, dewelke een tyd lang daar na mede gebeel tot eenen ſteen geworden was: Waar uit men ziet dat veel en krachtig ſteenzap in dezen boom moet ſteken, waarom ook dat Sineeſch vernis zoo hard word gelyk men aan het verlakt houtwerk ziet. De boomen waſſen op *Makkaſſar* omtrent de kanten van de rivieren, van waar ik twee zulke Steenen bekomen heb.

LXXIV. HOOFTDEEL.

Parrangites. Mestica Gondoe.

D Eze *Mestica* komt van de vrucht *Parrang*, anders genaamt *Faba marina*, en befchreven *Lib. 7. Cap.* ...... hebbende de gedaante en ten naaften by ook de grootte van een boon uit dezelve vrucht, zynde verandert in eenen harden fteen, platrond, ter wederzyde in de midden uitpuilende, zwartachtig aan de kanten, naar den blauwen trekkende, zoo dat het fchynt dat de geheele boon, deweike donker kaftanjebruin is, in zulk eenen Steen verandert is, hoewel de Makkaffaarfche *Parrang*-boon veel grooter is dan d' Amboinfche, maar de fteen is in de grootte van den Amboinfchen, en hoewel deze vrucht zeer overvloedig in *Amboina* waft, zoo is my nochtans niemant voorgekomen, die ooit eenen Steen daar in gevonden heeft; zelfs op *Makkaffar*, daar alles in fteen verandert, is hy zeltzaam, en ik heb 'er een van daan gekreegen met rood koper ingevat, zoodanig dat men hem uitnemen konde, den welken zy aan 't lyf gedragen hadden, als zy ten oorlog gingen, miffchien om dat de geheele vrucht de gedaante van eenen krommen houwer, en daar van den naam heeft. Hy toerft mede, doch vertoont de koleuren niet opregt, te weten goed gout trekt bleekgeel, en ftegt gout naar den roffen, zilver word blank, doch daar fchynt wat rood onder.

De Parrangites, waar van dezelve komen. Haar gedaante.

Waar toe die gebruikt worden.

LXXV. HOOFTDEEL.

Manorites. Mestica Manoor.

O P het Landt *Makkaffar* zyn ook de bloemen niet vry van het verfteenen, 't welk zoo veel wonderlyker is dan in de voorgaande houten en vruchten, deweike veel bequamer zyn den fteenzap te ontfangen, dan een teere bloem of bloemknop, evenwel heeft *Medufa* haar niet verfchoont.

De Manorites, wat die zyn.

Een *Manorites* dan, of Steentje uit den knop van een *Bonga Manoor* geworden, is my van *Makkaffar* toegebragt, gevonden in een tuin van een Duitfche familie, alwaar de huisvrouw, in haar tuin tegen den avont de knoppen van deze bloem willende vergaderen, heeft onder anderen afgeplukt een knop, zoo zy niet beter wift, van een *Manora*-bloem, doch dewyl die haar los in de hand viel en wat zwaarder voorquam dan een natuurlyke bloem, bekeek zy die wat nader, en bevond 'er een wit Steentje te zyn, als of 'er een *Manoor*-bloem uit alabaft gefneden was, doch de deiling van de bladeren konde men niet bekennen : Zy riep tot getuigen het geheele gezelfchap van haar man, en wees den fteel daar het Steentje geftaan had; deze namen het Steentje mede en leiden het zonder agterdogt op de tafel, daar by geval *Boerepons* geftort was, een drank die van zuur Limoenzap gemaakt word, welk zap het Steentje rakende in korten tyd een hoekje daar af beet. In 't zelve jaar is hy my noch geworden, wanneer hy noch fchoonwit was, doch na acht jaaren begon hy zyn fchoone wittigheit te verliezen en grauwachtig te worden, doch met een mes gefchrapt, wierd hy wederom wit, namaals heeft my een Moorfche Paap verklaart, dat hy op *Boero* aan een *Manora*-ftok diergelyke Steentjes gevonden heeft in de gedaante van zulken knop, doch het fteeltje is altyd korter dan aan de regte bloem.

Verhaal van 's zelfde.

Tweede verhaal.

LXXVI.

LXXVI. HOOFTDEEL.

Steenen die by geval in eenige Boomen, of Vruchten komen.

Andere Boom- en Vrucht-Steenen beschreven.

Onder de *Mestica* worden zomtyds, doch t' onrecht, zommige Steenen gerekent, die by geval in eenige houten of vruchten komen en in 't groeijen daar in geslooten worden, dewelke men daar aan bekennen kan, als zy de substantie en koleur van natuurlyke en bekende steenen hebben; waar onder evenwel zommige zyn daar aan men twyffelen mag: Ik zal daar van eenige voorbeelden voortbrengen, naar welke men d' andere schikken mag. In mynen tyd, doe ik op *Hitoë* lag,

Eerste verhaal van dezelve. wierd op *Mamoa* (een plaats tusschen *Hila* en *Hitoelamma*, daar men veele tuinen maakt) in eenen stronk van een *Pissang*-boom een ronde doch wat gedrukte zwarte Steen gevonden, den gemeenen zwarten Toetsteen zoo gelyk, dat ik 'er geen onderscheit in vinden konde, behalven dat hy wat smeeriger was en de metaalen niet wel aannam, 't zelve misschien veroorzaakt, om dat hy langen tyd in dien vochtigen stronk gelegen

Het gevoelen der Inlanders. had; de Inlanders hielden hem voor een *Mestica*, en dat hy in den *Pissang*-stronk gegroeit was, berookten hem naar hun manier alle vrydagen, bewaarden hem in een linne doekje, droegen hem aan 't lyf om goed geluk met hun tuinen te hebben. Andere vermoedden dat het een Dondersteentje was, dewelke men ook zwart; maar myns wetens nooit van eene ronde gedaante vindt, ook most het een machtelooze Dondersteen geweest zyn, dat hy door eenen weeken *Pissang*-stronk niet heeft slaan konnen. Naar

En de redenen van den Schryver daar over. myn gissing is dit Steentje by geval geworpen of gevallen op een jong *Pissang*-plantje, 't welk door zyn haastig groeijen dezen Steen omvat en in zich beslooten heeft; waar tegen de Inlanders inbragten, dat op die plaats geen Toetsteenen gevonden wierden, 't welk niet al te vast gaat, dewyl ik zelfs andere zwarte Steenen op die plaats gevonden heb, die de Toetsteenen zeer gelyk waren: Immers het is zwaar te gelooven, dat zulk een harde Steen in de wateraehtige substantie van een *Pissang*-stronk zoude groeijen, hoewel men zeker weet, dat in zommige soorten van *Pissang*-vruchten kleine en vuilwitte Steentjes gevonden worden, die men dan voor den regten

Pisangites. *Pisangites* of *Mestica Pisang* houden mag.

Het tweede verhaal van d' Armilla Magica. *Armilla magica* of *Armilla Dæmonis* behoort hier by, zynde een Armring, naar 't oogenschyn door menschen handen gemaakt, doch naar 't voorgeven der Inlanders op de volgende manier gevonden: Zeker *Tuhua*, inwoonder van *Mosappel*, een Negorytje eertyds omtrent *Mamoa* gelegen, hadde zyne tuinen op 't voorschreve *Mamoa*, alwaar

Hoe die gevonden. hy den voornoemden *Pissang*-steen ook gevonden heeft op deze manier; hy wilde op dezelve plaats eenige boschtouwen kappen, die men tot de bobbers gebruikt, wanneer hy door de takken en bladeren van eenen hoogen boom al ruischende iets hoorde afvallen, 't welk hy naspeurende dezen Armring vond, en zich inbeelde, dat hem die beschaart was door eenen gunstigen *Djing* of *Dæmon* tot zyn gebruik, den welken hy ook zorgvuldig naar zyn manier berookte en bewaarde: In 't jaar 1668. lange jaaren daar na is hy nevens den voornoemden *Pissang*-steen door zynen neef aan my verkocht, beide met kattoen wel bewaart, met çivet besmeert, en zoo hy zich geliet daar toe gedwongen: Hy gaf voor dat zyn Oom *Tuhua* die beide Steenen tot in zynen hoogsten ou-

En waar toe gebruikt word. derdom bewaart hadde, dezelve by zich dragende, wanneer hy ten oorlog ging, en men wiste niet, dat hy in zyn leven ooit gequetst of een droppel bloeds verlooren had, hoewel hy de troepen aangevoert en veele *Attaquen* bygewoont had; eindelyk tot eenen hoogen ouderdom gekomen en geene kinderen hebbende, behalven eene dochter, die hem mede door een vreemdeling ontvoert was, had hy de beide Steenen aan zyn neef behandigt en als eenen verborgen schat aanbevolen: Hy dan vreezende, dat het zelve lot hem als zynen Oom mogt overkomen, was gedwongen die Steenen weg te geven,

als

als bemerkende dat ze zyn geflacht niet langer gunftig waren. Hy wilde my ook wys-
maken , dat de ring eerst klein geweeft en metter tyd tot zulk eene grootte gegroeit
was ; weshalven ik hem in zyne tegenwoordigheit op een pampier afteikende , met
voornemen om den zelven na verloop van jaaren hem weder te toonen , dat hy
noch in de zelfste grootte was, doch wy zyn kort daar na van malkanderen geraakt ,
en hebben malkanderen niet meer gezien , maar de ring bleef in de zelfste grootte.

De Armring was zoo groot , dat men hem gemakkelyk over een hand konde stryken , aan de binnen kant vlak , een pink breed , buiten driekantig niet eenen stompen rug naar de gedaante van een *Mamakur* , lootverwig, hier en daar wat blinkende
als rauw *Antimonium* , niet glad maar wat gestreept en ruig, als of hy met een snydend
werkmiddel aldus gefatzoeneert was , met een mesje ligtelyk tot een grauw poeder te
schrappen , van substantie zeer gelyk eenen harden Leye-steen of diergelyken Klip-steen ,
waar van ik geheele bergen op 't Landt *Hoamohel* inzonderheit op den strandt van E-
rang gezien heb. Ik kan ook anders niet gelooven, als dat hy door menschen uit zulk
eenen Steen gesneden zy , doch hoe hy op den boom komt laat ik *Tuhua* niet zyn
Djing raaden, wel wetende dat de bedriegende geest vaardig is om waangelovige menschen naar hun begeerte iets te beschaaren of aan te wyzen, 't geen by ander geval daar
gekomen is , gelyk hy aan zyne dienaars het *Vara-Zaad* in St. Jans nacht weet te be-
schaffen. Ik wel wetende dat hun voorgeven beuzelachtig was, en ook niets byzonders
of zeltzaams aan die Steenen ziende heb ze egter uit hunne handen genomen, om dat
slegt volkje van hun bygelovigheit te verlosten; ook weet ik wel dat de overwinning
in den oorlog geenzins van zulke lompe Steenen komt, vinde egter raadzaam zulke dingen uit der Inlanders handen te krygen, waar op zy by tyd en wyl stout worden en hun verlaten , en daar door dikwyls zeer ligtveerdig ons zelfs den oorlog aandoen.

In 't jaar 1683. wierd een *Calappus*-boom omgevelt omtrent het Kasteel *Victoria* in
't velt , waar in men vond een grooten platten Steen , dien men wel bekende eenen
gemeenen Veltsteen te zyn, hy lag in 't onderste van den stam , een paar voeten boven den wortel: Naar vermoeden is deze Steen daar gelegt , doe de *Calappus*-noot eerst ge-
plant wierde om dezelve volgens gebruik toe te dekken , doch door de planters verge-
ten is hy van den opschietenden stam ontvat, hoewel dit al mede haar zwaarigheit heeft ,
namentlyk waarom de groeijende en opwaarts stygende natuur des *Calappus*-booms den
Steen niet hoger gevoert heeft , gelyk deze boom en de regte palmboom de natuur
hebben tegens alle zwaarte op te dringen: Dit laat ik die geene raaden, dewelke gehoort en gezien hebben hoe het gras groeit; het is my genoeg te weten, dat het een
gemeene Veltsteen was, die door den opschietenden stam ingestoten is. Van deze Steenen
word ook gemeldt in 't voorgaande XXVI. Hoofdeel.

LXXVII. HOOFTDEEL.

Steenen die by geval een ongewoone gedaante hebben.

Hier behooren geenzins zoodanige Koraalsteenen en Zeeboomtjes , dewelke
volgens hun gewoonlyke natuur de gedaante van eenige planten of dier hebben, en die in 't XII. Boek van 't Amboinsche *Herbarium* voorgestelt worden , om dat ze een *Vegetative* natuur, met de steenen vermengt , hebben:
Noch zoodanige Landsteenen , dewelke van buiten altyd eene zekere figuur hebben door
hun inwendigen geest voortgebragt, gelyk de seshoekige Krystallen, de vier en vyf hoekige

[marginalia rechts:]
Zyn grootte en gedaante, beneffens 't gevoelen van den Schryver.

't Derde verhaal, en des Schryvers aanmerkinge van den zelven.

Gedaante Steenen by geval.

kige *Androdamantes*, en meer andere. Maar ik verfta zulke Steenen van een ongewoone gedaante, dewelke zy niet door intentie der natuur, maar by geval verkrygen, dewelke ontelbaar konnen zyn; ik zal maar eenige uitkippen, het eerfte voorbeeld ont-
leenende van den Zuidelykften hoek van Afrika, den welken de Ooft-Indifchvaarders
omvaaren: Benoorden de Kaap *de Bon Efperance* op de hoogte van 29 graden Zuider
breette leggen de bergen, by de Portugezen *Os montes de Pedra* genaamt, dat is, Steenbergen, aldaar by d'Oliphants rivier diep landewaarts in hebben d'onze groote fpelonken, en overhangende klippen van dezelve bergen gevonden, aan welkers verwulf-
zels hingen als yskegels, gelyk men in de zalpeterige kelders vind, aan fmalle halzen
verfcheide gedaanten van paarden, ruiters te paard, vogelftruizen, leeuwen, en meer andere, even als of ze uit den bovengenoemden Steen gefweet waren, doch hard en van fteenige
fubftantie: De bergen zelfs waren van rooden marmer. Van deze beeltjes hebben d'onze verfcheide mede gebragt, zynde een vinger lang, fteenhard en glad, ieder kan wel
bezeffen dat deze beelden niet van de natuur met opzet gemaakt worden, dewyl ze geen
eenderleije noch vafte gedaante hebben, maar of uit de bovenfte klippen uitgezweet,
of door het afvallen van de omhangende aarde aldus ontbloot zyn, doch 't eerfte is
waarfchynlykft, want op de zelve manier ziet men op *Amboina* by de rivier *Batoe gantong* overhangende klippen en fpelonken, daar van boven veele grote mammen afhangen, en andere diergelyke van onderen daar tegen opgegroeit zyn, verbeeldende den
mond van een grooten draak, dewelke noch jaarlyks groeijen, 't welk men daar aan
gewaar word, dewyl alle naamen uitgroeijen, die voor eenige jaaren daar ingegraveert
waren. Zoo vind men ook hier en daar op ftrand en in 't gebergte groote klippen, die
door 't wegfpoelen van d'omleggende aarde nu bloot ftaan en de gedaante van menfchen hebben.

Voeg hier by het zeltzaam beeld van een menfch op een ftoel zittende, op een vloer
van enkel fteen, naar 't zeggen der Makkaffaren aldus van natuur gegroeit op cenen hoogen berg...... dewelke het Makkaffaarfch van 't Boegiffche gebiedt feheid in de ftraat
van *Saleijer*, daar die Natie, doch heimelyk naar toe loopt om het vervloekte werk
Batappa te verrichten, van den *Djing* of Duivel iets verzoekende, als geluk in den
oorlog, voorfpoet in 't winnen van rykdom, boelfchappen, en meer andere dingen;
waar op hun de Duivel een onbekend Steentje geeft, of eenige uiterlyke plechtighe-
den leert, die zy volbrengen moeten.

Voeg hier ook by het fteene Maria-Beeld in een fpelonk van een berg in *Chili* gevonden, daar noit te voren Chriftenen gewoont hadden, by d'eerfte aankomft der
Spanjaarden, hoewel *P. Kircherus* zulks voor een Goddelyk mirakel wil verkoopen in
zyn Onderaardfche Waereld 't..... Boek, Hoofdftuk.....

In 't jaar 1681. wierd in den Amboinfchen Inham uit de Zee gehaalt een Koraal-
klip, dewelke na een weinig fchrabben en graveeren van d'Inlanders de gedaante kreeg
van eene Vrouw met het halve lyf, hebbende met het hoofd onder en met den buik opwaarts geftaan, naar den aart des Koraalfteens in verfcheide takken en hoeken verdeelt, als mede het hoofd, borft, buik en fcherpe hoeken mismaakt, dewyl nu dit
beeld juift gevonden wierd voor de plaats van *Hative Kitsjil*, alwaar voor eenige hondert jaaren een Javaanfch jonk aangelandt is, waar van de *Anachoda* of Schipper met
zyn wyf of zufter *Teyfilan* naar land willende varen, de prauw om floeg en *Teyfilan*
verdronk, zoo dat ze noit voor den dag is gekomen, wordende daar omtrent een groote Koraalfteen in Zee getoont, dewelke haar *Toedong* of breede hoed zal geweeft zyn:
Deze klip nu voor den dag komende moefte *Teyfilan* zyn, te meer alzoo men uitftrooi-
de, dat ze in 't uithaalen eene zugtende ftem van haar hadde gegeven: Een groot toeloop
van volk fchoot daar naar toe, inzonderheit van Heidenen en Chinezen, dewelke ver-
zot zyn op diergelyke beelden, die de natuur maakt. De Inlanders hadden het zelve
al in 't bofch verborgen, en naar vermoeden zoud de een of ander een afgod daar van
gemaakt hebben: Want de *Morianen* nu onder *Halong* woonende rekenen hun afkomf-
stig

(marginal notes, left column)

Eerfte voorbeeld, benoorden de Kaap de Bon Efperance gevonden in de Berg-fpelonken, zynde paarden, ruiters, vogels, leeuwen, en meer andere.

Redenen van den Schryver over der-zelfs gedaanten.

Tweede voorbeeld, een menfch op een ftoel zittende verbeeld.

Derde voorbeeld, een fteene Maria-beeld.

Vierde voorbeeld, van een half vrou-we beeld.

Waar 't zelfde gevonden en van de In-landers voorgehouden is, die afgode-ry daar mede bedryven.

ftig van den voornoemden fchipper; doch ik heb dat beeld met behendigheit tegen betaaling van 1 Ryksdaalder uit hunne handen bekomen, nu daar mede in myn tuin pronkende;
daar namaals uit des zelf lyf verfcheide plantjes en bloemen groeiden, want ik had te
voren het zaad daar van in de holle kuiltjes geftoken: Kort daar na bragten ze my noch *Vyfde*
een beeld van eenen mismaakten man, ook uit de Zee gehaalt, doch dewyl het my *voorbeeld;*
van dier-
niet lufte zoo veel gelt daar voor te geeven, hebben ze my niets meer gebragt. *gelyken*
Mans
beeld.

LXXVIII. HOOFTDEEL.

Melitites. Boatana.

DEze Steen is gevonden van een flaaf in het gebergte van eene bruine vette *De Me-*
klciachtige aarde onder den wortel van den boom *Oebat Toeni*, of *Sefoot*, *litites be-*
fchreven.
met wiens wortelen men den Saguweer bitter maakt. Naar zyn zeggen in het *Zyn ge-*
daante.
eigenfte fatzoen, te weten achtkantig met vier breede en vier fmalle zyden,
aan beide hoeken zeer fmal toelopende, in een vierkant plaatje, 2 duimen lang, in
de midden dik, bruinachtig, met witte, geele en zwarte plekken en aderen gemarmert, redelyk zwaar, doch liet zich ligt fchrabben, gefatzoeneert regt als een Lei-
dekkers hamertje, naar alle vermoeden heeft hy hier aan gelogen, want men konde
te klaarlyk zien, dat hy door 't fchrabben en fnyden met een mes aldus gefatzoeneert
was, zynde miffchien ten naaften by in die gedaante gevonden: Zyn fchrapzel is donkergeel als Rhabarber; aan de beide einden geeft hy witachtige melk, in de midden
geelachtig, zoet van fmaak, en hy is van reuk als de *Terra figillata*; waar uit ik befluite, dat het een *Melitites* of Honingfteen moet zyn, hoewel hy wat te hard daar toe
is, en naderhant heb ik bevonden, dat diergelyke Steenen in groote en kleine klompen in de rivier *Waytommo* gevonden worden: Waar van zommige zoo week zyn, *Waar die*
gevonden
dat ze qualyk den naam van een Steen mogen voeren, maar moeten voor een *Marga* *word.*
indurata gehouden worden, waar van hier na. Deze flaaf wilde wonderlyke konftjes met
dezen Steen bedryven, hy wilde zich vaft daar mede maken, zyn meefter, een Duitfch *Bygeloof*
van een
Kapitein *des Armes*, van een langduurige longe-ziekte genezen; waar toe hy water, *Slaaf met*
den zel-
by nacht van een Moorfche Tempel gehaalt, moeft hebben, doch na lang quynen ftierf *ven.*
de meefter: Hy zeide, dat de Steen gelukkig was voor die tuinen maakten, 't welk
eenigzins zyn reden heeft, want wie dezen Steen by zich draagt, die heeft altyd aardvrucht by zich; vermits de vrucht in 't Maleitfch, *Boatana*, dat is, Aardvrucht hiet:
Hy had hem zoodanig met çivet befmeert, dat men hem den zelven niet benemen konde, niet tegenftaande, wel 10 jaaren na s' meefters doodt, ik hem dikwyls in water
gelegt hebbe.

Voeg hier by den *Galaktites* of Melkfteen, dewelke men van de kuft *Coromandel* *De Ga-*
laktites of
brengt, in 't Portugeefch *Lama de Cofta* genaamt, hy is witachtig, zeer week en bros, *Melkfteen.*
ligt en aan de lippen kleevende: Hy word door Indien vervoert tot dienft van de zo- *Waar toe*
die ge-
gende vrouwen, dewyl hy de melk vermeerdert, en verhitte oogen verkoelt: Men *bruikt*
word.
brengt hem te koop in vierkante ftukjes gefneden.

LXXIX. HOOFTDEEL.

Satschico. Alabastrites & Lychnites Chinensis.

*De Sat-
schico of
Chineesche
Alabast.*

SAtschico of *Satscheo* is een slach van Alabast in *Sina* zoo verscheiden van koleuren, dat men alle de stukken en veranderingen qualyk voor een Steen houden kan.

*De eerste
soort, is
verscheidentlyk
van ko-
leur.*

D'eerste en gemeenste is geelachtigwit, aan substantie en hardigheit het regte Alabast gelyk, niet eenparig van koleur, want de eene helft des Steens is geelachtig of vuilwit, d'andere helft bleekrood, daar hy ook wel zoo hard is; zommige ook wel uit wit en lichtrood gemengt als beelde wasch: Men ziet'er ook plekken in van zwarte adertjes als takken van een doornboom; andere stukken zyn eenparig geel als

*Waar toe
die ge-
bruikt
worden.*

bleek wasch, en zoo die eenparig van koleur zyn worden ze gebruikt tot Signetten voor den gemeenen man, want wy hebben boven gezegt, dat de Steen *Joe* of *Onyx* alleen tot des Keizers-wapen genomen word: Uit de stukken, uit roodgeel en wit gemengt, worden schoone gebeelde schaaltjes en kopjes gesneden, dewelke men in *Sina* onder huisraad rekent, en die men met reden voor de *Myrrhina* der Ouden mogt houden.

*De twee-
de soort,
ten onregte
voor Jaspis
gehouden.*

Men vind noch eenen anderen Steen in *Sina* van den zelfden naam, doch by d'onze voor een soort van *Marmor* of *Jaspis* gehouden, myns oordeels ten onregte, dewyl hy noch de hardigheit noch den glans van die beide heeft. Men vind stukken daar van vierkant als een Leye ingevat, donkergroen met veelderleije aderen door malkander lopende, ende eenige Landschappen, bergen en rivieren vertoonende: Deze in dunne

*Tot welk
gebruik die
zyn.*

tafeltjes gesneden en ingevat, hangen de Sinezen op in hunne huizen in plaats van schilderyen.

*'t Gevoe-
len van
Boëtius
over de A-
labastrites
en Alaba-
strum.*

Boëtius in zyn *Gemmarium Lib.* 2. *Cap.* 269. is van die mening, dat'er een onderscheit behoorde te zyn tusschen *Alabastrites* en *Alabastrum*, stellende het laatste eenen weeken Steen te zyn; dien men gemakkelyk snyden kan, die het ingegote water niet wel houdt, en den welken men tot gyps gebruiken kan, gelyk meest alle Alabast is, dat men in Duitsland vindt, en daarom *Spath* genaamt word. *Alabastrites* daarentegen hard en niet zoo gemakkelyk om te snyden, geene vochtigheit in zich drinkende, doch noch al weeker dan marmer, en daarom bequaam tot zalfdoozen. Hy oordeelt dan dat *Alabastrum* een beginnende Steen zy, die uit zyn klei eerst begint hard te worden en metter tyd de hardigheit van *Alabastrites* bekomt, gelyk deze in 't vervolg tot marmer word; maar dewyl ik zulk eene onderscheit by *Plinius* en d'Ouden niet vind, dewelke altyd *Alabastrum* voor eene zalfdooze houden, en *Alabastrites* voor eenen Steen, waar van ze gemaakt worden; zoo stel ik *Alabastrites* tot eenen gemeenen naam tot alle weeke en veelverwige Steenen, dewelke aan hardigheit en glans den marmer wyken. By den zelven *Boëtius* op de voornoemde plaats vind men noch een ander soort

*Een an-
dere soort,
by Boëtius
niet den
voorgaan-
den verge-
leken.*

van *Alabastrites* omtrent de stad *Menz* groeijende, aan veelheit van verwen en aardig lopen van aderen den *Jaspis* gelyk, en daarom van *Boëtius* voor eenen onvolmaakten *Jaspis* gehouden, waar onder men brengen kan den voornoemden Sineschen gemarmerden Tafelsteen; doch ik vertrouwe, dat de geleerde onder de Sinezen een onderscheit maken tusschen den gemarmerden Tafelsteen en den eersten *Satschico*, dewelke immers in hardigheit en schilderyen merkelyk verschillen.

*De derde
soort,
Lychnites
Sinensis.*

Noch een derde soort van *Satschico*, in 't jaar 1671. uit *Sina* in *Amboina* gebragt, zoude ik houden voor den *Lychnites* van *Plinius*, 't welk een soort van Alabast of witte marmer wezen zal, aldus genaamt, als of men Kaerze-Steen zeide, dewyl hy in de holle bergen by het licht der kaerzen gekapt, en misschien ook geformeert word: Uit dezen Steen quamen omtrent 40 stuks in *Amboina*, tot kopjes, schaaltjes en bekertjes

ge-

geformeert, met draken, bloemen en loofwerk aardig uitgesneden. De Steen zelfs was *Zyn hoedanigheit.* weeker van substantie dan de voorschreve soorten, zoo dat men hem voor gyps zoude aanzien; zy zyn veelverwig, doch de meeste waschgeel, aan zommige hoeken blauwachtig, voorts met hooggeele en roode aderen, waar van zommige breede banden uitmaakten, en zommige t'zaamen liepen in een wervel; aan zommige kopjes was 't meest blauw met purpere plekken, geele en rosse aderen, in 't kort, men konde geen twee onder die 40 vinden, die malkander gelyk waren van koleur: Op eenen steen met water gewreeven wierden ze tot eene dikke pap, als *Marga*, en op 't minste stooten of drukken braken ze aan stukken. Zy quamen uit het Landschap *Quantung*, *Waar die gevonden,* alwaar omtrent de stad *Saukinhoe* een berg is, van binnen uitgeholt met een ingank ter zyden, alwaar de gravers ingaan met brandende kaerssen, en achter hen word de deur toegesloten, blyvende slegts een vierkantig gat open, waar door ze lucht scheppen. Deze elendige gravers gaan hier in zeer diep, daar ze eindelyk dezen Steen uitkappen, en, dewyl hy onder de aarde heel week is als kryt, straks formeeren en uitsny- *En waar van veel zeltzame figuuren gemaakt worden.* den, zoo als zy begeeren en de Steen lyden wil, 't welk zeer gemakkelyk toegaat, zelfs de takken van de Festoenen, het lichaam van draaken en andere dieren met doorgebroken of doorluchtig werk uitbeeldende: Als ze nu aan den dag en in de lucht gebragt worden, krygen ze eerst hun behoorlyke hardigheit, en worden dan noch wat glad geschrapt of gepolyst. Zy vallen mede in het Landschap *Quancy*: Als men ze vervoeren wil, moet men ze tusschen rys-kaf inpakken. Alhier word 't stuk voor 1 Ryksdaalder verkocht, daar het, zoo ik hoorde, in *Sina* geen zèsje koste, en zomtyds veel minder als men ze eerst van de berglieden koopt; zoo dat het te verwonderen is, dat menschen voor zoo een geringe prys hun leven wagen, om zoo diep onder de aarde dezen Steen uit te halen. Deze soorte, waar van de gebeelde kopjes gemaakt worden, scheen met eenige vogtigheit gesmeert of daar mede gepolyst te zyn, want vogtigheit daar in gegoten wilde aan de kanten niet kleeven; zoo bleek 't ook dat 'er eenige gaatjes in geweest, en met stukjes van den zelfsten Steen gestopt, en met eenig lym vast gemaakt waren: De Steen is zoo week, dat men hem met den nagel schrabben kan, en daarom worden ze daar na niet meer geacht; doch het recht rype *Satschico* laat zich zoo niet schrab- *Hoe de rechte Satschico moet zyn.* ben, maar daar uit maken zy Slypsteenen met lystjes omvat, waar op zy de Sinesche inkt wryven als zy schryven willen, zynde in 't midden wat uitgeholt in een delle.

Het schynt dat de Sinezen, allerhand marmer *Satschico* noemen; doch zy hebben *Worden op vier plaatzen gevonden.* maar vier Landschappen, die het zelve uitleveren. 1. *Hokien*, omtrent de stad *Hoc-* *De eerste plaats.* *scheu*, geeft het meeste en beste, gemengt met geel, wit, en lichtroodt, zomtyds ook aschblauw, alle met zwarte aderen in eenen wervel of takjes geformeert, en daar- *De tweede.* om *Siusan* of *Susantscheu*, dat is, veelverwig genaamt. 2. Dat van *Quantung* levert mede veelverwig marmer, waar van ook weeker is gelyk Alabast, 't welk jonge of onrype steen is, waar van de gebeelde kopjes zyn: Van beide maken de Sinezen tafelbladen, en de groote Heeren estrikken tot vloeren, ook schilderyen met lysten ingevat, als ze vol landschappen zyn. 3. *Huquan* geeft geel en half doorschynend marmer. 4. *De derde.* *Leautung* geeft zwart en half doorschynend marmer: Alle deze soorten worden met *De vierde plaats.* den naam van *Satschico* of *Satscheo* genoemt.

LXXX. HOOFTDEEL.

Amianthus Ambonicus. Batoe Ramboe.

De Amianthus Ambonicus. Zie de plaat LVII by letter H.

En flach van den *Amianthus*, 't welk onze Apothekers t' onrechte *Alumen plumofum* noemen, vind men in *Ambon* op *Leytimor*, inzonderheit in de valleye der riviere *Way-hau* of *Batou gantong*, by d' onze den *Alf* genaamt, waar in men geheele klippen vind van dezen baftaart *Amianthus*, buiten hard en zwartgrauw, doch fchilfferig, en als men 2 of 3 van de buitenfte korften afneemt,

Wat het is omftandig befchreven.

zoo vind men den *Amianthus* als gryze haairen, doch vaft aan malkander klevende en met veele zeegroene fchilfferen op malkander leggende, dewelke beter het *Talcum* gelyken, waar voor hy ook in *Europa* aangezien is: Hy fplintert ligt, zoo wel in haairtjes als in fchubben, dewelke op de huid een jeuken veroorzaken, gelyk de geftotene *Amianthus*, of Krevelkruid pleeg te doen. Men kan egter met zagt flypen groote ftukjes daar van krygen, dewelke uit den zwartgroenen en gryzen mooi blinken, ook in de lucht harder worden: Doch aan den Amboinfchen is het gryze altyd meeft, en die veel groen heeft, gelykt met zyne fchilfferen beter naar het *Talcum*. Uit de voornoemde rivier d' *Alf* en der zelver kind *Waynitoe* worden veele zoodanige ftukjes een vinger

Waar die gevonden word, beneffens haar eigenfchappen aangetoont.

lang en kleinder uitgedreven, die men dan verftrooit vind langs den geheelen hoek *Oevitetto*, by d' onze genaamt de Galghoek, daar ze dan eenen langen tyd in de zon liggende de groenigheit verliezen en uit den gryzen grauw worden, en zulke kleeverige of aantrekkende krachten bekomen, dat ze aan natte lippen gehouden vaft daar aan kleeven en fchier het vel af haalen, als men ze weder aftrekt; doch een tyd lang in huis bewaart vermindert deze aantrekkende kracht allenskens. Een weinig van dit kleeven word men ook gewaar aan die ftukken, die men varfch uit de klippen kapt, als men ze eenige dagen in de zonne legt; dewelke daarenboven ook eenen aardachtigen reuk en fmaak behouden, en als men ze met water op eenen fteen wryft, zoo worden ze tot een witaehtig papje. De geheele ftrand van *Waynitoe* tot voorby Oud *Amahoeffoe* heeft verfeheide rivieren, ook zwartachtige klippen, dewelke brokkelig en fchilfferig, zwartgroen en loodverwig zyn, mede naar het *Talcum* aardende; waar in zommige Sinefche bergkenners my verzekerden loot te fteeken, 't welk door middel van ander loot moefte uitgetrokken worden, doch het is tot noch toe niet onderzocht. In de rivier de Oliphant ftaan diergelyke klippen, ook brengt zy voort noch andere Steenen van groen, bruin en zwart gemarmert, die men ook voor groene marmer zoude aanzien, zoo ze niet te brokkelig waren. Egter vind men zoodanige harde en maffive ftukken, dat men kleine mortieren en fchaaltjes daar van maken kan.

Word in Duitsland mede gevonden.

Diergelyke klippen van baftaart *Amianthus* en *Talcum* heugt my gezien te hebben in Duitsland, in dat gedeelte van den berg *Melibocus*, 't welk het *Rhyngouw* uitmaakt, en de hoogte (*de Höhe*) genaamt word, omtrent het overoude Stamhuis van *Catzenellebogen*, wiens vervallene muuren meeft van dezen Steen gemaakt zyn en de gryze oudheit vertoonen, en vier mylen daar van daan het Kafteel Koninkfteen; doch alle deze houd men voor een aart van Leijen of Schilfferfteen.

Heeft gelykenis met de Pedra de Cananoor.

De Amboinfche *Amianthus* heeft mede groote gelykenis met den *Lapis Cononorenfis*, in 't Portugeefch *Pedra de Cananoor* genaamt, by andere voor den *Lapis Armenus* gehouden, dewelke groenachtig is met grys gemengt, doch 't groene is hier aan het meefte, langdraadig en fplintetig, harder dan d' Amboinfche, en zoo aardachtig niet van reuk, maar eer hoornachtig en met water gewreeven, 't zelve wit verwende. Andere ftukken zyn donkergroen, breedfchilfferig als d' Amboinfche, doch noch al harder dan *Talcum* behoort te zyn, anders van den zelffen reuk en fmaak. Deze Steen

Word in de medicynen voor

word door geheel Indien vervoert tot eenig medicinaal gebruik, en men moet hem op

Bata-

Batavia tegens half zilverwigt betaalen; een weinig daar van in water gewreeven, *veele quaалеm gebruikt.* 't welk zachtjes moet geschieden dat ze niet splinteren, en dan gedronken, word treffelyk goed bevonden in de kinderpokken om dezelve uit te dryven, als mede den brand in de koortzen door sweeten te blussen en den Oeryn sterkelyk te dryven: Wy hebben onder den Amboinschen zoodanige stukken gevonden, die de Cananoorsche zeer naby kwamen, ook by gebrek van dezelve gebruikt wierden, byzonderlyk om te verkoelen, *Inzonderheit om te verkoelen.* hoewel hy slapper werkt. Het is gelooflyk, dat het een koude Steen moet zyn, die uit de klippen van den *Alf* gekapt word, zynde de koudste rivier van geheel *Amboina*, en de klippen staan altyd in 't water.

Van *Cananoor* komt noch een andere Steen van den voorschreven niet veel verschil- *Een ander soort, Pedra sria genaamt.* lende, langdradig, groengeel met witte of gryze aderen, mede een witte melk van zich gevende met water gewreeven, tot onderscheid van den voornoemden word hy *Pedra fria,* dat is, Koudsteen genaamt, om dat men hem meest gebruikt om te verkoelen in de koortzen, en voor de verhitheit der oogen; hier onder loopen stukken, die zwartgroen zyn met weinig geel, niet langdradig maar breedschilfferig, beide naar 't zeggen der Mallabaaren in een en den zelfsten berg groeijende, zoodanig dat *Pedra fria* het buitenste zy, maar *Pedra Cananoor* 't binnenste van een klip, 't welk ook waarschynlyk en aan den Amboinschen *Amianthus* mede zoo te zien is.

Indien *Creagus* geen byzonder Steen zy, den naam hebbende van vleesch trekken, *De Creagus, wat Steen hy zy.* om dat hy aan de lippen blyst kleeven en quansuis het vleesch aan zich trekt, anders by d'Autheuren onder de soorten van den Magneersteen gerekent, zoo weet ik geenen anderen Steen, waar aan die eigenschap klaarlyker te vinden zy, dan aan onzen Amboinschen *Amianthus,* die een tyd lang op strand in de zon gelegen heeft.

Wy hebben hier weder de afbeelding van een stuk Amianthus *Mineraal bygevoegt, daar in het onderste bruin, en vervolgens de witte streep, die 'er doorloopt, harde Steen, en de bovenste ader, met opgaande streepjes aangewezen, de stof is, daar men zegt dat het onverbrandboar linnen van gemaakt word, altans het laat zich handelen en pluizen of het zyde ware; zie het op de plaat* LVII. *by de letter* H. *afgebeelt: Die begeerig is, om meer van diergelyke te weeten, leeze* Kircherus Onderaardtsche Waereldt, *het 2de Hooftstuk in 't 8ste Boek.*

LXXXI. HOOFTDEEL.

Lapis Tanassarensis.

Van *Malacca* is my gebragt een Steen, die men in 't eerst voor een *Hæma-* *De Lapis Tanassarensis wat die zy.* *tites* of Bloetsteen zoude aanzien, langdradig als een stuk vermolzemd hout, doch van koleur is hy donkerblauw, met weinige witte streepen; hy word gevonden op *Tanassari,* in de gedaante van een Schilffersteen of Ley, met water gewreeven verst hy lichtblauw; 't zal buiten twyssel een hout van zekeren boom *Verst lichtblauw.* zyn, 't welk in de rivieren aldaar vallende in steen verandert word: Hy is bevonden goet te zyn tegens den bloedgang, met water gewreeven en ingenomen; Men vind *Is goet tegen de rooloop.* hem te koop op *Malacca,* aldaar aangebragt van *Tanassari;* verder kennis heb ik 'er noch niet van, dewyl ik maar een stuk gezien heb omtrent een hand lank en t duim dik, 't welk zich door de midden ligt doorzaagen liet, waar van ik de helft behouden heb. Tegens den rechten *Hæmatites* gehouden, bevind men dat de *Hæmatites* *Dezelve met den Hæmatites vergeleken, en het onderscheit daar van aangewezen.* vry wat zwaarder en harder is, aan d'einden root uitslaande, maar daar hy gebezigt word, (gelyk by de zwaartvegers by het bruineeren,) glad en donkerpaars, blauw als gebruneert staal, maar de *Tanassaryn* is lichter met meer en grovere draaden in de lengte gestreept, uit den blauwen naar 't grauwe trekkende gelyk de Leye doet; ook ver-

verfchilt hunner beider zap merkelyk; die ze met water gewreeven van hun geeven, dewelke in den *Hæmatites* root is, in den *Tanaffaryn*, blauwachtig.

Hoewel hy als gezegt tot *Malacea* te koop is, zoo moet men hem egter onderfcheiden van den *Lapis Malaccenfis* by *Garcias Lib.* 1. *Aromat. Cap.* ..... befchreven: dewelke anders niet is dan de *Hyftrifitis* of Yzervarkens-fteen, waar van boven in het LII. Hooftdeel.

LXXXII. HOOFTDEEL.

Dominees Steen.

De Do-
minees
Steen be-
fchreven.

IN de rivier *Waytommo* achter 't Kafteel *Victoria* in *Ambon* vind men zekere Steenen van een ei of een vuift groot, van buiten vol bulten en kuilen, niet te min glad, zacht in 't aantaften, van eene fyne fubftantie; zy zyn zoo week, dat men ze gemakkelyk fnyden en flypen kan, en die in 't wryven een kleeverig papje van zich geeven, waar van zommige ftukken zoo mooi geadert en geplekt zyn, dat men ze voor een koftelyk marmer of Serpentynfteen zoude aanzien, zoo ze meer hardigheit en glans hadden; maar nu bevind men, dat deze Steen maar een beginnende *Marga*

Word met
de Marga
Lapide-
fcens ver-
geleken.

lapidefcens is: Zy verfchillen egter onder malkander in hardigheit, want zommige zyn zoo hard als een gemeene Steen, zommige zoo week en brokkelig, dat men gemakkelyk daar van byten kan, en in 't flypen vallen de ftukken dikwyls van malkanderen. Van buiten vertoont hy geene mooijigheit, zynde gemeenlyk met een mofchachtig flym bedekt, maar in 't flypen vertoonen haar eerft de koleuren en fchilde-

Heeft
verfcheide
koleuren,
plekken en
aderen.

ryen; zyn meefte koleur is ros, grauw en leververwig, maar de geflepene vertoont veelderleye figuuren, wolken en plekken, van groen, afchblauw, root en zwart met veele fyne adertjes, waar in men zomtyds verfcheide beelden kan befchouwen, doch in de meefte niet met al, of donker: Zommige zyn byna in 't gemeen groenachtig van koleur als wier of zeegras, die men niet qualyk voor den *Phycites* van *Plinius* houden mag.

Proef
van deze-
ve.

Men kan ze daar aan van de andere Steenen onderfcheiden, dat ze van buiten glad zyn als zeep, wanneer men ze een weinig tegens eenen anderen Steen wryft: Zy hebben hun naam bekomen van een zeker Prædikant, die ze in de *Waytommo* eerft gevonden en veel werk daar van gemaakt heeft, daar ze te voren veracht lagen, behalven de weekfte ftukken; die met fyn zand vermengt en week zyn, knappen ze op en eeten ze als *Batoe poean* of *Terra figillata*: waar van ze deze Steenen voor medefoorten

Is eene
veelver-
wige ver-
fteende
Marga.

houden, die in der daad niet anders zyn dan eene veelverwige *Marga* allenkskens verfteenende: Indien ze harder waren en die foute niet hadden, dat ze in 't flypen brokkelden, men zoud 'er fraaije werken van konnen maken zoo wel als van het *Marmor Zeplicium* of Serpentynfteen, dewelke niet veel harder is dan de hardfte van deze Steenen: De voornoemde Domine wift door 't flypen fraaije hoekige mes-fteelen en gebeelde tafeltjes daar van te maken, hoewel hem in 't flypen veel miflukte, want indien 'er geene fraaije beelden, plekken en wolken zich op doen, zoo zyn zy geene moeite waardig.

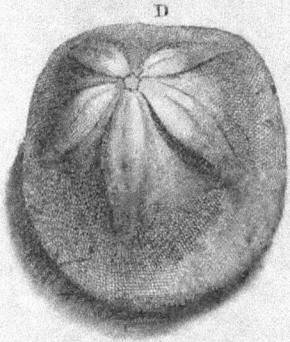

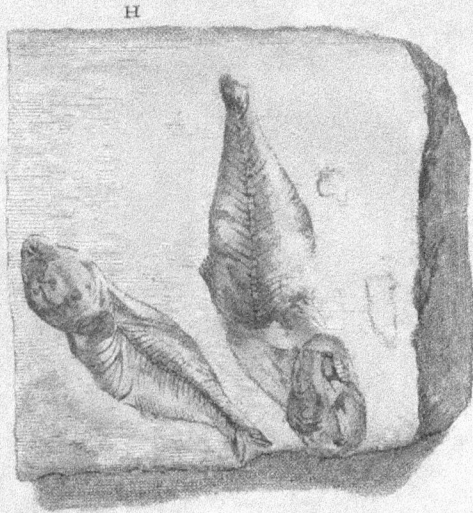

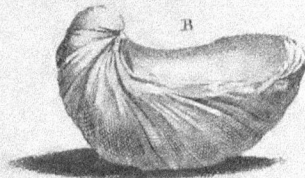

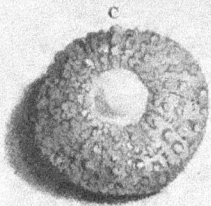

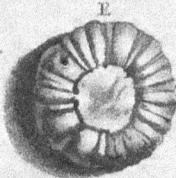

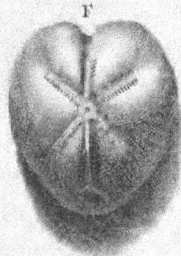

H

D

C

A

B

C

E

F

G

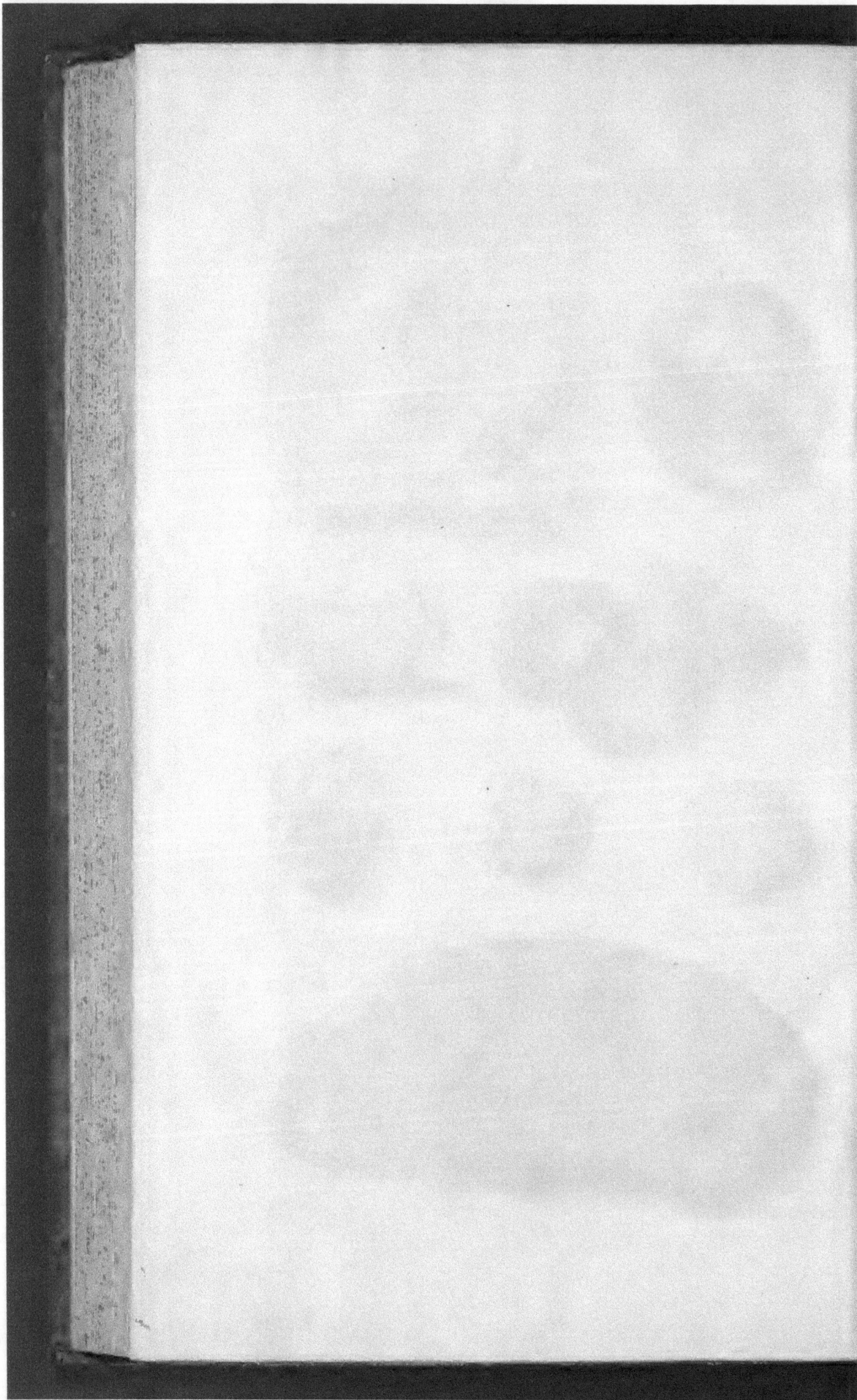

LXXXIII. HOOFTDEEL.

Coticula. Batoe Udjy.

Toetsteenen worden in *Amboina* ook gevonden, zwarte, donkergroene en bruine, waar van alleen de zwarte d'oprechte zyn: De beste vind men tusschen de dorpen *Laricque* en *Waccasihu* op eenen steenigen hoek van 't strandt, dewelke zeer zwart en glad zyn, doch niet grooter dan een hoender-ei, en de meeste als knikkers: Op andere stranden van *Ambon* en *Keram* vind men ze veel grooter, doch die zyn blauwzwart, en vertoonen 't gout bleeker dan het is, 't welk beter voor den koper dan verkoper is: De groene en bruine zyn maar kleine stukjes, en worden zelden gevonden, toetzen ook zoo wel niet als de zwarte. De goudsmeden hebben de manier, dat ze de groote stukken plat slypen als tafeltjes of slypsteenen, maar ik heb dit aan d'Amboinsche niet goed bevonden, dewelke van hun buitenste en zwartste korst berooft verre zoo wel niet toetzen als te voren, daarom men ze laten moet zoo als ze van natuur zyn. Het onderscheit, dat zommige maken tusschen d'onderste en bovenste zyde des Steens, daar hy van de zon geraakt word en beter toetst, is aan de Amboinsche niet te merken, dewelke op strandt leggen en geduurig omgerolt worden. De zwarte Dondersteen is van den zwarten Toetsteen aan koleur en toetzen niet t'onderscheiden, behalven dat de Dondersteen de gedaante van eene stompe byl, beiteltje, en vinger heeft, ook in 't aanzien gladder en blinkender is.

Toetsteenen van de Kust zyn zwarte ruige Steenen, zonder glans en gekartelt, met rood koper ingevat, hier op strykt men 't gout wat hard, en drukt het daar na af op een klontje wascb door kolen heet gemaakt, wanneer nu veel gout op de klontjes staat, zoo word het zelve gesmolten, en hier door krygt iemant, dewelke veel gout toetst, zonder moeite een menigte gout: By nader onderzoek word bevonden, dat deze Slypsteen gemaakt word van den Malabaarschen Amaril, waar van zie boven in 't XXXI. Hooftdeel.

De Coticula zyn Toetsteenen, verscheide van koleur.

Waar dit gevonden, en hoe die gebruikt moeten worden.

De Toetsteen van de kust zynde een ander soort.

LXXXIV. HOOFTDEEL.

Cancri Lapidescentes.

Dewyl voor eenige jaaren de Heer Dr. *Andreas Cleijer* zommige Krabben my toegezonden beeft, uit *Sina* gebragt, naar zyn schryven onder water levendig, en nu in steen verandert, zoo heb ik dezelve alhier onder de Steenen willen plaatzen; want het zyn harde massive Steenen, behoudende de gedaante van eenen gemeenen Krab, omtrent 2 dwars vingers breed en lang, behalven dat ik dit byzonder daar in aangemerkt heb, dat het schild (*thorax*) ter weêrzyden een dik aanwas heeft, gelyk vlerken, doch aan 't schild vast, daar aan de pooten staan, van koleur als een halfgebakken steen, doch de pooten zyn donkerbruin, gelyk ook 't lapje onder den buik: Zy gelyken wel eenen harden steen, laten zich egter gemakkelyk tot poeijer stooten. *P. Martinus* in zyn Sines. Atlas *pag.* 138. in de beschryving van *Kaochieu* de 8ste Hooftstad van *Quantung* zegt, dat ze op den grond van de zee leven tusschen gemelde Stadt en 't Eiland *Hainam*, als mede in een zeker (*lacus*) meir op 't zelfste Eiland; deze, zoo lang ze onder water zyn, zyn levendig, maar als ze in de lucht komen, veranderen in een harden steen, behoudende de vorige gedaan-

Cancri lapidescentes, versteende Krabben, zie de plaat LX: by N. 1. 2. en 3.

Gevoelen van P. Martinus. Hoe dezelve in Steen veranderen.

te,

te, hoewel men aan die men vervoert altyd eenige pooten afgebroken ziet. Hy noemt ze *lapidefcentes Cancri*. De Portugezen *Crangejo de Pedra*.

Onze Handelaars brengen ze van *Maccou* en *Canton* : Van hunne krachten heb ik 't volgende uit een (MS.) gefchreven boek genomen.

1. Voor alle gezwellen met azyn gewreeven.

2. Voor den bloedgank met water gewreeven.

3. Voor allerhande kamergank met wyn gewreeven, doch zoo 't niet helpt met water gewreeven en ingenomen.

4. Zoo de Koorts met eenige gezwellen begint, waar dezelve mogten voorkomen met azyn gewreeven en daar op geftreken.

5. Pyn aan 't hooft met azyn gewreeven, en aan 't flag van 't hooft daar mede geftreken.

6. Voor alle kortazemheit of benautheit voor de borft met water gewreeven.

7. Voor eenige gezwellen, die op de fchouder of rug veroudert zyn, en met geen andere geneesmiddelen konnen genezen worden, met azyn gewreeven en daar op gebruikt.

8. In 't gemeen worden ze gebruikt om de brand in de koortzen te bluffen, gelyk ook *P. Martinus* fchryft, met water gewreeven en ingenomen.

Uit het verhaal van meergemelden Mr. *Criftiaan Gyrarts* heb ik verftaan, dat tuffchen de Stad *Boacheu* en 't Eiland *Eynam* Zeekreeften gevangen worden, dewelke, zoo haaft zy uit het water komen, in Steen veranderen en houden hun geftalte; diergelyke Kreeften worden ook in zeker Meir op het Eiland *Eynam* gevangen. Men heeft daar omtrent plaatzen, als de kleine Stad *Chun*, daar noch ebbe noch vloed is, maar het water vloeit den eenen halven Maanfchyn naar 't Ooften, en d' andere halve Maan naar 't Weften; het welk de Sinezen alhier ook bekrachtigen.

Wy hebben voor heen, in 't aanhangzel van 't LXVI. *Hooftdeel, eenige aanmerkingen gegeven, rakende de verfteende Hoorens en Schulpen, die in de rotsfteenen of aarde gevonden worden, en alzoo dit Hooftdeel van verfteende* Krabben *fpreekt, hebben wy nodig geacht eenige andere, namelyk Zeeappels van verfcheide foorten daar by te voegen, nevens viffen en planten; van welke wy wel eene heele reekze zouden konnen vertonen, indien 't beftek van deze ons niet weêrhiel. Te willen zeggen, dat de zulke mede fteengewaffen zyn, is tegen de reden en ondervinding, redenen zyn' er hier voor van gegeven: 'Daar by wy noch voegen, en vraagen, waar ooit de natuur fteenen heeft voortgebragt, met leden, fcharen, poten, ruggen, buik, fchorffen en andere hoedanigheden meer, alle overeenkomende met de zelfde dieren die leven en voetzel, in het water en op zeeftranden hebben? Zulks kan men noch naakter zien aan de inwendige deelen, die (gelyk wy voor heen van de verfteende Hoorens en Schulpen gezegt hebben) ook veel weker bevinden te zyn, dan de buitenfte fchors of hoornachtige huidt, en dat de Steenzappen alle de deelen doordringen, en zommige geheel verfteenen, of ook wel maar alleen de uiterlyke, door aanzetting, met Steen-korften omvangen. Zulks tonen overvloedig de* Zee-Heefters *en boomtjes, die in de Kabinetten der Liefhebberen bewaart worden, en van veelerlei gedaante en koleuren zyn, daar men de fteenfchorffen van kan afbreken, en alzoo de Heefters volkomen in haar houtgewas of natuurlyken ftaat herftellen, gelyk ze gegroeit zyn, eer ze met fteen omzet wierden: Doch wy zullen ons niet verder inlaten, om van alle die zaken met en onderfcheidelyk te fchryven, alzoo daar toe wel een heel werk zou vereifcht worden; maar voortgaan met het vertonen van diergelyke zaken als de Hr. Rumphius heeft befchreven, en daar van zyn Edt. aan ons gene afbeelding geeft; dieshalven hebben wy, gelyk voor heen meermaals hebben gedaan, onze toevlucht moeten neemen tot de bezitters van diergelyke zeldzaamheden; en om deze* Amboinfche Steen-Krabben *te verbeelden, heeft ons de Ed. Gr. Achtb. Hr. Burgemr. Witzen, de gunft van ze te laten aftekenen, bewezen; zie de plaat* LX. *en aldaar* N°. 1. *de bovenfte, en* N°. 2. *de onderfte zyde, vertoont: Op* N°. 3. *word eene andere foort, my uit de* Weft-Indiën *toegekomen, verbeeldt: Wy bezitten 'er noch meer andere, doch vertonen die niet, om het beftek der plaate niet voor by te fpringen, om dat ook noch meer, namelyk de* Zee-Appels, *afgebeeldt moeften vertoonen, die, zoo veel de binnenfte vifchdeelen aangaat, groote overeenkomft hebben met de Krabben, zie de afbeelding op de plaat* LIX. *Die by de letter* C. *is zyn fchors, fteenhardt, doch het binnenfte veel weker en geheel wit: Zoo ook de andere foort, by de letter* D.

De

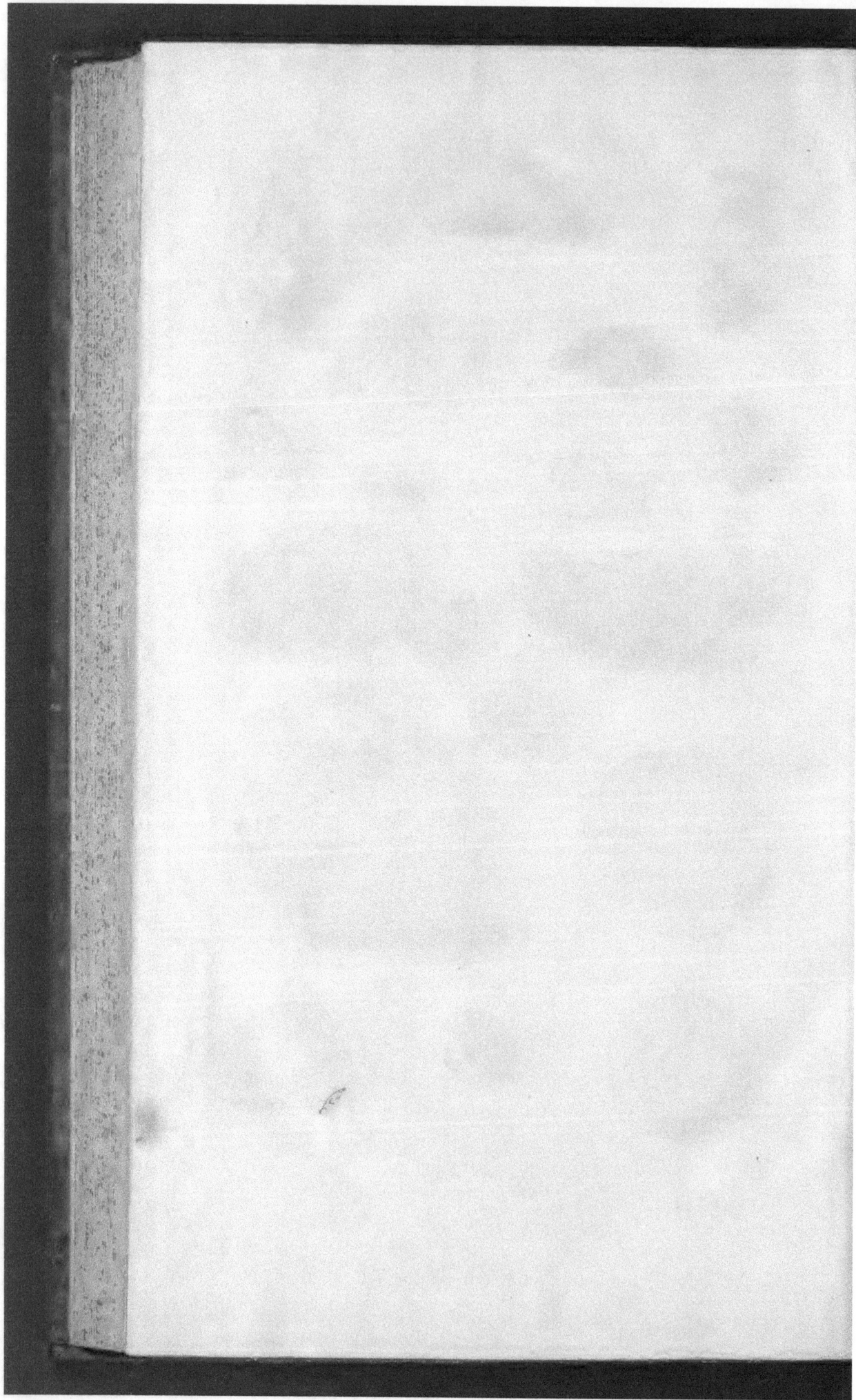

De afgetekende, by letter E. is geheel vuursteenhard, bruiner van koleur dan de voorgaande, en uit een Bergsteen gehaalt: Die by de letter F. is een andere soort, 't Dootshooft genaamt, en mede van gesteltheit, als by letter C. Nu volgen de Visch-steenen of versteende Visschen, waar van my verscheide soorten zyn voorgekomen, doch ik ben deze twee maar machtigh geworden; zie d'eene by de letter G. verbeeldt, deze zit in eenen vasten zwarten Steen, en d'andere by H, zyn twee visschen met alle hare graten, rosachtig van koleur, in eenen witten, doch wekeren Steen, dan de voorgaande. Ik zal alle de verscheide soorten van Houten, Vruchten, en andere Steen gewordene zaken, voorbygaan; om dat de veelheit der zelver wel een heele verhandeling vereischt; doch tot besluit noch aanwyzen een stukjen op de plaat LVII. N°. 1. verbeeldt, het is een takje met bladeren en een vruchtje van den Egelantierboom, geheel tot Steen geworden, my overhandigt door den Hr. Doctor Scholts tot Rotterdam, groten Liefhebber van zulke en andere dergelyke zeldzaamheden, waar van zyn Ed. noch een veel groter stuk by hem heeft, nevens verscheidene takken en bladeren, met de vruchten daar aan: Dit verbeelde is 'er maar een klein stukjen van.

LXXXV. HOOFTDEEL.

Sal Ambonicus: Garam Ambon.

H oewel de Amboinezen door 't bywoonen der Europeërs van goed en opregt zout genoegzaam konnen voorzien worden, zoo blyven ze doch by hun oude gewoonte een grof en ongezien zout te maken, by hun *Saffi* genaamt, gelykende beter, harde, donkere, en aschgrauwe steenen dan zout, behalven dat het altyd vochtig is: 't Zelve word aldus toebereidt.

Sal Ambonicus beschreven.

Zy zoeken zoodanige houten, die langen tyd in zeewater gedreven, en van haar schorsse gansch ontbloot zyn, deze kloven zy in lange stukken omtrent 2 ellen lank, stapelen ze op kleine hoopen, en stooken vuur daar onder, onder 't branden sprengen ze dezelve geduurig met zeewater, zoodanig dat even de vlam niet uitgaat, zoo lang tot dat het niet meer branden wil: Dit verbrande hout vervalt dan in rosse en ruige Steenen, den *Lapis Calaminaris* byna gelyk, daar aan men alrede zien kan het zout blinken; daar na nemen ze korfjes uit groene bladeren slegt gevlogten, daar in ze de verbrande klompen doen, eerst boven eenige holle bakken gezet, gieten al weder zeewater daar op, 't welk als een loog in de ondergezette bakken druipt, en dat zoo lang tot dat de klompen in aarde en asch vervallen: Dan zetten ze veele potscherven of halve potten, die ze *Ulen* en *Lamam* noemen, zoodanig dat men gemakkelyk vuur daar onder stooken kan. In deze potscherven gieten zy de voornoemde loog en koken ze zoo lang, tot dat ze in een harde steen verandert, behoudende de forme van potscherven als kleine koeken, die ze dan in den rook opgehangen bewaaren. Dit is hun gemeen Zout, 't welk zy in al hun kost gebruiken, inzonderheit by 't eeten van *Papeda*, waar by het smakelyker is dan ons gemeen zout, hoewel het merkelyk naar loog riekt. Men slaat de koeken in stukken van een ei groot, en wryft daar mede de kost, die men eeten wil, zoo lang tot dat ze genoeg gezouten is: Buiten den rook kan men dit zout niet wel bewaaren, om dat het smelt en de plaats vochtig maakt; zoo deugt het ook niet tot inpekelen, om dat het niet scherp genoeg is. Dit Zout is ook goet voor die den kinkhoest hebben, veroorzaakt door eenige dikke en scherpe sluimen, die in de keel steeken en een moeilyk jeuken veroorzaken, als men zomtyts daar aan lekt, waer door de sluim verdunt en het jeuken eenigzins overgaat. De dryfhouten tot dit werk dienstig krygen ze genoegzaam in de regenmaanden, wanneer geheele boomen in zee dryven in zulk eene menigte, dat ze dikwyls geheele stranden bedekken; inzonderheit in 't jaar 1664. wierden alle de stranden van *Ambon*, *Keram*, *Manipa* en *Boero*, die naar 't Oosten leggen, met zoo zwaare en veele boomen bedekt, dat men

Hoe en waar van het gemaakt word omstandig beschreven.

Hoe 'tzelve tot spys en geneesmiddelen gebruikt word.

Het hout, waar uit dit Zout komt, word in zee en op strandge vonden.

V v   den

den strand niet bekennen konde; deze alle wierden van hun baft gezuivert, van de takken berooft, en daar door zoo glad gemaakt als of ze gefchuurt waren: Men heeft tot noch toe niet eigentlyk ervaren konnen, van waar al dit hout kwam, zynde voor

En komt van 't weg fpoelen der landen en boffchen.

en na dien tyd diergelyk niet meer gezien; behalven dat men voor zeker weet, dat in de bocht van *Kelkepoeti* of *Elipa Poeti* op *Kerams* Zuidzyde, een groot ftuk landts, dat met hooge boomen bezet was, gezonken is, ook dat alle groote Rivieren van *Keram* door den geweldigen regen in dat jaar veele ftukken landts met boomen en al hebben uitgedreven: Toen waren de zoutbranders in hun fchik, dewelke dit hout ophaalden en kloofden, zoo wel tot het zoutbranden als tot de keuken. Nopens het zoutbranden, het is een moeilyk en verdrietigen arbeid, om dat het zoo geweldig rookt, als men 't zoutwater daar op fprengt; hoewel het gekloofde hout een tyd lang te voren in de

Doch allerlei bout is niet even bequaam.

zon moet gedroogt zyn: Dewyl ze ook geen onderfcheid maken en ook niet wel maken konnen tuffchen 't een en 't ander dryfhout, maar door malkander nemen zoo als 't hun voorkomt, zoo kan men wel denken, dat het een zout ook beter zy als t' ander, inzonderheit dienden zy daar op te letten, dat ze geen melkhout, 't welk eene fchadelyke en bytende melk heeft, hier toe nemen, 't welk een fchadelyk zout voor de tanden geeft, gelyk ook de kalk, die men van koraalfteen met zoodanig hout brand, en zomtyds tot het *Pinang*-eeten gebruikt, bevonden word het tandvleefch los te byten.

LXXXVI. HOOFTDEEL,

Lapis Cordialis.

De Lapis Cordialis befchreven, 't Gevoelen van den Schryver, waar uit hy gemaakt word.

D Eze is een gemaakte Steen door de Portugezen te *Goa*, doch nu door geheel Indiën vervoert wegens zyne goede krachten; doch waar van hy gemaakt word is my onbekent, behalven dat naar oogenfchyn en fmaak zyne voornaamfte ingrediënten zyn, gemalen gout, Bezoar, Ambra en Mufcus. Hy heeft de grootte en gedaante van een duiven-ei of van een klein hoender-ei, van buiten fchynt hy vergult, van binnen donkergrauw met goude puntjes blinkende, zacht om te wryven, en klaarlyk naar *Mufcus* en *Ambra* riekende; van zyn gebruik en krachten heb ik 't volgende uit een (MS.) gefchreven Boek, van *Goa* gezonden, uit het Portugeefch aldus overgezet:

Vertaling uit het Portugeefch nopens de kracht en werking van dezen LapisCordialis.

Deze Steen is het uitnemenfte en werkzaamfte Cordiaal, dat 'er tot noch toe gevonden is, en daar is geen ander dezen gelyk: De Bezoar of eenig ander Cordiaal kan by dit niet vergeleken worden; die het onderzoekt zal de uitwerkinge van het zelve vinden, gevoelen, en meer, als ik zegge ofte aanwyze, bevinden.

1. De quantiteit die men van dezen Steen inneemt, zal 't gewigt van 6 gerfte korrels zyn, doch wat meer of min doet geen quaad.

2. In de brandende heete koortzen, wanneer de zieke met groten dorft bevangen is, zoo mag men hem alle uuren iets van dezen Steen met water ingeeven, want hy doet niet alleen geen quaad of fchade, maar verflaat ook de groote hitte en dorft, en maakt dat de quaadheit van de ziekte niet aan 't hart flaat, daar by verfterkt en verheugt hy op een wonderlyke wyze.

3. Zoo 't gebeurde dat de kranke tot wyn genegen is, zoo zal men hem een weinig van dezen Steen met wyn ingeeven.

4. Wanneer iemand geen koorts hebbende, zich bedroeft en zwaarmoedig bevoelt, dat hy neeme van dezen Steen met wyn, en hy zal zich terftont verligt gevoelen.

5. Koorts met zwaarmoedigheit hebbende zal men van den zelven met water inneemen, en indien de koorts klein is en de droefheit aandringt, zoo mag men den zelven met gewaterden wyn inneemen.

6. De

6. De Perzoon aan de beterende hand of gezond zynde, en eenige zwaarmoedigheit gevoelende, moet den zelven als te voren gebruiken, want hy verheugt en versterkt alle leden des lichaams.

7. Ingenomen als voren is een werkzaam middel tegen alle soorten van vergift, 't zy door den mond, 't zy op een andere manier ingenomen, als mede tegen de beeten van Slangen met brillen, in 't gemeen *Cobra Capelo* genaamt.

8. Desgelyks tegen de beeten van Adders.

9. Ook tegen de steeken van Scorpioenen, en het neemt terstont de pyn en vergift weg, en 't is nodig, na dat men van den genoemden Steen gedronken heeft, een weinig van den zelven tot stof te maken, en op de steeken te leggen.

10. Iemant alle dagen 's morgens noch nuchteren zynde van dezen Steen met water of wyn innemende, mag zich verzekert houden dien dag voor alle soorten van Venyn bevrydt te zullen zyn, zoo van beeten, als van iets, dat door den mond ingenomen is.

11. Met water ingenomen dient het om 't bloed der borst te stoppen als mede der neuze; het is nodig een weinig stof van dezen Steen op de wyze van snuiftabak in te snuiven en 't overige in te drinken.

12. Ook is 't nut voor inwendige gezwellen met water ingenomen.

13. Desgelyks bewaart het gezicht als voren gebruikt.

14. Ook bewaart het voor bedorven lucht, gebruikt als voren.

15. Met wyn gebruikt bewaart iemant voor de vierdedaagsche koorts.

16. Als voren gebruikt maakt een goede memorie.

17. Als voren gebruikt verdryft de derdedaagsche koorts.

18. Gebruikt als voren bewaart iemant voor de besmettelyke quaade Melaatsheit of Lazerye.

19. Met water is dienstig voor de kinderpokjes.

20. Met wyn of water verwekt lust, en verquikt de zwakke en verflaaude door ziekte.

21. Met water doodt de buikwormen.

22. Als voren gebruikt is goed voor de ineetende zweeren of omloop.

23. Met wyn tegen 't graveel en steen.

24. Desgelyks tegen de beeten van een dolle hond.

25. Is mede dienstig, als voren ingenomen, tegen alle venyn uit de quetzuuren der pylen of eenig vergiftig geweer, en hier toe is noodzaakelyk den gequetsten eerst van den Steen te drinken te geeven, en daar na 't stof in de wonden te strooijen.

26. Met wyn ingenomen is goet voor den afgank, die uit koude ontstaat.

27. Met water voor den afgank, die uit heete ontstaat.

28. Met wyn is dienstig en helpt, die niet wateren kan.

29. Met wyn maakt een open lichaam.

30. Desgelyks met wyn of water is goet tegen de vallende ziekte of *Apoplexia*, wanneer de perzoon, die deze ziekte onderhavig is, een, twee of meermaals 's daags van dezen Steen moet inneemen.

Dit alles met toestemminge der Onderzoekers en van de gestelde in de vergadering van St. *Paulus*, het nieuw gezelschap der Jesuiten te *Goa* 1655.

Men verkoopt ze te *Goa*, *Coetschyn* en op *Ceylon* by 't gewigt, komende een, die zoo groot is als een eend-ei, 12 *Pagodis* of 24 Ryksdaalders te staan. *Hun waarde.*

LXXXVII. HOOFTDEEL.

Succinum Terrestre.

Het Suc-
cinum
Terrestre,
waar 't ge-
vonden
word.

N Aar 't verhaal der Sinezen vind men een *Succinum* diep landwaart in, uit de aarde gegraven, meest in de groote bosschen van pynbomen in het Landschap *Sukuen* en de naast omgelegene. De Sinezen zeggen, dat deze Bernsteen anders niet zy dan het hers van gemelde pynboomen, 't welk omtrent 1000 jaaren in de aarde leggende in zulk eenen steen verandert; het is donkerder en rooder dan het Europisch *Succinum*, en daarom veel slechter, blyvende het Europische by zyn

Haar be-
naming in
verscheide
taalen

hooge prys zoo wel in *Sina* als in *Japan*; de Sinezen noemen het *Houpek*; De Maleijers *Alambir*: Zoo versta ik ook dat een *Succinum fossile* uit de bergen van *Pegu* komt.

Een soort
van Hers
den Amber
gelyk

Het Hers, in ons kruidboek *Dammar Selam* genaamt, langen tyd in zeewater dryvende word den Bernsteen mede zoo gelyk, dat men het daar voor aanzien zoude, in-

De proef
daar op.

zonderheit als 't klaare en rosse stukjes zyn, buiten ruig en witachtig, binnen klaar en doorschynende: Het onderscheid word men terstont gewaar aan den reuk, als met het op koolen legt; ook springt en knerst de *Dammar Selam* te veel. Op 't Eilandt *Mauritius* word mede op strandt gevonden een zeker Hers, 't welk men aldaar voor Bernsteen houd, doch of het uit boomen of uit de zee komt is noch niet beschreven.

Waar van zie boven het XXXV. Hooftdeel, van *Ambra Grysea* in 't verhaal van *Hubert Hugo*.

BLAD-

BLAD-WYSER
DER
VOORNAAMSTE SAAKEN
in dit Werk begrepen: N. betekent Neêrduitsch: M. Maleitsch: A. Amboinsch.

BLAD-WYSER.

BLAD-WYSER.

BLAD-WYSER.

X x

BLAD-WYSER.

BLAD-WYSER.

X x 2

BLAD-WYSER.

BLAD-WYSER.

BLAD-WYSER.

BLAD-WYSER.

BLAD-WYSER.

BLAD-WYSER.

Ham-

BLAD-WYSER.

Klap-

BLAD-WYSER.

BLAD-WYSER.

Z z

Nacht-

BLAD-WYSER.

BLAD-WYSER.

Z z 3

BLAD-WYSER.

P.

BLAD-WYSER.

BLAD-WYSER.

A a a

Po-

BLAD-WYSER.

BLAD-WYSER.

BLAD-WYSER.

BLAD-WYSER.

BLAD-WYSER.

BLAD-WYSER.

BLAD-WYSER.

▬▬ *In*

BLAD-WYSER.

DRUKFAUTEN.

EINDE.

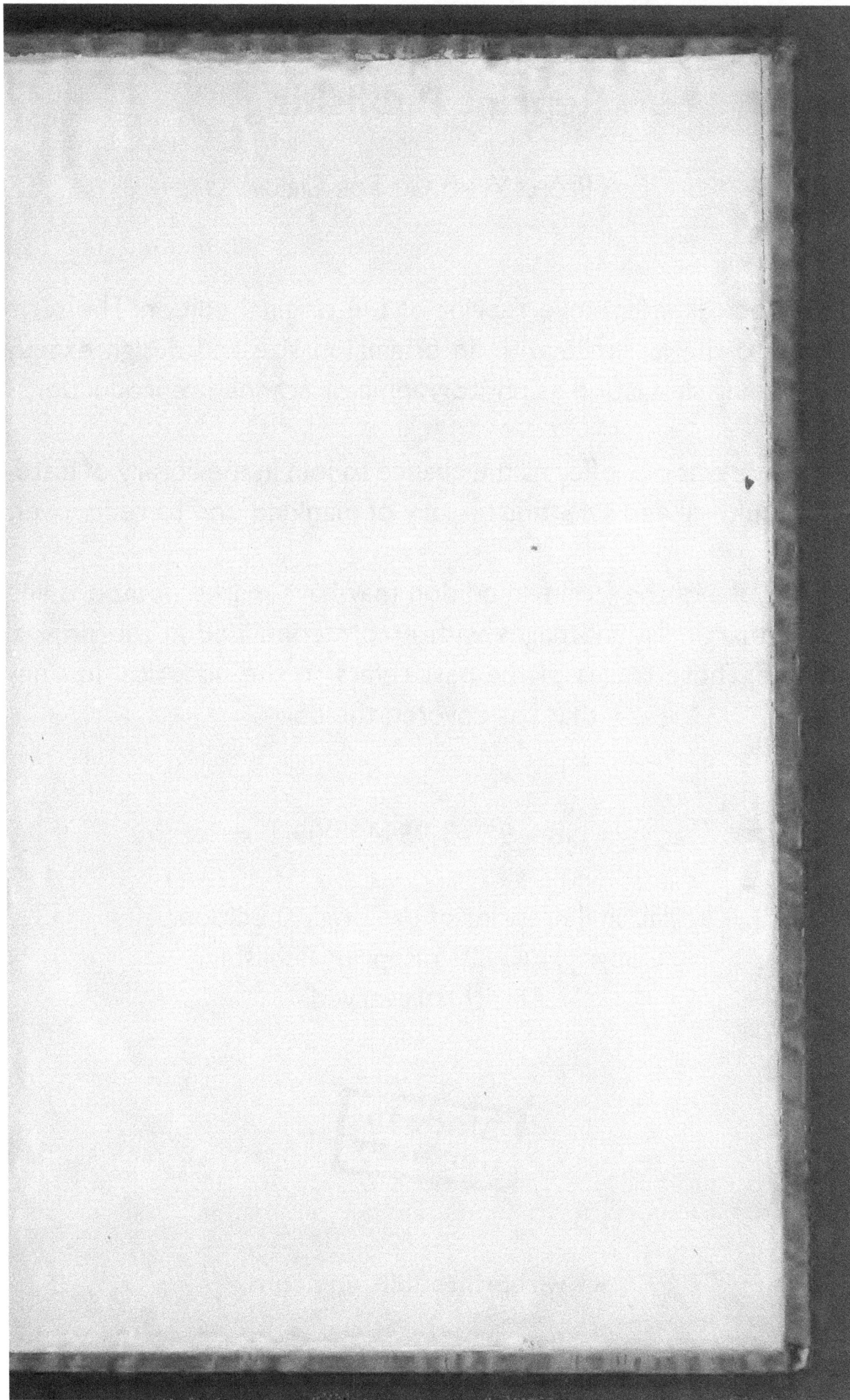

Reprint Publishing

FOR PEOPLE WHO GO FOR ORIGINALS.

ISBN 978-3-95940-009-1

Made in Germany

www.reprintpublishing.com

www.ingramcontent.com/pod-product-compliance
Lightning Source LLC
Chambersburg PA
CBHW082349270326
41935CB00013B/1558